连续三届荣获全国年鉴编纂质量特等奖

山东金融年鉴

SHANDONG JINRONG NIANJIAN

中国人民银行济南分行 主办

2015

（总第16卷）

中国金融出版社

责任编辑：亓　霞　张清民
责任校对：张志文
责任印制：程　颖

图书在版编目（CIP）数据

山东金融年鉴.2015（Shandong Jinrong Nianjian.2015）/中国人民银行济南分行主办.—北京：中国金融出版社，2015.12

ISBN 978-7-5049-8149-3

Ⅰ.①山…　Ⅱ.①中…　Ⅲ.①地方金融事业—山东省—2015—年鉴　Ⅳ.①F832.752-54

中国版本图书馆CIP数据核字（2015）第238292号

出版发行　中国金融出版社
社址　北京市丰台区益泽路2号
市场开发部　（010）63266347，63805472，63439533（传真）
网上书店　http://www.chinafph.com
　　　　　（010）63286832，63365686（传真）
读者服务部　（010）66070833，62568380
邮编　100071
经销　新华书店
印刷　济南黄氏印务有限公司
尺寸　210毫米×285毫米
印张　52.25
字数　2066千
版次　2015年12月第1版
印次　2015年12月第1次印刷
定价　280.00元
ISBN 978-7-5049-8149-3/F.7709

《山东金融年鉴》编委会

《山东金融年鉴》编辑部

本卷特邀编委

各市地工作站站长

济南	窦重田	潍坊	邓大海	滨州	韩红岩
青岛	于洪平	济宁	赵德泉	德州	刘　燕
淄博	谢峻峰	泰安	赵尊振	聊城	李金涧
枣庄	李志全	威海	曲　平	临沂	翁洪服
东营	刘春华	日照	牟宗杰	菏泽	马延彬
烟台	李信见	莱芜	张勤清		

本卷金融统计资料供稿人员

潘海艳 任代滨 张 杨 尹 琳 李 媛

本卷编校、排版、彩页设计人员

马丽君 刘 茜 王 娜 贠晓雅

一、《山东金融年鉴》优秀工作者名单（2014年度）

（一）人民银行系统

中国人民银行临沂市中心支行　陈若琳
中国人民银行东营市中心支行　石文华
中国人民银行聊城市中心支行　王银光
中国人民银行莱芜市中心支行　吕　华
中国人民银行日照市中心支行　丁　文
中国人民银行烟台市中心支行　崔　艳
中国人民银行滨州市中心支行　王春昕
中国人民银行青岛市中心支行　董　莉

（二）政策性银行、商业银行及其他金融机构

中国邮政储蓄银行山东省分行　梁　骞
中国建设银行股份有限公司山东省分行　刘太丽
中国农业发展银行山东省分行　段玉华
中国工商银行股份有限公司山东省分行　段维斌
恒丰银行股份有限公司　王文彬
天津银行股份有限公司济南分行　田　霄
上海浦东发展银行济南分行　燕　峰
北京银行股份有限公司济南分行　季　玮
中信银行股份有限公司济南分行　施广智
广发银行股份有限公司济南分行　郝文刚

二、本卷优秀稿件获奖名单

（一）人民银行系统

一等奖：枣庄、莱芜、菏泽、日照、滨州、聊城、济宁、青岛、泰安
二等奖：烟台、淄博、威海、潍坊、德州、营业管理部、临沂、东营

（二）监管局、政策性银行、商业银行

一等奖：中信银行股份有限公司济南分行、中国银行业监督管理委员会山东监管局、中国农业发展银行山东省分行、中国银行股份有限公司山东省分行、中国光大银行股份有限公司济南分行、中国证券监督管理委员会山东监管局、交通银行股份有限公司山东省分行、中国民生银行股份有限公司青岛分行、北京银行股份有限公司济南分行、中国进出口银行山东省分行、交通银行股份有限公司青岛分行、平安银行股份有限公司济南分行、渤海银行股份有限公司济南分行、国家开发银行青岛市分行、中国光大银行股份有限公司青岛分行、华夏银行股份有限公司青岛分行、中国工商银行股份有限公司山东省分行、中国农业银行股份有限公司山东省分行、中国邮政储蓄银行山东省分行、华夏银行股份有限公司济南分行、兴业银行股份有限公司青岛分行、中国邮政储蓄银行青岛分行、中国建设银行股份有限公司山东省分行、中国光大银行股份有限公司烟台分行、天津银行股份有限公司济南分行、国家开发银行山东省分行

二等奖：浙商银行股份有限公司济南分行、中国民生银行股份有限公司济南分行、广发银行股份有限公司济南分行、平安银行股份有限公司青岛分行、山东省农村信用社联合社、中国建设银行股份有限公司青岛市分行、中信银行股份有限公司青岛分行、上海浦东发展银行济南分行、中国保险监督管理委员会山东监管局、中国工商银行股份有限公司青岛市分行、中国农业银行股份有限公司青岛市分行、恒丰银行股份有限公司

三等奖：中国保险监督管理委员会青岛监管局、兴业银行股份有限公司济南分行、中国银行业监督管理委员会青岛监管局、中国证券监督管理委员会青岛监管局、招商银行股份有限公司青岛分行、招商银行股份有限公司济南分行

（三）保险、资产管理公司及信托等机构

一等奖：中国华融资产管理股份有限公司山东省分公司、太平财产保险有限公司山东分公司、中国信达资产管理股份有限公司山东省分公司、中国平安人寿保险股份有限公司济南分公司、中国平安人寿保险股份有限公司青岛分公司、泰山财产保险股份有限公司、中国人民财产保险股份有限公司山东省分公司、山东省国际信托有限公司、中国平安财产保险股份有限公司青岛分公司

二等奖：中国长城资产管理公司济南办事处、中国人寿保险股份有限公司山东省分公司、中国东方资产管理公司青岛办事处

三等奖：太平人寿保险有限公司山东分公司、华泰财产保险有限公司山东分公司、中国太平洋财产保险股份有限公司山东分公司

（四）其他参编机构（中小金融机构及金融院校）

一等奖：山东钢铁集团财务有限公司、中国石化财务有限责任公司山东分公司、新韩银行（中国）有限公司青岛分行、南山集团财务有限公司、渣打银行（中国）有限公司青岛分行、中国重汽财务有限公司、日本山口银行股份有限公司青岛分行、企业银行（中国）有限公司青岛分行、瑞穗实业银行（中国）有限公司青岛分行、山东重工集团财务有限公司、海信集团财务有限公司、中国银联股份有限公司山东分公司

二等奖：汇丰银行（中国）有限公司济南分行、东亚银行（中国）有限公司青岛分行、汇丰银行（中国）有限公司青岛分行、中国银联股份有限公司青岛分公司、韩亚银行（中国）有限公司烟台分行

三等奖：山东大学经济学院、海尔集团财务有限责任公司、山东黄金集团财务有限公司

三、《山东金融年鉴》（2014年卷）综合考评获奖名单

（仅限考核人民银行系统）

一等奖：临沂、东营、聊城、莱芜、日照、烟台、滨州、青岛、淄博、营业管理部
二等奖：威海、济宁、菏泽、潍坊、泰安、德州、枣庄

编辑说明

一、《山东金融年鉴》是反映山东省金融事业改革和发展历程的大型历史性、资料性工具书，是系统了解山东省经济金融运行状况较为理想的媒介。它通过登载各种经济、金融数据和史实资料，全面系统地反映山东省金融改革和发展的全貌，为贯彻实施货币政策、加强金融监管，防范和化解金融风险，推动金融改革和发展提供系统资料和基础数据。

二、山东省金融系统的年鉴编撰工作，开启于2000年，当时的名称为《中国人民银行济南分行金融年鉴》，内容反映了辖内山东、河南两省的金融运行态势及状况，该《年鉴》自2000年卷开始至2004年卷，连续出版了五卷。

《山东金融年鉴》自2005年卷启始，上承《中国人民银行济南分行金融年鉴》，本卷为第十六卷。今后仍将每年出版一卷。按年度系统地反映山东省金融事业的运行和发展状况。

三、本卷的内容，主要反映2014年山东省金融运行的状况及金融改革和发展的历程。在具体组稿、筛选和编纂工作中力求体现科学性、资料性、全面性和连续性。对山东省金融事业有影响的大事、情况，以及反映全省各金融机构业务发展的相关数据、文字和图片资料，我们均尽力收录并进行了精心编辑加工。

四、本卷年鉴采用条目式整体编排，适当考虑金融业务部门的单元组成。各金融机构的排列顺序，力求按一般惯例，不含名次高低之意。

五、本卷年鉴中，国民经济统计资料以统计局的口径为准；有关金融方面的数据资料，主要是根据各金融机构“全科目”上报系统数据加工整理，由中国人民银行济南分行提供；各金融机构文稿中的统计数据，由该机构自行提供；在使用时请注意统计口径的差别和适用范围。

六、为更好地发挥《年鉴》存史、教化、启智、咨政、励新作用，从2009年卷起开辟了经济金融数据研发部分——金融地图，以期通过对相关数据资料的研发制作，达到更加全面、形象、深刻、准确地反映金融运行态势的目的。

七、《山东金融年鉴》的编纂工作是在中国人民银行济南分行党委和山东省各金融业监管部门、政策性银行、商业银行、保险、证券、信托公司等省级管辖行和公司负责人共同组成的编委会的组织领导下进行的。工作中得到了山东省金融系统各单位的大力支持。各组稿、编纂人员为本书的出版付出了辛勤的劳动；广大摄影爱好者提供了大量的图片资料。在此表示衷心的感谢。

《山东金融年鉴》编辑部

2015年8月28日

中国人民银行
THE PEOPLE'S BANK OF CHINA
济南分行
JINAN BRANCH

杨子强

分行党委书记、行长

于华民

分行党委副书记、副行长

李建文

分行党委委员、副行长

刘克俭

分行党委委员、副行长

中国人民银行 济南分行

THE PEOPLE'S BANK OF CHINA JINAN BRANCH

肖龙沧

分行党委委员、副行长

刘振海

分行党委委员、纪委书记

陈好孟

分行党委委员、营管部主任

王均坦

分行党委委员、副行长

王珏琰

分行党委委员、工会主任

中国金融工会“送温暖”慰问组来鲁走访慰问

山东银监局召开2014年工作会议

山东银监局召开群众路线教育实践活动总结部署（电视电话）会议

银监会主席助理杨家才来山东省调研

银监会副主席王兆星到山东省泰安市调研

山东银监局党委中心组组织集中学习

首届山东金融系统“爱金融•劳动美”劳动竞赛——计算机技能大赛在济南市成功举办

山东银监局召开2014年资本管理办法调度推进工作会议

山东银监局举办2014年“金融知识进万家”宣传服务月活动启动仪式

山东金融系统首届职工运动会暨中国金融体育协会山东省理事会恢复成立大会成功举办

山东银监局举办“寻找身边的正能量”微电影展评会

山东银监局组织召开2014年第三季度监管分析会议

中国银行业监督管理委员会青岛监管局

熊 涛
党委书记、局长

王永存
党委副书记、副局长

罗 中
党委委员、纪委书记

徐 强
党委委员、副局长

韩 冰
党委委员、副局长

李继明
党委委员、副局长

2014年1月17日，青岛银监局召开2014年辖区银行业监管工作会议

2014年1月27日，山东省委常委、青岛市委书记李群到青岛银监局走访

2014年2月14日，青岛银监局召开2014年党风廉政建设暨纪检监察工作会议

2014年4月3日，青岛银监局组织志愿者到青岛市朝诚路小学开展献爱心活动

2014年5月8日，青岛市金融工作领导小组会议在青岛银监局召开，青岛市委副书记、市长张新起出席会议并讲话

2014年6月7日，青岛银监局成功举办沙滩趣味运动会

2014年10月24日，青岛金融工会组织召开全委会暨文联和文艺协会成立大会

2014年11月20日，青岛银监局熊涛局长、李继明副局长赴基层联系点平度市考察调研农村金融服务

中国证券监督管理委员会　山东监管局

China Securities Regulatory Commission　Shandong Bureau

党委书记、局长

冯鹤年

党委委员、副局长、纪委书记

陈　飞

党委委员、副局长

赵洪军

山东辖区第二届内幕交易警示展在济南举行首展

山东证监局联合山东省金融办、潍坊市政府组织召开山东企业上市工作会议

山东证监局联合深圳证券交易所在济南召开证券期货纠纷调解仲裁工作交流会

山东证监局对临沂地区期货经营机构和证券IB机构进行调研座谈

中国保险监督管理委员会 山东监管局

China Insurance Regulatory Commission Shandong Bureau

山东保监局局长

孙建宁

山东保监局副局长

曹光中

山东保监局副局长

鲁 青

山东保监局副局长

姚 飞

2014年2月26日，山东保监局参加省政府新闻发布会，就保险服务经济社会发展情况进行介绍

2014年5月16日，山东保监局组织召开中介市场清理整顿动员会，在全省保险业深入开展保险中介市场清理整顿活动

2014年6月3日，中国保监会组织中央媒体来鲁采访山东保险业在服务经济社会发展方面的创新做法，图为采访团在群兴石油化工有限公司采访

2014年7月8日，全国保险公众宣传日期间，山东保险业举办保险公众宣传日广场宣传活动

2014年7月8日，首部《山东保险业社会责任报告》新书发布会在济南举行

2014年7月，山东保监局邀请社会监管员走进12378热线现场体验

巩庆军　党委书记、局长（正局级）

吉立群　党委委员、纪委书记、副局长

马伯寅　党委委员、副局长

2014年1月27日，山东省委常委、青岛市委书记李群（右三）走访慰问青岛保监局干部职工，充分肯定青岛保监局和保险业在服务地方经济社会发展中发挥的积极作用

2014年7月8日，全国保险公众宣传日当天，青岛保监局巩庆军局长赴平安财产保险青岛分公司视察活动开展情况

2014年11月3日，青岛保监局巩庆军局长受邀对青岛市金融办系统开展《国务院关于加快发展现代保险服务业的若干意见》专题辅导培训，市金融办领导班子、处室负责人和区（市）金融办负责人参加培训

2014年9月25日，青岛保监局吉立群副局长主持召开人身险公司学习《国务院关于加快发展现代保险服务业的若干意见》交流会

2014年11月14日，青岛保监局马伯寅副局长一行赴莱西市调研财产保险市场情况，期间到谭彪庄村农户的大棚调研农业保险开展情况

2014年3月，青岛保监局组织青年干部参与植树活动

2014年7月3日，全国保险公众宣传日活动期间，青岛获益农民当义务保险宣传员

2014年10月14日，青岛保监局开展车险理赔服务质量现场测评

ICBC 中国工商银行 山东省分行

中国工商银行山东省分行是总行授权经营的一级分行，通过980余个营业机构以及网上银行、电话银行、自助银行等分销渠道，向23万法人客户、2500万个人客户提供广泛的金融产品和服务，拥有优质的客户基础、多元的业务结构、强劲的创新能力和市场竞争力。在省委、省政府的领导和监管部门的指导下，工商银行山东省分行始终秉承“以客户为中心、服务创造价值”的经营宗旨，不断深化改革创新，持续提升服务水平，在服务地方经济社会的同时实现了持续快速健康发展。截至2014年末，该行本外币各项存款余额超过6600亿元，各项贷款余额超过5900亿元，在电子银行、信用卡、投资银行、企业年金等多个业务领域保持市场领先。近年来，先后获得“山东省金融发展贡献奖”、“山东最具影响力金融企业”、“山东金融卓越品牌”，以及“最舒心银行”、“服务最便捷银行”等多项荣誉。

中国农业银行
AGRICULTURAL BANK OF CHINA
山东省分行

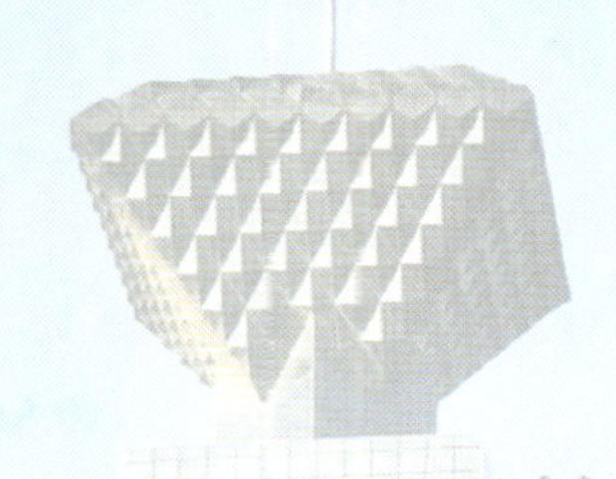

2014年，中国农业银行山东省分行以服务地方经济发展为己任，认真贯彻落实山东省委省政府和农总行各项决策部署，坚持“横向提升、纵向进位”的战略目标，不断加快金融改革创新步伐，持续加大信贷投放力度，积极支持全省经济社会发展。截至年末，各项存款余额达7337.5亿元，较年初增加484.5亿元，增量居系统内第2位；各项贷款余额5011.5亿元，较年初增加459.6亿元，在系统内居第2位。先后荣获“2013－2014年全国金融系统企业文化建设先进单位”、“山东省履行社会责任示范企业”等荣誉称号。

农业银行副行长龚超视察山东省分行惠农通工程服务点

农业银行山东省分行重点支持的青烟威荣城际铁路全线通车

农业银行山东省分行与大众网联合组织践行“蓝天责任”百万网友植树行动

农业银行送金融产品到田间地头

山东省分行
SHANDONG BRANCH

党委书记、行长　陶以平

中国银行山东省分行成立于 1913 年，是省内持续经营时间最长的银行。在长期参与经济建设过程中，该行形成了综合全面的金融服务能力，不仅能够依托中国银行海内外一体化经营网络，为地方经济发展提供便利的融资服务，更在全球现金管理、国际结算、跨境人民币结算、大宗商品交易、金融衍生品服务等领域具有突出优势。

2014 年，该行坚持“担当社会责任，做最好的银行”的战略目标，认真执行宏观经济金融政策，全面落实各项监管要求，深入推进改革创新步伐，持续加大信贷投放力度，切实提升金融服务水平，积极支持全省经济社会事业发展。截至 2014 年末，该行本外币各项贷款余额达 4450.89 亿元，较年初增加 424.88 亿元。新增贷款主要投向“蓝黄两区”等重大战略、惠及民生的重要领域和“走出去”的重点项目。完成国际贸易结算量 1252.10 亿美元、跨境人民币结算量 1667.44 亿元，保持市场份额领先。先后获评“山东省金融发展贡献奖”、“人民银行济南分行综合评价 A 级金融机构”等荣誉称号。

▲ 中国银行山东省分行与日照市人民政府签订战略合作协议

▲ 中国银行山东省分行持续加大对万华集团等重点企业的支持力度，助力企业转型升级

▲中国银行山东省分行开展“关爱新市民子女”爱心捐赠活动

▲中国银行山东省分行持续加强服务能力建设，切实提升客户服务体验，图为该行员工帮助客户清点零币

▲ 中国银行山东省分行开展打击防范经济犯罪宣传活动

中国建设银行
China Construction Bank

山东省分行

建行山东省分行是中国建设银行股份有限公司辖属的一级分行，下辖各类机构 817个、员工2万余人。2014年，分行坚决贯彻国家宏观经济政策和央行货币政策，坚持服务实体经济的基本方向，着力优化资源配置，加大综合融资投放力度，支持山东省经济结构调整和转型升级，全力保障改善民生，维护金融运行秩序，充分发挥了国有大银行在服务地方经济发展中的作用。截至2014年末，各项存款余额6009亿元，各项贷款余额4348亿元。先后荣获“诚信3•15百姓满意度优秀金融品牌”、“山东省履行社会责任示范企业”等荣誉称号。

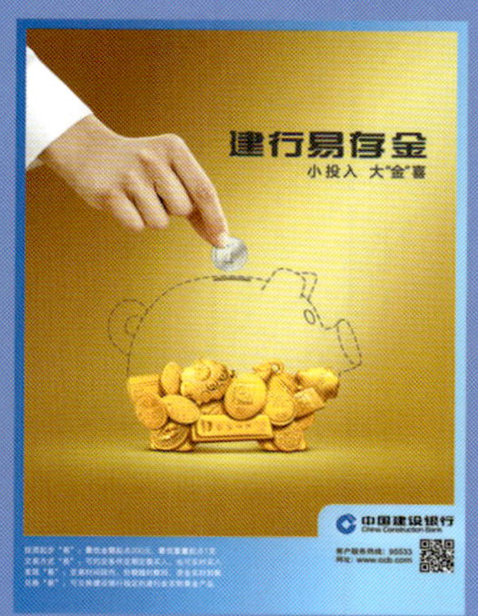

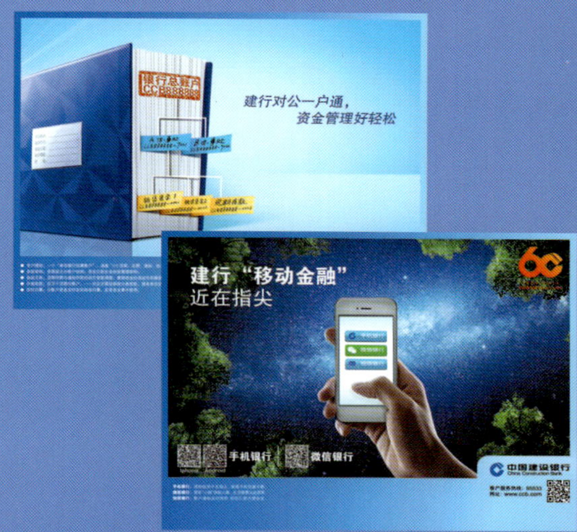

交通银行 BANK OF COMMUNICATIONS 山东省分行 SHANDONG BRANCH

加大金融创新，助推转型升级
以国际化、综合化服务支持地方经济社会发展

近年来，交通银行山东省分行认真贯彻落实国家宏观调控政策，紧紧围绕省委、省政府各项决策部署，改革创新、转型发展，充分发挥“综合化、国际化”的经营优势，在经济新常态下不断加大对实体经济的支持服务力度。同时加快渠道建设，提升服务水平，积极参与惠民、便民、利民工程，全力助推全省经济社会高效发展。截至2014年末，全行人民币贷款余额较年初增加38亿元；非信贷融资业务投放294亿元；在2014年中国银行业协会举办的文明规范服务千佳示范单位评选活动中，交通银行山东省分行共5家网点荣获“文明规范服务千佳示范单位”称号，获评网点数居山东省内同业之首。

作为齐鲁金融的一员，交通银行山东省分行将继续紧跟全省步伐，努力为经济文化强省建设作出新的、更大的贡献。

营业厅晨会整理着装

特殊群体人性化服务

科技型小微企业合作协议签约

宣传反洗钱知识，维护金融稳定

产品经理在薪酬管理企业家峰会上进行产品推介

交通银行山东省分行与山东省林业厅签署战略合作协议

交通银行青岛分行 BANK OF COMMUNICATIONS

交通银行青岛分行成立于1988年2月，是交行系统境内37家管辖直属分行之一，主要业务市场占比位列当地同业第一军团。

交通银行青岛分行始终走在金融创新的前列，1999年建立省内首家自助银行，2000年率先推出个人外汇买卖业务；2001年首家代销新中国第一只开放式基金；2006年推出个人高端服务品牌沃德财富；2008年率先推出住房公积金联名卡；2009年率先推出私人银行服务；2010年成为青岛市城市一卡通的独家清算行；2012年成为青岛市房屋专项维修资金代理银行；2013年获得“中国最佳手机银行奖”，2014年成立青岛市首家社区银行，首创为青岛市出租车“闪付”提供资金结算支持。

近年来，该行荣获了山东省“富民兴鲁”劳动奖状；沃德财富品牌被评为“山东省服务名牌”；被山东省文明办授予“省级文明单位”称号；被国家体育总局评为“全国群众体育先进单位”，是青岛市唯一获此殊荣的金融企业；被国家外汇管理局评为“国际收支之星”先进单位；连续多年被青岛市委、市政府授予“支持青岛市经济建设先进金融单位”和“文明单位标兵”，被青岛市评为“劳动和谐企业先进单位”，始终在用实际行动书写着一个百年民族品牌金融企业应尽的社会责任。

中国银行业协会专职副会长杨再平到交通银行青岛分行银行业“百佳”网点参观

交通银行青岛分行营业厅员工晨会

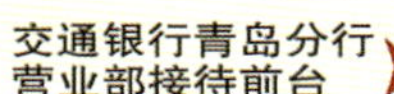

交通银行青岛分行营业部接待前台

交通银行青岛分行金融志愿者进行金融宣传

连续12年冠名青岛市万人跑

绿城社区支行开业典礼

交通银行青岛分行青年志愿者参加海滨环保活动

中国邮政储蓄银行 山东省分行

POSTAL SAVINGS BANK OF CHINA SHANDONG BRANCH

中国邮政储蓄银行山东省分行行长 马洪宁

2007年12月28日，中国邮政储蓄银行山东省分行在济南隆重成立。截至2013年末，该行下辖16家二级分行、109家一级支行、1226家二级支行和1514处邮政代理网点，拥有从业人员1.32万人。

组建六年来，邮储银行山东省分行坚持以服务经济社会发展为己任，大力践行服务城乡大众、服务社区、支持“三农”的零售银行定位，加快实施“特色办行、人才立行、科技强行、依规治行、文化兴行”科学发展战略，在改革中推进发展，在发展中坚持创新，在凝聚中激发奋进，整体工作走在了全国邮储银行系统前列，迈出了向全功能商业银行转型的坚实一步。

真诚服务到“海上”

发行惠商卡改善小微企业金融服务

业务宣传到农户

举办金融支持青年创业高峰论坛

在新的发展征程上，邮储银行山东省分行将进一步致力于建设内控严密、营运安全、竞争力强的现代商业银行，为促进山东经济社会发展和社会主义新农村建设，为构建社会主义和谐社会作出积极的奉献！

中国邮政储蓄银行 青岛分行

POSTAL SAVINGS BANK OF CHINA QINGDAO BRANCH

中国邮政储蓄银行青岛分行行长、党委书记

银青志

中国邮政储蓄银行青岛分行成立于2008年1月28日，是直属中国邮政储蓄银行总行的一级分行。截至2014年底，该行辖12家一级支行，拥有营业网点266个，其中80%网点分布在县及县以下农村地区。该行在全市拥有ATM机近500台，成为网点遍布城乡、信息技术领先、服务功能齐全的现代金融机构。邮储银行青岛分行传承百年邮政金融“人嫌细微、我宁繁琐、不争大利、但求稳妥”的经营方针，充分依托遍布城乡的网络优势，坚持服务“三农”、服务社区、服务中小企业，积极履行社会责任。

邮储银行青岛分行持续创新进取，不断推出新业务、新产品，手机银行、微信银行等电子银行服务的完善让越来越多的市民享受到高效、便捷、优质的金融服务。邮储银行青岛分行坚持“普惠金融”的发展理念，不断加大对小微企业以及民生领域的金融服务力度。近年来，累计为岛城小微企业提供贷款近60亿元，让数以万计的农户、商户、小微企业从中受益。截至2014年末，累计发放小额贷款8万余笔，金额近50亿元。在积极做好传统小额贷款业务的同时，加快涉农信贷产品创新，为胶州辣椒收购等行业设计创新产品15项。

近年来，邮储银行青岛分行及分支机构被中国邮政集团公司、总行、监管部门和各级地方政府授予“全国邮政用户满意企业”、“省直机关先进基层党组织”、“青岛市银行业文明规范服务示范单位”、“送金融知识下乡优秀集体”、“金融稳定工作先进单位”、“贯彻落实货币信贷政策先进单位”、“小微企业金融服务先进单位”、“‘三农’金融服务先进单位”、“‘银企融资对接平台工作’先进单位”、“最佳中小企业服务奖”、“全国邮政企业管理现代化创新成果”等先进荣誉称号百余项。

邮储银行青岛分行不断优化网点环境，为客户提供优质服务

邮储银行青岛分行开展送金融知识下乡活动

邮储银行青岛分行深入企业厂房，了解企业融资需求

邮储银行青岛分行开展社会公益活动，热心回馈社会

邮储银行青岛分行开发涉农信贷产品，提高服务农村经济能力

山东省农村信用社联合社
SHANDONG RURAL CREDIT UNION

规范化文明服务展示

金融知识普及进田间地头

关心贫困儿童成长

在农村大力布设电子机具

信贷人员了解小微企业生产情况

山东省农村信用社联合社成立于2004年6月，是全国首批深化农村信用社改革的八个试点单位之一。全省农村信用社现有县（市、区）联社57家，农村商业银行50家，农村合作银行7家，营业网点5127家，各项存款余额12258亿元，各项贷款余额8449亿元，涉农贷款余额6132亿元，小微企业贷款余额3201亿元，是全省营业网点和从业人员最多、服务范围最广、资金规模最大的金融机构。

十年来，在省委、省政府的正确领导和人民银行济南分行、山东银监局的指导监管下，省联社带领全省农信社开拓创新，锐意进取，全省农村信用社步入发展速度最快、效益最好、服务最佳、社会贡献最大的十年。率先在全国推出生源地国家助学贷款、齐鲁惠农一本（卡）通、农金通等特色产品和服务，率先在全国实现农村金融服务全覆盖，成为全省金融服务覆盖范围最广、县域贷款投放最多、履行社会责任力度最大的金融机构，并通过布设电子机具、联网结算体系、创新推出电子银行业务等，构建起了遍布城乡、连通全国、便捷高效、安全畅通的支付结算体系。

【基本概况】齐鲁证券在全国28个省、市、自治区设有28家分公司、231家证券营业部，拥有5000余名员工，立志打造成为立足山东，放眼全国用户的集证券、基金、期货、直投为一体的综合性证券控股集团。齐鲁证券从企业规模与经营绩效、风险管理与负债能力到客户基础与市场影响力等各项指标在国内券商中都保持前列位置。2015年上半年，齐鲁证券更被中国证监会评为A类AA级券商。

近几年，公司共为100多家企业提供股权融资、债券融资服务，实现融资额1000亿元，为200多家企业提供了财务顾问服务。目前公司服务客户400万户，管理客户资产7000亿元。齐鲁证券在积极为企业提供股权、债券融资服务的同时，紧紧围绕实体经济的现实需求，为企业提供了更优质、更具创新性的境内外金融服务，有效促进了山东经济社会更好、更快发展，也为山东金融改革的“蓝图”增添了浓墨重彩的一笔。

【经营状况与市场成就】公司按照“各种专业化证券业务协同发展”的战略目标，全力推进全牌照业务体系建设。2014年，公司深化改革创新，推进业务转型，综合金融服务能力和盈利能力大幅提升，在打造齐鲁证券升级版的道路上迈出了坚实的一步。经纪业务，从通道服务向财富管理转型。2014年实现代理买卖证券净收入31.74亿元，行业排名第10位。投资银行业务，由以IPO业务为主向IPO、债券融资、再融资、并购重组、新三板业务并重转型。公司作为主承销商，为12家企业提供近100亿元的股权融资服务，为30家企业提供170亿元的债券融资服务，IPO和债券主承销家数均位居行业第10名左右；公司在新三板市场成功推荐挂牌180余家企业，业内排名第2位，是2014年推荐挂牌家数最多的券商之一，成功为159家企业提供做市服务，做市家数位居业内第一位，被多个地区授予“改制上市工作优秀中介机构”，并于2014年、2015年连续两年荣获中国区股转系统最佳主办券商荣誉称号。证券投资业务，从“高风险、高收益”向“低风险、中高收益”的盈利模式转型。公司认真研判市场走势，及时调整债券类、权益类投资规模，审慎开展衍生品业务，2014年实现投资收益5.1亿元。资产管理业务，提供现金管理类、货币类、债券类、权益类、量化类等多元化金融产品，目前受托管理规模约2300亿，主动管理规模830亿，其中集合资产管理规模450亿，主动定向管理规模380亿 ，主动管理能力实现质的飞跃。期货业务，公司控股的鲁证期货，2014年实现利润1亿元，综合实力在全国160多家期货公司中排名第10位左右。2015年7月7日，正式在香港联交所主板挂牌上市，是我国期货行业内首家真正意义的上市公司，香港联交所首家以期货为主业的上市公司，以及山东省首家境外上市的金融企业。基金业务，公司控股的万家基金，目前管理基金规模32亿元，2014年实现利润1亿元。直接投资业务，公司直投子公司——鲁证创投公司，已完成17单共计6.6亿元的投资。2014年1月份，鲁证创投投资的“华泽钴镍”已在中小板借壳上市。国际业务，公司在香港设立了中泰国际控股公司，注册资本8亿港币，目前已获得证券交易、期货、投资咨询、资管、融资等全业务牌照，完成了“海通国际”等十几单股权、债券融资项目，融资30多亿港币。

2014年5月22日，旨在深度服务山东市场的“资本市场培训团”系列活动举行启动仪式

2014年6月25日，齐鲁证券发起设立并管理的国泰一期专项资产管理计划在深交所挂牌，这是山东省内首只经证监会核准设立并成功发行的资产证券化产品

2015年4月18日，300多家金融机构及私募大佬齐聚一堂、论道投资，为当前牛市投资共同把脉

2014年齐鲁证券新员工拓展训练

2015年8月27日齐鲁证券新三板高峰论坛在京举办，参会企业及中介机构600余家，参会人数近800余人

山东省国际信托有限公司
SHANDONG INTERNATIONAL TRUST CORPORATION

2014年9月26日，山东信托举行增资扩股签约仪式，引进中油资产，注册资本增至20亿元

山东省国际信托有限公司成立于1987年3月，是经中国人民银行和山东省人民政府批准设立的非银行金融机构，现为中国信托业协会理事单位。自成立以来，山东信托一直致力于运用信托平台服务经济社会发展，致力于受托资产管理能力建设，紧贴市场需求，适应利率市场化创新产品；尝试信托收益权结构化实践，发展艺术品等另类信托，加强信政合作，从信托突围，作金融改革的先锋官。

近年来，公司一直保持着快速稳步发展，信托产品门类日渐丰富完善，受托管理资产规模持续增长，信托业务盈利能力进一步增强。截至2014年末，公司受托管理的信托规模余额达3301.90亿元。2008年至2014年间，信托业务余额增长了9.7倍，信托报酬收入增长了13倍。近三年，支付受益人信托收益499.26亿元，是公司自身信托报酬收入的18.7倍。在综合实力、公司治理和履行社会责任等方面，山东信托广受海内外评级机构和媒体的认可与好评，连续三年荣获“山东省金融创新奖”，还获得“中国最具区域影响力信托公司”、“最佳社会责任信托公司”、“诚信托”成长优势奖等十余项全国性大奖。

2014年8月22日，公司增资扩股申请获得中国银监会正式批复同意，成功引进中油资产管理公司作为战略投资者，注册资本增至20亿元。山东信托同时具备省属企业和中央企业双重股东背景，资本实力、品牌形象进一步提升。

山东信托财富管理中心荣获省级“青年文明号”

山东信托热心公益，为国家残疾人乒乓球基地捐款，助力残疾人体育事业发展

山东信托趣味运动会增色企业文化建设

下一步，山东信托将紧紧围绕“做最好的财富管理机构”的发展定位，提速转型创新，完善产品链条，为高净值个人客户和机构提供更为专业化、差异化、个性化的综合金融理财服务，全力助推国家和地方经济发展。

1995-2015

二十回首 再谱新篇

中国农业发展银行
AGRICULTURAL DEVELOPMENT BANK OF CHINA

山东省分行成立20周年

中国光大银行青岛分行

2014年是中国光大银行股份有限公司青岛分行（简称光大银行青岛分行）成立20周年，也是分行班子确定的“发展年”。

在光大集团和总行的正确领导下，在各级政府部门的大力支持下，面对复杂多变的宏观经济形势，光大银行青岛分行贯彻总行“调结构、稳增长、防风险、增效益”的思路，坚持“存款立行”的理念，克服“三期叠加”带来的压力，积极适应外部环境“新常态”，严抓风险防范和化解，内部控制不断完善，合规风险意识不断增强，分行实现健康较快发展，主要业务指标达到历史最好水平。

2014年6月8日，光大银行青岛分行组织出国金融知识大赛

建行20周年之际，光大银行青岛分行组织忠诚员工座谈，为入行20年的老员工颁发荣誉奖励

2014年5月17日，光大银行青岛分行关爱员工成长，举办青年联谊活动

2014年6月20日，光大银行青岛分行举办光大集团驻青企业运动会

2014年9月16日，光大银行青岛分行为湖岛小学送上金融知识讲座和书籍

2014年12月20日，光大银行青岛伊春路支行开业

2014年12月23日，光大银行青岛辽宁路支行开业

2014年12月23日，光大银行青岛秦岭路支行开业

招商银行 济南分行

CHINA MERCHANTS BANK JINAN BRANCH

招商银行济南分行行长
周伟林

2014 年，招商银行股份有限公司济南分行按照总行以转型引领发展的指导思想，紧紧围绕发展这个核心，明确了“振奋精神、凝心聚力、创新求变、加快发展”的工作思路，通过强化政策导向，加大考核力度，推动精准营销，优化架构流程，加强队伍建设，加快服务升级，各项业务继续保持了稳步较快发展。

主要经营情况：济南分行以利润为中心，以负债、客群、质量为重点，真抓实干、奋力拼搏，较好的完成了全年各项指标。一是资产负债稳步增长。2014 年末，自营存款时点余额 770 亿元，新增 90.4 亿元，增幅 13.3%。自营贷款方面，余额 632.8 亿元，新增 42.4 亿元，增幅 7.2%。其中小企业贷款（行标）新增 18 亿元，小微贷款（行标）新增 6.31 亿元。二是资产质量总体可控。截至 2014 年末，不良贷款余额 7.1 亿元，比年初增加 1.07 亿元；不良贷款率 1.12%，比上年提高 0.1 个百分点；不良生成率仅为 0.85%，低于系统内平均 0.66 个百分点。三是经营效益符合预期。预计实现经济利润 16 亿元，同比增长 4.1%。

开展业务技能比赛，提升服务客户水平

招行济南分行青年志愿者与自闭症儿童一起活动

招行员工在省金融系统运动会展示风采

招商银行 青岛分行

CHINA MERCHANTS BANK QINGDAO BRANCH

招商银行总行赴青岛分行巡视动员会

招商银行青岛分行参加青岛市银行业青年辩论赛

招商银行青岛分行是招商银行在山东省设立的省级管辖分行之一，成立于2000年5月18日。青岛分行下辖日照、威海、淄博、济宁4家二级分行，54家支行，109家自助银行，423台自助设备，已形成立足青岛，辐射全省的发展格局。

成立15年以来，分行累计纳税超过20亿元。

创新一小步，市场一大步。15年来，招商银行青岛分行创新求变，成功开办了青岛市第一家“票据中心”、“国际业务押汇中心”；率先开出国内第一张人民币网上银行信用证、省内第一张电子银行承兑汇票；创新推出“银关通”、“银税通”、“中港直通车”等金融创新业务。招商银行青岛分行始终秉承总行服务理念，结合自身实际不断创新，打造了“温馨服务”品牌，成为当地金融业服务变革的排头兵。2008年-2014年，青岛分行连续七年被总行评为“十大优秀服务分行”，辖属网点斩获“中国银行业协会文明规范服务千佳示范单位”和“百佳示范单位”荣誉称号。柜员刘娟自创“刘娟流程”有效提高了储蓄工作效率、提升了服务质量，得到分行乃至总行的高度重视，2012年，刘娟作为全国银行业系统唯一的基层代表光荣出席党的十八大，“刘娟流程”已成为招商银行青岛分行优质服务的一面旗帜。

招商银行青岛分行新春团拜

招商银行青岛分行“爱满葵园”关爱自闭症儿童活动

招商银行青岛分行公益助学活动

招商银行企业文化节 青岛分行行长站大堂

中国民生银行 CHINA MINSHENG BANK 济南分行

中国民生银行济南分行成立于2001年11月15日。自成立以来，济南分行始终坚持“服务齐鲁大众，情系泉城民生 ”的经营理念，制定了“立足济南、面向全省”的发展目标，积极为广大客户提供系列化的金融产品和个性化的金融服务，业务拓展辐射全省。

截至2014年末，中国民生银行济南分行设立各级经营机构46家（含临沂分行、潍坊分行、东营分行、济宁分行、泰安分行5家二级分行），资产总额达1038亿元，各项存款余额达856亿元。各项贷款余额501亿元，累计上缴税金超过26亿元，主要经营指标和市场份额均居当地股份制银行前列。

中国民生银行济南分行多次荣获“文明诚信单位”、“支持地方经济建设先进单位”、“十大最具责任感企业”、“十佳金融企业”、“服务山东功勋品牌”等多项荣誉称号。近几年，济南分行三次获得山东省人民政府颁发的“金融创新奖”，并荣获中国银监会系统“文明单位”称号。

发展尚未有穷期，风物长宜放眼量。面对机遇和挑战，中国民生银行济南分行将全面落实总行“二次腾飞”战略发展要求，走“特色银行”、“效益银行”发展之路，将济南民生打造成为业务结构科学合理、经营管理规范有序、企业文化健康向上、团队素质过硬、具有影响力和竞争力的精品银行。

党委书记、行长 **陈焕德**

2014年3月26日，民生银行向奥德集团山东分公司授信100亿元签约仪式在临沂隆重举行

2014年4月26日，中国民生银行济南分行“关爱女员工——职业女性幸福课堂”首期培训成功举办

2014年7月30日至31日，由中国民生银行济南分行冠名的“民生银行杯”首届山东省旅游饭店行业服务技能大赛在济南成功举办。图为**陈焕德**行长上台领奖（右二）

2014年9月，中国民生银行济南分行举办社区消夏晚会活动

浦发银行 SPD BANK 济南分行 JINAN BRANCH

浦发银行菏泽分行开业

2014年，面对经济金融形势和市场环境深刻变化带来的严峻挑战，上海浦东发展银行济南分行以“聚焦客户、做大规模、提升效益、防控风险”为主线，不断加快业务发展，加大转型创新，严守风险底线，夯实管理基础，各项经营管理工作取得了新的成绩。年末，一般性存款余额865.92亿元，贷款余额652.27亿元，实现利润16.86亿元。荣获山东省人民政府“金融创新奖”、人民银行济南分行综合评价“A级单位”等荣誉称号。

浦发银行济南分行开展“齐鲁光明行”志愿服务活动，为全省千余名眼疾患者提供了医疗服务

浦发银行济南分行举行“争做青春尖兵”誓师会

中华联合财产保险股份有限公司，成立于1986年7月15日，是我国成立的第二家国有独资保险公司，也是国内唯一以“中华”冠名的保险企业，公司总部设在北京，公司注册资本金145亿元；年保费规模居全国财险公司第五位，已成为中国财产保险行业的翘楚。

中华财险山东分公司成立于2004年，分公司总部现座落于济南市高新区舜泰广场，在全省16个地市（除青岛）已设立市、县及乡镇等各级营业分支机构210余家，是山东境内机构最齐全的财产险公司之一。公司经营范围主要包含：机动车辆保险、企业财产保险、家庭财产保险、工程保险、船舶保险、货物运输保险、责任保险、信用保证保险、种植业、养殖业保险、意外伤害保险、健康保险等，经营的险种已达400多个。

公司已开通了全国95585专线服务平台，4001-999-999车险电话营销平台以及网络销售平台，客户足不出户即可享受“保险服务送到家”的便捷。

经过十年的砥砺奋进，中华财险山东分公司在推进发展、创建品牌的过程中，坚持开拓创新、回馈社会的方针，彰显了责任企业的风范，得到了社会各界的广泛认可。2014年实现保费收入30.12亿元，实现了业务发展的新跨越，稳居山东财险市场第四位。

在2014年山东省金融工作会议上，中华财险山东分公司作为山东保险业唯一典型发言单位，介绍公司服务经济社会发展的经验和体会；公司自2012年起被山东省工商局授予“守合同 重信用”企业；2015年乳山支公司被人力资源和社会保障部与中国保险监督管理委员会联合评为全国保险系统先进集体；公司连续三年荣获省政府授予的“金融创新奖”，连续两年被人民银行济南分行评为“山东省金融机构综合评价A级单位”。

团结奋进的分公司领导班子

中华财险试点机构商业车险改革现场会在济南召开

在第三个保险公众宣传日来临之际，分公司把保险服务送到了社区

丰富多彩的职工文化生活

中国平安人寿保险股份有限公司

青岛分公司

中国平安人寿保险股份有限公司青岛分公司是中国平安保险（集团）股份有限公司在山东省设立的第一家二级机构，致力于推动平安集团金融业务在山东地区的发展。自1994年成立以来，公司业务规模不断扩大，辖青岛、淄博、潍坊、临沂、日照、威海、东营、滨州等8地市业务,有效推动商业寿险在山东的普及，并通过保险资金投资助力地方经济发展。

总经理：张 毅

2014年，无论是市场化改革，还是新国十条赋予保险业在国民经济中更重要的地位，保险业正在迎来新的机遇。面对外部环境的变化，积极转变发展思路，围绕队伍发展的核心基础持续推动队伍转型升级，取得卓有成效的成果。

2014年分公司继续贯彻以客户需求为导向的产品推动理念，充分借助费率市场化产品的综合优势，持续推动产品结构的优化调整，保障型产品保费收入实现快速增长。渠道方面通过个险、银保、公司直销三条渠道服务客户，其中以个险渠道为核心，聚焦产能提升。

2014年1月，该分公司荣获2013年青岛市“文明单位标兵”称号，是青岛市唯一一家获此殊荣的人寿保险公司；获2013半岛金融行业最佳服务奖。3月，获由青岛财经日报颁发的“2013年度最佳市场表现奖”称号；获城市信报“2014诚信金融机构”称号。5月，获“2013年度半岛网友最信赖的保险公司”称号。获由青岛市政府纠风工作领导小组颁发的“基层行风建设示范窗口”称号。

①2014年6月，分公司举办奥林匹克长跑日青岛站暨中国平安健步跑活动
②2014年5月，分公司举办“庆六一”平安希望小学公益捐助活动
③2014年8月，分公司在青岛电视台举办少儿才艺大赛颁奖典礼暨客服节闭幕式
④2014年12月，分公司举办VIP俱乐部客户新年音乐会

地址：青岛市市南区香港中路61号甲远洋大厦B座5、6层
邮编：266071

全国统一总机：4008866338
全国统一服务电话：95511

中国光大银行 CHINA EVERBRIGHT BANK 济南分行

中国光大银行股份有限公司济南分行成立于1999年3月，是隶属于中国光大银行总行的一级分行，可办理银监会批准的各类银行业务。该行秉承精品银行、诚信伙伴的经营理念，力争在销售、创新、风险和服务中取得最佳平衡，并融入所有的核心价值观，业务方面该行在中国光大银行总行一级法人制度基础上，实行“统一管理、分类授权、统负盈亏、分级考核”的财务管理体制；实行审贷业务分离、分级授权审批、独立风险监管的信贷管理体制；在会计制度方面，2008年以前执行《金融企业会计制度》，2008年以后执行《企业会计准则》；在财务制度方面，2007年之前执行《金融保险企业财务制度》，2007年以后执行《金融企业财务规则》。

一、机构设置及人员情况

中国光大银行股份有限公司济南分行的前身是中国光大银行济南管理部，是1999年3月18日中国光大银行整体接收原中国投资银行后，在济南地区原投资银行分支机构的基础上改建而成的。济南管理部成立时，辖区有六家营业机构，员工86人。2001年4月26日，中国人民银行济南分行正式批准中国光大银行济南管理部更名为中国光大银行济南分行。2010年8月18日，中国光大银行在上海证券交易所成功上市，中国光大银行济南分行更名为中国光大银行股份有限公司济南分行（简称：中国光大银行济南分行）。至2014年年底，中国光大银行济南分行有高管人员 6 名（1名行长、 5 名副行长），员工728人，其中劳动合同制员工685人，劳务派遣制员工43人，平均年龄 32岁。其中：男员工占 48.6 %，女员工占 51.4%，本科以上学历占87 %，大专以上学历占99 %以上。中国光大银行济南分行全辖各级经营机构20个，其中一级分行1个，下辖二级分（支）行2个，包括淄博、潍坊等2个地（市）分行，二级分（支）行下属综合型支行和网点型支行等3个。

二、资产负债损益总体情况

截至2014年末，中国光大银行济南分行会计报表反映存款余额（人民币，下同）291.15亿元，贷款余额221.30亿元，资产总额392.66亿元，负债总额390.79亿，所有者权益1.87亿元，利润总额2.55亿元，上缴税收1.78亿元。

长清支行开业

三、业务发展和服务社会情况

凭借卓越的创新能力和出色的业绩表现，中国光大银行连续三年被评为“年度最具创新银行”，荣膺“CCTV中国年度品牌”。招牌业务“阳光理财”系列产品家喻户晓，是国内最具竞争优势的理财品牌之一，先后被评为“百姓最认可的理财品牌”、“最受欢迎的理财产品”；投行业务、企业年金、电子银行、资金结算等领域也创造了多项行业第一。

税银卡发布会

在自身发展的同时，中国光大银行济南分行不忘履行社会责任，回报社会。连续捐助“大地之爱•母亲水窖”公益项目多年，帮助解决了西北干旱地区76000多人的用水问题，彰显了企业的社会责任与员工的精神风貌。

强大的股东背景，全国性的经营网络，高素质的员工队伍，卓越的创新能力，中国光大银行济南分行以自身的经营优势，正按照“一年奋力起步，三年改变面貌，五年形成自身特色，十年勇争同业前列”的指导思想，落实“更有内涵式的发展”，推进模式化经营，努力打造国内最具创新能力的银行。

山东省委常委、青岛市委书记李群会见中信集团董事长常振明

中信银行青岛分行

■ 单位名称

中信银行青岛分行

■ 单位标识：

■ 单位简介：

中信银行青岛分行于1991年12月入驻岛城，是进入青岛的第一家股份制商业银行，从资本金只有5000万元的小银行，到资产总额超过800亿元的跨地区强势商业银行，中信银行青岛分行走过了不平凡的光辉历程。

■ 披荆斩棘，励精图治。

中信银行青岛分行一代又一代创业者们胸怀打造世界一流银行的宏伟梦想，凭着夸父逐日般的豪情壮志，取得了足以傲视同业的辉煌业绩，截至2014年底，中信银行青岛分行各项存款超过800亿元，各项贷款达到600亿元，存贷款总量位居青岛股份制银行前列，连续入选青岛企业百强，成为实力雄厚、对青岛地方经济发展支持与拉动作用突出的主流银行。

■ 履行责任，孜孜不倦。

中信银行青岛分行扎根山东，精耕半岛，回馈社会，始终以助推地方经济社会发展为己任，以支持半岛企业成长壮大为己任，以不断满足人民群众日益增长的金融服务需求为己任。以崇高的历史责任感和使命感，与山东共繁荣，与企业共发展，与人民心连心。24年来，累计为山东半岛企事业单位提供信贷支持超过5000亿元。累计举办数千次金融知识进社区活动，为青岛经济发展作出了突出贡献。

山东省委常委、青岛市委书记李群会见中信银行行长李庆萍

■ 携手并进，同舟共济。

中信银行青岛分行始终将客户视为最重要的资源、最宝贵的财富和最好的伙伴，始终秉承“诚信、创新、凝聚、融合、奉献、卓越”的中信核心价值理念，用最优的产品、最好的服务为客户创造最大价值。中信银行青岛分行与两万对公客户、近百万零售客户精诚合作，互惠共赢，建立了非常好的银企关系。

■ 与时俱进，锐意创新。

中信银行青岛分行依托对区域经济的深刻理解，用智慧和热情在山东这片热土上培育了一朵朵创新之花，使半岛金融业绽放出更多的金融奇葩。中信港口金融、中信保税融通、中信幸福年华卡等创新产品，勇夺中信金融史上多个“第一”。在公司业务、零售业务、国际业务各个领域赢得了客户的广泛赞誉，为客户创造了更大价值，也为中信银行青岛分行赢得了更多发展机遇。

■ 以人为本，共享共荣。

中信银行青岛分行秉承“稳步发展，争创一流”的中信精神培养了共同的价值观念，培育了良好的企业精神，塑造了高尚的企业灵魂。为客户提供最佳服务、为员工创造更多机遇、为股东创造更大价值、为社会履行应尽义务是我们始终不渝的追求，逐步形成了以发展文化、风险文化、人本文化为核心的特色企业文化精髓。

中信银行青岛分行将秉承“给您支持的力量”的服务宗旨，紧紧围绕国家产业政策和青岛蓝色经济的战略布局，积极履行企业社会责任，助力地方经济发展，努力实现多方共赢，为构建青岛和谐社会，创造美好生活再做贡献。

济南分行

兴业银行济南分行是总行在山东设立的省级管辖行，2001年7月正式开业。成立以来，济南分行一直秉承“打造一流银行”的办行理念，在服务地方经济中迅速发展壮大，资产质量与综合效益屡创新高，各项业务取得长足发展，经营管理指标全面优化，产品服务功能日益完善，树立了全新、健康、优良的企业形象。

目前济南分行已在济南辖区设立了13家同城支行，在潍坊、烟台、淄博、济宁、临沂、泰安、滨州、威海、东营开设了9家二级分行，另外在章丘、寿光、青州、邹城、蓬莱等地成立了多家县域支行，初步形成了立足济南、辐射全省的服务网络和“省-分-支”三级管理的组织架构，拥有了一支创业精神饱满、专业素质过硬、富有朝气、奋发向上的职业团队。2014年，兴业银行济南分行各项主要业务再创历史佳绩：全行资产总额达到1460.23亿元，同比增长9.58%；本外币各项存款余额达1111.08亿元，同比增长3.09%；各项贷款余额达600亿元，同比增长17.85%；当年实现账面税前利润23.7亿元，同比增长12.9%。济南分行已成长为兴业银行系统内最具发展活力的优秀分行之一，综合经营能力稳居山东同类型股份制商业银行先进行列。

近年来，面对外部经营环境的复杂变化，济南分行坚持“内涵提升与外延扩张相联动”的中期发展战略，积极推动发展模式、盈利模式和基础工作“三个转型”，以经营转型和内涵提升促发展，创新求变，锐意进取，全行各项业务均呈现出稳健发展的良好势头。面向未来，济南分行将承袭总行“真诚服务，相伴成长”的经营理念，竭诚为广大客户提供优质、高效的服务，为山东社会经济发展作出新的贡献！

兴业银行济南分行“蓝天行动”植树活动

兴业银行济南分行“中国梦、兴业梦”演讲比赛

兴业银行东营分行正式开业

山东高青农村商业银行

RURAL COMMERCIAL BANK OF SHANDONG GAOQING

高青县地处淄博北部，北依黄河，南靠小清河，面积831平方公里，辖7镇2个街道办事处、767个行政村，人口36.6万，是山东省财政直管县和淄博市唯一纳入黄河三角洲高效生态经济区的区县。境内地势平坦，生态良好，资源丰富。黄河过境47公里，建有马扎子、刘春家两处引黄工程和库容3000多万立方米的大芦湖平原水库，是淄博市重要的水源地。探明石油储量2.5亿吨，天然气储量23亿立方米，是胜利油田主产矿区。温泉地热资源储量丰富，温泉品相可与日本箱根温泉相媲美，属于海洋性碳酸质富锶温泉，锶含量达到国家级命名标准。历史人文积淀深厚，是太公封地、田横故里，有千乘国狄城遗迹及衮龙桥、扳倒井、文昌阁等名胜古迹，陈庄西周古城遗址被评为2009年度中国十大考古新发现，被专家认定为姜太公首封之地营丘。近年来，高青县紧抓黄三角开发的重大机遇，坚持以项目建设为纲，守住生态，主攻投入，突破财政，全力推动县域经济跨越发展。先后获得中国最佳改善人居环境范例县、中国棉纺织名城、中国金融生态县、山东省投资环境十佳县市、山东省园林城市、中国白酒名城等荣誉称号。2014年实现地区生产总值180亿元，增长6%；公共财政预算收入11.37亿元，增长8.27%；金融机构存贷款余额分别达到124亿元、116亿元。完成规模以上固定资产投资122亿元，增长18%。

高青农商银行是经中国银行业监督管理委员会批准，在原高青县农村信用合作联社的基础上以发起方式设立的股份制商业银行，于2013年5月挂牌开业，注册资本人民币22252万元，辖1家营业部，13家支行、11家分理处，共计25家分支机构，在岗员工330人。网点遍及城乡，业务产品丰富，是高青县内营业网点最多、存贷款规模最大的地方金融机构。截至2015年4月末，各项存款余额49.04亿元,较年初增加 5.59亿元，增幅12.88%。各项贷款余额33.35亿元，较年初增加2.07亿元,增幅为6.63%。其中涉农贷款余额28.43亿元，较年初增加1.9亿元,涉农贷款增幅7.17%。存贷比为64.35%(剔除支农再贷款1.8亿元)。资本充足率11.48%，拨备覆盖率156.96%，资产经营利润率3.01%。

省联社淄博办事处党委书记、主任赵雪银同志（右三）视察高青农商银行网点

近年来，高青农商行坚持“稳健经营，稳步发展”的经营理念,大胆管理，勇于创新，深化改革，不断加快电子化建设,在推出电话POS、信通卡业务、“银保通”、自动取款机、农民自助服务终端特色取款服务等业务的基础上,又新推出网上银行、手机银行、银联在线支付等电子银行业务，进一步完善、拓宽了服务渠道,为广大客户提供了更方便、快捷和完善的金融服务。连续多年荣获振兴淄博劳动奖状、支持高青经济发展优秀单位等荣誉称号。先后荣获振兴淄博劳动奖状、支持地方经济先进单位、省级文明单位、省厂务公开先进单位等荣誉称号。

淄博银监分局局长陈保君视察高青农商行支持的企业运营情况

山东高青农村商业银行荣誉见证

济南分行
JINAN BRANCH

中信银行创立于1987年，是我国改革开放中最早成立的新兴商业银行之一，是中国最早参与国内外金融市场融资的商业银行，并以屡创中国现代金融史上第一而蜚声海内外。2007年，中信银行引入BBVA战略投资者并实现A+H同步上市，跨入国际公众持股银行之列。2011年，中信银行圆满完成A+H股配股再融资，为进一步发展奠定了坚实的基础。2014年，在英国《银行家》公布的“世界1000家银行排名”中，中信银行一级资本排名第37位，总资产排名第48位；在《福布斯》公布的“全球企业2000强排名”中，中信银行位居第134名。

2014年7月31日，中信银行济南分行在山东大厦举行银医信息化合作研讨会

中信银行济南分行成立于1994年5月，下辖淄博、济宁、东营、临沂四家二级分行和42家综合性支行。截至2014年末，本外币资产总额达745亿元，各项主要经营指标位居当地股份制银行前列。近年来，中信银行济南分行先后被山东省政府授予“山东省金融创新奖”，被人行济南分行评为“山东省跨境人民币结算先进单位”，连续5年获评人行济南分行“综合管理评价A级”，连续5年获评“山东省外汇管理工作A类银行”，连续4年获评“全省政府非税收入代理收缴服务创新银行”。

2014年8月16日，中信银行济南分行举办首季“中信银行学子俱乐部出国训练营”

中信银行济南分行鼎力支持地方经济建设，以丰富的金融产品和完善的金融服务支持社会财富进程，已成为地方经济发展、企业成长壮大、居民财富增长的重要支持力量。中信银行济南分行将在新战略的指引下，以客户需求为中心，以价值创造和轻型发展为导向，以改革创新为动力，坚持效益、质量、规模协调发展，以更新的理念、更丰富的产品、更优的服务，为广大客户提供更高水准的金融服务，在山东省经济社会发展中写下更加灿烂辉煌的篇章！

2014年11月23日，中信银行济南分行举办“幸福年华杯”山东省第二届中老年太极拳大赛

中国银行 日照分行

BANK OF CHINA

中国银行日照分行向日照市社会福利院捐赠爱心物资

中国银行日照威海路支行世帆赛服务团队王卉为荷兰运动员热情服务

市级机构外景

2015年是中国银行日照分行成立于30周年。中国银行日照分行本部内设部门11个；辖内机构总数20家，其中分行本部1家，管辖支行3家，经营性机构16家；全行在岗员工621人。

中国银行日照分行自成立以来，把发挥中国银行外汇、外贸专业优势和地区港口区位优势紧密结合，积极支持日照市临港经济、国际贸易的发展，重点支持了日照钢铁、亚太森博、浩宇集团、浮来春集团、现代威严、五征等一大批重点骨干企业，是日照地区最大的授信银行。日照中行始终以支持地方经济发展为己任，同时积极履行社会责任，重点与财政合作，开展财政增信贷业务，大力支持中小企业和涉农企业发展，促进地方税收和就业增长。

在支持地方经济发展的同时，自身也不断发展壮大。日照中行本外币存款余额、银行卡市场份额、国际结算和跨境人民币业务市场份额继续保持当地同业首位。先后被日照市总工会授予“五一劳动奖状”，被山东省总工会授予“富民兴鲁劳动奖状”，被山东省银监局授予“良好银行”和“小企业金融服务先进单位”，被中国银行总行授予“员工职业道德建设先进单位”、“劳动关系和谐单位”等荣誉称号。至2014年末，全行本外币存款余额为216.8亿元；本外币表内外授信余额为592亿元，各项贷款余额341.47亿元，较年初新增99.73亿元；表外授信余额250.53亿元。完成国际结算业务量161亿美元，跨境人民币业务量220亿元，国际结算、跨境人民币业务市场份额分别为30%、30.93%，保持市场领先。2014年，全行实现拨备前利润13.2亿元，实现税后净利润7.43亿元，累计缴纳各类税收1.3亿元。

济南分行

真诚 所以信赖

股票代码：601169

北京银行济南分行成立于2010年9月12日，是北京银行设在山东的省级管辖行。目前拥有营业部、大明湖支行、千佛山支行、舜耕支行、高新支行、章丘支行、槐荫支行、历城支行、市中支行9家营业网点。登陆齐鲁大地四年多来，该行切实将服务好济南乃至山东社会经济发展作为义不容辞的责任，坚持“服务中小企业、服务城镇居民”的市场定位，不断创新产品与服务，各项业务齐头并进、协调发展，在与地方经济发展的真诚互动中，实现自身业绩持续增长。

截至2014年12月31日，该行本外币各项存款较年初新增68.73亿元，占济南市场份额达1.94%，提升0.54个百分点。其中，公司存款新增6.1亿元，市场份额达2.80%，提升0.79个百分点；储蓄存款新增6.93亿元，市场份额达0.51%，提升0.17个百分点。各项贷款新增44.59亿元，实现考核利润7.14亿元，实现中间业务收入3.39亿元。

北京银行济南分行坚持走与当地市场相结合之路，在致力推广“财富1+1”、“短贷宝”、“小巨人”等京行成熟品牌的同时，快速反应，整合资源，集全行之力创造竞争先机。相继筹划成立了山东省首只中小企业集合信托，通过创造性地整合各类金融资源，有效弥补了单个中小企业融资能力差的不足，得到了省委、省政府的高度赞扬；根据客户付款特点，创新设计了“1+N”的代付盈模式，被北京银行总行作为模板在全系统内推广复制；通过与省财政厅的合作，在全省首推中小企业“政府采购贷”；推出了山东省内第一只绿色中小企业集合票据，通过创新担保方式推出了“区域集优贷款”，为省内中小企业融资提供了新的模式；与山东省中小企业局合作开展知识产权质押贷款试点，打响“智权贷”的品牌；借助山东文博会平台，联合济南出版社推出全国首张读书活动联名卡——书香卡；与中合融资担保公司、山东银联担保公司开展联合担保新模式——中合银联模式并发放首批贷款；协办2014年中国（山东）网络商品博览会，打造“中小企业主办行”品牌；自主设计研发的“精彩”系列理财产品，受到省内中高端客户的欢迎，打造了京行创新型银行的良好口碑。

北京银行济南分行在山东的经营活动得到了社会各界的广泛认可。2014年，该行获得山东省再担保体系业务合作大会“最佳合作金融机构奖”；济南市市中区民政局、济南市中慈善总会授予该行“最具爱心慈善捐赠单位”荣誉称号；该行为章丘朱家峪改造提升项目发放贷款，鼎力支持“江北第一古村”再现“乡村记忆”被新华社及省内多家媒体报道；在开业四周年之际，《金融时报》以半版篇幅报道了该行支持山东经济发展的举措和成果。

2014年11月，北京银行济南分行联合兄弟分行在山东大学举办了管理人员培训班

2014年11月26日，北京银行济南分行与山东省旅游局签订全面战略合作协议

①2014年8月28日，北京银行济南分行与章丘市人民政府签署文化旅游产业战略合作协议

②第五届山东文博会开幕首日，北京银行济南分行联合济南出版社推出全国首张读书活动联名信用卡——书香卡

③2014年8月30日，北京银行济南分行荣膺第五届山东文化创意产业博览交易会“先进展示奖”

2014年7月14日，北京银行济南分行与山东省血液中心联合举办了“大爱无疆、爱满京行”爱心献血活动

2014年12月6日，北京银行济南分行组织百余名员工开展了徒步雪野湖畔12公里拉练活动

日照分行

2014年10月1日开展“与行旗合影、为建行点赞”活动

中国建设银行日照分行成立于1990年，目前辖营业网点22个，自助终端22个，自助设备158台，有员工684名。分行坚持以客户为中心，以市场为导向，以服务为抓手，除加强传统信贷业务外，还不断探索融资服务新举措，开发了信托理财、融资租赁、善融商务、助保贷、善融贷等新产品，加大对全市大中型项目服务和小微企业扶持力度，为全市经济发展贡献积极力量。

同时，分行还积极履行企业社会责任，围绕“德润港城、善行日照”主题活动，坚持实践“三走进”，深入开展上门服务和“送金融知识下乡”活动以及捐助英模母亲、“积分圆梦”微公益等扶贫帮困活动，得到各界认可。特别是在全市银行业服务礼仪演示赛上喜夺桂冠，有利提升了分行社会形象。2014年，喜获“总行级文明单位”、“省文明单位”等荣誉，被市总工会授予“全市工会工作先进单位”荣誉称号，发展先进事迹被总行《建设银行报》专题报道。

2014年9月13日组织参加“金融知识普及月”活动

2014年12月28日收到客户赠送的锦旗

2014年11月14日在全市银行业服务礼仪演示赛中喜夺桂冠

国网英大集团
STATE GRID YINGDA GROUP

英大财险山东分公司
YDPIC SHANDONG BRANCH

英大泰和财产保险股份有限公司山东分公司隶属于英大财险，成立于2010年5月11日，是由国网英大国际控股集团有限公司等27家国有大型骨干企业发起设立， 经中国保监会批准设立的一家全国性股份制财产保险公司。公司致力于为国家电网公司保驾护航，同时致力于为广大客户提供满意、高质量的保险服务。2014年，分公司在全省13个地市 （不含青岛）铺设了24家分支机构，员工队伍500余人，服务网络覆盖全省。2014年取得保费收入4.53亿元，实现利润4477万元，公司系统排名第四位。

英大财险山东分公司以“诚信 责任 创新 风险”为企业核心价值观，秉承“ 效益争先 服务创优 诚信树标 品牌求胜”的经营理念，弘扬“努力超越 追求卓越”的企业精神。在客户服务方面，举办了题为“你投保、我用心”的客户服务节活动，诚邀12余家社会知名企业参与，广纳社会各界需求与建议，拓宽服务渠道；大力推举电网职工车“ 保姆式服务”政策，进社区开放客户服务体验；以“寻找第一张保单客户”、热邀观影《心花路放》等一系列活动方式,感恩回馈客户。除此之外，由员工发起的“大手牵小手欢度6.1”、“助力高考学子，英大财险在行动”等活动，围绕社会实时关注热点，贡献一份力量。2015年，在“3.15保险消费者权益保护日”和“7.8全国保险公众宣传日”中，英大财险山东分公司积极发挥维护客户权益的职责，设置总经理接待日，对于到访客户有问必答，帮助解决客户困难， 开展风险教育及保险知识培训。户外宣传场次达到56次，接受9000余次客户咨询，客户反映事项数量17次，已处理事项17次，发放宣传材料8万余份。在提升员工素质方面，公司组织在晨会时间传唱“保险让生活更美好”保险人之歌，学习保险新知识，分享从业经验；定期组织员工观看远离非法集资宣传片、反洗钱教育培训，树立坚决杜绝违法违规意识，宣导最新的防范和打击非法行为，保障保险消费者合法权益，营造良好的金融环境，彰显公司坚决服务于社会、服务于客户的决心与毅力。

2014年，山东分公司荣获2013年度工会先进个人荣誉称号；获得济南市保险统计工作先进单位荣誉称号；保监局公布的上半年监管评价指标排名上升至第2位；2014年被保监局评为监管A类单位，济南中心支公司荣获 “2014年度全市统计工作先进集体和先进个人”；临沂中心支公司荣获 “临沂市民最满意金融机构”；聊城中心支公司在理赔暗访测试中综合成绩排名第一；滨州中心支公司连续三季度在私家车理赔效率指标中蝉联第一。2015年，山东保监局通报了上半年保险消费者权益保护工作情况，英大财险山东分公司考核排名位列财险行业第一名。

在新的历史起点上，公司将继续以《关于加快发展现代保险服务业的若干意见》为圆点，围绕科学发展观、新时期保险改革，为全面建设社会主义和谐社会做出积极的贡献。

3.15消费者权益保护日

2014年6月1日，举办题为‘你投保我用心’客户节座客户座谈会

2014年6月1日，由员工发起组织的“大手牵小手欢度6.1”

2014年6月9日，组织全体员工观看《欲望陷阱——远离非法集资的诱惑》宣传片

7.8全国保险公众宣传日

7.8全国保险公众宣传日公司职场内宣传学习

2014年7月3日，英大财险山东分公司冠名赞助山东省金融系统第四届“英大财险杯”职工羽毛球比赛

非法集资街道宣传

客户节组织“寻找第一张保单客户”活动

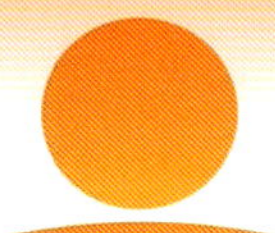

阳光保险集团 阳光财产保险股份有限公司

Sunshine Insurance Group Sunshine Property and Casualty Insurance Co., Ltd.

山东省分公司

阳光财产保险股份有限公司山东省分公司
负责人 段卫平

阳光财产保险股份有限公司山东省分公司隶属于全国七大保险公司之一的阳光保险集团，公司成立于2005年10月20日，主要经营范围涵盖车险、财产险、意健险、信用保证保险等多个险种。

自成立以来，阳光产险山东分公司发展迅速，在短短十年的时间里已稳稳扎根齐鲁大地，基本完成了全省机构的全面覆盖，保费收入逐年递增，经营效益保持稳定，至2014年公司已实现保费收入25.23亿，市场份额5.6%，全年承保利润率居行业第2位，为全省保险行业健康快速发展，服务地方社会经济发展做出了积极的贡献。

同时，阳光产险山东分公司始终以“打造最具品质和实力的保险公司”为企业愿景，不断加强与全省知名企业的合作广度和深度，持续提升服务保障水平和能力，为消费者提供全面优质的服务体验，受到社会各界的广泛赞誉和一致好评，先后被评为“百姓最放心保险公司”、“百姓口碑最佳荣誉单位”、“企业文化建设优秀单位”。

2015年，山东阳光产险全体干部员工将继续秉承“诚信、关爱”的核心价值理念，坚持依法合规经营、持续提升服务能力、确保稳固健康发展，为山东各地社会服务经济发展做出更大的贡献。

公司合影

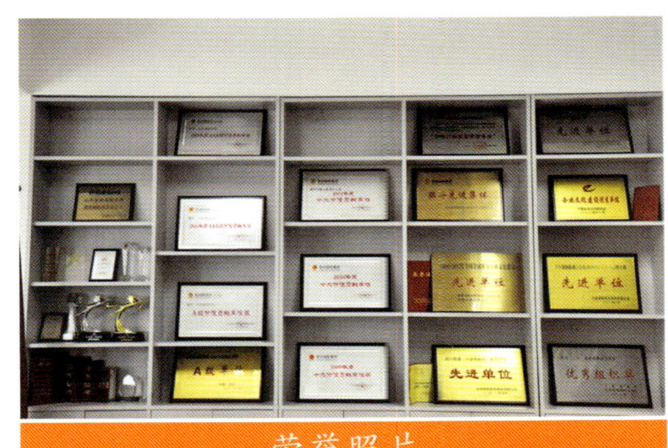

荣誉照片

客服大比武照片

培训活动照片

2015

经济金融数据研发

—— 金融地图

2014年全国各地区生产总值

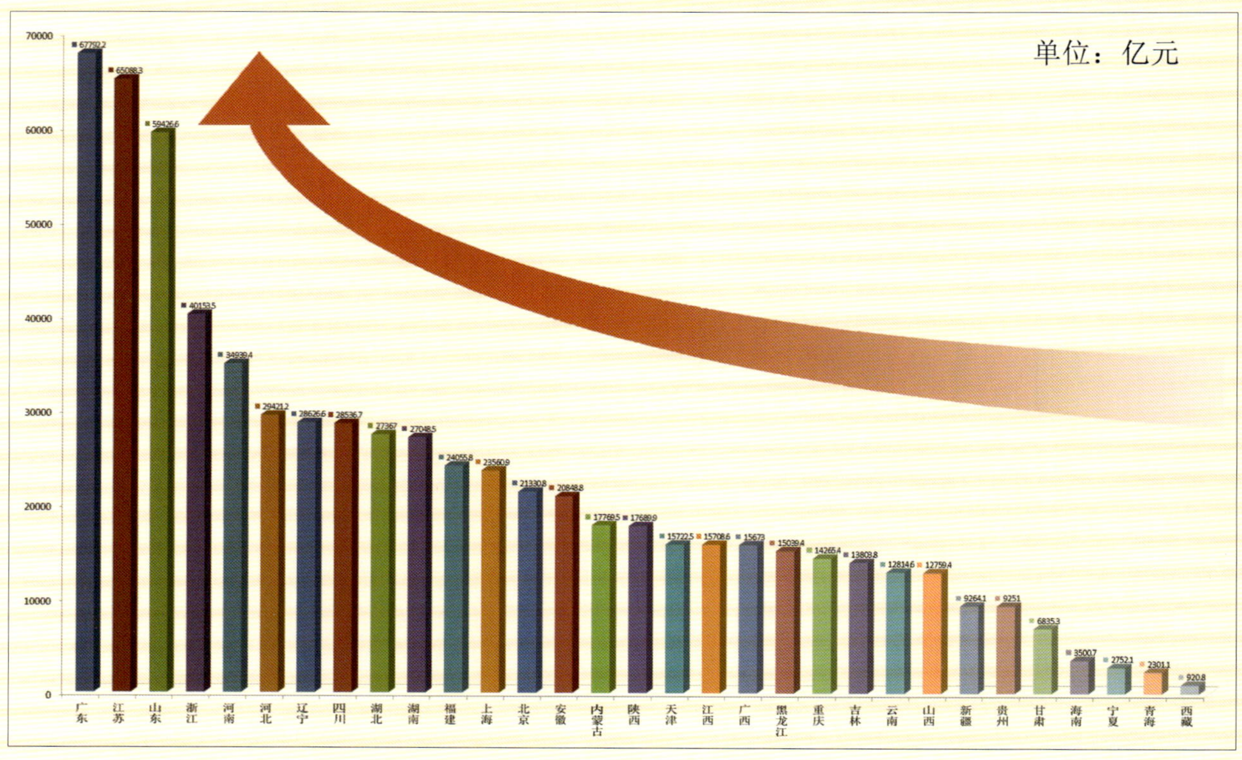

2014年全国各地区各项存款

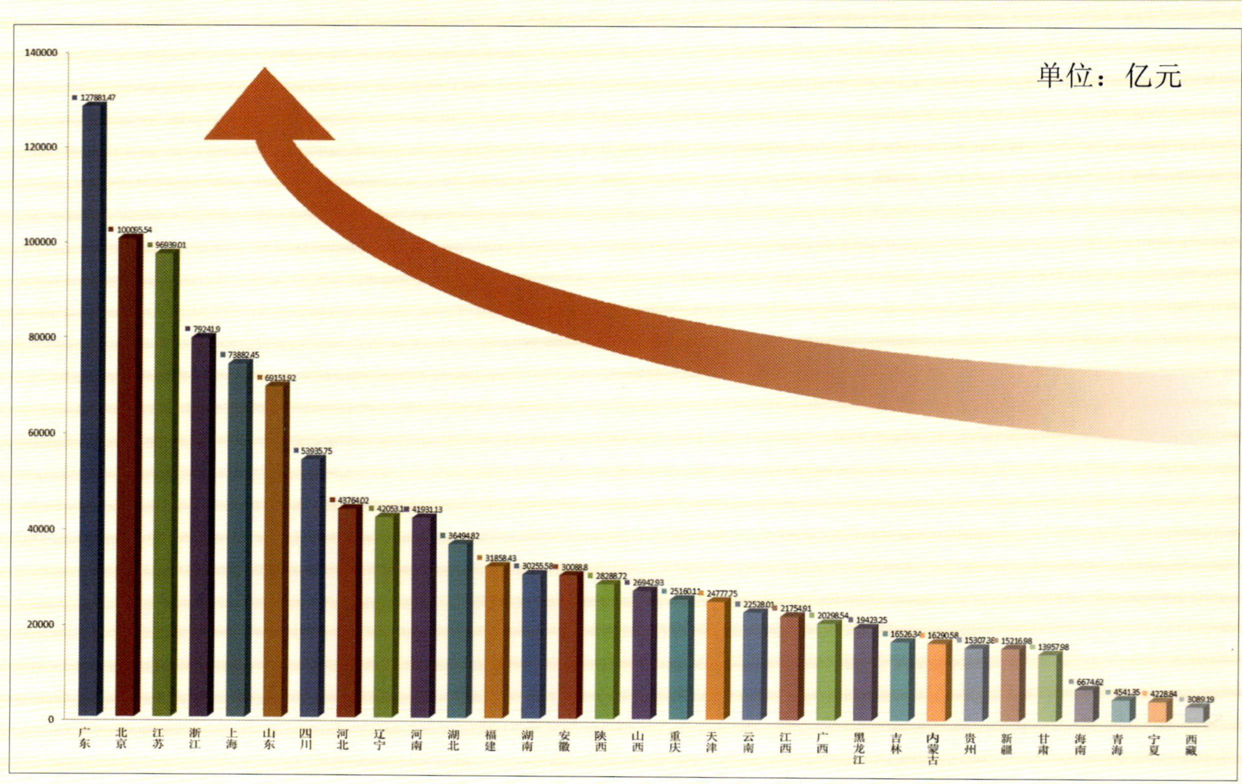

2004年全国各地区生产总值

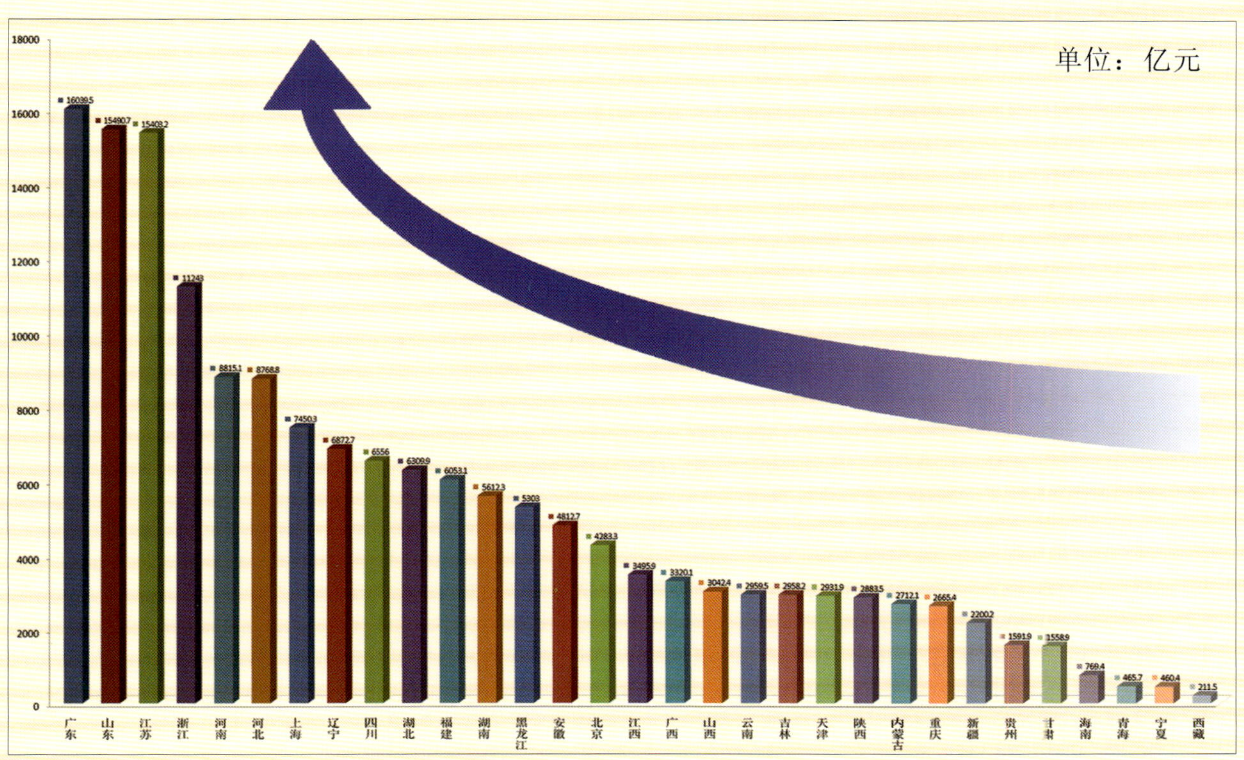

2004年全国各地区各项存款

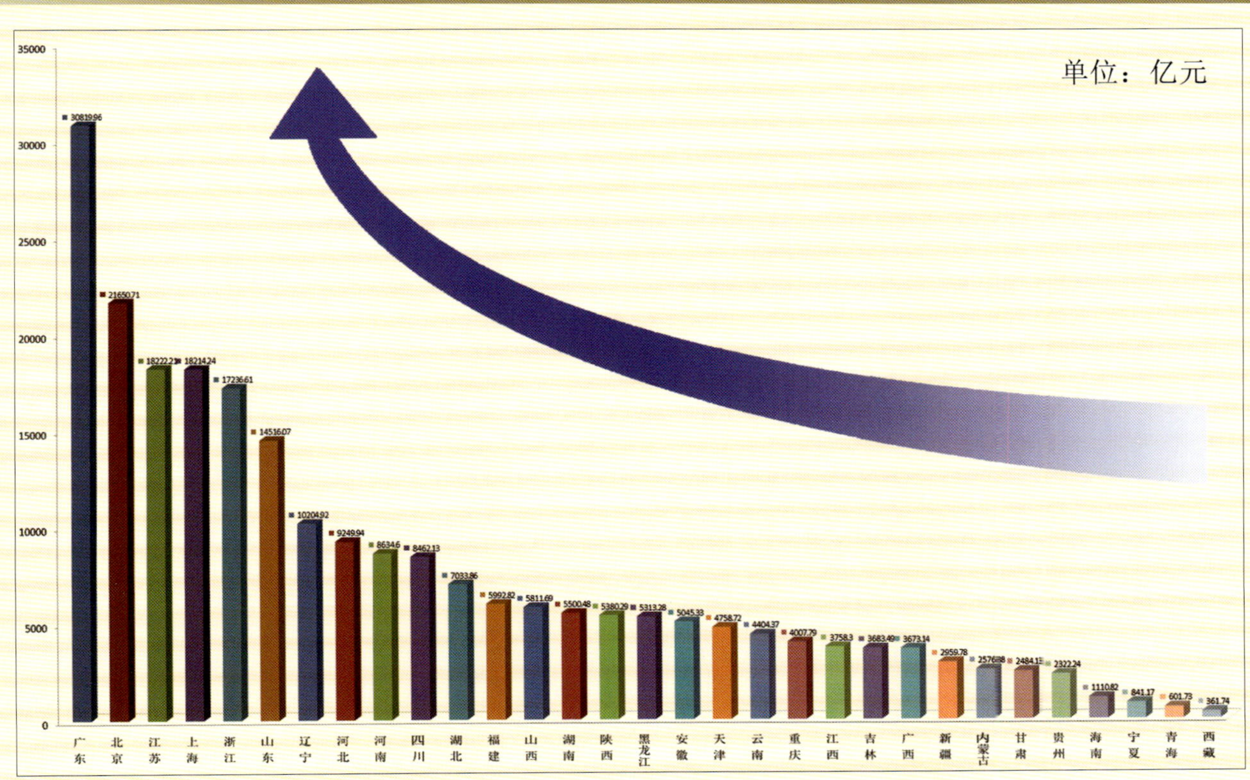

2014年山东省各市地地区生产总值

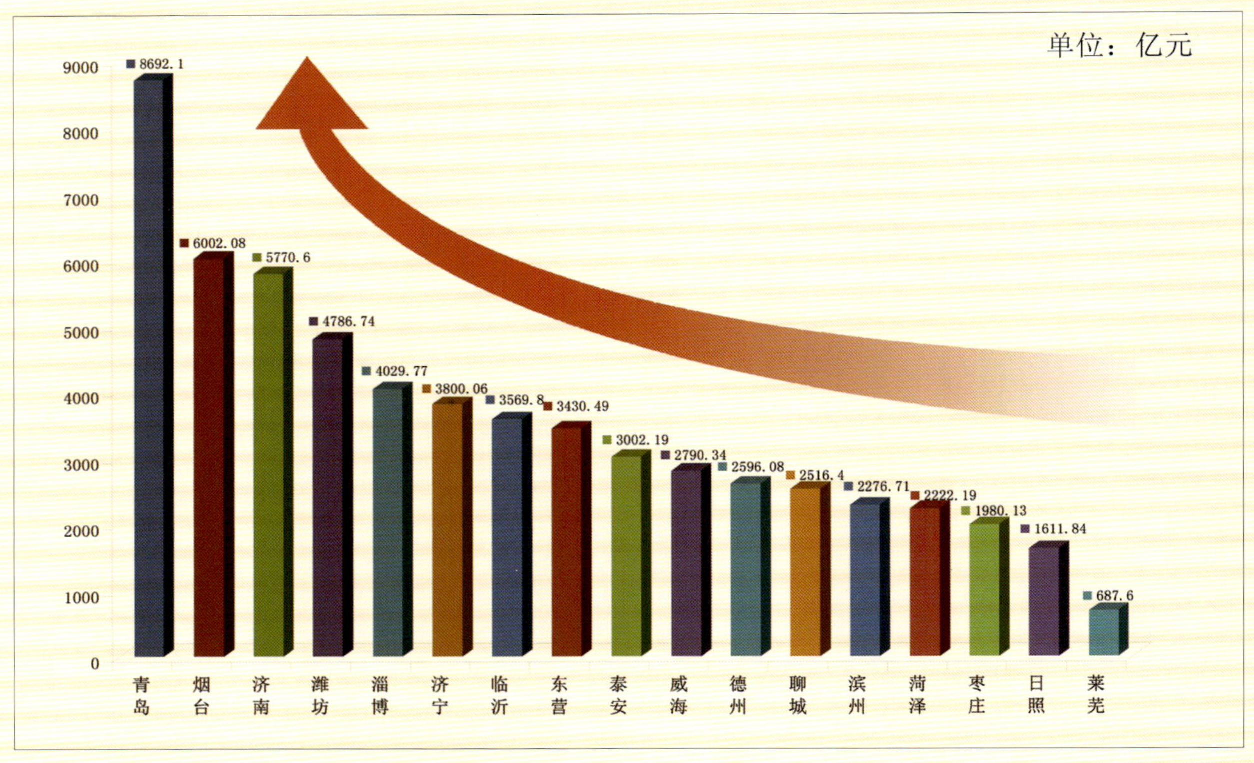

2014年山东省各市地各项存款

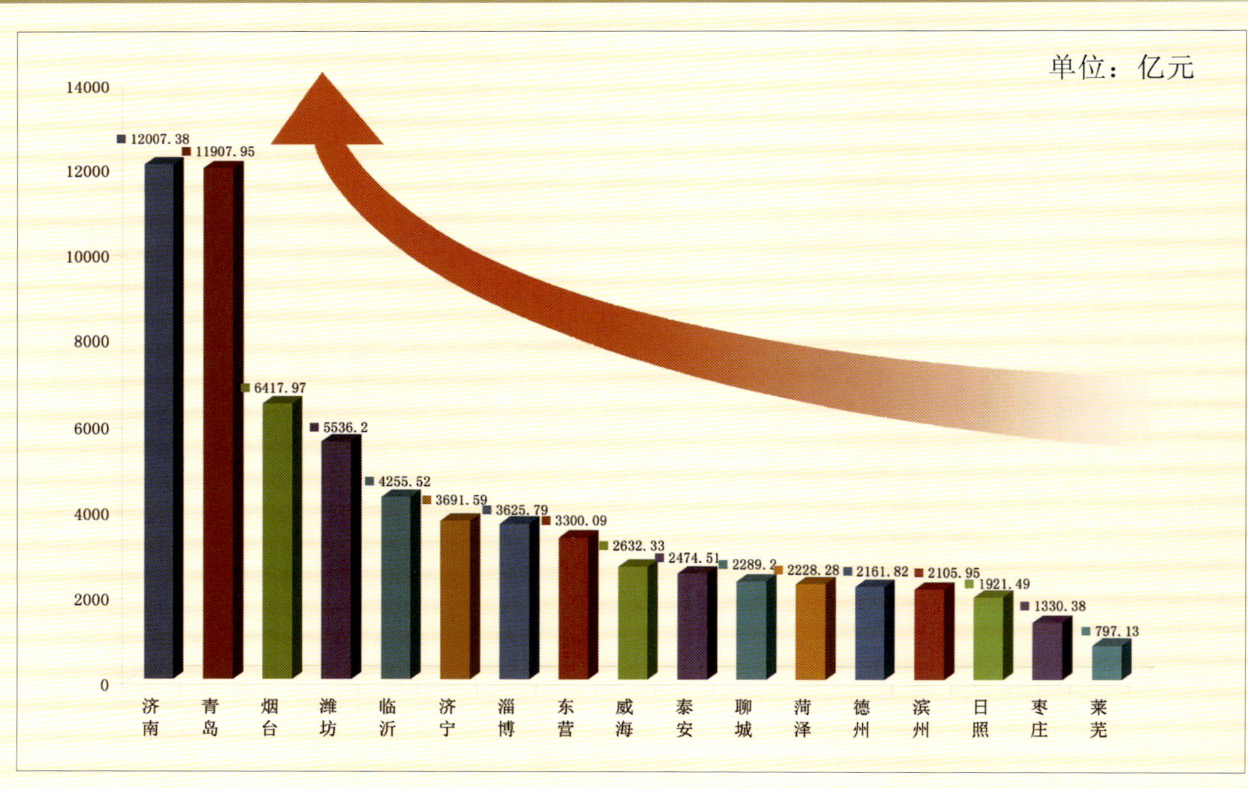

2004年山东省各市地地区生产总值

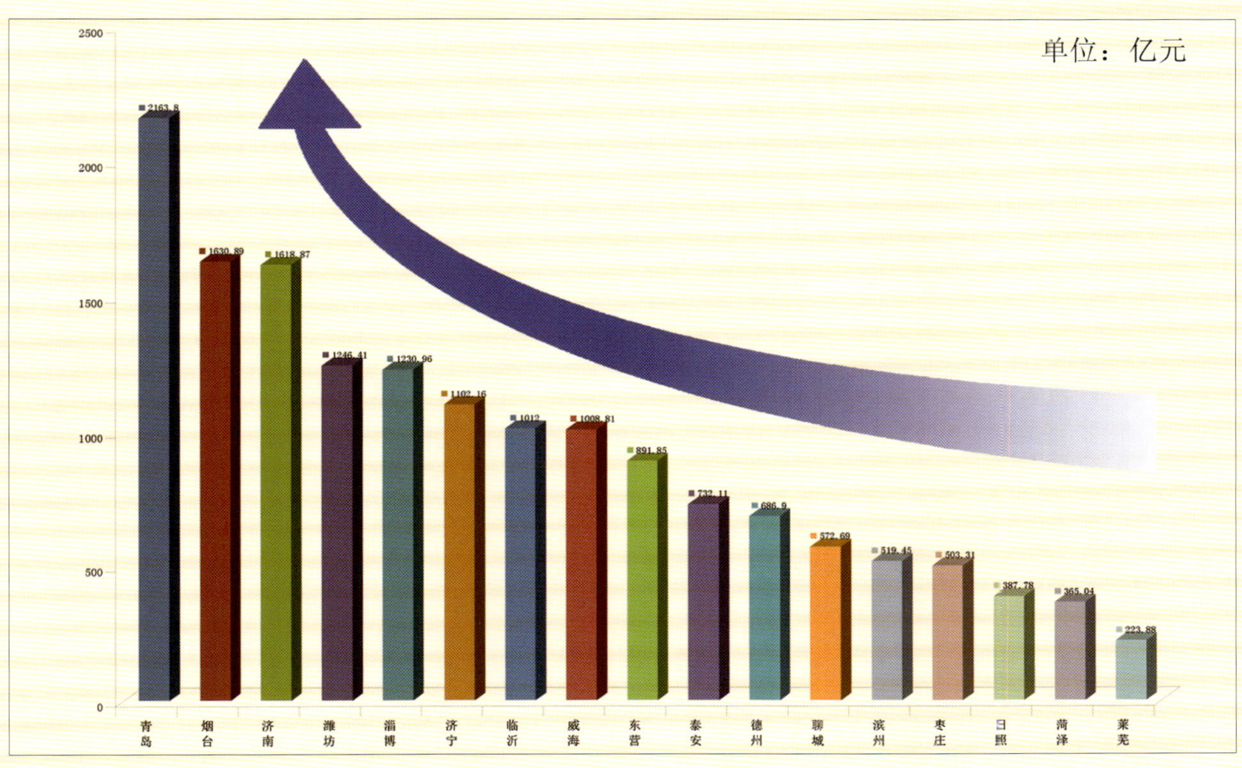

2004年山东省各市地各项存款

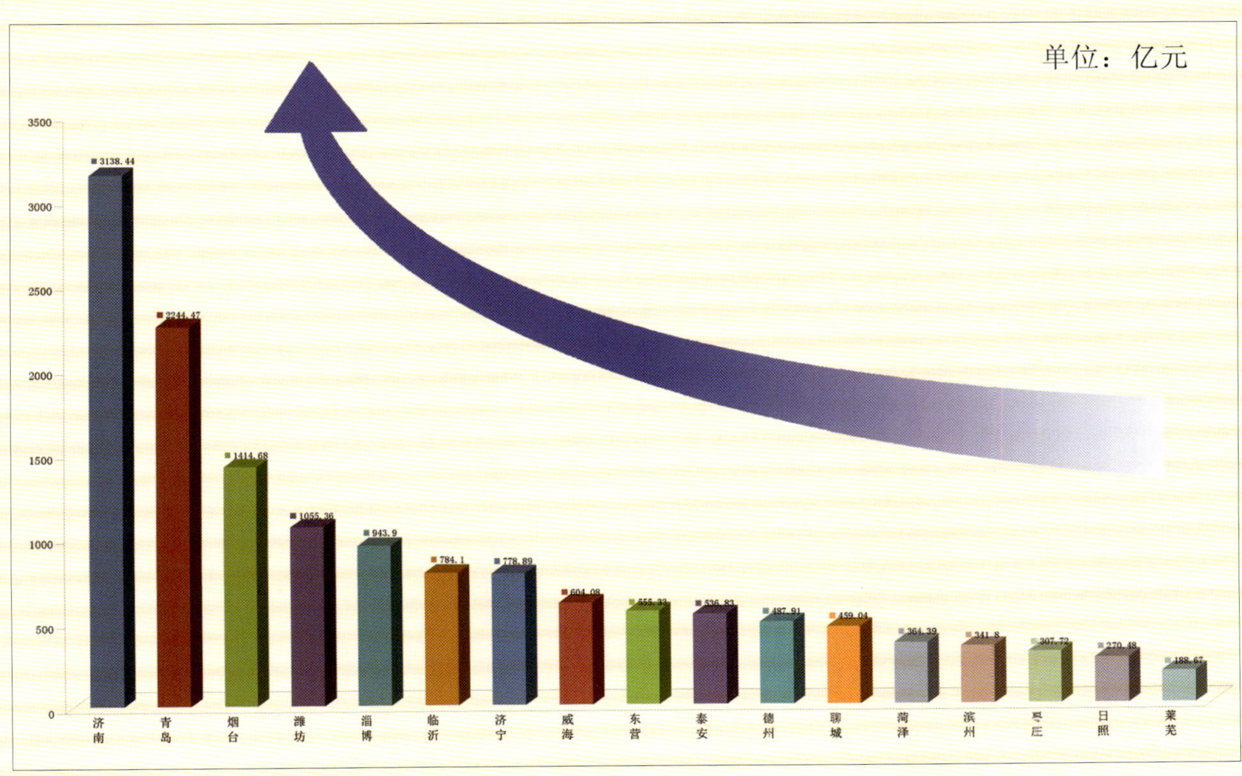

2014年全国各地区储蓄存款

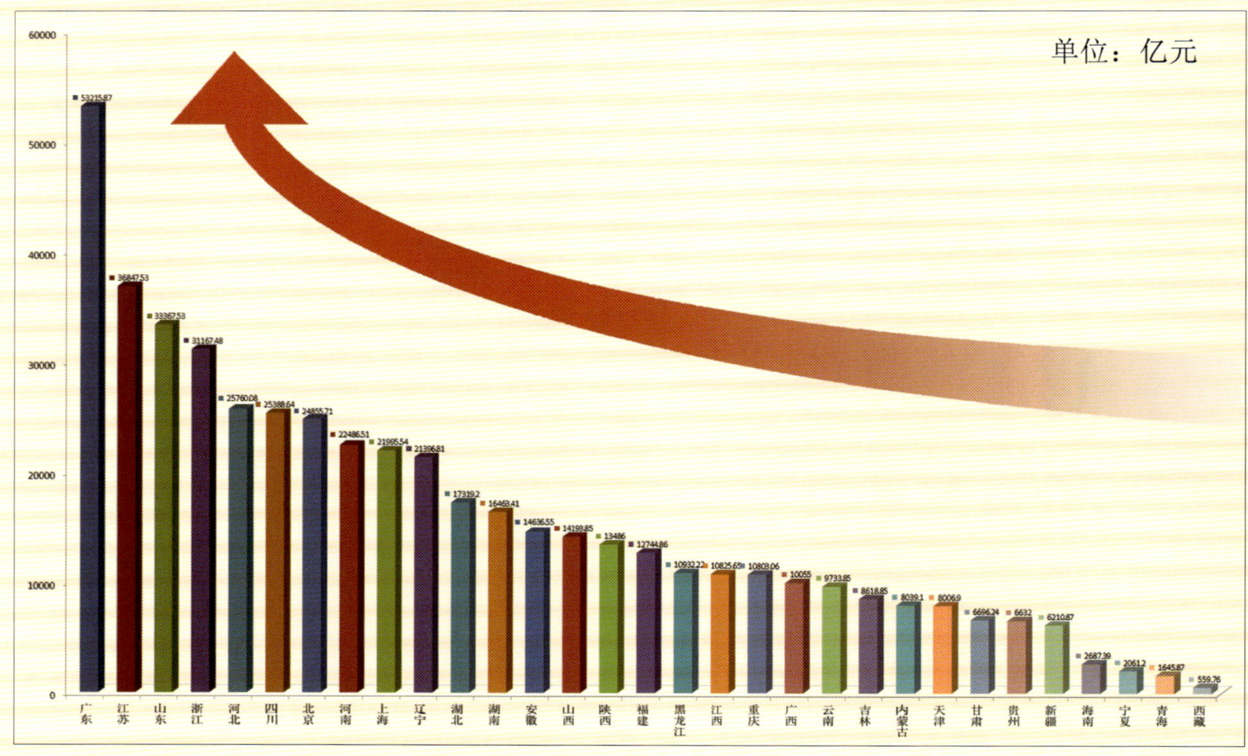

2014年全国各地区各项贷款

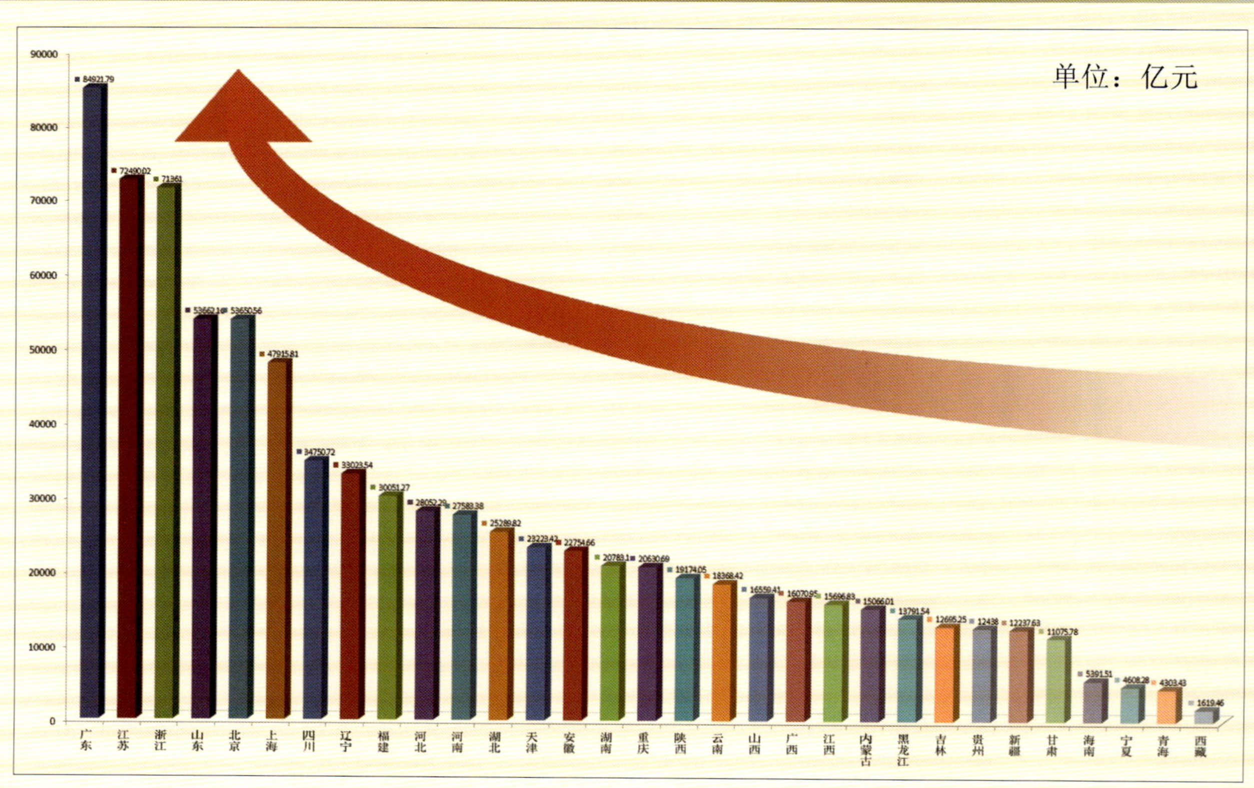

2004年全国各地区储蓄存款

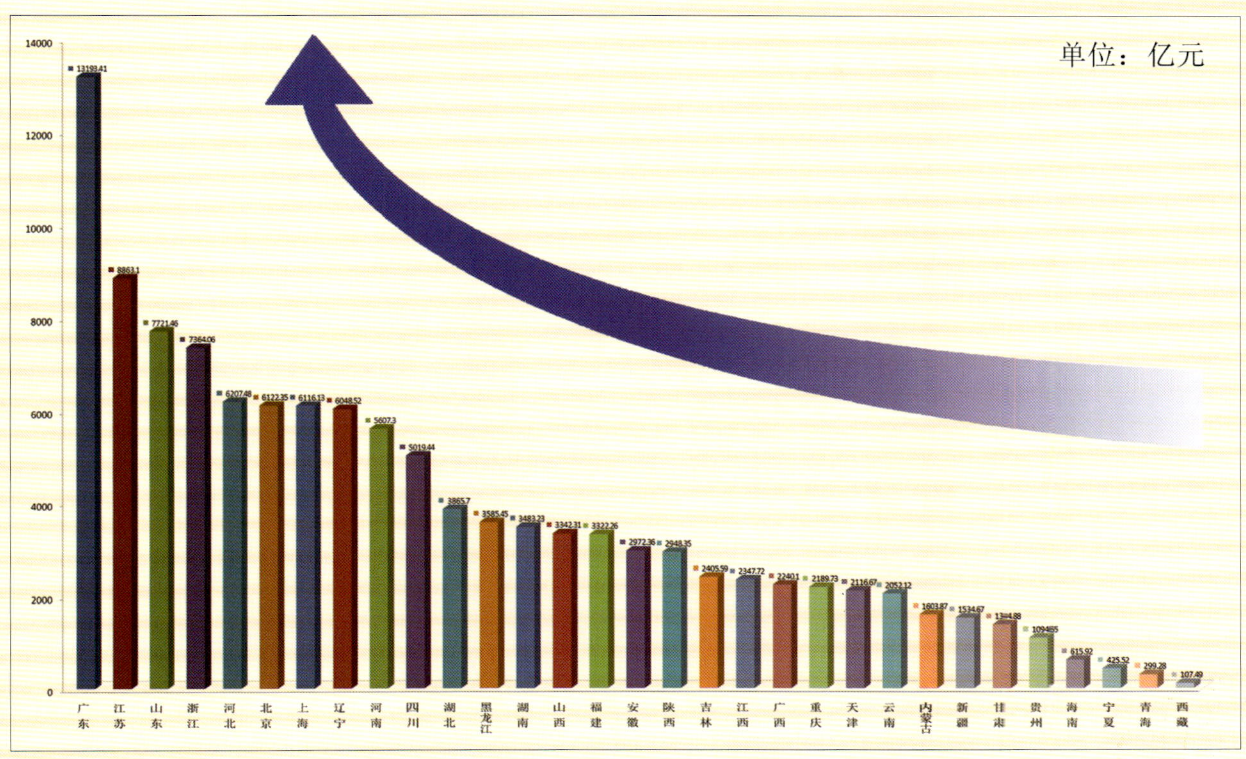

2004年全国各地区各项贷款

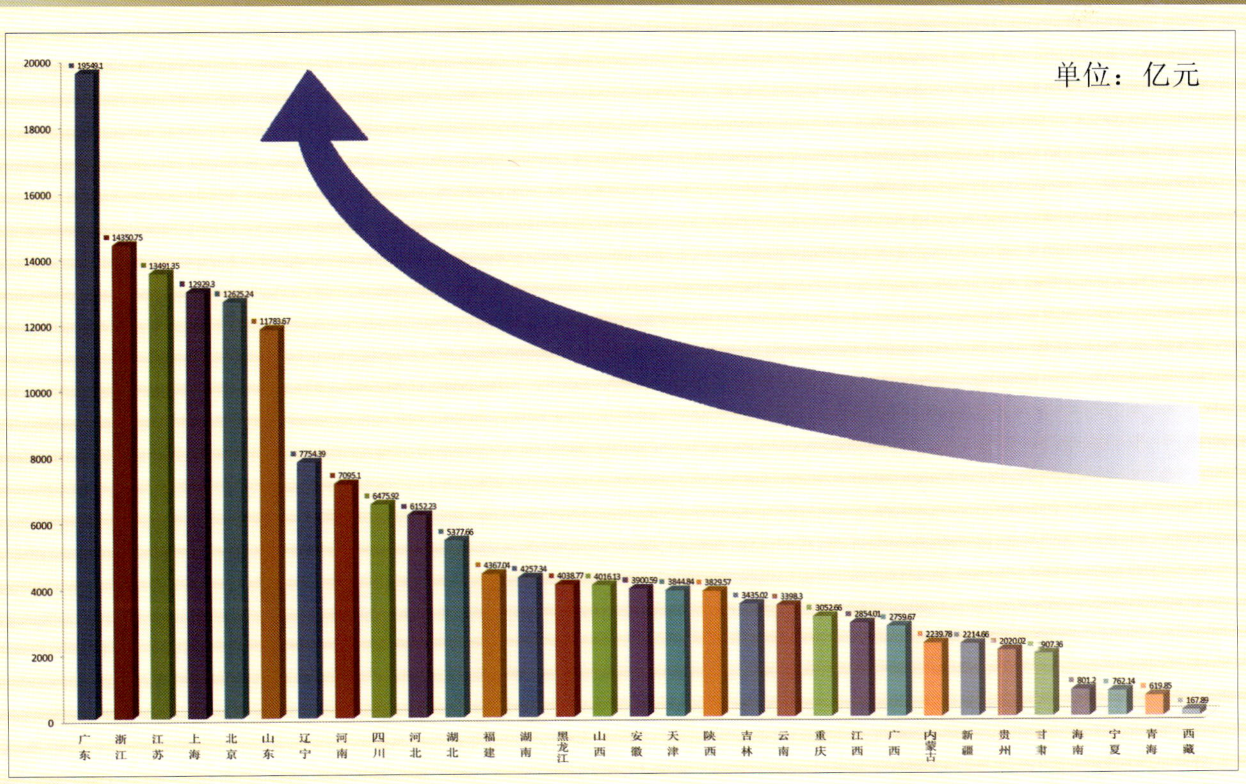

2014年山东省各市地储蓄存款

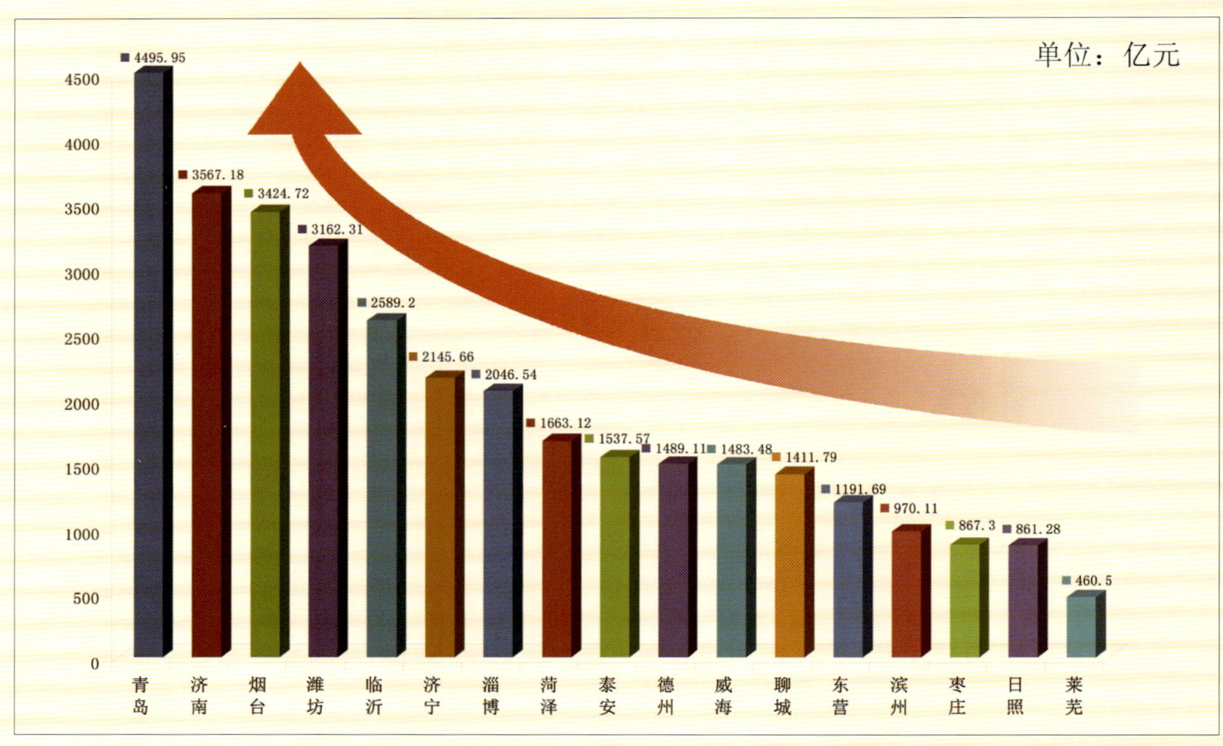

2014年山东省各市地各项贷款

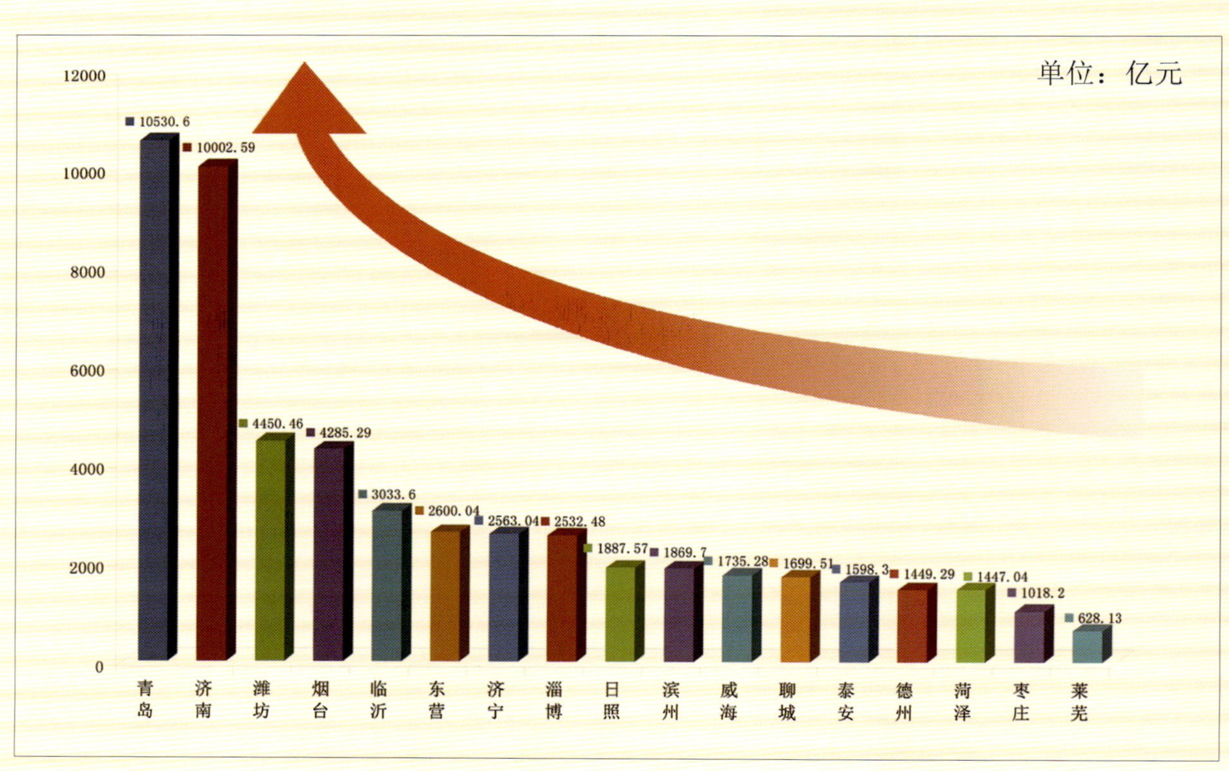

2004年山东省各市地储蓄存款

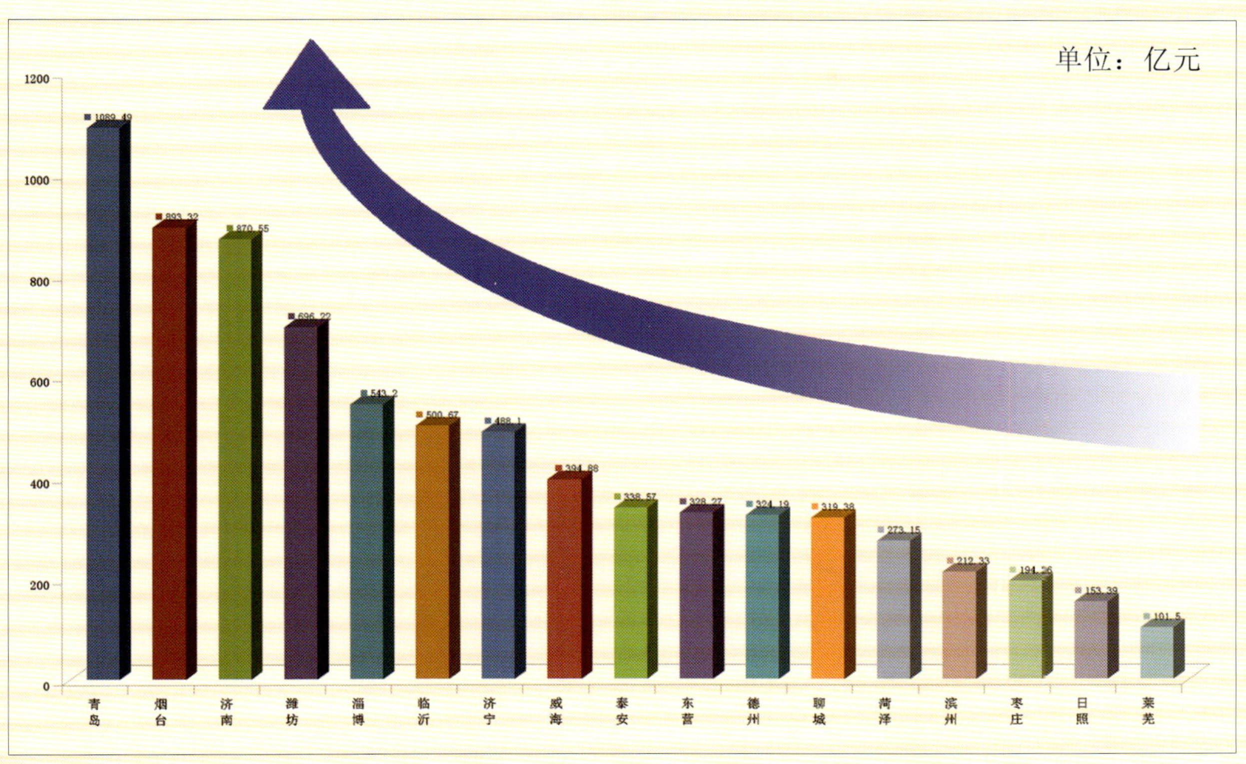

2004年山东省各市地各项贷款

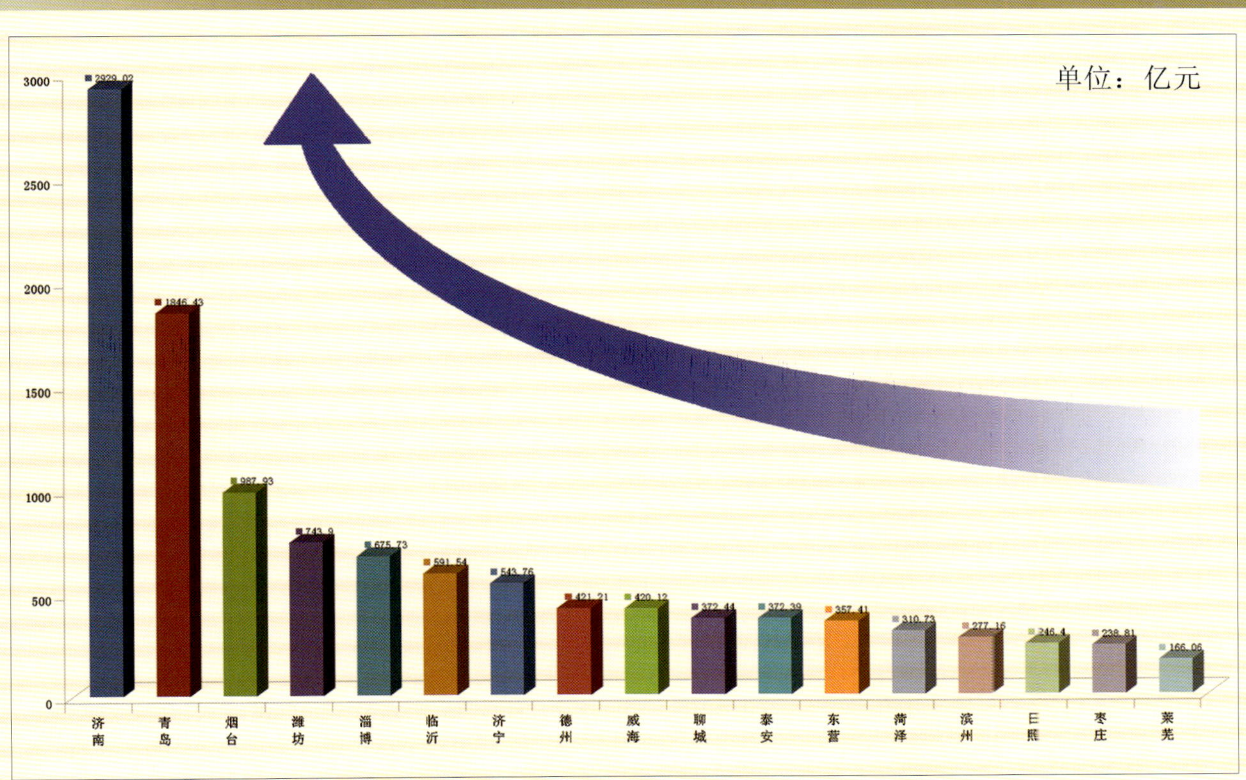

目 录

1 第一部分

2 第二部分

3 第三部分

4 第四部分

5
第五部分

6 第六部分

8 第八部分

11 第十一部分

13 第十三部分

15 第十五部分

主题索引

第一部分

山东省金融运行报告

山东省金融运行报告

【综述】 2014年,面对错综复杂的国内外经济形势,山东省认真贯彻党的十八大和十八届三中、四中全会精神,坚持稳中求进、改革创新,全省经济较快增长,结构调整取得新的进展,运行质量稳中有升。金融运行总体稳健,货币信贷和社会融资规模平稳增长,信贷结构进一步优化;证券期货业较快发展,保险服务领域拓宽,金融市场交易活跃,金融基础设施更加完善,金融服务实体经济能力进一步提升。

【金融运行情况】 2014年,山东省金融业运行总体健康平稳,银行业经营稳健,证券业规模扩大,保险市场体系进一步完善,金融基础设施建设进一步加强,有力地支持了经济社会发展。

一、银行业稳健经营,货币信贷增长平稳。2014年,山东省银行业金融机构认真贯彻落实稳健货币政策,贷款增长平稳、信贷结构优化,银行业改革取得新进展,为全省经济提质增效升级和持续健康发展营造了良好的金融环境。

(一)资产规模稳步扩大,中小法人机构盈利能力提升。2014年,山东省银行业金融机构资产负债平稳增长,实现利润同比下滑,不良贷款较年初“双升”。中小法人银行业机构资本充足率提高,实现利润同比增长17.9%。全省首家台资银行落户青岛,新型农村金融机构数量继续扩大。

2014年山东省银行类金融机构情况

机构类别	营业网点			法人机构(个)
	机构个数(个)	从业人数(人)	资产总额(亿元)	
一、大型商业银行	4477	100878	33351	0
二、国家开发银行和政策性银行	128	3745	7047	0
三、股份制商业银行	688	22227	13747	1
四、城市商业银行	874	24285	10340	14
五、小型农村金融机构	5007	73442	15417	116
六、财务公司	2	666	1566	13
七、信托公司	0	433	83	2
八、邮政储蓄	3023	9949	4157	0
九、外资银行	41	1124	455	0
十、新型农村金融机构	125	3855	518	88
合 计	14365	240604	86681	234

注:营业网点不包括国家开发银行和政策性银行、大型商业银行、股份制商业银行总部数据。大型商业银行包括中国工商银行、中国农业银行、中国银行、中国建设银行和交通银行;主要农村金融机构包括农村信用社、农村合作银行和农村商业银行;新型农村金融机构包括村镇银行、贷款公司和农村资金互助社等。

数据来源:山东银监局。

(二)存款增速持续回落,结构变化明显。2014年,受存款偏离度考核、同业业务监管等因素影响,各项存款增速前高后低,下半年以来持续放缓。全省本外币存款增加5785亿元,较上年少增2132亿元,单位存款增量仅为上年的53%,储蓄存款增量与上年基本持平;受网络金融竞争加剧、股市分流等因素影响,结构性存款大幅少增。因人民币汇率双向波动、美元升值,市场主体持汇意愿增强,外币存款同比多增21.6亿美元。

2013—2014年山东省金融机构
人民币存款增长变化

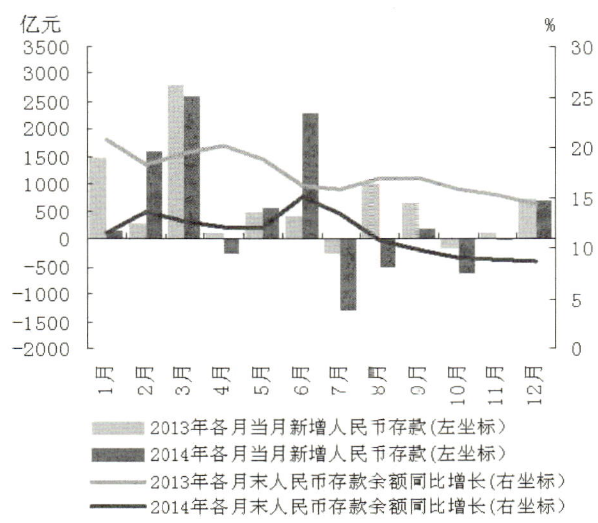

数据来源:中国人民银行济南分行。

(三)贷款增量继续提高,中长期贷款占比上升明显。2014年,山东省本外币贷款增加5538亿元,创近5年新高。中长期贷款增长加速,增量占比提高8.4个百分点;短期贷款增量创近6年新低,票据融资同比多增。差别准备金动态调控成效明显,法人机构信贷投放季度波动性减小,对实体经济支持力度不断加大。

人民银行济南分行加强政策引导,对70家机构执行定向降准政策,信贷政策支持再贷款、再贴现年累放分别同比增加86.8亿元、13.8亿元,办理常备借贷便利24.4亿元,民品民贸企业贷款贴息额同比增长86%;作为全国两个试点省份之一,创新办理信贷资产质押发放信贷政策支持再贷款8.5亿元。信贷投放重点突出,战略性新兴产业、文化产业等领域贷款余额同比增长30%以上,涉农、小微企业贷款增速分别高于全部贷款增速0.9个和4个百分点;金融支持现代农业在创新涉农信贷产品、深化银保支农合作、扩大金融支农规模上实现“三个突破”目标，529 家新型农业经营主体试点实施主办行制度；民生领域贷款较快增长，全年累计发放小额担保贷款 55.2 亿元，保障性住房开发贷款同比多增 135.6 亿元。

2013—2014 年山东省金融机构
人民币贷款增长变化

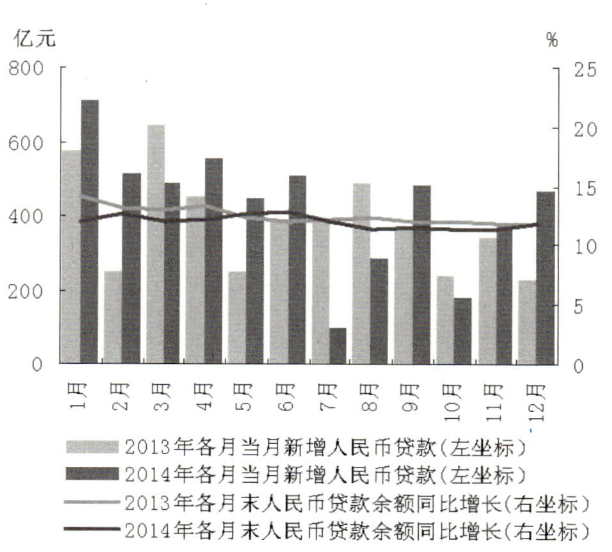

数据来源：中国人民银行济南分行。

2013—2014 年山东省金融机构
本外币存款、贷款增速变化

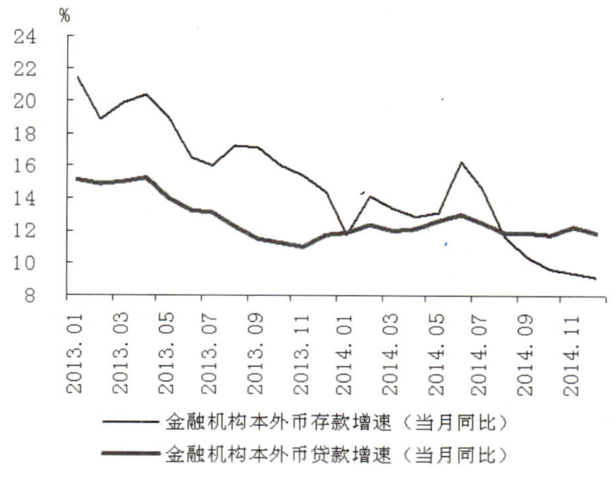

数据来源：中国人民银行济南分行。

（四）表外融资增速放缓，理财业务快速增长。监管部门对商业银行同业业务进行了检查评估，商业银行采取了控制措施。2014 年，山东省表外融资同比少增 2678 亿元，增量仅为上年的 37.7%；未贴现银行承兑汇票余额同比大幅少增，委托贷款连续 8 个月同比少增，信托贷款同比下降 40.3 亿元。随着利率市场化和金融产品创新的推进，企业和个人理财资金分别同比多增 266 亿元和 661 亿元。

2013—2014 年山东省金融机构外币
存款余额及外币存款利率

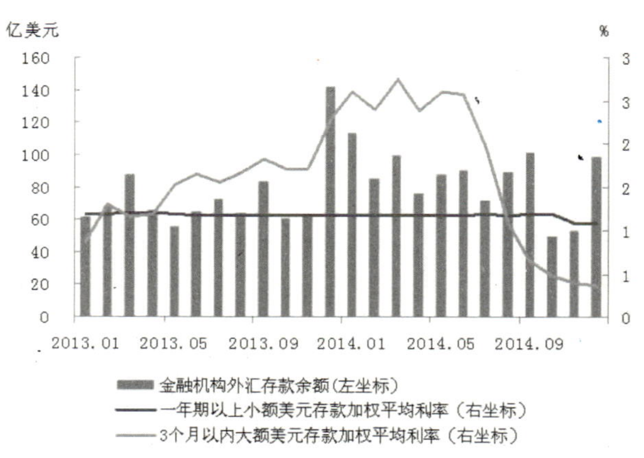

数据来源：中国人民银行济南分行。

（五）贷款利率稳中有降，法人机构定价能力进一步提升。全年一般性贷款加权平均利率与上年持平，2014 年 11 月 22 日降息后贷款利率持续走低，12 月降至近 4 年最低点。小微企业上浮利率贷款占比较上年下降 1.6 个百分点，农户贷款利率有所回落。民间借贷监测利率持续回落，样本加权平均利率较上年下降 0.87 个百分点。6 家法人金融机构通过合格审慎评估成为市场利率定价自律机制基础成员，年内发行同业存单 16 期，金额 111 亿元。

（六）金融改革深入推进，机构体系不断完善。青岛市财富管理金融综合改革试验区获得国家批复，合格境内有限合伙人、建立财富管理综合监管协调机制等 30 余项政策获批。交通银行、中信银行、建设银行与青岛市政府签署支持试验区建设的战略合作协议，民生银行在青岛设立全国首家直属总行的私人银行财富中心。城商行联盟公司治理改革顺利完成，全省城市商业银行新筹建分行 19 家。农村信用社改革步伐加快，当年新改制组建农村商业银行 12 家，改制机构占比达 56%。村镇银行达 100 家，数量居全国首位；小额贷款公司达 400 家，小额贷款公司省级行业综合服务平台开业运营。金融资产管理公司、汽车金融公司获批筹建。

（七）不良贷款出现反弹，重点领域风险有效管控。受经济增速放缓、化解过剩产能、担保圈风险持续发酵等因素影响，不良贷款余额和不良贷款率分别较年初增长 53.4%和 0.5 个百分点。关注类贷款较快增长，大企业担保圈、贸易融资等金融风险逐步显现。各方协调管控风险，探索大额授信联合管理机制，加强异地授信业务监管，出台重大信用风险事件应对处置规程，明确地方政府承担风险化解主体责任，督促银行加快不良贷款核销和处置，平台和房地产贷款风险基本可控，多起重大企业财务风险得到有效处置，流动性指标保持合理水平。

（八）跨境人民币结算继续快速增长，覆盖面持续扩大。2014 年，山东省累计办理跨境人民币业务 7629.2 亿元，较上年增长 47%。全省 922 家银行分支机构办理跨境人民币业务，覆盖山东省 1/3 的涉外企业,涉及 179 个国家和地区。经常项下人民币跨境收支占全省经常项目国际收支的比重达 23%，较上年提高 6.5 个百分点。跨境人民币投融资更加活跃，资本项下跨境人民币结算额较上年增长 90%。人民币对韩元柜台直接挂牌交易稳步推进，居全国其他非主要储备货币柜台直接挂牌交易额首位。

二、证券业较快发展，上市融资增长迅速。2014 年，山东省证券市场交易活跃，证券期货机构发展规模与质量稳步提高，多层次资本市场建设取得积极进展。

（一）业务规模扩大，机构实力增强。2014 年，证券业和期货业总资产合计达 1030.4 亿元，新增证券分公司和营业部 80 家。证券市场成交活跃，2 家法人证券公司总交易额同比增长 48.6%，净利润为上年同期的 2.1 倍。融资融券业务快速发展，年末余额 315.5 亿元。3 家法人期货公司交易量 9 万亿元，总资产和净利润分别增长 35.0%和 30.8%。

（二）资本市场融资快速增长，并购重组取得新进展。2014 年，山东省资本市场融资与上年相比接近翻番。52 家企业境内证券市场融资 398.3 亿元，较上年增长 3.84 倍；6 家企业境外上市融资 70.5 亿元。全省 154 家境内上市公司总市值 1.2 万亿元，增长 25.7%，占 GDP 比重达 20.9%。在全国中小企业股份转让系统（“新三板”）挂牌 98 家，储备挂牌企业资源近千家。全年完成并购重组事项 67 起，涉及资金 109.2 亿元。

（三）期货市场稳步发展，机制建设有序推进。2014 年，全省期货公司代理交易量 5904 万手；新增玉米淀粉等期货交割库 7 家，累计达 55 家，居全国第四位。出台《关于开展介于现货与期货之间的大宗商品交易市场试点工作的意见》，在石油装备、大蒜、石油、铁矿石等领域启动实施。

（四）区域产权交易市场发展迅速，资本市场改革不断深化。齐鲁股权交易中心挂牌、托管企业分别为 412 家和 534 家，累计融资 150 亿元；与“新三板”初步建立批量转板机制，已有 13 家企业成功转板。蓝海股权交易中心开业挂牌，挂牌企业 131 家。出台《山东省权益类交易市场管理暂行办法》，金融资产、能源环境、农村产权、海洋产权 4 家交易场所获批成立。出台《关于运用政府引导基金促进股权投资加快发展的意见》和《山东省股权投资引导基金暂行管理办法》，激活社会资本，推动私募股权投资发展。

三、保险业市场体系不断完善，服务领域持续拓宽。2014 年，山东省保险业运行平稳，市场主体进一步丰富，服务领域进一步拓宽，经济补偿和风险保障功能有效发挥。

（一）保险业务较快增长，地方法人保险机构增加。2014 年，山东省保险机构总数达 82 家，资产规模同比增长 11.1%。全年保费收入同比增长 13.6%，赔付支出同比增长 17.5%，提供风险保障 42.7 万亿元。华海财产保险公司开业运营，中路交通财产保险公司获批筹建。

（二）保险服务领域拓宽，保障功能增强。政策性农业保险扩容增面，实现保费收入 9.6 亿元，新增 9 个财政补贴保险品种，海水养殖风力指数保险等试点启动。大病保险覆盖 7000 余万城乡居民，占全国总量的 1/4。责任保险规模同比增长 19.3%，安全生产责任保险实现重点行业全覆盖，治安保险县域覆盖率达 80%以上，食品安全等责任保险试点启动。出口信用保险支持 2000 余家小微企业“走出去”，提供风险保障 1710 亿元。小额贷款保证保险推广范围扩大，提供风险保障 3.5 亿元。科技保险实现突破，在全国率先启动技术装备及关键核心零部件保险。

2014 年山东省证券业基本情况

项　　目	数量
总部设在辖内的证券公司数(家)	2
总部设在辖内的基金公司数(家)	0
总部设在辖内的期货公司数(家)	3
年末国内上市公司数(家)	154
当年国内股票（A股）筹资（亿元）	268
当年发行H股筹资（亿元）	0
当年国内债券筹资（亿元）	2952
其中：短期融资券筹资额（亿元）	1436
中期票据筹资额（亿元）	843

数据来源：中国人民银行济南分行，山东证监局。

2014 年山东省保险业基本情况

项　　目	数量
总部设在辖内的保险公司数(家)	3
其中：财产险经营主体（家）	2
寿险经营主体（家）	1
保险公司分支机构（家）	79
其中：财产险公司分支机构（家）	33
寿险公司分支机构（家）	46
保费收入（中外资，亿元）	1252
其中：财产险保费收入（中外资，亿元）	450
人身险保费收入（中外资，亿元）	802
各类赔款给付（中外资，亿元）	442
保险密度（元/人）	1279
保险深度（%）	2.11

数据来源：山东保监局。

（三）保险投资稳步增长，领域进一步拓宽。2014年保险资金运用新增157亿元，投向基础设施、保障房、医疗健康、养老社区等领域。新增债权投资计划229亿元，集中投向交通和保障房领域。泰山财险参与发起保险业首只私募基金，并获得海外投资资格。阳光人寿获批全国首个保险业投资“三甲”医院项目，合众人寿长清养老社区项目取得积极进展。

四、金融市场快速发展，直接融资占比提高。2014年，山东省金融市场交易活跃，融资方式多元，资金配置效率进一步提升。

（一）直接融资规模扩大，表外融资占比下降。2014年，山东省直接融资增长95.5%，占社会融资规模比重上升7个百分点。债券融资增长较快，发行数量、金额分别增长100%和85.3%。银行间市场债务融资工具占社会融资规模比重同比上升3.1个百分点，融资额位居全国第四。73家中小企业成功发行私募债87.2亿元，小微企业增信集合债试点惠及小微企业350家。委托贷款、信托贷款和未贴现银行承兑汇票合计占比为17.5%，同比大幅下降22.2个百分点。

2014年山东省社会融资规模分布图

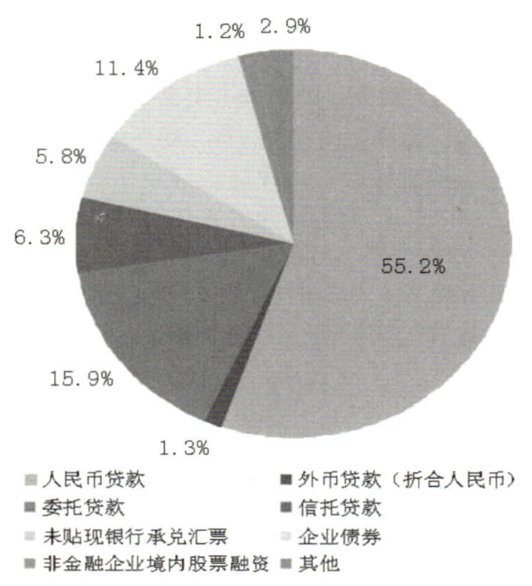

数据来源：中国人民银行济南分行。

（二）货币市场交易大幅增长，成交利率整体下行。2014年，山东省银行间市场成员交易额17.7万亿元，同比增长40.5%。同业拆借、债券回购、现券买卖同比分别增长18.5%、51.1%和85.5%，净融入资金为上年的2.5倍。证券机构交易所市场债券与回购交易额首次突破万亿元，同比增长2.9倍。拆借、质押式和买断式回购加权平均利率同比分别下降9个、61个和54个基点，波动幅度较上年明显减弱。

（三）票据融资规模扩大，利率呈“L”形走势。2014年，受监管政策调整的影响，银行承兑汇票签发先增后降，签发量较上年增长17%。票据贴现余额同比增长16%。电子商业汇票业务加快推广，办理金额增长54.2%。贴现利率前三个季度逐月下降，第四季度受市场流动性波动的影响出现小幅反弹。

2014年山东省金融机构票据业务量统计

单位：亿元

季度	银行承兑汇票承兑		贴现			
			银行承兑汇票		商业承兑汇票	
	余额	累计发生额	余额	累计发生额	余额	累计发生额
1	11676	6685	1545	3932	118	298
2	12529	5883	1617	3994	159	294
3	11541	5513	2002	3675	139	338
4	11535	5613	1919	3987	237	386

数据来源：中国人民银行济南分行。

2014年山东省金融机构票据贴现、转贴现利率

单位：%

季度	贴现		转贴现	
	银行承兑汇票	商业承兑汇票	票据买断	票据回购
1	6.955	7.843	6.318	6.255
2	6.214	7.599	5.867	5.565
3	5.963	7.488	5.678	5.337
4	5.720	7.427	5.425	5.146

数据来源：中国人民银行济南分行。

（四）银行间外汇交易增长近1倍，黄金市场交易总体活跃。2014年，山东省银行间外汇市场成员成交433.1亿美元，同比增长97.1%，即期询价交易仍占主导地位。13家黄金交易所会员成交量同比增长39.1%，累计净卖出129.6吨，自营业务增长较快。受金价波动较小、套利空间有限的影响，纸黄金业务成交量仅为上年的51.6%。黄金市场业务备案机构逐步增多，黄金远期掉期、积存定投、理财业务等新型个人黄金业务有序开展。

五、金融基础设施建设成效明显，金融生态环境进一步改善。2014年，山东省深入开展信用体系和支付环境建设，全面推进金融消费权益保护工作。全省小微企业和农村征信数据库上线运行，省域征信服务平台建设有序推进。大力开展农户、中小企业信用建档和评定工作，年末共为1029.7万户农户和18.6万户中小企业建立了信用档案。农村支付环境建设取得新突破，在全国率先实现银行卡助农取款服务点和手机支付行政村100%全覆盖的“新双百”目标。全省金融IC卡累计发卡量同比增长近14倍，ATM电子现金跨行圈存改造完成率达100%。实现金融消费权益保护协会市县两级全覆盖，在全省范围内开通“12363”金融消费者投诉咨询电话。设立全省金融创新发展引导资金，专项用于金融人才引进、金融信息平台建设，财政对金融发展支持力度加大。

2013—2014 年山东省支付体系建设情况

	支付系统直接参与方（个）	支付系统间接参与方（个）	支付清算系统覆盖率（%）	当年大额支付系统处理业务数（万笔）	同比增长（%）	当年大额支付系统业务金额（亿元）	同比增长（%）	当年小额支付系统处理业务数（万笔）	同比增长（%）	当年小额支付系统业务金额（亿元）	同比增长（%）
2013	65	8449	59.9	8905.4	29.1	1465587.0	23.4	12637.5	52.1	17175.0	-31.1
2014	21	9049	64.1	10788.9	21.2	1591599.8	8.6	13768.7	9.0	14844.8	-13.6

数据来源：中国人民银行济南分行。

【经济运行情况】　2014 年，山东经济运行总体平稳，结构调整取得新的进展。主要经济指标增速小幅回落，但仍处于合理区间，全年呈现第一季度平稳开局、第二季度稳步回升、第三季度稳中放缓、第四季度缓中趋稳的运行态势。三大需求平稳增长，三次产业协调发展，物价涨幅总体回落，社会民生事业全面发展，生态环境保护力度持续加大，区域发展战略深入推进，社会事业全面发展。

1978—2014 年山东省地区生产总值及其增长率

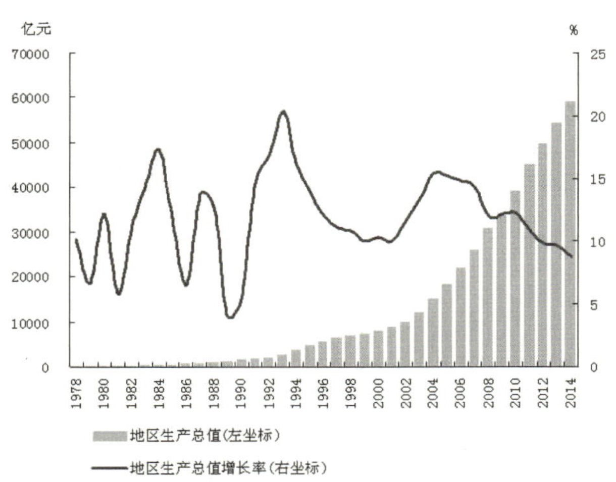

数据来源：山东省统计局。

一、内外需求协调增长，经济在调整中逐步企稳。2014 年，全省固定资产投资增速回落，结构进一步优化；社会消费增速稳中有升，对外贸易增长平稳，利用外资质量提高，内需对经济增长拉动力逐步增强。

（一）投资结构持续改善，重点项目带动明显。2014 年，山东省固定资产投资增速连续第五年回落，实际增幅仍高出全国 0.4 个百分点。三次产业投资之比为 1.7∶51.2∶47.1。内涵效益型投资较快发展，技术改造和高新技术产业投资增速分别高于全部投资增速 8.3 个和 2.4 个百分点。出台加快民营经济发展的意见，民间投资额占全部投资比重保持 80%以上，同比提高 1.1 个百分点。重点项目投资拉动作用增强，108 个省重点项目完成投资 600 亿元以上，黄大、青连、石济客专等“四纵四横”重大铁路项目开工，日照机场建设启动。

1980—2014 年山东省
固定资产投资（不含农户）及其增长率

数据来源：山东省统计局。

（二）城乡居民收入较快增长，消费结构升级加速。2014 年，山东省农村居民人均可支配收入增长 11.2%，快于城镇居民 2.5 个百分点，城乡居民收入差距较上年缩小 304 元。社会消费品零售额增长 12.6%，高于全国 0.6 个百分点，乡村消费增速高于城镇 2.8 个百分点。消费结构升级，家用电器类商品领先增长，汽车类商品销售增速趋缓；餐饮行业理性回归；新的消费增长点和现代经营业态快速发展，网络零售额超 2000 亿元，信息消费规模约 4500 亿元，电子商务交易额约 1.3 万亿元。

1978—2014 年山东省
社会消费品零售总额及其增长率

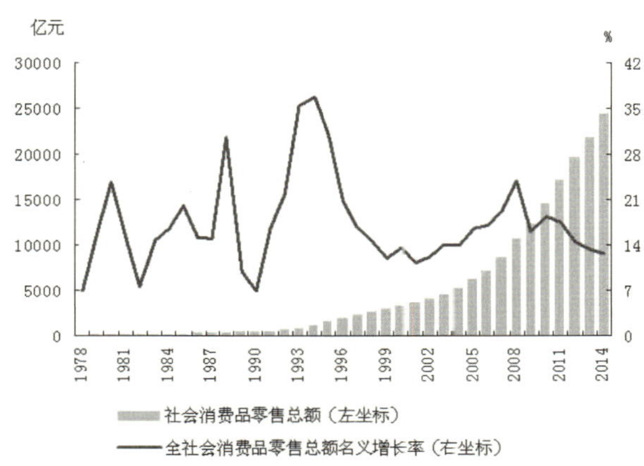

数据来源：山东省统计局。

（三）对外贸易平稳增长，双向投资格局更加明显。2014年，山东省进出口、出口、进口增速在全国沿海主要省市中分别居第四位、第二位、第三位。受外需整体回暖、促外贸增长政策等因素的影响，全省出口增速7.9%，较上年提高2.3个百分点。出口转型升级取得明显成效，机电和高新技术产品增速分别高于全部出口2.4个和10.5个百分点。主要市场出口较快增长，美国超越欧盟成为山东省第一大出口市场，东盟超越韩国成为山东省第四大出口市场，日本出口小幅下降。在国内需求放缓和国际大宗商品价格回落因素共同作用下，全省进口逐季回落，全年增速较上年回落13.7个百分点；贸易顺差增长5.7倍。

1978—2014年山东省外贸进出口变动情况

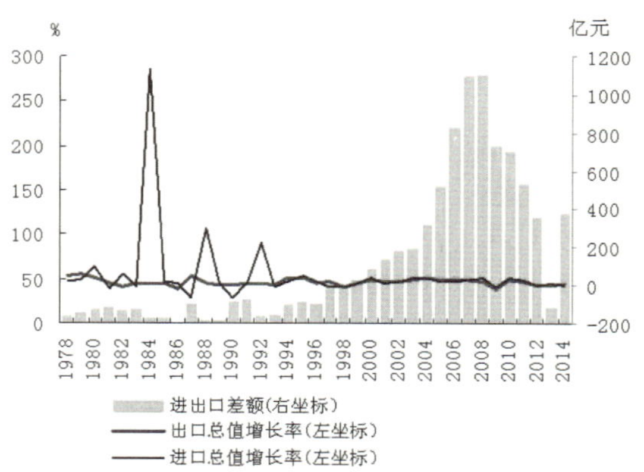

数据来源：山东省统计局。

利用外资保持良好增势，全年新批外商投资项目1352个，实际到账外资增长8.1%，新增世界500强外商投资项目22个。“走出去”步伐加快，全省备案核准境外投资增长39.4%，率先创建出口农产品质量安全示范省，对“一带一路”沿线国家投资占比近五成。

1986—2014年山东省外商直接投资额及其增长率

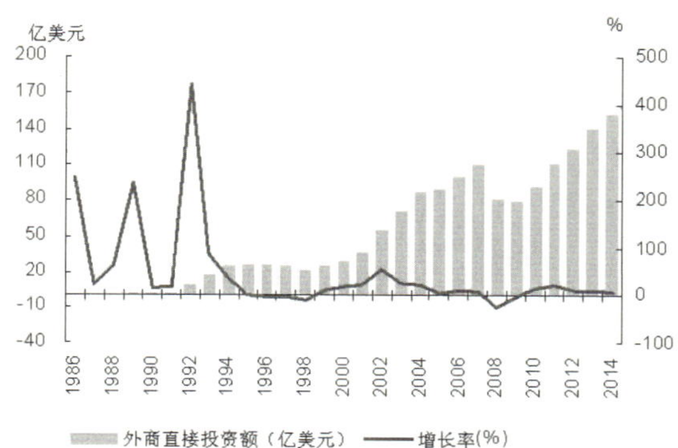

数据来源：山东省统计局。

二、三次产业稳步增长，结构调整深入推进。2014年，山东省加快经济发展方式转变步伐，产业结构更趋合理。三次产业比例由2013年的8.7∶50.1∶41.2调整为8.5∶48.8∶42.7。

（一）农业生产稳定增长，新型农业经营主体快速发展。山东省粮食总产量实现“十二连增”，第一产业增加值及蔬菜、肉类、水产品总产量居全国第一位，油料、花生、棉花居第二位，粮食居第三位，农业龙头销售额占全国近1/6，农产品出口额占全国1/4。农作物综合机械化水平达80%。农产品质量安全稳步提升，“三品一标”（无公害农产品、绿色食品、有机农产品和农产品地理标志）产品6169个，产地面积3066万亩，均居全国前列。农业现代化步伐加快，新型经营主体快速增长，规模以上龙头企业达9200家，农民合作社12.7万家，家庭农场3.8万家。76.5%的村（社区）完成土地确权登记颁证工作；土地经营权流转面积占家庭承包经营面积比重同比提高3.7个百分点。

（二）工业生产运行平稳，结构调整成效明显。2014年，全省规模以上工业增加值增长9.6%，分别高出全国和东部地区1.3个和2个百分点。重工业增长快于轻工业1.6个百分点。产销率同比提高0.3个百分点。经济效益增长放缓，但占全国的比重保持稳定。全省规模以上工业企业实现主营业务收入、利税、利润3项指标总量继续居全国首位，增速分别比上年回落2.7个、6个和7.8个百分点，全省工业利润占全国的比重同比提高0.17个百分点。制造业结构改善，装备工业、高新技术产业增加值增速分别高出全部工业2.5个和 5.9个百分点；六大高耗能行业增加值增速比上年回落3个百分点，首次低于整体工业增速。

2000—2014年山东省
规模以上工业增加值增长率

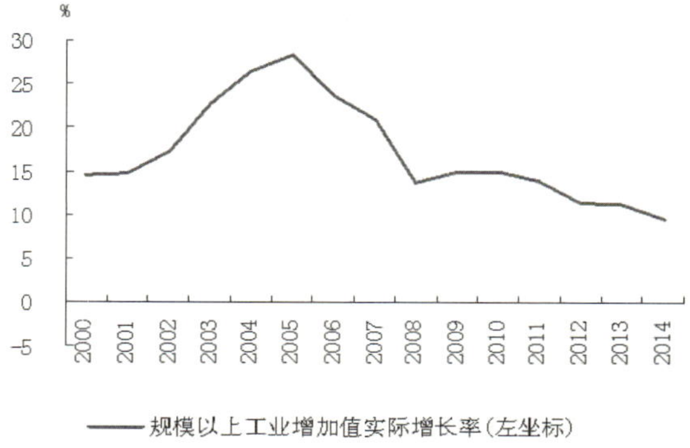

数据来源：山东省统计局。

（三）服务业占比进一步提高，重点行业发展迅速。2014年，山东省出台了促进信息消费和养老、健康服务业发展的实施意见，全省服务业增加值占GDP的比重较上年提高1.5个百分点，对GDP增长的贡献率提高3个百分点；实现税收占全省税收总收入的比重达45.6%，较上年提高1.2个百分点。软件、金融、社会物流等生产性服务业快速发展，增加值占全部服务业的比重近50%。农业服务业取得新突破，农业作业服务组织达18139个，农机供应服务组织达1333个。旅游收入增长14.5%，数字出版、动漫游戏、电子商务等新兴业态蓬勃兴起。医疗卫生服务体系和养老保障体系建设加快，养老床位达50万张，基层综合性文化服务中心覆盖率达40%。

三、物价涨幅总体走低，就业形势基本稳定。2014年，受经济结构调整步伐加快、国际大宗商品价格大幅下降等因素影响，物价水平总体持续下行。

（一）居民消费价格涨幅小幅回落，食品价格涨幅下降明显。2014年，山东省CPI上涨1.9%，较上年回落0.3个百分点，为五年来最低。全年居民消费价格低开稳走，5月涨幅达到峰值2.6%后逐步走低。食品价格涨幅同比下降2.4个百分点，是拉低CPI涨势的主要因素。服务价格涨幅大于消费品价格1.2个百分点，城市价格涨幅高于农村0.6个百分点。

（二）工业生产者价格降幅扩大，农业生产资料价格有所下降。2014年，受总需求不足、过剩产能等因素的影响，山东省工业生产者购进价格和工业生产者出厂价格分别下降1.8个和1.6个百分点，分别连续35个月、32个月负增长。农业生产资料价格下降0.5%，较上年回落1.7个百分点，年内走势前低后高。

2001—2014年山东省居民消费价格和生产者价格变动趋势

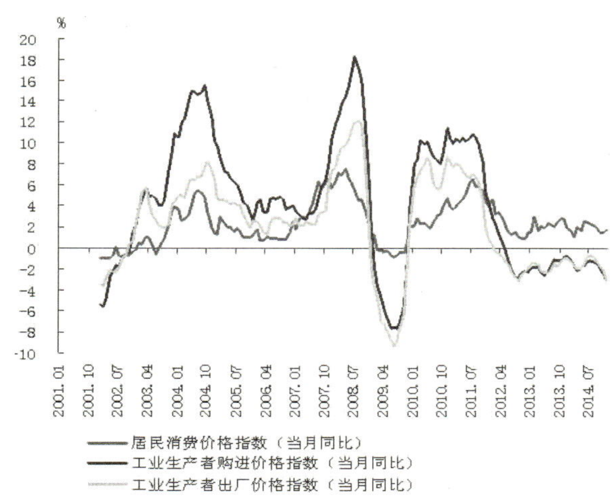

数据来源：山东省统计局。

（三）就业形势基本稳定，劳动力价格持续增长。2014年，山东省连续11年实现城镇新增就业和农村劳动力转移就业"双过百万"，年末城镇登记失业率为3.3%，低于全国0.8个百分点。推进工商注册便利化，新登记市场主体"井喷式"增长，带动了大量就业。在全国率先推进同工同酬政策的落实，近9000名劳务派遣职工转为直接用工。城镇最低工资标准平均上调10%。

四、财政收支增速回落，民生支出占比继续提高。2014年，山东省公共财政预算收入首次突破5000亿元，增长10.2%，回落2.1个百分点，为近五年最低增速。税收收入增长12.2%，占财政收入的78.9%，比上年提高1.4个百分点。主体税种增势稳定，但受房地产市场调整影响，房地产税收和土地出让收入增速分别较上年回落34.5个和22.6个百分点。全省财政支出增长7.3%，回落6.1个百分点。各级财政直接用于民生领域的支出比重达58%，教育、社保、城乡社区事务、医疗卫生、农林水事务、住房保障共支出占比为53.4%，同比提高2个百分点。加快省级预算管理体制改革，扩大"营改增"试点范围，政府专项转移支付由243项减少到99项。

1978—2014年山东省财政收支状况

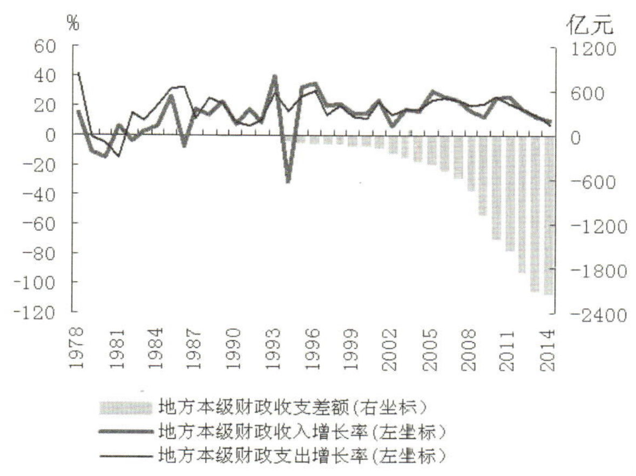

数据来源：山东省统计局。

五、节能环保工作积极推进，生态文明建设取得初步成效。2014年，山东省万元GDP能耗下降4.8%，保持"十二五"以来均衡、持续下降的良好态势。率先建立基于环境空气质量改善的生态补偿制度，累计发放生态补偿资金2.1亿元。2014年已淘汰黄标车老旧车数量达到国家任务要求的2.55倍，分别淘汰落后产能45.6万千瓦和198万吨，新能源发电装机占比达11.2%。城乡环境进一步改善，细颗粒物平均浓度改善16.3%，水环境质量实现12年持续提升，99.6%的村庄实现城乡环卫一体化全覆盖，创建国家生态县（市、区）4个、省级重点生态功能保护区12个、生态乡镇579个。金融机构落实绿色信贷政策，年末节能环保产业贷款余额同比增长13.4%。全省依然面临空气污染较重、能源和产业结构调整压力较大、机动车污染日益突出等问题。

六、房地产市场逐步趋稳，高新技术产业蓬勃发展。

（一）房地产市场进入调整期，房地产金融运行平稳。2014年，山东省房地产市场整体呈现"量价齐落"态势，开发投资增速放缓，市场供求有所下行。房地产贷款保持平稳较快增长，金融支持保障房建设力度不断加大，个人住房贷款利率年末回落。

开发投资增速放缓，到位资金同比下降。2014 年，在房地产市场降温的整体环境下，房地产开发节奏放缓，投资增速较上年回落 8.7 个百分点。受销售放缓、预售资金监管趋严等因素的影响，房地产开发企业到位资金下降 5.2%，其中以定金、预收款和个人按揭贷款为主的其他资金来源下降 9.9%，房地产开发企业自筹资金下降 1.4%，国内贷款增长 0.04%。

商品房市场供给收缩，保障性住房建设稳步推进。受市场需求不旺和库存压力较大的影响，房地产新开工面积和土地购置面积分别较上年减少 13.4%和 14.9%。保障性安居工程建设力度进一步加大，其中改造棚户区 2622 万平方米、23.9 万户，连续 5 年提前超额完成国家下达的任务。

2002—2014 年山东省商品房施工和销售变动趋势

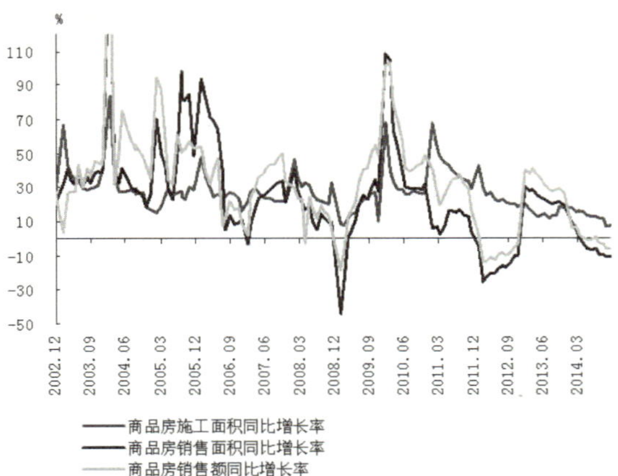

数据来源：山东省统计局。

2014 年山东省主要城市
新建住宅销售价格指数变动

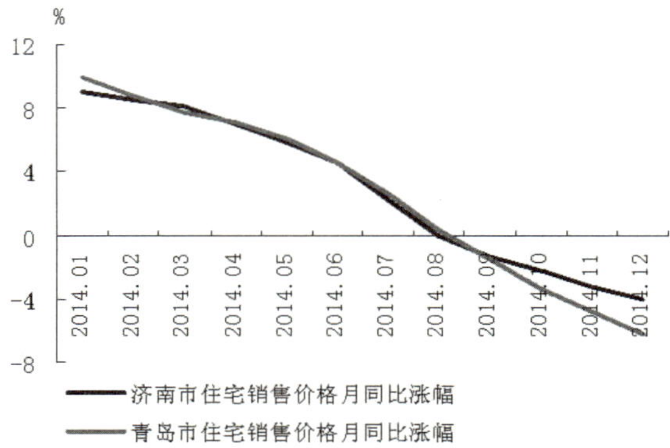

数据来源：国家统计局。

销售走势前低后高，取消限购城市成交量上升。2014 年上半年，商品房销售增速逐月走低，4 月首现负增长。下半年，得益于取消限购、房贷新政等政策的刺激效应和季节性因素，月均销售面积比上半年增长 64.3%。济南、青岛下半年取消限购后销售回暖，新建商品住宅网签量明显回升。

重点城市房价同比回落，土地价格小幅上涨。2014 年，受房地产市场供求关系变化、房地产企业"以价换量"加快去库存进程等因素影响，房地产价格有所回落。济南、青岛、烟台、济宁新建住宅价格自 5 月起连续 8 个月下降，年末价格呈现企稳态势，跌幅逐步收窄。土地成交量缩价增，成交均价同比上涨 11.6%。

房地产贷款平稳较快增长，住房金融服务不断改善。全年房地产贷款余额较上年末增长 19.5%，高于同期各项贷款增速 8 个百分点。在保障性建设贷款及 2013 年存量续贷房地产项目贷款的拉动下，房地产开发贷款余额增长 20.8%，其中国家开发银行棚户区改造贷款增量占到全部房地产开发贷款增量的五成以上。个人住房贷款增速平稳回落，土地储备贷款增速较上年下降 34.8 个百分点。自 9 月下发《关于进一步做好住房金融服务工作的通知》以来，金融机构下调个人房贷最低利率要求，个人住房贷款利率走低。

（二）高新技术产业快速发展，金融支持力度进一步加强。近年来，山东省加快实施创新驱动发展战略，高新技术产业蓬勃发展。2014 年，全省高新技术产业产值占比达 31.4%，研发投入占生产总值的比重达 2.3%。高新技术产业化基地总数达 8 家；国家火炬计划特色产业基地总数达 33 家；先后支持了 300 个战略性高新技术产业重大项目，累计安排资金 8.6 亿元，培植出一批具有较强国际竞争力的高端产品和优势产业。企业牵头实施的省自主创新专项占比达 92%以上，28 个项目获国家科学技术奖励。科技金融进一步融合发展，合作方式不断丰富。金融机构加强专业化服务，成立科技金融专营机构，创新科技金融特色产品。年末全省科学研究和技术服务业贷款余额同比增长 30.4%。科技融资担保体系初步建立，风险补偿机制逐步健全，已累计对金融机构发放科技贷款风险补偿资金 2.5 亿元。

七、"两区一圈一带"战略深入实施，区域发展空间拓展。2014 年，"两区一圈一带" 海陆统筹经济发展规划与战略稳步推进，省会城市群经济圈一体化进程加快，济莱协作区同城化迈出重要步伐。西部经济隆起带加快崛起、后劲彰显，省级以上重点龙头企业达 303 家。山东省被确定为国家"一带一路"规划海上战略支点和新亚欧大陆桥经济走廊沿线重点地区。青岛西海岸新区成为第九个国家级新区，青岛蓝色硅谷发展规划获国家批复。开展县域经济科学发展试点并制定了试点方案，21 个试点县示范带动效应初显。编制出台新型城镇化、农村新型社区和新农村发展规划，青岛市、威海市、德州市和菏泽市郓城县列入国家新型城镇化试点，常住人口城镇化率达 55%。"蓝黄"战略规划区内与区外、"一圈一带"内外及山东与日韩之间的经贸往来及文化交流进一步扩大。2014 年，"两区一圈一带"分别新增贷款 3440.3 亿元、1733.9 亿元和 1498.3

亿元，分别占全省的62.1%、31.3%和27.1%。

【经济金融大事记】 2月10日 青岛市财富管理金融综合改革试验区获国家批复。

4月18日 青岛蓝海股权交易中心开业暨首批企业挂牌仪式在青岛举行。

4月22日 山东金融资产交易中心举行产品上线启动仪式。

5月16日 “外电入鲁”三条大通道全部获国家批复。

6月9日 青岛西海岸国家级新区获国家批复。

9月3日 齐鲁农村产权交易中心正式运营。

11月19日 山东省政府出台《关于运用政府引导基金促进股权投资加快发展的意见》，积极推进政府引导基金规范运作。

12月21日 全国工商联十一届三次执委会暨全国知名民营企业入鲁助推转调创洽谈会在济南召开。

附表 1-1

山东省经济主要统计指标

指标 \ 年度	2010	2011	2012	2013	2014	2014年同比增幅（%）
土地面积（万平方公里）	15.79	15.79	15.79	15.79	15.79	0
人口（万人）	9588	9637	9685	9733	9789	--
非农业人口（万人）	3839	3945	4021	5232	--	--
地区生产总值（亿元）	39169.92	45361.85	50013.24	54684.33	59426.59	8.7
第一产业（亿元）	3588.28	3973.85	4281.70	4742.63	4798.36	3.8
第二产业（亿元）	21238.49	24017.11	25735.73	27422.47	28788.11	9.2
工业（亿元）	18861.45	21275.89	22798.33	24222.16	25340.86	--
建筑业（亿元）	2377.04	2741.22	2937.40	3200.31	3534.48	--
第三产业（亿元）	14343.14	17370.89	19995.81	22519.23	25840.12	8.9
人均地区生产总值（元）	41106	47335	51768	56323	60879	8.1
地区生产总值构成（%）	100	100	100	100	100	--
第一产业（%）	9.20	8.80	8.60	8.7	8.1	--
第二产业（%）	54.20	52.90	51.40	50.1	48.4	--
第三产业（%）	36.60	38.30	40.0	41.2	43.5	--
公共财政预算收入（亿元）	2749.38	3455.93	4059.43	4559.95	5026.83	10.2
公共财政预算支出（亿元）	4145.03	5002.07	5904.52	6688.80	7177.31	7.3
全社会固定资产投资（亿元）	23276.69	26769.73	31255.96	35875.9	41599.1	15.8
房地产开发（亿元）	3249.37	4106.8	4708.3	5444.5	5818.0	6.9
进出口总值（亿美元）	1889.51	2359.92	2455.45	2671.59	2771.15	4.0
出口总值（亿美元）	1042.47	1257.88	1287.32	1345.10	1447.45	7.9
外商直接投资（亿美元）	91.68	111.60	123.53	140.53	152.0	8.1
社会消费品零售总额（亿元）	14620.30	17155.49	19651.94	22294.84	24492.0	12.6
居民消费价格指数（%）	102.90	105.0	102.1	102.2	101.9	--
城镇居民人均可支配收入（元）	19945.83	22792	25755	28264	29222	8.7
农民人均纯收入（元）	6990.28	8342	9446	10620	11882	11.2

注：该表为本编辑部根据《山东统计年鉴》有关数据整理。

附表 1-2

山东省工农业主要统计指标

农业主要统计指标（万吨）				规模以上工业企业主要统计指标（亿元）			
项目 \ 年度	2013	2014	增幅（%）	项目 \ 年度	2013	2014	增幅（%）
粮食	4528.2	4596.6	1.5	工业增加值	--	--	9.6

续表

农业主要统计指标（万吨）				规模以上工业企业主要统计指标（亿元）			
项目＼年度	2013	2014	增幅（%）	项目＼年度	2013	2014	增幅（%）
夏粮	2219.40	2264.5	2.0	国有企业	—	—	-0.2
秋粮	2308.83	2332.1	1.0	集体企业	—	—	5.7
棉花	62.1	66.5	7.1	股份制企业	—	—	10.3
油料	349.6	335.9	-3.9	外商及港澳台投资企业	—	—	9.0
水果	1601.54	1665.5	4.0	轻工业	—	—	8.5
蔬菜	9658.20	9973.7	3.3	重工业	—	—	10.1
肉类	774.8	758.1	-0.7	主营业务收入	132130.34	143488.1	9.8
禽蛋	396.6	388.0	-2.1	利税	14124.17	14263.1	5.6
奶类	281.2	289.59	—	利润	8715.36	8763.4	4.6
水产品	863.16	903.74	—	经济效益综合指数（%）	—	—	—

注：该表为本编辑部根据《山东统计年鉴》有关数据整理。

附表 1-3

山东省金融业务统计指标

类别	指标（亿元）＼年度	2010	2011	2012	2013	2014	比年初增减数
银行类	本外币存款余额	41653.72	46986.51	55386.41	63357.9	69151.9	5784.9
	人民币存款余额	41104.96	46345.41	54301.53	62077.9	67498.3	5420.4
	单位存款	—	22162.89	25601.03	29001.4	30603.0	1567.0
	定期存款	—	5669.31	6798.19	7335.0	8179.1	830.0
	活期存款	—	9839.49	10881.00	11624.0	11340.7	-311.3
	个人存款	—	22290.76	26637.40	30614.3	34057.9	3443.6
	储蓄存款	19648.21	22173.27	26343.31	29796.1	33178.6	3382.5
	本外币贷款余额	32536.29	37521.93	42899.91	47952.1	53662.2	5538.3
	人民币贷款余额	30722.64	35179.00	40021.49	44761.3	50058.6	5125.9
	短期贷款	14369.15	17331.13	20947.01	23531.3	25246.5	1552.2
	中长期贷款	15007.60	16291.94	16692.62	19123.8	22301.7	3169.2
	票据融资	1217.51	1385.36	2105.51	1859.2	2156.4	297.2
	现金收入	77144.41	—	—	—	—	—
	现金支出	77300.30	—	—	—	—	—
	现金投放（+）回笼（-）	155.88	—	—	—	—	—
保险类	保险公司保费收入	1030.07	1036.04	1128.04	1280.42	1454.93	—
	财险收入	297.44	339.21	392.19	462.49	540.17	—
	寿险收入	732.63	696.83	735.85	817.93	914.76	—
	保险公司赔款和给付支出	228.64	271.23	324.56	441.66	518.97	—
	财险赔款	136.66	161.41	197.88	245.42	272.18	—
	寿险给付	91.98	109.82	126.68	212.34	246.79	—
证券类	证券经营机构证券交易量	20710.1	24595.4	18880.2	29033.6	50577.5	—
	证券投资者资金开户数（万户）	457.1	486.4	508.3	526.8	551.0	—
	净利润	56.41	—	—	—	—	—
	期货经纪公司代理交易量	73005.9	43702.4	46648.6	99678.0	29783.2	—
	期货客户保证金余额	29.66	—	30.11	—	54.87	—
	净利润	0.71	—	—	—	—	—

附表 1–4

山东省国民经济主要指标占全国的比重

（2014 年）

项　目	单　位	山　东	全　国	山东占全国比重（%）
一、人口与就业				
年末总人口	万人	9789	136782	7.2
就业人员	万人	6607	77253	8.6
二、土地面积	万平方公里	15.79	960	1.6
三、农林牧渔业总产值	亿元	9198	102226	9.0
四、地区生产总值	亿元	59427	636463	9.3
第一产业	亿元	4798	58332	8.2
第二产业	亿元	28788	271392	10.6
第三产业	亿元	25840	306739	8.4
五、人均地区生产总值	元	60879	46652	--
六、主要工农业产品产量				
粮　食	万吨	4596.6	60702.6	7.6
棉　花	万吨	66.5	617.8	10.8
油　料	万吨	335.9	3507.4	9.6
肉　类	万吨	770.2	8706.7	8.8
水产品	万吨	903.7	6461.5	14.0
原　油	万吨	2713.2	21142.9	12.8
发电量	亿千瓦时	3691.1	56495.8	6.5
家用电冰箱	万台	610.1	8796.1	6.9
彩色电视机	万台	1784.2	14128.9	12.6
原　盐	万吨	1812.5	6433.8	28.2
化　肥	万吨	568.9	6887.2	8.3
粗　钢	万吨	6411.0	82269.8	7.8
平板玻璃	万重量箱	7618.6	79261.7	9.6
七、固定资产投资				
全社会固定资产投资额	亿元	42496	512761	8.3

续表

项 目	单 位	山 东	全 国	山东占全国比重（%）
八、运输、邮电				
货物周转量	亿吨公里	8177	185398	4.4
旅客周转量	亿人公里	1141	30096	3.8
沿海主要港口货物吞吐量	万吨	128593	769557	16.7
邮电业务总量	亿元	1214	21846	5.6
九、财政金融				
公共财政预算收入	亿元	5027	75860	6.6
公共财政预算支出	亿元	7177	129092	5.6
城乡居民人民币储蓄存款余额	亿元	33179	485261	6.8
十、国内贸易				
社会消费品零售额	亿元	25112	271896	9.2
十一、外贸外经旅游				
进出口总额	亿美元	2771.2	43030.4	6.4
出口总额	亿美元	1447.5	23427.5	6.2
国际旅游外汇收入	亿美元	27.1	569.1	4.8
十二、价格指数				
商品零售物价指数	%	101.0	101.0	—
居民消费价格指数	%	101.9	102.0	—
十三、人民生活				
城镇单位就业人员工资总额	亿元	6545.4	102777.5	6.4
城镇单位就业人员平均工资	元	51825	56339	—
城镇居民人均可支配收入	元	29222	28844	—
农村居民人均可支配收入	元	11882	10489	—
十四、教育、卫生				
普通本专科学校在校生数	万人	179.7	2547.7	7.1
医院床位数	万张	35.9	496.1	7.2
专业卫生技术人员数	万人	60.4	759.0	8.0

附表 1–5

山东省主要存贷款指标

（2014年）

		1月	2月	3月	4月	5月	6月
本外币	金融机构各项存款余额（亿元）	63678.3	65408.4	68273.3	68002.3	68704.0	71132.2
	其中：城乡居民储蓄存款	31027.8	31296.5	32283.4	31594.6	31791.9	32971.2
	单位存款	29262.8	30487.4	32245.7	32612.7	33137.5	34274.6
	各项存款余额比上月增加（亿元）	311.3	1730.1	2864.9	-271.0	701.7	2428.2
	金融机构各项存款同比增长（%）	11.7	14.2	13.4	12.9	13.1	16.2
	金融机构各项贷款余额（亿元）	49020.5	49665.4	50435.9	51019.1	51406.8	51915.0
	其中：短期	25740.2	26166.8	26636.8	26889.5	26962.4	27126.7
	中长期	19963.2	20255.4	20598.3	20940.9	21230.2	21490.3
	票据融资	1730.8	1715.2	1663.0	1646.0	1710.2	1777.0
	各项贷款余额比上月增加（亿元）	896.6	644.9	770.5	583.2	387.7	508.2
	其中：短期	573.7	426.6	470.0	252.7	72.9	164.3
	中长期	456.2	292.2	342.9	342.6	289.3	260.2
	票据融资	-128.5	-15.5	-52.2	-17.0	64.2	66.7
	金融机构各项贷款同比增长（%）	11.9	12.4	12.0	12.2	12.6	13.0
	其中：短期	12.1	13.1	12.5	13.1	13.3	13.1
	中长期	14.9	15.3	15.7	15.9	16.7	16.7
	票据融资	-15.3	-15.6	-20.2	-25.1	-24.9	-17.3

续表

		7月	8月	9月	10月	11月	12月
本外币	金融机构各项存款余额（亿元）	69858.4	69252.3	69313.6	68578.6	68480.4	69151.9
	其中：城乡居民储蓄存款	32397.4	32322.0	32950.1	32754.4	32851.6	33367.5
	单位存款	33344.6	32804.5	32261.6	31736.5	31570.9	31989.5
	各项存款余额比上月增加（亿元）	-1273.9	-606.1	61.3	-735.0	-98.2	671.5
	金融机构各项存款同比增长（%）	14.6	11.6	10.4	9.6	9.3	9.1
	金融机构各项贷款余额（亿元）	51939.3	52035.6	52461.9	52642.1	53173.8	53662.2
	其中：短期	26740.6	26579.7	26714.2	26702.1	26723.3	26922.4
	中长期	21700.0	21869.5	22090.7	22226.2	22462.2	22771.2
	票据融资	1923.5	2088.4	2141.1	2156.7	2243.0	2156.4
	各项贷款余额比上月增加（亿元）	24.3	96.3	426.3	180.1	531.8	488.3
	其中：短期	-386.1	-160.9	134.5	-12.1	21.2	199.1
	中长期	209.7	169.5	221.2	135.6	235.9	309.1
	票据融资	146.6	164.9	52.7	15.6	86.3	-86.6
	金融机构各项贷款同比增长（%）	12.5	11.8	11.9	11.8	12.2	11.9
	其中：短期	11.2	9.6	8.6	7.9	7.4	7.7
	中长期	16.3	15.9	16.0	15.8	15.9	16.8
	票据融资	-6.4	0.5	11.6	16.9	21.5	16.0

续表

		1月	2月	3月	4月	5月	6月
人民币	金融机构各项存款余额（亿元）	62238.6	63827.4	66439.6	66178.2	66754.9	69048.9
	其中：城乡居民储蓄存款	30858.3	31126.9	32111.5	31422.9	31617.4	32798.4
	单位存款	28045.1	29130	30649	31036.4	31434.5	32433.4
	各项存款余额比上月增加（亿元）	160.7	1588.8	2612.2	-261.4	576.7	2294.1
	其中：城乡居民储蓄存款	1062.2	268.7	984.6	-688.6	194.5	1180.9
	单位存款	-990.9	1084.8	1519.1	387.3	398.1	998.9
	各项存款同比增长（%）	11.4	13.7	12.7	12	12.1	15.1
	其中：城乡居民储蓄存款	14.6	11.3	11.2	10.6	10.2	12.6
	单位存款	6.2	13.9	11.8	11.4	12.2	16.6
	金融机构各项贷款余额（亿元）	45642.8	46157.9	46647.5	47203.3	47650.3	48159.6
	其中：个人消费贷款	7095.4	7138.9	7270.9	7371.1	7500.4	7612.1
	票据融资	1730.6	1715.1	1662.9	1645.9	1710	1776.6
	各项贷款余额比上月增加（亿元）	710.1	515	489.6	555.8	447	509.4
	其中：个人消费贷款	201.1	43.5	132	100.2	129.3	111.7
	票据融资	-128.5	-15.5	-52.2	-17	64.1	66.6
	金融机构各项贷款同比增长（%）	12.1	12.7	12.1	12.2	12.6	12.8
	其中：个人消费贷款	27.3	26.7	26.5	25.2	25	24.3
	票据融资	-15.3	-15.6	-20.2	-25.1	-24.9	-17.3
外币	金融机构外币存款余额（亿美元）	235.8	258.3	298.1	296.2	315.9	338.6
	金融机构外币存款同比增长（%）	30.3	42.4	51.4	57.4	68.3	71.8
	金融机构外币贷款余额（亿美元）	553.3	573	615.8	619.7	608.9	610.4
	金融机构外币贷款同比增长（%）	12.7	11.7	13.3	13.1	13.3	16.1

续表

		7月	8月	9月	10月	11月	12月
人民币	金融机构各项存款余额（亿元）	67730.9	67232.4	67425.4	66824.7	66803.6	67498.3
	其中：城乡居民储蓄存款	32225.5	32147.5	32771.9	32572.6	32669.1	33178.6
	单位存款	31492.4	31086	30664.3	30250	30164.3	30603
	各项存款余额比上月增加（亿元）	-1318	-498.5	193	-600.6	-21.2	694.7
	其中：城乡居民储蓄存款	-572.8	-78	624.4	-199.3	96.5	509.5
	单位存款	-941	-406.4	-421.7	-414.2	-85.7	438.7
	各项存款同比增长（%）	13.4	10.7	9.8	9.1	8.9	8.7
	其中：城乡居民储蓄存款	11	10.2	10.3	10.9	11.1	11.4
	单位存款	14.9	10.2	8.8	6.9	6.2	5.5
	金融机构各项贷款余额（亿元）	48256.7	48540.3	49022	49206.1	49591.1	50058.6
	其中：个人消费贷款	7675.6	7749.8	7835	7898.2	7997.5	8079.2
	票据融资	1923.2	2088.2	2141	2156.6	2243	2156.3
	各项贷款余额比上月增加（亿元）	97.1	283.6	481.7	184.1	385	467.6
	其中：个人消费贷款	63.5	74.2	85.2	63.1	99.3	81.7
	票据融资	146.6	165	52.9	15.6	86.3	-86.6
	金融机构各项贷款同比增长（%）	12	11.4	11.5	11.4	11.4	11.8
	其中：个人消费贷款	23.3	22	21	20.5	19.6	19.7
	票据融资	-6.4	0.5	11.6	17	21.5	16
外币	金融机构外币存款余额（亿美元）	345	327.6	306.9	285.4	273.3	270.2
	金融机构外币存款同比增长（%）	72.9	52.3	34.8	31.5	30.4	28.7
	金融机构外币贷款余额（亿美元）	597.1	567	559.1	559.1	584	588.9
	金融机构外币贷款同比增长（%）	20	18.7	17.7	17.8	26.1	12.5

数据来源：中国人民银行济南分行。

附表 1-6

山东省各类价格指数

		居民消费价格指数		农业生产资料价格指数		工业生产者购进价格指数		工业品出厂价格指数	
		当月同比	累计同比	当月同比	累计同比	当月同比	累计同比	当月同比	累计同比
2001		--	--	--		--	--	--	--
2002		--	-0.7	--	0.3	--	-1.3	--	-1.2
2003		--	1.1	--	2.4	--	5.7	--	3.5
2004		--	3.6	--	10.2	--	13.4	--	6.4
2005		--	1.7	--	6.2	--	5.9	--	3.7
2006		--	1.0	--	3.0	--	4.3	--	2.3
2007		--	4.4	--	7.1	--	4.8	--	3.3
2008		--	5.3	--	19.3	--	13.1	--	8.6
2009		--	0.0	--	-3.7	--	-4.5	--	5.9
2010		--	2.9	--	3.0	--	9.3	--	7.2
2011		--	5.0	--	11.1	--	9.2	--	6.0
2012		--	2.1	--	5.9	--	-0.8	--	-1.6
2013		--	2.2	--	1.2	--	-1.6	--	-1.6
2014		--	1.9	--	0.5	--	-1.8	--	-1.6
2013	1	1.6	1.6	4.1	4.1	-1.9	-1.9	-1.5	-1.5
	2	3.0	2.3	4.1	4.1	-1.8	-1.8	-1.4	-1.5
	3	1.7	2.1	4.0	4.1	-1.8	-1.8	-1.6	-1.5
	4	2.1	2.1	2.6	3.7	-2.4	-2.0	-2.1	-1.7
	5	1.9	2.0	1.7	3.3	-2.6	-2.1	-2.3	-1.8
	6	2.4	2.1	1.1	2.9	-2.2	-2.1	-2.4	-1.9
	7	2.3	2.1	0.3	2.5	-1.7	-2.0	-2.0	-1.9
	8	2.0	2.1	0.1	2.2	-1.1	-1.9	-1.4	-1.8
	9	2.5	2.2	-1.0	1.9	-1.2	-1.8	-1.2	-1.8
	10	2.8	2.2	-1.0	1.6	-1.2	-1.8	-1.1	-1.7
	11	2.7	2.3	-0.9	1.3	-0.9	-1.7	-1.0	-1.4
	12	1.9	2.2	-0.7	1.2	-0.7	-1.6	-0.9	-1.6
2014	1	1.7	1.7	-0.9	-0.9	-1.2	-1.2	-1.3	-1.3
	2	1.1	1.4	-1.3	-1.1	-1.7	-1.4	-1.6	-1.5
	3	2	1.6	-2.3	-1.5	-2.1	-1.7	-1.9	-1.6
	4	1.7	1.6	-1.6	-1.5	-1.9	-1.7	-1.9	-1.7
	5	2.6	1.8	-1.5	-1.5	-1.6	-1.7	-1.5	-1.6
	6	2.5	1.9	-1.4	-1.5	-1.3	-1.7	-0.9	-1.5
	7	2.4	2	-0.7	-1.4	-1.1	-1.6	-0.7	-1.4
	8	2.1	2	0.2	-1.2	-1.3	-1.6	-0.8	-1.3
	9	1.9	2	1.2	-0.9	-1.5	-1.5	-1.3	-1.3
	10	1.6	2	0.6	-0.8	-2	-1.6	-1.7	-1.4
	11	1.5	1.9	0.5	-0.6	-2.5	-1.7	-2.2	-1.4
	12	1.8	1.9	0.7	-0.5	-3.1	-1.8	-3.1	-1.6

注：数据来源：山东省统计局，《中国经济景气月报》。

附表 1-7

山东省主要经济指标

（2014年）

	1月	2月	3月	4月	5月	6月
绝对值（自年初累计）						
地区生产总值（亿元）	--	--	11995	--	--	28080.3
第一产业	--	--	645.7	--	--	2251.1
第二产业	--	--	6129.1	--	--	14088.2
第三产业	--	--	5220.1	--	--	11741
固定资产投资（亿元）	--	2175.9	5834.3	9256.3	13236.8	17591.6
房地产开发投资	--	483.3	982	1452.5	1995.1	2611.5
社会消费品零售总额（亿元）	--	3891.7	5697.8	7535.1	9494.9	11463
外贸进出口总额（万美元）	265.4	434.9	659.4	909.3	1143.9	1379.9
进口	134.7	235.4	348.4	474.8	591.6	707.3
出口	130.6	199.5	311	434.5	552.3	672.5
进出口差额（出口-进口）	-4.1	-35.9	-37.4	-40.3	-39.3	-34.8
外商实际直接投资（万美元）	12.2	18.5	35.3	43.3	54.3	81.7
地方财政收支差额（亿元）	-4.2	-31.4	-200.2	-167.3	-410.4	-665.8
地方财政收入	499.6	799.8	1258.4	1732.5	2159.2	2786.3
地方财政支出	503.8	831.2	1458.6	1899.8	2569.6	3452.1
城镇登记失业率（%）	--	--	--	--	--	--
同比累计增长率（%）						
地区生产总值	--	--	8.7	--	--	8.8
第一产业	--	--	3.8	--	--	3.8
第二产业	--	--	9.1	--	--	9.4
第三产业	--	--	8.7	--	--	8.9
工业增加值	--	9.2	9.5	9.7	9.8	9.8
固定资产投资	--	17.7	17.5	17.2	17.2	17.2
房地产开发投资	--	19.9	14.4	15.7	15.7	12.2
社会消费品零售总额	--	12.4	12.4	12.4	12.6	12.7
外贸进出口总额	21.6	14.8	10.8	10.9	10.2	11.8
进口	24.5	22.1	15	13.3	12.6	13.9
出口	18.7	7.3	6.5	8.4	7.7	9.8
外商实际直接投资	21.5	25.3	23.3	21.3	16.7	13.9
地方财政收入	14.3	11.1	10.5	10.4	9.8	9.8
地方财政支出	17.9	5.4	17.3	10.5	14.6	17.4

续表

	7月	8月	9月	10月	11月	12月
绝对值（自年初累计）						
地区生产总值（亿元）	--	--	42814.2	--	--	59426.6
第一产业	--	--	3418.9	--	--	4798.4
第二产业	--	--	21342.3	--	--	28788.1
第三产业	--	--	18053.1	--	--	25840.1
固定资产投资（亿元）	21973.2	25459	29107.8	33398.8	37268.9	41599.1
房地产开发投资	3131.5	3608.6	4155.8	4660.3	5238.9	5818
社会消费品零售总额（亿元）	13316.3	15217.7	17504.8	19825.6	22022.9	24492
外贸进出口总额（万美元）	1624.9	1855.2	2094.8	2312.9	2533.3	2771.2
进口	821.3	925.5	1041.1	1132.7	1222.6	1323.7
出口	803.6	929.7	1053.8	1180.2	1310.7	1447.5
进出口差额（出口-进口）	-17.7	4.1	12.7	47.6	88.1	123.8
外商实际直接投资（万美元）	88.6	103.3	112.9	122.6	136.9	152
地方财政收支差额（亿元）	-718.7	-931.4	-1225.3	-1241.1	-1499.4	-2149.2
地方财政收入	3179.2	3468	3812.4	4277.7	4615.5	5026.7
地方财政支出	3897.9	4399.5	5037.7	5518.9	6114.9	7175.9
城镇登记失业率（%）	--	--	--	--	--	3.3
同比累计增长率（%）						
地区生产总值	--	--	8.7	--	--	8.7
第一产业	--	--	3.9	--	--	3.8
第二产业	--	--	9.1	--	--	9.2
第三产业	--	--	8.9	--	--	8.9
工业增加值	9.9	9.5	9.5	9.4	9.5	9.6
固定资产投资	16.9	16.3	16	15.7	15.6	15.8
房地产开发投资	11.3	9.4	8.3	7.9	7.7	6.9
社会消费品零售总额	12.7	12.6	12.6	12.6	12.6	12.6
外贸进出口总额	11.6	10.3	9.1	7.7	5.8	4
进口	12	9.5	7.9	6.3	2.9	0
出口	11.1	11.1	10.4	9.1	8.6	7.9
外商实际直接投资	12.2	15.3	9.7	9.6	9.6	8.1
地方财政收入	9.7	9.2	9.5	9.9	10	10.2
地方财政支出	15.7	15.8	15.1	12.8	9.8	7.3

数据来源：山东省统计局，《中国经济景气月报》。

附表 1-8

山东省历年地区生产总值

年份	地区生产总值（亿元）	第一产业	第二产业	第三产业	工 业	建筑业	人均地区生产总值（元）
1952	43.81	29.55	7.27	6.99	6.82	0.45	91
1953	45.79	28.23	9.30	8.26	8.74	0.56	94
1954	52.98	32.48	10.98	9.52	10.38	0.60	106
1955	57.78	35.52	11.42	10.84	10.81	0.61	113
1956	63.13	35.67	16.34	11.12	14.98	1.36	121
1957	61.39	31.95	17.59	11.85	16.62	0.97	116
1958	72.97	33.94	23.73	15.30	21.29	2.44	135
1959	75.96	28.73	27.86	19.37	25.16	2.70	141
1960	71.37	20.61	31.07	19.69	28.11	2.96	135
1961	63.40	26.44	20.19	16.77	19.04	1.15	121
1962	64.38	30.42	16.91	17.05	15.90	1.01	120
1963	67.61	33.47	19.09	15.05	17.65	1.44	123
1964	71.66	33.05	23.43	15.18	21.74	1.69	128
1965	86.25	42.24	28.96	15.05	25.99	2.97	152
1966	97.58	46.99	34.44	16.15	31.34	3.10	169
1967	99.44	46.71	35.43	17.30	32.78	2.65	168
1968	99.34	44.46	37.43	17.45	34.72	2.71	165
1969	108.17	50.16	39.56	18.45	36.22	3.34	175
1970	126.31	52.23	53.71	20.37	50.16	3.55	199
1971	139.69	56.33	61.50	21.86	57.65	3.85	215
1972	146.52	59.11	63.22	24.19	58.57	4.65	221
1973	154.33	61.92	65.99	26.42	60.67	5.32	229
1974	130.81	59.19	47.44	24.18	42.70	4.74	191
1975	166.19	65.54	75.31	25.34	69.76	5.55	240
1976	179.58	68.88	84.70	26.00	78.23	6.47	242
1977	207.07	79.01	95.34	32.72	88.05	7.29	293
1978	225.45	75.06	119.35	31.04	108.53	10.82	316
1979	251.60	91.12	127.68	32.80	114.67	13.01	350
1980	292.13	106.43	146.11	39.59	130.55	15.56	402
1981	346.57	132.21	155.41	58.95	138.09	17.32	472
1982	395.38	154.07	166.05	75.26	147.10	18.95	531
1983	459.83	185.57	178.75	95.51	159.15	19.60	611

续表

年份	地区生产总值（亿元）	第一产业	第二产业	第三产业	工　业	建筑业	人均地区生产总值（元）
1984	581.56	222.13	239.27	120.16	214.20	25.07	765
1985	680.46	235.96	293.07	151.43	259.42	33.65	887
1986	742.05	252.73	313.21	176.11	274.80	38.41	956
1987	892.29	287.31	384.57	220.41	341.31	43.26	1131
1988	1117.66	331.94	497.10	288.62	435.51	61.59	1395
1989	1293.94	359.14	579.65	355.15	513.97	65.68	1595
1990	1511.19	425.29	635.98	449.92	568.25	67.73	1815
1991	1810.54	521.85	745.90	542.79	663.90	82.00	2122
1992	2196.53	534.62	999.11	662.80	889.59	109.52	2556
1993	2770.37	596.63	1355.71	818.03	1201.67	154.04	3212
1994	3844.50	775.03	1891.43	1178.04	1692.10	199.33	4441
1995	4953.35	1010.13	2355.78	1587.44	2098.06	257.73	5701
1996	5883.80	1200.17	2784.09	1899.54	2475.99	308.10	6746
1997	6537.07	1195.00	3147.37	2194.70	2796.02	351.35	7461
1998	7021.35	1215.81	3408.06	2397.49	3008.45	399.61	7968
1999	7493.84	1221.00	3644.32	2628.52	3197.16	447.16	8483
2000	8337.47	1268.57	4164.45	2904.45	3665.74	498.71	9326
2001	9195.04	1359.49	4556.01	3279.53	4004.09	551.92	10195
2002	10275.50	1390.00	5184.98	3700.52	4518.87	666.11	11340
2003	12078.15	1480.67	6485.05	4112.43	5706.71	778.34	13268
2004	15021.84	1778.45	8478.69	4764.70	7576.12	902.57	16413
2005	18366.87	1963.51	10478.62	5924.74	9418.58	1060.04	19934
2006	21900.19	2138.90	12574.03	7187.26	11378.82	1195.21	23603
2007	25776.91	2509.14	14647.53	8620.24	13283.72	1363.81	27604
2008	30933.28	3002.65	17571.98	10358.64	15894.95	1677.03	32936
2009	33896.65	3226.64	18901.83	11768.18	16896.14	2005.69	35894
2010	39169.92	3588.28	21238.49	14343.14	18861.45	2377.04	41106
2011	45361.85	3973.85	24017.11	17370.89	21275.89	2741.22	47335
2012	50013.24	4281.70	25735.73	19995.81	22798.33	2937.40	51768
2013	54684.33	4742.63	27422.47	22519.23	24265.31	3261.07	56323
2014	59426.59	4798.36	28788.11	25840.12	25340.86	3534.48	60879

注：1. 本表按当年价格计算。2013年为第三次经济普查数据。

2. 从2013年开始，根据《国民经济行业分类》(GB/T4754—2011)标准规定和国家统计局要求，将“农、林、牧、渔业”中的“农、林、牧、渔服务业”、“采矿业”中的“开采辅助活动”、“制造业”中的“金属制品、机械和设备修理业”等三个大类行业调入第三产业。

附表 1-9

山东省历年主要金融指标

单位：万元

年份	存款余额	企业存款	财政存款	农业存款	储蓄存款	贷款余额	工业贷款	农业贷款	商业贷款	基建贷款	技改贷款
1952	27761	13282	10177	101	4201	15674	2786	3796	9092	—	—
1953	37503	14033	16399	428	6643	44486	2584	6082	35820	—	—
1954	37953	14230	12829	996	9898	92049	5722	8051	78276	—	—
1955	66543	12862	38541	2255	12885	140448	6580	11898	121970	—	—
1956	59508	17058	17275	6299	18876	162892	12195	34271	116426	—	—
1957	66853	13671	21811	10970	20401	168720	10248	33183	125289	—	—
1958	119815	30097	42900	12408	34410	349843	59095	56826	233922	—	—
1959	174223	22237	94119	22061	35806	465430	117950	55414	292066	—	—
1960	152412	26747	60237	29408	36020	539109	178222	78879	282008	—	—
1961	154397	35419	65453	28048	25477	505425	119466	77270	308689	—	—
1962	147935	41050	53695	15974	20691	414574	72815	75921	265838	—	—
1963	155443	45826	56502	14924	25872	335573	39091	79662	216820	—	—
1964	157531	46288	62306	18604	30271	336843	33558	82586	220699	—	—
1965	173968	52426	65917	18600	37025	389927	41769	86353	261805	—	—
1966	203942	51901	83799	25528	42714	467671	56561	91222	319888	—	—
1967	249023	78115	92748	33202	44958	524989	82522	92431	350036	—	—
1968	266821	85320	93774	40114	47613	573970	104699	92497	376774	—	—
1969	271167	82682	105564	38148	44773	622424	143203	96513	382708	—	—
1970	539978	97982	355104	41358	45534	669092	136735	97501	434856	—	—
1971	564186	81566	374227	54081	54312	673315	172035	56895	444385	—	—
1972	523844	81483	324625	54677	63059	709712	178014	58874	472824	—	—
1973	617913	90537	397042	52709	77625	801467	181583	58446	555619	—	5819
1974	528596	111890	271985	60467	84254	833605	225297	63227	538531	—	6550
1975	722193	142258	417459	67018	95458	917553	235441	69972	607077	—	5063
1976	765045	160536	419241	76113	109155	1029329	282332	101031	639958	—	6008
1977	782107	123030	460033	66737	132307	1208633	323841	122037	754734	—	8021
1978	900037	130437	556357	68941	144302	1337139	352225	135620	839518	—	9776
1979	655921	219751	27280	106696	195573	1248830	376931	119144	735148	—	3355
1980	879427	312830	22597	151545	297520	1801830	456971	101552	1161848	—	29478
1981	1135778	403119	33461	150207	395513	2064250	515804	123506	1305492	—	51834
1982	1231364	356001	38951	141051	510980	2354235	533949	125550	1505177	1135	86526

续表

年份	存款余额	企业存款	财政存款	农业存款	储蓄存款	贷款余额	工业贷款	农业贷款	商业贷款	基建贷款	技改贷款
1983	1554862	397019	52104	164557	730519	2650117	530720	144154	1742243	3916	110909
1984	2333485	725014	47686	219520	1001699	3666770	713687	291226	2088860	51276	164851
1985	2788151	799892	66522	190082	1301761	4464893	849353	290436	2496747	103677	212522
1986	3515824	972556	73213	215275	1755638	5549438	1189134	386722	2731161	135384	285757
1987	4702246	1201345	90726	247034	2427793	6678425	1464076	533772	2938915	203120	383431
1988	5913422	1416925	77620	263310	3282031	8031351	1821004	635129	3261651	285119	467099
1989	7246567	1544788	118179	276931	4291525	9413406	2279606	782795	3637710	352348	513105
1990	9340575	1976484	153542	335938	5754706	11667880	3023434	939869	4179923	499006	595666
1991	11636250	2845002	159394	404736	7216749	14280093	3570738	1130450	4737915	736741	868499
1992	14482703	3893897	114525	443904	8841510	17205544	4033468	1389718	5360085	916789	1124986
1993	18166260	4648492	159034	492086	11182415	20791075	4795134	1568072	6225867	1243646	1342356
1994	25225337	6194052	257887	521413	16003992	25204369	5434972	1118700	7388355	1477151	1718007
1995	34243843	8776853	263884	656439	21971982	31289040	6487091	1516858	8850079	1985458	2013439
1996	42938411	11317043	239414	829448	28177108	36802427	7658151	2474472	10289962	2250044	2531164
1997	49698489	13914367	246182	852300	32657331	44567197	9219803	3177039	11798956	2780310	2536443
1998	57554782	15010890	441380	883521	37353766	51067900	9795567	4189496	12097868	3879386	2522862
1999	65629934	17250542	584925	1084540	41098425	56798630	10391030	4435895	12657508	5563931	2522178
2000	74711987	20771967	764478	1351492	44667153	62090468	9938023	5281785	11249154	7315876	2678175
2001	85017294	23079030	1140353	1613431	50637936	70176588	11472037	7071209	12227300	8373434	2854302
2002	102477706	27371339	1318673	2050450	58057165	85365991	13466479	9073641	12561986	11343636	1111118
2003	124382360	33965555	1486500	2438209	67683453	104671108	16329927	11565081	12566663	13992866	1537491
2004	145142781	38730410	2258323	2715491	77214610	117828279	19255716	13401333	11660566	16834244	1946567
2005	171035148	41238617	2596570	3221967	90351351	133817463	20218176	15611128	10867721	20403236	2069666
2006	196339878	47745652	3431146	3954365	103580272	157096014	28372457	18446480	9981885	26278047	1433182
2007	220722430	59101969	4790568	4310596	114381079	175451466	33006922	21559437	10530468	30478416	1405230
2008	269301809	68289510	5352549	4471688	143821895	200539104	35509421	24634301	9439945	36443285	1528325
2009	346977763	100209426	8683402	6605038	170827554	259613230	39415542	29629694	11177739	52526564	1328334
2010	411049645	115855356	10260711	2779643	196482092	307226360	--	--	--	--	--
2011	463454133	--	11094869	--	221732725	351789985	--	--	--	--	--
2012	543015254	--	11728756	--	263433050	400214919	--	--	--	--	--
2013	620778809	--	12268371	--	297960833	447612638	--	--	--	--	--
2014	674982880	--	12977186	--	331785596	500586442	--	--	--	--	--

附表 1-10

山东省历年地区生产总值构成

单位：%

年份	地区生产总值	第一产业	第二产业	第三产业	工业	建筑业
1953	100	61.7	20.3	18.0	19.1	1.2
1954	100	61.3	20.7	18.0	19.6	1.1
1955	100	61.5	19.7	18.8	18.7	1.0
1956	100	56.5	25.9	17.6	23.7	2.2
1957	100	52.0	28.7	19.3	27.1	1.6
1958	100	46.5	32.5	21.0	29.2	3.3
1959	100	37.8	36.7	25.5	33.1	3.6
1960	100	28.9	43.5	27.6	39.4	4.1
1961	100	41.7	31.8	26.5	30.0	1.8
1962	100	47.2	26.3	26.5	24.7	1.6
1963	100	49.5	28.2	22.3	26.1	2.1
1964	100	46.1	32.7	21.2	30.3	2.4
1965	100	49.0	33.5	17.5	30.1	3.4
1966	100	48.1	35.3	16.6	32.1	3.2
1967	100	47.0	35.6	17.4	32.9	2.7
1968	100	44.7	37.7	17.6	35.0	2.7
1969	100	46.4	36.6	17.0	33.5	3.1
1970	100	41.4	42.5	16.1	39.7	2.8
1971	100	40.3	44.0	15.7	41.3	2.7
1972	100	40.3	43.2	16.5	40.0	3.2
1973	100	40.1	42.8	17.1	39.3	3.5
1974	100	45.2	36.3	18.5	32.7	3.6
1975	100	39.4	45.3	15.3	42.0	3.3
1976	100	38.3	47.2	14.5	43.6	3.6
1977	100	38.2	46.0	15.8	42.5	3.5
1978	100	33.3	52.9	13.8	48.1	4.8
1979	100	36.2	50.8	13.0	45.6	5.2
1980	100	36.4	50.0	13.6	44.7	5.3
1981	100	38.2	44.8	17.0	39.8	5.0
1982	100	39.0	42.0	19.0	37.2	4.8
1983	100	40.3	38.9	20.8	34.6	4.3

续表

年份	地区生产总值	第一产业	第二产业	第三产业	工业	建筑业
1984	100	38.2	41.1	20.7	36.8	4.3
1985	100	34.7	43.0	22.3	38.1	4.9
1986	100	34.1	42.2	23.7	37.0	5.2
1987	100	32.2	43.1	24.7	38.3	4.8
1988	100	29.7	44.5	25.8	39.0	5.5
1989	100	27.8	44.8	27.4	39.7	5.1
1990	100	28.1	42.1	29.8	37.6	4.5
1991	100	28.8	41.2	30.0	36.7	4.5
1992	100	24.3	45.5	30.2	40.5	5.0
1993	100	21.5	49.0	29.5	43.4	5.6
1994	100	20.2	49.2	30.6	44.0	5.2
1995	100	20.4	47.6	32.0	42.4	5.2
1996	100	20.4	47.3	32.3	42.1	5.2
1997	100	18.3	48.1	33.6	42.7	5.4
1998	100	17.3	48.5	34.2	42.8	5.7
1999	100	16.3	48.6	35.1	42.6	6.0
2000	100	15.2	50.0	34.8	44.0	6.0
2001	100	14.8	49.5	35.7	43.5	6.0
2002	100	13.5	50.5	36.0	44.0	6.5
2003	100	12.3	53.7	34.0	47.3	6.4
2004	100	11.8	56.5	31.7	50.5	6.0
2005	100	10.7	57.0	32.3	51.3	5.8
2006	100	9.8	57.4	32.8	52.0	5.5
2007	100	9.7	56.8	33.5	51.5	5.3
2008	100	9.7	56.8	33.5	51.4	5.4
2009	100	9.5	55.8	34.7	49.8	5.9
2010	100	9.2	54.2	36.6	48.2	6.1
2011	100	8.8	52.9	38.3	46.9	6.0
2012	100	8.6	51.4	40.0	45.6	5.9
2013	100	8.3	49.7	42.0	43.9	5.9
2014	100	8.1	48.4	43.5	42.6	5.9

注：本表按当年价格计算。

附表 1-11

山东省历年地区生产总值指数（一）

（以1952年为100）

年份	地区生产总值	第一产业	第二产业	第三产业	工业	建筑业
1953	102.1	92.7	127.8	113.7	128.5	117.7
1954	116.4	104.7	148.5	131.0	150.0	124.3
1955	127.5	115.6	155.3	147.0	157.1	126.5
1956	142.5	116.1	236.5	151.7	234.4	279.7
1957	137.5	101.6	262.0	154.6	264.6	226.6
1958	163.2	107.7	349.5	199.4	334.7	572.4
1959	169.6	90.4	410.3	249.4	396.3	626.2
1960	149.2	63.6	394.7	251.4	375.3	682.6
1961	116.5	65.3	269.2	170.4	264.2	325.6
1962	113.5	69.7	214.8	184.4	213.2	236.4
1963	126.0	82.0	245.3	180.9	240.1	322.9
1964	140.4	84.7	311.5	193.0	307.1	379.1
1965	171.3	107.2	405.0	197.8	386.0	693.0
1966	199.2	122.4	499.8	213.4	485.2	725.6
1967	203.8	121.7	538.8	207.9	537.1	587.0
1968	201.8	112.3	565.2	209.6	563.4	608.1
1969	217.5	124.9	597.4	222.2	588.8	746.1
1970	251.6	129.3	753.3	260.9	748.4	833.4
1971	290.8	135.6	1004.9	266.6	1014.8	913.4
1972	315.2	139.7	1125.5	295.9	1132.5	1106.1
1973	332.5	146.1	1180.6	323.4	1180.1	1268.7
1974	280.0	139.8	854.8	296.6	840.2	1132.9
1975	361.8	154.6	1366.0	310.5	1374.6	1325.5
1976	380.6	162.0	1452.1	318.3	1450.2	1544.2
1977	423.6	185.7	1553.7	376.5	1544.5	1738.8
1978	466.4	174.6	1948.3	379.5	1907.5	2580.4
1979	497.2	188.9	2071.0	395.1	2004.8	3060.4
1980	557.9	207.4	2319.5	469.8	2233.3	3586.8
1981	590.3	220.9	2393.7	524.8	2329.3	3382.4
1982	657.0	244.8	2527.7	667.5	2443.4	3774.8
1983	748.3	284.0	2719.8	825.7	2648.6	3823.9

续表

年份	地区生产总值	第一产业	第二产业	第三产业	工业	建筑业
1984	878.5	336.0	3201.2	952.0	3090.9	4810.5
1985	978.6	343.4	3793.4	1093.8	3619.4	6200.7
1986	1040.3	341.3	4199.3	1189.0	4035.6	6504.5
1987	1183.9	366.6	4917.4	1391.1	4794.3	6764.7
1988	1331.9	365.9	6033.6	1524.6	5858.6	8537.1
1989	1385.2	363.7	6462.0	1567.3	6356.6	8101.7
1990	1458.6	383.3	6927.3	1578.3	6865.1	8028.8
1991	1671.6	437.7	7897.1	1830.8	7894.9	8478.4
1992	1954.1	438.6	10155.7	2129.2	10216.0	10225.0
1993	2352.0	465.4	13005.4	2554.0	13142.9	12506.2
1994	2733.9	499.3	15269.6	3081.4	15454.7	14448.4
1995	3115.8	544.0	17419.6	3604.3	17579.7	16984.1
1996	3491.3	579.9	19830.5	4054.1	19993.4	19521.5
1997	3878.5	582.6	22350.9	4639.9	22532.6	22032.0
1998	4295.4	615.5	25048.7	5159.6	25254.5	24658.2
1999	4725.8	644.4	28069.5	5639.4	28340.7	27237.5
2000	5211.6	668.9	31429.5	6228.2	31795.4	29884.9
2001	5734.9	697.0	34883.6	6927.6	35366.0	32649.3
2002	6407.6	714.1	40102.1	7682.7	40515.3	38519.6
2003	7266.8	753.7	46839.3	8555.5	47613.6	42987.9
2004	8385.9	806.1	55855.9	9608.6	57664.8	45154.5
2005	9643.7	845.2	65595.0	10995.6	68077.3	50554.3
2006	11063.2	888.7	76495.4	12593.5	79812.9	56166.3
2007	12636.4	924.2	88552.1	14426.5	93032.1	60798.6
2008	14155.5	970.9	99201.0	16437.5	104738.8	64685.6
2009	15879.3	1011.2	112952.6	18279.7	118122.1	81147.8
2010	17832.9	1047.9	127369.5	20752.6	133220.3	91364.1
2011	19769.1	1089.8	142274.7	23102.1	149911.5	96062.9
2012	21698.7	1140.5	157227.9	25375.7	166483.6	101717.2
2013	23771.2	1183.8	174001.8	27700.6	184667.4	110270.0
2014	25840.6	1226.0	189703.1	30253.4	201881.6	119276.8

注：本表按可比价格计算。

附表 1-12

山东省历年地区生产总值指数（二）

（以上年为100）

年份	地区生产总值	第一产业	第二产业	第三产业	工业	建筑业
1953	102.1	92.7	127.8	113.7	128.5	117.7
1954	114.0	112.9	116.2	115.2	116.7	105.6
1955	109.5	110.4	104.6	112.2	104.7	101.8
1956	111.8	100.4	152.3	103.2	149.2	221.1
1957	96.5	87.5	110.8	101.9	112.9	81.0
1958	118.7	106.0	133.4	129.0	126.5	252.6
1959	103.9	83.9	117.4	125.1	118.4	109.4
1960	88.0	70.4	96.2	100.8	94.7	109.0
1961	78.1	102.6	68.2	67.8	70.4	47.7
1962	97.4	106.8	79.8	108.2	80.7	72.6
1963	111.0	117.6	114.2	98.1	112.6	136.6
1964	111.4	103.3	127.0	106.7	127.9	117.4
1965	122.0	126.6	130.0	102.5	125.7	182.8
1966	116.3	114.2	123.4	107.9	125.7	104.7
1967	102.3	99.4	107.8	97.4	110.7	80.9
1968	99.0	92.3	104.9	100.8	104.9	103.6
1969	107.8	111.2	105.7	106.0	104.5	122.7
1970	115.7	103.5	126.1	117.4	127.1	111.7
1971	115.6	104.9	133.4	102.2	135.6	109.6
1972	108.4	103.0	112.0	111.0	111.6	121.1
1973	105.5	104.6	104.9	109.3	104.2	114.7
1974	84.2	95.7	72.4	91.7	71.2	89.3
1975	129.2	110.6	159.8	104.7	163.6	117.0
1976	105.2	104.8	106.3	102.5	105.5	116.5
1977	111.3	114.6	107.0	118.3	106.5	112.6
1978	110.1	94.0	125.4	100.8	123.5	148.4
1979	106.6	108.2	106.3	104.1	105.1	118.6
1980	112.2	109.8	112.0	118.9	111.4	117.2
1981	105.8	106.5	103.2	111.7	104.3	94.3
1982	111.3	110.8	105.6	127.2	104.9	111.6
1983	113.9	116.0	107.6	123.7	108.4	101.3

续表

年份	地区生产总值	第一产业	第二产业	第三产业	工业	建筑业
1984	117.4	118.3	117.7	115.3	116.7	125.8
1985	111.4	102.2	118.5	114.9	117.1	128.9
1986	106.3	99.4	110.7	108.7	111.5	104.9
1987	113.8	107.4	117.1	117.0	118.8	104.0
1988	112.5	99.8	122.7	109.6	122.2	126.2
1989	104.0	99.4	107.1	102.8	108.5	94.9
1990	105.3	105.4	107.2	100.7	108.0	99.1
1991	114.6	114.2	114.0	116.0	115.0	105.6
1992	116.9	100.2	128.6	116.3	129.4	120.6
1993	120.4	106.1	128.1	120.0	128.7	122.3
1994	116.2	107.3	117.4	120.7	117.6	115.5
1995	114.0	108.9	114.1	117.0	113.8	117.6
1996	112.1	106.6	113.8	112.5	113.7	114.9
1997	111.1	100.5	112.7	114.5	112.7	112.9
1998	110.8	105.7	112.1	111.2	112.1	111.9
1999	110.0	104.7	112.1	109.3	112.2	110.5
2000	110.3	103.8	112.0	110.4	112.2	109.7
2001	110.0	104.2	111.0	111.2	111.2	109.3
2002	111.7	102.5	115.0	110.9	114.6	118.0
2003	113.4	105.6	116.8	111.4	117.5	111.6
2004	115.3	106.9	119.3	112.3	121.1	105.0
2005	115.0	104.8	117.4	114.4	118.1	112.0
2006	114.7	105.2	116.6	114.5	117.2	111.1
2007	114.2	104.0	115.8	114.6	116.6	108.2
2008	112.0	105.1	112.0	113.9	112.6	106.4
2009	112.2	104.2	113.9	111.2	112.8	125.4
2010	112.3	103.6	112.8	113.5	112.8	112.6
2011	110.9	104.0	111.7	111.3	112.5	105.1
2012	109.8	104.7	110.5	109.8	111.1	105.9
2013	109.6	103.8	110.7	109.2	110.9	108.4
2014	108.7	103.8	109.2	108.9	109.3	108.2

附表 1-13

山东省分市地主要经济指标

（2014 年）

地区	地区生产总值（亿元）	同比增幅（%）	全社会固定资产投资总额（亿元）	同比增幅（%）	出口总值（亿美元）	同比增幅（%）	社会消费品零售总额（亿元）	同比增幅（%）	居民消费价格指数（%）
济南	5770.60	8.76	3063.44	16.10	60.61	10.50	2964.43	12.60	102.20
青岛	8692.10	8.00	5766.00	16.10	457.80	9.10	3268.80	12.60	102.60
淄博	4029.80	7.40	--	--	56.00	6.67	1739.50	12.44	101.60
枣庄	1980.13	9.00	1430.01	15.50	11.54	21.90	706.30	12.70	101.90
东营	3430.49	10.00	2708.20	16.10	60.95	5.10	659.06	12.60	101.40
烟台	6002.08	9.10	4101.06	15.90	294.04	0.80	2377.65	12.70	101.70
潍坊	4786.70	9.10	3969.10	15.70	123.40	6.30	1979.58	12.60	101.30
济宁	3800.06	9.60	2615.00	15.80	32.69	-2.00	1664.10	12.75	103.20
泰安	3002.20	9.40	2299.00	16.00	17.30	26.70	1188.10	12.80	101.80
威海	2790.34	9.80	--	--	113.72	6.30	1181.87	12.90	102.40
日照	1611.87	10.00	1234.75	15.50	47.89	23.51	535.98	12.60	101.80
莱芜	687.60	8.80	--	--	9.21	22.60	290.36	12.70	102.00
临沂	3569.80	10.10	--	--	56.90	22.90	2008.40	12.80	102.10
德州	2596.08	10.00	2171.10	28.70	22.27	9.90	1116.80	12.80	102.00
聊城	2516.40	9.40	1833.13	16.00	23.86	19.10	924.66	12.70	101.80
滨州	2276.71	7.60	--	--	37.88	6.90	738.51	12.20	101.70
菏泽	2222.19	10.20	940.70	16.00	21.58	23.30	1147.88	13.00	101.90

注：该表为本编辑部根据山东省人民银行各市中心支行报送的《经济主要统计指标》整理。

附表 1-14

山东省分市地主要金融指标

（2014 年）

地区	本外币存款余额（亿元）	同比增幅（%）	单位存款余额（亿元）	同比增幅（%）	储蓄存款余额（亿元）	同比增幅（%）	本外币贷款余额（亿元）	同比增幅（%）	短期贷款余额（亿元）	同比增幅（%）	中长期贷款余额（亿元）	同比增幅（%）
济南	12010.17	10.50	7466.30	7.31	3671.58	13.03	10002.55	6.60	2908.11	-0.92	4841.33	7.19
青岛	11907.95	4.29	6079.19	0.70	4435.90	7.13	10530.60	9.21	3678.28	1.17	5592.69	14.56
淄博	3625.79	4.05	1346.04	-3.83	2038.58	8.19	2532.48	6.43	1541.62	2.48	854.25	14.86
枣庄	1330.38	6.44	415.97	-3.41	865.46	10.98	1018.20	4.42	424.29	-3.31	537.49	11.72
东营	3300.09	15.87	1911.36	17.06	1185.04	12.72	2600.04	20.30	1773.73	18.41	709.74	26.99
烟台	6417.97	6.60	2384.25	1.74	3401.90	10.50	4285.29	8.68	2101.82	5.18	1685.43	13.72
潍坊	5536.20	9.42	2183.59	3.94	3162.31	12.84	4450.46	11.10	2731.84	9.63	1567.67	9.18
济宁	3691.59	3.67	1384.18	-5.25	2138.55	9.65	2563.04	12.59	1381.39	6.91	975.89	21.29
泰安	2474.51	8.61	821.93	3.39	1530.71	11.32	1598.30	12.06	726.17	5.47	794.09	20.11
威海	2632.33	13.71	948	8.90	1466.96	9.75	1735.28	10.88	661.57	10.82	357.88	13.27
日照	1921.50	7.94	955.10	10.16	863.50	12.66	1887.6	26.73	1023.60	21.93	489.40	26.44
莱芜	797.13	4.75	305.65	2.90	458.62	9.75	628.13	3.95	442.02	2.99	126.61	8.45
临沂	4255.52	14.68	1522.49	17.57	2583.82	14.82	3033.65	19.85	1735.14	14.10	1092.28	33.68
德州	2161.82	11.81	607.28	5.26	1485.43	17.29	1449.29	11.46	807.33	2.94	592.09	25.22
聊城	2289.20	17.65	803.26	17.42	1409.74	18.92	1699.51	18.64	1150.76	14.89	489.13	24.55
滨州	2105.95	9.30	1054.65	3.15	967.83	16.12	1869.70	10.50	1296.35	9.80	477.76	11.12
菏泽	2228.28	16.13	524.33	19.26	1661.39	16.41	1447.04	17.57	741.85	7.07	632.44	32.28

注：该表为本编辑部根据山东省人民银行各市中心支行报送的《金融业务统计指标》整理。

附表 1-15

山东省各市地区生产总值

单位：亿元

地区	地区生产总值			第一产业增加值			第二产业增加值		
	2013	2014	2014 年为 2013 年% 2013=100	2013	2014	2014 年为 2013 年% 2013=100	2013	2014	2014 年为 2013 年% 2013=100
济南	5230.19	5770.60	108.8	276.99	290.29	104.1	2095.08	2261.66	108.8
青岛	8006.56	8692.10	108.0	340.50	349.62	103.8	3651.39	3890.41	108.5
淄博	3801.24	4029.77	107.4	134.42	140.15	103.9	2170.56	2247.54	108.4
枣庄	1830.63	1980.13	109.0	142.07	147.71	103.4	1018.55	1075.72	109.2
东营	3250.20	3430.49	110.0	109.77	115.86	103.8	2197.85	2284.73	110.5
烟台	5613.87	6002.08	109.1	407.84	426.60	104.0	3045.66	3179.78	108.8
潍坊	4420.70	4786.74	109.1	416.08	437.30	103.8	2245.18	2372.31	109.7
济宁	3501.54	3800.06	109.6	408.37	431.37	104.1	1743.77	1864.63	110.3
泰安	2790.70	3002.19	109.4	250.30	260.26	103.6	1350.51	1429.98	110.4
威海	2549.69	2790.34	109.8	197.21	207.58	104.2	1278.95	1354.86	110.0
日照	1500.16	1611.84	110.0	125.83	133.15	104.0	774.03	811.66	109.6
莱芜	653.48	687.60	108.8	48.97	52.74	103.6	364.58	373.62	109.6
临沂	3336.81	3569.80	110.1	315.66	331.22	103.8	1583.06	1648.11	110.7
德州	2460.57	2596.08	110.0	257.31	270.53	104.2	1270.70	1306.21	110.7
聊城	2365.87	2516.40	109.4	281.24	304.19	104.1	1264.06	1305.05	109.9
滨州	2155.73	2276.71	107.6	202.19	210.88	104.0	1098.04	1145.24	108.3
菏泽	2050.01	2222.19	110.2	251.49	260.83	102.5	1113.28	1190.59	111.0

注：本表绝对额按当年价格计算，速度按可比价格计算。

续表

地区	第三产业增加值			工业增加值			人均地区生产总值（元）	
	2013	2014	2014 年为 2013 年% 2013=100	2013	2014	2014 年为 2013 年% 2013=100	2013 年	2014 年
济南	2858.12	3218.65	109.1	1690.63	1822.11	108.9	74993	82052
青岛	4014.67	4452.07	107.9	3234.56	3434.97	108.4	89797	96524
淄博	1496.26	1642.08	105.9	1930.87	1988.57	108.4	82889	87531
枣庄	670.01	756.69	109.6	916.79	968.30	109.6	48346	51890
东营	942.58	1029.90	109.2	2166.60	2249.48	110.4	156356	163982
烟台	2160.38	2395.70	110.4	2757.80	2866.97	108.8	80358	85795
潍坊	1759.45	1977.13	109.3	1974.62	2078.53	109.9	47943	51826
济宁	1349.41	1504.06	110.0	1546.37	1649.66	110.4	42796	46213
泰安	1189.88	1311.95	109.1	1149.64	1215.15	111.2	50296	53853
威海	1073.53	1227.90	110.6	1151.34	1221.38	110.3	91010	99392
日照	600.29	667.03	111.7	685.90	715.62	109.7	52778	56348
莱芜	239.93	261.24	108.2	332.22	338.13	109.6	49390	51352
临沂	1438.09	1590.47	110.8	1331.22	1373.67	110.3	32902	35032
德州	932.56	1019.34	110.5	1140.51	1164.85	110.9	43542	45641
聊城	820.57	907.16	110.3	1185.69	1219.74	110.0	40083	42482
滨州	855.50	920.58	107.4	1007.46	1047.21	108.3	56770	59557
菏泽	685.24	770.77	111.8	978.07	1043.51	111.3	24542	26446

附表 1-16

山东省各市地区生产总值构成

单位：%

地区	地区生产总值		第一产业		第二产业		第三产业	
	2013年	2014年	2013年	2014年	2013年	2014年	2013年	2014年
济南	100.0	100.0	5.3	5.0	40.1	39.2	54.6	55.8
青岛	100.0	100.0	4.3	4.0	45.6	44.8	50.1	51.2
淄博	100.0	100.0	3.5	3.5	57.1	55.8	39.4	40.7
枣庄	100.0	100.0	7.8	7.5	55.6	54.3	36.6	38.2
东营	100.0	100.0	3.4	3.4	67.6	66.6	29.0	30.0
烟台	100.0	100.0	7.2	7.1	54.3	53.0	38.5	39.9
潍坊	100.0	100.0	9.4	9.1	50.8	49.6	39.8	41.3
济宁	100.0	100.0	11.7	11.3	49.8	49.1	38.5	39.6
泰安	100.0	100.0	9.0	8.7	48.4	47.6	42.6	43.7
威海	100.0	100.0	7.7	7.4	50.2	48.6	42.1	44.0
日照	100.0	100.0	8.4	8.3	51.6	50.3	40.0	41.4
莱芜	100.0	100.0	7.5	7.7	55.8	54.3	36.7	38.0
临沂	100.0	100.0	9.5	9.3	47.4	46.2	43.1	44.5
德州	100.0	100.0	10.5	10.4	51.6	50.3	37.9	39.3
聊城	100.0	100.0	11.9	12.0	53.4	51.9	34.7	36.1
滨州	100.0	100.0	9.4	9.3	50.9	50.3	39.7	40.4
菏泽	100.0	100.0	12.3	11.7	54.3	53.6	33.4	34.7

注：本表按当年价格计算。

第二部分

中央银行、监管局

中国人民银行济南分行

【综述】 2014年，中国人民银行济南分行(简称：人民银行济南分行)坚持稳中求进工作总基调，继续深化以学习促工作、以文化促管理、以规范促安全、以创新促发展，各项工作取得新成效。

一、坚持把监测分析和引导作为货币信贷工作的着力点，努力支持全省经济加快转型升级步伐。一是高度重视监测分析和引导，有51篇分析报告得到总行和省委、省政府主要领导批示；二是印发《关于认真贯彻稳健货币政策改进金融服务和外汇管理、支持全省经济提质增效转型升级和持续健康发展的意见》(济银发〔2014〕1号)，引导金融机构加大对重点领域和薄弱环节支持力度；三是联合有关部门和市政府召开银企合作促进会8场，协议金额4300亿元；四是开展信贷资产质押再贷款试点和法人机构常备借贷便利操作试点。推动6家地方法人金融机构成为市场利率定价自律机制首批地方法人基础成员；五是引导金融机构探索开展农村土地承包经营权抵押贷款等业务。

二、坚持以金融风险监测分析和报告为重点，积极维护金融稳定。一是组织对“德正系”风险事件等进行深入调研，加大对大企业融资担保圈和资金链断裂、房地产市场等重点风险隐患排查力度；二是继续实施金融风险监测全覆盖，将银行机构和具有融资功能的非金融机构全部纳入监测范围；三是全面实行银行机构重大事项“零报告”制度，开发银行业金融机构风险监测分析系统；四是建立业务部门检查监督主查人制度，对金融机构支付结算、征信业务、现金业务、反洗钱等业务开展专项检查；五是组织对116家省级金融机构进行全面综合评价；六是加强反洗钱监管，现场检查金融机构45家，综合评价1375家，移交线索47条。

三、坚持以发展普惠金融为导向，积极推进金融服务创新。一是在全国率先建立小微企业问卷调查制度，深入开展重点理论课题研究；二是深化农村致富环境建设，在全国率先实现全省所有行政村银行卡助农取款服务点全覆盖和手机支付全覆盖；三是积极组织推广金融IC卡，全省累计发卡量同比增长近14倍，ATM电子现金跨行圈存改造完成率达100%；四是加强现金流通管理，在全国率先开展金融机构钞票处理设备清分质量检测；五是深入开展国库直接支付业务，共办理4387万笔、84亿元；六是成功实现小微企业和农村地方征信数据库上线运行，加强山东省域征信服务平台建设，推进与法院、公安等部门间的信用信息共享；七是积极推进跨境人民币业务试点，新华社等7家中央级新闻媒体对此给予采访报道；八是全面开展金融消费者权益保护工作，9月末实现金融消费权益保护协会市县两级全覆盖；九是齐鲁钱币博物馆业务全面发展，北海银行纪念馆在临沂开馆。

四、坚持把促进涉外经济发展作为外汇管理重要任务，进一步改进外汇管理和服务方式。一是积极推动重点领域外汇管理改革，在全省17地市全面实施外汇主体监管，为企业、金融机构和个人提供“一站式”服务；二是制定《跨国公司外汇资金集中运营管理实施细则》，12家跨国公司成功备案开展业务；三是深入开展新版《国际收支统计申报办法》专题宣传活动，与省商务厅联合举办全省外贸企业规避汇率风险视频培训班，培训企业达1600余家；四是开展资本项目外汇管理简政放权，下放17项业务至中心支局办理；五是大幅简化资本项下业务办理流程，直接投资业务平均办理时间缩短约50%，企业业务办理成本下降约25%；六是依法加强外汇检查，查处案件126起，收缴罚没款1866万元。

五、坚持把抓好党建作为重要保障，切实加强干部队伍建设。一是坚持“开展一次理论学习、解决一个重大问题”的学习模式，到典型市、县开展党委中心组理论现场学习和实地调研；二是综合运用多种方式选拔使用干部，探索实行署名推荐；三是连续第三年从金融系统选派优秀青年干部到县级团委挂职，团中央调研组专程到山东调研，给予高度评价并拟在全国推广；四是扎实做好文明单位创建工作，深入推进“清泉”廉政文化品牌建设；五是对9家中心支行开展巡视跟踪评估，对2家中心支行和1家县支行开展落实党风廉政建设责任制专项巡视；被国家机关事务管理局、发展改革委、财政部授予全国第一批节约型公共机构示范单位称号。

六、坚持把安全放在首要位置来抓，切实强化规范管理。一是坚持按季召开机关风险管理联席会议排查风险，坚持每半年在辖区开展拉网式风险隐患排查；二是开展“应急预案管理办法贯彻落实年”活动，探索建立政府信息发布、解读、回应和引导四位一体工作机制；三是妥善处置“M3S7”假币负面舆情，中央电视台“新闻联播”就此事件进行报道，“焦点访谈”专题播出“追踪‘M3S7’”报道；四是深入推广涉密事项集中梳理暨风险防控体系建设，电子档案系统在业务网全面推广；五是开展“内审转型巩固提升年”活动，推广应用27项审计转型成果；六是强化办公场所反恐防恐工作，有序推进山东省发行基金守押体制改革。2014年，金融统计、货币发行、国库、会计等专业连续17年保持零差错；辖区没有发生重大安全事故和资金案件。

【法律事务】 2014年，人民银行济南分行强化“两管理、两综合”履职效能，金融法制工作水平进一步提高。

一、不断加强依法行政建设，提高依法履职水平。一是认真贯彻落实《国务院关于取消和调整一批行政审批项目等事项的决定》，组织对山东省辖内现行行政事业性收费项目和相关规范性文件的清理，做好简化行政审批事项的宣传、后续监管和衔接工作；二是对分行6个部门开展的10次专项执法检查进行了立项审核，为分行和中心支行开展执法检查和调查进行规范性审核并提供业务指导；三是依法做好行政处罚和行政复议工作，依法处罚了9家支付机构和1家商业银行，处罚金额110万元；四是提升法律服务能力，认真审核分行公文和合同，切实防范法律风险；五是加强金融法律理论研究，编辑《金融法制调研与动态》15期，编写行政复议典型案例4件，承担了总行课题《P2P网络借贷监管的国际经验及启示》、《人民银行行政执法风险研究》，完成了行长调研报告《地方金融监管体制改革研究》，分行重点研究课题《互联网金融监管法律问题研究》等相关课题研究。

二、进一步提升管理与服务质效。一是制定了《关于进一步加强对外检查监督工作力量的实施方案》，细化了《执法检查程序规定》；二是组织对辖内116家省级金融机构2013年度的综合评价并通报了综合评价结果，对28家“A级”单位进行通报表彰；三是组织对金融机构管理与服务系统进行升级完善，切实实现工作高效便捷。

三、进一步完善金融消费权益保护工作体系。一是推动全省17地市实现协会组织建设市、县两级全覆盖，举办了全省金融消费权益保护与协会工作培训班；二是推动全省顺利开通12363投诉咨询电话，有效畅通了消费者投诉渠道；三是集中开展金融知识普及宣传教育；四是组织开展了个人金融信息保护检查“回头看”活动，组织对枣庄银行、聊城农商银行开展了金融消费权益保护现场评估；五是举办了“新消保法在金融消费者保护中的适用问题”研讨会，与金融监管部门、司法、学术及消费者保护组织建立了交流沟通机制；六是完成了手机银行、银行卡业务、金融消费纠纷第三方调解、普惠金融发展实践等研究课题。

【货币信贷管理】 2014年，人民银行济南分行认真贯彻执行稳健货币政策和信贷政策，引导金融机构牢牢把握服务实体经济的要求，积极对接全省经济社会发展战略，着力优化融资结构和信贷结构，各项工作取得新成效。

一、深入实施金融支持现代农业“两年攻坚计划”，努力实现“三个突破”。一是组织农业发展银行山东省分行、农业银行山东省分行、邮储银行山东省分行和省联社制定专项支持方案，在全省确定529家试点新型农业经营主体，提供“一对一”全方位金融服务；二是与省委农工办等联合印发重点支持的新型农业经营主体名单1760个，并向金融机构推荐；三是引导金融机构加强农村金融产品和服务创新，全省共有11大类农村金融产品增速达46%；四是积极争取山东省成为全国首批农村承包土地经营权试点地区。新华社、《金融时报》等8家中央新闻媒体对山东省金融支持现代农业工作进行了专题报道。

二、加大窗口指导力度，积极搭建银政企合作平台。一是联合科技厅等部门出台《扎实做好科技金融服务的意见》；二是联合文化厅等部门出台《关于深入推进文化金融合作的实施意见》；三是联合省银监局、证监局和保监局下发《关于山东省金融支持服务业发展的指导意见》，与省新闻办召开新闻发布会专题解读相关政策；四是与省经信委召开全省企业重点技术改造导向计划项目推介会，向金融机构推介项目1057个；五是联合省工商局开展动产抵押融资银企对接活动，联合省畜牧局召开全省家禽产业银企对接会；六是联合菏泽市、莱芜市、滨州市市政府召开银企合作促进会，就7210个项目达成协议，金额1431亿元。

三、全面贯彻宏观审慎管理政策要求，优化货币金融环境。一是继续实施宏观审慎管理“一把手”负责制，明确提出全省地方法人金融机构全年新增贷款不得突破总行制定的调控区间的目标；二是坚持以市场化方式运用调整机制，在稳健性参数中细分政策性参数和管理参数，从正反两个方向对地方法人金融机构进行激励约束；三是每月按旬对全省233家法人银行业机构合意贷款执行进度和投放结构进行监测分析，保持贷款投放总量适度、节奏平稳、结构合理。

四、综合运用货币政策工具，引导金融机构加强对重点领域和薄弱环节的服务。一是先后制定并下发《常备借贷便利管理办法》、《再贷款证券资产质押操作规程》、《支小再贷款管理办法》；二是作为全国信贷资产抵押发放信贷政策支持再贷款的首批两个试点省份之一，协助总行研究制定信贷资产质押操作细则、内部评级办法、操作规程等制度框架，组织评级系统的研发；三是组织对全省701家县域金融机构进行涉农信贷政策导向效果评估，对170家金融机构进行了小微企业信贷政策导向效果评估。

五、积极助推普惠金融，做好民生金融服务工作。一是会同政府有关部门提高各类创业人员和劳动密集型小企业小额担保贷款额度，稳步扩大小额担保贷款惠及范围；二是实施差别化住房信贷政策，优先满足居民家庭首次购买自住普通商品住房的贷款需求，积极做好保障房建设和棚户区改造的金融服务工作；三是全面做好扶贫开发金融服务，规范做好民品优惠利率贷款贴息工作，累计为81家企业审核贴息贷款2958笔，贴息总额4.6亿元。

六、积极开展合格审慎评估，推动地方法人机构深度参与利率市场化进程。一是推动6家地方法人金融机构通过金融机构合格审慎评估，成为市场利率定价自律机制首批地方法人基础成员，通过机构数量居全国第二位；二是会员机构率先使用大额可转让存单等多项利率市场化工具，进一步优化负债主动管理。

七、认真开展黄金市场投资者教育宣传活动，银行间债券市场直接融资成效显著。一是制定《黄金市场投资者教育主题宣传活动方案》，精心设计图文并茂的宣传折页，搭建多样化宣传平台，得到总行领导高度评价，在“黄金市场投资者教育宣传活动经验交流会”上做典型发言；二是继续加强与中国银行间市场交易商协会等部门的协调配合，鼓励符合条件的企业在银行间市场融资，推动扩大直接融资规模。

八、围绕热点难点开展分析，服务中心工作。一是积极提升制度性分析质量，多篇调查分析成果被总行采用，季度分析报告体例被总行转发全国分支行参考借鉴；二是围绕焦点开展专题调查，上报总行专题报告122篇，完成《融资结构对经济增长的影响研究——基于山东实证分析》，作为 2014 年全省重大研究课题上报省政府；三是完成了《2013 年中国区域金融运行报告》和《山东省区域金融运行分报告》的写作并如期上报总行。

【跨境人民币业务】 2014 年，人民银行济南分行以积极推进人民币跨境使用为出发点，以促进贸易投资便利化为落脚点，各项工作实现新突破。

一、加强政策宣传，积极扩大跨境人民币政策影响力。

（一）开展了形式多样的政策宣传活动。一是利用寿光“菜博会”等会展平台，搭建现代农业和跨境人民币业务合作平台；二是指导各地市中心支行跨境办开展跨境人民币政策专栏宣传、中小企业跨境人民币“批发团购”、个体商户宣讲课堂、发布《跨境人民币计价结算倡议书》等活动；三是加大跨境人民币业务宣传力度，举办培训班 60 余期，培训各类人员 1 万余人次。山东跨境人民币业务支持实体经济发展事迹被中新网等 7 家中央媒体报道。

（二）制定政策宣传工作的分类实施意见。下发了《关于加强跨境人民币业务政策宣传工作的通知》，明确要求各中心支行按照涉外收支金额起点、交易分类、商务部门或海关部门数据进行企业分类，筛选了进出口 100 万美元以上重点企业 11818 家，明确中心支行和银行的宣传责任。

二、简化业务办理流程，推动业务创新。一是进一步下放了出口货物贸易重点监管企业名单的审核权限，全年全省重点监管企业数量同比减少 1148 家；二是加强与商务部门合作，联合商务厅印发《关于推进跨境人民币业务支持山东省开放型经济发展的意见》；三是成功推动交通银行青岛分行向青岛佳施化工有限公司发放韩元贸易融资贷款 2486 万韩元，是全国首批、山东省首笔货币互换项下韩元贸易融资贷款业务；四是积极推动省内跨国企业集团开展人民币资金集中运营业务，指导商业银行制定相关业务操作规程，对符合条件的山东省跨国企业集团加强政策辅导。截至年末，已促成 6 家商业银行与 19 家企业集团签订初步合作协议，资金池累计流入上限近 180 亿元，走在全国前列。

三、加强业务督促和检查，防范风险。一是在全辖推广人民币跨境非现场监测预警系统；二是定期监测异常业务信息，加大非现场核查力度；三是规范业务操作，在全国率先制定了《企业跨境人民币业务现场核查操作指引》，并组织完成了对 16 家银行分支机构跨境人民币业务现场检查，涉及业务 1 万余笔，金额 2193 亿元。

四、畅通与银行、企业沟通渠道，摸清银企实际业务需求。一是召开政策通报会和座谈培训会，加强政策宣传和业务督促；二是分别赴青岛、滨州、东营、济宁、泰安、德州等地的 10 多家企业就大宗商品人民币结算和计价情况、跨境人民币业务创新试点需求及辖区企业、银行开展跨境人民币业务存在的问题等进行了调研，及时了解企业需求。

五、加强信息调研，提升综合研究能力。一是开展汇率政策、宏观经济与货币政策的调查研究，创建《国际经济金融宏观监测月报》；二是继续做好对周边国家的宏观风险监测，共报送 11 期《韩国宏观监测月报》、2 期《韩国宏观监测报告》、2 期《日本宏观监测报告》；三是加强对汇率和人民币国际化专题研究，完成《美联储对超额存款准备金付息的影响》等多篇报告，并形成《人民币国际化对货币政策传导机制的影响》专题研究；四是完成《人民币业务海外清算行落地英德助推人民币国际化》等舆情信息及时上报总行，每周编发舆情信息，并通过微信、QQ 群等形式向辖内的银行企业定期推送；五是积极开展调查研究，年初向辖区 17 个地市布置 17 个重点研究课题，形成 55 篇调研报告上报总行，被总行采用 14 篇。

【金融稳定工作】 2014 年，人民银行济南分行坚持金融风险监测全覆盖，积极开展金融风险排查，牢牢守住不发生系统性、区域性金融风险的底线。

一、积极参与和推进金融改革发展。一是完成存款保险条例实施细则和操作办法相关部分的撰写工作，制定了存款保险制度应对预案，并精心部署《存款保险条例（征求意见稿）》征求意见阶段相关工作；二是开展金融机构改革监测调研工作，全年完成 10 篇监测调研报告报总行；三是就省内金融机构法人治理和地方金融监管体系建设情况进行深入调研。

二、全面做好风险监测工作，提高风险预警能力。在总行会议上就“健全完善监测体系 有效防范金融风险 ”做经验介绍，重大事项报告工作做法在总行远程培训系统全国推广。

（一）监测制度实现突破。一是在全国率先建立银行业金融机构风险数据信息月报制度，将月度监测对象由法人银行扩大为全部银行业机构；二是认真执行重大事项报告制度；三是探索建立证券业机构重大事项报告制度。

（二）改进监测手段。一是开发了“银行业金融机构风险监测分析系统”，在全国率先建立了直通金融机构的风险信息采集系统；二是优化了银行业机构监测指标体系，监测指标扩展至 9 方面 281 项指标；三是加强与山大金融研究院合作，深化压力测试等分析技术应用。

（三）加强对关键领域和重点环节的监测。一是绘制全省 17 市企业信贷违约风险分布图；二是针对部分地区风险集中暴露、高风险法人银行，建立日报、周报制度；三是对全省有重要影响的企业担保圈进行全面筛查，《山东省重点担保圈风险情况调研报告》得到总行领导的肯定；四是认真维护出险企业数据库，及时向总行报告大型出险企业风险情况。

（四）注重监测成果转化。全年上报《风险监测月报》12 期，《金融稳定要情专报》39 期，编发《金融机构重大事项报告摘编》45 期，向省委、省政府报送专报件 5 篇。其中，总行领导批示 3 次，郭树清省长批示 4 次，夏耕副省长批示 3 次。

三、深入做好金融机构稳健性现场评估工作。一是对齐商银行信贷资产真实性与不良资产处置合规性开展专项评估；二是选取同业业务规模较大、业务种类较为典型的 4 家法人银行机构开展了专项评估；三是选取表外业务规模较大的日照银行进行了现场评估，提出整改要求；四是对齐鲁证券交叉性金融业务开展调研式评估，并组织辖区部分中心支行对保险分支机构开展了现场评估；五是进一步深化区域金融稳定评估，完成上报《2014年山东省金融稳定报告》、《上半年金融业风险状况分析报告》；六是积极参与总行《中国金融稳定报告》和《中国区域金融稳定报告》的撰写和审稿工作，得到总行高度评价。

四、做好风险提示，促进金融机构稳健经营。一是全年组织对100家法人机构、9家省级银行业分支机构和省以下分支机构开展执法检查；二是对全省银行业金融机构落实同业业务规范情况开展了督查，选取15家机构进行现场核查，向有关金融机构下发《现场核查意见书》；三是全年辖内各级行累计向金融机构发出风险提示82次；四是选取菏泽市的金融机构尝试开展主体评级，评级结果引起金融机构的高度重视。

五、开展风险排查和应急演练。一是辖内各级行组织或参与各类风险排查46次，并提出政策建议，《高度关注农民专业合作社违规开办金融业务风险》报告，得到郭树清省长批示；二是积极推动地方政府妥善处置区域重大金融风险事件，全年各级行累计参与处置各类风险事件95次，涉及融资金额1446.97亿元；三是指导辖内中心支行开展金融机构突发事件应急演练29次，对3个中心支行进行了抽演。

六、做好再贷款管理工作。一是提高再贷款分析报告质量，切实加强再贷款管理；二是对辖内再贷款现状及清收和债权维权中的难点问题进行了摸底调查，及时上报《关于金融稳定再贷款管理情况的报告》。

七、提高调研信息质量，有效服务领导决策。一是针对经济金融热点问题深入开展专题调研，形成调研报告20余篇，4篇报告得到总行、省政府领导批示；二是加强国际金融稳定形势、监管改革等跟踪研究，全年编译整理并上报15篇报告，完成总行交办的3项翻译任务，并积极参与总行银行业稳健标准研究小组工作；三是全年编发工作信息62期，被总行采用11期次，信息采用率位居全国前列。

【调查统计】 2014年，人民银行济南分行不断加强监测、调研、分析等各项工作，被评为山东省“统计工作先进单位”和“服务业统计先进单位”。

一、夯实基础，不断拓展金融统计视野。

（一）严格执行金融统计制度。一是组织召开全省金融统计制度会议，确保该制度贯彻落实；二是加强数据审核和质量控制，密切监测金融机构统计制度变更、会计科目调整等情况，切实提高金融统计数据质量；三是在总行数据报送情况通报中，实现连续17年“零差错”。

（二）积极探索金融业综合统计。一是召开了山东省“一行三局”统计信息交流共享座谈会，探讨金融业综合统计的工作思路和实施框架；二是开展了金融业综合统计工作国际经验比较研究，对日本金融统计、资金账户研究取得阶段性成果。

（三）强化业务指导和统计检查。一是密切关注金融机构新增和改制情况，切实做好统计制度的上传下达，保证了各金融机构统计数据的及时准确报送；二是将对金融机构统计工作考核纳入全行对金融机构综合评价工作；三是继续加强金融统计检查力度，完成中小金融机构经济普查相关信息填报；四是完成县域法人金融机构考核工作。

二、加强监测数据挖潜，发挥制度性调查的支撑作用。

（一）完善制度性监测体系。一是推动辖内各中心支行建立与监测企业沟通交流的专项制度，从源头上夯实监测数据基础，实现上报总行数据零差错；二是优化样本企业行业分布，提高监测数据的代表性和分析价值；三是完善了山东省小微企业问卷调查系统，完成了互联网填报系统向省级平台迁徙工作，有效解决了小微企业样本偏少的困境。

（二）加大监测数据的挖潜，为经济判断提供有价值参考。一是完成了企业家、银行家、外向型经济等20篇制度性调查报告；二是按季开展对企业、金融机构和相关部门的实地调研，形成《当前企业负债融资情况分析报告》、《山东省金融支持现代农业情况调研报告》等；三是协助总行调查统计司编制了工业景气指数和物价合成指数、消费者信心指数；四是编制扩散指数、合成指数和经济预警系统，研究分析景气波动内在规律。

三、深入开展形势分析，围绕热点问题及时开展专题调查。

（一）拓宽监测分析视野，全面提升分析预测水平。一是做好总行宏观经济时间序列数据库维护工作，确保核心指标录入率为100%，并根据形势需要把大宗商品价格等指标纳入监测范围；二是按月做好货币监测工作，形成专报件报送省委、省政府；三是按季做好经济金融形势调研工作，撰写辖区宏观经济形势分析预测报告，做好总行货币政策专家调查问卷填报工作；四是加强对热点、难点问题的专项分析，形成《信贷期限结构错配问题分析》、《下半年以来存款大幅少增原因分析》等专项分析报告10余篇。

（二）专题调查工作取得丰硕成果。形成了《全省现金运行状况调查》、《山东省金融支持纺织业情况调研报告》、《山东省房地产运行情况调研报告》、《关于当前山东省铝行业发展状况的调查报告》、《山东省汽车行业发展及金融支持情况调查报告》等10余篇专题调查报告。

（三）加强专题性研究。形成《系统性金融风险侧度及防范研究》、《基于行业视角资本配置效率研究——以山东省为例》、《地方政府性债务风险研究》等7个研究课题。

四、圆满完成年鉴编辑工作。编辑出版了《山东金融年鉴（2014）》，在同年中国版协第七届全国年鉴质量评比中，连续第四年获得特等奖，是全国金融年鉴中唯一获此殊荣的单位，并当选全国年鉴工作委员会理事单位。同时，完成了《山东省金融志》（评议稿）撰稿工作。

【会计财务】 2014年，人民银行济南分行会计财务处被总行授予“青年文明号”荣誉称号，会计报表编报工作连续第10年被总行通报表扬。

一、加强基础工作管理，进一步提升会计管理规范化水平。一是牵头完成了辖区会计年终决算、风险评估和联合培训等综合性会计工作，开展了会计财务检查；二是组织开展了“强基础 补短板 促发展”主题活动，推动会计财务基础工作质量全面提升；三是组织辖区对会计科目和报表对应关系及时进行增删和调整，保障会计信息真实准确；四是积极参与分行信贷资产质押试点工作，选派业务骨干全程参与总行财务评价指标体系的设计，配合总行做好实地调研和评价指标数据比对工作；五是进一步规范辖区银行机构会计决算资料报送工作，设计了会计数据及相关资料统计表格，丰富了商业银行会计分析的数据来源；六是严格履行对地方性法人金融机构交存款范围核定职责，对34家机构交存款范围进行了核定或调整。

二、严格落实财务预算管理新规，推进管理的科学化、精细化。一是研究制定了《机关公务活动经费开支管理操作规程（暂行）》；二是强化预算编制、分配、调整和执行等全过程管理，统筹安排各类财务资源，合理分配财务预算指标，有效保障全行各项业务运转的财务需求；三是在继续做好"货币发行费"和"大型修缮费"预算绩效评价的基础上，将"安全防卫费"和"电子设备购置费"纳入评价范围，预算资金使用效益得到提升；四是设计开发并在辖区推广运用了大型修缮项目预算管理系统，实现了对辖区大型修缮项目预算申报、审核、分配、执行进度控制、预算调整、项目完工资料上传、绩效评价等环节的流程化实时管理；五是开展了公务活动经费支出政策规定执行情况的专项检查，认真落实三公经费及"小金库"专项治理工作有关要求，顺利完成了自查和督导抽查工作。

三、突出优化配置和使用效益，进一步提升资产管理水平。一是成立了公务用车制度改革工作组，加强对该项工作的组织领导；二是组织对分行机关和辖区各级行软件资产情况进行全面清查，摸清了软件资产使用分布和价值来源等情况；三是做好各类资产购置标准和预算管理，优化资产使用，强化资产处置审核把关和程序规范，确保资产安全完整；四是按照"应编尽编、应采尽采"的管理原则，严把集中采购预算审批关、采购方式审核关和资金结算审核关，加强对重要采购事项的跟进指导，完成了集中采购管理系统和批量采购履约服务电子化平台的上线运行工作；五是组织完成了枣庄中心支行发行库和营业办公用房整体修缮项目、临沂中心支行发行库和钞票处理中心改扩建项目的申报工作。

四、积极推进会计财务工作转型，提升会计财务履职效能。制定并印发了《推进辖区会计财务工作转型的指导意见》，组织辖区各行会计财务部门通过发放调查问卷、实地观摩、座谈访问等方式开展深入调查，定期编发《会计财务工作简报》、《会计财务信息交流》和《国内外会计资讯快报》，信息被总行采用量位居全国前列。

【支付结算】 2014年，人民银行济南分行支付清算秩序和支付服务市场更加规范有序，调研及人才队伍建设取得丰硕成果，支付结算服务水平进一步提升。

一、全国首批试点上线第二代支付系统并完成全省推广。一是组织全省17家法人银行机构全部一次性成功上线第二代支付系统，其中，恒丰银行等5家机构作为全国首批试点上线；二是针对支付系统前置机使用时间长、易发故障问题，组织21家银行机构完成前置机系统风险排查；三是做好国庆期间分行机房电源改造过程中6个支付清算系统的平稳停启运和业务测试，确保全省跨行资金汇划业务正常处理，未出现不良舆情；四是积极拓展支付系统覆盖面，提升社会资金汇划效率；五是创新开展会计核算检查监测，成功组织ACS子系统推广上线。

二、农村支付环境建设实现"新双百"，金融基础设施普及率进一步提高。一是下发了指导意见和实施方案，将每个行政村至少设立1个对外服务的手机支付便民服务点，或行政村常住人口总量的3%开通使用手机支付业务；二是通过"自查＋抽查"的方式，核查手机支付业务推广及服务点建设情况和经营情况，确保覆盖行政村无遗漏，经营合规；三是针对农民特殊需求提供定制服务，为农民和农村经营主体提供多样化的手机支付服务；四是组织制定了服务点业务收费及利益分配机制，降低服务点收费标准和业务办理成本，大幅提高农村地区收单机构利润分成比例，实现农村支付服务可持续发展和普惠金融政策落地生根。

三、实现业务规范与技术支撑"双轮驱动"，全省支付清算秩序更加规范有序。一是实施系统准入"自评估＋属地人民银行评估"的双评估机制，全年共评估银行机构301家；二是严格落实业务通报制度，严肃处理纪律执行较差的5家银行机构，抓好后续整改，确保整改效果；三是组织中国银行山东省分行等完成了全国支票影像交换系统接入方式变更，使支票影像业务流程更加优化、处理效率进一步提高；四是组织全省支付系统直接参与者开展风险排查，夯实安全生产基础，全年未出现重大风险事故；五是严抓预警信息备案制度落实，实现应急处置关口前移，全年共受理123家银行机构支付清算系统的预警备案信息。

四、多项非现金支付工具创新全国领先，较好地满足了社会公众多样化的支付需求。一是在全国首批开展电子商业汇票财务公司线上清算业务试点，2家试点财务公司的票据电子化率同比增长56.0%和17.2%；二是在青岛世园会推出了全国首款手机非实名单电子现金产品，提升了世园会金融服务水平；三是组织10家城商行发行主账户复合电子现金，在公交等公共服务领域推广应用；四是实施银行本票全省流通工程，丰富了中小企业资金跨地市划转渠道，便利了跨地市资金划转；五是组织了全省电子商业汇票推介交流会；六是认真受理处置社会投诉举报，妥善处置各类舆情，全力保障金融消费者合法权益。

五、建立一项制度，完善五项措施，支付服务市场秩序逐步规范。一项制度即支付机构从业人员考试制度，依据考试成绩及经营合规情况实施差异化监管，对合规经营意识较差的加大管理力度。五项措施：一是下发《关于规范支付服务市场秩序促进支付服务市场持续健康发展的意见》，建立了支付服务市场监管的长效工作机制；二是主动开展跨省监管合作，与广东等5省（市）人民银行形成跨省合作监管机制；三是与省公安厅签订《关于支付结算重大风险案件通报和协查机制建设合作备忘录》，形成联合打击支付结算领域违法犯罪工作机制；四是丰富处罚手段，以行政处罚和自律性惩戒措施相结合，加大违规成本，增强检查效果；五是实施"集中式"执法检查和"短平快"调查处理相结合，强化支付机构监管，前瞻性地做好苗头事件处理。全年组织对14家支付机构进行现场执法检查或行政调查，组织完成了对光大银行和部分地方性银行共17家银行机构的支付结算执法检查。

六、调研分析工作扎实有效。针对支付体系和支付服务市场创新发展快，支付机构监管难度大等现状，对普惠金融视角下的支付业务发展、线上线下融合监管对策、银行卡定价机制、支付机构信息披露问题、POS 机具流通环节风险及应对等多项课题展开深入研究，组织形成各类调研报告 63 篇，12 篇获总行肯定或刊发。

【科技工作】 2014 年，人民银行济南分行科技工作在确保网络与信息系统安全稳定运行的前提下，开拓进取，锐意创新，有效促进了辖区人民银行履职能力和信息化工作水平的提升。

一、信息化建设取得显著进展。一是做好总行货币信贷“信用评级信息系统”开发工作；二是做好分行数据深度利用试点现场评估，《省级数据中心数据深度应用前景与研究》报告获李东荣副行长批示，并在《金融电子化》发表；三是参加总行安全保卫信息系统建设专题工作组；四是完成省级数据中心磁盘阵列扩容及光纤交换机冗余备份试点工作；五是先后做好账户系统、ACS、TCBS、TIMS、LDAP、TIPS、金融机构信息管理等系统升级、测试工作，8 月山东省省级国库集中支付电子化管理项目正式上线运行；六是推进辖区金融标准化和正版化联络人制度；七是组织开展“山东省金融机构编码工作宣传月”活动，相关信息被总行《科技简报》采纳，宣传成果在“全国金融展”上展出；八是“跨境人民币业务非现场监测系统”和“基本养老保险个人账户监督检查系统” 在全国培训推广，“ACS 凭证打印系统”在南京、成都等分行推广应用；九是在突发账户系统 WEB 服务器硬件故障后，立即启动备份的虚拟机系统，确保了业务“零中断”。

二、信息安全管理能力和水平不断提升。一是数据中心机房基础设施建设顺利完成，在国庆节期间顺利圆满完成机房配电和 UPS 改造工程项目切割上线任务；二是建立分管行领导信息安全检查机制和全新的信息安全月报工作机制，定期组织办公室、内审、后勤、保卫等部门对网络、信息系统及机房环境等进行检查；三是配合科技司安全处开展了 IT 应急能力评估方法研究，同福州中心支行一起完成总行应急能力评估方法的修订和定稿；四是组织召开全省银行业机构信息安全培训班，并按照总行部署完成国家首届网络安全宣传周相关工作，科技处被授予山东省“2014 年度信息网络安全管理先进单位”。

三、网络基础设施建设扎实推进。一是部署上线了网络流量分析系统，实现对网络故障、安全以及性能的全面分析；二是完成业务网、省域网、广域网线路改造及扩容工作；三是完成分行同城通信转接中心搬迁工程；四是进一步完善小微金融机构网络接入平台；五是组织全省联网机构完成了金融城域网自查工作，并选取部分联网机构进行了现场检查。

四、金融 IC 卡推广应用工作持续推进。一是积极做好金融 IC 卡发卡工作；二是积极做好电子现金跨行圈存改造和关闭降级交易工作，全省 4.3 万台 ATM 电子现金跨行圈存改造完成率达 100%，4.3 万台 ATM 和 52 万台 POS 机全部完成关闭降级改造；三是金融 IC 卡行业应用取得突破，东营市 600 余辆公交车全部实现持金融 IC 卡刷卡消费，威海市民卡公司于 10 月 30 日正式成立，将以金融 IC 卡 PBOC3.0 为标准建设市民卡工程；四是积极做好金融 IC 卡宣传和培训工作，加强金融 IC 卡受理软环境建设；五是积极推广基于金融 IC 卡芯片的手机移动金融服务，齐商银行等 10 家城商行手机银行业务成功上线，潍坊银行接入银联 TSM 项目实现了手机移动近场支付。

五、外汇科技服务保障能力进一步提高。一是做好服务贸易外汇监测系统、跨境资金流动监测与分析系统、保险外汇监管报表系统、对外金融资产负债系统和资本项目信息系统二期非监测类功能等上线推广应用工作，制定并下发《跨境资金流动监测与分析系统使用管理规定实施细则》；二是做好代码标准化管理工作，全年辖内共受理金融机构标识码申领、变更、停用等申请 800 余项；三是圆满完成分局局域网网络升级项目，并增加了防火墙等安全设备；四是于 8~9 月对分局信息安全工作进行了全面检查；五是建立账户系统数据质量定期反馈机制，协助业务部门将国家外汇局下发的数据及时导入数据库并开展分析应用；六是开发了《国际收支数据下载系统》和《转口贸易单据备案系统》，满足辖区特色业务需求。

【货币金银工作】 2014 年，人民银行济南分行以管好“四票”（新票、旧票、零票和假票）为主线，以强化现金监管、改善现金服务为重点，以完善残币回收长效机制、优化农村现金流通环境为突破口，创新管理手段和现金运行方式，圆满完成了各项工作任务。

一、加强计划调拨管理的科学性，确保全省合理现金供应。一是加强对部分券别的调拨控制力度，加大跨行政区域调拨力度，强化合理摆布发行基金的工作措施；二是制定印发了《发行基金券别搭配投放管理办法》，区分日常和特殊时段，对各主办网点柜面备付小面额现金数予以规定；三是组织开展了发行基金供应及中央银行会计核算突发事件应急演练，重点对货币金银部门与武警、保卫协调配合的调运组织和与支付结算、营业室部门的应急账务协调配合处理以及手工账务的登记操作进行考察。

二、做好残损人民币销毁及回笼券清分工作。一是建立了“月通报、季例会”制度，逐月对各行各券别销毁计划执行情况进行分析并通报，按季召开钞票处理工作联席会，通报钞票处理业务运行情况；二是组织开展了“山东省残损人民币回收重点突破年”活动，残损人民币回收速度明显加快，回收渠道不断畅通；三是制定并下发了《机具复点残损人民币管理办法》和《钞票处理中心非工作时间大型机械销毁结果确认操作规程》，点钞速度由平均每人每天复点残损人民币 45 捆提高到 65 捆，钞票处理中心每天可增加销毁 1 个批次；四是扎实开展钞票处理中心安全年活动，分行按月通报钞票处理工作进度情况，各钞票处理中心根据分行通报情况及时分析存在的问题和薄弱环节，研究改进工作的措施和意见。

三、不断提高发行库管理水平。一是对管库员等要害岗位人员实行岗位轮换制度和强制休假制度，密切关注管库员的思想动态，及时发现倾向性、苗头性问题，有针对性地进行谈话提醒和批评教育；二是加强对金融机构业务库的监管，把对业务库的检查纳入金融机构的现金业务检查范围；三是对全省货币金银发行库及基础业务开展了拉网式的全面检查，消除了安全隐患；四是对发行库各项业务进行远程实时监督，定期通报督查情况。

四、以提高现金服务质量为着力点，不断畅通现金流通渠道。一是在全省组织开展了优化现金流通环境提升现金服务水平活动，印发了《活动方案》；二是制定了辖区纸硬币兑换自助设备配备三年规划，计划用3年时间逐步推广布放"纸硬币兑换一体机"，逐步实现零币兑换业务的自助化；三是积极部署开展"法轮功"反宣币专项整治工作；四是积极推进市级现金服务示范网点的建设；五是制定了《钞票清分设备清分质量检测方案》，对辖区现金处理设备建立"台账"档案，跟踪每台设备管理使用情况，增加对现金设备检查频率。

五、创新宣传形式，全面推动反假货币工作的深入开展。一是建立了以公、检、法、省委宣传部、省新闻出版广电局及各金融机构为成员的反假货币工作核心成员联络会议制度；二是组织开展了各种形式的反假宣传工作；三是组织辖内各市中支开展了对各金融机构对外误付假币专项治理工作的检查督导工作；四是制定了假币信息共享、发布、风险提示《管理办法》，建立了以政府、金融、政法、宣传四位一体的反假货币快速反应机制；五是推进反假货币队伍建设，组织开展了对多个层次人员的培训；六是针对有媒体报道济南市民从银行取出"M3S7"开头百元假币事件，开展调查取证工作，中央电视台"焦点访谈"栏目跟踪报道，还原了事情真相，有效消除了公众恐慌情绪，维护了社会稳定。

【国库工作】 2014年，人民银行济南分行以国库安全生产为中心，各项工作稳步推进。先后获人民银行国库系统先进集体、总行级"女职工文明示范岗"、分行"突出贡献奖"等荣誉称号，国库检查业务创新工作得到总行副行长潘功胜批示。

一、夯实基础，连续16年保持国库会计核算无差错。一是创新开展国库会计标准化管理，提出"构建国库会计质量管理体系"思路；二是继续深化对县支库国库业务的帮扶，指导部分中心支库探索推进县支行国库会计核算业务第三方（直接对行长负责）的现场监督、国库人员双向交流等模式；三是组织辖区各级国库对近年来内外部审计发现的问题进行全面梳理和整改落实，对8个中心支库、9个县支库开展业务检查。

二、强化服务，国库服务成效显著。一是配合省财政厅完成省级国库集中支付电子化和实拨资金电子化推广上线，并联合省财政厅开展国库集中支付电子化应急演练；二是国库直接收付范围和规模进一步扩大；三是利用银行卡助农取款点等农村金融基础设施，建立农民购买国债意向登记制度和催兑告知制度，全年全省共销售储蓄国债172.7亿元，同比增加27.3亿元，增长19%，其中，农村销售国债59亿元，增长15.7%；四是经理国库10余项工作措施和成效被《金融时报》连续4期专题报道，同时，被《中国金融》第21期刊发。

三、国库政策传导机制不断健全。一是组织编写《商业银行代理国库业务检查手册》；二是组织召开了全省商业银行国库工作联席会议及清算、国债等专题会议；三是修订《山东省省级国库集中支付代理银行资格认定管理办法》，印发了《山东省分库关于省本级集中支付代理银行清算管理要求的通知》；四是联合山东省财政厅对济南市19家承销机构的32个网点的凭证式（一期）国债发行工作进行突击现场检查；五是及时审核批复人民银行聊城市中心支行新设江北水城旅游度假区支库申请，支持地方经济建设。

四、突出调研，充分发挥国库服务决策作用。一是加强库存监测分析，撰写的2013年和2014年上半年全省地方国库收入分析报告提交省人大会议，《关于2013年山东省国库资金运行情况的报告》获山东省常务副省长孙伟批示；二是制定《国库统计分析规范》、《TMIS统计分析子系统日常操作流程简明手册》；三是起草总行TMIS统计分析、国库现金管理子系统建设需求3项和《地方国库现金管理会计核算规程》制度1项；四是围绕银行业"营改增"、财政资金监督、储蓄国债投资者结构等开展专题研究，年内完成调研报告28篇，派员参加总行专项课题研究8项；五是按季度参加全省经济财税形势分析会，并依托TMIS系统，继续扩大与省国土厅、海洋与渔业厅等的国库统计数据共享范围；六是年内编发《山东国库情况反映》97期，被总行采用25篇，并组织辖区国库人员在《中国金融》、《金融会计》等核心期刊上发表论文16篇。

五、国库人员综合素质不断提升。一是组织辖区154名人员参加总行国库业务网络知识测试，获团体二等奖第一名；二是举办TCBS第二代支付系统功能、国库会计标准化等培训班，加强聘用制员工管理；三是累计派出5人次参与总行国库会计、国债业务检查，4人次参加总行TIPS二代开发等系统建设，10人次参与总行重点课题研究，23人次参与总行制度建设讨论和系统开发等。

【内审工作】 2014年，人民银行济南分行内审处改进审计方法和手段，推动辖区内审转型与深化发展。1人获人民银行"五四青年"奖章。

一、组织开展"内审转型巩固提升年"活动。一是搭建转型交流平台，建立辖区转型成果库，在分行网站建立转型成果专栏，召开辖区转型工作座谈会；二是加强国际内审理论与实务编译，5篇信息被总行《内审工作简报》刊发。

二、内审转型领域实现新突破。

（一）加强风险评估，完善风险导向审计模式。一是完成辖区货币发行、外汇管理等17个业务职能的风险评估工作，建立风险评估基期数据库；二是梳理出ACS系统39个主要风险事项，补充完善数据库并制定《ACS检查对照表》；三是运用风险评估结果，对不同风险等级的业务环节，实行不同程度的审计关注。

（二）持续推进绩效审计。一是组织分行对3家中心支行审计，开展窗口服务绩效审计，编写《窗口服务绩效审计指南》在辖区推广；二是引导中心支行拓展绩效审计领域。

（三）开展中心支行资产负债表审计。一是合理界定审计范围、内容；二是改进审计方式、方法；三是改进审计报告，相关做法在总行《内审工作简报》刊发、作为总行培训课程全国推广，并在武汉分行培训班以及总行内审转型新业务培训班专题授课。

（四）改进履职审计。一是突出“决策”，对决策机制、决策行为、重要决策结果三个方面进行审计和评价，重点关注决策机制运行状况以及重要决策效果性；二是关注“运转”，对支持保障、职权分配、监督检查三部分内容进行审计，重点关注人力、物力资源的配置与管理、经费保障满足情况、权限分工的合理性以及各层级监督检查职责履行情况；三是强化“效果”，主要对目标实现、经济责任、货币信贷管理、金融服务、金融管理五个方面开展审计。

（五）改进内控审计效果。一是转变审计理念；二是明确审计重点；三是改进审计报告方式，全年对1家中心支行、分行机关1个部门审计试点。

（六）探索《信息技术审计规范》在基层行科技综合管理审计中的应用。相关做法总行在《内审工作简报》刊发；就安全技术领域审计流程在总行信息技术审计规范宣传贯彻培训班专题授课。

三、深化调研，强化内审成果运用效果。

（一）开展调查研究。一是组织辖区35家中心支行对本单位内审转型工作进行总结分析、征询19家中心支行的领导和部门负责人关于内审转型工作的意见、对4家中心支行进行现场调查；二是开展《统计抽样在人民银行内审工作中的应用》重点课题研究，成果在《金融发展研究》发表。

（二）提升审计成果运用效果。一是强化审计分析；二是按业务种类、风险程度整理分析审计发现问题，采取座谈交流、风险提示等方式，与相关职能部门共享审计成果。

四、加强内审工作管理，强化审计监督。一是对6家中心支行开展履职审计4项，离任审计、内控审计各1项；二是对分行机关3个部门、4家中心支行开展电子化设备采购、发行管理、科技综合管理等专项审计11项。

【组织人事】 2014年，组织人事部门充分发挥部门职能作用，较好实现了工作目标。

一、协助分行党委开展党的群众路线教育实践活动。一是开展第二批教育实践活动，组建派出6个督导组，多次召开督导座谈会；二是召开中心支行党委书记抓党建述职评议会议；三是制定印发服务型党组织建设工作实施意见；四是加强对基层行党员活动室建设的指导，严格落实党员发展票决制和公示制。

二、协助分行党委抓好各级行领导班子建设。一是做好中心支行领导班子调整配备工作，年内共调整交流24人，其中“一把手”4人；二是开展地市中心支行缺职副行长竞争选拔工作，从辖区62名报名人员中选拔地市中心支行副行长12名；三是加强对各级领导干部的培训。编写的学习资料被总行厅局级干部培训班采用，举办1期主体班暨县支行领导干部进修班，培训领导干部80人。

三、改进机关干部选拔任用工作。一是认真落实新《干部选拔任用条例》，突出实绩竞争，将履历业绩在总成绩所占比重由40%提高到50%；二是改进民主推荐工作，实行署名推荐；继续落实差额推荐考察制度，在更大范围内听取干部群众意见；三是加大机关干部交流锻炼力度，先后选派3名年轻干部援藏、援疆，选派5名干部到地方政府部门和地市中心支行挂职，选派9名业务骨干到金融机构开展交流锻炼。

四、落实从严管理干部要求，完成干部监督工作任务。一是组织完成了中组部抽查的分行机关及辖区4家单位干部配备情况的填报工作，并顺利通过检查；二是组织完成分行机关及辖内各中心支行领导干部在企业兼职（任职）的清理规范以及离退休干部在社会团体兼职摸底工作；三是组织辖区各单位副处级以上党员干部认真填报个人有关事项及信息系统的录入工作；四是落实总行关于因公出国（境）的有关规定，组织开展了出国境证照清理检查工作，全年办理因私出国境103件。

五、提高培训质量，推动人才队伍建设。一是制定印发了分行2014年干部培训计划，全年共组织举办各类业务培训79期，37338人次接受了培训；二是创新培训形式，组织开展“微课堂”培训活动，制作50个专题微课件，部分优秀课件被总行采用推广；三是开展辖区经济、会计、政工等4个专业高级专业技术资格评审推荐工作，择优向总行推荐45人并全部通过初审；并确认高级工程师资格6人。

六、优化中心支行内设机构设置，加强基层行建设。一是会同郑州中心支行研究拟定了地（市）中心支行内设机构设置方案，顺利通过审批，并平稳有序地推进；二是指导中心支行进一步完善对县支行的综合考评管理模式，以帮扶指导促进特色支行建设。

【金融研究】 2014年，人民银行济南分行积极做好科研组织和金融科普工作，全力打造精品期刊，较好完成了各项工作任务。

一、强化科研管理，有效整合研究资源。一是全面推进经济金融信息共享平台建设，全面实现了经济金融统计报表、调查数据、调研成果、研究报告和分行课题等在分行以及17个中心支行及县支行的多层覆盖与分级共享；二是精简立项课题数量，并建立分行内部、分行和中心支行之间及中心支行间的联合课题研究制度，搭建以课题带队伍、以课题促人才的人才培养模式。

二、深入开展特色研究。一是研究设计小微融资的主办银行制度，其成果发表于金融时报；二是与总行研究局合作撰写2014年各季度《价格监测分析报告》并承担相关研究任务，完成《中国人民银行关于金融业“营改增”的报告》等6篇；三是立足全省加快“转方式，调结构”的战略部署，选取经济提质增效成效显著的滕州市进行典型调查，形成的专报件，得到时任山东省副省长张超超批示。

三、积极参与深化金融改革。一是承担总行关于规范发展新型农村合作金融的重大课题研究任务，并作为中方代表，与总行组团参加2014年国际合作金融峰会；二是参加由赵润田副省长带队的农村合作金融专题调研组，深入省内临沂、枣庄、济宁以及浙江温州等地市开展调研并撰写总报告；三是对省有关部门提出的《山东农村金融发展公司组建方案》、《深化农村信用社行业管理体制改革方案》等10余项改革方案或文件提出意见建议。

四、打造学会平台，全面提升金融科普。

（一）对接高层次学术平台。一是与省软科学办公室合作的"金融专题"正式立项13项重点研究课题，与省社科规划办合作的"金融专项"正式立项12项重点研究课题；二是积极参与山东省社科联优秀成果评选，学会选报的《"以存定贷"与中小企业信贷约束——山东例证》获得山东省第二十八次社会科学优秀成果三等奖。

（二）推进学会工作信息化建设，科研科普工作取得新成绩。一是为齐鲁股权交易中心揭牌省金融学会第四家"金融理论研究与实践基地"；二是连续第四年组织完成省委宣传部、省社科联全额重点资助项目——科普书《征信知识读本》的撰写工作并正式出版发行。

（三）持续打造特色刊物平台。围绕"案例研究"特色栏目建设，对分行营业管理部、泰安、淄博、菏泽、威海、临沂、分行资本项目处和调查统计处进行案例研究辅导，并组织有奖征文活动，进一步强化《金融发展研究》的品牌特色。

【征信管理】 2014年，人民银行济南分行社会信用体系不断健全，地方征信数据库建设取得进展，监督管理体系进一步完善，征信服务市场规范发展，征信宣传教育成效显著，调研分析质量持续提升。

一、社会信用体系建设工作不断加快。一是联合省发展改革委完成《山东省社会信用体系建设规划（2015—2020）》，并通过专家论证；二是联合省发展改革委研究制定《山东省社会信用体系建设工作方案》，并通过省委全面深化改革领导小组会议审议；三是组织撰写了《关于2014年征信体系建设工作打算的报告》和《关于我省金融领域信用体系建设工作情况的报告》，报省领导；四是与山东省高级人民法院建立信息共享机制，将以网络连接的方式把未结案件被执行人信息、失信被执行人信息纳入征信系统。

二、小微企业和农村信用体系建设稳步推进。一是制定下发《全省小微企业和农村信用体系建设工作的意见》，全面部署数据库建设、信息征集与应用等工作；二是启动地方小微企业和农村地方征信数据库建设，通过座谈会、现场督导等方式督促数据库建设；三是积极引导和支持金融机构开展信用档案建设，开展"三信"评定，在解决"三农"和小微企业贷款难方面发挥了重要作用；四是积极推进试验区建设并实现突破，济宁市、胶州市、五莲县被总行确定为小微企业或农村等信用体系建设试验区。

三、依法行政切实加强征信监督管理。一是依法开展征信机构准入管理，在全国率先发布公告，完成6家企业征信机构的备案并向社会公告；二是规范完善金融机构业务管理，制定下发《银行业金融机构征信业务现场检查工作指引》；三是组织对建设银行、招商银行和浦发银行的现场检查，并对上年实施现场检查的单位组织后续跟踪检查；四是采取全员网络在线答题的方式，圆满完成人民银行系统征信业务竞赛；五是切实维护信息主体合法权益，认真受理征信业务咨询与投诉，全部咨询、投诉均得到满意答复和处理。

四、改革和规范并举推进征信服务市场发展。一是积极稳妥推进信贷评级市场管理方式改革，加快机构分类监管、信息披露等多项监管制度的建设，将工作重点转向事中和事后监管；二是优化评级市场发展环境，引导评级机构开展行业和地区分析；三是广泛开展小额贷款公司和融资担保公司信用评级工作，联合省中小企业局将企业评级结果作为中小企业享受优惠政策的重要参考；四是加强行业自律管理，组织签订信用评级机构自律公约，制定评级机构信息披露准则。

五、多措并举着力提升征信服务质效。一是稳妥推动小额贷款公司、融资性担保公司等中小机构接入征信系统；二是在做好柜台查询服务的同时，积极开展互联网个人信用信息服务平台查询推广；三是积极推广应收账款融资服务平台，拓宽中小微企业融资渠道；四是继续做好机构信用代码证的发放工作，规范发证流程，严格审核手续。

六、征信宣传教育工作成效显著。一是强力推进高校"征信知识讲堂"活动机制，联合省教育厅、团省委共同组织"信用点亮梦想，征信伴我成长"主题宣传月，开展了全省大学生征信征文与微电影大赛两项活动；二是于6月14日启动全省"征信和社会信用体系专题宣传"活动，发放宣传材料70余万份，举办各类宣传3400次；三是持续加大征信课程开设和普及教育力度，继续与济南大学合作开设征信必修课程，顺利将授课主体移交高校。

七、积极开展征信理论研究与分析。一是圆满完成总行征信管理局重点研究课题《山东省信贷评级市场发展路径研究》，顺利协助总行完成《现代征信学》书稿写作；二是扎实做好千户重点企业季度监测分析，形成集团企业征信数据监测分析流程，集团担保圈风险情况专题分析，获得夏耕副省长批示。

【反洗钱工作】 2014年，人民银行济南分行积极落实风险防范为本的监管理念，强化监督检查，规范监测调查，全面推动反洗钱工作。

一、加强监管，构建反洗钱立体化监管框架。一是在全国率先开发了反洗钱现场检查系统，对45家县级以上金融机构开展了现场检查，依法对4家存在严重违规问题的金融机构实施经济处罚；二是组织开展了对1375家市级以上金融机构反洗钱工作的综合评价；三是为97家具有省级管辖权的金融机构建立了反洗钱监管档案，实施动态监管；四是稳步开展洗钱风险评估工作，完成了《关于济南分行风险评估开展情况的报告》上报总行；五是完成了18家法人机构反洗钱报告机构资格审核、2家法人机构数字证书补发工作，继续推进辖区法人机构开展大额和可疑交易报告综合试点。

二、完善监测调查，切实发挥反洗钱防控体系效能。一是加强资金监测，规范开展反洗钱案件调查和协查，全年共报送重点可疑交易报告147份，其中被中国反洗钱监测分析中心研判12份，1份线索移送海关总署，8份线索移送公安部；二是召开了山东省反洗钱工作联席会议，加强与公安司法机关合作，积极推动洗钱罪入罪判决，全年向公安机关移送线索47个，立案4个，侦破3个，涉案金额11亿元；三是进一步深化与检察院、法院、海关等部门的合作，全年举行各类情报会商40次，取得显著成效；四是联合省公安厅、安全厅印发了《关于切实做好涉恐资产冻结有关工作的通知》，并组织对金融机构落实情况的专项检查；五是积极推动辖区金融机构扎实做好反恐怖融资专项监测工作，形成了《关于加强辖区金融机构反恐怖融资专项监测情况的报告》。

三、加强案例分析，服务领导决策。一是针对反洗钱热点问题，加强信息反映，共上报总行反洗钱局信息152篇；二是承担了总行调研课题《区域洗钱和恐怖融资风险评估研究》，完成了《金融机构反洗钱有效性评价研究》等重点课题；三是参与起草了《反洗钱监督管理办法》，及时向总行反洗钱局提出对《可疑交易类型和识别点对照表》的修改建议；四是强化对洗钱及恐怖融资风险高发领域的调查研究，形成《新型电信网络诈骗亟待关注》等调研报告。

四、规范内部管理，提高反洗钱规范化水平。一是组织召开了反洗钱工作电视电话会议；二是制定并下发了《反洗钱工作意见》，进一步细化重点工作任务；三是修订并印发了《反洗钱工作考核办法》。

【事后监督工作】 2014年，人民银行济南分行较好地实现了“防风险、促规范、保安全”的工作目标。山东省辖区未发生资金风险和违规问题，各类业务差错得到有效监督和整改，基础业务核算连续第9年实现差错数量及差错率双降。

一、扎实做好会计核算监督工作。一是对会计、国库、货币发行核算业务实施全面监督，认真执行监督情况日记载、月统计、季通报、年分析制度，对差错问题及时反馈并督促整改；二是强化机关财务经费业务监督，对差旅、接待、办公、交通等公用经费的事前审核及核算情况重点把关；三是充分借助会计监督月报、国库监督季报、联席会议等，加强部门联动和监督成果共享，发挥监督检查合力，有效促进辖区会计核算质量提高；四是组织了对山东省辖内16家中心支行及分行营管部的现场检查，掌握了全省事后监督部门在内控管理、日常业务监督、监督结果反馈报告等方面的情况；五是为迎接总行国库局对济南分行国库核算业务的检查，组织完成了对分行机关2013年1月至2014年7月国库核算业务及事后监督情况的全面检查。

二、进一步完善监督系统和相关制度。

（一）强化分析调研，助推监督工作提升。一是针对辖内县支行国库监督资料存在传递时间长、安全性低的情况开展了专题调研，印发了《关于进一步加强国库会计资料传递工作管理的通知》；二是开展了本专业制度执行情况集中调研，并据此印发了《关于进一步规范会计核算监督结果处理的通知》；三是起草了《基层人民银行事后监督工作制度建设执行情况调研报告》、《国库事后监督工作的问题及建议》，向总行反映事后监督工作履职中遇到的困难和问题；四是依托会计、国库、货币发行核算业务数据集中后的事后监督工作经验和成果，开展了“核算数据集中模式下的中央银行事后监督转型研究”，为今后的监督工作提供指导。

（二）强化制度建设和业务指导，促进监督工作规范化。一是对《“中央银行会计核算数据集中系统”事后监督操作规程（暂行）》进行了修订完善；二是制作完成了《山东省ACS监督案例》电子书库，下发全辖学习；三是组织编写了国库和货币发行会计核算业务的“风险排查与监督操作实务”，以电子版下发各中心支行事后监督部门，指导国库及货币发行监督业务操作。

（三）加强系统建设，保证监督工作质效。一是继续推进TCBS配套版本事后监督系统升级工作，汇总测试期间发现的问题反馈系统开发单位，对系统进一步优化完善；二是起草完成《国库会计核算事后监督系统测试情况汇报》，及时向分管行领导汇报TCBS测试数据下载情况；三是针对二代支付系统上线后，TCBS测试数据缺失问题，会同科技处和系统开发部门及时向总行反映协商解决；四是继续完善系统操作手册和课件，为系统在全辖的培训推广做好准备。

三、加强队伍建设，为全面履行监督职责打下人才基础。一是利用会计业务联合培训平台，对辖内70多名事后监督业务骨干及相关会计人员进行培训；二是组织中心支行积极参加分行“微课堂活动”，指导分行营业管理部和聊城中心支行事后监督中心完成了微课堂课件“ACS法定存款准备金业务监督”和“国库会计核算监督流程”；三是开展了辖区“事后监督十年发展”专题活动和征文活动，制作完成了“事后监督交响曲”电子书；四是结合事后监督工作十年来的实践、探索和发展历程，开展了专题调研活动，为进一步发挥监督职能作用献计献策。

【安全保卫】 2014年，人民银行济南分行保卫处加强管理监督，强化队伍建设，积极推进守押体制改革，确保了全省全年发行库守卫、发行基金押运、枪支弹药管理和机关安全无事故。在总行组织的练兵活动中，取得了团体综合成绩第一、个人综合成绩第一、个人单项三个第一的好成绩，并获“优秀组织奖”。

一、加强组织领导，贯彻总行安全工作部署。一是召开保卫工作会议，对全省安全保卫工作进行了具体安排；二是制定并下发《2014年安全保卫工作要点》；二是加强守卫值班，落实发行库守卫管理制度。全省发行库区全部实行封闭式安全管理；三是加强押运管理，守押体制改革取得实效。落实发行基金押运安全管理规定，加强押运途中安全管理和动态检查，积极协调与省武警总队达成了由济南、青岛两地武警辐射全省的新型押运模式，由省公安厅车辆管理部门为辖内运钞、护卫车辆统一制作了运钞护卫专用车牌，安装行车记录仪。

二、加强枪弹管理。一是账实相符，管理台账各要素登记齐全、规范；二是武器库门开启全部安装生物识别设备，库内安装了监控和防盗报警设备，实行24小时布防，电视监控范围能够覆盖枪库内操作区域和出入口；三是守库用枪弹柜使用了指纹识别装置，枪支弹药擦拭保养良好；四是每年开展射击训练考核；五是认真做好持枪人员的政审工作，加强技能、体能和枪弹知识培训，注意了解持枪人员八小时以外的活动，防止了因思想、生活等问题引发涉枪案件事故。

三、强化技防建设，提升技防水平。一是对分行机关、泰安、日照、滨州、威海等中心支行发行库进行监控报警系统全高清更新改造，及时对技防专家库部分成员进行了更新和补充，完善了相关的工作制度；二是积极参与总行保卫信息系统建设调研，起草《安全保卫管理系统业务需求书》；三是撰写了《基层人民银行安全保卫风险管理控制体系设计探析》调研报告。

四、强化应急演练，应急管理工作效果良好。一是强化应急预案管理制度，修订完善守卫、押运、地震应急处置方案和人民银行反恐怖职责；二是建立应急预案定期评估制度，及时更新预案有关内容；三是开展应急预案演练和应急培训；四是加大安全基础投入，购置反恐装备和防护器具。

五、加大检查力度，提升安全保卫制度执行力。一是开展枪弹安全专项检查；二是开展拉网式安全生产大检查，对所有风险隐患和问题现场落实整改责任，明确整改期限。

【离退休干部工作】 2014年，人民银行济南分行离退休干部工作以落实好“两项待遇”为重点，各项工作取得了新成效。

一、工作取得新亮点。一是获得总行颁发的“五一劳动奖状”；二是在分行召开的2014年业务竞赛工作交流推进会上，做了题为《科学安排 全力备战 充分发挥以赛促学提能增效作用》的经验介绍；三是在总行开展的离退休干部“畅想中国梦”书法比赛活动中，济南分行上报的作品中，1幅获得二等奖，6幅获得三等奖；四是辖区青岛市中心支行等4家单位开展的活动获得总行“尊老敬老精品活动”，烟台市中心支行车宗山等4人获总行“尊老敬老服务明星”。

二、以落实两项待遇为重点，确保政策落实到位。一是继续严格执行老干部阅读文件、情况通报、理论学习、列席会议等各项制度；二是在老年节组织分行机关离退休干部开展了保健知识讲座；三是在生活上照顾老干部，对政策落实到位。

三、加强调查研究，增强工作的实效性。对辖区离退休干部队伍的结构变化状况进行了调研，并撰写了《离退休干部队伍结构变化带来的服务管理问题及对策》的调研报告。

【宣传工作】 2014年，人民银行济南分行党委宣传工作稳中求进，取得新的成绩。

一、以中心组学习为抓手，加强理论武装工作。一是制定并印发了《党委中心组理论学习与调研计划配档表》、《党委(党组)中心组学习意见》，经验做法被总行《宣传工作通讯》刊发；二是推进学习型党组织建设，指导辖区各级行开展学习贯彻习近平总书记系列讲话精神和十八届四中全会精神活动，时任人民银行济南分行行长杨子强学习贯彻心得体会被总行《宣传工作通讯》刊发；三是组织辖区各级行开展了学习型领导班子评估工作，并草拟了《评估报告》；四是指导辖区各级行组织干部职工围绕《中国特色社会主义读本》等指定书目开展阅读和撰写心得，并择优在《党建通讯》和文明央行网上进行了刊发。

二、抓好思想政治教育工作，提升员工思想道德水平。一是开展培育和践行社会主义核心价值观活动，撰写的《于精微处见大广——济南分行“五个维度”培育和践行社会主义核心价值观》经验材料被总行《宣传工作通讯》刊发；二是加强对先进典型的学习宣传，继续开展“我评议我推荐身边好人”活动，参与组织了“劳动美——我身边的榜样”先进典型事迹评选、宣传活动，开展向辖区公德奖获奖者学习活动；三是开展了“员工压力状况和工作满意度调查”，对辖区干部职工的总体思想状况进行了评估；四是开展党领导下的人民银行发展史教育，“激情岁月的点滴记忆”主题征文活动，做好《中国共产党领导下的金融发展史》史料搜集整理工作。

三、抓好文明单位创建工作，提高精神文明建设水平。一是制定印发了《文明单位管理实施细则》，组织辖区各级行学习总行文明单位建设《管理办法》和《量化考评办法》等，并在辖区各级行开展了2012—2014年创建年度文明单位申报评选调研活动，举办了管理应用系统培训班；二是组织辖区各级行继续开办道德讲堂，深化学雷锋志愿服务活动，印发了《学雷锋志愿服务活动方案》，完善辖区央行志愿者注册系统，设计上报了“爱心点燃希望 真情传递梦想——弘扬雷锋精神‘央行志愿者’在行动”宣传展板；三是组织完成分行机关、信阳市中心支行全国文明单位复查工作和第四届全国文明单位申报考核工作；四是建立健全辖区文化建设定期评估机制，开展了“我在央行文化建设中成长”主题征文活动，组织辖区各级行通过远程培训系统学习《央行文化建设新课程》。

四、抓好宣传阵地建设，提高舆论引导能力。一是做好辖区党建宣传专题组稿工作，全年向总行报送各类工作经验、亮点70余篇，15万余字，被总行《宣传工作通讯》采用13篇，党建宣传专题组稿采用21篇，位居全国第一；二是编印《党建通讯》4期，编发《宣传工作动态》12期；三是参加总行“分支机构履职风采展”活动，“强化作风建设 促进高效履职”、“爱心点燃希望 真情传递梦想”两个主题的展板入选总行集中展示；四是开辟专栏动态展示辖区各级行文明创建成果和特色做法，全年刊发、更新信息600余篇(条)。

五、加强宣传干部队伍建设，推进宣传思想工作科学化。一是在辖区宣传干部中开展转作风、正学风、改文风活动，举办了骨干培训班，开展了业务竞赛活动，收到调研文章和案例分析各35篇；二是开展了宣传思想工作创新案例征集活动，总结上报辖区各级行创新做法12项，5项获总行推广；三是承担分行重点调研课题2项，青年课题组课题1项。

【青年工作】 2014年，人民银行济南分行团委改进作风，创新进取，各项工作取得了较好成效。

一、增强青年思想政治引领工作的针对性和有效性。一是组织开展团干部“走进青年 倾听心声”活动、感恩父母系列活动、“和国旗合影 为央行点赞”活动；二是先后放映了《周恩来的四个昼夜》等电影，发挥分行机关“青春影吧”的教育引导作用；三是开展“与雷锋精神同行 用奉献点亮青春”志愿服务活动，组织辖区各级团组织围绕“帮扶身边困难青年”、“青春暖流真情相伴”等五个方面开展主题志愿服务活动；四是与机关党委办公室联合组织机关青年员工开展祭扫济南革命烈士陵园活动。

二、提高团的工作围绕中心服务大局的能力和水平。

（一）打造金融干部挂职工作品牌，与团省委联合制定下发了《关于开展2014至2015年度山东省选派人民银行系统和涉农金融机构优秀青年干部到县级团委挂职工作的通知》，共选派131名优秀青年干部。这是连续三年开展此项活动。此外，还建立了微信交流群，编发了《挂职工作简报》。

（二）深化青年课题组活动品牌。组织辖区各级团组织组建青年课题组，并做好课题的各环节工作。共收到研究成果120篇，推荐上报总行课题10篇，其中3篇获一等奖，2篇获二等奖，3篇获三等奖。其中，《货币政策冲击、市场预期与金融市场风险——“保持政策定力”的微观理论基础》青年课题组参加了同年度人民银行青年论坛并获得银奖。

（三）拓展金融知识进社区活动品牌。连续第三年开展山东省县乡（镇）团干部金融知识培训班；并配合金融消费权益保护部门开展“金融知识普及月”活动。

（四）提升青年志愿服务活动品牌。一是引导辖区各级团组织共成立志愿服务队180多个；二是与分行党委宣传部联合开发了“央行志愿者信息管理系统”，初步构建了“招募、培训、管理、保障”四位一体的志愿者管理模式；三是指导辖区各级团组织将志愿服务重点放在金融知识宣传普及、关爱留守儿童和农民工子女、节能环保等方面。

三、提升团的工作服务青年成长发展的水平和成效。一是成立人民银行山东省青年联合会；二是开辟沟通交流新平台，组织召开分行机关青年员工“我与行长面对面”座谈会，同时，指导辖区各级团组织开展好该活动；三是创建学习展示新平台，组织举办分行第3期金融发展论坛之青年论坛活动；四是指导各级团组织解决困难青年的实际困难，并着力建立帮扶长效机制；五是发挥新媒体平台的作用，开设青年微信公众平台，发挥分行机关青年微信群“青春梦想汇”作用，编发《分行机关青年员工风采集（电子版）》。

四、提高各级团组织的凝聚力战斗力。一是加强团干部队伍建设，举办了辖区中心支行团委书记座谈会暨培训班，成立了一批重点工作专题研究小组；二是组织开展推先评优工作，向总行团委推荐了辖区第五届人民银行青年五四奖章表彰人选，同时，在辖区组织开展了2013年度总行级五四红旗团委、团支部（总支），优秀共青团干部、共青团员评选推荐工作。

【纪检监察】 2014年，人民银行济南分行以党风廉政建设责任制为工作重心，着力加强执纪监督究责，用反腐倡廉新成效保障各级行高效履行基层央行职责。

一、加强组织协调，履行纪委协助党委工作各项职责。一是协助党委、纪委全面落实党风廉政建设“两个责任”，组织召开中心支行纪委书记述职会、分行纪委书记与各中心支行“一把手”廉政谈话会；二是协助党委抓好党风廉政建设目标管理，组织各处室补签《党风廉政建设责任书》34份，联合机关党办制定印发了《党风廉政建设工作台账管理暂行办法》；三是组织研究制定《党风廉政建设主体责任与监督责任管理暂行办法》，明确“两个责任”的内容、分工和责任追究，编辑《党风廉政建设主体责任与监督责任履职手册》，促进各级党组织和纪检监察部门加深对“两个责任”的理解和认识。

二、加强队伍建设，努力提升纪检监察干部素质。一是扎实推进纪检监察“三转”，即转职能、转方式、转作风，精简相关制度14个；二是建立纪检监察专业人才库，分文字综合、理论研究、案件信访、执法监察、文化宣教、档案信息6个类别，有效整合监督力量；三是举办多个培训班，累计培训300余人次，不断提高队伍素质；四是落实“廉政风险防控机制建设年”各项措施，制定印发《岗位（廉政）风险防控管理实施细则》；五是深化“大监督”机制建设，将监督部门联席会议纳入行长专题会议序列，组织开发并在全辖推广应用“纪检监察制度检索库”。

三、加强执法监察，严肃查处违纪违法案件。一是印发《关于进一步加强和改进案件及信访管理工作的通知》，在人民银行系统率先完成信访案件系统升级，支行离退休人员案件同比下降9%；二是协同郑州中心支行监察室对辖区4家中心支行开展支付结算工作情况进行了执法监察，累计投入21个工作日，发放并收回调查问卷60份；三是全程参与总行派驻监察局开展对海口中心支行、福州中心支行和武汉分行支付结算执法监察以及对支付结算司的同级行政监察工作。全年各类执法监察及效能监察立项36项，办结32项，发现问题196个，提出整改建议209条。

【巡视工作】 2014年，人民银行济南分行有效发挥巡视工作的导向监督作用，服务和推动辖区整体工作稳中求进、健康发展。

一、完善制度机制。一是印发了《2014年巡视工作的意见》，坚持监督工作联席会议制度，完善与党委办公室、纪检监察、组织人事、内审、会计等部门的信息沟通共享机制；二是将巡视工作纳入辖区“三个体系”标准化管理，从决策目标、执行责任和监督考核层面加强督查督办；三是强化巡视情况分析。

二、改进方式方法，提高工作水平。一是坚持把全面巡视和专项巡视结合起来，对枣庄市中心支行、安阳市中心支行党委和青州市支行党组领导班子开展专项巡视工作，发放问卷322份，个别谈话245人次，召开各类座谈会10次，调阅各类资料2960余份，共发现问题13个，并提出工作建议13条；二是完善监督检查基本框架，在保持原有框架体系涉及主体内容的基础上，从5个类别27个方面调整确定了65项巡视评判指标。

三、强化跟踪评估，巩固巡视成果。对辖内济宁、莱芜、开封、鹤壁、烟台、三门峡、济源、潍坊、德州9家中心支行开展了巡视跟踪评估工作，被巡视单位整改率达98%，对尚未整改的问题，加强了警示和提醒，推动问题整改到位。

【党建工作】 2014年，人民银行济南分行巩固深化党的群众路线教育实践活动成果，切实加强机关党组织、党员队伍建设和精神文明建设。

一、组织政治理论学习，加强思想武装。一是每季度制定学习计划，组织全体党员进行集中学习；二是开展"读一本书写一篇心得"活动；三是开展了庆祝中华人民共和国成立65周年系列活动。

二、加强机关党组织和党员队伍建设。一是对2012—2014年度分行机关涌现出来的10个先进基层党组织、38名优秀共产党员和11名优秀党务工作者进行了表彰；二是联合团委组织分行机关青年党员开展以"缅怀革命先烈 坚定理想信念 铸就央行梦想"为主题的扫墓活动；三是组织机关24名入党积极分子和党员发展对象参加省直工委党校集中脱产培训，并严格执行发展党员考试、公示等制度，最终确定3名同志为机关2014年度党员发展对象。

三、认真落实两个责任，加强党风廉政建设。一是制定分行机关落实党风廉政建设责任制主体责任与监督责任实施细则，将主体责任和监督责任落实到支部；二是组织分行机关干部职工观看影片《周恩来的四个昼夜》和廉政教育警示片《沉沦"裸官"欧林高蜕变纪实》、《牢固树立法治理念》。

四、加强精神文明建设。一是制定机关2014年文明单位创建计划；二是全面梳理创建年度文明单位创建档案，编印《2014年文明单位创建工作学习资料汇编》；三是在一楼大厅为机关10个创建示范窗口部门制作了宣传栏；四是顺利完成总行全国文明单位复查组对机关复查的各项准备工作；五是举办"传播文明 共筑和谐 践行社会主义核心价值观——央行志愿者在行动"主题报告会，传播文明风尚。

【工会工作】 2014年，人民银行济南分行工会以深化职工民主管理、业务竞赛工作为重点，切实发挥桥梁纽带作用。

一、稳步推进职工民主管理工作。一是系统职代会试点工作取得新突破，完善、新制定配套制度办法30余个，征集意见建议2259条。

二、抓落实，推动业务竞赛健康发展。一是制定了2014年度竞赛方案，对分行自主开展的4个竞赛项目作了具体安排；二是指导辖区9家中心支行与当地总工会等单位联合开展竞赛12项。

三、树典型，营造创先争优氛围。在全辖开展了"劳动美——我身边的榜样"先进典型事迹评选、宣传活动，4月对评选出的20名先进典型进行表彰和宣传，并获总行"中国梦·劳动美·我与改革创新"主题演讲比赛优秀组织奖和个人一等奖，1人代表总行参加金融系统演讲比赛获得优秀奖。

四、坚持"全员参与"，推动职工健身活动日常化。一是组队参加了人民银行系统第五届职工桥牌、第三届职工羽毛球和山东省金融系统职工乒乓球比赛；二是分行机关举办了迎春联欢会、第二届"我要争头科"够级比赛，太极拳培训班，篮球、羽毛球比赛等活动；三是举办了由总行机关等4家单位参加的篮球邀请赛，各级行新成立各类文体兴趣小组71个，开展文体活动251次，参与人次达9412人次；四是举办了"庆祝建国65周年红色金融"主题摄影展评审、"中国梦"主题文艺创作作品征集选报和"惠民、为民、乐民"文艺志愿服务主题活动；五是分行机关举办了年俗、"泉城美" 等主题摄影展、"钱币收藏与鉴赏"专题讲座等。

五、扎实开展帮扶送温暖工作。一是全年各级行共慰问困难职工221人，发放慰问金45.4万元、慰问品折合人民币14.23万元；二是及时启动"爱心救助"机制，分别为德州市中心支行1名突发意外职工捐款17.17万元，潍坊市中心支行1名患病职工捐款9.88万元。

六、切实做好女职工工作。创新开展"央行梦·巾帼情"教育实践活动，对19个分行级"女职工文明示范岗"、35名"巾帼建功标兵"进行通报表彰，并完成了全国妇联"巾帼文明岗"检查验收工作，同时开展女职工"四项特殊疾病"保险情况调研，形成调研报告，被总行《工会工作》采用。

【清算工作】 2014年，人民银行济南分行清算中心加强运行维护管理、增强全处干部职工履行岗位职责的自觉性和主动性。

2014年，山东省辖内支付系统运行稳定，系统可用率达100%。大额支付系统共处理业务9439万笔，金额137万亿元，同比分别增长23.34%和19.55%。小额支付系统共处理业务3095万包，13183万笔，金额14330亿元，总包数和总笔数同比分别增长38.06%和67.42%，总金额增长37.81%。全国支票影像交换系统共处理区域业务9.35万笔，金额66亿元，异地业务4.42万笔，金额40.36亿元，总业务量13.77万笔，总金额106.36亿元，笔数和金额同比分别增长59.62%和58.92%。电子商业汇票系统按出票人开户行统计共处理业务82677笔，金额2441.6亿元，同比分别增长13.76%和58.78%；网上支付跨行清算系统共处理2969.27万笔，金额3415.64亿元，同比分别增长153.37%和129.93%。

一、狠抓安全稳定运行，强化系统风险防范。一是加强内控管理，完善内部运行机制，落实制度、规范操作；二是提高运维质量和水平，做好7×24小时值班，节假日停启运以及"两会"期间的运维工作；三是全面完成辖区二代支付系统推广上线及清算账户归并工作。

二、加强运维管理和对支付系统参与者运行工作的指导。一是完成了生产支付辅助系统迁移、电信线路测试、再贴现系统升级等多项工程；二是配合分行科技处进行中心机房配电及UPS改造；三是完成计算资源建设项目旧设备搬迁及新设备上架、网络布线、调试及软件部署工作；四是建立完善对辖内商业银行参与者巡检制度，对支付系统运行维护情况进行重点检查和指导，对山口银行青岛分行和东营银行进行了巡检；五是按照总行部署在全省组织开展支付系统密押密钥设备管理检查，共检查密押设备331台，地方押密钥卡196张，PIN密钥卡82张。

三、抓好支付系统信息调研工作。一是在全省选取21家直接参与者，针对系统运行维护中的难点、热点以及如何提高运维水平、确保安全稳定运行展开连续性调研，并对潍坊银行、齐商银行等部分参与者进行了实地考察座谈；二是组织辖内参与机构开展支付系统调研工作，并在《支付清算》等刊物上发表文章11篇。

【后勤服务】 2014年，人民银行济南分行后勤服务工作较好完成了各项任务，被国家机关事务管理局、国家发展改革委、财政部授予全国第一批“节约型公共机构示范单位”称号。

一、完善内部管理。一是对原有内部管理制度进行清理规范，确保所有制度规定符合新规要求；二是严格费用审批权限和程序，加强费用支出的审核，杜绝不合规的开支；三是加强对公务接待的审批，严格费用开支范围和标准，降低接待费用支出；四是加强单车费用考核，非工作时间实行车辆钥匙统一封存保管，严禁公车私用，车辆运行费用逐年下降，连续4年被评为省直机关车辆管理先进单位。

二、确保安全生产。一是开展常态化的安全生产教育，健全完善安全生产制度，坚持定期检查和日常防范相结合，发现问题及时整改；二是抓好重点环节的安全生产工作，严格值班纪律，确保运行安全。

三、开展节能减排。一是组织召开了节能减排工作电视电话会议，制定下发节能工作要点，强化了节能减排目标管理；二是开展了节能宣传周、节能知识答题等活动，进一步提高了干部职工的节能减排意识；三是制定了《节能减排管理办法(暂行)》、《能耗分级预警管理制度》等一系列制度办法；四是积极探索推进节能新技术、新产品和新材料的应用，从源头上控制能源消耗，顺利实现了各项节能指标。

四、严格执行规定，顺利完成办公用房调整工作。按照《中共中央办公厅、国务院办公厅关于党政机关停止新建楼堂馆所和清理办公用房工作的通知》和总行文件要求，完成了分行机关办公用房调整搬迁工作。

【齐鲁钱币博物馆】 2014年，齐鲁钱币博物馆多项工作取得新成绩，在中国钱币与银行博物馆委员会年会暨学术研讨会和红色金融专题委员会工作座谈会上，就博物馆特色工作和北海银行史料调查作了经验介绍。

一、指导北海银行纪念馆筹建与开馆。一是先后组织四次专题研究汇报会和筹建工作座谈会，两次组织专家赴临沂现场考察和指导，对纪念馆陈列内容、布展形式、实物征集等进行研究指导，还协调组织到陕甘宁边区银行纪念馆和中国人民银行旧址博物馆考察学习；二是北海银行纪念馆经过近一年的筹备运作于12月1日正式开馆。

二、加强山东地方货币的研究工作。一是成功举办2014年山东地方货币研讨会，中国钱币学会副理事长温克勤，分行副行长、省钱币学会理事长及地市钱币学会理事长、秘书长，优秀论文作者60余人参加了会议；二是组织编撰《北海银行货币大系》，完成了图样编辑、文稿撰写、币样定级等工作，本书将作为2015年“纪念中国抗日战争胜利70周年”的献礼之作；三是圆满完成了中国钱币学会学术重点课题申报、专家库推荐、专题研讨论文征集、金泉奖优秀成果推荐，以及社科联课题申报、集中调研等工作。

三、加强钱币文化的宣传和普及。一是先后组织举办了两期钱币知识和钱币文化培训班，参训人员近350人；二是精心打造《齐鲁钱币》期刊，组织召开了以“突出刊物特色，提高刊物质量”为主题的期刊编辑座谈会，对《齐鲁钱币》改进升级。

四、加强学会建设。一是组织召开常务理事单位工作会，审议通过了学会年度工作报告、年度财务报告，讨论修改了《会员单位综合评价办法》；二是组织召开2014年工作会议，印发了学会工作《指导意见》。

五、加强博物馆的建设与发展。一是向省文物局报送了“齐鲁钱币博物馆注册”的相关材料及文件，得到省文物局的批准，被正式列入行业性国有博物馆序列；二是组织各级行积极参与全国第一次可移动文物普查活动，同时着手对藏品进行整理申报；三是连续3期在《金融博览》对博物馆成立过程、馆藏陈列及镇馆之宝进行专题介绍，起到了良好的宣传效果；四是修订了《管理办法》和《突发事件应急预案》，建立了定期检查维护制度；五是坚持面向社会免费开放，不断提升服务水平。截至年末，先后接待总行领导、学会会员、人民银行员工、中小学生以及社会各界钱币爱好者达500余人次。

【大事记】 1月24日 人民银行济南分行举办分行机关2013年度总结表彰大会暨迎春联欢会。

1月15~25日 人民银行济南分行在全国率先上线试运行支付信息统计分析系统。

2月7日 济宁市、胶州市和五莲县分获小微企业和农村信用体系建设总行级试验区称号。

2月11日 人民银行济南分行开展山东省残损人民币回收重点突破年活动。

2月14日 人民银行济南分行联合山东省科技厅，山东银监局、山东证监局、山东保监局和山东省知识产权局出台《关于贯彻落实银发〔2014〕9号文件 扎实做好科技金融服务的意见》。

2月17~18日 人民银行济南分行召开2014年工作会议、纪检监察工作会议暨纪委书记述职会。

2月20日 人民银行济南分行联合山东省新闻工作办公室召开新闻发布会，与山东银监局、证监局、保监局共同深入解读《关于山东省金融支持服务业发展的指导意见》。

3月4日 人民银行济南分行组织机关67名志愿者赴山东省青少年素质教育中心，开展以“植绿家园共享蓝天”为主题的植树活动。

3月21日 人民银行济南分行召开2014年山东省反假货币工作第一次联络员会议。

3月31日 人民银行济南分行实现全省银行卡助农取款服务点行政村覆盖率达100%。

3月 全省首个县级市烟台招远公交受理金融IC卡项目成功上线。

4月1日 人民银行济南分行联合莱芜市政府召开金融支持“济莱协作区”建设暨重点项目银企合作推进会。

4月18日 人民银行济南分行联合省畜牧兽医局召开家禽业银企对接座谈会。

4月22日 人民银行济南分行联合潍坊市政府举办“跨境人民币支持现代农业国际化——2014中国(寿光)国际蔬菜科技博览会政策宣讲活动周”活动。

4月28日 人民银行济南分行联合山东省商务厅组织召开全省外贸企业规避汇率风险视频培训班。

4月 人民银行济南分行开发的“跨境人民币业务非现

场监测系统”在全国推广。

5月4日　山东成为信贷资产质押试点省份之一。

5月5～10日　配合山东省建设厅对枣庄、济宁、泰安、聊城、菏泽5市住房公积金管理中心2013年度工作进行检查考核。

5月12日　人民银行济南分行印发《山东省银行本票业务管理办法》。

5月13日　人民银行济南分行召开跨国企业集团跨境人民币资金集中运营管理座谈会。

5月22日　人民银行济南分行举办全省应收账款融资服务平台、小微企业和农村征信系统推广培训班。

5月27日　人民银行济南分行联合山东省文化厅、财政厅、金融工作办公室出台《关于深入推进文化金融合作的实施意见》。

5月　人民银行济南分行开展全省高校“征信知识讲堂”专题宣传月活动。

6月3日　人民银行济南分行正式启动个人查询本人信用报告收费工作。

6月5日　人民银行济南分行《预算指标分配审计案例》、《县支行信息安全管理专项审计案例》2项审计案例被内审司通过内审综合业务管理系统在全国推广。

6月13日　人民银行济南分行举办全省电子商业汇票银企推介会。

6月14日　人民银行济南分行启动2014年征信和社会信用体系专题宣传活动。

6月16日　人民银行济南分行对山东省部分法人金融机构降低存款准备金率。

6月　人民银行济南分行联合山东省发展改革委、教育厅、团省委启动全省高校大学生征信微电影大赛。

7月4日　人民银行济南分行印发《山东省银行票据凭证印制管理办法实施细则》。

7月14～8月9日　人民银行济南分行组织对威海、烟台、东营、泰安、聊城、临沂市中心支行开展中央银行会计核算数据集中系统（ACS）核算业务现场检查。

7月16～30日　人民银行济南分行组织开展2014年银行业金融机构反假货币业务检查。

7月30日　全省17地市全部开通12363电话，并实现各通信运营商之间的互联互通。

7月　人民银行济南分行举办全省银行业金融机构金融风险监测业务培训班。

8月4～5日　人民银行济南分行第一时间组织全省各级国库开辟“绿色通道”及时拨付抗震救灾资金两期共计1200万元。

8月11日　人民银行济南分行配合山东省财政厅完成省级国库集中心支行付电子化上线。

8月13日　人民银行济南分行在全省部署开展“金融知识普及月”宣传活动。

8月19日　人民银行济南分行组织开展全省发行基金供应及货币金银管理信息系统突发事件应急演练座谈会。

8月25～26日　人民银行济南分行举办全省社会信用体系建设培训班。

8月　山东省小微企业问卷调查系统迁移至“山东省支付清算协会”网络平台。

9月5日　人民银行济南分行印发《关于进一步加强支付系统安全管理的通知》。

9月14日　人民银行济南分行组织开展“移动支付、网络支付安全知识普及月”宣传活动。

9月21～23日　新华社、《央广新闻之声》、《经济日报》、《金融时报》、《农村金融时报》、中新社、《上海证券报》7家中央级新闻媒体来山东省集中采访山东省跨境人民币业务开展先进经验。

9月25日　人民银行济南分行与省团委联合召开2014—2015年度山东省选派金融系统优秀青年干部到县级团委挂职工作电视电话会议，并联合举办山东省县乡（镇）团干部金融知识（电视电话）专题讲座。

9月25日　人民银行济南分行完成“和”字纪念币发行工作。

9月26日　山东省实现金融消费权益保护协会在市、县两级全覆盖，成立市级协会17家，县级独立协会56家。

9月　人民银行济南分行组织全省各级国库完成国库管理信息系统升级。

10月1日　人民银行济南分行开展2014年山东省反假货币宣传月活动。

10月14日　人民银行济南分行召开2014年全省外汇信息调研工作座谈会。

10月15日　人民银行济南分行印发《全面深化农村支付环境建设工作方案》。

10月14日　人民银行济南分行召开辖区2014年纪检监察工作座谈会。

10月17日　人民银行济南分行在枣庄组织举办山东社科论坛——农村金融改革暨学会重点研究课题中期报告会。

10月20日　人民银行济南分行召开党的群众路线教育实践活动总结大会。

10月21～22日　人民银行济南分行组织召开全省支付结算工作座谈会。

10月31～11月1日　人民银行济南分行举办人民银行机关、山东省发展改革委、济南分行机关、聊城市中心支行篮球友谊赛。

11月3日　人民银行济南分行联合滨州市政府、山东省金融工作办公室联合举办“滨州市首届资本对接大会”。

11月4日　山东省首家试点企业备案开办跨国公司外汇资金运营管理业务。

11月6日　人民银行济南分行召开全省商业银行国债专题的国库工作联席会议。

11月10日　齐鲁钱币博物馆正式获得山东省文物局注册批准。

11月17日　人民银行济南分行联合菏泽市政府召开金融支持菏泽打造“西部经济隆起带”和加快科学发展银企对接会。

11月21日　人民银行济南分行举行消防、地震、反恐、防汛和群体性事件等公共预案综合实击演练。

11月　人民银行济南分行为首批金融机构开通省域征

信服务平台查询服务。

12 月 1 日　北海银行纪念馆在临沂市开馆。

12 月 11 日　人民银行济南分行与山东省公安厅签署《预防和打击支付结算领域违法犯罪合作备忘录》。

12 月 24 日　人民银行济南分行联合山东省财政厅召开省级集中心支行付电子化决算会议。

12 月　人行济南分行组织开发养老保险个人账户监督检查系统，并在全国人行系统推广运行。

（人民银行济南分行）

国家外汇管理局山东省分局

【综述】　2014 年，国家外汇管理局山东省分局（简称：外汇局山东省分局）推动落实重点工作，取得新成效。

一、牵头在全省推广外汇主体监管。一是制定印发外汇主体监管管理《暂行办法》、《考核暂行办法》等制度，明确工作框架；二是加强调度指导和内部协调，编发《推广主体监管工作简报》，召开座谈会，解决突出问题；三是召开专题研讨会，初步形成了宏观分析、中观监测、微观核查相互支撑、相互印证的监测分析框架；四是在实施全口径分类管理的基础上，组织研究针对服务贸易、直接投资、外债、跨境担保等项下的差别化管理措施。

二、组织实施跨国公司外汇资金集中运营管理试点。一是制定了《工作规则》、《实施细则》和《操作指引》，为试点业务规范有序开展打下制度基础；二是通过参加总局培训班、召开视频培训会和银企座谈会、建立微信群组等形式对企业银行进行宣传，及时解决问题，经总局核定的 12 家企业全部完成试点业务备案；三是加强内控管理，组织对企业进行现场考察和验收，指导开户银行和企业办理业务，密切监测各项数据，按要求报送相关报表和业务开展情况。

三、扎实开展跨境资金流动监测分析。一是进一步完善监测分析工作机制，在各级分支局设立专门的监测分析科室或岗位，组织落实重点企业联系、特色涉外产业监测等制度，先后 3 次开展跨境资金流动监测与分析平台应用培训，以典型案例分析等形式为全省外汇工作人员授课；二是组织撰写了《2013 年山东省外汇收支运行报告》，加强外汇收支与实体经济运行情况比对，提高日常监测分析质量；三是牵头落实总局《外汇管理监测分析月报》制度，工作经验在总局培训会上交流。

四、提升调研和课题研究质量。一是修订考核办法，定期向各市分支局下发信息调研重点和总局推荐信息，按月下发信息考核通报，调动全省力量集中攻关重要信息；二是围绕重点难点问题开展调研，形成一批有参考价值的材料。其中，《关于近期人民币汇率变化对涉外企业影响的调查报告》被郭树清省长批示；《人民币汇率弹性增强背景下境内外远期市场定价主导权问题研究》获人民银行青年课题一等奖；另一课题获总局重点研究课题二等奖；信息考核连续第 7 年全国第一。

五、加大外汇政策宣传培训力度。一是参与起草省政府办公厅《关于贯彻国办发〔2014〕19 号文件做好外贸稳定增长工作的实施意见》，并在省政府视频培训会议上，向全省 2000 余家涉外企业解读金融外汇支持外贸增长的政策措施；二是牵头与省商务厅联合举办全省外贸企业汇率避险视频培训，指导涉外企业规避风险；三是发挥总局互联网站山东省分局子站的政策宣传作用，编写《山东省银行汇率避险产品摘编》置于子网站供企业在线参考；四是指导烟台、泰安、菏泽等市中心支局将分局子网站接入当地政府门户网，便利外汇政策宣传。

六、创新内控监督工作方法。一是全面梳理各项内部管理工作，进一步健全完善制度及流程；二是开展外汇管理履职风险评估，对高风险业务领域加强重点检查，有关经验在总局工作会议上作交流；三是组织对 9 家中心支局进行内控检查，对问题及时督促整改；四是应用计算机辅助审计方法开展银行结售汇综合头寸管理非现场审计实践，其做法得到总局领导肯定。

【国际收支】　2014 年，外汇局山东省分局紧紧围绕中心任务，扎实推进各项工作。其中，与东盟经贸往来信息被夏耕副省长批示，新版《国际收支统计申报办法》宣传活动被总局推介。

一、当参谋、重质量，监测分析调研工作成效明显。一是不断健全监测分析工作机制，组织召开了全省外汇形势分析培训暨座谈会、外汇形势分析会和重点调查企业座谈会，同时探索完善数据核查方法，抽样调查工作有效性明显增强；二是注重加强对日本、韩国、东盟等国家（地区）涉外经贸往来的监测，按季撰写专题报告和调研信息，向总局和省政府及时反映情况，提出政策建议；三是采取点面结合、快速调查和深入跟踪相结合等多种举措，加大对青岛港骗贷事件、异常资金流动渠道等热点问题的监测分析力度，《宏观审慎框架下跨境资本流动监测预警体系研究》获人民银行青年课题二等奖。

二、广宣传、重推介，国际收支工作社会认知度显著提高。外汇局山东省分局以《国际收支统计申报办法》修订发布为契机，将 2013 年 12 月至 2014 年 3 月定为山东省国际收支主题宣传季，省、市、县三级机构及金融机构联动宣传，山东电视台、《齐鲁晚报》等主流媒体予以专题报道。全省 3000

余家银行网点共利用LED宣传屏6500块、悬挂横幅5500条，发放宣传折页30万份。主题征文稿件300余篇，优秀作品在《齐鲁晚报》连载近20期。

三、推改革、重落实，各项任务顺利完成。一是承办了全国国际收支工作会议，协助总局完成《国际收支统计申报实例分析(2014版)》的统稿编校工作；二是认真落实新版《涉外收支交易分类与代码》，修订了《国际收支统计间接申报核查规则》，积极推广《对外资产负债交易统计制度》，确保数据报送准确及时；三是进一步加大国际收支专业培训力度，同时深入银行和企业创新开展"流动讲堂"，并先后6次派员对银行、企业进行了外汇业务现场培训。

四、强手段、重核查，统计数据质量稳步提高。一是针对各银行统计方式和会计处理方式的不同，分别制定了专门的现场核查方法，并将16家全国性银行的核查方法汇集成册，编写了《国际收支和结售汇统计现场核查工作指引》；二是升级国际收支非现场核查系统，有效实现数据核查关口前移，全省申报数据差错率仅为0.032‰，北京、湖南等5家分局前来学习交流；三是进行国际收支统计业务交叉现场核查，对问题较多的银行进行约见谈话，起到良好的警示作用。

五、优服务、重合规，银行外汇管理和服务水平有效提升。一是以"防风险、促发展"为主题，举办法人金融机构外汇业务培训暨座谈会，就如何防范风险、加快外汇业务发展等方面进行交流探讨，得到了42家法人金融机构的好评；二是实行限时办结制，缩短结售汇准入审批及信息变更备案时间，支持银行发展外汇业务，全省新增203家银行及其分支机构开办即期结售汇业务、27家开办远期结售汇业务、13家开办人民币与外币掉期业务；三是进一步提升银行外汇管理考核工作效果，注重考核结果运用，积极探索实行差别化管理。

【经常项目管理】 2014年，外汇局山东省分局加快管理转型，加强信息调研，不断提升监测分析与核查水平。

一、落实主体监管，全面推进管理方式转型。一是优化岗位设置和职责定位，重新定岗、定责、定人，以企业、金融机构、个人等服务对象为主体，实现了货物贸易和服务贸易一体化管理；二是完善内控制度建设，制定实施了山东省《经常项目外汇管理内控制度》和《经常项目监测分析与核查工作制度》；三是探索新型管理模式，实现了对企业主体的全方位综合评估与分类管理。

二、创新核查方法，切实提升跨境资金监管水平。一是整合管理资源，对重点企业和行业开展监测核查，在全省成立非现场监测分析小组，集中开展形势判断、结构分析与风险预警；二是根据不同行业、企业的特点和资金运作方式，探索形成了涉农企业、生产类企业等多个专项核查方法，加强企业财务信息、业务环节的交互验证，综合利用多系统数据和多部门信息进行对比；三是针对贸易融资业务特别是大宗商品转卖背景下贸易融资业务的监管难点，组织开发了连接银行与外汇局双方的货物贸易外汇监测辅助系统，实现了对企业重复质押虚假单据的准确锁定。

三、强化执行效果，巩固和深化经常项目改革。一是制定实施了《进一步做好货物贸易监测核查工作的指导意见》和《山东省重点企业联系制度》，增强监测核查的针对性和有效性；二是开展企业报告数据专项核查，对企业中长期贸易信贷、转口贸易时间差等进行全面核查；三是在全省制定实施了《货物贸易报关数据筛查工作管理制度》，对自主开发的报关单筛选核查工具进行了升级和完善；四是加强预警企业的监测与核查，汇总上报的3个典型案例，被总局纳入《服务贸易非现场监管案例汇编》转全国借鉴，并在全国服务贸易会议上进行了经验介绍。

四、推进贸易便利化，加大涉外经济发展支持力度。一是配合省商务厅，分别就跨境电子商务、服务贸易产业发展和临沂商城国际化提出了具体扶持措施；二是探索建立"功能导向型"外汇服务体系，针对企业的不同类型和不同需求，对服务的功能进行定位，实现一企一策，先后解决了斗山工程机械(中国)有限公司因执行APA(预约定价安排)协议造成货物贸易项下监管指标异常、山东航空公司因改变飞机购买方式而产生大量退汇等多家企业难题。

五、突出监测重点，进一步提高信息调研质量。一是作为总局《货物贸易跨境资金流动影响因素及对策研究》和《服务贸易外汇业务非现场监管研究》两项重点课题组成员，完成了相关部分的撰写工作；二是完成了《外汇监管套利研究：基于外汇差额缺口视角》的撰写与上报；三是先后组织对人民币汇率浮动幅度扩大、大宗商品贸易融资和后续影响等调查，对出口产品价格真实性、综合利用财务数据等核查方法进行了深入探讨，形成专题报告上报总局。

【资本项目管理】 2014年，外汇局山东省分局按照"推改革、强监测、防风险"的思路，着力落实主体监管与事后核查机制，辖区涉外主体跨境投融资业务保持了健康发展的良好态势。

一、认真落实各项政策，促进贸易投资便利化。一是落实总局各项简政放权措施，进一步简化流程，使企业业务平均办理时间缩短了50%左右，办理成本下降25%左右；二是注重加强对银行、企业、事务所以及各分支局的政策培训，通过阳光政务热线问答及业务大厅公示等方式，传导宣传外汇政策；三是定期深入企业调研走访，通过提供政策辅导和跟踪服务等，解决其实际困难。

二、推动资本项目外汇管理方式转变，提高非现场核查质效。一是开展对资本项下资金结汇、合规性指标的非现场核查和系统数据集中清理工作，编写了《山东省资本项目非现场典型案例汇编》，为进一步做好日常核查提供参考和便利；二是编制《外汇年报数据审核指引》，试行年报企业"分类制"，提升数据审核针对性，发现企业异常交易行为或异常线索15笔，督促企业补办登记变更等业务75笔；三是依托"跨境资金流动监测与分析系统"，完善《资本项目外汇业务事后核查工作操作指引》，筛选确定监测指标43个；四是开展对银行短期外债业务数据非现场核查的调研，报送的该业务数据《非现场核查方法初探》，被总局《资本项目信息摘编》采用。

三、积极参与总局改革攻关，强化监测分析调研。一是全程参与总局资本项目信息系统二期需求的撰写、测试和全国培训工作，牵头修订总局《资本项目事后监管工作机制》，参与撰写《非银行金融机构外汇管理规定》和操作指引；二是按时完成总局《构建外债宏观审慎管理框架研究》课题第二部分中国外债管理现状及近年来外债形势的撰写任务；三是围绕热点难点问题开展调查研究，撰写了《外商投资企业转股撤资现象大幅增长》一文；四是跟踪融资租赁行业重点领域外汇资金流动情况，撰写了《警惕外资融资租赁公司成为跨境资本流入的新渠道》。全年共报送《资本项目外汇信息》53期，《资本市场信息要报》22期，被采用113篇，采用量居全国前列。

【外汇检查】 2014年，外汇局山东省分局加强内部管理，坚持技术创新，积极开展针对跨境资金重点领域和关键环节的监测和检查，拓展金融机构外汇业务检查的深度和广度，依法打击外汇违法违规行为。

一、加强外汇检查统一调度，提高专业履职能力。该局采取有力措施，加强系统管理，再造检查流程，明确管理细节，推动各项任务落实到位。全年查处违规企业和个人78起，罚没款1732万元；金融机构48家，罚没款236万元。一是建立实行案件线索调度制度，每季度对全省外汇案件线索进行统一调度，确保案件查处落实到位；二是针对案件线索分布不均的情况，尝试采取分局协调全省案源和人员情况，统一抽调人员开展检查的方法，集合全省力量开展重点案件检查；三是组织全省进行交叉复核，持续追踪异常线索和已办理案件，进行集中复查，消除案件查处过程中存在的隐患，提高外汇检查整体工作水平。

二、针对重点领域和关键环节，开展跨境资金专项检查。一是开展转口贸易外汇收支专项检查，检查金额100万美元以上的215笔，金额7.94亿美元；二是按照总局安排，开展银行远期结汇专项检查，涉及烟台和威海市银行分支机构22个，企业6家，业务166笔，金额53.6亿美元；三是开展贸易项下外汇收支真实性专项检查与调查，选择威海、临沂等6市，涉及企业17家；四是查处重点地区外资集中流入系列案件，通过非现场分析，发现烟台莱州、招远两地存在大量异常结汇，抽调业务骨干对65家企业519笔外汇资本金结汇业务进行逐笔排查，确认42家企业305笔资本金结汇业务存在违规问题，违规金额1.71亿美元。

三、探索银行检查方法，拓展金融机构检查深度和广度。一是开展银行外汇业务合规性检查，共检查银行分支机构16家，发现违规19笔，金额226.98万美元；二是对工商银行、农业银行、中国银行、建设银行、交通银行等多家银行的19家分支机构办理资本金和外债结汇业务进行了专项检查，发现违规20笔，金额1221.7万美元；三是开展个人本外币兑换特许机构检查，组织对渤海通汇货币兑换有限公司山东分公司、济南张江艾西益社会经济咨询有限公司等3家公司进行检查。

四、创新非现场监测手段，提高外汇数据应用水平。一是积极推广和使用新版外汇检查分析应用系统，发挥技术和数据处理优势，深入研究和完善分析指标；二是强化外汇检查监测集中工作制度，按季度开展四次集中分析工作，加快下发异常资金交易线索频率，完善操作流程；三是开展银行数据的利用研究工作，成立了专门小组，提取工商银行、建设银行的数据，形成完善的检查方法体系。

五、开展重点信息调研，提高整体工作水平。一是积极承担总局重点课题《企业集团违规线索监测及检查方法研究》，完成《外汇检查执法风险与控制专题研究》、《异常跨境资金流动监管研究》等重点课题；二是全年上报《外汇检查上报信息》45期，被总局采用13期；三是认真撰写《跨境资金流动监测报告》和《外汇检查分析报告》并以非现场分析应用系统和案件信息管理系统为平台，对外汇形势、跨境资金流动趋势以及案件的特征与规律进行分析研究，提升整体工作水平。

【大事记】 2月18～19日 外汇局山东省分局召开2014年工作会议。

2月12～13日 全国国际收支工作会议在山东德州召开。

2月25日 国家外汇局外汇主体监管研讨会在济南召开。

2月28日 外汇局山东省分局召开全省国际收支工作视频会议。

3月4日 外汇局山东省分局召开全省外商直接投资政策调研座谈会。

3月11日 外汇局山东省分局召开山东省资本项目外汇管理工作会议。

3月 外汇局山东省分局召开全省外汇检查工作会议。

4月 外汇局山东省分局在全省15家中心支局全面实施外汇主体监管。

5月1日 《涉外收支交易分类与代码(2014版)》在全省正式实施。

5～9月 外汇局山东省分局组织辖内中心支局开展银行转口贸易外汇业务专项检查。

7月28日 外汇局山东省分局印发《跨国公司外汇资金集中运营管理实施细则》。

8月20日 外汇局山东省分局召开全省外汇形势分析培训暨座谈会。

8月21～22日 外汇局山东省分局召开2014年分管局长年中座谈会。

9月15日 资本项目信息系统二期非监测类功能在山东成功上线运行。

9月 外汇局山东省分局组织辖内中心支局开展银行外汇业务现场检查。

10月14日 外汇局山东省分局召开全省外汇信息调研工作座谈会。

11月18日　外汇局山东省分局召开全省资本项目事后核查工作推进会。

11月20日　外汇局山东省分局召开全省分局外汇形势分析会。

（外汇局山东省分局）

中国银行业监督管理委员会山东监管局

【第一负责人简介】　陈育林，男，四川蓬安人，1964年3月生，中共党员，研究生学历，经济学硕士，高级经济师。1989年8月参加工作，历任人民银行重庆营管部外管处处长、股份制处处长；重庆银监局股份制处处长；2004年9月任重庆银监局党委委员、副局长；2008年7月任青岛银监局党委书记、局长（副厅级）；2013年7月至今，任山东银监局党委书记、局长。

【综述】　2014年，中国银行业监督管理委员会山东监管局（简称：山东银监局）以促改革、防风险、助实体、强监管为主线，积极应对复杂严峻的经济金融形势，全面推进银行业改革发展，按时、保质保量完成各项工作任务，辖区银行业基本保持了稳健发展的良好态势。截至年末，辖区银行业资产总额70404亿元，较年初增加6489亿元，同比增长10.15%，负债总额67880亿元，较年初增加6153亿元，同比增长9.97%；不良贷款余额722亿元，较年初增加171亿元，不良贷款率为1.67%，较年初上升0.24个百分点；全年实现利润888亿元，同比增加21亿元，增长2.37%。辖区法人银行业机构统算资本充足率较年初提高0.5个百分点，核心资本充足率较年初提高0.68个百分点；辖区银行业金融机构各项贷款损失准备金余额较年初增加184亿元，同比增长17.85%，银行业抵御风险能力显著提高。

【风险监管】　2014年，山东银监局按照早发现、早预警、早处置的管控思路，布局完善风险防控体系，多方联动增强工作合力，努力守住了区域风险底线。

一、突出重点风险事件的应对处置。一是主动加强与地方政府的汇报沟通，先后多次就当前信用风险的严峻形势、大额授信联合管理机制建设的必要性和推进难点、重点授信风险客户的核查情况等向省政府报告，并提出建议措施，得到省政府主要领导的高度重视；二是制定出台《重大信用风险事件应对处置工作规程》，建立覆盖预警、报告、处置、检查、持续监管等全流程、立体化工作体系，辖区20多家大额授信客户风险处置进展良好，风险基本可控。

二、全力加强信用风险管控。一是定期调度辖区银行业不良贷款规模，深入分析不良贷款反弹的机构、区域、行业、业务特点及深层次原因，提前预警、针对施策；二是部署银行进行大额授信风险专项排查和再排查，建立严格的责任追究机制；三是对19家农合机构开展专项检查，并对问题严重的5家机构实施特别监管；四是督促指导省联社修改考核办法，首次实现省联社对法人社的直接考核；五是鼓励银行真实暴露不良贷款，加快不良贷款核销和处置力度。

三、全面推进大额授信联合管理。一是出台《关于进一步加强大额授信联合管理工作的指导意见》，要求对20亿元以上的授信客户实施联合授信和限额管理；二是出台《异地授信业务监管指导意见》，将异地授信纳入联合授信管理；三是指导银行业协会发挥牵头作用，探索研究和细化大额授信总额测算、异地授信业务管理、同业协作等问题，取得初步成效；四是在全省金融工作会议上针对大额授信问题的危害性和严重性进行了专门部署，部分地市也专门召开了大额授信联合管理机制推进会。

四、统筹防控各项风险。一是继续加强平台和房地产贷款风险管控，银行业两类风险整体基本可控；二是制定网络舆情工作管理办法，建立覆盖所有分局和银行机构的微信群，实现舆情全天候监测和快速处置，成功应对十余起重大舆情；注重抓好正面宣传，正确引导舆论导向；三是严密防控信息科技风险，加强电子银行、互联网、外包等重点领域及城商行联盟等重点机构的风险监管；四是督促银行加强负债管理、现金流测算和存款偏离度管理，辖区银行业各项流动性指标继续保持在较为合理的水平。

【案件处置与防控】　2014年，山东银监局不断加大案防工作力度，案件风险总体形势平稳。

一、组织案防知识测试。开展为期6个月的银行从业人员案防法规知识学习测试活动，并按全辖10%的比例，抽取11559人参加考试，达到以考促学的目的。

二、加强案防检查。组成“飞行检查团队”，对辖区16家城商行51家网点操作风险进行“飞行检查”，发现问题14类315项，责令银行内部处分63人，经济处罚20.92万元，有效防范了银行案件风险。

三、强化处置和问责。制定《案件（风险）处置工作操作规程》和《案件督查督导实施细则》，规范案件报送流程和时限，推进案件后续处置和问责及时到位。出台《移送涉嫌犯罪案件工作实施办法》，依法惩治金融违法犯罪活动，有效发挥震慑作用。

【金融改革】 2014年，山东银监局成立改革领导小组，有序推进银监会和省委、省政府部署的重要改革举措。

一、扎实推进理财和同业业务治理改革。一是召开专题推进会和调度会，部署任务、强化督导；二是根据机构特点和进展情况实施分类监管，对重点机构综合采取监管提示、约见"三长"谈话等方式，督促改革同步推进。

二、稳步推动恒丰银行改革。一是新任"三长"到位履职，董事会人员构成初步优化；二是成立信用风险评审部和监控部，从组织架构和管控机制层面解决了信贷业务中台、后台不分的问题；三是采取约见"三长"谈话、监管提示、窗口指导等措施，督促其优化业务结构。

三、加快推动农信社改革。一是先后就省联社、农合机构银行化改革等问题多次向省政府专题汇报；二是严把改制准入关口，推动20家机构实现银行化改革；三是加快推动转型，1家农商行发行二级资本债券、1家设立异地支行，1家农商行作为全国首批农合机构发行5亿元的信贷资产证券化项目；四是积极推进辖区唯一一家高风险农信社增资扩股工作。

四、全面夯实城商行发展基础。一是按照市场化原则，推动城商行联盟完成公司治理改革；二是组织13家城商行借助外部咨询机构开展全面风险管理评估，举办培训讲座42场，为后续全面风险管理机制建设奠定坚实基础；三是推动城商行延伸服务网络，增设县域支行34家，社区金融服务站44家，社区支行24家，小微支行16家。

五、有序推动新型机构培育发展。一是新设村镇银行20家，全辖村镇银行总数达92家，居全国第1位，各项贷款中农户和小企业贷款合计占比达70%；二是积极推进银行业金融机构多样化发展，2家财务公司、1家汽车金融公司、1家外资银行济南分行批复筹建。

六、积极推进《商业银行资本管理办法（试行）》落地实施。综合采取制定年度规划、开展调查评估、召开会议、组织座谈调度等措施，深入推动资本治理机制建设，发挥资本在经营管理中的统辖、核心作用。

【金融服务】 2014年，山东银监局引导银行业优化信贷结构，改善服务质量，切实维护消费者合法权益，支持区域经济转方式、调结构。

一、优化信贷结构，助力产业结构调整。一是推动银行按照"有扶有控"的原则，综合运用多项手段盘活存量、用好增量，支持实体经济转型发展；二是重点行业和区域信贷需求得到优先保障，产能过剩行业贷款得到有效控制。

二、创新方式方法，改善小微金融服务。一是出台《关于加强小微金融服务工作的指导意见》、《中小银行设立社区支行、小微支行的通知》等鼓励性政策措施，支持银行设立小微特色支行，加强针对小微企业的产品和服务创新；二是组织开展小微企业金融服务宣传月和先进评选活动，一家城商行创新担保、支持小微的良好做法被中央电视台"新闻联播"报道。

三、完善工作机制，提升"三农"服务水平。一是把服务"三农"作为发展普惠金融的重要方面，推进基础金融服务"村村通"和机构服务村级覆盖；二是深入调研并积极推动"三权"抵押贷款开办和涉农抵（质）押贷款试点；三是积极支持中小法人机构发行"三农"专项金融债，保证"三农"信贷资金供给，涉农贷款增速高于全部贷款增速0.12个百分点。

四、强化行为规范，提高金融服务质量。一是开展银行业收费专项检查，对全省165家机构、138.39亿元业务进行重点抽查；二是责令相关银行对违规收取的费用进行清退，对117人次进行内部处理，并对个别银行采取了暂停部分业务的强制措施，进一步规范了银行收费行为。

五、落实为民监管，维护消费者合法权益。一是专设消费者权益保护部门，制定《银行业消费者投诉处理工作规程》；二是发起成立消费者权益保护高层指导委员会，建立了监管部门、银行协会和银行机构高管之间联系交流的长效机制；三是建立季度通报制度，召开了第一次消保工作联席会议；四是开展"金融知识宣传月"活动，普及金融知识；五是加强与济南仲裁委员会的沟通联系，推动建立"金融消费争议仲裁中心"。

【监管能力建设】 2014年，山东银监局完善工作制度流程，提升依法行政水平，监管工作有效性进一步提高。

一、强化督促落实。一是建立重点任务目标管理、工作责任分工、动态跟踪调度等工作机制，倒排期限，层层落实；二是完善督办台账，着力加强重点工作进展跟踪、时点提醒和及时报告，并建立周报制度，动态反映工作成效，做到有部署、有落实、有反馈。

二、强化制度建设。一是研究制定市场准入、现场检查、非现场监管、EAST系统应用、案件防控、统计数据质量管理、信息科技风险监管等7项重点工作的指导意见；二是做好制度规划与清理工作，年内新设规范性文件10项，修改14项，废止41项，保证监管制度的科学性和有效性；三是出台《功能监管事项协调联动指导意见》，明确牵头和协作职责、工作流程和标准，形成合力。

三、强化监管效能。一是制定《关于进一步改进市场准入工作的意见》，完善董（理）事和高级管理人员任职资格考试工作，建立履职行为台账；二是出台《关于进一步改进现场检查工作的意见》、《现场检查人员调配管理办法》，推广交叉检查模式；三是出台《进一步改进非现场监管工作的意见》，修订《非现场监管操作规程》，定期考核通报，提升统计数据质量。

四、强化依法行政。一是修订《行政许可操作规程》，对接银监会简政放权新要求，大幅精简决定层级；二是合理下放审批权限，将社区、小微支行相关准入事项下放至分局，减少审批环节；三是完善行政处罚委员会建设，开展依法行政评估和培训，提升依法行政水平；四是强化法规部门法律审查与咨询服务职能，发挥底线把关和参谋助手作用，严防法律风险。

【内部管理】 2014年，山东银监局不断加强党建和内部管理，深入推进群众路线教育实践活动，强化党风廉政、工作作风、干部队伍和监管文化建设。

一、深入开展党的群众路线教育实践活动。一是抓好第一批教育实践活动整改落实工作，针对查摆出的问题，明确了70项整改措施和28项制度建设计划，建立按月调度、定期通报制度，推动各项整改措施全面落地；二是深入开展第二批教育实践活动，做好各环节规定动作，得到银监会督导组的充分肯定。

二、持续推进党风廉政建设。一是落实党委主体责任和纪委监督责任，省局党委10余次专题研究反腐倡廉工作，2次举办党风廉政主题扩大学习；二是对5家分局进行巡视和回访，对8家分局主要负责人进行离任经济责任审计，对1家分局进行专项督导；三是对3家分局开展交叉执法监察，对15家分局金融消费者投诉处理情况进行专项执法监察；四是全面开展廉政风险排查，对29个风险点进行逐项排查。建立副处级以上干部廉政信息库。

三、强化文化建设。一是开展“转作风、见成效”监管文化建设主题年活动，组织“微电影”、读书活动、计算机技能大赛、乒乓球比赛等系列文体活动，提高干部职工向心力和企业凝聚力；二是进一步强化工会建设，成功举办山东金融系统首届职工运动会。

【大事记】 1月22日 山东银监局召开2014年工作(电视电话)会议。

2月16日 银监会主席助理杨家才到山东省调研。

4月1日 银监会党的群众路线教育实践活动第三巡回督导组到山东银监局督导第二批群众路线教育实践活动进展情况。

4月11日 山东银监局召开2014年全辖银行业金融机构案件防控工作(电视电话)会议。

4月24日 银监会主席助理杨家才到第二批教育实践活动基层联系点枣庄银监分局调研。

4月28日 银监会副主席王兆星到泰安银监分局调研。

5月7日 山东银监局召开银行业大额授信联合管理机制推进情况座谈会。

6月18日 银监会主席助理杨家才参加指导枣庄银监分局党委专题民主生活会。

6月26日 山东银监局召开辖内银行业法人机构2014年资本管理办法实施推进工作会议。

7月15日 银监会督导组到山东银监局督导银行业服务收费专项检查工作开展情况。

9月1日 山东银监局举办2014年“金融知识进万家”宣传服务月活动启动仪式。

9月17日 山东银监局召开大额授信风险管理工作会议。

9月27日 山东金融系统首届职工运动会暨中国金融体育协会山东省理事会恢复成立大会在山东省体育中心体育场举行。

10月10日 山东银监局组织召开系统党的群众路线教育实践活动总结大会。

10月16日 银监会副主席王兆星一行到山东调研。

(张秀民)

中国银行业监督管理委员会青岛监管局

【第一负责人简介】 熊涛，1965年6月生，湖南汉寿县人，硕士，高级经济师，曾供职于人民银行深圳分行、深圳市中心支行和深圳银监局；2004年10月任深圳银监局副局长、党委委员；2013年7月任青岛银监局党委书记、局长。

【综述】 2014年，中国银行业监督管理委员会青岛监管局(简称：青岛银监局)按照稳中求进的总基调，加强形势研判和政策引导，果断主动采取措施，着力防范风险，同时，坚持改革创新，持续优化监管方式和流程，全面落实简政放权，切实提升银行业服务实体经济质效，有力促进银行业安全稳健运行。

【业务监管与日常监管】 2014年，青岛银监局积极创新机制，优化监管流程，不断夯实监管基础。

一、积极创新工作机制，全力推进改革工作。

（一）深化监管架构调整。整合设立了城市商业银行、农村中小金融机构、非银行金融机构 3 个监管处；单设信息科技监管处、消费者权益保护处。

（二）完善监管机制建设。一是成立了现场检查、非现场监管、市场准入、创新业务和信息调研 5 个跨处室委员会，完善了工作框架；二是建立了现场检查发现问题整改评分与后评价制度，完善了非现场风险监测指标体系，开展了对新设机构后评价工作，加强对银行机构业务创新的风险监测。

（三）推进改革工作，落实简政放权。一是成立了由局主要负责人任组长的辖区银行业改革工作领导小组，确立目标和任务；二是督导辖内主要法人机构青岛银行、青岛农村商业银行成立了党委负责的改革领导小组，统筹推进改革；三是全面落实简政放权，修订行政许可实施细则等规章制度，简化审批流程并向辖区银行公开，切实提升依法监管水平。

二、加强政策研究，推动各项监管政策落实。

（一）围绕提升经济薄弱环节的金融服务，出台了《做好农村金融服务工作的贯彻落实意见》、《设立社区支行操作细则》，修订了《小微企业金融服务指导意见》，持续提升薄弱环节的金融服务水平。

（二）制定《银行业支持产业结构调整和化解产能过剩的贯彻落实意见》，组织银行开展化解产能严重过剩工作情况自查。同时，围绕遏制存款“冲时点”行为，出台《关于加强存款偏离度管理的贯彻落实意见》，督促银行完善绩效考评体系，加强存款稳定性管理，从制度上遏制存款“冲时点”冲动。并建立存款波动情况月度统计监测机制，对违犯制度的银行采取高管谈话等措施。

（三）召开首次金融消费者权益保护工作会议，印发实施了系列制度，畅通投诉处理渠道并优化流程，建立了联席会议制度，开展“金融消费者权益保护宣传月”、“送金融知识进小学”等宣传活动，强化金融知识普及。

三、坚持有扶有控，推动落实差别化信贷政策。

（一）加大对重点行业和领域的信贷支持力度。引导银行加强对新型城镇化、交通以及西海岸经济新区等重点项目的资金支持，对接重点企业搬迁改造、转移过剩产能等资金需求，积极支持经济结构调整。全年新增重点项目、战略新兴产业和海洋经济贷款 114.69 亿元，高于各项贷款平均增速 7.57 个百分点；新增保障性安居工程贷款 58.15 亿元，同比增长 53.05%，高于各项贷款增速 43.8 个百分点。

（二）大力发展普惠金融。一是完善金融服务制度，引导银行下沉服务重心，提高服务覆盖面，全年新设乡镇分支机构 15 家、社区支行 60 家，农村金融服务实现“村村通”，村镇银行实现其在县市和郊区的全覆盖；二是加强监管力度，规范银行服务收费，降低企业融资成本；三是稳步发展住房、汽车和旅游等消费金融。

（三）扎实推进小微企业和“三农”金融服务。一是引导银行创新服务方式，推动市政府有关部门建立新增贷款风险补偿机制，截至年末，小微企业贷款余额 2597.68 亿元，比年初增加 284.83 亿元，高于各项贷款增速 3.07 个百分点；二是制定了中资商业银行农村金融服务工作考核办法，持续推动银行业务创新，加大对新型农业经营主体的支持力度，土地承包经营权抵押贷款取得实质性进展。截至年末，涉农贷款余额 2361.4 亿元，比年初增加 301.94 亿元，高于各项贷款增速 5.38 个百分点。

（四）积极盘活信贷存量，压缩限制性领域信贷规模。全年银行机构共处置不良贷款 100.01 亿元，开展信贷资产证券化业务规模 41.89 亿元，有效提高了存量信贷资金的流转速度。在资金配置上，严控限制类行业信贷增长，持续推动化解过剩产能；年末，银行机构“两高一剩”行业授信余额比年初减少 49.34 亿元，下降 3.97%。

【风险监管】 2014 年，青岛银监局不断完善风险管控机制，坚守不发生区域性、系统性风险的底线。

一、推动建立多维度风险防控体系。

（一）明确银行主体责任。一是组织银行签订了风险防控责任书，夯实基础；二是组织开展全面信用风险、担保圈风险排查及内控制度执行情况大检查；三是持续督导银行恪守审慎经营、稳健发展的理念，回归“三铁”要求、“三查”制度、“三分离”安排。

（二）完善处置机制，加强风险提示。建立了重大风险事件报告及处置工作机制，切实提高效率，并多次对重点领域风险、不良资产处置等作出风险提示、提出监管要求。

（三）加强各方联动。促请市政府在该局召开金融工作领导小组会议，明确了政银合作共同化解金融风险的思路，建立了打击逃废债联席会议制度，形成常态化信息沟通渠道，优化依法维权的外部环境。指导银行业协会与青岛仲裁委员会合作组建银行业仲裁中心，切实提高金融合同纠纷处置效率，取得良好成效。

二、加强形势研判和重点领域风险防控。

（一）加强分析研判和信息共享。一是持续加强非现场监管信息系统应用，提高风险识别能力；二是加强与政府相关部门沟通，全面了解产业政策、环保、安监等方面信息；三是就经济金融形势、银行业面临的突出风险等问题进行深入调研分析，并提出对策，按季形成辖区经济金融形势分析报告。

（二）加强跟踪监测，强化重点领域风险管控。一是对于贸易融资业务，强化风险分析、评估和预警，前瞻性提出风险防控对策，推动化解重点客户风险；二是对于平台贷款，督促债权银行与平台公司、地方财政部门逐户落实到期贷款还款来源，切实维护债权安全；三是对于房地产贷款，密切跟踪房地产新政影响，适时进行风险提示，加大对重点风险处置的协调推动力度；四是对于产能过剩行业，积极参与市政府组织的联席会议，了解掌握相关信息，定期监测其资产质量变化情况，及时提出有针对性的防控措施。

三、全力做好案件风险与信息科技风险防控。

（一）全力做好案件风险防控。一是组织银行机构主要负责人签订案防责任书，进一步明确责任；二是编纂完成《案防操作指引》，指导银行加强案防工作；三是按季组织重点领域案件风险排查，并开展案防飞行检查、自助设备安全抽查等专项检查；四是定期收集银行从业人员处罚信息并与银行机构共享。

（二）不断提升信息科技风险防控水平。一是督促法人机构贯彻实施信息科技风险监管纲要，完善灾备中心建设；二是组织开展法人银行信息科技监管评级，并纳入机构总体评级；三是与山东银监局建立跨局数据共享机制。

四、加强其他领域风险管控。

（一）增强流动性风险管控能力。一是督导辖区法人银行机构完善流动性应急预案，合理控制资产负债期限错配程度，加强日间资金头寸和融资管理；二是督导陆家嘴国际信托落实流动性支持承诺，适时开展现场检查，持续推动主要法人银行完善流动性风险管理制度，促其流动性指标全面达标。

（二）稳妥做好声誉风险管控。一是修订了信访工作实施细则和群体性信访应急预案，完善声誉风险防控机制，制定了网络舆情工作评价规定，强化考核评价；二是加强舆情引导队伍建设和现场督查，有效提升银行机构声誉风险应对能力；三是围绕舆论热点话题，积极利用微博、微信等媒体进行正面解读，及时妥善处置了部分负面舆情事件，营造了良好舆论氛围。

【机构改革监管】 2014年，青岛银监局积极推进法人机构改革，有效提升金融服务水平。

一、稳步推进法人机构各项改革。

（一）业务治理体系改革初见成效。青岛银行和青岛农村商业银行均按照监管要求完成了同业业务专营机构和理财事业部改革，同业业务严格实行法人统一授权管理，理财业务落实“单独核算、风险隔离、行为规范、归口管理”的标准；各分支机构也对内部组织架构进行了相应的改革和调整，部分专营机构分中心正式申请持牌经营。

（二）公司治理改革持续深化。一是完成了青岛银行治理评估，补充完善相关制度，推动落实整改；二是推动青岛农村商业银行修订章程、规范董事会议事规则和股权管理，加快流程银行建设；三是支持海信财务公司引进新股东，优化股权结构；四是建立了辖区村镇银行标杆银行制度；五是制定信托公司监管处置计划，督导陆家嘴国际信托建立“生前遗嘱”等机制。

（三）法人机构资本补充工具持续创新。一是支持青岛银行发行二级资本债券，并启动定向增资扩股和首次公开发行H股工作；二是支持陆家嘴国际信托完成增资并落实资本补充机制的承诺；三是支持海尔、海信等财务公司及3家村镇银行完成增资工作。

二、丰富完善银行业机构体系。

（一）持续加强监管指导，提高辖区银行业对民资和外资开放水平。海尔消费金融公司、青岛港财务公司、黄岛舜丰村镇银行3家法人机构及台湾国泰世华银行青岛分行顺利开业，其中，海尔消费金融公司在国务院第二批扩大消费金融公司试点城市中首家开业。星展银行、澳新银行青岛分行获批筹建，莱州农商银行筹建胶州支行。

（二）大力发展特色金融，持续提升金融服务能力。一是充分利用青岛区位优势，引导银行加强行业产业研究和特色化产品研发，平安银行现代农业事业部落户青岛，民生银行海洋渔业事业部等各类专营机构契合辖区经济特点，以专业的运营管理模式有力支持经济发展；二是配合市政府研究民营银行筹建方案，指导法人机构就设立金融租赁公司事宜进行可行性研究；三是支持辖区法人机构在省内设立分支机构，支持股份制银行分行加快异地网点布设，提高辖区银行机构金融服务辐射能力。

【大事记】 1月17日 青岛银监局召开2014年辖区银行业监管工作会议，副局长王永存主持会议，局长熊涛出席会议并讲话。

2月14日 青岛银监局召开党风廉政建设暨纪检监察工作会议，副局长王永存主持会议，局长熊涛、纪委书记罗中分别讲话。

8月15日 青岛银监局组织召开青岛法院与银行机构座谈会，副局长王永存出席会议并讲话。

（刘淑芳　刘金文）

中国证券监督管理委员会山东监管局

【第一负责人简介】 冯鹤年，江苏宝应人，中共党员。1992年10月任轻工业部政策法规司副处长；1994年5月任中国轻工物资供销总公司副处长；1997年5月进入中国证券监督管理委员会（简称：证监会）；1997年7月起历任法律部副处长、处长，法律部副主任，非上市公众公司监管部副主任（主持工作）、主任，创业板发行监管部主任；2013年10月至今任证监会山东监管局（简称：山东证监局）党委书记、局长兼济南稽查局局长。

【综述】 截至2014年末，山东辖区（不含青岛市，下同）共有境内上市公司135家，境内上市股票144只；证券公司1家，证券分公司35家，证券营业部302家；期货公司3家，期货营业部58家；2家证券投资咨询公司及3家分公司；向中国证券投资基金业协会登记私募基金管理人52家。

一、支持企业挂牌上市融资发展。山东辖区全年有2家企业首发上市，募集资金6.98亿元；有25家上市公司实现再融资，募集资金330.20亿元；有11家“新三板”挂牌企业募集资金2.35亿元。

二、并购重组促进企业转型升级。2014年，资本市场并购重组政策更加宽松，并购重组活动较为活跃。山东辖区全年有18家上市公司提出或实施对公司有重大影响的并购重组事项。截至12月末，有10家公司完成并购重组，涉及资产92.93亿元。

三、证券机构创新发展持续深化。齐鲁证券有限公司（简称：齐鲁证券）所属证券营业部增至224家，代理证券交易总额同比增长71.83%，融资融券余额增长223.85%，净利润增长126.47%。

四、期货市场创新逐步推开。一是期货经营机构创新发展全面推开，期货市场服务实体经济能力不断增强；二是由地方政府、期货交易所及证券期货监管部门等多方参与的市场培育机制进一步完善；三是鲁证期货股份有限公司资产管理、期现结合和场外衍生品等创新业务收效良好，招金期货有限公司借助股东优势走特色化、专业化道路，保证金规模同比增长37.16%，中州期货有限公司积极申请基金销售和资产管理业务资格，打造新的利润增长点。

【上市公司监管】 2014年，山东证监局以强化信息披露监管为中心，不断提高监管效率和效果。一是及时出具持续监管意见，推动上市公司通过再融资、并购重组等方式深化转型；二是以现场检查为依托做好风险摸排和处置，全年对26家上市公司开展现场检查；三是对公司信息舆情和股价异动监管中反映的问题分类处理，督促20余家公司发布澄清公告；四是修订上市公司财务信息现场检查指引，进一步理顺检查流程；五是充实年报审核计算机分析模板，调试、完善现场检查软件，加大信息技术对监管工作支持力度；六是举办辖区创业板公司经验交流会、投资者网上集体接待日活动、上市公司董监事培训，促进公司形成有效治理和规范运作的良性机制。

【拟上市公司监管】 2014年，山东证监局加强对中介机构核查程序完备性监管力度，多方式提高拟上市公司规范运作水平。一是简化辅导监管和评估流程，取消辅导备案材料受理环节、保荐机构辅导评估申请和考试；二是督导中介机构提高执业质量，突出“三个强化”：强化对项目签字人员勤勉尽责情况的监管，强化对中介机构辅导效果的监管，强化对中介机构执业质量的检查。全年对12家公司辅导情况进行现场检查，出具辅导监管工作报告6份；三是组织3期40余家拟上市公司到上市公司学习交流，组织开展拟上市公司走进深圳证券交易所活动；四是更新包括650余家企业在内的上市后备企业数据库，并联合地方政府加大政策宣讲力度，引导企业加快上市步伐。

【证券经营机构监管】 2014年，山东证监局推动提高证券经营机构合规风控水平，支持机构创新发展。一是简化行政许可和备案事项，全年共审核证券经营机构任职资格59件，对216家分支机构备案事项进行确认；二是通过政策培训、召开监管例会、监管谈话、信息通报等方式，推进证券经营机构深化合规管理；三是下发《关于进一步加强合规和风险管理工作的通知》，督导齐鲁证券健全风险监控机制，完善动态监控系统；四是支持和推动齐鲁证券加大创新发展力度，启动私募基金监管工作；五是实现机构监管岗位责任制下信息的全部覆盖、全程使用，全年对齐鲁证券进行10次专项检查，对辖区44家证券机构、3家开展基金代销业务法人进行现场检查；六是继续推行辖区广播电视节目监听监看制度，对75项投资咨询备案事项进行审查；七是做好基金代销机构销售资格审核，基金分公司备案事项审核。

【期货经营机构监管】 2014年，山东证监局加强合规风控监管与支持创新发展并重，提升期货市场服务经济发展的能力。一是完成行政许可审核事项45项，认真做好备案管理；二是全年检查辖区期货经营机构50余家次，对新设9家期货营业部从业人员进行合规培训；三是扎实开展2013年期货公司年报及风险监管报表审计监管工作，组织首席风控官对“两金”进行合规检查；四是开展“明明白白居间人”期货投资者主题教育活动；五是开展期货公司信息安全检查和应急演练，指导处理期货经营机构重大信息技术事件。

【非上市公众公司监管】 2014年，山东证监局有针对性地推动辖区多层次资本市场建设，促进中小微企业借助资本市场加快发展。一是积极支持辖区企业在“新三板”挂牌，持续做好培训和动员工作，创办了《山东非上市公众公司信息专报》；二是做好200人公司挂牌转让推动工作，对其进行全面调查摸底，并加强政策培训和指导支持；三是支持齐鲁股权交易中心发展，及时配合政府部门制定金融改革发展政策；四是全面完成辖区各类交易场所检查任务，组织24家交易场所自查，对其中8家进行了现场检查。

【审计资产评估机构监管】 2014年，山东证监局提高审计与资产评估监管工作规范化水平，创新监管服务，督促支持审计评估机构合规执业。一是完善会计专业小组工作机制，创办《山东辖区会计监管通讯》，组织召开企业会计准则培训，编印《资产评估业务监管法规汇编》；二是确定年报审计监管重点项目，对年报审计进行现场监管，审阅133家上市公司内控自评、审计报告，形成2013年年报审计监管工作总结；三是完成4家上市公司7个审计评估项目检查。

【稽查打非工作】 2014年，山东证监局从严从快查处打击非法证券活动。一是全年开展立案调查4件，开展初步调查8件，处理涉嫌非法证券活动举报事项10件；二是分别与省公安厅、省通信管理局签署合作备忘录，推动构建执法协作机制；三是制定证券期货案件立案工作规定，明确职责，规范流程，健全监督机制。

【大事记】 1月14日 山东证监局联合山东省金融办、潍坊市政府组织召开山东企业上市和非上市公众公司挂牌工作会议，冯鹤年局长、陈飞副局长出席会议并讲话。全省各地市金融办相关负责人，近300家企业参加会议。

1月23日 山东证监局与省公安厅签署了《合作备忘录》，明确双方在案件调查取证、平行移送、信息资源共享、教育警示宣传、业务交流培训等7个方面开展合作。

3月25日 山东证监局组织召开2014年齐鲁证券有限公司第一次监管例会，通报日常监管发现问题，提出监管要求及创新发展建议。冯鹤年局长、赵洪军副局长参加会议并讲话。

4月16～18日 山东证监局与省公安厅联合举办全省证券期货案件行政刑事执法培训班，赵洪军副局长出席开班仪式并讲话。

4月28日 证监会党委委员、副主席刘新华一行到山东证监局视察座谈。

5月22日 山东证监局与山东省金融办、上海证券交易所、深圳证券交易所、全国中小企业股份转让系统等单位在济南联合举办全省企业上市挂牌培训会。陈飞副局长参会并致辞。

6月9日 证监会党委委员、副主席庄心一一行深入山东辖区调研指导工作。

6月14日 证监会公众公司部在济南组织召开非上市公众公司员工持股计划主题座谈会，山东省金融办、济南市金融办相关负责人、辖区10家挂牌企业等共计30余人参加座谈会。

6月20日 山东证监局组织召开“山东辖区股东人数超过200人公司挂牌上市审核政策座谈会”，对相关政策进行深入解读。赵洪军副局长出席会议并讲话，山东省金融办、辖区16个地市金融办及有关中介机构相关负责人参加座谈。

8月7日 山东证监局联合深圳证券交易所在济南召开证券期货纠纷调解仲裁工作交流会。陈飞副局长出席会议并讲话。深圳国际仲裁院、深圳证券期货纠纷调解中心、山东省金融办、济南仲裁委、辖区行业协会、部分上市公司及证券期货经营机构的相关负责人参加会议。

9月18～19日 山东证监局联合青岛证监局在烟台举办山东上市公司财务总监培训交流会。陈飞副局长出席会议并讲话，山东146家上市公司、4家拟上市公司及部分中介机构近240人参加会议。

9月26日 山东证监局与中国金融期货交易所联合在济南召开金融期货衍生品专题培训会，陈飞副局长出席会议并致辞，辖区各期货经营机构及部分IB证券经营机构负责人等130余人参加了培训。

10月10日 山东证监局联合菏泽市政府召开企业挂牌上市政策解读暨投资推介会，指导菏泽市中小微企业借助多层次资本市场加快发展，推进山东西部地区经济隆起带建设。冯鹤年局长出席会议并讲话。菏泽市120余家企业的负责人听取了政策宣讲，并与15家PE/VC进行了投资对接。

10月21～30日 由证监会、公安部、国资委主办，证监会纪委、山东证监局、深圳证券交易所承办的山东辖区第二届内幕交易警示在济南举行首展。陈飞副局长主持开展仪式，冯鹤年局长致辞。展览分别在淄博、潍坊、烟台、临沂、日照进行巡展。

10月30日 山东证监局联合中国期货业协会在济南举办“期货服务上市公司”培训会。冯鹤年局长出席会议并讲话，中国期货业协会侯苏庆副会长作主题演讲。辖区114家上市公司的430余名董事和监事参加了培训。

11月4～5日 山东证监局与山东上市公司协会在济南组织召开山东辖区2014年度企业会计准则培训暨年报审计监管工作会议，冯鹤年局长、赵洪军副局长到会讲话。山东辖区上市公司、拟上市公司、“新三板”挂牌公司相关财务负责人，辖区注册的会计师事务所总、分支机构及在辖区执业的会计师事务所相关负责人等400余人参加会议。

11月18日 山东证监局组织在辖区承揽项目较多的证券公司召开监管工作座谈会，冯鹤年局长出席会议并讲话。

11月29日 《中国经济时报》，11月30日《人民日报》、《企业观察报》，12月11日《上海证券报》，12月17日《大众日报》、《中国证券报》、《证券日报》、《证券时报》等在头版或显著位置，从不同角度对山东资本市场和山东证监局监管工作进行了报道。新浪网、凤凰网、搜狐网、易网等门户网站转载了《人民日报》报道。

12月2日 山东证监局联合山东县域经济转型升级“试点县”——龙口市举办了县域经济利用资本市场转型升级座谈会。龙口市相关部门及39家企业的负责人参加了会议。

12月22日 山东证监局组织召开山东辖区上市公司“沪港通”专题座谈会。冯鹤年局长出席会议并讲话，辖区20家沪股通标公司的董事长和董事会秘书参加会议并与专家进行面对面交流。

（王殿祥 孙素美）

中国证券监督管理委员会青岛监管局

【第一负责人简介】 安青松，男，仡佬族，1969年10月生，贵州关岭人，中共党员，经济学博士；现任青岛证监局党委书记、局长。

【综述】 2014年，中国证券监督管理委员会青岛监管局（简称：青岛证监局）紧紧围绕推进监管转型、市场创新的重点任务，凝心聚力，开拓创新，推动辖区资本市场健康稳定发展。

【监管服务】 2014年，青岛证监局注重推动辖区资本市场规模、结构和质量并重发展，切实增强服务区域实体经济的能力。

一、完善辖区资本市场体系，提升资源配置能力。一是创立区域性股权交易市场，4月，青岛蓝海股权交易中心开业运营，标志着青岛辖区正式形成了涵盖主板、中小板、创业板、“新三板”、“四板”在内的多层次资本市场；二是拟上市公司上市申报创IPO暂停后首家，利群百货成为IPO重启后最先被证监会接受申报材料的企业，2014年共推动辖区新增证监会在审企业3家，辅导备案企业2家；三是上市公司境内直接融资创历史新高，2014年辖区上市公司再融资61亿元，是上年数量的4倍；“新三板”挂牌企业12家，实现融资超1亿元，另有10余家企业已上报在审；青岛蓝海股权交易中心挂牌企业131家，实现融资近10.5亿元。

二、鼓励辖区证券期货经营机构创新发展，实现质的提升。一是从通道服务为主向财富管理服务转型，全年辖区证券机构融资融券余额107.53亿元，同比增长165.24%，业务收入4.54亿元，增长153.63%；此外，辖区一家期货机构创新探索了国内首笔期货保税仓单期转现业务，业务和产品呈现多元化；二是开展了“千家工程”活动，引导辖区证券机构抓住“新三板”、区域性股权交易市场的企业资源，为千家中小企业和高净值客户实现投融资服务；三是从散户服务为主向提升中小微企业、机构客户、高净值客户的服务能力方向转型，机构客户的比重逐步增加。

【综合监管】 2014年，青岛证监局在监管方法、取向、模式、手段、运行等多方面探索创新，监管有效性得到提升。

一、在监管方法上，从重事前向严事中、强事后转变。

（一）放松事前管制，强化“法无授权不可为”的“有限政府”意识。一是对自行设定的32项事项进行了清理规范，取消了27项、调整了2项，保留3项，其中，备案登记事项已全部取消；二是辖区新设分支机构数量大幅增长，全年共新设包括3家分公司、24家营业部在内的共计27家证券期货经营机构，总数较上年提升25%。

（二）严格事中监管，提高监管效能和规范运作水平。一是突出监管重点，将有限的监管资源向重点对象和环节转移；二是选取了6家重点关注类上市公司进行年报审核分析，4家上市公司作为年报现场检查对象进行重点监管，并延伸检查3家年审机构年报，审核发现问题94项，现场检查发现问题51项，辖区上市公司获得了“上市公司内控百强企业”等5项荣誉称号，5名董秘被《新财富》杂志评选为“金牌董秘”；三是组织投资者网上集体接待日活动，共集中回答投资者提问800余条；四是强化中介机构合规监管，全年开展1次覆盖率为100%的现场检查、6个系列非现场检查、8个系列专项检查，年内辖区机构未发生重大风险。

（三）强调事后监管，提高执法效能和震慑力。建立起稽查执法与日常监管人员对接、日常监管部门对口承办辖区案件的机制。全年办案6件，协助调查8件，平均办案周期在60天以下，对75%的案件进行了行政处罚或移送公安机关。

二、在监管取向上，将投资者权益保护工作贯穿始终。

（一）建立投资者保护长效机制，出台了《关于进一步加强青岛辖区资本市场中小投资者合法权益保护工作的意见》，设立投资者保护工作专题会议和专项简报。

（二）推动中小投资者合法权益的落实。一是将投资者保护工作情况列为现场检查必检项目并组织开展专项检查；二是推动辖区2家公司股东大会实施了网络投票，1家公司实施了分类表决和计票，2013年度现金分红达25.3亿元，占净利润的23%，创历史新高；三是为青岛市仲裁委员会与市证券期货仲裁中心搭建起对接平台，认真做好12386热线的受理工作，共接到信访事项17件，均予以妥善处理；四是发挥稽查执法的投资者保护功能。对辖区某银行违规销售理财产品案件立案调查，推动双方当事人达成和解，有效保护了投资者合法权益。

三、在监管模式上，推动全局资源整合和信息共享。一是建立了稽查执法与日常监管人员对接机制和稽查执法协调人制度，促进稽查执法与日常监管的衔接；二是开通OA电子办公平台，定期发布监管月报、《青岛上市公司》杂志等信息，促进了各处室之间业务信息的交流。

四、在监管手段上，综合运用多种工具和力量。一是综合运用年报分析、合规报告分析、统计分析、风险评价、发布警示案例、编发风险提示短信等手段，提高非现场监管的有效性，并开展了安全维稳、信息系统安全、沪港通业务准备、基金代销资格等多项专项检查；二是指导辖区已有的青岛证券期货业协会、青岛市上市公司协会2个行业自律组织，在高管培训、投资者保护、诚信数据库建设等方面发挥重要作用。

五、主动公开监管信息，不断提高透明度。一是不断扩大监管信息公开范围，推行"阳光化审核"，在网站及时更新行政许可事项受理及审核进度；二是严格规范审批流程，修改完善证券期货现场检查、行政许可及备案事项工作指引26项；三是年内督导辖区3家市场主体快速回应媒体质疑，有效防范和化解相关风险。

【内部管理与金融文化建设】 2014年，青岛证监局着力加强作风建设。一是开展集中整治以"庸、懒、散"问题为主题的机关作风建设专项活动，举办学习教育活动10次，组织专项检查5次，制定修订制度措施13项；二是扎实做好群众路线教育实践活动收尾工作，累计完成整改措施31项，完成制定、修订、废止制度44项；三是修订完善了绩效考核和效能督察工作办法，出台了《关于落实党风廉政建设党委主体责任和纪委监督责任的意见》，严格落实党风廉政建设责任制；四是从严控制财务支出，提出6项财务标准管理办法的改进方案，待证监会相关政策明确后调整实施。

（万燕燕）

中国保险监督管理委员会山东监管局

【第一负责人简介】 孙建宁，男，回族，1959年12月生，中共党员，研究生学历，高级经济师。曾任人民银行宁夏分行金管处处长、银行处处长，人民银行银川中心支行副行长；宁夏保监局党委书记、局长；新疆保监局党委书记、局长。2013年5月起任山东保监局党委书记、局长。

【业务发展】 2014年，山东保险业不断提高服务保障水平，保持了平稳发展的良好态势。

一、全省保费收入1455亿元，同比增长13.63%，市场规模居全国第3位。其中，财产险公司实现保费收入540.16亿元，居全国第3位，同比增长16.8%；人身险公司实现保费收入914.76亿元，居全国第3位，同比增长11.84%。全省保险业资产总额3249.49亿元，同比增长11.83%。

二、行业发展的质量效益不断改善，财产险公司实现承保利润28.05亿元，居全国第1位；人身险公司业务一直保持全国前列，标准保费居全国第3位。

三、全省保险市场主体不断丰富，驻鲁保险公司达到82家，另有2家筹建，其中，财产险公司36家，人身险公司46家；保险总公司3家，另有1家筹建，总公司来鲁设立的后援、电销等区域职能中心4家；各类保险分支机构6470家。全省保险业从业人员达40.65万人，同比同期增加3.55万人，从业人员数量居全国首位。

四、全省保险业提供风险保障42.7万亿元，同比增长47.24%，赔款与给付519亿元，同比增长17.48%。全省农业保险开办县区增加到140个，财政补贴农业保险品种增加到12个，全年保费收入9.63亿元，种植业承保8517万亩、养殖业承保788万头（只），提供风险保障345亿元，支付赔款4.53亿元，受益农户188万户。启动蔬菜价格指数保险、生猪价格指数保险、海水养殖业风力指数保险试点。开发国内首款油用牡丹保险，承保面积4000余亩。全省责任保险业务规模达13.1亿元，同比增长19.28%，赔付支出5.7亿元。安全生产责任保险扩大到10个行业，参保企业13120家，风险保障1377亿元。食品安全责任保险覆盖济南、淄博、潍坊、济宁4个市，提供风险保障8.7亿元。医疗责任险为2818家各级医疗机构提供了12.8亿元的风险保障，赔付3235万元。济宁市开展特种设备责任保险试点，承保12家单位近百部电梯。治安保险县区覆盖面达到80%以上。出口信用保险全年保障一般贸易出口1710亿元，服务支持小微企业2000家。泰安市、济宁市开展了政策性小微企业贷款保证保险试点。寿光市采用"订单＋保险＋信贷"模式，试点开展订单农业贷款保证保险。在全国首先启动首台（套）技术装备及关键核心零部件保险试点，首批为临沂、潍坊2家公司销售额6亿元的产品提供风险保障。山东城乡居民大病保险承保人数6228.8万人，赔付63.6万人次、9.8亿元，提升大病患者医疗费用补偿比例11.4个百分点。面向老年人开展“银龄安康保险”，累计参保近2200万人，承担风险2600多亿元，支付赔款2.49亿元。为440家企业提供企业年金服务，累计受托管理基金147.08亿元，投资管理基金154.69亿元，管理账户3.98万个。保险资金积极投资山东，落地金额达252.54亿元。

【监督服务】 2014年，山东保监局坚持维护市场秩序、防范化解风险、保护消费者权益，各项工作取得良好成效。

一、持续加强保险市场秩序规范工作。一是加大市场巡查力度，对德州、聊城、枣庄、莱芜等保险市场开展巡查；二是在全辖范围开展了保险中介市场清理整顿，并会同山东银监局组织召开银保专题座谈会；三是开展“银保小账”的专项治理，对银邮类机构进行现场和书面督导；四是加强基层保险机构管理，对新泰市、青州市基层保险机构的人员和机构管理情况进行合规排查，处理平原县部分保险公司和中介机构未经批准设立分支机构（出单点）的问题，全年共对23家机构和24人实施行政处罚。其中，对机构警告12家次，罚款85万元，对个人警告24人次，罚款9.9万元。此外，对保险机构和保险中介机构监管谈话51家次、下发监管函25家次。

二、确保山东省保险业不发生系统性、区域性风险。一是持续开展对满期给付和退保风险、现金流风险以及股权激励、涉嫌传销、非法集资、洗钱风险的监测和排查，召开市场情况分析通报会，开展资金压力测试，举办风险防范及处置培训班，建立多维度风险预警监测体系；二是建立风险责任人制度，加大案件风险防范，建立健全大案要案应急处置机制，开展应急处置演练；三是指导省保险行业协会开展防范和打击非法集资宣传教育活动，扎实推进反保险欺诈工作，指导6个地市建立反欺诈工作站；四是组织全辖保险机构搜集、整理、向公安部门移交涉嫌保险欺诈线索100件，涉及金额5484万元，与省公安厅加强执法合作，联合召开打击保险诈骗犯罪工作推进会。

三、着力保护保险消费者权益。一是继续开展车险理赔难综合治理，建立理赔信息前置销售端告知办法，加大清理积压未决赔案的工作力度，推动理赔查勘人员管理标准化，探索建立查勘人员持证上岗公示系统，与交警部门联合在全省建立机动车轻微道路交通事故快处机制，推行高峰时段免现场查勘和高速公路快处快赔机制；二是继续开展寿险销售误导综合治理，为辖内20余万名营销员建立综合评价档案，开展销售误导治理评价和责任追究，开展客户信息真实性专项检查；三是进一步完善保险纠纷调处机制，各地市保险索赔纠纷调解委员会共受理案件3654件，调解成功2791件，涉案金额8402.43万元，济南、东营、潍坊、枣庄4市“诉调对接”共调解案件321件，调解成功193件，并建立了中介纠纷调解工作机制；四是加大对投诉处理工作的督办、检查和考核力度，督办1060件投诉，问题解决率达80%，保险消费者投诉处理“12378”热线在山东的接通率达到了95%以上；五是不断加强保险消费者教育，认真开展“7.8全国保险公众宣传日”活动，组织编印保险业社会责任报告，组织赠阅《中国保险报》，建立消费者教育网络专栏和政务微信平台。

【内部管理与队伍建设】 2014年，山东保监局落实整改措施，建立长效机制。一是加强干部队伍建设，制定处室职能及岗位说明书，完善干部考核机制；二是加强党风廉政建设，落实廉洁从政各项规定和党风廉政建设责任制，并坚持每季度开展一次廉政教育；三是加强内部制度建设，修订了稽查办案费、出差报销、会议费、接待和车辆管理等多项制度，编印了局内行政管理制度手册；四是调整腾退了办公用房；五是加强会议管理，控制发文数量，“三公”经费和会议费下降40%；六是做好财务管理、后勤保障，完成局容局貌提升工作；七是做好信息宣传工作，举办多种文化体育活动，丰富了职工生活。

【大事记】 3月 太平洋产险山东分公司连续第三年中标威海住院补充医疗保险项目。

9月4日 由中国太平洋保险集团旗下太平洋资产管理公司投资的太平洋——济南市公租房项目债权投资计划共计40亿元投资资金全部到位。

10月29日 新华保险公司购置青岛大荣置业有限公司，投资规模9555万元。

11月 新华保险公司分别购置山东泰安贵和置业有限公司、潍坊大盛名扬投资置业有限公司，投资规模分别为4353万元、4826万元。

12月 太平财险威海中心支公司成功签单海带养殖风灾指数保险，保额约2400万，开创太平系统第一单天气指数保险，成为全国保险市场仅有的2家可承保指数保险的公司之一。

2014年 安盛天平总公司先后投资鲁信控MTN001项目，投资金额3000万元；鲁国投MTN001项目，投资金额2000万元。

中国再保险股份有限公司与山东省政府签订了《支持山东半岛蓝色经济区域发展战略合作协议》。

信诚人寿认购“华泰资产——兖矿济三电力债权”投资计划2亿元。

（马骏川）

中国保险监督管理委员会青岛监管局

【第一负责人简介】 巩庆军，男，1959年11月生，研究生学历，高级经济师。2000年6月调入中国保监会济南办公室筹备组，历任济南保监办党委委员、主任助理，中国保监会人身保险监管部副主任，济南保监办党委委员、副主任，山东保监局党委委员、纪委书记、巡视员、副局长。2013年5月任青岛保监局党委书记、局长（正局级）。

【综述】 2014年，中国保险监督管理委员会青岛监管局（简称:青岛保监局）坚持抓服务、严监管、防风险、促发展，推动行业保持了良好的发展局面。

【业务发展】 2014年，青岛保险业保持了持续健康的发展势头。一是保费规模实现新跨越,保费首次突破200亿元，达203.1亿元，同比增长13.5%，产险公司保费收入89.9亿元，同比增长17.3%，人身险公司保费收入113.2亿元，同比增长10.7%,年末保险业资产总额489亿元，比年初增加53亿元，增长12%；二是市场体系更加多元，中路交通财产保险公司等待开业验收，目前，青岛共有市级保险公司61家，保险专业中介法人机构51家，其中产险公司32家，人身险公司29家，中资保险公司46家，外资保险公司15家；三是保障能力显著增强，保险业累计提供风险保障金额6.1万亿元，同比增长24.3%，累计支付各类赔款76.7亿元，同比增长22.4%；四是服务能力明显提升，青岛辖内保险资金运用规模达到123.3亿元，保险业上缴地方税收9.1亿元，代收代缴车船税6.6亿元；五是政策红利进一步释放，“新国十条”出台后及时研究出台了《实施意见》。

【监督服务】 2014年，青岛保监局重点从规范市场秩序、防范化解风险、保护消费者权益、优化发展环境等几个方面开展监管工作。

一、加强监管自律。一是严肃查处市场违规行为，对10家保险机构和13名个人作出行政处罚，累计罚款85.1万元；二是开展了农业保险、大病保险业务专项检查；三是抓好中介市场清理整顿工作，通过清理整顿，2家专业中介机构和24家兼业代理机构退出市场，对1家专业中介机构拟罚款18万元。

二、坚持防控结合。一是进一步加强风险的事前防范、事中监测和事后处置，全年没有发生非正常集中退保等区域性风险；二是健全完善风险监测机制，修订了人身险公司分类监管评价体系；三是全面开展风险排查和预警，摸清辖内风险底数，有针对性地对公司进行窗口指导；四是稳步推进“反欺诈、反洗钱、反非法集资”工作，对辖内中介机构非法集资风险、销售“畅保平安卡”和“好邻联盟卡”情况以及营销员代销P2P等非保险理财产品情况进行了全面排查，依法取缔了“乐众保险理财超市”非法中介机构。

三、突出权益保护。一是继续整治销售误导和理赔难，开展客户信息真实性专项检查，对402件涉嫌销售误导的举报投诉案件进行逐案核查，对涉嫌违规的26件进行了入场调查；二是组织开展失效保单专项清理，共清理完成4.2万件，涉及现金价值1.7亿元；三是启用销售人员信息评价系统；四是组织车险理赔服务质量测评，对14家公司开展了增值服务回访调查，对306件理赔投诉进行分析通报；五是开展积压未决赔案清理，共清理完成8.3万笔；六是启用新版车险提示书，与市人社局共同推行理赔人员持证上岗考试；七是对保险公司投诉处理工作进行全面考评，强化总经理接待日制度执行，经抽查总经理到岗率上升至96.3%；八是继续完善保险纠纷联动调处机制，共调解成功172件，金额达842万元；九是创新建立道路交通事故损害赔偿纠纷联动调解中心，青岛10区市中已有8个区市联调中心正式挂牌运行。

四、注重基础建设。一是推动青岛市政府出台了《关于加快发展现代保险服务业的实施意见》，开展了“新国十条”系列宣传活动；二是强化行业统计，顺利完成第三次保险业经济普查工作，并开展保险业信息系统安全风险检查；三是开展区域保险市场理论研究和保险业形象宣传，组织“3·15”、“7·8全国保险公众宣传日”活动，与媒体协作开办保险知识大讲堂宣传栏目，组织“我的一天保险体验”主题活动，与市金融办联合开展“现代保险服务行”区市采访。

【内部管理与队伍建设】 2014年，青岛保监局严管理，转作风。一是开展机关效能建设，制定《督办工作办法》，全面清理规范性文件，抓好案件风险监管考核，制定《案件风险监管工作实施细则》；二是建设行政许可服务窗口，共受理行政许可申请 281 件 553 项，印制证照 989 张、发放 1085 张，送达各类批复文件 59 件；三是落实行政审批改革，搭建便民合作平台，加强与工商、质监等部门沟通，开通“绿色通道”对银邮机构批量申请，集中受理；四是抓好群众路线教育实践活动整改工作，深入推进惩治和预防腐败体系建设，开展行政监察工作和廉政风险防控工作。

【大事记】 1 月 27 日 山东省委常委、青岛市委书记李群走访慰问青岛保监局干部职工。

2 月 14 日 青岛保监局开展辖内营销员是否参与销售融典投资管理公司发行的高风险私募基金排查工作。

2 月 17 日 青岛保监局召开 2014 年纪检监察工作会议，局党委书记巩庆军与局班子成员、各处室负责人签订党风廉政建设责任书。

3 月 11 日 青岛人身保险公司销售人员评价管理系统正式上线运行。

4 月 22 日 青岛保监局印发《人身保险公司银保渠道业务费用监管指引》。

4 月 29 日 中国保监会党委印发文件（保监党委任〔2014〕35 号），中国保监会印发文件（保监任〔2014〕55 号），任命马伯寅为青岛保监局党委委员、副局长。

5 月 9 日 青岛保监局印发《保险中介市场清理整顿工作方案》。

6 月 23 日 由中国保监会中介部王金铎主任带队的保险中介市场清理整顿工作督导组来青岛开展第一阶段督导工作。

6 月 26 日 青岛保监局与青岛银监局联合发文《关于做好保险中介市场清理整顿工作的通知》。

7 月 29 日 青岛保监局与青岛银监局召开银保监管联席会。

8 月 6 日 青岛保监局分别召开上半年保险监管情况通报会。

9 月 16 日 青岛保监局与青岛市中级人民法院、市公安局、市司法局、青岛仲裁委员会联合印发《道路交通事故损害赔偿纠纷案件联动调解暂行办法》。

9 月 29 日 青岛市政府与中国人寿保险（集团）公司签订战略合作框架协议。

9 月 30 日 青岛保监局成立三个保险中介市场清理整顿现场检查工作组，由吉立群副局长、马伯寅副局长带队，分别对恒泰经纪、安华农险、泰康人寿等 9 家驻青岛保险机构开展为期两个月的现场检查。

11 月 28 日 青岛保监局召开第五届特邀行风廉政监督员聘任会议，聘任监督员 30 名，其中业外 15 名，业内 15 名。

12 月 8 日 中国保监会党委印发文件（保监党委任〔2014〕54 号），任命吉立群为青岛保监局纪委书记。

12 月 25 日 青岛市政府印发《关于加快发展现代保险服务业的实施意见》。

（陈 丽）

第三部分

金融机构运行报告
——政策性银行

国家开发银行山东省分行

【第一负责人简介】 周荣卫，男，毕业于中央财政金融学院财政系。1984年起先后在财政部、国防科工委工作，2000年8月任国防科工委办公厅副主任。2003年11月就职于国家开发银行（简称：国开行），先后担任业务发展局副局长、黑龙江省分行行长。现任国开行山东省分行党委书记、行长。

【综述】 2014年，国开行山东省分行着力发挥开发性金融优势，优化调整信贷结构，不断加大对山东省重点领域和薄弱环节的信贷投放力度，有力地支持了全省经济社会发展。截至年末，该行资产总额3995亿元，贷款余额3175亿元，无不良贷款。

一、搭建省级统贷平台，鼎力支持各地市棚改。截至年末，该行累计发放棚改贷款245亿元，涉及全省14个地市的棚改项目，总建筑面积约1657万平方米，惠及棚户区居民约12.06万户。一是积极配合山东省财政厅、济南市政府搭建棚改省级统贷平台，与各地市加快对接，加快开发评审和发放进度。全年累计完成棚改项目合同签订435亿元、发放贷款139亿元，贷款余额达218亿元；二是实施棚改专项贷款优惠利率政策。先后3次降低利率，取消向棚改项目收取各种费用，降低了各地市棚改融资成本；三是帮助临沂市成功发行了迄今国内规模最大的地市级棚改私募债50亿元，拓宽了地方棚改资金来源。

二、加大项目开发力度，支持重点领域发展。一是围绕山东省2014年重点项目，成立了20个重点项目推动小组，成功开发了一批对全省经济社会发展有重大影响、贷款金额较大的项目。同时，大力支持在建的公路、铁路重大项目建设。全年发放铁路贷款77亿元、高速公路贷款35亿元；二是支持新型城镇化建设。围绕《山东省新型城镇化发展规划》，配套编制了系统性融资规划。同时，加大贷款发放进度，大力支持各地市城乡统筹一体化、城镇配套设施、产城结合、城市基础设施等项目建设，全年发放新型城镇化贷款322亿元；三是支持民生领域发展。发放生源地助学贷款近10亿元、水利贷款76亿元、现代农业贷款25亿元，并支持农村危旧房改造。与临沂市签署贷款合同33亿元，探索开发性金融扶贫新模式，向沂源县6家扶贫中小企业发放贷款2320万元，直接惠及贫困居民近700户；四是围绕山东"两区一圈一带"重点区域规划，加大信贷投放力度，西部经济隆起带贷款增长36%，山东半岛蓝色经济区和黄河三角洲高效生态经济区贷款增长均超过10%。

三、推进国际合作业务，支持企业"走出去"。全年发放国际合作业务贷款69亿美元，贷款余额（全口径）达292亿美元，居山东省金融同业首位。一是完成委内瑞拉重点项目贷款发放工作，推动厄瓜多尔成为中国重点受援国，并与哥伦比亚交通部就规划咨询合作达成共识；二是与省商务厅、中国出口信用保险公司（简称：中信保）签署了《支持企业"走出去"战略合作协议》，建立了"3+1"联合工作机制。

四、发挥综合经营优势，提升金融服务水平。一是积极开展企业理财、信贷资产证券化、票据承兑、保险代理等中间业务，开展了首笔代客资金组合管理及保本理财业务，累计创新发行理财产品7只，开展票据承兑业务220笔；二是积极开展债券承销业务，首次操作超短期融资券项目，首次协同国开证券承销企业债，全年累计承销债券7只；三是积极开展表外受托和协同业务，实现表外工作量88亿元，其中银团58.7亿元、信贷资产证券化29.8亿元，协同国开行子公司完成业务品种3个，实现资金到位23.6亿元；四是龙口国开南山村镇银行业务快速发展，资产总额达16.6亿元，贷款余额9.1亿元，存款余额13.3亿元，无不良贷款。

五、推进精细化管理，提高经营管理水平。一是加强上游、中游、下游业务统筹协调，定期进行综合分析和经营调度，积极应对内外部政策变化，合理安排各项信贷；二是制定存款工作业务方案，创新业务模式，多手段、多渠道吸收各类存款；三是完善评审工作机制，建立项目和报告预审制度，对评审质量进行严格把关；四是成立贷款定价委员会，严格审核新评项目定价；五是完善预算管理机制，加强财务控制、分析，优化财务资源配置，支持棚改、国际合作等重点业务开展。

六、积极落实审计整改，全面加强风险管理。一是全力配合审计署、财专办、山东银监局、人民银行济南分行等监管机构审计检查，对发现的问题认真整改；二是组织修订规章制度，法律部门参与项目开发评审，防范评审阶段法律风险，严格合同审查，从源头防范风险；三是对担保圈、担保链贷款风险情况、涉嫌金融诈骗情况、中间业务收费等情况开展专项风险排查，针对风险客户制定应急预案，银政企联动，防范风险项目转劣；四是强化教育培训，增强员工风险意识。

【计划资金管理】 2014年，国开行山东省分行不断优化信贷结构，努力防范信贷风险，有力地支持了全省经济"转方式、调结构"。一是合理控制信贷增量，积极争取总行规模资源倾斜，将更多的信贷资金投放到山东实体经济上来；二是制定了《资金头寸管理实施细则》，保证了资金业务的每一个环节都有制度覆盖；三是对资金需求预测、头寸申报、系统内资金调拨等重点资金业务流程进行了规范，做到各业务节点职责清晰、流程规范。

【信贷项目及管理】 2014年，国开行山东省分行以棚户区改造、铁路、公路、产业类重大项目、城市基础设施、水利、教育等领域项目为重点，不断加大支持力度。一是进一步完善内控机制，不断加大信贷风险防范工作力度；二是通过“双名单”管理等措施，有效防范了相关客户的信用风险，实现了信贷资产“零不良”和本息回收率“双百”。

【金融债权维护】 2014年，国开行山东省分行以提高资产质量和保全金融债权为目标，以制度建设为基础，全流程、全方位防范贷款风险，积极主动地开展依法收贷工作。一是梳理分析现有信贷项目，建立了重点风险防范和不良贷款“项目名单”，对其进行动态化管理；二是建立了业务部门初步法律风险识别、内部法律部门配合、外部法律专业人士协助的“三道防线”，形成了全流程、全方位的信贷法律风险防范机制；三是对不良贷款项目制订化解计划，进行统一部署，责任具体到人。

【会计与财务管理】 2014年，国开行山东省分行加强财务控制、分析和预测职能，优化财务资源配置，有效支持了分行的经营决策和业务发展。

一、强化财务管理职能，有效助力经营决策。一是深入开展财务分析工作，编写财务、外汇贷款等专题分析报告；二是强化资本管理意识和资本回报理念，为减少资本占用提供合理建议。

二、多措并举，全面提升营运工作质量。一是制定了经费管理、岗位配置、结算清算、应急处置、支付系统、国际结算等7个业务规章制度，有效防范了业务风险；二是营运监督系统顺利上线运行，实现了总行对分行业务的实时监督；三是二代支付系统顺利切换上线，资金使用安全性大大提升；四是组织开展全行会计及结算基础知识培训，及时进行业务风险提示，严肃结算清算纪律。

三、持续拓展国际结算业务，外汇业务合规管理再上新台阶。严格执行各项外汇管理政策，防范外汇政策风险，连续5年在外汇局山东省分局考核中被评为“A”级。

【电子化建设】 2014年，国开行山东省分行贯彻落实总行“推动IT与业务的融合，努力做好系统运维保障、科技风险管控和IT技术服务”等工作。

一、提高信息科技管理水平，服务业务发展。一是配合完成二代支付、住宅金融事业部等4个系统上线运行，对全流程信贷系统、统一通信系统和IP电话等5个系统进行功能升级，完成行内所有内网计算机准入策略变更工作；二是推进EP网站上线运行，搭建了宣传、学习、交流新平台；三是协同龙口国开南山村镇银行IT管理，提升村镇银行信息化建设与管理水平；四是编制并印刷网银宣传材料，提高网银操作效率，网银客户满意度显著提高，全年网银交易金额达363亿元。

二、高度重视信息安全，不断提升风险管控能力。一是积极开展各项安全教育；二是开展信息科技规划编制工作，确保业务操作有章可循；三是完善IT外包管理机制，充实外包服务内容，细化服务规范和标准；四是开展保密检查工作，确保信息安全。

三、提高运维管理水平，保障业务稳定与安全。一是以加强主动预防为目标，优化巡检内容，加强网管监控，提高桌面设备及视频会议技术服务水平；二是健全突发事件应急处置机制，先后参与和开展支付系统切换和UPS故障模拟演练，确保系统运转正常。

【内部管理与金融文化建设】 2014年，国开行山东省分行建立了必要的职责分离制度，在不同部门、岗位之间形成了横向相互监督制约的内控机制，切实加强风险防控，同时，紧紧围绕中心工作，不断加强企业文化建设。一是在总行2014年建功立业“风险防控”条线岗位技能现场竞赛中，在12家分行中勇夺集体优胜奖第一名；二是组织员工前往济南战役纪念馆和中共山东省党史陈列馆开展爱国主义教育；三是组织开展职工笑脸摄影作品征集活动、徒步活动、升级扑克比赛、乒乓球普及赛、女子跳棋比赛、微信影评活动，以及“增进交流，合作共赢”分行员工与外单位球类联谊赛等一系列活动，丰富了职工的业余文化生活；四是组织承办了国开行华东片区工会羽毛球和乒乓球比赛，分别获得团体第一名的优异成绩。

【大事记】 1月8日 国开行任命周荣卫担任国开行山东省分行党委书记、行长。

国开行党委书记、董事长胡怀邦一行来山东省调研，并分别会见了山东省省委书记姜异康，省委副书记、省长郭树清。

1月9日 国开行山东省分行党委委员、副行长、纪委书记于丕涛调任国开行安徽省分行党委书记、行长。

2月20日 国开行山东省分行与济南市政府座谈。济南市委副书记、市长杨鲁豫等参加。

3月25日 国开行山东省分行连续4年被外汇局山东省分局评为A级行。

3月28日 国开行山东省分行连续4年被人行济南分行评为综合评价等级A级行。

4月9～11日 国开行党委副书记、监事长刘梅生在山东调研棚改工作。其间，分别与山东省副省长孙绍骋、济南市委书记王敏、济南市长杨鲁豫等座谈，并实地考察了聊城棚户区改造项目。

4月12日 国开行山东省分行关于棚户区有关情况报告获郭树清省长批示：“我省应更积极地利用开行贷款。争取更多棚改项目获得财政支持。省级平台问题请住建厅、发展改革委、金融办研究提出方案。县域改造，包括城边村改造也尽可能纳入棚改计划。”

4月28日 山东省省委常委、常务副省长孙伟主持召开第二次棚改省级统贷平台搭建协调会议。决定由省财政厅成立棚改省级统贷平台，首次出资额 84.3 亿元，年末拟达 100 亿元，用于承接国开行棚改专项贷款。

5 月 8 日　国开行山东省分行与菏泽市政府签署了《开发性金融支持菏泽市新型城镇化建设和棚户区改造合作协议》。

5 月 28 日　国开行山东省分行推动完成省级棚改统贷平台搭建工作，山东省财金投资有限公司正式注册成立。该公司由山东省棚户区改造资金管理中心出资成立，注册资本 100 亿元。

6 月 4 日　国开行宁夏区分行原党委委员、副行长池勇，国开行贵州省分行原党委委员、副行长王磊均调任国开行山东省分行任党委委员、副行长。

6 月 25 日　经中国银行间市场交易商协会注册，由国开行山东省分行担任主承销商的临沂市 50 亿元棚户区改造非公开定向债务融资工具成功发行。

7 月 22 日　国开行山东省分行被山东省政府授予“山东省金融发展贡献奖”。

7 月 31 日　国开行山东省分行实现信贷资产“零不良”。

8 月 19 ~ 29 日　国开行山东省分行周荣卫行长带队赴委内瑞拉、厄瓜多尔、哥伦比亚 3 个国家进行贷后监管及业务推动。其间，分别与哥伦比亚交通部基础设施司司长顾问丹尼尔阿瓦莱斯、厄瓜多尔财政部部长埃雷拉、委内瑞拉经济社会发展银行行长西蒙·塞尔帕、委内瑞拉能源与矿产部副部长、国家石油公司（PDVSA）副总裁查韦斯等座谈。

10 月 27 日　国开行总行任命高显春担任国开行山东省分行党委委员、副行长。

10 月 31 日　国开行山东省分行向聊城市东阿县、临沂市平邑县分别捐赠 30 万元，用于当地村容村貌整治工作；设立“山东财经大学国家开发银行山东省分行爱心传承助学基金”，捐赠 43 万元，用于资助该校全日制在校普通本科家庭经济困难学生。

12 月 9 日　国开行山东省分行与省商务厅、中信保山东分公司签署了《关于深化“3+1”合作机制促进“走出去”战略实施合作框架协议》。

12 月 12 日　国开行山东省分行与沂源县政府、淄博安信融资担保有限公司签订《开发性金融扶贫贷款合作协议》。

12 月 27 日　郭树清省长在国开行山东省分行呈报的 2014 年工作总结上批示：“请省政府领导同志参阅。请发改委、财政厅、金融办、住建厅、教育厅、人社厅、文化厅研究进一步加强与国家开发银行的合作，除融资多样化外，还要考虑化解部分市县过度负债、转换债务的需要”。夏耕副省长批示：“山东国开行的工作围绕大局，服务山东，既积极贯彻国家金融政策，又有力支持我省经济社会发展，为今年的各项目标任务实现作出了重要贡献”。

12 月 29 日　山东省副省长夏耕带领省政府办公厅、研究室，省金融办负责人来国开行山东省分行开展调研。

山东省副省长夏耕在济南会见了国开行总行党委委员、纪委书记周清玉一行。

12 月 30 日　山东省省委常委、纪委书记李法泉在济南会见了国开行总行党委委员、纪委书记周清玉一行。

（赵恒新）

国家开发银行青岛市分行

【第一负责人简介】　张华国，男，中共党员，1964 年生，中国地质大学（武汉）资源管理工程专业毕业，博士研究生学历，高级会计师。曾任职于财政部中国财政经济出版社、会计师事务所，先后任编辑、副所长（主持工作）；1995 年 9 月至 2003 年 12 月先后任职于国开行财会局、人事局（其间，1999 年 4 月至 2000 年 6 月挂职担任广西壮族自治区三江侗族自治县副县长，2003 年 1 月至 12 月兼任国开行青海省分行筹备组成员）；2003 年 12 月至 2014 年 12 月任国开行青海省分行党委委员、副行长（其间，2004 年 2 月至 2008 年 12 月兼任青海省分行纪委书记，2008 年 9 月至 2012 年 2 月援疆担任乌鲁木齐市委常委、副市长，2012 年 2 月至 2014 年 8 月任乌鲁木齐市委副书记，2011 年 6 月提任为正厅级）；2014 年 12 月至今任国开行青岛市分行党委书记、行长。

【综述】　国家开发银行青岛市分行（简称：国开行青岛市分行）成立于 2006 年 10 月 15 日。截至 2014 年末，该行牵头引导社会资金投入 454 亿元，有力支持了西海岸新区建设、董家口港区、城市轨道交通、世园会园区、蓝色硅谷、新机场、棚户区改造等重大项目和民生工程。

一、主要经营业绩。截至年末，国开行青岛市分行贷款余额占市场份额的9.47%；人民币非个人中长期贷款占市场份额的22.81%，余额及增量均位居同业第一；实现社会融资总量350亿元，其中表内贷款发放270亿元；不良贷款率保持同业最低水平；实现拨备前净利润9.48亿元，利润新增额位居青岛同业第一。纳税总额7.24亿元。

二、支持实体经济和重点领域发展。一是支持新型城镇化重点项目建设，新型城镇化领域贷款余额754亿元，占比为78%，其中发放港口、公路、铁路及轨道交通等“大交通”项目贷款118亿元；二是助力产业结构升级，海洋经济、绿色信贷、战略新兴产业等领域贷款余额475亿元，推动总行出台《支持青岛西海岸新区发展的意见》，对西海岸新区累计授信近300亿元，贷款余额98亿元；三是积极拓展国际业务，实现项目开发入库30.2亿美元，贷款发放4.42亿美元，外汇贷款余额10.3亿美元，与海尔、海信等优质客户合作实现实质性突破，为海信累计开立跨境人民币进口信用证近8亿元，海外代付8560万美元。

三、加强产品创新，提升综合金融服务水平。一是累计完成表外融资工作量140亿元，同比增长36%；二是实现中间业务净收入1.49亿元，同比增长53%；三是牵头主承销债券8只，共91.5亿元，债券承销市场份额同业排名第一；发行山东地区首只“债贷组合”模式企业债。

四、践行社会责任，稳健发展民生业务。推动搭建棚户区改造市级统贷平台，实现棚改项目评审授信387亿元，贷款发放48.2亿元，涉及拆迁居民6.2万户，有力支持了市北、李沧、西海岸、即墨等区市的棚改项目。发放民生领域贷款61亿元，其中现代农业贷款4亿元，水利项目贷款2.2亿元，助学贷款余额4141万元，累计资助学生万余人。

【计划资金管理】 2014年，国开行青岛市分行在计划资金管理方面的主要工作：

一、贷款发放计划管理。严格按照总行核定的信贷规模，编制年度经营业务情景计划，改进规模与计划调控，推动结构调整与效益提升。确保了对青岛市海洋经济发展和新型城镇化建设领域的信贷资金支持，获全市银行机构信贷政策导向效果考核优秀单位称号。

二、贷款回收计划管理。以难点回收项目为重点，狠抓贷款回收责任制和收贷挂钩项目的落实。全年累计回收表内贷款本息221.94亿元，累计本息回收率为99.76%；回收表外业务本息58.34亿元，当期和累计本息回收率连续33个季度保持100%。

三、加强同业合作业务。深化与青岛市金融机构的合作，引导社会资金投入，完成银团及信托业务工作量23.82亿元，为青岛市重点项目和各行业建设提供了持续稳定的资金支持。先后与中国进出口银行山东省分行、青岛银行、青岛农商行签署《全面合作协议书》；与太平、阳光、人保等5家保险公司签署《保险兼业代理合同》；首次实现债券业务自主销售，全年实现债券销售（含金融债、信用债）10.1亿元；组织召开青岛市银团贷款专业委员会工作会议并当选主任单位，协助建立完善辖区同业沟通合作机制。

四、严格资金管理工作。一是提高资金需求预测准确率，降低资金使用成本；二是强化管理，提升头寸精细化调控水平；三是加强系统内拆借管理，增强资金管理增效成果。

【信贷项目及管理】 2014年，国开行青岛市分行以“提质增效”为主线，大力提高信贷管理水平，促进了各项业务合规、稳步、健康发展。

一、完善综合定价机制，提质增效成果显著。初步建立一线处室“准利润”中心机制，贷款综合定价效果显现，发挥综合收益边界审查职能，减少降息面，提高综合收益。

二、多措并举严控风险，业务运行保持稳健。主要风险控制指标保持高位运行，资产质量继续保持优良发展态势，经济资本回报率系统排名第一。一是严控贷前风险，全面梳理授信管理制度和操作流程；二是梳理贷款委员会审查审议制度，建立贷委会建议项目调度机制，实现均衡审议；三是加强全面内控管理，针对融资平台、产能过剩等风险较高的六个领域，全面开展风险排查，制定风险化解方案，建立重点风险管控客户名单管理制度和风险兼职岗工作机制，加强对潜在风险的预研预判；四是加强信用风险管理，在总行季度监控检查中，保持评级质量“零问题”；五是强化法律和制度风险管控，增强全流程法律把控。

三、严格贷后管理制度，及时整改落实内外部检查问题。一是开展社会融资行为风险排查、操作风险自查和全面风险排查等，针对典型问题开展现场交叉核查，对潜在的风险和隐患进行摸底排查并建立预警；二是配合外监部门、总行稽核专员等做好现场检查和信贷专项内部审计工作，对检查提出的建议和要求逐一落实。

四、加强员工培训力度，提高信贷管理水平。一是定期开展新业务品种以及银监会出台的新文件等相关方面的培训；二是不断完善规章制度和操作细则；三是充分发挥老信贷员业务熟、经验多的优势，认真做好“传、帮、带”，不断提高信贷队伍的整体管理水平。

【筹资工作】 2014年，国开行青岛市分行建立内部考核机制，加强项目资金监管，吸收贷款项下与项目有关的存款，积极拓展财政性存款，加大债券承销资金沉淀，开展“存款代理行”业务，推进各品种存款均衡发展，努力降低筹资成本，提高资金运用效率。

【电子化建设】 2014年，国开行青岛市分行完善信息科技管理体系和信息安全保障体系，强化数据应用和数据管控，提升信息科技运维能力，逐步建立安全高效的信息系统运行平台。

一、建立数据质量管理体系，提升数据质量和应用水平。一是积极推广数据类应用系统，开展统一报表、监管报送平台、高管驾驶舱等管理分析类系统试点推广工作；二是加强数据管控，编制数据质量管理方案，成立管理领导小组，印发《管理工作指南手册》，建立数据质量通报机制、持续改进的动态机制，加强统筹管理，提高数据问题解决效率。

二、加强基础设施建设，提高信息技术运维与服务能力。一是优化网络架构，强化网络安全访问控制机制，简化网络部署架构，实现网络端到端的精细化管理；二是深化运维管理体系应用，加强事件管理、问题管理和配置管理，加大集中监控及一体化管理力度，不断提高系统服务和基础设施支撑保障能力；三是加强 IT 基础设施建设，进一步提升其稳定性和安全性。

三、建立健全信息安全保障体系。一是发布信息安全管理制度体系，部署多层异构防火墙保障网络边界安全，建立短信报警平台和 ECC 集中监控中心；二是提高灾备管理和应急处置能力，健全业务系统连续性保障机制，实现重要生产系统灾备全覆盖；三是组织信息安全测评；四是加强信息安全培训力度。

【大事记】 1月1日 国开行青岛市分行荣获青岛市委、市政府授予的“青岛市文明单位标兵”荣誉称号。

1月9日 国开行青岛市分行完成首笔供应链保理项目贷款发放 1.8 亿元。

1月24日 国开行青岛市分行荣获青岛市 2013 年度地方纳税 50 强企业第 23 名。

3月21日 国开行青岛市分行与交行青岛分行签署《存款及结算代理专项业务合作备忘录》。

3月27～28日 国开行监事长刘梅生在青岛市分行调研，其间分别与山东省委常委、青岛市委书记李群、青岛市委副书记、市长张新起座谈，并出席国开行青岛市分行与青岛港集团开发性金融合作签约仪式。

4月2日 国开行青岛市分行主承销的 10 亿元非公开定向债务融资工具成功发行，该只债券是青岛地区首只私募票据。

4月4日 国开行青岛市分行荣获青岛市 2013 年度金融稳定工作先进单位、青岛市 2013 年度金融稳定重大事项报告工作先进单位。

4月21～29日 国开行青岛市分行与国开证券采用“债贷统筹”模式独立主承销的企业债券正式获得国家发展改革委审批并成功簿记建档，该只债券是山东省首只“债贷统筹”模式企业债券。

5月6日 国开行纪委书记周清玉在青岛出席国际贸易融资座谈会。其间分别与青岛市委副书记、市长张新起，青岛市副市长徐振溪，青岛港集团董事长郑明辉座谈，并出席国开行青岛市分行与农业银行青岛市分行“彩虹桥”项目专业合作备忘录签约仪式。

6月24日 国开行青岛市分行与中国光大银行青岛分行签署《“彩虹桥”项目专项业务合作备忘录》。

7月17日 国开行青岛市分行首次发行保本浮动收益人民币理财产品，金额 1.5 亿元。

7月21日 国开行青岛市分行开立 2995 万元跨境人民币信用证，为系统内首次采用共同借款人模式为客户开立信用证。

8月21日 国开行青岛市分行成功发行青岛市首只自发自还政府债券，总额 25 亿元。

9月26日 国开行青岛市分行与中信银行青岛分行签署《“彩虹桥”项目专项业务合作备忘录》。

10月11日 国开行青岛市分行与青岛银行签署战略合作协议。

10月17日 国开行青岛市分行实现棚改首笔统贷项目贷款发放 3 亿元。

10月24日 国开行青岛市分行开展的首笔单一信托资金托管业务国开 2014354 号理财计划成功发行。

12月19日 张华国任国开行青岛市分行党委书记、行长。

（张伟明 梁 冰）

中国农业发展银行山东省分行

【综述】 2014 年，中国农业发展银行山东省分行（简称：农发行山东省分行）牢牢把握“稳中求进”的工作总基调，按照“严细管理、严控风险、稳健发展”的工作思路，不断加大支农力度，各项业务实现稳健发展；以深入开展党的群众路线教育实践活动为抓手，加强基层行建设，干部队伍素质不断提高，工作作风明显改进，金融文化建设取得显著成效。

截至年末，全行本外币各项贷款余额 1347.6 亿元，比年初增加 77.4 亿元，剔除呆账核销因素比年初增加 108.9 亿元；各项存款余额 258.8 亿元，比年初增加 3.8 亿元；国际业务结算量 23.2 亿美元，居系统首位；实现经营利润 24.58 亿元，超总行下达计划 1.8 亿元；不良贷款余额 4.05 亿元、占比为 0.3%，分别下降 0.43 亿元和 0.06 个百分点；绩效考核排名位居全系统前列，各项工作保持良好发展态势。

【业务发展】 2014 年，农发行山东省分行坚持以政策性业务为主体，着力抓好“两轮驱动”战略实施，提升金融服务功能，加大了对农业农村重点领域的支持力度。

一、粮棉油收储资金及时足额供应。围绕国家粮食安全战略，加大收储支持力度，主体业务呈现恢复性增长，实现了年初确定的“量的扩大、质的提升”工作目标。一是全年累放粮棉油购销储贷款 248.1 亿元，同比多放 60.7 亿元，支持企业收购调销棉花 254.6 万担，带动开户企业收储流转粮食 772.6 亿斤，占社会粮食收购量的65%，粮油贷款余额由上年减少39.3亿元转为增长91.7亿元，发挥了收购资金供应主渠道作用；二是创新信贷支持模式，支持订单收购、农村土地流转和规模经营试点，试点效果明显，中央电视台、新华社等主流媒体对此进行了采访报道，社会反响良好；三是认真做好化肥、糖、肉等储备信贷业务，累放贷款15.8亿元，积极支持国家重要物资调控。异地库存监管工作扎实到位，增加考核利润7.7亿元，创历史新高。

二、农业开发和农村基础设施建设贷款投放有力。一是重点围绕水利和新农村建设投放贷款194.8亿元，年末余额699.4亿元，较年初净增42.3亿元；二是坚持差异化发展战略，逐步上移平台重心，省市级和公共财政收入超过20亿元的县级政府投融资客户贷款占比为83.2%，较年初提高了2.2个百分点；三是积极配合做好地方政府存量债务清理甄别工作，纳入地方政府存量债务管理贷款699.3亿元，占全部投融资客户贷款的99.1%。

三、自营性贷款业务稳妥发展。该行坚持在发展中调整、在调整中发展，因地、因企、因行制宜审慎开展自营性业务。全年新准入客户5家、增贷客户13家，退出客户53家。年末自营性贷款余额212.1亿元，AA-级（含）以上客户占比达94.2%，贷款结构和客户结构得到优化。发放农村流通体系建设、农业科技贷款34.4亿元，繁荣了农村市场经济，提升了农业科技水平。

四、存款、国际业务和投资业务稳步增长。一是大力开展存款"红五月"活动，加大同业定期存款营销力度，全部存款日均余额333.3亿元，居系统内第3位，存款业务贡献利润6亿元；二是坚持本外币一体化发展，积极推进"四梁八柱"样板行建设，全年实现国际业务收入4830万元，同比增长14%；三是开通中储粮银企直联业务系统，提高了客户服务水平；四是组建投资处，加快发展投资业务，积极推进代理保险业务，实现中间业务收入6141万元，增长29.2%，高于全国平均增幅25个百分点。获批开办企业理财业务，配合总行完成信贷资产支持证券的资产池组建。

【信贷管理】 2014年，农发行山东省分行以信贷基础管理年活动为抓手，狠抓业务基础管理。

一、"信贷基础管理年"活动成效显著。一是成立领导小组，制定实施方案，建立了活动例会、工作督办、督导评价和双重责任追究"四项制度"；二是完成了风险排查、信贷制度落实检查、信贷制度清理和CM2006数据专项整治"四项工作"；三是开展了合规操作、联保互保、土地抵押和风险排查回头看"四项检查"。全年各阶段工作扎实推进，整改各类问题贷款456笔、312亿元，堵塞了管理漏洞；废改立信贷制度277件，解决了制度重叠交叉、陈旧过时等问题；修改、清理CM2006系统信息3.5万条，提高了系统数据质量。

二、管理基础全面夯实。一是以严、细管理涵盖全行每个环节、每个岗位和每位员工的理念，扩大"信贷基础管理年"活动范围，完善16个条线、2230项合规检查内容及评分标准，考核结果与各市分行班子及成员绩效挂钩；二是开展内控评价工作，加大"飞行审计"和屡查屡犯问题整治力度，梳理内外部各类检查问题667条，整改率达97%；三是组织开展了检查辅导、报表整合、信息交流、合规讲堂、集中展评等各类活动，促进全行基础管理水平全面提高。

【风险管理】 2014年，农发行山东省分行面对经济下行和风险防控压力，把严控风险放在更加凸出的位置，实现了不良贷款"双降"。

一、筑牢客户准入防线。一是制定《关于进一步加强自营性业务管理的意见》，严控准入门槛和续贷标准；二是对部分政策性贷款，比照自营性业务从严管理；三是中长期项目推行三级行视频公开审查，提高了初审把关效能；四是严格担保措施，夯实第二还款来源；五是强化评级授信、押品价值和独立审查，实行法律预审制度，推行信贷审查标准化。

二、筑牢分析监测防线。一是采取现场与非现场相结合，强化客户动态监测，按月比较分析；二是加强行业调研，研判行业走势，规避市场风险；三是坚持土地市场和财政收入抽样分析，建立项目建设和预期收益实现情况监测制度，中长期贷款本息收回率继续保持100%。

三、筑牢风险排查防线。一是定期排查客户风险隐患，按风险程度分类排队，增强风险预测的前瞻性，做到早发现、早预警、早处置；二是对出现风险苗头的贷款，省、市、县三级行密切配合，积极应对处置，采取政府协调、法律诉讼、担保代偿、现金清收、重组转化等各种有效措施，全年累计化解处置风险隐患贷款41户，金额10.63亿元。

四、不良贷款攻坚取得突破。一是用足用好呆账核销新政策，取得了历史性突破，2004年末形成不良贷款全部处置完毕，2012年以来新增不良贷款现金清收3314万元，核销1.08亿元；二是积极开展"两类挂账"贷款核销，及时终结完善企业诉讼破产程序，消化粮油附营业务等历史包袱29.1亿元，棉花挂账贷款全部"清零"，信贷资产质量大幅提升。

【运营管理】 2014年，农发行山东省分行运营水平持续提升。

一、加强财务管理，努力增收节支，细算账，深挖潜，严考核，超额完成利润计划。一是狠抓利息收入，清收往年欠息3200万元，贷款利息收回率为100.4%；二是坚持勤俭办行，财务费用、固定资产投资继续向基层一线倾斜；三是多方协调，聚力突破，购建营业用房12个、置换2个、维修改造29个，彻底解决了全辖所有机构营业用房问题。

二、加强资金计划管理，信贷计划执行率为100%。一是完善贷款利率定价测算方法，确定综合收益率底线，推动利率定价工作基本起步；二是统计工作继续保持较高质量。

三、加强信息技术工作，研发升级多个系统，开展计算机应急演练，建立软件运行后评价机制，科技支撑作用日益明显。

【金融文化建设】 2014年，农发行山东省分行以开展第二批教育实践活动作为加强基层行建设的主要抓手，坚持把学习教育贯穿始终，明显改进了作风，班子队伍增添了新活力。

一、党的群众路线教育实践活动取得明显成效。全辖公文、报表精简了12%，会议、检查减少了10%，会议费、业务招待费减少了839万元，党性观念、宗旨意识、群众观点进一步树立，"四风"和"庸软懒散"现象得到有力整治，群众反映强烈的一些凸出问题得到有效解决。

二、干部队伍建设继续加强。一是严格履行干部选拔任用和管理程序，调整任免二级分行班子成员12人、支行行长47人；二是加强干部考核管理，修订《市分行班子及成员综合评价考核办法》；三是加强员工培训，举办各类培训班34期，培训5200余人次。

三、扎实推进党风廉政建设，廉政风险防控体系不断完善。一是反腐倡廉信息管理系统研发上线，总行予以推广；二是落实廉洁从业承诺制度，开展"廉洁从业主题教育月"活动；三是加强执法监察，严肃查处了违规失职行为。

四、加强宣传思想工作。一是集中宣传优秀支行行长工作业绩，开展庆祝建行20周年系列活动；二是举办建行首次保密党课宣讲，组织智能印章管理系统试点，开展档案等级行验收，提升文字和公文质量。

【大事记】 1月24日 农发行总行副行长陈剑英在山东省分行宣布有关人事任免决定，柳翠茹担任农发行山东省分行主要负责人。

2月26~27日 全省农发行行长会议在济南召开，深入学习贯彻全国分行行长会议精神，总结2013年工作，分析面临形势，安排2014年工作。

4月3~4日 农发行总行副行长林立先后在济宁、德州考察项目，并在德州组织召开党的群众路线教育实践活动座谈会。

4月13~30日 农发行山东省分行举办学习习近平总书记系列讲话精神集中培训班和基层党支部书记专题培训班。

4月15日 农发行总行印发《关于柳翠茹、杨杰职务任免的通知》(农发银党〔2014〕107号)。任命柳翠茹为农发行山东省分行行长、党委书记；免去杨杰该行行长、党委书记职务。

5月7~8日 农发行总行副行长李刚在青岛主持总行信贷基础管理年活动座谈会。

5月27~28日 农发行总行行长郑晖参加全国政协人口资源环境委员会在德州进行的"完善新型城镇化中土地配置与投融资机制"专题调研活动。

7月16日 农发行总行林立副行长出席德州市分行党委专题民主生活会。

8月27日 农发行总行印发(农发银党〔2014〕162号)，任命谢军为山东省分行副行长、党委委员，免去其山东省分行营业部总经理、党委书记职务。

9月10日 农发行山东省分行根据总行《关于山东省分行设立投资处的批复》(农发银复〔2014〕270号)，增设投资处。

9月25日 农发行山东省分行行长柳翠茹会见山东省政协副主席许立全，座谈信贷支持新农村建设事宜。

10月15日 农发行山东省分行召开党的群众路线教育实践活动总结大会。

10月23日 农发行总行印发(农发银任〔2014〕26号)，聘任石寿江为山东省分行总监(二级)；张泮利、陈彦亮为山东省分行资深业务经理(一级)。

(段玉华)

中国进出口银行山东省分行

【第一负责人简介】 李健，男，1962年3月生，硕士研究生。历任最高人民法院书记员、审判员、副庭长，中国进出口银行(简称：进出口银行)总法律顾问、法律事务部总经理、行务委员、风险管理部总经理、行长助理；2014年10月至今，任进出口银行行长助理、总法律顾问，兼任山东省分行党委书记、行长。

【综述】 2014年，进出口银行山东省分行以"强化内控管理，加强风险防范与化解"为中心，以落实整改、加强党风廉政建设为抓手，以加强内部管理、重塑信贷文化为目标，不断强化制度约束，加强贷前调查、贷中检查及贷后管理力度，全力稳定信贷资产质量，化解不良贷款。

【业务发展】 2014年，进出口银行山东省分行加大业务拓展力度，加快创新发展，应对和化解信贷风险，较好地支持了山东省外向型经济发展。

一、优化服务区域，筑牢发展基础。以"均衡地域发展，优化信贷布局为目标"，持续加大对枣庄、临沂、德州、菏泽等地市的营销推广力度，力求在菏泽市实现信贷投放"零"突破。通过政府推荐、同业合作、自主营销等方式，不断加大业务拓展力度。截至年末，枣庄市信贷余额较年初增加5.69亿元，临沂市增加0.93亿元，德州市增加0.90亿元，逐步实现地区外贸进出口总额、信贷投放余额、服务客户数量、业务辐射半径等指标协调一致。

二、密切银政、银企关系，发挥政策性银行引导示范作用。一是与山东高速集团签订战略合作协议，支持其塞尔维亚E763高速公路项目；二是支持商务部、科技部、农业部推荐的重点项目分别为3个、1个、2个，余额分别为4.3亿元、7亿元、12.61亿元；三是参加各类政府部门推介会7次，达成合作意向的企业40余家，其中21个项目获得准入资格；四是与日照市政府签订了战略合作协议，促进地方经济的快速发展；五是与总行公司部组建联合贷款工作小组，按照行内信贷合作管理办法参与万华子公司匈牙利BC公司6亿欧元银团贷款置换项目，与国开行青岛市分行、潍坊银行签订了战略合作协议，并不断加大与中国银行、青岛银行等同业的合作力度。截至年末，叙做同业福费廷包买业务15.43亿元，代开信用证1.2亿元，实现同业合作业务收益0.14亿元。

三、加强创新业务发展力度，增强业务发展后劲。一是与青岛市商务局、中信保山东分公司、新华锦集团联合成立了青岛市新华锦集团小微企业融资平台，发放融资平台贷款1亿元，累计支持小微企业560余家，增加出口创汇5000多万美元；二是创新以知识产权质押担保方式，参与山东泉林秸秆综合利用有限公司年处理150万吨秸秆制浆造纸综合利用银团贷款项目，发放贷款5亿元，支持了企业技术创新及循环经济发展；三是获批风险参与业务开办资格，取得贸易项下风险参与业务准入，成为总行第二批获得开办资格的6家经营单位之一，进一步丰富了业务品种；四是成功开展代客外汇买卖业务，为正大食品办理了首笔90.8万欧元代客外汇买卖，解决了企业美元贷款资金监管问题；五是开展租金保理业务，向中飞至德、中飞天宝提供8800万美元固定资产融资租赁贷款，为青岛航空股份有限公司公司引进两架A320-200型客机提供融资支持。截至年末，创新业务贷款余额250.09亿元，占比为47.79%，同比增加18.36亿元。

四、重视中间业务发展，提高业务发展水平。一是先后与扬帆造船、京鲁船业签订了咨询顾问协议，按照总行《常年咨询顾问业务实施细则》，印发了该项《业务手册》；二是积极开展网上银行贸易业务办理，截至年末，办理网上银行贸易业务23笔，金额1.04亿美元；三是积极推进保函、信用证、国际结算业务发展，截至年末，共办理保函和国际结算业务434笔，结算业务量35.60亿美元，实现保函、国际结算和贸易融资收入7221.32万元，实现利差收益7087.05万元。

【转贷业务贷后管理】 截至2014年末，进出口银行山东省分行共有转贷项目70个，其中，有19个项目存在不同程度的拖欠，主要集中在早期办理的生产型企业项目。针对拖欠企业的不同情况，该行因地制宜，密切跟踪企业改制、重组等情况，积极向政府反映情况，以引起当地政府对转贷拖欠项目的重视，取得较为理想的效果，转贷拖欠项目已由2006年末的44个下降到目前的19个。

【不良资产清收】 2014年，进出口银行山东省分行一是完成了山东博泵科技股份、山东恒昇集团实业发展、山东盛德泰食品、荣成市神飞船舶制造等有限公司资产保全工作；二是督促收回山东栖霞台湾农民创业园部分不良贷款300万元；三是以总行内控合规部不良贷款责任认定管理办法专题培训会为契机，及时启动不良贷款责任认定工作，通过诫勉谈话、通报批评、调离工作岗位、经济处罚、行政处分、离岗清收等方式，加大不良贷款责任处罚力度，提高员工合规、责任意识。

【内部管理】 2014年，进出口银行山东省分行不断完善风险防控机制，加大不良贷款处置力度，促进业务健康发展。

一、完善风险防控机制，提高风险防范与化解力度。一是按照“一户一策”要求制定了风险化解方案，成立了责任小组，加强落实追踪，提高化解的针对性和有效性；二是先后对产能过剩行业、仓单质押融资、融资性担保公司进行全面风险排查，前移风险防线，防止资产质量向下迁徙；三是加强抵（质）押物风险排查，重点加强对闲置土地、在建工程抵押的风险排查力度，全年共排查相关企业22家；四是以内外部检查整改为契机，不断加大管控力度。

二、创新评审工作机制，把好贷款审批关。一是完善分行贷款审查准入机制，加强储备项目准入管理，全年共召开项目准入会8次，审查通过项目21个，暂缓2个。已获准入的项目中，9个项目已通过评审审批，累计批贷金额16.2亿元，形成贷款余额折合7亿元，优化了信贷结构；二是制定印发了《资产评估机构管理手册（试行）》和《关于加强抵质押物评估管理的通知》，评聘5家资产评估机构为该行提供资产评估服务；三是按照"尽职、审慎、独立、公正"的评审原则，对再评审过程中发现的项目风险及时处理，通过压缩额度、增加抵（质）押物等方式缓释贷款风险。

【金融文化建设】 2014年，进出口银行山东省分行一是以“强组织、增活力、促发展”为主题，加强基层党组织建设，不断加强银企共建活动，促进各项业务顺利开展；二是组织员工参加总行羽毛球、乒乓球比赛、迎新春联欢晚会等活动，活跃内部氛围；三是组织员工向云南省鲁甸地震灾区捐款，奉献爱心；四是积极组织员工参与青岛市银行业协会“慈善一日捐”活动，加强青岛淮南路小学定点帮扶力度，关爱新市民子女。

【大事记】 2月28日 进出口银行人力资源部印发进出银任〔2014〕15号文，任命牟毅任山东省分行副行长，免去陈在维山东省分行副行长职务。

3月25日 进出口银行山东省分行与山东高速集团签订战略合作协议。

10月30日 进出口银行人力资源部印发进出银任〔2014〕128号文，决定由总行行长助理李健兼任山东省分行行长，王伟明任副行长（正局级），免去李明山东省分行副行长职务。

（邴其帅）

第四部分

金融机构运行报告
——商业银行（上）

中国工商银行股份有限公司山东省分行

【第一负责人简介】 沈如军，男，1964年2月生，博士研究生，高级会计师。历任工商银行江苏省分行会计处副处长，计划处副处长、处长，工商银行计划财务部副总经理，工商银行北京市分行副行长、党委委员、党委副书记，工商银行财务会计部总经理兼消费者权益保护办公室主任。2013年9月，任工商银行山东省分行党委书记、行长。

【综述】 2014年，中国工商银行股份有限公司山东省分行（简称：工行山东省分行）认真贯彻宏观调控政策，全面落实金融监管要求，积极支持实体经济发展，努力改善金融服务，实现了持续健康发展。

一、全力保障实体经济融资需求。该行着眼于山东经济运行实际，积极争取总行支持，努力增加信贷投放。一是在保持信贷总量合理增长的同时，更多地依靠优化调整结构，加快贷款周转，提高信贷资金使用效率；二是大力发展表外融资业务，想方设法帮助企业拓展资金来源。针对经济“新常态”下部分企业出现的临时性经营困难，主动协调当地政府、监管部门和其他债权银行，研究制定风险缓释和化解方案，通过多种方式，为200余家资金临时紧张的企业续作了融资业务。针对小微企业融资难问题，多措并举，完善服务专营机制，配备小企业贷款专项信贷规模，重点推进发展了网贷通、小企业经营型物业贷款、小企业标准厂房按揭贷款、票据直贴融资等产品。

二、积极助推经济转型和产业结构调整。该行科学把握信贷投向，积极突出服务重点，全力保障重点领域、重点项目资金需求。一是围绕半岛蓝色经济区和黄河三角洲高效生态经济区建设继续加大信贷投放力度，主动做好重点县域、乡镇和新农村建设金融服务，稳步增加对保障房、新农村和城镇化等项建设的信贷投放；二是在保证重点在建、续建项目后续融资需求的同时，进一步加大对先进制造业、现代服务业、文化产业和战略性新兴产业的支持力度，对产能过剩行业的融资严格掌控，在严控总量的前提下，积极支持优质客户在推进技改升级、发展绿色经济方面的融资需求；三是围绕企业“走出去”、产能过剩行业转移等，提供并购贷款、并购顾问等一揽子金融服务，其中贷款支持的日照某集团收购澳大利亚公司股权项目，以及由该行和济宁某企业共同投资建设的巴基斯坦纺织服装工业园项目，成为国家领导人出访澳大利亚、巴基斯坦期间首脑会晤的监签项目；四是大力发展个人信贷、银行卡分期付款等消费类融资业务，运用互联网思维，打造推出了全新的金融产品——逸贷，对居民合理消费发挥了积极作用。

三、持续改进金融服务效率和水平。该行以建设人民满意银行为目标，持续改进服务质量，大力发展普惠金融，努力为广大客户提供更加快捷高效的服务。一是在产品创新方面，新开办了人民币利率互换、账户基本金属和账户农产品交易、企业网银即期/远期结售汇业务，推出了供应链融资、小企业商品房按揭贷款、固定资产支持融资、文化产业贷款等业务品种，成功办理了全国工行系统首笔差价期权组合业务，在永续票据、理财直投等业务领域实现了零的突破；二是在服务渠道建设方面，积极推进自助银行建设，加大ATM、POS机、MIS等设备投入，研发投产了工行“融e行”、“融e联”、“融e购”等互联网金融服务平台，创新推出了工银e支付、线上POS机、通用缴费平台等支付方式；三是在提高服务效率方面，通过实行县支行业务直报省行集中审批，设立重大项目、重点客户绿色通道，授权二级分行或县支行直接审批等办法，提高了效率；四是在金融消费者权益保护方面，积极组织开展“普及金融知识万里行”、“金融知识进万家”及“金融知识普及月”等活动。在中国银行业协会组织的评选活动中，有5家网点被评为千佳服务网点，有7家网点被评为五星级网点，两类网点争创数量均在省内同业排名第一。

【公司及投行业务】 2014年，工行山东省分行加快转型步伐，强化市场营销，积极推动业务创新，公司及投行业务保持健康发展。一是深化公司存款机制建设，紧抓产品营销，公司存款增量位居省内同业前列；二是做好贷款均衡投放，信贷投向进一步优化，先进制造业、现代服务业、战略性新兴产业、文化产业和节能环保等绿色产业贷款占全部公司贷款增量近60%；三是加快银团贷款、理财融资、融资租赁、债务融资工具承销等金融资产服务业务发展，推动公司金融转型；四是坚持“质量优先、优化结构、转变方式、创新驱动”的发展思路，推动小微企业金融业务发展，小企业网贷通、票据贴现、经营型物业贷款等创新产品得到较好发展；五是积极推动投行业务产品升级和结构优化，着力拓展重组并购、股权融资、债务融资顾问等核心品牌业务，特别是跨境并购实现新的突破，基础类投行业务持续发展，新增客户同比多增51户。

中国工商银行股份有限公司山东省分行主要统计指标 1

单位：亿元

项目 \ 年度	2010	2011	2012	2013	2014	2014年同比增幅（%）
本外币资产总额	4882.44	5564.18	6392.33	6906.5	7244.73	4.90
本外币存款余额	4624.99	5079.87	5755.24	6310.52	6623.57	4.96
人民币存款余额	4586.74	5006.72	5627.04	6162.91	6460.82	4.83
单位存款	2411.61	2571.27	2824.28	2983	3084.94	3.42
储蓄存款	2175.13	2435.45	2802.76	3179.91	3375.88	6.16
本外币贷款余额	4122.1	4647.45	5044.73	5522.42	5938.70	7.54
人民币贷款余额	4034.23	4464.24	4867.93	5310.52	5745.18	8.18
短期贷款	1347.05	1648.4	2101.5	2230.34	2361.13	5.86
中长期贷款	2775.05	2815.85	2766.43	3080.18	3384.05	9.87
票据融资	48.04	69.31	140.29	95.71	198.93	107.85
利润总额	92.07	114.8	126.49	127.83	128.61	0.61
不良贷款余额	64.05	58.53	59.71	74.96	89.55	19.46
不良贷款占比（%）	1.55	1.26	1.19	1.36	1.51	11.03

中国工商银行股份有限公司山东省分行主要统计指标 2

项目 \ 年度	2010	2011	2012	2013	2014	2014年同比增幅（%）
单位结算账户（万户）	22.91	20.71	21.04	22.4	23.4	4.46
单位结算金额（亿元）	465122	524337	539739	624556	601892	-4.99
信用卡发卡量（万张）	387.17	450.00	506.32	558.67	624.07	10.3
信用卡消费额（亿元）	329.64	485.72	582.85	724.75	818.67	24.3
企业网银客户（万户）	9.5	10.3	9.8	11.98	13.1	22.2
个人网银客户（万户）	554.5	684.1	798.9	935.2	1088	17.1
手机银行客户（万户）	199.6	308.8	460.4	680.2	805	47.7
电话银行客户（万户）	456.9	612.3	702	732	752.3	4.3
现金自助设备（台）	2088	2681	3469	4065	4681	15.15
营业网点（个）	866	894	975	981	982	0.10
自助网点（个）	22	41	94	156	436	179.49

【机构业务】 2014年，工行山东省分行以民生领域金融服务和源头性代理业务为重点，扎实推进机构业务发展。一是围绕公共资金管理改革需求，加强财政类客户营销拓展；二是从代理归集业务入手，与社保、住建客户合作进一步深化；三是发挥产品及科技优势，提升军队客户服务能力；四是提供一揽子综合服务，加大医疗和教育领域拓展力度；五是丰富合作产品和渠道，拓宽同业合作领域和价值。

【个人业务】 2014年，工行山东省分行狠抓客户拓展和市场突破，不断推进零售业务发展转型，各项指标快速发展。一是明确目标市场和营销策略，加大客户拓展力度，中高端客户增长明显提速；二是开展专项营销活动，进一步加快代发工资业务发展；三是通过强化试点推动、体制机制配套、省行挂牌督导等一系列措施，新增商友客户35万户；四是推动零售业务转型试点，充实基层营销人员力量，加快“坐商”向“行商”营销模式转变；五是做大做优个人贷款业务，加快个人住房贷款、逸贷等重点业务发展；六是做好渠道硬件资源配置。全年投产理财转账终端638台，累计实现交易笔数2.2万笔；配备3G无线外派终端513台，办理各类业务39.8万笔；自动柜员机全年新增425台。

【国际业务】 2014年，工行山东省分行积极实施精准营销，国际业务经营贡献不断提高，连续第6年荣获外汇局山东省分局“执行外汇管理规定考核A级行”。一是建立客户分类体系，实施名单制管理，全面夯实客户基础；二是围绕市场需求，推进本外币一体化产品，有效带动业务全面发展，结售汇、商品交易、金融衍生等业务市场竞争力进一步提升；三是深入开展跨境人民币业务主题营销，加强代理跨境人民币业务合作、代理清算合作，有效提升该项业务量和市场占比；四是开办了融资性风险参贷、保融通、工银跨境通系列产品组合等多项新产品，并在省内同业首家开办个人账户基本金属和个人账户农产品业务。

【风险控制】 2014年，工行山东省分行以信贷风险控制为重点，深化信用风险监测预警，加强违约贷款风险化解，严格控制风险劣变，全面做好资产质量和信贷基础管理。一是加强风险排查，进一步完善客户风险分类和退出机制，积极压降潜在风险贷款，促进信贷资金良性循环；二是进一步完善监测预警体系，自主研发了“信贷行业风险监测预警系统”；三是紧密结合产业结构和业务发展实际，严格客户准入，推进信贷政策执行，促进信贷资源在全行区域、品种、行业、客户之间的最优配置；四是积极践行绿色信贷，对产能过剩行业及煤炭、涉重金属污染和涉高危化学品行业和领域实施信贷限额管理。

【银行卡业务】 2014年，工行山东省分行积极推动信用卡业务转型升级和创新发展，坚持拓市场和调结构相统一、创收益和控风险相结合。一是实行精准营销发卡模式，充分调动基层网点的营销积极性，累计实现精准营销发卡13万张；二是进一步规范分期付款业务操作流程，深入开展汽车分期营销活动，创新推出个人房贷客户车位分期等业务；三是收单业务发展良好。与省国税局联合开发实时缴税系统，为纳税人提供通用便捷、优质高效的电子缴税方式；社保卡累计发卡突破610万张，顺利投产实施社保卡替代诊疗卡功能；积极推广线上POS机，加快构建“线上线下一体化”支付产品体系；人保见费出单新系统及POS机设备在全省16个地市成功投产上线，新装POS机设备约1800台。

【电子银行业务】 2014年，工行山东省分行加快实施移动银行和电商平台发展战略，不断深化产品应用推广，电子银行业务快速健康发展。电子银行全年实现交易额23万亿元，业务占比达75%；电商平台“融e购”注册会员超过100万户，实现交易额37亿元。企业网银客户持续增长，产品创新和推广取得实效，投产了某职业学院电子银行代缴学费项目、代缴个人客户社保金业务以及部分公众服务领域缴费项目。

【财务会计】 2014年，工行山东省分行进一步完善预算管理，实现了既定经营目标。

一、加强财务过程精细管理。一是细化财务预算编制口径和方式，提高预算编制合理性和准确性，并实施动态管理，加强预算执行过程中的监测分析；二是扎实做好MOVA管理系统推广应用工作，实现管理会计体系建设新提升。

二、完善财务配套机制建设。一是根据经营重心和工作重点，优化考核指标体系，加强绩效考核管理；二是优化财务资源配置，优先保障重点业务领域、重点产品营销的资源需求。

三、进一步规范财务基础管理。一是简化流程，有效提高财务审查、审批环节的工作效率；二是规范财务操作流程，提高财务管理标准化、规范化水平；三是坚持“量入为出”的费用管理理念，科学评价投入产出效能，努力压缩不合理、不必要支出；严格执行财经纪律。

【内部管理与金融文化建设】 2014年，工行山东省分行持续提高内控合规管理水平，扎实推进宣传思想文化工作。一是结合本行实际，广泛开展“践行社会主义核心价值观 工行在行动”、“人民满意银行建设年”等宣教活动，引导员工牢固树立客户至上的服务理念；二是组织开展第四届“感动工行—山东分行十大好人好事”评选表彰，有1人入选总行“感动工行人物”评选；三是完成各类培训5157期，2.1万余人参加培训，并针对网点负责人、新任理财经理等重点实施了“成长计划”、“起航计划”等培训项目；四是深入开展职工之家建设，有效满足职工食堂、文化活动等设施需要，全面做好特困员工救助送温暖工作；五是举办“光辉岁月——山东省分行员工书画摄影展”、“金融人·金融事”微影视作品大赛、员工篮球比赛等文体活动，丰富员工文化生活。

【大事记】 1月9日 中国金融工会主席张鸣起一行到工行济南大观园支行视察。

1月21日 工行山东省分行与泰山风景名胜区管理委员会举行战略合作协议签约仪式。

2月20日 工行山东省分行召开党的群众路线教育实践活动总结会议。

4月1日 山东省政协副主席栗甲一行到工行济南大观园支行视察指导工作。

4月2日 工行山东省分行举行济南市中支行营业室中国银行业“百佳示范单位”授牌仪式。

4月8日 工行山东省分行与山东广电网络有限公司举行战略合作协议签约仪式。

4 月 23 日　工行山东省分行与德州市政府举行战略合作协议签约仪式。

5 月 30 日　工商银行首席风险官魏国雄到工行山东省分行调研。

6 月 13 日　工行山东省分行召开 MOVA 网点业绩视图应用推广动员视频会议。

8 月 6 日　人民银行支付结算司司长励跃、工行总行运行管理部总经理牛刚、人民银行济南分行副行长王均坦到工行山东省分行营业部进行工作调研。

9 月 11 日　工行总行副行长郑万春到工行山东省分行调研。

10 月 16 日　工行副行长张红力一行到山东走访重点客户。

10 月 20～21 日　工行监事长赵林一行到工行山东省分行调研。

11 月 4 日　山东省委副书记王军民一行到工行山东省分行调研指导工作。

12 月 22 日　根据外管局山东省分局《关于 2014 年度银行执行外汇管理规定考核情况的通报》(鲁汇发〔2014〕66 号)，工行山东省分行获"执行外汇管理规定考核 A 级行"。

（段维斌）

中国工商银行股份有限公司青岛市分行

【第一负责人简介】　付捷，男，1973 年 7 月生，汉族，中共党员，研究生学历。1996 年 7 月参加工作；2009 年 8 月任工商银行北京市分行党委委员、副行长；2014 年 1 月至今，任工商银行青岛市分行党委书记、行长。

【综述】　2014 年，中国工商银行股份有限公司青岛市分行(简称：工行青岛市分行)坚持全面、协调、可持续的发展战略，加快经营转型步伐，市场竞争力进一步增强，经营效益继续保持青岛市同业首位。

【贷款业务】　2014 年，工行青岛市分行加大金融支持实体经济力度，用好增量、盘活存量，合理把握信贷投向，信贷结构持续优化。一是截至年末，本外币各项贷款余额 1143.26 亿元，是青岛唯一一家贷款余额超千亿元的商业银行；二是加大对小微企业的支持力度，截至年末，该行小微企业贷款余额 148.81 亿元，累计为 705 户小微企业发放融资 127.75 亿元，累放额同比增加 30.43 亿元，突出支持了现代制造业、服务业和战略性新兴产业；三是创新信贷发展方式，"通过表内 + 表外"、"商行 + 投行"方式，多渠道满足客户的有效融资需求；四是强化信贷风险管理，搭建起有效的信用风险防控体系。

【存款业务】　2014 年，工行青岛市分行不断创新存款工作思路，提升服务抓源头、用好理财抓带动、强化考核抓日均，实现存款持续稳定增长。一是在储蓄存款方面，狠抓代发工资等源头性业务，通过以公带私，批量发展个人优质客户；二是在公司存款方面，利用该行支付、结算等基础业务优势，依托法人客户营销系统、大额资金流向监控平台，围绕企业资金流开展链式营销，挖掘核心客户上下游存款资源；三是在机构存款方面，实施客户分级管理，深入挖掘民生领域的综合金融服务需求，保持机构存款业务领先优势。

【国际业务】　2014 年，工行青岛市分行以青岛市政府积极实施"一带一路"战略行动计划为契机，把重点区域、重点行业、重点客户有机连接起来，积极跟踪营销客户，研究推动重点区域机构一体化联动方案，力争形成以点带线、以线带面的多层次、宽领域互动格局。全年共办理国际结算业务 166 亿美元，办理跨境人民币业务 166 亿元。一是加强贸易融资真实性审查，实行全面风险控制管理，避免虚假贸易带来的融资风险；二是及时开通个人网银以及柜台 18 个币种的个人结售汇权限，提高了该行个人外汇业务的能力和水平；三是灵活运用汇兑通、双币种信用证等一系列新产品，满足不同客户的业务需求；四是实行客户分层营销，筛选直营客户进行个性化方案推介，打开了与直营客户合作的新局面。

【银行卡业务】　2014 年，工行青岛市分行全力争揽客户、扩大有效发卡、实施 POS 机倍增计划，力促信用卡业务快速健康发展。一是进一步加强对交易量大的优质商户渗透，积极拓展总对总商户和高档酒店类商户，同时加强公私联动，积极展开该行有贷户和结算户收单渗透营销；二是快速推进线上 POS 机营销，以互联网金融思维，创新业务营销模式；三是多措并举抓促分期付款业务发展，研究推动养老和惠农两项专项分期业

中国工商银行股份有限公司青岛市分行主要统计指标 1

单位：亿元

项目＼年度	2011	2012	2013	2014	2014 年同比增幅（%）
本外币资产总额	961.74	1053.17	1173.04	1205.87	2.80
本外币存款余额	880.23	939.88	1050.31	1118.14	6.46
人民币存款余额	859.8	921.11	1030.61	1099.08	6.64
单位存款	414.05	421.14	459.47	502.43	9.35
储蓄存款	466.18	520.4	590.8	615.64	4.20
本外币贷款余额	911.44	1016.21	1097.66	1143.50	4.18
人民币贷款余额	865.99	973.48	1041.37	1126.25	8.15
短期贷款	275.88	388.45	419.46	422.63	0.76
中长期贷款	635.57	627.76	678.21	720.87	6.29
票据融资	18.99	77.24	78.42	76.24	-2.78
利润总额	30.51	35.11	35.96	34.83	-3.14
不良贷款余额	10.77	15.68	22.09	37.64	70.39
不良贷款占比（%）	1.18	1.54	1.97	3.29	1.32

中国工商银行股份有限公司青岛市分行主要统计指标 2

项目＼年度	2011	2012	2013	2014	2014 年同比增幅（%）
单位结算账户（万户）	4.84	5.15	4.85	4.95	2.06
单位结算金额（亿元）	76455	57855	61561.23	56140.92	-8.8
个人结算账户（万户）	385.01	424.73	603.11	705	16.89
信用卡发卡量（万张）	63.93	66.92	76.68	82.98	8.22
信用卡消费额（亿元）	56.1	70.7	99.69	114.5	14.86
企业网银客户（万户）	1.82	2.12	2.27	2.72	19.82
个人网银客户（万户）	111.2	126.6	146.7	168.4	14.79
手机银行客户（万户）	33.1	52.7	85.3	117.6	37.87
现金自助设备（台）	489	634	721	857	18.86
营业网点（个）	115	122	124	124	0
自助网点（个）	25	36	48	60	25

务，实施精准营销，提高商户分期交易量；四是强化渗透联动，通过争揽行内优质客户、大力推动代发工资客户渗透和优化办卡渠道等方法，抓好有效客户的增长。

【互联网金融业务】 2014 年，工行青岛市分行围绕全新战略规划，着力打造“电商、直销银行、即时通信”三大平台和“支付、融资、投资理财”三大产品线，构建线上线下一体化服务体系。一是进一步扩大电子银行活跃客户群体，深入推进电子银行产品创新、市场营销、客户服务与业务管理体系建设，加强互联网金融产品创新和市场营销；二是搭建了“融 e 购”网上商城，面向社会推出“工银 e 支付”、“工银融 e 联”、“工银融 e 行”互联网新业务，该行“融 e 购”电商平台被评为 2014 年“银行业最受欢迎网上商城”、“最佳电子金融网络平台”；三是积极开展社会化网络营销，开展了“人脉挖宝”、“金融＠家环保有我”、“‘工银 e支付’杯‘我的工 e 生活’首届高校微电影创作大赛”等新型营销活动；四是与青岛市妇联合作开展“爱心助学圆梦”义卖活动。截至年末，实现电子银行交易额 3.8 万亿元，“融 e 购”电商平台交易额 5.1 亿元，“工银 e 支付”客户达 24.67 万户。

【内部管理与金融文化建设】 2014 年，工行青岛市分行以内控文化建设为先导，提高全员的内控、合规意识。一是围绕“告别差错、远离违章、合规经营”等内容开展内控主题教育活动；二是从考核机制、教育培训入手，引导干部员工牢固树立科学的发展观、业绩观、风险观，坚持审慎经营的理念，突出风险导向；三是通过培训班、晨会、夕会、新媒体等多种形式，广泛宣传工行“工以至诚、行以至远”核心价值观，“诚信、人本、稳健、创新、卓越”基本价值取向，做到内化于心、外化于行。

【大事记】 1 月 27 日 工商银行聘任付捷为工行青岛市分行行长。（工银任免〔2014〕39 号）

2 月 18 日 工商银行张红力副行长到青岛市分行进行调研。

3 月 31 日 工行青岛市分行创新推出“银企一卡通”产品。

4 月 24 日 工行青岛市分行全面启动网点竞争力提升工作。

5 月 27 日 工行青岛市分行针对信贷、运行等业务风险点开展专项业务大检查。

7 月 28 日 工商银行聘任张江山为工行青岛市分行副行长。（工银党任免〔2014〕41 号）

8 月 2 日 工行青岛市分行组织开展全体信贷人员上岗培训和资格认证工作。

8 月 27 日 工行青岛市分行与青岛市妇联联合举办了工行融 e 购“春蕾计划.爱心助学”捐赠义卖活动。

9 月 30 日 工行青岛市分行在全辖范围内开通网上办卡业务，受理网点由原来的 30 家扩充至目前的 113 家。

10 月 22 日 工行青岛市分行选手在青岛市银行业开展的“靓丽人民币”现金从业人员综合技能竞赛中荣获第一名。

11 月 9 日 工行青岛市分行顺利完成了市区 4 家支行的整合工作。

12 月 17 日 工商银行魏国雄首席风险官到工行青岛市分行进行调研。

12 月 30 日 工行青岛市分行报警监控联网综合管理平台正式投产使用。

（张 豪）

中国农业银行股份有限公司山东省分行

【第一负责人简介】 益虎，男，1962 年 12 月生，1979 年 11 月参加工作，历任农业银行东营区支行行长，农业银行东营市分行党委书记、行长；农业银行山东省分行营业部党委书记、总经理，农业银行陕西省分行党委书记、行长；现任农业银行山东省分行党委书记、行长。

【综述】 2014 年，中国农业银行股份有限公司山东分行（简称：农行山东省分行）坚持“横向提升、纵向进位”的战略目标，不断加快金融改革创新步伐，持续加大信贷投放力度，积极支持全省经济社会发展。先后荣获“2013——2014 年全国金融系统企业文化建设先进单位”、“山东省履行社会责任示范企业”等荣誉称号。

一、加大信贷投放力度，全力支持实体经济发展。一是大力支持“转、调、创”战略，紧跟产业结构调整方向，重点支持央企、省属重点企业；二是积极落实总行与省政府签订的“服务两区战略合作协议”，设立专项资金合作贷款，助推重点区域率先发展，重点支持了日照港、青烟荣威城际铁路等一批国家级和省级重点项目建设；三是深化小微企业金融服务，推出“数据网贷”、青州液压机械行业产业集群贷款、重汽集团供应链融资等小微企业新产品；四是加大对民生领域支持力度，连续 2 年成功认购地方债，有力支持了棚户区改造、安居房建设等民生工程。

二、坚持面向“三农”市场定位，大力支持县域经济发展。一是积极助推城乡一体化发展，系统内率先设立城镇化金融部，实行直销式服务；二是着力破解农村新型经营主体融资难题，开展了现代农业“百强百优”活动，重点支持了金锣、鲁花、西王、泉林等 100 家重点农业龙头企业及“三品一标”农业品牌；三是做实做细普惠金融服务，不断强化“三农”支付结算主渠道

中国农业银行股份有限公司山东省分行主要统计指标 1

单位：亿元

项目 \ 年度	2010	2011	2012	2013	2014	2014 年同比增幅（%）
本外币资产总额	4916	5475	6708	7230.86	7734.63	6.97
本外币存款余额	4697	5193	6307	6852.98	7337.52	7.07
人民币存款余额	4664	5157	6239	6769.14	7205.73	6.45
单位存款	1773	2130	2509	2913.15	4275.96	46.78
储蓄存款	2706	2989	3503	3855.99	2929.77	-24.02
本外币贷款余额	3220	3684	4159	4551.86	5011.48	10.10
人民币贷款余额	3166	3622	4053	4464.35	4875.89	9.22
短期贷款	1586	1929	2295	2401.96	2405.3	0.14
中长期贷款	1494	1659	1704	2062.39	2470.59	19.79
票据融资	86	34	54	71.82	107.3	49.40

中国农业银行股份有限公司山东省分行主要统计指标 2

项目 \ 年度	2010	2011	2012	2013	2014	2014 年同比增幅（%）
单位结算账户（万户）	12	14	15	16	18	8.02
单位结算金额（亿元）	10111	14274	18240	22070	23764	7.68
个人结算账户（万户）	3738	4391	4829	5778	7369	27.54
信用卡发卡量（万张）	45	48	51	47	40	-14.89
信用卡消费额（亿元）	246	444	537	564	763	35.28
企业网银客户（万户）	3.71	6.19	11.99	15.05	16.93	12.49
个人网银客户（万户）	286.74	496.19	646.42	820.58	1005.75	22.57
手机银行客户（万户）	76.00	285.77	439.79	613.53	799.86	30.37
电话银行客户（万户）	229.67	557.05	761.05	959.46	1113.76	16.08
现金自助设备（台）	3215	3892	4633	5713	6677	16.87
营业网点（个）	1420	1411	1411	1414	1415	0.07

优势，在偏远地区，依托农家店、农资超市、新农合医疗点设立"惠农通"服务点 3.38 万个，布放电子机具 14.9 万台，覆盖全省 77%的行政村。

三、创新产品和服务模式，增强金融服务能力。一是拓宽企业融资渠道，大力发展理财、债券等替代型业务；二是创新银政合作模式，首创"融资增信"业务，探索推广"公司 + 基地 + 农户"、"非标准仓单(质)押"等产业链服务模式，被农业银行总行列为"农户贷款转型示范工程"；三是创新三农特色产品，针对辖区"一县一产品"、"一县一特色"的农业板块化特点，创新林权、海域使用权等权益类抵质押产品，探索农副产品、渔船抵押等特色担保方式，创新品种居系统内首位。

【三农业务】 2014 年，农行山东省分行坚持把服务"三农"作为改革发展的重中之重，持续做好强农富农惠农金融服务，县域存款增加 291.9 亿元，增量份额居系统内和大型商业银行第 1 位。一是新型城镇化业务取得突破性进展，贷款余额达 411.7 亿元；二是创新研发了农户新居住房贷款业务，贷款较年初增加 10.4 亿元，存量和增量均居系统内首位；三是做强农业产业链金融服务，全省农业龙头企业贷款余额达 375.4 亿元，居系统内和同业第 1 位，省级以上龙头企业服务覆盖面达 90.6%；四是做大新型经营主体金融服务，累计支持现代农业规模经营农户 8665 户，贷款较年初增加 7.23 亿元；五是在农行系统和金融同业首创"融资增信"业务，已在 28 个县开展试点，投放贷款2418万元；六是加快推进“金穗惠农通”工程建设，探索设立有人值守离行式自助银行的“商河模式”惠农服务站24处。

【公司业务】 2014年，农行山东省分行积极推进营销转型，强力提升营销质效，推动公司业务稳健发展，对公核心存款增加216.85亿元，居系统内第2位，累计营销重点项目126个，审批贷款430亿元。一是研究出台了《加强客户营销管理的意见》，与交通厅、山东移动等客户创新合作，推出ETC联名卡、在线交易平台等服务；二是针对小微企业试点推出了“数据网贷”等新业务；三是持续开展“扩户提质”工程，现金管理客户覆盖率为16.85%，居系统内第2位；四是全面推进网点对公业务服务能力建设，强化营业网点综合经营职能；五是为12家企业发行20只债务融资工具，承销份额184.5亿元，居系统内第2位；六是加强公私联动，整合全行营销服务资源，独家中标了山东高速企业年金账户管理人资格，安装青荣城际铁路站点TVM售票机50台。

【机构业务】 2014年，农行山东省分行机构业务实现稳步、健康、可持续发展。一是加大对重点客户、集团客户总部、系统客户的支持力度，为财政系统开展地方债认购等，拉动省级财政存款增加71.8亿元；二是加强战略规划，分别与山东财经大学、省立医院、中国人寿山东省分公司等单位签订了战略合作协议，年内新增社保“三类账户”43个；三是抓好传统业务营销，全年实现代理保费54亿元，新增第三方存管账户7.9万个；四是坚持业务创新，为省立医院等3家医院上线“银医通”，为山东大学上线“电子商务”、“银联在线”，新发“校园卡”15.8万张。

【零售业务】 2014年，农行山东省分行坚持“客户至上，始终如一”的服务理念，全面提升服务能力和水平，努力为客户提供多元金融服务。一是深入推进网点“二次转型”，完成标准化改造网点1190家，居系统内第2位，通过转型验收网点713家；二是加快新模式、新技术推广应用，建成金融便利店39家，上线超级柜台239台，有效覆盖城区及重点县域支行营业部；三是完成了网点无线互联网环境配置，增强微博、微信等新兴渠道的协同营销能力；四是持续抓好网点文明标准服务，客户满意度连续两年列省级分行第1位；五是做实“客户价值提升工程”，加快完善“四位一体”营销服务体系，理财中心覆盖率达92.6%，个人贵宾客户新增26.6万户。

【国际业务】 2014年，农行山东省分行推进本外币一体化经营，大力发展“人民币对外汇掉期+大额外币存款”，累计拉动外币存款33亿美元，对全行对公存款增量的贡献度达27.7%。着力开展本外联动产品创新17项，其中4项产品为全国首笔、13项产品为全省首笔。通过办理信用证、涉外保函、贸易融资、外汇掉期等业务带来各类存款523亿元，成为对公存款的重要来源。全年办理国际结算574亿美元、人民币跨境结算1030亿元、结售汇206亿美元，均超额完成总行计划。

【风险控制】 2014年，农行山东省分行加强对重点领域的风险管控，大力完善风险管理体系，丰富管理工具，坚决守住风险底线。一是完善风险管理组织架构，全行141个一级支行风险管理部全部落实到位；二是出台了加强全面风险管理的意见，落实不良贷款督导问责制度，完善风险管理考核办法；三是扎实推进信贷业务集中审查审批和放款审核两大中心建设，出台了“十个严禁”和“两个一律”规定，先后对6家分行进行了问责；四是以“集中铺开、各有侧重”为原则，对信贷业务、柜面运营、员工行为管理等13个重点领域进行全面治理，成功堵截柜面风险事件154起，涉及金额3.9亿元；五是排查发现问题隐患2040个，整改2018个，整改金额71亿元；六是严格风险分类管理、客户评级管理、贷款减值管理，年末拨备覆盖率达136.84%。

【财务会计】 2014年，农行山东省分行积极发挥资本、价格杠杆作用，完善考核激励约束机制，优化资源配置，持续提升财务会计基础管理水平。一是坚持资本约束、投放效率、价值回报“三优先”，严格总量和过程控制，信贷结构持续优化；二是深入推进财会“规范化、精细化、标准化”达标活动，优化财务资源配置机制，进一步增强了财务会计对全行业务的支撑保障；三是持续开展“基层风险控制360”活动，深入推进基层规范化管理，实现了柜台业务“集中作业、集中授权、集中监控补录”全部上收省行，切实抓好“三化三铁”（标准化、规范化、制度化，铁账、铁款、铁规章）创建，确保全行安全运营。

【银行卡业务】 2014年，农行山东省分行以优质客户为抓手，以提高效益为目标，推动业务创新和经营模式优化，着力构建信用卡可持续发展能力。一是制定了《金融IC卡联动营销方案》，组织开展了金穗一卡通项目营销，实现了零售银行金融服务与法人客户管理、员工理财服务全覆盖，与11家企业、校园、医院开展了合作，发卡37万张，代发工资2.3亿元，吸引存款3.3亿元；二是组织开展了信用卡旺季促销、进社区营销、刷卡有礼、首刷专享、乐享分期等系列银行卡营销活动，激发了客户办卡和用卡的积极性，带动银行卡业务的发展。年末，全行IC借记卡发卡1130万张，新增610万张，存量和增量均居同业首位；IC卡存款余额达900亿元。信用卡有效客户新增39万户，有效收单商户新增9522户，分别列系统内第三位和第一位。

【电子银行业务】 2014年，农行山东省分行强化营销，加快创新，深化管理，防控风险，全行电子银行业务继续保持高效、稳健发展态势。一是开展了“六走进”营销活动、“电子银行赢在大堂”综合营销活动，组织开展电子银行产品员工体验活动，有效提升了“金E顺”品牌知名度和社会影响力；二是加快电子银行产品创新，集中推广了企业网银6.2版、个人网上银行结售汇、自动理财等功能，顺利上线了总行版智付通2.1版、跨行转账以及代缴费特色功能，做好了企业网银公积金缴存、个人非税财政缴纳等功能投产工作，在全国范围内率先开通了“E动天地”在线营销活动，进一步丰富了电子银行产品功能。

【内控管理】 2014年,农行山东省分行细化管理措施,加强内控合规建设,连续七年被山东省内审协会评定为“全省内审先进单位”,连续四年被人民银行济南分行授予“全省金融机构综合评价A级单位”称号,连续五年被总行评为内控评价一类行。一是陆续开展了“四无一创建”、“合规示范网点”创建及“查缺陷、提建议、促合规”活动;二是组成4个排查组开展了案件风险排查,发现各类问题228个,涉及金额23.7亿元,组织了对基层营业网点的移位检查;三是在系统内率先组织开展了问题整改典型案例分析,全面开展辖内机构内控评价,对辖内4家分行、8家支行进行了转授权执行情况专项检查。

【监察保卫】 2014年,农行山东省分行坚持从严治行,积极做好纪检监察工作。一是全面落实党风廉政建设责任制,在全省支行以上领导班子及成员中率先开展了“落实党风廉政建设党委主体责任”主题教育活动;二是狠抓“八项规定”落实,修订完善省行公务接待、机关财务管理办法规定,加强了对公款消费、厉行节约、内部公关等突出问题的专项整治;三是按照“双线问责”、“上追两级”、“一案双查”等要求,严格问责程序,落实案件责任,加大违规违纪问题查处力度,全年共对381名违规违纪责任人给予了纪律处分;四是着力推动“平安农行”建设,在16个市分行开展了“平安农行基层行”巡回宣讲活动;五是强化安防设施建设,开展了网点报警系统改造工程和视频监控中心专项治理活动。

【大事记】 1月9日 全国人大常委会委员、全国人大法律委员会副主任委员、中国金融工会主席张鸣起到农行茌平县支行慰问困难员工,代表中国金融工会送上慰问和关怀。

2月27日 山东银监局召开农行山东省分行2013年度审慎监管会议。

3月13日 农行山东省分行召开领导干部大会。总行副行长郭浩达出席会议并讲话。会上,总行党委组织部副部长、人力资源部副总经理吴金铎宣布了干部任免决定:任命益虎为山东省分行党委委员、副书记,主持分行全面工作。

3月24日 农行山东省分行召开党的群众路线教育实践活动第一批总结暨第二批部署会。

3月 山东省副省长夏耕在农行山东省分行呈送的《关于2013年三农金融事业部改革和服务“三农”工作情况的报告》上作出批示:农行山东省分行认真贯彻落实农业银行和省委、省政府的工作部署,围绕强农、富农、惠农,加大信贷支持力度,加强金融产品和模式创新,加快推进内部各项政策,为全省“三农”和县域经济发展作出了积极贡献。

4月2日 农行山东省分行决定在部分一级支行设立风险管理部(农银鲁办发〔2014〕253号)。

4月16～17日 农业银行副行长龚超到第二批群众路线教育实践活动联系点蒙阴县支行调研指导党的群众路线教育实践活动。

6月12日 总行决定,任命益虎为农行山东省分行党委书记、行长,免去陈军农行山东省分行党委书记、行长职务(农银党任〔2014〕65号,农银任〔2014〕68号)。7月2日,山东省分行召开党委扩大会议。会上总行党委组织部副部长、人力资源部副总经理王军善宣布:益虎任山东省分行党委书记、行长。

6月26日 农行山东省分行决定在全辖范围内组织投产上线第二代集中作业平台“三农”类个人贷款集中放款业务。6月27日正式运行。

7月8日 农行山东省分行下发《关于优化调整内部组织机构的通知》(农银鲁发〔2014〕88号),对省行组织机构进行优化调整:1.撤并三农信贷管理部,职能整体划转信贷管理部。信贷管理部改建为信用管理部/信用审批中心/三农信用管理中心/三农信用审批中心,其下设审查一部、审查二部、审查三部、审查四部、信用制度部、贷审办、授信执行部、信用电子化部等8个内设单元。2.撤销现金管理部。3.农村产业金融部改建为农村产业与城镇化金融部。4.公司业务部重组为公司业务部/小微企业金融部。

7月16日 农行山东省分行与潍坊市政府在潍坊签署了“支持现代农业发展战略合作协议”。

7月28～31日 农行山东省分行联合青岛市分行在烟台举办2014年高级管理人员研修班。

9月2日 农行山东省分行与山东省立医院在济南签署战略合作协议。

9月27日 山东省金融系统首届职工运动会在省体育中心举行。农行山东省分行在63家参赛单位中,取得了总成绩第2名、大型商业银行排名第1位的优异成绩。

10月12日 农行山东省分行与山东财经大学在济南签署战略合作协议。

10月29日 农行山东省分行召开党的群众路线教育实践活动总结(视频)会议。

11月20日 农行山东省分行举办第八届柜台业务技术比赛。

11月25～26日 总行行长张云到山东省分行调研工作。

12月12日 农行山东省分行与济宁市政府签署战略合作协议。

12月17日 农行山东省分行16个二级分行的1412个营业机构远程集中授权业务全部上收省域中心处理,标志着该行省域“三大集中”全面完成。

12月18日 农行山东省分行与山东省交通运输厅共同举行金穗鲁通卡(ETC)开通仪式。

12月26日 农行山东省分行召开公开处理违规违纪责任人视频会议。

(高中义 张爱民)

中国农业银行股份有限公司青岛市分行

【第一负责人简介】 杨国月，男，汉族，1964年1月生，山东文登人，中共党员，大学本科、在职研究生学历，政治经济学学士、管理学硕士学位。1987年7月起，先后在农行烟台市分行、威海市分行从事信贷、资金组织、农业信贷、国际业务等工作。1998年11月历任农业银行日照市分行副行长（主持工作），农业银行山东省分行国际业务部总经理、行长助理、副行长，农业银行青岛市分行党委副书记（主持工作）；2014年7月1日至今，任农行青岛市分行党委书记、行长。

【综述】 2014年，中国农业银行股份有限公司青岛市分行（简称：农行青岛市分行）坚持稳中求进，服务实体经济，加强精细管理，严守风险底线，业务经营保持平稳健康发展。

【公司业务】 2014年，农行青岛市分行大力实施扩户提质工程和名单制管理，强化营销体系建设和产品创新推广，实现了对公业务又好又快发展。

一、突出支持重点优质客户和重点项目建设。重点支持了中国石化青岛石油化工、中水电（青岛）投资公司、中交一航局二公司、世茂、卓越、龙湖、碧桂园、华电青岛环保等总分行核心客户，以及董家口港区华能码头二期、城市微客厅、城市钢厂环保搬迁工程、青岛汽车产业新城核心区、世茂诺沙湾、龙湖白沙河、卓越蔚蓝群岛、西海岸集团棚户区改造等30多个市重点项目。总分行核心客户贷款总额、存款总额分别比年初提升5%和1.4%。

二、突出支持实体经济转方式、调结构。新增贷款主要投向以软控股份、汉缆股份、百洋制药等为代表的先进制造业，以齐鲁医院、科创科技园等为代表的现代服务业，以青荣城际铁路、地铁集团等为代表的基础设施领域，以万达“东方影都”、龙凯“白沙河”等为代表的优质房地产项目，以渤海实业等为代表的优质贸易融资客户。截至年末，实体经济贷款余额922亿元，比年初增加46.5亿元，占全部新增贷款的72.9%。加强小微企业金融服务，小微企业贷款余额88.2亿元，比年初增加16.4亿元。

三、持续深化“三农”金融服务。一是全面对接青岛市新型城镇化建设和城乡一体化发展规划，城镇化贷款余额60亿元，比年初增加12亿元。重点支持现代农业、规模农业发展，对市级以上农业产业化龙头企业的服务覆盖面达96%，农户贷款余额5.3亿元；二是加快推进“金穗惠农通”提质增亮工程，新发放惠农卡3466张，新增惠农通有效服务点1206个，电子机具行政村覆盖率为93%。截至年末，涉农贷款余额197亿元，比年初增加28.6亿元。

四、推动公司业务投行化。一是加大高端投行业务营销，行司联动取得新进展，全年实现投融资14亿元；二是加强对公理财业务营销推广，人民币对公自主理财日均余额47.13亿元；三是金融市场和资产管理业务实现新突破，累计为渤海农业、万达等重点客户定制理财产品40多亿元。

【个人业务】 2014年，农行青岛市分行大力实施金融产品综合营销和交叉营销，零售业务提质增效。连续6年被总行授予“大行德广、伴您成长”个人金融产品综合营销活动示范分行。

一、大力推广个人理财服务。积极营销本利丰、黄金理财及代理基金、信托理财等理财产品，满足客户资产保值增值需求。截至年末，销售个人理财1071亿元，理财余额126.62亿元，比年初增加34.33亿元，理财销量、存量、增量居当地大型商业银行第1位。销售基金35.42亿元，同比多增44.74%；销售各类实物贵金属1.01吨，金市通新开账户5801户；新增金融IC借记卡103万张，总量达176万张，总量、增量均居大型商业银行第1位。

二、加大对居民个人贷款和消费领域的信贷支持。积极开办个人助业贷款、个人生产经营贷款以及“房抵贷”、“随薪贷”等新业务，满足城乡居民消费创业需求。截至年末，个人贷款（不含“三农”）余额182.1亿元，比年初增加22.2亿元，增速高于全行贷款平均增速10.2个百分点，居当地大型商业银行首位。

三、构建协同高效的渠道服务体系。一是加快推进网点转型，制定网点人员组合模板，实行网点分类分级管理，为170个网点开通了无线网络，完成了30个网点软转型，全行精品以上营业网点161个，占比达85%；二是加强自助设备投放与运维管理，新投放现金类自助设备119台，个人和对公电子渠道分流率分别比年初提高4.5个和14.6个百分点；三是落实分管行长站大堂制度，开展综合效能提升活动，服务水平持续提升。

四、精心打造私人银行服务品牌。大力推广私人银行“六项专属”服务，创新开展“链营销”和“微营销”等活动，增强为高端客户财富管理能力。为集团高管量身定制了2期专属理财产品，累计销售10.73亿元；成功创新并发行了系统内首只跨境内外市场的商品期货套利产品。

【中间业务】 2014年，农行青岛市分行突出“规范、创新、发展”三大主题，注重通过产品创新和改善服务提升收入水平，努力推动转型发展。

一、大力开拓新兴中间业务。对高附加值重点新兴中间业务进行专项激励，加快推进公司业务投行化和金融市场业务发展。国内贸易融资、理财、信用卡业务收入同比分别增加

中国农业银行股份有限公司青岛市分行主要统计指标 1

单位: 亿元

项　目	2010	2011	2012	2013	2014	2014 年同比增幅(%)
本外币资产总额	988.20	1058.52	1204.61	1328.16	1364.97	2.77
本外币存款余额	939.13	1001.6	1127.24	1260.39	1312.93	4.17
人民币存款余额	921.70	984.03	1090.14	1225.31	1271.81	3.79
企业存款	309.86	238.33	255.71	287.1	--	--
机关团体存款	79.36	179.8	189.36	227.71	--	--
储蓄存款	532.48	565.9	645.07	710.5	764.59	7.6
本外币贷款余额	625.38	708.31	815.54	892.83	956.59	7.14
人民币贷款余额	588.82	667.73	750.53	833.01	900.11	8.05
短期贷款	237.69	318.2	431.93	434.47	375.99	-13.46
中长期贷款	334.10	349.53	359.5	398.54	460.03	15.43
票据融资	17.03	15.75	24.11	17.24	34.50	100.12
利润总额	15.71	25.27	30.07	33.39	10.30	-69.15
不良贷款余额	8.67	9.02	9.97	9.77	27.92	185.77
不良贷款占比(%)	1.39	1.27	1.22	1.09	2.92	167.89

中国农业银行股份有限公司青岛市分行主要统计指标 2

年度 项目	2010	2011	2012	2013	2014	2014 年同比增幅(%)
单位结算账户(万户)	3.65	3.75	3.89	4.32	4.7	8.8
单位结算金额(亿元)	--	--	--	--	--	--
个人结算账户(万户)	--	--	--	--	--	--
个人结算金额(亿元)	--	--	--	--	--	--
信用卡发卡量(万张)	34	40	47	55.35	61	10.2
信用卡消费额(亿元)	25.15	40.65	54.2	70.35	81.6	16
企业网银客户(万户)	1.1	1.7	2.2	3.1	3.97	28
个人网银客户(万户)	41.1	61.4	84.4	107.6	130.35	21
手机银行客户(万户)	10.3	39.5	67.3	93.4	125	33.8
电话银行客户(万户)	45.4	62.2	96.3	129.7	158.8	22.4
现金自助设备(台)	670	818	947	1096	1238	13
营业网点(个)	190	190	190	190	190	0
自助网点(个)	14	20	27	35	42	20

66.6%、48.9%和 70.4%,电子银行业务收入保持同业首位。全年实现新兴中间业务收入 4.08 亿元,占比为 47.52%,同比上升 9.97个百分点。

二、加快推进国际业务发展。重点推广跨境贸易人民币结算业务、国内信用证业务、外汇衍生交易等理财业务,取得新突破。截至年末,累计实现国际结算量 260.64 亿美元;办理结售汇业务量 97.90 亿美元,同比增长 12.27%;跨境人民币结算量 201.77 亿元,同比增长 70%。实现本外币贸易融资 48.81 亿元。

三、提升贷记卡业务发展质量。实现信用卡中间业务收入 10558 万元,同比增加 2097 万元,增幅为 25%。商户收单额 380 亿元,收单笔数和收单额位居同业第一。

【电子银行业务】 2014年，农行青岛市分行强化电子渠道建设，加大产品功能创新，强化渠道风险防控，努力为城乡居民提供全方位、更高效、最便捷的金融服务。一是大力推广网上银行、电话银行、手机银行及短消息等服务方式，加大柜面业务分流力度，满足客户多样化、个性化需求；二是加大自助设备投放量，市场占有率、交易及收入规模均居同业之首；三是电子商务实现跨越式发展，全年新增电子商务网上特约商户352户，实现交易量390亿元。

【金融文化建设】 2014年，农行青岛市分行不断提高内部管理水平和风险防控能力，加强企业文化建设。

一、加大信用风险排查化解力度。一是强化大宗商品贸易融资风险管控，严格贸易背景真实性审核；二是加强对存量贷款的风险排查，做好风险缓释和化解工作；三是深入开展担保圈、担保链风险治理，降低风险敞口；四是加快潜在风险客户退出，全年共退出潜在风险客户贷款9.67亿元；五是加强贷款到期收回管理，人民币到期贷款现金收回率为97%。

二、强化案件防控和安全生产管理。一是组织开展了信贷“三化三无”创建，成立法人信贷业务放款中心，认真落实贷后管理例会、贷后巡检、贷后检查、风险预警等各项制度；二是扎实推进营业网点“三化三铁”创建活动，推广应用联网核查、运营响应、集中式回单打印系统，切实增强操作风险管控能力，全行“三铁”单位达到31个；三是深入推进“平安农行”建设与“三化三达标”活动，开展自助设备与视频监控中心专项治理，确保物防、技防、人防达标。

三、加强基础领域精细化管理。一是持续完善ISO9000质量管理体系，全面覆盖各项业务；二是加快推进运营体系改革，实施运管分离，不断扩大集中作业范围，规模效益逐步显现；三是建立全行员工行为管理联席会议制度，扎实开展案件风险和员工行为排查，加强重点岗位和关键人员行为管理；四是对部分营业机构、分行机关本部组织架构和职能等进行调整，加快流程优化改造。

四、推动企业文化核心理念落地深植。一是制定了《培育和践行社会主义核心价值观及企业文化实施方案》；二是通过改版《绿蕴 文化内刊》，及时更新文化长廊和文化园地，编发《企业文化建设简报》，开通官方微博微信，开展“员工之星”评选活动等营造良好文化氛围，被中国企业文化研究会评为“企业文化顶层设计与基层践行优秀单位”；三是强化员工人文关怀，健全员工查体、生日慰问、病困员工救助和婚丧嫁娶等关怀制度，组织开展丰富多彩的文体活动；四是组织开展了争创青年文明号、青年岗位能手活动、青年员工“金点子”创新创效等活动，激发青年员工建功立业。

【大事记】 3月14日 农行青岛市分行召开干部大会，宣布任命杨国月为青岛市分行党委副书记（主持工作）。总行党委委员、执行董事、副行长郭浩达，审计局济南分局局长张志强，总行党委组织部副部长、人力资源部副总经理吴金铎出席会议。

4月16日 农行青岛市分行处级干部学习习近平总书记系列讲话精神培训班（第一期）在中共青岛市委党校开班。

5月19日 农行青岛市分行“金穗农贸通”金融IC卡行业应用项目在平度南村蔬菜交易市场成功上线运行，得到人民银行的认可和推广。该系统以蔬菜批发市场为承载主体，以惠农IC卡为媒介，通过金融IC卡行业应用功能对蔬菜市场的交易全程进行管理、对交易资金及时转账结算，即在市场与农户之间搭建了一个封闭的结算平台，减轻了市场的负担，降低了现金结算带来的风险。

5月16日 总行李振江副行长到青岛市出席APEC贸易部长对话工商界主题论坛并到青岛市分行调研。

7月1日 农银大学青岛分校举行揭牌仪式。同时，农行青岛市分行培训学校正式更名为农银大学青岛分校。青岛市分行党委副书记、副行长于东将担任农银大学青岛分校校长。

7月2日 农行青岛市分行召开党委扩大会议。总行党委组织部副部长、人力资源部副总经理王军善一行受总行党委委托，在会上宣布了总行党委决定：杨国月任青岛市分行党委书记、行长。

8月15日 总行总监易映森在青岛召开座谈会，专题调研机构业务。

9月29日 农行青岛市分行与胶州市政府签订战略合作协议，由胶州市政府发起设立成长型企业扶持基金1亿~3亿元，向符合条件的、与农行建立信贷关系的企业发放流动资金贷款，通过银政企三方合作，缓解政府认可的成长型小微企业短期资金压力，助力优质小微企业健康发展。

11月27～28日 总行行长张云莅临青岛市分行进行调研。先后主持召开分行机关部室座谈会、基层支行座谈会。总行风险管理总监宋先平、合规总监刁钦义，分行党委班子成员分别陪同参加了有关活动。

12月18日 农行青岛市分行与重点合作企业进行跨境双向人民币资金池签约，青建、青钢、赛轮及新华锦等9家企业集团与青岛市分行签署了协议。人民银行青岛市中心支行副行长顾延善等领导参加了签约仪式。

（宁吉会）

中国银行股份有限公司山东省分行

【第一负责人简介】 陶以平，男，1963年4月生，福建福州人。1984年毕业于厦门大学，高级经济师。历任中国银行福建

中国银行股份有限公司山东省分行主要统计指标 1

单位：亿元

项目＼年度	2010	2011	2012	2013	2014	2014 年同比增幅（%）
本外币资产总额	4237.74	4681.98	5156.99	5634.13	5711.79	1.38
本外币存款余额	3898.85	4328.25	4648.78	5145.82	5357.47	4.11
人民币存款余额	3737.57	4146.7	4386.82	4815.67	4997.83	3.78
单位存款	1192.33	2304.40	2391.19	2599.8	2674.95	2.89
储蓄存款	1507.22	1631.33	1814.02	2016.04	2132.91	5.80
本外币贷款余额	3125.92	3394.98	3579.62	4019.4	4446.44	10.62
人民币贷款余额	2655.2	2950.45	3215.05	3621.48	3896.66	7.60
短期贷款	876.6	1104.29	1308.82	1705.05	2033.5	19.26
中长期贷款	1742.13	1797.52	1786.4	1850.14	1087.76	-41.21
票据融资	34.34	45.08	116.2	62.68	35.12	-43.97
利润总额	79.67	58.57	90.09	120.14	96.86	-19.38
不良贷款余额	21.03	22.99	22.23	27.87	80.47	188.73
不良贷款占比（%）	0.67	0.68	0.62	0.69	1.81	--

中国银行股份有限公司山东省分行主要统计指标 2

项目＼年度	2010	2011	2012	2013	2014	2014 年同比增幅（%）
单位结算账户（万户）	15.52	26.39	31.98	37.34	40.99	9.78
单位结算金额（亿元）	6628.01	26582.01	29000.34	37639.03	29125.93	-22.62
个人结算账户（万户）	1232.58	1604.39	1993.16	2531.16	3117.38	23.16
个人结算金额（亿元）	2920.4	3094.91	3279.85	3471.34	3687.60	6.23
信用卡发卡量（万张）	156.76	244.65	301.8	360.7	407.45	12.96
信用卡消费额（亿元）	276.96	468.85	695.12	925.27	1177.81	27.29
企业网银客户（万户）	3.55	10.35	18.44	21.04	24.34	15.71
个人网银客户（万户）	185.28	425.45	781.44	840.46	922.63	9.78
手机银行客户（万户）	5.76	175.13	371.11	448.26	533.03	18.91
电话银行客户（万户）	235.61	358.58	522.01	609.63	673.3	10.44
现金自助设备（台）	1510	2312	3487	3797	3780	-0.45
营业网点（个）	593	594	606	621	621	0.00
自助网点（个）	60	129	337	343	299	-12.83

说明：因统计口径变化，统计指标 2 中“单位结算账户”、“单位结算金额”项目自 2011 年起所列数据均为本外币合计。

省分行综合计划处科长，中国银行港澳管理处办公室副经理、经理、高级经理，金城银行香港分行中国业务部高级经理，中国银行福建省分行办公室副主任、主任、资金计划处处长、行长助理、副行长兼厦门市分行行长、行长。2014 年 11 月至今，任中国银行山东省分行党委书记、行长。

【综述】 2014 年，中国银行股份有限公司山东省分行(简称：中行山东省分行)积极转方式、调结构、提效率、优服务，大力支持实体经济，各项业务持续健康发展。

【财务管理】 2014 年，中行山东省分行加强资产负债综合平衡管理，优化财务资源配置，夯实会计工作基础。一是开发会计信息平台，提高财务管理精细化水平；二是强化流动性限额管理，有效控制风险；三是加强贷存比管理，完善资本约束机制，提高信贷资源利用效率；四是加强会计制度建设，提高财务管理规范性。

【个人业务】 2014年，中行山东省分行个人业务全面落实“转型跨越、创新求变、固本强基”的方针。

一、加强创新，提升客户体验。一是完善个贷产品体系，推出“益农贷”、外派劳务人员小额贷款等贴近市场的特色产品，实现差异化服务，全年累计投放个人贷款58.95亿元，有效满足了客户融资需求；二是加强理财产品研发，满足客户财富保值增值需求。

二、突出特色，做优跨境金融。密切与外管、商务、旅游、出入境等部门的联系，创新推出签证通、人民币跨境汇款、个人资金代管等特色产品，为出国留学、商务旅行、外派人士、投资移民和来华人士五大跨境客户群提供“一站式”跨境金融服务。

三、完善渠道，延伸服务半径。一是推进网点厅堂标准化、规范化、智能化建设，提升服务水平；二是推进自助渠道建设，加强日常运营管理；三是推进助农服务点建设；四是大力发展手机取款业务，为偏僻地区的客户提供便捷金融服务。

【公司业务】 2014年，中行山东省分行认真落实国家政策导向，努力挖掘信贷增长潜力，积极调整投放结构，促进实体经济转型发展。

一、加大重点地区的信贷支持力度。一是加强战略对接，集中信贷资源，全力支持“蓝、黄”两区发展，助力“一圈一带”经济崛起；二是围绕新型城镇化建设政策导向，大力支持县域经济建设，在贷款利率和审批流程上予以优待。

二、积极支持中小企业发展。一是不断丰富产品链条，推出“易贷通宝”、“易融通宝”等融资产品，围绕小麦、棉花、苹果、花生等多种农业产品开展农产品货押融资业务创新；二是优化、简化流程，更好地满足中小企业融资短、小、频、急的特点。年末，该行新模式中小企业授信余额435.15亿元，较年初增长61.58亿元，在全国中行系统内位居首位。

三、优化产能过剩行业授信。一是调整产品结构及缓释手段，逐步压缩产能严重过剩行业固贷规模；二是在限额规模内盘活存量，腾出规模支持重点企业升级改造、环保技改、重组兼并，提高市场竞争力，压缩过剩产能，择优扶持以海外市场为主要销售渠道的客户；三是与中信保合作，为中航威海船厂出口土耳其项目提供2948.86万美元船舶融资买方融资，帮助产能过剩企业“走出去”。

【资金业务】 2014年，中行山东省分行坚持以客户为中心，加大产品创新推广力度，提升客户满意度，金融市场业务增势良好。截至年末，实现远期结售汇交易额183亿美元，同比增长14%；人民币期权交易额27亿美元，增长92%；债券承分销业务额313.35亿元，增长86%。一是在全辖建立分地区、分层次的业务发展交流群，及时发布交易策略、市场信息、研究分析、产品咨询等信息，并实现与重点客户的实时互动交流，为客户量身打造专属业务方案；二是紧扣国内利率、汇率市场化进程加速的改革步伐，以人民币与外币汇率保值类产品的业务拓展为龙头，保持贵金属收益率和债券承销业务市场份额优势。

【国际业务】 2014年，中行山东省分行积极应对市场形势变化，巩固和扩大外汇业务品牌优势，扎实推进国际业务持续健康发展。截至年末，该行国际结算业务量、跨境人民币业务量分别达1252.10亿美元、1667.44亿元，同比分别增长29.34亿美元、285.88亿元，市场份额均居同业首位。

一、借助国际业务优势，助力外经贸发展。紧跟人民币国际化进程，把握在岸和离岸两个市场，加快跨境业务产品创新和推广，在跨境供应链融资产品、离岸人民币市场业务以及跨境金融机构合作等新兴领域取得突破。

二、提高金融撮合能力，服务企业“走出去”。一是依托全球化布局优势，打通境内外融资渠道，深化境内业务海外做、海外业务境内做的业务机制；二是创新服务和产品体系，为“走出去”企业提供全面金融服务，全年累计发放贷款174.57亿元，同比增长158.73%；三是年内先后支持了潍柴收购法拉帝游艇公司2.12亿欧元再融资、兖州煤业股份有限公司上海自贸区1.5亿美元跨境融资租赁项目、威海成山集团1.43亿美元收购固铂成山（山东）有限公司外方股东65%的股权等重大“走出去”项目，省内企业“走出去”首选银行品牌优势进一步巩固。

三、加强海内外联动，满足客户多元化需求。充分利用和拓展海外联行及代理行网络渠道，通过协议付款、委托同业代付等业务，累计利用海内外资金达1098.11亿元，缓解了贷款规模紧张的不利局面，有效满足客户的资金需求。

【银行卡业务】 2014年，中行山东省分行着力构建“以市场为导向”的产品体系，创设“以科技为引领”的服务机制，推动银行卡业务走上“高质量、低风险、优体验”的发展轨道。

一、深挖客户资源，扩大发卡规模。一是推广“金融应用+行业应用”发展模式，实现规模化发卡；二是集中发展保障卡、校园卡、代发薪等源头营销项目，批量拓展客户群；三是加强内部客户挖掘，实施外呼发卡、换卡及升级工作，优化客户体验，提高发卡效率。

二、聚集消费热点，发展消费金融。一是举办多样化刷卡促销活动，加强品牌宣传与推广，拉升银行卡消费额；二是拓宽分期开办领域，开展涉农分期、教育培训费分期等业务；三是与旅行社、出入境管理机构等建立合作关系，广泛开展跨境业务宣传，提升跨境消费额。

三、强化风险管理，保障资产质量。一是加大对风险倾向型客户审核力度，落实不良资产清收措施；二是完善银行卡案件联动防查长效机制，开展全面风险排查，严控风险。

【电子银行业务】 2014年，中行山东省分行积极探索网络金融发展新模式，不断丰富产品功能，拓宽电子银行服务渠道，提升互联网金融服务能力。一是快速推进电商业务，并推广“中银

E商通”业务,拓展大宗交易市场;二是推出新版网银和手机银行服务,推进家居银行项目投产上线;三是加强产品营销,扩大客户规模,个人网银、手机银行、企业网银累计交易客户数分列系统内第二名、第二名和第一名;三是开展防范电子银行外部欺诈和电子支付安全宣传活动,提高客户风险意识,规避网络交易风险。

【内部管理与金融文化建设】 2014年,中行山东省分行以稳健经营和品牌建设为引领,狠抓防案控险,加强队伍建设,提升服务质效。

一、坚持从严管理。一是实施员工合规档案管理,研发G-MAP线下监控模型,推广反洗钱可疑交易集中甄别模式,被人民银行济南分行评为“综合评价A级金融机构”;二是推进“平安中行”建设,强化人防、技防、物防规范化建设,加强舆情、印章、声誉风险管理,保持全年无案件、无事故;三是重点加强贸易融资、中小企业、个人经营类贷款等不良高发领域的风险管控,努力遏制不良“双升”势头。

二、加强队伍建设。一是完善人员选拔机制,建立营销类管理者公开评议制度,优化管理队伍结构;二是推进“基业常青”人才培养计划,落实集中培养、挂职锻炼和导师辅导等制度,提升员工履职能力;三是拓宽基层成长空间,为基层行核增453个中级经理职数,总行增配的35个高级经理职数计划全部留配给基层行;四是圆满完成全辖劳务派遣制用工转换工作,员工归属感、敬业度进一步提升。

三、改进客户服务。一是开展“细节无极限”服务提升活动,连续4年蝉联“青岛金融机构最佳口碑”评选活动“岛城第一”;二是着力推进网点厅堂标准化、规范化、智能化建设,提升厅堂服务水平,年内155家网点通过总行“2014年度优质高效服务网点”验收;三是强化员工专业技能培训,“一专多能”、“一岗多能”员工和高星级柜员占比逐步提升。

【大事记】 1月26日 中行山东省分行2014年工作会议在青岛召开。

3月13日 中央第十三巡回督导组赴中行山东省分行调研党的群众路线教育实践活动。

3月21日 中行山东省分行青年员工赴莱西大沽河开展“担当社会责任、绿化美好家园”义务植树活动。

4月28日 中国银行纪委书记张林赴日照、莒县等支行调研。

5月28日 中国银行决定娄立君任山东省分行党委委员、副行长。(中银党〔2014〕38号、中银任〔2014〕94号)

6月21日 中国银行副行长任德奇出席“2014金家岭财富论坛”并赴山东省分行调研。

7月16日 由山东省政府主办的“香港山东周”活动在香港举行,中行山东省分行受邀成为唯一连续六年参加的金融机构代表,积极推动山东企业“走出去”。

8月12日 中行山东省分行线上供应链融资项目正式投产,在线融资业务实现突破。

9月25日 中行山东省分行首家助农服务站在德州市陵县开业,金融服务延伸到农村最基层。

10月29日 中行山东省分行叙做首笔船舶融资买方信贷项目,助力产能过剩企业“走出去”。

11月13日 中国银行副行长李早航赴山东省分行宣布:陶以平任中行山东省分行党委书记、行长,免去何兴祥党委书记、行长职务(中银党〔2014〕147号、中银任〔2014〕307号)。

12月3日 中行山东省分行与省农业厅在济南签署战略合作协议,将建立农村地区立体式金融服务网络,促进农村合作经济发展。

12月15日 中国银行决定解聘郝连才山东省分行行长助理职务(中银任〔2014〕358号)。

(张安军　刘炳峰)

中国建设银行股份有限公司山东省分行

【第一负责人简介】 薛峰,男,辽宁大连人,中共党员,高级经济师,管理学博士。历任建设银行大连市分行、黑龙江省分行党委书记、行长;现任建设银行山东省分行党委书记、行长。

【综述】 2014年,中国建设银行股份有限公司山东省分行(简称:建行山东省分行)着力优化资源配置,做大融资规模,各项工作取得积极进展。

截至年末,实现拨备前利润154亿元,同比增加22亿元;一般性存款、对公存款、个人存款余额分别为5941亿元、3050亿元、2891亿元,较年初分别新增396亿元、129亿元、267亿元;实现中间业务毛收入63.46亿元,增幅8.55%;资产质量保持稳定。

【公司业务】 2014年,建行山东省分行落实信贷结构调整,加快推进经营转型和产品创新,实现公司业务有质量、可持续发展。

一、创新融资模式。一是通过加强投放节奏管理、强化风险管理等手段,争取总行信贷规模支持;二是综合运用信用证、承兑、保函等表外金融工具,以及发债、信托计划、融资租赁等新型融资方式;三是加强金融同业和非金融机构的合作,大力发展银团贷款。

二、全力支持实体经济发展。一是加大对“两区一圈一带”、中心城市行和重点县域行信贷支持力度。年末,蓝、黄两区对公贷款余额1397亿元,省会城市群经济圈、西部经济隆起带区域信贷余额2217亿元;二是支持新农村城镇化建设,发展个人涉

中国建设银行股份有限公司山东省分行主要统计指标 1

单位：亿元

项目＼年度	2010	2011	2012	2013	2014	2014 年同比增幅（%）
本外币资产总额	4105.93	4248.46	5212.01	5907.61	6267.35	6.09
本外币存款余额	3850.06	3958.95	4879.09	5653.57	5996.59	6.07
人民币存款余额	3812.57	3922.31	4783.31	5523.63	5841.78	5.76
单位存款	1332.38	1286.86	1975.98	2829.63	2910.01	2.84
储蓄存款	1777.22	1912.19	2346.17	2694.00	2931.77	8.83
本外币贷款余额	2678.46	2919.31	3340.33	3702.56	4348.05	17.43
人民币贷款余额	2586.83	2857.13	3133.93	3528.50	4133.53	17.15
短期贷款	591.93	874.05	1099.84	1255.63	1429.41	13.84
中长期贷款	1873.63	1858.18	1918.51	2272.87	2636.92	16.02
票据融资	121.27	124.90	115.58	69.19	67.21	-2.87
利润总额	64.59	76.19	91.37	113.47	126.77	11.72
不良贷款余额	25.41	23.10	19.85	17.56	31.23	77.84
不良贷款占比（%）	0.98	0.79	0.59	0.47	0.72	53.19

中国建设银行股份有限公司山东省分行主要统计指标 2

项目＼年度	2010	2011	2012	2013	2014	2014 年同比增幅（%）
单位结算账户（万户）	12.25	12.71	14.95	17.62	20.47	16.19
单位结算金额（亿元）	53583.63	69296.46	92639.75	119441.25	136475	14.26
个人结算账户（万户）	1671	2294	2861	3425	4020	18.03
个人结算金额（亿元）	10062.52	14555.56	16546.35	21970	25449	15.83
信用卡发卡量（万张）	136.39	156.07	196.36	270.62	348.92	28.93
信用卡消费额（亿元）	242.72	334.84	497.51	836.54	1135.46	35.73
企业网银客户（万户）	4.09	6.79	9.85	13.51	17.15	26.94
个人网银客户（万户）	340.37	546.26	760.62	956.37	1162.60	21.56
手机银行客户（万户）	171.96	351.41	572.91	772.38	983.67	27.36
电话银行客户（万户）	453.48	679.54	915.13	1129.64	1368	21.06
现金自助设备（台）	2028	2886	3316	3898	4267	12.10
营业网点（个）	771	771	786	807	818	1.24
自助网点（个）	563	560	571	720	483	112.78

农贷款，择优做好对农业产业化龙头企业、农民合作社和家庭农场客户的服务。截至年末，新农村和城镇化建设贷款余额194 亿元，较年初新增 124 亿元，增速达 176.15%，个人支农贷款较年初新增 6555 万元；三是加强对高速公路、铁路、城市基础建设、轨道交通等领域以及重点在建续建项目的支持，通过租赁、投行、造价咨询等服务，为项目建设节约成本、提升效益。截至年末，基础设施领域贷款余额 732 亿元，较年初新增 96 亿元，增速为 15.15%，高于对公贷款平均增速 3.42 个百分点。

三、加快信贷结构调整。一是建立客户选择、产品安排标准体系，大力发展零售类贷款等“资本占用少、风险权重低、经营效益高”的产品，不断提升资本利用效率；二是优先满足城镇化、新农村、水利、教育、卫生、文化等民生领域，围绕山东省六大传统产业转型升级，主动优化信贷行业、客户和地区结构；三是积极有序扶植技术和市场成熟、发展前景良好、产业政策支持的新兴产业；四是强化对产能过剩及高风险等调控行业管控。年末，钢铁、水泥、铝冶炼、平板玻璃、金属船舶制造五大产能严重过剩行业客户数量、信贷余额、贷款余额分别较年初下降10个、3.13亿元、5.21亿元。

四、大力支持小微企业发展。制定下发《小企业客户发展规划》，坚持“零售化”和“小额化”方向，降低融资门槛，积极发展助保贷、信用贷、善融贷、创业贷、税易贷、POS贷，结算透等新型产品，从单纯的融资延伸到融资租赁、信托、现金管理、账户管理、理财等业务领域，构建服务小微企业的多层次金融支持保障体系。截至年末，小企业信贷客户新增566户，增速10.5%，贷款余额新增102.2亿元，居大型商业银行首位，增速为21.2%，完成了“两个不低于”的目标。

【个人业务】 2014年，建行山东省分行深化营销服务，个人业务竞争力持续提升。

一、突出资金经营。一是转变经营方式、增加客户粘性，以存款创新产品、利率上浮工具对冲存款理财化和互联网金融的冲击，线上线下协同做好普惠式服务；二是着力推进代发工资、金融IC卡行业应用等批量源头资金，积极探索商圈市场、社区市场预存代扣等流量资金，提升强县富镇低成本资金拓展力度。

二、突出客户拓展和维护。一是制定年度《个人客户战略推进方案》；二是推出“薪酬管家”代工综合服务方案；三是针对商圈主打“结算通”，推出电话POS维护团队、扣率返还政策等；四是针对社区客户，主打“幸福家庭”品牌，加快金融IC卡在社区一卡通领域的行业应用。

三、突出多渠道建设。着手建立“物理网点、自助设备、电子银行、远程平台、直销团队”五位一体渠道建设体系，加大自助银行、自助设备的布放，启动智慧银行建设和VTM技术应用，积极探索助农取款点模式；全年新设机构9个、升格机构20个，安排网点装修项目135个，新开通运行自助银行193家，新建多功能自助银行35家。

四、改善客户体验。制定《营业网点个人客户服务效能提升实施方案》，规范网点物品摆放和网点窗口设置，提升网点服务效率和服务环境。

五、抓好柜面业务风险管控。一是持续开展批量代收代付业务、产品销售、账户管理、自助设备管理、违规代客操作等重点业务检查；二是强化问题整改，持续跟踪整改效果，问题整改率达100%。

【中间业务】 2014年，建行山东省分行中间业务持续健康发展。一是以经营客户为目标，打造国际业务、投资银行、信用卡等旗舰产品；二是持续落实重点产品推进战略，对城区和重点县域倾斜资源，为重点客户提供差别化的产品和服务方案，深入开展产品渗透提升活动；三是坚持依法合规经营，加强中间业务规范管理检查，主动做好发改委涉企收费检查自查自纠有关工作。

【机构业务】 2014年，建行山东省分行一是积极打造“民本通达”服务品牌。截至年末，“民本通达”贷款余额达70.4亿元，其中教育行业18.9亿元，医疗卫生行业34.8亿元，文化产业16.7亿元，社保卡发卡区域覆盖全省11个地市；二是积极办理代理财政业务，成功中标“高校收费批量代扣代理银行资格”，参与国库集中支付代理行资格投标，并取得济南市职工社保卡发卡资格，创新交警收费模式，增加POS机、自助收费机新渠道；三是加强业务创新，推出体彩代收代付兑奖模式，优化柜面、网银和自助设备社保缴费系统功能，创新将社保卡作为医院就诊卡，通过“股票质押监控系统”办理了首笔股票质押贷款业务，并成为系统内率先突破新型托管业务的分行之一。

【国际业务】 2014年，建行山东省分行国际业务主要指标继续高速增长。一是狠抓客户拓展，组织开展国际业务客户营销活动，推进国际融资及保函业务客户拓展；二是重点推进买付贴、出口风参、跨境收付盈、掉期组合盈、汇权盈和黄金新融通业务，累计办理10项新型融资业务额1214亿元；三是推进产品创新，全年完成10项产品创新和5项流程优化项目，其中换币信用证买方付息贴现、掉期组合盈获得省分行产品创新评比一等奖；四是联合中国银行、浦发银行成功与阳谷祥光铜业有限公司签约，获得全省第一家跨境双向人民币资金池业务试点企业主办行资格；五是先后开展了煤炭、铜、保税区大宗商品等贸易融资类风险排查，组织开展各类专项检查，关注大宗商品价格走势，推动做好人民币币值浮动加大的应对工作。

【住房金融与个人信贷业务】 2014年，建行山东省分行房金条线加快转型、创新发展、巩固优势、提升贡献，实现了持续健康发展。

一、满足居民住房、消费、经营信贷需求。一是大力支持保障房建设项目，贷款余额4.56亿元，棚户区改造项目17个，贷款余额9.22亿元；二是大力发展个人消费经营类贷款，年末个人消费类贷款余额11.5亿元，个人经营类贷款余额6.64亿元。

二、巩固房改金融业务优势。积极开展住房资金营销活动，不断提高平台建设和系统管理水平。截至年末，住房资金归集余额四大行占比为55.6%，全年投放公积金项目贷款13.72亿元。

三、推进业务创新和电子平台应用。一是探索开办个人支农贷款，创新推出“政府支农风险补偿金－信用农户”、“政府＋银行＋龙头企业＋保险公司＋订单农户”发展模式，为秸秆收储农户量身定制个人农机具贷款服务方案；二是推进电子渠道应用步伐，丰富“房e通”网站功能，当年电子渠道个贷发放笔数、金额占比近50%，办理“快贷”业务347笔。

【银行卡业务】 2014年，建行山东省分行信用卡业务市场竞争力进一步提升。一是强化目标客户拓展，推进网点预审批和重点产品营销；二是持续加大购车分期营销力度，大力推进账单分期等循环消费信贷业务；三是积极拓展商户收单业务市场，加强联动营销，推进商户结构调整及特惠商户业务；四是加快产品创新推广，推出家园龙卡信用卡，直客式购车分期业务和消费信贷网点服务套餐，上市发行鲁通龙卡记账模式，成为同业及建行系统内唯一一家具有储值、记账双模式 ETC 联名信用卡的金融机构。

【电子银行业务】 2014 年，建行山东省分行电子渠道应用水平稳步提升。一是开展电子银行网点营销竞赛、旺季营销擂台赛、员工体验等活动，编发《电子银行业务参考》，加强与二级分行的信息交流与传导；二是深化工作联动，突出社保、学校、政府单位、民生等重点项目和特色应用的带动作用；三是开展“电子银行积分换礼”、“交易赠送网银盾”、“手机银行尽情摇”等营销活动，参与山东省电子商务与金融服务高峰论坛、第七届中国（济南）国际信息技术博览会信博会等活动，借助手机“摇一摇”、微信等渠道宣传特色产品和活动；四是加大产品创新力度，拓展取暖费、社保缴费等民生代缴费项目，实现了电子渠道缴纳交警罚没款；研发推出了“社保 E 管家”和“物业收费管理平台”产品，围绕手机银行推出“一拍享购”项目，全行网点实现 WIFI 全覆盖。

【风险管理】 2014 年，建行山东省分行增强理性分析、主动应对能力。一是加强信用风险防范，贯彻落实中央银行信贷调整政策，紧盯大额授信客户、小企业客户、产能过剩行业等重点领域，做好风险排查和预警；二是组织开展柜面业务操作风险防控能力提升系列活动，实施了 10 期柜面业务检查和 1 期尾箱检查责任人履职情况专项检查；三是加强案件防范，签订《案件防控责任书》，做好基层机构负责人、客户经理、柜员管理，在考核方面对案件和重大风险实行“零容忍”、“一票否决”；四是加大不良处置力度，拓宽处置渠道，全年累计清收处置不良 20.36 亿元。

【IT 技术与营运管理】 2014 年，一是推进网点业务功能、营销队伍、岗位设置综合化，共完成 150 个单功能网点的综合化转型，综合性网点占比达 91%，组建综合营销团队 910 个，综合柜台率达 92%；二是推进信息系统基础设施优化、更新和扩容新建工作，实施一体化运维，推进应急体系建设，信息系统连续 3 年达重要系统可用率 100%、一二级骨干网畅通率 100%，信息安全管理体系全面覆盖监管要求；三是提升运营支持保障能力，完成全国支票影像交换业务整体切换、现金缴款全面推广、汇兑汇入落地业务等工作，扩大了前后台分离覆盖面，提升后台集中作业质量效率。

【队伍与金融文化建设】 2014 年，建行山东省分行推进各级班子思想建设、组织建设、作风建设。一是积极探索新型选人用人方式，从省行本部筛选年轻干部到县与支行任职；二是解决一线网点员工午餐问题，落实带薪休假制度，推进医疗保险商业化运作；三是做好消费者权益保护工作，针对老年人、病弱、残障等客户，编制专门服务流程，先后开展“积分圆梦·微公益”积分捐赠公益活动、“六一”助学活动等系列主题活动，获得了“山东省履行社会责任示范企业”、“诚信 3·15 百姓满意度优秀金融品牌”等荣誉称号。

【大事记】 1 月 7 日 建行山东省分行推出乾元通财资产组合型理财产品。

2 月 建行山东省分行创新推出票据受益权类理财产品。

2 月 26 日 总行与浪潮集团在济南签署战略合作协议。

3 月 建行山东省分行利用 POS 机、自助收费机代收公安交警收费业务正式推广上线。

建行山东省分行在威海试点开办渔船抵押个人助业贷款业务。

4 月 29 日 建行山东省分行为山东高速集团有限公司成功发行省内首单 15 年期中期票据。

5 月 建行山东省分行在淄博办理首笔房易安业务。

6 月 建行山东省分行在同业率先推出银联单位结算卡。

6 月 16 日 建行山东省分行与齐鲁证券签订《国内金融机构人民币结算账户透支业务合同》，成功开办法人账户透支业务。

6 月 26 日 建行山东省分行为山东黄金集团有限公司成功发行国内首单非公开定向发行永续债。

7 月 建行山东省分行推出农机具类个人支农贷款。

8 月 19 日 建行山东省分行单位现金缴款业务完成全行上线推广工作。

9 月 12 日 建行山东省分行成功办理全国建行系统内的首单“养颐安康”新产品。

9 月 13 日 建行山东省分行在济南成功上线推广“快贷”。

10 月 建行山东省分行集中创新推出了城镇化、平台类理财业务。

11 月 25 日 建行山东省分行与山东产权交易中心有限公司签署战略合作协议。

12 月 18 日 建行山东省分行顺利开通鲁通 A 卡贷记卡业务。

（刘太丽）

中国建设银行股份有限公司青岛市分行

【第一负责人简介】 段红涛，中共党员，管理学博士学位，高级经济师。荣获2014年度湖北省现代金融业领军人才等荣誉称号。2011年11月起历任建设银行湖北省分行党委委员、副行长；2014年12月任建设银行青岛市分行党委书记、行长。

【综述】 2014年，中国建设银行股份有限公司青岛市分行（简称：建行青岛市分行）较好地完成了各项预定目标。

【公司业务】 2014年，建行青岛市分行强化市场营销，加快客户优化和信贷结构调整步伐，各项业务实现良好发展。

一、“三大一高”战略取得新进展。一是开展高层营销，推动总行与青岛市政府签订全面合作协议；二是在胶东机场、地铁、城际铁路、青钢整体搬迁等全市重大基础设施项目营销上不断取得突破；三是在地方财政、社保、公积金、医疗一卡通等重要领域合作取得实质性进展。

二、推进县域战略。强化“竞争同业、赢在县域”的经营策略，建立行领导挂点和部门对口帮扶机制，定期召开调度会议，并在人力、财务等多方面实行倾斜政策。

三、小企业业务转型。一是制定《小企业业务深化转型实施细则》，向小额化、零售化发展；二是继续深化与青岛市中小企业公共服务中心、科技局的“助保贷”和“助科贷”等平台合作；三是编制手机版小企业产品手册，对客户进行批量化筛选和营销。

四、投资银行业务稳健发展。发行理财产品69.36亿元，同比新增2.36亿元，继续保持良好增长态势。持续推进债券承销业务，成功营销海尔、青啤、青岛港等多家集团客户，与城乡投集团签署了《非金融企业债务融资工具项目合作意向书》。

【个人业务】 2014年，建行青岛市分行抓实“核心业务、基础建设、组织推动”三大举措。一是抓客户基础建设，组织开展“启程春天”活动，提出以“三大特色产品＋四大配套支撑”为核心内容的过程管控体系，采取“精准＋批量＋保有”三项策略，开展三大目标客户“精准营销”，持续实施联动化、综合化和批量化营销；二是激发员工活力，加强渠道建设。组织员工参加柜面人员操作技能竞赛活动和总行个人客户岗位劳动竞赛，加快网点建设的优化和自助渠道的投放、调整、更新速度，提升电话银行营销服务能力；三是大力发展私人银行业务，出台《个人有效VIP客户增值服务方案》，按《个人VIP客户分层维护办法》实行多层级维护；四是着力电子支付、缴费等市场拓展，新增黄海学院网银收银台缴费，离柜账务性交易量占比达83.56%，比年初提升3.62个百分点，推出善融商务海尔电子商务有限公司电子发票，个人商城交易额1240.05万元，企业商城交易额5.4亿元；五是信用卡业务同业领先，重点开展万达影城半价观影、鲁商凯越自助餐半价优惠等促销活动，拓展购车分期业务，净新增客户8.6万户，客户总量52万户，实现中间业务收入1.4亿元。

信用卡客户数、发卡新增、商户收单额、商户新增、中间业务收入和资产质量等核心指标保持同业四大行第一。

【国际业务】 2014年，建行青岛市分行国际业务通过加强指导、优化策略、产品创新，实现良性发展。一是大力吸收外币存款，日均余额达47.44亿元，同比新增13.62亿元，完成计划的239%；二是加强产品创新，成功办理伦铜套期保值场外交易，在建行系统内实现了首笔大宗商品融资OTC代客套期保值业务的落地，成功实现了“出口应收账款风险参与”产品破零；三是积极参与大项目营销。

全年办理跨境人民币业务192.82亿元，同比增幅为30%，同业排名第三；完成国际结算业务量172.39亿美元，同比下降17.19%。

【房地产信贷业务】 2014年，建行青岛市分行住房金融业务着力提升市场拓展、业务创新、风险控制及客户服务能力。一是加强市场营销，开展“喜迎新春 建行房e通团购季”楼盘房源拓展等营销活动；二是开展产品创新，研发一手房贷款“房易安”业务，个人理财产品账户监管贷款、“善融e贷”个人小额信用循环贷款、“善融财富青岛一号”专项资产管理计划均实现零突破；三是提高个贷综合贡献度，持续动态调整个人贷款执行利率价格，适时调整贷款额度。

截至年末，个贷余额及新增均排名同业四大行第一，个贷不良额、不良率均保持同业四大行最低。

【风险控制】 2014年，建行青岛市分行顺利完成信贷资产质量管控计划，全年未发生重大责任事故和案件。一是制定《对公信贷业务真实性核查实施细则》、《担保圈企业贷款风险专项排查工作方案》等一系列规章制度，针对重点领域、产品持续开展风险排查；同时对信贷业务真实性和员工违规代客理财、参与民间借贷等行为进行检查；二是推进反洗钱工作，加大检查力度和风险监测，该项工作在人民银行考核中综合排名第三位，同比提升3个位次，评价等级保持A类；三是开展“压不良、清垫款、控逾期”风险处置专项活动，强化考核、责任认定和追究措施，对重大项目实行部门总经理、支行行长双责任制，定期督导；四是狠压不良贷款，实行行领导挂点制度，召开专题会议，

中国建设银行股份有限公司青岛市分行主要统计指标 1

单位：亿元

项目 \ 年度	2010	2011	2012	2013	2014	2014 年同比增幅（%）
本外币资产总额	826.09	936.12	899	1027.81	1053.17	2.47
本外币存款余额	775.21	912.12	877.9	1000.57	1023.37	2.28
人民币存款余额	754.32	896.97	852	953.87	979.32	2.67
单位存款	404.03	466.36	459.33	476.22	455.43	-4.37
储蓄存款	341.07	342.60	394.41	424.51	441.08	3.90
本外币贷款余额	620.67	712.26	798.8	877.03	955.71	8.97
人民币贷款余额	597.10	689.51	749.04	841.87	899.36	6.83
短期贷款	169.05	197.57	240.21	228.67	208.13	-8.98
中长期贷款	440.02	514.69	515.91	582.18	661.92	13.70
票据融资	11.60	23.10	26.25	10.97	25.38	131.36
利润总额	14.60	19.19	20.38	22.7	15.63	-31.15
不良贷款余额	7.17	6.17	6.82	6.07	23.03	16.96
不良贷款占比（%）	1.15	0.87	0.87	0.71	2.41	239.44

中国建设银行股份有限公司青岛市分行主要统计指标 2

项目 \ 年度	2010	2011	2012	2013	2014	2014 年同比增幅（%）
单位结算账户（万户）	4.4	4.7	5.1	5.5	4.97	-9.64
单位结算金额（亿元）	23592	29912	37014	73069	105675.89	44.62
个人结算账户（万户）	544.33	597.1	600.24	610.18	655.88	7.49
个人结算金额（亿元）	4606.07	5597.48	5369.35	6912.60	7132.60	3.18
信用卡发卡量（万张）	32.16	34.48	40.43	50.30	63.74	26.72
信用卡消费额（亿元）	41.92	51.80	68.44	62.90	121.08	25.62
企业网银客户（万户）	0.99	1.34	1.69	2.08	2.52	21.15
个人网银客户（万户）	37.16	58.35	88.15	119.82	147.06	22.73
手机银行客户（万户）	10.32	28.76	59.98	92.55	118.83	28.41
电话银行客户（万户）	55.56	89.77	125.73	159.52	184.73	15.8
现金自助设备（台）	326	369	456	538	638	18.59
营业网点（个）	107	108	116	120	122	1.67
自助网点（个）	253	278	361	329	377	14.59

通过法律诉讼、重组、置换等多种途径，加快不良贷款处置，不良贷款额、不良贷款率同业四大行保持最优。

【内部管理和金融文化建设】 2014 年，建行青岛市分行组织开展“学案例、知法纪、明禁令”案例警示教育巡回宣讲等活动，持续抓好工作作风改进和反腐倡廉各项要求，完善内控机制。截至年末，分行拥有 3 个中国建行文明单位、3 个山东省文明单位、6 个青岛市文明单位、7 个青岛市文明单位标兵。

一、强化案件防控。一是扎实落实党风廉政建设和案件防控责任制，实行“一岗双责”，层层签订案防责任状，出台了《案件防控考评办法》、《建立健全惩治和预防腐败体系 2014—2017 年工作实施方案》、《贯彻落实总行党的纪律检查体制改革实施意见的实施方案》等制度；二是开展“正风肃纪、勤业守廉”主题教育活动，组织学习重点篇目及典型案例通报、“一把手”上党课、观看警示教育片、学习《领导干部廉洁合规》网络培训课件等；三是坚持“零容忍”，违规必究，加大对内审外查发现问题的问责力度，严肃追究违规违纪问题和重大信贷风险事件有关人员的责任，全年共处理责任人 33 人，其中记过以上处分 19 人，领导管理人员 10 人。

二、加强工作作风建设。一是业绩与承诺践诺制度结合，建立完善正向激励和反向约束机制，发挥网站的平台导向作用，及时反映各级工作动态；二是完善和优化干部选拔任用机制，突出基层经验和实干能力，建立干部考核评价体系，健全干部退出机制；三是选派优秀青年干部轮岗任职，建立多岗位、多层面的锻炼和培养机制，加强后备队伍建设。

三、推进“平安建行”创建活动。做好重点部位的安全管理和重要时点的维稳工作，成功堵截各类电信网络诈骗 34 起，金额近 100 万元，荣获人民银行反电信网络诈骗工作突出成果奖。

四、加强企业文化建设。一是举行“市分行 60 年发展成果展”，编纂制作大型史料与图片文稿并展览两个月，组织开展“送金融知识下乡”和“关爱新市民子女志愿服务行动”等活动，被青岛银监局评为“金融知识进万家”、“送金融知识下乡”和“关爱新市民子女”活动先进单位；二是积极开展送温暖活动，组织职工体检，关心老同志生活，坚持员工家庭要事“五必访”，慰问困难职工 79 人次，发放慰问金 50.62 万元。

【大事记】 1 月 26 日 建行青岛市分行召开 2014 年度工作会议。

1 月 29 日 建设银行以(建总任〔2014〕40 号)聘任陈庆辉为建行青岛市分行副行长。

3 月 10 日 建设银行党委第二巡视组开始对青岛市分行进行巡视。

5 月 29 日 建设银行董事齐守印、陈远玲、徐铁、郭衍鹏、董轼一行到分行对信贷风险管理工作进行调研，并于下午赴青岛扬帆造船厂进行实地考察。

6 月 21 日 青岛市政府与建行战略合作协议签约仪式在鲁商凯悦酒店举行。青岛市市长张新起、副市长刘明君、建设银行副行长黄毅、青岛市分行行长冯涛等出席签约仪式。

建设银行公司业务部康义总经理和青岛市政府刘明君副市长签订了《青岛市政府与中国建行战略合作协议》；冯涛行长代表青岛市分行与青岛中德生态园管理委员会主任赵世玉签订了《青岛中德生态园管理委员会与建行青岛市分行战略合作协议》。

11 月 13 日 建设银行党委聘任段红涛任建行青岛市分行党委书记(建党任〔2014〕89 号)。

12 月 30 日 建设银行聘任段红涛为建行青岛市分行行长(建总任〔2014〕398 号)。

(孙 岩 谭庆勋)

交通银行股份有限公司山东省分行

【第一负责人简介】 王锋，男，1969 年 5 月生，河南南阳人，博士研究生，高级经济师。1989 年 7 月参加工作，1995 年 5 月入党。1994 年 8 月起，历任交通银行郑州分行紫荆山支行副行长、文化路支行副行长(主持工作)、百花路支行行长。2000 年 9 月任交通银行郑州分行党委委员、副行长，2004 年 3 月任交通银行郑州分行党委副书记、纪委书记、副行长。2005 年 11 月任交通银行山西省分行党委书记、行长。2010 年 4 月至今，任交通银行山东省分行党委书记、行长。

【综述】 2014 年，交通银行股份有限公司山东省分行(简称：交行山东省分行)以“存款、利润、客户”三大指标发展为导向，积极应对经济新常态，扩大客户基础促发展，强化流程建设控风险，较好地完成了经营任务。

【资产负债管理】 2014 年，交行山东省分行业务协调、健康、稳定发展。一是加强业务管理与调度，存款规模稳步增长，日均存款增量系统排名首位；二是加强贷款规模调控，优化贷款申报审批流程；三是加快业务转型，通过加强同业对比分析，将中间业务发展的要求、压力及时传导到经营单位，推动中间业务快速发展。

【授信业务】 2014 年，交行山东省分行严格执行总行要求，合理安排信贷投放进度，动态跟踪贷款投放情况，努力保持存贷比合规，避免流动性风险，实现业务持续健康发展。

一、不断调整、优化信贷结构。一是夯实客户基础，通过授信目标客户名单管理的方式，优选全省 952 户企业为“千强目

交通银行股份有限公司山东省分行主要统计指标 1

单位：亿元

项目＼年度	2010	2011	2012	2013	2014	2014 年同比增幅（%）
本外币资产总额	848.20	1105.39	1298.32	1542.54	1602.65	3.90
本外币存款余额	810.02	1037.73	1226.89	1465.26	1495.05	2.03
人民币存款余额	802.86	1028.21	1209.81	1456.75	1488.89	2.21
单位存款	554.11	710.73	854.40	1035.20	1053.74	1.79
储蓄存款	199.66	268.00	306.01	369.83	389.85	5.41
本外币贷款余额	597.94	691.51	816.89	913.65	969.97	6.16
人民币贷款余额	588.88	678.13	779.14	879.04	916.73	4.29
短期贷款	260.33	327.93	504.59	613.73	664.66	8.30
中长期贷款	311.87	346.78	273.57	259.23	243.42	-6.10
票据融资	16.49	3.29	0.96	5.83	1.17	-79.9
利润总额	11.49	16.84	17.06	19.32	19.26	-0.31
不良贷款余额	7.63	4.81	4.83	6.14	18.39	199.51
不良贷款占比（%）	1.28	0.69	0.59	0.67	1.90	—

交通银行股份有限公司山东省分行主要统计指标 2

项目＼年度	2010	2011	2012	2013	2014	2014 年同比增幅（%）
单位结算账户（万户）	2.84	3.38	3.93	4.34	4.48	3.23
单位结算金额（亿元）	1161.31	1398.12	1671.04	1924.97	1979.42	2.83
个人结算账户（万户）	181.92	233.67	517.76	571.04	657.07	15.07
个人结算金额（亿元）	246.65	331.11	372.75	453.94	485.60	6.97
信用卡发卡量（万张）	70.02	104.73	143.63	182.22	244.64	34.26
信用卡消费额（亿元）	114.3	187.67	333.75	526.97	863.45	63.85
企业网银客户（万户）	0.58	0.89	1.38	1.81	2.04	12.71
个人网银客户（万户）	53.28	70.86	97.74	130.05	169.59	30.40
手机银行客户（万户）	3.28	5.86	12.83	27.26	51.50	88.92
电话银行客户（万户）	0.05	0.24	0.66	0.31	0.30	-3.23
现金自助设备（台）	374	534	749	950	1231	29.58
营业网点（个）	138	132	135	131	131	0
自助网点（个）	30	58	94	161	249	54.66

标客户名单”进行重点拓展，经过近一年的时间，取得了较好的进展；二是积极推进“流程建设年”要求，优化审批流程，提高审批效率；三是积极调整信贷投放结构，“两高一剩”行业实现双降。

二、加强授信业务风险管理。一是强化授信业务管理。自 3 月起上收全辖“千强目标客户名单”外授信业务的新增授信业务审批权，进一步提高授信准入质量，防止资产质量下降。二是做好减退加固工作。对减退名单客户，从“以减退为主”向“减退和加固并重”的思路转变，对短期内减退较难的客户通过强化抵（质）押、强化担保人、品种优化、期限优化等方式积极加固，有效缓释信贷风险。

【公司业务】 2014 年，交行山东省分行努力增强公司条线业务的市场竞争力。

一、加大重点客户营销拓展,夯实对公负债业务发展基础。一是通过高层营销、战略合作签约、企业家峰会等形式,推进客户营销;二是深入细分政府类系统客户市场,精选行业龙头企业、优质上市公司及战略合作企业作为重点目标客户,以产业链金融、现金管理为服务手段,抓结算、促留存,提高企业客户的结算资金归集沉淀。

二、加大体制机制优化力度,提升经营发展活力。该行实施了大客户准事业部制改革,对部分系统性、行业性客户进行了集约化调整。改制后的大客户部客户定位为省级部门和大型集团客户的专业化经营单位,选取客户集中度较高的机关及相关企事业单位进行集中维护和营销,发挥大客户专业化、集约化管理机制对客户拓展和维护的突出作用。

【个人业务】 2014年,交行山东省分行积极夯实客户基础,做大品牌客户规模,高度重视个金业务发展,继续推进"好客交行"服务品牌的建设,取得好成效。一是坚持"一把手抓存款、全行抓存款、全方位抓存款",建立以客户增长促存款增长的长效发展机制和跨条线交叉营销存款的体制机制,推动储蓄存款快速、平稳增长;二是把服务提升作为战略性任务和系统性工程常抓不懈,通过"抓执行、树标杆、促短板",提升服务水平和效率,有5家网点获得中国银行业协会"文明规范服务千佳示范单位"称号,创下了省内单家银行入选网点数的最高纪录;三是推进销售队伍和网点建设,目前有沃德网点18个、沃德服务通道17个、沃德服务专柜92个,沃德服务渠道覆盖率达100%;四是对客户经理实行"底薪+业绩提成"的市场化激励手段,对个金部产品经理按12项重点产品实施计价考核。

【国际业务】 2014年,交行山东省分行以流程建设为契机,推动转型发展,实现了国际业务的健康快速发展。一是合理分工,全面加强国际部在产品营销、市场推广方面的职能,有效地增强了对全辖国际业务发展的支撑能力;二是加大营销力度,新拓展多家代理同业客户;三是制定了国际业务重点目标客户200户名单和境内外联动业务重点目标客户150户名单,为国际业务营销工作提供了指导方向;四是夯实离岸客户基础,大力推广离岸授信业务和离岸融资类业务,为客户提供离在岸、本外币、一站式跨境金融服务;五是加强制度建设,先后制定并下发了10项管理规定或实施细则;六是加强风险预警,通过债务重组等措施,贸易融资垫款和逾期余额得到有效压降;七是对重点业务实行名单准入制管理,在风险可控的前提下把重点客户业务做大做强。

【会计结算】 2014年,交行山东省分行以"改革创新、转型发展"为主题,坚守营运条线"安全营运、合规操作、杜绝案件"的风险底线,全力提升营运服务支撑能力,推动营运管理转型发展。

一、加强营运现场与非现场检查辅导力度,严密防控操作风险。一是开展重点专题排查20项,现场检查深入基层132天,面谈员工762名,覆盖率达419%;二是加强节假日期间检查辅导,节假日监控与电话辅导131家、现场检查辅导64家。

二、落实重点内控措施,做好案件防控工作。一是严格落实个人存款、网银操作和上门收款管理,排查资金风险;二是重点关注违规代办和代保管等行为,严防道德风险;三是持续关注屡查屡犯问题,切实树立内控制度的权威性。

三、优化营运业务流程,支持业务发展。一是抽调省行、分行、支行三级业务骨干组成流程建设团队,经过流程梳理、初步审核、意见征集、修改完善、最终评审,完成了99个营运业务流程图表的梳理编写;二是先后完成了二代支付系统、冠字号查询管理系统、自助设备预约开锁子系统3个项目上线推广等工作。

四、突出作风建设,创建营运负责人基层坐班制度。由分行分管行长和营运部经理去基层实践网点综合柜员岗位,每人每月3次,每次半天。全辖参加实践活动的负责人共有40人,解决各类问题599个;坚持营运人员季考制度,全年开展脱产培训22期,每期1周时间,培训总人次达649人。

【电子银行业务】 2014年,交行山东省分行积极整合科技资源,提高信息技术和业务发展的融合度,有力地支持了业务发展。

一、加强生产管理,规范日常操作。每周定期对重要生产系统主备机进行健康检查,防范运行隐患,全年系统可用率、网络可用率和重要业务系统运行率均达100%。

二、做好新业务推广和特色业务开发工作。一是完成全辖智能排队机系统、自助设备预约开锁系统、冠字号系统、新一代自助通系统等12个系统的上线工作;二是进行特色项目研发32项,其中管理类软件13项,业务类软件19项,有力地推动了业务发展。

三、加快自助银行铺设力度。全年新建自助银行87家,在建自助银行5家。在传统存取款机、取款机、查询机自助设备的基础上,积极推动自助发卡机业务,大大完善了自助区的渠道分流能力。

【内部管理与金融文化建设】 2014年 交行山东省分行不断夯实内部管理,经营管理水平不断提升。

一、全面启动流程建设。该行认真梳理了公司、投行、托管、同业、授信、营运、电银等条线业务流程,对每项业务制定流程分析图和流程分析表,各项流程分析图、流程分析表在经业务主管部门、风险部和审计部审核,并报省分行全面风险管理委员会表决通过后,下发全行执行。截至年末,全行共完成业务类及管理类流程333项。

二、强化营运、内控和操作风险管控。一是加强重点岗位和关键环节的管控,逐步形成以价值为目标、以客户为中心、以市场为导向、以责任为纽带、以能力为基础的全员风险文化;二是实施了风险客户名单式管理,启动了外部真实性核查。

三、认真履行社会责任。全年先后向山东省立医院肿瘤患者慈善活动捐款15万元;向"聊城市春雨助学协会"捐助助学金12000元,主要用于资助贫困生;向潍坊奎文敬老院萎湾社区托老所捐赠了米、面、油等物品，折合人民币 2000 元左右；向德州市慈善总会捐款 6200 元，用于救助困难群众。

【大事记】 1 月 8 日 山东省财政厅召开非税收入代收银行座谈会，重点表彰了 2013 年全省非税收入代收先进银行，授予交行山东省分行“全省政府非税收入代理收缴服务创新银行”荣誉称号。

1 月 在山东省银监局对辖内各直报机构 2013 年度监管统计工作考核评比中，交行山东省分行以总分第一名的成绩，被授予“监管统计工作先进单位”一等奖。同月，在中国银行业协会举办的 2013 年度中国银行业文明规范服务“明星大堂经理”评选活动中，交行济宁分行大堂经理孙苗、交行烟台分行大堂经理杨倩荣获得“明星大堂经理”荣誉称号。

1 月 27 日 交行山东省分行召开 2014 年工作会议。

2 月 8 日 交行山东省分行行长王锋拜访山东省省长郭树清。

2 月 12 日 交行山东省分行召开“党的群众路线教育实践活动总结大会”。

2 月 23 日 交通银行行长彭纯来山东省分行调研，并会见了山东省省长郭树清、副省长夏耕及金融办、人民银行济南分行、山东银监局主要负责人。

2 月 24 日 交通银行行长彭纯到山东省分行本部和泰安分行调研指导工作。

4 月 2 日 交行山东省分行在济南举行首场“优秀企业家峰会”。

4 月 3 日 由交行山东省分行与山东省立医院合作的“肿瘤患者关爱行动”救助项目正式启动。

4 月 27 日 交行山东省分行“春季职工体育运动会”在山东财经大学舜耕校区田径场隆重举行。

4 月 28 日 由交行山东省分行和山东省黄金协会共同主办的“山东黄金产业发展高层论坛”在济南山东大厦举行。

6 月 10 日 交行山东省分行与移动山东分公司联合发行中国移动联名卡。

6 月 19 日 交行山东省分行党委书记、行长王锋到滨州市进行高层营销和调研。

7 月 25 日 交行山东省分行在 2012–2013 年度全省金融业发展绩效考核中成绩优异，被省政府授予“山东省金融发展贡献奖”。

8 月 2 日 交行山东省分行召开年中工作会议。

8 月 21 日 ~ 22 日 交通银行离岸金融业务中心在威海市组织召开离岸贸易融资产品研讨会。

8 月 29 日 交行山东省分行成功举行济南“薪酬管理企业家峰会”。

9 月 16 日 交行山东省分行在放款环节开始增加外部真实性核实流程。

9 月 27 日 由中国金融工会山东工作委员会主办、山东银行业协会协办的“山东金融系统首届职工运动会”在济南举行，交行山东省分行选手获得男子自由泳比赛第一名、象棋比赛第二名。

10 月 11 ~ 12 日 交行山东省分行在山东财经大学舜耕校区体育馆举行“幸福交行”杯 2014 年乒乓球、羽毛球团体比赛。

11 月 12 日 交行山东省分行在济南举行“济南科技企业家峰会”。

11 月 17 日 ~ 18 日 交通银行监事长宋曙光到山东省分行调研指导工作。

11 月 17 日 交行山东省分行副行长王磊赴菏泽市出席由人民银行济南分行与菏泽市政府联合主办的“金融支持菏泽打造‘西部经济隆起带’和加快科学发展银企对接会”；并代表交行山东省分行与山东玉皇集团签订战略合作协议。

12 月 17 日 交通银行副行长侯维栋到山东省分行调研指导工作并走访了浪潮集团有限公司。

（李光飞）

交通银行股份有限公司青岛分行

【第一负责人简介】 李智斌，男，1966 年 3 月生，云南武定人，大学本科学历，1987 年 6 月加入中国共产党，1989 年 9 月参加工作，高级工程师。历任交通银行昆明分行电脑室主任、电脑处处长、私人金融业务处处长，交通银行云南省分行党委委员、副行长、高级信贷执行官；2011 年任交通银行青岛分行党委书记，行长。

【综述】 交通银行股份有限公司青岛分行(简称：交行青岛分行)成立于 1988 年 2 月，在青岛市内设有 51 个营业网点，13 个专为贵宾客户服务的沃德网点和 1 个私人银行服务中心，是交

交通银行股份有限公司青岛分行主要统计指标 1

单位：亿元

项目 \ 年度	2010	2011	2012	2013	2014	2014 年同比增幅（%）
本外币资产总额	639.97	761.82	869.04	897.91	975.84	8.68
本外币存款余额	575.26	679.3	776.14	840.50	892.76	6.22
人民币存款余额	557.33	656.59	748.83	805.65	838.75	4.11
单位存款	351.66	416.52	528.81	562.64	558.99	-0.65
储蓄存款	168.45	184.35	220.02	243.01	257.32	5.89
本外币贷款余额	385.05	438.85	504.12	550.69	565.74	2.73
人民币贷款余额	376.29	426.52	477.47	524.41	548.73	4.64
短期贷款	195.59	196.95	220.15	236.22	171.54	-27.38
中长期贷款	158.76	206.55	234.02	263.82	238.01	9.17
票据融资	21.83	22.82	22.84	28.04	28.00	-0.14
利润总额	10.26	12.87	14.23	16.49	15.94	-3.34
不良贷款余额	2.81	6.38	6.66	10.30	14.95	45.15
不良贷款占比（%）	0.73	1.45	1.32	1.87	2.64	41.18

交通银行股份有限公司青岛分行主要统计指标 2

项目 \ 年度	2010	2011	2012	2013	2014	2014 年同比增幅（%）
单位结算账户（万户）	1.47	1.73	1.92	2.06	2.31	12.31
单位结算金额（亿元）	9837.11	12507.19	15285.02	18640.06	21724.23	16.55
个人结算账户（万户）	228.63	308.84	390.68	425.72	506.27	18.92
个人结算金额（亿元）	4924.95	5709.63	5175.31	5397.22	5594.68	3.66
信用卡发卡量（万张）	4.39	2.39	3.37	4.88	5	2.46
信用卡消费额（亿元）	24.32	30.37	93	134.57	201	49.36
企业网银客户（万户）	0.37	0.58	0.79	0.99	1.14	15.15
个人网银客户（万户）	39.77	47.14	61.21	78.92	100.47	27.31
手机银行客户（万户）	5.42	7.95	13.68	22.61	63.24	179.70
电话银行客户（万户）	0.5	0.19	0.19	0.19	0.28	47.37
现金自助设备（台）	328	380	405	460	504	9.57
营业网点（个）	58	58	54	51	51	0
自助网点（个）	53	64	68	75	82	9.33

通银行境内 37 个管辖直属分行之一。

【公司业务】 2014 年，交行青岛分行努力夯实客户基础，深挖业务潜力，对公存款规模稳居当地同业之首。

一、融入地方经济发展，提供金融支持。一是为青岛市财政及崂山区、城阳区、开发区、胶南市、即墨市等区县财政办理集中支付代理，是高新区代理国库支库代理银行；二是与社保、住房公积金管理部门合作紧密，是唯一一家同时面向全市企事业单位收缴住房公积金、劳动保险的银行，是青岛市城市一卡通“琴岛通”卡的独家合作金融机构；三是为海尔集团财务公司发行金融债券 32 亿元；四是与交行联动为青岛啤酒办理内保外贷业务，满足了客户境外机构资金需求；五是推行青岛烟草 E 通系统跨行支付业务，并作为青岛烟草的业务创新在山东省内推广；六是为青岛地铁集团 2号线、3 号线项目银团贷款 1.4 亿元，为青岛海晶化工集团发放7亿元搬迁贷款，为青岛西海岸新农村社区建设有限公司发放贷款3亿元；七是与青岛市交通委、青岛银联、青岛广电集团合作，成功上线青岛市出租车服务管理系统，成为青岛市内出租车信息化支付项目独家清算银行。

二、支持战略性产业，推动重点项目。一是积极支持青岛市提出的“海上丝绸之路”蓝色经济建设，为青岛港提供综合授信77亿元，支持青岛远洋、山东远海等海上运输企业持续健康发展，同时加大为青岛中集、马士基等集装箱及仓储企业提供授信支持；授信34亿元助力青岛口岸国际业务快速发展，重点推进对海洋工程装备、海洋生物科技、远洋渔业、海洋功能产品等优质高新技术产业企业扶持，为该类企业合计授信约18亿元；二是加大高铁全产业链领域金融支持力度，为南车青岛四方机车车辆授信100亿元；支持青连铁路项目建设，作为牵头行，通过组建银团贷款的方式，将为该项目提供融资支持120亿元。

三、关注民生，扶持融资弱势群体。一是加大对农业及相关产业的信贷投放力度，为正大集团、亚太中慧农户贷、胶南生态农业提供金融支持，支持养殖、屠宰、饲料、储备等畜牧生产相关产业链农户贷款余额达6000余万元；二是积极支持教育医疗，独家为青岛市立医院、青医附院提供“医卡通”电子诊疗金融服务；提供授信5.5亿元参与青岛市第六中学、第九中学搬迁升级；三是不断加大农村支付服务环境建设力度，在人民银行青岛市中心支行组织开展的现金服务示范网点评选活动中，即墨、平度、莱西等支行获得“现金服务示范网点”称号。

【个金业务】 2014年，交行青岛分行坚持以客户为中心，个金业务持续稳定发展。一是先后举办了“3·15消费者权益保护宣传日”和防范打击非法集资宣传展览，开展“打击假币犯罪，保护人民币”等主题宣传活动；二是开展“金融知识万里行”、“走出交行、播种财富”社区行等活动，深入近百个社区，征集了近千份《客户调查问卷》；三是全年累计成功拦截诈骗案件十余起，为客户避免了潜在经济损失1000多万元；四是开展“零币兑换我最行”活动，为个体工商人员等兑换零币，改善现金流通环境，满足社会大众的零币需求。

【中间业务】 2014年，交行青岛分行加快业务转型，综合财富管理能力持续增强。一是在持续保持国际结算类业务传统优势的基础上，加大特色产品宣传推广力度，深挖优势业务盈利潜力；二是将投行业务发展作为增收重点，加快信托受益权、资产管理计划等投行业务发展，积极拓宽盈利渠道；三是持续加强创新产品与中间业务项目储备建设，进一步优化资源配置，保持部门联动协作，为中间业务发展夯实基础。

【大事记】 1月1日 由交行青岛分行冠名的“交通银行杯·青岛市新年万人健康跑”活动正式启动，近万名市民通过参加这一活动，迎接新年到来。

1月7日 交行青岛分行与青岛汽车口岸在青岛保税港区举行的“银企战略合作签约仪式”上签约，与中国银行、农业银行一同成为青岛汽车口岸的首批战略合作银行。

1月8日 交行青岛分行与潍坊银行青岛分行合作，成功办理首笔同业合作远期结售汇业务。

1月9日 交行青岛分行正式开办预付卡购卡款项柜面代收业务。

1月29日 交行青岛分行成功为青岛前湾集装箱码头成功发放债券过桥贷款9亿元，这是该行发放的第一笔此项业务。

2月20日 中国银行业协会专职副会长杨再平、秘书长陈远年一行到交行青岛分行调研。

2月28日 交行青岛分行与青岛国信融资担保有限公司举行合作签约仪式。至此，该行与青岛市三大国有担保公司全面签订合作协议。

3月1日 交行青岛分行现金类自助设备取消原有纸质流水打印，实现电子流水打印。

3月 交行青岛分行与青岛市经济和信息化委员会签订《企业技术改造项目综合金融服务战略合作协议》，就青岛市技术改造贴息贷款项目展开全面合作。

4月3日 交通银行总行对青岛分行市北一支行、李沧一支行两起堵截风险事件进行通报表彰，并对有功人员进行了奖励。

5月7日 交行青岛分行成功办理首笔“电票质押开立纸质银承”业务。

5月9日 交行青岛分行成功中标2014年青岛崂山区财政国库集中收付代理银行项目。

5月22日 交行青岛分行成功发行海尔财务公司32亿元金融债券。

5月 交行青岛分行与中德生态园举行战略合作签约仪式，在幸福社区棚改项目、海外上市并购、资产证券化、保险债权计划、园区内招商引资项目金融配套等方面为该园提供综合化财富管理服务。

6月 交行青岛分行通过营销成功为青岛市烟草集团公司开立结算账户。

7月7日 交行青岛分行成功为青岛市市立医院上线“医卡通”项目。

7月 交行青岛分行成功为青岛佳施化工有限公司办理韩元融资业务。该业务为山东省内发放的第一笔韩圆融资，使用了交行申请的国内首批4亿韩圆的中韩货币互换资金。

8月27日 交行青岛分行开展2014年反假货币宣传月活动。

8月28日 交行青岛分行开发上线移动POS代理业务签约系统。

8月29日 交行青岛分行与青岛港财务公司签署蕴通理财账户协议并为其开通银企直联业务，实现了青岛港第一批69家成员单位资金通过交行蕴通账户调拨并进行资金结算归集业务。

8月 交行青岛分行签约成为青岛蓝海股权交易中心推荐机构会员。

9月22日　铁路公积金联名卡业务在交行青岛分行正式上线。

10月8日　交行青岛分行成为青连铁路项目银团贷款牵头行。

10月31日　交行青岛分行在即墨市开展“蕴通财富走进即墨”大型路演活动。

10月　交行青岛分行在全国烟草系统首创青岛烟草E通系统的跨行支付模式。

交行青岛分行中标绿城房地产集团“社区联名卡”项目。

11月28日　交行青岛分行闽江路社区支行正式开业。

交行青岛分行在莱西市举办“蕴通财富走进莱西”大型路演活动。

11月　交行青岛分行成功办理贺利氏(招远)贵金属材料有限公司黄金租赁项目。

12月3日　交行青岛分行、中国电子企业协会和山东省电子学会携手群星金融网，共同举办“互联网时代的供应链金融高峰的企业金融服论坛”。

12月11日　交行青岛分行报送的“银行承兑汇票异常查询信息监测模型”在总行营运条线风险监测模型设计大赛中荣获“优秀监测模型奖”。

12月30日　由青岛市政府主办、交行青岛分行协办的“青岛新年音乐会”在青岛市大剧院举行。

（唐凯歌）

中国邮政储蓄银行山东省分行

【第一负责人简介】　马洪宁，山东单县人，1964年11月生，大学本科，中共党员，经济师。1982年1月参加工作，历任江苏省邮政储汇局副局长、党委书记，中国邮政储蓄银行江苏省分行党委书记、行长；2013年4月至今任中国邮政储蓄银行山东省分行行长。

【综述】　2014年，中国邮政储蓄银行山东省分行(简称：邮储银行山东省分行)立足于服务城乡、服务社区、支持“三农”的零售银行定位，以提高发展质量和效益为中心，以深化改革和精细化管理为手段，加快向全功能商业银行转型，整体工作继续走在全国邮储银行前列。

【经营管理】　2014年，邮储银行山东省分行以做精产品、做细业务、做熟市场为重点，通过整合队伍、产品、客户资源，整体效益稳步提升，业务收入居全国邮储同业第5位。

该行加大风险管控力度，提高风险管控意识。一是梳理完善各项规章制度，深入开展“顶冒名”贷款风险管控等工作；二

中国邮政储蓄银行山东省分行主要统计指标1

单位：亿元

项目＼年度	2010	2011	2012	2013	2014	2014年同比增幅(%)
本外币资产总额	2004.03	2428.48	2943.44	3132.55	3611.78	15.30
本外币存款余额	1973.23	2378.21	2827.16	3047.70	3507.34	15.08
人民币存款余额	1973.18	2378.16	2827.09	3047.32	3507.20	15.09
单位存款	225.19	308.41	377.29	408.75	474.42	16.07
储蓄存款	1717.02	2049.42	2449.80	2638.57	3032.78	14.94
本外币贷款余额	225.60	299.55	422.07	576.70	751.63	30.33
人民币贷款余额	225.60	299.55	422.05	576.09	751.63	30.47
短期贷款	133.65	170.91	229.84	243.59	266.31	9.33
中长期贷款	91.96	128.64	192.21	332.49	485.31	45.96

续表

项目＼年度	2010	2011	2012	2013	2014	2014 年同比增幅（%）
票据融资	10.51	27.98	57.37	25.48	51.12	108.33
利润总额	7.67	7.29	14.06	9.63	13.38	38.84
不良贷款余额	2.18	4.22	6.32	9.05	8.44	-6.7
不良贷款占比（%）	0.92	1.57	1.32	1.50	1.05	--

中国邮政储蓄银行山东省分行主要统计指标 2

项目＼年度	2010	2011	2012	2013	2014	2014 年同比增幅（%）
单位结算账户（万户）	3.38	4.24	4.91	5.32	5.12	-3.76
单位结算金额（亿元）	3541.2	5643.93	6990.77	--	—	—
个人结算账户（万户）	5136.92	5604.78	6453.48	7952.07	6960.70	-12.47
个人结算金额（亿元）	569.04	588.52	682.90	884.83	866.67	-2.05
信用卡发卡量（万张）	2.76	8.52	10.39	11.06	8.84	-20.07
信用卡消费额（亿元）	1.98	18.44	58.29	110.89	155.52	40.25
企业网银客户（万户）	0.47	0.78	1.15	0.75	1.08	5.71
个人网银客户（万户）	34.56	143.34	292.64	529.17	729.3	-15.3
手机银行客户（万户）	--	--	74.0	288.57	485.5	105
电话银行客户（万户）	137.66	237.25	329.7	566.28	707.4	-40.4
现金自助设备（台）	1253	1831	2481	3350	3974	-4
营业网点（个）	2542	2622	2694	2727	2738	0.40
自助网点（个）	--	--	873	1155	—	—

是积极开展各类风险的监测评价，强化资产分类、风险排查、专项检查、信贷资产质量控制及新产品、新业务风险评估；三是按季召开内控与案防会议，开展“除隐患，保平安”操作风险专项整治活动，营业机构违规数量同比下降 58.48%；四是扎实开展反洗钱、授权管理、合同管理等，相继开展违规担保承诺、支行行长履职、印章证照等专项检查，加强员工异常行为排查；五是组织实施业务专项审计，及时开展经济责任离任审计，强化对重要事项的风险监督和警示，提高非现场审计揭示风险的能力。

【电子银行业务】 2014 年，邮储银行山东省分行电子银行业务快速发展。一是加强自助设备管理，二是优化电子支付环境，电子渠道替代率 73%，提高 11.5 个百分点。

【大事记】 1 月 11 日 邮储银行山东省分行工作会议在济南召开。

3 月 21 日 邮储银行山东省分行逻辑集中工程顺利上线。

5 月 26 日 邮储银行山东省分行网点授权集中工程顺利上线。

12 月 山东省文明委授予邮储银行山东省分行及 22 家市、县行省级文明单位称号。

（梁 骞）

中国邮政储蓄银行青岛分行

【第一负责人简介】 银青志,1966 年 3 月生,毕业于北京邮电大学,中国共产党党员,高级经济师。1987 年 7 月参加工作,历任河南省辉县市邮政局局长、党委书记,新乡市邮政局局长、党委书记,中国邮政储蓄银行河南省分行副行长,中国邮政储蓄银行总行信贷业务部副总经理;2012 年 11 月至今,任中国邮政储蓄银行青岛分行行长、党委书记。

【综述】 2014 年,中国邮政储蓄银行青岛分行(简称:邮储银行青岛分行),坚持服务“三农”、服务社区、服务中小企业的市场定位,创新产品,不断增强企业核心竞争力,强化基础管理工作,努力构建和谐企业,服务功能不断完善,业务种类逐渐丰富,抗风险能力进一步提升,逐渐形成了以零售金融、普惠金融为主体,以公司金融和金融市场业务为“两翼”的“一体两翼”全功能商业银行经营格局。

【内控管理】 2014 年,邮储银行青岛分行扎实推进内控管理,风控能力再上新水平。一是加强案件防控检查力度,开展了他项权证管理等多项专项检查;二是开展“管理工作执行力提升年”活动,强化风险排查工作力度,深入开展资产质量控制,持续开展不良资产移交,保全清收、呆账核销等工作;三是以“强管理、防风险、促发展”为目标,坚持风险导向的审计理念,积极探索以“事前审计为基础、事中审计为重点、事后审计为保障”的审计模式,全年开展专项审计及调研项目 15 个;四是完成了营业场所预报警信息接入试点及分行监控中心建设;五是强化预案演练工作,提升员工突发事件应急处置能力。

【电子银行建设】 2014 年,邮储银行青岛分行全面建设网点体验环境,加大营销宣传力度,加快网上商户拓展进度,大力推进电子银行业务跨越式发展,有效缓解了柜台压力,并将服务延伸到农村金融市场。

【大事记】 1 月 邮储银行青岛分行顺利上线青岛电费的网上代缴业务,并立项青岛公用事业便民卡的网上代缴业务。

中国邮政储蓄银行青岛分行主要统计指标 1

单位: 亿元

项目 \ 年度	2010	2011	2012	2013	2014	2014 年同比增幅(%)
本外币资产总额	206.01	244.55	288.93	320.60	544.80	69.93
本外币存款余额	202.01	237.97	280.40	310.74	348.63	12.19
人民币存款余额	201.89	237.86	280.24	310.53	348.28	12.16
单位存款	12.78	16.31	19.47	23.33	22.96	-4.71
储蓄存款	187.56	219.57	260.93	287.41	325.61	13.29
本外币贷款余额	19.35	29.97	38.09	72.20	118.77	64.50
人民币贷款余额	19.35	29.97	38.09	72.20	118.77	64.50
短期贷款	6.47	10.58	14.08	22	35.12	59.64
中长期贷款	12.88	19.29	24.02	50.20	83.65	66.63
票据融资	3.83	4.59	9.31	6.25	9.35	49.60
利润总额	0.35	0.02	0.47	0.29	0.49	68.97
不良贷款余额	0.11	0.14	0.25	0.30	0.58	94.89
不良贷款占比(%)	0.57	0.42	0.52	0.38	0.46	21.05

中国邮政储蓄银行青岛分行主要统计指标 2

项目 \ 年度	2010	2011	2012	2013	2014	2014 年同比增幅（%）
单位结算账户（户）	2727	3200	3327	3891	4199	7.92
单位结算金额（亿元）	14.44	18.97	19.69	23.71	23.04	-2.82
个人结算账户（万户）	632.71	697.30	784.32	708.69	769.23	8.54
个人结算金额（亿元）	1122.41	1326.56	1456.43	1797.78	1961.36	9.90
信用卡发卡量（张）	3121	6812	4324	5362	12311	129.60
信用卡消费额（万元）	1166.70	5365.92	10488.47	15813.10	36662.01	131.85
企业网银客户（户）	381	468	399	762	1024	34.38
个人网银客户（万户）	7.10	16.40	24.42	40.89	59.39	45.25
手机银行客户（户）	0	0	39218	190353	368012	93.33
电话银行客户（万户）	16.25	27.02	33.79	53.14	63.96	20.37
现金自助设备（台）	238	255	319	423	509	20.33
营业网点（个）	248	250	255	263	266	1.14
自助网点（个）	--	--	1	10	11	10

1月3日 邮储银行青岛分行推出微信银行、微博银行和易信银行等“微银行”产品。

2月21日 邮储银行青岛分行顺利完成逻辑集中工程正式切换上线工作。

3月 邮储银行青岛分行开办福农通业务。

3月4日 邮储银行青岛分行成功开立首个NRA外币定期户。

5月26日 邮储青岛分行胶州市钢结构总行级特色支行挂牌。

7月9日 邮储银行青岛分行江守湖任邮储银行青岛分行纪律检查委员会书记(兼),免去孙皓邮储银行青岛分行纪律检查委员会书记职务(邮银党任〔2014〕34号)。

7月22日 邮储青岛崂山区麦岛支行、市南区山东路支行、市北区威海路支行家二级支行升格为一级支行。

8月1日 邮储总行副行长李财林莅临青岛分行调研指导工作。

9月15日 孙皓任邮储银行青岛分行副行长（邮银行任〔2014〕56号）。

（宋琳杰）

第五部分

金融机构运行报告
——商业银行（下）

恒丰银行股份有限公司

【第一负责人简介】 蔡国华，恒丰银行董事长、党委书记；工学博士，北京大学光华管理学院应用经济与金融专业博士后，兼任北大光华区域经济与地方金融研究中心副主任。

【综述】 2014年，恒丰银行股份有限公司（简称：恒丰银行）认真贯彻国家宏观调控政策、货币信贷政策，坚持科学发展观，全行资产、机构规模和经营管理水平均呈良好发展态势，综合实力不断增强。

【信贷管理】 2014年，恒丰银行一是提升精细化管理水平，

恒丰银行股份有限公司主要统计指标1

单位：亿元

项目＼年度	2010	2011	2012	2013	2014	2014年同比增幅（%）
本外币资产总额	2741	4373	6179.5	7722	8486	9.89
本外币存款余额	1804	2027	3065	3702	4766	28.74
人民币存款余额	1795	2020	3028	3607	4747	31.61
单位存款	1107	1319	2165	2279	2696	18.30
储蓄存款	369	401	548	835	1011	21.08
本外币贷款余额	1201	1447	1716	2073	2390	15.29
人民币贷款余额	1194	1408	1677.9	1998	2263	13.26
短期贷款	576	787	1035.2	1508.7	1557	3.2
中长期贷款	545	495	473	489	466	-4.7
票据融资	65	122	160.5	149.95	188.28	25.56
利润总额	25	54.16	74.9	89.57	97.84	9.23
不良贷款余额	7.5	8.53	11.46	19.62	22.54	14.88
不良贷款占比（%）	0.62	0.59	0.67	0.95	0.94	-0.01

恒丰银行股份有限公司主要统计指标2

项目＼年度	2010	2011	2012	2013	2014	2014年同比增幅（%）
单位结算账户（万户）	3.61	4.26	4.52	5.03	5.49	9.15
单位结算金额（亿元）	32023.27	51387.37	61478.2	74708.1	91336	22.26
个人结算账户（万户）	72.58	94.91	120.87	144.59	186.93	29.28
个人结算金额（亿元）	1782.41	2960.42	3392.38	5093.99	7428.1	45.82
信用卡发卡量（万张）	0	0	0	0	0	0
信用卡消费额（亿元）	0	0	0	0	0	0
企业网银客户（万户）	0.63	1.11	1.43	1.80	2.25	25
个人网银客户（万户）	2.82	5.80	12.22	16.77	22.62	34.88
手机银行客户（万户）	0	0	0	2.69	9.08	337.55
电话银行客户（万户）	0.3281	0.3667	0.3915	0.4011	0.4043	0.8
现金自助设备（台）	311	399	525	595	631	6.05
营业网点（个）	107	117	130	145	182	25.52
自助网点（个）	79	102	125	169	220	30.18

调整优化信贷结构。截至年末,中长期贷款占比为21.74%,较年初下降4.04个百分点;涉农贷款余额675.93亿元,增加94.34亿元,增幅16.22%,高于贷款平均增幅为1.65个百分点;二是严控房地产开发贷款投放,提高授信准入条件,房地产开发贷款(不含土储)占一般贷款的3.39%,低于10%的全行总体控制水平;三是强化小微企业信贷支持力度,完成了“两个不低于”监管要求。

【中间业务】 2014年,恒丰银行持续建立全行统一的“大风控”和“大授信”管理架构,按照专业化、集中化的管理模式,整合了授信管理组织架构、审批模式,管控能力得到提升,中间业务管理体系更加完善。一是通过业务模式、产品和渠道创新,增强了理财业务竞争力,理财产品均达到了预期收益率,兑付资金按时到达客户账户;二是国债、银行卡、品牌金、保险等业务健康快速发展。截至年末,该行代理销售储蓄国债7.79亿元;九州借记卡累计发卡166.18万张,同比增加36.92万张,增长28.56%;实现POS机消费114.58亿元,增加38亿元,增长49.61%,银行卡中间业务收入1665万元;全年销售品牌金金条578.53千克,增加67.55千克,增长13.22%;全年代理保险销售7125.63万元,增加2880.43万元,增长147.38%。

【国际业务】 2014年,恒丰银行贸易金融业务稳步增长。截至年末,完成国际结算量179.1亿美元,同比增长17.4%;实现中间业务收入7.2亿元,增长12.7%。加强建设全球同业合作网络,与86个国家和地区的750家金融机构建有代理行关系,为贸易金融业务的发展提供了有力保障。

【电子银行业务】 截至2014年末,恒丰银行电子银行动账交易309.46万笔,同比增长41.95%,交易额6692.83亿元,电子银行业务分流率为54.41%(含ATM和POS机交易)。其中,手机银行动账交易80.97万笔,金额97.44亿元,同比增长531.09%;网上银行动账交易228.49万笔,金额6595.39亿元,增长18.89%。电子渠道购买理财5.42万笔,占柜台渠道的37.80%,增长383.93%,金额145.35亿元;电子票据0.54万笔,增长433.83%,金额835.62亿元;电子渠道贵金属交易0.38万笔,增长153.33%,金额0.24亿元;在线支付交易11.43万笔,金额0.28亿元。

【内部管理】 2014年,恒丰银行一是重新修订案件应急处置、案件问责等项制度,开展了案件风险排查、防范和打击非法集资风险专项排查,严防民间借贷和非法集资风险向银行渗透;二是对内部评级体系建设进行评估,建立了完善的内部评级资料库,通过充实人员、优化流程、系统建设等措施,强化了对流动性风险和利率风险的管控,增强了流动性预判的前瞻性和准确性;三是积极推进案防及内控制度建设,建立了重点环节飞检机制,开展了案防措施落实情况检查、合规风险管理评估等;四是妥善处理负面舆情,及时发布正面回应,开展多渠道沟通,较好地宣传了该行的正面形象,在短期内消除了负面影响。

【金融文化建设】 2014年,恒丰银行加强党风廉政建设,坚持“一岗双责”,从严落实中央八项规定。同时,积极推进千佳单位和星级网点创评工作,引入第三方机构开展服务暗访,对全行文明服务工作进行实地检查和即时培训,推进服务水平再上台阶。

【大事记】 1月1日 恒丰银行新一代综合业务系统顺利投产。

1月9日 恒丰银行董事会会议在烟台召开,会议审议通过了选举蔡国华为该行董事长的议案。

1月21日 2014年恒丰银行工作会议召开,总行领导、各部门主要负责人、一级分行行长及助手、二级分行行长以及获奖代表参加会议。

2月10日 经证监会、银监会审核,恒丰银行获得证券投资基金托管资格。

2月22日 按照中国人民银行统一部署,恒丰银行第二代支付系统成功上线,成为全国第一批、同时也是第一家上线第二代支付系统的全国性股份制商业银行。

2月26日 恒丰银行董事会会议在烟台召开。会议审议通过了聘任栾永泰为行长、推选毕继繁为董事、聘任毕继繁为该行副行长等项议案。

4月26日 恒丰银行2014年年度股东大会在烟台召开。

5月15日 恒丰银行加入中国证券投资基金业协会。

5月 恒丰银行主承的第一支二级资本债券盛京银行22亿元二级资本债券成功发行,成为继工商银行、南京银行后第三家作为主承销商承销二级资本债券的商业银行。

7月 恒丰银行成功加入中国银行业协会托管业务委员会,入会以后,将进一步推进该行与成员单位的信息共享和业务合作,促进托管业务的创新和发展。

恒丰银行参加由中国银行业协会、中国中小企业协会等联合举办的“第二届中国中小企业投融资交易会”活动。

8月28日 恒丰银行正式设立品牌管理部,其职能包括品牌的定位、规划、宣传推广和品牌形象管理等工作。

9月11日 经中国人民银行获准,恒丰银行获得开展支付机构客户备付金存管业务的资格。

10月17日 恒丰银行正式设立资产管理部(事业部),负责全行理财业务的统一管理工作。

11月19日 恒丰银行北京分行正式开业。

12月 恒丰银行在银行间市场公开发行规模80亿元的2014年该行二级资本债券。

恒丰银行获得银监会批准的首批27家信贷资产证券化业务备案资格。

(周先龙)

中国光大银行股份有限公司济南分行

【第一负责人简介】　王欣，男，汉族，1968年3月生，中共党员，研究生，经济师。历任中国光大银行太原分行公司银行部副总经理、总经理，太原分行行长助理、纪委书记、风险总监；2010年5月起任中国光大银行济南分行党委书记、行长。

【综述】　2014年，中国光大银行股份有限公司济南分行（简称：光大银行济南分行）力促经营方式从效益为中心向结构调整转变，取得成效。

【公司业务】　2014年，光大银行济南分行着力由传统型业务向创新型业务转变，增强优质客户的黏性。一是设立了创新业务发展中心和重点项目推进中心；二是整合并集中优势资源，积极支持省、市重点项目建设。

【个人业务】　2014年，光大银行济南分行开拓奋进，理财业务、信用卡、社区银行等业务，较同期都有了长足进步。一是对私存款余额49.86亿元，较年初增加8.72亿元；二是加大了小微贷款和民生消费的营销和投放力度，小微贷款新增计划完成率达282.03%，被山东银监局表彰为“小微企业金融服务优秀团队”；三是贴现新增13.78亿元，信用卡透支余额51亿元，日均透支余额42亿元。

【电子银行业务】　2014年，光大银行济南分行努力扩大电子渠道产品销售与交易规模，重点推进网络金融、移动金融、开放金融、渠道创新等工作。一是零售电子银行有效客户数12.54万户，公司电子银行有效户数1473户，电银客户规模及交易额同比均有较大增长；二是实现济南地区公用事业收费全覆盖；三是积极拓展房屋交易资金网上托管业务及开放金融平台，确保房屋交易资金绝对安全可靠。

【内部管理与金融文化建设】　2014年，光大银行济南分行加强重点领域风险管控，重视团队建设。一是坚持贷后平行作业和风险排查、日常风险防范与重点风险排查相结合，组织开展了对重点地区、行业和监测客户的排查，主动预警退出风险

中国光大银行股份有限公司济南分行主要统计指标1

单位：亿元

项目＼年度	2010	2011	2012	2013	2014	2014年同比增幅（%）
本外币资产总额	229.98	256.17	240.52	369.48	392.66	106.27
外币存款余额	196.32	234.7	230.05	278.35	291.15	104.60
人民币存款余额	194.44	233.86	228.89	276.85	290.03	104.76
单位存款	174.54	207.95	199.76	239.67	241.29	100.68
储蓄存款	21.78	26.42	30.29	38.68	49.86	128.90
本外币贷款余额	149.77	176.76	173.61	192.59	221.3	114.91
人民币贷款余额	136.6	167.3	168	186.9	215.55	115.33
短期贷款	73.6	77.58	104.3	140.96	140.65	99.78
中长期贷款	76.17	90.85	63.19	49.03	57.9	118.09
票据融资	1.12	0.09	1.05	2.78	15.16	545.32
利润总额	3.47	3.05	4.52	5.37	2.55	47.49
不良贷款余额	1.89	1.83	1.63	2.54	1.77	69.69
不良贷款占比（%）	1.25	1.04	—	1.33	0.80	60.08

中国光大银行股份有限公司济南分行主要统计指标 2

项目 \ 年度	2010	2011	2012	2013	2014	2014年同比增幅（%）
单位结算账户（万户）	0.56	0.54	0.52	0.47	1.16	246.81
单位结算金额（亿元）	496	431	412	523.35	714.52	136.53
个人结算账户（万户）	43.26	47.98	53.28	60.47	61.25	101.29
个人结算金额（亿元）	5.89	7.56	5.82	12.3	13.13	106.75
信用卡发卡量（万张）	--	--	--	8.68	13.43	154.72
信用卡消费额（亿元）	--	--	--	238	334.89	140.71
企业网银客户（万户）	0.14	0.2	0.3	0.44	0.54	122.73
个人网银客户（万户）	6	8.7	11.55	31.97	36.5	114.17
手机银行客户（万户）	0.36	1	3.86	27.19	32.12	118.13
电话银行客户（万户）	3.5	--	--	--	--	—
现金自助设备（台）	261	280	278	193	221	114.51
营业网点（个）	13	14	14	18	20	111.11
自助网点（个）	2	2	2	8	11	137.50

客户45个，敞口授信8.44亿元；二是加强资金流预测，未发生重大风险；三是持续加强审计和员工行为排查，着力做好总行常规审计的同步整改和后续整改，强化系统运行维护和案防工作；四是对员工爱岗敬业的事迹和经验进行推广和奖励，营造积极向上的工作氛围。

【大事记】 3月5日 光大银行总行副行长马腾一行到济南分行调研，召开年度对公业务座谈会。

4月24日 光大集团总经理罗哲夫、副总经高云龙理赴济南分行调研。

4月25日 2014年光大集团战略暨联动工作座谈会在济南召开。

6月25～26日 光大银行淄川支行开业。

10月20日 光大银行济南分行与山东省国税局、深圳微众税银信息服务有限公司共同主办的“税银携手 助力中小微企业发展签约仪式暨新闻发布会”顺利举行，光大银行总行李杰副行长出席会议。

10月22～23日 光大集团纪委书记袁长清一行到光大银行济南分行调研，并召开集团驻济企业党建和纪检监察工作座谈会。

12月17日 光大银行长清支行开业。

（马建军）

中国光大银行股份有限公司青岛分行

【第一负责人简介】 张博，男，汉族，1968年9月生，河南永城人，中共党员，经济师，研究生。1990年7月参加工作，1999年3月入行，曾先后担任中国光大银行厦门分行副行长、西安分行行长、乌鲁木齐分行行长；现任中国光大银行青岛分行党委书记、行长。

【综述】 2014年是中国光大银行股份有限公司青岛分行（简称：光大银行青岛分行）成立20周年。该行加快结构调整，推动业务转型，严抓风险防范和化解，主要业务指标达历史最好水平。

【公司业务】 2014年，光大银行青岛分行投资银行业务实现较快发展，该行积极支持城镇化项目建设，小微金融贷款投

中国光大银行股份有限公司青岛分行主要统计指标

单位：亿元

项目 \ 年度	2010	2011	2012	2013	2014	2014 年同比增幅（%）
本外币资产总额	259.16	320.18	528.19	492.42	520.22	6
本外币存款余额	176.7	209.74	242.85	274.73	309.81	13
人民币存款余额	174.67	205.13	235.31	262.08	286.99	10
单位存款	87.44	157	178.84	188.83	202.27	7
储蓄存款	37.67	52.4	64.01	85.91	84.71	-1
本外币贷款余额	150.43	194	245.13	269.59	300.27	11
人民币贷款余额	133.17	182.06	225.33	243.17	284.06	17
短期贷款	52.24	97.6	121.04	121.9	138.11	13
中长期贷款	80.89	89.6	89.45	84.02	100.46	20
票据融资	0.03	6.72	5.54	3.63	18.18	401
利润总额	2.36	5.26	8.11	6.59	8.46	28
不良贷款余额	2.44	2.38	1.41	1.08	2.05	91
不良贷款占比（%）	1.62	1.23	0.58	0.4	0.69	0.73

放稳步增长。截至年末，对公小微贷款余额较年初增长49.19%，新增额系统内排第3名，计划指标完成率系统内排第2名，获总行2014年小微金融业务劳动竞赛一等奖，“两个不低于”指标持续达到监管要求。

【个人业务】 2014年，光大银行青岛分行大零售客户群体继续壮大，社区支行业绩初见起色，信用卡业务综合排名显著提升。一是零售客户较年初新增98149户，九项资产余额近200亿元，较年初新增31.85亿元；截至年末，九项资产超过亿元的社区支行达8家；二是信用卡业务利润规模、占比大幅增长，并获总行信用卡中心2014年度进步奖一等奖；三是资产收益率系统内排第4名，较年初提高10名，综合收效率系统内排第2名，较年初提高16名。

【国际业务】 2014年，光大银行青岛分行贸金业务实现中间业务收入计划完成率113%，同比增长48.6%，首次迈入“中收亿元俱乐部”。全年累计办理国内证福费廷业务160笔，该业务发生量及收益均排名总行第一。

【同业业务】 2014年，光大银行青岛分行同业业务继续保持传统优势，同比实现大幅增长，利润完成年初计划的160%，创历史最高水平。

【电子银行业务】 2014年，光大银行青岛分行系统内电子银行业务名列前茅，工作综合评价指标完成情况优良。活跃客户占比达33.8%，计划完成率为127%，系统排第三位，荣获总行“2014年电子银行杰出贡献奖”和“2014年房屋交易资金网上托管业务突出贡献奖”。由总行和青岛分行联合开发的房屋交易资金网上托管项目于6月18日在青岛地区率先上线运行以来，分行持续发力，托管金额全系统排名第一。

【内部管理与金融文化建设】 2014年，光大银行青岛分行高度重视文化建设，开展了一系列活动。一是开展了“迎接二十年，阳光伴我行”活动；二是出版内部刊物《阳光海岸》，宣传先进典型；三是关心困难员工，坚持送温暖活动；四是举行“光大集团驻青企业职工运动会”，组队参加了2014年男子篮球赛、羽毛球比赛和乒乓球比赛，篮球项目取得北京北方乙组分组赛的冠军；五是举办“中国梦·劳动美·我与改革创新”暨庆祝青岛分行建行二十周年演讲比赛，并组织参加‘2014年青岛金融工会会员单位职工升级扑克牌比赛”，荣获团体总分第一名；六是坚持分行行领导联系经营单位制度。

【大事记】 3月6日 光大银行“外币业务发展暨贸易融资风险控制专题座谈会”在青岛市召开，总行副行长马腾出席会议并拜会青岛地区重要客户。

3月25～26日 光大银行总行副行长张华宇一行走访重要客户。

5月13日 光大银行总行计财业务培训在青岛市举行，来自全国30多家分行的计财条线同事参加培训。

5月23日 光大银行青岛分行对新建支行部分管理岗位进行公开竞聘。

5月30日 光大银行总行单建保副行长一行到青岛分行调研指导工作。

6月3～6日 光大银行总行集团客户授信管理培训会议在青岛召开。

6月24日 光大银行青岛分行与国家开发银行青岛市分行签署“彩虹桥”合作协议，双方将在存款及结算代理业务方面开展专项合作。

7月1日　中国光大银行房屋交易资金网上托管业务全国首发仪式暨新闻发布会在青岛分行举行，总行副行长李杰发来贺信。

11月28日　光大银行东营胜利支行顺利开业，这是东营二级分行设立的第2家分支行。

12月20日　光大银行青岛伊春路支行开业，这是青岛分行辖属的第21家分支行。

12月23日　光大银行青岛辽宁路支行、秦岭路支行开业，这是青岛分行辖属的第22家、第23家分支行。

（谭新道）

中国光大银行股份有限公司烟台分行

【第一负责人简介】　唐健，男，1964年9月生，中共党员，研究生。1988年4月参加工作，历任中国光大银行重庆分行行长助理、党委委员、副行长兼纪委书记；现任中国光大银行烟台分行党委书记、行长。

【综述】　中国光大银行股份有限公司烟台分行（简称：光大银行烟台分行）成立于1993年12月29日，是直属总行管理的一级分行。

2014年，该行坚持存款立行，深入推进结构调整，全面加强风险防控，经营管理取得可喜成绩，多项指标创历史纪录。

【公司业务】　2014年，光大银行烟台分行紧紧围绕“客户、存款、项目”三项重点，营造对公业务发展的良好态势。荣获总行“对公业务经营管理十佳分行”荣誉称号。截至年末，该行对公存款时点余额97.3亿元，较年初新增21亿元，对公贷款余额76.7亿元，较年初增加19.5亿元。

一、贸金业务发展良好，实现中间业务收入4185万元，收付汇量45亿美元，结售汇量7.1亿美元，表内外贸易融资余额55亿元。

二、同业业务发展突出，实现税后利润1.17亿元；代销理财成果丰硕，理财代销手续费收入系统内排名第一；代理存放取得突破，获得代理存放同业理财资金资格。

三、创新渠道，妥善解决客户融资困境。积极开展包括信贷

中国光大银行股份有限公司烟台分行主要统计指标1

单位：亿元

项目＼年度	2010	2011	2012	2013	2014	2014年同比增幅（%）
本外币资产总额	128.58	127.58	161.06	168.95	227.96	34.93
本外币存款总额	77.59	96.65	111.87	126.97	154.75	21.88
人民币存款余额	75.28	91.26	99.66	113.73	143.25	25.95
单位存款	56.46	61.14	62.29	64.29	85.10	32.36
储蓄存款	18.82	30.12	37.37	49.44	58.15	17.62
本外币贷款余额	82.43	90.36	94.78	108.22	130.51	20.60
人民币贷款余额	77.87	86.56	83.36	96.97	120.06	23.81
短期贷款	46.18	51.36	48.72	56.81	69.65	22.61
中长期贷款	29.51	33.75	33.25	38.81	47.95	23.55
票据融资	2.17	1.46	1.4	1.35	2.45	82.41
利润总额	0.89	2.24	2.8	2.66	3.37	26.73
不良贷款余额	0.85	0.8	0.54	0.5	0.83	66.99
不良贷款占比（%）	1.03	0.88	0.57	0.46	0.64	39.13

中国光大银行股份有限公司烟台分行主要统计指标 2

项目＼年度	2010	2011	2012	2013	2014	2014 年同比增幅（%）
单位结算账户（万户）	0.35	0.4	0.45	0.51	0.52	1.96
单位结算金额（亿元）	1432	1716	2172.65	2570.59	2760.35	7.38
个人结算账户（万户）	33.89	57.51	61.57	63.45	68.20	7.49
个人结算金额（亿元）	1200.57	1633	1874.32	2532.35	3150.57	24.41
信用卡发卡量（万张）	12.74	15.88	19.69	24.01	27.55	14.74
信用卡消费额（亿元）	1.51	2.82	7.36	12.17	16.30	33.94
企业网银客户（万户）	0.05	0.07	0.12	0.32	0.41	26.19
个人网银客户（万户）	3.93	5.48	7.66	14.74	20.21	37.15
手机银行客户（万户）	0.21	0.49	1.35	7.35	12.54	70.73
电话银行客户（万户）	—	—	—	—	—	—
现金自助设备（台）	57	59	66	71	78	9.86
营业网点（个）	8	8	9	10	10	0
自助网点（个）	12	13	17	25	26	4.00

资产转让、高资理财及黄金租赁，有效拓展了客户的融资渠道。

【个人业务】 2014 年，光大银行烟台分行坚持“目标明确、执行到位、管理高效”的思路，围绕财富、小微、消费、社区、养老、出国六大金融板块开展业务，着重零售基础平台建设，保持了零售业务持续、快速、有效的增长势头。该行对私存贷款规模、增量保持了当地股份制同业双第一的排名，零售业务综合经营业绩考评得分居总行第四名。

一是高度重视基础资产负债业务，截至年末，对私存款余额 57.25 亿元，较年初增长 15.6 亿元，对私贷款余额 40.89 亿元，较年初增长 2.5 亿元；二是积极调整个贷业务结构，努力提高小微贷款占比。截至年末，小微贷款余额 20.19 亿元，较年初新增 3.47 亿元，在个贷中占比为 49.38%；三是注重小微贷款的资产质量管理，助业贷款不良余额在系统内最少；四是抓好个人银行卡收单商户规范化建设，为持卡人创建良好的金融消费环境。

【内部管理与金融文化建设】 2014 年，光大银行烟台分行加强干部队伍建设，努力提高全员综合素质。

一、完善了分支行二级部门设置。加强干部梯次建设和后备干部储备，推行干部“试聘制”和“聘期制”，综合考量领导干部的群众基础和民意支持度。

二、调整强化绩效考核机制，发挥考核导向和激励作用。一是改革了绩效考核机制，建立了“工分制”的考核模式；二是经营机构设置等级行制度；三是管理部门之间增设相互打分评价机制，促进部门整体运营效率的提升。

三、注重持续教育引导，深化合规文化建设。一是持续开展合规文化主题和案件防控警示教育，营造主动合规的经营文化；二是加强操作风险和内控合规检查查处力度，建立“不愿违、不能违、不敢违”的内部机制；三是认真开展合规执业和案件防控工作，开展风险隐患排查；四是认真开展声誉风险和舆情管理，完善管理流程。

【大事记】 1 月 19 日 光大银行烟台分行召开 2014 年经营工作动员会，唐健行长讲话。

1 月 25 日 光大银行烟台分行在东山宾馆召开 2013 年总结表彰暨合规教育大会。

2 月 7 日 光银党任〔2014〕11 号文任命唐健行长为中共光大银行烟台分行委员会书记。

4 月 16 日 光大集团人力资源部资深高级经理曾豹、集团审计部资深高级副经理施燕华、集团财务管理部焦宇处长 3 人到光大银行烟台分行开展巡视回访。

5 月 12 ~ 14 日 光大银行零售部刘静副总经理来烟台分行调研指导工作。

5 月 24 日 光大银行烟台分行在南山公园举办 2014 年度光大集团驻烟企业春季登山比赛。

9 月 12 ~ 13 日 光大银行烟台分行承办的光大银行全国系统乒乓球比赛单项赛事在山东工商学院举行。

9 月 30 日 光银任〔2014〕132 号文，聘任唐宁为光大银行烟台分行风险总监（分行副行长级）。

光银党任〔2014〕45 号文，任夏伟、年栗为中共光大银行烟台分行委员会委员。

11 月 12 日 光大银行烟台分行唐健行长会见烟台市烟草专卖局领导，推进与烟草行业合作。

11 月 18 日 光大银行总行巡视组在烟台分行召开巡视调研工作会议。

11 月 21 日 光大银行烟台分行首笔城镇化贷款顺利投放。

12月3日　光大银行烟台分行主承的招远市某企业20亿元超短期融资券项目成功在银行间交易商协会注册，标志着该行投行业务取得零的突破。

12月24日　外汇局烟台市中心支局下发文件，光大银行烟台分行被评为外汇业务管理A类银行。

（黄福壮）

中信银行股份有限公司济南分行

【第一负责人简介】　侯训义，男，1959年11月生，中共党员，研究生学历，高级经济师。历任中国工商银行济南分行工业信贷处副处长、长清县支行副行长、开发区支行行长、山东省分行工业信贷处、资产风险处处长、营业部副总经理；2001年5月，任中信银行济南分行副行长；2008年7月任中信银行济南分行行长；2010年3月任中信银行济南分行党委书记、行长。

【综述】　2014年，中信银行股份有限公司济南分行（简称：中信银行济南分行），紧紧围绕总行战略规划，加速推进转型发展，取得了良好业绩，为区域经济社会发展作出贡献。

【公司业务】　2014年，中信银行济南分行在公司业务方面一是加速推进结构调整，以分层分类为基础，建立和完善了战略客户的“商行+投行”、“表内+表外”、“境内+境外”的业务合作模式和中小客户的“授信服务+交易银行”的金融服务模式；二是大力推进公司电子金融服务平台建设，围绕客户，强化了现金管理产品创新和推广应用，累计现金管理项目签约数和新增项目数均居系统内首位；三是加大了B2B电子商务重点项目推动和行业拓展，完成了铁路货运电子支付、华东石油交易平台等重点项目的上线，实现了良好开局；四是在投行业务方面，加快资金渠道平台建设，强化组织推动，实现了债券承销、结构化融资、融资类理财和银团贷款等的多元化综合发展，超短期融资券、中期票据、私募债、永续债等债券承销业务实现了全覆盖，市场份额显著提高，品牌形象逐步确立。

【零售业务】　2014年，中信银行济南分行以“二次转型”为着力点，抢抓机遇、加快发展。在继续保持较快发展势头、持续扩大业务规模的同时，逐渐完善零售业务组织推动体系，梯队建设已具雏形，条线管理的精细化程度显著增强；客户结构进一步优化，管理资产收益率稳步提升，盈利能力和利润贡献持续增长。截至年末，零售中间业务净收入突破亿元，实现历史性跨越。

【机构业务】　2014年，中信银行济南分行分支联动，抓账户、搭平台、上系统、促成效，在同业和系统内的优势得以确立和巩固。机构类存款日均余额增量、增速均位居系统内前列；公

中信银行股份有限公司济南分行主要统计指标1

单位：亿元

项目＼年度	2010	2011	2012	2013	2014	2014年同比增幅（%）
本外币资产总额	477.91	622.46	656.47	913.65	769.28	-15.80
本外币存款余额	441.56	497.61	588.95	692.63	651.85	-5.89
人民币存款余额	430.73	493.12	585.17	678.5	629.75	-7.19
企业存款	312.68	350.46	407.3	529.55	491.39	-7.21
机关团体存款	48.66	61.1	72.65	--	--	--
储蓄存款	80.22	86.06	109.01	148.95	138.35	-7.11
本外币各项贷款余额	285.75	354.07	416.76	471.98	469.93	-0.43
人民币贷款余额	280.97	349.8	400.42	442.98	451.10	1.83
短期贷款	168.51	235.1	262.3	347.47	301.09	-13.35
中长期贷款	109.46	113.69	106.29	124.51	150.01	20.48
票据融资	7.78	5.11	48.17	15.1	43.34	187.04
利润总额	7.59	12.24	13.27	11.91	7.68	-35.55
不良贷款余额	2.78	1.59	1.74	3.56	7.49	110.39
不良贷款占比（%）	0.97	0.45	0.42	0.76	1.59	109.21

中信银行股份有限公司济南分行主要统计指标 2

项目 \ 年度	2010	2011	2012	2013	2014	2014 年同比增幅（%）
单位结算账户（万户）	1.45	1.33	1.42	1.54	1.66	7.79
单位结算金额（亿元）	240.52	370.54	362.73	206.59	208.00	0.68
个人结算账户（万户）	—	—	—	—	—	—
个人结算金额（亿元）	—	—	—	—	—	—
信用卡发卡量（万张）	6.87	10.26	12.6	16.38	15.1	-0.92
信用卡消费额（亿元）	61.5	95.6	149.6	237.3	291.03	12.26
企业网银客户（万户）	0.31	0.35	0.49	0.57	0.71	12.46
个人网银客户（万户）	10.9	15.8	22.51	34.34	45.76	13.33
手机银行客户（万户）	—	0.13	5.79	15.33	25.21	16.44
电话银行客户（万户）	—	—	—	46.11	—	—
现金自助设备（台）	250	252	277	373	465	12.47
营业网点（个）	25	26	28	33	38	1.15
自助网点（个）	176	179	194	240	187	-0.78

注：单位结算账户口径：（1）不含保证金账户；（2）当年日均余额不为 0 的存款账户；（3）包含活期、定期、通知存款。

安交警非税电子化代缴项目，系统内首个全流程自助医院、首个教育平台等项目上线推广，为机构业务的持续发展提供了强有力的技术支持。

【国际业务】　2014 年，中信银行济南分行积极发挥专业优势，加快业务创新，全面完成了各项经营指标。业务结构调整成效显著，重点产品营销获得突破，依托于广泛的代理行平台，创新并推出了跨币种转通知信用证、NRA 错币种福费廷等新产品，进一步深化了与客户的合作。外汇资金业务获得新突破，已形成较为丰富的产品体系，跨国集团本外币资金池业务项目的成功落地，使该行成为济南地区首家签约跨境人民币资金集中运营业务的商业银行。

【同业业务】　2014 年，中信银行济南分行金融同业业务各项指标均超额完成，同业存款保持稳定增长，客户与期限结构明显优化。一是通过票据资产管理计划、票据买入返售等方式，充分利用直贴票据资源；二是成功办理了存单质押类信托受益权业务和投资同业理财业务，有效拓展了同业资产业务渠道；三是黄金租赁业务快速发展，中间业务收入居系统内首位。

【大事记】　1 月　中信银行济南分行自主研发的公司客户管理系统上线运行。

3 月 6 日　中信银行淄博博山支行开业。

3 月 1 日　中信银行济南分行被外汇局山东省分局评为 2013 年省级执行外汇管理 A 类银行（鲁汇发〔2014〕17 号）。

3 月 4 日　中信银行济南分行成立小企业与消费金融部（一级部），撤销小企业金融中心与消费金融中心（信银济字〔2014〕192 号）。

3 月 11 日　中信银行济南分行设立一级部党群监保部，下设二级部安全保卫部。

3 月 13～14 日　在中信银行召开的 2013 年全行计财资负板块工作会议上，济南分行获评年度计划财务及资产负债工作优秀分行、统计管理先进分行、管理会计全面应用工作先进分行、机构管理工作优秀分行（信银发〔2014〕406 号）。

3 月 29 日　中信银行临沂商城支行开业。

3 月　中信银行济南分行网络银行部由信息技术部内二级部升格为分行一级部。

4 月 26 日　中信银行济南分行小微企业创新授信产品"集群通"在历城支行实现首笔放款。

4 月　中信银行济南分行与山东金岭化工股份有限公司、山东远通汽车贸易集团有限公司签署战略合作协议。

5 月 21 日　中信银行淄博开发区支行正式开业。

5 月　中信银行济南分行与山东省文化厅签署战略合作协议、与易通支付有限公司签署 B2B 电子商务第三方支付服务协议、与山东省电子商务运营管理中心签署备付金合作协议。

6 月　中信银行济南分行积极配合人民银行济南分行工作，在"山东省电子商业汇票推介会"上代表银行做典型发言，助力电子商业汇票推广。

7 月 25 日　中信银行公司银行业务产品推介会在济南举行，来自总分行、山东区域 90 余家重点企业及当地主流媒体参加了会议。

7 月　中信银行济南分行为山东大学齐鲁儿童医院开发的"自助医院"项目成功上线，标志着中信系统内首个"全流程自助医院"项目成功落地。

中信银行济南分行与山东桑乐太阳能有限公司签署战略

合作协议。

7 月末　中信银行济南分行成功承办中信银行“银医信息化合作研讨会”，并现场参观山东大学齐鲁儿童医院“自助医院”项目。

8 月 8 日　淄博市社保中心召集全市所有区县社保分支机构举办了“2014 年淄博市电子社保现场会”，中信银行济南分行作为唯一一家社保系统外的单位应邀参加了会议，并在会上做“中信银行社保 e+ 综合服务体系”的社保电子化服务方案介绍及相应的软硬件设备展示。

8 月　中信银行济南分行成功举办“济南市城市管理行政执法局非税 POS 推介会”。

中信银行济南分行成功完成省级国库集中支付电子化改造，并成功开展了省级公务卡业务，进一步扩大了业务范围。

中信银行济南分行中医药行业、文化创意和现代物流行业的三个典型案例入选总行现代服务业优秀案例。

8 月末　中信银行济南分行机构业务部配合济宁分行为济宁市任城区教育局成功开发了收费管理平台系统，标志着中信系统内首个区域级教育收费平台项目成功落地。

9 月 12 日　人民银行二代支付系统在中信银行济南分行上线运行。

9 月　中信银行济南分行完成济南热力暖气费代缴费系统建设。

中信银行济南分行首个 B2B 电子商务项目——华东石油交易中心成功上线应用，B2B 电子商务业务实现良好开局。

中信银行东营分行成功开立东营市社保结算账户，成为东营市社保的合作银行之一。

11 月 3 日　赵波任中信银行淄博分行行长，朱刚任副行长。

11 月 20 日　中信银行济南分行分别与浪潮、济钢等集团成功签约跨境人民币资金集中运营业务，成为济南地区首家签约该业务的商业银行。

11 月　中信银行济南分行上线账户管理信息系统，有效提高工作效率。

中信银行济南分行上线全行电话核实系统，进一步提升柜面业务风险防控能力。

12 月 4 日　中信银行济南分行被外汇局山东省分局评为省级执行外汇管理 A 类银行(鲁汇发〔2014〕66 号)。

12 月 19 日　中信银行淄博分行以票据池质押方式为客户办理了线上质押贷款业务，这是中信银行济南分行首笔票据池质押融资业务。

12 月　中信银行济南分行协助山东省财政厅成功举办“政府和社会资本合作培训会”。

中信银行济南分行协助山东省社会保险事业局召开“全省电子社保建设推进会”。

中信银行济南分行成功营销山东省水利厅和山东省水利信息中心的零余额账户，成为其主要合作银行。

(张　帆)

中信银行股份有限公司青岛分行

【第一负责人简介】　杨威，男，汉族，湖北武汉市人，中共党员，1992 年 6 月毕业于中南财经政法大学工业经济专业(本科，学士学位)，1999 年 9 月取得中南财经政法大学国民经济类硕士学位。历任建设银行武汉开发区支行办公室副主任、信贷部经理，中信银行武汉分行开发支行行长，湖北省鄂州市政府挂职副市长，中信银行武汉分行副行长、党委委员；现任中信银行青岛分行党委书记、行长。

【综述】　2014 年，中信银行股份有限公司青岛分行(简称：中信银行青岛分行)整合发展资源、调整充实人员、优化考核机制、强化平台支撑，形成了各个经营单位业绩协同增长的良好格局。

【公司业务】　2014 年，中信银行青岛分行通过大客户经营重心上移、异地客户集中经营、机构业务开展直营的转型策略，公司业务发展环境得以优化，发展基础得到夯实。

一、与大客户的合作关系逐步深化。通过成立项目组开展名单制营销，与海尔集团签署供应链网络金融战略合作协议，获取海尔经销商 600 余户，批复授信额度 10 亿元，融资总额超过 1 亿元。同时，托管海尔集团 3 亿元建信嘉薪宝货币基金，实现了首笔电商托管业务突破。在对其他重点客户的营销上，与青岛城投、青岛港、烟台万华、日照钢铁、潍柴集团等 16 家大客户深化了合作关系，并储备了青岛胶东国际机场、青岛钢铁搬迁等一批重点项目。

二、异地授信客户风险得到有效控制。成立了集团客户一部、二部、三部，将 256 户异地授信客户上收集中经营。通过授信备付压力测试、主动压缩退出高风险客户等措施，退出风险客户 88 户，压缩授信敞口 71.6 亿元，规避授信风险近 7 亿元，异地客户风险得到有效控制，经营重心逐步向本地客户转移。

三、机构业务营销取得多项突破。一是与青岛市政府签署战略合作协议，密切了银政合作关系；二是成功获得青岛市社保卡、崂山区财政局国库集中收付等 3 项代理资格；三是与烟台山医院、青岛市妇女儿童医院开展银医通合作，与青岛市卫计委签署《青岛市区域诊疗一卡通平台项目合作协议》；四是成

中信银行股份有限公司青岛分行主要统计指标 1

单位: 亿元

项目 \ 年度	2010	2011	2012	2013	2014	2014 年同比增幅(%)
本外币资产总额	481.78	581.69	684.28	771.61	813.99	5.49
本外币存款余额	449.45	513.44	603.3	738.28	720.62	-2.39
人民币存款余额	433.84	501.88	582.39	693.31	674.33	-2.74
单位存款	335.18	399.35	447.92	508.47	483.44	-4.92
储蓄存款	98.66	102.53	134.47	184.84	190.88	3.27
本外币贷款余额	319.65	369.91	458.8	548.38	581.51	6.04
人民币贷款余额	310.21	357.99	417.69	488.12	509.94	4.47
短期贷款	228.01	247.10	302.69	346.93	321.57	-7.31
中长期贷款	82.06	110.76	113.85	139.43	188.37	35.10
票据融资	1.79	11.66	6.41	8.5	15.25	79.41
利润总额	8.84	12.51	13.5	13.3	10.98	-17.44
不良贷款余额	3.91	3.41	3.89	4.23	8.07	90.78
不良贷款占比(%)	1.22	0.89	0.84	0.76	1.35	77.63

中信银行股份有限公司青岛分行主要统计指标 2

项目 \ 年度	2010	2011	2012	2013	2014	2014 年同比增幅(%)
单位结算账户(万户)	1.77	1.91	2.05	2.43	2.86	18
单位结算金额(亿元)	8930	12412	15166	17643	20465	16
个人结算账户(万户)	89.52	112.25	132.93	144.43	157.43	9
个人结算金额(亿元)	2626	3453	3522	4360	4796	24
信用卡发卡量(万张)	--	5.6	6.9	7.6	8.3	10
信用卡消费额(亿元)	46	51.7	82	83	95	14
企业网银客户(万户)	3.32	6.04	6.98	8.48	10.26	1.21
个人网银客户(万户)	168.58	239.84	322.32	437.66	442.03	1.35
手机银行客户(万户)	0	0	54	145	527	264
电话银行客户(万户)	0	0	0	0	0	0
现金自助设备(台)	211	263	345	450	560	24.44
营业网点(个)	31	32	37	43	49	13.95
自助网点(个)	50	59	69	97	106	40.58

功营销青岛烟草专卖局、威海烟草专卖局开立账户,首笔存款2000万元;五是与军队板块重点客户建立联系,成功营销存款1.5亿元。

【个人业务】 2014年,中信银行青岛分行围绕总行二次转型的战略部署,机构布局优化到位,代销收入快速增长,创新产品应用成效初显。

一、零售规模再上台阶。管理资产新增93亿元,成功突破400亿元大关,成为系统内第6家跨越400亿元的分行。储蓄存款日均余额192亿元,新增36亿元;零售贷款余额123亿元,新增20亿元。

二、网点布局持续优化。通过统筹网点建设资源,重点布局经济发达县市、高端居民社区和专业市场,完成了潍坊诸城、青岛莱西两家支行的筹建开业,取得了威海乳山、烟台莱阳两家支行的开业批复和日照分行的筹建批复。

三、代销收入快速提升。代理销售业务量突破千亿元,同比增长600亿元,增幅为132%。其中,代理保险销售8.7亿元。全年实现代理销售收入1.1亿元,增幅67%。

四、创新产品应用成效初显。研发的“小企业线下POS微贷”产品推出以来,累计放款5228笔,金额3.6亿元,贷款余额8265万元,平均利率达12.6%,产品试点取得初步成功,开创了同类产品在系统内乃至国内同业的先例。同时,积极推动总行创新产品POS机网络贷款的营销和公积金网络贷款的试点，实现网络贷款放款额4.1亿元，同比增长5倍。

【国际业务】 2014年，中信银行青岛分行实现国际业务中间业务收入3亿元，同比增长18.5%；完成国际业务收付汇量158亿美元，系统内排名第8。在青岛地区，收付汇量市场份额在所有商业银行中排名第6，在中小股份制银行中排名第1，市场领先地位得到巩固。

【电子银行业务】 2014年，中信银行青岛分行网络金融平台不断完善。海尔供应链网贷项目、公积金网贷项目纷纷上马，异度支付系统、电子网银系统不断优化，薪金宝等全新理财产品相继上线。

【金融文化建设】 2014年，中信银行青岛分行全面加强金融文化建设，形成了风清、气顺、心齐的良好氛围。一是通过慰问员工和家属，开展家访活动，走访每个基层员工家庭，增强幸福感；二是通过职工运动会、足球赛、排球赛等文体活动，丰富员工业余生活，增强集体荣誉感；三是定期以"三八"、"五四"、中秋等节假日开展活动，做到员工生日、结婚有祝福，个人学习深造、岗位调整有关切，形成浓厚的家园亲情，增强归属感。

【大事记】 2月15日 中信银行青岛杭州路支行试营业。

2月20日 中信银行独立董事、东北财经大学金融学院院长邢天才博士到青岛分行调研指导，重点就分行经营情况、贯彻落实总行战略采取的措施和风险内控管理等内容与大家作了交流和指导。

中信银行烟台大海阳路支行开业。

3月5日 中信银行威海张村支行试营业。

3月20日 中信银行朱小黄行长在出席中国银行业协会"银行前沿问题大讲堂"期间，在青岛分行杨威行长、黄树彬副行长的陪同下，赴烟台分行视察指导工作。

4月8日 中信银行国际业务部总经理刘勇偕贸易融资部总经理颜颖、跨境业务部总经理助理袁野一行3人到青岛分行调研指导。分行行长助理黄千文、国际业务部有关人员、二级分行国际业务分管行长和部门负责人、同城支行的行长代表共计20余人参加了调研会议。

4月16日 中信银行青岛分行参加了崂山区财政局国库集中收付代理银行资格的招标并成功中标，这一资格的取得，是落实中信银行与青岛市政府签订战略合作协议取得的第一项重大成果，进一步深化了该行与青岛市财政和崂山区财政的业务合作关系。

5月8日 中信银行青岛黄岛支行开业。

中信银行授信审批部总经理林文骅一行在青岛分行副行长邢丽青的陪同下，到烟台分行开展授信审批调研。

5月9日 中信银行授信审批部总经理林文骅、青岛分行行长杨威、副行长邢丽青一行到威海分行调研指导。

中信银行荣成支行俚岛社区银行正式对外开门营业。

5月18日 中信银行青岛杭州路支行正式开业。

原中信银行威海出口加工区支行顺利迁入新址，并更名为中信银行威海经济技术开发区支行。

5月20日 随着第一笔带有随借随还功能的小企业线下POS机信用微贷的成功发放，中信银行青岛分行小企业POS机信用微贷业务批量营销全流程启动。至5月31日，青岛分行POS机信用微贷业务在青岛地区试点范围内已实现上报161户，批复115户，累计放款76户，金额1850万元。

6月18～19日 中信银行常务副行长孙德顺率总行风险管理部、信贷管理部、法律保全部、国际业务部等相关部门负责人赴青岛分行调研，重点就当前经济下行形势下如何防控和化解风险与分行班子成员及相关部门负责人进行了座谈。

7月22～23日 中信银行行长李庆萍率总行相关部门负责人莅临青岛分行调研指导，听取了青岛分行经营管理情况汇报，并视察了青岛分行营业部、青岛绍兴路支行。

中信银行行长李庆萍率队走访了海尔集团、日钢集团及北海舰队等总分行级战略客户。中信银行党委委员朱加麟、办公室主任李欣、授信审批部总经理林文骅、法律保全部总经理贺劲松及青岛分行行长杨威参加了会谈。

7月23日 中信银行行长李庆萍在青岛调研期间会见了青岛市委书记李群、市长张新起、副市长刘明君等当地政府领导。总行办公室主任李欣、授信审批部总经理林文骅、法律保全部总经理贺劲松及青岛分行行长杨威陪同会见。李庆萍行长一行还会见了人民银行青岛市中心支行、青岛银监局的领导，就中信银行在青岛的发展进行了深入交流。

8月3日 云南昭通地区发生的6.5级地震牵动着全国人民的心。在接到中信银行为昭通震区捐款的通知后，中信银行青岛分行立即向全行下发捐款紧急通知，两天时间分行全辖1700余人共踊跃捐爱心款215755元。

8月19日 海尔经销商云阳县合创商贸有限公司成功完成第一笔在线融资放款业务，标志着中信银行青岛分行推动海尔供应链网络金融业务取得阶段性成果。

9月1日零时 中国首家互联网供应链跨界在线融资平台——中信、海尔集团供应链网络金融平台起正式上线，海尔日日顺B2B平台上的万余家经销商，通过"在线融资"窗口，无须抵押，无须担保，无须等贷，无须烦琐的跑银行填表格，只须一个简单的点击，即可获得中信贷款。

9月18日 中信银行常务副行长孙德顺率队走访了总分行级战略客户日照钢铁控股集团有限公司，并会见了日钢集团董事长杜双华，总行授信审批部总经理林文骅、法律保全部总经理贺劲松、信贷管理部总经理张青、青岛分行行长杨威参加会谈。

9月23日 随着中国人民解放军北海舰队后勤部在青岛分行成功存入5000万元定期存款，历时两年的北舰营销项目终于打破坚冰，实现了中信银行青岛分行军队板块业务"零"的突破，为双方的深化合作奠定了基础。

10月11日 中信银行青岛分行成功发放辖内首笔固定利率LPR对公贷款，贷款额度1000万元，标志着该行正式启动辖内 LPR 实施应用及推广工作。

10 月 20 日　中信银行青岛分行首批制做的青岛市社会保障卡正式发放。这是青岛分行自 8 月 15 日成功中标“青岛市社保卡发卡银行”资格以来，在短短两个月的时间内又实现了社保卡成功发放，也是此次中标的 3 个银行中第一个实现发卡的银行。

10 月 24 日　中信银行副行长方合英一行到青岛分行调研，听取了关于零售业务经营管理情况的汇报，并视察了青岛绍兴路支行。

11 月 18 日　中信银行常务副行长孙德顺在北京会见了青岛市委常委、常务副市长牛俊宪、市政府副秘书长陈勇、市发展改革委主任朱培吉、市财政局副局长王振海、市金融办主任白光昭，青岛分行行长杨威、副行长邢丽青、行长助理黄千文会见时在座。宾主双方就未来拟合作的青岛胶东国际机场 60 亿元资本金融资项目、银团贷款项目达成了一致意见，同时对青岛钢铁搬迁项目的相关问题进行了磋商，并达成了共识。

11 月 19 日　中信集团副总经理蒲坚在青岛会见了青岛市卫生和计划生育委员会主任杨锡祥，双方就医疗健康产业新兴合作方式及发展模式进行了充分沟通交流，并达成共识，中信银行青岛分行行长杨威参加会见。

11 月 22 日　中信银行系统内首个公积金网络信用消费贷款项目——潍坊公积金网贷项目上线。

11 月 25 日　中信银行青岛分行信用卡“合聚变”项目启动会举行，总行信用卡中心副总裁杨华辉、青岛分行行长杨威、副行长迟存国和信用卡青岛分中心负责人出席活动。各支行行长、支行零售分管行长、营业经理、零售部经理以及分中心各室经理和全体协销人员共计 130 余人参会。

11 月 26 日　中信银行青岛分行与青岛海尔地产集团有限公司签署基于地产板块未来合作发展的战略合作框架协议。青岛分行行长杨威、行长助理黄千文，海尔地产集团董事长盛中华、总经理王蔚等双方高层出席了签约仪式。

11 月 27 日　中信银行青岛莱西支行开业。

11 月 28 日　中信银行威海张村支行开业。

12 月 26 日　中信银行潍坊诸城支行开业。

（田　鹏）

华夏银行股份有限公司济南分行

【第一负责人简介】　夏阳，男，1968 年 11 月生，中共党员，高级经济师。历任华夏银行杭州分行信贷科科长、资产保全处副处长（主持工作）、支行行长，华夏银行温州分行副行长、杭州分行副行长，华夏银行合肥分行党委书记、行长；现任华夏银行济南分行党委书记、行长。

【综述】　2014 年，华夏银行股份有限公司济南分行（简称：华夏银行济南分行）坚定实施“中小企业金融服务商”战略，沉着应对各种困难和挑战，不断调整经营思路，破解发展难题，深化改革发展，通过抓客户、抓产品、抓服务、抓队伍、抓机制，夯实发展基础，持续推进经营转型和结构调整，强化全面风险管理，实现了各项业务的健康发展。

【公司业务】　2014 年，华夏银行济南分行强化新客户开发和低效客户提升，在重点客户、重点项目和无贷户上加大营销力度，积极开辟新的业务增长点，推动公司业务实现稳健持续发展。

一、加大新客户开发，夯实客户基础。一是年初组织开门红营销竞赛活动，加大资源投入，引导经营单位围绕客户开发开展营销工作；二是在全行开展授信客户开发专项活动，活动期间审批通过新客户 150 户，超额完成了任务；三是通过平台搭建，加大无贷户及机关事业单位营销力度。

二、强化新业务、新产品营销。该行建立重点项目联席会议制度，对重点项目由相关部门共同推动解决；为经营单位开辟“绿色通道”，通过新产品和新项目带动日均存款 30 亿元以上。

【个人业务】　2014 年，华夏银行济南分行坚持以客户为中心，狠抓存款组织，强化重点产品营销，个人业务实现了持续快速发展。

一、积极拓宽储蓄增长源头。一是组织开展了“开门红”旺季营销和系列营销竞赛活动；二是积极拓展理财业务、批量代发、拆迁款、校园卡项目等重点增储源头，带动个人存款稳步增长。

二、积极改善柜面服务，提升客户体验。该行组织开展了最美营业厅评比和服务超级联赛活动，市中支行、聊城东昌支行、东营分行营业部被评为文明规范服务五星级网点，烟台蓬莱支行被评为省优质服务示范单位。

三、开展形式多样的增值服务活动。一是对代发单位客户开展移动银行 0 元抢快乐专场营销活动；二是采用大型论坛、小型沙龙、高端对话等形式，组织开展 20 余场高端主题活动，共 1000 余人次参与；三是持续开展“周末抢快乐”活动 106 期。

四、创新平台营销模式，融合电子银行、互联网金融、IC 卡多应用等业务，先后开发山东交通运输集团网上售票等电商交易平台，上线校园卡项目 2 户，带动了客户的批量开发。

【国际业务】　2014 年，华夏银行济南分行加强本外币联动

华夏银行股份有限公司济南分行主要统计指标 1

单位：亿元

项目 \ 年度	2010	2011	2012	2013	2014	2014年同比增幅（%）
本外币资产总额	454.85	440.67	599.98	741.63	641.62	-13.49
本外币存款余额	430.18	382.22	496.16	579.04	551.40	-4.77
人民币存款余额	426.84	377.71	463.83	562.92	529.97	-5.85
单位存款	221.62	187.04	229.84	293.12	263.97	-9.94
储蓄存款	79.60	69.23	92.58	116.87	112.68	-3.59
本外币贷款余额	345.01	371.43	433.72	452.46	471.01	4.10
人民币贷款余额	339.99	365.14	402.43	419.48	437.77	4.36
短期贷款	209.07	264.60	295.05	302.96	305.94	0.98
中长期贷款	130.12	99.26	102.33	101.99	122.66	20.27
票据融资	0.11	0.89	4.44	10.64	6.63	-37.69
利润总额	5.68	9.26	11.58	11.50	11.19	-2.70
不良贷款余额	4.83	3.33	2.62	4.24	4.07	-4.01
不良贷款占比（%）	1.40	0.90	0.60	0.94	0.86	-8.51

华夏银行股份有限公司济南分行主要统计指标 2

项目 \ 年度	2010	2011	2012	2013	2014	2014年同比增幅（%）
单位结算账户（万户）	1.51	1.52	1.74	1.94	2.11	8.7
单位结算金额（亿元）	5354	6229	6984	7952	9276	16.6
个人结算账户（万户）	48.42	57.4	69.34	81.35	95.62	17.5
个人结算金额（亿元）	1389	2209	3137	5134	5386	5
信用卡发卡量（万张）	2.62	3.11	4.37	4.81	4.45	-7.5
信用卡消费额（亿元）	12.67	23.29	36.8	60.91	92.0	51
企业网银客户（万户）	0.25	0.42	0.68	0.86	1.01	17
个人网银客户（万户）	3.49	5.33	11.84	17.43	22.9	31.4
手机银行客户（万户）	0	0	0	0.48	10.70	2129
电话银行客户（万户）	0.16	0.22	0.29	0.37	0.42	13.5
现金自助设备（台）	159	168	194	224	240	7
营业网点（个）	27	28	29	33	39	18.2
自助网点（个）	42	46	51	56	60	7

营销与精细化管理，加大国际业务产品组合运用力度，全面完成了总行下达的目标任务。

一、强化联动营销，调整优化客户结构。一是对省内进出口前200强企业，在市场分析、客户营销、技术支持等方面，逐户制定“一户一策”的服务方案，提升银企合作深度；二是对存量客户按发展、维护、调整、淘汰四类进行细分，分别制定有针对性的调整策略，进一步优化客户结构。

二、强化产品营销，提升服务能力。该行重点营销进口开证、进口保付、跨境人民币结算、进口代付和国内信用证等产品和业务组合，满足了客户需求。

【会计结算】 2014年，华夏银行济南分行紧紧围绕“强化制度落实，创新管控手段，狠抓重要环节，严守两条底线”的要求，不断夯实案件防控基础，实现会计专业安全平稳运行。

一、夯实会计基础工作，提升会计管理水平。一是强化专业培训，先后开展了会计管理人员风险把控、会计人员票证防伪、新员工入行等培训，覆盖面达100%；二是持续开展“优化流程、减负增效”，提高风险管控能力和创新能力，实现流程减负；三是加强专业考核，推动精细化管理，开展会计规范化达标升级活动和会计人员等级评定工作，促进了核算及服务质量的提高。

二、围绕“零案件”目标，提升案防能力。一是加大支付密码器推广力度，实现新开户使用率为100%；二是突出检查监督重点，组织对全辖营业机构的会计检查，包括全面检查、季度重点检查、专项检查，覆盖率达100%；三是严格落实“会计风险例会制度”，将新业务操作要点、风险动态信息等及时传达给每一名会计人员。

三、提升会计工作水平，服务业务发展。该行加大会计专业支持力度，组织召开“会计支持营销联席会”，研究解答问题40余个，进一步加强了会计与营销条线的协作沟通，提升了会计专业支持保障能力。

【内部管理与金融文化建设】 2014年，华夏银行济南分行继续加强内控管理和金融文化建设，不断调动员工积极性，形成发展合力。

一、强化信用风险管理。一是根据辖内经济特点和形势变化，进一步优化信贷投向，把好准入关，有效识别高风险客户；二是强化贷前调查的真实性管理，对新授信客户及重点地区、行业的客户，强化专职审批人现场考察，严格控制“两高一剩”行业的整体规模占比和贷款增速，设立贷后监控风险经理，强化贷后管理，进一步加大清收保全力度，保持了较高的资产质量。

二、加强内控合规管理，实现“零案件”目标。一是根据总行要求完成了分支行内控合规“三定”工作，进一步完善了内控合规体系，大力开展合规教育与培训；二是深化问题整改，全年整改问题127个，常态化开展员工异常行为排查，逐级签订案防责任书，覆盖面达100%。

三、强化操作风险管理。一是深入开展各项操作风险的识别、监测、评估、培训等工作，不断深化技防手段；二是持续开展操作风险关键指标监测和操作风险问题分析活动，规范化程度明显提升。

四、强化信息科技风险管理。一是建立了完备的信息科技风险管理体系，开展“生产事件专项治理季”活动；二是从外包项目、服务商、人员三个角度强化管理，通过强化应急演练，完成同城灾备中心建设，进一步加强了业务连续性风险管理，确保了信息系统的安全运行。

五、加强声誉风险管理。一是全面落实声誉风险“一把手”负责制，开展全行声誉风险培训演练；二是提前制定预案、设定口径、做好培训，强化日常风险监测及管理。

六、积极发挥工会和共青团组织作用。一是组织开展了读书、演讲、棋类、篮球等比赛和活动；二是持续推进“职工之家”建设，举办了18周年行庆文艺汇演，增强了凝聚力和战斗力。

【大事记】 1月20日 华夏银行济南分行聊城东昌支行荣获“2013年度中国银行业文明规范服务百佳示范单位”。

1月28日 华夏银行济南分行召开党的群众路线教育实践活动总结大会。

2月15日 华夏银行济南分行召开2014年工作会议暨纪检监察工作会议。

2月28日 华夏银行济南分行召开2014年营销暨风险管理工作会议。

3月25日 华夏总行党委在济南召开考评巡视济南分行动员大会，总行党委副书记成燕红参加并讲话。

3月27日 华夏银行济南分行成功办理首笔“个人平安保险保证贷款”业务。

5月9日 华夏银行济南分行首次开办“线上支农”贷款，支持“三农”发展。

5月15日 华夏银行济南分行组织开展第三届小微企业金融服务宣传月活动。

5月17日 华夏银行济南分行举办第八届员工运动会，24个代表队、共500多人参加。

5月27日 华夏银行董事长吴建来济南分行宣布人事任免决定（华银党发〔2014〕46号），由夏阳任华夏银行济南分行党委书记。

6月17日 华夏银行济南分行与山东蓝翔技校合作的校园一卡通系统上线运行。

8月8日 华夏银行济南分行成功发放首笔小企业年审制贷款，切实解决了小微企业融资过程中的“倒贷难”问题。

8月12日 华夏银行济南分行开展“廉洁从业·拒腐防变”教育实践活动，参观了山东省反腐倡廉教育基地。

8月18日 华夏银行济宁分行正式开业。济宁市委、市政府及监管部门主要领导出席了开业仪式，华夏银行济南分行行长夏阳致辞。

9月18日 华夏银行济南分行完成同城灾备中心一期建设并成功实施切换演练，实现了分行层面“网络双活”的目标。

9月 华夏银行济南分行开展主题为“多一份金融了解，多一份金融保障”的“金融知识宣传月”活动。

10月15日 华夏银行济南分行召开2014年投诉客户座谈会，邀请2014年进行过投诉的客户代表和部分重点客户参加。

11月18~20日 华夏银行监事会主席成燕红带队赴济南分行就全面风险管理机制建设进行调研座谈。

11月 华夏银行济南分行成功获得济南市级财政非税收入代理行资格，并与济南市财政局签署了《非税收入代收协议书》。

12月20日 华夏银行济南分行举办《明天会更好》18周年行庆联欢会。

12月24日 华夏银行济南分行下属烟台分行福山崇文街社区支行正式开业。

12月28日 华夏银行济南同城绿地新城、大观园、文化东路3家社区支行同日开业。

（张继林）

华夏银行股份有限公司青岛分行

【第一负责人简介】 刘辉，男，1959年1月生，福建省泉州市南安县人。中共党员，经济师，澳大利亚弗林德斯大学国际经贸关系专业硕士，1978年12月参加工作。历任中国光大银行青岛分行信贷管理部总经理，华夏银行青岛支行市场营销本部总经理，华夏银行青岛分行副行长等职；现任华夏银行青岛分行党委书记、行长。

【综述】 2014年，华夏银行股份有限公司青岛分行（简称：华夏银行青岛分行），秉持“上规模、控不良、保利润、稳运行”的经营思路，加快创新转型，优化调整结构，推动业务持续健康发展。

【公司业务】 2014年，华夏银行青岛分行继续推进营销转型，持续增强客户营销服务能力，公司业务稳健发展。一是强化产品创新与推广应用，银证投融通等重点产品运用量达120亿元，带动存款增长60亿元，电子银行专属产品系统内综合考评排名第三；二是供应链金融及时调整经营方向，压缩退出现货质押业务，加大应收及预付类业务营销；三是平台营销初见成效，年审贷、网络贷、乐业贷等特色产品广受客户好评；四是债务融资工具承销发行13.5亿元，实现中期票据和定向工具承销零的突破；五是办理机构定制理财15亿元。

【个人业务】 2014年，华夏银行青岛分行个人业务全面升级。一是多渠道推动储蓄存款增长，储蓄存款余额占比为28.9%，继续保持系统内首位；二是社区营销储蓄新增10.2亿元，7家支行社区存款突破亿元；三是理财与个贷业务发展加速，理财产品累计销售531亿元，居系统内第2位，新增个贷4815户。

【国际业务】 2014年，华夏银行青岛分行国际业务继续保持快速发展势头。一是将县域支行、保税区、出口加工区等特殊经济区打造成新的业务增长点，客户基础进一步夯实；二是积极发展单证业务，做大结售汇业务，提高汇兑收益；三是净增国际结算客户150户，国际结算量达87.6亿美元，三项主要指标全面完成计划，达到历史最高水平。

【金融服务】 2014年，华夏银行青岛分行进一步加强金融环境建设，金融服务能力增强。一是加大对社区金融服务支持力度，做到“天天进社区，周周有活动”；二是对现有营业网点、自助银行结构布局进行调整优化，完成两家支行选址和设计申报。截至年末，共设立同城支行25家（含分行营业部及6家社区支行），异地二级分行1家；三是全年累计设立自助银行60家，其中25家同城支行均设立了依附式自助银行，离行式自助银行35家。

【电子银行业务】 2014年，华夏银行青岛分行电子银行业务产品不断丰富，业务发展较快。新开公司客户开通网银比例达77.7%；企业网银动账交易67.77万笔，同比增长40.46%。

【内部管理与金融文化建设】 2014年，华夏银行青岛分行加强内控管理，积极开展文化建设，为业务发展提供了有效保障。

一、党建和廉政建设进一步完善。一是深入开展群众路线教育实践活动，认真整改落实，建立反对“四风”的长效机制；二是坚持党委中心组学习制度、党委委员联系行制度，基层组织建设得到加强；三是持续推进党风廉政建设责任制落实，强化监督追责机制建设。

二、降本增效取得较好效果。一是存贷利差进一步拉大，贷款收益率有所提升，存款付息成本有效控制；二是中间业务收入快速增长，同比增长42.2%；三是加强风险资产管理，减轻风险压力。

三、授信全流程管理进一步强化。一是全面加强贷前调查，贷后管理，狠抓还款资金落实，多次开展联合实地检查；二是加大问题资产清收化解力度，清收处置问题贷款8.3亿元，完成了3笔不良贷款资产转让业务。

四、内控管理进一步加强。一是实施内控合规体系改革，加强案件防控，实现零案件和安全无事故；二是加强信息科技管理，完成同城灾备中心建设等一批重点项目，自主开发了非税代收、海关无纸化、银证投融通等项目，为营销和管理提供强力支持。

五、积极参与公益事业。一是开展“送金融知识下乡”活动，发放宣传材料数万份，普及金融知识；二是先后开展了“关爱新市民子女志愿服务行动”、金融知识普及讲座、新市民子女家

华夏银行股份有限公司青岛分行主要统计指标 1

单位：亿元

项目＼年度	2010	2011	2012	2013	2014	2014 年同比增幅（%）
本外币资产总额	213.29	264.80	298.33	352.16	375.5	6.91
本外币存款余额	202.93	249.68	280.9	334.75	345.47	3.20
人民币存款余额	199.57	244.44	272.91	322.01	327.85	1.81
单位存款	145.62	177.58	194.43	225.25	236.68	5.07
储蓄存款	53.95	66.86	78.48	96.76	91.17	-5.78
本外币贷款余额	168.16	190.88	220.2	237.9	274.95	15.57
人民币贷款余额	165.11	185.89	204.98	219.14	245.49	12.02
短期贷款	78.44	102.84	131.75	134.35	136.75	1.79
中长期贷款	86.00	80.25	72.28	84.79	108.74	28.25
票据融资	0.67	2.76	0.38	1.23	1.63	32.52
利润总额	4.22	5.80	5.29	6.19	6.31	1.94
不良贷款余额	1.06	1.43	2.34	1.42	2.44	71.83
不良贷款占比（%）	0.63	0.75	1.06	0.6	0.89	0.29

华夏银行股份有限公司青岛分行主要统计指标 2

项目＼年度	2010	2011	2012	2013	2014	2014 年同比增幅（%）
单位结算账户（万户）	0.22	0.92	0.95	1.12	1.33	18.75
单位结算金额（亿元）	592	5196	6687	9212	9329	1.27
个人结算账户（万户）	6.07	32.82	41.88	50.36	59.32	17.79
个人结算金额（亿元）	641	2007	2526	3766	3712	-1.43
信用卡发卡量（万张）	2.62	3.46	5.55	6.97	7.91	13.4
信用卡消费额（亿元）	12.19	18.57	19.51	20.4	85.03	316
企业网银客户（万户）	0.19	0.30	0.47	0.69	0.81	38.9
个人网银客户（万户）	1.7	2.9	7	10	14.1	41
手机银行客户（万户）	—	—	—	1.3	6.6	384.6
电话银行客户（户）	1963	2421	2900	3712	4079	9.88
现金自助设备（台）	214	248	303	342	280	-18
营业网点（个）	14	15	19	20	26	30
自助网点（个）	36	46	56	60	60	0

访、春节爱心同行送温暖、关爱残疾儿童等活动；三是连续 10 年荣获“山东省文明单位”荣誉称号，9 家支行先后荣获青岛市、山东省或总行级“青年文明号”称号。

【大事记】 1 月 6 日 华夏银行青岛分行经济技术区支行被人民银行青岛市中心支行授予“青岛市 2013 年提升先进服务水平专项行动先进集体”荣誉称号。

1 月 7 日 华夏银行青岛分行宋获人行青岛市中支 2013 年“金融统计先进单位”一等奖，1 名同忘荣获“金融统计工作先进个人”。

1 月 17 日 华夏银行青岛分行在青岛银监局召开的 2013 年度青岛市银行业青年“关爱新市民子女志愿服务行动”表彰大会上，被授予“先进集体”荣誉称号，2 名同志荣获“先进个人”称号。

1 月 29 日　华夏银行青岛分行在《山东金融年鉴》编委会评比中，荣获优秀稿件一等奖。

2 月 10 日　华夏银行青岛分行在总行关于 2013 年度的表彰通报中，荣获“小企业信贷资产质量管控突出贡献团队三等奖”。

2 月 14 日　华夏银行青岛分行在总行关于 2013 年度的表彰通报中，同时荣获“公司业务先进分行——良好分行”、“国际业务先进分行”一等奖、“个人业务经营管理先进分行”、“公司电子银行业务十佳分行”、“小企业业务先进单位”等荣誉称号。

2 月 17 日　华夏银行青岛分行营业部、城阳支行、南京路支行、高新技术开发区支行、即墨支行、经济技术开发区支行 6 家单位被总行继续认定为总行级青年文明号。

2 月 28 日　华夏银行青岛分行召开 2014 年工作会议暨纪检检查工作会议。

华夏银行青岛分行主承的青特集团有限公司 2014 年第一期 3 亿元短期融资券成功发行。

3 月 7 日　华夏银行青岛分行举办“关爱女性·健康生活”中医养生保健讲座，纪念三八国际妇女节。

3 月 11 日　华夏银行青岛分行中小企业部青岛分部被青岛银监局授予“小企业业务先进单位”荣誉称号。

4 月 18 日　华夏银行青岛分行成功办理首笔股票质押式回购融资业务。

华夏银行青岛分行与青岛蓝海股权交易中心签署战略合作协议。

4 月 23 日　华夏银行青岛分行开展“志愿青岛·缤纷四季”——社区志愿服务活动。

5 月 14 日　华夏银行青岛分行保卫部被山东省公安厅授予 2013 年度“全省单位内部治安保卫工作集体二等功”；香港中路支行、经济技术开发区支行、胶南支行荣获集体嘉奖；分行 1 名同志记个人三等功；4 名同志荣获个人嘉奖。

5 月 30 日　华夏银行青岛分行首笔中期票据承销业务发行成功。

6 月 3 日　华夏银行青岛分行原延安三路支行迁址更名为麦岛支行。

6 月 4 日　华夏银行青岛分行开立首笔电子银行承兑汇票业务。

6 月 9 日　华夏银行青岛分行成功取得西海岸经济新区非税代收银行资格。

6 月 26 日　华夏银行青岛分行自主开发的非税代收系统成功上线。

6 月 27 日　华夏银行青岛分行劲松一路社区支行开业。

7 月 18 日　华夏银行青岛分行首台自助发卡机在营业部正式试点运行。

7 月 31 日　华夏银行青岛分行首笔 1.56 亿元票融通试点业务成功发放。

8 月 19 日　华夏银行青岛分行福州南路支行被青岛银监局、共青团青岛市委授予 2013—2014 年度青岛市银行业“青年文明号”荣誉称号。

8 月 29 日　华夏银行青岛分行首台理财 POS 机在劲松一路社区支行正式开通运行。

9 月 4 日　华夏银行青岛分行理财 POS 机突破亿元大关。

10 月 27 日　华夏银行青岛分行延安三路社区支行开业。

11 月 13 日　华夏银行青岛分行成功办理首笔个人储蓄存单收益权他行质押融资业务。

11 月 17 日　华夏银行青岛分行召开总行党委考评巡视青岛分行动员大会，总行党委副书记成燕红一行出席会议并讲话。

12 月 2 日　华夏银行青岛分行洛阳路社区支行、杭州路社区支行开业。

12 月 5 日　华夏银行青岛分行唐山路社区支行、错埠岭三路社区支行开业。

12 月 22 日　华夏银行青岛分行行长刘辉在青岛市企业联合会、市企业家协会举办的 2014 年度表彰会上，被授予“青岛市优秀企业家”荣誉称号。

12 月 29 日　华夏银行青岛分行在青岛银监局关于 2014 年青岛市银行业金融机构“关爱新市民子女志愿服务行动”表彰通报中，被授予“先进集体”荣誉称号，2 名同志荣获“先进个人”称号。

（刘　鹏）

平安银行股份有限公司济南分行

【第一负责人简介】　刘志刚，男，1963 年 4 月生，山东省淄博人，中共党员，研究生学历，高级经济师。1980 年 11 月参加工作，历任中国工商银行桓台县支行、淄博市临淄区支行行长，淄博、东营市分行副行长，工商银行山东省分行资产风险管理部、风险管理部副总经理，工商银行威海分行党委书记、行长，工商银行山东省分行副行长。2013 年 11 月调入平安银行股份有限公司济南分行担任党委书记、行长。

【综述】　2014 年，平安银行股份有限公司济南分行（简称：平安银行济南分行）扎实推进各项经营管理工作，各项业务保持稳健发展态势，存贷款等核心指标实际增长实现了较快发展。

【公司业务】　2014 年，平安银行济南分行按照全年工作方针，业务各项指标取得了较理想的成绩。一是将 2014 年定位为“客户战略拓展年”，明确了公司客户布局目标，对客户实施分类营销、差异化管理；二是不断丰富收入结构，经营模式不断向“轻资本”上倾斜，收入来源由主要依赖信贷利差向投行、同业、贸金、综拓、网络金融多条线并行发展；三是建立了更加科学有效的存款管理机制，对结算存款加以控制和要求，有效压降保

平安银行股份有限公司济南分行主要统计指标 1

单位：亿元

项目 \ 年度	2010	2011	2012	2013	2014	2014 年同比增幅（%）
本外币资产总额	202.87	251.77	357.07	405.34	342.12	-15.6
本外币存款余额	169.03	198.41	279.49	283.47	290.81	3.00
人民币存款余额	168.89	198.03	278.31	278.51	284.22	2.05
单位存款	151.41	179.99	248.36	248.73	250.85	0.85
储蓄存款	17.62	18.42	31.12	34.74	33.37	-3.94
本外币贷款余额	112.72	142.71	186.67	182.13	276.80	51.98
人民币贷款余额	112.42	142.71	184.03	175.06	271.79	55.26
短期贷款	66.82	115.04	167.72	152.42	195.71	28.40
中长期贷款	45.9	27.67	18.95	29.71	76.70	158.16
票据融资	7.38	5.12	3.01	1.50	4.39	192.67
利润总额	1.39	0.38	0.89	6.76	2.71	-59.91
不良贷款余额	0.27	0.39	1.03	0.95	2.63	176.84
不良贷款占比（%）	0.22	0.26	0.54	0.52	0.95	82.72

平安银行股份有限公司济南分行主要统计指标 2

项目 \ 年度	2010	2011	2012	2013	2014	2014 年同比增幅（%）
单位结算账户（万户）	0.28	0.36	0.42	0.48	0.59	23
单位结算金额（亿元）	18.27	12.62	53.23	36.21	42.13	17
个人结算账户（万户）	42.70	44.20	46.90	48.09	54.63	14
个人结算金额（亿元）	2.23	5.02	7.26	7.94	7.97	1
信用卡发卡量（万张）	17.20	27.60	45.20	72.26	81.41	13
信用卡消费额（亿元）	26.90	33.20	78.30	193.04	133.04	-31
企业网银客户（万户）	0.13	0.25	0.36	0.38	0.49	29
个人网银客户（万户）	17.90	25.80	32.60	37.65	44.67	19
手机银行客户（万户）	0.10	0.80	1.30	3.55	11.57	226
电话银行客户（万户）	32.70	37.70	43.50	42.63	42.74	1
现金自助设备（台）	24	25	25	51	61	20
营业网点（个）	8	9	10	14	18	29
自助网点（个）	10	11	13	23	35	53

证质押类存款，主动调整存款结构，截至年末，该行保证质押类存款占比同比下降 6 个百分点；四是信贷投向更趋合理，不断加大对省内龙头企业、大型客户的信贷支持，加快节能环保产业、医药医疗行业、现代农业等新兴行业的业务规划和市场开发。

【资金业务】 2014 年，平安银行济南分行实行“资产、负债两手抓，同业、票据两条腿走”的业务架构，交易规模、利润水平显著提升。

一、客户管理水平升级、利润完成创历史新高。一是夯实客户基础，拓展省内外客户，实现客户群体规模化及结构合理化；二是完成 2.0 版同业地图，实现银行类金融机构全覆盖，并初步实现对客户的分类、分层管理和市场信息管理。

二、同业利润结构优化。由过去单纯依赖票据业务收益转变为票据收益继续增长和同业资产收益、负债收益占比稳步提高。

三、开辟资产经营新模式。一是在资源有限的情况下，在市场低点卖出票据、调整库存结构；二是在市场高点配置高收益资产，成功实现了有限规模下的波段操作，资产收益水平不断提高。

【个人业务】 2014年，平安银行济南分行把建设零售队伍、健全制度流程、夯实客户基础、优化存款结构作为工作重点，扎实推进各项工作。一是通过建立周例会制度，增进分支行沟通，提高执行力；二是举办大客户权益邀约活动、小微业务推介会等，推动客户体验提升和产品服务宣讲，提升零售业务发展水平。

【内部管理与金融文化建设】 2014年，平安银行济南分行不断完善内控工作机制，加强高风险领域排查，开展合规教育学习，构建更稳健、有效力的体制机制。

一、加强内控制度建设，进一步加大合规检查力度。一是组织开展覆盖全行的内控合规学习季活动，建立内控检查台账管理制度，对发现的问题全部入库管理；二是建立了内控合规自查复查机制，重点关注员工的“工作圈、生活圈、社交圈、消费圈”；三是针对重点人群和高风险业务领域，抽调骨干员工组成检查团队，开展多次飞行检查和专项检查，检查网点覆盖率达100%。

二、机关作风不断改善，基础管理进一步强化。一是在全行范围开展机关作风提升活动，开展问题查摆会、整改研讨会，落实具体整改措施；二是开展岗位压力评估工作；三是规范了办理重要事项的行政流程，保障了内部管理的稳健运行。

三、文化建设和人文关怀显著增强。一是专门设立了网络信息平台，并开设了微信公众号；二是建立了常态化的干部员工沟通交流机制，组织“基层员工座谈会”、“行领导接待日”等活动，倾听员工代表的诉求和心声；三是组织爱心助学、合唱比赛等党团工会活动；四是开展优惠团购及各类俱乐部活动，针对一线员工开展满意度调查，增强员工的归属感。

【大事记】 1月9日 平安银行济南分行获得银联山东分公司2013年度银联高端卡推广贡献奖。

4月23日 平安银行行长邵平赴济南分行走访调研，拜访山东省委省政府、山东银监局、人民银行济南分行。

8月28日 经山东银监局任职资格核准，聘任刘志刚为该行行长(平银人〔2014〕97号)。

9月1日 平安银行行长邵平赴济南分行走访调研，拜访山东地区战略客户，举行银企战略合作签约仪式。

12月23日 平安银行济南分行获得济南万达支行的开业批复(鲁银监准〔2014〕625号)。

12月26日 平安银行济南分行获得潍坊分行的开业批复(鲁银监准〔2014〕637号)。

平安银行济南分行获得济南泉城路支行的开业批复(鲁银监准〔2014〕639号)。

(石志国 张 睿)

平安银行股份有限公司青岛分行

【第一负责人简介】 陈昊序，男，1970年2月生，硕士研究生，中共党员。历任深圳发展银行青岛城阳支行副行长、青岛分行计划财务部总经理、财务执行官；2012年8月任平安银行青岛分行副行长（主持工作），2015年3月起任平安银行青岛分行行长。

【综述】 2014年，平安银行股份有限公司青岛分行(简称：平安银行青岛分行)强化信贷风险管理，加强内控合规建设，深化内部管理改革，推进业务持续健康发展。

【公司业务】 2014年，平安银行青岛分行积极推进各项公司业务健康发展，不断创新，全力驱动核心指标增长。

一、扩大授信客户规模。一是结合“一行一策”，积极推进区域特色行业批量营销；二是运用网络技术提高效率；三是围绕区域信贷政策，制定“作战热图”，推进客户发展储备工作，努力提升一类二类客户占比。

二、持续跟踪结算存款增长，优化存款结构。一是利用结构性存款、公司理财、定期存款收益权等业务产品，增强客户黏度，拉动客户存款增长；二是推动移动收款、智能收款、公私账户管家、阶梯财富账户计划等现金管理产品，拉动负债增长。

三、保持中间业务收入较快增长，提升创新产品对中间业务收入贡献。一是继续发展贸易金融、国际业务等传统业务；二是积极推进新产品、新业务的推广，总行多项创新产品在分行落地开花；三是托管业务发展迅猛，全年带来中间业务收入420万元，净值及规模增长率排名靠前。

四、各项公司业务齐头并进，全力驱动存款和净收入核心指标的增长。一是大力发展贸易融资业务，实现规模和客户快速增长；二是积极推进现金管理和网络融资业务，提高客户结算存款和黏度；三是积极营销类投行、类授信及托管业务，实现中间业务收入增长；四是稳步推进公司理财业务；五是推进银票直贴及商票贴现业务，强化与同业业务联动。

【个人业务】 2014年，平安银行青岛分行持续夯实零售业务，综拓业务取得突破。

一、加强零售渠道建设。一是以营业网点为依托，针对网点周边社区、学校、企业、写字楼等客户流量较集中区域开展营销；二是在总行贵宾客户增值服务的基础上，联合社区推出切合居民所需的积分换礼活动，加快社区金融便利店建设；三是深度挖掘零售贷款客户；四是充分挖掘信用卡客户资源，带动各项业务增长。

平安银行股份有限公司青岛分行主要统计指标 1

单位：亿元

项目＼年度	2010	2011	2012	2013	2014	2014 年同比增幅（%）
本外币资产总额	204.77	225.04	296.75	296.75	279.52	-5.81
本外币存款余额	133.91	155.3	162.95	206.96	211.78	2.33
人民币存款余额	132.71	154.11	155.15	204.02	208.47	2.18
单位存款	115.42	132.99	134.92	177.6	173.13	-2.52
储蓄存款	17.29	21.12	20.23	25.8	37.78	46.43
本外币贷款余额	116.13	122.07	120.07	133.01	178.71	34.36
人民币贷款余额	113.88	121.39	116.73	120.69	172.47	42.90
短期贷款	75.6	92.12	91.00	87.2	109.25	25.29
中长期贷款	28.33	28.5	25.73	33.49	49.45	47.66
票据融资	9.95	0.77	1.78	3.85	9.55	148.05
利润总额	2.78	4.43	5.31	3.69	4.92	33.33
不良贷款余额	0.03	0.34	1.34	1.14	1.88	64.91
不良贷款占比（%）	0.03	0.28	1.11	0.85	1.05	23.53

平安银行股份有限公司青岛分行主要统计指标 2

项目＼年度	2010	2011	2012	2013	2014	2014 年同比增幅（%）
单位结算账户（万户）	0.93	1.1	1.2	1.5	1.9	26.67
单位结算金额（亿元）	2190.58	2983.13	3461.23	5123.72	4894.01	-4.48
个人结算账户（万户）	31.00	32.88	35.52	36.67	42.86	16.88
个人结算金额（亿元）	645.90	1578.23	2226.29	3241.93	1933	-40.38
信用卡发卡量（万张）	2.88	10.08	11.76	13.48	11.81	-12.39
信用卡消费额（亿元）	0.98	1.12	3.86	6.45	14.2	120.16
企业网银客户（万户）	0.47	0.76	1.15	1.72	0.8	-53.49
个人网银客户（万户）	2.41	4.07	5.91	11.33	17.48	54.28
手机银行客户（万户）	0.6	1.02	1.48	3.06	3.56	179.74
电话银行客户（万户）	0.68	0.72	0.88	1.36	1.42	4.41
现金自助设备（台）	17	19	15	60	98	63.33
营业网点（个）	8	8	10	13	28	115.38
自助网点（个）	5	5	3	10	12	20.00

二、综拓业务取得突破。一是充分利用总行“个推银”新模式试点的有利时机，调动全行资源，全力开展综拓业务；二是与产险合作，推出车险客户即时迁徙方案，综合银行、产险及车行的产品、权益进行套餐设计。

三、全面推动“贷贷平安商务卡”的营销。成立业务推动小组，制定方案，全员营销，多渠道推进，按日进行业务进度通报，加强先进经验分享交流。

【国际业务】 2014 年，平安银行青岛分行离在岸国际结算量累计完成 175 亿美元，其中，在岸业务量 25 亿美元，离岸业务量 150 亿美元。一是离岸利润全行第二，仅次于深圳分行，离岸结算量稳居全行第一梯队；二是离在岸中间业务收入的综合税前绩效比例为 10%，超越青岛同业平均水平。

【资金同业】 2014 年，平安银行青岛分行不断优化同业资产结构，通过产品创新实现资产扩张，同业营业净收入 2.37 亿元。一是做好存量业务客户的联络工作，积极寻求新客户，适时开展票据业务，累计实现票据业务净利息收入 4489 万元；二是积极开拓非标债业务，全年陆续操作非标债业务77.85亿元，其中保本理财投资75.5亿元，存单受益权资管计划投资2.35亿元，累计实现净利息收入7006万元，非利息净收入3444万元；三是关注市场利率变化，进行买断卖断票据价差操作，累计实现价差损益3211万元；四是借助"行E通"系统平台优势，加强理财产品销售力度，全年累计实现理财业务销售交易额71.91亿元，实现中间业务收入249万元；五是灵活操作非标准债券投资业务，实现资产托管费收入382万元及同业咨询顾问费收入3062万元。

【内部管理与金融文化建设】 2014年，平安银行青岛分行一是坚持周例会制度，切实抓好员工管理、培训工作；二是成立大客户管理中心，加大走访频率，切实维护客户关系；三是通过开展全员案防责任书签署、员工行为排查、廉政教育、案防合规培训、法案风险分析等工作，严控案件及合规风险；四是成立由分行班子成员组成的不良及问题贷款化解领导小组和以分行行长任组长的风险排查工作组，防范问题授信风险进一步放大。

【大事记】 1月26日 平安银行青岛分行召开2013年度工作总结表彰大会暨2014年工作会议。

2月25日 平安银行副行长吴鹏携北区审批、零售、综合等部门负责人莅临青岛分行，宣导了2014年全国分行行长会议精神，听取了分行落实总行会议精神的计划和安排，并进行了指导和部署。

6月26～27日 平安银行副书记王骥、机构管理部总经理刘峰、惠龙一行莅临青岛分行调研指导工作。

9月8日 由平安银行青岛分行承办，平安驻青岛地区七家分公司协办的"平安一家亲"青岛地区运动会隆重举行。

10月21日 平安银行董事长孙建一、行长邵平在青岛分行行长陈昊序陪同下拜会了山东省委常委、青岛市委书记李群、青岛市副市长刘明君。

11月6日 平安银行青岛黄岛支行开业。

12月7日 青岛市委副书记、市长张新起会见平安银行行长邵平一行。

（侯保平）

招商银行股份有限公司济南分行

【综述】 2014年，招商银行股份有限公司济南分行（简称：招商银行济南分行）通过强化政策导向，加大考核力度，推动精准营销，优化架构流程，加强队伍建设，加快服务升级，各项业务继续保持了平稳较快发展。

【公司业务】 2014年，招商银行济南分行公司业务加强资源整合，强化业务创新，狠抓重点营销，批发银行各项业务实现了较快发展，圆满完成了总行、分行下达的任务。一是以财政业务为突破，推动对公负债业务快速增长；二是以资产经营为手段，全面实施"大资产管理"；三是以新兴业务为重点，持续推动中间业务收入快速增长；四是以全面经营为目标，持续做好小企业业务。

【个人业务】 2014年，招商银行济南分行零售业务发展良好，实现了非利息净收入、客户资产规模和负债业务的同步快速发展。一是细化客群管理，通过专属客群产品和营销活动、开展系列特色客户活动，促客群发展；二是通过代发、网点、异业联盟等获客手段，提升基础客群的开发建设；三是通过"朝朝盈"、生活缴费、信用卡关联还款等方式提高客户黏性。

【国际业务】 2014年，招商银行济南分行国际业务科学调整业务结构，强化低风险业务推动工作，加强创新产品运用，拓宽境内外融资渠道，保障业务可持续性发展，促进网上国际业务推广，夯实客群基础建设，抢抓市场机遇，提升跨境金融产品优势，各项业务均保持稳步增长。全年实现国际结算量64亿美元，同比增长13.8%；其中跨境人民币结算量105.2亿元，同比增长32%；贸易融资累计投放15.2亿美元，同比增长25%；国际业务客户数同比增幅为27.96%。

【中间业务】 2014年，招商银行济南分行狠抓财富管理，进一步巩固差异化优势，实现了中间业务收入快速发展。一是通过客户沙龙、基金工作室、数据库营销活动等方式，提升基金、保险、受托理财等重点产品的营销力度，财富产品收入均实现跨越式增长；二是通过阶段性促销、实物巡展等手段，快速提升贵金属中间业务收入。全年累计实现批发银行中间业务收入8.7亿元，同比增长2.03亿元，增幅30.43%。

【电子银行业务】 2014年，招商银行济南分行加大手机银行转账汇款免费、超级网银资金归集方便快捷等优惠活动的宣传力度，找准营销切入点，使电子银行成为了客户的主要使用结算工具；推进微信银行、微信营销，微信线上价值客户已突破7万人，为产品宣传、品牌提升起到了较好的作用。

【内部管理】 2014年，招商银行济南分行按照"规范管理、专业服务，持续打造精细化后勤保障服务体系"为工作目标，加强前台、中台、后台三项服务，提高了工作质效。一是加强队伍建设，为各机构的正常运转提供人力支持；二是建立了信用风险管理多维度评价体系；三是明确了"全员学习，智慧管理，严守底线，促进发展"的合规文化宣导主题，并开展了一系列活动。

【金融文化建设】 2014年，招商银行济南分行组织第十届

招商银行股份有限公司济南分行主要统计指标 1

单位：亿元

项目 \ 年度	2010	2011	2012	2013	2014	2014 年同比增幅（%）
本外币资产总额	515.86	531.37	636.72	760.59	870.34	14.43
本外币存款余额	440.11	462.36	596.86	679.73	770.11	13.30
人民币存款余额	428.62	455.43	588.69	668.67	754.71	12.87
单位存款	308.40	319.78	400.88	460.79	520.97	13.06
储蓄存款	119.59	133.35	184.36	205.40	227.70	10.86
本外币贷款余额	463.87	501.44	558.6	590.43	632.84	7.18
人民币贷款余额	451.62	490.22	536.76	572.70	614.38	7.28
短期贷款	191.18	236.33	316.98	368.93	363.99	-1.34
中长期贷款	235.75	229.03	197.31	180.23	226.24	25.53
票据融资	24.69	24.86	22.47	23.54	24.15	2.59
利润总额	8.81	15.16	16.32	17.68	19.34	9.39
不良贷款余额	3.18	2.84	3.59	6.02	7.1	17.94
不良贷款占比（%）	0.69	0.57	0.64	1.02	1.12	9.80

招商银行股份有限公司济南分行主要统计指标 2

项目 \ 年度	2010	2011	2012	2013	2014	2014 年同比增幅（%）
单位结算账户（万户）	1.39	1.60	1.90	2.16	3.23	49.84
单位结算金额（亿元）	11408	16171	18750	20194	23802	17.87
个人结算账户（万户）	113.98	131.97	151.87	164.13	195.11	18.87
个人结算金额（亿元）	7010	10675	13398	14742	10129	-31.29
信用卡发卡量（万张）	6.77	5.76	8.92	8.84	13.25	49.88
信用卡消费额（亿元）	116.01	138.91	173.57	227.57	305.08	34.06
企业网银客户（万户）	0.25	0.33	0.45	0.64	1.09	70.66
个人网银客户（万户）	11.29	19.61	35.95	43.28	68.22	57.62
手机银行客户（万户）	--	--	19.40	21.02	83.72	298.29
电话银行客户（万户）	6.43	10.17	--	--	--	--
现金自助设备（台）	153	188	242	310	397	28.06
营业网点（个）	30	33	35	38	47	23.68
自助网点（个）	46	50	55	64	68	0.06

文化节，开展了包括行长当大堂经理、建设百年招银林、员工家属座谈或走访等一系列活动。

【大事记】 4 月 3 日　招商银行济南分行举行了"薪福金融泉城论道"的全国巡回路演济南站活动，70 余家企业负责人应邀参加活动。

4 月 9 日　招商银行济南分行与山东招金集团签署全面战略合作协议。

6 月 11 日　招商银行副董事长张光华一行莅临济南分行调研指导工作。

6 月 12 ~ 13 日　招商银行济南分行承办了总行在济南召开的环渤海及东北地区信用风险防控座谈会。

6 月 19 日　招商银行济南分行举行"现金管理及供应链金融创新产品交流会"，来自全省 50 余家企业客户代表参加了会议。

10 月 14 日　招商银行济南分行联合济南明天儿童康复中心组织了 2014 年"爱满葵园"青年志愿者活动，志愿者与自闭症儿童一起走进泉城海洋极地公园，感知美妙的海洋世界。

10 月 21 日　招商银行济南分行第 40 家网点——滨州博兴支行开业。

12 月 9 日　招商银行济南分行第 18 家同城支行——高新支行正式开业。

（招商银行济南分行）

招商银行股份有限公司青岛分行

【第一负责人简介】 王纪全，男，汉族，中共党员，1960 年 1 月生，博士研究生。1983 年参加工作，历任中共济南市委党校教员，山东省委党史研究室副主任科员，山东省政府办公厅正科、副处、正处，山东省人大常委会办公厅正处，招商银行济南分行党委副书记、副行长，招商银行兰州分行党委书记、行长；2009 年 6 月起任招商银行青岛分行党委书记、行长。

【综述】 2014 年，招商银行股份有限公司青岛分行（简称：招商银行青岛分行）积极向轻型银行转型，践行服务升级，履行社会责任，进一步树立了良好的企业形象。截至年末，该行辖有日照、威海、淄博、济宁 4 家异地分行，在青岛地区设有 25 家支行。

招商银行股份有限公司青岛分行主要统计指标 1

单位：亿元

项目 \ 年度	2010	2011	2012	2013	2014	2014 年同比增幅（%）
本外币资产总额	449.41	466.51	521.35	633.99	745.64	17.61
本外币存款余额	409.55	436.49	498.44	556.21	613.58	10.31
人民币存款余额	398.47	415.69	465.95	535.18	581.22	8.60
单位存款	280.56	285.35	305.32	379.81	374.31	-1.45
储蓄存款	117.91	130.34	160.63	155.37	206.91	33.17
本外币贷款余额	345.5	387.38	456.28	537.87	598.3	11.24
人民币贷款余额	331.59	368.12	420.11	509.42	559.09	9.75
短期贷款	161.1	190.98	257.9	350.06	385.82	10.22
中长期贷款	170.49	177.14	162.21	159.36	173.27	8.73
票据融资	27.24	22.57	25.72	21.25	38.62	81.74
利润总额	7.52	13.65	14.06	15.85	17.33	9.34
不良贷款余额	0.64	0.78	2.24	3.26	10.71	228.53
不良贷款占比（%）	0.18	0.20	0.49	0.61	1.79	193.44

招商银行股份有限公司青岛分行主要统计指标 2

项目 \ 年度	2010	2011	2012	2013	2014	2014 年同比增幅（%）
单位结算账户（万户）	1.38	1.71	2.06	2.67	3.4	27.34
单位结算金额（亿元）	5000	5200	5400	6000	7200	20.00
个人结算账户（万户）	--	--	--	--	223.74	--
个人结算金额（亿元）	122.82	134.96	165.99	181.46	197.39	8.77
信用卡发卡量（万张）	5.00	6.18	4.50	5.84	9.78	67.47
信用卡消费额（亿元）	--	--	--	--	--	--
企业网银客户（万户）	0.39	0.41	0.54	0.76	0.75	-0.80
个人网银客户（万户）	6.47	5.59	8.19	12.92	19.7	52.48
手机银行客户（万户）	--	10.88	12.28	14.36	20.91	45.61
电话银行客户（户）	--	--	--	--	--	--
现金自助设备（台）	319	330	360	369	447	21.14
营业网点（个）	15	16	17	18	25	38.89
自助网点（个）	67	76	87	112	125	11.61

【资产业务】　2014年，招商银行青岛分行持续加快信贷结构调整，加大对新兴产业、蓝色金融、实体经济和中小企业的信贷支持力度，资产业务在控制风险、提高收益前提下稳定增长。密切关注政策导向和市场动态，强化风险预警与信贷检查工作；主动调整信贷结构，加大风险客群压退力度；一户一策，全力开展不良资产风险化解工作；积极参与产品创新，促进综合收益提升。

【公司业务】　2014年，招商银行青岛分行积极推进落实总行分行下达的批发条线各项工作目标，合理制定分行批发条线考核办法，不断加大业务创新和营销力度，全年工作扎实有效推进。

【个人业务】　2014年，招商银行青岛分行加强零售整体规划管理，搭建大零售平台，不断提升零售银行盈利能力。提升理财经理客户关系管理水平和资产管理能力，加快财富综合管理业务发展。

【票据业务】　2014年，招商银行青岛分行加强票据业务经营管理和渠道建设，以票据中间业务收入为主要经营指标，围绕直贴业务加速开展转贴现业务运作，全年共实现票据业务收入28191万元，并且继续保持了票据业务的零风险。

【国际业务】　2014年，招商银行青岛分行大力推动总行创新产品的应用，同时积极开展自主创新，推出了业内首创的“收支盈”、“转单盈”、“结构性委托开证”等新产品、新模式，通过自主创新和应用创新的双轮驱动，逐步摸索出一条低风险、轻资产的发展道路。同时，利用境内外联动机制的优势，提升精细化、专业化服务水平，成立离岸中心做“大离岸”业务。

【电子银行业务】　2014年，招商银行青岛分行进一步推动“超级网银”、手机银行、微信银行等电子金融服务，加大CBS等现金管理产品的推广，非柜面交易替代率不断提升。开展了“绑定微信银行”、“手机银行转账抽奖活动”、“手机银行下载有礼”、“手机银行限时特惠”等线上活动，开通了功能有礼、微信推送等线下活动，提高电子银行产品曝光率和吸引力。

【金融文化建设】　2014年，招商银行青岛分行扎实开展内控合规管理，全面抓好纪检监察和安全保卫工作，积极推进二级分行扁平化管理，快速推进零售专业支行建设和社区支行筹建工作，强化服务管理。

【大事记】　1月　招商银行青岛分行日照岚山支行、闽江路支行开业。

2月　招商银行青岛分行劲松七路支行、麦岛路支行开业。

5月　招商银行青岛分行燕儿岛路支行开业。

8月　招商银行青岛分行南京路支行开业。

9月　招商银行青岛分行威海新威路支行、日照海曲中路支行、淄博西城支行开业。

10月　招商银行巡视组进驻青岛分行开展巡视工作。

招商银行青岛分行组织“爱满葵园”关爱自闭症儿童活动。

11月　招商银行青岛分行即墨鹤山路支行、济宁万达广场支行开业。

12月　招商局集团总经理、招行董事李晓鹏视察青岛分行。

招商银行青岛分行黄岛支行开业。

（刘　鑫）

上海浦东发展银行济南分行

【第一负责人简介】　孔建，男，汉族，1968年11月生，山东济南人，中共党员，博士研究生学历。1993年7月起先后任工商银行山东省分行科员、副主任科员、科长、副处长，2001年2月起先后任浦发银行济南分行信贷部总经理、副行长，2013年7月起任浦发银行济南分行党委副书记、副行长（主持工作）；2014年6月起任浦发银行济南分行党委书记，行长。

【综述】　2014年，上海浦东发展银行济南分行（简称:浦发银行济南分行）加快业务发展，加大转型创新，各项工作取得新的成绩。

【业务发展】　2014年，浦发银行济南分行业务发展概况。

一、创新驱动，深化转型。一是推动低资本耗用业务发展，债务融资工具承销、金融市场业务、国际结算量分别完成120亿元、108亿元、131亿美元，均超百亿元；票据贴现业务完成702亿元；二是加强重点客户企划，对15户重点客户采用直营管理模式，“一户一策”、“一户一团队”，对180户重点中型客户实施名单制管理，在营销推进、资源配置、运营服务和板块联动等方面进行支持倾斜；三是加强工作推进，推行首问负责制和服务承诺制。

二、全行联动，协同发展。一是做好交叉销售，成立公私联动工作领导小组，将代发、公司要客、商户POS机、信用卡四项产品作为重点拓展项目，持续开展公私联动专项营销竞赛活动；二是构建大零售格局，小企业金融服务中心在架构、人员上的调整已到位，前端营销、中场运作、流程支撑、后台风险管理等方面的整合稳步推进；三是大力加强厅堂联动，在总行开展的网点零售产能提升活动中，有4家网点达到五星，3家网点达到四星，16家网点达到三星。

【内部管理】　2014年，浦发银行济南分行内部管理工作主要内容。

一、强化管理职责，提升发展能力。一是加强选人用人管

上海浦东发展银行济南分行主要统计指标 1

单位：亿元

项目 \ 年度	2010	2011	2012	2013	2014	2014年同比增幅（%）
本外币资产总额	516.9	653.09	867.32	1074.21	992.93	-7.57
本外币存款余额	444.61	558.92	700.94	784.09	865.92	10.44
人民币存款余额	441.43	551.91	695.6	777.07	844.17	8.64
单位存款	304.32	466.98	574.16	643.24	694.64	7.99
储蓄存款	44.99	52.84	75.45	97.45	112.78	15.73
本外币贷款余额	348.43	428.87	530	593.38	652.27	9.92
人民币贷款余额	335.46	417.56	509.59	579.99	635.41	9.56
短期贷款	230.07	299.52	391.58	354.25	431.65	21.85
中长期贷款	117	127.89	116.22	150.38	148.68	-1.13
票据融资	2.06	6.26	19.78	27.75	17.62	-36.50
利润总额	6.84	12.53	14.24	17.84	16.86	-5.49
不良贷款余额	1.39	1.32	1.89	4.09	10.21	149.63
不良贷款占比（%）	0.39	0.31	0.36	0.69	1.57	127.54

上海浦东发展银行济南分行主要统计指标 2

项目 \ 年度	2010	2011	2012	2013	2014	2014年同比增幅（%）
单位结算账户（万户）	0.7453	1.0134	1.3817	1.5274	1.6891	10.59
单位结算金额（亿元）	9083.51	9596.09	16326.28	25902.69	22609.84	12.71
个人结算账户（万户）	41.4	55.2	73.7	98.2	122.8	25.05
个人结算金额（亿元）	185	236	368	458.21	698.84	52.52
信用卡发卡量（万张）	4.90	4.89	10.44	16.15	22.88	41.67
信用卡消费额（亿元）	13.82	21.03	32.46	68.27	175.37	156.87
企业网银客户（万户）	0.22	0.42	0.65	0.81	1.03	27.16
个人网银客户（户）	80254	119421	165422	238835	338682	41
手机银行客户（户）	7275	10089	38833	118839	318556	268
电话银行客户（万户）	—	—	—	—	—	—
现金自助设备（台）	122	147	162	170	178	5
营业网点（个）	18	20	24	30	33	10
自助网点（个）	63	76	82	90	93	3

理，对风险管理人员、运营主管和合规专员全部实行派驻制管理；二是在信贷资源、人员配备上对二级分行予以倾斜支持。

二、加强风险管控，保障经营安全。一是完善风险防控机制，把控制“一逾两呆”纳入目标管理考核，并加强对二级分行的风险垂直管理，健全责任追究机制；二是对高风险行业实行名单制管理，加强对房地产、政府融资平台、产能过剩行业等重点领域的风险管控；对担保圈风险进行了全面梳理和风险排查；三是严格落实贷款“三查”制度，严格授信业务审批，并加强贷后管理，建立重点监控客户制度，组织开展授信客户全面风险检查；四是加大风险化解和清收处置，累计清收处置不良贷款3.59亿元，累计压缩和退出客户180户，压退敞口余额27.41亿元；五是持续开展内控、审计检查和重点领域风险排查，加强对员工行为动态管理和异常行为排查。

【金融文化建设】 2014年，浦发银行济南分行一是加强党风廉政建设，落实领导干部“一岗双责”和民主决策制度，按季组织中层领导干部述职述廉；二是制定了《员工考核晋升实施意见》，建立公开透明的员工晋升机制；三是深化企业文化建设，制作出版了首期《绽放》杂志，组织对全行客户经理进行培训，举办了创新大赛、知识竞赛、拓展训练。

【大事记】 8月26日 浦发银行菏泽分行开业。

9月13日 浦发银行济南分行和中国移动山东分公司签署战略合作暨业务推进协议。

（廖 峰）

兴业银行股份有限公司济南分行

【第一负责人简介】 吕伟，男，1970年5月生，福建南安人，党员，硕士研究生学历，高级经济师。1992年参加工作，历任兴业银行石家庄分行党委书记、行长，兴业银行重庆分行党委书记、行长；现任兴业银行济南分行党委书记、行长。

【综述】 2014年，兴业银行股份有限公司济南分行（简称：兴业银行济南分行）积极推动发展模式、盈利模式和基础工作"三个转型"，以经营转型和内涵提升促发展。主要业务指标继续位居山东同类型银行前列。

【经营管理】 2014年，兴业银行济南分行发展迈上新的台阶。

一、"稳发展、保安全"的发展策略初见成效。一是资产负债保持合理增速，盈利能力有所增强，实现账面营业收入43.6亿元，同比增长14.05%；二是客户基础更加坚实，企金基础客户新增1582户，有效授信客户新增1116户，均居全系统第1位；三是零售客户数102.2万户，零售核心客户19.9万户，同比增长27.8%；四是金融市场业务实现合作的同业机构超百家，已构建起涵盖银行、信托、券商、基金、保险等全面立体的营销网络；五是资产质量持续好转，实现双降。

二、积极打造多市场、多产品、综合化、集约化的发展模式。一是业务发展趋向集约，通过调整业务品种、改善考核分配政策、鼓励发展低资本消耗业务，经济资本收益率同比提高16.03个百分点，风险资产收益率同比提高1.02个百分点；二是完成了所辖地市行小企业分中心及专营团队建设，小企业贷款同比新增32.8亿元，基础客户数同比新增1078户，社区银行存款余额、开卡数及理财销售额均居系统前列。

三、"一体两翼、经营转型"的战略布局有序推进。三大业务条线推进差异经营，持续打造业务特色。一是企业金融方面，投行领域初步建立了融资与流转相结合的业务模式，融资规模达482亿元，实现业务净收入6.45亿元，其中债务融资工具发行落地142.2亿元，贸融领域持续推进业务结构优化，国内信用证及福费廷转卖额达293亿元，现金结构性存款余额同比新增82亿元，此外，机构存款日均新增80亿元，居系统内首位；二是零售方面，综合金融资产快速扩张，同比新增35%，储蓄存款日均余额同比新增20.8亿元，综合理财销售同比增长223.2%，个

兴业银行股份有限公司济南分行主要统计指标1

单位：亿元

项目 \ 年度	2010	2011	2012	2013	2014	2014年同比增幅（%）
本外币资产总额	598.15	758.51	1153.93	1332.56	1460.23	9.58
本外币存款余额	530.06	657.32	872.21	1077.76	1111.03	3.09
人民币存款余额	523.99	650.94	831.97	1055.02	1090.07	3.32
单位存款	481.13	583.88	720.40	877.09	948.42	8.13
储蓄存款	42.86	67.07	111.58	177.94	141.65	-20.39
本外币贷款余额	352.20	393.97	494.31	509.15	600.04	17.85
人民币贷款余额	349.50	388.95	449.18	492.00	567.20	15.28
短期贷款	94.39	158.26	240.14	321.89	369.45	14.78
中长期贷款	253.95	229.54	200.91	162.56	193.18	18.84
票据融资	1.09	0.49	1.17	0.54	1.97	264.81
利润总额	9.55	14.89	21.25	21.01	23.72	12.90
不良贷款余额	0.55	0.58	4.56	8.73	6.18	-29.21
不良贷款占比（%）	0.15	0.15	0.92	1.71	1.03	-39.77

兴业银行股份有限公司济南分行主要统计指标 2

项目＼年度	2010	2011	2012	2013	2014	2014 年同比增幅（%）
单位结算账户（万户）	--	--	1.92	2.58	3.09	19.77
单位结算金额（亿元）	--	--	250.70	329.81	362.76	9.99
个人结算账户（万户）	--	--	--	--	--	--
个人结算金额（亿元）	--	--	57.89	100.42	65.19	-35.08
信用卡发卡量（万张）	--	--	9.42	7.04	9.23	31.11
信用卡消费额（亿元）	--	--	106.94	192	244	27.08
企业网银客户（万户）	--	--	0.73	1.06	1.43	34.91
个人网银客户（万户）	--	--	28.89	30.83	43.06	39.67
手机银行客户（万户）	--	--	37.03	61.79	82.48	33.48
电话银行客户（万户）	--	--	43.32	50.71	58.88	16.11
现金自助设备（台）	--	--	237	258	382	48.06
营业网点（个）	--	--	26	35	39	11.43
自助网点（个）	--	--	28	20	24	20

人贷款余额同比增长 15.9 亿元；三是金融市场方面，创利渠道多元化，新发生业务创造利润同比增长 62%，实现了城市发展基金、债券投资等业务突破，同业客户合作渠道拓宽，托管业务及银银平台营销快速推进，中小银行科技输出签约 120 家，占全系统签约数的 50%以上。

【中间业务】 2014 年，兴业银行济南分行不断加强产品创新力度，提高金融服务能力，进一步夯实基础，在企业金融、零售、同业等各个领域，中间业务均实现了较快增长。共实现净收入 6.37 亿元，同比增长 51%；中间业务收入占利润总额比重达 28.5%，同比提高 6.94 个百分点。

【电子银行业务】 2014 年，兴业银行济南分行加大科技创新投入，致力打造电子化、综合化的服务保障体系。

一、电子化服务平台不断丰富。全面提升电子银行对客户、分行和各业务板块的整体服务能力。已形成“在线兴业”网上银行、“无线兴业”手机银行、“热线兴业”电话银行“95561”客服三线产品组成的综合金融服务平台。企业网银新开户 3715 户，交易金额达 12220 亿元，柜面替代率为 77.6%；个人网银新增有效户 12.23 万户，交易金额达 3123 亿元，柜面替代率为 72.07%；手机银行新增客户 20.68 万户，交易金额 265 亿元，柜面替代率为 12.11%；电话银行新增客户 81651 户，交易金额 2.2 亿元，柜面替代率达 84.24%。

二、电子银行客户服务体验日趋优化。一是已在全部营业网点、社区银行完成 WIFI 系统的搭建和布设，以及相应的宣传标识、使用指南等信息，并全面投入使用；二是在辖内营业网点增配金融自助通、网银体验设备等，使其不断完善。

【内部管理与金融文化建设】 2014 年，兴业银行济南分行风险管理体系更加完备。一是组建了分行风险管理公共服务平台，分设了风险管理专岗，完成了对辖内地市行小企业风险经理派驻，强化了对各级风险人员的考核；二是积极推进信贷投向、尽职调查、风险预警、贷后检查等全流程、各环节的管理创新，成功堵截多起案件；三是完善岗位竞聘、公开选拔的用人机制，建立常态化的业务竞赛、专题培训等活动。

【大事记】 3 月 15 日 兴业银行济南分行获评大众日报社颁发的“3·15 诚信金融品牌”。

6 月 16 日 兴业银行济南分行辖内第 9 家分支机构东营分行正式开业。

8 月 8 日 兴业银行董事长高建平前往济南分行调研，并与山东省省长郭树清、济南市市长杨鲁豫等领导会晤。

11 月 3 日 由兴业银行济南分行作为主承销商的“山东黄金集团有限公司 2014 年度第一期中期票据”正式发行。

11 月 25 日 经总行研究决定（兴银党委〔2014〕202 号），曾勇、穆晓达任中共兴业银行济南分行委员会委员；平宁为兴业银行济南分行业务巡视员，不再担任中共兴业银行济南分行委员会委员、济南分行副行长职务；郝超不再担任中共兴业银行济南分行委员会委员、济南分行副行长职务，另有任用。

（赵 翔）

兴业银行股份有限公司青岛分行

【第一负责人简介】 沈健，男，中共党员，经济师，山东大学本科。历任兴业银行烟台支行、兴业银行烟台分行党委书记、行长，兴业银行济南分行党委委员、行长助理；现任兴业银行股份有限公司青岛分行党委书记、行长。

【综述】 兴业银行股份有限公司青岛分行（简称：兴业银行青岛分行）深化经营管理改革，加速战略转型，加强风险内控体系建设，各项业务持续健康发展，顺利完成“稳增长、保平安、促转型”的任务。

【公司业务】 2014年，兴业银行青岛分行主动调整经营策略，注重结构调整和质量提升，企业金融业务保持了持续快速发展的态势。年末对公存款余额220.33亿元，贷款余额169.82亿元，贷款余额较2013年增加45.32亿元，增幅为36.40%。机构业务日均存款30.7亿元，较年初新增7.55亿元，超额完成总行计划；机构客户较年初新增54户，计划完成率为270%。环境金融业务融资余额31.48亿元，较年初新增15.26亿元，完成总行计划211.89%；环境金融客户数42户，较年初新增21户，完成总行计划的161.54%。小企业专营团队口径表内贷款余额5.99亿元，较年初新增4.26亿元，增幅为45.43%；小企业专营团队口径存款余额2.28亿元，增幅为20.43%；日均存款1.73亿元，增幅为84.01%；小企业客户179户，较年初新增105户，增幅为141.89%。

【个人业务】 2014年，兴业银行青岛分行坚持夯实基础与改革转型双管齐下，推动个人业务再上新台阶，个人存款余额较年初新增4.7亿元，个人贷款余额新增3.2亿元，客户数新增2.97万户。其主要原因一是“兴动力”零售战略转型全面展开，服务能力和营销水平进一步提升；二是零售专营团队、“零售信贷工厂”改革活力十足，流程优化，效率提高，零售条线协同作战能力进一步增强；三是“安愉人生”、“寰宇人生”、“安居助业贷”、“兴业通POS”四大战役全面打响，产品品牌影响力持续提

兴业银行股份有限公司青岛分行主要统计指标1

单位：亿元

项目 \ 年度	2010	2011	2012	2013	2014	2014年同比增幅（%）
本外币资产总额	256.75	270.88	430.96	608.44	764.33	25.62
本外币存款余额	157.87	168.49	219.58	277.26	261.19	-5.80
人民币存款余额	141.65	164.32	185.84	252.9	244.48	-3.33
单位存款	123.46	142.42	154.90	215.49	203.82	-5.42
储蓄存款	18.19	21.90	30.94	37.41	40.66	8.69
本外币贷款余额	103.68	130.25	137.48	144.26	193.51	34.14
人民币贷款余额	103.05	123.55	105.81	129.3	179.84	39.09
短期贷款	42.23	61.97	47.40	76.05	119.64	57.32
中长期贷款	60.82	61.52	58.41	53.24	56.4	5.94
票据融资	5.90	0.06	0.99	0	0.77	--
利润总额	1.55	3.66	4.28	4.35	3.33	-23.45
不良贷款余额	0.00	0.30	1.05	1.26	2.29	81.75
不良贷款占比（%）	0.00	0.00	0.01	0.01	0.01	35.63

兴业银行股份有限公司青岛分行主要统计指标 2

项目 \ 年度	2010	2011	2012	2013	2014	2014 年同比增幅（%）
单位结算账户（万户）	0.40	0.72	1.15	1.53	1.04	-32.03
单位结算金额（亿元）	2158.40	3399.99	5836.90	15135.85	23663.94	56.34
个人结算账户（万户）	7.28	12.17	16.67	21.86	33.87	54.94
个人结算金额（亿元）	396.23	768.92	1179.42	1883.05	2150.98	14.23
信用卡发卡量（万张）	2.65	4.31	3.22	2.66	2.94	10.53
信用卡消费额（亿元）	8.00	18.87	31.39	53.28	68.34	28.27
企业网银客户（万户）	0.05	0.10	0.14	0.17	0.28	60.46
个人网银客户（万户）	5.27	9.27	10.50	11.38	14.2	24.78
手机银行客户（万户）	3.61	7.38	11.45	18.3	23.1	26.23
电话银行客户（万户）	9.74	12.33	14.73	16.76	18.6	10.98
现金自助设备（台）	72	76	86	93	108	16.13
营业网点（个）	6	8	10	11	14	27.27
自助网点（个）	11	11	13	12	21	75.00

升。

【中间业务】 2014年，兴业银行青岛分行大力推进财富管理、投行、现金管理、贸易融资等业务模式的发展，提高服务质量，丰富业务类型，提高资产盈利能力和中间业务收入水平，实现可持续发展。一是通过沙盘营销、社区营销等多种模式，推动理财产品、贵金属交易等零售业务产品的发展；二是加强现金管理的营销推动，结构性存款新增15.50亿元，计划完成率为258.33%；三是投行业务实现融资69.5亿元，发行了青岛当地第一笔理财直融业务；四是大力推进国际结算业务，国际结算量累计实现42.02亿美元，贸易融资量累计实现298.02亿元人民币，中间业务收入同比增长70.05%，均超额完成总行计划。

【电子银行业务】 2014年，兴业银行青岛分行组织全行精英版电子银行竞赛活动2场，着力培养客户使用网银和手机银行办理业务的习惯。为方便手机银行客户办理业务，该行所有网点营业厅均实现了免费WiFi覆盖。截至年末，该行新增精英版电子银行客户1.57万户，完成总行计划的104.7%；全年零售电子银行交易量188万笔，是柜台交易量的5.03倍。

【内部管理与金融文化建设】 2014年，兴业银行青岛分行不断深化机制体制改革，提升营销能力和服务水平。

一、营销组织能力进一步增强。一是成立企业金融票据中心、环境金融中心，企金重点业务拓展更为有力；二是借助西海岸新区上升为国家战略的有利时机，成立西海岸业务总部；三是以崂山金融区建设为契机，推动秦岭路支行转型综合支行；四是先期成立资产管理部，对金融市场条线进行结构调整与定岗，后期根据总行金融市场条线改革的要求，设置金融市场总部青岛分部，分设同业业务部和金融市场部两个一级部门。

二、全面强化风险管理工作。一是通过定期发布风险预警提示，引入客户经理授信前尽职调查和授信后监督管理必须做到28项规定动作，建立贷后检查常态化机制；二是通过加强抵押物管理、规范业务操作，开展50多项重点领域和行业风险排查，不断强化风险管控；三是成立特殊资产专营团队，以清收、重组为主，核销、转让配套，拓宽风险资产化解渠道；四是加强信用责任认定及追究工作，增强尽职履责意识，切实防范风险。

三、内控管理体系进一步完善。一是建立内控合规考核体系，按季进行合规与内控综合考评；二是组织开展内控制度执行情况大检查，开展授信客户满意度问卷调查活动等。

四、科技保障更加有力。在加强科技营运管理、有效防控科技风险的基础上，加强创新管理，完成分行信用审批项目流程、海关税款无纸化缴库项目、青岛联通话费代扣缴等项目的开发。

五、企业文化建设不断深入。圆满完成党的群众路线教育实践活动，开辟“青岛兴业”专刊、微信等新的宣传平台，开展演讲比赛、健康月、大讲堂等活动，持续推进“二线服务一线 全行服务客户”的服务文化。

【大事记】 3月3日 沈健任中共兴业银行青岛分行委员会书记(兴银任〔2014〕27号)。

3月6日 兴业银行副行长陈锦光一行莅临青岛分行调研零售业务发展情况。

3月7日 兴业银行行长李仁杰一行莅临青岛分行调研，宣布沈健党委书记、行长任命。

3月13日 兴业银行副行长林章毅一行莅临青岛分行调研企业金融业务发展情况。

4月28日 兴业银行青岛分行正式与青岛市经济与信息化委员会签署《青岛市小微企业贷款业务合作协议》，成为唯一一家同时中标青岛“政府增信优惠贷款平台”和“最具融资价值企业贷款平台”的银行机构。

6月6日　兴业银行青岛分行为青岛市蓝天之家福利院捐款2万元。

6月13日　兴业银行青岛分行莱西支行开业。

7月11日　兴业银行副行长李卫民一行莅临青岛分行调研风险管理工作。

8月11日　兴业银行董事长高建平一行莅临青岛分行调研分行群众路线教育实践活动开展情况。

10月24日　兴业银行副行长蒋云明莅临青岛分行调研金融市场业务。

11月4日　兴业银行青岛平度支行开业。

12月22日　兴业银行青岛市北支行开业。

（张安琪　郭文娟）

中国民生银行股份有限公司济南分行

【第一负责人简介】　陈焕德，男，汉族，48岁，党员，研究生学历，高级经济师。1989年7月参加工作，2007年3月加入中国民生银行，历任中国民生银行济南分行党委委员、行长助理、副行长，2012年9月起任中国民生银行济南分行党委副书记、副行长（主持工作）;2013年11月任中国民生银行济南分行党委书记、行长。

【综述】　2014年，中国民生银行股份有限公司济南分行(简称:民生银行济南分行)按照“加快转型、加速发展、加强管理、加大创新”的工作总方针，全力推进各项工作，各项业务保持平稳健康发展，主要经营指标再创新高，专业经营能力和内生增长动力稳步提升，取得了良好的经营业绩。截至年末，小微贷款余额142亿元，实现利润12亿元。

【经营管理】　2014年，民生银行济南分行主要经营业绩如下：

一、存款增长迅速，持续保持稳定。截至年末，该行在系统内的存款余额新增排名第5位，储蓄存款余额新增排名第1位;在当地同业中，存款新增连续12个月保持第1位。

二、贷款投放积极，市场地位提升。该行贷款新增量在系统内排名第5位，在济南当地股份制银行中排名第3位。贷款的整体收益水平较往年有较大提升，公司及小微贷款收益均排名系统内第6位。

三、营业收入良好，利润结构优化。该行共实现营业收入56.68亿元，较上年增长了4.58亿元。

四、有效控制不良，资产质量稳定。该行各条线和经营单位经过努力，使得该行资产质量总体继续保持优良状态。不良资产余额4.81亿元，较上年减少0.16亿元；不良贷款率为1.07%。

【中间业务】　2014年，民生银行济南分行以加强产品应用和产品推广为引擎，拉动中间业务收入持续增长，各项业务多元化发展，盈利能力进一步提升，共实现中间业务收入4.98亿元，占全年营业收入的8.78%，较上年增长了1.99亿元，提升了3个百分点，有效促进了收入结构的优化调整。

【电子银行业务】　2014年，民生银行济南分行主动开展互联网金融业务，利用手机银行、B2B电子商务、现金池资金归集、集团账户管理、银企直联等电子银行产品，大力拓宽服务渠道，不断创新服务模式，持续提升服务水平。尤其是手机银行业务，截至年末，该行手机银行客户已达66.8万户，较上年增加39.2万户，客户增量在系统内排第3位，总量排名第4位，手机银行年交易金额突破1200亿元。

【内部管理与金融文化建设】　2014年，民生银行济南分行强化科学管理，推动中台、后台专业化建设，各项工作协调发展，管理水平持续提升，企业文化建设也取得了长足进步。一是通过做好战略业务规划，推行目标管理，在全行上下建立目标管理体系，调动工作积极性，确保战略目标的实现；二是通过不断完善各项管理制度，明确部门职能，厘清岗位职责，实现了分层次管理，建立了高效的工作运行模式；三是通过在全行范围内推行部门月度工作总结汇报例会和客户经理月度培训例会制度，使决策层紧密贴近市场一线，及时调整经营策略和经营思路，保证总行各项政策的有效实施；四是通过不断加强团队建设和人才培养，保证了分行新建机构和战略业务开展的人才储备；五是通过持续开展各类文体活动和推行员工幸福计划，让全行员工分享发展成果。

【大事记】　1月3日　在总行举办的“跨越2013公司业务团队‘金案例’竞赛颁奖典礼上，民生银行济南分行荣获“金案

中国民生银行股份有限公司济南分行主要统计指标 1

单位：亿元

项目 \ 年度	2010	2011	2012	2013	2014	2014 年同比增幅（%）
本外币资产总额	476	615	745	798	1038	30.08
本外币存款余额	448	553	569	673	856	27.19
人民币存款余额	445	551	567	672	850	26.49
单位存款	393	482	460	529	639	20.79
储蓄存款	52	69	107	143	211	47.55
本外币贷款余额	355	400	411	414	501	21.01
人民币贷款余额	355	400	411	414	501	21.01
短期贷款	161	235	305	319	400	25.39
中长期贷款	194	165	106	95	101	6.32
票据融资	0.87	0.05	2.84	4.59	5.21	13.51
利润总额	7.46	12.15	9.00	8.31	6.94	-16.49
不良贷款余额	0.44	0.79	1.94	4.97	4.81	-3.22
不良贷款占比（%）	0.12	0.20	0.47	1.2	0.96	-20.00

中国民生银行股份有限公司济南分行主要统计指标 2

项目 \ 年度	2010	2011	2012	2013	2014	2014 年同比增幅（%）
单位结算账户（万户）	0.83	1.44	2.12	3.06	3.66	19.6
单位结算金额（亿元）	13260	15943	18090	20845	23396	12.2
个人结算账户（万户）	50	53	103	162	338.8	109
个人结算金额（亿元）	1392	2498	4087	12081	22072	82.7
信用卡发卡量（万张）	5.01	7.78	13.55	10.66	15.08	41.5
信用卡消费额（亿元）	52.10	74.99	117.35	207.59	352.85	69.9
企业网银客户（万户）	0.2	0.4	0.8	1.4	2.7	93
个人网银客户（万户）	4.1	5.4	8.4	18.1	50.4	178.3
手机银行客户（万户）	0	0	26	27.6	66.8	142.4
电话银行客户（万户）	4.1	5.08	6.1	6.7	9.9	47.9
现金自助设备（台）	55	73	112	518	626	20.8
营业网点（个）	13	16	25	34	46	35.3
自助网点（个）	29	39	59	270	325	20.3

例”推动奖。

1 月 8 日　民生银行党委委员、纪委书记陈进忠赴民生济南分行调研指导工作，并与班子成员、中层以上管理人员座谈。

1 月 17 日　民生银行济南分行召开 2014 年信贷资产质量管理“铁骑行动”启动大会。

3 月 4 日　民生银行临沂兰山支行正式开业。

3 月 10 日　民生银行济南分行获得市级财政国库集中支付业务代理资格。

3 月 12 日　民生银行东营河口支行正式开业。

3 月 21 日　民生银行董事长董文标在秘书万青元的陪同下莅临济南分行视察指导工作，并与班子成员、中层以上管理人员座谈。

3 月 26 日　民生银行向奥德集团山东分公司授信 100 亿元签约仪式在临沂隆重举行。临沂市委副书记、市长陈先运，奥德集团总裁林波，民生银行济南分行行长陈焕德出席签约仪式。

4月2日　山东银监局副局长宁敏一行6人莅临济南分行召开2013年审慎监管会议。民生银行济南分行荣获山东银监局2013年度二级A监管评级。

4月14日　民生银行行长助理林云山赴济南分行视察指导工作。

4月28日　民生银行副行长邢本秀出席中国临沂首届资本交易大会及金融助力临沂商城国际化研讨会。

5月7日　在民生银行《关于2013年度二级分行等级评估结果的通报》(民银办发〔2014〕343号)中，临沂分行被评为“特级”行，成为系统内三家“特级”行之一。

5月23日　在山东银监局举办的“文明服务展风采 青春建功中国梦”活动中，民生银行济南分行荣获“最佳青年风采展示奖”。

5月26日　民生银行兰陵支行正式开业。

6月6日　在民生银行《2012—2013年度民生银行系统先进集体和先进个人的通报》中，济南分行荣获“最佳存款贡献奖”，临沂分行荣获“二级机构银竹奖”，经十路支行小区金融团队荣获“十佳小区金融团队”。

6月16日　“民生微贷”被山东省银行业协会评为“2014年服务小微企业十佳金融产品”。

6月26日　民生银行在济宁的第一家县域支行——邹城支行正式开业。

7月30～31日　“民生银行杯”首届山东省旅游饭店行业服务技能大赛在济南召开，赛事由民生银行济南分行冠名，行长陈焕德出席颁奖典礼并为获奖人员颁奖。

7月14日　山东省政府办公厅公布2012—2013年度全省金融业发展绩效考核情况，民生银行济南分行荣获“山东省金融创新奖”。

8月6日　中国民生银行济南建设路支行开业。

9月20日　民生银行济南分行行长陈焕德荣获山东省总工会授予的“山东省富民兴鲁劳动奖章”。

9月20日　民生银行济南分行荣获山东省总工会颁发的“山东省富民兴鲁劳动奖状”，系山东省股份制银行中仅有的两家获奖银行之一。

11月28日　民生银行临沂莒南支行开业。

11月　民生银行济南分行获得山东省银监局授予的“2014年‘金融知识进万家’宣传服务月活动先进单位”称号。

12月8日　民生银行在潍坊的第六家县域支行——诸城支行正式开业。

12月9日　民生银行在潍坊的第一家同城支行——滨海支行正式开业。

12月25日　民生银行济南分行获得由山东省人力资源和社会保障厅以及山东省总工会联合颁发的“山东省劳动关系和谐企业”荣誉称号，系省内两家获奖股份制商业银行之一。

(朱　郁　李　倩)

中国民生银行股份有限公司青岛分行

【第一负责人简介】　杨新军，1970年生，管理学硕士。历任民生银行北京首体支行公司银行一处部门副经理、北京京广支行行长、呼和浩特分行副行长、青岛分行副行长(主持工作)；2014年3月起，任民生银行青岛分行行长。

【综述】　中国民生银行股份有限公司青岛分行(简称：民生银行青岛分行)成立于2006年3月18日，为一级分行，在青岛、烟台、威海3个地市设立机构。

【经营管理】　2014年，民生银行青岛分行不断深化转型，推动“两小”战略、强化“两链”经营，盈利能力持续增强。在公司业务方面，以“做大规模、做大创利、做大金融资产”为中心，不断夯实客户基础，其中，海洋渔业和港口金融业务作为区域特色业务继续蓬勃发展，资产托管规模增势迅猛，私银业务发展全面提速，投行业务成绩显著。在小微金融方面，大力开展零售转型工作，做好项目规划和微贷业务推广。在小区金融方面，结合小区金融营销重点，开展不同主题的社区活动，并制定了小区金融条线客户经理、外包人员两个考核办法(试行)。

【中间业务】　2014年，民生银行青岛分行根据市场变化不断调整策略，业务规模和质量都有明显进步。收费业务管理体系进一步完善，确保达到监管要求的同时，没有出现不利舆情，维护了良好市场形象。业务收入从过去主要依靠结算手续费收入，逐渐向理财、托管等新业务领域转移，新产品和服务不断扩展，新的业务亮点不断涌现，成为节约资本和利润增长的助推因素。

【电子银行业务】　2014年，民生银行青岛分行对手机银行、资金归集、乐收银和新网银等产品进行了重点推动以提升结算产品质量与客户覆盖率。截至年末(数据包括烟台、威海)，手机银行有效客户26.23万，跨行资金归集有效客户3万户，归集资金43.38亿元。所有业务系统运行稳定。

【金融文化建设】　2014年，民生银行青岛分行组织架构进一步理顺，风险把控和业务服务水平进一步提升。一是召开了

中国民生银行股份有限公司青岛分行主要统计指标

单位：亿元

项目＼年度	2010	2011	2012	2013	2014	2014年同比增幅（%）
本外币资产总额	178.72	284.72	414.24	420.11	387.09	-8.53
本外币存款余额	168.4	249.17	327.23	355.65	345.97	-2.80
人民币存款余额	166.98	246.75	322.89	353.90	344.27	-2.80
单位存款	140.78	193.41	242.11	258.75	259.09	0.13
储蓄存款	26.2	53.34	80.78	95.15	85.18	-11.70
本外币贷款余额	141.41	183.87	233.04	232.12	245.71	5.53
人民币贷款余额	141.41	183.87	233.04	232.12	245.71	5.53
短期贷款	70.91	127.93	167.35	175.29	163.24	-7.38
中长期贷款	69.56	55.94	55.69	56.83	82.47	31.09
票据融资	0.94	0	0	1.35	2.02	33.17
利润总额	2.92	5.61	6.03	5.54	0.25	-2116.00
不良贷款余额	0.06	0.16	1.79	1.56	--	--
不良贷款占比（%）	0.04	0.09	0.77	0.67	--	--

注：本表口径含事业部，含烟台、威海两市。

平衡计分卡战略绩效管理启动会，根据零售战略转型及时调整支行绩效考核办法；二是狠抓预警管理，将非授信业务纳入监管范围，实现监管全覆盖；三是积极开展各项劳动竞赛，并组织了征文、演讲比赛等活动，丰富员工精神文化生活。

【大事记】 3月3日 民生银行黑龙江南路支行举行“平安支行”挂牌仪式。

6月13日 民生银行小微2.0项目推广小组对青岛分行进行现场推动。

8月8日 民生银行青岛分行与青岛蓝海股权交易中心战略合作协议签约仪式在该中心举行，青岛分行将为该中心小微企业提供预计5亿元的授信额度支持。

9月9日 民生银行青岛分行行长杨新军组织召开对公信贷业务问题资产清收工作会议，认真落实总行会议精神，全力做好问题资产清收工作。

12月18日起 民生银行青岛分行首批社区支行陆续开业。青岛分行有7家社区网点获批，其中，有4家社区作为首批开业网点，分别为武家庄、颐中高山、浮山后四小区、福临万家。

12月20日 民生银行青岛分行与世界纯电动汽车制造商美国特斯拉汽车（TESLA MOTORS）“战略合作驾享营”启动仪式在青岛国际高尔夫俱乐部隆重开幕。

（赵 岩）

渤海银行股份有限公司济南分行

【第一负责人简介】 金富祯，男，汉族，1968年7月生，江西永丰人，中共党员，大学学历，会计师、经济师。曾任民生银行北京管理部按揭中心主任、零售银行（北京）总裁助理兼财富中心主任、零售银行华北（石家庄）市场总监。2007年9月入职渤海银行，历任北京分行副行长、总行个人金融部总经理、总行财富管理部总经理（兼）；2013年6月至今，任渤海银行济南分行党委书记、行长。

【综述】 2014年，渤海银行股份有限公司济南分行（简称：渤海银行济南分行）坚持审慎经营稳健发展的经营管理理念，一手抓风险防控，一手抓创新转型，中间业务收入大幅提升，资产收益率和资本回报率明显提高，利润结构和业务结构得到优化调整，企业核心客户、总行级重点客户和总行级战略性客户超额完成指标任务，多项创新业务填补空白，资产质量健康稳定，无案件和重大差错发生，各项业务实现稳健发展。

【经营管理】 2014年，渤海银行济南分行在坚守风险底线的前提下，进一步加快创新转型，调整优化结构，积极拓展新的业务增长点。

一、创新转型取得明显成效，特色业务表现突出。一是投行业务实现较大突破，成功发行各类债务融资工具35亿元，同比增长250%；二是创新业务填补多项空白，从年初首次成功投放外储委贷到开立首笔融资类保函，再到成功叙做首笔国内证福费廷转卖业务，以及叙做与香港中银首笔合作的海外代付业务

渤海银行股份有限公司济南分行主要统计指标 1

单位：亿元

项目＼年度	2010	2011	2012	2013	2014	2014 年同比增幅（%）
本外币资产总额	173.22	148.77	277.42	255.77	245.71	-3.54
本外币存款余额	91.02	100.9	112.44	141.12	152.26	7.89
人民币存款余额	90.99	96.45	109.72	140.13	151.56	8.16
单位存款	85.63	89.05	98.55	125.03	137.83	10.24
储蓄存款	5.36	7.41	11.18	15.1	13.74	-9.01
本外币贷款余额	81.69	86.9	78.19	87.92	110.67	36.85
人民币贷款余额	81.69	84.83	77.05	85.79	100.26	28.12
短期贷款	38.29	54.32	59.19	65.1	64.79	-0.49
中长期贷款	43.4	30.51	17.85	20.69	35.47	71.44
票据融资	1.25	3.81	6.22	7.77	9.65	24.20
利润总额	1.12	1.26	1.47	1.75	2.08	18.86
不良贷款余额	0	0	0	0	0.24	--
不良贷款占比（%）	0	0	0	0	0.20	--

渤海银行股份有限公司济南分行主要统计指标 2

项目＼年度	2010	2011	2012	2013	2014	2014 年同比增幅（%）
单位结算账户（万户）	0.07	0.11	0.17	0.19	0.21	10
单位结算金额（亿元）	571.85	724.42	830.03	850.34	2375.71	179.38
个人结算账户（万户）	1.7	3.72	4.56	6.53	11.9	82
个人结算金额（亿元）	23.26	40.11	55.02	124.94	153.45	26.82
信用卡发卡量（万张）	0	0	0	0	0	--
信用卡消费额（亿元）	0	0	0	0	0	--
企业网银客户（万户）	0.018	0.036	0.098	0.15	0.17	13.33
个人网银客户（万户）	1.11	1.45	1.77	3.40	7.24	112.94
手机银行客户（万户）	0.16	0.3	0.4	1.86	5.40	190.32
电话银行客户（万户）	0	0	0	0	0	0
现金自助设备（台）	8	10	12	16	26	62.5
营业网点（个）	2	4	4	5	7	40
自助网点（个）	0	0	0	0	0	--

等，对全行业务起到良好的示范带动作用；三是银团贷款业务表现突出，成功叙做青岛万达东方影都银团贷款。

二、零售业务保持良好势头，品牌形象不断提升。一是理财业务快速增长，财富资产余额新增 64.5%，理财销售是上年的 2.53 倍；二是个人客户大幅增长，有效客户增长 3.86 倍，在总行考核中名列第一；三是添金宝业务拓展成效明显，办理开卡 3.9 万张，其中新客户开卡 3.7 万张；四是与济南电视台联合推出“金荷花”理财，品牌影响力显著提升；五是个贷业务快速发展，余额新增率总行排名第三，个贷资产质量良好，无不良。

三、严守风险底线，保持资产质量持续稳定。一是严把准入关口，确保风险可控；二是对客户实行分类管理，加大对高风险领域、高风险客户监控和退出力度，有针对性地管好风险；三是准确把握经济形势，加强风险排查，提高预警能力，严防大额不良产生。截至年末，不良贷款率为 0.20 %，在当地同业中保持了较低水平。

【中间业务】 2014 年，在合法合规的前提下，渤海银行济南分行创新金融服务手段，进一步夯实中间业务发展基础。一是加大发债等投行业务营销力度，增加发债手续费收入；二是增加银承业务敞口占用费收入，提高综合回报；三是大力发展委托贷款业务，增加委贷手续费收入。综合金融服务水平得到有效提高，中间业务收入渠道进一步拓宽，净收入稳步上升。

【内部管理与金融文化建设】 2014 年，渤海银行济南分行在加强内部管理上，坚持制度管人、制度管事、制度治行，确保科学、民主、合法、合规、高效决策。一是不断完善领导班子议事程序和决策机制，严格执行党委会和行办会议事制度，对重大事项实行集体议事决策；二是建立业务联席会议制度，业务部门和财务部门一起，从多个角度分析业务情况，综合考虑资产负债配置和收益水平，共同审议大金额业务项目，提高资产负债管理水平；三是发挥财务投资委员会专业化决策作用，对重大财务事项实行集体决议，对财务资源分配做到公开、公正、公平，提高财务支持效率；四是修订绩效考核办法，制定客户经理专业技术等级管理办法，科学考核，奖惩严明，提高队伍战斗力。

在金融文化建设方面，该行坚持“以人为本”，积极营造“团结友爱、奋发向上”的团队氛围，团队凝聚力不断提高。一是进一步明确员工婚、产、病等慰问标准，让大家感受到组织的温暖；二是根据困难员工调查摸底结果，组织“送温暖”活动，向生活困难员工发放慰问金；三是组织丰富多彩的文体活动，丰富员工精神生活；四是积极开展劳动竞赛，动员全行员工振奋精神，用实际行动推动业务创新转型；五是制定《争先创优奖励办法（试行）》，鼓励大家在上级行及行外各项评比竞赛中争先创优。

【大事记】 1 月 23 日 渤海银行济南分行召开 2014 年工作会议。

2 月 18 日 渤海银行副行长黄丽芬一行到济南分行调研指导工作。

6 月 12 日 渤海银行副行长李毅一行到济南分行调研指导工作。

7 月 29 ~ 30 日 渤海银行副行长李毅赴淄博分行进行开业前指导和业务调研。

7 月 30 日 渤海银行淄博分行正式开业。

10 月 9 日 渤海银行聘任鞠加亮为济南分行副行长，聘期三年（渤银任〔2014〕51 号）。

10 月 23 日 渤海银行济南分行召开全体党员大会，完成党委、纪委换届选举工作。

11 月 24 日 山东省天津商会正式成立，渤海银行济南分行当选为商会副会长单位。

11 月 26 日 渤海银行济宁分行获准批筹（鲁银监准〔2014〕529 号）。

12 月 15 日 渤海银行聘任王铁华为济南分行副行长，聘期 3 年（渤银任〔2014〕78 号）。

12 月 29 日 渤海银行德州分行、渤海银行济南青年东路支行获准批筹（鲁银监准〔2014〕651 号、鲁银监准〔2014〕658 号）。

（李琥珀）

天津银行股份有限公司济南分行

【第一负责人简介】 姚志坚，男，1970 年 3 月生，山东济南人，中共党员，1990 年 7 月参加工作，清华大学工商管理专业硕士学位。历任兴业银行支行行长，恒丰银行济南分行副行长；2010 年 5 月起任天津银行济南分行党委书记、行长。

【综述】 2014 年，天津银行股份有限公司济南分行（简称：天津银行济南分行）以建设内控有效、财务良好、创新能力强、商业可持续的现代金融企业为目标，不断提高科学管理能力、战略谋划能力和统筹协调能力，积极进行制度完善和业务创新，各项工作取得良性发展。

该行狠抓“存款”和“利润”两大抓手，多措并举，快速推进业务发展。一是在公司业务方面，加大对省内百强企业及 AA 级企业客户的开发力度，与中国重汽、新汶矿业及临沂城建等重点国有企业建立合作关系；二是在同业业务方面，梳理再造了贴现业务流程，使手续更加简洁；三是在零售业务方面，通过社区银行营销、公私联动、全员营销、微信平台建设等举措全面推动业务发展，联合三箭集团发行了贷记卡及借记卡联名卡，发起“全员营销”活动，实行计件积分制；四是在小微业务方面，与经信委签署“总对总”战略合作协议，成功对接市（区、县）经信局 11 家，达成企业合作意向 22 家，与再担保、省担保等国有背景的担保公司建立了合作平台，合作金额达 6 亿元，获得再担保集团“最佳合作金融机构”称号。

天津银行股份有限公司济南分行主要统计指标 1

单位：亿元

项目 \ 年度	2010	2011	2012	2013	2014	2014 年同比增幅（%）
本外币资产总额	58.56	133.38	182.04	324.06	396.63	22.39
本外币存款余额	53.49	83.69	122.93	157.65	209.87	33.12
人民币存款余额	53.49	83.58	122.82	156.45	208.61	33.34
单位存款	51.7	81.13	119.14	150.93	199.74	32.34
储蓄存款	1.79	2.39	3.6	6.72	10.13	50.74
本外币贷款余额	11.91	35.56	79.17	110.21	158.12	43.47
人民币贷款余额	11.91	32.81	77.83	106.49	156.8	47.24
短期贷款	10.21	29.68	72.2	81.57	131.27	60.93
中长期贷款	1.7	3.13	4.38	11.24	26.85	138.88
票据融资	0	0	2.59	13.65	42.6	212.09
利润总额	0.32	1.55	2.99	4.61	6.2	34.49
不良贷款余额	0	0	0	0	0.31	—
不良贷款占比（%）	0	0	0	0	0.20	—

天津银行股份有限公司济南分行主要统计指标 2

项目 \ 年度	2010	2011	2012	2013	2014	2014 年同比增幅（%）
单位结算账户（万户）	0.04	0.10	0.15	0.19	0.23	18.53
单位结算金额（亿元）	236	987	1441	2154	1982	-7.99
个人结算账户（万户）	0.10	0.20	0.31	0.85	2.31	173.53
个人结算金额（亿元）	1.45	1.23	1.87	2.23	7.90	254.26
信用卡发卡量（万张）	0.003	0.05	0.08	0.18	0.15	-18.00
信用卡消费额（亿元）	0	0	0.38	0.88	1.47	67.00
企业网银客户（万户）	0.005	0.03	0.05	0.07	0.03	-53.58
个人网银客户（万户）	0.004	0.02	0.05	0.23	0.39	68.02
手机银行客户（万户）	0	0	0	0.26	0.35	32.42
电话银行客户（万户）	0	0	0	0	0	—
现金自助设备（台）	2	2	6	10	23	130.00
营业网点（个）	0	0	3	5	10	100.00
自助网点（个）	0	0	0	0	0	—

【存款业务】 2014 年，天津银行济南分行大力拓展基本客户群体，推动授信客户、结算客户、中小企业客户和个人客户开户数量的迅速增加，实行差别化服务，全力促进负债业务的良性发展。

【贷款业务】 2014 年，天津银行济南分行大力拓展国家重点支持行业，严格控制产能过剩的钢铁、电解铝、铁合金、焦炭、水泥等行业的客户授信，不断优化信贷资产结构，加大对中小企业信贷支持力度，完善贷款定价机制，强化贷款价格的分类控制，资产质量保持优秀。

【中间业务】 截至 2014 年末，天津银行济南分行实现中间业务收入 2999 万元。其中，国际结算收入 1690 万元，担保性中间业务收入 1244 万元。

【内部管理与金融文化建设】 2014年，天津银行济南分行坚持“文化兴行”战略，金融文化建设取得新进展。

一、党群活动。一是顺利完成了党委、纪委、团委及各党支部的换届选举；二是4月22日组织70名新入行员工前往济南市检察院接受警示教育，“七一”期间前往临沂红嫂纪念馆接受党性教育；三是开展了“细节成就卓越，实干创造辉煌”主题大讨论活动，全面提升员工对总行企业文化理念的理解和执行；四是积极推动争创青年文明号活动，营业部获得“济南市青年文明号”荣誉称号；五是举办了“青春无畏撒激情，逐梦天行共成长”首届职工运动会；六是于4月13日组织了“环雪野湖”12公里徒步活动。全行共计130余人参加了活动，提高了团队凝聚力和向心力。

二、成立个人理财工作室。为了向高端客户提供科学的个人理财方案、产品配套服务以及资金增值理财服务，该行成立了以员工张延荣命名的“延荣理财工作室”，张延荣成为济南分行首位专职理财经理。此事进一步提升了该行的品牌形象，同时激发了员工干事创业的激情。

【大事记】 1月12日 天津银行济南分行召开2013年度工作总结会议。

1月27日 天津银行济南分行组织开展消防培训及消防预案演练。

3月5日 天津银行济南分行与济南市经信委签订战略合作协议。

4月12日 天津银行济南分行召开第一季度业务分析会。

4月13日 天津银行济南分行组织环雪野湖暴走。

4月22日 天津银行济南分行组织新入行员工前往济南市检察院接受警示教育。

5月9日 天津银行副行长岳德生前来济南分行指导工作。

5月21日 天津银行监事会前来济南分行检查指导工作。

5月23日 天津银行工会前来济南分行开展企业文化大讨论调研。

5月28日 天津银行济南分行开展“我为天行发展建言献策——金点子”演讲比赛。

6月13日 天津银行董事长前来济南分行指导工作。

7月5日 天津银行济南分行召开半年工作会议。

7月6日 天津银行济南分行党员领导干部前往红嫂纪念馆接受党性教育。

9月 天津银行济南分行营业部获得济南市“青年文明号”荣誉称号。

9月20日 天津银行济南分行召开首届职工运动会。

10月17日 天津银行济南分行召开第三季度业务分析会。

10月23日 天津银行三季度业务分析会暨“互学互比互看”在济南召开。

10月25日 天津银行济南分行召开党委、纪委换届选举大会。

12月19日 天津银行纪委书记张颖前来济南分行指导工作。

12月26日 天津银行东营分行开业。

12月末 天津银行高新支行开业。

（田 霄）

浙商银行股份有限公司济南分行

【第一负责人简介】 傅荣生，男，中共党员，经济师。1994年进入交通银行工作，历任交通银行建德支行行长、余杭支行行长、杭州分行公司业务部总经理、武林支行行长、杭州分行营业部总经理，2006年任交通银行杭州分行党委委员、副行长，2009年任交通银行浙江省分行党委委员、副行长，2010年兼任交通银行浙江省分行高级信贷执行官；2013年12月起，任浙商银行济南分行党委书记、行长。

【综述】 2014年，浙商银行股份有限公司济南分行（简称：浙商银行济南分行）紧紧围绕战略规划，扎实推进转型发展，着力优化业务结构，调整营销模式，充实客户群体，不断加大重点业务营销力度；强化全面风险管理与风险化解，从严治行，夯实内控，践行文化，提升服务，各项业务稳健发展，品牌影响力稳步提升。截至年末，该行辖有德州、潍坊两家二级分行、一家同城支行（历下支行）。

【业务发展】 2014年，浙商银行济南分行不断强化营销导向，深入开展目标客户营销，大力拓展创新产品，促进各项业务协调发展。

一、强化营销导向，加大考核力度。一是制订了营销部门经营计划，配套出台了专项考核办法，进一步加大对国际业务、投行业务等低资本占用的创新业务的专项考核力度；二是完善了经营绩效考核等政策体系，在保持延续性的前提下，突出以营业增加值为核心导向，强化资本约束管理，实现激励有效与约束有力的有机统一；三是继续实施差异化激励政策，对小贷业务、投行业务在资源配置上给予倾斜，及时调整了中间业务、国际业务及供应链金融等激励政策，引导业务结构持续优化。

二、深化目标客户营销，提升客户层次。确立了由行领导牵头营销的重点客户营销机制，对于认定的13户系统客户、26户重点客户，出台营销管理实施细则，由分行领导亲自挂帅，落实专业团队、专业方案、专项资源、专项考核组织营销，取得了

浙商银行股份有限公司济南分行主要统计指标 1

单位：亿元

项目＼年度	2010	2011	2012	2013	2014	2014 年同比增幅（%）
本外币资产总额	66.92	129.55	173.58	191.70	184.92	-3.54
本外币存款余额	58.29	79.74	107.69	130.77	145.09	10.95
人民币存款余额	58.29	79.12	106.32	130.14	145	11.42
单位存款	57.04	77.97	104.89	128.54	142.57	10.91
储蓄存款	1.25	1.15	1.43	2.22	2.43	9.46
本外币贷款余额	33.42	46.14	62.75	76.91	92.96	20.87
人民币贷款余额	33.42	46.10	62.31	74.57	92.39	23.90
短期贷款	33.42	38.92	56.56	69.35	69.05	-0.43
中长期贷款	0	6.58	5.75	5.22	23.34	347.13
票据融资	0	0	0	0	0.28	100.00
利润总额	-0.18	1.63	2.54	2.47	2.39	-3.24
不良贷款余额	0	0	0	2.13	2.56	20.19
不良贷款占比（%）	0	0	0	2.77	2.75	-0.58

浙商银行股份有限公司济南分行主要统计指标 2

项目＼年度	2010	2011	2012	2013	2014	2014 年同比增幅（%）
单位结算账户（万户）	0.045	0.030	0.029	0.11	0.12	9
单位结算金额（亿元）	629.66	2378.29	2368.93	2805.11	2973.55	6
个人结算账户（万户）	0.27	0.15	0.12	0.56	0.67	19.6
个人结算金额（亿元）	8.89	28.61	55.65	67.03	77.13	15.1
信用卡发卡量（万张）	--	0	0	0	0	0
信用卡消费额（亿元）	--	0	0	0	0	0
企业网银客户（万户）	--	0.046	0.055	0.09	0.10	11.11
个人网银客户（万户）	--	0.056	0.106	0.18	0.30	66.67
手机银行客户（万户）	--	0	0.044	0.13	0.24	84.62
电话银行客户（万户）	--	0.008	0.012	0.02	0.02	0
现金自助设备（台）	--	2	3	4	5	25.00
营业网点（个）	--	1	2	3	4	33.33
自助网点（个）	--	1	2	3	4	33.33

明显成效。

三、大力拓展创新产品，促进各项业务协调联动。一是重点推进国内信用证、票据池、国业、投行等业务发展；二是灵活配套电子银行、理财销售、接力贷、内保外贷、智慧存等业务产品，综合方案营销成果逐步显现。当年创新推出的票据池业务全年签约有效客户 61 户，完成总行下达任务的 203.3%，入池金额 12.4 亿元，较活动期初增长 52.7%；累计办理国内信用证开证业务 35.7 亿元，同比增长 345.7%，实现中间业务收入（含福费廷转卖价差）1436.7 万元，同比增长 264.5%；购销通有效支付 7.5 亿元。

【风险管理】 2014 年，浙商银行济南分行不断深化风险理念，提高风险意识，风险防范与化解工作取得明显成效。

一、加强授信环节管理，严把授信准入关。一是制定《授信业务发展指引》，明确了业务发展方向；二是以充分了解客户为目标，加大现场核查力度，把握"真实性、合理性、关联性、持续性、偏离性、容忍性"原则，探索制定了授信项目实地评审要点；三是多渠道收集信息，强化非现场监测，加强对客户所处行业及市场前景的分析研判，重点选择钢铁、煤炭、铜、地炼、化肥等传统优势行业进行动态跟踪。

二、完善存量资产风险管控机制。一是实施授信后续管理质量考核，并按季通报；二是强化内部约束机制，对于风险预警该报不报或者迟报，调查不细致、不认真的客户经理或经营部门，从严从重处罚；三是建立风险客户及重点跟踪客户台账，实施动态化分类管理，定期组织风险排查并形成跟踪检查报告。

三、加强全面风险排查，有效防控潜在风险。一是强化授信后续检查工作，全年共组织开展各类专项贷后检查 9 次，主动压缩退出存量风险客户 65 户，退出金额 17.1 亿元；二是强化风险预警管理，通过不断调整思路，优化管控措施，加大诉讼保全力度，预警风险均已得到了化解和缓释；三是持续推进存量资产结构调整，通过分类排队，压缩退出高风险中小客户 59 户，助推优质核心基础客户群体做大做强；公司类客户户均敞口同比增加约 2000 万元，国有优质大型企业敞口占比较 2013 年上升 12 个百分点。

【内部管理】 2014 年，浙商银行济南分行不断强化责任意识，细化责任分工，主动调整管理模式，改进管理方式，完善管理机制，全面提升中后台综合协调能力以及精细化水平，以务实、高效、完备的体制机制保障业务发展。

一、财务与资金管理方面。一是实行全预算管理，细化费用预算；二是加强资金头寸调拨及预报管理，在保证支付的前提下，持续压缩低效资金占用，当年分行日均资金备付率为 1.5%，低于全行平均水平 0.8 个百分点，资金使用效率提升明显。

二、内控案防方面。一是出台了《内控案防工作实施意见》，加大督促检查力度；二是修订了《操作风险考核实施细则》，按季通报各部室考核排名，奖优罚劣；三是发挥条线管理职能，强化主管履职，落实重要岗位轮岗制度，严把账户开立、银企对账等重要环节；四是组织内控宣讲，与各部门签订内控和安全保卫责任书，层层抓落实执行，确保全年安全无事故。

三、队伍与机构建设方面。一是扎实开展员工异常行为排查，及时掌握员工 8 小时以外活动情况，严厉查处员工参与民间借贷、涉赌等违法违纪行为；二是制定出台了员工劳动纪律、商务礼仪、安全管理、车辆及驾驶员管理等相关规定，不定期开展现场与非现场检查，全员遵纪意识显著增强；三是积极推进分支机构建设，完成潍坊分行筹建工作并实现年末试营业。

【大事记】 2 月 8 日 浙商银行副行长陈春祥一行到济南分行调研。

3 月 29 日 浙商银行济南分行举办 2014 年绿色公益行活动。

6 月 19 日 浙商银行副行长叶建清一行到济南分行调研。

8 月 21 日 浙商银行济南分行行长傅荣生一行拜访潍坊市政府有关领导。

9 月 31 日 浙商银行济南分行举办浙商银行成立十周年环山健身行活动。

10 月 15 日 浙商银行副行长徐仁艳一行到济南分行调研。

10 月 28 日 浙商银行济南分行举办浙商银行"涌金票据池"产品推介会。

11 月 30 日 浙商银行济南分行举办会计业务操作与服务技能比赛。

12 月 22 日 浙商银行济南分行第 2 家二级分行潍坊分行开业。

（武建锐 李 阳）

北京银行股份有限公司济南分行

【第一负责人简介】 王淑梅，女，1962 年生，中共党员，厦门大学 EMBA，经济师。1993 年任锦州市商业银行金华支行行长；1999 年 3 月起先后任北京银行华安支行副行长、万寿路支行副行长、行长，北京银行总部基地支行行长，北京银行北京管理部副总经理；2010 年 8 月起任北京银行济南分行行长。

【经营管理】 2014 年，北京银行股份有限公司济南分行（简称：北京银行济南分行）积极推动业务发展，取得良好成效。

一、市场份额显著提升。截至年末，本外币各项存款较年初新增 68.73 亿元，占济南市场份额的 1.94%，提升 0.54 个百分点，排名跃升 3 位。其中，公司存款新增 6.1 亿元，占市场份额的 2.80%，提升 0.79 个百分点；储蓄存款新增 6.93 亿元，占市场份额的 0.51%，提升 0.17 个百分点。各项贷款新增 44.59 亿元，实现中间业务收入 3.39 亿元。

二、四个利润中心打造取得初步成效。一是持续打造债券承销等拳头产品，带动公司日均存款增长 10 亿元以上；二是全年共办理各类票据贴现业务 191 亿元，实现票据中间业务收入 1.17 亿元；三是包装并销售各类理财管理计划 4.5 亿元，实现中间业务收入 576 万元，个贷规模突破 60 亿元；四是拓展传统业务获利空间。截至年末，机构存款余额超过 20 亿元，增幅超过 100%。

三、"三个银行"规模初显。一是以综合服务能力提升为抓

北京银行股份有限公司济南分行主要统计指标 1

单位：亿元

项目 \ 年度	2010	2011	2012	2013	2014	2014 年同比增幅（%）
本外币资产总额	21.36	140.21	299.13	298.27	351.59	17.88
本外币存款余额	19.21	42.82	88.43	143.29	212.48	48.29
人民币存款余额	19.21	42.82	87.12	141.17	209.61	48.48
单位存款	18.13	39.85	80.69	129.47	190.61	47.22
储蓄存款	1.07	2.96	6.43	11.70	19.00	62.39
本外币贷款余额	14.1	68.12	117.4	178.56	223.20	0.25
人民币贷款余额	14.1	66.51	110.56	169.17	200.89	18.75
短期贷款	8.81	50.99	84.84	127.33	135.98	6.79
中长期贷款	5.29	15.51	25.72	41.84	64.91	55.14
票据融资	0	0.89	0.1	7.65	13.51	76.6
利润总额	-0.38	-0.02	1.45	2.28	3.80	66.67
不良贷款余额	0	0	0	0.34	—	—
不良贷款占比（%）	0	0	0	0.19	0.70	268.42

北京银行股份有限公司济南分行主要统计指标 2

项目 \ 年度	2010	2011	2012	2013	2014	2014 年同比增幅（%）
单位结算账户（万户）	0.02	0.05	0.08	0.21	0.3	42.86
单位结算金额（亿元）	79	876	1866	3232.4	4879.6	50.96
个人结算账户（万户）	0.33	1.51	2.51	6.31	12.9740	105.61
个人结算金额（亿元）	6	92	248	449	620.57	38.21
信用卡发卡量（万张）	0	0.36	1.12	2.02	4.11	103.46
信用卡消费额（亿元）	0	1.2	3.5	8.86	16	80.58
企业网银客户（万户）	0.003	0.02	0.05	0.1007	0.1411	40.12
个人网银客户（万户）	0.07	0.26	0.87	1.85	4.86	162.7
手机银行客户（万户）	—	0.01	0.27	0.93	1.90	104.3
电话银行客户（万户）	0	0	0	0	0	0
现金自助设备（台）	3	11	24	37	58	56.76
营业网点（个）	1	2	4	6	9	50
自助网点（个）	0	1	1	5	9	80

手，打造“集团客户战略合作银行”，截至年末，共 48 个项目列入重大项目，涉及金额 700 余亿元；二是打造“中小企业主办银行”，开发了高密模式、东昌府模式、黄三角产业基金等政府渠道，创新推出“中合银联”比例担保、“京彩集合股权贷”等产品模式；三是构建“大零售”平台，通过“金融＋社区”的跨界营销模式，打造“普惠金融”特色品牌。

四、特色经营助推发展。一是在系统内首家推出“E 融易”在线供应链金融产品；二是利用山东“百强县”优势，与聊城开发区、临清、冠县、博兴、诸城等地政府签订三方战略合作协议；三是作为唯一金融机构参展第五届山东文博会，协办 2014 中国（山东）网络商品博览会暨山东中小企业网络商品订货洽谈会，并通过拍摄宣传片及 BRT 公交户外广告形式，宣传中小企业及供应链产品。

五、首家二级分行——聊城分行开业。该行城区同城综合型支行数量达 8 家。此外，新建社区支行 8 家，其中 5 家正式营业，在济营业网点基本覆盖所有市区。

【内部管理与金融文化建设】 2014 年，北京银行济南分行切实加强内部管理和文化建设。

一、经营管理亮点纷呈，品牌价值日益彰显。一是获得山东省再担保体系业务合作大会“最佳合作金融机构奖”；二是为章丘朱家峪改造提升项目发放贷款，鼎力支持“江北第一古村”再现“乡村记忆”被新华社及省内多家媒体报道；三是在开业四周年之际，被《金融时报》以半版篇幅报道了支持山东经济发展的举措和成果。

二、基础管理能力不断提升。一是汇编现行制度文件，强化检查督导，通过飞行检查强化制度刚性，谨防操作风险；二是规范不良资产清收流程，严肃问责制度，同时出台异地区域营销集中管理办法；三是设置风险管理中心、建立“1.5道防线”，设置蓝黄两区、济南经济圈、西部隆起带三个审批中心，启动小微企业“信贷工厂”。

三、企业文化建设成果明显。该行深入推进群众教育路线，启动青年志愿者服务行动；大明湖支行荣获“中国银行业文明规范服务千佳示范单位”、“2014年度中国银行业文明规范服务五星级营业网点”，其营业部荣获总行“2014年度优秀服务示范单位”，同时在山东银监局、山东银行业协会主办的服务风采大赛中，以总分第二名的成绩获得“最佳风采展示奖”。

【大事记】 1月26日 北京银行济南分行参加山东省再担保体系业务合作大会，再度荣获“最佳合作金融机构奖”，并与省再担保集团现场签订了20亿元的授信合作协议。

2月10日 北京银行济南分行与临清市政府签订战略合作协议。

2月19日 北京银行系统内首台自助贷款机落户济南高新支行。

4月7日 北京银行济南分行组织各网点开展“2014服务风采大赛”。最终高新支行代表队荣获“优秀团队奖”，大明湖支行于垚、高新支行张森、千佛山支行刘福鑫三位员工获服务明星奖。

4月9日 北京银行济南分行成为济南市社会保险事业局近10年来唯一准入的新增合作银行，获得了企业离退休人员养老金的代发资格。

5月8~9日 北京银行济南分行与临清市政府、冠县政府及省再担保集团签订三方战略合作协议。

5月10日 北京银行济南分行发放首笔由北京市住房贷款担保中心担保的“金贷宝”业务。

5月16~17日 北京银行济南分行与诸城市政府及省再担保集团签订三方战略合作协议。

5月16日 北京银行济南分行与博兴县政府及省再担保集团签订京彩博兴中小企业集合票据合作协议。

6月5日 北京银监局副局长向世文一行在北京银行首席风险官张慧珍等领导的陪同下，莅临济南分行调研指导。

6月14日 北京银行济南槐荫支行开业。

6月20日 在北京银行首届在线供应链金融推进大会和2014年山东省银行业服务小微企业和“三农”双十佳评选中，济南分行荣获“在线供应链金融创新奖”和“山东省银行业服务小微企业优秀金融产品奖”。

6月27日 北京银行召开庆祝中国共产党成立93周年大会，济南分行机关第六党支部荣获“先进基层党组织”称号，聊城工作室苗晓蕾荣获“优秀共产党员”称号。

7月2日 北京银行济南分行在20余家承销商中脱颖而出，成为2014年度山东省政府债券7家主承销之一。

7月5日 北京银行济南分行首届运动会暨北京银行第七届职工运动会选拔赛在山东财经大学舜耕校区隆重举行。

7月14日 北京银行济南分行与中国重型汽车集团有限公司全面战略合作协议签字仪式在总行大厦举行。中国重汽集团董事长马纯济，北京银行董事长闫冰竹、行长张东宁等领导出席仪式。

7月14日 北京银行济南分行与山东省血液中心联合举办了“大爱无疆、爱满京行”爱心献血活动，共有61名员工献血，献血量达19600毫升。

8月27日 北京银行济南分行发行系统内首只通过私募形式发行的中小企业集合票据。

8月28日 第五届山东文博会开幕首日，北京银行济南分行联合济南出版社推出全国首张读书活动联名卡——书香卡。

北京银行济南分行与章丘市政府签署文化旅游产业战略合作协议。

9月12日 北京银行济南历城支行开业。

9月17日 北京银行济南分行新办公大楼正式启用。

10月10日 北京银行济南分行与新希望六和股份有限公司签署全面战略合作协议。

10月16日 北京银行济南分行与齐鲁股权交易中心、烟台高新区签订了三方战略合作协议。

11月19日 北京银行济南分行发行首笔齐鲁股权交易中心私募债券。

11月20日 北京银行济南分行首家异地分行——聊城分行开业，聊城市委副书记、市长王忠林与王淑梅行长共同为其揭牌，副市长洪玉振、冯艺东，市政府秘书长马骏及分行班子成员出席了开业仪式。

11月27日 北京银行济南分行与山东省旅游局举行了全面战略合作签约仪式。

11月30日 北京银行济南市中支行开业，北京银行在济南市的营业网点增至9家。

12月5日 北京银行济南分行落地首笔经营性物业抵押贷款。

12月7日 北京银行济南分行参加山东省会城市群经济圈中小企业促进中心成立大会，作为唯一一家银行代表与其签署了战略合作协议。

12月11日 新华网以《山东章丘朱家峪荣升4A 北京银行提供资金支持》为题，报道了北京银行济南分行为朱家峪改造提升项目发放贷款5000万元，鼎力支持“江北第一古村”再现“乡村记忆”。

12月19日 济南市政府特邀咨询张宗祥、济南市财政局局长张利等莅临北京银行济南分行调研指导。

（许展腾）

广发银行股份有限公司济南分行

【第一负责人简介】 庞新锋，男，1963 年 7 月生，大学本科，中共党员，经济师。历任中国银行济南分行外汇信贷处副处长、公司业务处处长、党委委员、副行长，中国银行济宁分行党委书记、行长；现任广发银行济南分行党委书记、行长。获得山东省富民兴鲁劳动奖章、“2012—2013 年全国金融系统思想政治工作先进工作者”等荣誉称号。

广发银行股份有限公司济南分行主要统计指标 1

单位：亿元

项目＼年度	2010	2011	2012	2013	2014	2014 年同比增幅（%）
本外币资产总额	—	—	84.86	164.06	249.97	52.36
本外币存款余额	—	—	80.31	150.50	208.47	38.52
人民币存款余额	—	—	80.06	149.44	184.39	23.39
单位存款	—	—	75.73	142.16	196.67	38.34
储蓄存款	—	—	4.58	8.34	11.8	41.49
本外币贷款余额	—	—	54.20	77.96	103.45	32.70
人民币贷款余额	—	—	52.09	74.59	101.33	35.85
短期贷款	—	—	54.04	74.22	82.85	11.63
中长期贷款	—	—	0.16	3.74	20.6	450.80
票据融资	—	—	1.99	0	0	—
利润总额	—	—	0.17	1.54	2.58	67.53
不良贷款余额	—	—	0	0	0.04	—
不良贷款占比（%）	—	—	0	0	0.04	—

广发银行股份有限公司济南分行主要统计指标 2

项目＼年度	2010	2011	2012	2013	2014	2014 年同比增幅（%）
单位结算账户（万户）	—	—	0.09	0.14	0.20	39.29
单位结算金额（亿元）	—	—	28.78	21.87	28.65	30.98
个人结算账户（万户）	—	—	0.36	1.22	4.95	305.74
个人结算金额（亿元）	—	—	4.58	8.34	11.78	41.25
信用卡发卡量（万张）	—	—	3.24	15.1	37.1	245.70
信用卡消费额（亿元）	—	—	5.11	14.8	37.3	252.03
企业网银客户（万户）	—	—	0.03	0.07	0.12	68.86
个人网银客户（万户）	—	—	1.04	6.79	21.16	211.63
手机银行客户（万户）	—	—	0.25	1.80	10.25	469.44
电话银行客户（万户）	—	—	—	—	—	—
现金自助设备（台）	—	—	3	23	60	160.87
营业网点（个）	—	—	1	4	7	75
自助网点（个）	—	—	1	7	9	28.57

【综述】 2014年，广发银行股份有限公司济南分行（简称：广发银行济南分行）以提升经营效益为核心，抓改革，促发展，各项业务指标表现较好，品牌形象持续提升。先后获得广发银行系统内唯一“最具成长性分行”、山东省“文明单位”等荣誉称号。

【经营管理】 2014年，广发银行济南分行加大经营管理力度，推进总行“两卡一中心”战略的实施，全面发展各项业务。

一、快速推进、强化执行总行发展战略。一是持续加大广发卡发卡渠道、商户建设的营销力度，各项指标完成位列系统前列，累计发卡量34万张，荣获总行“最佳营销超额奖、最佳商户营销奖、开门红活动一等奖”等奖项；二是在生意人卡方面，加大专业市场的拓展力度，组建专业营销团队，并成立“个贷运营中心”；三是开展“小企业捷算通卡活跃卡及小微企业有效户”营销竞赛活动，提升其覆盖率，其中，山大路支行小企业中心顺利通过总行验收，济宁分行增设了小微支行，在济南分行内部成立小企业金融中心；四是组织开展“第三届小微企业金融服务宣传月”活动；五是借高新支行成立之机，邀请新三板公司及总行专家团队举行业务论坛，探讨新型业务合作模式。

二、加大重点业务营销力度

（一）加大纯负债的吸存力度。一是成立行政事业部，加大营销行政事业单位存款的力度；二是向省财政厅申请山东省非税收入代收银行资格，在各营销单位开展财政存款营销竞赛活动，先后吸收临沂、烟台市财政存款17.2亿元；三是督促济宁分行积极营销财政单位代发工资，济宁分行第四季度新增财政工资代发单位16家，人数1137人，月代发额343万元。

（二）研究培养重点高收益项目。做好山东当地产业与产品分析，有针对性的组织营销高收益贷款项目；并利用结构化融资方式落地优质房地产融资业务，最终成功获批19.2亿元结构化融资额度。

三、积极推进客户群建设，加快对公对私业务发展进程。一是组织“广发英雄帖 创收达人秀”活动，新增对公客户530户；二是开展“韵律五四 青春赞歌”等系列营销长跑接力赛活动；三是设立济南分行营业部、济宁分行营业部、市中支行、历下支行4家综合性支行，设立山大路支行、高新支行为小企业金融中心，成立8个专业营销团队，编制人员39人，辖客户83户；四是通过社会招聘、校园招聘、内部优秀员工转岗等方式，组建四大营销团队，实现储蓄客户经理和个贷客户经理的集中管理、团队作业的管理模式；五是通过“开门红”、“积分考核”活动等，调动全员参与交叉营销的积极性。

四、推进信贷管理工作，加强风险预警管理。一是优化工作流程，建立健全审查体系，同时加强出账审核、风险监测预警、信贷合规等管理，完善信管体系平台；二是扎实开展监测预警、风险排查、风险提示等日常监测工作。

五、推动不良资产处置工作。面临整个经济下行、山东地区不良双升的严峻形势，该行一是多次召开行长专题办公会、对公资产质量控制情况例会等，对山东七户重大预警客户近期情况进行通报，一户一策，确定化解方案，全部完成风险化解工作；二是对个金生意红、生意通业务出现的不良，逐户摸清情况，制定化解方案，确保年末控制在总行计划之内。

【内部管理与金融文化建设】 2014年，广发银行济南分行不断加强内部管理，深化企业文化建设。

一、强化案防管理，努力打造合规文化。一是按季召开BRCC暨内部控制与合规委员会会议，组织第三届“广发合规日”主题活动，开展操作风险与控制自我评估及业务知识竞赛；二是加强反洗钱培训、征信宣传，并开展以信贷、票据、跨业合作和员工异常行为等为重点的风险排查；三是开展案防教育，邀请山东银监局、济南市公安局案防专家授课，组织各层级人员参加山东银监局案防法规知识测试；四是组织分支机构开展各种形式的演练10余次，提高应对突发事件的能力；五是全面组织风险排查，在此基础上确定高风险企业，并将该类企业纳入重点监测客户名单管理。

二、提升队伍素质。一是制订实施“大练兵大比武”员工培训计划，全年组织参加总行各类培训共50次，其中管理人员培训15次，业务培训29次，青年骨干培训6次；二是组织召开保密工作会议，针对日常工作中容易忽视的泄密细节，警示全行员工；三是积极开展消费者权益保护工作，认真组织“金融知识进万家”宣传服务月活动，被山东银监局评为“先进银行机构”；四是组织员工参加济南市“慈心一日捐”、市中区“人口关爱募捐”等活动，扎实履行社会责任。

三、加强作风建设，推动企业文化扎实落地。组织广发济南大课堂、员工家人开放日、趣味运动会、编写企业文化系列丛书、VCR视频短片等活动；举办题为“踏石留印 抓铁有痕 提升管理能力 确保战略执行”等专题讲座。

【大事记】 1月16日 广发银行济南分行召开2013年度总结表彰大会。

2月8日 广发银行济南分行召开2014年工作会议。

2月20日 广发银行副行长罗杰到济南分行调研，并参加该行内控和风险防范联席会议暨内部控制与合规委员会会议。

2月26日 广发银行济南历下支行开业。

3月7日 广发银行济南分行召开2014年运营工作会议。

8月1日 广发银行副行长张凤鸣在济南分行调研。

9月26日 广发银行济南高新支行开业。

12月18日 “广发银行——小微企业之家”捷算通联名卡发布会在广发银行济南分行成功举办。

12月31日 广发银行潍坊分行开业。

（陆清华）

第六部分

金融机构运行报告
——区域性金融机构

一、农村信用合作社

山东省农村信用社联合社

【第一负责人简介】 张建民，男，中共党员，1958年5月生，山东蓬莱人，工商管理硕士。自1997年1月起，历任中国农业银行山东省分行人事教育处处长，华夏银行烟台市支行行长、济南分行行长、党组书记，山东省农村信用社联合社副理事长、主任、党委副书记。2014年12月起任山东省农村信用社联合社理事长、党委书记。

【综述】 2014年，山东省农村信用社联合社（简称：省联社）以稳增长、保质量、增效益为总基调，全面深化改革，加快转型发展，主要指标创历史最好水平。

【内部改革】 2014年，省联社把推进县级农商银行组建、城区机构整合为重点，严格标准，强化指导。年末，全省已有69家县级法人机构通过单体改革或城区整合方式组建农村商业银行50家，至此已完成银行化改制的机构占原农村信用合作社（简称：农信社）法人机构的52.27%；其中2014年挂牌开业13家。

【经营管理】 2014年，省联社引导全省农信社不断增强竞争实力，持续提升质量效益。

一、市场竞争能力持续增强。一是建立完善产品研发、交流、推广平台，国际、理财业务实现新突破，银行卡功能不断完善，行内汇划、大小额支付、农信银三大联行系统覆盖率分别达85%、69%和94%；二是通过巩固网点、布设自助设备、完善产品体系、不断延伸服务等方式，逐步形成以网点为支撑，以自助设备为辅助，以电子银行为延伸的农村金融服务体系；三是实施优质客户营销带动、新业务拉动，调整优化信贷结构，加大对实体经济的支持力度，保证支农资金投放，业务规模实现新跨越。

二、金融服务水平大幅提升。一是统筹城乡两个市场，大力发展普惠金融，截至年末，全省农信社发放涉农贷款余额6131.9亿元，小微企业贷款余额3200.8亿元；二是布设各类电子机具28.9万台，通过齐鲁惠农一本（卡）通等代发各类惠农补贴93.2亿元；三是代理发放各类政策性惠农补贴，广泛开展“送金融知识下乡”、“服务三农圆梦行动”等系列活动，不断扩大金融服务覆盖面。

三、精细管理基础逐步夯实。一是制定差别化财务管理标准和要求，减少非生息资产占比，优化网点布局，压缩内勤人员，降低经营成本；二是加大无形资产摊销处置和拨备计提力度，强化经营包袱消化和股金分红挂钩力度，夯实经营基础。

【电子化建设】 2014年，省联社继续实施“科技引领”战略。一是畅通与各法人机构之间的业务沟通渠道，客户关系管理系统一期推广完成，二期上线运行；二是先后推出手机银行客户端、网银集团客户资金管理等9项新产品，构建了集个人网银、企业网银、手机银行、电话银行于一体的综合性电子银行渠道服务平台；三是积极推进信息科技战略转型，强化项目建设、安全运维、风险防控等工作。

【内部管理与金融文化建设】 2014年，省联社不断强化服务职能，内部管理更加科学，企业文化内涵更加丰富。

一、坚持合规经营，有效提升风险防控水平。一是建立“组织完善、制度健全、职责明确、流程清晰、执行有力、持续有效”的案件防控体系；二是开展案防检查督导活动，提升行风社风。

二、加强队伍建设，全面提高干部职工素质。一是通过公开招聘等方式，员工年龄结构、学历结构得到持续优化，全年共招聘应届大学生1486人，组织员工内部退养703人，完成培训项目6177个，累计培训63.2万人次；二是加强高管队伍建设，提高选人用人公信度，法人机构本科以上学历高管人员占比提高到89.3%。

三、强化责任履行，社会形象地位显著提升。一是坚持绿色信贷，实施绿色办公，支持节能减排；二是向慈善组织捐款，开展关爱“留守老人和留守儿童”系列活动，完善特困职工帮扶救助体系；三是开展各类文体活动，丰富员工的精神文化生活。

【大事记】 1月13日 省联社召开党委扩大会议，传达省

山东省农村信用社联合社主要统计指标 1

单位：亿元

项目＼年度	2010	2011	2012	2013	2014	2014年同比增幅（%）
本外币资产总额	8510.88	10209.83	11669	13563	15535	14.54
本外币存款总额	6839.22	8002.1	9319.54	10897.19	12257.82	12.49
人民币存款余额	6839.22	8002.1	9319.54	10891.70	12250.86	12.48
单位存款	1066.11	1722.37	1535.47	1868.54	1993.56	6.69
储蓄存款	5605.67	6516.02	7764.57	8989.48	10216.4	13.65
本外币贷款余额	5109.76	5823.02	6669.10	7517.90	8448.58	12.38
人民币贷款余额	5109.76	5823.02	6669.10	7499.39	8419.67	12.27
短期贷款	4095.64	4539.84	5010.83	6054.89	5836.5	-3.61
中长期贷款	684.67	922.59	1058.90	1444.50	2025.76	40.24
票据融资	326.86	356.7	586.6	545.73	542.49	-0.59
利润总额	61.38	107.18	143	172	204.07	18.65
不良贷款余额	—	—	—	—	—	—
不良贷款占比（%）	—	—	—	—	—	—

山东省农村信用社联合社主要统计指标 2

项目＼年度	2010	2011	2012	2013	2014	2014年同比增幅（%）
单位结算账户（万户）	—	37	40	43.78	46.15	5.41
单位结算金额（亿元）	—	—	—	—	—	—
个人结算账户（万户）	—	8578	9850	11022.87	12753.58	15.7
个人结算金额（亿元）	—	—	—	—	—	—
银行卡发卡量（万张）	1518	1992	2874	3842	5144	33.89
银行卡消费额（亿元）	890	1013	1119	1225	2063	68.41
企业网银客户（万户）	—	3.19	8.70	12.20	14.74	20.82
个人网银客户（万户）	—	45.75	184.97	275.89	365.91	32.63
手机银行客户（万户）	—	21.29	101.65	150.79	235.31	56.05
电话银行客户（万户）	167.14	490.87	500.68	85.97	229.5	166.95
现金自助设备（台）	3971	5657	6488	7823	9715	24.19
营业网点（个）	5265	5228	5183	5163	5126	-0.72
自助网点（个）	155	329	468	2269	2995	31.4

委组织部任免决定，展西亮因年龄原因，不再担任党委副书记、纪委书记，由孙富军担任党委副书记、纪委书记。

1月24日　省联社召开第二届社员大会第六次会议。副省长夏耕出席会议并讲话。省联社理事长、党委书记宋文瑄作工作报告，会议表彰了全省农信社先进集体和个人，审议通过了有关决议。

1月28日　省联社召开第二届理事会第二十七次会议，传达省委组织部关于丁浩升担任省联社党委副书记，孙清华、于富海担任省联社党委委员的任职通知。

3月　省联社与团省委联合推出“鲁青农信贷”助推青年干事创业，年末已累计发放此类贷款1040笔，金额25089万元。

3月11日　省联社联合省高级人民法院执行局、山东省银行业协会召开信用社执行积案清理工作座谈会。

5月26日　由省联社和《中国农村金融》杂志社联合主办的“全国首批八家省级联社深化改革十周年座谈会”在济南召开。

6月6日　省联社召开全省农信社深化改革十周年座谈会。

9月29日　山东枣庄农村商业银行股份有限公司挂牌开

业。

9月　青岛农商银行、泰安农信社、聊城农信社相继推广小微贷技术。

11月8日　省联社与菏泽市政府战略合作签约暨山东菏泽农村商业银行股份有限公司揭牌开业仪式在菏泽举行。省联社理事长、党委书记宋文瑄，菏泽市委副书记、市长孙爱军出席仪式，共同为菏泽农商银行揭牌。

12月9日　省联社召开中层以上人员会议。省委组织部副部长、省国资委党委副书记时培伟宣布了省委决定：张建民担任省联社党委书记、理事长，宋文瑄因年龄原因，不再担任省联社党委书记、理事长职务。

12月27日　山东阳谷农村商业银行股份有限公司挂牌开业，全省农商行数量达50家。

（罗旭东　张　涛）

二、城市商业银行

【齐鲁银行】　2014年，齐鲁银行持续推进战略转型，增强创新发展能力，夯实风险管控基础，升级经营管理模式，各项指标达到监管要求。

一、谋发展，稳增长。一是打造"科技金融"服务品牌，与省科技厅、省知识产权局、济南市创新谷等单位建立战略合作关系，成立"科技金融特色支行"，推出"齐鲁科贷宝"专项产品；二是拓展业务区域，泰安、德州两家分行开业；三是成功参与全省第一笔租赁资产证券化业务，推出"流动性支持附加股权回购"的业务；四是多线拉动中间业务，非息收入占比提高，盈利结构持续优化，中间业务净收入2.73亿元，同比增长56%，中间业务收入占比达9.02%，同比提高1.63个百分点；五是POS机资金归集业务发展迅速，与山东烟草专卖局合作开发烟草商户零售POS机终端系统，开通运行POS机1086台，成为济南地区烟草销售唯一收单行。

二、推转型，调结构。整合零售条线业务，济南地区零售市场份额提高0.46个百分点，转型工作成绩显著。一是储蓄存款增速高于同业，储蓄存款日均260.84亿元，较年初增长46.1亿元，增幅为21%，济南市场份额达6.89%，创历史最高水平；二是个贷业务迅速回暖，加大对薪金贷、融易贷、房屋按揭等个贷产品营销力度，组织实施公务员综合消费贷款；三是大力拓展齐鲁卡应用领域，正式发行金融IC卡，在济南市金融社保IC卡项目投标中，齐鲁银行作为唯一一家地方法人银行成功中标；四是与交通银行联手搭建面向齐鲁银行客户的第三方存管业务平台；五是针对社区便民类餐饮、住宿、娱乐商户开展POS机营销，特约商户数量4236户，较年初增长2977户，增幅为235.45%，安装布放POS机5858台，较年初增长3467台，增幅为145%；六是个人理财继续保持城商行领先水平，共发行个人理财产品195期，金额291.90亿元，同比增长142.30亿，个人

齐鲁银行主要统计指标1

单位：亿元

项目 \ 年度	2010	2011	2012	2013	2014	2014年同比增幅（%）
本外币资产总额	821.25	772.79	836.8	936.05	1222.59	30.61
本外币存款余额	656.93	661.13	713.31	827.96	1002.16	21.04
人民币存款余额	655.78	658.02	711.39	823.93	998.47	21.18
单位存款	254.98	504.93	514.05	371.04	611.25	13.54
储蓄存款	139.43	153.09	197.34	245.71	306.46	24.72
本外币贷款余额	422.58	434.44	470.57	532.09	452.5	22.71
人民币贷款余额	421.53	434.12	469.86	529.76	451.65	23.26
短期贷款	214.97	183.96	211.43	420.47	310.25	20.87
中长期贷款	156.16	149.4	82.2	109.25	141.4	28.84
票据融资	49.68	92.23	174.98	163.93	157.42	-3.97
利润总额	8.25	9.59	10.68	12.50	13.37	8.02
不良贷款余额	4.73	41.52	5.40	5.09	10.38	103.93
不良贷款占比（%）	1.12	9.56	1.15	0.96	1.70	0.77

齐鲁银行主要统计指标 2

项目 \ 年度	2010	2011	2012	2013	2014	2014 年同比增幅（%）
单位结算账户（万户）	—	—	6.76	6.33	5.52	-12.7
单位结算金额（亿元）	—	—	15427	18317	628.82	7.42
个人结算账户（万户）	—	—	125.96	131	257.3	13.8
个人结算金额（亿元）	—	—	4109	4849	5501.1	23
信用卡发卡量（万张）	—	—	0.27	0.11	0.4	17
信用卡消费额（亿元）	—	—	0.75	0.85	1.2	11
企业网银客户（万户）	—	—	2.07	2.65	0.77	31.95
个人网银客户（万户）	—	—	15.23	25	17.80	74.98
手机银行客户（万户）	—	—	0	2.33	15.98	607.69
电话银行客户（万户）	—	—	12.6	17.16	22.07	28.5
现金自助设备（台）	—	—	426	531	499	13.6
营业网点（个）	—	—	83	86	102	18.6
自助网点（个）	—	—	58	70	93	32.86

理财余额达 114.46 亿元；七是做专做强小微金融，新设历城、聊城两家小微分中心，构建包含 7 大类、22 个产品的小微企业金融产品体系，“小快通”品牌内涵不断丰富，全行小微企业贷款余额 274.16 亿元。

三、促创新，优化服务模式。一是拓展电子渠道，搭建全新服务平台，移动营销平台成功上线，增加跨行资金归集、法人账户透支、电子对账等新功能，不断丰富电子银行服务内涵，电子渠道柜面业务分流率达 71.82%；二是加强第三方合作，完善渠道支付功能，建成手机商城，与通联支付合作，搭建理财平台；三是完成直销银行项目调研，正式启动项目实施；四是新设传统小型支行、小微支行各 4 家、社区支行 1 家；五是加强前台人员培训，提升服务软实力，优选大堂经理、分支机构运营人员参加中银协星级网点建设及大堂经理服务提升培训，济南高新支行成功当选全国千佳网点和中国文明规范服务五星级网点；六是树良好形象，被人民银行授予“金融统计工作一等奖”，外汇管理工作再获 A 级行殊荣，在第二届“支付清算杯”金融 IC 卡知识竞赛活动中获得“优秀组织奖”、“个人三等奖”，电子银行业务荣获“最佳网上银行功能奖”和 “中国银行业客户服务中心优秀服务”等奖项，城商行综合理财能力位列全国第七，全省第一。

（齐鲁银行）

【青岛银行】 2014 年，青岛银行入围英国《银行家》杂志世界银行 500 强，连续 7 年被评为监管二级，总资产继续稳居山东省城商行之首。

一、以创新加快零售业务发展步伐。一是推动产品创新，推出海融手机钱包、“天天开薪”、“海慧生活”，免费办理具有闪付功能的金融 IC 卡，推出“园区一卡通”多应用服务等业务；二是发展“大零售”业务。截至年末，零售金融资产总额 592.49 亿元，较年初增长 171.98 亿元；全年发行借记卡 62.11 万张，发卡突破 200 万张。

二、以转型突破批发业务发展困境。一是积极发展金融市场业务，截至年末，管理表内外资产 1034.82 亿元；二是大力发展理财业务，年末理财余额 154.94 亿元；三是取得同业存单发行资格，成为首批资产证券化资格银行，年末同业存单余额 34 亿元，同业存款余额 185.80 亿元；四是开展绿色金融、文化金融、科技金融等特色营销，并成功上线山东省国库集中支付电子化项目；五是通过管理体系输出等前端营销方式，赢得大型集团财务公司等多家金融同业客户；六是依托新成立的科技支行，推广“科技园区集合贷”模式；七是通过与各类交易所、基金会等机构开展合作，批量介入、营销重点优质客户；八是推出订单收益权转让、融资租赁保理等新产品；九是推出“采购贷”、“链易贷”等新品种，丰富小微金融产品线。

三、优化布局，以特色提升分支机构竞争实力。一是率先在山东省内成立以科技支行命名的专业化特色支行，以港口物流为特色的港口支行，以服务于海洋渔民客户群体为主的沙子口支行，以服务于大型社区为主的同安路支行等网点，以服务于政府金融的西海岸网点等一大批特色机构；二是增设省内分行网点，德州分行、枣庄分行顺利开业，烟台分行和滨州分行开业在即，并积极筹设异地分行辖属支行，异地机构总数达 19 家；三是成立青岛西海岸新区管理部筹备处，全面负责该区业务协调和机构建设工作。

四、以风控合规确保稳健发展。一是高度关注重点领域信用风险防控，强化集群客户授信风险管理；二是采取分行分管行长双线报告制度、强化不良贷款直接责任人清收化解责任、推动各条线实现审批信息共享等举措；三是引入第三方机构对声誉风险 24 小时无缝隙监控，并成立律师事务部；四是认真开展反洗钱工作，第五次获评为“青岛市反洗钱工作 A 级银行”；

青岛银行主要统计指标 1

单位：亿元

项目＼年度	2010	2011	2012	2013	2014	2014 年同比增幅（%）
本外币资产总额	636.06	770.47	1016.52	1358.05	1373.62	1.15
本外币存款余额	451.13	549.28	649.47	803.57	837.13	4.18
人民币存款余额	446.51	546.45	645.88	801.43	823.65	2.77
单位存款	261.53	408.05	430.66	490.85	464.14	-5.44
储蓄存款	89.67	118.11	196.68	280.19	320.56	14.41
本外币贷款余额	249.21	299.62	376.18	417.14	442.13	5.99
人民币贷款余额	246.50	295.86	373.33	408.24	435.18	6.60
短期贷款	121.08	140.27	193.41	204.51	193.07	-5.59
中长期贷款	117.32	145.54	162.08	191.09	217.03	13.57
票据融资	7.81	9.52	17.28	12.04	22.60	87.71
利润总额	6.86	8.29	10.28	11.43	12.73	11.37
不良贷款余额	3.31	3.00	3.47	4.10	7.17	71.94
不良贷款占比（%）	1.19	0.88	0.76	0.74	1.14	0.40

青岛银行主要统计指标 2

项目＼年度	2010	2011	2012	2013	2014	2014 年同比增幅（%）
单位结算账户（万户）	3.29	3.90	4.46	5.42	5.93	9.40
单位结算金额（亿元）	7415.88	10711.69	11647.73	17288.35	20120.64	16.38
个人结算账户（万户）	84.61	103	124.98	158.98	221.35	39.23
个人结算金额（亿元）	1302.25	2591.24	4461.32	8979.98	12873.02	43.35
信用卡发卡量（万张）	--	0.06	0.34	0.94	1.65	75.53
信用卡消费额（亿元）	--	0.04	1.12	1.97	55709	38.62
企业网银客户（万户）	0.79	1.41	2.12	2.90	3.99	38.32
个人网银客户（万户）	2.66	6.58	11.19	22.00	41.60	62.07
手机银行客户（万户）	--	--	--	2.64	19.50	639.17
电话银行客户（万户）	1.31	1.44	1.51	1.54	1.55	4.70
现金自助设备（台）	140	166	195	224	269	20.09
营业网点（个）	45	47	51	60	76	15.15
自助网点（个）	48	49	54	62	67	24.07

注：“--”为未开通此项业务。

五是加强不良资产清收，全年累计清收处置不良资产 9524.66 万元；六是与市财政资产管理中心签订不良贷款置换及委托清收协议，获得市财政金融机构贷款风险补偿资金 1024 万元。

五、以互联网金融提升获客创客能力。一是面向全国推出 P2B 网络金融平台——“财富 e 屋”，成为全国城商行第一家、国内银行业第二家提供在线投融资服务的商业银行；二是推出微信银行和“海融财富”等微信公众号；三是对接青岛港网上营业厅、城投 P2P 网站；四是与省财政等政企客户对接，增加国库资金和税费电子化支付等业务功能；五是手机银行新增理财产品、无卡取款等 40 多项功能；六是信息科技成果屡获全国重要奖项，两项课题获银监会“银行业信息科技风险管理研究”三类和四类研究成果，成为唯一获得两项成果奖的城商行，手机银行获评为“2014 年区域性商业银行最佳手机银行安全奖”。

六、多措并举，以精细管理做好支撑保障工作。一是加强基础管理，全年开展“每周我巡视”48 期，征集“今天我发现”建议 728 份，各项培训 15062 人次；二是开展“三谈合规”26 期晨会主题演讲活动，加强“虚拟支行”替岗检查，积极开展“制度评价年”活动；三是独创总行服务专员管理模式，帮助基层员工协调解决跨部门、跨条线问题；四是多家支行服务荣获“2014 年度银行业服务千佳示范单位”、“2014 年度银行业服务五星级营业网点”、“2014 年度山东省银行业文明示范单位”等称号；五是荣获“2014 青岛世界园艺博览会先进单位”等荣誉称号。

（青岛银行）

【齐商银行股份有限公司】 2014年，齐商银行继续保持稳中有升、稳中向好的发展态势。存款总量跃升至全省城商行第3位，增幅和增量均居全省城商行第3位，资本充足率、拨备覆盖率、资产利润率等主要监管指标持续达标，实现了规模、质量和效益的协调发展。

一、发展重点更加突出，经营业绩稳步提升。一是公司治理持续完善，完成了董事会、监事会换届工作，引入了高层次独立董事和外部监事；二是强化授信风险管控，加强条线案防及操作风险飞行检查，丰富舆情监测手段，完善了《责任追究管理办法》等制度，开展了市场风险、信息科技风险专项审计；三是管理效能不断提升，小微金融条线组建了微贷专营团队，同业金融条线完成了专营管理架构改革，国际金融条线成为全省唯一进入“全国银行间人民币外汇市场交易百强”的城商行，跨境人民币结算量位居全省城商行第2位。

齐商银行股份有限公司主要统计指标 1

单位：亿元

项目 \ 年度	2010	2011	2012	2013	2014	2014年同比增幅（%）
本外币资产总额	363.28	416.58	481.61	606.37	698.22	15.15
本外币存款余额	317.46	354.58	406.25	513.49	579.09	12.78
人民币存款余额	316.61	353.55	405.40	511.32	578.00	13.04
单位存款	223.28	245.57	274.75	349.77	390.29	11.58
储蓄存款	93.33	107.98	130.65	161.55	187.71	16.20
本外币贷款余额	233.51	258.82	288.43	331.02	375.80	13.53
人民币贷款余额	232.71	257.25	281.40	322.93	369.51	14.42
短期贷款	211.62	234.86	262.22	298.65	333.82	11.78
中长期贷款	21.09	22.39	19.18	24.28	35.69	47.00
票据融资	50.33	44.90	43.93	35.42	35.43	0.03
利润总额	8.19	11.61	12.11	11.22	12.6	12.28
不良贷款余额	2.84	4.37	4.13	6.51	7.26	11.61
不良贷款占比（%）	1.22	1.69	1.43	1.97	1.93	-0.04

齐商银行股份有限公司主要统计指标 2

项目 \ 年度	2010	2011	2012	2013	2014	2014年同比增幅（%）
单位结算账户（万户）	2.63	2.60	2.77	2.96	3.21	8.45
单位结算金额（亿元）	6541	8102	8528	9376	12067	28.70
个人结算账户（万户）	56.65	67.75	79.08	72.19	76.11	5.43
个人结算金融（亿元）	1420	1705	1785	2174	2512	15.55
信用卡发卡量（万张）	0.02	0.17	0.18	0.23	0.33	43.48
信用卡消费额（亿元）	0.02	0.17	0.25	0.37	0.75	102.70
企业网银客户（户）	3211	5254	7659	11141	14520	30.33
个人网银客户（户）	6484	12514	20755	35252	61024	73.11
手机银行客户（户）	--	--	--	7288	35853	391.95
电话银行客户（户）	232213	276205	326213	331214	310416	-6.28
现金自助设备（台）	143	177	235	249	301	20.88
营业网点（个）	76	77	80	86	94	9.30
自助网点（个）	2	5	12	13	102	684.62

二、业务亮点更加丰富，战略转型成效显著。一是小微金融业务规模壮大，全行小微企业贷款余额 242.4 亿元，同比增加 57.7 亿元，占比达 64.5%；小微企业贷款户数达 6577 户，新增 1654 户，获评“2014 全国支持中小企业发展十佳商业银行”；二是零售金融快速发展，全行个人消费贷款余额占比、高净值财富客户数量、全行中间业务收入占比都超额完成了计划目标；三是网上银行、手机银行等电子渠道发展迅速，累计交易金额突破 3000 亿元，自助设备业务替代率达 61.4%；四是网点转型成功推进，17 家试点网点实现了营销模式的不断优化；五是小微及零售金融产品不断推陈出新，荣获“山东省银行业服务三农十佳金融产品奖”等称号，互联网金融业务初步试水，大力开拓同业金融市场，年内共发行 64 期理财产品，规模为去年同期的 2.5 倍，与 93 家同业机构建立授信合作关系，累计办理同业存放 136.1 亿元；六是加入市场利率定价自律机制，成功发行首期同业存单及小微金融专项债券。

（王乃霞）

【烟台银行股份有限公司】 2014 年，烟台银行股份有限公司以“团结务实，改革创新，文化引领，转型发展”为指针，励精图治，奋勇开拓，积极推进速度、质量、规模和效益的科学健康持续发展。

一、进一步完善公司治理。一是完成了董事会、监事会的换届选举，修订了《公司章程》、《股东大会议事规则》、《董事会议事规则》、《监事会议事规则》等制度；二是召开了五届董事会、监事会和 2014 年股东大会，进一步完善了各治理主体的运行规则。

二、持续推进改革，提升综合实力。推动落实了《综合改革方案》，通过向股东定向增发股本，注册资本达 26.5 亿元，进一步增强资本实力和抗风险能力。

三、加快结构调整，全力支持经济建设。一是积极支持全市关系国计民生的重点领域和项目建设，围绕新农村建设、校区改造、经济适用房、治理工程、水厂、污水处理、基础民生等项目建设加大信贷投放；二是加大对民生、小微企业、个人类客户和“三农”、新农村建设等领域的政策倾斜；三是随着栖霞、莱阳、长岛 3 家支行的开业，实现全市县域网点全覆盖，同时继续在已设机构的县域增加网点，增强机构辐射能力。

四、深入推进全面风险管理。一是制定了《全面风险管理治理架构及职责体系》；二是聘请德勤公司开展全面风险评估，根据评估结果制定规划；三是启动业务连续性风险管理工程，聘请中金数据公司开展业务连续性系统设计。

五、坚持科技先行，业务系统建设顺利推进。将 2014 年确定为“系统建设年”，包括业务核心、信贷、财务、审计、人力资源管理、全面风险管理和业务连续性管理项目等系统建设全面启动，大幅提升科技支持水平。

六、进一步深化改革，发展内驱动力得到提高。一是稳步推进薪酬制度改革，实施了融发展、管理、服务、客户规划和提升网点竞争力“五位一体”的考核体系；二是全行实施 KPI 考核、客户规划和提升网点竞争力等工作，调动全行加快发展的积极性和主动性。

（郄丽宁）

烟台银行股份有限公司主要统计指标 1

单位：亿元

项目 \ 年度	2010	2011	2012	2013	2014	2014 年同比增幅（%）
本外币资产总额	292.73	349.93	379.36	420.61	479.66	14.04
本外币存款余额	255.82	296.21	336.78	366.32	415.80	13.51
人民币存款余额	254.77	295.51	336.39	365.57	414.79	13.46
单位存款	124.66	131.47	141.69	157.57	187.17	18.79
储蓄存款	120.52	163.74	194.54	207.91	227.35	9.35
本外币贷款余额	185.35	207.30	202.48	254.81	280.72	10.17
人民币贷款余额	184.40	206.25	201.35	253.64	278.63	9.85
短期贷款	90.28	108.48	135.73	163.09	172.25	5.62
中长期贷款	78.76	78.88	65.57	90.54	106.36	17.47
票据融资	15.33	18.84	0	0	0	0
利润总额	2.00	2.01	2.08	2.48	4.13	66.53
不良贷款余额	2.90	4.27	4.75	4.72	7.30	54.66
不良贷款占比（%）	1.56	2.06	2.34	1.85	2.60	40.54

烟台银行股份有限公司主要统计指标 2

项目 \ 年度	2010	2011	2012	2013	2014	2014 年同比增幅（%）
单位结算账户（万户）	5.06	5.28	5.42	5.39	5.41	0.37
单位结算金额（亿元）	3375.60	4227.40	4330.77	4977.56	5290.26	6.28
个人结算账户（万户）	87.70	98.40	106.68	111.39	123.75	11
个人结算金额（亿元）	629.80	901.50	934.50	950.50	889.91	-6.4
信用卡发卡量（万张）	0	0	0	0	0	0
信用卡消费额（亿元）	0	0	0	0	0	0
企业网银客户（万户）	0.11	0.23	0.29	0.34	0.44	29
个人网银客户（万户）	0.26	0.54	0.70	0.85	1.05	24
手机银行客户（万户）	0	0	0	0	0.27	—
电话银行客户（万户）	0.008	0.01	0.01	0.01	1.47	146
现金自助设备（台）	78	78	80	92	104	13
营业网点（个）	73	73	73	73	73	0
自助网点（个）	0	0	0	1	3	200

【潍坊银行】 2014 年，潍坊银行强管理，控风险，抓创新，促发展，实现平稳运行。

一、定位差异化进一步凸显。

（一）小微战略地位持续加强。一是推广即时贷业务，打造微贷产品超市；二是拓宽融资渠道，发行小微金融债 20 亿元，争取支小再贷款 9 亿元；三是推广移动微贷系统和微网营销平台，成立“小微企业商学院”；四是开展创业大赛，小微业务综合服务能力持续提升。截至年末，小微贷款余额 260.12 亿元，增长 24.15%，占比 62.68%。

（二）农村金融实现新突破。积极拓展“合作社金融”，融资增信业务、农业加盟店会员电子钱包支付业务、果蔬专业合作社贷款组合业务、家庭农场贷款等都取得了显著成效。农民合作社金融产品荣获“山东银行业服务三农十佳金融产品奖”。

（三）艺术金融再上新层次。一是推出“竞拍贷”、“艺术品消费按揭贷款”等新产品；二是在中国艺术金融年会上发布了《中国艺术金融发展年度研究报告》，“中国艺术金融数据库” 系统上线运行。

（四）市民金融品牌不断延展。一是潍坊区域相继开设 5 家社区支行，苗圃社区支行是全省首家持牌社区支行；二是潍坊首辆流动服务车运行，“88 便利金融”品牌得以延伸；三是金融

潍坊银行主要统计指标 1

单位：亿元

项目 \ 年度	2010	2011	2012	2013	2014	2014 年同比增幅 (%)
本外币资产总额	402.79	457.85	523.69	633.23	813.12	28.41
本外币存款余额	344.2	373.48	446.34	537.12	551.08	2.60
人民币存款余额	341.07	372.04	445.94	535.19	554.08	3.53
单位存款	212.78	227.85	274.38	330.4	318.36	-3.64
储蓄存款	128.29	144.19	171.56	204.79	231.61	13.1
本外币贷款余额	231.83	267.51	310.49	354.15	415.02	17.19
人民币贷款余额	230.53	265.8	307.72	349.41	405.65	16.10
短期贷款	201.91	235.67	281.9	319.26	362.43	13.52
中长期贷款	28.62	30.13	25.82	30.15	43.22	43.35
票据融资	15.11	14.92	22.69	12.42	25.58	105.96
利润总额	7.62	8.31	9.5	9.66	8.76	-9.32
不良贷款余额	2.43	2.31	4.02	3.47	7.72	122.48
不良贷款占比（%）	1.05	0.86	1.29	0.98	1.86	89.80

潍坊银行主要统计指标 2

项目＼年度	2010	2011	2012	2013	2014	2014 年同比增幅（%）
单位结算账户（万户）	--	1.72	2.80	2.6846	3.67	36.66
单位结算金额（亿元）	--	145.43	165.87	213.73	200.90	-6.00
个人结算账户（万户）	--	131.20	208.93	205.98	305.28	48.21
个人结算金额（亿元）	--	144.19	171.56	204.79	231.36	12.98
信用卡发卡量（万张）	--	--	--	--	--	--
信用卡消费额（亿元）	--	--	--	--	--	--
企业网银客户（万户）	0.26	0.47	0.73	0.94	1.35	43.6
个人网银客户（万户）	0.4	1.14	2.72	6.68	24.68	269.5
手机银行客户（万户）	0	0.02	0.08	0.66	16.76	2439.4
电话银行客户（万户）	8.02	10.35	10.82	11.02	11.57	4.9
现金自助设备（台）	75	111	173	217	284	30.9
营业网点（个）	48	50	55	65	78	20
自助网点（个）	0	3	8	10	11	10

IC 卡与市民生活融合度不断提升，“鸢都绿卡”品牌凸显。

（五）互联网金融破冰前行。成立 3580 网络金融事业部，加快推动网络平台搭建及产品创新，整合线上开户、业务缴费、理财产品展示、C2B 网络服务等功能，完成空中营业厅研发。

二、业务规模化亮点纷呈。一是年末微小金融授信户 1.12 万户，贷款余额 18.21 亿元，增长 22.36%；二是推出全省首笔农业企业土地承包经营权、奶牛等抵押贷款，全年新增农业贷款 39.77 亿元，占全部新增贷款的 65.19%；三是年末艺术金融贷款余额 5.68 亿元，书画艺术品质押融资业务荣获“山东省银行业服务小微企业十佳金融产品奖”；四是增设各类自助设备 120 台，网银交易量增长 163.17%，电子银行业务综合替代率达 65.50%，微信银行、手机银行、手机钱包等业务成功推出，移动金融渠道建设步伐加快；五是首次发行私人银行理财产品，首次代销货币市场基金产品，全年发售自有理财产品 61 期，发行规模及存量大幅提升。

三、管理精细化持续增强。

（一）业务结构调整成果初显。全年退出压缩公司授信客户 76 户，压缩授信敞口 15.54 亿元，置换承兑敞口 9.32 亿元，压降保证金存款 19.04 亿元，保证性质存款占比下降 0.93 个百分点。

（二）风险管理水平进一步提升。一是启动全面风险管理体系建设，按季开展案防和操作风险自查和飞行检查；二是开展员工合规教育，强化监督检查，严格责任追究；三是实施资本管理框架下的预算目标管理体系和约束机制，按季开展压力测试；四是加强信访投诉及消费者权益保护工作；五是加强系统维护和运维管理，全年网络系统安全、高效、稳定运行。

（三）管理支撑进一步强化。一是扎实抓好在职员工培训、人才工程培训和新员工教学改革三项重点；二是先后上线手机非接支付、网上审贷平台、微信银行二期等系列科技系统及平台，研发的“移动微贷”和“移动开卡”系统先后获得国家版权局颁发的计算机软件著作权专利证书。

（闫少卿　王文凤）

【威海市商业银行】　2014 年，威海市商业银行不断加大对实体经济的支持力度，各项业务实现了平稳健康快速发展，全面圆满完成了各项年度目标任务。

一、规模平稳增长，质量持续改善。不良贷款比例为 0.7%，资本充足率保持在 13%以上，各项监管指标全面达标并持续向

威海市商业银行主要统计指标 1

单位：亿元

项目＼年度	2010	2011	2012	2013	2014	2014 年同比增幅（%）
本外币资产总额	519.72	562.76	720.58	1017.32	1170.36	15.04
本外币存款余额	420.67	456.32	536.56	708.44	795.37	12.27
人民币存款余额	420.28	455.68	535.26	706.58	789.23	11.70
单位存款	287.92	306.63	357.43	469.25	500.6	6.68
储蓄存款	132.36	149.05	177.83	237.33	288.63	21.62

续表

项目 \ 年度	2010	2011	2012	2013	2014	2014年同比增幅(%)
本外币贷款余额	249.83	294.54	350.76	405.26	445.69	9.98
人民币贷款余额	248.13	293.56	347.14	402.04	441.95	9.93
短期贷款	159.13	202.78	241.34	286.36	307.95	7.54
中长期贷款	70.74	70.58	74.24	103.5	121.3	17.20
票据融资	18.27	20.2	31.56	12.18	12.7	4.27
利润总额	4.6	6.61	8.6	11.64	16.14	38.66
不良贷款余额	2.1	2.03	2.01	1.86	3.14	68.82
不良贷款占比(%)	0.84	0.69	0.57	0.46	0.7	52.17

威海市商业银行主要统计指标2

项目 \ 年度	2010	2011	2012	2013	2014	2014年同比增幅(%)
单位结算账户(万户)	1.81	1.76	1.51	1.73	2.36	36.42
单位结算金额(亿元)	94.00	112.78	117.86	135.49	166.56	22.93
个人结算金额(亿元)	13.72	20.86	18.19	28	31	10
信用卡发卡量(万张)	0.16	0.28	0.33	0.39	0.53	35.90
信用卡消费额(亿元)	0.16	0.54	0.78	1.1	1.61	46.36
企业网银客户(万户)	0.044	0.15	0.32	0.59	0.89	50.85
个人网银客户(万户)	0.028	0.4	3.13	7.15	11.59	62.10
手机银行客户(万户)	--	--	--	--	0.44	100
电话银行客户(万户)	0.8	1.3	6.8	13	14	7.69
现金自助设备(台)	54	71	106	128	166	29.69
营业网点(个)	42	47	56	64	79	23
自助网点(个)	--	1	1	2	2	--

好,连续多年被评为二级行。

二、效益持续提升,贡献持续增加。资本利润率(ROE)持续提升,达18.73%,提高0.32个百分点。全口径累计信贷投放1447亿元,增加185亿元,增长14.65%。

三、特色不断强化。一是成功发行30亿元小微企业专项金融债券;二是深入开展“特色支行”建设,零售金融、小微金融、科技金融等特色不断强化。

四、增资顺利实施。顺利完成新一轮增资扩股,采取溢价增资方式募集资金20.08亿元,进一步提升了资本实力。

五、系统成功上线。9月7日,新一代核心系统成功上线运行,对有效应对金融自由化改革、积极抢抓发展机遇具有重要而深远的意义。

六、影响持续扩大。先后被评为“中国最佳零售银行”、“最具竞争力中小银行”和“最具成长性中小银行”,特色品牌影响不断扩大。

(王 晶)

【临商银行】 2014年,临商银行推进改革创新,加快质效发展,综合实力及经营效益显著提升。截至年末,临商银行综合用信708亿元,新增134亿元,增幅23%;各项贷款总量增量列全市银行业首位;缴纳税收4.97亿元,居全市银行业首位;监管指标全面达标,监管评级由“3C”提至“3A”;15亿元“历史包袱”全面化解,在全省城商行率先启动、首家发行14亿元二级资本债券。

一、支持地方。一是充分发挥法人体制优势,利用多元融资手段,加大对新兴产业及政府重点引进项目支持力度;二是深刻认识骨干企业作为经济转型主力军的重要作用,聚力推进重点骨干企业培植,全年骨干企业贷款78亿元;三是与平邑、蒙阴、临沭、莒南、兰陵等6县开展战略合作,将获批设立的15家小微、社区支行中的先期8家机构全面下沉到县域,全年县域贷款76亿元,新增27亿元;四是创新现代物流、电子商务、国际贸易综合配套服务,加快电商金融平台建设,上线物流代发系统,搭建物流融资平台,连年蝉联“中国最佳物流金融服务企业”称号;五是建立专业小微机构,出台《关于办理续贷贷款的管理意见》,降低企业融资成本,利用“定向降准”优势,释放可增强决策的科学性和预见性,严守风险底线,整体实现了安全、

临商银行主要统计指标 1

单位：亿元

项目 \ 年度	2010	2011	2012	2013	2014	2014 年同比增幅（%）
本外币资产总额	310.74	373.99	487.06	571.42	636.6	11.41
本外币存款余额	273.59	327.48	393.07	483.19	532.96	10.30
人民币存款余额	273.22	326.16	390.72	475.19	527.37	10.98
单位存款	163.42	194.46	227.93	300.63	242.31	5.74
储蓄存款	109.99	132.82	162.04	173.76	177.31	2.33
本外币贷款余额	180.53	227.96	284.19	320.03	395.27	23.51
人民币贷款余额	179.11	224.72	275.63	304.58	380.43	24.90
短期贷款	145.12	183.34	237.5	262.13	322.77	23.13
中长期贷款	21.67	23.51	24.57	37.65	58.58	55.59
票据融资	13.62	21.11	21.93	4.01	4.66	16.21
利润总额	4.85	8.25	9.16	11.78	15.97	35.57
不良贷款余额	1.83	1.73	2.5	5.99	7.87	31.39
不良贷款占比（%）	1.01	0.76	0.88	1.87	1.99	6.42

临商银行主要统计指标 2

项目 \ 年度	2010	2011	2012	2013	2014	2014 年同比增幅（%）
单位结算账户（万户）	1.24	1.68	2.16	2.39	2.01	10.65
单位结算金额（亿元）	104.11	122.67	135.02	198.27	237.19	46.84
个人结算账户（万户）	105.93	126.78	139.28	146.85	233.23	5.44
个人结算金额（亿元）	42.82	50.10	58.93	60.22	57.84	2.19
信用卡发卡量（万张）	--	0.10	0.14	0.3	0.54	80.00
信用卡消费额（亿元）	--	0.40	0.60	1.14	2.57	125.44
企业网银客户（万户）	0.50	0.55	0.60	0.86	1.09	26.76
个人网银客户（万户）	2.10	2.30	2.50	4.20	6.87	63.65
手机银行客户（万户）	1.10	1.20	1.60	2.12	3.52	66.12
电话银行客户（万户）	--	--	--	--	--	--
现金自助设备（台）	109	108	110	138	195	41.30
营业网点（个）	67	69	70	73	74	--
自助网点（个）	--	--	--	--	--	--

用资金全部用于支持小微企业。全年投放小微贷款 202 亿元，新增 48 亿元，总量、增量保持全市银行业首位。

二、转型创新。2014 年，该行经营转型全面提速，高端零售业务全面布局，市场能力稳步走强，网点服务不断提升，数家网点分别获评"全国千佳示范单位"、"五星级营业网点"、"山东省银行业文明规范服务示范单位"。一是深化资本约束下的经济增加值考核体系，推动全额资金管理，自求平衡、自我约束的能力显著提升；二是加快审批改革，实施网上审批、差别授权和绿色通道；三是完成理财业务事业部制和同业业务专营改革，运营效率持续提升；四是上线循环贷、产业链融资、公司理财、支付宝借记卡等 19 项新产品，发行理财产品 51 期、159 亿元，兑付客户收益 1.29 亿元；五是成为省内首批全国市场利率定价机制成员单位，在全省城商行中首家发行两批共计 15 亿元同业存单，开辟了主动负债新渠道；六是完成同城灾备中心建设，新数据中心落成启用，获国标等级评定 A 类证书、“中国数据中心标准化示范项目优秀金融数据中心奖”，上线了法人客户关系、理财管理等 8 个重点系统，科技保障能力全面提升。

三、精细管控。一是制定体系规划和建设方案，全面风险管理的体系框架初步搭建；二是纵深推进“质效办贷、精准管贷、从严治贷”的新机制，抓好抵(质)押、异地授信、大额授信、关联互保、战略退出等专项管理，精准管控能力持续提升；三是搭建专营清收体制，创新多元处置手段，不良资产迅速“瘦身”；四是启动远程监控中心建设，开展风险案件和员工行为排查，强化替岗、飞行检查和安保工作，内控管理更加严密。

四、自身建设。一是以总部“四定”和薪酬改革为抓手，强化专业培训、履职考核和公开招聘，建立市场化选贤任能机制；二是搭建从严治行整体架构，搭建审计平台，开展不良责任审计和现场检查；三是开展企业文化论坛、“感动临商人物”评选、业务技术比赛和“职工之家”建设等活动；领导班子连续两年市委考核获评“优秀”，连续两年蝉联全市行风评议金融机构第一名、市民最满意金融机构第一名，并荣获“中国最佳物流金融服务企业”、“中国地方金融服务小微企业及‘三农’十佳商业银行”、“全市金融贡献奖”等称号。

（李会利　崔国慧）

【日照银行】　2014 年，日照银行以“传承·创新·转型”为主题，积极应对，主动作为，保持了安全持续发展的态势。

一、经营成果好于预期。一是辖区存款市场份额为 23.19%，继续保持第 1 位，不良贷款率为 1.82%；二是纳税总额保持日照前三强，资本充足率为 12.38%，拨备覆盖率为 173.87%，贷款损失准备充足率为 230.25%，杠杆率为 6.2%，连续 7 年监管评级保持二级；三是在山东银监局辖内 13 家城商行中，资产规模、存款总量均排第 4 位，净利润排第 2 位，资产利润率(1.7%)排第 1 位，资本利润率(18.19%)排第 3 位；四是在山东省财政厅组织的全省 405 家地方金融企业绩效评价中，列全省商业银行第 1 名、日照金融企业第 1 名，连续 7 年评价结果为优秀(AAA)；五是全年荣获 13 项国家及省、市级荣誉。

二、治理体系不断完善。一是全面修订《章程》、“三会一层”议事规则、有关办法；二是与南京银行联合成立战略、业务合作委员会，从对口业务条线到分行之间合作不断加深；三是成立小企业金融部、发展规划中心、个人信贷中心，稽核部更名审计部，设立理财和同业业务中心；四是完善信贷风险管控机制，设立授信审批、放款审查和贷后管理中心；五是获准筹建枣庄分行、济宁分行，日照辖区及各分行新设及正在筹建 10 家支行。

三、转型发展稳步推进。

(一)向小微金融转型。一是建立潜力型小微企业主办银行制度，加大“3 天贷”营销力度；二是财政增信优惠贷比年初增加 6.21 亿元，余额 9.63 亿元；三是申请发行 20 亿元小微企业金融债券获银监会批准，截至年末，全行小微企业贷款余额 186 亿元，比年初增加 38 亿元；四是涉农贷款余额 88 亿元，比年初增加 14 亿元。

(二)向零售银行转型。一是发放个人消费贷款“阳光贷”余额 6.63 亿元，发放小额担保创业贷余额 2.09 亿元；二是开通理财 POS 机业务，开办代销基金业务，发行理财产品 212 只、82.94 亿元；三是开发微信银行、网银、手机银行，新增资金跨行自动归集、银企直联、手机银行客户端等功能，电子银行替代率提高到 83.07%；四是黄海卡发卡量猛增，新增 24.5 万张，总量达 68.4 万张。

(三)推进信贷结构转型。优化信贷资源配置，重点投向实体经济、中小微和个人客户，全行小微客户贷款占比由年初的 48%提高到 50.55%，实体经济客户贷款占比由年初的 50%提高到 60%，个人贷款占比由年初的 2.1%提高到 5.05%，“两高

日照银行主要统计指标 1

单位：亿元

项目 \ 年度	2010	2011	2012	2013	2014	2014 年同比增幅（%）
本外币资产总额	376.94	394.98	507.99	642.20	726.69	13.16
本外币存款余额	305.77	328.32	411.88	508.27	563.10	10.79
人民币存款余额	303.37	324.93	401.58	496.53	555.61	11.90
单位存款	251.00	266.02	318.95	382.61	414.77	8.41
储蓄存款	52.37	58.91	82.63	113.91	140.84	23.64
本外币贷款余额	181.26	225.86	281.05	313.48	367.21	17.14
人民币贷款余额	179.96	223.80	265.57	299.89	339.47	13.20
短期贷款	161.97	200.58	248.14	278.35	313.84	12.75
中长期贷款	17.99	23.22	17.43	21.54	25.63	18.99
票据融资	16.80	21.52	21.97	21.85	23.28	6.54
利润总额	6.22	10.64	13.30	14.51	14.50	-0.07
不良贷款余额	1.24	1.44	2.75	3.03	6.69	120.79
不良贷款占比（%）	0.68	0.64	0.98	0.97	1.82	87.63

日照银行主要统计指标 2

项目 \ 年度	2010	2011	2012	2013	2014	2014 年同比增幅（%）
单位结算账户（万户）	1.9	2.3	2.8	3.4	4.1	20.5
单位结算金额（亿元）	5840	7857	9940	13044	16435	26
个人结算账户（万户）	72.23	83.46	94.08	134.69	144.8	7.5
个人结算金额（亿元）	20.62	22.5	30.43	38.7	51.8	33.8
信用卡发卡量（万张）	0.0179	0.0786	0.158	0.495	0.83	67.68
信用卡消费额（亿元）	0.0498	0.1592	0.253	0.719	2.18	203.20
企业网银客户（万户）	0.17	0.38	0.67	1.11	1.74	56.76
个人网银客户（万户）	0.64	1.34	2.38	5.29	10.04	89.79
手机银行客户（万户）	0	0.62	1.16	1.63	6.03	269.94
电话银行客户（万户）	0	0.45	1.03	1.72	2.80	62.79
现金自助设备（台）	40	60	122	166	200	20.48
营业网点（个）	28	30	36	43	50	62.79
自助网点（个）	1	1	4	9	12	33.33
净利润（亿元）	4.82	8.10	9.91	11.43	11.61	1.57
上缴税金（亿元）	2.44	4.19	5.84	5.70	6.78	18.95

一剩”、房地产及建筑业贷款占比同比下降 2.22 个和 1.6 个百分点。

（四）推进营业网点转型。对 21 家支行实施服务与营销一体化导入、大堂经理培训和“神秘人”检查，支行产品宣传配置、厅堂服务礼仪和员工张口营销能力显著提升。

四、金融服务持续创新。一是创新开办结构化融资产品，成功办理 6 笔，共 9.2 亿元；二是加强与证券、信托、基金等非银机构同业合作，盘活存量信贷资产 94.16 亿元；三是优化债券资产结构，建仓高收益债券 111 亿元，全年金融市场交易额 6639 亿元，同比增加 1190 亿元；四是全年共完成二代支付、资金转移定价、客户关系管理、非现场审计等 63 个项目开发，信息科技水平及监管评级继续走在全省城商行前列。

（贾艳锋）

【德州银行】 2014 年，德州银行面对经济持续下行、外部竞争加剧、利率市场化趋势加快以及改革转型的多重压力，主动

德州银行主要统计指标 1

单位：亿元

项目 \ 年度	2010	2011	2012	2013	2014	2014 年同比增幅（%）
本外币资产总额	175.66	206.70	250.73	303.72	336.39	10.76
本外币存款余额	154.57	163.99	193.46	222.10	254.19	14.45
人民币存款余额	153.93	163.75	193.23	221.90	253.95	14.44
单位存款	96.44	102.65	116.37	123.06	122.72	-0.28
储蓄存款	58.13	61.34	77.09	99.04	131.47	32.74
本外币贷款余额	104.67	114.00	132.86	152.92	173.23	13.28
人民币贷款余额	103.62	112.93	132.60	151.33	171.63	13.41
短期贷款	88.41	93.55	101.58	105.99	114.81	8.32
中长期贷款	5.44	4.65	7.52	20.74	27.05	30.42
票据融资	10.82	15.80	23.76	26.19	31.37	19.78
利润总额	3.19	6.85	4.35	4.91	5.55	13.24
不良贷款余额	0.98	1.90	2.19	2.75	3.92	42.55
不良贷款占比（%）	0.94	1.66	1.65	1.80	2.25	25.56

德州银行主要统计指标 2

项目＼年度	2010	2011	2012	2013	2014	2014 年同比增幅（%）
单位结算账户（万户）	1.14	1.31	1.47	1.72	1.90	10.47
单位结算金额（亿元）	2717.18	3781.55	4190.84	5193.55	5182.93	-0.2
个人结算账户（万户）	35.03	38.51	51.75	68.86	84.15	22.2
个人结算金额（亿元）	928.72	1386.20	1411.12	1739.17	1726.05	-0.75
信用卡发卡量（万张）	0.05	0.06	0.18	0.24	0.31	29.17
信用卡消费额（亿元）	0.04	0.20	0.32	0.56	0.73	30.36
企业网银客户（万户）	0.19	0.31	0.43	0.63	0.82	30.16
个人网银客户（万户）	0.60	1.36	2.08	3.43	5.17	50.73
手机银行客户（万户）	1.60	2.45	2.79	3.08	5.24	70.13
电话银行客户（万户）	0.63	1.73	3.65	4.97	6.25	25.75
现金自助设备（台）	32	50	78	112	162	44.64
营业网点（个）	32	34	38	41	58	41.46
自助网点（个）	16	35	39	47	71	51.06

稳健发展。

一、风险防控多措并举，资产质量平稳向好。该行积极应对经济发展“三期叠加”和利率市场化改革、汇率形成机制改革、建立存款保险制度和完善市场化退出机制等“四改并行”的局面，严格贯彻执行风险防控责任制，强化对重点行业、区域、客户群的监控分析，在落实名单制管理的同时制定风险处置预案。通过现金清收、贷款核销等措施，加快处置不良资产，全年化解高风险担保圈贷款2460万元；联动管控信用风险、流动性风险、声誉风险和信息科技风险，有效遏制了不良贷款反弹的势头。

二、重点业务亮点频出。一是公司业务稳步发展，积极推进大客户营销，完善产品体系，先后研发了集团网银、银企直联等对公业务产品，有效增强了市场竞争力，截至年末，新增公司类贷款20.36亿元，较年初增幅为13.89%；二是零售业务异军突起，自主研发了自主贷、财富通、极速贷等特色个贷产品，在客户群体中形成良好口碑，并成为重要的利润增长点；三是金融市场业务多管齐下，截至年末，金融市场业务实现收入6.2亿元，同比增长25.35%；四是通过业务创新，做好电子银行渠道拓展工作，并通过“月月有活动，处处有亮点”的各种营销活动，提升品牌竞争力。

三、公司治理有效运行，战略管理高瞻远瞩。完成了董事会换届工作，引进优秀的专业人才补充董事队伍，并改进了履职评价制度，有效促进了董事会的履职效能。通过修订发展规划，重新诠释战略目标及市场定位，积极推进增资扩股及引进战略投资者工作，为该行持续满足资本需求、达到资本新规要求奠定基础。

四、服务水平切实提高，社会责任履行良好。一是围绕万家中小微企业金融支持行动计划、支持科技型创新企业，跟进全市重点项目建设，充分体现地方银行职能特点；二是继续推进金融服务向民生领域延伸，通过柜台、小微团队等专业化服务以及贴息贷等工具，增强金融服务广度和深度，提高便利性；三是积极开展小微服务宣传月、金融服务进社区等活动。

五、深化改革谋求突破，创新转型拓宽渠道。一是围绕“紧跟市场导向、贴近客户需求、降低管理成本、创造盈利单元”的目标，实行事业部制改革，增强了该行竞争能力和盈利能力；二是把县域同城支行打造成小微企业特色支行，进一步加大小微企业专营力度；三是改革中小企业授信审批机制，进一步强化了前台、中台、后台分离，优化细分了授信业务种类，提升了精细化和专业化水平，提高了效率，有效防控了风险。

（刘拥军）

【济宁银行】 2014年，济宁银行紧紧围绕“服务地方经济、服务中小企业、服务城市居民”的市场定位，积极实施差异化、特色化发展战略，不断优化信贷结构和机构网点布局，努力改进金融服务，各项业务持续稳健发展。

一、多渠道完善资本补充机制。一是科学制定2013—2018年资本补充规划，明确资本管理目标、资产调整方案、压力测试、资本补充措施等内容，通过精细化管理、资本约束，指导全行经营模式和服务模式逐步由传统粗放型向集约型转变；二是科学制定年度利润分配方案及利润留存比例，采取送股和现金分红相结合的利润分配方式，建立资本补充长效机制。截至年末，全行资本净额达35.1亿元，同比增加4.8亿元；资本充足率为14.4%，同比增加0.4个百分点；拨备覆盖率达237.6%，高于监管标准150%的要求。

二、机构建设持续推进。该行紧紧围绕“做精本土，跨区发展”的战略目标。一是在2013年4家异地分行开业的基础上，积极筹备临沂、日照2家分行开设，目前日照分行已获得筹建批复，临沂分行筹建工作正在有序进行；二是将社区支行和小

济宁银行主要统计指标 1

单位：亿元

项目＼年度	2010	2011	2012	2013	2014	2014 年同比增幅（%）
本外币资产总额	144.71	178.74	244.47	298.44	335.21	12.32
本外币存款余额	118.75	151.52	200.10	257.10	279.03	8.53
人民币存款余额	118.75	151.49	199.70	256.01	278.69	8.86
单位存款	83.06	105.00	131.95	150.39	126.93	-15.60
储蓄存款	35.44	46.10	66.02	104.37	150.76	44.45
本外币贷款余额	78.21	107.29	147.33	179.89	207.04	15.09
人民币贷款余额	78.21	107.29	145.98	176.80	206.84	16.99
短期贷款	51.60	82.57	118.04	145.20	159.01	9.51
中长期贷款	16.19	14.30	10.41	17.95	23.63	31.64
票据融资	10.39	10.39	17.49	13.20	21.16	60.30
利润总额	2.50	3.85	5.04	5.58	5.90	5.73
不良贷款余额	0.80	0.79	1.09	1.47	4.07	176.87
不良贷款占比（%）	1.02	0.74	0.74	0.82	1.97	140.24

济宁银行主要统计指标 2

项目＼年度	2010	2011	2012	2013	2014	2014 年同比增幅（%）
单位结算账户（万户）	0.79	1.05	1.46	2.00	3.19	59.5
单位结算金额（亿元）	36.00	49.80	51.50	63.18	60.24	-4.65
个人结算账户（万户）	8.94	13.40	30.30	51.76	89.40	72.72
个人结算金额（亿元）	10.40	18.30	30.50	53.45	81.23	51.97
信用卡发卡量（万张）	0	0	0	0	0	0
信用卡消费额（亿元）	0	0	0	0	0	0
企业网银客户（万户）	0.13	0.37	0.65	1.04	1.49	43.27
个人网银客户（万户）	1.18	5.44	10.65	16.27	21.22	30.42
手机银行客户（万户）	—	—	—	1.13	2.13	88.50
电话银行客户（万户）	—	—	—	3.09	6.47	109.39
现金自助设备（台）	16	54	80	129	164	27.13
营业网点（个）	25	27	32	39	42	7.69
自助网点（个）	16	24	30	50	50	0

微支行等服务网点作为机构建设的重点，实现经营触角向金融服务薄弱领域的延伸；三是儒商村镇银行新增 2 家营业网点。

三、加大对中小企业的信贷支持力度。该行始终把扶持中小企业发展作为市场拓展的“蓝海”。全年新增中小企业贷款 29.9 亿元，增长 18.6%，累计支持中小企业 1.3 万余户，中小企业贷款占该行各项贷款 92%以上，存贷比保持在 70%以上。一是依托机制和地缘优势，在风险可控的前提下，优先安排中小企业贷款投放，连续 5 年超额完成济宁市政府和监管部门要求的“小型微型企业贷款增速不低于全部贷款平均增速，增量高于上年同期水平”的目标；二是大力推广“小微信贷工厂”模式。截至年末，组建小微信贷团队 20 个，专职小微信贷人员 140 余名，累计支持小微企业、个体工商户 2.5 万户，发放贷款 31.4 亿元。

四、风险防控能力持续增强。一是成立“全面风险评估工作领导小组”，加强组织领导，稳妥有序地开展风险管理评估工作；二是通过严防影子银行风险、严格异地授信管理、加强信贷系统建设、启动法人客户内部信用等级评定等工作，积极防范信用风险；三是建立资金头寸预测和监测机制，有效防范流动性风险和操作风险；四是不断强化信贷队伍建设，实施严厉的贷款责任追究制度，确保各项业务的持续稳健发展。

五、科技服务水平进一步提升。该行紧紧围绕年初制定的信息科技建设规划，加快推进信息系统项目建设。一是完成新办公大楼数据中心建设；二是做好车站西路、火炬南路以及10余家县域支行网络升级改造工作；三是积极推进异地灾备中心建设，完成了信贷、票据等管理系统等15项重要信息系统项目的建设工作，有效提升对客户服务的综合能力。

六、完善人力资源管理体系。一是加大人才引进和培养力度，开展校园招聘，全年共招聘研究生、本科生90余人，其中研究生学历员工占比为44%；二是组织40余名支行级服务明星赴青岛大学参加“服务明星”专题培训班，提升金融服务水平；三是印发《工作人员首问责任制》和《部门服务考评办法》，践行“总行服务一线，一线服务客户”和“总行首问责任制”的服务理念；四是开展风险排查2次、廉政警示教育活动6次，对违规违纪行为保持高压态势，有效防范了风险和案件的发生；五是不断打造以客户为中心的企业文化，创造争先创优、快乐工作的氛围，激发员工的工作热情。

（郭晓娟）

【东营银行】　2014年，东营银行坚持“发展、特色、审慎、提升”的工作基调，开拓进取，务实创新，积极应对经济金融变化，继续保持了增速快、效益好、质量优的发展态势。全年荣获省市级荣誉称号23项，在2014年全省地方金融企业绩效评价中再

东营银行主要统计指标1

单位：亿元

项目＼年度	2010	2011	2012	2013	2014	2014年同比增幅（%）
本外币资产总额	218.38	257.54	307.50	389.55	461.54	18.48
本外币存款余额	188.17	219.60	266.31	326.03	388.74	19.23
人民币存款余额	186.88	218.77	265.29	324.88	387.87	19.39
单位存款	129.18	152.46	181.67	211.71	245.86	16.13
储蓄存款	57.70	66.31	83.62	113.17	142.01	25.48
本外币贷款余额	130.94	155.00	178.47	210.23	250.71	19.26
人民币贷款余额	129.31	152.29	174.86	207.64	246.34	18.64
短期贷款	106.35	134.14	154.55	183.92	213.88	16.29
中长期贷款	22.96	18.15	20.31	23.72	32.46	36.85
票据融资	14.46	24.07	16.19	15.85	13.99	-11.74
利润总额	4.29	5.76	7.25	7.62	8.67	13.78
不良贷款余额	0.87	0.87	0.91	1.02	2.18	113.73
不良贷款占比（%）	0.66	0.56	0.51	0.48	0.87	81.25

东营银行主要统计指标2

项目＼年度	2010	2011	2012	2013	2014	2014年同比增幅(%)
单位结算账户（万户）	0.86	1.01	1.34	1.54	1.96	27.27
单位结算金额（亿元）	78.36	94.68	116.09	121.76	127.7	4.88
个人结算账户（万户）	30.84	43.81	64.85	80.38	98.47	22.51
个人结算金额（亿元）	16.51	20.92	26.43	34.16	46.22	35.3
信用卡发卡量（万张）	0	0	0	0.25	0.52	108
信用卡消费额（亿元）	0	0	0	0.86	1.78	106.98
企业网银客户（万户）	0.13	0.34	0.5	0.71	1	40.85

续表

项目＼年度	2010	2011	2012	2013	2014	2014年同比增幅(%)
个人网银客户（万户）	1.11	3.35	5.4	8.64	12.49	44.56
手机银行客户（万户）	0	0.01	0.03	0.05	1.48	2860
电话银行客户（万户）	4.3	7.6	9.53	9.53	10.51	10.28
现金自助设备（台）	57	69	87	110	139	26.36
营业网点（个）	25	28	31	40	45	12.5
自助网点（个）	2	2	2	0	1	--

次获评AAA级优秀金融企业。

一、深入开展“小微企业服务年”活动。创建了“小马达”小微信贷品牌，开设了“小微企业大讲堂”和“小微金融论坛”，开通了小微金融公共微信平台，为小微企业提供贷款、培训、咨询、理财等全方位、综合性金融服务。截至年末，小微贷款余额136.33亿元，较年初增加26.98亿元，增长24.67%，占全部贷款比重为54.38%，被评为全省“小微企业金融服务先进单位”。

二、启动全面风险管理体系建设。开展风险管理专项评估工作，内容覆盖信用、市场、操作等风险13个方面，共发现问题89个，制定全面风险管理体系建设规划项目22个，按照打基础、建框架、逐步推进完善的思路，全面提升风险管理能力。

三、深入开展“营业网点规范化服务水平提升活动”。制定服务规范，加强服务培训，优化服务环境，实施延错时营业服务，引入神秘人服务访查机制，抓好服务督察落实；打造服务水平优、经营环境好、客户满意度高的营业网点，被银行业协会授予“文明规范服务十佳示范单位”称号。

四、逐步完善服务渠道体系。按照‘社区金融’、“普惠金融”的思路，强化服务渠道建设，上线手机银行、微信银行、网上积分商城，大力投入自助设备，全年新增设备32台，进一步拓展电子服务渠道，探索社区金融服务，全行二级网点达14家，实现实体网点与虚拟渠道协同融合发展。

（东营银行）

【莱商银行】　2014年，莱商银行多措并举提高综合营运能力，取得了良好业绩。截至年末，在山东13家城商行中资产规模列第7位，税后利润列第8位，不良贷款率列第3位，资本充足率、资产利润率均列第5位。

一、创新完善信贷服务机制，加大信贷支持力度。一是先后组织4次“银企座谈会”，为企业提供持续、稳固的信贷资金支持，对信用记录良好的企业实行贷款利率优惠，对主动履行担

莱商银行主要统计指标1

单位：亿元

项目＼年度	2010	2011	2012	2013	2014	2014年同比增幅（%）
本外币资产总额	249.43	331.62	400.02	464.49	516.23	11.14
本外币存款余额	194.86	201.81	279.33	311.8	365.47	17.21
人民币存款余额	194.41	201.51	277.78	311.37	363.42	16.72
单位存款	150.28	145.91	211.37	233.23	157.83	-32.33
储蓄存款	44.13	55.6	66.41	78.14	103.84	32.89
本外币贷款余额	111.18	127.55	151.87	194.82	265.08	36.06
人民币贷款余额	110.06	125.7	148.9	190.23	252.94	32.97
短期贷款	99.74	117.26	142.7	185.78	221.96	19.47
中长期贷款	10.32	8.44	6.2	4.45	10.74	141.35
票据融资	15.7	15.67	32.51	21.51	20.52	-4.60
利润总额	6.18	7.31	8.11	6.52	7.26	11.35
不良贷款余额	0.88	0.82	0.92	3.1	4.43	42.90
不良贷款占比（%）	0.69	0.57	0.5	1.43	1.67	16.78

莱商银行主要统计指标 2

项目＼年度	2010	2011	2012	2013	2014	2014年同比增幅（%）
单位结算账户（万户）	1.61	1.96	2.62	2.62	3.06	16.8
单位结算金额（亿元）	6202.89	7448.50	8529.33	10854.52	12721.52	17.2
个人结算账户（万户）	48.79	61.39	78.87	100.14	118.27	18
个人结算金额（亿元）	913.72	1092.80	1289.68	1480.83	2486.61	67.88
信用卡发卡量（万张）	0.0750	0.1118	0.1259	0.1385	0.2534	82.9
信用卡消费额（亿元）	0.0419	0.2408	0.2388	0.3037	0.3742	23.2
企业网银客户（万户）	0.15	0.30	0.48	0.74	1.06	43.24
个人网银客户（万户）	0.54	0.76	1.07	1.89	6.41	239.2
手机银行客户（万户）	0	0	0.5165	0.6851	3.20	370.5
电话银行客户（万户）	0	0	0	0	0	0
现金自助设备（台）	45	55	77	106	143	34.9
营业网点（个）	33	36	44	53	61	15.1
自助网点（个）	1	1	1	1	1	0

保代偿责任的企业继续实行优惠利率；二是稳步推行主办行制度和信用贷款业务，截至年末，共向101户信用贷款客户授信42.3亿元，累计发放信用贷款64.18亿元，签发银行承兑汇票41.3亿元，未发现一笔不良，人民银行济南分行要求各金融机构参照该行做法探索实施主办行制度。

二、着力完善小微企业服务机制，加大信贷扶持力度。一是完善小微业务流程，在公司银行部下设小微企业金融服务中心，各营业网点设立了小微信贷专柜，修订完善小微信贷操作规程；二是丰富小微信贷产品种类，包装推出了“易捷贷”、“积分贷”和“贴息贷”3种产品，从提高审批效率、根据业务积分折减贷款利率、财政专项贴息优惠等方面为企业提供差异化的信贷服务，截至年末，小微企业贷款余额141.77亿元，同比增加24.58亿元，小微企业贷款增速达20.97%，高于全部贷款增速0.12个百分点。

三、试点网点转型工作，提高客户服务水平。积极在业务结构优化、产品种类丰富、网点服务升级、拓展策略等方面实行调整和优化，推动营业网点从“业务结算型”向“服务营销型”的转变。

四、加快机构拓展步伐，增强总部经济效应。年内徐州沛县支行、济南历城支行等6个网点先后开业，新设县域支行占新设综合支行的50%，同时日照分行获得监管部门批复，莱芜辖内3家“两小”支行已向监管部门报送筹建报告；截至年末，异地分支机构存款总额达202.1亿元，占全行存款总额的55.3%，贷款总额达142.2亿元，占全行总量的53.7%。

五、紧跟市场创新产品，打造“金风理财”品牌。主动营销、细分服务市场，引导理财业务健康持续快速发展。截至年末，共发行理财产品159期，募集资金73.6亿元，同比多发44.6亿元，实现理财产品账面利润1165万元。一是坚持产品创新，丰富服务手段，先后推出妇女节、青年节、母亲节共11期节日专属特色理财产品；二是坚持营销创新，在电子屏宣传模板、柜面、网站、短信、电视宣传的基础上，新增广播、报纸等覆盖面较广的宣传媒介，进一步提高了营销效果。

（莱商银行）

【枣庄银行】 2014年，枣庄银行践行“服务下沉、服务渗透、服务覆盖”的理念，在业务创新、营销转型、风控管理、队伍建设、服务提升等方面取得显著成效。

一、发展指标稳步增长，综合实力不断增强。截至年末，储蓄存款增幅在全省13家城商行中排名第2位；资产利润率1.36%，排名第6位；资本利润率为18.88%，排名第2位；累计缴纳各项税金1.27亿元，实现历史最好水平。

二、转变经营管理理念。一是围绕服务地方、服务民生、服务中小、服务高端的市场定位，进一步推动经营理念和管理理念的转型；二是将差异化定位、特色化经营、精细化管理等现代经营管理理念融入日常管理工作，加快业务创新，实现盈利模式多元化。

三、深化网点营销转型。年初，山亭支行、峄城支行相继开业，实现了枣庄区域网点全覆盖。七彩阳光城社区支行、市南工业园小微支行、滕州善国支行的开业是大力推进普惠金融、实现转型发展的又一大举措。济宁分行的筹建工作也已基本完成。

该行先后聘请专业公司对支行进行网点营销转型培训，同时举办社区银行系列讲座，有效拓展了营销新模式、新方法，促进了各项业务的快速增长。截至年末，幸福卡发卡达13万张，较年初增加8万张；网银交易额突破240亿元，较年初增加近170亿元。

四、注重工作创新。一是在机制创新方面，加大人力资源改革力度，出台员工福利计划，完善绩效考核办法，实施公车改

枣庄银行主要统计指标 1

单位：亿元

项目 \ 年度	2010	2011	2012	2013	2014	2014 年同比增幅（%）
本外币资产总额	65.37	73.22	99.2	124.15	137.45	10.71
本外币存款余额	58.56	65.09	90.49	112.03	120.05	7.16
人民币存款余额	58.56	65.09	90.49	112.03	120.05	7.16
单位存款	41.12	45.74	63.15	74.33	73.03	-1.75
储蓄存款	17.25	19.3	27.2	37.56	47.02	25.19
本外币贷款余额	34.01	40.76	60	72.21	77.86	7.82
人民币贷款余额	34.01	40.76	60	72.21	77.86	7.82
短期贷款	30.28	33.99	40.46	56.2	60.11	6.96
中长期贷款	2.52	1.53	1.85	1.81	5.4	198.34
票据融资	1.21	5.22	17.68	14.2	12.35	-13.03
利润总额	1.28	1.57	1.46	1.87	2.37	26.74
不良贷款余额	0.41	0.69	1.06	1.72	2.18	26.74
不良贷款占比（%）	1.21	1.7	1.76	2.38	2.8	17.65

枣庄银行主要统计指标 2

项目 \ 年度	2010	2011	2012	2013	2014	2014 年同比增幅（%）
单位结算账户（万户）		0.27	0.3	0.38	0.48	26.3
单位结算金额（亿元）	30.71	28.82	40.99	45.74	33.74	-26.2
个人结算账户（万户）		8.84	9.65	11.95	20.47	71.3
个人结算金额（亿元）	0.94	3.07	4.3	5.72	7.53	31.6
信用卡发卡量（万张）	—	—	—	—	—	—
信用卡消费额（亿元）	—	—	—	—	—	—
企业网银客户（万户）	—	—	—	0.09	0.15	—
个人网银客户（万户）	—	—	—	1.13	3.20	—
手机银行客户（万户）	—	—	—	0	0.75	—
电话银行客户（万户）	—	—	—	0	0	—
现金自助设备（台）	—	—	—	19	58	—
营业网点（个）	14	15	16	18	22	—
自助网点（个）	—	—	—	11	15	—

革，减少了管理成本；二是在业务创新上，开办土地使用权封闭贷款、专利权质押贷款，依托幸福卡推出即时贷，开展了银行间货币债券市场业务；三是在风险管控方面，建立案防飞行检查制度，确保了全年安全无事故；四是在科技创新上，自主完成了征信管理系统的升级工作，改变了过去单纯依靠第三方的传统模式。

五、加强风险管理。一是围绕"责任规范保安全、实干创新促发展"的管理理念，启动全面风险管理体系建设项目；二是制定并实施了《关于开展存款风险滚动式检查的实施方案》，形成了《检查汇总报告》。

六、大力支持实体经济。一是严守风险管控底线，科学服务实体经济，坚持以扩大存款规模、支持小微企业发展为宗旨，不断提高与中小企业金融需求特点相匹配的服务能力；二是加大新产品开发推广力度，推出票据置换"商易银"和"产销旺"供应链信贷产品，拓宽"文化金融"、"科技金融"、"绿色金融"、"惠农金融"等多个金融品牌；三是积极探索解决小微企业融资成本高的问题，通过创新金融服务措施、服务渠道，助力小微企业转型升级。

(张晨子)

【泰安市商业银行】 2014 年，泰安市商业银行不断加大营销力度，推进产品创新，取得了较为良好的经营成果。

一、各项经营数据完成情况良好，盈利能力有了明显提高。截至年末，泰安市商业银行负债总额为 324.53 亿元，较年初增加 65.52 亿元，增幅为 25.3%。实现拨备前利润 5.29 亿元，同比增加 1.28 亿元，增长 31.92%；全年纳税 2.23 亿元，同比增长 30%。各项经营指标完成情况良好，但在不良贷款、盈利方面仍需改善。

二、增资扩股顺利完成，监管评级取得突破。在经营管理、风险控制、企业形象和企业文化等一系列方面取得了突破性的变化。

三、推进组织架构调整，谋求战略发展转型。一是强化经营层专业委员会职能，新设置了 3 个委员会；二是总行部室进行了调整，构建公司、零售和金融市场 3 个一级业务部室，使职能部室逐步转变为利润中心，并对部室中层管理人员和工作人员进行全员竞聘选拔；三是对各支行实行分类管理，二级支行重点转向零售银行发展。

四、开展零售业务创新，小微服务能力进一步提高。一是市民一卡通相关工作持续推进，现阶段已经与市公交公司正式签订业务合作协议，同时成功中标泰山职业技术学院校园卡项目，成为该学院未来 6 年内校园卡合作项目的唯一银行机构；二是泰山公务卡完成了各项测试，顺利通过了监管部门的审批，于 9 月中旬正式上线；三是与泰山区组织部进行沟通，开展泰山区辖内社区服务中心自助交费业务合作，并在花园、后七里两个社区开展自助交费试点推广；四是推出了个人商业用房按揭贷款；五是强化小微企业金融服务能力，为泰安市孵化基地、泰山酒业集团、泰安代理商协会、蒙牛 FM 项目、新时代商厦代理商等批量客户量身定制金融产品和服务方案，同时与泰康、太平等人保公司开展“借意险”业务进入合同签订与出单系统上线工作。

五、开展全面风险管理体系建设，不良贷款消化情况良好。一是加强信贷管理，优化信贷结构，严把贷款审查关口，并对潜在风险较大的行业执行限额管理，下发了《2014 年授信政策指引》；二是积极开展不良资产清收保全工作，采取债权转让、化解、经侦立案等方式，压降不良资产 90 余笔，同时积极运用法律武器，与法院、经侦支队等司法机关密切配合，多起重点案件取得实质性进展。

(张志鹏)

泰安市商业银行主要统计指标

单位：亿元

项目 \ 年度	2010	2011	2012	2013	2014	2014 年同比增幅（%）
本外币资产总额	192.39	215.19	244.67	276.93	345.62	24.8
本外币存款余额	144.36	146.58	188.87	232.26	275.93	18.8
人民币存款余额	144.36	146.58	188.87	232.26	275.93	18.8
单位存款	59.62	71.92	86.14	101.71	117.14	15.17
储蓄存款	58.03	68.67	93.77	121.57	133.39	9.41
本外币贷款余额	84.62	96.18	108.88	126.58	141.34	11.66
人民币贷款余额	84.62	96.18	108.88	126.58	141.34	11.66
短期贷款	56.45	69.42	82.58	105.02	112.46	7.08
中长期贷款	13.77	11.92	5.68	10.59	22.84	115.68
票据融资	14.4	14.84	20.53	10.84	5.93	-45.30
利润总额	2.10	2.81	2.63	2.54	3.06	20.47
不良贷款余额	0.97	1.90	1.95	3.5	3.6	2.18
不良贷款占比（%）	1.14	1.98	1.80	2.76	2.52	-0.24

三、农村合作银行

【山东临沂兰山农村合作银行】 2014年，山东临沂兰山农村合作银行积极深化改革，强化经营管理和风险管控，着力提升金融服务水平，各项业务稳步健康发展。

一、经营管理。一是加快流程银行建设步伐。组建了营销、调查、审查审批、放贷和贷后管理中心，优化了信贷流程，初步实现了让专业的人干专业的事，提升了信贷营销能力、精细管理水平和风险管控能力；二是加强与临沂东忠科技有限公司的沟通、协调与合作，联合发行泰山·电商联名卡，探索与电商跨界合作，以便民缴费、网购为切入点，提供特色金融服务，增加客户黏性。三是优化客户经理及柜员考核办法，制定分理处负责人考核办法，将员工收入与业绩挂钩，充分体现责、权、利对等的原则。四是加快网点转型步伐，增强网点功能和服务水平。全年整体装修13处网点，搬迁9处网点，改造15处网点自助服务区，更换9处网点户外标识，社会形象明显提升。

山东临沂兰山农村合作银行主要统计指标1

单位：亿元

项目 \ 年度	2010	2011	2012	2013	2014	2014年同比增幅（%）
本外币资产总额	155.82	163.37	197.6	227.16	246.46	8.5
本外币存款余额	140.53	141.98	164.14	192.89	201.13	4.27
人民币存款余额	140.53	141.98	164.05	192.75	201.06	4.31
单位存款	22.76	23.42	30.17	42.28	43.19	2.15
储蓄存款	110.43	111.81	126.48	141.48	146.8	3.76
本外币贷款余额	103.35	113.21	122.79	138	148.65	7.72
人民币贷款余额	103.32	113.13	122.34	137.5	147.59	7.34
短期贷款	86.23	97.49	96.45	106.94	106.97	0.03
中长期贷款	13.52	11.49	14.43	19.51	23.89	22.45
票据融资	3.56	3.83	11.44	10.48	15.87	51.43
利润总额	2.33	2.29	2.1	2.6	4.08	56.93
不良贷款余额	2.68	2.67	4.55	3.56	3.44	-3.37
不良贷款占比（%）	2.59	2.36	3.70	2.58	2.31	-10.47

山东临沂兰山农村合作银行主要统计指标2

项目 \ 年度	2010	2011	2012	2013	2014	2014年同比增幅（%）
单位结算账户（万户）	0.59	0.79	1.07	1.22	1.33	9.02
单位结算金额（亿元）	1231.64	1340.86	1544.92	2164.84	2721.56	25.72
个人结算账户（万户）	150.8	163.56	176.52	190.97	211.86	10.94
个人结算金额（亿元）	3958.79	4622.06	4753.24	5351.04	5804.96	8.48
信用卡发卡量（万张）	0	0	0	0	0	0
信用卡消费额（亿元）	0	0	0	0	0	0
企业网银客户（万户）	0	0.04	0.13	0.2	0.24	20.00
个人网银客户（万户）	0	1.36	5.44	7.83	9.19	17.37

续表

项目＼年度	2010	2011	2012	2013	2014	2014年同比增幅（%）
手机银行客户（万户）	0	0.55	3.11	4.19	6.19	47.73
电话银行客户（万户）	14.22	15.72	17.52	19.57	23.47	19.93
现金自助设备（台）	80	100	140	204	272	33.33
营业网点（个）	92	92	92	88	88	0
自助网点（个）	7	9	10	15	25	66.67

二、业务发展。一是通过扩大业务规模增加收入、严控成本和费用支出、优化信贷资产结构、强化贷款质量管理、大力清收盘活和营运存量资产、加强新业务拓展等措施，实现了经营效益的新突破；二是电子银行、资金营运、国际业务快速发展，实现了多元发展、多元经营；三是推行产业链贷款，大力推广福农卡小额贷款，不断丰富信贷产品，满足客户金融需求；四是加强与山东高速信联公司合作，充分借助物流服务电商平台“满易网”，开展金融业务合作；五是加大不良贷款清收处置力度，扎实开展依法打击骗贷行为活动，加大重大案件的推进，关注支行风险化解工作，多措并举，资产质量显著提升。

三、信贷管理。一是全面推广应用小微贷调查报告模板和交叉检验技术，提升风险前口防范能力；二是对信贷业务手续进行了适度简化，提高了办贷效率，对信贷系统录入工作实行外包，减轻客户经理工作压力；三是通过制定实施网格化营销方案、有效划分网格区域、加强督导和验收力度、强力推进福农卡等措施，深入市场、商场、村居、社区开展零售业务营销；四是牢固树立客户关系营销理念，充分调动各方面力量加大优质客户公关、条线公关，加大客户的维护和管理力度，不断巩固拓展优质客户群体。

四、风险管控。一是扎实开展各条线风险排查活动，加强对信贷、财务会计、信息科技等重要业务、重要环节的日常检查辅导，增强全员合规经营意识；二是加强对业务经营中突出性、普遍性和多发性问题的审计监督，深化审计成果应用；三是加大安全项目常规检查力度，强化安防意识教育主题活动和案件防控测试，强化员工的安全意识；四是加强党风廉政建设，完善监督方式和管理机制，及时查处违规违纪违章行为，实现安全经营。

五、金融文化。一是扎实开展党的群众路线教育实践活动，切实转变作风，进一步营造了团结实干、廉洁从业的氛围；二是举办信贷业务知识竞赛、演讲比赛、柜员业务能力提升比赛等丰富多彩的活动，丰富员工业余文化生活；三是强化营业网点文明规范化服务，增强员工规范服务和用心服务的意识，网点服务水平和社会形象持续提升。

（姜良强）

【山东圣泰农村合作银行】 2014 年，山东圣泰农村合作银行坚持“稳健经营，稳步发展”的经营理念，紧紧围绕“调结构、保质量、转机制、重发展”的经营主线，细化措施、真抓实干，各项经营指标基本稳定。

一、狠抓信贷精细管理。一是在有效盘活存量资金的基础上，严格按照年初制定的“一手抓联盟建设，一手抓抵（质）押贷款”的营销策略，切实用好、用活增量贷款，年末有贷款余额客户 2030 户，同比增加 42 户；二是健全完善到期贷款清收反馈、差别化清收处置、责任追究等机制，明确部门分工，细化考核措施；三是为加强对客户经理的系统管理和教育培养，建立客户经理月度例会制度，组织全行客户经理及相关人员，进行法律法规、财务分析、贷款营销等相关知识的培训，全年累计培训 1500 人次。

二、营销工作实现新突破。一是试点推广“泰山如意贵宾卡”的使用，进一步细分客户，加大对高净值客户的营销力度，年末存量有效卡 17.57 万张，同比增加 1.91 万张，银行卡存款余额 7.64 亿元，同比增加 1.11 亿元；二是电子银行业务快速发展，年末电子银行客户数（含电话银行）达 5.02 万户，同比增加 1.96 万户，全年通过电子银行渠道办理业务 47.88 万笔，金额 365.77 亿元，电子银行业务替代率达 75.66%；三是中间业务稳步增长，全年累计实现存放同业业务收入 2601 万元，实现票据贴现、转贴现利息收入 1950 万元，实现债券投资利息收入 527 万元。

三、内部管理再上新台阶。一是加强对重点岗位和重点人员的行为排查，组织员工签订“拒绝民间融资、非法集资、民间借贷”承诺书；二是全面提升人防意识，及时更新物防设施，升级技防设施，加强消防知识培训；三是两次组织中层以上人员、客户经理 220 余人次分别到邹城、任城等监狱进行预防职务犯罪警示教育活动，提高干部职工防腐拒变意识；四是强化内部审计工作，提高对重点岗位、易发风险点的审计强度。全年共开展审计项目 34 个，发现问题 1378 个，下发风险提示 27 份、整改通知书 40 份；追究责任人 404 人，其中经济处罚 101 人次，金额 4.6 万元，通报批评 386 人次。

四、公司治理持续优化。一是在原有两个公司业务部的基础上，新成立三个公司业务部，并将公司业务部挂靠在支行，实行捆绑考核，激发其客户经理的营销积极性；二是为加强货币市场业务，从市场拓展部中分离出货币市场业务，成立了金融

山东圣泰农村合作银行主要统计指标 1

单位：亿元

项目 \ 年度	2010	2011	2012	2013	2014	2014 年同比增幅（%）
本外币资产总额	45.01	47.30	55.84	66.10	63.15	-4.46
本外币存款余额	40.59	42.27	50.48	59.81	53.17	-11.10
人民币存款余额	40.59	42.27	50.48	59.81	53.17	-11.10
单位存款	17.63	18.71	22.76	28.93	20.01	-30.83
储蓄存款	21.95	23.42	27.52	29.52	31.27	5.93
本外币贷款余额	29.72	30.89	37.02	43.21	40.59	-6.06
人民币贷款余额	29.72	30.89	37.02	43.21	40.59	-6.06
短期贷款	21.19	24.45	28.86	37.77	33.30	-11.83
中长期贷款	6.56	5.05	5.92	4.42	6.86	55.20
票据融资	1.97	1.40	2.24	1.02	0.19	-81.37
利润总额	0.57	0.40	0.66	0.88	0.96	9.09
不良贷款余额	1.54	2.25	1.78	1.07	1.41	31.78
不良贷款占比（%）	5.18	7.28	4.81	2.48	3.47	39.92

山东圣泰农村合作银行主要统计指标 2

项目 \ 年度	2010	2011	2012	2013	2014	2014 年同比增幅（%）
单位结算账户（万户）	0.78	0.74	0.97	0.79	1.11	40.51
单位结算金额（亿元）	955	1001	923	1038	1000	-3.66
个人结算账户（万户）	32.12	33.22	36.25	36.51	44.63	22.24
个人结算金额（亿元）	487.22	498.22	488.87	498.22	587.62	17.94
信用卡发卡量（万张）	8.11	10.25	15.08	19.17	23.41	22.12
信用卡消费额（亿元）	5.38	18.29	9.6	17.9	20.25	13.13
企业网银客户（万户）	--	0.04	0.12	0.20	0.23	15
个人网银客户（万户）	--	0.19	1.05	1.68	2.71	61.31
手机银行客户（万户）	--	0.10	0.41	0.53	1.15	116.98
电话银行客户（万户）	--	--	--	0.5	0.7	40
现金自助设备（台）	21	24	37	48	51	6.25
营业网点（个）	27	27	27	27	27	0
自助网点（个）	2	2	2	4	4	0

市场部；三是为实现向社区银行、零售银行的转型，新成立个贷审查审批中心，负责个人小额贷款的审查审批，以适应城区市场的客户需要。

五、不良贷款前清后增趋势明显。2014 年，该行坚持自主清收、依法清收、市场化处置相结合的思路，开展依法打击骗贷活动及不良贷款清收竞赛活动，全行清收压降效果明显。但受辖内经济形势及担保圈风险的影响，新形成的不良贷款较多，大幅度吞噬不良清收的成果。全年累计清收处置五级不良贷款 10754 万元，表外不良贷款本息 144.25 万元，核销不良贷款 43 笔，金额 6018 万元（含市场化处置损失 2382.3 万元）；新增五级不良贷款 37 笔，金额 1.16 亿元。

六、金融文化建设扎实有效。一是举办“质量效率提升年”

青年员工演讲比赛等活动，激发员工活力，提升工作效率和服务水平；二是选择规范的餐饮企业统一为午间临柜人员、大堂经理、保安配送午餐。改造单身宿舍，妥善解决网点午间值班人员就餐不便和青年员工居住不便的问题，增强员工归属感；三是定期开展重阳节老同志畅谈会，青年节青年员工座谈会、三八节女职工座谈会，搭建与员工的沟通桥梁。

（郭晓娟）

四、外资银行

新韩银行(中国)有限公司青岛分行

【第一负责人简介】 姜成逸，男，1964 年 3 月 4 日生于韩国，本科学历。1990 年 3 月入职于新韩银行，2009 年 12 月至 2011 年 1 月任新韩银行 IB 事业部副部长（企业业务），2011 年 1 月至 2013 年 1 月任始兴南金融中心副行长（企业业务），2013 年 1 月至 2014 年 1 月任昌源金融中心行长（企业业务），2014 年 1 月起任新韩银行（中国）有限公司青岛分行行长。

【综述】 新韩银行(中国)有限公司青岛分行(简称:新韩银行青岛分行)成立于 2005 年 10 月 25 日，青岛城阳支行成立于 2008 年 9 月 1 日。

【经营管理】 2014 年，新韩银行青岛分行(含支行)资产总额 27.85 亿元，各项存款额 27.85 亿元，同比增长 19.94%。各项贷款额 27.28 亿元(含贴现)，纯损益 5312 万元。该行主要业务范围除对公对私全面本外币业务以外，已陆续开展特色业务。主要业务条线(产品线)包括零售银行业务(借记卡业务、电话银行和短信服务、网上银行业务、代理保险业务)、公司银行业务(存款业务、贷款业务、外汇业务)；各条线新产品包括母子账户方式通知存款、“韩币汇款直通车”业务、单位结算卡业务和与新韩银行韩国母行合作即将推出一系列支援企业对韩“走出去”的有针对性的服务，其中最具代表性的产品如“韩投易”、“韩户通”等产品。

【大事记】 12 月 根据《中国人民银行关于印发 < 金融机构洗钱和恐怖融资风险评估及客户分类管理指引 > 的通知》(银发[2013]2 号)，开发了客户洗钱风险及分类系统。

（宋 柏）

汇丰银行(中国)有限公司济南分行

【第一负责人简介】 薛洁，2011 年 11 月起，历任汇丰银行(中国)有限公司济南分行工商业务部副总监、副行长；2015 年 1 月，任该行行长(拟任)。

【综述】 2014 年，汇丰银行(中国)有限公司(简称:汇丰中国)作为外资法人银行于 2007 年 4 月 2 日正式开业，总行设于上海，由设于香港特别行政区的香港上海汇丰银行有限公司全资拥有。汇丰中国现有超过 170 个网点，是中国内地网点最多、地域覆盖最广的外资银行。

汇丰银行(中国)有限公司济南分行(简称:汇丰银行济南分行)是进驻济南的首家外资银行，于 2009 年 7 月 21 日正式开业，业务区域覆盖济南及周边地区，向中外资企业和个人客户提供全面的本外币银行服务。

【经营管理】 2014 年，汇丰银行济南分行业务持续健康发展。作为第一家济南地区的外资银行，在产品与服务方面丰富和活跃了当地的金融市场，助力企业“走出去”，积极推进各项新业务的开展。同时，注重风险控制。截至年末，无不良贷款。

【大事记】 3 月 汇丰中国行政副总裁何舜华到济南分行视察工作，拜访监管机构领导，并参加了分行的“年度联谊会”。

7 月 山东省金融办主任李永健等到汇丰银行济南分行视察工作。

9 月 汇丰银行济南分行携手济南市基爱社会工作服务

中心，以“活力老年，快乐重阳”为主题，共同启动了“2014 汇丰社区志愿者计划”活动。

10 月 汇丰中国副行长兼工商金融总监赵民忠到济南分行视察工作。

（张婷婷）

汇丰银行（中国）有限公司青岛分行

【第一负责人简介】 张芳，女，1974 年 10 月生，毕业于山东经济学院，现山东大学 EMBA 在读。1995 年起历任汇丰银行青岛分行贸易服务部主任、企业银行部经理、青岛经济技术开发区支行行长，2009 年任汇丰银行济南分行行长；2013 年 1 月任汇丰银行青岛分行行长。

【综述】 汇丰银行于 1992 年 1 月在青岛设立代表处，1993 年 2 月升格为分行。2007 年 4 月，作为首批转制的外资银行之一，汇丰中国挂牌成立。随后，汇丰银行（中国）有限公司青岛分行（简称：汇丰银行青岛分行）于 2007 年 4 月取得了对本地居民提供人民币零售业务的资格，至此，全面开展外汇业务和人民币业务。

【经营管理】 2014 年，汇丰银行青岛分行经营稳健，各项业务指标均实现平稳增长，资产信贷质量良好，无不良贷款，盈利能力进一步增强。继续推行开源节流的措施，有效地控制了业务管理费用的增长。积极推进各项新业务的开展，其中包括发行金融 IC 卡；对企业客户推出涵盖多个不同类型的人民币期权组合，协助企业更加有效地对冲外汇敞口；继续借助海外中国事业部，依托集团广泛的全球网络，助力企业海外融、投资，为切实推进支持企业走出去的国家战略贡献力量。

【大事记】 4 月 汇丰银行青岛分行被人民银行青岛中心支行授予“2013 年度金融稳定工作先进单位”。

汇丰银行青岛分行被人民银行青岛中心支行授予“2013 年度金融机构综合评价 A 级机构”。

5 月 汇丰青岛分行被人民银行青岛市中心支行授予“青岛市 2013 年反洗钱自律考核评价 A 级单位”，是 A 级单位中唯一的外资银行。

（张 芳）

东亚银行（中国）有限公司青岛分行

【第一负责人简介】 周范，上海交通大学理学硕士。从事经济工作 24 年，其中在内地担任高级管理人员 14 年，曾任东亚银行（中国）有限公司珠海分行行长 4 年；现任东亚银行（中国）有限公司青岛分行行长。

【综述】 东亚银行（中国）有限公司是设在内地的外资法人银行，总部在上海，目前在内地 42 个城市设立 128 个网点，包括 29 家分行、98 家支行。

2014 年，东亚银行（中国）有限公司青岛分行（简称：东亚银行青岛分行）在做好风险控制的前提下，积极寻求新的业务增长点，持续提升盈利能力。一是依托东亚银行海外成熟的业务平台和跨境人民币业务政策的进一步开放，重点发展跨境金融服务，紧密围绕设定的重点行业、产品和客户积极推进供应链金融业务；二是全面扩大有效客户群体，根据客户群的不同需求，为个人客户提供跨地域的金融服务产品及服务。

【经营管理】 2014 年，东亚银行青岛分行在保持传统优势的同时，加快提高资本耗用低的中间业务占比，加快创新，拓宽收入来源，继续加强预算管理，严格成本控制。

一、支持地方经济发展。一是保障重点在建续建项目资金需求，促进投资合理增长；二是加大小微企业金融支持力度；三是进一步优化信贷投向，支持构筑新型产业体系；四是认真落实差别化住房信贷政策，进一步加大民生金融服务；五是扩大人民币跨境业务，促进贸易和投资便利化；六是提高风险识别和防范水平，维护区域金融稳定。

二、加大金融改革创新。一是大力拓展供应链与中小企业产品、跨境金融产品、新金融产品，试点票据中心；二是学习中资银行在净息差收窄而利息收入增速高于贷款规模增速、资产负债结构中同业资产占比高、除存贷款业务外的高收益业务方面的先进经验，并结合自身特点，进行改革创新。

三、加强业务管理，提升综合盈利能力。一是继续优化调整资产负债结构，拓展中间业务，扩大收入来源；二是通过判断利率走势，使资金业务利润最大化；三是积极拓展同业资金存放业务；四是以双货币理财产品、本外币利率掉期以及本币欧式期权等新产品，进一步推动资金产品销售业务。

【内部管理与金融文化建设】　2014 年，东亚银行青岛分行切实加强内部管理和风险管理，培育风险与合规文化。一是开展自查，包括对房地产、铜、钢铁、煤炭、石油等行业，涉及零售贷款、不良贷款、票据等业务；二是密切监控房地产贷款集中度，选取优质的企业客户开拓非房产类的贷款业务；三是成立专门领导小组，加强逾期贷款的催收力度；四是针对不良率凸显的个贷业务进行了梳理与调整；五是加强日常业务的复核和审批；六是推动合规文化建设，全年无重大合规问责事项发生；七是定期进行员工异常行为排查；八是通过员工关爱平台，为员工提供福利、健康、生活等服务；九是通过人才培养计划，选拔不同层级的优秀员工参加系统培训，增强凝聚力和员工的归属感。

【大事记】　4 月　东亚银行青岛分行成功营销小额贷款公司存款，受到总行通报表扬。

青岛银监局分别核准王姿人、王骏东亚银行青岛香港中路支行、秦岭路支行行长任职资格。

7 月　青岛银监局核准李子辉东亚银行青岛分行副行长任职资格。

8 月　东亚银行企业跨境金融峰会青岛站成功举办。

9 月　东亚银行公益基金和青岛分行爱心客户捐建的“萤火虫乐园”在日照市东港区南湖镇中心小学落成。

（徐文斌）

渣打银行（中国）有限公司青岛分行

【第一负责人简介】陈国华，毕业于首都经济贸易大学，硕士，拥有 19 年银行经验。2009 年 5 月 20 日加入渣打银行；现任渣打银行（中国）有限公司青岛分行行长。

【综述】　渣打集团在全球市场上经营 150 多年，拥有员工 8.6 万多名。该行自 1858 年在中国上海开设首家分行以来，目前在中国拥有 27 家分行、78 家支行和 1 家村镇银行，营业网点 106 家。

【经营管理】　2014 年，渣打银行（中国）有限公司青岛分行（简称：渣打银行青岛分行）秉承致力于成为个人客户和企业客户的首选银行和合作伙伴的经营理念，在建立良好的客户拓展、团队建设基础上，各项业务取得了健康快速增长，经营情况呈现业务结构的优化、存款较快增长、盈利同比提高三个特点。一是注重新兴业务品种开发，为当地企业发展海外业务提供创新金融解决方案；二是对中小企业加大扶持力度，提供银行多样化产品的配套销售，大力推广中小企业无抵押贷款等新产品；三是个人银行继续通过“优先理财”品牌为本地客户提供全面高效而且个性化的理财产品。

【大事记】　4 月 1 日起　渣打集团两大主营业务——企业银行及个人银行业务合二为一。

6 月　渣打银行青岛分行正式向境内消费者推出个人信用卡业务。

（于　涛）

企业银行(中国)有限公司青岛分行

【第一负责人简介】 梁锺必，男，1961 年 10 月生，毕业于韩国明知大学。1980 年进入韩国中小企业银行，2007 年来到中国，担任企业银行苏州分行行长；2013 年初任青岛分行行长。

【综述】 企业银行（中国）有限公司青岛分行（简称：企业银行青岛分行）前身是韩国中小企业银行青岛分行，成立于 2003 年 7 月 15 日，是中国加入世贸组织后第一家落户青岛的外资银行，也是青岛第一家韩国独资银行。2009 年 6 月 22 日转制为外商独资银行分支机构。2010 年 1 月 15 日，城阳支行作为青岛分行辖属的第一家支行正式开始对外营业；2013 年 12 月 19 日，青岛经济技术开发区支行正式开始对外营业。目前经营对各类客户的外汇业务及人民币业务。

【经营管理】 2014 年，企业银行青岛分行努力开展业务、拓宽服务领域、提高服务质量。致力于对小微企业的贷款扶持；通过人民币业务、外币业务服务的不断完善，在保有原有客户的基础上不断增加新业绩；利用理财产品、CMS 服务、远期结售汇业务等新产品、新服务来加大宣传力度、扩展服务领域，努力打造“风雨相伴、值得信赖”的金融机构形象。

截至年末，企业银行青岛分行资产总额 15.99 亿元，同比增长 2.25%；存款总额 14.84 亿元；贷款余额 13.49 亿元，均呈现增长态势。实现净利润 1814.98 万元。国际结算手续费收入、汇兑收益及偿付手续费收入等中间业务收入实现较快增长，外汇结算量达 15.93 亿美元。大幅缩减不良贷款规模，通过多种渠道进行不良贷款的追偿，有效地将不良贷款缩减为 1 笔，不良贷款率也从年初的 0.10%降为 0.05%，成功减少 50%，进而有效地防范了金融风险。

【大事记】 4 月 企业银行(中国)有限公司李根燮行长到青岛调研指导工作。

6 月 举办企业银行(中国)有限公司成立 5 周年纪念仪式。

11 月 企业银行青岛分行被青岛银监局授予“2014 年度青岛银行业金融知识进万家活动”先进单位和先进个人称号。

(杨 倩)

日本山口银行股份有限公司青岛分行

【第一负责人简介】 清水雅彦，男，1968 年 3 月 2 日生。1990 年 3 月毕业于中央大学经济系，4 月进入山口银行人事部工作，先后任职于福川分行、神户分行、久留米分行行长代理、德山分行课长代理、德山分行课长、平和通分行行长、国际部副部长。2013 年 10 月，任山口银行青岛分行行长。

【综述】 日本山口银行股份有限公司(简称：山口银行)位于山口县下关市，除了在中国的青岛、大连和韩国的釜山设有分行之外，在中国香港还设有代表处。

山口银行青岛代表处设立于 1985 年 11 月，1992 年升格为青岛分行。该行的客户基本上来自日本的投资企业，经营范围不仅限于当地，还积极地向上海、北京以及其周边地域开展业务。

【经营管理】 2014 年，山口银行青岛分行积极支持中小企业发展，努力预防和化解风险，应对客户需求提供优质服务，贯彻合规经营方针，积极稳妥地开展各项经营活动。

【大事记】 10 月 竹中健二接替渡边正彦任山口银行青岛分行副行长(青银监复〔2014〕260 号)。

11 月 山口银行青岛分行举办第 13 届山口银行杯日语大奖赛，山口银行行长福田浩一出席了决赛和颁奖仪式。

(吴慧兰)

韩亚银行(中国)有限公司烟台分行

【第一负责人简介】 朴兑赫，男，1968年生，清华大学工商管理硕士。1995年进入韩国韩亚银行工作，2004年起历任韩国韩亚银行运营风险部次长、小公洞支行次长，2011年起历任韩国韩亚金融集团合规部TEAM长、韩亚银行(中国)有限公司烟台分行副行长；2013年6月起担任韩亚银行(中国)有限公司烟台分行行长。

【综述】 韩亚银行(中国)有限公司烟台分行(简称：韩亚银行烟台分行)于2007年12月24日改制成立，是在烟台设立的首家外资银行，也是山东银监局辖属范围内成立的首家外资银行。下辖烟台经济技术开发区支行。

【经营管理】 2014年，韩亚银行烟台分行以业务经营为中心，拓宽收益渠道，大力发展中间业务，积极扩大存款、贷款规模，各项业务较快增长。截至年末，该行总资产13.42亿元，同比减少0.48亿元，减少3.45%。其中，贷款12.02亿元，减少1.32亿元，减少9.87%；负债总额12.13亿元，同比减少0.76亿元，减少5.89%。其中，存款11.98亿元，同比减少0.76亿元，减少5.93%；国际业务结算量11.73亿美元，同比减少0.06亿美元，减少0.5%；净利润2916.42万元，同比增加366.30万元，增加14.36%；不良资产率为零。

该行一是多渠道收集市场信息，利用理财产品和零存整取提高竞争力，吸引更多的优质客户；二是加强优质客户关系维护，营销优质客户关系中的上下游优质客户，提高产品对客户的渗透度，增加能带来收益最大化的有效客户；三是积极推进国际结算业务、借记卡业务、委托贷款等中间业务，提高每个客户的综合利润贡献率。

【内部管理】 2014年，韩亚银行烟台分行不断提升风险控制能力，加强内部管理。一是加强全员合规教育；二是严格实施信贷管理预警预报制度，严把贷款准入关，坚持贷款客户的分类管理，实行逐步压缩一般客户，主动淘汰劣质客户；三是提高资金营运水平，全方位增收节支，扩大收益；四是开展“创一流服务，树韩亚品牌”活动，坚持开展服务技能练兵、规范服务流程，开展银企宣讲会、推介会等活动，切实提高整体服务水平。

【大事记】 3月28日 韩亚银行(中国)有限公司烟台经济技术开发区支行行长韩尚宪离任。

6月23日 韩亚银行(中国)有限公司烟台经济技术开发区支行行长由李康豪正式担任。

12月4日 韩亚银行(中国)有限公司王晋佳副行长莅临烟台分行指导工作。

12月12日 韩亚银行烟台分行获得中国银监会关于韩亚银行(中国)有限公司吸收合并外换银行(中国)有限公司的批复，12月22日合并后银行正式对外营业。

(段 霄)

瑞穗实业银行(中国)有限公司青岛分行

【第一负责人简介】 广濑俊，男，1964年7月生，1988年3月毕业于日本北海道大学农学系，4月进入日本兴业银行名古屋分行，1997年任职于日本兴业银行大连分行。2002年第一劝业银行、富士银行、日本兴业银行合并成立瑞穗金融集团后，先后在该集团旗下的多个公司职能部门任职。2009年4月出任瑞穗实业银行股份有限公司台北分行副行长。2013年4月，任瑞穗实业银行(中国)有限公司青岛分行行长。

【综述】 瑞穗实业银行(中国)有限公司(简称：瑞穗中国)总部位于上海，截至2014年12月31日，已拥有16个营业网点，注册资本95亿元。

瑞穗实业银行(中国)有限公司青岛分行(简称：瑞穗中国青岛分行)于2008年4月28日正式开业，是瑞穗中国法人改制后申请设立的第一家分行。

【经营管理】 2014年，瑞穗中国青岛分行继续与山东地区众多中外资企业集团子公司进行合作，在加强和完善传统商业银行业务的同时，融合并加强合并重组咨询、债券业务等投资银行业务，为客户提供最合适的金融解决方案。服务区域主要覆盖山东全省和部分周边地区。

【大事记】 6月 瑞穗中国董事长宫口丈人到瑞穗中国青岛分行视察。

日本瑞穗银行负责东亚地区业务的中野北斗常务来瑞穗中国青岛分行视察。

11月 瑞穗中国行长网野良一到瑞穗青岛分行视察。

瑞穗中国青岛分行邀请省内日资企业在青岛香格里拉大酒店举办研讨会。会议围绕中国经济现状、微刺激政策、经济改革进展及2015年经济动向展望等内容展开。

（李香淑 文德苏）

第七部分

金融机构运行报告
——保险机构

中国人民财产保险股份有限公司山东省分公司

【第一负责人简介】 方杰，男，1958年11月生，宁夏人，中共党员，高级经济师。1975年8月参加工作，1982年8月进入中国人民保险公司宁夏分公司工作，历任支公司业务员、副经理、自治区分公司处长、副总经理、总经理；2004年7月，任重庆分公司党委书记、总经理；2009年4月，任山东省分公司党委书记、总经理；2013年8月起任中国人民财产保险股份有限公司资深专家兼山东省分公司党委书记、总经理。

【综述】 中国人民财产保险股份有限公司（简称：人保财险）是2003年7月由中国人民保险集团公司发起设立的、目前中国内地最大的非寿险公司，注册资本111.418亿元。人保财险山东省分公司隶属于人保财险，是全省规模较大的财产保险公司。

2014年，该公司秉承“以人为本、诚信服务、价值至上、永续经营”的理念，充分发挥品牌、人才、产品、技术和服务等优势，为促进改革、保障经济、稳定社会、造福人民提供强大的保险保障。获得“山东省履行社会责任示范企业”称号。

【经营管理】 2014年，人保财险山东省分公司在经营管理方面的主要工作：

一、扎实推动销售能力建设。一是做实渠道清分，以细分客户为特征的销售组织架构逐渐成型；二是实施“产品线—渠道—区域分公司”销售模式，推行“承保价格＋销售费用”联动策略，车险保费、实收双跨百亿元；三是实施渠道融合策略，因地制宜加快城网转型，城区综合服务能力取得新进步；四是深化农网体系建设，培育起保费千万级“三农”营销服务部26家、500万元级89家，200万元级占比超过60%。

二、扎实推动精确管理能力建设。一是强化预算管理委员会职能，集聚资源向发展快、效益好的区域倾斜；二是加强精算再保技术应用，构建分层经营机制；三是通过开展中介市场清理整顿、应收保费执法监察等，实现外部监管全年“零罚单”。

三、推动客户服务体系建设。一是狠抓客户信息质量和服务效率管理，制定《VIP客户服务标准》，开展车险跨百亿元促销和“风雨同行，至爱至诚”高价值团体客户专项服务；二是深化移动查勘技术应用，推广人伤案件调解和小额人伤案件快处机制；三是落实《服务界面标准化操作手册》，利用95518回访、投诉追踪、神秘人测评等监督手段，推动服务质量持续优化，公司在客户满意度调查中排名行业和系统首位。

四、扎实推动服务大局能力建设。一是政策性农业保险、责任险等多个领域实现突破性发展，城乡居民大病保险保费突破10亿元，受益居民超过31.31万人次，补偿资金超过4.77亿元；二是独家承保首台（套）技术装备保险，探索小麦商业保险，潍坊、德州等市分公司开办中小企业贷款保证保险，威海市分公司开办海藻养殖风力指数保险，取得良好社会效益。

【大事记】 2月28日 人保财险山东省分公司召开视频启动会，宣导《中国人保驻鲁机构万名员工“访客户、问需求、送服务”活动方案》。

3月21日 山东聊城高唐县的种粮大户杨红军为自家104亩小麦向人保财险当地经营机构投保商业版小麦保险，从而实现了商业性农业保险的破冰。

3月31日 山东省印发《2014年山东省居民大病保险工作实施方案》，标志着该省居民大病保险工作正式启动。人保

中国人民财产保险股份有限公司山东省分公司主要统计指标

项目＼年度	2010	2011	2012	2013	2014	2014年同比增幅（%）
总资产（亿元）	88.8	104.13	113.96	114	119.93	5.20
签单数量（万件）	385.14	396.43	453.36	503.91	585.35	16.16
保费收入（亿元）	90.05	93.62	104.07	120	140.73	17.27
处理赔案（万件）	93.81	86.64	105.88	145.53	163.12	12.09
赔付支出（亿元）	46.19	51.36	59.52	62.38	73.5	17.83

财险山东省分公司作为承办公司，将为该省9个地市、近3700万人提供大病保险保障服务。

4月29日 山东省庆祝“五一”国际劳动节暨富民兴鲁劳动奖状（章）获得者表彰大会隆重召开。人保财险济南市分公司获“全国五一劳动奖状”，成为全国保险系统中唯一获此殊荣的单位。

6月26日 人保财险山东省分公司荣获2013年度“山东省履行社会责任示范企业”荣誉称号，公司资深专家兼省分公司总经理方杰荣获“山东省积极履行社会责任企业经营者”荣誉称号。

7月14日 山东省政府办公厅印发《关于2012—2013年度全省金融业发展绩效考核情况的通报》，人保财险山东省分公司被授予“山东省金融创新奖”荣誉称号。这是该公司连续三次获此荣誉。

9月15日 人保财险山东省分公司独家承办的山东省首台（套）技术装备保险补偿试点工作正式启动，该项目的实施，对于进一步支持山东省装备企业拓展国内外市场，具有重要作用。

（尚 斌）

中国人寿保险股份有限公司山东省分公司

【第一负责人简介】 白彬，男，回族，1958年2月生，中共党员，高级经济师，高级工商管理硕士。1975年11月参加工作，1982年12月起在中国人民保险公司山东省分公司先后任科员、副主任科员、主任科员、副处长，1996年7月起在中国人寿保险公司山东省分公司任副处长、处长、副总经理，2007年2月起任中国人寿保险公司个险销售部总经理，2009年6月至今，任中国人寿保险股份有限公司山东省分公司党委书记、总经理。

【综述】 2014，中国人寿保险股份有限公司山东省分公司（简称：中国人寿山东省分公司）围绕贯彻“转方式、调结构、强后劲”的主攻方向，推进市场拓展、运营管理、风险防范和队伍建设，各项工作取得了新成绩。

截至年末，中国人寿山东省分公司下辖3914个兼业代理网点，137个标准化客服柜面，专业销售服务队伍76851人。

【经营管理】 2014年，在行业转型日益紧迫的形势下，中国人寿山东省分公司业务发展积极均衡、稳中有进。

一、业务发展规模效益得到新提升。总保费、续期保费、首年期交保费、5年期及以上首年期交保费等关键指标稳居全系统前3位。新农合和城镇居民大病保险保费到账7.52亿元，赔付人次和金额分别达36.91万人次和6.2亿元。代理中国人寿养老险企业年金新增中标规模8.98亿元，代理中国人寿财险业务规模达7.2亿元（含电销），均在全国系统名列前茅。截至年末，公司实现续期保费137.9亿元，同比增长4.14%；首年保费87.63亿元（含短险），增长6.86%；长险首年标准保费15.4亿元，增长18.07%；首年期交保费34.76亿元，增长23.22%；10年期及以上首年期交保费17.78亿元，增长11.81%；短期险保费12.64亿元（不含大病），增长11.88%。

二、“三渠九部万人大业”取得新突破。截至年末，该公司三渠九部销售人员76.53万人，市场占比为30%，同比净增18.12万人。其中，个险城区、农村、收展拓展部人力分别为18.87万人、27.04万人、16.58万人，实现首年期交保费8.8亿元、7.66亿元、7.15亿元。银保客户经理、理财经理、机构业务拓展部人力分别为2538人、7578人、397人，实现首年期交保费2.8亿元、3.6亿元、3.64亿元。团险渠道法人、渠道、小额拓展部人力分别为1423人、1043人、1062人，实现新单保费（含短险）1.8亿元、3.8亿元、2.2亿元。

【内部管理】 2014年，中国人寿山东省分公司扎实推进内部管理，荣获集团和总部“个险发展奖”、“价值贡献奖”、“创新成果奖”，并获评山东保险业“最具品牌影响力保险公司”称号。

一、运营管理提质增效取得新成效。一是续期收费率、客户手机号码信息覆盖率、联系地址完整度、个险和银保新单犹豫期内电话回访成功率等指标同比明显提升；二是深化助推销售活动，促成2.9万老客户再次投保，新增保单5.19万件、保费7.02亿元；三是“国寿客户节”、“国寿大讲堂”和“特约商家特惠”等活动深入扎实、富有成效。截至年末，全省新单和续期授权银行转账收费率分别达96.38%和83.91%，同比提高5.23个和16.58个百分点；授权银行转账付费率达99.75%，为打造“零现金”收付平台奠定基础。

二、风险防控体系建设得到加强。一是整合监察、内控、督

中国人寿保险股份有限公司山东省分公司主要统计指标

项目 \ 年度	2010	2011	2012	2013	2014	2014年同比增幅（%）
总资产（亿元）	709.23	810.98	908.39	954.16	1015.81	6.46
签单数量（万件）	633.53	616.58	548.93	436.78	564.9	29.33
保费收入（亿元）	202.83	198.81	202.91	218.71	234.63	7.28
处理赔案（万件）	30.63	30.2	34.48	36.36	37.36	2.75
赔付支出（亿元）	33.42	42.40	51.25	102.66	87.64	-14.68

察以及销售、运营等各条线资源，推动建立以关口前移为主导的综合监督检查机制，立足打造对风险隐患和苗头性问题早发现、早预防、早治理的“体检中心”；二是对16个市分公司所辖76个县区营业单位开展了综合检查、对8个市分公司开展了巡视检查，发现10大类问题，发送警示和整改意见24份，推动整改落实；三是开展风险预警电话回访检查，查处销售人员违规行为242起。

三、干事创业发展环境得到新优化。一是推动开展市县两级党的群众路线教育实践活动，深入开展了“甲午殇思”系列文章、百年潮中国梦、伟大的抗美援朝、“老三篇”、焦裕禄、红旗渠、建党93周年研讨活动；二是通过竞争择优方式，完成了省公司副职竞聘工作；举办各类培训班253期，培训各类管理和销售人员2.28万人次。

【大事记】 1月14日 中国人寿山东省分公司与省老龄委联合召开全省系统银龄安康工程2013年度表彰总结大会。

1月16日 中国人寿山东省分公司与省计生协会联合召开全省计划生育家庭意外伤害保险工作促进会，表彰先进单位及个人，宣导“计生助福和谐家庭工程”实施方案。

1月24日 中国人寿山东省分公司召开全省系统2013年度满期给付工作总结表彰大会，表彰在2013年度应对满期高峰工作中涌现出来的先进单位、先进集体和先进个人。

1月24～25日 中国人寿山东省分公司在济南召开2014年全省系统工作会议。

2月5日 中国人寿山东省分公司召开2014年全省系统创先争优启动视频会议。

3月28日 中国人寿山东省分公司召开全省系统2014年运营服务工作会议。

4月1日 中国人寿山东省分公司联合省人社厅召开全省居民大病保险工作会议。

4月30日 中国人寿山东省分公司召开全省系统2013年度万众创富总结表彰视频大会。

5月22日 中国人寿集团公司总裁缪建民、副总裁王思东一行到山东调研，听取了寿险、财险、养老险3家省分公司的情况汇报。

6月10日 中国人寿山东省分公司召开全省系统保险中介市场清理整顿工作部署动员会，宣导保险营销、专业中介、兼业代理3个清理整顿方案。

6月25日 中国人寿山东省分公司总经理白彬拜会农业银行山东省分行行长益虎，就进一步加强合作交流，促进共同发展等问题进行沟通交流。

7月29日 中国人寿山东省分公司召开上半年全省系统经营形势分析会议。

11月6日 山东省省委副书记、省长郭树清在济南会见中国人寿集团公司董事长杨明生一行。

11月7～8日 中国人寿集团公司董事长杨明生、副总裁刘慧敏、寿险公司总裁林岱仁、财险公司总裁刘英齐等一行赴山东调研指导工作。

12月19日 中国人寿山东省分公司与农业银行山东省分行联合举行双方战略合作签约仪式。

（杨 光）

泰山财产保险股份有限公司

【第一负责人简介】 郭永利，男，汉族，1964年5月生，研究生学历，泰山财产保险股份有限公司董事长、党委书记。历任山东省税务局办公室科员、副主任科员、主任科员，山东省国税局办公室主任科员、稽查局副局长、办公室副主任，莱芜市国税局局长、党组书记，莱芜市副市长、市委常委，山东省金融工作办公室副主任、党组成员、党组副书记。

【综述】 2014年，泰山财产保险股份有限公司（简称：泰山财险公司）以质量效益为中心，以加快发展为动力，以合规经营为抓手，改革创新，扎实推进各项经营管理工作。

【经营管理】 2014年，泰山财险公司积极推进产品开发等四项创新，进一步夯实管理基础，确保公司稳健持续发展。

一、积极落实"新国十条"、"金改22条"。一是推进与省内各地市的战略合作，已与济宁、聊城、潍坊、德州、菏泽、临沂、滨州、诸城等地方政府签署战略合作协议。同时，加强与省直各部门的联系合作，在继续做好各传统渠道业务的基础上，不断扩展业务领域；二是农业保险工作深入推进，开办传统品种的区域由6个地市8个县区扩大到8个地市14个县区，与省林业厅签署战略合作协议，积极争取公益林保险工作，泰安、烟台、枣庄、菏泽、滨州等地的公益林保险率先启动承保。

二、推进多元化发展。一是设立了全国性的泰盛保险销售公司，为公司"立足山东、服务全国"的战略实施奠定了基础；二是参股设立了金融资产交易中心、民间资本管理公司，探索合资打造电商平台；三是拓展了股权投资、境外投资渠道，投资收益水平大幅提升，投资风险得到有效控制；四是与光大永明、阳光资产管理公司签订了全面战略合作协议，协议引入行业资金100亿元支持省内经济建设。

三、夯实管理基础。一是顺利完成了董事会、监事会换届工作，聘任了新的高管层，保证了公司经营管理的顺利开展；二是组织开展了"治理商业贿赂"、"小金库专项治理"、风险专项评估等活动，高度重视中介市场清理整顿工作，对全辖75家机构进行两次清理核查，优化了中介管理流程。全年共开展审计项目13个，实施合规监测3次，开展主要风险评估及监测7次。

四、坚定不移改革创新。一是改革人力资源管理体系，设计了岗位管理体系、薪酬管理体系和绩效管理体系，建立五大系列十八级晋升通道；二是改革销售管理体系，提出"销售为先、服务前线"理念，出台了新的销售基本法，重组股东业务部、重点客户部、经纪代理部、农业保险部等专业化渠道；三是开展机构综合试点改革、综合业务试点改革，建立经营班子联系点和部门对口帮扶制度，更好地为广大客户，尤其是"三农"提供优质、便捷、高效的服务；四是开展技术创新，车险定价模型、费控系统、资金支付平台以及GPS调度、移动查勘、视频定损系统上线运行，启动车险自动核保、客户自助查勘系统建设。

五、加快机构铺设。北京分公司获准筹建，新增三级、四级机构29家。截至年末，公司开设省级分公司7家、中心支公司29家、支公司49家，其中，省内中心支公司14家、支公司33家，省内地市级机构建设全覆盖指日可待。

【客户服务】 2014年，泰山财险公司进一步强化客户服务能力建设，提升理赔服务信息化水平，推进自主理赔队伍建设，积极做好消费者权益保护工作，努力营造和谐发展的良好环境。

一、完善客服理赔制度体系。进一步优化梳理全流程工作，完善理赔服务标准化、车险核赔规则、小额快赔处理、服务机构合作管理、理赔反欺诈等方面的制度体系，实现了车物核损的集中管理，为进一步加强风险管控，有效控制前端风险奠定基础。

二、创新客户服务手段。成功实施了新精友理赔系统切换上线，在此基础上搭建了GPS智能调度、移动查勘定损等六大模块，客户服务内容、能力和水平得到丰富和强化，进一步提升了公司品牌形象。

三、努力营造良好的行业发展氛围。以"3·15"消费者权益保护日为契机，围绕"诚信保险 优质服务"主题，积极开展"放心买保险"、"保险知识进万家"活动，弘扬保险理念、普及保险知识、畅通保险渠道。各分支机构通过聘请服务质量社会监督员、设立总经理信访接待日、开展客户满意度回访等形式，认真听取客户意见和建议，确保优质服务规范化、常态化。

四、切实维护消费者合法权益。从销售、承保、理赔服务三个方面对告知义务、服务时效、投诉处理等内容作出公开承诺并严格履行。加强投诉管理工作，定期组织投诉处理培训，一般投诉当日办结，重大投诉3个工作日内给予答复，有效保障

泰山财产保险股份有限公司主要统计指标

项目＼年度	2010	2011	2012	2013	2014	2014年同比增幅（%）
总资产（亿元）	--	21.32	23.91	26.58	30.70	15.50
签单数量（万件）	--	1.23	16.7	44.18	58.01	31.30
保费收入（亿元）	--	0.46	3.86	8.61	11.14	29.38
处理赔案（万件）	--	0.14	2.09	7.76	11.79	51.93
赔付支出（亿元）	--	0.01	0.51	2.71	4.74	74.91

了保险消费者合法权益。着力推进理赔反欺诈工作，积极建立欺诈案件合作调查机制，全年共查处车险欺诈案件319起，挽回经济损失895万余元。

【大事记】 1月7日 泰山财险公司与交通银行山东省分行签署战略合作协议。

1月14日 泰山财险公司与阳光资产管理公司、光大永明资产管理公司签订战略合作协议。

3月28日 泰山财险公司金华中心支公司、杭州市余杭支公司开业。

3月31日 泰山财险公司与山东省林业厅签署《森林保险工作合作协议》。

4月3日 泰山财险公司与山东财经大学、中安联合保险经纪股份有限公司签订战略合作协议。

4月11日 泰盛保险销售服务有限公司获中国保监会批准设立。

4月28日 泰山财险公司与临沂市政府签署战略合作协议。

4月29日 泰山财险公司与菏泽市政府签署《推动牡丹产业发展战略合作协议》。

4月30日 泰山财险公司江阴支公司、六合支公司、如皋营销服务部和扬中营销服务部获江苏保监局开业批复。

5月6日 山东保监局批复泰山财险公司新泰支公司开业。

5月14日 泰山财险公司包头中心支公司获内蒙古保监局开业批复。

5月18日 泰山财险公司与德州市政府签署全面战略合作协议。

6月10日 泰山财险公司与潍坊市政府签署战略合作协议。

6月22日 泰山财险公司与山东省食药监局签署食品安全责任保险合作意向书。

6月23日 中国保监会财产保险监管部主任刘峰到泰山财险公司检查指导工作。

6月26日 泰山财险公司参加国家环保部组织召开的“银政投”绿色信贷计划启动会。

6月30日 山东保监局批复泰山财险公司高青支公司开业。

7月8日 泰山财险公司平度支公司获青岛保监局开业批复。

7月9日 浙商财产保险股份有限公司总裁金武到泰山财险公司走访。

8月6日 泰山财险公司湖州中心支公司获浙江保监局开业批复。

8月12日 泰山财险公司与丘博保险(中国)有限公司签署《保险战略合作协议》。

9月23日 泰山财险公司与国泰租赁有限公司签署战略合作协议。

10月24日 泰山财险公司德州中心支公司获山东保监局开业批复。

11月4日 泰山财险公司与滨州市政府签署全面战略合作协议。

11月15日 泰山财险公司北京分公司获批筹建。

11月19日 泰山财险公司董事长、党委书记郭永利会见到访的 Auto & General 首席执行官 Ram Shanker Kangatharan 一行。

11月28日 泰山财险公司与诸城市政府签署战略合作协议。

12月18日 中国保监会核准泰山财险公司开展境外投资的申请。

（郭宝峰）

中国太平洋财产保险股份有限公司山东分公司

【第一负责人简介】　武博，男，汉族，1970 年 6 月生，中共党员，高级政工师、经济师、市场营销总监，博士研究生学历。先后获北京大学金融学硕士学位、南开大学保险学博士学位，中央财经大学兼职教授，山东大学保险专业硕士研究生合作导师；现任中国太平洋财产保险股份有限公司山东分公司党委书记、总经理。

【综述】　2014 年，中国太平洋财产保险股份有限公司山东分公司（简称：太平洋财险山东分公司）深入调整业务结构、不断优化经营管理，持续提升服务能力，各项工作有序推进，取得一定成效。一是在业内率先推广使用 3G 智能核赔系统，3G 移动视频定损技术及智能核赔系统运用均稳居太保系统第一；二是积极协调总部入驻山东和各类投资项目落地；三是连续多年获得省政府授予的“山东省金融创新奖”和“山东省金融发展贡献奖”，并获评“山东省第九届消费者满意单位”、“中国太平洋保险集团公司价值贡献奖”、“山东省最佳理赔服务保险公司”等。

【经营管理】　2014 年，太平洋财险山东分公司加强经营管理，增强经营活力、提高竞争能力。

一、持续优化销售体系，提升专业化销售能力。一是不断探索和推动销售模式转型，持续推进“直销 + 渠道”的“双轮驱动”发展模式；二是加强客户分群管理和对销售资源的有效整合，建立新型的专业化直销团队，实现公司价值的可持续增长。

二、不断优化运营管理体系。一是进一步整合管理资源、优化操作流程、提升运营效率；二是重点围绕专业分工、明晰岗位职责、完善标准化操作，深化集约化管理，增强理赔和客户服务核心竞争力，提升客户满意度。

三、全力推行新兴业务领域发展。一是积极推进政策性农险、食品安全责任险、环境污染责任险、机动车延保责任险、特种设备责任险等新兴领域业务创新；二是正式获得农业保险经营资格，成立了农险部，积极探索“农产品保单质押贷款”，创新“保险 + 信贷”的农企风险管理与融资新模式，开创山东省首例保单质押涉农贷款业务；三是在食品责任、环境污染责任、医疗责任等保险服务领域走在了行业前列。

【内部管理】　2014 年，太平洋财险山东分公司始终坚持改革创新，强化内部管控，以创新服务引领发展。

一、内控优化能力持续增强。一是建立健全内控管理制度，建立合规管理长效机制；二是推动常态化合规教育培训机制；三是推动实施合规岗位资格认证，逐步建成与公司各项需求相适应的合规管理体系；四是加强“三位一体”的风险防范和预警分析；五是完善合规风险管理考评机制。是年，公司内控缺陷按计划整改完成率为 100%，各项监管指标明显优于主要市场主体及行业平均水平。

二、加大创新力度，客户服务水平全面提升。一是启用包括分析、评估、投诉以及续保提醒等在内的客户关系管理平台，推出无限次免费五星级道路救援、无偿法律援助和“五个一”标准化查勘等服务举措；二是加快推进标准化门店建设，

中国太平洋财产保险股份有限公司山东分公司主要统计指标

项目＼年度	2010	2011	2012	2013	2014	2014 年同比增幅（%）
总资产（亿元）	6.64	7.26	6.59	8.46	7.85	-7.21
签单数量（万件）	352.01	473.86	544.92	914.97	1274.49	39.29
保费收入（亿元）	34.89	38.40	43.14	49.61	49.79	0.37
处理赔案（万件）	32.77	32.72	41.90	55.9	59.07	5.67
赔付支出（亿元）	13.93	17.61	21.40	25.59	29.07	13.6

济南标准化营业门店通过中国质量协会五星级标准化服务门店验收，成为山东金融业首家获此殊荣的单位；三是推出优享360、火车站VIP贵宾卡、"易审车"增值服务等项目和客户关怀措施；四是成功发行了"优享汇"会员卡，并整合了审车、洗车、洗衣、车辆保养等一系列增值服务；五是开发和推广"中国太保"移动APP、微信服务等，提升投保和理赔服务效率。

三、加强企业文化建设，积极开展员工培训。一是通过一线业务人员集中或视频培训、高管和业务骨干送入南开大学、山东大学等知名学府培训等方式，提高员工知识水平和业务能力；二是组织员工开展民主生活会和各类文体活动；三是在淄博沂源太平洋保险希望小学等开展义捐和支教活动，自觉践行企业社会责任。

【大事记】 1月13日 太平洋财险山东分公司向烟台东海薄板有限公司先行支付火灾赔款1500万元，8月30日再向该公司支付火灾赔款1569万元结案。

3月 太平洋财险山东分公司连续第3年中标威海住院补充医疗保险项目，在此前的两年中，已累计为当地2500余家企业近46万人次提供保险保障。

4月24日 济南市委副书记、市长杨鲁豫在舜耕山庄会见了中国太平洋保险集团董事长高国富一行。

5月9日 太平洋财险山东分公司向寿光美伦纸业有限责任公司先行支付火灾赔款800万元，6月16日再次向该公司支付火灾赔款910万元结案。

5月12日 太平洋财险山东分公司与省林业厅签署《森林保险工作合作协议》。

7月11日 山东省政府办公厅发出通报，对山东省各金融机构2012—2013年度全省金融发展绩效考核优秀单位予以表彰，太平洋财险山东分公司获评"山东省金融发展贡献奖"。

8月19日 太平洋财险山东分公司向山东晨鸣纸业集团股份有限公司支付火灾赔款3300万元。

8月 太平洋财险山东分公司组织员工参与献血活动，共有近50名员工参与，总献血量达15200毫升。

9月 太平洋财险山东分公司中标北京地铁6号线西延工程、北京地铁8号线三期工程、北京地铁燕房线工程等保险项目，项目总保额207亿元。

12月 太平洋财险山东分公司与第三方支付机构合作，在威海、聊城两地试点推出"优享汇"会员卡，客户凭会员卡可在与合作商户处享受车辆年审、洗车、车辆保养、加油折扣优惠等增值服务。

（张吉龙）

中国平安人寿保险股份有限公司济南分公司

【第一负责人简介】 胡跃，毕业于南京大学工商企业管理专业，1995年11月进入中国平安，分别担任过平安人寿江苏分公司营销部经理、总经理助理，平安人寿烟台中心支公司总经理；2011年7月任平安人寿济南分公司总经理。

【综述】 2014年，中国平安人寿保险股份有限公司济南分公司（简称：平安人寿济南分公司）围绕"队伍为基、价值经营、引领市场"的发展策略，积极开拓业务，取得显著成效。

【经营管理】 2014年，平安人寿济南分公司拥有个险、银保、电销三大销售渠道，产品体系涵盖从传统的储蓄型、保障型产品，到非传统的分红型、投资型产品。其中，个险业务范围包括济南、泰安、莱芜、德州、聊城、菏泽、济宁、枣庄8个地市，银保业务范围包括山东省除青岛之外的其余地市。公司营销员现已超过1.5万人。

【客户服务】 2014年，平安人寿济南分公司加大服务成本投入，在服务创新升级的同时，以丰富多彩的活动内容提升会员服务使用体验。

一、客户服务节。5～9月，该公司以"平安有爱·乐·健康"为主题，开展了第19届客户服务节活动。一是通过推出客服节APP应用软件、引入服务积分制模式等形式，陆续开展网上"健康家庭总动员"、"足球加油总动员"、"暑期惊悚片"三项活动，从客户接触、体验使用、参与奖励等方面增强互动频次；二是开展了少儿家庭才艺大赛、平安大讲堂、志愿者行动和少儿绘画比赛等现场活动；三是选定10家社区开展"平安志愿者公益行"，提高社区居民身心安全防范知识。

二、VIP客户服务。2014年，平安VIP俱乐部在延续会员专属礼遇服务的同时，对部分项目进行优化调整，进一步凸显平安集团对高价值客户的重视与回馈。一是以“健康财富 尊崇礼遇”为主旨，推出财富盛宴、健康关怀、商旅服务、驾车关爱、尊贵礼遇、平安援助、会员活动、会员刊物 8 大系列会员专项服务，为 VIP 会员提供专业的理财规划、健康关怀和快捷的绿色通道服务；二是优化钻石、铂金层级会员生日礼品选择与递送流程，增加铂金会员健康体检人次，领先行业推出钻石层级会员“尊荣共享”升级服务项目，邀请会员亲友加入俱乐部，享受钻石层级会员专属礼遇；三是先后推出了新年周易祈运讲坛、鉴赏《归来》、暑期亲子益智沙龙、岁末共赏《匆匆那年》等一系列 VIP 会员活动，会员覆盖率达 16%。

三、急难援助服务。2014 年，该公司全面开展急难援助服务推动，通过大规模的宣传，全年共向 4568 名客户开通平安急难援助服务，为客户的公务出行、外出探亲、旅游、出国游学等解除了后顾之忧。

【大事记】 5 月 中国平安人寿第 7 届运营督导精英俱乐部钻石会员表彰大会在济南举办。全国各地 188 名运营督导钻石精英及优秀兼职讲师与会接受荣誉称号。

8 月 平安人寿济南分公司荣获质量万里行 A 级评定。

11 月 29 日 由平安人寿济南分公司联合产、养、银、租赁、电销、信保等 7 个系列专业公司举办第 4 届“平安一家亲”趣味运动会，共计 600 余名运动员和啦啦队参加活动。

（刘雪姣）

中国平安财产保险股份有限公司青岛分公司

【第一负责人简介】 李培义，1958 年 5 月生，山东莱阳人。1982 年毕业于山东农业机械化学院机械设计及制造专业，大学本科，经济师，中共党员。曾就任于山东省莱阳市经济委员会、中国人民保险公司莱阳市支公司。1996 年加入中国平安财产保险股份有限公司，历任总公司车险部室主任、厦门分公司总经理助理、广东分公司副总经理、东莞分公司总经理、陕西分公司总经理。2014 年 9 月起担任中国平安财产保险股份有限公司青岛分公司总经理。

【综述】 中国平安财产保险股份有限公司青岛分公司（简称：平安财险青岛分公司）是中国平安财产保险股份有限公司设在山东半岛地区的省级管辖分公司，业务范围覆盖青岛、淄博、潍坊、烟台、威海、日照、临沂 7 个地市，下辖分支机构 75 个。

2014 年，公司实现保费收入 45.42 亿元，在职员工人数 1943 人，与青岛国信集团、青岛地铁集团、海尔集团、青岛港集团、烟台来福士船业、孚日集团、海化集团、齐鲁石化、日照港集团、石岛集团等各行业翘楚均有良好的业务关系。

【经营管理】 2014 年，平安财险青岛分公司持续推进渠道化改革，打造“以客户为导向”的渠道化经营商业模式。一是夯实基础服务，提升服务承诺时效，全面提高运营管理能力；二是加强队伍建设，通过“选、育、留”，锻造前后线队伍技能，提升人均产能；三是坚持创新渠道和产品，更加贴近百姓和企业需求；四是强化合规意识，从源头防控合规风险和违规事件的发生。

【客户服务】 2014 年，平安财险青岛分公司整合违章提醒、代办年审、酒后代驾等服务，推出青岛平安驾车宝典 APP 综合服务平台，不仅为用户推送最快、最准确的违章信息，而且首推帮办服务，在线帮办违章，高效便捷的服务受到了用户好评。在此基础上，进一步整合社会资源，为客户提供专享服务。此外，开展了公益自驾游、国际车展、畅跑马拉松等诸多客户活动，增强客户粘性与美誉度，在中国质量万里行促进会的评选中，荣获“A 级服务质量单位”称号。

【大事记】 2 月 8 日 平安财险青岛分公司承保的山东鑫马纸业有限公司发生火灾，造成 282 万元的责任赔偿事故，公司用时仅 2 个月余便将赔款支付给客户，受到客户好评。

2 月 21 日 平安财险青岛分公司携手烟台大成鸿远 4S 店来到莱山心生元早教中心，开展了“放野鲁东，传递爱心”活动，为智障儿童送去档案柜、文具等爱心用品。

5 月 29 日 平安财险青岛分公司成立平安爱心小分队，前往淄博市高青县常家小学为帮扶的孩子们送去了新一年的学费以及学习和体育用品。

6 月 30 日 平安财险青岛分公司承保的潍坊华潍热电有限公司火灾案件结案，共赔付 320 万元，案件出险后 1 月余便完成了 100 万元的预赔，获得客户好评。

7 月 21 日 平安财险青岛分公司承保烟台中集莱福士 Hull No.212 钻井架倒塌案件结案，共赔付 604 万元，及时预赔

中国平安财产保险股份有限公司青岛分公司主要统计指标

项目 \ 年度	2010	2011	2012	2013	2014	2014年同比增幅（%）
总资产（亿元）	18.83	30.38	38.61	42.43	49.31	16.2
签单数量（万件）	105.75	151.21	207.97	254.7	299.6	17.6
保费收入（亿元）	19.37	26.26	31.66	37.43	45.42	21.3
处理赔案（万件）	23.4	27.4	33.9	40	48	20.0
赔付支出（亿元）	7.84	9.64	13.71	15.78	18.86	19.5

68万美元缓解客户的资金压力，助力客户及时完成施工建设，受到好评。

9月1日　平安财险青岛分公司“情在平安，爱进川藏”爱心车队进入日喀则第三小学捐助了铅笔、书包等文具用品。

10月　平安财险青岛分公司成立社会互帮互助公益群体车友帮，以“平安在路上，爱心大家帮”为行动口号，遇见事故，主动停车关怀，得到社会广泛赞誉。

（平安财险青岛分公司）

中国平安人寿保险股份有限公司青岛分公司

【第一负责人简介】　张毅，1965年生，河北省石家庄人，中共党员，中国人民大学MBA专业研究生学历。1996年加入平安人寿，先后荣获2004年度集团“优秀经理”、2007年度集团“杰出经理人”称号；2012年9月，任平安人寿青岛分公司总经理。

【综述】　中国平安人寿保险股份有限公司青岛分公司（简称：平安人寿青岛分公司）是中国平安保险（集团）股份有限公司在山东省设立的第一家二级机构，管辖青岛、淄博、潍坊、临沂、日照、威海、东营、滨州8个地市业务，通过全省2.3万余名寿险代理人和覆盖辖区的127个营销服务网点以及签约银行代理服务网点为311万名客户提供保险保障服务。

【经营管理】　2014年，平安人寿青岛分公司积极转变发展思路，取得卓有成效的成果。截至年末，公司实现规模保费收入63.75亿元，同比增长17.60%。

一、持续推动产品结构优化调整，保障型产品保费收入快速增长。其中，普通型寿险新单保费收入3.38亿元，同比增长267.39%；健康险新单保费收入5.51亿元，增长37.75%；意外险新单保费收入1.33亿元，增长51.[illegible]4%。这三类纯保障型产品新单保费合计10.22亿元，保费占比从上年的38.93%提高到55.79%。

二、扎实推进多渠道营销，不断增强队伍的发展动力和竞争力。一是通过个险、银保、公司直销三条渠道服务客户，聚焦产能提升；二是以营销员收入提升为核心目标。截至年末，代理人规模2.33万人，同比增长11.55%；营销员月均收入水平4318元，提升17.15%。

【大事记】　6月21日　第28届奥林匹克日暨中国平安健步跑活动在青岛鸣枪开跑，5000余名青岛市民及平安客户参加了此次活动。

8月　平安人寿青岛分公司召开运营督导年中经营分析会议。

8月27日　平安人寿2014年客服节少儿家庭才艺全国总决赛在石家庄圆满落下帷幕，平安人寿青岛分公司选送的武术节目《少年中国》，荣获本次比赛全国总冠军，并为青岛地区贫困学校赢得1万个平安包的爱心奖励，总价值约19万元。

（闫　欣）

中国平安人寿保险股份有限公司青岛分公司主要统计指标

项目 \ 年度	2010	2011	2012	2013	2014	2014 年同比增幅（%）
总资产（亿元）	239.12	284.30	329.07	383.21	431.61	12.63
签单数量（万件）	24.29	26.79	24.75	25.82	29.07	12.59
保费收入（亿元）	34.04	41.92	45.24	54.21	63.75	17.60
处理赔案（万件）	3.63	4.72	6.07	7.53	9.28	23.24
赔付支出（亿元）	6.07	9.09	12.18	12.37	12.30	-0.57

注：本表数据根据 2010 年保险业新会计核算准则确认。

华泰财产保险有限公司山东分公司

【第一负责人简介】　耿仁伟，男，48 岁，1989 年本科毕业于中央财政金融学院，2001 年赴英国就读于诺丁汉大学，获硕士学位。1989 年起先后在中国人民保险公司青岛分公司、太平保险有限公司就职；2008 年任华泰财险山东分公司总经理。

【综述】　华泰财产保险有限公司（简称：华泰财险）是华泰保险集团股份有限公司全资设立的子公司。2011 年 7 月成立，注册资本金 30 亿元，注册地为上海，目前在全国百余座城市设有 180 多家分支机构。

华泰财产保险有限公司山东分公司（简称：华泰财险山东分公司）于 2008 年 6 月在济南开业，目前下辖烟台、威海、潍坊、临沂、淄博、聊城 6 家中心支公司。

【经营管理】　2014 年，华泰财险山东分公司财务状况稳定，公司经营稳健，偿付能力充足，业务规模和结构、经济社会效益以及发展趋势良好。内部管理方面，矩阵式管理模式将营销、两核、共同资源三个条线的垂直管理与机构的横向管理相结合，建立了规范的内部授权管理体系和人员任命机制，公司内审部门则通过定期和专项审计开展内部监督。

华泰财险山东分公司累计实现保费收入 26377.36 万元，同比增长 5.56%。其中车险实现保费收入 22779.97 万元，同比增长 4.99%，非车险实现保费收入 3597.39 元，同比增长 9.27%。各项赔款和给付 12430.23 万元，其中车险赔款金额为 11278.35 万元，非车险赔款金额为 1151.88 万元。实现利润 1931 余万元，当年上缴税金共计 5037 万元，其中，代收代缴车船税 3308 万元，营业税 1313 万元，个税 193 万元，企业所得税 19 余万元。

【客户服务】　华泰财险山东分公司从 2013 年开始筹备 EA 模式的落地事宜，目前，包括济南、淄博、潍坊、聊城、临沂、威海等地区正在推进 EA 门店的建设。华泰 EA 门店能为 / 周边居民提供华泰财产保险的保险咨询、查询、投保、出单、理赔等完整的服务，市民不仅可买车险，还能买到量身定做的专属产品，如家庭财产险、人身意外险、小微企业综合保障计划等，更可以体验到车辆紧急救援、风险管理等增值服务。

【大事记】　3 月 25 日　华泰财险山东分公司济南本部第一批 7 家 EA 门店获得保监局颁发的经营保险代理业务许可证。

4 月 10 日　华泰财险济南 EA 门店正式出单。

6 月 6 日　华泰财险潍坊中心支公司首批 EA 门店启动工作会议。

山东保监局下发对华泰财险潍坊中心支公司 8 家 EA 门店的开业批复。

9 月　华泰财险公司聘任张爱东为华泰财产保险有限公司山东分公司总经理助理（华财字〔2014〕374 号）。

12 月　在华泰财产保险有限公司 2014 年度评选中，华泰财险山东分公司获得优秀机构银奖。

（王兴秀）

华泰财产保险有限公司山东分公司主要统计指标

项目＼年度	2010	2011	2012	2013	2014	2014年同比增幅（%）
总资产（亿元）	0.18	0.22	0.23	0.26	0.30	15.39
签单数量（万件）	7.95	8.28	12.39	14.66	16.28	11.05
保费收入（亿元）	1.13	1.52	2.10	2.5	2.64	5.6
处理赔案（万件）	2.55	2.60	3.19	3.82	3.91	23.56
赔付支出（亿元）	0.42	0.48	0.71	1.03	1.35	31.07

太平财产保险有限公司山东分公司

【第一负责人简介】 陈中乾，男，汉族，1968年11月生，中共党员，大学本科学历。从事保险工作20余年，曾经在平安保险、安邦保险及太平财产保险有限公司任职；2009年12月调任太平财产保险有限公司山东分公司党委书记、总经理。

【综述】 太平财产保险有限公司山东分公司（简称:太平财险山东分公司）隶属于中国太平保险集团，设立于2003年7月，主要经营车险、财产险、水险和意康险业务。2014年完成保费收入8.39亿元，同比增长40.77%。

【经营管理】 2014年，太平财险山东分公司深化改革、完善管理、提升服务、有效创新，取得了较好的效果。主要表现：一是保费规模持续上升，增长率超行业增速；二是市场排名连续攀升；三是综合成本率持续优化，品质持续向好，综合成本率为95.72%；实现利润3285万元；四是各渠道专业化能力显著提升，渠道结构合理；五是各项客服指标名列系统前列；六是三级、四级机构发展迅猛。

【客户服务】 2014年，太平财险山东分公司的工作重点是根据客户需求不断完善增值服务，持续全面优化客户体验。一是全力压缩案件处理时效，加强县域机构理赔基础服务体系建设；二是建立投诉预防机制、实行投诉处理运营负责人责任制，着重抓投诉预防工作与投诉升级后处理时效和质量，完善投诉指标评价体系；三是对部分机构所承保VIP以上客户免费提供酒后代驾服务；四是开展以"保险面对面，服务心贴心太平进社区"为主题的客户服务节，现场解答客户保险方面咨询，提供车辆免费消毒服务，推广太平财险微信号；五是加大宣传医疗费用垫、支付力度；六是积极开展代办年检，上门收取理赔资料等增值服务。

【大事记】 3月27日 太平财险总公司总经理陈锦魁、助理总经理周恩龙一行莅临山东分公司检查指导工作，其间，参加了2014年太平泛华深化战略合作启动会。

4月28日 太平财险总公司副总经理安猛莅临临沂出席了由中国太平保险集团、《中国保险报》和临沂市政府主办的"保险创新支持临沂民生工程推介会"，并对临沂中心支公司工作进行了检查指导。

5月16日 张欣岩被太平财产保险有限公司任命为太平财险山东分公司副总经理（太平财发〔2014〕187号）。

10月30日 山东保监局批复同意太平财产保险有限公司临沂市费县支公司开业（鲁保监许可〔2014〕1086号）。

11月6日 太平财险总公司副总经理朱捷一行莅临山东，对太平财险山东分公司班子进行2014年度现场履职考察并进行2015年度预算沟通。

11月15日 费县政府与太平财险临沂中心支公司战略合作签约暨太平财险费县支公司开业仪式在费县举行。山东分公司总经理陈中乾一行、临沂市金融办、民政局领导、费县县长刘飞，副县长陈文武、王康艳及费县各局委办、各乡镇领导、各金融机构、各大企业领导等约200人出席了本次活动。

11月28日 山东保监局批复同意太平财产保险有限公司日照市莒县支公司开业（鲁保监许可〔2014〕1236号）。

12月5日 太平财险山东分公司成功签单第一笔海带风灾指数保险业务，开创了该司创新发展农业保险的新篇章。

（杜钦杰）

太平财产保险有限公司山东分公司主要统计指标

项目＼年度	2009	2010	2011	2012	2013	2014	2014年同比增幅（%）
总资产（亿元）	0.26	0.24	0.25	0.37	0.47	0.49	4.26
签单数量（万件）	6.30	6.79	8.67	17.96	35.98	52.75	46.61
保费收入（亿元）	1.22	1.57	2.10	3.32	5.96	8.39	40.77
处理赔案（万件）	3.13	2.39	2.31	2.92	5.61	10.02	78.61
赔付支出（亿元）	0.80	0.74	0.93	1.02	2.19	3.23	47.49

太平人寿保险有限公司山东分公司

【第一负责人简介】 金依群，男，中共党员，生于1956年，毕业于黑龙江大学，本科。1984年7月起先后任职于哈尔滨工业大学、辽宁师范大学；1988年10月任辽宁纺织品进出口公司副科长；1995年12月起先后任职于平安保险大连、青岛、哈尔滨等分公司，历任经理、项目经理、助理总经理、副总经理等职务；2003年3月，任广电日升人寿保险公司副总经理；2004年6月起，先后任太平人寿福建分公司、江苏分公司总经理；2008年12月至今，任太平人寿山东分公司总经理。

【综述】 太平人寿保险有限公司（简称：太平人寿），1929年始创于上海，1956年移师海外，2001年恢复国内经营。总部设在上海，注册资本金100.3亿元，目前已开设37家分公司和1000余家三级、四级机构。公司已连续四年获得惠誉国际“A-”评级。

太平人寿山东分公司2003年6月复业。截至2014年12月末，该公司累计总保费收入263亿元，期末有效承保金额1093.80亿元，共计为429.32万余客户提供了保险保障。

【经营管理】 2014年，太平人寿山东分公司新单保费31.3亿元，同比增长34%，续期保费29亿元，同比增长26%。总保费市场排名第五，市场份额7.6%，同比提升了1个百分点。其特点：一是业务规模大，发展持续健康稳定。该公司总保费及主要考核指标，如个险标保、银保趸交规模、期交标保排名在太平人寿总公司34家省级分公司中均位列第二名；二是高度重视业务品质和合规管理，并被评为“2014年度山东省金融系统工会财务工作先进单位”；三是服务网络覆盖全省。三级机构强大，16家三级机构个险标保在太平人寿总公司205家三级机构中排名前十的有6家，银保趸交规模排名前十的有3家；四是队伍稳定，员工素质高。该公司在册员工全部签订了正式劳动合同并享受公司的五险一金等福利待遇，86.14%的员工学历为大专以上，其中本科学历占比为56.7%。

【客户服务】 2014年，太平人寿山东分公司主要客户服务表现：一是主办高端客户专刊，这是太平人寿为VIP客户精心打造、量身定做的保险消费工具书，每季度一期；二是名家之约高端讲座，是回报高端客户关爱而推出的系列客户服务项目之一，截至目前共举办了十余场系列讲座，主讲嘉宾包括各专业领域的重量级专家；三是客户服务节，以“健康、少儿、公益、关怀”为主线开展系列主题活动，为期三个月。

【大事记】 2月 太平人寿济南中心支公司开业（鲁保监许可〔2014〕113号）。

5月 太平人寿德州市平原支公司开业（鲁保监许可〔2014〕385号）。

6月 太平人寿山东分公司推动“金保单”项目成果显著，签单保费8000万元。

中国太平集团苏永雄、张敬臣莅临太平人寿山东分公司视察指导。

太平人寿总公司程永红莅临太平人寿山东分公司，指导

太平人寿保险有限公司山东分公司主要统计指标

项目 \ 年度	2010	2011	2012	2013	2014	2014 年同比增幅（%）
总资产（亿元）	2.08	5.43	7.56	29.90	40.42	35.18
签单数量（万件）	72.14	79.85	88.77	100.57	117.15	16.49
保费收入（亿元）	26.06	26.92	31.24	46.67	60.52	29.68
处理赔案（万件）	1.99	2.25	2.68	2.88	3.0	4.17
赔付支出（亿元）	1.43	1.78	2.38	2.87	5.07	76.66

“金保单”培训项目。

7 月　聘任马书旺为太平人寿山东分公司副总经理（太平寿人〔2014〕83 号）。

8 月　太平人寿济南市槐荫支公司、东营市东城支公司、滨州市博兴县兴福营销服务部 3 家机构获批筹建（鲁保监筹建〔2014〕64 号）。

9 月　太平人寿威海市环翠支公司获批筹建（烟保监筹建〔2014〕17 号）。

9 月　太平人寿山东分公司推动“实施防癌检测”项目，并在全系统再次推广。

11 月　聘任刘敬为太平人寿山东分分公司副总经理（太平寿人〔2014〕135 号）。

11 月　太平人寿济南市历城支公司开业（鲁保监许可〔2014〕1188 号）。

12 月　太平人寿烟台市海阳支公司获批筹建（烟保监筹建〔2014〕28 号）。

（王海霞）

第八部分

金融机构运行报告
——其他金融机构

一、信托公司

山东省国际信托有限公司

【第一负责人简介】 相开进，男，1964年11月13日生，1985年山东大学本科毕业，2005年获南开大学工商管理学硕士学位，拥有律师执业资格。1985年在山东省计划委员会工作，1993年5月加入山东信托，先后担任法律部副经理、经理，山东信托副总经理、总经理。现任山东省鲁信投资控股集团有限公司总经理，山东信托董事长。

【综述】 山东省国际信托有限公司（简称：山东信托）成立于1987年3月，是经人民银行总行和山东省政府批准设立的非银行金融机构。2002年8月经增资改制变更为有限责任公司，注册资本由11亿元增至12.8亿元（其中美元1500万元）。2007年8月经中国银监会批准，名称由“山东省国际信托投资公司”变更为“山东省国际信托有限公司”。2014年9月，山东信托引进中油资产管理公司作为战略投资者，注册资本增至20亿元，股东增至6家单位，分别为山东省鲁信投资控股集团有限公司、中油资产管理有限公司、山东省高新技术创业投资有限公司、山东黄金集团有限公司、济南市能源投资有限责任公司和潍坊市投资公司，由此具备了省属企业和中央企业双重股东背景。

2014年，山东信托立足国内信托业转型发展的实际，确定“转型创新发展”思路，稳中求进，规范运作，资本实力不断增强，盈利能力持续提升，实现了稳健运行。主要业务涵盖资金信托、财产信托、投资银行、资产管理和证券投资基金等，并受托管理山东省基本建设基金。在长期股权投资方面，山东信托目前主要控股泰信基金，参股富国基金、民生证券、泰山财产保险、德州银行、邹平浦发村镇银行等金融机构和泰山文化艺术品交易所、金鼎租赁等类金融机构。

山东省国际信托有限公司主要统计指标

单位：亿元

项目 \ 年度	2010	2011	2012	2013	2014	2014年同比增幅（%）
本外币资产总额	30.90	32.29	30.03	47.23	48.46	2.60
本外币负债总额	11.51	11.75	2.33	13.56	2.36	-82.60
营业收入	3.39	5.51	12.19	12.93	15.22	17.71
投资收益	1.39	0.41	3.90	0.35	0.09	-74.29
利润	3.36	3.19	9.40	9.57	10.51	9.82
净利润	2.95	2.47	7.24	7.32	7.66	4.64

【信托业务】 2014年，山东信托严格控制项目风险，积极应对市场竞争，巩固发展传统业务，加快转型创新步伐，信托业务实现平稳持续发展。截至年末，山东信托管理的信托资产余额为3301.90亿元，同比增长10.28%。

一、信托业务转型创新取得突破。一是家族信托开局良好并已初具规模，合同金额达3亿元以上，为遍布9个省份的客户提供了家族财富传承和增值服务；二是财富管理系列产品进一步发展，尊岳进取系列信托在追求较为稳定收入的同时有一定超额收益；三是形成服务上市公司的信托产品链条，设计推出恒泰5号、恒赢2号、海兰信1号等一系列创新产品，涉及上市公司股权质押、股票代持、定向增发、高管激励、员工持股、重组并购等；四是自主发行信托产品65只，规模61亿元，同比增长17.31%；拓展、维护客户1707个，同比增长13.8%。

二、创造了较好的社会效益。一是全年累计向投资者分配收益239.37亿元，是公司自身信托报酬收入的23.5倍，切实保障了受益人权益；二是有力支持实体经济发展，信托资产余额中有61%投向实体经济，规模为2012.76亿元；三是助力国家战略经济区发展，在存续的信托资产规模中，为“蓝黄”两区重点企业融资余额190亿元，为“一圈一带”融资余额304亿元；四是发挥信托功能优势，引导社会资本投向战略新兴产业、绿色环保产业、文化产业以及传统产业的优化升级环节。

【自营业务】 2014 年，山东信托自营业务取得较好进展，投资项目涵盖银行、证券、保险、基金、融资租赁等行业。截至年末，山东信托控股的泰信基金公司共发行开放式基金产品 15 只，管理资产规模 100.68 亿元，泰信基金全资子公司上海锐懿资产管理有限公司业务开展良好，设立产品 65 只，规模总计 74 亿元。

【内部管理】 2014 年是山东信托确定的“内部管理提升年”。一是以引进战略投资者为契机，修订公司章程和股东会、董事会、监事会、总经理办公会 4 项议事规则，进一步明确职责分工；二是改组董事会和监事会，完善人员组成，确保功能的有效发挥；三是对董事会下设委员会职责调整优化，厘清职责边界并促其审慎履职；四是聘请会计师事务所开展咨询服务，对业务管理、财务管理、风险管理、法律合规、产品销售、稽核审计、信息科技、纪检监察、行政管理等规章制度进行全面梳理优化；整理规章制度 14 大类，170 余项，形成《规章制度汇编（一）》，并下发试运行。

【大事记】 1 月 8 日、22 日 《大众日报》陆续刊发两篇稿件，介绍山东信托充分利用信托功能优势服务场外柜台市场的挂牌鲁企和中小企业。

3 月 5 日、12 日和 19 日 《大众日报》陆续刊发 3 篇稿件，分别报道山东信托财富管理系列产品品牌效应凸显，在艺术品信托产品上的创新探索以及综合运用债权、股权投资等方式发展创新性特色业务的尝试。

5 月 16 日 在 2014 年山东省省管企业慈善工作会议上，山东信托获评“2013 年度省管企业慈善工作先进基层单位”。

5 月 23 日 经中国银监会批复同意（银监复〔2014〕317 号），相开进任山东信托董事长，王映黎任总经理。

5 月 27 日 山东信托在济南召开 2013 年度股东会、四届十三次董事会、四届三次监事会，审议议案 15 项。

7 月 14 日 山东信托被山东省政府授予 2012—2013 年度“山东省金融创新奖”（鲁政办字〔2014〕97 号）。

8 月 1 日 经山东银监局核准，宋冲任公司副总经理（鲁银监准〔2014〕288 号），岳增光任风控总监（鲁银监准〔2014〕285 号），马文波任财务总监（鲁银监准〔2014〕282 号），李晓鹏任总经理助理（鲁银监准〔2014〕283 号）。

8 月 22 日 山东信托增资扩股申请获得中国银监会正式批复同意（银监复〔2014〕575 号），引进中油资产管理公司作为战略投资者，注册资本增至 20 亿元。

8 月 27 日 山东信托与委托人签署信托协议，第一单家族信托正式落地，公司回归信托本源的转型创新迈出实质性步伐。

9 月 26 日 山东信托召开 2014 年第二次和第三次临时股东会、四届十四次和十五次董事会、四届四次和五次监事会，会议选举王亮为副董事长、许临晖为监事长，增补陈勇为监事。

12 月 3 日 山东信托设立研发中心，负责信托行业形势、发展战略、商业模式、业务产品创新等研究工作。

12 月 山东信托获准进入全国银行间同业拆借市场（银总部函〔2014〕91 号），从事同业拆借业务。

12 月 24 日 《大众日报》刊发《山东信托领跑全省高端理财市场》一稿，对山东信托近年来尤其是 2014 年的信托业务开拓情况进行总结式报道。

（周晓艳）

二、资产管理公司

中国华融资产管理股份有限公司山东省分公司

【第一负责人简介】 解瑶琛，男，1965年11月生，河北石家庄人，中共党员，大学本科学历，经济师。1986年8月参加工作，历任河北经贸大学教师，工商银行石家庄分行和平路办事处信贷员，工商银行石家庄分行法律处副处长，华融公司法律事务部经理，华融公司天津办事处副总经理、纪委书记，华融公司业务审查部副总经理；2014年6月起，任华融山东分公司党委副书记、副总经理（主持工作）。

【综述】 中国华融资产管理股份有限公司山东省分公司（简称：华融山东分公司），其前身为济南办事处，成立于2000年4月24日，2012年10月改为现名。

2014年，该公司以“稳中求进、改革创新、转型升级”为主基调，以“一手抓利润，一手抓防化风险，一手抓队伍建设”为中心工作，求真务实，勇于拼搏，各项工作稳步发展，提前3个月完成全年经营目标，实现利润3.28亿元，同比增长34%。

【资产管理业务】 2014年，华融山东分公司充分运用投资银行手段，在收购银行及非银行金融机构债权并实施债务重组、进行资产整合上下功夫。密切与金融机构和大企业的联系，主动根据客户需求开发、设计产品，资产管理业务继续保持了大跨步发展态势。全年实现业务收入35422.83万元，占商业化收入总额的81.87%。全年参与山东银行业10个资产包的竞标，成功竞得农业银行青岛分行、工商银行青岛分行、工商银行莱芜分行等4个不良资产包，收购债权总额15.08亿元。

【中间业务】 截至2014年末，华融公司已经设立了10家平台子公司。山东分公司加强与平台公司业务合作，在严格控制风险的前提下，大力拓展信托、融资租赁、票据、增信、置业等中间业务，全年实现业务收入（含咨询服务收入）7820.18万元，占商业化收入总额的18.07%。

【股权管理及处置】 2014年，华融山东分公司对山东省内10户企业持有股权8.08亿股。为做好股权资产的管理和处置工作，主要采取了三项措施：一是加强股权资产的日常管理工作，完善了股权管理信息系统，并对有关股权企业按时进行走访和尽职调查，按时完成经营活动分析和管理报告；二是认真执行公司《对股权企业重大事项的内部决策程序》，对股权企业股东会、董事会、监事会议题严格按权限履行审批程序，依据授权进行表决，维护了股权权益；三是完成了烟台有色金属集团有限公司和山东万泰纺织有限公司股权退出工作，超额完成了公司下达的股权利润和现金流计划。

【内部管理和队伍建设】 2014年，华融山东分公司增强风险意识，完善合规管理，促进了内部管理工作水平的提高。一是对内设机构进行了调整，对工作职责进行了重新划分，达到了“分工合理、职责明确、相互制衡、关系清晰”的要求；二是加强业务审查队伍和流程建设，从源头上防范风险；三是成立项目管理部，专门负责项目的后期管理，实现了项目的投管分离；四是制定了业务、管理方面的制度办法，并加强监督检查；五是加强廉政建设，积极开展自查自纠及“回头看”工作，进一步规范了领导干部职务消费、办公用房、公务用车等行为，与各部门、员工分别签订了《勤政廉政目标责任书》和《员工廉洁自律承诺书》，制定了《业务工作廉洁承诺实施细则》，并开展了廉洁自律警示教育活动，确保“不发一案、不倒一人”。

【大事记】 3月24日 经华融公司党委研究决定，颜慧卿任华融山东分公司总经理助理（华融任〔2014〕109号）。

4月22~24日 华融公司总裁柯卡生、副总裁章琳、办公室总经理吴坤达、客户营销部副总经理（总经理级）徐建明一行莅临山东分公司调研指导工作。

6月5日 华融公司党委研究决定，解瑶琛任山东分公司副总经理，主持全面工作（华融任〔2014〕133号）。

7月21日 华融公司党委研究决定，王丙亮不再担任山东分公司副总经理、风险总监，另有任用（华融任〔2014〕117号）。

8月21日 华融公司监事长隋运生莅临山东分公司调研指导工作。

9月19日 华融公司党委研究决定，尚海涛任山东分公司纪委书记、风险总监，姜同伟不再担任山东分公司纪委书记、副总经理，徐翀旻任山东分公司总经理助理（华融党发〔2014〕196号、华融任〔2014〕158号、华融任〔2015〕9号）。

11月5~6日 华融公司副总裁章琳一行到山东分公司调研、检查指导工作。

（薛 萍 黄 升）

中国长城资产管理公司济南办事处

【第一负责人简介】 刘学堂，男，1962 年生，中共党员，高级会计师。1981 年 7 月参加工作，历任农业银行山东省分行科员、副科长、科长、副处长；1997 年 1 月任农业银行威海市分行副行长、党委委员；1999 年 1 月任农业银行山东省分行国际业务部总经理；2000 年 2 月任长城公司济南办事处资产经营部、处置办处长；2006 年 12 月先后任长城公司南宁办事处副总经理、党委委员、党委副书记（主持工作）；2011 年 2 月任长城公司济南办事处党委副书记、副总经理（主持工作）；2011 年 12 月至今任长城公司济南办事处党委书记、总经理。

【综述】 中国长城资产管理公司（简称：长城公司）是经国务院批准成立、具有独立法人资格的国有独资金融企业。长城公司济南办事处是该公司在山东省派驻的分支机构，2000 年 3 月 3 日正式挂牌成立。

2014 年，办事处坚持“调结构，扩规模，严管理，控风险，增效益，促发展”的总体思路，全体员工奋发进取，顽强拼搏，全年实现营业收入 8.7 亿元，实现利润 3.55 亿元，同比增长 35%，创造了连续 4 年利润快速增长的骄人业绩。

【不良资产经营处置】 2014 年，长城公司济南办事处高度重视山东省内金融机构拟转让的传统不良资产包，对推出的资产包全部进行尽职调查、合理定价、投标、竞标，全年累计成功收购工商银行、农业银行、建设银行、交通银行 4 家银行的 4 个传统不良资产包，共涉及不良资产 72 户，债权本息 11.33 亿元。同时，商业化收购重组省内 12 家银行 32 户债权，涉及本金 40 亿元，项目涉及的行业包括城镇化建设、金融服务业、工业制造业、现代农业、交通运输业、政府平台等，为银行调整信贷结构、化解风险及推动山东地方经济的发展作出了积极贡献。

2014 年，长城公司济南办事处成功突破债务人政策性破产等重大障碍，对济南齐鲁化纤集团所属 6 户企业债权成功处置，使债权债务得以圆满解决，企业职工得以安置。

青岛联城置业有限公司（简称：联城置业）是长城公司济南办事处在妥善解决青岛纺织系统 20 多亿元债务中搭建的一个平台。该办发挥综合金融服务职能，充分整合和利用债务企业现有资源开发项目，开发土地 321 亩，建成住宅 27 栋、57 万平方米。

【中间业务】 2014 年，长城公司济南办事处积极探索和尝试运作新的业务品种，最大限度为企业提供个性化、专业化融资服务方案。一是成功发行东营市中小企业集合票据，募集资金 3 亿元；二是入驻烟台市金融超市，加强与地方政府及企业的合作；三是以创新的思维与小额贷款公司合作，设计了科学的交易模式和严密的风控措施，业务迅速开展；四是与政府平台的合作取得了实质性突破。

【内部管理和金融文化建设】 2014 年，长城公司济南办事处围绕中心工作，内部管理做到“四个坚持”。一是坚持管理抓早，各项工作提前布局；二是坚持管理抓细，在积极打造“五道防线”风控体系的基础上，将相关制度予以梳理和细化；三是坚持管理抓严，提出“六个严禁”，严肃工作纪律，严格操作程序，堵塞工作漏洞；四是坚持抓“软管理”，重视加强教育和满足员工精神需求，组织举办运动会、圣诞联欢会，诗歌、摄影、演讲比赛等活动，丰富员工业余文化生活，打造和谐职工之家。同时加强宣传，年内分别在中国经济网、《山东工人报》、山东银行业协会网等主流媒体刊登报道 21 篇，树立了公司良好的社会形象。

【大事记】 长城公司济南办事处与中国银行山东省分行签署业务合作协议。

3 月 4 日 长城公司济南办事处召开 2014 年度工作会议暨纪检监察工作会议。

3 月 20 日 长城公司总裁张晓松会见山东省省委常委、常务副省长孙伟，并到济南办视察指导工作。

4 月 3 日 长城公司副总裁匡绪忠莅临济南办事处调研指导工作。

4 月 15 日 山东银监局对长城公司济南办事处领导班子 2013 年履职情况进行年度考核。

4 月 17 日 长城公司纪委书记秦惠众莅临济南办事处调研指导工作。

5 月 29 日 长城公司济南办事处与民生银行青岛分行签署业务合作协议。

6 月 18 日 长城公司济南办事处所持青岛联城置业有限公司股权全部转让，完成了债转股股权的增值退出。

9 月 5 日 长城公司济南办事处成功发行首单非公开定向中小企业集合票据。

9 月 19 日 长城公司济南办事处成功收购农业银行莱芜分行不良资产包。

9 月 26 日 长城公司济南办事处参加山东地区资产管理

公司座谈会。

11 月 18 日　长城公司济南办事处持有的济南齐鲁化纤集团系统 6 户债权处置终结。

12 月 2 日　长城公司党委书记沈晓明一行莅临济南办事处视察指导工作。

12 月 5 日　长城公司济南办事处收购工商银行泰安分行 17 户不良债权资产包。

12 月 10 日　长城公司济南办事处收购建行 31 户不良债权资产包。

（李　伟　陈　娟）

中国信达资产管理股份有限公司山东省分公司

【第一负责人简介】　陈正斌，男，1966 年 3 月生，1988 年 7 月毕业于贵州财经学院基建财务信用专业，大学本科学历。1988 年 7 月任建设银行贵州省干校教务科科长，1995 年 5 月起任建设银行贵州省白云专业支行办公室主任、沙冲办事处主任、白云专业支行行长助理；1999 年 7 月起任建设银行贵州省贵阳市河滨支行副行长、城东支行行长；2001 年 7 月起任信达贵阳办事处执行高级经理、主任助理；2010 年 6 月任信达贵州分公司副总经理；2013 年 12 月任信达山东分公司总经理。

【综述】　中国信达资产管理股份有限公司山东省分公司（简称：信达山东分公司）自 1999 年 9 月成立以来，秉承“化解金融风险、支持国企改革”的使命，始终致力于不良资产经营主业，综合运用债转股、债务重组、资产收购等多种手段，在支持地方经济建设和企业发展的同时，逐步确立了在不良资产行业的优势地位。尤其是 2010 年改制以来，信达山东分公司围绕总公司提出的以不良资产经营为核心，全力打造以资产管理和金融服务为发展重点的国际化、综合化的金融集团的目标，不断提高经营效益和内控管理水平。同时，依托总公司各项业务平台，积极为地方经济建设和广大客户提供各项优质的金融服务，目前已与省、市政府及多家金融机构和大中型企业建立了战略合作关系。

2014 年，信达山东分公司坚持以不良资产经营为核心，大力发展第三方资产管理业务和综合金融服务，狠抓增量业务利润、股权资产经营处置、集团业务协同和风险管控四项工作，进一步完善激励约束机制，持续提高发展质量和效益，较好地完成了年度经营计划任务，实现考核口径利润 10.1 亿元，保持了同业领先的竞争优势。

【不良资产收购】　2014 年，信达山东分公司新增商业化不良资产收购 23 项，实现投放金额 104.3 亿元，收购规模 160.9 亿元。

【不良资产处置】　2014 年，信达山东分公司实现经营现金回收 65.3 亿元，增量业务现金回收 64.5 亿元，存量现金回收 7420 万元。

【资产管理业务】　2014 年，信达山东分公司实现资产管理类业务 1 项，为山东中投建邦置业有限公司济南转山西片区项目结构性融资项目，实现初次投放规模 2.3 亿元，带动项目投资 6.9 亿元。

【集团协同及中间业务】　2014 年，信达山东分公司新增协同业务 5 项，规模 27.63 亿元，实现收入 9066 万元。完成中间业务 4 项，实现收入 1473 万元。

【债转股股权管理】　信达山东分公司提升类股权项目中兴能源于 2014 年末提交利润分配方案，根据分红决议确认分公司收益 2.06 亿元。

【大事记】　1 月 15 日　信达山东分公司总经理陈正斌主持召开 2013 年度人事考评述职大会，副总经理鲁宝兴、赵波及分公司全体员工参加。

2 月 18 日　信达山东分公司召开党的群众路线教育实践活动总结会议。

2 月 28 日　信达山东分公司召开 2014 年工作会议暨三届一次职工大会。

6 月 13 日　经过四轮紧张激烈的竞标，信达山东分公司成功中标农业银行山东省分行推出的全部资产包。

8 月 19 日　信达山东分公司总经理陈正斌与省金融办副主任张文、山东省鲁信投资控股集团有限公司总会计师荣刚商谈信达山东分公司以股权或债权资产出资山东省金融资产管理公司相关事宜。

10 月 27 日　信达山东分公司总经理陈正斌与省金融办主任李永健、副主任张文及山东省鲁信投资控股集团董事长汲斌昌商谈业务合作事宜。

11 月 24 日　信达山东分公司总经理陈正斌与山东中兴

能源有限公司董事长刘成录、总经理满慎刚商谈业务合作事宜。

（吴新明 赵利国）

中国东方资产管理公司青岛办事处

【第一负责人简介】 吴少杰，男，山东莱西人，1960 年 10 月生，1981 年 7 月加入中国共产党，大学学历。1977 年 11 月起先后任山东省即墨县汽车配件厂主管会计，地方工业供销公司会计，乡镇企业局财务科长，中国银行即墨支行副行长、行长等职；1997 年 10 月任中国银行青岛市分行副行长、党委委员；1999 年 5 月任中国银行山东省分行公司业务处处长；2000 年 5 月任中国东方资产管理公司青岛办事处助理总经理、党委委员；2005 年 12 月起先后任中国东方资产管理公司西安办事处副总经理(主持工作)、党委副书记和总经理、党委书记等职；2008 年 11 月至今任中国东方资产管理公司青岛办事处总经理、党委书记。

【综述】 2014 年，中国东方资产管理公司青岛办事处（简称：东方公司青岛办事处)努力开创业务发展的新局面，圆满完成了当年各项工作任务，与此同时，内部管理、综合治理更加规范有序，班子队伍建设不断加强。

【不良资产的接收】 2014 年，东方公司青岛办事处累计接收中国银行山东省分行剥离的政策性不良资产企业 1174 户，金额 265.39 亿元。其中，债权企业 1155 户，金额 207.60 亿元，分别占总户数和总金额的 98.38%和 78.22%；政策性债转股企业 19 户，金额 57.79 亿元，分别占总户数和总金额的 1.62%和 21.78%。除接收政策性不良资产外，东方公司青岛办事处还于 2004 年接收了财政部委托处置的中国银行山东省分行损失类贷款本金 159.12 亿元，通过市场化运作收购了建设银行山东省分行可疑类贷款本金 73.85 亿元。

【不良资产处置和回收】 2014 年，东方公司青岛办事处根据资产资源合理配置人力资源，坚持两条战线作战，两项业务并举。一条战线抓建设银行可疑类资产收现不放松，另一条战线抓商业化新业务不动摇，为山东省和青岛市众多企业提供金融、资金服务，较好支持了地方经济建设。主要业务数据：一是商业化利润。全年实现拨备前新商业化利润 2.4 亿元，完成计划利润 1.88 亿元的 128%；二是商业化业务拓展及存量情况。累计投放项目 19 个，投放金额 26.82 亿元，累计回收本金 26.25 亿元；结清项目 14 个，存量的新商业化业务 23 单，金额 29.51 亿元。业务类别分为房地产投融资业务和银行不良资产业务两项。其中，房地产投融资业务 14 单，金额 24.92 亿元；银行不良资产业务 9 单，金额 4.59 亿元；三是各类资产收现。截至年末，各类资产收现 475.5 万元，其中，政策类收现 32 万元(债转股企业分红)，建设银行可疑类资产回收 443.5 万元。

【不良资产的管理】 2014 年，东方公司青岛办事处认真做好不良资产的管理工作。一是要求项目经理做好尽职调查工作并及时入档，确保档案完整性；二是积极做好项目管理，及时公告催收，确保时效延续；三是强化文件学习和内审工作，使各项工作严格按要求操作。

【债转股进展情况】 2014 年，东方公司青岛办事处现有债转股企业共 9 家，持股金额 15.39 亿元。前期完成债转股注册登记的 11 家企业，持股金额 17.45 亿元。其中，由该办事处牵头完成注册登记 3 家，金额 15.24 亿元。前期已退出股权企业 2 家，金额 2.06 亿元，回收现金 1.09 亿元，回收率为 52.91%。

【大事记】 3 月 11 日 青岛银监局检查组正式进驻东方公司青岛办事处进行商业化业务现场检查工作。办事处组织召开检查见面会，青岛银监局副局长徐强到会，总室成员和全体业务人员参加会议。

5 月 13 日 东方公司青岛办事处与济南西城投资集团签署战略合作协议。

9 月 25 日 东方公司青岛办事处牵头举办山东地区资产管理公司业务座谈会，信达、华融、长城、东方 4 家资产管理公司主要负责人和业务骨干参加了会议。

10 月 13～21 日 总部对东方公司青岛办事处处置终结项目及执行中商业化项目进行现场检查，审计组共 7 人，由总经理文曲曲带队。

11 月 20 日 陈建雄副总裁到东方公司青岛办事处进行调研。

12 月 10 日 总公司党委以中东党（任)〔2014〕25 号文，任命王建英为东方公司青岛办事处纪委书记。

（贾文斌）

三、银联公司

中国银联股份有限公司山东分公司

【第一负责人简介】　李金良，山东宁津人，研究生学历，高级工程师。历任人民银行济南分行科技处处长、山东银行卡网络服务中心总经理。2002 年 3 月至今任中国银联山东分公司党组书记、总经理。2006 年被评为人民银行系统"优秀共产党员"，2009 年获得"山东省富民兴鲁劳动奖章"荣誉称号。

【综述】　2014 年，中国银联股份有限公司山东分公司（简称:银联山东分公司）坚持市场化转型，较好完成了各项工作任务。

【业务发展】　2014 年，银联山东分公司创新工作有序开展，巩固银行卡风险联合防范机制，确保系统稳定运行。

一、多措并举，推动银联卡市场份额提升。一是成立银行合作部，建立银行专职联系人机制，实行一站式服务；二是通过签订年度合作协议、开展个性化营销合作、组织银联信用卡业务座谈和培训等多种方式，促进银联卡发卡和用卡；三是组织辖内 16 家银联信用卡发卡行共同开展市场竞赛活动，拓展了"银联白金信用卡免费代驾"、"奥体和全民健身中心 62 折购票"、"银联信用卡美食娱乐 62 折"、"白金信用卡周六 2 折观影"等活动。

二、多策并用，促进受理市场有序发展。一是优化调整了机具租赁维护费方案，发布了《关于加强受理市场建设暨规范发展的函》，制定专业批发市场名单制度；二是对全省 300 多家银行、非金和收单外包服务机构进行培训，举办了山东省第六届收银员竞赛；三是加大行业合作力度，优化商户受理环境，石化、电力、保险、财税库银等传统行业交易规模稳步提

中国银联股份有限公司山东分公司主要统计指标

项目＼年度	2010	2011	2012	2013	2014	2014 年同比增幅（%）
入网特约商户（万家）	9.93	15.87	22.83	38.41	65.20	69.74
POS 机终端（万台）	15.65	24.40	35.14	53.03	84.03	58.49
POS 机实现交易	—	—	—	—	—	—
交易业务（亿笔）	1.93	2.63	3.37	4.38	5.72	31.21
交易金额（亿元）	4432	6042	8119	11984	14980	38.06
ATM（万台）	1.52	2.40	2.59	3.27	4.59	40.30
ATM 实现交易	—	—	—	—	—	—
交易业务（亿笔）	0.67	0.86	1.03	1.23	1.42	15.14
交易金额（亿元）	566	799	1041	1356	1728	27.40
借记卡发行（万张）	1652	2647	1810	2105	3400	61.52
信用卡发行（万张）	310	370	390	376	380	1.06

注：1. ATM 交易数据为银联统计的跨行取款交易数据，不含银行本行卡在本行 ATM 交易数据。
2. 表中 POS 机/ATM 交易业务笔数为清算交易笔数。
3. 表中借记卡/信用卡发卡量为银联卡品牌发卡量，不含 VISA、万事达等国际卡品牌双币卡。

升，拓展了山东省烟草配送、交警罚没款、银联COD物流综合支付、理财POS机等行业项目，物流、交警罚没款、银联COD物流综合支付、理财POS机四个项目的累计交易金额分别达12.2亿元、148.6亿元、15.5亿元和1448.6亿元。

三、多方联动，疏堵结合维护受理市场秩序。一是加强与政府主管部门和相关机构的沟通，巩固与成员机构、公安部门的银行卡风险防范联动机制；二是开展投诉奖励、商户违规约束整改、市场集中清理整顿专项活动。

四、推动创新业务全面发展。一是成功拓展了山东临工、鲁西化工、山东大学等行业类互联网商户，联合发卡银行、电商共同举办营销活动；二是推动移动支付在物流代收货款、快消品资金归集方面的应用，联合成员机构共同开展ATM跨行转账营销活动，全年实现业务收入453万元；三是推动银联钱包和银联积分业务发展，做好商户拓展、终端改造、媒体报道等项工作；与山东农信试点VIP客户银联钱包积分奖励业务，积分业务交易量排名全国第一；四是完成了辖内成员机构ATM终端的金融IC卡惠民标识申请、张贴工作，并调动收单机构和第三方共同拓展公交、出租、菜市场等民生领域金融IC卡行业应用，目前东营公交和济南菜市场等项目均已投产上线且初见成效。

五、优化生产运营，建立健全运行制度，确保银联网络、系统安全稳定。

【大事记】 1月16日 “2014年山东省银行卡工作座谈会”在济南召开，辖内35家成员机构银行卡业务主要负责人、银联山东分公司相关负责人出席会议。

3月28日 银联山东分公司组织召开“2014年山东银行卡市场发展委员会工作会议”。

5月8日 银联山东分公司组织辖内银联信用卡发卡银行召开“山东省银联信用卡业务座谈会”。

5月27日 银联携手商业银行、合作商户共同打造的首届“银联62儿童消费节”山东启动仪式在银座玉函店广场举行。

7月24日 银联山东分公司在济南举办了2014年银行卡差错争议业务培训和银联创新产品推介会。

8月6日 银联总裁时文朝莅临山东分公司调研指导。

9月16～17日 由山东省人社厅、省总工会、省妇联、省商会、银联山东分公司共同主办的山东省第六届“银联杯”商业服务业收银员职业技能竞赛决赛成功举办。之后山东决赛获胜选手赴沪参加全国总决赛并取得了团体第二名，个人第四、第六的佳绩。

9月27日 银联IC卡“重阳感恩季”活动山东启动仪式在贵和购物中心西广场举行。

（刘 勇 刘泽宁）

中国银联股份有限公司青岛分公司

【第一负责人简介】 赵玉东，男，1970年5月生，中共党员，本科学历，经济师。1993年7月参加工作，历任人民银行青岛市中心支行计划处副主任科员，青岛市银行卡网络服务中心办公室副主任、市场部经理、总经理助理，中国银联青岛分公司助理总经理、副总经理等职。2004年8月起，担任中国银联青岛分公司总经理。

【综述】 2014年，中国银联股份有限公司青岛分公司（简称：银联青岛分公司）不断扩大业务领域，提高服务水平，以推广银联标准卡为主线，加快推动各项工作，跨行业务继续保持较为良好的增长态势。总体业务情况：

一、POS机跨行消费。截至2014年末，青岛市银行卡特约商户有效数量为7.8万家，联网POS机有效数为10.9万台。全市实现POS机跨行消费交易11868万笔，金额3069亿元，同比分别增长16.6%和15.1%。

二、ATM跨行取款。截至2014年末，青岛市入网ATM终端数量为7091台。全市实现ATM跨行取款3270万笔，金额360亿元，同比分别增长7.8%和14.3%。

【经营管理】 2014年，银联青岛分公司切实维护良性产业生态环境，全面提升银联卡市场份额，持续巩固和扩大传统业务市场，大力发展手机支付、互联网支付等创新业务，全面提升市场竞争力。主要工作如下：

一、狠抓市场规范。一是组织银行卡同业继续开展受理市场规范专项活动，通过银联交易监控、系统监测、现场检查以及银行从业人员举报投诉等方式，进行违规行为核查整改；二是建立打击银行卡犯罪协作机制，与青岛市公安局经侦支队签署了《建立经侦工作联络室合作备忘录》，由公安经侦支队

中国银联股份有限公司青岛分公司主要统计指标

项目 \ 年度	2010	2011	2012	2013	2014	2014 年同比增幅（%）
入网特约商户（万家）	2.4	3.3	3.6	4.7	7.8	65.9
POS 机终端（万台）	3.8	5.1	5.5	7.8	10.9	39.7
POS 机实现交易	—	—	—	—	—	—
交易业务（亿笔）	0.64	0.73	0.83	1.02	1.18	15.7
交易金额（亿元）	1322	1551	1899	2809	3069	9.3
ATM（万台）	0.38	0.45	0.57	0.63	0.71	12.7
ATM 实现交易	—	—	—	—	—	—
交易业务（亿笔）	0.20	0.24	0.27	0.30	0.33	8.6
交易金额（亿元）	162	215	255	312	360	15.4
借记卡发行（万张）	2435	2666	2890	3299	3449	4.5
信用卡发行（万张）	340	490	550	683	780	14.2

集中行动查处疑似套现行为。

二、狠抓银联卡营销，全面提升市场份额。一是实施核心商户黏性营销；二是启动高端卡年度营销；三是首次开展城市购物节营销活动；四是开展银联国美专项营销活动。

三、推动传统业务加快发展。一是继续开展全市 POS 机联合营销活动，与青岛市银行业协会共同发起推动，于 4 月正式启动了“使用银联卡，月月有大奖，‘芯’卡新生活，精彩共分享”年度联合营销活动；二是开展金融 IC 卡“闪付”营销活动，组织各发卡银行共同开展了“挥卡‘可乐’，清凉一‘夏’”专题营销活动；三是加大 ATM 营销力度，与银行业协会联合推动全市银行业开展“2014 年 ATM 等自助终端评比活动”，启动总分联动的 ATM 跨行交易营销竞赛，分别与农商行、交通银行、邮储等机构开展 ATM 跨行取款有奖活动。

四、深入开展创新服务。一是加快推进互联网支付，与青岛银行合作开展 2014 世园会门票网上销售；新上线青岛亿城通、海信聚折扣、维客点点网、青岛烟草、公用事业及便民缴费等当地有影响力商户；与拟开展互联网收单业务的第三方机构赢联、通联等积极洽谈合作事宜，累计签约银联在线支付商户 85 家；二是借助世园会深入推进移动支付业务，联合武汉擎动网络科技公司，大力开展中小商户的资金回款业务，联合钱袋网、擎动网络等第三方公司，大力拓展银联商圈共享客户端手机支付用户，全市实现移动支付业务 45 亿元；三是大力推进金融 IC 卡的行业受理，积极参与出租车、地铁等交通领域的 IC 卡应用。

【大事记】 5 月 6 日 青岛市公安局经济犯罪侦查支队驻青岛银联工作联络室正式挂牌。

11 月 19 日 银联青岛分公司与交通银行、青岛广电无线传媒集团于青岛动漫产业园举行“青岛市出租汽车服务管理信息系统信息化支付合作”签约仪式。

（路 瑶）

四、财务公司

中国重汽财务有限公司

【第一负责人简介】 宋其东，男，1963年4月生，山东泰安人，中共党员，高级会计师，武汉理工大学经济学硕士研究生。1984年参加工作，先后任职于重汽集团财务处科长、副处长、处长，财务部副部长，销售公司副总经理兼总会计师，计划财务部部长兼重汽财务公司副董事长、总经理，中国重型汽车财务有限责任公司副董事长、总经理；2004年10月起，任重汽集团副总会计师兼重汽财务公司董事长；2014年11月至今，任重汽集团总经济师、总法律顾问兼重汽财务公司董事长。

【综述】 2014年，中国重汽财务有限公司（简称:重汽财务公司）坚持发挥金融平台作用，积极为集团成员单位、上下游客户提供优质金融服务，以汽车消费信贷、融资租赁、买方信贷等措施助推集团汽车产品销售，为集团的发展发挥了不可替代的作用。

【集团资金的统一结算】 2014年，重汽财务公司积极发挥集团资金结算平台作用，坚持为集团提供优质结算服务。全年结算业务零差错，累计实现结算量3960.59亿元，完成结算笔数5.71万笔。一是提升资金管理信息化水平，升级资金管理系统，上线启用银企直联功能；二是梳理细化服务流程，提高资金结算服务标准；三是对结算系统进一步优化升级，大大节省了时间，提高了结算效率；四是根据新业务需求，创新、调整了结算流程。

【汽车消费信贷】 2014年，重汽财务公司充分发挥专业优势，大力开展汽车消费信贷、汽车融资租赁、汽车保理、汽车周转贷款等多层次汽车金融业务，坚持业务数量与质量并重，继续强化风险管理。全年累计发放汽车消费贷款17.49亿元，贷款车辆同比增加4.88%。一是细化贷前、贷中、贷后管理职责，加强监督落实；二是坚持定期召开贷审会制度，保证审贷独立；三是定期开展从业人员廉政教育和从业道德教育；四是修订完善了多项管理制度；五是加强现场考察、合同审核、放款收款、资料复核等业务合规操作。

中国重汽财务有限公司主要统计指标

单位：亿元

项目 \ 年度	2010	2011	2012	2013	2014	2014年同比增幅（%）
本外币资产总额	35.43	60.86	57.17	57.13	115.07	101.42
本外币负债总额	23.98	48.57	44.93	44.42	101.79	129.15
营业收入	1.24	2.53	2.65	2.77	3.98	43.68
利润	0.98	2.01	1.73	1.88	2.00	6.38
净利润	0.74	1.51	1.29	1.41	1.49	5.67
上缴税金	0.26	0.54	0.64	0.63	0.70	11.11

注：2014年统计数据未经审计，最终数据以审计机构3月出具的审计报告为准。

【大事记】 2月26日 山东银监局核准刘敬斌重汽财务公司副总经理任职资格（鲁银监准〔2014〕66号）。

3月 重汽财务公司申报的《汽车金融融资租赁业务》，获2013年度山东省企业管理现代化创新成果二等奖。

4月22日 重汽财务公司在济南召开2013年度股东会议，选举产生了公司第三届董事会、第三届监事会成员。

重汽财务公司召开第三届董事会第一次会议，选举宋其东任公司董事长、韩文杰任副董事长。

重汽财务公司召开第三届监事会第一次会议，选举吴建义任公司监事长。

8月9日 重汽财务公司董事长宋其东接受山东电视台采访,介绍了公司立足服务集团、开展产业链金融服务上下游小微企业情况。

11月26日 外汇局山东省分局批复(鲁汇备〔2014〕6号)重汽财务公司作为主办企业,开展跨国公司外汇资金集中运营管理业务。

12月12日 山东银监局核准王相林重汽财务公司董事任职资格(鲁银监准〔2014〕569号),核准郭世金重汽财务公司董事任职资格(鲁银监准〔2014〕567号),核准刘海英重汽财务公司独立董事任职资格(鲁银监准〔2014〕568号)。

(王永涛)

海尔集团财务有限责任公司

【第一负责人简介】 李占国,男,中共党员,工商管理硕士,高级会计师。1993年进入海尔集团,先后担任海尔集团国内市场CFO、物流兼海外市场CFO、海尔财务公司副总经理,现任海尔财务公司副董事长、总经理。

【综述】 2014年,海尔集团财务有限责任公司(简称:海尔财务公司)以"成为互联网时代最具竞争力的金融服务增值平台"为战略目标,打造集约化金融服务、集团化金融管理、集成化金融协同"三位一体"的海尔全球化金融综合服务中心。

【公司经营】 2014年,海尔财务公司秉承集团"创业"和"创新"的两创精神,在有效驱动集团产业发展的同时,保持了行业内的最快发展速度和最佳绩效,连续四年获得"年度最佳财务公司"称号。

一、积极开展衍生品业务,规避市场风险,降低结算成本。通过内部整合以及专业优势迅速扩大外汇交易规模,全年共开展外汇交易35.3亿美元,同比增长189%。其中,即期结售汇总额14亿美元,同比增长44%;远期结售汇总额20亿美元,同比增长12.3倍;外币对远期0.4亿美元;外币对掉期0.9亿美元。累计为集团节约财务费用2亿元人民币。

二、电子商业汇票线上清算及大额支付系统(仅限电子商业汇票清算)成功上线运行,并在上线当天成功处理线上票据托收16笔,金额1772.56万元,客户线上解付6笔,金额382.48万元,清算账户资金划入2笔,金额4809.70万元,再贴现到期资金划入3809.67万元。

三、启动"信贷工厂"项目,依托先进的信息系统技术,实现了"高速批量作业、标准流程处理、精确风险控制"的管理目标,并复制模式到小贷公司、消费金融公司、融资租赁公司等金融单元,实现了标准化信贷业务产品的共享审批模式。

【内控与风险管理】 2014年,海尔财务公司严格内控管理。一是加强对房地产贷款风险监测,通过风险管控体系的不断完善,形成事前参与、事中控制、事后退出的全流程闭环风险管控体系;二是为防范小微企业贷款风险,严格按照银监会"三个办法一个指引"的要求开展业务,解决小微企业融资难问题。

【大事记】 5月22日 海尔财务公司成功发行第二期金融

海尔集团财务有限责任公司主要统计指标

单位:亿元

项目 \ 年度	2010	2011	2012	2013	2014	2014年同比增幅(%)
本外币资产总额	344.40	380.29	381.80	612.87	688.53	12.35
本外币负债总额	324.20	350.60	340.55	558.74	618.67	10.73
营业收入	8.65	16.68	21.16	20.63	23.95	16.09
利润	7.03	12.68	15.51	18.03	19.46	7.93
净利润	5.29	9.58	11.64	13.60	14.62	7.50
上缴税金	2.03	4.08	5.45	6.23	6.24	0.16

债，规模为32亿元。

10月10日　青岛银监局批复同意海尔财务公司注册资本变更及修改公司章程(青银监复〔2014〕252号)。

11月19日　青岛银监局批复核准张瑞敏海尔财务公司董事长任职资格(青银监复〔2014〕305号)。

青岛银监局批复核准李占国海尔财务公司副董事长任职资格(青银监复〔2014〕306号)。

12月　海尔财务公司投资成立海尔消费金融公司。

海尔财务公司连续四年获得“金龙奖”系列之“年度最佳财务公司”奖项。

(刘　敏)

南山集团财务有限公司

【第一负责人简介】　隋政，男，山东乳山人，1963年5月生，工商管理硕士。1979年参加工作；1992年10月起，历任香港中银集团投资有限公司副经理、经理、高级经理、副总裁，中国银行威海分行副行长，东方资产管理公司青岛办事处副总经理，南山集团公司董事、副总经理兼财务公司筹备组组长等职，2008年8月任南山集团财务有限公司副董事长兼总经理，2014年1月1日至今任董事长。

【综述】　2014年，南山集团财务有限公司(简称：南山财务公司)积极推动业务创新，强化内部管理和队伍建设，较为圆满地完成了各项工作任务。

【公司经营】　2014年，南山财务公司紧密围绕集团金融需求，不断丰富服务手段，提升服务能力。一是通过为企业提供个性化的账户管理体系、采取账户联动模式实现异地企业资金及时回笼等方式拓宽资金来源渠道；二是充分发挥资金枢纽作用，累计办理结算业务17万笔，其中通过网银办理占比达85%；三是全力支持集团产业发展，累计投放资金55亿元，同比增长12%，办理委托贷款23笔，金额19.22亿元，同比增长25%；四是建立了招评标为一体的保险业务运作体系，为集团节省保险成本700多万元；五是新增履约保函等业务，同时采取集中授课、上门服务、辅助设计融资方案等方式，为企业排忧解难；六是全面加强流动性管理，提高资金运作能力，资产收益率为3.65%，净资产收益率为21%。

【内控及风险管理】　2014年，南山财务公司加强内控及全面风险管理体系建设，继续保持了开业6年“零”案件的案防工作成果。一是先后对250多项制度进行梳理，出台40多项新制度；二是将风险管控贯穿事前、事中、事后全过程，梳理风险点30多个，开展专项检查30余次；三是超额计提拨备，贷款损失拨备率达360%，一般准备余额达到风险资产期末余额的1.5%；四是制定严密的应急管理措施，开展应急演练，确保业务连续运行；五是继续推动合规文化建设，通过案例警示教育、差错点评等，促使全体员工警钟长鸣、警示自我。

【队伍建设】　2014年，南山财务公司着力提高员工专业能

南山集团财务有限公司主要统计指标

单位：亿元

项目＼年度	2010	2011	2012	2013	2014	2014年同比增幅(%)
本外币资产总额	43.00	49.31	45.73	69.08	56.39	-18.37
本外币负债总额	36.79	41.97	37.21	59.15	44.91	-24.05
营业收入	2.06	2.50	2.56	3.29	4.1	24.62
利润	1.38	1.48	1.57	1.88	2.99	59.04
净利润	1.01	1.11	1.18	1.41	2.25	59.57
上缴税金	0.47	0.54	0.57	0.68	0.91	33.82

力，取得较好效果。一是加强专业培训，累计集中培训200多个小时，员工技能测试通过率为100%；二是开展系列金融知识培训，扩大员工视野；三是通过岗位轮换、交流、干部竞聘等方式，打造干事创业的平台；四是开展中层干部读书活动，每周交流；五是开展丰富多次的集体活动，提高队伍凝聚力。

【大事记】 1月1日 公司下发任免通知（南财字〔2014〕1号），由隋政任董事长，曲丽华任副董事长兼总经理，郭芸任副总经理。

7月31日 经银监会批准（银监复〔2014〕506号），南山财务公司获得“有价证券投资（股票二级市场投资除外）、对金融机构的股权投资”新业务。

（高玉臣）

海信集团财务有限公司

【第一负责人简介】 黄金萍，女，1997年5月毕业于复旦大学世界经济专业，硕士。曾在中国建设银行任职10年，先后担任深圳市海汇、海源投资有限公司常务副总经理、总经理，现任海信集团财务有限公司总经理。

【综述】 2014年，海信集团财务有限公司（简称：海信财务公司）持续完善业务功能，提升创新能力。一是接入人民银行大额支付系统，顺利上线电票资金线上清算；二是开展外汇资金跨境集中运营试点，集中管理境内外外汇资金。截至年末，海信财务公司资本充足率为75.81%，流动性比率为52.15%。集团全口径资金归集率由2010年末的57.9%升至2014年末的85.4%。

【公司经营】 2014年，海信财务公司围绕资金集中管理的核心职能，全面提高资金运作、结算服务、信贷服务和风险管理等能力，取得良好业绩。

一、大力推广海信电子商业汇票，提升品牌在金融市场的信誉度。一是改善现金流状况，提高集团对外支付能力，电子商业汇票推广取得新成绩；二是获批成为电子商业汇票资金线上清算7家试点财务公司之一，于6月顺利通过人民银行总行验收按时上线，稳定运行，在联行清算业务资格方面取得重大突破。

二、加强资金集中管理，有效提高资金归集力度。一是建立集团账户平台，为资金集中管理提供保障；二是持续推广资金集中收付，降低集团外存资金和资金汇划成本；三是取得外汇资金集中运营管理试点资格，实现集团境内外外币资金的自由划转。

三、加强基础工作，提升水平。一是持续完善业务制度，确保基础工作质量；二是在获得集团审计和外审认可的前提下，改革会计凭证规范，确保因集中收付导致结算量近20倍增长且人力不增加的情况下，业务高效平稳运行；三是实行日常检查制度，督促培养良好工作习惯。

海信集团财务有限公司主要统计指标

单位：亿元

项目 \ 年度	2010	2011	2012	2013	2014	2014年同比增幅（%）
本外币资产总额	40.7	49.68	46.13	62.87	87.08	38.51
本外币负债总额	34.9	43.22	38.57	53.94	70.42	30.55
营业收入	0.66	1.02	1.5	2.03	2.48	22.17
利润	0.56	0.89	1.45	1.84	2.3	25.00
净利润	0.42	0.67	1.09	1.38	1.73	25.36
上缴税金	0.18	0.27	0.43	0.58	0.63	8.62

【内控与风险管理】 2014年，海信财务公司持续加强内控建设，有效提升风险管理水平。一是对各业务条线进行全面风险排查，开展岗位职责和业务流程梳理，形成了具有很强指导性的覆盖全部业务和风险环节的操作手册；二是通过完善制度和加强对制度执行情况的监督，进一步促进业务规范化；三是持续推进结算差错率考核，提高结算质量；四是推进业务管理的信息化和工作流程标准化，在保证传统业务高效开展的同时，提升各环节的风险管控能力。

【大事记】 1月 海信财务公司召开 2014 年度经营工作会议。

5月 外汇局青岛市分局青汇复〔2014〕16 号文批复同意海信财务公司作为主办企业为海信集团开展跨国企业外汇资金集中运营管理试点业务。

6月 海信财务公司电子商业汇票资金线上清算相关系统正式通过人民银行总行验收并上线运行。

7月 海信财务公司完成股东变更及增资事项，公司注册资本由 5 亿元增至 8.25 亿元。

10月 海信财务公司总经理黄金萍就跨境人民币结算业务接受新华社等 7 家媒体采访。

12月 人民银行青岛市中心支行批复同意海信财务公司作为主办企业、中行山东省分行作为结算银行为海信集团开展跨境双向人民币资金结算业务。

（王曙光　于丽梅）

中国石化财务有限责任公司山东分公司

【第一负责人简介】 宫琳，中共党员，高级会计师。曾任中国石化青岛石油化工有限责任公司副总会计师兼财务管理部主任、党支部书记，2013 年 7 月任中国石化财务有限责任公司山东分公司经理。

【综述】 中国石化财务有限责任公司山东分公司（简称：中石化财务山东分公司）经中国银监会批准，于 2007 年 9 月 1 日正式营业，公司设在山东省青岛市，营运资金 1 亿元，现有从业人员 30 人。

2014 年，中石化财务山东分公司秉承立足石化、服务主业、争创一流的经营宗旨，重点为山东辖区的胜利油田、齐鲁石化、青岛炼化和青岛石化等 90 多家成员企业提供金融服务。

中石化财务山东分公司始终把风险防范和业务安全作为一切工作的重中之重，不断完善案件防控制度和重大事项报告制度，严格执行内控制度，实现内控管理的全流程和常态化运行。组织开展了业务稽核检查及每季度内控业务流程的线上自查，检查范围实现全面覆盖，内控与风险管理水平进一步提高。

【大事记】 3月12日 中石化财务公司印发财司党〔2014〕2 号文件，免去张建江山东分公司党支部书记职务。

3月19日 中石化财务公司副总经理高中元莅临山东分公司检查指导工作。

4月23日 中国银监会检查组莅临中石化财务山东分公司现场检查。

7月17日 中石化财务公司党委书记、总经理张保龙莅临山东分公司检查指导工作。

8月8日 中石化财务山东分公司举办驻鲁企业电子票据业务研讨会，大力推进财务公司电子票据业务。

（许钦珍）

中国石化财务有限责任公司山东分公司主要统计指标

单位：亿元

项目＼年度	2010	2011	2012	2013	2014	2014 年同比增幅（%）
本外币资产总额	65.53	89.31	156.02	72.96	43.03	-41.02
本外币负债总额	64.56	88.87	154.55	69.99	41.39	-40.86
营业收入	2.94	2.50	5.21	3.76	2.01	-46.54
利润	1.28	0.58	1.96	2.62	0.86	-67.18
净利润	0.96	0.44	1.47	1.96	0.65	-66.84
上缴税金	0.41	0.35	0.50	1.01	0.31	-69.31

山东重工集团财务有限公司

【第一负责人简介】 吴汝江，男，中共党员，中南财经大学经济管理专业毕业，高级经济师。1980年参加工作，历任工商银行潍坊市分行副科长、科长、办公室主任、副行长、行长、党委书记，工商银行山东省分行营业部总经理、党委书记，民生保险经纪公司董事长。现任山东重工集团金融总监、山东重工集团财务有限公司总经理、潍柴控股集团监事会主席、山推工程机械股份有限公司董事。

【综述】 山东重工集团财务有限公司（简称：山东重工财务公司）成立于2012年6月11日，是由山东重工集团有限公司、潍柴动力股份有限公司等5家企业共同出资成立的非银行金融机构。

2014年，山东重工财务公司坚持“基础、创新、管理、服务”的工作思路，夯实基础、强化管理、优化服务，着力推进运营模式、业务与产品、人力资源管理机制创新。

一、提高资金集约化管理水平。该公司通过加强对成员单位的资金限额管理，完善资金池、票据池运行，推动潍柴动力银行保证金转存财务公司等措施，实现了公司存款的大幅增长，存款余额由年初的63.47亿元增长到年末的127.68亿元，全口径资金归集率由年初的33.96%提高到年末的50.02%。

二、提高金融服务的广度和深度。一是巩固传统信贷业务，突出发展产业链金融业务，年末信贷资产余额31.89亿元，其中产业链融资余额6.94亿元，占贷款余额的25.82%；二是大力发展以即期结售汇业务为核心的国际业务，累计办理结售汇228笔、金额2.07亿美元，占同期成员单位即期结售汇量的98%；三是积极发展电子商业汇票业务，通过财务公司电票系统开立电子商业汇票224笔、金额5.03亿元，其中办理电子商业汇票贴现83笔、金额1.17亿元。

三、加强资金管理，实现资金收益最大化。一是开展资产负债比例管理，对头寸备付率等6项指标进行监控并按月分析，基本实现了资金总量平衡、结构合理；二是加强同业存款管理，通过合理安排同业存款期限、开发同业存款产品等措施，努力提高同业存款收益；三是拓宽资金运用渠道，获批加入全国银行间同业拆借市场和债券市场，资金运用渠道初步实现多元化。

四、加强内部管理和企业文化建设。一是编制了公司2015—2017年发展规划；二是完善公司价格管理体系，提高核算工作的实效性；三是开发了电子票据系统、结售汇系统的项目，做好运维工作，实现资金系统平稳运行；四是完善人力资源管理机制建设，积极开展企业文化建设。

山东重工集团财务有限公司主要统计指标

单位：亿元

项目 \ 年度	2010	2011	2012	2013	2014	2014年同比增幅（%）
本外币资产总额	--	--	34.70	74.54	141.29	89.56
本外币负债总额	--	--	24.58	63.85	129.89	103.43
营业收入	--	--	0.39	1.28	2.35	83.87
利润	--	--	0.17	0.75	1.46	94.47
净利润	--	--	0.12	0.56	1.09	93.76
上缴税金	--	--	0.03	0.22	0.55	146.11

【内控与风险管理】 2014年，山东重工财务公司加大改革力度，降低操作风险，取得显著成效。一是完善风险防控体系，设立了董事会审计委员会，完善了公司法人治理结构；二是开展财务公司流动性压力测试，检验了公司的流动性风险承受能力；三是组织编写了业务操作手册，按季开展关键风险点及合规检查，提高了全体员工的合规风险意识；四是制定了《2014年信贷准入政策》，平衡风险与收益，切实提高信贷资产

质量；五是积极开展内部审计，对主要业务实现了审计全覆盖。

【大事记】 4月11日 山东重工财务公司资产总额突破百亿元，达100.09亿元。

6月9日 获国家外汇局批准，山东重工财务公司正式成为全国银行间外汇市场会员，开办即期结售汇业务。

6月25日 山东重工财务公司存款余额突破百亿元，达100.76亿元。

7月21日 获中国银监会批准，山东重工财务公司开办承销成员单位企业债券、有价证券投资以及成员单位的消费信贷、买方信贷和融资租赁3项新业务。

9月22日 山东重工财务公司成功接入中国人民银行电子商业汇票系统，办理电票业务。

10月16日 山东重工财务公司获批加入全国银行间同业拆借市场和债券市场。

（邰桂忠）

山东钢铁集团财务有限公司

【第一负责人简介】 陶登奎，山东莱芜人，中共党员，毕业于北京科技大学冶金机械专业，工学硕士学位。1987年7月参加工作，历任莱钢集团有限公司总经理助理、董事、副总经理等职；2008年2月任山东钢铁集团有限公司副总经理；2012年2月至今，兼任山东钢铁集团财务有限公司董事长。

【综述】 2014年，山东钢铁集团财务有限公司（简称：山钢财务公司）全面贯彻集团公司发展战略，坚持服务集团的功能定位，积极转变发展思路，不断改善经营管理，着力提升服务能力，在业务发展和管理提升两个方面均取得了可喜成绩。

【公司经营】 2014年，山钢财务公司以十项工作为主线，以管理提升为重点，以业务拓展为目标，公司经营业务稳中有进，稳中有为。

一、资金集中管理工作取得新突破。有针对性地下发了《加强资金统一管理工作的通知》，全年吸收存款日均余额35.88亿元，同比增幅为4.36%，可归集口径资金度达70%以上，同比增幅为20%。

二、信贷票据业务实现跨越式发展。全年累计发放贷款21.21亿元，办理票据贴现及再贴现业务16.91亿元，委托贷款业务5亿元；办理商业承兑汇票转贴现4.4亿元，为成员单位担保协助外部融资2亿元，大大提高了对成员单位的融资支持水平。

三、中间业务保险代理步入常态化运作。利用专业服务的优势提供优质理赔中介服务，为成员单位节省保费支出。全年办理投保资产61.22亿元，实现代理总收入78余万元，同比增加15%，为成员单位节省保费费用62.3%，最大限度地维护了其合法权益。

四、努力发展新模式、新业务，综合性金融服务能力得到

山东钢铁集团财务有限公司主要统计指标

单位：亿元

项目＼年度	2010	2011	2012	2013	2014	2014年同比增幅（%）
本外币资产总额	0	0	31.06	60.29	51.80	-14.08
本外币负债总额	0	0	14.66	42.84	33.58	-21.62
营业收入	0	0	1.02	1.66	1.36	-18.07
利　润	0	0	0.54	1.40	1.02	-27.14
净利润	0	0	0.40	1.05	0.77	-26.67
上缴税金	0	0	0.10	0.48	0.33	-31.25

注：此数据未经年终审计。

全力提升。一是为配合集团资金预算管理,对现有结算模式实施改造,由银行代理模式转向公司自主结算模式;二是申请开办电子商业汇票业务,丰富财务公司产品,12月,电子商业汇票系统接口通过人民银行总行验收;三是积极推进同业拆借业务的申报开办,11月,人民银行上海总部正式批准公司加入全国银行间同业拆借市场,金融功能进一步得到完善。

【内控与风险管理】 2014年,山钢财务公司一是完善制度,满足业务创新和风险管控的新要求,全年修订和完善公司各种制度共计36项;二是进一步加强合规审查,对前期监管部门和内部审计排查出的风险点进一步梳理,督促业务部门落实整改,促进业务规范化;三是建立风险预警月度例会制度,督促业务部门及时发布预警信息,建立风险应急预案;四是提升信息科技风险防范管理水平,是年,公司核心业务系统达到了公安部信息系统等级保护三级系统标准要求。

【大事记】 3月21日 山钢财务公司被授予“兼业保险代理先进集体”。

4月16日 山钢财务公司获得人民银行济南分行正式加入电子商业汇票系统的批复。

11月26日 山钢财务公司正式获得外汇局山东省分局对“跨国公司外汇资金集中运营管理备案制”的批复。

12月2日 山钢财务公司顺利通过人民银行清算总中心电子商业汇票接口验收。

(宓小婷)

山东黄金集团财务有限公司

【第一负责人简介】 李国红,男,1970年10月生,安徽望江人,中国科学技术大学工商管理专业研究生学历,高级会计师、中国注册会计师、高级黄金投资分析师、国际注册高级会计师、国际高级财务管理师。1994年7月参加工作,历任蚌埠卷烟厂物流公司财务负责人兼上海凯贝投资有限公司总经理、安徽黄山卷烟总厂财务审计部科长、合肥卷烟厂财务总监等职务。2008年至今,任山东黄金集团有限公司副总经理,现兼任财务公司董事长,山金金控资本管理有限公司董事长、总经理,山金期货公司董事长等职务。

【综述】 2014年,山东黄金集团财务有限公司(简称:山东黄金财务公司)专注打造具有黄金产业特色的资金运营平台、金融服务平台、价值创造平台,全力以赴为集团产业链条提供贴身金融服务。

【公司经营】 2014年,山东黄金财务公司各项业务发展迅速。一是制定例会和报告制度,定期发布《银行融资工作简报》,为集团争取到基准利率或下浮的信贷资金支持。截至年末,累计为集团办理授信总额1050亿元,筹集银行信贷资金25.9亿元;二是积极配合成员单位走访当地银行,与农业银行、中国银行、工商银行等10余家银行就综合授信、贷款、融资租赁、承兑汇票等业务进行洽谈;三是完成上市成员单位资金归集所需的审批、公告等一系列工作,成功实现上市成员单位资金的归集。年末,该公司全口径资金集中指标为50.41%,在省内同业中位居前列;四是通过合理搭配、竞价存放、高收益运作余量资金,不断完善同业存放询价竞价机制,全年累计实现存放同业利息收入5425.2万元,占公司收入比例的45.3%;五是11月人民银行不对称降息政策出台后,公司相应下调了成员单位的贷款利率,并将成员单位的存款利率一浮到顶(达20%的上限);六是6月成功实现对公保险代理业务零的突破,全年共为成员单位办理516单保险代理业务,并为集团员工量身打造了集车险、财产险、人身险于一体的保险综合服务平台“金保仓”;七是新设票据部,通过建立“票据池”实现对成员单位票据资源的集中管理,为集团减少财务成本费用和票据操作风险。

【内控及风险管理】 2014年,山东黄金财务公司风险管理全面加强,内控能力明显提高。一是建立了“三会一层”(股东会、董事会、监事会,经营管理层)为主体的治理架构,并通过引入独立董事优化了董事会成员结构;二是制定《全面风险管理办法》,实行审贷分离,形成了风险尽职调查、贷审会集体评审和决策审批“三位一体”的信贷审批管理机制;三是制定了共9大类、90多个制度,涵盖公司治理、业务经营、风险控制和内控审计等规章制度和操作流程,初步形成了制度体系。

山东黄金集团财务有限公司主要统计指标

单位：亿元

项目 \ 年度	2014
本外币资产总额	23.84
本外币负债总额	13.14
营业收入	1.05
利　润	0.74
净利润	0.56
上缴税金	0.21

【金融文化建设】　2014年，山东黄金财务公司一是注重弘扬集团文化，努力营造平台培养人、岗位锻炼人、事业造就人、文化凝聚人的良好氛围；二是举办了五四青年座谈会，并组织爱国主义教育活动；三是成功举办“庆祝公司成立一周年”系列活动；四是构建学习研究型团队，员工的专业素质明显增强；五是定期组织业务人员参加中国财务公司协会举办的专业培训，并邀请兄弟单位进行业务指导。

【大事记】　4月21日　山东黄金财务公司召开第一届股东会第二次会议、第一届监事会第二次会议。

6月19日　山东黄金财务公司成功办理黄金出租公司48单机动车辆的保险代理业务，这是开业以来成功取得的首单保险代理业务。

8月13日　人民银行下发银支付〔2014〕183号，山东黄金财务公司成功通过人民银行审批加入电子商业汇票系统。

10月23日　山东黄金财务公司召开第一届股东会第三次会议。

10月27日　山东黄金财务公司成立票据部（鲁金财司字〔2014〕31号）。

（翟　晴）

五、金融院校

山东大学经济学院

【第一负责人简介】 李长英，山东大学经济学院院长，教授，博士生导师，美国科罗拉多大学经济学博士。主要研究方向：产业组织理论、国际经济学、微观经济理论与应用。

【综述】 山东大学经济学院是在原山东大学经济学系的基础上于1988年组建的。学院下设经济学、财政学、金融学、国际经济与贸易学、风险管理与保险学5个系，以及产业经济研究所、泰岳经济研究中心、博弈论与经济行为研究中心等研究机构，拥有应用经济学、理论经济学一级学科博士学位授予权和应用经济学博士后流动站，目前设有9个博士专业、18个硕士专业和6个本科专业，其中金融工程和财政学本科专业为国家级特色专业，与山东大学数学学院共建"金融数学与金融工程人才培养基地"（彭实戈班）。2012年，学院选拔组成了经济与金融卓越人才培养国际化实验班（以下简称全英实验班），设置经济学和金融学两个专业方向，采用全英文授课，开辟了经济金融类国际化人才培养的新途径。

学院现有教职工122人，专职教师99人，其中教授37人，副教授30人；博士生导师51人（含兼职、合作导师23人），硕士生导师68人（含兼职、合作导师25人）；国家"千人计划"特聘教授1人，"泰山学者"特聘教授2人，国家级教学名师1人，马克思主义理论研究和建设工程重点教材首席专家1人，教育部"新世纪优秀人才支持计划"3人，山东省有突出贡献的中青年专家3人，享受国务院特殊津贴专家5人。教育部"金融类专业教学指导委员会"委员1人。"金融学专业教学团队"、"政治经济学系列课程教学团队"为国家级教学团队，"金融数学跨学科交叉应用型人才培养实验区"为国家级人才培养模式创新实验区。

学院现有国家重点学科1个，山东省重点学科3个，山东省哲学社会科学重点研究基地3个，山东省工程技术研究中心1个（建设评估为"优秀"），山东省软科学重点研究基地2个（其中1个为与管理学院共建），山东省"十二五"高校人文社会科学研究基地1个。在2012年教育部学科评估中，学院应用经济学科排名全国第12。

近5年来，学院教师在国内外学术刊物发表论文500余篇，出版学术专著60余部，主持国家社科基金、国家自然科学基金和省部级课题100余项，其中国家社科基金重大招标项目2项，国家自然科学基金重点项目1项，教育部重大攻关项目2项。《居民资产与消费选择行为分析》一书荣获"孙冶方经济科学奖（著作奖）"，《政治经济学》、《金融投资学》、《国际贸易学》、《政府经济学》、《产业经济学》被评为"国家精品课程"，《金融投资学》为国家精品资源共享课程，《政府经济学》为普通高等教育精品教材，《公共财政概论》为马克思主义理论研究和建设工程重点教材。《城乡卫生医疗服务均等化研究》入选2011年全国优秀博士学位论文。

目前，学院进入了"内涵发展"的崭新阶段。学院以建设研究型大学高水平经济学院为目标，坚持"学术立院、学科兴院和人才强院"战略，全面推进"师资队伍国际化、人才培养国际化和学术研究国际化"，优先和重点发展具有优势、特色和潜力的学科，以优势学科为主干学科进行科学规划与建设。重点规划应用经济学科平台建设，同时兼顾理论经济学科的发展和新的学科增长点的培植。围绕经济学前沿理论问题，面向国家和地方经济社会发展重大需求，着力打造产业经济学、财政学（公共经济学）、金融学、国际经济与贸易学四大二级学科为主体的应用经济学科平台，激励和支持理论经济学科凝练学术团队，形成研究特色，扶持和培养新的学科增长点，努力形成重点突出，优势鲜明，彰显特色的理论与应用学科协调发展的经济学学科体系。

【教学工作】 2014年，学院完成了本科培养方案修订工作。新增1本"十二五"规划教材、1门慕课课程，完成全部5门通识核心课、9门各级精品课的网站建设；在全校率先基本完成在职攻读专业硕士学位专业课程视频录制；研究生全英文教学课程达到12门，2人获得山东省优秀硕士论文，1人获得山东省研究生创新成果奖，1人获得博士生校长奖学金，2人获得教育部学术新人奖；首次成功招收全英文授课、全英文写作与答辩的国际博士生8名；第八届国际教育项目招生140人。学院与美国加州大学伯克利分校、荷兰马城大学等续签合作协议，并成功申请国家留学基金委优秀本科生出国交流项目资助。159名学生通过学校学院项目出国交流访学，其中84名本科毕业生出国深造，占总数的24.34%，人数与申请名校数量均创历史新高；首次为贫困生提供了学院海外交流奖学金。23名研究生通过"1+1"项目到欧美名校进行学习和研究。

【内部管理】 2014年末，学院召开了中共山东大学经济学院党员大会，选举产生了新一届中共山东大学经济学院党委委员。学院成立了校友工作办公室及校友服务社，修订印制《校友名册》，成功举办了山东大学经济学院校友工作恳谈会暨聚贤教育基金理事会年度会议。

【成人教育】 2014年，学院共完成30班次、2277人次的教育培训项目。

【科研工作】 2014年，学院启动实施《学术繁荣计划》，推动科研工作，首批资助项目3项。获得国家社会科学基金重点项目2项，一般项目5项；获国家自然科学基金面上项目4项，青年项目2项；获教育部人文社科基金规划项目1项，青年项目4项，省自然科学基金7项，山东省社科基金3项。获山东省第28次社会科学优秀成果一等奖2项，二等奖2项。学院实到科研经费总额551.85万元。新增山东省有突出贡献的中青年专家1人。

【大事记】 3月21日 山东大学经济学院乔岳、陈新岗获评教授，王哲伟、张剑虎、张媛春、宫晓琳获评副教授。

4月1日 山东大学经济学院李齐云教授获评第八届山东省教学名师。

4月21日 王秀丽任山东大学经济学院党委书记。

5月20日 山东大学经济学院成立山东大学全球化与中国经济中心。

12月1日 山东大学经济学院成立山东大学应用统计研究所。

12月13日 香港经济学会双年会在山东大学经济学院召开。

12月21日 山东大学经济学院举办第一期聚贤校友论坛。

12月22日 王智太校友向山东大学经济学院捐赠10万元。

12月25日 召开山东大学经济学院党员大会，选举产生了新一届党委委员，举行了新一届委员会全体会议，选举了学院党委书记、副书记。

（朱子川）

第九部分

区域性金融运行报告
——鲁中地区

济南市

【经济金融概况】 2014年,济南市经济运行总体平稳,基础设施投资增长40.3%;金融运行稳中有进,金融业完成增加值541.9亿元,增长16.1%,增速居各行业之首,对全市GDP的贡献率为16%,完成税收收入108.2亿元,占全市总税收的12.4%。各项贷款突破万亿元大关。信贷结构进一步优化,涉农、小微企业等民生领域金融支持稳定增加。

【货币政策实施】 2014年,人民银行济南分行营业管理部(简称:人民银行济南分行营管部)认真贯彻落实稳健的货币政策,运用多种政策工具,引导金融支持实体经济发展效果明显。

一、制定了《关于贯彻稳健货币政策促进省会经济结构调整和转型升级的指导意见》,与济南市发展改革委、金融办联合举办了银企合作推进会,组织金融机构对398个重点企业项目综合授信1102亿元,全年共落实银企对接项目授信金额997亿元,占银企对接综合授信金额的90.2%。

二、金融支农"一把手工程"实现新突破。一是制定出台了《关于金融支持省会现代都市农业加快发展"强力推进年"工作的实施意见》和《金融支持省会现代都市农业加快发展工作考核评价办法》;二是召开了4次金融支持省会现代都市农业加快发展工作座谈会,并建立与保险机构、政府相关部门的沟通协调合作机制,加强金融与农业、财政政策的衔接配合,强化了涉农金融政策指导;三是金融支农产品创新取得新进展,历城区农信社成功办理了首笔农村土地承包经营权抵押贷款50万元,长清农信联社与安华农业保险股份有限公司济南中心支公司创新"生猪价格指数保险+银行贷款"的银保合作模式,为山东鼎泰牧业有限公司发放贷款300万元,平阴农信联社成功推出林权抵押贷款保险业务为,6户购买了林权抵押类保险的农户发放贷款605万元;四是落实"主办行"制度,组织召开了"主办行"支持现代农业加快发展工作座谈会。

三、货币政策工具效能显著。人民银行济南分行营管部开办首笔常备借贷4.5亿元、首笔支小再贷款6亿元,重启支农再贷款4000万元,用足用活再贴现16.51亿元,两次对符合审慎经营要求的9家法人金融机构"定向降准"释放流动性8.5亿元,引导金融机构优化信贷投向,重点支持"三农"和小微企业。截至年末,本外币涉农贷款余额1845.2亿元,比年初增加75亿元,增长4.2%;小微型企业贷款余额1203.6亿元,增长6.4%。

【金融稳定】 2014年,人民银行济南分行营管部多措并举,有效维护了金融稳定。

一、实现风险监测全覆盖。将辖区35家银行业机构、1家证券公司、1家法人保险机构、50家保险公司分支机构、1家信托公司、7家财务公司、23家小额贷款公司等纳入监测范围,并通过风险排查、调研、约谈等方式,基本摸清了辖内金融机构不良贷款、大型企业"担保圈"、交叉性金融工具的风险状况。

二、完善金融稳定重大事项报告制度。一是将全辖65家证券公司营业部、期货公司纳入重大事项报告范围,建立了重大事项谈话制度,参与协调应对信用风险11件,化解负面舆情2件;二是组织开展法人金融机构压力测试和应急演练,协同分行对中信银行济南分行等7家金融机构开展了现场检查;三是编制《金融稳定重大事项专报》,并将部分风险案例予以通报。

三、积极配合地方政府有效规范民间融资。组织开展了"拒绝高利诱惑,远离非法集资"集中宣传活动,配合市金融办加强对民间资本管理机构的审核,协调市财政局等确保了金融稳定再贷款专款专用和及时收回。

【金融服务】 2014年,基层央行服务经济社会的能力明显增强。一是继续深化农村支付服务环境建设,手机支付便民服务点实现了行政村全覆盖;二是顺利完成辖区ACS综合前置子系统上线推广工作;三是残损人民币清分、销毁工作完成指标创历史最高水平;四是信用报告查询量继续保持全省第一位;五是反洗钱监管效能进一步增强;六是跨境人民币结算业务量实现跨越式增长;七是圆满解决"M3S7"开头百元假钞新闻舆情事件;八是成立济南市金融消费权益保护协会,开通"12363"金融消费权益保护咨询投诉电话。

【金融监管】 2014年,一是完成了对济南市102家金融机构的综合评价,并将评价结果在第一季度行长联席会上进行了通报;二是完成了对广发银行济南山大路支行等34家新设机构的金融管理与服务工作;三是组织299人参加了业务技能考核;四是共完成上级行部署和自主立项的专项检查共12项;五是有效发挥反洗钱防控机制作用,向公安机关移交6条可疑交易线索,进行了10余次情报会商,发布了2期洗钱风险提示。

【保险业务】 2014年,济南市保险业市场运行平稳,保险资金运用渠道进一步拓宽。截至年末,新开业升级分公司2家,获批筹建1家,驻济保险公司主体已达79家。保险资金投资的债券项目不断增加,泰山财险参与发起保险业首个私募基金,并取得海外投资资格,合众人寿在济南投资的养老社区项目进展顺利。

济南市经济主要统计指标

指标 \ 年度	2010	2011	2012	2013	2014	2014年同比增幅（%）
土地面积（平方公里）	8177	8177	8177	8177	8177	--
人口（万人）	604.1	606.64	609.21	613.2	621.6	1.4
城镇人口（万人）	112.91	115.42	--	--	--	--
乡村人口（万人）	491.19	491.22	--	--	--	--
地区生产总值（亿元）	3910.8	4406.29	4812.68	5230.19	5770.60	8.76
第一产业（亿元）	215.2	237.86	252.92	284.71	299.11	4.20
第二产业（亿元）	1637.5	1828.97	1938.14	2053.24	2215.16	8.80
工业（亿元）	1352.4	1507.88	1603.08	1690.63	1772.26	8.90
建筑业（亿元）	285.03	321.09	335.06	362.61	442.90	8.50
第三产业（亿元）	1720.33	2339.46	2621.62	2892.24	3256.33	9.10
人均地区生产总值（元）	64783	64311	69574	74993	82052	7.9
地区生产总值构成（%）	--	--	--	--	--	--
第一产业（%）	5.50	5.4	5.3	5.4	5.18	-0.22
第二产业（%）	41.87	41.5	40.3	39.3	38.39	-0.91
第三产业（%）	52.63	53.1	54.5	55.3	56.43	1.13
财政总收入（亿元）	1285.1	1387.4	1611.1	1747.6	1758.43	0.62
地方财政收入（亿元）	266.1	325.4	380.8	482.1	543.13	12.67
财政总支出（亿元）	659.7	668.1	--	--	--	--
地方财政支出（亿元）	336.8	396.9	461.4	522.3	571.89	10.12
全社会固定资产投资（亿元）	1987.4	1934.3	2186.1	2638.3	3063.44	16.10
规模以上固定资产投资（亿元）	--	--	--	806.0	1041.06	21.10
房地产开发（亿元）	484.5	527.2	663.3	721.2	917.37	27.21
进出口总值（亿美元）	74.1	104.0	91.5	95.66	105.00	9.70
出口总值（亿美元）	40.6	43.5	57.2	54.81	60.61	10.50
实际利用外资（亿美元）	10.4	11.0	12.2	13.21	14.35	8.70
社会消费品零售总额（亿元）	1725.5	2023.1	2323.6	2633.9	2964.43	12.60
居民消费价格指数（%）	102.1	105.4	103.0	102.8	102.20	-0.59
城市居民人均可支配收入（元）	25321.1	28892	32570	35648	38763	8.7
农民人均现金收入（元）	8903.3	10412	11786	13247.6	14726	11.2

济南市工农业主要统计指标

农业主要统计指标（万吨）				规模以上工业企业主要统计指标（亿元）			
项目 \ 年度	2013年	2014年	增幅（%）	项目 \ 年度	2013年	2014年	增幅（%）
粮食	266.6	271.2	1.7	工业增加值	1511.33		10.05
夏粮	123.85	126.4	2.0	国有工业	255.55		5.39
秋粮	142.75	134.3	2.2	集体工业	9.25		1.43
棉花	2.0	1.6	-16.7	股份制工业	972.98		13.49

续表

农业主要统计指标（万吨）				规模以上工业企业主要统计指标（亿元）			
项目＼年度	2013年	2014年	增幅（%）	项目＼年度	2013年	2014年	增幅（%）
油料	5.7	4.9	-13.0	股份合作制工业	2.42		28.35
水果	52.2	53.2	1.9	外商及港澳台投资工业	145.92		2.86
蔬菜	657.1	665.9	1.3	轻工业	395.05		6.74
肉类	40.24	40.7	1.0	重工业	1116.4		11.24
禽蛋	35.6	35.5	-0.2	销售收入	5150.16	5391	7.92
奶类	31.82	32.1	1.0	利税	531.45	620.1	17.14
水产品	4.6	4.7	2.1	利润	251.96	297.1	14.9
森林覆盖率（%）	34.0	35.2	3.53	经济效益综合指数（%）	243.97	261.62	19.5

注：1.工业增加值不出总量。2.工业的财务指标等的增幅为可比增速。

济南市主要金融机构概况

单位名称	行长（或其他称谓的第一负责人）	副行长（或其他称谓的同级领导）	员工总数	辖内营业网点数
人民银行济南分行营业管理部	陈好孟	岳隆杰 张海清 孙国强 王 刚 刘向群 黄 磊	251	
农发行山东省分行营业部	许 静	李 慧 邢怀超 刘 健	205	6
工商银行山东省分行营业部	朱岩峰	刘 静 王 波 王愿红 刘瑞林 金 滨 陈 文 董 娇	3977	147
农业银行山东省分行营业部	翟世勇	王旭光 李登才 邵静河 李 杰	2938	141
中国银行济南分行	葛春尧	秦锐明 仲维功 周曙光 刘焕竹 李栋柱 左文莉 陈 静 靳红举 解传富 王 妤	1784	74
建设银行山东省分行营业部	郝子建	朱晓磊 鲍金磊 赵海红	2785	130
中信银行济南分行	侯训义	刘国栋 柳永生 张少华 季向霞 张海鹰	767	16
光大银行济南分行	王 欣	陈贵明 黄炳华 林 燕 张建华 姜立惠	685	17
华夏银行济南分行	夏 阳	钱建华 王秀荣 张沛儒 张 虹 宁金龙	559	13

续表

单位名称	行长（或其他称谓的第一负责人）	副行长（或其他称谓的同级领导）	员工总数	辖内营业网点数
平安银行济南分行	刘志刚	张汉忠 吕爱琴 刘 明 杨景泉 陈振华 康 建 李春节 徐 丽	596	18
招商银行济南分行	周伟林	齐君承 孟 丽 吕成玉 胡文有 张 洪 季 萍 文 磊	823	18
浦发银行济南分行	孔 建	钟明明 丛威娜 孙 旭	511	13
兴业银行济南分行	张 霆	林家炎 魏 军 曾 勇 穆晓达	439	14
民生银行济南分行	陈焕德	孙 兴 彭曙光 韩咏军 蔡丹平 夏京利	1200	20
恒丰银行济南分行	朱 鸣	刘永东 李 静 赵行海 房 毅	319	9
渤海银行济南分行	金富祯	宋 奇 孙开贤 鞠加亮 王铁华	366	7
浙商银行济南分行	傅荣生	余兴刚 吴宝国 姜 兵	270	3
广发银行济南分行	庞新锋	杜经涛 许铁民 顾 蓉 范广文	420	7
齐鲁银行	董事长：王晓春 行长：黄家栋 监事长：王建军 党委副书记：胡晓蒙	赵学金 柴传早 毛芳竹 张 华 徐业东 崔 香 张常平 张海燕 张殿东 朱 宁 李九旭 葛 萍	2604	102
威海市商业银行济南分行	张仁钊	凌 伟 谢 磊 王希峰 王振江	280	11
青岛银行济南分行	潘丽宏	刘同刚 张甲富 张渤林	343	9
日照银行济南分行	焦自竺	王 刚 郭炳凌	155	6
天津银行济南分行	姚志坚	刘亚军 张维东 申凤玲 潘 玲	367	9
北京银行济南分行	王淑梅	孔海涛	335	9
莱商银行济南分行	李华珍	巩长青 王 渠	172	8
山东省农信联社济南办事处	王宝城	张洪堂 张新华 杨 艳	4784	345
邮储银行济南市分行	张 文	席晓琳 潘红梅	1120	41
汇丰银行（中国）济南分行	薛 洁	冯建伟	32	1
渣打银行（中国）济南分行	王敬禹		34	1
东亚银行（中国）济南分行	马金玉	王智浩 赵 云 田中胜	34	1
中国重汽财务公司	韩文杰	刘敬斌 刘德英	113	1

续表

单位名称	行长（或其他称谓的第一负责人）	副行长（或其他称谓的同级领导）	员工总数	辖内营业网点数
鲁商集团财务公司	董事长：李　明 总经理：张志强	马玉义　王金栋　吕元忠 高振斌　周卫民	37	1
山东重工财务公司	吴汝江	庄新亭　张　珉　黄　震	59	1
山东钢铁财务公司	陶登奎	李凤强　闵宪金 赵永辉　杨再昌	37	1
山东黄金财务公司	吴　晨	齐宗弟　王述曦　于志强	34	1
山东能源财务公司	刘德华	徐立波	30	1
山东晨鸣财务公司	董事长：王春方 总经理：常德生	阎向阳	28	1
章丘齐鲁村镇银行	杨长春	王　芳　程　峰	49	2
济南槐荫沪农商村镇银行	周庆锋	张成立	37	2
济南长清沪农商村镇银行	李军昌	陆　勇	49	2
泰山财险	郭永利	纪　律	1416	80
齐鲁证券	董事长：李　玮 监事会主席：杨　峰 总裁：毕玉国	陈　方　孙培国　何振江 钟金龙　侯祥银　姜桂庆 吕祥友　刘珂滨　黄　华 张　晖　袁西存	4961	257
鲁证期货	董事长：陈　方 总经理：李学魁	刘运之　姜　辉　裴英剑 余东新　刘建民　季秋红	504	25

济南市金融业务统计指标

指标（亿元） \ 年度		2010	2011	2012	2013	2014	2014年同比	
							增加额	增幅（%）
银行类	本外币存款余额	7601.9	8364.1	9893.8	10925.8	12010.17	1084.35	10.5
	人民币存款余额	7510.4	8275.8	9798.5	10808.1	11744.39	936.33	10.37
	*单位存款	2955.3	5385.3	6392.1	6843.6	7466.3	620.89	7.31
	储蓄存款	2187.7	2427.5	2888.7	3267.8	3671.58	253.45	13.03
	本外币贷款余额	7035	8009.8	8632.8	9211.2	10002.55	791.33	6.6
	人民币贷款余额	6319.1	6893.7	7406.2	7812.5	8508.29	695.78	5.37
	短期贷款	1898.6	2313.6	2756	2935.2	2908.11	-18.27	6.01
	中长期贷款	4093.7	4151.8	3948.7	4231.9	4841.33	600.58	7.19
	票据融资	220.2	270.1	451	427.4	542.21	114.85	-5.25
	当年结益	101.5	120.2	195.1	205.7	245.1	18	4.8
	不良贷款余额	115.6	86.7	86.5	86.2	95.2	9	10.44
	不良贷款占比（%）	1.83	1.02	1.00	1	0.9	-0.03	-3.26

续表

指标（亿元）\年度		2010	2011	2012	2013	2014	2014 年同比	
							增加额	增幅（%）
保险类	保险公司保费收入	113	110.345	122.5	141.5	162.86	21.36	15.10
	财险收入	27.7	32.91	37.9	44.3	50.09	5.79	13.07
	寿险收入	85.3	77.44	84.6	97.1	112.77	15.67	16.14
	保险公司赔款和给付支出	21.4	27.73	35.2	47.3	52.97	5.67	11.99
	财险赔款	10.6	12.61	16.8	22.4	23.31	0.91	4.06
	寿险给付	10.8	15.12	18.4	24.9	29.66	4.76	19.12
	当年结益	--	--	--	--	--	--	--
证券类	证券市场成交总额（万亿元）	11263.8	6860.13	5346.63	8861.6	16228.17	7366.57	83.13
	投资者保证金余额	271.1	265.2	233.5	254.7	297.5	42.8	16.8
	证券账户开户数(万户)	75.3	118.22	107.4	110.1	132.06	21.96	19.95
	佣金收入	32.7	30.4	26.8	27.0	9.13	-17.87	-66.19
	净利润	8.9	1.75	1.27	2.55	5.11	2.56	100.39
	期货市场成交总额	18909.6	27627	23858	33900	34300	400	1.18
	期货客户保证金余额	27.4	13.25	15.0	14.57	21.87	7.3	50.10
	期货账户开户数(万户)	4.85	6.61	5.48	5.74	8.36	2.62	45.64
	期货手续费收入	--	--	--	--	1.00067	--	--
	利润总额	0.71	0.6	0.46	0.26	0.033	-0.227	-87.31

注：“*”表明该项指标 2010 年前为“企业存款”，其数字也是如此。

济南市金融机构统计指标

指标（个）\年度		2010	2011	2012	2013	2014	2014 年同比增幅（%）
银行类	法人机构	8	11	16	17	19	--
	省级分行	2	25	28	29	29	--
	二级分行	8	13	14	14	14	--
	县区支行	196	198	200	205	210	--
	分理处、营业所	237	240	263	284	299	--
	储蓄所	--	--	--	--	--	--
	从业人员总数	24937	26436	26298	27910	29636	--
保险类	保险机构	55	71	72	74	75	1.35
	财险机构	22	29	30	31	30	-3.23
	省级分公司	10	14	15	24	16	-33.33
	地市分公司	12	13	6	6	23	283.33
	县区支公司	44	47	49	49	64	30.61

续表

类别	年度 指标（个）	2010	2011	2012	2013	2014	2014年同比增幅（%）
保险类	寿险机构	33	42	42	43	45	4.65
	省级分公司	26	29	29	36	36	0.00
	地市分公司	8	4	4	6	20	233.33
	县区支公司	20	40	42	45	77	71.11
	从业人员总数	27841	31381	31124	31200	37392	19.85
	财险人员	5977	6361	5156	5240	6429	22.69
	寿险人员	21864	25020	25968	25477	30963	21.53
证券类	证券机构	43	58	62	70	92	33.33
	证券公司	1	1	1	1	1	
	证券营业部	42	53	57	60	72	20.00
	证券服务部（分公司）	3	4	4	9	19	111.11
	从业人员总数	1608	1621	1618	1650	1779	7.82
	投资者开户数（万户）	128.7	124.4	121.5	125.82	132.06	4.96
	境内上市股票只数	21	23	28	25	23	-8.00
	境外上市股票只数	7	8	4	7	6	-14.29
	辖区上市公司总数	26	30	30	30	28	-6.67

济南市主要金融机构业务概况

单位：亿元

单位名称	本外币存款余额	人民币单位存款	人民币储蓄存款	本外币贷款余额	人民币短期贷款	人民币中长期贷款
国开行山东省分行	317.67	196.23	0.00	3174.63	86.85	1533.76
农发行山东省分行营业部	16.96	16.96	0.00	61.70	38.58	17.97
工商银行山东省分行营业部	1444.70	828.50	566.38	940.82	140.57	720.59
农业银行山东省分行营业部	1350.89	729.69	554.12	723.47	134.78	554.01
中国银行济南分行	765.44	521.47	185.28	448.31	150.90	281.38
建设银行山东省分行营业部	1272.79	718.03	542.64	531.85	124.24	377.51
交通银行山东省分行	413.81	320.03	51.05	159.73	79.21	77.74
中信银行济南分行	398.85	277.20	73.56	239.71	84.30	110.47
光大银行济南分行	225.93	188.10	20.28	186.87	112.84	47.44
华夏银行济南分行	170.11	134.12	30.36	154.60	34.89	60.94
广发银行济南分行	171.07	107.10	7.10	93.26	72.43	18.67
平安银行济南分行	257.76	200.44	26.34	235.03	165.99	165.99
招商银行济南分行	405.67	251.51	140.81	304.35	146.09	143.63
浦发银行济南分行	332.68	237.43	65.06	171.54	116.61	51.02
兴业银行济南分行	356.68	295.93	52.74	163.18	58.48	97.82

续表

单位名称	本外币存款余额	人民币单位存款	人民币储蓄存款	本外币贷款余额	人民币短期贷款	人民币中长期贷款
民生银行济南分行	495.87	409.27	73.79	234.70	168.54	60.56
恒丰银行济南分行	121.28	48.94	9.11	36.22	20.76	15.40
渤海银行济南分行	116.74	104.55	8.77	99.20	63.55	23.70
浙商银行济南分行	134.12	128.76	2.21	79.42	57.85	19.24
齐鲁银行	768.33	436.82	271.48	427.65	176.20	98.15
青岛银行济南分行	81.80	72.64	8.81	63.89	61.09	2.49
威海市商业银行济南分行	123.92	102.06	16.27	74.26	63.59	9.61
日照银行济南分行	26.50	22.52	3.21	28.74	25.89	1.52
莱商银行济南分行	33.20	27.43	4.95	22.14	17.15	0.86
北京银行济南分行	211.25	189.51	13.91	222.73	135.84	64.67
天津银行济南分行	209.87	188.30	10.13	158.12	90.93	23.26
邮储银行济南市分行	239.17	53.46	184.79	109.24	13.66	91.57
香港汇丰银行济南分行	9.47	5.76	1.89	36.92	24.03	7.10
英国标准渣打银行	3.27	1.83	0.08	19.50	5.72	9.09
东亚银行济南分行	10.53	10.14	0.30	6.98	2.00	0.82
农村信用合作机构合计	784.92	174.02	608.36	537.02	256.74	189.00
村镇银行合计	20.29	0.00	0.00	11.68	0.00	0.00
重汽财务公司	98.57	98.57	0.00	51.80	23.28	7.14
鲁商集团财务公司	28.45	28.45	0.00	17.84	15.11	2.70
山东钢铁财务公司	32.48	32.48	0.00	25.74	15.60	5.00
山东重工财务公司	127.68	127.68	0.00	31.90	18.23	8.39
中国电力财务公司	99.03	99.03	0.00	73.21	5.20	45.90
山东黄金财务公司	12.63	12.63	0.00	15.20	9.75	5.45
山东能源财务公司	53.35	53.35	0.00	20.00	20.00	0.00
山东晨鸣财务公司	2.66	2.66	0.00	8.00	8.00	0.00

济南市各县级区域经济金融主要统计指标

名称	人口（万人）	面积（平方公里）	地区生产总值（亿元）	地区生产总值增速（%）	本外币存款余额（亿元）	储蓄存款（亿元）	本外币贷款余额（亿元）
章丘市	102.39	1719	833.9	10.4	479.64	326.78	297.91
平阴县	37.41	827	214.7	12.12	141.58	92.56	68.34
济阳县	57.22	1098.8	259.63	11	142.88	99.15	77.42
商河县	63.02	1162.9	159.7	11.14	121.43	87.85	69.15

济南市（含县级）小额贷款公司机构、业务概览

单位名称	行长（或其他称谓的第一负责人）	员工总数（人）	本外币贷款余额（亿元）	人民币短期贷款（亿元）	人民币中长期贷款（亿元）
济南市长清北辰小额贷款公司	金延辰	9	1.35	1.35	--
济南市天桥鑫海小额贷款公司	万春玲	20	4.57	4.56	0.005
济南市历城鲁商小额贷款公司	王小勇	21	1.56	1.56	--
济南市高新华企小额贷款公司	王春河	17	0.59	0.59	--
济南市市中汇金小额贷款公司	张继东	9	0.75	0.75	--
济南市章丘恒通小额贷款公司	郭晓明	12	1.07	1.07	--
济南市历下汇鑫小额贷款公司	雷宪军	13	2.04	2.04	--
济南市高新东方小额贷款公司	刘建民	16	1.38	1.38	0.006
济南市槐荫大友小额贷款公司	白云龙	10	0.57	0.57	--
济南市高新天业小额贷款公司	胡兰训	8	1.43	1.43	--
历下区舜融小额贷款公司	王大强	11	1.24	1.24	--
历下区鲁信小额贷款公司	苏文强	25	3.10	2.95	0.146
平阴县金鼎小额贷款公司	陈云杰	12	0.52	0.52	--
市中区汉华小额贷款公司	韩生佩	12	1.11	1.11	--
市中区鲁银小额贷款公司	刘相学	14	0.97	0.97	--
槐荫区信合小额贷款公司	张立全	21	1.09	1.06	0.030
高新区融鑫小额贷款公司	崔小红	10	1.34	1.34	--
历城区融懿小额贷款公司	姚秋芬	14	1.04	1.03	0.017
市中区海融小额贷款公司	袭建兵	20	1.66	1.66	--
历城区钢城小额贷款公司	万宪刚	12	3.14	3.14	--
历城区华信小额贷款公司	尚兴军	16	1.44	1.44	--

【证券市场】 2014年，资本市场较快发展。济南市证券经营及投资咨询机构共计97家，期货经营机构32家，私募投资基金管理机构33家。济南地区证券营业部实现有价证券交易成交总量1.6万亿元，同比增长83.1%；期货营业部代理交易额3.4万亿元，增长1.2%；全市区域内上市公司28家，上市公司总市值3184.2亿元，增长68.6%。

【金融文化建设】 2014年，济南市金融系统扎实有效组织文明单位创建展。农业银行山东省分行营业部组织党员参观了山东省党史馆，交通银行山东省分行与省立医院合作开展“肿瘤患者关爱行动”救助项目，华夏银行济南分行开展了“廉洁从业·拒腐防变”参观教育实践活动，东亚银行开展了“新春送好书，马上有欢乐”主题公益活动等。人民银行济南分行营管部继续保持了系统“分行级文明单位”和“山东省文明单位”荣誉称号。

【大事记】 1月16日 山东能源集团财务有限公司正式成立。

1月28日 人民银行济南分行营管部为齐鲁银行办理分行山东辖区首笔常备借贷便利发放业务，金额4.5亿元。

2月15日 人民银行济南分行营管部完成ACS客户端升级和改直接参与者为间接参与者接入第二代支付系统工作。

3月6日 济南市2014年银企合作推进会暨签约仪式召开。

3月15日 兴业银行济南分行获评大众日报社颁发的“3·15诚信金融品牌”。

4月2日 工商银行济南市中心支行营业室被授予中国银行业“百佳示范网点”。

4月15日 济南市科技局与齐鲁银行战略合作签约暨“科技金融特色支行”授牌仪式在济南举行。

山东晨鸣集团财务公司召开第一届股东会第一次会议。

5月21日 人民银行济南分行营管部为齐鲁银行办理辖区首笔支小再贷款发放业务，涉及金额5亿元。

6月12～13日 招商银行在济南召开环渤海及东北地区信用风险防控座谈会。

6月16日 “民生微贷”被山东省银行业协会评为“山东省银行业2014年服务小微企业十佳金融产品”。

6月19日　山东黄金财务公司成功办理首单保险代理业务。

7月11日　人民银行工会职工保障工作研讨会在章丘支行召开。

7月21日　张文任中国邮政储蓄银行济南市分行行长。

8月4日　人民银行党委书记、行长周小川视察人民银行济南分行营管部营业大厅。

9月11日　齐鲁银行在银行间市场成功发行了首期同业存单,发行量10亿元,期限3个月,利率为4.7%。

9月26日　济南市金融消费权益保护协会成立大会暨第一届第一次会员大会召开。

10月22日　人民银行率新华社、中新社、金融时报社等多家中央级新闻媒体莅临济南市调研采访跨境人民币业务开展情况。

10月29日　济南槐荫沪农商村镇银行股份有限公司吴家堡支行正式开业。

11月3日　由兴业银行济南分行作为主承销商的“山东黄金集团有限公司2014年度第一期中期票据”正式发行。

11月18日　人民银行济南分行营管部组织召开全市工业景气监测企业座谈会,并为31家景气监测企业举行了授牌仪式。

11月27日　北京银行济南分行与山东省旅游局举行了全面战略合作签约仪式。

12月18日　国务院办公厅调研组一行5人在省、市相关领导的陪同下,莅临章丘齐鲁村镇银行召开座谈会,调研指导服务“三农”工作。

(任　燕)

章丘市

【经济金融概况】　2014年,章丘市经济金融平稳运行,总体保持了健康发展态势。信贷投放适度增长,资产质量有所下滑。

【金融发展与改革】　2014年,人民银行章丘市支行对兴业银行、村镇银行等分支机构的设立实施了开业管理,对其征信、统计、国库、现金、反洗钱、利率和重大事项报备等业务组织了资格审查和业务准入对接。同时,积极推进农信社银行化改革。

【金融服务与监管】　2014年,人民银行章丘市支行认真贯彻执行稳健的货币政策,优化信贷结构,不断强化工作创新。

一、强化窗口作用,加强政策引导。加强政、银、企、农的沟通和对接,以信贷结构调整带动产业结构调整,先后组织金融联席会1次、项目推介会5次,为民营企业授信总额80亿元,实际发放贷款55亿元,支持企业950余家。辖内18家银行业金融机构先后与3家担保机构、8个行业协会签署战略合作协议。同时,建立银企互动平台2个,金融参与率达100%,企业参与率达40%。

二、加大创新力度,优化信贷结构。一是认真贯彻落实《人民银行济南分行营管部关于开展金融支持省会现代都市农业加快发展“强力推进年”工作的实施意见》,运用货币政策工具,加大对涉农金融机构的资金扶持,协助章丘市齐鲁村镇银行申请再贷款2000万元;二是辖内金融机构先后创新推出

章丘市主要经济指标

经济指标	2013	2014	2014年同比增幅(%)	经济指标	2013	2014	2014年同比增幅(%)
土地面积(平方公里)	1855	1719		地方财政支出(亿元)	--	--	--
人口(万人)	101.8	102.39	0.52	全社会固定资产投资(亿元)	355.3	444.4	25.2
城镇人口(万人)	20.3	21.39	5.4	进出口总值(万美元)	93776	100306	7.0
乡村人口(万人)	81.5	81	0.6	出口总值(万美元)	75000	80150	6.9
地区生产总值(亿元)	755.2	833.9	10.4	实际利用外资(万美元)	20100	21501	7.0
第一产业(亿元)	77.2	81.3	5.3	社会消费品零售总额(亿元)	275.4	314.44	14.2
第二产业(亿元)	454.7	502.6	10.5	居民消费价格指数(%)	--	--	--
第三产业(亿元)	223.4	250.0	11.9	人均地区生产总值(元)	74161	81658	10.1
财政总收入(亿元)	60.46	62.45	3.4	城镇居民可支配收入(元)	25628	28216	10.1
地方财政收入(亿元)	40.89	43.40	6.1	农民人均现金收入(元)	15294	16977	11.0
财政总支出(亿元)	--	--	--				

章丘市主要金融指标

金融指标（亿元）	2013	2014	2014年同比增幅（%）	金融指标（亿元）	2013	2014	2014年同比增幅（%）
本外币存款余额	430.39	479.64	11.44	财险收入	0.83	0.75	-8.3
人民币存款余额	428.76	477.63	11.40	寿险收入	3.54	4.17	10.6
单位存款	128.97	138.02	7.02	财险赔款	0.49	0.56	14.1
储蓄存款	284.96	326.78	14.68	寿险给付	3.21	3.02	-6.6
本外币贷款余额	276.08	297.91	7.91	当年结益	0.67	1.34	100
人民币贷款余额	276.03	297.89	7.92	证券市场交易总额	88.19	151.25	71.5
短期贷款	126.67	130.82	3.28	投资者保证金余额	0.44	1.125	156
中长期贷款	115.90	125.81	8.55	证券账户开户数	20388	22191	8.8
票据融资	33.25	41.05	23.46	证券交易佣金收入	0.15	024	60
当年结益	5.51	6.2	9	净利润	0.11	0.18	63.6
不良贷款余额	2.11	4.17	97				

章丘市主要金融机构概况

单位名称	行长（或其他称谓的第一负责人）	副行长（或其他称谓的同级领导）	员工总数	辖内营业网点数
人民银行章丘市支行	赵延东	吕　萍　李山才　宋广敏	30	1
山东银监局章丘办事处	马印忠	王振斌　张新玲	4	1
农发行章丘市支行	任　方	张光华　于珠兴	28	1
工商银行章丘支行	刘孝忠	刘　伟　冯爱军　王　莲	144	7
农业银行章丘市支行	杨位彦	肖　峰　范连涛　王锦苗　宋　卉	236	15
中国银行章丘支行	陈士平	李文菊　李殿勇	69	4
建设银行章丘支行	王绍鹏	李枝玖　韩建波　张学松　窦　超	121	7
齐鲁银行章丘支行	王静波	韩志刚	25	2
交通银行章丘支行	陈　志	颜冬泳　王新秀	16	1
华夏银行章丘支行	马惊涛	靳云彤　陈华峰	20	1
威海市商业银行章丘支行	肖模红	娄　璐	20	1
民生银行章丘支行	董　强	刘　跃	20	1
莱商银行章丘支行	李志强	苗祖燕　李国防	16	1
青岛银行章丘支行	王　敏	田　明	25	1
光大银行章丘支行	刘春霞	汪志刚　钟　杰	20	1
北京银行章丘支行	王志飞	滕旭峰　焦时勇	20	1
兴业银行章丘支行	张志勇	范迎春　李　波	17	1
章丘市农信联社	马秀东	任成常　苏广军　李忠臣　李　哲　张　玲	693	67

续表

单位名称	行长（或其他称谓的第一负责人）	副行长（或其他称谓的同级领导）	员工总数	辖内营业网点数
邮储银行章丘市支行	开鸿新	马庆承　齐旭青	109	4
章丘市齐鲁村镇银行	杨长春	王　芳　程　峰	29	2

章丘市主要金融机构业务概况

单位：亿元

单位名称	本外币存款余额	人民币单位存款	人民币储蓄存款	本外币贷款余额	人民币短期贷款	人民币中长期贷款
农发行章丘市支行	1.43	1.43	—	9.71	1.62	4.64
工商银行章丘支行	60.27	26.35	32.97	50.08	8.99	38.49
农业银行章丘市支行	80.95	15.36	65.35	39.96	23.99	14.59
中国银行章丘支行	20.90	10.26	10.64	22.56	9.86	10.11
建设银行章丘支行	57.14	24.22	32.92	34.69	5.85	28.84
交通银行章丘支行	6.99	2.77	1.60	2.00	1.35	0.45
华夏银行章丘支行	4.95	2.65	2.28	2.93	1.37	1.56
民生银行章丘支行	7.02	4.69	1.82	8.68	3.29	5.39
齐鲁银行章丘支行	12.35	7.54	4.71	11.82	6.31	5.51
威海市商业银行章丘支行	7.62	4.37	3.25	3.59	2.99	0.60
章丘市齐鲁村镇银行	7.77	5.06	2.69	5.01	4.77	0.24
邮储银行章丘市支行	48.97	4.77	44.20	5.32	1.26	4.06
莱商银行章丘支行	2.81	2.36	0.44	1.84	1.25	0.50
青岛银行章丘支行	4.16	2.87	1.29	5.48	5.47	0.01
光大银行章丘支行	6.75	4.75	0.91	3.59	0.73	2.85
北京银行章丘支行	5.92	5.07	0.63	2.10	2.10	0
兴业银行章丘支行	3.34	2.82	0.52	1.45	1.42	0.03
章丘市农信联社	133.23	12.16	121.07	87.10	48.20	7.94

收费权质押等各类信贷产品 17 个，累计贷款 190 亿元，支持中小企业 534 家、个体工商户 2100 余户。

三、优化信用和农村支付环境，不断提升金融服务水平。一是组织开展信用知识宣传月活动、黄金市场投资集中宣传活动；二是组织开展金融统计、金融稳定、征信管理 3 个专业的综合执法检查；三是积极开展省域征信平台建设，采集 900 家中小企业相关信用信息；四是加强农村信用环境建设。

（宫　涛）

平阴县

【经济金融概况】 2014 年，平阴县清洁能源基地被评为国家级火炬特色产业基地，金融运行总体平稳。

【金融发展与改革】 2014 年，平阴银行业积极落实稳健的货币政策，不断深化金融改革。

一、货币政策得到有效落实。下发《关于认真落实稳健货币政策　支持县域经济持续健康发展的指导意见》，召开金融工作联席会议 4 次、银企项目对接会 3 次；依据《平阴县司法金融联席会议制度》规定，履行召集联络人职能。

二、金融支持现代农业加快发展成效显著。下发《金融支持现代农业加快发展工作实施方案》，通过实施新型农业经营主体主办行制度、加强涉农信贷产品创新、建立银保互动合作

平阴县主要经济指标

经济指标	2013	2014	2014年同比增幅（%）	经济指标	2013	2014	2014年同比增幅（%）
土地面积（平方公里）	827	827	0.00	地方财政支出（亿元）	17.90	24.33	35.92
人口（万人）	37.16	37.41	0.67	全社会固定资产投资（亿元）	161.53	201.92	25.00
城镇人口（万人）	10.10	10.17	0.69	进出口总值（万美元）	57740	64645	11.96
乡村人口（万人）	27.06	27.24	0.67	出口总值（万美元）	54941	60905	10.86
地区生产总值（亿元）	191.49	214.70	12.12	实际利用外资（万美元）	1500	1600	6.67
第一产业（亿元）	29.28	31.16	6.46	社会消费品零售总额（亿元）	73.99	87.76	18.61
第二产业（亿元）	108.60	122.07	12.40	居民消费价格指数（%）	—	—	—
第三产业（亿元）	53.61	61.47	14.66	人均地区生产总值（元）	51531	57391	11.37
财政总收入（亿元）	26.14	29.47	12.74	城镇居民可支配收入（元）	19000	21016	10.61
地方财政收入（亿元）	19.26	22.12	14.85	农民人均现金收入（元）	10836	12123	11.88
财政总支出（亿元）	26.53	34.02	28.23				

平阴县主要金融指标

金融指标（亿元）	2013	2014	2014年同比增幅（%）	金融指标（亿元）	2013	2014	2014年同比增幅（%）
本外币存款余额	129.27	141.58	9.52	财险收入	0.76	0.97	27.63
人民币存款余额	128.89	140.86	9.29	寿险收入	2.75	2.81	2.18
单位存款	39.37	40.45	2.74	财险赔款	0.32	0.36	12.50
储蓄存款	80.19	92.56	15.43	寿险给付	0.09	0.11	22.22
本外币贷款余额	66.75	68.34	2.38	当年结益	0.23	0.26	13.04
人民币贷款余额	66.75	68.13	2.07	证券市场交易总额	1.00	4.19	319.00
短期贷款	33.06	27.41	-17.09	投资者保证金余额	—	—	—
中长期贷款	23.22	26.32	13.35	证券账户开户数（万户）	0.05	0.09	80.00
票据融资	10.47	14.40	37.54	证券交易佣金收入	—	—	—
当年结益	1.34	1.55	15.67	净利润	—	—	—
不良贷款余额	1.25	0.98	-21.60				

平阴县主要金融机构概况

单位名称	行长（或其他称谓的第一负责人）	副行长（或其他称谓的同级领导）	员工总数	辖内营业网点数
人民银行平阴县支行	杜恒华	李明强　生士海	28	1
山东银监局平阴办事处	伊　勇		1	
农发行平阴县支行	王爱平	常　江　董　峰	22	1
工商银行平阴支行	刘　媛	韩宪平　金　晖	85	3
农业银行平阴县支行	术洪涛	郝昭东　尹丽婷	117	7
中国银行平阴支行	毛传涛	师仰民　高美云	43	2
建设银行平阴支行	张宏文	张建军　陈玉琴 谷吉雷　李　华	54	2

续表

单位名称	行长（或其他称谓的第一负责人）	副行长（或其他称谓的同级领导）	员工总数	辖内营业网点数
齐鲁银行平阴支行	史新红	宋　青	22	1
平阴县农信联社	刘绍旺	周　力　展召峰 张明新　李水清	289	18
邮储银行平阴县支行	李公涛	解培军	74	13

平阴县主要金融机构业务概况

单位：亿元

单位名称	本外币存款余额	人民币单位存款	人民币储蓄存款	本外币贷款余额	人民币短期贷款	人民币中长期贷款
农发行平阴县支行	0.48	0.48	--	1.08	0.58	0.50
工商银行平阴支行	18.50	7.70	10.36	3.80	1.54	2.26
农业银行平阴县支行	27.86	11.15	16.63	18.09	2.40	8.52
中国银行平阴支行	12.02	4.17	7.60	6.67	3.36	2.78
建设银行平阴支行	12.70	4.77	7.52	5.93	0.91	5.02
齐鲁银行平阴支行	10.16	5.01	5.15	5.97	4.42	1.55
平阴县农信联社	38.72	4.93	33.79	25.29	13.32	5.06
邮储银行平阴县支行	13.77	2.26	11.51	1.50	0.87	0.63

机制等措施，全力做好金融支持现代农业加快发展工作。截至年末，确定主办银行4家，对25户家庭农场、58户种养大户、1户农民合作社、10户农业龙头企业累计放贷1.26亿元，贷款余额1.10亿元。

三、县域金融改革深入进行。一是县农信社进行股权改造，新增股金1.83亿股，清理规范不符合标准股金1480万股，截至年末，县农信社股本金总额为2.7亿元，同比增长210.85%，资本充足率为18.71%，同比提高9.66个百分点；二是县农信社与太平洋保险公司合作开办了林权抵押类保险业务，截至年末，3户林权抵押贷款人缴纳保费0.73万元，涉及林地面积105亩、林权抵押贷款80万元。

【金融服务与监管】　人民银行平阴县支行着力打造“小而有为”支行，被人民银行济南分行营管部授予“2014年目标管理综合考核先进单位”，被县委县政府授予“2014年度先进单位”。

一、依法行政水平不断提高。对14家金融机构开展综合评价，评出A级2家、B级12家。对3家金融机构及3家保险公司开展执行重大事项报告制度情况专项检查和反洗钱现场检查。

二、金融服务水平显著提升。一是支行国库会计核算业务连续63个月保持零差错，新办惠农补贴1954笔，金额29.31万元；二是做好征信服务工作；三是提升外汇管理服务水平，办理出口收汇9353笔，金额60905万美元，同比分别增长21.34%和10.86%，完成跨境人民币业务127笔，金额9.07亿元，同比分别增长118.97%和571.35%；四是深化农村支付环境建设，实现农村手机银行100%全覆盖；五是加强人民币管理，协助公安机关破获贩卖假币案一宗，破获假币141张，金额14100元；六是开展金融知识宣传。

三、农村信用体系建设不断推进。年末评出农村青年信用示范户1021户，总授信额度为1.56亿元，贷款余额为1.31亿元。

（李　平）

济阳县

【经济金融概况】　2014年，济阳县金融机构严格执行稳健的货币政策，加大金融产品和服务方式创新，支持经济发展方式转变和经济结构调整，积极探索建立辖区金融稳定协调机制，努力改善金融生态环境，保持辖区金融平稳运行和经济又好又快发展。

济阳县主要经济指标

经济指标	2013	2014	2014年同比增幅(%)	经济指标	2013	2014	2014年同比增幅(%)
土地面积(平方公里)	1098.8	1098.8	0	地方财政支出(亿元)	14.19	18.55	30.72
人口(万人)	56.07	57.22	2.05	全社会固定资产投资(亿元)	172.32	208.67	18.10
城镇人口(万人)	10.28	12.72	23.76	进出口总值(万美元)	22178	27353	23.33
乡村人口(万人)	45.79	44.50	-2.82	出口总值(万美元)	13056	14982	14.75
地区生产总值(亿元)	231.20	259.63	11.00	实际利用外资(万美元)	6730	7644	13.58
第一产业(亿元)	49.18	50.90	4.10	社会消费品零售总额(亿元)	89.77	102.29	13.95
第二产业(亿元)	119.85	138.41	13.20	居民消费价格指数(%)	—	—	—
第三产业(亿元)	62.17	70.32	13.11	人均地区生产总值(元)	41379	45833	10.76
财政总收入(亿元)	22.83	25.80	13.01	城镇居民可支配收入(元)	20844	23158	11.10
地方财政收入(亿元)	14.70	16.88	14.82	农民人均现金收入(元)	12122	13540	11.70
财政总支出(亿元)	22.66	25.24	11.40				

济阳县主要金融指标

金融指标(亿元)	2013	2014	2014年同比增幅(%)	金融指标(亿元)	2013	2014	2014年同比增幅(%)
本外币存款余额	119.60	142.88	19.46	财险收入	1.06	1.16	9.28
人民币存款余额	119.35	142.54	19.43	寿险收入	1.42	1.66	17.10
单位存款	31.24	37.18	19.01	财险赔款	0.31	0.39	26.53
储蓄存款	82.68	99.15	19.92	寿险给付	0.22	0.36	60.25
本外币贷款余额	60.21	77.42	28.58	当年结益	0.12	0.14	16.67
人民币贷款余额	60.00	77.24	28.73	证券市场交易总额	—	—	—
短期贷款	36.48	40.73	11.65	投资者保证金余额	—	—	—
中长期贷款	21.15	33.01	56.08	证券账户开户数	—	—	—
票据融资	2.57	3.67	42.80	证券交易佣金收入	—	—	—
当年结益	1.50	2.18	45.33	净利润	—	—	—
不良贷款余额	0.76	0.81	-6.58				

济阳县主要金融机构概况

单位名称	行长(或其他称谓的第一负责人)	副行长(或其他称谓的同级领导)	员工总数	辖内营业网点数
人民银行济阳县支行	牛传东	赵宪昌	22	1
山东银监局济阳办事处	王修功		3	1
农发行济阳县支行	王泽选	李传涛	19	1
工商银行济阳支行	贾象波	刘　晶	15	1
农业银行济阳县支行	李曰兵	李付胜　刘　超　王　磊	134	9
中国银行济阳支行	卢士玉	施　祎　刘　波	31	1
建设银行济阳支行	李旬阳	孙善森　叶国致	43	2

续表

单位名称	行长（或其他称谓的第一负责人）	副行长（或其他称谓的同级领导）	员工总数	辖内营业网点数
齐鲁银行济阳支行	林寿升	朱光峰	14	1
济阳县农商行	王兆星	徐庆三　娄以奎　于　强 王建民　王尔设	412	28
邮储银行济阳县支行	王雁昌	葛庆国　韩桂云	89	3

济阳县主要金融机构业务概况

单位：亿元

单位名称	本外币存款余额	人民币单位存款	人民币储蓄存款	本外币贷款余额	人民币短期贷款	人民币中长期贷款
农发行济阳县支行	0.60	0.60	0	4.42	2.67	1.75
工商银行济阳支行	1.60	0.41	1.19	0.64	0.49	0.15
农业银行济阳县支行	38.08	9.67	28.36	16.40	9.10	7.13
中国银行济阳支行	10.54	5.75	4.54	6.05	2.47	3.57
建设银行济阳支行	12.89	6.67	6.19	12.46	0.57	11.72
济阳县农村商业银行	49.29	4.50	44.79	31.05	20.95	6.60
邮储银行济阳县支行	14.77	3.40	11.37	2.65	1.79	0.85

【金融发展与改革】　2014年，济阳县一是积极开展金融产品创新，推出了大棚抵押贷款新产品；二是大力改善农村支付服务环境，实现了手机支付便民服务点和助农取款便民服务点852个行政村全覆盖。人民银行济阳县支行加强国库核算与监督，强化外汇管理与服务，支持当地外向型经济发展。

【金融服务与监管】　2014年，人民银行济阳县支行强化“窗口指导”。

一、制定了《关于落实货币信贷政策、改进金融服务，支持县域经济发展的指导意见》，从五个方面对金融机构提出了全年工作要求：一是树立经济金融一体发展意识，保持货币信贷合理增长；二是加大对实体经济的支持力度；三是继续深化中小企业信用体系试验区建设，收集税务、工商等非银行信息实现部门信息共享；四是积极开展农村金融产品和服务方式创新；五是坚持风险可控原则，实现经济与金融良性互动。

二、加强金融管理。一是做好济阳北海村镇银行筹建服务工作，完成日照银行济阳支行代理国库集中支付资格认定工作；二是加强对金融机构有关高级管理人员变更、大额不良贷款新增、涉诉案件以及风险事故等重大事项报备管理工作；三是对辖区中国银行、农业银行、邮储银行3家金融机构实施了综合执法检查；四是对辖区9家银行机构和2家保险机构开展了年度综合评价工作；五是开展宣传活动，普及金融知识，并做好投诉受理工作。

（任平亮）

商河县

【经济金融概况】　2014年，商河县经济、金融协调健康发展，金融运行总体平稳。一是存款快速增长；二是贷款投量持续加大，个人贷款增势强劲。

【金融发展与改革】　2014年，商河县金融机构不断发展，截至年末，金融系统从业人员1200人，其中拥有正式编制人员683人。金融机构中，有宏观调控和金融监管机构2家；政策性金融机构1家，商业性金融机构5家。

【金融服务与监管】　2014年，商河县努力提高金融监管能力和金融服务水平，强化金融企业内部管理。一是组织召开金融工作座谈会、银企对接会、金融支持现代农业发展推进会等会议9次，启动“贷动青春、服务创业”等项目，积极引导信贷投放；二是强化金融监管手段，认真开展金融机构综合评价，组

商河县主要经济指标

经济指标	2013	2014	2014年同比增幅（%）	经济指标	2013	2014	2014年同比增幅（%）
土地面积（平方公里）	1162.9	1162.9	0	地方财政支出（亿元）	21.20	23.52	10.94
人口（万人）	62.85	63.02	0.27	全社会固定资产投资（亿元）	75.01	93.80	25.05
城镇人口（万人）	10.35	10.46	1.06	进出口总值（万美元）	12416	14384	15.85
乡村人口（万人）	52.50	52.56	0.11	出口总值（万美元）	8785	10401	18.39
地区生产总值（亿元）	143.69	159.70	11.14	实际利用外资（万美元）	2740	3513	28.21
第一产业（亿元）	43.36	46.00	6.09	社会消费品零售总额（亿元）	63.00	71.50	13.49
第二产业（亿元）	54.33	61.17	12.60	居民消费价格指数（%）	6.2	6.2	0
第三产业（亿元）	46.00	52.53	14.20	人均地区生产总值（元）	22862	25341	10.84
财政总收入（亿元）	13.61	15.12	11.09	城镇居民可支配收入（元）	18734	21068	12.46
地方财政收入（亿元）	6.70	8.00	19.40	农民人均现金收入（元）	10639	11874	11.61
财政总支出（亿元）	32.32	33.56	3.84				

商河县主要金融指标

金融指标（亿元）	2013	2014	2014年同比增幅（%）	金融指标（亿元）	2013	2014	2014年同比增幅（%）
本外币存款余额	107.16	121.43	13.32	财险收入	0.44	0.48	9.09
人民币存款余额	107.10	121.41	13.36	寿险收入	1.63	1.72	5.52
单位存款	28.05	30.12	7.38	财险赔款	0.43	0.52	20.93
储蓄存款	73.52	87.85	19.49	寿险给付	1.15	1.19	3.48
本外币贷款余额	59.18	69.15	16.85	当年结益	-0.04	0.01	125
人民币贷款余额	59.18	69.14	16.83	证券市场交易总额	0	—	0
短期贷款	30.00	33.62	12.07	投资者保证金余额	0	—	0
中长期贷款	24.38	30.91	26.78	证券账户开户数	0	—	0
票据融资	4.80	4.61	-3.96	证券交易佣金收入	0	—	0
当年结益	4.21	0.65	-84.56	净利润	0	—	0
不良贷款余额	0.96	1.19	23.96				

商河县主要金融机构概况

单位名称	行长（或其他称谓的第一负责人）	副行长（或其他称谓的同级领导）	员工人数	辖内营业网点数
人民银行商河县支行	吴广焕	张　利　孙加奎	18	1
山东银监局商河办事处	曲学友	李桂华	2	1
农发行商河县支行	宋志勇	卞胜强　邸光锋	23	1
农业银行商河县支行	范连涛	姜光福　孙　健　昝云勇	122	9
建设银行商河县支行	李　辉	孙培江　李传福	42	2
齐鲁银行商河支行	王云清	袁萍萍	14	1
商河县农信联社	肖建华	王银之　李广峰　杨家花	386	30
邮储银行商河县支行	王义强	王玉银	76	22

商河县主要金融机构业务概况

单位：亿元

单位名称	本外币存款余额	人民币单位存款	人民币储蓄存款	本外币贷款余额	人民币短期贷款	人民币中长期贷款
农发行商河县支行	0.55	0.55	0	1.99	1.99	0
农业银行商河支行	39.21	14.48	24.11	18.44	9.39	8.88
建设银行商河支行	6.01	3.06	2.95	15.70	0.37	15.33
齐鲁银行商河支行	6.21	1.59	4.62	2.22	1.65	0.57
商河县农信联社	42.98	6.42	36.56	29.62	19.40	5.87
邮储银行商河县支行	23.65	4.03	19.61	1.17	0.91	0.26

织对金融机构重大事项报告、征信管理等现场检查；三是加强对跨区短期资本流动特别是投机资本的有效监控，加大了反洗钱力度；四是强化服务职能，提高金融服务水平；五是加大农村支付环境建设。

（任志勇）

淄博市

【经济金融概况】 2014 年，淄博市经济运行质量效益稳步提升。农业生产平稳增长，农业现代化步伐加快；工业经济运行总体平稳，转调创新持续深化；消费市场平稳运行，居民消费物价小幅增长；对外经济合作更加活跃。出口实现恢复性增长。

【货币政策实施】 2014 年，人民银行淄博市中心支行创新工作措施，形成了一批特色亮点工作。

一、加强窗口指导。一是制定工作指导意见，召开政策通报会、金融运行分析会 10 余次，连续 7 年开展信贷业务主题竞赛，入选市总工会职工劳动竞赛十大品牌；二是严格落实法人机构差别调控政策、定向降准政策，加大对小微企业、“三农”领域支持力度；三是跨境人民币结算惠及企业面、涉及国家和地区数量进一步增加，业务量增幅超过 30%。

二、推进金融支农“一把手”工程。制定了深入推进农村金融创新工作的意见，建立新型农业经营主体“主办行”制度，出台农村土地承包经营权抵押融资管理办法。农村土地“确股确权不确地”的做法被中央农村工作领导小组办公室刊物采用。

三、深化金融务实创新。一是继续推动林权、生物资产、知识产权、股权抵质押贷款业务发展，不断拓宽抵（质）押担保范围；二是实施融资增信工程；三是制定了关于加快推进全市企业利用银行间市场进行直接债务融资工作的意见。

【金融稳定】 2014 年，人民银行淄博市中心支行一是加强银行不良贷款监测，建立了行业贷款变化报告制度及高风险法人机构周报制度，完善风险监测体系，做好监测分析甄别报告；二是推动协调地方政府和承贷银行化解企业担保圈风险，组织风险企业、债权银行调度会、通报会 12 次；三是成立领导小组，做好存款保险条例征求意见期间金融稳定工作。

【外汇管理】 2014 年，人民银行淄博市中心支行积极推进外汇主体监管，促进贸易投资便利化。一是建立了 6 项主体监管工作制度，设定了 23 项主体监管指标；二是创新建立“重点企业库”、“涉外数据库”和“特色政策库”，加强外汇政策宣讲培训，对涉外企业提供“一对一”政策指导；三是落实外汇管理改革各项政策，进一步简政放权、优化业务流程。

【金融监管与服务】 2014 年，人民银行淄博市中心支行一是召开银行机构综合评价通报会，对 3 家“A”级银行机构进行表彰；二是规范程序，完成对 5 家机构开业申报检查验收；三是坚持依法行政，组织开展外管、征信、反洗钱等 9 个专业的执法检查；四是重新梳理并向社会公布 7 项行政审批项目；五是加强中心支行综合服务大厅建设，严格落实值班主任制度，做好窗口服务工作。

金融服务方面，积极发展普惠金融，强化管理水平。一是深入推进农村支付环境建设，开展银行卡助农取款服务和农村地区手机支付业务，实现行政村 100%全覆盖；二是探索开展对支库“三帮三扶”工程；三是在全省率先实现车辆购置税电子化入库；四是开展国库直接支付，新增直接支付项目 9 项；五是推进现金全额清分，开展“集中兑换新钞”活动；六是开展集中宣传推进金融 IC 卡应用活动；七是完成中央银行会计核算数据集中系统推广应用、升级换版及综合前置子系统上线运行；八是加快小微企业、农村信用体系建设；九是成立淄博市金融消费权益保护协会，开通“12363”电话，受理投诉

淄博市经济主要统计指标

指标 \ 年度	2010	2011	2012	2013	2014	2014 年同比增幅（%）
土地面积（平方公里）	5965	5965	5965	5965	5965	0
人口（万人）	422.36	423.83	423.7	459.26	428.0	—
非农业人口（万人）	182.24	226.28	197.47	—	—	—
地区生产总值（亿元）	2866.75	3280.23	3557.2	3801.2	4029.8	7.4
第一产业（亿元）	105.3	116.75	123.8	137.8	143.8	4
第二产业（亿元）	1766.57	1975.38	2101.2	2171.3	2251.5	8.4
工业（亿元）	1612.07	1793.43	1897.6	1950.8	1991.65	2.1
建筑业（亿元）	154.50	181.95	203.6	220.6	259.86	17.8
第三产业（亿元）	994.88	1188.10	1332.3	1492.1	1634.5	5.8
人均地区生产总值（元）	63464	77395	77876	82889	87531	6.9
地区生产总值构成（%）	100	100	100	100	100	0
第一产业（%）	3.7	3.56	3.48	3.63	3.57	-1.65
第二产业（%）	61.6	60.22	59.07	57.12	55.87	-2.19
第三产业（%）	34.7	36.22	37.45	39.25	40.56	3.34
财政总收入（亿元）	371.70	441.75	458.98	482.16	492.84	2.22
地方财政收入（亿元）	162.4	203.59	236.28	273.07	292.5	7.12
财政总支出（亿元）	—	—	—	—	—	—
地方财政支出（亿元）	201.88	253.19	290.88	324.2	342.5	5.64
全社会固定资产投资（亿元）	—	—	—	—	—	—
规模以上固定资产投资（亿元）	1290.92	1499.22	1743.33	2078.46	2404.59	15.69
房地产开发（亿元）	166.99	197.19	155.66	200.37	236.2	17.88
进出口总值（亿美元）	67.2	90.55	95.28	90.08	89.4	-0.75
出口总值（亿美元）	40.3	53.27	53.21	52.50	55.0	6.67
实际利用外资（亿美元）	5.86	7.10	7.92	8.78	10.6	20.73
社会消费品零售总额（亿元）	1005.68	1186.25	1363.64	1547.1	1739.5	12.44
居民消费价格指数（%）	102.7	104.5	102.3	101.7	101.6	1.6
城市居民人均可支配收入（元）	21784	24955	29803	31515	33534	8.6
农民人均现金收入（元）	9195	10878	12378	13932	15531	11.5

注：1. 画“—的指标为统计局已停用的指标和年报数据未核实而不能提供的指标。

2. 人口数为户籍人口数，但 2013 年市统计局只能提供常住人口统计数，致使 2014 年人口增幅无法计算。

淄博市工农业主要统计指标

农业主要统计指标（万吨）				规模以上工业企业主要统计指标（亿元）			
项目 \ 年度	2013 年	2014 年	增幅（%）	项目 \ 年度	2013 年	2014 年	增幅（%）
粮食	158.7	173.6	9.39	工业增加值	—	—	8.6
夏粮	77.8	75.6	-2.83	国有工业	—	—	-1.4

续表

农业主要统计指标（万吨）				规模以上工业企业主要统计指标（亿元）			
项目＼年度	2013年	2014年	增幅（%）	项目＼年度	2013年	2014年	增幅（%）
秋粮	80.9	98.0	21.14	集体工业	—	—	-1.9
棉花	0.4	0.4	0.00	股份制工业	—	—	9.0
油料	2.3	2.0	-13.04	股份合作制工业	—	—	8.8
水果	115.9	102.7	-11.39	外商及港澳台投资工业	—	—	17.9
蔬菜	230.8	211.4	-8.41	轻工业	—	—	23.3
肉类	18.3	17.3	-5.46	重工业	—	—	5.6
禽蛋	7	6.4	-8.57	销售收入	11125.4	11264.9	4.3
奶类	12.1	11.3	-6.61	利税	1311.02	1183.4	-7.3
水产品	2.69	2.9	7.81	利润	785.5	687.4	-9.8
森林覆盖率（%）	37	37	0.00	经济效益综合指数（%）	351.15	363.2	3.43

注：画“—“的指标为市统计局已停用的指标和年报数据未核实而不能提供的指标。

淄博市主要金融机构概况

单位名称	行长（或其他第一称谓负责人）	副行长（或其他称谓同级领导）	员工总数	辖内营业网点数
人民银行淄博市中心支行	张光森	宋洪礼 徐 宁 刘 洁 张维健 王 剑 向 珂	373	7
淄博银监分局	陈保君	郭传刚 房爱国 宋海澎 杨鲁燕	66	7
农发行淄博市分行	张志强	李 钢 杨庆岭 李建民	182	8
工商银行淄博分行	王世明	王国友 王立亭 石志国 王云龙 肖芳俊 段 军 燕淑风 强 弢 翟晶德	1711	88
农业银行淄博分行	马志军	张连海 范建强 徐兴岭	1958	115
中国银行淄博分行	张 军	朱国庆 王 军 张 铭 田俊征	1052	43
建设银行淄博分行	李 波	邵 磊 张兆鹏 王谦明 孟祥晶 张海峰 寇宏图	1476	69
交通银行淄博分行	桑 剑	鲁林法 丁绍波 柴 广 杨 毅	506	21
中信银行淄博分行	赵 波	朱 刚	214	9
齐商银行	杲传勇（董事长）赵晓东（行长）	韩兴柱 鞠 杰 王 强 丁树博 王 涛 郑文杰 曹爱萍 张东升 孙高荣	2603	94
山东省农信联社淄博办事处	赵雪银	李本领 丁 涛 张洪玲 钟金铭	4334	388

续表

邮储银行淄博市分行	王金虎	马洪生　王大明　陈倩倩	793	147（自营31+代理116）
浦发银行淄博支行	刘　强	吴　卫　沙　鹏　郑拥军　史新海	109	14
招商银行淄博分行	娄文杰	杨卫国　刘　钧　王　浩	209	7
兴业银行淄博支行	李滨南	孙立宁　李怀兵　陆　强	99	2
光大银行淄博分行	单　锋	郭冬青　荆　飞　翟洪涛　李晓麓	114	4
东营银行淄博分行	崔永明	张行辉　卜祥永　孙立俊	55	1
青岛银行淄博分行	杨国文	李振国　张粤鲁　巩向忠	82	1
济宁银行淄博分行	李壮志	李　生　吴　虎　曲　慧	58	1
渤海银行淄博分行	李　涛	张荣博　周　颖	40	1
人保财险淄博市分公司	展海勇	孙　涛	651	58
人寿保险淄博市分公司	杨建敏	任双艳	2330	50
齐鲁证券淄博市分公司	张　诚		217	9
招金期货	高　军		80	1

淄博市金融业务统计指标

指标（亿元） \ 年度		2010	2011	2012	2013	2014	2014年同比	
							增加额	增幅（%）
银行类	本外币存款余额	2489.42	2744.88	3191.43	3484.62	3625.79	141.17	4.05
	人民币存款余额	2470.56	2725.44	3164.90	3455.29	3594.25	138.96	4.02
	单位存款	691.25	1221.64	1376.75	1399.60	1346.04	-53.56	-3.83
	储蓄存款	1311.19	1437.07	1690.22	1884.20	2038.58	154.38	8.19
	本外币贷款余额	1745.35	1927.00	2162.57	2379.46	2532.48	153.02	6.43
	人民币贷款余额	1686.13	1872.31	2109.76	2329.41	2490.52	161.11	6.92
	短期贷款	918.24	1120.72	1366.87	1504.32	1541.62	37.30	2.48
	中长期贷款	650.58	680.84	644.40	743.74	854.25	110.51	14.86
	票据融资	116.49	70.32	96.64	75.44	74.06	-1.38	-1.83
	当年结益	45.2	--	54.98	50.62	54.74	4.12	8.14
	不良贷款余额	40.97	32.23	30.73	52.57	75.08	22.51	42.82
	不良贷款占比（%）	2.43	1.67	1.47	2.21	2.96	0.75	33.94
保险类	保险公司保费收入	63.33	60.35	64.84	75.51	85.48	9.97	13.20
	财险收入	19.93	22.11	24.13	27.54	31.55	4.01	14.56
	寿险收入	43.4	38.24	40.71	47.97	53.93	5.96	12.42
	保险公司赔款和给付支出	10.17	11.40	13.64	15.54	17.88	2.34	15.06
	财险赔款	7.73	9.05	10.90	12.64	13.98	1.34	10.60
	寿险给付	2.44	2.34	2.74	2.89	3.9	1.01	34.95
	当年结益	--	--	--	--	--	--	--

续表

指标（亿元） \ 年度		2010	2011	2012	2013	2014	2014年同比	
							增加额	增幅（%）
证券类	证券市场成交总额	4223.56	2867.62	1847.73	2809.15	5262.00	2452.85	87.32
	投资者保证金余额	85.04	21.39	19.84	17.56	42.00	24.44	139.18
	证券账户开户数（万户）	95.46	91.51	93.17	94.78	78.00	-16.78	-17.70
	佣金收入	--	--	--	--	--	--	--
	净利润	--	--	--	--	--	--	--
	期货市场成交总额	--	--	--	--	14906	--	--
	期货客户保证金余额	--	--	--	--	--	--	--
	期货账户开户数	--	--	--	--	--	--	--
	期货手续费收入	--	--	--	--	--	--	--
	利润总额	--	--	--	--	--	--	--

注：1.保险类画“--”部分的说明：由于市级寿险公司要经省公司核定才能核算当年结益情况，截至报送日仍无法核定全市保险行业当年结益。

2.证券类画“--”部分的说明：证券类统计数据取自淄博市政府金融证券工作办公室，部分数据无法取得，已有数据真实性由该市金融证券工作办公室负责。

淄博市金融机构统计指标

指标（个） \ 年度		2010	2011	2012	2013	2014	2014年同比增幅（%）
银行类	法人机构	9	10	10	10	10	0.00
	省级分行	0	0	0	0	0	0.00
	二级分行	14	15	15	17	18	5.88
	县区支行	239	203	463	477	487	2.10
	分理处、营业所	550	483	488	482	475	-1.45
	储蓄所	150	266	--	--	--	--
	从业人员总数	13535	14330	13998	14617	14878	1.79
保险类	保险机构	168	176	204	230	227	-1.30
	财险机构	96	92	111	113	107	-5.31
	省级分公司	0	0	0	0	0	0.00
	地市分公司	17	19	22	24	25	4.17
	县区支公司	79	73	89	89	82	-7.87
	寿险机构	72	84	93	117	120	2.56
	省级分公司	0	0	0	0	0	0
	地市分公司	20	22	23	27	29	7.41
	县区支公司	52	62	70	90	91	1.11
	从业人员总数	--	--	--	--	23742	--
	财险人员	--	--	--	--	7654	--
	寿险人员	--	--	--	--	16088	--

续表

指标（个）＼年度		2010	2011	2012	2013	2014	2014年同比增幅（%）
证券类	证券机构	4	7	8	9	14	55.56
	证券公司	4	7	8	9	14	55.56
	证券营业部	14	17	18	20	25	25.00
	证券服务部	0	0	0	0	0	0.00
	从业人员总数	--	--	--	--	670	--
	投资者开户数	709328	915100	931700	714200	775200	8.54
	境内上市股票只数	17	20	23	23	23	0.00
	境外上市股票只数	4	4	5	5	5	0.00
	辖区上市公司总数	19	22	26	26	26	0.00

注：画“--”部分的数据说明：证券类统计数据取自淄博市政府金融证券工作办公室。保险类数据取自淄博市保险行业协会，画“--”部分为上述两家管理机构未提供或数据连续性不足无法计算的数据。

淄博市主要金融机构业务概况

单位：亿元

单位名称	本外币存款余额	人民币单位存款	人民币储蓄存款	本外币贷款余额	人民币短期贷款	人民币中长期贷款
农发行淄博市分行	7.54	7.50	0	50.68	16.36	33.63
工商银行淄博分行	510.55	194.37	308.90	360.04	186.88	170.80
农业银行淄博市分行	538.34	134.66	382.68	372.13	195.24	163.15
中国银行淄博分行	292.82	126.16	149.05	234.34	103.55	115.39
建设银行淄博分行	362.10	132.01	228.11	273.30	110.08	155.73
交通银行淄博分行	200.95	200.73	77.65	137.64	112.18	13.66
中信银行淄博分行	54.31	31.53	22.2	63.5	47.21	10.89
齐商银行	579.09	390.29	187.71	375.80	333.82	35.69
山东省农信联社淄博办事处	699.79	145.08	553.41	510.15	387.96	110.43
邮储银行淄博市分行	181.85	26.78	155.07	35.23	13.21	18.32
浦发银行淄博分行	73.15	72.99	4.89	72.99	71.86	10.80
招商银行淄博分行	59.34	38.73	18.95	64.47	52.26	4.82
兴业银行淄博支行	81.84	70.05	11.79	33.95	25.67	8.28
光大银行淄博分行	54.07	44.26	3.68	27.62	17.40	9.89
东营银行淄博分行	8.53	6.03	2.50	7.16	6.16	0.096
青岛银行淄博分行	22.25	18.73	3.49	21.32	21.08	0.24
济宁银行淄博分行	2.63	1.33	1.30	3.88	2.80	0.36
渤海银行淄博分行	7.61	6.74	0.87	1.49	1.12	0.37

淄博市各县级区域经济金融主要统计指标

名称	人口（万人）	面积（平方公里）	地区生产总值（亿元）	地区生产总值增速（%）	本外币存款余额（亿元）	储蓄存款（亿元）	本外币贷款余额（亿元）
淄川区	65.08	960.27	568.9	7.3	439.2	308.70	188.39

续表

名称	人口（万人）	面积（平方公里）	地区生产总值（亿元）	地区生产总值增速（%）	本外币存款余额（亿元）	储蓄存款（亿元）	本外币贷款余额（亿元）
博山区	45.45	682.00	339.15	6.00	253.02	189.56	128.17
临淄区	61.49	664.00	823.48	4.97	632.88	362.99	479.59
桓台县	50.10	508.97	486.56	4.32	326.83	160.67	364.57
高青县	36.80	831.00	180.32	6.95	123.68	78.06	116.33
沂源县	56.44	1635.6	242.00	8.10	172.00	115.21	119.18

淄博市（含县级）小额贷款公司机构、业务概览

单位名称	行长（或其他称谓的第一负责人）	员工总数（人）	本外币贷款余额（亿元）	人民币短期贷款余额（亿元）	人民币中长期贷款（亿元）
淄博张店汇通小额贷款有限公司	刘吉民	100	8.00	8.00	0
淄博市周村区中租小额贷款有限公司	李永晶	9	1.24	1.14	0.1
淄博市张店区邦民小额贷款有限公司	李　安	9	1.21	1.21	0
淄博高新区永丰小额贷款有限公司	刘宗光	8	1.10	1.10	0
淄博市周村区宏信小额贷款有限公司	周祖俊	18	1.68	1.65	0.03
淄博高新区瑞丰小额贷款有限公司	彭希辉	15	1.30	1.30	0
淄博高新区中和小额贷款有限公司	王克辉	8	1.05	1.05	0
淄川区新兴小额贷款公司	魏心东	11	1.37	1.37	0
淄川区东兴小额贷款公司	秦延忠	20	0.18	0.18	0
淄川区银河小额贷款公司	张希和	10	1.05	1.05	0
淄博市博山区德信小额贷款有限公司	房利军	11	1.20	1.20	0
临淄区汇达小额贷款有限公司	刘绪英	11	1.66	1.66	0
临淄区广汇小额贷款有限公司	宋玉泉	13	1.29	1.29	0
高青县民福小额贷款公司	郑文征	18	1.61	1.54	0.07
沂源县华联小额贷款有限公司	于守广	10	1.25	1.25	0
桓台县汇鑫小额贷款公司	巩树涛	10	0.42	0.42	0

咨询170多件；十是深入开展金融知识进“村社企校”宣传活动，在《淄博日报》开展了金融服务社会惠民生专题宣传。

【保险业务】 2014年，淄博市保险市场共有54家市级机构，盈利能力全省第一。全年为全市单位和个人提供风险保障37536.75亿元。其中，机动车辆保险131.25万辆；农业保险

5908件，为350余万亩农作物提供风险保障26.85亿元；完成纳税9.01亿元，同比增长24.50%。保险深度2.12%，保险密度1978.94元。

【证券市场】 2014年，淄博市除高青县外，各区县均设有营业部，其中张店区17家，淄川区、临淄区各3家，周村区、桓台县各2家，博山区、沂源县各1家。截至年末，全市资金账户总数为658900户，证券交易金额为20167.72亿元，证券托管市值为582.85亿元，保证金余额为51.71亿元。

企业上市和再融资工作取得新突破。全市有5家企业（齐翔腾达、齐峰股份、龙泉股份、联合化工、金城医化）实现再融资，融资合计23.74亿元。其中，齐翔腾达12.4亿元，齐峰股份7.6亿元，龙泉股份0.62亿元，联合化工3.1亿元，金城医化0.02亿元。

【金融文化建设】 2014年，淄博市金融系统全面加强班子队伍和精神文明建设，着力提高干部职工的思想道德素质、业务工作能力和服务水平，取得了良好效果。

人民银行淄博市中心支行通过观看朱彦夫先进事迹报告会、参观焦裕禄廉政教育基地等方式，提高党员干部践行党的群众路线的自觉性；工商银行淄博分行组织开展了“学雷锋树新风 我们在行动”，以及“青春·使命·责任·担当”为主题的青年沙龙、“青年创意大赛”等活动。中国银行淄博分行开展“最美营业厅”和“优秀柜员”的评选工作，被当地主流媒体评为“2014山东十大服务品牌”和“创新金融机构”称号；该行营业部被中国银行业协会评为“百佳示范单位”和“五星级网点”，是淄博市金融系统，也是全省中国银行系统内唯一一家获此殊荣的机构。浦发银行淄博分行组织员工参与希望小学捐赠帮扶活动、慰问困难家庭爱心活动，先后获得淄博市总工会颁发的“振兴淄博劳动奖章”、“工人先锋号”。山东省农信联社淄博办事处不断巩固成绩，深化创建，到焦裕禄纪念馆开展党员理想信念主题教育，组织警示教育大会，开展道德讲堂等活动，精神文明建设工作取得丰硕成果，全市农信系统9个单位（含办事处）全部是省级以上文明单位。

【大事记】 1月2日 光大银行淄博分行成功办理光大银行济南分行辖内第一笔对公结构性存款业务。

1月6日 齐商银行滨州无棣支行开业。

1月7日 第四届中国小额信贷机构联席会年会在重庆召开，齐商银行小微金融产品“手拉手组团信用贷”、“鑫用贷”在会上荣获“2013中国小微金融最佳产品设计奖”，是会上金融产品获奖的唯一一家城商行。

1月10日 中华全国总工会副主席、中国金融工会主席张鸣起，中国金融工会副主席宋萍一行到光大银行淄博分行走访慰问。

1月16日 建行淄博齐鲁石化支行财富中心正式开业。济宁银行淄博分行开业暨银企签约座谈会隆重举行。

1月22日 张诚任中信银行淄博分行行长，免去张军该行行长职务。

齐商银行与山东财经大学“校企合作框架协议”签署仪式在山东财经大学天舜大厦举行。

1月27日 农业银行淄博分行智能终端管理系统二期成功上线。

2月12日 中国银行沂源支行成功堵截一起300万元假银行承兑汇票贴现业务。

2月12～13日 建设银行山东省分行行长薛峰、副行长张维国到淄博进行调研，并拜会了淄博市委书记周清利，市委副书记、市长徐景颜，市委常委、副市长刘晓等领导。

2月17～18日 招商银行青岛分行三纪全行长一行到招行淄博分行调研指导工作。

2月27日 济宁银行淄博分行成功办理首笔商业汇票回购式再贴现业务，金额3000万元。

2月 香港SPEED FORD LIMTED投资淄博绿城置业有限公司项目，土地竞拍资金8.7亿元以跨境人民币结算方式通过中国银行淄博分行汇入市土地储备中心账户，这是2010年淄博市启动跨境人民币结算试点以来单笔最大额人民币外商投资资金。

3月4日 由建设银行淄博分行主办的市城市资产运营有限公司40亿元5年期中期票据成功在交易商协会注册。3月27日，首期8亿元中期票据资金到位，成为全国首只通过市场化通道获准发行的地市级城投类中期票据。6月12日，第二期12亿元中期票据资金到位。

3月4～5日 邮储银行山东省分行行长马洪宁一行到淄博市分行调研指导。

3月6日 由市妇联、市人社局、淄博晚报社、齐商银行联合主办的首届淄博市“齐商银行杯”妇女创业创新大赛总决赛在淄博广电大厦成功举办。

3月6日 中信银行淄博博山支行隆重开业。

3月14日 人民银行淄博市中心支行出台《关于做好2014年货币信贷工作促进全市经济转型升级和健康发展的意见》。

3月19日 中国银行淄博分行实现‘中银林权通宝”产品的首笔投放。

3月 淄川区农联社在全市农信系统率先推出集票据托管、信息查询、委托收款、质押贷款等综合性功能于一体的“票据通”票据池业务。

4月9日 人民银行准予行政许可决定书正式下发，同意齐商银行“在全国银行间债券市场公开发行不超过20亿元人民币金融债券”。

4月10日 人民银行将淄博市中心支行确定为总行唯一一家“党委中心组学习联系行”。

4月17日 全国首家小额担保贷款“快易贷”网上服务平台开通仪式在市人力资源市场举行。

4月20日 建设银行淄博分行首家多功能自助银行——体坛自助银行开业运行。

4月29日 邮储银行山东省分行批复市邮储银行试点开

办小企业助保金贷款业务。

5月4日　齐商银行小企业金融服务中心成功发放全市首批两笔出租车运营权质押贷款“齐动力鑫车贷”。

5月6日　济宁银行首笔个人收单业务顺利落地淄博。

5月9日　东营银行淄博分行微信公共平台正式上线启用。

5月12日　工商银行临淄支行成功办理全工商银行淄博分行系统首笔备用国际信用证业务。

5月13日　齐商银行成功签发首笔100万元电子银行承兑汇票业务。

5月22日　齐商银行与博山区政府签订科学发展战略合作协议。

光大银行淄川支行获开业批准。

6月9日　齐商银行成为首批山东省市场利率定价自律机制基础成员。获得了发行同业存单及SHIBOR(上海银行间同业拆放利率)、LPR(贷款基础利率)场外报价资格。

6月13日　淄博市金融消费权益保护协会正式成立。

6月17日　交通银行淄博分行与新星集团合作的“新星网上商城”正式开站营业。

交通银行淄博分行与淄博万杰肿瘤医院“自助医院”合作项目正式签约。

招商银行淄博分行风险管理部总经理高芳获中国金融工会授予的“全国金融系统职工职业道德建设先进个人”荣誉称号。

6月18日　邮储银行山东省分行批复市邮储银行试点开办新型农业经营主体贷款业务。

齐商银行与高青县政府签署支持高青县科学发展战略合作协议,为高青县重点项目专项授信5亿元。

6月26日　中国光大银行淄川支行正式开业。

6月　工商银行体坛支行为某企业办理全省工商系统首笔国内贸易信用保险业务。

建设银行桓台支行签发3笔固定资产开证业务，合计306.6万欧元,成为建设银行淄博分行系统首次成功开办此项业务的支行。

交通银行淄博分行推出中国移动联名卡“快易充”业务。

兴业银行淄博分行与辖内某大型集团企业签订了《票据池业务合作协议》，并发放首笔票据池业务项下融资款5000余万元。

齐商银行高新区支行通过电子商业汇票系统为客户签发100万元电子银行承兑汇票,这是齐商银行签发的首张电子商业汇票。

人民银行淄博市中心支行制定出台了《境内非金融机构人民币境外放款备案管理办法(试行)》。

7月2日　齐商银行成功取得了北京金融资产交易所金融机构和理财计划代理人会员资格。

7月5~6日　工商银行淄博分行CFP理财师团队在“2014年山东省金融理财师专业大赛”获得“优秀理财师团队奖”。

7月8日　建设银行淄博分行与高青县政府签署科学发展战略合作协议。

7月9日　淄博市“市民卡居民健康卡”项目签约仪式在齐商银行举行。

7月14日　建设银行淄博分行承办的市城市资产运营有限公司第三期企业债23亿元成功发行。

7月16日　山东省首批金融扶贫贷款启动仪式和淄博市第一批农村土地承包经营权抵押贷款发放仪式在淄川区举行。

招商银行淄博西城支行获批筹建,至9月26日,正式对外营业。

7月27日　交通银行淄博分行与市广电局联合举行“爱刷刷”联名卡发行暨广电新媒体“淄博帮”网站上线仪式。

7月29日　赵波任中信银行淄博分行党委书记。

7月30日　浦发银行桓台支行营销的首个楼盘车位分期业务顺利发放。

8月6日　李波任建设银行淄博分行党委书记、行长。

8月15日　齐商银行荣获全国“最佳中小企业服务奖”。

9月4日　由齐商银行发起的齐商银行、得益乳业农业产业链“益农贷”项目签约暨农户授信仪式在得益乳业商学院举行。

9月14日　齐商银行微信银行正式上线，自助设备实现无卡取现功能。

10月23日　济宁银行淄博分行在淄博市机械行业商会第二届会员大会上签署战略合作协议。

10月28日　中国光大银行淄博分行成功办理首笔外债专户业务。

10月30日　齐商银行成功举办了“2014齐商银行第二届小微企业金融峰会”。

10月　齐商银行与山东省知识产权局签署《科技型小微企业知识产权质押融资合作协议》。

11月3日　赵波任中信银行淄博分行行长。

11月4日　人民银行党委宣传部部长刘慧兰一行莅临人民银行淄博市中心支行开展调研。

11月5日　济宁银行淄博分行与乐物网签订战略合作协议。

11月28日　兴业银行淄博支行首单票据福费廷业务顺利落地。

齐商银行召开新闻发布会宣布旗下互联网投融资平台齐乐融融E平台上线运行。

12月17日　齐商银行第六家分行威海分行开业。

12月中旬　中国银行淄博分行与汇丰石化集团有限公司达成跨国企业集团跨境人民币双向资金池结算协议。

12月21日　齐商村镇银行滨河支行隆重开业。

(冯　波)

淄川区

【经济金融概况】　2014 年，淄川区金融业务持续发展，各项金融指标逐步提高。

【金融发展与改革】　2014 年，人民银行淄川区支行一是加大“窗口指导”力度，制定了《关于做好 2014 年货币信贷工作促进全区实体经济持续健康发展的意见》；二是继续坚持做好景气企业、民间借贷、房地产企业、上市公司、跨境人民币贸易结算、外向型企业调查和监测以及利率、汇率等基点监测工作；三是加强企业和个人信用信息数据库的管理和应用工作；四是实行金融稳定监测员制度，加强国库和支付结算管理工作。

淄川区开展实施小微企业融资增信工程，由地方财政拨

淄川区主要经济指标

经济指标	2013	2014	2014 年同比增幅（%）	经济指标	2013	2014	2014 年同比增幅（%）
土地面积（平方公里）	960.27	960.27	0	地方财政支出（亿元）	29.15	32.72	12.27
人口（万人）	64.8	65.08	0.43	全社会固定资产投资（亿元）	280.6	330.8	17.89
城镇人口（万人）	25.9	26.1	0.77	进出口总值（万美元）	115980	127855	10.24
乡村人口（万人）	38.9	38.98	0.21	出口总值（万美元）	96354	109104	13.23
地区生产总值（亿元）	545.7	568.9	7.3	实际利用外资（万美元）	4592.51	5121.61	11.52
第一产业（亿元）	9.1	9.3	2.19	社会消费品零售总额（亿元）	212.6	236.8	11.38
第二产业（亿元）	324	336.1	3.73	居民消费价格指数（%）	101.5	102	0.49
第三产业（亿元）	212.5	223.4	5.12	人均地区生产总值（元）	84212	87415	3.8
财政总收入（亿元）	40.01	42.88	7.17	城镇居民可支配收入（元）	31056	32928	6.03
地方财政收入（亿元）	23.98	26.01	8.47	农民人均现金收入（元）	14283	15912	11.4
财政总支出（亿元）	29.15	32.72	12.27				

淄川区主要金融指标

金融指标（亿元）	2013	2014	2014 年同比增幅（%）	金融指标（亿元）	2013	2014	2014 年同比增幅（%）
本外币存款余额	399.03	439.2	10.07	财险收入	—	—	—
人民币存款余额	395.96	435.94	10.10	寿险收入	—	—	—
单位存款	102.54	105.56	2.95	财险赔款	—	—	—
储蓄存款	284.8	308.7	8.39	寿险给付	—	—	—
本外币贷款余额	163.1	188.39	15.51	当年结益	—	—	—
人民币贷款余额	163.1	188.39	15.51	证券市场交易总额	—	—	—
短期贷款	102.96	102.38	-0.56	投资者保证金余额	—	—	—
中长期贷款	55.31	78.86	42.58	证券账户开户数	—	—	—
票据融资	4.82	6.81	41.29	证券交易佣金收入	—	—	—
当年结益	3.84	4.94	26.65	净利润	—	—	—
不良贷款余额	4.6	6.31	37.17				

淄川区主要金融机构概况

单位名称	行长（或其他称谓的第一负责人）	副行长（或其他称谓的同级领导）	员工总数	辖内营业网点数
人民银行淄川区支行	宋继水	陈玉生　韩克路	35	1
农发行淄川区支行	刘玉栋	李瑞东　张成刚	21	1

续表

单位名称	行长（或其他称谓的第一负责人）	副行长（或其他称谓的同级领导）	员工总数	辖内营业网点数
工商银行淄川支行	李长青	谭 军 李 强 许 萍 杨长义	184	12
农业银行淄川区支行	董兆喜	陈 锋 胡国忠 薛君玉	225	18
中国银行淄川支行	张梅芳	张 磊 冯艳霖	116	7
建设银行淄川支行	范尊勇	陈德泉 周长征 王志东	110	7
交通银行淄川支行	赵 剑	刘 青 杨文昌	56	3
中信银行淄川支行	陈 澄	齐俊秀	18	1
齐商银行淄川支行	袁 峰	李炳峰 郭建新	138	6
淄川区农信联社	于光辉 崔军昌	马 雷 高 超 许 斌 孙宁通	677	62
邮储银行淄川区支行	安洪波	齐昌华 秦爱玲	79	5
招商银行淄川支行	巩遵来	刘 磊	17	1
浦发银行淄川支行	杜 健（副行长主持工作）	李 凯	15	1
光大银行淄川支行	李 凯	王泳莉	13	1

淄川区主要金融机构业务概况

单位：亿元

单位名称	本外币存款余额	人民币单位存款	人民币储蓄存款	本外币贷款余额	人民币短期贷款	人民币中长期贷款
农发行淄川区支行	0.71	0.71	0	5.74	1.03	4.71
工商银行淄川支行	62.58	20.41	39.47	25.11	5.6	19.51
农业银行淄川区支行	75.54	6.5	68.6	25.25	1.91	22.66
中国银行淄川支行	41.82	11.57	28.88	9.86	4.25	5.61
建设银行淄川支行	36.23	11.68	23.98	15.83	7.18	8.65
交通银行淄川支行	27.16	11.58	8.51	7.12	4.4	3.02
中信银行淄川支行	9.82	6.26	2.75	3.75	2.77	0.98
齐商银行淄川支行	34.35	13.74	15.59	10.14	7.51	2.39
淄川区农信联社	110.22	16.81	93.23	76.13	59.75	9.93
邮储银行淄川区支行	29.29	3.49	25.8	2.08	0.91	1.17
招商银行淄川支行	2.41	1.01	1.39	1.81	1.77	0.04

注：上述表格中所有未填写部分为无相关归口管理部门统计或相关统计部门未统计指标。

出专款5000万元作为风险补偿金支持小微型企业融资增信。

【金融服务与监管】 2014年，人民银行淄川区支行一是深入开展金融个性化服务活动，综合运用各种金融资源，在信贷、结算、外汇、信息咨询等方面完善对地方经济和社会民生的支持方式；二是协调组织了淄川区第三届银企合作促进会活动，签约金额58.7亿元，合作意向金额37.1亿元，共计95.8亿元，涉及全区中小企业278家，其中工业重点项目76个，农业重点项目28个，综合授信过亿元的企业32家，中长期项目贷款授信38.3亿元，占比为40%；三是深入基层开展调查研究和帮扶工作，选择信用社基层网点，开展了对农户金融需求以及新型农村合作组织、农业龙头企业生产经营状况实地问卷和调查，详细了解基层乡镇的金融服务现状并撰写了相关报告。

（赵进波 王厚宝）

临淄区

【经济金融概况】 2014年，临淄区银行机构继续加大对实体经济支持力度，总体运行平稳，本外币存款、贷款余额均位列淄博市第一位。

【金融发展与改革】 2014年，人民银行临淄区支行一是加大"三农"金融产品创新力度，蔬菜大棚抵押贷款创新业务取得明显成效，生物活体资产、土地承包经营权贷款得到积极推广，银行机构制订的支持朱台新农村建设项目2.5亿元的授信计划，已有1亿元投放到位；二是浦发银行为宏达矿业、清源集团分别成功发行4.4亿元、3.5亿元短期融资券，企业直接融资取得新突破。

【金融服务与监管】 2014年，临淄区一是加强"窗口指导"，制定印发了2014年货币信贷工作指导意见，并通过召开金融机构负责人联席会议、深入金融机构调研和约谈金融机构负责人等形式，向金融机构传达货币政策意图；二是实施牵头行

临淄区主要经济指标

经济指标	2013	2014	2014年同比增幅（%）	经济指标	2013	2014	2014年同比增幅（%）
土地面积（平方公里）	664	664	0	地方财政支出（亿元）	46.8	49.69	6.18
人口（万人）	61.22	61.49	0.44	全社会固定资产投资（亿元）	352.5	363.19	3.03
城镇人口（万人）	31.49	31.61	0.38	进出口总值（万美元）	222984	171249	-23.20
乡村人口（万人）	29.73	29.88	0.50	出口总值（万美元）	76638	72122	-5.89
地区生产总值（亿元）	784.47	823.48	4.97	实际利用外资（万美元）	3950	5059	28.08
第一产业（亿元）	33.76	35.43	4.95	社会消费品零售总额（亿元）	195.4	218.53	11.84
第二产业（亿元）	527.17	540.72	2.57	居民消费价格指数（%）	102.2	102.4	0.20
第三产业（亿元）	223.54	247.33	10.64	人均地区生产总值（元）	128144	134117	4.66
财政总收入（亿元）	49.40	52.96	7.21	城镇居民可支配收入（元）	33482	35496	6.02
地方财政收入（亿元）	49.40	52.96	7.21	农民人均现金收入（元）	15753	17580	11.60
财政总支出（亿元）	47.31	49.69	5.03				

临淄区主要金融指标

金融指标（亿元）	2013	2014	2014年同比增幅（%）	金融指标（亿元）	2013	2014	2014年同比增幅（%）
本外币存款余额	654.76	632.88	-3.34	财险收入	—	—	—
人民币存款余额	647.45	624.25	-3.58	寿险收入	—	—	—
单位存款	286.87	232.04	-19.11	财险赔款	—	—	—
储蓄存款	337	362.99	7.71	寿险给付	—	—	—
本外币贷款余额	468.57	479.59	2.35	当年结益	—	—	—
人民币贷款余额	452.35	471.10	4.15	证券市场交易总额	—	—	—
短期贷款	375.18	369.57	-1.50	投资者保证金余额	—	—	—
中长期贷款	77.53	94.36	21.71	证券账户开户数	—	—	—
票据融资	15.83	54.66	245.29	证券交易佣金收入	—	—	—
当年结益	10.34	—	—	净利润	—	—	—
不良贷款余额	1.34	9.27	591.79				

临淄区主要金融机构概况

单位名称	行长（或其他称谓的第一负责人）	副行长（或其他称谓的同级领导）	员工总数	辖内营业网点数
人民银行临淄区支行	王利明	张 光 路其永 刘希冰	36	1
淄博银监分局临淄办事处	刘永涛	苏建新	2	1
农发行临淄区支行	翟永国	巩 伟 丁爱丽	18	1
工商银行临淄支行	燕淑凤	张家鹏 刘静华 姜 伟 徐先文 何正刚 吴 静	192	13
农业银行临淄区支行	徐 超	李金德 高建军 徐振兴	238	18
中国银行临淄支行	王 锐	解 博 田树国	114	7
建设银行齐鲁石化支行	李爱民	王立军 刘华文	213	14
交通银行临淄支行	刘 群	郭爱玉 崔 亮	48	3
中信银行临淄支行	张 磊	相昭年 张晓青	15	1
光大银行临淄支行	贾宝忠	王国安 张莉莉	15	1
招商银行临淄支行	徐学元	王 婷	28	1
浦发银行临淄支行	王光华	丁 成	18	1
兴业银行临淄支行	张洪亮	周国峰	16	1
青岛银行临淄支行	巩向忠	杨建军	16	1
齐商银行临淄支行	荆 铭	王艳华	94	5
齐商银行齐都支行	谭 勇	赵晓红	89	5
临淄农村商业银行	毕方利	薛 宁 王 峰 毛元春	708	56
邮储银行临淄区支行	鹿 云	张永青	82	3

临淄区主要金融机构业务概况

单位：亿元

单位名称	本外币存款余额	人民币单位存款	人民币储蓄存款	本外币贷款余额	人民币短期贷款	人民币中长期贷款
农发行临淄区支行	0.26	0.26		1.86	0.56	1.3
工商银行临淄支行	91.66	35.62	52.50	79.83	51.87	27.15
农业银行临淄区支行	120.07	33.06	72.47	94.46	71.13	18.09
中国银行临淄支行	43.25	22.01	16.87	37.84	22.54	11.89
建社银行齐鲁石化支行	76.84	18.60	58.04	32.05	19.45	12.60
交通银行临淄支行	24.95	14.57	8.09	27.48	25.53	19.57
中信银行临淄支行	6.57	3.14	2.23	13.69	11.58	2.12
光大银行临淄支行	11.28	9.89	0.40	4.33	2.68	1.65
招商银行临淄支行	15.75	12.21	3.48	14.78	14.61	0.10
浦发银行临淄支行	14.44	12.88	1.56	11.08	8.84	2.04
兴业银行临淄支行	3.02	1.55	1.21	6.02	5.97	0.05
齐商银行临淄支行	25.16	12.89	8.17	26.59	21.99	2.35

续表

单位名称	本外币存款余额	人民币单位存款	人民币储蓄存款	本外币贷款余额	人民币短期贷款	人民币中长期贷款
齐商银行齐都支行	23.69	13.22	10.41	20.29	19.27	0.95
临淄农村商业银行	142.15	34.67	106.81	105.98	93.92	10.26
邮储银行临淄区支行	24.18	3.42	20.76	3.30	1.44	1.86

主办制度，协同相关部门制定了《金融机构信贷业务同向办理暂行办法》；三是金融风险监测机制不断完善，健全风险防范与化解工作机制，推动地方政府出台了《防范和处置企业金融风险预案》、《优化发展环境稳定金融秩序意见》等制度，突出抓好重点行业、重点领域、重点企业的跟踪监测，做好分类评估。

（李加伟）

博山区

【经济金融概况】 2014 年，博山区坚持转型升级、提质增效。一是实施产业集聚工程，战略性新兴产业、现代服务业项目投资比重分别达 41%和 31%，高新技术产业产值占工业产值比重达到 26.4%；二是加快陶琉文化品牌建设，深入推进“万户农民脱贫奔康工程”，投资 1.56 亿元，实现近 2 万人基本脱贫；三是积极构建新型农业经营体系，农村土地承包经营权确权登记颁证工作基本完成，成立了淄博市首家农村经济股份合作社；四是成功创建为国家级出口食品农产品质量安全示范区和淄博市唯一一家省级生态文明乡村建设示范区。

【金融发展与改革】 2014 年，人民银行博山区支行出台《关于做好 2014 年货币信贷工作的意见》，加强对小微企业、现代农业发展、现代服务业、节能环保、社会民生等领域的金融支持。深化金融服务和产品创新，组织“博山区首笔知识产权质押贷款签约仪式暨科技金融创新推进会”，筛选储存 5 家科技小微企业开展知识产权质押贷款试点工作。

博山区主要经济指标

经济指标	2013	2014	2014 年同比增幅（%）	经济指标	2013	2014	2014 年同比增幅（%）
土地面积（平方公里）	682	682	--	地方财政支出（亿元）	20.63	22.9	10.98
人口（万人）	46.3	45.45	-1.84	全社会固定资产投资（亿元）	243.17	277.44	14.09
城镇人口（万人）	25.5	25.4	-0.39	进出口总值（万美元）	53398	52365	-3.5
乡村人口（万人）	20.8	20.05	-3.61	出口总值（万美元）	43127	44104	0.4
地区生产总值（亿元）	330.52	339.15	6	实际利用外资（万美元）	4340	4498	-3.6
第一产业（亿元）	10.92	11.13	1.6	社会消费品零售总额（亿元）	185.23	206.84	11.7
第二产业（亿元）	188.82	190.3	9	居民消费价格指数（%）	103.5	100.4	--
第三产业（亿元）	132.78	137.7	1.4	人均地区生产总值（元）	71818.57	74620.17	3.9
财政总收入（亿元）	20.40	22.65	11.03	城镇居民可支配收入（元）	28933.58	30636.07	8.3
地方财政收入（亿元）	17.75	19	7.03	农民人均现金收入（元）	13199.51	14677.84	11.2
财政总支出（亿元）	27.73	26.92	-2.9				

博山区主要金融指标

金融指标（亿元）	2013	2014	2014 年同比增幅（%）	金融指标（亿元）	2013	2014	2014 年同比增幅（%）
本外币存款余额	239.58	253.02	5.60	财险收入	--	--	--
人民币存款余额	237.39	250.66	5.59	寿险收入	--	--	--

续表

金融指标（亿元）	2013	2014	2014 年同比增幅（%）	金融指标（亿元）	2013	2014	2014 年同比增幅（%）
单位存款	56.8	50.87	-10.44	财险赔款	—	—	—
储蓄存款	173.29	189.56	9.34	寿险给付	—	—	—
本外币贷款余额	129.02	128.17	-0.66	当年结益	—	—	—
人民币贷款余额	129.01	127.54	-1.14	证券市场交易总额	—	—	—
短期贷款	86.04	82.04	-4.64	投资者保证金余额	—	—	—
中长期贷款	40.47	41.22	1.86	证券账户开户数	—	—	—
票据融资	2.50	3.33	33.02	证券交易佣金收入	—	—	—
当年结益	—	—	—	净利润	—	—	—
不良贷款余额	2.14	8.22	284.11				

博山区主要金融机构概况

单位名称	行长（或其他称谓的第一负责人）	副行长（或其他称谓的同级领导）	员工总数	辖内营业网点数
人民银行博山区支行	邵承伟	张学问　赵玉文	29	1
淄博银监分局博山办事处	黄立恩		2	1
农发行博山区支行	王有星	王　刚	22	1
工商银行博山支行	苗纪宏	石　岩　翟乃林　许国栋　马　立	152	11
农业银行博山区支行	丁修凯	张　焱　施春雷　王中亮	153	9
中国银行博山支行	张雪峰	苏立华　逯　永	78	4
建设银行博山支行	尚仁刚	王俊祥　胡　波	96	5
交通银行博山支行	赵红丽	曹　霞　常会东	44	2
中信银行博山支行	邸　楠		17	1
齐商银行博山支行	路红军	刘　红　李　锋	107	6
博山区农信联社	范京卫	李嘉耘　李　杰　马海波　张艳芳	490	48
邮储银行博山区支行	穆洪强	张弘君　韩　刚	78	11

博山区主要金融机构业务概况

单位：亿元

单位名称	本外币存款余额	人民币单位存款	人民币储蓄存款	本外币贷款余额	人民币短期贷款	人民币中长期贷款
农发行博山区支行	0.27	0.27		0.93	0.92	0.01
工商银行博山支行	47.9	10.07	36.11	15.39	5.61	9.78
农业银行博山区支行	33.46	5.73	27.45	19.70	13.31	5.94
中国银行博山支行	19.89	5.98	12.04	11.45	6.27	4.64
建设银行博山支行	17.20	3.63	13.48	11.73	3.67	8.06
交通银行博山支行	16.79	7.71	5.74	8.45	6.77	1.24
中信银行博山支行	1.09	0.08	0.51	0.16	0.05	0.1
齐商银行博山支行	25.01	7.76	14.14	10.52	9.98	0.3
博山区农信联社	68.21	7.18	60.98	48.51	34.95	10.32
邮储银行博山区支行	21.53	2.45	19.08	1.29	0.49	0.79

【金融服务与监管】 2014年，人民银行博山区支行一是关注企业担保圈资金链风险，健全金融稳定协调机制，对潜在信贷风险实行监测、分析和预警，推动政府采取“一行一策、一企一策”的方式，化解辖区资金链风险；二是制定《农村支付服务监督检查制度》，完善银行卡助农取款服务，实现了银行卡助农取款服务点行政村100%全覆盖；三是开展“送金融服务下乡，助现代农业发展”活动；四是加强征信管理，组织开展征信和社会信用体系宣传活动3次；五是进一步优化对涉外企业“一对一”服务制度，实行差别化管理。

是年，中信银行博山支行开业。

（刘承海）

桓台县

【经济金融概况】 2014年，桓台县经济发展质量效益明显提升，县域经济综合实力得到增强，位列全国百强县第87位、中国最具投资潜力中小城市百强县市第48位。成为全省唯一的国家“多规合一”试点县，马桥镇、起凤镇入选全国重点镇，全国推进新型城镇化建设试点工作座谈会上的经验做法得到国务院总理李克强的充分肯定。金融生态环境持续优化，全年各月新增贷款居全市六区县第一位。

【金融发展与改革】 2014年，桓台县金融机构一是实施了国务院和人民银行货币政策效果评价制度，促进全县13家金融机构调整业务结构，优化信贷资产投向，着力降低企业融资成本；二是创新信贷管理模式，加大信贷投放，如齐商银行积极探索小微企业知识产权质押方式，减少企业财务成本，桓台农信社为企业提供短期过桥资金近1亿元，农业银行代理发

桓台县（区、市）主要经济指标

经济指标	2013	2014	2014年同比增幅（%）	经济指标	2013	2014	2014年同比增幅（%）
土地面积（平方公里）	508.97	508.97	0	地方财政支出（亿元）	48.91	49.683	1.58
人口（万人）	49.71	50.1	0.78	全社会固定资产投资（亿元）	295.81	334.93	13.22
城镇人口（万人）	13.94	13.94	0	进出口总值（万美元）	150623	165319	9.76
乡村人口（万人）	35.77	36.16	1.09	出口总值（万美元）	92744	90542	-2.37
地区生产总值（亿元）	466.43	486.56	4.32	实际利用外资（万美元）	6310	9772	54.87
第一产业（亿元）	19.44	20.3	4.42	社会消费品零售总额（亿元）	144.69	163.45	12.97
第二产业（亿元）	293.52	303.76	3.49	居民消费价格指数（%）	102.3	102	-0.29
第三产业（亿元）	153.47	162.51	5.89	人均地区生产总值（元）	93830	97236	3.63
财政总收入（亿元）	57.67	70.36	22	城镇居民可支配收入（元）	31395	33700	7.34
地方财政收入（亿元）	26.38	28.27	7.16	农民人均现金收入（元）	15251	16846	10.46
财政总支出（亿元）	57.38	70.44	22.76				

桓台县（区、市）主要金融指标

金融指标（亿元）	2013	2014	2014年同比增幅（%）	金融指标（亿元）	2013	2014	2014年同比增幅（%）
本外币存款余额	314.71	326.83	3.85	财险收入	—	—	—
人民币存款余额	310.74	324.04	4.28	寿险收入	—	—	—
单位存款	152.90	153.53	0.41	财险赔款	—	—	—
储蓄存款	149.21	160.67	7.68	寿险给付	—	—	—
本外币贷款余额	336.83	364.57	8.24	当年结益	—	—	—
人民币贷款余额	332.01	360.73	8.65	证券市场交易总额	—	—	—
短期贷款	250.15	260.80	4.26	投资者保证金余额	—	—	—

续表

金融指标（亿元）	2013	2014	2014年同比增幅（%）	金融指标（亿元）	2013	2014	2014年同比增幅（%）
中长期贷款	80.60	99.45	23.39	证券账户开户数	--	--	--
票据融资	1.26	0.45	-64.29	证券交易佣金收入	--	--	--
当年结益	9.81	10.55	7.54	净利润	--	--	--
不良贷款余额	2.17	2.91	34.10				

桓台县（区、市）主要金融机构概况

单位名称	行长（或其他称谓的第一负责人）	副行长（或其他称谓的同级领导）	员工总数	辖内营业网点数
人民银行桓台县支行	高庆旗	孙延滨　毕祯忠　吴宏镇	36	1
淄博银监分局桓台办事处	黄向政		1	1
农发行桓台县支行	刘志玉	王贞军　吕海燕	18	1
工行桓台支行	郑　东	李立柱　崔守东　王希民　张　波　陈　宁　王绍柏	105	6
农行桓台县支行	宗　新	于克峰　胡敬臣　牟其国　牛　强　张　凯	211	17
中国银行桓台支行	丁　伟	曹　晶　李　群	54	2
建设银行桓台支行	林　楠	常承波　王振勇　王　成　巩俊霞	104	4
交通银行桓台支行	柴　广	王新海　张丽艳	22	1
中信银行桓台支行	巩向军	许　伟	15	1
招商银行桓台支行	王学光	王安军	19	1
浦发银行桓台支行	孙传兵	鲍晓光	19	1
光大银行桓台支行	魏　伟	孙静宜	18	1
齐商银行桓台支行	寇海英	张　娣	53	3
桓台县农信联社	宋　文　唐光发	刘　磊　张　丽　刘　勇　郑　军　陈立勇　高　超　尚延辰　徐先洪	605	63
邮储银行桓台县支行	耿庆涛	荆丽丽　耿　冀　王红梅	72	4

桓台县（区、市）主要金融机构业务概况

单位：亿元

单位名称	本外币存款余额	人民币单位存款	人民币储蓄存款	本外币贷款余额	人民币短期贷款	人民币中长期贷款
农发行桓台县支行	0.62	0.62	0	8.51	6.27	2.24
工商银行桓台支行	44.86	30.33	12.02	71.57	52.52	17.84
农业银行桓台支行	70.51	24.23	42.57	60.38	43.93	16.18
中国银行桓台支行	27.49	22.13	4.32	40.66	21.45	19.01
建设银行桓台支行	22.01	10.87	10.76	41.00	21.32	19.31
交通银行桓台支行	8.99	6.86	1.19	9.72	9.12	0.59
中信银行桓台支行	3.72	1.32	2.05	12.51	8.01	4.30
招商银行桓台支行	10.89	8.29	2.34	13.71	12.51	0.23
浦发银行桓台支行	7.88	7.08	0.79	11.60	9.80	1.81

续表

单位名称	本外币存款余额	人民币单位存款	人民币储蓄存款	本外币贷款余额	人民币短期贷款	人民币中长期贷款
光大银行桓台支行	7.42	5.67	0.68	5.89	5.89	0
齐商银行桓台支行	15.17	10.93	4.16	17.58	15.41	1.40
桓台县农信联社	88.69	22.76	65.73	66.20	53.51	12.69
邮储银行桓台县支行	16.49	2.44	14.05	5.26	1.41	3.85

行10亿元城市建设债券。

【金融服务与监管】 2014年，桓台县金融机构不断加大支付环境建设力度,全面改进金融服务。一是个人征信业务实现工作日全天办理;二是国债发行指标向农村倾斜,共发售凭证式国债3期,2550万元,电子储蓄式国债10期,2276万元;三是实现行政村银行卡助农取款服务点、手机支付全覆盖;四是发挥外汇监管服务职能,通过外汇服务"三个平台",引导企业充分利用贸易投资便利化带来的政策优惠，优化外汇市场经营环境。

（李光亮 王红梅）

高青县

【经济金融概况】 2014年,高青县经济金融保持平稳发展。一是存款贷款快速增长,增速居全市前列;二是金融产品创新步伐加快,高青农商行开办生物资产质押贷款业务,发放活牛抵押贷款5820万元，开办农村土地承包经营权抵押贷款业务,授信60万元,实现零突破;三是银行不良贷款呈现反弹,不良贷款同比新增0.69亿元,不良贷款率为7.61%,同比下降0.29个百分点。

【金融发展与改革】 2014年,人民银行高青县支行认真贯彻落实稳健的货币政策,引导金融机构积极调整信贷结构。一是制定印发《关于落实货币信贷政策支持全县实体经济发展的意见》,出台《重点银企俱乐部和三办银行制度暂行办法》、《农村土地承包经营权抵押贷款管理办法》；二是突出企业风险监测,持续关注德元制革、兰骏集团等风险企业担保圈风险

高青县主要经济指标

经济指标	2013	2014	2014年同比增幅（%）	经济指标	2013	2014	2014年同比增幅（%）
土地面积（平方公里）	831	831	0	地方财政支出（亿元）	18.2	19.57	7.53
人口（万人）	36.61	36.80	0.52	全社会固定资产投资（亿元）	103.5	122	17.87
城镇人口（万人）	10.73	10.76	0.28	进出口总值（万美元）	21863	12302	-43.7
乡村人口（万人）	25.88	26.04	0.62	出口总值（万美元）	13245	8804	-33.5
地区生产总值（亿元）	168.6	180.32	6.95	实际利用外资（万美元）	--	--	--
第一产业（亿元）	23.3	24.72	5.3	社会消费品零售总额（亿元）	39.58	44.3	11.93
第二产业（亿元）	86.3	90.75	7.5	居民消费价格指数（%）	101.7	101.3	-0.4
第三产业（亿元）	58.9	64.84	6.3	人均地区生产总值（元）	46043	48996	6.41
财政总收入（亿元）	--	--	--	城镇居民可支配收入（元）	22694	25077	10.5
地方财政收入（亿元）	10.5	11.37	8.27	农民人均现金收入（元）	10013	11325	13.1
财政总支出（亿元）	--	--	--				

高青县主要金融指标

金融指标（亿元）	2013	2014	2014年同比增幅（%）	金融指标（亿元）	2013	2014	2014年同比增幅（%）
本外币存款余额	106.58	123.68	16.04	财险收入	—	—	—
人民币存款余额	106.46	123.52	16.02	寿险收入	—	—	—
单位存款	39.07	37.99	-2.76	财险赔款	—	—	—
储蓄存款	64.44	78.06	21.14	寿险给付	—	—	—
本外币贷款余额	103.44	116.33	12.46	当年结益	—	—	—
人民币贷款余额	101.33	115.24	13.73	证券市场交易总额	—	—	—
短期贷款	72.12	79.20	9.82	投资者保证金余额	—	—	—
中长期贷款	27.01	33.15	22.73	证券账户开户数	—	—	—
票据融资	0.09	0	-100	证券交易佣金收入	—	—	—
当年结益	-1.57	1.95	-224.20	净利润	—	—	—
不良贷款余额	8.17	8.86	8.45				

高青县主要金融机构概况

单位名称	行长（或其他称谓的第一负责人）	副行长（或其他称谓的同级领导）	员工总数	辖内营业网点数
人民银行高青县支行	王振平	孙洪彬 樊守彬 董有明	27	1
淄博银监分局高青办事处	孙 强		1	1
农发行高青支行	魏星太	耿在文	17	1
工商银行高青支行	王延峰	石海滔 于修漳 谷维文	36	2
农业银行高青县支行	朱庆合	陈会清 曹玉波 宋振文	104	5
中国银行高青支行	李 辉	徐有军	14	1
建设银行高青支行	韩 杰(副行长主持工作)	聂 静	43	2
齐商银行高青支行	潘 森	岳 峰 石艳丽 耿佃超	61	3
高青农商行	李岩松（董事长） 孙希荣（行长）	翟恒修 王玉华 张 勇 张爱娟	328	25
邮储银行高青县支行	万瑞海	杨志国	57	11

高青县主要金融机构业务概况

单位：亿元

单位名称	本外币存款余额	人民币单位存款	人民币储蓄存款	本外币贷款余额	人民币短期贷款	人民币中长期贷款
农发行高青县支行	0.56	0.56	0	1.78	1.10	0.68
工商银行高青支行	19.58	10.07	3.95	16.14	8.45	7.63
农业银行高青县支行	22.83	7.39	15.40	32.78	23.73	6.93
中国银行高青支行	1.58	1.12	0.43	3.37	1.55	1.82
建设银行高青支行	9.71	4.77	4.91	16.86	6.39	10.47
齐商银行高青支行	8.63	6.63	1.96	11.71	8.48	1.43
高青农商行	43.44	5.16	38.28	31.28	28.93	2.35
邮储银行高青县支行	15.42	2.29	13.13	2.42	0.58	1.84

化解进展和钜创纺织破产重整；三是搭建完成农村（小微企业）征信数据库，完成 244 家小微企业、1635 户农户基本信息、贷款信息等项目的采集铺底。

【金融服务与监管】 2014 年，人民银行高青县支行创新金融服务手段，社会形象明显提升。一是农村支付服务环境得到根本改善，金融支付基础设施布放提前完成"双百"任务目标，实现农村地区手机支付行政村 100%全覆盖；二是完善外汇管理功能，外汇管理水平及金融服务能力得到明显提高；三是完成农机购置补贴国库直接支付项目；四是强化对金融机构监督管理。

（刘恒营　李春光）

沂源县

【经济金融概况】 2014 年，沂源县持续推进城乡统筹发展和新型城镇化建设，人民生活水平和经济社会综合实力进一步提高。

【金融发展与改革】 2014 年，沂源县金融机构深入贯彻落实货币政策。一是合理增加信贷投放，着力优化信贷结构，推进服务创新，支持全县经济"转方式、调结构"；二是引导金融机构积极开展适合农村小微企业需求的信贷产品创新，及时

沂源县主要经济指标

经济指标	2013	2014	2014 年同比增幅（%）	经济指标	2013	2014	2014 年同比增幅（%）
土地面积（平方公里）	1635. 6	1635.6		地方财政支出（亿元）	24.46	25.26	3.27
人口（万人）	56. 28	56.44	0.28	全社会固定资产投资（亿元）	142.30	166.30	16.87
城镇人口（万人）	13. 05	13.08	0.22	进出口总值（万美元）	30343	37638	24.0
乡村人口（万人）	43. 23	43.22	-0.02	出口总值（万美元）	24453	29472	38.6
地区生产总值（亿元）	227.36	242.00	8.10	实际利用外资（万美元）	—	—	—
第一产业（亿元）	28.17	29.60	4.70	社会消费品零售总额（亿元）	106.76	120.80	13.15
第二产业（亿元）	107.13	111.04	8.50	居民消费价格指数（%）	102.7	101.2	-1.46
第三产业（亿元）	92.05	101.35	8.50	人均地区生产总值（元）	40393	42875	6.13
财政总收入（亿元）	26.04	26.25	11.50	城镇居民可支配收入（元）	29454	31854	10.6
地方财政收入（亿元）	16.23	17.46	7.60	农民人均现金收入（元）	13750	13862	12.0
财政总支出（亿元）							

沂源县主要金融指标

金融指标（亿元）	2013	2014	2014 年同比增幅（%）	金融指标（亿元）	2013	2014	2014 年同比增幅（%）
本外币存款余额	153.64	172.00	11.95	财险收入	—	—	—
人民币存款余额	152.86	170.75	11.70	寿险收入	—	—	—
单位存款	50.97	53.63	3.83	财险赔款	—	—	—
储蓄存款	100.23	115.21	14.95	寿险给付	—	—	—
本外币贷款余额	105.96	119.18	12.47	当年结益	—	—	—
人民币贷款余额	105.78	119.17	12.66	证券市场交易总额	—	—	—
短期贷款	72.51	72.14	-0.51	投资者保证金余额	—	—	—
中长期贷款	32.19	46.32	43.93	证券账户开户数	—	—	—
票据融资	1.08	0.3424	-68.30	证券交易佣金收入	—	—	—
当年结益	—	—	—	净利润	—	—	—
不良贷款余额	—	—	—				

沂源县主要金融机构概况

单位名称	行长（或其他称谓的第一负责人）	副行长（或其他称谓的同级领导）	员工总数	辖内营业网点数
人民银行沂源县支行	胡振兵	张佩珠　张培祥	33	1
农发行沂源县支行	李三卫	唐加梅　高海峰	17	1
工商银行沂源支行	王恒利	宋以国　唐玉成 赵国伟　黄立军	64	4
农业银行沂源县支行	张福强	隗　涛　张福虎　武光竹	101	6
中国银行沂源支行	李爱军	张会红　钱　进	34	1
建设银行沂源支行	张继刚	许在晓　唐文凤　徐　明	74	3
齐商银行沂源支行	刘向东	葛　兵　蒲　晶	53	2
邮储银行沂源县支行	王克禄	张正新	70	3
沂源农信联社	宋新伟	朱利民　荆　春　刘东义 葛勤成　杜　娟	430	37
沂源博商村镇银行	马兆峰	房师成　常　玲　王成伟	92	6

沂源县主要金融机构业务概况

单位：亿元

单位名称	本外币存款余额	人民币单位存款	人民币储蓄存款	本外币贷款余额	人民币短期贷款	人民币中长期贷款
农发行沂源县支行	0.071	0.071	--	0.51	0.35	0.12
工商银行沂源支行	21.12	9.86	10.92	14.66	5.31	9.35
农业银行沂源县支行	24.20	7.44	16.46	19.95	8.43	11.52
中国银行沂源支行	8.92	3.94	4.09	9.38	5.06	3.73
建设银行沂源支行	17.04	6.98	10.03	16.54	6.34	10.20
齐商银行沂源支行	10.37	8.66	1.46	8.48	8.39	0.002
沂源农信联社	55.41	11.50	43.91	42.65	33.93	8.72
邮储银行沂源县支行	24.16	2.38	21.78	1.77	0.68	1.09
沂源博商村镇银行	9.38	2.81	6.56	5.23	3.66	1.58

解决小微企业的融资困难，降低融资成本；三是通过建立和完善《大额贷款利率监测制度》和《重点企业贷款跟踪监测制度》以及《县域外银行融资情况统计表》，对全县重点企业的融资情况开展监测，关注金融支持重点企业进度，关注和预警地方法人金融机构的风险动态。

【金融服务与监管】　2014年，沂源县一是发挥《要情快报》和《专报件》作用，引导金融机构把握信贷节奏，调整信贷结构；二是开展差额存款准备金制度的动态调控工作，同时为农信社投放再贷款3.5亿元，继续开展博商村镇银行新设网点的业务评估工作；三是深化农村支付环境建设，巩固本地农村支付区域的“全覆盖”成果；四是开展农村信用体系建设工作，加强外汇监管，扎实推进偏远地区人民币反假工作。

（丁　峰　蔡成霞）

泰安市

【经济金融概况】　2014年，泰安市经济发展呈现平稳态势，经济运行质量不断提升，民生状况进一步改善，生态环境继续优化，城乡发展更加协调，各项社会事业全面进步。

【货币政策实施】　2014年，人民银行泰安市中心支行加强履职能力建设，全面推进各项工作开展。一是制定《关于认真贯彻稳健货币政策改进金融服务支持全市经济提质增效转型升级和持续健康发展的意见》，以及提升“三农”金融服务、落实小微企业服务措施、支持服务业加快发展、发展科技金融和普惠金融等一系列信贷政策指导意见，促进信贷投向实体经

泰安市经济主要统计指标

指标 \ 年度	2010	2011	2012	2013	2014	2014 年同比增幅（%）
土地面积（平方公里）	7762	7762	7762	7762	7762	—
人口（万人）	557.1	559.5	558.9	556.8	558.1	0.2
城镇人口（万人）	276.8	283.5	290.6	299.4	307.1	2.6
乡村人口（万人）	273.0	267.9	262.3	257.4	251.0	-2.4
地区生产总值（亿元）	2051.7	2304.3	2547	2790.7	3002.2	9.4
第一产业（亿元）	195.3	215	233.1	260.1	271.4	3.9
第二产业（亿元）	1099.5	1202.8	1290.5	1367.8	1447.5	10.5
工业（亿元）	950	1037.3	1110.9	1173.8	1215.1	10.9
建筑业（亿元）	—	—	—	—	—	—
第三产业（亿元）	756.9	886.5	1023.4	1162.8	1283.3	9.1
人均地区生产总值（元）	36901	41850	46130	50296	53853	8.9
地区生产总值构成（%）	100	100	100	100	100	—
第一产业（%）	9.5	9.3	9.1	9.3	9.04	-0.3
第二产业（%）	53.6	52.2	50.7	49	48.22	-0.8
第三产业（%）	36.9	38.5	40.2	41.7	42.74	1.1
财政总收入（亿元）	—	—	—	—	—	—
地方财政收入（亿元）	116.9	138.1	158.9	168.2	187.4	11.0
财政总支出（亿元）	—	—	—	—	—	—
地方财政支出（亿元）	175.6	208.4	242.7	259.1	285.8	10.3
全社会固定资产投资（亿元）	1270.5	1473.7	1774.5	1981.8	2299	16.0
规模以上固定资产投资（亿元）	1270.5	1473.7	1774.5	1981.8	2299	16.0
房地产开发（亿元）	75.1	86.1	108.9	126.2	143.1	13.4
进出口总值（亿美元）	15.9	18.2	21.7	24.8	29.7	19.5
出口总值（亿美元）	9.3	11.9	12.2	13.7	17.3	26.7
实际利用外资（亿美元）	13.1	13.3	1.7	3.51	4.13	34.6
社会消费品零售总额（亿元）	687.4	806.7	928.3	1053.8	1183.1	12.8
居民消费价格指数（%）	103.6	104.3	101.9	103.1	101.8	1.8
城市居民人均可支配收入（元）	19953	22687	25659	28201	30715	8.9
农民人均现金收入（元）	7592	8974	10194	11547	12913	11.8

注：自 2012 年起实际利用外资数取消，此处为外商直接投资数。

泰安市工农业主要统计指标

农业主要统计指标（万吨）				规模以上工业企业主要统计指标（亿元）			
项目 \ 年度	2013 年	2014 年	增幅（%）	项目 \ 年度	2013 年	2014 年	增幅（%）
粮食	281.3	281.7	0.1	工业增加值	—	—	11.4
夏粮	131.3	131.5	0.2	国有工业	—	—	24.7
秋粮	150.0	150.2	0.1	集体工业	—	—	13.1
棉花	0.9	0.8	-1.4	股份制工业	—	—	11.1
油料	23.3	23.4	0.1	股份合作制工业	—	—	34.9

续表

农业主要统计指标（万吨）				规模以上工业企业主要统计指标（亿元）			
项目＼年度	2013年	2014年	增幅（%）	项目＼年度	2013年	2014年	增幅（%）
水果	52.9	53.2	0.5	外商及港澳台投资工业	--	--	5.8
菜	790.3	811.8	2.7	轻工业	--	--	15.4
肉类	45.4	46.2	1.8	重工业	--	--	10.3
禽蛋	19.9	19.9	-0.1	销售收入	6343.5	7115.1	12.7
奶类	56.3	58.3	3.6	利税	719.9	768.3	6.9
水产品	9.1	9.3	2.2	利润	448.5	464.4	3.6
森林覆盖率（%）	38.9	39.1	0.2	经济效益综合指数（%）	340.0	340.4	12.6

泰安市主要金融机构概况

单位名称	行长（或其他称谓的第一负责人）	副行长（或其他称谓的同级领导）	员工总数	辖内营业网点数
人民银行泰安市中心支行	关志勇	庞建敏 刘慧英 孙世超 蒋建军 王伟 高露蒙	166	1
泰安银监分局	王希娟	刘健 蒋代明 张琳	56	1
农发行泰安市分行	王烽	巩克深 王君 李元华	166	6
工商银行泰安分行	刘洪波	周成芳 李新武 李德华 梁尔政 陈福五 陶静	979	54
农业银行泰安市分行	孟宪军	王明军 单伟强 王会堂 刘文国	1436	75
中国银行泰安分行	孙成刚	周源 张文华 刘钧 王华	681	29
建设银行泰安分行	张岱山	张开锦 李其祥 李涛 李军 孙良	1193	45
交通银行泰安分行	梁发强	任宪富 乔立华 姜宏	237	10
兴业银行泰安分行	李红兵	牛淑明 邱海涛	118	3
泰安市商业银行	展鹏	石占银 张海涛 史建国 李志辉 李成山 赵传迎 杨方步	827	33
山东省农信联社泰安办事处	陈运成	焦学杰 郑允幸	3623	252
邮储银行泰安市分行	金卫东	谢强 张兆辉 徐华锋	602	140
人保财险泰安市分公司	李茂富	杜庆凯 陈铁壁 马兵建	1438	18
中国人寿泰安市分公司	刘新乐	冯金国 余巍 段崇申 张博	3469	8

续表

单位名称	行长（或其他称谓的第一负责人）	副行长（或其他称谓的同级领导）	员工总数	辖内营业网点数
海通证券泰安营业部	高　敏	项　颖　王琳琳	15	1
齐鲁证券泰安营业部	于　波		127	9

泰安市金融业务统计指标

类别	指标（亿元）＼年度	2010	2011	2012	2013	2014	2014年同比增加额	2014年同比增幅（%）
银行类	本外币存款余额	1405.87	1571.71	1947.98	2278.37	2474.51	196.15	8.61
	人民币存款余额	1399.53	1563.56	1934.23	2261.29	2458.39	197.10	8.72
	*单位存款	522.26	533.15	680.41	790.24	821.93	26.94	3.39
	储蓄存款	824.31	967.18	1185.88	1375.11	1530.71	155.60	11.32
	本外币贷款余额	920.23	1055.25	1240.07	1426.31	1598.30	171.99	12.06
	人民币贷款余额	917.6	1043.11	1219.64	1416.40	1591.61	175.21	12.37
	短期贷款	470.51	550.82	647.00	688.49	726.17	37.68	5.47
	中长期贷款	390.4	439.5	485.02	661.13	794.09	132.97	20.11
	票据融资	56.4	52.4	87.36	66.37	66.36	-0.08	-0.01
	当年结益	20.04	22.22	23.00	28.46	27.96	-0.52	-1.83
	不良贷款余额	43.63	41.34	38.68	27.47	41.79	14.31	52.09
	不良贷款占比（%）	4.74	3.92	3.12	1.93	2.61	0.69	35.75
保险类	保险公司保费收入	46.62	48.67	51.60	57.51	61.17	3.66	6.36
	财险收入	10.32	11.2	12.13	14.42	15.84	1.42	9.85
	寿险收入	36.3	37.47	39.47	43.09	45.33	2.24	5.20
	保险公司赔款和给付支出	9.64	12.2	11.54	11.33	12.96	1.63	14.39
	财险赔款	4.67	5.45	5.87	6.78	7.53	0.75	11.06
	寿险给付	4.97	6.75	5.67	4.55	5.43	0.88	19.34
	当年结益	—	—	—	—	—	—	—
证券类	证券市场成交总额	1075.3	757.8	546.89	818.08	1303.43	485.35	59.33
	投资者保证金余额	11.09	6.71	6.49	5.64	13.2	7.56	134.04
	证券账户开户数	58600	60845	59823	61450	63226	1776	2.89
	佣金收入	2.33	1.45	1.02	1.42	2.15	0.73	51.30
	净利润	1.4	0.82	0.51	0.75	1.22	0.47	62.56
	期货市场成交总额	—	—	—	—	—	—	—
	期货客户保证金余额	—	—	—	—	—	—	—
	期货账户开户数	—	—	—	—	—	—	—
	期货手续费收入	—	—	—	—	—	—	—
	利润总额	—	—	—	—	—	—	—

注：“*”表明指标2010年前为“企业存款”，其数字也是如此。

泰安市金融机构统计指标

指标（个）		2010	2011	2012	2013	2014	2014 年同比增幅（%）
银行类	法人机构	7	8	11	11	—	—
	省级分行	0	0	0	0	—	—
	二级分行	7	8	11	12	14	16.67
	县区支行	86	87	91	93	94	1.07
	分理处、营业所	112	113	121	125	127	1.7
	储蓄所	553	435	413	403	415	2.98
	从业人员总数	9144	9368	9399	9822	10006	1.87
保险类	保险机构	—	—	—	—	—	—
	财险机构	—	—	—	—	—	—
	省级分公司	0	0	0	0	0	—
	地市分公司	7	13	12	12	18	50.0
	县区支公司	106	155	98	98	106	8.16
	寿险机构	—	—	—	—	—	—
	省级分公司	0	0	0	0		—
	地市分公司	16	20	20	20	24	20.0
	县区支公司	35	57	75	75	144	92
	从业人员总数	19791	20126	19765	20516	20683	0.81
	财险人员	3525	3619	3447	4039	4144	2.6
	寿险人员	16266	16507	16318	16477	16539	0.38
证券类	证券机构	—	—	—	—	—	—
	证券公司	0	0	0	0	0	—
	证券营业部	7	7	8	8	9	12.5
	证券服务部	1	1	1	1	1	—
	从业人员总数	172	183	213	218	142	-34.86
	投资者开户	58600	60845	59823	61450	63226	2.89
	境内上市股票只数	5	3	3	3	3	—
	境外上市股票只数	2	2	2	2	2	—
	辖区上市公司总数	8	5	5	5	5	—

注：自 2014 年起证券机构从业人数仅指在岗人员。

泰安市主要金融机构业务概况

单位：亿元

单位名称	本外币存款余额	人民币单位存款	人民币储蓄存款	本外币贷款余额	人民币短期贷款	人民币中长期贷款
农发行泰安市分行	17.05	17.05	--	76.98	24.42	51.39
工商银行泰安分行	278.61	102.35	156.70	212.83	53.96	145.17
农业银行泰安市分行	376.60	137.27	226.76	264.48	71.67	190.16

续表

单位名称	本外币存款余额	人民币单位存款	人民币储蓄存款	本外币贷款余额	人民币短期贷款	人民币中长期贷款
中国银行泰安分行	223.83	126.93	85.01	176.52	63.13	109.80
建设银行泰安分行	263.05	123.06	131.46	196.55	57.68	126.81
交通银行泰安分行	50.02	32.80	14.28	52.34	29.97	19.10
兴业银行泰安分行	76.81	67.92	8.61	37.87	24.80	12.65
泰安市商业银行	275.93	117.14	133.39	141.34	112.46	22.84
邮储银行泰安市分行	209.67	20.26	188.80	18.96	5.17	9.54
莱商银行泰安分行	17.95	13.77	4.08	13.48	13.04	0.38
济宁银行泰安分行	4.02	2.87	1.14	3.08	2.50	0.02
齐鲁银行泰安分行	9.85	7.89	1.94	5.93	5.64	0.05
山东省农信联社泰安办事处	621.16	47.88	573.19	389.55	243.74	105.65

泰安市各县级区域经济金融主要统计指标

名称	人口（万人）	面积（平方公里）	地区生产总值（亿元）	地区生产总值增速（%）	本外币存款余额（亿元）	储蓄存款（亿元）	本外币贷款余额（亿元）
泰山区	--	337	--	--	--	--	--
岱岳区	--	1750	--	--	--	--	--
高新区	--	107	--	--	--	--	--
新泰市	140.06	1933	779.7	7.3	494.06	323.41	328.22
肥城市	96.07	1277.3	712.18	8.3	406.17	269.61	258.93
宁阳县	76.60	1125	355.12	10.00	175.19	133.96	101.55
东平县	75.43	1340	346.24	10.5	199.43	145.15	137.65

泰安市（含县级）小额贷款公司机构、业务概览

单位名称	行长（或其他称谓的第一负责人）	员工总数（个）	本外币贷款余额（亿元）	人民币短期贷款（亿元）	人民币中长期贷款（亿元）
泰安市泰山区泰通小额贷款有限公司	孟子玉	25	1.50	1.50	--
泰安市岱岳区三和小额贷款有限公司	张清培	31	3.30	3.30	--
泰安高新区信合小额贷款有限公司	刘会学	8	0.99	0.99	--
泰安高新区融智鑫成小额贷款有限公司	陈士明	10	1.02	1.02	--
新泰市阳光小额贷款有限公司	李德科	14	1.33	1.33	--
肥城鑫旺小额贷款有限公司	王炳生	16	1.02	1.02	--
宁阳县信通小额贷款有限公司	郑袭修	9	1.06	1.06	--
东平县银泰小额贷款有限公司	韩馥琳	11	1.13	1.13	--
东平县润银小额贷款有限公司	张俊修	21	1.27	1.27	--

济；二是利用专报件、工作会、联席会、形势分析会、通报会等形式，加强和改进与政府有关部门、金融机构、企业及社会各界之间的交流与合作，建立产业政策和信贷政策的动态发布和协调配合机制，及时发布各类产业政策信息；三是做好存款保险制度实施前的应对工作，并向市委、市政府进行专题汇报，得到李洪峰书记、王云鹏市长批示。

【金融稳定】 2014年，人民银行泰安市中心支行一是召开全市金融管理工作会议，对金融管理工作进行部署；二是先后举办反恐融资培训暨反洗钱案例分析会、外汇政策暨跨境人民币业务培训会、金融IC卡工作推进会等；三是组织开展"金融知识进村社企校"、"征信知识讲堂" 等一系列宣传活动；四是组织开展金融稳定跨部门应急演练。

【金融服务】 2014年，人民银行泰安市中心支行一是组织召开农村支付环境建设推进会。在继2013年实现银行卡助农取款服务点行政村覆盖率达100%之后，又于是年7月提前实现手机支付业务行政村覆盖率达100%，全面完成"双百目标"任务。截至年末，累计发放"新农保"165万笔，金额1.2亿元，代理发放各类财政涉农补贴264万笔，金额2.6亿元，相关做法得到市政府分管领导批示，《金融时报》以《让农民享受便捷金融服务——山东泰安深化农村支付环境建设》为题进行报道；二是推进辖区中小企业和农村信用体系建设。主持开发的《人民银行信用评级信息系统》得到总行领导认可，《小微企业调查问卷系统》在分行辖区推广应用，不断完善地方征信数据库的信息采集机制，辖内有信贷需求的小微企业（农户）信息全部入库；三是推进电子商业汇票业务发展。推广新汶模式，承办了山东省支付清算协会组织的"山东省电子商业汇票业务宣传推介会"；四是继续扩大国库直接支付范围。共办理直接支付业务49万笔，金额7305万元，积极拓展非税收入直缴入库项目，共办理直缴入库7万余笔，金额1.06亿元，加强财政直接支付业务的管理，率先构建代理银行资格动态管理模式，该做法被《金融时报》报道。

【金融监管】 2014年，泰安银监分局以促改革、防风险、助实体、强监管为主线，不断加强监管能力建设，促进辖内银行业整体实现健康平稳运行。

一、重点领域风险得到控制。一是初步建立了大额授信风险管理机制，组建大型客户债权人联席会议19个，银银、银企沟通更加顺畅；二是配合市委市政府，加强银、政、企三方协作，探索实施了光大日月集团贷款封闭运行等有效措施，个别风险企业的资金链危机得以缓解；三是构建风险监测预警机制，加强重点行业和领域风险防控，钢贸、煤炭、房地产等重点行业不良贷款保持较低水平；四是组织银行业开展大额授信和担保圈风险的全面排查，基本摸清风险底数；五是成立专项督察组，处理泰安市欣平塑料有限公司及其关联企业授信风险案件，取得了积极进展；六是信息科技风险、流动性风险、声誉风险得到较好控制，全年未出现相关重大风险事件。

二、风险抵补能力保持较好水平。辖内银行业贷款损失准备充足率和拨备覆盖率分别为175%和109%，法人机构统算资本充足率为8.77%。

三、监管履职能力持续提升。一是开展了18个现场检查项目，发现重要违规问题432个，依法实施行政处罚5起，罚款20万元，责任追究300余人次；二是持续深化监管统计信息系统应用，累计汇总分析报表500余张，形成报告20余份，下发各类风险提示和监管意见书34份。

【外汇管理】 2014年，泰安市强化外汇政策扶持引导，促进贸易投资便利化。一是出台《关于加强和改进外汇管理促进全市涉外经济提质增效跨越发展的意见》，明确21项工作措施；二是全面推进实施外汇主体监管，下放业务权限19项，企业资金周转率明显提高；三是深入开展"外汇政策巡回辅导进企业"活动，成功办理全省首例境外期货收益结汇业务300万美元；四是争取短期外债指标1000万美元，实现该市短期外债指标"零突破"；五是办理内保外贷2441万美元，为企业解决了实际需求；六是外汇信息调研工作在全省专业会议上作经验交流，省分局先后4次在《工作简报》刊发泰安主体监管和创新工作做法；七是大力推动跨境人民币结算业务发展，全市跨境人民币结算额174亿元，同比增长45%，较全省平均水平高出近15个百分点，市政府分管领导先后3次给予批示肯定。

【金融改革】 2014年，泰安市一是加大了对新设机构的引进力度，浦发银行、民生银行、天津银行、齐鲁银行4家异地银行落户泰安；二是推进市商业银行尽快打造成具有鲜明服务特色和现代经营理念的地方品牌商业银行，增资扩股后注册资本11亿元；三是民间资本管理公司快速健康发展，各项指标居全省前列。目前已设立民间资本管理公司38家，已开业的35家注册资本27.2亿元，累计投资65.1亿元。

【保险业务】 2014年，泰安市各保险公司着力提升服务质量和水平，改善行业形象，较好地完成了全年各项工作任务。

一、行业主体呈平稳态势，业务规模持续发展，服务地方经济社会发展的能力明显增强。一是经济补偿功能不断增强，"社会稳定器"的作用明显；二是上缴税金不断增加，各公司上缴税款 1.57亿元，产险公司代收代缴车船税1.55亿元，两项上缴税收合计3.12亿元，同比增长20.19%；三是积极开展小麦、玉米等政策性农业保险和保证险，累计农业险保费收入3709.86万元，赔付1859.49万元，保证险保费收入266.17万元，同比增长82.42%。

二、开展城乡居民大病保险。截至年末，已累计服务436万人，赔款支出7089.33万元。在省卫生厅的全省检查中，中国人寿泰安市分公司以考核得分95分的优异成绩获得全省第一名。

【证券市场】 2014年，泰安市证券经营机构与政府积极合作，推进企业通过证券市场融资取得新突破。一是继续实施“百家企业上市梯次培育计划”。在126家后备资源企业中，重点培育58家，5家企业启动上市程序，一滕新材料列国家证监会创业板初审第38位，东顺纸业等2家企业报山东证监局辅导，培育境外上市后备资源企业28家，向韩国、香港等境外市场和机构推介对接；二是10家企业启动“新三板”挂牌程序，3家企业已在“新三板”挂牌，列全省第6位，其中众诚实现股权融资3200万元，有26家企业在齐鲁、上海股交中心等区域股权交易市场挂牌，居省内第3位；三是与齐鲁股权交易中心合作设立泰安运营服务中心，与山东金融资产交易中心合作设立泰安分中心，成立普惠金融种子基金；四是拓宽直接融资渠道，推进企业并购重组。通过发行企业债、中小企业私募债、短期融资券、中期票据等，实现企业融资141.9亿元，其中姜仔鸭的中小企业私募债2亿元，省内单笔最大，尤洛卡以定向增发的方式募集资金8603万元收购北京富华宇祺公司53.21%股权，成功将经营领域拓展到非煤领域，ST常铝拟并购宁阳新合源已经证监会审核通过。

【金融文化建设】 2014年，泰安市金融文化建设不断推进。人民银行泰安市中心支行连续10年保持“省级文明单位”荣誉称号，被市文明委授予“全市十大文明行业”称号。中心支行营业室继续保持“全国工人先锋号”荣誉称号，并荣获市工会女职工工作先进集体。工商银行泰安分行员工宋守任入选工商银行第四届“感动工商”十大人物。中国银行泰安分行成功举办了羽毛球赛、足球赛、篮球赛等体育活动，以及青年风采主题辩论赛、微电影大赛、“微笑天使”评选等活动。

【大事记】 1月26日 济宁银行泰安分行正式成立。

11月21日 齐鲁银行泰安分行正式开业。

（贾泰峰）

新泰市

【经济金融概况】 2014年，新泰市统筹推进稳增长、调结构、促改革、惠民生各项工作，经济发展稳中有进、持续健康，转调步伐加快推进，服务业发展成为新亮点，固定资产投资增长较快。金融部门认真贯彻落实稳健货币政策，调整优化信贷结构，加强银企合作，强化金融创新，大力支持实体经济发展，金融服务和管理水平不断提高，各项存贷款稳定增长。

【金融发展与改革】 2014年，新泰市金融组织体系不断完善，共有银行业金融机构12家，保险业机构33家，证券公司1家，小额贷款公司1家，融资性担保公司2家，民间资本管理公司7家，货币信贷政策有效落实。一是召开了“金融支持现代农业暨银农合作签约会议”，发放了《金融支持现代农业服务手册》，截至年末，涉农贷款余额达274.3亿元；二是开展银企合作，加强对全市重点建设项目和骨干企业的信贷支持，发放项目贷款达22.7亿元；三是对现代服务业的信贷支持力度不断加大，贷款余额达91.4亿元；四是通过创新金融产品、成立小微企业服务中心、小微信贷专柜、优化信贷流程等方式，不断加大对中小微企业信贷支持，小微企业贷款达60.9亿元；五是加大对就业、再就业的信贷支持力度，累计发放小额担保贷款4736万元；六是推进贸易融资信贷业务发展，帮助企业拓宽融

新泰市主要经济指标

经济指标	2013	2014	2014年同比增幅（%）	经济指标	2013	2014	2014年同比增幅（%）
土地面积（平方公里）	1933	1933	0	地方财政支出（亿元）	54.38	57.1	5.0
人口（万人）	138.67	140.06	1.0	全社会固定资产投资（亿元）	433.2	504.9	15.6
城镇人口（万人）	45.81	46.02	0.45	进出口总值（万美元）	30856	28683	-7.1
乡村人口（万人）	92.86	94.04	1.27	出口总值（万美元）	15201	16345	7.5
地区生产总值（亿元）	765.0	779.7	7.3	实际利用外资（万美元）	—	—	—
第一产业（亿元）	55.8	56.4	2.8	社会消费品零售总额（亿元）	234.7	264.4	12.7
第二产业（亿元）	417.1	412.0	8.2	居民消费价格指数（%）	—	—	—
第三产业（亿元）	292.1	311.3	6.7	人均地区生产总值（元）	57610	58470	6.9
财政总收入（亿元）	—	—	—	城镇居民可支配收入（元）	28056	30497	8.7
地方财政收入（亿元）	36.1	38.1	5.5	农民人均现金收入（元）	12885	14380	11.6
财政总支出（亿元）	—	—	—				

新泰市主要金融指标

金融指标（亿元）	2013	2014	2014 年同比增幅（%）	金融指标（亿元）	2013	2014	2014 年同比增幅（%）
本外币存款余额	465.75	494.06	6.08	财险收入	2.60	2.75	5.77
人民币存款余额	464.18	492.96	6.20	寿险收入	7.56	8.50	12.43
单位存款	155.26	150.57	-3.02	财险赔款	—	—	—
储蓄存款	297.19	328.41	10.51	寿险给付	—	—	—
本外币贷款余额	289.45	328.22	13.39	当年结益	—	—	—
人民币贷款余额	287.90	328.09	13.96	证券市场交易总额	101.12	197.82	95.63
短期贷款	94.55	99.63	5.37	投资者保证金余额	0.82	2.31	181.71
中长期贷款	182.44	216.57	18.71	证券账户开户数	33048	35121	6.27
票据融资	10.75	11.71	8.93	证券交易佣金收入	0.20	0.34	70.00
当年结益	7.11	6.86	-3.52	净利润	—	—	—
不良贷款余额	6.05	13.94	130.41				

新泰市主要金融机构概况

单位名称	行长（或其他称谓的第一负责人）	副行长（或其他称谓的同级领导）	员工总数	辖内营业网点数
人民银行新泰市支行	吴　勇	刘灿升　李长征	29	1
泰安银监分局新泰办事处	宗　超	李　红	3	1
农发行新泰市支行	王　峰	孙素美　刘宝爱	20	1
工商银行新泰支行	娄岱光	林贞全　郭　政　秦成利　刘　克　李东海	100	6
工商银行泰安新汶支行	于传河	徐庆梓　张振中　柏向民　席　儒	66	5
农业银行新泰市支行	刘君亮	李建新　张庆伟　张钦勇　纪衍超　马　宇	235	16
中国银行新泰支行	曹　峰	迟利群　张玉德　张　勇	82	5
建设银行新泰支行	陆继生	蓝　军　刘　强	96	5
建设银行新汶支行	刘广孝	张广建　韩尚祯	109	7
交通银行新泰支行	于　峰	刘传香　高　原　李　洁	15	1
泰安市商业银行新泰支行	高　虎	李建军	19	1
莱商银行新泰支行	付伟宏	李召胜	13	1
新泰农信联社	孙法学	徐西军　候　涛　佟兆庆　张凌峰　王敏庆	765	47
邮储银行新泰市支行	张钦良	刘建立	89	36

新泰市主要金融机构业务概况

单位：亿元

单位名称	本外币存款余额	人民币单位存款	人民币储蓄存款	本外币贷款余额	人民币短期贷款	人民币中长期贷款
农发行新泰市支行	5.05	5.05	0	21.83	0.75	21.08
工商银行新泰支行	74.75	28.52	42.49	55.89	17.77	36.74
农业银行新泰市支行	102.90	45.38	56.13	82.98	5.35	77.63
中国银行新泰支行	41.60	22.84	17.98	31.97	5.02	26.90
建设银行新泰支行	74.75	26.01	41.73	37.33	5.25	32.07
交通银行新泰支行	3.81	2.89	0.53	12.76	8.75	4.01
泰安市商业银行新泰支行	9.20	4.21	4.98	3.95	3.86	0.04
莱商银行泰安新泰支行	5.41	3.79	1.59	3.74	3.34	0.38
新泰农信联社	122.62	6.26	116.35	76.02	49.19	16.33
邮储银行新泰市支行	52.26	5.63	46.63	1.74	0.36	1.39

资渠道，各金融机构累计办理银行承兑汇票等表外融资业务274亿元；七是农村信用社和农业银行“三农”实业部改革不断推进。

【金融服务与监管】 2014年，新泰市认真做好企业贷款卡发放、信用信息查询、机构信用代码发放等征信基础工作。一是推进小微企业和农村信用体系建设，将1265户小微企业和15600农户信息录入省域征信服务平台数据库；二是做好国库工作，推动电子商业汇票业务健康发展，加快农村手机支付等服务产品推广，加强人民币管理和反洗钱工作，做好各项外汇登记业务；三是加强调查研究，发挥调研支撑作用；四是成立了新泰市金融消费权益保护协会，依托“民意通”平台，维护金融消费者权益；五是加强监测分析，强化金融监管，开展了金融统计、金融稳定重大事项报告制度、征信管理、反洗钱、人民币账户管理、现金管理、银行卡领域金融消费者权益保护工作开展情况等多项执法检查工作，对1家金融机构开展了全面综合执法检查。

(刘　磊　李桂兰)

肥城市

【经济金融概况】 2014年，肥城市经济稳中有进，各项事业全面发展。各金融机构认真贯彻货币政策，扩大信贷投放，改善金融服务，支持经济发展方式转变和经济结构调整，金融运行平稳。

【金融发展与改革】 2014年，人民银行肥城市支行加强“窗口指导”，引导金融机构贯彻落实货币信贷政策，优化信贷结构，推进金融支持实体经济发展示范区和金融支持现代农业工

肥城市主要经济指标

经济指标	2013	2014	2014年同比增幅（%）	经济指标	2013	2014	2014年同比增幅（%）
土地面积（平方公里）	1277.3	1277.3	0	地方财政支出（亿元）	42.25	48.54	14.89
人口（万人）	95.45	96.07	0.65	全社会固定资产投资（亿元）	413.02	476.37	15.34
城镇人口（万人）	51.54	52.49	1.84	进出口总值（万美元）	50954	73721	44.68
乡村人口（万人）	43.91	43.58	-0.75	出口总值（万美元）	32026	50870	58.84
地区生产总值（亿元）	674.46	712.18	8.3	实际利用外资（万美元）	6092	8563	40.56
第一产业（亿元）	49.34	51.74	4.4	社会消费品零售总额（亿元）	209.2	236.04	12.83
第二产业（亿元）	367.5	376.07	7.7	居民消费价格指数（%）			

续表

经济指标	2013	2014	2014年同比增幅（%）	经济指标	2013	2014	2014年同比增幅（%）
第三产业（亿元）	257.62	284.37	9.9	人均地区生产总值（元）	70500	74220	5.12
财政总收入（亿元）	50.26	54.23	7.90	城镇居民可支配收入（元）	28606	31152	8.9
地方财政收入（亿元）	31.93	35.46	11.06	农民人均现金收入（元）	12916	14440	11.8
财政总支出（亿元）	56.05	69.70	24.35				

肥城市主要金融指标

金融指标（亿元）	2013	2014	2014年同比增幅（%）	金融指标（亿元）	2013	2014	2014年同比增幅（%）
本外币存款余额	358.21	406.17	13.39	财险收入	0.51	0.50	-1.96
人民币存款余额	356.90	403.11	12.95	寿险收入	2.63	2.56	-2.66
单位存款	97.95	107.96	10.22	财险赔款	0.28	0.24	-14.29
储蓄存款	234.51	269.61	14.97	寿险给付	1.52	2.43	59.87
本外币贷款余额	242.29	258.93	6.87	当年结益	0.09	0.13	44.44
人民币贷款余额	240.93	257.82	7.01	证券市场交易总额	72.79	190.35	161.51
短期贷款	95.56	100.28	4.94	投资者保证金余额	0.38	0.93	144.74
中长期贷款	135.29	150.24	11.05	证券账户开户数	2114	2087	-1.28
票据融资	10.08	7.29	-27.68	证券交易佣金收入	0.14	0.23	64.29
当年结益	5.21	6.84	31.29	净利润	0.10	0.16	60.00
不良贷款余额	2.59	2.09	-19.31				

肥城市主要金融机构概况

单位名称	行长（或其他称谓的第一负责人）	副行长（或其他称谓的同级领导）	员工总数	辖内营业网点数
人民银行肥城市支行	张继轩	冷　静　牛兰季	29	1
泰安银监分局肥城办事处	刘同新	赵来春	3	1
农发行肥城市支行	李正国	李　云　郭雪峰	24	1
工商银行肥城支行	张历波	祝云岗　汪顺成　曲少平 李守军　尹　凯　夏东升 张永刚　李秀华	139	11
农业银行肥城市支行	李立东	赵　彬　孙建华 张素云　刘献良	211	15
中国银行肥城支行	周　鲁	王　健　张德强　董红霞	68	4
建设银行肥城支行	陈　军	张　燕　孙国庆　房建荣 王延峰　李光营　武　鹏	127	6
交通银行肥城支行	朱教铜	刘　雯　李鸣宇　吴士军	12	1
兴业肥城支行	汪冬升	康吉恩	34	1
泰安市商业银行肥城支行	田力男	王　涛	28	3

续表

单位名称	行长（或其他称谓的第一负责人）	副行长（或其他称谓的同级领导）	员工总数	辖内营业网点数
肥城市农信联社	赵平东	李传颖 侯国振 王延防 胡家迎 张淑斌	602	42
邮储银行肥城市支行	赵祥东	王 兵	77	3
肥城民丰村镇银行	徐小强	张永峰 李代洋 周明路	55	2

肥城市主要金融机构业务概况

单位：亿元

单位名称	本外币存款余额	人民币单位存款	人民币储蓄存款	本外币贷款余额	人民币短期贷款	人民币中长期贷款
农发行肥城市支行	1.27	1.27	--	8.46	3.65	4.21
工商银行肥城支行	50.96	16.09	31.48	41.53	8.80	31.63
农业银行肥城市支行	60.83	17.58	41.11	46.62	8.70	37.92
中国银行肥城支行	34.52	20.03	11.78	30.92	6.21	24.40
建设银行肥城支行	47.61	28.37	19.14	39.61	15.11	24.50
交通银行肥城支行	3.31	2.76	0.44	10.04	2.84	7.21
兴业肥城支行	8.87	6.38	2.41	4.81	4.75	0.06
泰安市商业银行肥城支行	6.18	2.79	3.39	5.67	5.66	0.01
肥城农信联社	125.17	6.18	118.95	63.79	39.02	18.52
邮储银行肥城市支行	42.50	4.03	38.47	2.29	0.54	1.75
肥城民丰村镇银行	4.93	2.48	2.45	5.18	5.00	0.05

作发展，督促落实新型农业经营主体“主办行”制度。金融机构扩大担保抵押范围，推进企业联合担保的“商会贷”模式，打造政银企合作专属品牌。

企业直接融资推进较快，1 家公司上市完成信息披露，2 家公司在齐鲁股权托管交易中心挂牌，1 家公司在“新三板”过会；农信社通过增资扩股，法人治理结构进一步完善，农业银行继续推进“三农”金融事业部制改革；石横特钢、鲁安民间资本管理公司相继开业，泰安基金担保肥城分公司成立。

【金融服务与监管】 2014 年，人民银行肥城市支行和泰安银监分局肥城办事处进一步强化金融监管和服务，防范和化解金融风险。一是加强对存款准备金、账户、国库、统计、反洗钱等业务的监督管理，开展了执法检查；二是打造农村支付环境建设示范县，实现手机支付业务服务点在 507 个行政村全覆盖；三是全年共受理 1 家一级支行、2 家二级支行和 2 家小微支行筹建和开业申请。

（张圣猛 王 成）

宁阳县

【经济金融概况】 2014 年，宁阳县经济社会呈现平稳较快运行态势。一是工业产效平稳运行，全县规模以上工业企业主营业务收入 1290 亿元，利润 120.4 亿元，利税 185 亿元，分别较上年增长 20.2%、14.3%、17.6%；二是投资保持较快增速，消费需求稳定增长，出口业务大幅增长，全县外贸出口总额同比增长 54.5%。

宁阳县金融机构执行稳健的货币政策，信贷结构不断优化，对实体经济的支持作用进一步加大。金融运行质量进一步提高，实现不良余额、占比“双降”。

【金融发展与改革】 2014 年，人民银行宁阳县支行一是引导各金融机构创新服务，增加金融产品；二是做好对县“三农金融

宁阳县主要经济指标

经济指标	2013	2014	2014年同比增幅（%）	经济指标	2013	2014	2014年同比增幅（%）
土地面积（平方公里）	1125	1125	0	地方财政支出（亿元）	26.04	29.5060	13.31
人口（万人）	76.45	76.60	0.19	全社会固定资产投资（亿元）	252.31	298.78	16.00
城镇人口（万人）	28.23	28.37	0.49	进出口总值（万美元）	11600	16400	41.38
乡村人口（万人）	48.22	48.23	0.02	出口总值（万美元）	10589	15636	54.50
地区生产总值（亿元）	316.87	355.12	10.00	实际利用外资（万美元）	2557	5527	116.20
第一产业（亿元）	50.67	53.36	4.90	社会消费品零售总额（亿元）	120.23	135.38	12.60
第二产业（亿元）	142.80	158.98	12.9	居民消费价格指数（%）	101.8	101.8	0.00
第三产业（亿元）	123.40	142.78	8.10	人均地区生产总值（元）	41448	46360	11.85
财政总收入（亿元）	18.44	17.34	-5.97	城镇居民可支配收入（元）	23306	25427	9.10
地方财政收入（亿元）	10.95	12.3766	13.03	农民人均现金收入（元）	10752	12010	11.70
财政总支出（亿元）	40.66	43.38	6.69				

宁阳县主要金融指标

金融指标（亿元）	2013	2014	2014年同比增幅（%）	金融指标（亿元）	2013	2014	2014年同比增幅（%）
本外币存款余额	157.9440	175.1867	10.92	财险收入	0.4642	0.3456	-25.55
人民币存款余额	157.2379	174.4588	10.95	寿险收入	1.1854	1.3866	16.97
单位存款	37.4624	37.7520	0.77	财险赔款	0.2704	0.1814	-32.91
储蓄存款	118.1870	133.9560	13.34	寿险给付	1.0823	1.3921	28.62
本外币贷款余额	95.0315	101.5486	6.86	当年结益	0	0	—
人民币贷款余额	95.0315	101.5486	6.86	证券市场交易总额	0	0	—
短期贷款	56.7219	57.0330	0.55	投资者保证金余额	0	0	—
中长期贷款	29.5360	33.3047	12.76	证券账户开户数	0	0	—
票据融资	8.7721	11.2095	27.78	证券交易佣金收入	0	0	—
当年结益	2.5806	3.5149	36.20	净利润	0	0	—
不良贷款余额	1.3454	1.1314	15.91				

宁阳县主要金融机构概况

单位名称	行长（或其他称谓的第一负责人）	副行长（或其他称谓的同级领导）	员工总数	辖内营业网点数
人民银行宁阳县支行	张文玖	何传信　陈树立　程令顺	24	
泰安银监分局宁阳办事处	董艳秋		3	
农发行宁阳县支行	申　波	张　辉　刘宏伟	21	1
工商银行宁阳支行	姜秀华	任海涛　郗金玉　赵　兵　张　彬	68	5
农业银行宁阳县支行	李宗旺	周长传　薛均广　曹海林	142	8
中国银行宁阳支行	万开国	刘　超　来　峰	52	3
建设银行宁阳支行	李德健	平　伟	50	2

续表

单位名称	行长（或其他称谓的第一负责人）	副行长（或其他称谓的同级领导）	员工总数	辖内营业网点数
泰安市商业银行宁阳支行	郑广金	张玉霞	10	1
宁阳农村商业银行	李延玲	王学军　刘玉岳　刘　锋 王聘国　刘　岑	473	33
邮储银行宁阳县支行	韩　亮	马燕民　肖继军	143	20
宁阳沪农商村镇银行	张永前	李庆斌	19	2

宁阳县主要金融机构业务概况

单位：亿元

单位名称	本外币存款余额	人民币单位存款	人民币储蓄存款	本外币贷款余额	人民币短期贷款	人民币中长期贷款
农发行宁阳县支行	0.5925	0.5925	0	5.1385	1.2885	3.8000
工商银行宁阳支行	16.0626	4.8162	10.6652	11.9348	4.4931	7.4402
农业银行宁阳支行	27.7161	8.4545	18.9322	11.7091	7.1108	4.4623
中国银行宁阳支行	17.0477	9.2926	7.0530	8.9813	7.0034	1.9779
建设银行宁阳支行	6.7301	3.1517	3.5766	7.5088	3.2558	4.2530
泰安市商业银行宁阳支行	4.0155	2.8197	1.1779	2.8171	2.7489	0.0682
宁阳农村商业银行	69.1863	4.7188	64.4020	48.7722	27.6275	10.1212
邮储银行宁阳县支行	28.2846	1.3662	26.9184	1.5031	0.5798	0.9233
宁阳沪农商村镇银行	5.0530	2.5399	2.5131	3.1837	2.9251	0.2586

事业部”的经营监测；三是加强对县农村商业银行专项中央银行票据兑付后续监测考核工作，支持该行提高资本充足率、信贷资产质量、盈利能力。

【金融服务与监管】　2014 年，人民银行宁阳县支行引导各金融机构强化风险意识，提升服务水平。一是加大对账户、金融统计、人民币流通、征信等业务的监督管理；二是开展金融知识系列宣传活动，开展金融消费者权益保护、国债知识、征信业管理条例、信用记录关爱日等宣传，优化了金融生态环境；三是引导金融机构加大对大学生创业就业群体的支持；引导涉农银行业机构支持现代农业，完善蔬菜制种信用共同体贷款、林权抵押贷款、小微企业快速贷款等贷款品种。

（谢　涛　刘亚平）

东平县

【经济金融概况】　2014 年，东平县经济社会各项事业保持了良好发展势头，招商引资取得新进展，生态环境进一步改善，综合实力迈上新台阶。各金融机构实施稳健的货币政策，不断创新金融服务产品，增强自身风险防控能力。

【金融发展与改革】　2014 年，人民银行东平县支行一是切实履行职责，召开金融联席会、工作座谈会，打造良好的金融生态环境，指导督促各金融机构加大对地方经济的信贷支持；二是制定信贷指导意见，贯彻落实中央 1 号文和人民银行《关于加大金融创新力度支持现代农业加快发展的指导意见》，推动县政府组建了山东省首家县级农村综合产权交易所，代政府拟定印发了《综合产权抵押担保管理办法》、《农村综合产权抵押融资实施意见》，并制定了《关于金融支持土地股份合作社发展的意见》、《金融支持股份合作社发展的意见》；制定下发了《企业转贷应急资金使用管理暂行办法》。

【金融服务与监管】　2014 年，人民银行东平县支行与金融监管部门采取切实措施强化金融服务与监管。

东平县主要经济指标

经济指标	2013	2014	2014年同比增幅（%）	经济指标	2013	2014	2014年同比增幅（%）
土地面积（平方公里）	1340	1340	0	地方财政支出（亿元）	27.87	28.12	0.9
人口（万人）	75.3	75.43	0.17	全社会固定资产投资（亿元）	209.2	251.0	15.7
城镇人口（万人）	27.6	28.52	3.33	进出口总值（万美元）	56965	51053	-10.38
乡村人口（万人）	47.7	46.91	-1.66	出口总值（万美元）	1697	3285	93.6
地区生产总值（亿元）	310.83	346.24	10.5	实际利用外资（万美元）	489	765	56.44
第一产业（亿元）	39.13	41.52	5.1	社会消费品零售总额（亿元）	103.1	116.3	12.8
第二产业（亿元）	149.9	164.62	14.5	居民消费价格指数（%）	--	--	--
第三产业（亿元）	121.8	140.10	15.02	人均地区生产总值（元）	41279	45902	11.2
财政总收入（亿元）	17.99	21.07	17.12	城镇居民可支配收入（元）	20509	22457	9.5
地方财政收入（亿元）	10.03	11.34	13.06	农民人均现金收入（元）	9446	10598	12.2
财政总支出（亿元）	44.34	43.39	-2.14				

东平县主要金融指标

金融指标（亿元）	2013	2014	2014年同比增幅（%）	金融指标（亿元）	2013	2014	2014年同比增幅（%）
本外币存款余额	172.06	199.43	15.91	财险收入	--	--	--
人民币存款余额	170.46	199.04	16.77	寿险收入	--	--	--
单位存款	37.44	49.45	32.08	财险赔款	--	--	--
储蓄存款	125.39	145.15	15.76	寿险给付	--	--	--
本外币贷款余额	110.34	137.65	24.75	当年结益	--	--	--
人民币贷款余额	108.68	136.93	25.99	证券市场交易总额	13.69	15.6	13.95
短期贷款	53.13	71.8	35.14	投资者保证金余额	0.039	0.12	207.69
中长期贷款	47.45	57.05	20.23	证券账户开户数	595	417	-29.92
票据融资	8.1	7.73	-4.57	证券交易佣金收入	0.01	0.02	100
当年结益	6.95	8.14	17.12	净利润	-0.006	0.005	183.33
不良贷款余额	3.60	6.61	83.61				

东平县主要金融机构概况

单位名称	行长（或其他称谓的第一负责人）	副行长（或其他称谓的同级领导）	员工总数	辖内营业网点数
人民银行东平县支行	张继轩	谷　平　展东文	24	1
泰安银监分局东平办事处	陈曰颖		3	1
农发行东平县支行	张　波	刘广涵　张　明	20	1
工商银行东平支行	刘再民	赵静波　刘建民	48	3
农业银行东平县支行	亚　军	宁　东　张传勤　赵　峰	129	7
中国银行东平支行	解洪涛	高　翔　陈　军	28	1
建设银行东平支行	王光敏	韩庆华　路　明	41	1
泰安市商业银行东平支行	郭新勇	杨　忠	29	2

续表

单位名称	行长（或其他称谓的第一负责人）	副行长（或其他称谓的同级领导）	员工总数	辖内营业网点数
东平农村合作银行	田汝会	吴国栋 张义玉 王 钰 汪 振 郭德成	490	32
邮储银行东平县支行	徐文强	李 杨 杨祥桥	74	22
东平沪农商村镇银行	魏 超	郑 群	38	2

东平县主要金融机构业务概况

单位：亿元

单位名称	本外币存款余额	人民币单位存款	人民币储蓄存款	本外币贷款余额	人民币短期贷款	人民币中长期贷款
农发行东平县支行	1.71	1.71	0	5.2	1.74	3.16
工商银行东平支行	15.84	6.43	9.32	21.55	8.08	12.4
农业银行东平县支行	30.06	10.94	18.17	15.12	7.94	7.18
中国银行东平支行	10.68	7.33	3.34	14.48	3.09	11.39
建设银行东平支行	9.84	6.72	3.12	18.59	8.55	10.04
泰安市商业银行东平支行	8.2	6.6	1.6	7.58	5.89	1.69
东平县农村合作银行	83.95	5.07	78.42	51.01	33.28	10.3
邮储银行东平县支行	30.44	1.57	28.87	0.78	0.08	0.7
东平沪农商村镇银行	6.04	3.28	2.76	3.33	3.13	0.2

一、拓展金融服务领域，深化农村支付环境建设。一是主动协调财政部门、征收机关和商业银行，推进银行端缴款业务、销售点终端（POS机）刷卡缴税业务按时上线运行；二是完成两家国库集中心支行付业务代理行年度工作考核，按时签订了支付清算协议；三是修订完善了《财税信息资源共享办法》，完善企业信息库建设，完成全县1275家税源企业铺底工作；四是加强国库与财政专户资金往来监测，在国库统计分析子系统中维护17个财政专户；五是完善《2014年东平县农村支付环境建设实施方案》，督促涉农银行机构加快手机支付业务推广进程，8月提前实现辖区手机支付业务行政村100%全覆盖。

二、强化征信管理与服务。一是不断提高贷款卡发放核准与年审、中小企业信息采集等基础性工作质量，优化查询服务；二是提前完成小微企业和农村征信数据库信息采集工作，山东省农村（小微企业）征信数据库成功加载该县932个小微企业、393个农民专业合作社、10924户农户基本信息。

三、强化金融监督管理。一是组织召开了全县金融管理工作会议；二是对东平沪农商村镇银行股份有限公司彭集支行进行了开业管理；三是对金融机构的残损币兑换、假币收缴、反假知识宣传、金融稳定重大事项、金融统计等业务进行了监督检查；四是成立了东平县金融消费权益保护协会，通过了《金融业保护金融消费权益自律公约》，在《泰山晚报》东平读本开展了金融专题宣传。

（李娅群）

莱芜市

【经济金融概况】 2014年，莱芜市经济运行稳健，结构调整取得积极进展。金融运行平稳，金融改革持续推进，普惠金融快速发展，金融对实体经济支持力度明显增强。

【货币政策实施】 2014年，人民银行莱芜市中心支行积极支持“稳增长、调结构、促改革”。一是定期召开金融运行分析会，及时传达宣传货币政策新内涵、新要求；进一步改进货币信贷政策调控方式，落实分行法人机构差别准备金动态调整政策，引导信贷资金投向实体经济；二是加强政银企合作，先后推动和召开银企洽谈会3次，成功推动济南分行与市政府联合召开

莱芜市经济主要统计指标

指标 \ 年度	2010	2011	2012	2013	2014	2014年同比增幅（%）
土地面积（平方公里）	2246	2246	2246	2246	2246	0
人口（万人）	126.69	126.95	126.3	133.27	134.53	0.95
城镇人口（万人）	58.22	58.15	64.65	73.54	75.93	3.25
乡村人口（万人）	68.47	68.8	61.65	59.73	58.6	-1.89
地区生产总值（亿元）	546.33	611.88	631.41	653.48	687.6	8.8
第一产业（亿元）	38.61	41.18	44.2	49.34	53.15	3.6
第二产业（亿元）	330.18	370.4	365.2	366.19	374.78	9.7
工业（亿元）	302.71	340.12	332.5	331.06	338.38	9.7
建筑业（亿元）	27.47	30.28	32.7	35.13	36.4	9.3
第三产业（亿元）	177.54	200.3	222.01	237.95	259.67	8.1
人均地区生产总值（元）	42367	46983	48212	49390	51352	7.5
地区生产总值构成（%）	100	100	100	100	100	100
第一产业（%）	7.1	6.7	7	7.6	7.7	1.32
第二产业（%）	60.4	60.5	57.8	56	54.5	-2.68
第三产业（%）	32.5	32.8	35.2	36.4	37.8	3.85
财政总收入（亿元）	71.01	78.36	84.76	85.56	96.3	12.55
地方财政收入（亿元）	35.32	39.23	42.02	46.76	49.6	6.07
财政总支出（亿元）	—	—	—	—	—	—
地方财政支出（亿元）	51.94	59.23	66.73	75.81	80.12	5.68
全社会固定资产投资（亿元）	—	—	—	—	—	—
规模以上固定资产投资（亿元）	321.36	350.1	441.06	472.63	545.43	15.4
房地产开发（亿元）	18.34	28.83	35.24	36.71	29.25	20.3
进出口总值（亿美元）	26.5	35.81	21.3	25.04	22.19	11.4
出口总值（亿美元）	10.33	11.41	7.4	7.51	9.21	22.6
实际利用外资（亿美元）	0.98	1	1.2	1.2	0.61	-49.54
社会消费品零售总额（亿元）	182.06	198.39	228.05	257.75	290.36	12.7
居民消费价格指数（%）	104.39	104.2	101.3	101.9	102	2
城市居民人均可支配收入（元）	20988	23509	26589	29179	31728	8.7
农民人均现金收入（元）	8311	9626	10887	12161	13540	11.3

莱芜市工农业主要统计指标

农业主要统计指标（万吨）				规模以上工业企业主要统计指标（亿元）			
项目 \ 年度	2013年	2014年	增幅（%）	项目 \ 年度	2013年	2014年	增幅（%）
粮食	28.24	24.7	-12.53	工业增加值	329.45	342.5	11.65
夏粮	8.24	4.2	-49.08	国有工业	28.36	19.94	-7.45
秋粮	20.00	20.5	2.53	集体工业	—	—	—
棉花	0.14	0.14	1.4	股份制工业	290.63	313.05	13.11
油料	1.72	1.95	9.3	股份合作制工业	—	—	—

续表

农业主要统计指标（万吨）				规模以上工业企业主要统计指标（亿元）			
项目 \ 年度	2013年	2014年	增幅（%）	项目 \ 年度	2013年	2014年	增幅（%）
水果	10.48	10.07	-3.9	外商及港澳台投资工业	2.95	6.75	42.15
蔬菜	97.99	104.7	6.8	轻工业	30.25	35.69	13.65
肉类	6.58	6.41	-2.6	重工业	299.19	306.81	11.33
禽蛋	3.04	3.14	3.3	销售收入	1840.42	1948.52	6.08
奶类	0.2	0.19	-4.7	利税	63.94	52.47	1.25
水产品	0.35	0.36	1.24	利润	34.86	23.13	5.83
森林覆盖率（%）	34.3	34.9	1.74	经济效益综合指数（%）	290.06	286.8	25.33

莱芜市主要金融机构概况

单位名称	行长（或其他称谓的第一负责人）	副行长（或其他称谓的同级领导）	员工总数	辖内营业网点数
人民银行莱芜市中心支行	崔玉林	李念国　李玉祥　庄举伦　刘登振	96	1
莱芜银监分局	陈振业	孟兆杰　赵建民	23	1
农发行莱芜市分行	张为民	王世军　康荫斌	38	1
工商银行莱芜分行	许在敏	亓立刚　亓建国　刘振民　亓登明　谭慧鹰　王文力　宋　芸	443	21
农业银行莱芜市分行	吴照军	徐希民　何祥芝　王秀斌　张向坤	361	19
中国银行莱芜分行	高建芳	孙庆洲　纪兆峰　郑桂峰　刘新宇	324	14
建设银行莱芜分行	赵安臣	边永彪　刘庆富　张爱忠	291	12
交通银行莱芜分行	郭玉华	焦　红　李朴实　王子敬	40	1
莱商银行	谭乐清	赵怀方　尚海燕　李学斌　苏全利　杨宏峰	1652	61
莱芜市农信联社	崔建强		993	87
邮储银行莱芜市分行	吕　军	谢印利　王　健	289	50
莱芜珠江村镇银行	钟仁隽（董事长）	刘桂宾（行长）	92	5
莱芜中成村镇银行	卢华金	潘　淳	24	1
中国人民财险莱芜市分公司	吴中云	魏念云　路　阳	145	17
中国人寿保险莱芜市分公司	张期亮	张延彪　亓爱军	1920（含营销员）	29
太平洋人寿保险莱芜中心支公司	刘立功	景　帅　朱敦峰	41	3
太平洋财产保险莱芜中心支公司	黄诗江	赵　亮　徐茂林	58	2

续表

单位名称	行长（或其他称谓的第一负责人）	副行长（或其他称谓的同级领导）	员工总数	辖内营业网点数
齐鲁证券莱芜分公司	马　军		52	2
中信证券（山东）莱芜花园北路证券营业部	郑家文	吕文凯	24	1

莱芜市金融业务统计指标

	指标（亿元）＼年度	2010	2011	2012	2013	2014	2014年同比	
							增加额	增幅（%）
银行类	本外币存款余额	587.37	606.85	725.4	760.97	797.13	36.16	4.75
	人民币存款余额	585.78	604.97	719.24	751.75	788.25	36.5	4.86
	*单位存款	124.28	261.88	321.98	296.98	305.65	8.63	2.9
	储蓄存款	300.03	324.06	379	417.86	458.62	40.76	9.75
	本外币贷款余额	489.74	531.6	567.52	604.27	628.13	23.86	3.95
	人民币贷款余额	464.7	490.05	548.07	573.78	603.53	29.75	5.18
	短期贷款	285.28	358.65	413.16	429.19	442.02	12.83	2.99
	中长期贷款	151.14	149.15	117.01	116.75	126.61	9.86	8.45
	票据融资	27.92	22.24	35.64	26.88	33.68	6.8	25
	当年结益	11.95	12.94	11.43	6.58	2.38	-4.2	-176.47
	不良贷款余额	23.85	27.33	30.25	27.26	70.6	43.33	158.95
	不良贷款占比（%）	5.13	5.58	5.33	4.51	11.24	6.73	149.22
保险类	保险公司保费收入	13.2	13	13.5	16.62	17.69	1.07	6.44
	财险收入	3.7	3.95	4.13	4.56	5.24	0.68	14.91
	寿险收入	9.5	9.03	9.34	12.06	12.45	0.39	3.23
	保险公司赔款和给付支出	2.7	2.7	3.09	4.26	5.04	0.78	28.49
	财险赔款	1.4	1.6	1.71	2	2.35	0.35	44.85
	寿险给付	1.3	1.1	1.38	2.26	2.69	0.43	21.61
	当年结益	—	—	—	—	—	—	—
证券类	证券市场成交总额	445	309.2	228.6	377.6	555.1	177.5	47.01
	投资者保证金余额	4.2	2.54	2.47	2	4.74	2.74	137.00
	证券账户开户数	104949	129729	135297	139282	145467	6185	4.44
	佣金收入	0.91	0.52	0.36	0.53	0.77	0.24	45.28
	净利润	0.5	-0.02	-0.008	0.31	0.53	0.22	70.63
	期货市场成交总额	—	—	125.6	147.8	114.4	-33.4	-22.60
	期货客户保证金余额	—	—	0.059	0.03	0.092	0.062	206.67
	期货账户开户数	—	—	201	279	340	61	21.86
	期货手续费收入	—	—	0.0078	0.0075	0.0042	-0.0033	-44.00
	利润总额	—	—	—	—	—	—	—

注：“*”表明该项指标2010年前为“企业存款”，其数字也是如此。

莱芜市金融机构统计指标

类别	指标（个）\年度	2010	2011	2012	2013	2014	2014 年同比增幅（%）
银行类	法人机构	2	3	3	3	4	33.33
	省级分行	0	0	0	0	0	0
	二级分行	34	32	32	33	40	21.21
	县区支行	66	78	104	77	113	46.75
	分理处、营业所	136	131	115	70	85	21.43
	储蓄所	41	41	41	41	41	0
	从业人员总数	3141	3376	3590	3425	4547	32.76
保险类	保险机构	20	21	22	22	22	0
	财险机构	10	11	11	11	11	0
	省级分公司	--	--	--	--	--	--
	地市分公司	10	11	11	11	11	0
	县区支公司	13	14	14	14	14	0
	寿险机构	10	11	11	11	11	0
	省级分公司	--	--	--	--	--	--
	地市分公司	10	11	11	11	11	0
	县区支公司	9	10	10	12	12	0
	从业人员总数	11073	13785	16078	19803	17264	-12.82
	财险人员	510	543	657	678	581	-14.31
	寿险人员	10563	13242	15421	19125	16683	-12.77
证券类	证券机构	0	0	0	0	0	0
	证券公司	1	1	1	1	1	0
	证券营业部	2	3	3	3	3	0
	证券服务部	0	0	0	0	0	0
	从业人员总数	45	77	83	76	76	0
	投资者开户数	--	3425	4453	3133	3891	24.19
	境内上市股票只数	--	--	--	--	--	--
	境外上市股票只数	--	--	--	--	--	--
	辖区上市公司总数	--	--	--	--	--	--

莱芜市主要金融机构业务概况

单位：亿元

单位名称	本外币存款余额	人民币单位存款	人民币储蓄存款	本外币贷款余额	人民币短期贷款	人民币中长期贷款
农发行莱芜市分行	0.41	0.39	--	10.07	0.97	6.87
工商银行莱芜分行	125.2	56.85	63.69	102.02	59.6	30
农业银行莱芜市分行	65.91	26.75	37.85	82.14	56.3	22.3
中国银行莱芜分行	88.45	47.34	35.72	109.77	38.67	13.7

续表

单位名称	本外币存款余额	人民币单位存款	人民币储蓄存款	本外币贷款余额	人民币短期贷款	人民币中长期贷款
建设银行莱芜分行	66.9	31.51	32.09	47.28	20.04	25.75
交通银行莱芜分行	15.63	13.4	0.84	7.69	5.96	--
莱商银行	163.4	100.62	60.02	122.85	93.7	8.15
莱芜农信联社	178.52	16.22	162.08	131.09	109.24	14.73
邮储银行莱芜市分行	71.87	8.49	63.37	10.09	2.78	4.87
莱芜珠江村镇银行	6.45	3.79	2.64	4.63	4.34	0.17
莱芜中成村镇银行	0.59	0.28	0.32	0.51	0.45	0.06

莱芜市（含县级）小额贷款公司机构、业务概览

单位名称	行长（或其他称谓的第一负责人）	员工总数（人）	本外币贷款余额（亿元）	人民币短期贷款（亿元）	人民币中长期贷款（亿元）
莱芜市汇锋小额贷款公司	耿茂东	6	0.94	0.94	--
莱芜市固德小额贷款公司	郭云松	14	1.15	1.12	0.03
莱芜市顺诚小额贷款公司	赵守华	13	0.99	0.99	--
莱芜市泰禾小额贷款公司	杨国发	14	0.52	0.48	0.04
莱芜市鲁中小额贷款公司	苏全伟	8	10.9	1.09	--
莱芜市万兴小额贷款公司	边新军	13	1.04	1.04	--

“金融支持济莱协作区建设暨重点项目银企合作推进会”，达成签约金额202.49亿元，相关做法被济南分行《送阅信息》刊发，《金融时报》、《齐鲁晚报》专题报道；三是坚持从破解企业融资难入手，联合有关部门建立“金融机构联系企业”制度；四是将金融支持现代农业发展作为“一把手”工程，推动政府出台《关于大力培育新型农业经营主体加快推进现代农业发展的实施意见》、《关于全面深化农村改革加快农业现代化的意见》，着力构建“银政农”联动机制，组织召开金融支持现代农业工作座谈会，成功推动两家法人银行机构开展农村土地承包经营权抵押融资试点，相关做法被省政府办公厅《参阅件》专门刊发；五是积极推进农村金融产品和服务创新，涉农金融服务模式取得新的突破，经验做法先后4次被分行《金融支持现代农业发展简报》转发。

【金融稳定】 2014年，人民银行莱芜市中心支行全面监测辖区不良贷款变动情况，密切关注法人机构、担保圈、大企业、民间融资等领域的风险状况。一是协调推动莱商银行、农业银行莱芜分行、市农信联社建立信贷合作协商机制，重点化解互保联保贷款风险；二是组织撰写了莱芜市担保圈风险状况、大企业挤占小微企业资金情况等调研报告；三是联合市有关部门、各法人金融机构成功开展金融机构突发事件综合应急演练；四是配合有关部门开展了全市优化金融生态环境专项行动。

【金融服务】 2014年，人民银行莱芜市中心支行大力发展普惠金融。一是联合有关部门组织实施农民工工资银行卡支付制度；二是加大金融支持青年创业就业力度，联合团市委成功推出“团莱贷”青年创业贷款项目；三是组织开展集中兑换新钞、小面额人民币供应长效机制宣传等活动，加大小面额票币投放；四是加强金融科技建设，大力推进金融IC卡推广应用；五是制定了《国库集中支付代理银行资格认定管理暂行办法》、《商业银行代理国库业务督导办法》；六是着力推进农村支付环境建设，提前完成助农取款服务点、手机支付业务100%覆盖行政村“新双百”目标。截至年末，全市行政村村均拥有金融基础设施6.42台，同比增长17%；七是成功组建莱芜市金融消费权益保护协会，建立健全金融消费权益保护规章制度12项，开通了“12363”咨询投诉热线，受理咨询电话86个，投诉电话5个，均给予圆满解决。

【金融监管】 2014年，莱芜中心支行继续深化两管理两综合工作机制，组织17项专项执法检查，召开金融管理通报会、约见法人银行机构负责人谈话，及时提出工作要求，指导金融机

构规范工作。强化金融机构运营管理和日常监督管理，组织对3家新设金融机构进行开业审核。

【外汇管理】 2014年，人民银行莱芜市中心支行全面推进外汇主体监管，提高外汇管理政策透明度，优化涉外企业营商环境。一是实行"综合柜员制"，开通外汇服务直通车，通过报纸、网络等多种形式强化政策宣传；二是加强与重点企业的联系沟通，先后帮助3家企业新增和展期外债人民币资金2.17亿元；三是加大外汇监管力度，对18家企业进行现场核查，对3家企业实施B类管理，全年罚款54.66万元；四是扎实推进跨境贸易人民币结算工作，加强跨境人民币结算政策辅导，2次召开金融机构业务座谈会，累计走访81家企业。截至年末，实现跨境人民币结算87.41亿元，占全市涉外收支比重的40.4%，高于全省平均水平约3个百分点。

【保险业务】 2014年，莱芜市保险业进一步加大结构调整的力度，突出增强盈利能力。各保险机构不断拓宽服务领域，积极发挥经济补偿作用，服务新农村建设取得新成效。一是政策性农业保险工作稳步推进，保险行业承保农作物承保面积达到54万亩，承保育肥猪及能繁母猪达到10.5万头，生态公益林、商品用材林综合保险47.05万亩；二是农业保险的功能作用逐步发挥，为农民提供了816.2元保险赔偿。

【证券业务】 2014年，莱芜市证券业不断完善自身业务体系，全方位服务莱芜市场。

【金融文化建设】 2014年，莱芜市金融机构不断改进和加强思想政治工作，狠抓内部管理和团队建设，服务水平不断提升。一是人民银行莱芜市中心支行开展了"学雷锋树新风 强素质争先锋" 主题教育活动、"和谐央行·大爱莱芜" 道德讲堂活动、"劳动美—我身边的典型"、女职工"三项创建"评选活动及"我在央行文化建设中成长"、"报春晖同感恩" 等主题征文活动； 二是农业发展银行莱芜分行开展纪念建设银行20周年系列活动，组织"青春筑梦农发行"演讲比赛和到企业体验活动；三是农业银行莱芜分行组织开展了"庆三八"健身舞比赛、第六届羽毛球比赛、第九届登山比赛、"农业银行杯"共建"生态莱芜"大型义务植树活动等，连续两年被莱芜总工会授予"工会工作先进单位"称号；四是建设银行莱芜分行开展文明创建活动，凤城支行营业室、莱城支行营业室、鑫兴支行、莱钢支行、文化路支行等六单位被评为省分行级青年文明号；五是莱芜农信社开展"我为农信添风采"劳动竞赛活动，市联社被评为"文明经营 门前五包责任制"先进单位，1家信用社被评为省级"文明服务单位"，2人被评为省级"文明服务标兵"；六是莱商银行在英国《银行家》杂志全球银行1000强中名列第672位，在中国银行家(陆家嘴)高峰论坛暨2014年中国商业银行竞争力评价报告中，荣获"最佳公司治理城市商业银行"称号，被社科院金融研究所和《金融时报》联合授予"年度最佳区域经营中小银行"荣誉称号；七是邮储银行莱芜分行2014年成功通过"省级文明单位"复查；八是人保财险莱芜市分公司连续获得省级文明单位荣誉称号，相继获得了"山东省诚信企业"、"山东省消费者满意单位"、"山东省首届投诉和解联络单位"、"企业贡献奖"、"最佳保险业企业奖"等荣誉。

【大事记】 1月22日 中国银行莱芜分行荣获 "2013年度莱芜市银行业安保工作先进集体"荣誉称号。

2月8日 人民银行莱芜市中心支行被市委、市政府授予"2013年度银行业金融机构发展贡献奖"、"工作实绩考核先进单位"等荣誉称号，中心支行党委书记、行长崔玉林被授予"优秀领导干部"荣誉称号。

3月15日 人民银行莱芜市中心支行组织辖区金融机构开展了"金融消费者权益日"活动。

3月18日 交通银行山东省分行副行长王磊到莱芜调研，会见莱芜市副市长丁习文等。

3月27日 人民银行莱芜市中心支行党委书记、行长崔玉林及中心支行党委成员带领全行党员一部赴沂蒙红嫂纪念馆开展群众路线学习教育活动。

4月1日 省农信社党委书记、理事长宋文瑄到莱芜市联社调研指导工作。

4月18日 农业银行莱芜分行在省行 "春天行动" 考核中，位居第三，荣获"春天行动"先进分行荣誉称号。

5月13日 工商银行莱芜分行GCMS全球信贷管理系统个人信贷业务一体化顺利投产。

6月24日上午 莱芜市金融消费权益保护协会第一届会员大会暨成立大会召开。

7月20日 莱芜珠江村镇银行党支部组织党员与积极分子赴山东微山湖铁道游击队抗日英烈纪念园，开展以"铭记历史、增强党性"为主题的党员教育活动。

7月25日 莱商银行沛县支行开业。

8月1日 人保财险莱芜分公司"人保之友客户服务俱乐部"正式成立。

建设银行首家乡镇多功能自助银行——羊里自助银行服务点正式开业。

8月4日 工商银行莱芜分行营业部荣获总行级"巾帼文明示范岗"荣誉称号。

8月20日 交通银行山东省分行副行长赵秀军参加"2014薪酬管理企业家峰会"(莱芜站)活动。

11月3日 莱芜市委、市政府牵头成立由市长任组长，常务副市长、分管金融副市长任副组长，相关部门主要负责人为成员的山东莱芜农村商业银行股份有限公司筹建设银工作领导小组。

莱芜电视台在《赢在金融》栏目，对建设银行莱芜分行张燕荣获"中国百佳金融理财师"称号进行报道 。

11月14日 莱商银行荣获 "山东省2014年度信息网络安全管理工作先进单位"。

11月16日 邮储银行莱芜市分行与莱芜市团委 "团莱贷·邮储贷"青年创业贷款项目授牌。

11月24日 广州农商银行党委副书记黄励岗到莱芜巡查工作。

12月1～2日 交通银行山东省分行行长助理詹敏到莱芜调研，拜会莱芜市副市长岳隆杰等。

12月31日 建设银行莱芜分行与莱芜广电合作的徐家河笑脸智慧社区项目——手机APP、魔屏终端和网站缴费系统正式上线运行。

（张勤清 吕 华）

第十部分

区域性金融运行报告——鲁东地区

青岛市

【经济金融概况】 2014年，青岛市深入贯彻落实中央宏观调控各项措施，坚持稳中求进、改革创新，全市经济在新常态下保持平稳运行，金融产业规模、质量和服务能力均迈上了新台阶。该市成为全省首个存贷款双过万亿元、证券机构代理交易额超过2万亿元、保费收入突破200亿元的城市。全年新引进和培育各类金融机构12家，总数达205家。

【货币政策实施】 2014年，人民银行青岛市中心支行带动全市金融机构认真落实稳健货币政策，助推区域经济提质增效升级。

一、保持金融对经济发展的推动力。一是制定《做好2014年金融服务工作 促进全市经济持续健康发展的意见》，提出了32条意见措施；二是用好贷款调控政策，在人民银行济南分行支持下适时预调微调，在稳定信贷增长中发挥了重要作用。

二、以优化信贷结构促经济转型升级。一是金融支持现代农业两年攻坚计划顺利完成，3个突破目标基本实现，财政直补资金账户质押贷款等6项创新支农产品全部落地；二是银企融资对接服务平台帮助900家小企业实现融资95亿元，人民银行济南分行领导两次批示在全省推广；三是涉农贷款与小微企业贷款分别高于各项贷款增速4.70个和11.10个百分点；四是印发金融支持科技指导意见，与科技局签署了全面战略合作协议，举办了金融支持科技推进会，青岛市领导予以肯定；五是加大重点项目金融支持，200个市级重点项目贷款新增163.80亿元；六是小额担保贷款额度提高到15万元，发放4.70亿元，支持了5200人创业就业；七是将劳动密集型小企业纳入小额担保贷款扶持范围，按基准利率50%给予贴息；八是引导金融机构落实房地产信贷政策，个人住房贷款利率逐步回落。

三、推动降低企业融资成本。一是发放7亿元支小再贷款，累计办理再贴现36.90亿元，全部用于支持“三农”和中小企业；二是法人机构在全省率先发行29亿元信贷资产支持证券；三是开展金融机构同业业务核查，督促清理不合理贷款条件，提高审贷效率；四是全市实现直接债务融资183亿元，同比增长近30%。

【金融稳定】 2014年，人民银行青岛市中心支行进一步加强金融风险监测、报告和处置。一是健全内部金融稳定协作联席制度，构建全覆盖的金融风险监测体系，强化重大事项报告工作，第一时间掌握重大金融风险事件；二是在风险处置过程中，坚持全过程参与和监测，随时搜集把握进度信息，得到总行周小川行长的肯定；三是针对风险事件引发的银行过度反应，及时采取窗口指导、个别约谈和对接会等方式，引导银企抱团取暖、共渡难关。

【金融服务】 2014年，人民银行青岛市中心支行大力拓展金融服务，提升金融便民惠民水平。一是农村支付环境建设进一步改善，全市累计布放各类助农取款机具6262台，行政村助农取款服务100%全覆盖；二是推出农副产品“E采购”手机移动支付业务，农副产品收购资金实时到账；三是推广“金融便民服务平台”，增加交通保险、火车票缴费服务，开展现金汇款业务试点；四是海尔、海信财务公司作为全国首批试点财务公司加入大额支付系统，实现电子商业汇票线上清算；五是依托世园会在全国首创手机电子现金业务，共开通手机支付卡1355张，实现交易9060余笔，金额31.60万元；六是金融IC卡多应用快速推进，新增发卡252.90万张，同比增长186%，发行金融社保卡146万张，建成了全国首个蔬菜批发市场金融IC卡多应用系统；七是反假币活动成效良好，即墨市成功摘除国务院假币危害突出县的“帽子”。

【金融监管】 2014年，人民银行青岛市中心支行一是组织筹建了市县两级金融消费权益保护协会，顺利开通了12363咨询投诉电话，并制定标准化应答流程等管理办法；二是对青岛市100余家金融机构进行了综合评价，完成了41家新设机构的考核验收，并开展500余次专项执法检查；三是信托业反洗钱评估工作法得到总行反洗钱局肯定，并开展了反恐融资专项巡查。

【外汇管理】 2014年，外汇局青岛市分局创新外汇管理与服务方式，促进贸易投资便利化。一是认真落实总局关于改进和调整跨境担保、外债转贷款等资本项目外汇管理政策，初步建立了以登记管理为核心的管理框架；二是举办金融支持对外贸易发展推进会，推动全市40多家银行机构与387家外贸企业达成融资授信合作协议92亿美元，现场签约19亿美元；三是对世园会、APEC峰会开辟外汇业务绿色通道，“一企一策”支持了青岛港上市、青岛港财务公司筹备和KKR公司战略投资海尔股份有限公司；四是积极向总局争取短债指标，获批短债指标1.62亿美元，同比增长32.70%，可为银企节约资金费用2000余万元。

【金融改革】 2014年，人民银行青岛市中心支行在重点领域金融改革实现新突破。一是协调推动财富管理金融改革总体方案获得总行批复，6项改革措施落地，9项改革获得原则同意，相关工作在总行会议进行了经验交流；二是建立了完善的土地承包经营权抵押贷款制度；三是“跨境融”系统上线一年，成交破500亿元，为企业节约财务费用10亿元；四是开展

青岛市经济主要统计指标

指标 \ 年度	2010	2011	2012	2013	2014	2014年同比增幅（%）
土地面积（平方公里）	10654	10654	11175	11282	11282	0
人口（万人）	763.64	766.36	769.56	896.40	904.62	0.92
城镇人口（万人）	275.50	277.09	363.90	481.40	618.85	1.94
乡村人口（万人）	488.14	489.27	405.66	415.00	285.77	-1.24
地区生产总值（亿元）	5666.19	6615.60	7302.11	8006.60	8692.10	8
第一产业（亿元）	276.99	306.38	324.41	352.40	362.60	3.90
第二产业（亿元）	2758.62	3150.72	3402.23	3641.40	3882.40	8.40
工业（亿元）	2714.57	3081.04	2942.39	3248.40	3419.80	5.28
建筑业（亿元）	304.43	356.16	360.92	393	462.60	17.71
第三产业（亿元）	2630.58	3158.50	3575.47	4012.80	4447.10	7.90
人均地区生产总值（元）	74199.75	86324.96	82680	89797	96524	7.49
地区生产总值构成（%）	100	100	100	100	100	—
第一产业（%）	4.90	4.60	4.40	4.40	4.20	-0.20
第二产业（%）	48.70	47.60	46.60	45.50	44.60	-0.90
第三产业（%）	46.40	47.80	49.00	50.10	51.20	1.10
财政总收入（亿元）	1990.54	2407.76	2449.69	2672.50	2800.40	4.79
地方财政收入（亿元）	452.61	566	670.18	788.70	895.20	13.50
财政总支出（亿元）	—	—	—	—	—	—
地方财政支出（亿元）	532.39	658.70	765.98	1014.20	1074.70	6
全社会固定资产投资（亿元）	3022.50	3502.50	4153.90	5027.90	5766	16.10
规模以上固定资产投资（亿元）	—	—	—	—	—	—
房地产开发（亿元）	602.40	782.70	930.10	1048.50	1117.70	6.60
进出口总值（亿美元）	570.60	712.63	732.08	779.10	798.90	2.50
出口总值（亿美元）	339.16	400.56	408.20	419.90	457.80	9.10
实际利用外资（亿美元）	28.43	36.34	46	55.22	60.80	10.11
社会消费品零售总额（亿元）	1902.74	2232.88	2564.50	2904.30	3268.80	12.60
居民消费价格指数（%）	102.20	105.00	102.70	102.50	102.60	0.10
城市居民人均可支配收入（元）	24998	28567	32145	35227	38294	8.71
农民人均现金收入（元）	10550	12370	13990	15731	17461	11

注：1.“规模以上固定资产投资”自2010年起改为“全社会固定资产投资”统计指标；“财政总支出”青岛市统计局不对外部提供。

2. 青岛市统计局只统计市区（含原胶南市）人口和四市（县级）人口，故城镇人口和乡村人口分别对应“市区（含原胶南市）人口”和“四市（县级）人口”。

青岛市工农业主要统计指标

农业主要统计指标（万吨）				规模以上工业企业主要统计指标（亿元）			
项目 \ 年度	2013	2014	增幅（%）	项目 \ 年度	2013	2014	增幅（%）
粮食	322.40	323	0.19	工业增加值	3826.98	4186.72	9.40
夏粮	--	--	--	国有工业	214	219.14	2.40
秋粮	--	--	--	集体工业	158.90	175.90	10.70
棉花	0.34	0.25	-26.47	股份制工业	1874.43	2054.38	9.60
油料	44.39	39.80	-10.34	股份合作制工业	--	--	--
水果	74.95	75.18	0.31	外商及港澳台投资工业	1207.09	1319.35	9.30
蔬菜	575.42	595.35	3.46	轻工业	1586.17	1727.34	8.90
肉类	61.50	59.55	-3.17	重工业	2257.41	2483.15	10
禽蛋	19	19.11	0.58	销售收入	15283	16143.90	5.63
奶类	37.10	37.54	1.19	利税	1488	1564.80	5.16
水产品	110.50	109.45	-0.95	利润	826.40	835.50	1.10
森林覆盖率（%）	39.40	39.50	0.10	经济效益综合指数(%)	488.01	330.10	-32.36

注：自2012年起青岛市统计局不对外部提供“夏粮”和“秋粮”指标。

青岛市主要金融机构概况

单位名称	行长(或其他称谓的第一负责人)	副行长（或其他称谓的同级领导）	员工总数	辖内营业网点数
人民银行青岛市中心支行	辛树人	朱传友 顾延善 王延伟 邹蜀宁 管发进 吕 峰 裴云燕 王丽艳	466	5
青岛银监局	熊 涛	王永存 罗 中 徐 强 韩 冰 李继明	148	6
国开行青岛市分行	张华国	刘 新 马鲁海 张艳国 唐 力	124	0
农发行青岛市分行	吴辉家	张玉华 董祚涛 高玉国	193	6
进出口银行山东省分行	李 键	王伟明 刘景欣 牟 毅	58	1
工行青岛市分行	付 捷	李 波 程 青 时 辉 薛德贵 乔 霞 毛 波	3662	124
农行青岛市分行	杨国月	于 东 兰卫东 毕吉宝 孙文秀 范久顺	4365	190
中行山东省分行	陶以平	张维克 陈 斌 隋春玲 王锡峰 李海钧 娄立君 王仁堂 葛春尧 秦锐明	4108	96
建行青岛市分行	段红涛	刘远方 王士清 郭中华 刘从正 杨洲德 陈庆辉 于敬一	3477	122
交通银行青岛分行	李智斌	徐建民 杨 勇 刘鹏涛 王纪铭 常 青	1403	51
中信银行青岛分行	杨 威	迟存国 陈文德 邢丽青 徐 鹏 黄树彬 张强军 黄千文	2540	49
光大银行青岛分行	张 博	颜庆迪 范华廷 孙昌勇 叶长春	765	22
华夏银行青岛分行	刘 辉	吕 东 于丰星 崔 巍 顾新静 韩 波	745	25
平安银行青岛分行	陈昊序	谷 辉 刘家亮 刘文华 纪小倩 迟珊珊	666	16
招商银行青岛分行	王纪全	杨 虹 陈旭红 战长春 姚 红 綦 琨	1071	25
浦发银行青岛分行	孙轶卿	王京杰 刘建波 王 静	413	13
兴业银行青岛分行	沈 健	步延进 廖卫华 丁武民	499	18
民生银行青岛分行	杨新军	李 贤 崔俊峰 高建绪 汤正鹏	1041	28
恒丰银行青岛分行	韩 民	于国强 张 渤 贾淑萍	470	10
河北银行青岛分行	管鸿禧	黄 忠 程玉亮 张 鹏	207	8

续表

单位名称	行长(或其他称谓的第一负责人)	副行长（或其他称谓的同级领导）	员工总数	辖内营业网点数
青岛银行	郭少泉	王麟 邹君秋 陈青 王瑜 杨峰江 杨长德 肖群 姜福鑫	3153	76
日照银行青岛分行	杨宝峰	郭全海	186	7
潍坊银行青岛分行	张天轶	冷本光 陈勇 耿相伟	203	11
齐鲁银行青岛分行	韩松	范炳亮	128	5
威海市商业银行青岛分行	张海瑛	王绍训 李晓峰	185	6
邮储银行青岛分行	银青志	江守湖 王平 孙皓	1147	266
青岛农商银行	刘仲生	刘宗波	5156	343
汇丰银行青岛分行	张芳	孙翠霞 姜鲁	133	5
山口银行青岛分行	清水雅彦	竹中键二 夏铮	29	1
南商银行青岛分行	李向前	马勇 陶伟	109	4
韩亚银行青岛分行	文昶元	金炯奎	91	3
企业银行青岛分行	梁锺必	河龙泽	58	3
新韩银行青岛分行	姜成逸	朴正一	37	1
渣打银行青岛分行	陈国华		112	5
东亚银行青岛分行	周范	孙善功 李作伦 隋青 冯蕾 李子辉	127	3
瑞穗银行青岛分行	广濑俊	山口真一	54	1
华侨银行青岛分行	邹仁杰		23	1
德意志青岛分行	曹丹青		15	0
三菱东京青岛分行	高桥伸彦	钱天舒	63	1
海尔财务公司	李占国	温淑惠 赵晓燕 赵丽丽	120	1
海信财务公司	黄金萍	王曙光 杨国利	30	1
青啤财务公司	徐振声	张德志 冯雪峰	34	1
中石化财务公司	官琳	吕固江 赵博	30	1
银联青岛分公司	赵玉东	吴坚	29	1
陆家嘴国际信托有限公司	常宏	丁文忠	261	1
国泰世华青岛分行	阮培盛	郭育君	18	1

青岛市金融业务统计指标

	年度 指标（亿元）	2010	2011	2012	2013	2014	2014年同比	
							增加额	增幅(%)
银行类	本外币存款余额	7895.52	8901.27	9818.33	11418.26	11907.95	480.55	4.29
	人民币存款余额	7659.21	8638.50	9434.89	10969.56	11370.31	400.75	3.65
	单位存款	2727.20	4918.94	5097.90	6036.72	6079.19	39.36	0.70
	储蓄存款	2912.33	3198.51	3757.60	4140.59	4435.90	295.30	7.13
	本外币贷款余额	6365.19	7495.25	8632.84	9642.36	10530.60	868.92	9.21
	人民币贷款余额	5886.23	6947.75	7946.55	8860.74	9720.05	840.07	9.70
	短期贷款	2158.03	2687.14	3288.64	3635.67	3678.28	22.47	1.17
	中长期贷款	3510.97	4005.11	4266.34	4881.87	5592.69	711.72	14.56
	票据融资	201.21	250.22	378.29	331.55	378.81	47.26	14.25

续表

指标（亿元） \ 年度		2010	2011	2012	2013	2014	2014年同比	
							增加额	增幅(%)
银行类	当年结益	—	—	—	—	—	—	—
	不良贷款余额	82.07	75.08	89.06	96.73	273.79	177.06	183.05
	不良贷款占比%	1.29	1.00	1.03	1.00	2.60	1.60	160
保险类	保险公司保费收入	153.85	145.73	160.30	179.00	203.10	24.10	13.46
	财险收入	50.50	55.95	64.90	75.10	89.90	14.80	17.30
	寿险收入	103.40	77.69	81.50	88.20	113.20	25	10.70
	保险公司赔款和给付支出	38.83	46.38	51.50	62.70	76.70	14	22.40
	财险赔款	25.40	28.76	33.10	39.70	45.50	5.80	14.61
	寿险给付	9.30	11.75	14.30	18	27.50	9.50	52.78
	当年结益	—	—	—	—	—	—	—
证券类	证券市场成交总额	12364.50	11133.47	10187.94	16224.96	22382.81	6157.85	37.95
	投资者保证金余额	135.70	66.58	60.74	52.65	116.81	64.16	121.86
	证券账户开户数（万户）	105.60	113.20	123.96	128.97	133.29	4.32	3.35
	佣金收入	12.19	8.08	5.86	8.50	11.20	2.70	31.76
	净利润	6.61	2.66	1.23	3.25	5	1.75	53.85
	期货市场成交总额	40200	36588.51	43440.41	71358.50	53932.65	-17425.85	-24.42
	期货客户保证金余额	35.51	32.20	38.81	44.24	57.49	13.25	29.95
	期货账户开户数（户）	24902	30665	36469	40531	43048	2517	6.21
	期货手续费收入（万元）	15684.62	17357.40	16700	22182.55	—	—	—
	利润总额（万元）	4888.08	3981.18	4295.84	5090.44	254.72	-4835.72	-95

注：1.银行类“当年结益”指标2009年已取消。
2.保险类“当年结益”青岛保监局无此统计；保费收入指标、赔款和给付支出指标2011年起统计口径发生调整。
3.“期货手续费收入”青岛证监局2014年起不再统计。

青岛市金融机构统计指标

指标（个） \ 年度		2010	2011	2012	2013	2014	2014年同比增幅（%）
银行类	法人机构	19	25	14	14	16	14.29
	省级分行	41	41	34	36	38	5.56
	二级分行	1	1	1	1	2	100
	县区支行	662	730	729	852	917	7.63
	分理处、营业所	375	292	334	433	425	-1.85
	储蓄所	130	171	108	132	131	-0.76
	从业人员总数	28669	28348	33503	33674	33124	-1.63
保险类	保险机构	548	221	586	588	595	1.19
	财险机构	250	123	270	288	292	1.39
	省级分公司	21	28	30	32	31	-3.13
	地市分公司	4	2	2	2	3	50
	县区支公司	87	93	238	254	138	-45.67
	寿险机构	298	98	316	300	303	1
	省级分公司	22	20	29	29	29	0
	地市分公司	3	1	1	1	3	200

续表

指标（个） \ 年度		2010	2011	2012	2013	2014	2014 年同比增幅（%）
保险类	县区支公司	60	77	287	270	88	-67.41
	从业人员总数	35000	33566	32273	33637	39262	16.72
	财险人员	6000	6539	7474	8513	8843	3.88
	寿险人员	29000	27027	24799	25124	30419	21.08
证券类	证券机构	55	59	63	68	90	32.35
	证券公司	1	1	1	1	1	0
	证券营业部	54	58	62	67	89	32.84
	证券服务部	0	0	0	0	0	0
	从业人员总数	—	—	—	—	—	—
	投资者开户数（万户）	155.90	169.54	182.30	186.20	193.59	3.97
	境内上市股票只数	14	19	20	18	18	0
	境外上市股票只数	1	1	1	1	1	0
	辖区上市公司总数	14	19	20	19	19	0

注：1. “省级分行”含一级分行。
2. “从业人员总数”青岛证监局无此统计。

青岛市主要金融机构业务概况

单位：亿元

单位名称	本外币存款余额	人民币单位存款	人民币储蓄存款	本外币贷款余额	人民币短期贷款	人民币中长期贷款
国开行青岛市分行	138.28	127.86	0	970.48	59.67	847.79
农发行青岛市分行	11.48	11.38	0	132.63	43.86	88.57
进出口银行山东省分行	10.31	5.93	0	523.35	69.21	308.40
工行青岛市分行	1117.89	491.16	566.70	1143.26	326.02	719.99
农行青岛市分行	1312.93	503.77	760.46	956.60	404.70	459.97
中行山东省分行	1005.82	341.85	432.17	745.89	223.82	405.21
建行青岛市分行	944.89	455.64	441.05	954.93	208.13	661.92
交通银行青岛分行	892.76	558.99	212.83	565.74	224.60	287.82
中信银行青岛分行	409.20	245.03	86.58	393.16	192.38	146.83
光大银行青岛分行	281.83	177.35	49.10	254.39	124.03	92.61
华夏银行青岛分行	330.08	223.12	85.78	266.33	131.59	104.83
平安银行青岛分行	211.73	170.93	25.48	178.62	109.84	49.44
招商银行青岛分行	408.32	232.92	150.59	365.28	201.25	137.78
浦发银行青岛分行	284.23	183.06	33.37	187.13	64.23	87.62
兴业银行青岛分行	219.60	153.61	28.31	164.91	98.93	54.32
民生银行青岛分行	264.06	176.61	43.60	195.45	118.84	66.44
恒丰银行青岛分行	183.63	92.50	17.22	104.53	71.32	23.59
青岛银行	837.13	464.14	320.56	442.13	193.07	217.03
青岛农村商业银行	1201.37	399.22	783.49	861.98	330.67	514.03
邮储银行青岛市分行	348.63	22.88	325.34	128.12	35.12	83.65
日照银行青岛分行	49.23	43.67	4.53	31.84	27.54	1.68
河北银行青岛分行	43.61	38.62	2.48	45.90	15.15	9.70

续表

单位名称	本外币存款余额	人民币单位存款	人民币储蓄存款	本外币贷款余额	人民币短期贷款	人民币中长期贷款
潍坊银行青岛分行	71.66	44.40	8.47	40.07	36.61	1.51
齐鲁银行青岛分行	66.61	50.21	6.21	43.52	27.46	14.38
威海市商业商行青岛分行	74.57	59.15	7.21	40.63	36.56	3.85
苏州张家港农村商业银行	10.78	8.87	1.74	7.70	6.80	0.84
汇丰银行青岛分行	38.79	19.80	5.99	49.18	23.99	5.82
山口银行青岛分行	1.64	0.69	0.01	7.36	3.91	0.79
南商银行青岛分行	63.53	53.16	2.75	65.74	50.22	10.50
韩亚银行青岛分行	31.55	16.67	3.84	24.25	3.70	3.58
企业银行青岛分行	14.84	9.20	1.76	13.49	1.20	2.21
新韩银行青岛分行	23.23	12.72	3.53	27.28	1.94	2.02
渣打银行青岛分行	12.22	6.10	1.60	20.36	4.94	9.68
东亚银行青岛分行	19.14	12.74	1.07	23.04	2.44	13.59
瑞穗银行青岛分行	16.52	10.43	0	15.16	3.24	1.18
三菱东京青岛分行	8.13	6.91	0	15.99	3.15	1.44
华侨银行青岛分行	9.65	8.62	0	6.89	2.86	0.71
韩国釜山银行青岛分行	0.36	0	0	3.70	0	0
德意志银行青岛分行	0.95	0.78	0	7.84	7.01	0
海尔财务公司	517.99	427.47	0	407.42	103.74	143.71
中石化财务公司	4.66	4.66	0	36.95	34.54	1.3
海信财务公司	69.53	69.53	0	15.00	8.79	2.05
青啤财务公司	53.03	53.03	0	6.36	5.41	0.47

青岛市各县级区域经济金融主要统计指标

名称	人口（万人）	面积（平方公里）	地区生产总值（亿元）	地区生产总值增速（%）	本外币存款余额（亿元）	储蓄存款（亿元）	本外币贷款余额（亿元）
平度市	138.71	3176	845.50	7.03	473.16	360.97	226.59
即墨市	119.42	1780	1000.27	10.90	697.90	418.76	587.84
莱西市	74.80	1522	651.70	8.60	309.86	221.36	217.31
黄岛区	146.52	2096	2338.54	9.50	1211.53	576.42	1079.37
胶州市	87.10	1210	919.60	9.90	520.77	297.08	447.36

青岛市小额贷款公司机构、业务概览

单位名称	行长（或其他称谓的第一负责人）	员工总数（人）	本外币贷款余额（亿元）	人民币短期贷款（亿元）	人民币中长期贷款（亿元）
市南中元汆焜小额贷款公司	陈　剑	30	0.11	0.11	0
市北利群小额贷款公司	曹建军	6	1.02	1.02	0
市北海鼎小额贷款公司	唐爱鹏	9	0.91	0.91	0
四方盛和小额贷款公司	陈瑞芝	14	1.00	1.00	0
四方银丰融金小额贷款公司	袁伟兴	9	1.03	1.03	0
邦信小额贷款公司	孙伟东	15	4.31	4.31	0
李沧元丰小额贷款公司	王春雷	9	2.08	2.08	0

续表

单位名称	行长（或其他称谓的第一负责人）	员工总数（人）	本外币贷款余额（亿元）	人民币短期贷款（亿元）	人民币中长期贷款（亿元）
城乡建设小额贷款公司	王　磊	27	7.28	7.28	0
崂山区银华小额贷款公司	候辉波	10	1.74	1.74	0
金鼎信小额贷款公司	张　伟	21	1.21	1.21	0
国信小额贷款公司	高　燕	8	1.25	1.25	0
崂山华通小额贷款公司	张　瑞	11	1.06	1.06	0
城阳海都小额贷款公司	赵正俊	8	1.26	1.26	0
城阳中德汇都小额贷款公司	王建程	8	1.36	1.36	0
城阳鑫泰小额贷款公司	章　召	22	1.33	1.33	0
城阳超新小额贷款公司	陈晓军	9	0.13	0.13	0
城阳泽翰小额贷款公司	许坤媛	12	1.08	1.08	0
城阳北洲小额贷款公司	杨德山	9	1.07	1.07	0
城阳亚联财小额贷款公司	李淮泽	117	0.44	0.44	0
平度市天祥小额贷款公司	于汉信	12	1.03	1.03	0
平度市诚信小额贷款公司	尚　宁	11	0.60	0.60	0
平度市金翔小额贷款公司	郑翔云	12	1.04	1.04	0
平度市福泽小额贷款公司	杨永敏	5	0.57	0.57	0
即墨市诚和小额贷款公司	杨为东	10	1.82	1.82	0
即墨市吉诚小额贷款公司	黄建勇	11	0.57	0.57	0
即墨市卓瑞小额贷款公司	金继华	16	1.94	1.94	0
即墨市捷泰小额贷款有限公司	杨卫东	9	1	1	0
即墨市海立达小额贷款有限公司	孙　刚	9	1.11	1.11	0
即墨市盛诚小额贷款有限公司	李延森	13	0.96	0.96	0
莱西市宏远小额贷款公司	谭曙光	8	1.06	1.06	0
黄岛区民泽小额贷款公司	薛德峰	8	2.49	2.49	0
黄岛区瑞丰小额贷款有限公司	宋书星	11	1.13	1.13	0
保税港区汇银小额贷款公司	李宗勤	8	1.17	1.17	0
开发区恒信城市发展小额贷款公司	邱德新	16	4.84	4.84	0
开发区千帆港小额贷款股份公司	赵清强	7	1.55	1.55	0
胶南市天一小额贷款公司	商伟华	11	0.93	0.93	0
海丰小额贷款有限公司	徐宗殿	8	0.52	0.52	0
永信小额贷款有限公司	刘　萍	7	2.14	2.14	0
和生小额贷款有限公司	武孝红	9	1.13	1.13	0
丰盛小额贷款有限公司	张正海	10	0.97	0.97	0
金昇源小额贷款有限公司	王吉中	10	1.58	1.58	0

资本金意愿结汇试点，是全国唯一覆盖全域的试点地区；五是率先进行大宗商品交易市场现货交易外汇政策试点，前置美元保证金账户制度在全国先行先试；六是推进外汇资金集中运营管理试点。

【保险业务】　2014年，青岛市共有保险主体61家。其中，产险公司32家，寿险公司29家；中资公司46家，外资公司15家。资产规模平稳增长，业务规模实现较大跨越，保费收入首次突破200亿元；保险服务“三农”能力、完善社会保障作用、出口信用保险对企业的支持力度均显著增强。

【证券市场】　2014年，青岛市共有证券公司1家、证券营业部89家、期货营业部34家、证券投资咨询机构2家、基金管理公司3家，上市公司19家。证券经营机构营业状况明显好转。

【金融文化建设】 2014年，青岛市金融系统扎实推进精神文明建设。一是将企业文化建设与党的建设、行风建设、文明单位创建等结合起来，强化员工人文关怀，丰富业余生活；二是通过业务培训、知识竞赛等形式，提升员工综合素质；三是举办关爱新市民子女、关爱残疾儿童等志愿服务行动，组织开展了3·15金融消费者权益保护、小微企业金融服务宣传、防范打击非法集资、征信知识讲堂、反洗钱、送金融知识下乡、金融知识进万家等公益宣传活动，受到广泛赞誉。

【大事记】 1月14日 人民银行国库工作会议在青岛召开，副行长潘功胜出席会议并讲话，国库局局长刘贵生、济南分行行长杨子强、青岛市中心支行行长辛树人出席会议。

2月10日 青岛市财富管理金融综合改革试验区正式获国家批复。

2月25日 人民银行青岛市中心支行组织召开了青岛市2014年金融形势与货币政策通报会，青岛市副市长刘明君、青岛市中心支行行长辛树人、副行长顾延善、副行长王延伟分别发言。全市44家金融机构负责人参加了会议。

3月7日 兴业银行宣布沈健任兴业银行青岛分行党委书记（兴银任〔2014〕27号）。

3月12日 青岛地铁集团有限公司与青岛银行正式签署金融IC卡支付业务框架合作协议。这是国内第二个金融IC卡进入地铁应用领域的项目，也是第一个由商业银行作为牵头方的金融IC卡地铁应用项目。

4月4日 潍坊银行任命张天轶为青岛分行行长（潍坊银行发〔2014〕194号）。

4月18日 青岛蓝海股权交易中心开业。

5月 渣打银行青岛分行成功牵头18家外资银行完成美元银团贷款，取得了该业务领域的重要突破。

6月21日 以“金融服务经济，财富创造未来”为主题的2014金家岭财富论坛在青岛举行。全国人大财经委副主任委员吴晓灵，人民银行副行长潘功胜，保监会副主席陈文辉，中国入世首席谈判代表龙永图，诺贝尔经济学奖获得者迈克尔·斯宾塞、托马斯·萨金特等近30位嘉宾发表演讲。

6月26日 青岛城乡建设小额贷款有限公司开业，这是目前全省资本规模最大的小额贷款公司。

7月24日 青岛市金融消费权益保护协会成立大会暨第一届会员大会召开。

8月22日 人民银行党委委员、副行长李东荣赴青岛某海军基地，出席“金融知识进军营”活动。人民银行金融消费权益保护局局长焦瑾璞、济南分行行长杨子强、青岛市中心支行行长辛树人陪同参加活动。

8月25日 银监会批准国泰世华商业银行青岛分行开业，并核准阮培盛行长任职资格（银监复〔2014〕587号），该行是第一家进驻山东省的台资银行。

9月28日 人民银行青岛市中心支行联合市公安局牵头组织全市23家银行开展了“防范打击假币犯罪，维护群众权益”主题宣传日活动。

11月12日 “睿智青春·共话改革”2014年青岛市银行业青年辩论赛成功举行。人民银行团委书记王英杰等莅临现场观摩指导。

11月13日 中国银行宣布陶以平任山东省分行党委书记、行长（中银党〔2014〕147号、中银任〔2014〕307号）。

11月14日 人民银行青岛市中心支行、青岛市科学技术局联合举办“青岛市金融支持科技中小企业发展推进会”，青岛市王广正副市长、人民银行青岛市中心支行行长辛树人、青岛市科技局局长姜波出席会议并讲话。

12月19日 张华国任国家开发银行青岛分行党委书记、行长（青银监复〔2015〕7号、开行发〔2015〕34号）。

平度市

【经济金融概况】 2014年，平度市经济金融总体呈现增速有所回落、结构不断优化、稳中有进向好的运行态势。一是新型城镇建设稳步推进，现代农业示范区试点成果丰硕，高端服务业发展提速，工业转型升级初见成效；二是财政收入较快增长，民生支出力度加大；三是银行业存贷款稳中有增，金融服务经济能力、产业规模与发展质量不断提升，县域综合竞争力迈上新台阶。

【金融发展与改革】 2014年，平度市金融机构引进培育实现新突破，金翔、福泽等小贷公司获批设立，兴业银行、日照银行等分支机构开业运营。村镇银行深化法人治理改革，完成增资扩股工作，优化镇级网点布局，经营规模与实力进一步壮

平度市主要经济指标

经济指标	2013	2014	2014年同比增幅（%）	经济指标	2013	2014	2014年同比增幅（%）
土地面积（平方公里）	3176	3176	0	地方财政支出（亿元）	53.67	61.82	15.19
人口（万人）	138.07	138.71	0.46	全社会固定资产投资（亿元）	519.40	583.20	12.28
城镇人口（万人）	61.10	61.46	0.59	进出口总值（万美元）	194000	194900	0.46
乡村人口（万人）	76.97	77.25	0.36	出口总值（万美元）	139500	148000	6.09

续表

经济指标	2013	2014	2014年同比增幅（%）	经济指标	2013	2014	2014年同比增幅（%）
地区生产总值（亿元）	790	845.50	7.03	实际利用外资（万美元）	42500	55000	29.41
第一产业（亿元）	97.24	102.20	5.10	社会消费品零售总额（亿元）	275	306.10	11.31
第二产业（亿元）	388.80	413.80	6.43	居民消费价格指数（%）	—	—	—
第三产业（亿元）	304.07	329.50	8.36	人均地区生产总值（元）	58500	60955	4.20
财政总收入（亿元）	72.48	90.55	24.93	城镇居民可支配收入（元）	27864	30288	8.70
地方财政收入（亿元）	45.20	49.40	9.29	农民人均现金收入（元）	15269	16948	11
财政总支出（亿元）	77.97	82.19	5.41				

平度市主要金融指标

金融指标（亿元）	2013	2014	2014年同比增幅（%）	金融指标（亿元）	2013	2014	2014年同比增幅（%）
本外币存款余额	428.63	473.16	10.39	财险收入	—	—	—
人民币存款余额	425.56	469.90	10.42	寿险收入	—	—	—
单位存款	96.20	100.10	4.05	财险赔款	—	—	—
储蓄存款	316.36	361	14.11	寿险给付	—	—	—
本外币贷款余额	220.32	226.59	2.85	当年结益	—	—	—
人民币贷款余额	219.70	225.80	2.78	证券市场交易总额	—	—	—
短期贷款	117.19	109.18	-6.84	投资者保证金余额	—	—	—
中长期贷款	100.80	115.35	14.43	证券账户开户数	—	—	—
票据融资	2.08	1.10	-47.11	证券交易佣金收入	—	—	—
当年结益	—	—	—	净利润	—	—	—
不良贷款余额	2.25	1.27	-43.56				

注：1. 关于保险、证券的金融指标青岛保监局、证监局没有相关县级区域统计。

2. 当年结益指标已取消，下同。

平度市主要金融机构概况

单位名称	行长（或其他称谓的第一负责人）	副行长（或其他称谓的同级领导）	员工总数	辖内营业网点数
人民银行平度市支行	陈付仁	滕振瑞　王世彧	28	1
青岛银监局平度办事处	张贤智		2	1
农发行平度市支行	王民生	范明娟　盛忠福	21	1
工行平度支行	王　波	李增强　王光松　高洪华	102	5
农行平度市支行	逄焕波	姜　伟　张功伟 肖明香　张　敏	360	22
中行平度支行	武英江	邢　林　栾　庆	135	5
建行平度支行	林玉忠	孙德军　李　勇	112	6
交通银行平度支行	王承森	唐保胜　侯慧锋	22	1
民生银行平度支行	杨行楷	魏　欣	26	1
华夏银行平度支行	李正斌	蒋永涛　吴永贵	28	1
邮储银行平度市支行	刘智玉	马海磊	108	6
兴业银行平度支行	张　劲		13	1
青岛银行平度支行	王红征	袁丽梅　张日晖	35	2
青岛农商银行平度支行	牟黎明	朱光青　薛　冰	633	52

续表

单位名称	行长（或其他称谓的第一负责人）	副行长（或其他称谓的同级领导）	员工总数	辖内营业网点数
潍坊银行平度支行	孙 华	丁 成 孔维富	15	1
日照银行平度支行	周占芹		10	1
青岛平度惠民村镇银行	王培旭	刘 圳 翟 拓 王永胜	82	5

平度市主要金融机构业务概况

单位：亿元

单位名称	本外币存款余额	人民币单位存款	人民币储蓄存款	本外币贷款余额	人民币短期贷款	人民币中长期贷款
农发行平度市支行	0.27	0.27	0	6.38	3.38	2.50
工行平度支行	24.69	10.14	13.83	24.87	6.34	18.49
农行平度市支行	102.40	17.62	83.77	32.79	11.46	20.16
中行平度支行	37.61	11.86	23.95	20.96	8.97	11.64
建行平度支行	32.61	12.50	19.85	24.28	4.93	19.25
交通银行平度支行	7.85	3.90	2.89	9.94	0.56	9.25
民生银行平度支行	3.58	0.38	2.08	3.93	3.77	0.04
华夏银行平度支行	6.51	2.21	3.94	1.94	1.72	0.22
邮储银行平度市支行	77.11	2.29	74.82	5.73	3.84	1.89
兴业银行平度支行	0.07	0.07	0.06	0	0	0
青岛银行平度支行	15.76	9.10	6.64	10.62	2.59	8.03
青岛农商银行平度支行	140.12	18.86	121.16	73.93	51.27	22.54
潍坊银行平度支行	4.84	3.63	1.14	5.45	5.01	0.42
日照银行平度支行	0.46	0.08	0.38	0.05	0.04	0
青岛平度惠民村镇银行	10.44	5.00	5.44	5.70	4.80	0.91

大。各金融机构加强风险防控能力建设，信贷资产质量明显改善，整体经营效益稳步提高。

【金融服务与监管】 2014年，人民银行平度市支行推动政府出台配套政策，重视发挥重大事项报告制度预警作用，维护了金融稳定。一是建立金融支持经济考评办法，实施新型农业经营主体“主办行”制度，并开通银企融资对接服务平台；二是深化农村信用体系与支付环境建设，实现土地经营权抵押贷款等业务先行突破；三是加强风险防控处置和“两管理、两综合”工作，完成3家新设银行开业验收工作，并对2家银行开展综合执法检查。

即墨市

【经济金融概况】 2014年，即墨市地区生产总值突破千亿元，整体经济实力又上新台阶。一是农业生产形势良好，工业生产态势平稳，居民收入水平不断提升，固定资产投资增长较快，财政收入大幅增长，国内外贸易持续增长、增速放缓；二是金融市场平稳运行，围绕“蓝色经济”这一主线，创新金融服务，加大信贷支持力度，推动地方经济又好又快发展。

【金融发展与改革】 2014年，即墨市一是新引进设立威海市商业银行即墨支行、招商银行青岛鹤山路支行；二是银行机构设立小微企业服务的专营机构，青岛农商行即墨支行成立“微贷中心”，潍坊银行成立“小企业信贷中心”；三是在青岛地区率先成立首家民间资本管理公司，与小额贷款、融资性担保等公司发挥补位作用，支持中小企业发展。

【金融服务与监管】 2014年，人民银行即墨市支行推动有关部门一是成立了维护金融稳定支持实体经济发展领导小组，建立了维护金融稳定打击逃废金融债务清收化解不良贷款联席会议制度；二是成立了金融消费权益保护协会，开通了

即墨市主要经济指标

经济指标	2013	2014	2014 年同比增幅（%）	经济指标	2013	2014	2014 年同比增幅（%）
土地面积（平方公里）	1780	1780	0	地方财政支出（亿元）	78.16	88.76	13.56
人口（万人）	118.73	119.42	0.58	全社会固定资产投资（亿元）	644.80	767.96	19.10
城镇人口（万人）	59.41	--	--	进出口总值（万美元）	489135	524591	7.25
乡村人口（万人）	59.32	--	--	出口总值（万美元）	396355	416683	5.13
地区生产总值（亿元）	878.16	1000.27	10.90	实际利用外资（万美元）	70960	80000	12.74
第一产业（亿元）	61.84	62.49	0.70	社会消费品零售总额（亿元）	301.36	337.02	11.83
第二产业（亿元）	454.25	518.71	10.40	居民消费价格指数（%）	--	--	--
第三产业（亿元）	362.07	419.07	13.20	人均地区生产总值（元）	73963	83761	13.25
财政总收入（亿元）	113.90	160.03	39.80	城镇居民可支配收入（元）	31358	34099	8.74
地方财政收入（亿元）	88	133.55	51.76	农民人均现金收入（元）	15682	17418	11.07
财政总支出（亿元）	113.38	145.28	28.14				

即墨市主要金融指标

金融指标（亿元）	2013	2014	2014 年同比增幅（%）	金融指标（亿元）	2013	2014	2014 年同比增幅（%）
本外币存款余额	631.04	697.90	10.60	财险收入	--	--	--
人民币存款余额	622.97	689.96	10.75	寿险收入	--	--	--
单位存款	236.98	254.60	7.44	财险赔款	--	--	--
储蓄存款	372	416.78	12.04	寿险给付	--	--	--
本外币贷款余额	504.44	587.84	16.53	当年结益	--	--	--
人民币贷款余额	501.86	574.07	14.39	证券市场交易总额	--	--	--
短期贷款	262.43	248.40	-5.35	投资者保证金余额	--	--	--
中长期贷款	235.58	323.63	37.38	证券账户开户数	--	--	--
票据融资	3.85	1.15	-70.13	证券交易佣金收入	--	--	--
当年结益	--	--	--	净利润	--	--	--
不良贷款余额	3.25	9.76	200.31				

即墨市主要金融机构概况

单位名称	行长（或其他称谓的第一负责人）	副行长（或其他称谓的同级领导）	员工总数	辖内营业网点数
人民银行即墨市支行	曹展鹏	马德梅　宋光波　冯　刚	33	1
青岛银监局即墨办事处	周建青		3	1
农发行即墨市支行	王飞剑	刘竹清　迟锡哲	23	1
工行即墨支行	孙　伟	张建青　崔杰甫　杨　羊	150	7
农行即墨市支行	张凤臣	谢炳坚　王　波　张昌良	357	22
中行即墨支行	董军峰	郝　萍　陈　力	184	8
建行即墨支行	施　勇	潘占宗　蓝　敏	140	8
青岛银行即墨支行	黄　云	杜　燕　陈卫东	38	2
青岛农商行即墨支行	姜秀娟	王平刚　丁　伟　陈玉云 王君红　李世超	690	55
邮储银行即墨市支行	于　彬	韩晓明	116	41
交通银行即墨支行	侯倩旭	肖志明　修宗海	37	2
华夏银行即墨支行	孙保雷	项　军　夏钦东	40	2

续表

单位名称	行长（或其他称谓的第一负责人）	副行长（或其他称谓的同级领导）	员工总数	辖内营业网点数
招商银行即墨支行	郭志强	黄绪红　戴锡凯	31	1
浦发银行即墨支行	李泽鹏	盛同强	16	1
民生银行即墨支行	贾先举		47	2
光大银行即墨支行	李　波	韩　涛	26	1
兴业银行即墨支行	张启宁	邢　豪	30	1
青岛即墨北农商村镇银行	邹文学	王永和　江　娟	61	3
张家港农商行即墨支行	汪志鸿	黄敏杰　黄巧玲	49	1
中信银行即墨支行	姜海波		23	1
平安银行即墨支行	傅培涛	周海亭	25	1
齐鲁银行即墨支行	董玉飞	刘成顺	14	1
潍坊银行即墨支行	孙　涛	秦　英　杨海泽	15	1
日照银行即墨支行	谢志全		18	1
威海市商业银行即墨支行	李雷芳	王承钊	11	1

即墨市主要金融机构业务概况

单位：亿元

单位名称	本外币存款余额	人民币单位存款	人民币储蓄存款	本外币贷款余额	人民币短期贷款	人民币中长期贷款
农发行即墨市支行	4.91	4.91	0	34.16	1.86	3.23
工行即墨支行	44.76	17.70	22.62	63.08	17.26	45.59
农行即墨市支行	101.79	29.10	71.01	70.08	27.05	35.44
中行即墨支行	83.20	34.52	45.24	47.21	17.78	24.09
建行即墨支行	38.89	15.23	23.14	47.66	8.73	38.87
交通银行即墨支行	18.24	10.38	4.77	18.08	6.56	10.88
华夏银行即墨支行	17.91	7.37	10.09	22.32	13.39	8.68
招商银行即墨支行	11.06	6.05	4.67	25.38	13.23	12.01
浦发银行即墨支行	9.18	8.73	0.45	15.40	6.91	8.22
青岛银行即墨支行	22	12.84	9.14	21.65	9.66	11.99
日照银行即墨支行	5.53	4.78	0.75	4.14	4.05	0.09
齐鲁银行即墨支行	1.61	1	0.61	1.78	1.13	0.36
潍坊银行即墨支行	2.54	1.87	0.67	3.16	3.12	0.04
民生银行即墨支行	9.68	3.32	4.32	14.40	12.25	2.15
农商行即墨支行	189.92	50.73	138.69	154.55	72.39	81.87
京都村镇银行	4.24	2.43	1.78	3.91	3.11	0.42
邮储银行即墨市支行	74.25	6.58	67.65	7.27	2.34	4.93
张家港农商行即墨支行	10.78	8.87	1.74	7.69	6.80	0.84
光大银行即墨支行	5.42	3.53	1.30	6.25	5.31	0.94
兴业银行即墨支行	15.87	12.40	2.78	5.44	4.95	0.16
中信银行即墨支行	11	6.13	2.94	6.27	2.87	3.40
平安银行即墨支行	7.93	5.18	2.04	7.58	7.20	0.38
威海市商业银行即墨支行	1.32	0.96	0.36	0.38	0.37	0.01

"12363"投诉电话;三是稳步推进外汇主体监管改革,大力支持涉外经济发展。

商业银行组织开展了"金融支持市场商贸信贷产品推介周"活动,达成合作意向2.60亿元;创新推出适合"钢贷通宝"等10多种汽车产业需求的信贷产品。

莱西市

【经济金融概况】 2014年,莱西市推进新型工业化进程,产业结构不断改善,经济平稳健康发展。金融机构优化信贷结构,创新金融产品,加大对重点项目、小微企业及新型农业经营主体的信贷支持,为经济发展保驾护航。

【金融发展与改革】 2014年,莱西市各金融机构认真落实稳健货币政策,坚持总量稳定、结构优化的原则,为经济结构

莱西市主要经济指标

经济指标	2013	2014	2014年同比增幅(%)	经济指标	2013	2014	2014年同比增幅(%)
土地面积(平方公里)	1522	1522	0	地方财政支出(亿元)	40.51	46.94	15.87
人口(万人)	73.76	74.80	1.40	全社会固定资产投资(亿元)	448.36	516.78	15.26
城镇人口(万人)	33.07	33.90	2.50	进出口总值(万美元)	284493	327700	15.19
乡村人口(万人)	40.69	40.90	0.52	出口总值(万美元)	228074	244600	7.25
地区生产总值(亿元)	594.91	651.70	9.55	实际利用外资(万美元)	42118	46100	9.45
第一产业(亿元)	58.09	61.05	5.10	社会消费品零售总额(亿元)	211	237.22	12.43
第二产业(亿元)	284.46	309.55	8.82	居民消费价格指数(%)	--	--	--
第三产业(亿元)	252.36	281.10	11.39	人均地区生产总值(元)	80655	87125	8.02
财政总收入(亿元)	41.94	49.21	17.33	城镇居民可支配收入(元)	30247	32881	8.71
地方财政收入(亿元)	35.54	42.69	20.12	农民人均现金收入(元)	15302	16990	11.03
财政总支出(亿元)	58.21	62.83	7.94				

莱西市主要金融指标

金融指标(亿元)	2013	2014	2014年同比增幅(%)	金融指标(亿元)	2013	2014	2014年同比增幅(%)
本外币存款余额	266.54	309.86	16.25	财险收入	--	--	--
人民币存款余额	263.89	306.44	16.12	寿险收入	--	--	--
单位存款	65.25	82.98	27.17	财险赔款	--	--	--
储蓄存款	196.69	221.36	12.54	寿险给付	--	--	--
本外币贷款余额	173.33	217.31	25.37	当年结益	--	--	--
人民币贷款余额	172.58	216.45	25.42	证券市场交易总额	--	--	--
短期贷款	100.70	112.90	12.11	投资者保证金余额	--	--	--
中长期贷款	72.08	103.64	43.78	证券账户开户数	--	--	--
票据融资	0.54	0.42	-22.22	证券交易佣金收入	--	--	--
当年结益	--	--	--	净利润	--	--	--
不良贷款余额	1.70	4.21	147.65				

莱西市主要金融机构概况

单位名称	行长(或其他称谓的第一负责人)	副行长(或其他称谓的同级领导)	员工总数	辖内营业网点数
人民银行莱西市支行	马昌武	张忠民 宋延边 孙雪梅	30	1
青岛银监局莱西办事处	耿以明		3	1
农发行莱西市支行	王 兵	徐永涛 吴志文	22	1

续表

单位名称	行长（或其他称谓的第一负责人）	副行长（或其他称谓的同级领导）	员工总数	辖内营业网点数
工行莱西支行	石 松	李英杰 王维民 李英凯	99	4
农行莱西市支行	丁召明	王振峰 李忠东 王欣兆 修 英 杨骥东	254	15
中行莱西支行	姜柏卿	张 力 崔俊伟	127	5
建行莱西支行	孙伟波	于建波 刘国华 陈建新 赵利锋	88	3
交通银行莱西支行	刘正伟	徐克家 杨新明	21	1
中信银行莱西支行	沙益锋	丛连强 苏墩卫	9	1
华夏银行莱西支行	葛 鑫	高云翔 张显平	18	1
兴业银行莱西支行	刘加奎	孙 建	17	1
民生银行莱西支行	姜永志	邵培科	19	1
河北银行莱西支行	鞠 昆	马 杰	17	1
青岛银行莱西支行	于胜功	盖 波 郭广爱	32	2
齐鲁银行莱西支行	姜 杰	张旭峰	12	1
潍坊银行莱西支行	徐 鹏	张 鹏	14	1
青岛农商行莱西支行	衣林龙	李慎峰 梁玉礼 王敬涛	512	38
邮储银行莱西市支行	张琳辉	赵军胜 胡 磊	74	28
青岛莱西元泰村镇银行	李赛春	蔡世宁 孙文耀	47	5

莱西市主要金融机构业务概况

单位：亿元

单位名称	本外币存款余额	人民币单位存款	人民币储蓄存款	本外币贷款余额	人民币短期贷款	人民币中长期贷款
农发行莱西市支行	1.35	1.35	0	9.79	9.79	1.36
工行莱西支行	22.26	8.15	12.97	18.11	5.48	12.63
农行莱西市支行	75.24	13.60	61.02	44.34	20.91	23.04
中行莱西支行	35.85	10.70	22.89	21.52	11.53	9.71
建行莱西支行	10.42	5.69	4.50	22.20	8.39	13.64
交通银行莱西支行	8.85	6.87	1.92	15.26	8.27	6.79
中信银行莱西支行	0.76	0.67	0.09	0	0	0
华夏银行莱西支行	4.47	4.44	2.08	3.56	3.14	0.42
兴业银行莱西支行	1.60	1.47	0.10	3.94	3.89	0.04
民生银行莱西支行	3.85	1.79	1.41	0.94	0.94	0
河北银行莱西支行	16.93	9.87	6.98	14.50	2.80	11.70
青岛银行莱西支行	0.87	0.51	0.35	0.25	0.24	0.01
齐鲁银行莱西支行	3.16	2.47	0.69	0.56	0.54	0.02
潍坊银行莱西支行	2.71	1.72	0.99	1.95	1.60	0.35
青岛农商行莱西支行	84.05	12.31	71.67	50.25	28.30	21.74
邮储银行莱西市支行	27.35	0.57	26.78	2.58	1.25	1.34
青岛莱西元泰村镇银行	7.31	0.90	6.41	7.56	6.72	0.84

调整、转型升级和可持续发展提供稳定的金融环境。一是加大对新型农业经营主体的信贷支持力度，建立金融支持新型农业经营主体“主办行”制度；二是积极创新金融产品，农村土地承包经营权抵押贷款、林权抵押贷款取得新突破。

【金融服务与监管】 2014年，人民银行莱西市支行发挥“窗口指导”作用，实现县域经济与金融和谐发展。完成了对2家新设银行机构开业验收与考核，对3家银行开展了综合执法检查。

黄岛区

【经济金融概况】 2014年，青岛黄岛区经济金融运行总体良好，存款总量略有下降，信贷投放适度，信贷结构进一步优化。石化等行业生产增速平稳，海洋工程、汽车等重点行业增速显著。

【金融发展与改革】 2014年，人民银行黄岛区支行一是制定出台了《关于做好2014年金融工作 支持全区经济持续健康发展的意见》；二是与地税局联手搭建“欠税信息接入征信系统平台”，已批量采集2批次1500条欠税数据进入征信系统，为区政府增加地方税收2000万元。

黄岛区主要经济指标

经济指标	2013	2014	2014年同比增幅（%）	经济指标	2013	2014	2014年同比增幅（%）
土地面积（平方公里）	2096	2096	0	地方财政支出（亿元）	143.44	155.52	8.42
人口（万人）	--	146.52	--	全社会固定资产投资（亿元）	1226	1444	17.78
城镇人口（万人）	--	--	--	进出口总值（亿美元）	120	110.30	-8.08
乡村人口（万人）	--	--	--	出口总值（亿美元）	100.10	100.60	0.50
地区生产总值（亿元）	2124.10	2338.54	9.50	实际利用外资（亿美元）	15.71	16.81	7
第一产业（亿元）	58.47	62.67	3.80	社会消费品零售总额（亿元）	376.80	418.20	10.99
第二产业（亿元）	1322.53	1421.50	7.80	居民消费价格指数（%）	--	102.60	--
第三产业（亿元）	743.10	854.37	13.30	人均地区生产总值（元）	147810	159600	7.98
财政总收入（亿元）	266.26	307.14	15.35	城镇居民可支配收入（元）	34665	37704	8.77
地方财政收入（亿元）	147.45	167.30	13.46	农民人均现金收入（元）	15579	17301	11.05
财政总支出（亿元）	263.30	294.28	11.77				

黄岛区主要金融指标

金融指标（亿元）	2013	2014	2014年同比增幅（%）	金融指标（亿元）	2013	2014	2014年同比增幅（%）
本外币存款余额	1185.86	1211.53	2.16	财险收入	--	--	--
人民币存款余额	1134.55	1158.61	2.12	寿险收入	--	--	--
单位存款	570.26	546.12	-4.23	财险赔款	--	--	--
储蓄存款	514.93	573.35	11.35	寿险给付	--	--	--
本外币贷款余额	1009.11	1079.36	6.96	当年结益	--	--	--
人民币贷款余额	942.70	1010.47	7.19	证券市场交易总额	--	--	--
短期贷款	390.59	378.83	-3.01	投资者保证金余额	--	--	--
中长期贷款	548.41	623.55	13.70	证券账户开户数	--	--	--
票据融资	3.64	5.35	46.98	证券交易佣金收入	--	--	--
当年结益	--	--	--	净利润	--	--	--
不良贷款余额	1.45	10.07	594.48				

黄岛区主要金融机构概况

单位名称	行长（或其他称谓的第一负责人）	副行长（或其他称谓的同级领导）	员工总数	辖内营业网点数
人民银行黄岛支行	蒋国庆	于　兵	41	0
青岛银监局开发区办事处	张森虎		2	0
工行开发区支行	王维东	夏建同　尹瑞杰　陈　杰	164	7
农行开发区支行	张　勇	张玉忠　刘鹏飞　顾文杰	226	11
中行开发区支行	张晓文	赵俊方　夏岩岚　冯　涛	160	5
建行开发区支行	吴文忠	黄金莲　张黎明　管　华	176	7
交通银行开发区支行	薛　君	王怀波	72	4
中信银行开发区支行	周　骏	晏海宁　刘海夯	35	1
光大银行开发区支行	于　健	陆海宁	24	1
华夏银行开发区支行	张　杨	李明传	33	1
平安银行开发区支行	王立华	解广春	29	1
招商银行开发区支行	孙东光	于　鹏　李文娟	33	2
浦发银行开发区支行	姜　双	孙　刚　朱颖伟　李作峰	30	2
兴业银行开发区支行	李顺民	刘　勇	28	1
民生银行开发区支行	李　磊	任佰平	54	1
恒丰银行开发区支行	白　冰	缪　丹	30	1
青岛银行开发区支行	薛福勤	况　军	85	5
日照银行开发区支行	尚江峰	孙　鹏	20	1
潍坊银行开发区支行	宋永进	杨　兵	15	1
青岛农商行黄岛支行	孟庆杰	宋景华　薛坤强	352	19
邮储银行开发区支行	韩晓明	刘　岩　李丹堂	42	13
威海市商业银行开发区支行	王　莉	姜　鹏	17	1
齐鲁银行开发区支行	陈　波	崔　杰	14	1
河北银行开发区支行	赵建刚	叶连军　周文妍	9	1
汇丰银行开发区支行	李　越		4	1
韩亚银行开发区支行	刘新国	王　海	24	1
企业银行开发区支行	刘国忠		11	1
南洋银行开发区支行	姚　立	宋成荣	17	1
人民银行胶南市支行	王德利	闫金美　毕恩忠　王秀云	29	1
青岛银监局胶南办事处	秦　伟		2	1
农发行黄岛区支行	徐桂军	赵成江　王芳华	26	1
工行胶南支行	孙　建	范立胜　郑向东　刘润平　张　波	128	6
农行黄岛区支行	万　磊	狄同晓　安玉伟　兰振华　陈宝江	294	17
中行胶南支行	薛　涛	李　丽　王伟东　王安英　杨卫东	146	5
建行黄岛支行	徐建军	丁明伟　孟　刚	140	8
交通银行胶南支行	马海洋	宋建文	24	2

续表

单位名称	行长（或其他称谓的第一负责人）	副行长（或其他称谓的同级领导）	员工总数	辖内营业网点数
光大银行胶南支行	曹世臣		20	3
兴业银行黄岛支行	薛敬波	张　欣	18	2
民生银行黄岛支行	薛　胜	董　晖　刘世波	19	1
华夏银行胶南支行	刘兰翠	柴方智	30	1
中信银行黄岛支行	杨广义	肖　肃	12	1
平安银行黄岛支行	王大伟	毕吉善	26	1
浦发银行黄岛支行	韩松刚	郇　玮	15	1
青岛农商行胶南支行	张才栋	娄晓文　曲志琴　张明宝	484	39
邮储银行黄岛区支行	匡秀艳	王正生	81	3
日照银行黄岛支行	刘桂彪	刘跃辉	18	1
潍坊银行黄岛支行	曲晓丽	曲　翔	13	1
威海市商业银行胶南支行	于向锋		22	2
青岛胶南海汇村镇银行	李　军	张文树　柴方强	113	7

黄岛区主要金融机构业务概况

单位：亿元

单位名称	本外币存款余额	人民币单位存款	人民币储蓄存款	本外币贷款余额	人民币短期贷款	人民币中长期贷款
工行开发区支行	67.61	32.43	31.14	117.93	39.51	74.65
农行开发区支行	83.90	32.89	49.27	78.09	37.68	39.55
中行开发区支行	58.43	23.20	25.12	45.75	7.12	28.74
建行开发区支行	68.03	26.53	28.21	106.11	21.56	71.15
交通银行开发区支行	60.29	37.04	13.30	51.66	21.87	21.40
中信银行开发区支行	19.29	10.69	7.10	20.78	3.72	14.94
光大银行开发区支行	12.84	7.43	3.21	13.97	9.13	4.04
华夏银行开发区支行	25.21	14.61	7.75	18.29	4.39	10.34
平安银行开发区支行	8.18	5.43	2.28	5.90	3.69	2.20
招商银行开发区支行	33.15	18.79	13.64	33.19	20.74	7.47
浦发银行开发区支行	26.00	21.19	1.10	21.38	6.36	12.27
兴业银行开发区支行	10.84	6.91	2.76	7.61	3.03	3.76
民生银行开发区支行	25.42	10.95	7.12	22.50	18.16	4.33
恒丰银行开发区支行	8.17	5.60	2.53	10.86	9.32	1.10
青岛银行开发区支行	44.93	23.09	21.80	16.82	7.24	9.43
日照银行开发区支行	2.69	1.67	0.75	2.18	1.77	0.03
潍坊银行开发区支行	4.04	3.62	0.80	5.03	3.78	0.20
青岛农商行黄岛支行	98.52	40.85	55.61	100.83	28.03	60.75
邮储银行开发区支行	18.90	2.38	16.52	11.95	1.05	10.90
威海市商业银行开发区支行	6.66	5.38	1.27	2.56	2.47	0.09

续表

单位名称	本外币存款余额	人民币单位存款	人民币储蓄存款	本外币贷款余额	人民币短期贷款	人民币中长期贷款
齐鲁银行开发区支行	4.82	3.93	0.78	3.59	3.01	0
河北银行开发区支行	0.25	0.13	0.12	0.01	0	0.01
汇丰银行开发区支行	4.43	2.62	0	7.65	6.39	0
韩亚银行开发区支行	4.89	3.08	0.67	4.24	0.12	0
企业银行开发区支行	1.46	1.27	0.04	0.90	0.13	0
南洋银行开发区支行	4.02	3.11	0.28	3.70	2.06	0.57
农发行黄岛区支行	2.71	2.71	0	23.26	3.97	19.29
工行胶南支行	36.19	12.63	21.69	48.13	17.32	30.55
农行黄岛支行	107.17	32.87	72.51	72.71	15.64	56.52
中行胶南支行	45.54	21.56	21.99	30.34	12.57	17.05
建行黄岛支行	39.76	17.39	22.14	45.84	8.97	36.84
交通银行胶南支行	17.84	14.58	2.69	7.20	4.35	2.84
光大银行胶南支行	6.83	5.13	1.15	5.92	2.88	3.03
兴业银行黄岛支行	4.63	3.59	0.96	8.10	7.85	0.11
民生银行黄岛支行	7.32	3.94	1.50	6.85	4.77	2.08
华夏银行胶南支行	9.01	4.98	3.74	13.40	7.74	5.65
中信银行黄岛支行	1.52	0.74	0.41	0.63	0.02	0.60
平安银行黄岛支行	0.27	0.06	0.13	0.01	0	0.01
浦发银行黄岛支行	4.67	4.32	0.31	2.50	1.32	0.94
日照银行黄岛支行	1.24	0.77	0.47	0.97	0.59	0.21
潍坊银行黄岛支行	0.49	0.45	0.04	0.10	0.10	0
威海市商业银行胶南支行	7.05	5.74	1.27	6.02	2.96	3.06
邮储银行黄岛区支行	36.91	2.13	34.78	9.21	0.32	8.89
青岛农商行胶南支行	96.47	21.74	74.36	57.94	12.4[illegible]	45.24
青岛胶南海汇村镇银行	10.37	5.51	4.81	8.60	8.47	0.12

【金融服务与监管】 2014年，人民银行黄岛区支行一是现场走访街道办事处，深入开展"双访双助"金融服务活动；二是加强对金融机构重大事项报告执行情况的日常考核和监督检查，对各金融机构支持经济发展情况按季考核；三是成立了金融消费权益保护协会；四是对4家银行进行了综合执法检查，对11家新设机构进行了开业验收。

胶州市

【经济金融概况】 2014年，胶州市加快转变经济发展方式，产业新区和蓝色经济区建设成绩斐然。一是抢抓胶东国际机场筹建机遇，超前对接临空经济区总体规划，物流集散优势突出，国家"一带一路"双向桥头堡地位凸显；二是各项存款和贷款继续多增，企业存款增势明显，融资环境进一步优化。

【金融发展与改革】 2014年，胶州市金融业稳定发展，企业融资方式不断丰富，金融支持"三农"成效显著，融资服务体系进一步完善。一是全市中小微企业、"三农"以及重点的物流、商贸、文化旅游等在建续建项目资金需求均得到有力支持；二是金融机构持续增加，新型金融组织有序建立。

【金融服务与监管】 2014年，人民银行胶州市支行一是通过发布指导意见、现场指导和督促、季度考核等方式，指导银行业调整结构、盘活存量、优化增量，全市现代装备制造业、农

胶州市主要经济指标

经济指标	2013	2014	2014 年同比增幅（%）	经济指标	2013	2014	2014 年同比增幅（%）
土地面积（平方公里）	1210	1210	0	地方财政支出（亿元）	46.07	78.81	71.06
人口（万人）	86.37	87.10	0.84	全社会固定资产投资（亿元）	659.53	765.57	16.07
城镇人口（万人）	43.56	47.03	7.96	进出口总值（万美元）	604798	642460	6.22
乡村人口（万人）	42.81	40.07	-6.40	出口总值（万美元）	443635	490604	10.58
地区生产总值（亿元）	836.73	919.60	9.90	实际利用外资（万美元）	68136	84018	23.30
第一产业（亿元）	51.25	51.50	0.48	社会消费品零售总额（亿元）	245.06	285.71	16.58
第二产业（亿元）	455.70	497.30	9.06	居民消费价格指数（%）	--	--	--
第三产业（亿元）	329.78	370.80	12.44	人均地区生产总值（元）	96877	105579	8.98
财政总收入（亿元）	102.70	107.66	4.82	城镇居民可支配收入（元）	31334	34062	8.71
地方财政收入（亿元）	56.64	65.71	16.01	农民人均现金收入（元）	15690	17421	11.03
财政总支出（亿元）	99.40	115.40	16.09				

胶州市主要金融指标

金融指标（亿元）	2013	2014	2014 年同比增幅（%）	金融指标（亿元）	2013	2014	2014 年同比增幅（%）
本外币存款余额	483.31	520.77	7.75	财险收入	--	--	--
人民币存款余额	474.97	513.75	8.16	寿险收入	--	--	--
单位存款	182.91	195.12	6.67	财险赔款	--	--	--
储蓄存款	273.32	295.71	8.19	寿险给付	--	--	--
本外币贷款余额	414.90	447.36	7.82	当年结益	--	--	--
人民币贷款余额	403.98	433.95	7.42	证券市场交易总额	--	--	--
短期贷款	190.56	194.56	2.09	投资者保证金余额	--	--	--
中长期贷款	212.99	233.10	9.44	证券账户开户数	--	--	--
票据融资	0.11	4.22	3736.36	证券交易佣金收入	--	--	--
当年结益	--	--	--	净利润	--	--	--
不良贷款余额	8.74	14.4	64.7				

胶州市主要金融机构概况

单位名称	行长（或其他称谓的第一负责人）	副行长（或其他称谓的同级领导）	员工总数	辖内营业网点数
人民银行胶州市支行	董旭洲	安　青　王美玲	28	1
青岛银监局胶州办事处	王国峰	刘西学	1	1
农发行胶州市支行	姜绍华	孟兆朋	18	1
工行胶州支行	李棣华	王新波　王宝春	118	6
农行胶州市支行	张拥辉	刘静波　张文生	270	17
中行胶州支行	范成进	耿　烨	158	5
建行胶州支行	陈焕炎	杨德强　高　炜	144	5
胶州市农商银行	范云钊	姜成刚　李鹏斌	491	32

续表

单位名称	行长（或其他称谓的第一负责人）	副行长（或其他称谓的同级领导）	员工总数	辖内营业网点数
邮储银行胶州市支行	孙　毅	王正生　杜翠荣	107	32
青岛胶州中成农商村镇银行	华　沙	易　强	40	2
交通银行胶州支行	侯倩旭	匡　明	24	1
光大银行胶州支行	王寿海	孙慧欣　徐莉莉	22	1
华夏银行胶州支行	左孝龙	孙文德　沙跃伟	20	1
招商银行胶州支行	刘凤华	贾德梓	20	1
青岛银行胶州支行	牛建祥	贾秀芹　周　航	26	1
浦发银行胶州支行	陆　强	董文浩　迟新生	15	1
兴业银行胶州支行	张照凌	雷秀芹	25	1
潍坊银行胶州支行	李昌海	张　峰	18	1
中信银行胶州支行	王福来	姜　良	15	1
平安银行胶州支行	郑军海	毕纪善	17	1
民生银行胶州支行	王　骥	孙永粉	24	2

胶州市主要金融机构业务概况

单位：亿元

单位名称	本外币存款余额	人民币单位存款	人民币储蓄存款	本外币贷款余额	人民币短期贷款	人民币中长期贷款
农发行胶州市支行	1.39	1.39	1.39	31.98	1.74	30.24
工行胶州支行	51.33	24.99	26	53.45	9.99	42.81
农行胶州市支行	86.57	24.97	60.87	49.54	27.25	17.29
中行胶州支行	55.15	21.50	28.36	45.17	19.36	17.41
建行胶州支行	40.71	15.29	24.47	51.51	17.58	33.92
胶州市农商银行	112.18	34.08	77.96	88.95	31.05	57.59
邮储银行胶州市支行	50.56	1.32	49.20	3.51	2.25	1.26
青岛胶州中成农商村镇银行	1.05	0.30	0.75	3.56	3.21	0.35
交通银行胶州支行	7.06	2.92	4.12	10.88	4.61	6.15
光大银行胶州支行	11.23	7.55	2.01	11	5.68	1.69
华夏银行胶州支行	10.73	6.45	4.26	11.91	8.13	3.57
招商银行胶州支行	8.38	4.52	3.50	13.89	10.65	3.24
青岛银行胶州支行	26.20	17.54	8.59	18.65	10.59	8.06
浦发银行胶州支行	2.87	2.37	0.46	4.79	3.27	1.52
兴业银行胶州支行	13.42	11.19	2.11	10.53	10.34	0.09
潍坊银行胶州支行	3.83	2.75	1.02	7.34	7.22	0.11
中信银行胶州支行	9.59	5.97	3.60	11.88	6.53	4.65
平安银行胶州支行	4.87	3.32	1.51	6.25	5.34	0.37
民生银行胶州支行	4.02	0.49	3.52	6.45	6.43	0

副产品加工业、农业和现代服务业等主要实体经济得到重点信贷支持；二是组织落实新型农业主体主办行制度，推进全国级小微信用体系试验区建设；三是加强对金融机构的监测、分析与处置，建立信贷风险主牵头行管理制度；四是加强对金融机构的业务考核，将考核情况纳入“两综合、两管理”之中；五是加强对新设银行机构的验收管理，严把机构准入关；六是积极开展会计结算、反洗钱、账户管理等专项监督检查工作。

（牟晓丽）

烟台市

【经济金融概况】 2014年，烟台市经济健康稳定增长，主要经济指标高于全国、全省和14个首批沿海开放城市平均水平。重点领域工作取得进展。农业领域：小麦、玉米新品种均创全国单产新记录；工业领域：10家企业进入全省纳税百强；服务业领域：华海保险公司、海阳产权交易中心获批，绿叶制药、龙大肉食、杰瑞能服在境内外证券市场上市，9家企业在全国中小企业股份转让系统挂牌，29家企业在区域股权交易市场挂牌。

金融机构贯彻实施稳健货币政策，贷款平稳增长，结构更加优化。一是一般性贷款稳步增加，票据融资出现下降；二是中长期贷款占比较高，提高了信贷资金的稳定性；三是小微企业贷款大幅增长；四是涉农贷款保持较快增长。

【货币政策实施】 2014年，人民银行烟台市中心支行加强“窗口指导”，多形式引导金融机构加强对重点项目、中小企业、“三农”等重点领域和薄弱环节的信贷支持。

一、用足用好货币政策工具，增强信贷工作实际效果。一是适当降低支持“三农”和小微贷款投放较好的5家法人机构存款准备金率；二是发挥支小支农再贷款优化信贷结构的作用，全年累计发放支小支农再贷款22.2亿元；三是继续坚持再贴现“三查四优先五不办”，扎实推进民品贴现贷款工作，全年累计办理民品贷款贴息5423万元，支持金融机构为企业发放民品贷款25.9亿元。

二、加强信贷政策引导，优化金融资源配置。一是牵头财政局、林业局、金融办、银监局、保监局等部门出台了《烟台市林权抵押贷款管理实施办法（试行）》，并参与市政府培育市场主体、支持服务业加快发展等10余项文件起草；二是着力改善小微和民生薄弱环节金融服务，继续推广以商业承兑汇票为媒介的“链式融资”模式；三是联合相关部门出台了《烟台市知识产权质押贷款管理暂行办法》、《烟台经济技术开发区专利扶植专项资金管理暂行办法》等文件，有效推动科技金融产品和服务方式等创新；四是认真开展信贷政策评估。

三、扎实推进金融支持现代农业发展工作。一是制定了《烟台市银行业金融机构支持现代农业加快发展考核办法》；二是认真落实新型农业经营主体“主办行”制度。

【金融稳定】 2014年，人民银行烟台市中心支行以促稳定、防风险为目标，以风险监测和现场评估为抓手，保证了辖内经济金融稳定运行。

一、抓好对金融机构和实体经济的风险监测。一是开展全辖银行机构理财业务风险状况调查，首次摸清了理财业务在全辖机构、种类、期限等方面的构成情况；二是认真做好上市公司风险监测，完成了辖区27家A股上市公司经营数据的采集、整理和录入工作；三是深入开展金融风险排查；四是完成法人金融机构流动性监测分析工作。

二、切实加强金融稳定重大事项报告工作的管理。一是开展报告工作制度的现场检查；二是对报告的重要线索开展延伸分析；三是召开报告工作通报会。同时，深入推进证券期货监管合作试点工作。

三、扎实做好存款保险条例草案征求意见期间的金融稳定工作。一是制定完善工作机制，制定了《存款保险条例（草案）公开征求意见期间工作方案》；二是建立了存款保险工作简报；三是建立了流动性日监测制度；四是开展对金融机构营业网点宣传工作的现场检查。

【金融服务】 2014年，烟台市各金融部门不断改善服务方式，积极深化普惠金融，不断提高辖区央行金融服务水平。一是顺利完成了ACS接入二代支付系统工作，在省内率先实现了同城清算系统与银行机构行内业务系统的直连对接；二是大力推进公权力透明公开，组织编制了行政权力清单；三是成立金融消费权益保护协会，开通了“12363”咨询投诉热线；四是大力推进中小企业信用体系建设，在牟平、莱阳创建了小微企业信用体系试验区，牟平“助保金”累计为10家企业发放贷款3.5亿元，莱阳“小微企业池”为7家企业发放贷款2600万元，并协助11家中小机构接入了征信平台；五是积极拓展国库服务社会民生范围，在全省第一家实现了海关税款无纸化缴库，做法被《金融时报》刊载；六是积极构建科学高效、良性循环的发行基金供应机制，全年发行基金总量充足，结构优化，票面整洁度不断提高；七是推动金融IC卡在多行业应用取得突破，中国银行金融IC卡在公交领域成功上线；八是坚持业务发展与风险防范并重，推动跨境人民币业务健康发展。

【金融监管】 2014年，人民银行烟台市中心支行、烟台银监分局及烟台保监分局以促改革、防风险、助实体、强监管为主线，全面推进金融改革发展。一是综合运用现场和非现场检查、约见谈话等手段，加强对金融机构的监督管理；二是银行

烟台市经济主要统计指标

指标 \ 年度	2010	2011	2012	2013	2014	2014年同比增幅（%）
土地面积（平方公里）	13746.47	13746.47	13746.47	13746.47	13746.47	0
人口（万人）	651.14	651.76	650.29	—	653.41	—
城镇人口（万人）	263.45	267.1	325.85	—	—	—
乡村人口（万人）	387.69	384.66	324.44	—	—	—
地区生产总值（亿元）	4358.46	4906.83	5281.38	5613.87	6002.08	9.1
第一产业（亿元）	334.49	361.43	377.31	420.99	441.27	3.9
第二产业（亿元）	2566.49	2830.88	2985.09	3075.12	3212.35	8.8
工业（亿元）	2319.02	2543.44	2694.25	2757.80	2898.14	8.8
建筑业（亿元）	247.47	287.44	290.84	317.32	314.21	8.4
第三产业（亿元）	1457.48	1714.52	1918.98	2117.76	2384.46	10.4
人均地区生产总值（元）	62254	70339	75672	80358	85795	8.9
地区生产总值构成（%）	100	100	100	100	100	—
第一产业（%）	7.67	7.37	7.2	7.5	7.4	-0.1
第二产业（%）	58.89	57.69	56.5	54.8	53.5	-1.3
第三产业（%）	33.44	34.94	36.3	37.7	39.1	1.4
财政总收入（亿元）	—	—	—	—	—	—
地方财政收入（亿元）	237.80	303.19	357.36	437.23	490.16	12.1
财政总支出（亿元）	—	—	—	—	—	—
地方财政支出（亿元）	323.86	407.53	476.87	541.74	574.86	6.1
全社会固定资产投资（亿元）	2705.86	2883.80	3043.92	3538.19	4101.06	15.9
规模以上固定资产投资（亿元）	2705.86	2883.80	3043.92	3538.19	4101.06	15.9
房地产开发（亿元）	383.12	568.97	573.52	578.40	611.80	5.8
进出口总值（亿美元）	437.81	453.49	478.02	493.13	527.52	7.6
出口总值（亿美元）	254.80	266.95	283.59	294.75	294.04	0.8
实际利用外资（亿美元）	11.53	13.39	14.10	16.06	17.69	10.2
社会消费品零售总额（亿元）	1378.35	1616.49	1859.82	2110.65	2377.65	12.7
居民消费价格指数（%）	102.3	104.2	101.8	101.8	101.7	-0.1
城市居民人均可支配收入（元）	23288	26542	30045	32956	35791	8.6
农民人均现金收入（元）	9916	10217	12017	14170	15506	10.1

烟台市工农业主要统计指标

农业主要统计指标（万吨）				规模以上工业企业主要统计指标（亿元）			
项目 \ 年度	2013年	2014年	增幅（%）	项目 \ 年度	2013年	2014年	增幅（%）
粮食	261.53	262.98	0.6	工业增加值	—	—	9.6
夏粮	101.02	96.60	4.4	国有工业	—	—	-4.9
秋粮	160.51	166.38	3.7	集体工业	—	—	7.2
棉花	—	—	—	股份制工业	—	—	9.3
油料	45.39	45.97	1.3	股份合作制工业	—	—	—
水果	508.83	515.84	1.4	外商及港澳台投资工业	—	—	11.3

续表

农业主要统计指标（万吨）				规模以上工业企业主要统计指标（亿元）			
项目 \ 年度	2013年	2014年	增幅（%）	项目 \ 年度	2013年	2014年	增幅（%）
蔬菜	201.10	210.49	4.7	轻工业	--	--	6.9
肉类	49.24	50.00	1.5	重工业	--	--	10.4
禽蛋	24.36	23.93	-1.8	销售收入	14064.30	14809.06	7.6
奶类	20.73	21.00	1.4	利税	1409.73	1442.31	4.6
水产品	188.83	191.11	1.2	利润	1064.47	1077.96	3.5
森林覆盖率（%）	43.1	43.6	1.16	经济效益综合指数（%）	--	--	--

烟台市主要金融机构概况

单位名称	行长（或其他称谓的第一负责人）	副行长（或其他称谓的同级领导）	员工总数	辖内营业网点数
人民银行烟台市中心支行	吴明理（党委书记、行长）	宋建平 张春晓 徐忠波 王卫东 官志诚 官云美 林学龙 张春生 夏法云	485	10
烟台银监分局	李明强	于 海 宋孚军 苏明军 孙宝刚 张衍武	84	1
烟台保监分局	许彦峰	李大平 田世波	17	1
农发行烟台市分行	薛迎余	曲天军 于忠保 任小燕	225	9
工行烟台分行	陈国立	唐德元 官毓昌 王存东 宋建军 柳峻林 付 忠 杨 明 姜克才 于忠全 李 敏 张立涛 刘进胜	1886	84
农行烟台分行	刘聪盛	李锋刚 许永增 于 强 孙树东 周伟伟 郑俊伟	2880	157
中行烟台分行	李进生	曹亚军 宋春光 王军法 刁玉波 刘 健	1690	58
建行烟台分行	陈海东	孙鲁泉 路宏梅 王腾江 王曙光 杨德庆 张宏伟 王 健 刘忠涛	1714	72
交通银行烟台分行	祝 威	牟典华 杨 涛 赵 涛	457	19
邮储银行烟台市分行	许凤亮	车宗洪 史靖宇 杨永强	988	282
农信社烟台市办事处	纪中慷	申大田	6380	462
恒丰银行烟台分行	秦雪梅	来荷华 于 宙 李 军 任显芬 丛新生 李 波	1447	68
中信银行烟台分行	张佑晶	苏 展 蔡伟波 王 慧 冷庆辉	297	7
光大银行烟台分行	唐 健	张永军 唐 宁 夏 伟 年 栗	374	10
华夏银行烟台分行	鲍军民	王裕文 巩卫中 潘 涛 李艳霞	362	9
招商银行烟台分行	张 洪	李向党 韩少伟 侯云辉	270	8
兴业银行烟台分行	李俊云	李 军	175	5
浦发银行烟台分行	任志昱	刘进杰 赵凌云 薛泉君	105	5
民生银行烟台分行	徐 强	侯 健 薛环军	143	5
渤海银行烟台分行	鞠加亮	毕志军 张树国	63	2
烟台银行	石学东	孙 涛 左 华	1492	73
烟台农商银行	姜国平（董事长） 赵广孝（行长）	李鹏波 王英成 佘黎平 王凤军 杨严为 张 涛 赵庆光	1767	112
威海市商业银行烟台分行	肖辉杰	于 波 张凯成	112	2
企业银行烟台分行	金英浩	全宰亨 金兑训	31	2

续表

单位名称	行长（或其他称谓的第一负责人）	副行长（或其他称谓的同级领导）	员工总数	辖内营业网点数
韩亚银行烟台分行	朴兑赫		46	2
福山珠江村镇银行	宋绥亮（行长） 陈志刚（董事长）	谢德炫	53	2
中国人寿烟台分公司	李洪涛	隋　涛　徐元本　姜　军　李　艳	5486	116
太平洋人寿烟台支公司	郑文杰	王云剑　马腾卓　楚丽云　万红立	2212	22
平安人寿烟台支公司	童　燚	毕英杰　王捷宇　陈明星	4927	23
泰康人寿烟台支公司	王学军	王佐华　刘恩中	2355	18
新华人寿烟台支公司	徐忠涛	王洪春　李　蕤　周俊梅　吕广玉	3086	13
太平人寿烟台支公司	傅春华	柳　涛	1459	9
民生人寿烟台支公司	苏俊泉	丁　毅	286	8
合众人寿烟台支公司	蒋如民	陈　毅	264	6
恒安标准人寿烟台支公司	滕明军	聂发蓉　曹爱文	128	1
中英人寿烟台支公司	宋君杰		193	2
海康人寿烟台营销服务部	张华涛		94	1
中宏人寿烟台营销服务部	欧　红		300	1
中荷人寿烟台营销服务部	曾　禹	高淑艳	42	1
中国人民健康保险烟台支公司	牟红霞		211	3
富德生命人寿保险烟台支公司	常万里	王虹宁　王显辉　刘道全	439	5
中国人民人寿烟台支公司	于昊田	杨孔祥　侯宝春	1118	7
华夏人寿烟台支公司	张建平		513	6
陆家嘴国泰人寿烟台营销服务部	王世宏		26	2
国华人寿烟台支公司	王　强		131	3
华泰人寿烟台支公司	盖文欣		418	7
信诚人寿烟台支公司	苗志超		144	4
阳光人寿烟台支公司	牟洪武		706	7
英大泰和人寿烟台支公司	刘自勉		363	7
长城人寿烟台支公司	徐斌生		205	4
信泰人寿烟台支公司	赵　宁		551	4
幸福人寿烟台支公司	辛　飞	张建华	209	4
平安养老保险烟台支公司	冯　南		24	1
中德安联人寿保险烟台营销服务部	官斌基		152	1
中意人寿烟台支公司	杨文俊		163	1
招商信诺人寿保险烟台营销服务部	魏　涛		13	1
中航三星人寿烟台支公司	况红伊		50	2
北大方正人寿烟台支公司	王明亚		73	1
安邦人寿保险烟台支公司	李延波		141	15
农银人寿烟台支公司	王爱虹	张玉芳	421	4
建信人寿烟台支公司	阎洪茂		43	1
工银安盛人寿烟台支公司	王　亮		21	1
德华安顾人寿烟台支公司	孙大勇		53	1
中国人保财险烟台市分公司	黄　海	于树文　王永明　王志平	1591	48

续表

单位名称	行长（或其他称谓的第一负责人）	副行长（或其他称谓的同级领导）	员工总数	辖内营业网点数
太平洋财险烟台支公司	张春毅	李宏宇　赵　昱	401	14
平安财险烟台支公司	刘　旺	孙培忠	276	12
天安保险烟台支公司	吕志兴	栾才强　孙智玲　姜旭东	293	13
华泰财险烟台支公司	姜　锋	董财郡	70	3
史带保险烟台支公司	姜新平		37	4
永安财险烟台支公司	孙君乐	姜德军　卢举昌	213	11
大地财险烟台支公司	曹雪梅	邹　平　刘登胜	459	13
太平财险烟台支公司	王长春		95	6
安邦财险烟台支公司	王人西	刘建军	17	1
华安财险烟台支公司	任士峰	李建学	155	3
阳光财险烟台支公司	刘　涛	马　勇　姜在农	310	12
中华联合财险烟台支公司	岳进军	谢　键　王国敏	729	21
永诚财险烟台支公司	王曙光	陶常海	74	1
安华农业保险烟台支公司	徐敬伟	郭红霞	163	9
都邦财险烟台支公司	王　敏	王　崇	92	7
渤海财险烟台支公司	田志军		157	7
民安财险烟台支公司	唐咏蕾	李蓬春	147	6
中银保险烟台支公司	栾萍萍	姜　峰	76	1
安盛天平财险烟台支公司	张　镇		21	3
中国人寿财险烟台市支公司	邓建军	胡　涛	256	8
长安责任保险烟台支公司	赛　波		207	6
浙商财险烟台支公司	李长坤	刘衍春　卢传贤　杨朝晖	83	5
英大泰和财险烟台支公司	王　军		28	2
紫金财险烟台支公司	蒋德国		94	4
安诚财险烟台支公司	杨成强		31	1
泰山财险烟台支公司	谷水田	任承珍	70	4
信达财险烟台支公司	高文莉		52	3
华海财险股份有限公司	田　丰		93	1

烟台市金融业务统计指标

指标（亿元）＼年度		2010	2011	2012	2013	2014	2014年同比	
							增加额	增幅（%）
银行类	本外币存款余额	4081.18	4467.85	5286.02	6020.53	6417.97	397.44	6.60
	人民币存款余额	4021.24	4397.14	5054.35	5750.54	6135.82	385.28	6.70
	*单位存款	1109.77	1861.83	2048.56	2341.41	2384.25	40.80	1.74
	储蓄存款	2110.29	2365.95	2767.33	3078.69	3401.90	323.21	10.50
	本外币贷款余额	2644.45	3070.96	3560.15	3942.99	4285.29	342.31	8.68
	人民币贷款余额	2511.91	2963.41	3327.52	3760.70	4026.46	265.76	7.07
	短期贷款	1238.54	1539.48	1775.28	1998.40	2101.82	103.42	5.18
	中长期贷款	1082.87	1221.12	1283.00	1482.09	1685.43	203.34	13.72
	票据融资	189.90	201.05	267.43	278.69	236.19	−42.50	−15.25

续表

指标（亿元）		2010	2011	2012	2013	2014	2014年同比 增加额	2014年同比 增幅（%）
银行类	当年结益	53.35	75.26	86.96	95.02	102.66	7.64	8.04
	不良贷款余额	75.97	59.92	59.81	40.37	41.43	1.01	2.50
	不良贷款占比%	2.87	1.95	1.68	1.02	0.97	-0.05	-4.90
保险类	保险公司保费收入	96.31	98.44	108.14	121.39	140.37	18.98	15.6
	财险收入	27.07	31.44	36.18	41.39	49.12	7.73	15.0
	寿险收入	69.24	66.99	71.96	79.99	91.26	11.27	16.0
	保险公司赔款和给付支出	19.57	25.13	32.58	44.18	50.50	6.32	14.3
	财险赔款	12.4	15.12	18.14	20.98	25.32	4.34	17.2
	寿险给付	7.17	10.01	14.44	23.20	25.18	1.98	11.6
	当年结益	1.19	1.84	3.40	—	—	—	—
证券类	证券市场成交总额	4781.89	3562.75	2399.11	6084.48	9011.01	2926.53	48.10
	投资者保证金余额	—	—	—	—	54.03	—	—
	证券账户开户数	535863	597058	593416	617833	635383	17550	2.84
	佣金收入	—	—	—	—	5.39	—	—
	净利润	—	—	—	—	2.78	—	—
	期货市场成交总额	7089.66	6662.18	8511.62	4985.28	5406.36	421.08	8.45
	期货客户保证金余额	—	—	—	—	3.66	—	—
	期货账户开户数	—	—	—	—	550	—	—
	期货手续费收入	—	—	—	—	0.11	—	—
	利润总额	—	—	—	—	0.03	—	—

注："*"表明该项指标2010年前为"企业存款"，其数字也是如此。

烟台市金融机构统计指标

指标（个）		2010	2011	2012	2013	2014	2014年同比增幅（%）
银行类	法人机构	14	14	15	12	12	0
	省级分行	1	2	3	4	3	-25.00
	二级分行	13	16	16	16	18	12.50
	县区支行	213	293	296	308	274	-11.04
	分理处、营业所	905	841	801	963	1012	5.09
	储蓄所	155	160	176	165	151	-2.42
	从业人员总数	19137	20065	20432	22238	22957	3.23
保险类	保险机构	53	56	61	63	65	3.17
	财险机构	23	25	28	28	28	0
	省级分公司	0	0	0	0	0	0
	地市分公司	23	25	28	28	28	0
	县区支公司	202	189	171	155	200	29.03
	寿险机构	30	31	33	35	37	5.71
	省级分公司	0	0	0	0	0	0
	地市分公司	30	31	33	35	37	5.71

续表

指标（个）＼年度		2010	2011	2012	2013	2014	2014年同比增幅（%）
保险类	县区支公司	279	263	286	152	276	81.58
	从业人员总数	28313	29185	32415	31430	34310	9.16
	财险人员	5784	5673	6703	4659	6290	35.01
	寿险人员	22529	23512	25712	26771	28020	4.67
证券类	证券机构	—	—	—	—	3	—
	证券公司	—	—	—	—	3	—
	证券营业部	—	—	—	—	38	—
	证券服务部	—	—	—	—	0	—
	从业人员总数	—	—	—	—	798	—
	投资者开户数（户）	535863	597058	593416	617833	635383	2.84
	境内上市股票只数	21	25	27	28	29	3.57
	境外上市股票只数	6	6	6	4	6	50.00
	辖区上市公司总数	26	30	32	32	34	6.25

烟台市主要金融机构业务概况

单位：亿元

单位名称	本外币存款余额	人民币单位存款	人民币储蓄存款	本外币贷款余额	人民币短期贷款	人民币中长期贷款
农发行烟台市分行	21.99	21.93	0	110.80	36.58	74.13
工行烟台分行	555.10	248.50	265.21	473.56	132.69	285.75
农行烟台分行	870.85	236.14	530.22	500.86	185.34	277.32
中行烟台分行	524.48	219.96	247.65	349.76	143.90	175.18
建行烟台分行	632.27	310.64	264.33	516.82	166.98	299.56
交行烟台分行	168.10	118.32	46.01	108.81	76.19	27.57
邮储银行烟台市分行	342.60	48.70	293.89	52.49	15.32	35.14
农信社烟台市办事处	1110.03	152.67	956.44	769.78	593.97	88.77
恒丰银行烟台分行	709.16	228.33	443.43	425.67	187.67	130.57
中信银行烟台分行	123.35	76.15	25.36	72.20	45.06	7.30
光大银行烟台分行	154.59	79.95	58.15	130.36	69.65	47.95
华夏银行烟台分行	125.47	82.30	26.44	121.77	70.76	26.71
招商银行烟台分行	119.46	75.27	39.13	80.95	46.84	27.10
兴业银行烟台分行	140.42	107.19	17.65	67.05	36.85	22.08
浦发银行烟台分行	69.09	44.28	2.00	61.00	29.44	14.61
民生银行烟台分行	44.70	31.09	12.69	30.73	27.80	1.66
渤海银行烟台分行	27.59	15.12	1.78	20.62	1.18	11.43
烟台银行	415.80	187.19	227.35	280.72	172.25	106.36
烟台农商银行	287.5	70.39	216.47	211.58	193.02	14.67
威海市商业银行烟台分行	36.19	24.68	5.27	15.30	12.20	2.25
企业银行烟台分行	11.81	8.41	1.17	8.67	2.94	0
韩亚银行烟台分行	11.98	8.43	2.03	12.02	2.92	2.36
福山珠江村镇银行	2.17	1.23	0.94	2.44	2.44	0

烟台市各县级区域经济金融主要统计指标

名称	人口（万人）	面积（平方公里）	地区生产总值（亿元）	地区生产总值增速（%）	本外币存款余额（亿元）	储蓄存款（亿元）	本外币贷款余额（亿元）
牟平区	45.70	1375.26	295.38	9.60	334.32	216.84	186.86
蓬莱市	44.95	1128.6	490.06	8.8	346.12	222.17	279.00
龙口市	63.53	901.05	1002.80	8.40	720.97	416.40	559.00
招远市	56.81	1432.32	650.82	9.1	468.54	269.78	252.04
莱州市	85.35	1878	685.09	9.0	579.53	421.34	270.13
莱阳市	86.3	1732	325.35	7.32	321.28	243.44	175.22
栖霞市	62.04	2016	238.12	9.1	201.42	165.58	114.67
海阳市	65.86	1887	324.8	7.34	304.40	212.03	218.76
长岛县	4.3	56	68.9	6.6	39.06	25.89	12.64

烟台市（含县级）小额贷款公司机构、业务概览

单位名称	行长（或其他称谓的第一负责人）	员工总数（人）	本外币贷款余额（亿元）	人民币短期贷款（亿元）	人民币中长期贷款（亿元）
烟台市芝罘区富泉小额贷款公司	管庆波	9	0.70	0.70	0
烟台市芝罘区庄禾小额贷款公司	孙崇信	9	1.12	1.12	0
烟台市芝罘区城发小额贷款公司	宋吉良	7	0.60	0.60	0
烟台市莱山区万光小额贷款公司	姜振山	10	0.62	0.62	0
烟台市开发区金桥银通小额贷款公司	苏　芳	8	1.20	1.20	0
牟平区安德利小额贷款公司	王　安	8	0.68	0.68	0
蓬莱市鑫源小额贷款公司	穆范民	10	0.26	0.26	0
蓬莱市德丰小额贷款公司	王　轰	8	0.94	0.91	0.03
龙口市南山小额贷款公司	王国林	21	0.52	0.49	0.03
龙口市博商小额贷款公司	于建中	10	1.61	1.61	0
龙口市丛林小额贷款公司	秦永波	10	1.58	1.58	0
龙口市道恩盛融小额贷款公司	辛德武	18	1.47	1.47	0
招远市金都小额贷款公司	崔程剑	10	0.56	0.56	0
招远市玲珑小额贷款公司	李桂寿	9	0.51	0.51	0
莱州市岩沣小额贷款公司	孙玉林	12	1.11	1.11	0
莱州市华峰小额贷款公司	宋国章	10	1.11	1.11	0
莱州市诚源小额贷款公司	于　波	10	1.7	1.7	0
栖霞市华商小额贷款公司	姜延泉	6	1.06	1.06	0
海阳联谊达小额贷款公司	刘德旭	13	0.62	0.62	0

业经营风险低位运行，重点领域风险有效管控，全年辖区不良贷款余额41.43亿元，较年初仅增加1.01亿元，不良贷款率为0.97%，较年初下降0.06个百分点；三是认真做好风险预警监测，对人身险公司个人营销渠道销售人员管理风险进行专项排查，并联合保险业协会召开4次风险防范及处置培训班，切实防范化解保险业风险；四是开展了中介清理整顿、农业保险专项检查和保险市场巡查等工作。

【外汇管理】　2014年，外汇局烟台市中心支局的主要工作：

一、深化重点领域外汇管理改革。一是全面实施外汇主体监管；二是继续深化和完善货物贸易、服务贸易外汇管理改革；三是积极配合总分局实施资本项目外汇管理改革；四是全

力支持辖区跨国公司开办外汇资金集中运营管理业务。

二、积极支持涉外经济发展。一是创新多种方式，扩大外汇管理政策宣传；二是寓管理于服务之中，促进金融机构外汇业务健康发展；三是实施企业分类服务，实现管理与服务的统一。

三、探索创新非现场、现场核查方法，提升核查质效。

四、加强案件查处力度，依法打击违法违规行为。全年累计完成各类检查30多项，对19项违规行为进行了行政处罚，收缴罚没款578万元，检查项目与处罚总额居全省首位。

【金融改革】 2014年，烟台市金融业取得了长足发展。

一、机构数量不断增加。一是随着平安银行、广发银行、青岛银行、德州银行4家银行辖区分行组建或开业，辖内股份制银行数量达11家、城商行数量4家；二是莱阳和牟平2家胶东村镇银行相继开业，辖内村镇银行数量达9家，居全省各地市之首，另有2家正在筹建；三是普惠金融有序发展，目前社区支行14家、小微支行4家，向县域延伸机构13家。

二、银行业改革转型深入推进。一是农合机构银行化改革目标完成，目前莱州农商行、龙口农商行、长岛农商行3家顺利开业，栖霞农商行改革已获银监会批复，蓬莱农商行、海阳农商行、招远农商行、莱阳农商行4家的改革也在加紧推进；二是烟台银行综合改革措施逐步落地，公司治理进一步完善。

【保险业务】 2014年，烟台市保险行业持续健康发展。一是市场体系不断完善，除保险公司达65家外，还有各类专业中介法人机构15家，各类专业中介分支机构43家；二是保费规模平稳增长，稳居全省第三位；三是经济补偿功能充分发挥，全市保险业累计承担风险责任20679.06亿元，同比增长21.01%。

烟台市保险业服务经济社会功能不断增强。一是在促进地方经济发展中发挥作用，出口信用保险全年服务出口企业265家，累计承保出口金额38亿美元，协助27家出口企业获得银行融资金额约1.2亿美元；二是在地方税收方面作出突出贡献，全市保险业缴纳地方税收8.58亿元，同比增长13.34%；三是在完善社会保障体系中提供支撑。截至年末，辖区大病保险承保范围由2013年的新农合居民扩大至城乡居民，累计为46945人次支付大病补偿金，赔付支出8083万元；四是农业保险发展平稳有序。截至年末，全市农业保险赔款总额2688.86万元，简单赔付率达66.53%。

【金融文化建设】 2014年，烟台市金融机构一是通过搭建学习平台、将群众路线教育落到实处，加强党史、国史及党风廉政教育等活动；二是组织开展了爬山、趣味运动会、够级比赛、拔河等活动百余次。

【大事记】 2月20日 中信银行烟台大海阳路支行开业。

2月26日 牟平胶东村镇银行、莱阳胶东村镇银行获烟台银监分局批复开业。

4月2日 中国银行烟台分行首笔“外币海外直贷”业务成功落地。

4月18日 烟台保监分局与市公安局联合印发《烟台市机动车轻微道路交通事故快速处理办法(试行)》，将适用快赔的单车损失限额由2000元提高至5000元，范围扩大至芝罘区、莱山区和高新区。

4月21日 中国银行烟台分行成功叙做省内首笔“置业通”业务300万新加坡元。

4月25日 威海市商业银行烟台莱山支行开业。

4月28日 山东长岛农村商业银行股份有限公司开业，成为目前全省唯一的海岛农商银行。

5月15日 工银安盛人寿保险有限公司烟台中心支公司开业。

6月18日 浦发银行烟台招远支行开业。

6月30日 招商银行烟台南大街支行开业。

8月13日 张佑晶任中信银行烟台分行党委书记（信银青字〔2014〕682号）

10月9日 渤海银行济南分行任命鞠加亮为烟台分行行长(兼)(渤银鲁任〔2014〕21号)。

10月29日 德华安顾人寿保险有限公司烟台中心支公司开业。

12月4日 兴业银行翡翠社区银行、开元社区银行、蓁山社区银行、绿色家园社区银行开业。

12月16日 民生银行莱山支行、烟台银行莱阳支行开业。

12月18日 浦发银行烟台离岸业务创新中心成立，为山东省内唯一一家总部级离岸业务创新中心。

12月30日 烟台银行长岛支行开业，标志着烟台银行实现县域网点全覆盖。

12月31日 工行烟台分行荣获山东省精神文明建设委员会“省级文明单位”称号(鲁文明委〔2014〕21号)。

（李信见　姜　全）

牟平区

【经济金融概况】 2014年，牟平区坚持发展速度与质量并重、源头培育与转型升级并举、新区带动与城乡互动并力，产业结构日趋优化，区域发展一体共进。

各银行机构着力优化信贷结构，合理安排贷款节奏，加大对实体经济的信贷支持力度，有力支持了经济平稳较快发展。

【金融发展与改革】 2014年，牟平区金融机构一是严格落

牟平区主要经济指标

经济指标	2013	2014	2014年同比增幅（%）	经济指标	2013	2014	2014年同比增幅（%）
土地面积（平方公里）	1375.26	1375.26	0	地方财政支出（亿元）	25.62	27.00	5.30
人口（万人）	45.60	45.70	0.22	全社会固定资产投资（亿元）	312.47	364.68	16.40
城镇人口（万人）	--	--	--	进出口总值（万美元）	143364	142034	-10.4
乡村人口（万人）	36.30	--	--	出口总值（万美元）	64759	69547	-19.20
地区生产总值（亿元）	274.22	295.38	9.60	实际利用外资（万美元）	11337	12703	12.00
第一产业（亿元）	35.67	37.74	4.70	社会消费品零售总额（亿元）	121.48	137.13	12.90
第二产业（亿元）	135.31	142.82	11.10	居民消费价格指数（%）	100	101.9	1.90
第三产业（亿元）	103.24	114.81	8.90	人均地区生产总值（元）	61906	66627	7.63
财政总收入（亿元）	25.37	29.82	10.20	城镇居民可支配收入（元）	31604	34397	8.80
地方财政收入（亿元）	23.40	25.75	10.00	农民人均现金收入（元）	15302	17114	11.80
财政总支出（亿元）	25.62	27.00	5.30				

牟平区主要金融指标

金融指标（亿元）	2013	2014	2014年同比增幅（%）	金融指标（亿元）	2013	2014	2014年同比增幅（%）
本外币存款余额	311.54	334.32	7.31	财险收入	1.85	2.26	22.16
人民币存款余额	308.78	327.51	6.07	寿险收入	2.89	3.20	10.73
单位存款	100.62	94.95	-5.64	财险赔款	1.07	1.30	21.50
储蓄存款	195.49	215.93	10.46	寿险给付	1.60	1.30	-18.75
本外币贷款余额	196.56	186.86	-4.93	当年结益	0.53	0.79	49.06
人民币贷款余额	187.24	183.73	-1.88	证券市场交易总额	124.40	153.23	23.17
短期贷款	118.74	108.75	-8.41	投资者保证金余额	1.03	1.55	50.49
中长期贷款	68.50	74.86	9.28	证券账户开户数	44744	46198	3.25
票据融资	0	0.12	--	证券交易佣金收入	0.16	0.18	4.18
当年结益	6.04	6.51	7.78	净利润	0.07	0.10	42.86
不良贷款余额	0.77	0.90	16.88				

牟平区主要金融机构概况

单位名称	行长（或其他称谓的第一负责人）	副行长（或其他称谓的同级领导）	员工总数	辖内营业网点数
人民银行牟平区支行	郑　军	孙覃春　李惠舫	34	1
农发行牟平区支行	陆　伟	蓝红梅　杨　勇	16	1
工行牟平支行	曲宏云	贾秀勇　王敬东　刘永江	85	4
农行牟平区支行	曲延涛	王永华　王春文　丁　公	155	9
中行牟平支行	毕晓鹏	曲向阳　王　宁	53	2
建行牟平支行	刘　勇	徐绍花　吕英志	77	4
交通银行牟平支行	姜克周	曲　健	23	1
烟台银行牟平支行	郭峰涛	曲长林　王海荣	84	7
恒丰银行牟平支行	王小强	赵　涛　刘广波	84	7
中信银行牟平支行	张振义	曲炜炜	10	1
烟台农商行牟平区支行	张学刚	王玉妍　林新腾	183	10
烟台农商行牟平区宁海支行	张利勋	贺迎春	163	15

续表

单位名称	行长（或其他称谓的第一负责人）	副行长（或其他称谓的同级领导）	员工总数	辖内营业网点数
邮储银行牟平区支行	杨作建	郭积信	65	3
牟平胶东村镇银行	杜　起	秦　岭　董朝霞	60	1

牟平区主要金融机构业务概况

单位：亿元

单位名称	本外币存款余额	人民币单位存款	人民币储蓄存款	本外币贷款余额	人民币短期贷款	人民币中长期贷款
农发行牟平区支行	0.41	0.41	0	3.01	0.50	2.51
工行牟平支行	29.87	16.10	12.22	23.37	7.00	16.15
农行牟平区支行	47.20	13.28	32.32	29.43	5.98	23.45
中行牟平支行	18.12	6.83	10.60	13.16	5.94	7.00
建行牟平支行	26.72	7.74	17.07	25.02	8.70	15.42
交通银行牟平支行	10.73	6.55	3.06	12.38	9.44	1.46
烟台银行牟平支行	34.49	10.08	24.35	17.92	14.17	3.75
恒丰银行牟平支行	44.55	14.49	27.87	13.91	11.20	2.70
中信银行牟平支行	10.18	7.13	2.11	4.41	3.95	0.03
烟台农商行牟平区支行	34.42	3.35	31.00	25.67	25.10	0.57
烟台农商行牟平区宁海支行	35.90	3.86	32.04	13.12	13.12	0
邮储银行牟平区支行	26.12	4.30	21.82	2.72	0.92	1.80
牟平胶东村镇银行	2.32	0.84	1.46	2.73	2.72	0.01

实信贷政策，加大对“三农”、中小微企业、民生工程的信贷投入；二是盈利能力持续提升，利润总额6.51亿元，同比增加7.74%；三是金融改革进一步深化，烟台农商行牟平区宁海支行、牟平胶东村镇银行相继开业。

【金融服务与监管】　2014年，人民银行牟平区支行坚持服务与管理并重，保障了金融业平稳健康发展。一是把握好贷款投放的节奏和力度，确保全区信贷在结构优化基础上的适度合理增长；二是进一步提高银行结算、国库集中支付、征信管理及外汇管理服务水平和监管力度；三是积极推动银行机构应收账款融资登记系统、融资租赁登记公示系统、农村和小微企业征信数据库的建立和推广应用；四是大力推广银行卡助农取款服务，实现了全区行政村金融基础设施和银行卡支农取款服务全覆盖，全区支付系统覆盖率达85%；五是全面落实外汇管理政策，对市场主体实行全口径监测检查、综合评估和分类管理；六是加强金融风险防范与化解工作，确保金融秩序的稳定。

（郑　军　陈玉东）

蓬莱市

【经济金融概况】　2014年，蓬莱市统筹推进稳增长、调结构、促改革、惠民生各项工作，经济发展稳中求进，产业层次不断升级，发展活力明显释放。全市银行机构继续贯彻稳健的货币政策和各项宏观调控政策，不断调整优化信贷结构，努力改善金融服务，在投资日趋谨慎、企业经营困难、融资难度增加的不利情况下，克服信贷资金来源紧张、不良贷款反弹等困难，积极筹措资金，创新融资模式，增加信贷投放，较好地发挥了金融杠杆作用。

【金融发展与改革】　2014年，蓬莱市金融改革与发展效果明显。

一、农信社改革稳步推进。蓬莱市农信社全年清收盘活不良资产2.5亿元，降幅达38.57%，不良贷款率为2.63%，下降

蓬莱市主要经济指标

经济指标	2013	2014	2014 年同比增幅（%）	经济指标	2013	2014	2014 年同比增幅（%）
土地面积（平方公里）	1128.6	1128.6	0	地方财政支出（亿元）	33.09	33.20	0.33
人口（万人）	44.98	44.95	-0.06	全社会固定资产投资（亿元）	301.46	352.17	16.4
城镇人口（万人）	18.03	17.98	-0.28	进出口总值（万美元）	144174	119678	-11
乡村人口（万人）	26.95	26.97	0.07	出口总值（万美元）	106844	71682	-20.4
地区生产总值（亿元）	457.55	490.0	8.8	实际利用外资（万美元）	13783	14509	5.3
第一产业（亿元）	28.22	29.43	3.3	社会消费品零售总额（亿元）	115.93	130.70	12.70
第二产业（亿元）	249.40	261.05	9.2	居民消费价格指数（%）	102.4	101.90	1.90
第三产业（亿元）	179.93	199.58	8.7	人均地区生产总值（元）	104537	109027	4.3
财政总收入（亿元）	54.76	61.70	12.67	城镇居民可支配收入（元）	33675	36555	8.5
地方财政收入（亿元）	25.54	27.20	6.5	农民人均现金收入（元）	16350	18159	11.1
财政总支出（亿元）	52.97	56.00	5.72				

蓬莱市主要金融指标

金融指标（亿元）	2013	2014	2014 年同比增幅（%）	金融指标（亿元）	2013	2014	2014 年同比增幅（%）
本外币存款余额	326.42	346.12	6.04	财险收入	1.85	2.12	14.59
人民币存款余额	324.36	343.23	5.82	寿险收入	4.42	4.71	6.56
单位存款	101.01	102.90	1.87	财险赔款	1.42	1.63	14.79
储蓄存款	201.44	221.43	9.92	寿险给付	1.76	1.84	4.55
本外币贷款余额	244.05	279.00	14.32	当年结益	1.50	1.64	9.33
人民币贷款余额	243.41	277.93	14.18	证券市场交易总额	105.29	159.13	51.13
短期贷款	137.86	152.73	10.79	投资者保证金余额	0.68	1.58	132.35
中长期贷款	96.57	121.20	25.50	证券账户开户数	23249	25133	8.10
票据融资	8.96	4.0	-55.36	证券交易佣金收入	0.17	0.22	29.41
当年结益	5.70	6.56	15.09	净利润	0.09	0.13	44.44
不良贷款余额	2.99	2.09	-30.10				

蓬莱市主要金融机构概况

单位名称	行长（或其他称谓的第一负责人）	副行长（或其他称谓的同级领导）	员工总数	辖内营业网点数
人民银行蓬莱市支行	陈勇军	王振通　王晓方	33	1
烟台银监分局蓬莱办事处	王成杰		2	1
农发行蓬莱支行	王　倩	张　颖　梁　艳	18	1
工行蓬莱支行	臧红阳	孟祥君　王福永 王　平　陈　韬	120	6
农行蓬莱市支行	秦德军	张仁领　杨　清 王晓云　张　诚	212	14
中行蓬莱支行	刘　军	冯永贺　温松志	56	2
建行蓬莱支行	王茂盛	丁建庆　王秀丽	80	3
恒丰银行蓬莱支行	葛　元	顾建军　王祎先　王文青	70	7
蓬莱农信联社	孙益平	宋　海　杨绪新　闫韶明 刘　伟　黄靖鹏	588	45
邮储银行蓬莱市支行	王新文	高丽娜	60	23

续表

单位名称	行长（或其他称谓的第一负责人）	副行长（或其他称谓的同级领导）	员工总数	辖内营业网点数
烟台银行蓬莱支行	纪　丽	王建伟　史本孟	14	1
华夏银行蓬莱支行	张启栋	戴　辉　王彦芳	22	1
光大银行蓬莱支行	丁维平	朱明磊　卢亚明	16	2
蓬莱村镇银行	王立奎	高建为　白兆杰	83	3
交通银行蓬莱支行	姜　蕾	孙江涛　宁晓琳　刘　静	18	1
兴业银行蓬莱支行	蔡明贞	刘春华	15	1
中信银行蓬莱支行	林　华	张　颖　康庆华	22	1
龙口农商行蓬莱支行	初志远	孙礼功	44	1

蓬莱市主要金融机构业务概况

单位：亿元

单位名称	本外币存款余额	人民币单位存款	人民币储蓄存款	本外币贷款余额	人民币短期贷款	人民币中长期贷款
农发行蓬莱支行	1.07	1.07	0	6.51	1.63	4.88
工行蓬莱支行	30.10	16.67	11.30	37.75	13.78	23.01
农行蓬莱市支行	57.65	18.59	36.21	39.62	18.07	21.38
中行蓬莱支行	14.41	4.95	8.10	10.23	4.79	5.27
建行蓬莱支行	25.10	12.61	12.31	23.17	8.24	14.93
恒丰银行蓬莱支行	51.18	10.12	41.03	35.20	12.58	22.62
蓬莱农信联社	83.85	10.89	72.96	62.88	45.44	13.77
邮储银行蓬莱市支行	20.04	1.48	1.86	1.47	0.47	1.00
烟台银行蓬莱支行	8.55	4.86	3.69	12.08	7.00	5.01
华夏银行蓬莱支行	6.49	3.60	2.76	9.10	8.14	0.96
光大银行蓬莱支行	7.56	4.09	1.71	13.69	10.42	3.16
蓬莱民生村镇银行	12.43	2.26	10.17	9.43	9.21	0.22
交通银行蓬莱支行	4.42	3.87	0.46	8.84	5.30	3.54
兴业银行蓬莱支行	6.46	5.05	1.39	3.32	2.44	0.88
中信银行蓬莱支行	4.44	2.78	0.77	5.69	5.21	0.48
龙口农商行蓬莱支行	1.54	0.21	1.33	1.68	1.58	0.10

2.29个百分点，信贷资产质量明显改善，各项指标达到农商行组建标准。

二、不断拓展农村金融服务领域，全市农村金融服务水平逐步提高。一是龙口农村商业银行在该市设立支行，光大银行蓬莱支行在乡镇设立湾子口支行；二是山东盛业融资担保有限公司成立，烟台利源生态农业开发股份有限公司等2家企业在场外交易市场挂牌，进一步拓宽了中小企业融资渠道。

【金融服务与监管】　2014年，人民银行蓬莱市支行一是通过制定指导意见、组织行长联席会、涉农信贷政策导向效果评估、法人机构监测考核、"三农事业部"改革进展情况考核以及金融机构执行信贷政策情况季度考核等形式，推动国家货币政策的落实；二是推动金融机构开办土地使用权抵押贷款、海产品质押贷款等创新业务，以及"新农贷"、"助保贷"等融资增信业务；三是通过有效运行外汇业务管理、大小额支付、征信管理等系统，为银行机构、企业和个人提供优质服务；四是深入开展农村信用体系建设，通过建立与司法部门联席会议制度等措施，不断优化金融生态环境；五是开展风险预警提示，约见谈话、非现场监管、现场检查等方式，促进银行机构强化管理，维护金融秩序和稳定。

（李凤文）

龙口市

【经济金融概况】　2014年，龙口市经济运行平稳向好，以高新技术产业为先导、先进制造业为支柱、现代服务业为支撑、高效农业为基础的现代化产业布局初步建立。全年实现高新技术产业产值1573.3亿元，增长9.8%。金融运行各项指标在稳定上升的前提下，增速放缓。

【金融发展与改革】　截至2014年末，龙口市经营性银行17家，财务公司1家，小额贷款公司5家，机构网点150个，从业人员1800多人。近年来相继入驻的交通银行、中信银行、兴业银行、浦发银行、光大银行等银行机构平稳入市，成长为支持

龙口市主要经济指标

经济指标	2013	2014	2014年同比增幅（%）	经济指标	2013	2014	2014年同比增幅（%）
土地面积（平方公里）	901.05	901.05	0	地方财政支出（亿元）	71.60	78.80	10.01
人口（万人）	63.54	63.53	0.01	全社会固定资产投资（亿元）	471.62	532.29	15.90
城镇人口（万人）	14.44	14.34	0.69	进出口总值（万美元）	323050	349000	8.00
乡村人口（万人）	49.10	49.19	0.18	出口总值（万美元）	168000	174000	-4.10
地区生产总值（亿元）	935.24	1002.80	8.40	实际利用外资（万美元）	15000	17000	11.90
第一产业（亿元）	33.71	35.49	3.90	社会消费品零售总额（亿元）	279.21	314.60	12.71
第二产业（亿元）	566.32	594.31	8.81	居民消费价格指数（%）	101.10	100.80	-0.30
第三产业（亿元）	335.21	373.02	8.00	人均地区生产总值（元）	141803	157847	11.31
财政总收入（亿元）	156.43	158.01	1.02	城镇居民可支配收入（元）	35321	38447	8.90
地方财政收入（亿元）	71.58	79.49	11.09	农民人均现金收入（元）	17075	18986	11.20
财政总支出（亿元）	71.60	78.80	10.02				

龙口市主要金融指标

金融指标（亿元）	2013	2014	2014年同比增幅（%）	金融指标（亿元）	2013	2014	2014年同比增幅（%）
本外币存款余额	706.58	720.97	2.04	财险收入	3.52	4.49	27.56
人民币存款余额	699.25	707.54	1.19	寿险收入	6.47	6.35	-1.85
单位存款	289.33	258.59	-10.62	财险赔款	2.53	3.22	27.27
储蓄存款	379.44	415.11	9.40	寿险给付	2.07	2.03	-1.93
本外币贷款余额	535.88	559.00	4.31	当年结益	1.48	1.57	6.08
人民币贷款余额	529.07	549.69	3.90	证券市场交易总额	187.26	317.07	69.32
短期贷款	291.90	295.18	1.12	投资者保证金余额	1.50	3.69	146.00
中长期贷款	217.90	239.18	9.77	证券账户开户数	45766	47966	4.81
票据融资	19.28	15.28	-20.75	证券交易佣金收入	0.27	0.45	66.67
当年结益	11.52	15.12	31.25	净利润	0.12	0.31	158.33
不良贷款余额	1.58	1.03	-34.81				

龙口市主要金融机构概况

单位名称	行长（或其他称谓的第一负责人）	副行长（或其他称谓的同级领导）	员工总数	辖内营业网点数
人民银行龙口市支行	郝立君	赵福臻　官佩君　王　政　曲乐友	27	1
烟台银监分局龙口办事处	孙建民	王焕煜	3	1
农发行龙口市支行	于昌美	隋　丽　柳华顺	20	1
工行龙口支行	刘进胜	史春健　周　波　辛德武　王奎效	154	10

续表

单位名称	行长（或其他称谓的第一负责人）	副行长（或其他称谓的同级领导）	员工总数	辖内营业网点数
农行龙口市支行	王　宏	周嘉勇　王红新 陈　雷　路　伟	271	20
中行龙口支行	林秀武	遇奇志　曲显涛　刘剑波	133	6
建行龙口支行	宋　杰	王庆健　吕福生　裴晓燕	160	9
交通银行龙口支行	赵传勇	吴爱国　刘　畅	16	1
中信银行龙口支行	林向进	刘　磊　孙乐毅	16	1
华夏银行龙口支行	于　强	张志辉　傅　琨	17	1
招商银行龙口支行	刘君海	陈从春　成　颖	23	1
兴业银行龙口支行	徐培龙	曹　伟　盖泓宇	20	1
浦发银行龙口支行	战福泰	田晓成　赵　亮	16	1
光大银行龙口支行	孙建波	刘远东	17	1
烟台银行龙口支行	张　斌	贾振飞	26	1
恒丰银行龙口支行	王亚妮	王　伟　成　峦　李婧娜	88	5
邮储银行龙口市支行	周　波	孙永红　秦　泓	68	28
山东龙口农商行	王海滨	于瑞章　姜青松　王旭田 初志远　辛　文　王翠玉 马良晓	809	62
龙口国开南山村镇银行	耿　俊	郑延绚　于　超　权　巍	75	2
南山集团财务公司	曲丽华	郭　芸	34	1

龙口市主要金融机构业务概况

单位：亿元

单位名称	本外币存款余额	人民币单位存款	人民币储蓄存款	本外币贷款余额	人民币短期贷款	人民币中长期贷款
农发行龙口市支行	1.25	1.25	0	7.25	2.04	5.21
工行龙口支行	73.85	36.86	33.47	58.60	14.96	42.50
农行龙口市支行	102.25	18.22	65.81	62.97	34.67	25.80
中行龙口支行	38.85	12.25	25.11	48.46	28.73	19.23
建行龙口支行	86.74	37.49	41.45	87.29	32.02	52.82
交通银行龙口支行	3.75	3.24	0.51	11.19	10.69	0.5
中信银行龙口支行	17.15	13.01	1.91	12.56	10.55	0.83
光大银行龙口支行	8.32	6.23	0.79	8.29	6.97	1.00
华夏银行龙口支行	6.29	4.23	2.02	9.72	8.94	0.78
招商银行龙口支行	13.91	9.02	4.43	10.65	7.00	3.00
兴业银行龙口支行	7.32	4.81	2.51	4.68	4.26	0.38
浦发银行龙口支行	9.07	8.89	0.18	15.91	11.40	4.51
恒丰银行龙口支行	57.79	17.79	39.77	39.02	14.91	24.10
烟台银行龙口支行	18.82	9.98	8.65	14.48	9.73	4.75
山东龙口农商行	184.29	24.17	159.92	120.30	79.64	33.20
邮储银行龙口市支行	27.63	3.00	24.63	2.14	0.21	1.93
龙口国开南山村镇银行	13.18	9.11	4.05	9.10	8.64	0.46
南山集团财务公司	39.15	39.06	0	36.38	9.83	18.18

区域经济发展的新兴力量。

【金融服务与监管】 2014年，人民银行龙口市支行引导金融机构继续贯彻执行稳健的货币政策，积极探索货币政策工具运用，金融运行呈现“稳中有进”态势。一是围绕涉农和小微企业增加资金投放，新增涉农贷款14.6亿元，投向小微企业贷款13.7亿元；二是对“双高”和房地产行业实行严格的信贷控制和市场退出，全年压缩票据融资4.0亿元；三是多家银行引入银保合作业务，解决中小企业担保难题，办理动产质押、青年创业等新型业务4.9亿元，累计签发银行承兑汇票135.5亿元，开立信用证9.1亿美元，新增外币贸易融资2.2亿元；四是确立“一企一策”式工作理念，多次帮助涉外企业恢复外汇登记信息，避免企业资金损失；五是积极推广征信成果运用，全年共办理信息查询、贷款卡、机构信用代码等征信业务10652笔，同比增加5055笔，增长90.3%。

（肖　翼　胡志广）

招远市

【经济金融概况】 2014年，招远市牢牢把握“创先创新创优”工作主基调，攻坚克难，奋发作为，经济金融实现平稳较快发展，在全国县域经济基本竞争力和中小城市科学发展百强榜中列第35位、38位，综合实力进入全省县域前位。截至年末，全市黄金租赁业务达36582公斤，折合人民币贷款金额87.82亿元，比年初增加46.19亿元，为企业减少融资成本1.4亿元左右。

【金融发展与改革】 2014年，招远市金融发展与改革取得

招远市主要经济指标

经济指标	2013	2014	2014年同比增幅（%）	经济指标	2013	2014	2014年同比增幅（%）
土地面积（平方公里）	1432.32	1432.32	0	地方财政支出（亿元）	38.92	44.41	14.1
人口（万人）	56.69	56.81	0.2	全社会固定资产投资（亿元）	302.64	353.58	16.4
城镇人口（万人）	25.47	26.85	5.4	进出口总值（万美元）	238253	225663	-5.3
乡村人口（万人）	31.22	29.96	-4.0	出口总值（万美元）	137693	133267	-3.2
地区生产总值（亿元）	604.80	650.82	9.1	实际利用外资（万美元）	14994	15746	5.0
第一产业（亿元）	36.38	39.47	6.8	社会消费品零售总额（亿元）	132.80	150	13.0
第二产业（亿元）	338.05	353.86	9.0	居民消费价格指数（%）	101.70	101.8	0.1
第三产业（亿元）	230.36	257.49	9.6	人均地区生产总值（元）	106627	114683	9.1
财政总收入（亿元）	85.29	96.65	13.3	城镇居民可支配收入（元）	32739	35709	9.1
地方财政收入（亿元）	41.51	46.5	12.0	农民人均现金收入（元）	15049	16656	11.4
财政总支出（亿元）	45.76	49.13	7.4				

招远市主要金融指标

金融指标（亿元）	2013	2014	2014年同比增幅（%）	金融指标（亿元）	2013	2014	2014年同比增幅（%）
本外币存款余额	422.46	468.54	10.9	财险收入	0.61	0.73	19.7
人民币存款余额	414.56	454.44	9.6	寿险收入	2.90	2.97	2.4
单位存款	160.87	175.33	9.0	财险赔款	0.37	0.36	-2.7
储蓄存款	242.99	268.68	10.6	寿险给付	2.60	1.84	-29.2
本外币贷款余额	253.70	252.04	-0.6	当年结益	0.43	0.36	-16.3
人民币贷款余额	246.07	246.61	0.2	证券市场交易总额	169.81	355.62	109.4
短期贷款	180.22	168.94	-6.3	投资者保证金余额	1.26	2.14	69.8
中长期贷款	41.41	59.35	43.3	证券账户开户数	27886	29166	4.6
票据融资	24.44	18.32	-25.0	证券交易佣金收入	0.18	0.27	50
当年结益	5.41	6.21	14.8	净利润	0.10	0.18	80
不良贷款余额	2.72	2.09	-23.1				

招远市主要金融机构概况

单位名称	行长（或其他称谓的第一负责人）	副行长（或其他称谓的同级领导）	员工总数	辖内营业网点数
人民银行招远市支行	杨 强	赵广兴 林旭东 栾茂庆	27	1
烟台银监分局招远办事处	孙建民		3	1
农发行招远市支行	李 涛	栾云涛 刘俊峰	14	1
工行招远支行	滕 鲲	题兴华 冯少丽	107	6
农行招远市支行	李元忠	王旭东 于 浩 王波	226	15
中行招远支行	王茂顺	杨 健 闫振杰 徐学臻	121	6
建行招远支行	门成松	王文杰 陈 波	97	5
交通银行招远支行	田亚堃	栾义法 谢传睿 刘丽慧	17	1
恒丰银行招远支行	刘 静	柳金英 邢爱敏	91	10
光大银行招远支行	张清艳	陈锡和	21	1
烟台银行招远支行	张 斌	王青松 栾伟波	20	1
浦发银行招远支行	蓝 明	傅泳博 马 惠	14	1
招远市农信联社	张绍伟	马旭东 李维纲 臧松茂 门恩章	490	36
邮储银行招远市支行	张群波	王 林	55	3
招远建信村镇银行	隋岳峰	王 勋 孙明盛 丁建功	26	1

招远市主要金融机构业务概况

单位：亿元

单位名称	本外币存款余额	人民币单位存款	人民币储蓄存款	本外币贷款余额	人民币短期贷款	人民币中长期贷款
农发行招远市支行	1.20	1.20	0	7.80	1.35	6.45
工行招远支行	52.50	32.20	18.67	29.98	17.06	12.57
农行招远市支行	74.04	21.02	49.00	17.60	8.65	8.10
中行招远支行	54.69	23.04	28.95	23.95	18.04	5.40
建行招远支行	56.63	29.96	19.69	32.90	17.32	11.34
交通银行招远支行	8.62	7.12	0.86	15.23	15.23	1.03
恒丰银行招远支行	64.15	19.67	43.95	31.59	30.30	1.29
光大银行招远支行	15.80	8.27	3.28	19.30	13.21	6.04
烟台银行招远支行	15.82	9.33	6.49	12.46	11.16	1.30
浦发银行招远支行	2.86	2.76	0.10	0.29	0.29	0
招远市农信联社	81.98	15.08	66.86	57.59	34.77	5.07
邮储银行招远市支行	34.21	3.93	30.28	0.95	0.20	0.75
招远建信村镇银行	2.31	1.75	0.57	2.41	2.40	0

显著成效。一是招远市玲珑小额贷款有限责任公司和浦发银行分别筹建完毕并正式营业，威海市商业银行和民生银行也在积极谋划筹建中；二是全市各类担保机构已达 8 家，同比增加 1 家，担保资本持续注入和增加，各家担保资本均过亿元。

【金融服务与监管】 2014 年，人民银行招远市支行加强“窗口指导”和信贷调控，引导金融机构优化信贷结构，支持地方经济转型升级。一是先后出台了《关于认真贯彻落实稳健货币政策推进全市经济平稳健康发展的意见》和《关于进一步改进外汇管理、支持涉外经济平稳较快发展的指导意见》；二是成功举办了2014年“调结构、促发展”银企合作推进会，签约项目61个，资金79.41亿元，资金到位率达101.31%；三是助农取款业务全面发展，银行卡助农取款服务点覆盖率达100%；四是非现金支付工具数量增长迅速，全市银行卡发卡量达154.06万张，较年初增加5.54万张；五是组织银行、企业等相关人员举行跨境人民币结算试点、外汇业务、“一卡通”金融创新支付工具等培训宣传活动，培训1000多人次；六是先后组织开展了农信社专项票据改革、征信、贷款卡、统计、外汇、国库、账户、存款准备金等业务的监督检查，规范业务操作，确保金融稳定。

（于瑞亮　王慧玲）

莱州市

【经济金融概况】　2014年，莱州市坚持在发展中转调，在转调中加快发展，主要经济指标继续争先进位。金融机构克服经济下行压力增大、金融环境趋紧等诸多困难，加大对“三农”、小微企业等的信贷投放力度，切实满足全市各种经济主体发展的合理资金需求，为经济健康发展提供强有力的金融支持。

【金融发展与改革】　2014年，莱州市金融机构在改革创新中稳健运行，整体实力明显增加，金融系统抵御风险能力进一

莱州市主要经济指标

经济指标	2013	2014	2014年同比增幅（%）	经济指标	2013	2014	2014年同比增幅（%）
土地面积（平方公里）	1878	1878	0	地方财政支出（亿元）	51.77	55.69	7.6
人口（万人）	85.42	85.35	-0.08	全社会固定资产投资（亿元）	330.97	386.49	16.3
城镇人口（万人）	17.22	15.99	-7.1	进出口总值（万美元）	189440	202638	15.6
乡村人口（万人）	68.20	69.36	1.7	出口总值（万美元）	124377	116417	-6.4
地区生产总值（亿元）	642.66	685.09	9.0	实际利用外资（万美元）	17051	18392	7.9
第一产业（亿元）	65.93	68.29	2.7	社会消费品零售总额（亿元）	241.22	271.96	12.7
第二产业（亿元）	349.47	364.94	9.6	居民消费价格指数（%）	102.7	101.5	-1.1
第三产业（亿元）	227.26	251.86	9.5	人均地区生产总值（元）	75235	80268	6.7
财政总收入（亿元）	110.56	112.52	1.77	城镇居民可支配收入（元）	33013	35977	9.0
地方财政收入（亿元）	34.68	52.07	12.1	农民人均现金收入（元）	16205	18060	11.4
财政总支出（亿元）	51.77	55.69	7.6				

莱州市主要金融指标

金融指标（亿元）	2013	2014	2014年同比增幅（%）	金融指标（亿元）	2013	2014	2014年同比增幅（%）
本外币存款余额	535.87	579.53	8.15	财险收入	2.0	2.14	7.0
人民币存款余额	532.56	576.63	8.28	寿险收入	2.95	3.22	9.15
单位存款	141.09	140.89	-0.14	财险赔款	1.20	1.52	26.67
储蓄存款	373.86	420.24	12.41	寿险给付	1.24	1.58	27.42
本外币贷款余额	271.45	270.13	-0.49	当年结益	0.05	--	--
人民币贷款余额	269.07	269.35	0.10	证券市场交易总额	150.35	186.05	23.74
短期贷款	166.62	160.05	-3.95	投资者保证金余额	0.65	1.64	152.3
中长期贷款	74.44	81.27	9.17	证券账户开户数	22846	26418	15.64
票据融资	27.99	28.00	0.01	证券交易佣金收入	--	--	--
当年结益	9.03	9.82	8.75	净利润	--	--	--
不良贷款余额	2.69	3.15	17.1				

莱州市主要金融机构概况

单位名称	行长（或其他称谓的第一负责人）	副行长（或其他称谓的同级领导）	员工总数	辖内营业网点数
人民银行莱州市支行	杨占法	张建成　张建波　王清军	33	1
烟台银监分局莱州办事处	陈忠毅		4	1
农发行莱州市支行	姚志勇	孙治娟　丁　震	20	1
工行莱州支行	卢金盛	郑叶琪　姚克庆	134	8
农行莱州市支行	聂永茂	潘　峰　曲新平　杨　珅　房　燕　王　波	243	21
中行莱州支行	王　涛	董　武　龚新中　刘庆博　丁　蓉	130	6
建行莱州支行	吕宝宁	侯旭祥　张永福	114	7
恒丰银行莱州支行	孙积存	提云霞　郭　军	62	5
山东莱州农商行	初晓光	邱国耀　刘国荣　段常洲　刘曙光　朱世杰	726	94
邮储银行莱州市支行	万鹏涛	李春苹	69	37
招商银行莱州支行	吕永军	李旭升　李伟峰	21	1
交通银行莱州支行	逄汉东	王翠兰　龚大杰　李　刚	18	1
光大银行莱州支行	盖华勇	周永盛	19	1
烟台银行莱州支行	李俊伟	韩东升	24	1
莱州珠江村镇银行	王君波	马建军　黎学东　冯广志	60	1
民生银行莱州支行	赵健珉	韩　震	16	1
兴业银行莱州支行	于志贤	朱延东	17	1

莱州市主要金融机构业务概况

单位：亿元

单位名称	本外币存款余额	人民币单位存款	人民币储蓄存款	本外币贷款余额	人民币短期贷款	人民币中长期贷款
农发行莱州市支行	1.41	1.41	0	3.26	1.91	1.35
工行莱州支行	45.99	13.59	29.61	19.72	6.89	12.72
农行莱州市支行	107.23	21.38	84.01	35.63	6.01	29.42
中行莱州支行	42.52	15.40	25.66	10.77	4.81	5.45
建行莱州支行	35.12	13.81	21.21	23.48	5.19	18.27
恒丰银行莱州支行	38.93	21.24	17.48	11.61	10.58	1.02
莱州农商行	194.40	12.79	181.04	122.09	90.69	3.62
邮储银行莱州市支行	53.41	4.44	48.97	3.01	0.89	2.11
烟台银行莱州支行	11.04	8.52	2.41	13.26	8.77	4.47
招商银行莱州支行	13.57	10.91	2.44	6.19	5.56	0.44
交通银行莱州支行	4.86	3.15	0.87	2.08	1.94	0.14
光大银行莱州支行	5.86	3.72	1.02	5.19	3.21	1.98
莱州珠江村镇银行	3.63	1.81	1.81	3.79	3.54	0.25

续表

单位名称	本外币存款余额	人民币单位存款	人民币储蓄存款	本外币贷款余额	人民币短期贷款	人民币中长期贷款
民生银行莱州支行	6.36	3.38	2.14	5.14	5.14	0
兴业银行莱州支行	6.93	5.33	1.58	4.92	4.91	0.01

步提高。一是制定下发《莱州市货币信贷工作指导意见》,并召开金融联席会议,积极引导银行机构发展普惠金融;二是进一步落实对家庭农场等新型农业经营主体的“主办行”制度,逐步建立起金融支持农业龙头企业带动农村居民增收的经营模式;三是各金融机构加大创新力度,积极开办特色业务,有效缓解农业企业抵押担保难问题;四是兴业银行莱州支行成立,莱州珠江村镇银行增设2个机构网点。

【金融服务与监管】 2014年,莱州市金融机构以服务地方经济发展为己任,以创新金融服务为动力,满足经济发展中多元化的金融需求。一是率先将全市各镇街财政所加入当地国库集中支付;二是引导银行机构继续加大对ATM、POS机的布放力度,积极向农户推广网上银行、手机银行、转账电话和多功能POS机等非现金支付工具,不断改善农村支付结算环境;三是建立重点涉外企业联系制度,不定期深入重点企业开展例行走访、上门帮扶,及时传导外汇政策和解答企业咨询。截至年末,跨境人民币结算额达9.97亿元,同比增长99.4%;四是对辖区金融机构的人民币银行结算账户、国库经收、金融统计、征信、国际收支申报和结售汇、人民币流通管理等业务进行现场检查,有效维护了金融稳定。

(栾德顺 雒晓君)

莱阳市

【经济金融概况】 2014年,莱阳市金融机构认真贯彻稳健的货币政策,合理增加信贷投入,经济社会发展稳中快进,区域经济布局进一步优化,城乡一体化进程明显加快。

【金融发展与改革】 2014年,莱阳市金融机构强化内部管理,严格实行金融稳定重大事项报告制度,积极开展金融服务和产品创新,不断加大对现代农业的支持力度。一是新增民生银行莱阳支行、莱阳胶东村镇银行、烟台银行莱阳支行3家银行机构;二是加快对农信社不良资产置换,推进其银行化改革进程;三是人民银行莱阳市支行对金融机构涉农信贷政策导向效果及农业银行三农事业部改革试点情况开展评估,引导其加大涉农信贷投入。

【金融服务与监管】 2014年,人民银行莱阳市支行正确把握稳健货币政策的内涵,积极引导金融机构适度增加信贷投放,优化信贷结构。一是加大对工业转型升级和服务业提档升级重点项目和企业的信贷支持;二是与市金融办联合举办政银企合作推介会,促成金融机构与52家企业达成合作意向,

莱阳市主要经济指标

经济指标	2013	2014	2014年同比增幅(%)	经济指标	2013	2014	2014年同比增幅(%)
土地面积(平方公里)	1732	1732	0	地方财政支出(亿元)	25.33	24.82	-2.01
人口(万人)	86.50	86.30	-0.23	全社会固定资产投资(亿元)	122.49	139.48	13.87
城镇人口(万人)	29.30	29.15	-0.51	进出口总值(万美元)	94326	90497	-4.57
乡村人口(万人)	57.20	57.15	-0.09	出口总值(万美元)	86094	80112	-6.95
地区生产总值(亿元)	303.17	325.35	7.32	实际利用外资(万美元)	7273	8100	11.37
第一产业(亿元)	40.97	43.80	6.91	社会消费品零售总额(亿元)	220.83	228.96	3.68
第二产业(亿元)	155.77	162.8	4.51	居民消费价格指数(%)	101.10	101.9	-0.79
第三产业(亿元)	106.43	118.75	11.58	人均地区生产总值(元)	35049	37700	7.56
财政总收入(亿元)	19.69	20.34	3.30	城镇居民可支配收入(元)	25139	27434	9.13
地方财政收入(亿元)	11.06	12.50	13.02	农民人均现金收入(元)	12218	13625	11.52
财政总支出(亿元)	25.33	24.82	-2.01				

莱阳市主要金融指标

金融指标（亿元）	2013	2014	2014年同比增幅（%）	金融指标（亿元）	2013	2014	2014年同比增幅（%）
本外币存款余额	285.38	321.28	12.58	财险收入	1.98	3.06	54.55
人民币存款余额	283.47	319.47	12.70	寿险收入	4.60	5.74	24.78
单位存款	67.22	65.50	-2.56	财险赔款	0.24	0.26	8.33
储蓄存款	210.75	242.57	15.10	寿险给付	1.68	1.73	2.98
本外币贷款余额	155.69	175.22	12.54	当年结益	1.56	1.59	1.92
人民币贷款余额	155.55	175.22	12.65	证券市场交易总额	130.20	130.79	0.45
短期贷款	102.15	120.72	18.18	投资者保证金余额	0.82	1.03	25.61
中长期贷款	33.57	36.61	9.06	证券账户开户数	23610	25967	9.98
票据融资	19.82	17.89	-9.74	证券交易佣金收入	0.22	0.27	22.73
当年结益	3.15	3.14	-0.32	净利润	0.13	0.18	38.46
不良贷款余额	1.76	1.36	-22.73				

莱阳市主要金融机构概况

单位名称	行长（或其他称谓的第一负责人）	副行长（或其他称谓的同级领导）	员工总数	辖内营业网点数
人民银行莱阳市支行	贾通志	孙培宽 杨本花 宋文秀	30	1
烟台银监分局莱阳办事处	封慧盈		4	1
农发行莱阳市支行	刘永盛	于 琪 梁旭东	21	1
工行莱阳支行	门新军	谭 琨 祝晓丹 由永秋 题玉军 董灵珍 孔鲁东	98	6
农行莱阳市支行	王辉波	张红光 战可为 杨天超 魏宗国 崔园园	213	14
中行莱阳支行	崔爱华	张海东 李 明	60	2
建行莱阳支行	迟振伟	林 军 董 强 马旭光 秦立萍 董绍苓 蔡小燕	83	4
交通银行莱阳支行	王建科	刘运生 徐建凤 刘 妍	26	1
民生银行莱阳支行	纪瑞鹏		15	1
恒丰银行莱阳支行	李 静	宋美红 梁晓燕	66	6
烟台银行莱阳支行	于 荣	周维玲	31	1
莱阳市农信联社	孙克文	张玉璞 闫福敏 范 涛 王京国 张 鹏	564	38
邮储银行莱阳市支行	孙艳萍	任锡姚	65	4
莱阳胶东村镇银行	陈淑光	田晓宇 吕洪波	44	1

莱阳市主要金融机构业务概况

单位：亿元

单位名称	本外币存款余额	人民币单位存款	人民币储蓄存款	本外币贷款余额	人民币短期贷款	人民币中长期贷款
农发行莱阳市支行	2.56	2.56	0	17.95	14.28	3.67
工行莱阳支行	31.33	10.16	20.10	14.01	7.28	6.49
农行莱阳市支行	59.66	10.41	46.01	16.92	13.64	3.28
中行莱阳支行	19.13	5.25	12.92	9.64	6.81	2.82
建行莱阳支行	21.45	7.44	13.90	26.56	17.50	9.06

续表

单位名称	本外币存款余额	人民币单位存款	人民币储蓄存款	本外币贷款余额	人民币短期贷款	人民币中长期贷款
交通银行莱阳支行	11.75	6.81	3.40	4.68	3.74	0.94
民生银行莱阳支行	3.16	0.51	2.07	5.32	5.32	0
恒丰银行莱阳支行	38.40	14.66	20.19	14.42	10.58	3.86
烟台银行莱阳支行	0.39	0.21	0.18	1.42	1.40	0.02
莱阳市农信联社	85.81	4.00	81.79	59.10	37.17	4.28
邮储银行莱阳市支行	44.43	3.41	41.02	3.05	0.86	2.19
莱阳胶东村镇银行	1.06	0.08	0.98	2.14	2.11	0.03

签约资金 25.7 亿元，到位率 100%；三是深入推进农村青年信用示范户创建工作，在烟台辖区率先开展中小企业信用体系和农村信用体系建设；四是积极指导组建银行、担保公司等金融机构，完善金融服务体系。

（贾晓东）

栖霞市

【经济金融概况】 2014 年，栖霞市践行“夯实基础、做强产业、高端引领、转调创新、跨越发展”的理念，全市经济稳定攀升，民生持续改善。城镇居民可支配收入与农民人均纯收入大幅提高；地方财政收入显著增加，发展的内生动力和后劲持续增强。

【金融发展与改革】 2014 年，栖霞市金融发展与改革继续稳步推进。一是人民银行栖霞市支行制定货币信贷指导意见，召开金融联席会议、金融运行分析例会，加强合意贷款管理；二是建立新型农业经营主体主办行制度，组织涉农金融机构

栖霞市主要经济指标

经济指标	2013	2014	2014 年同比增幅（%）	经济指标	2013	2014	2014 年同比增幅（%）
土地面积（平方公里）	2016	2016	0	地方财政支出（亿元）	19.63	21.17	7.9
人口（万人）	62.08	62.04	-0.06	全社会固定资产投资（亿元）	114.31	124.4	16.4
城镇人口（万人）	18.66	18.65	-0.05	进出口总值（万美元）	42068	46002	15.6
乡村人口（万人）	43.42	43.39	-0.07	出口总值（万美元）	35921	39495	20.1
地区生产总值（亿元）	221.08	238.12	9.1	实际利用外资（万美元）	2192	2258	3.0
第一产业（亿元）	44.51	46.44	2.4	社会消费品零售总额（亿元）	107.43	121.12	12.8
第二产业（亿元）	98.11	103.84	11.5	居民消费价格指数（%）	104.0	100.3	-3.6
第三产业（亿元）	78.46	87.84	9.0	人均地区生产总值（元）	35610	38382	7.78
财政总收入（亿元）	22.10	24.23	9.64	城镇居民可支配收入（元）	24159	26397	9.2
地方财政收入（亿元）	7.94	9.00	13.4	农民人均现金收入（元）	12090	13469	11.4
财政总支出（亿元）	22.68	24.10	6.26				

栖霞市主要金融指标

金融指标（亿元）	2013	2014	2014 年同比增幅（%）	金融指标（亿元）	2013	2014	2014 年同比增幅（%）
本外币存款余额	177.59	201.42	13.42	财险收入	1.97	2.16	9.64
人民币存款余额	176.71	200.82	13.64	寿险收入	3.38	3.80	12.43
单位存款	31.10	34.84	12.03	财险赔款	1.21	1.47	21.49
储蓄存款	144.64	165.14	14.17	寿险给付	0.75	1.03	37.33

续表

金融指标（亿元）	2013	2014	2014年同比增幅（%）	金融指标（亿元）	2013	2014	2014年同比增幅（%）
本外币贷款余额	97.65	114.67	17.43	当年结益	1.26	1.48	17.46
人民币贷款余额	97.65	114.65	17.41	证券市场交易总额	12.61	17.66	40.05
短期贷款	56.04	73.37	30.92	投资者保证金余额	0.29	0.10	-65.52
中长期贷款	28.19	34.11	21.00	证券账户开户数	1982	2380	20.08
票据融资	13.42	7.17	-46.57	证券交易佣金收入	0.01	0.02	100.00
当年结益	2.01	2.27	12.94	净利润	-0.02	-0.01	-50.00
不良贷款余额	1.85	2.22	20.00				

栖霞市主要金融机构概况

单位名称	行长（或其他称谓的第一负责人）	副行长（或其他称谓的同级领导）	员工总数	辖内营业网点数
人民银行栖霞市支行	李建章	张立群　李沙强　蔡明庆	29	1
烟台银监分局栖霞办事处	官立萍		2	1
农发行栖霞市支行	范　军	蒋少玲	16	1
工行栖霞支行	吴志刚	柳冬松　崔海霞　林　立	76	4
农行栖霞市支行	迟　波	杜传强　姜筱博　于俊玲	134	7
中行栖霞支行	李晓辉	高荣华　孙茂树	42	1
建行栖霞支行	徐克旭	刘棋学　王　平 王天阳　赵炳飞	44	2
烟台银行栖霞支行	于新生	姜海宁	20	1
恒丰银行栖霞支行	柳金英	孙亚玲	29	1
栖霞市农信联社	徐　杰	温向东　宋秀君　孟令冰 王宝刚　薛　逊	452	31
邮储银行栖霞市支行	苏光志	胡晓霞　王海波	60	2
栖霞中银富登村镇银行	刘瑞起	于华春　崔振忠	45	2

栖霞市主要金融机构业务概况

单位：亿元

单位名称	本外币存款余额	人民币单位存款	人民币储蓄存款	本外币贷款余额	人民币短期贷款	人民币中长期贷款
农发行栖霞市支行	0.19	0.19	0	3.32	0.67	2.65
工行栖霞支行	14.12	4.08	9.58	16.96	5.07	11.89
农行栖霞市支行	27.92	7.22	20.62	9.85	2.01	7.32
中行栖霞支行	11.75	5.47	5.80	6.36	3.48	2.88
建行栖霞支行	12.84	5.79	7.01	4.87	2.41	2.46
烟台银行栖霞支行	2.17	1.15	1.02	3.02	3.02	0
恒丰银行栖霞支行	10.01	2.55	7.46	1.90	0.63	1.27
栖霞市农信联社	84.13	4.44	79.69	63.16	53.41	3.09
邮储银行栖霞市支行	36.41	3.38	3.30	3.32	2.64	0.68
栖霞中银富登村镇银行	1.50	0.57	0.93	1.90	0.03	1.86

为新型农业经营主体量身打造特色金融产品；三是加强农信社专项票据后续考核、农业银行栖霞支行三农事业部达标考核和涉农信贷政策导向效果评估工作；四是农信社银行化改革进入筹建阶段，栖霞市华商小额贷款有限公司挂牌，烟台银行栖霞支行开业，栖霞中银富登村镇银行在桃村镇设立了第一家支行。

【金融服务与监管】 2014 年，人民银行栖霞市支行积极加强和改善金融服务，不断提高金融管理水平。一是率先建立了首个农民专业合作社征信数据库子系统，新采集农民专业合作社 29 户，总户数达 239 户，3.3 万农户的信用信息纳入省域征信服务平台；二是强力推进并提前 3 个月实现农村银行卡助农取款点和手机支付在农村地区的全覆盖；三是加强金融宣传和金融消费者权益保护，开展各类金融宣传活动 20 余次，受理解决金融消费者投诉 3 件，满意率为 100%；四是认真组织对商业银行的综合评价，开展了对建设银行栖霞支行的综合执法检查，完成了对烟台银行栖霞支行和中银富登村镇银行桃村支行的开业验收；五是做好了存款保险条例征求意见期间的金融稳定工作。

（迟克幸　于　昕）

海阳市

【经济金融概况】 2014 年，海阳市经济保持了平稳健康发展的良好态势，全市金融机构继续贯彻稳健的货币政策，不断创新金融产品，调整信贷结构，努力改善金融服务，同时加大对实体经济、小微企业、“三农”的信贷支持力度，实现了存贷款稳步增长。

【金融发展与改革】 2014 年，海阳市金融发展与改革取得明显成效。一是金融服务体系进一步完善，金融服务覆盖面逐步扩大，烟台银行海阳支行新设经营性支行 1 家，海阳珠江村镇银行增设 1 个支行网点，信用社改革进展顺利；二是指导海阳珠江村镇银行制定完善了订单农业、农民专业合作、“新农村”创业贷款管理办法；三是拟定了《海阳市中小微企业贷款风险补偿暂行办法》报市政府审批；四是将辖内 8 家符合涉农贷款评估条件的金融机构纳入涉农信贷政策导向评估范围。

【金融服务与监管】 2014 年，人民银行海阳市支行认真落实“两综合，两管理”要求，优化金融服务方式，提高金融管理质量。一是制定并印发了《关于认真贯彻落实稳健货币政策改进金融服务和外汇管理支持全市经济提质增效转型升级和持续健康发展的意见》，引导金融机构优化信贷结构，切实支持

海阳市主要经济指标

经济指标	2013	2014	2014 年同比增幅（%）	经济指标	2013	2014	2014 年同比增幅（%）
土地面积（平方公里）	1887	1887	0	地方财政支出（亿元）	27.68	24.79	-10.44
人口（万人）	65.97	65.86	-0.17	全社会固定资产投资（亿元）	303.7	340.8	12.21
城镇人口（万人）	7.37	7.29	-1.09	进出口总值（万美元）	104710	107388	2.55
乡村人口（万人）	58.6	58.57	-0.05	出口总值（万美元）	79936	81111	1.47
地区生产总值（亿元）	302.6	324.8	8.7	实际利用外资（万美元）	7021	7345	4.61
第一产业（亿元）	57.2	60.9	5.8	社会消费品零售总额（亿元）	130.7	147.5	12.85
第二产业（亿元）	133	138.9	9.2	居民消费价格指数（%）	102.2	102.1	-0.09
第三产业（亿元）	112.4	125	9.3	人均地区生产总值（元）	45184	49272	9.05
财政总收入（亿元）	47.9	81.81	70.79	城镇居民可支配收入（元）	31363	34190	9.01
地方财政收入（亿元）	22.1	24.7	11.76	农民人均现金收入（元）	14300	16033	12.12
财政总支出（亿元）	48.5	81.03	67.06				

海阳市主要金融指标

金融指标（亿元）	2013	2014	2014 年同比增幅（%）	金融指标（亿元）	2013	2014	2014 年同比增幅（%）
本外币存款余额	272.64	304.40	11.64	财险收入	0.60	0.83	38.33
人民币存款余额	269.65	302.99	12.36	寿险收入	1.70	1.91	12
单位存款	72.44	73.73	1.78	财险赔款	0.34	0.35	2.94
储蓄存款	183.08	211.42	15.48	寿险给付	1.16	1.01	-13

续表

金融指标（亿元）	2013	2014	2014年同比增幅（%）	金融指标（亿元）	2013	2014	2014年同比增幅（%）
本外币贷款余额	199.93	218.76	9.42	当年结益	--	--	--
人民币贷款余额	170.39	189.26	11.07	证券市场交易总额	36.8	48.96	33
短期贷款	53.97	72.08	33.55	投资者保证金余额	0.16	0.34	113
中长期贷款	128.64	115.12	-10.51	证券账户开户数	803	11478	1329
票据融资	17.28	2.05	-88.13	证券交易佣金收入	0.05	0.06	20
当年结益	4.47	13.17	194.63	净利润	0.0073	0.03	274
不良贷款余额	4.09	3.12	-23.72				

海阳市主要金融机构概况

单位名称	行长（或其他称谓的第一负责人）	副行长（或其他称谓的同级领导）	员工总数	辖内营业网点数
人民银行海阳市支行	孙伟力	陈玉刚　于永斌	27	1
烟台市银监分局海阳办事处	张海霞		2	1
农发行海阳市支行	王吉卫	于少勇　包树梁	17	1
工行海阳支行	王晓华	丛德忠　王钟伟　宋协辉	80	4
农行海阳市支行	王学军	董丰国　李世波　邵磊珠	174	10
中行海阳支行	戚卫旻	成绍杰　谭红红	60	3
建行海阳支行	王彦一	官庆凯　赵秀莉	73	3
烟台银行海阳支行	包　益	修永刚　修建鹏	30	2
海阳市农信联社	王彤辉	高志铭　杨竹山　刘　利　程　明　隋英杰	409	31
邮储银行海阳市支行	鲁振华	薛元强	68	25
海阳珠江村镇银行	于　平	宋国荣　马义涛　李慧玲	51	3
恒丰银行海阳支行	于小华	孙　荣　辛喜艳	56	2

海阳市主要金融机构业务概况

单位：亿元

单位名称	本外币存款余额	人民币单位存款	人民币储蓄存款	本外币贷款余额	人民币短期贷款	人民币中长期贷款
农发行海阳市支行	4.82	4.82	0	16.82	0.49	16.34
工行海阳支行	20.67	7.49	11.28	45.17	2.24	28.54
农行海阳市支行	47.15	10.31	31.52	35.39	6.03	21.89
中行海阳支行	22.59	9.01	12.76	22.90	1.67	13.57
建行海阳支行	26.38	15.10	11.23	11.85	1.29	10.56
烟台银行海阳支行	10.33	5.09	5.20	7.50	3.64	3.76
海阳市农信联社	90.48	5.29	85.18	62.45	50.81	9.59
邮储银行海阳市支行	29.06	6.16	22.89	1.01	0.51	0.49
海阳珠江村镇银行	3.62	1.22	2.40	3.83	3.22	0.61
恒丰银行海阳支行	38.17	9.20	28.92	11.92	2.18	9.74

实体经济发展；二是充分发挥货币政策工具的导向作用，累计为村镇银行发放支农再贷款5000万元；三是进一步完善农村支付环境，全市732个行政村全部实现了助农取款服务点和手机支付双覆盖；四是先后组织开展了“金融消费者权益保护宣传月活动”、“金融知识普及月”、“百村百企”金融大走访等主题宣传活动；五是全年先后开展各类业务专项检查3次，检查金融机构网点18家，给予行政处罚1家；六是严格季度综合考核评价制度，有效规范银行业金融机构经营行为。

（于优红　于福生）

长岛县

【经济金融概况】　2014年，长岛县经济运行总体良好，城乡面貌进一步改善，人民生活水平进一步提高。一是基础设施及全县重点项目建设进展顺利；二是旅游收入大幅度增长，地方财政收入保持较快增长；三是金融总体运行平稳，信贷投放稳步增长，金融生态环境进一步改善。

【金融发展与改革】　2014年，长岛县金融改革进一步深化，金融事业快速发展。一是人民银行长岛县支行起草了支持渔村经济、小微企业平稳发展等多项指导意见；二是推动县政府召开银企对接会，扶持水产品加工企业专题座谈会，组织金融部门负责人深入渔村企业开展对口扶持工作；三是协助金融办做好小贷公司以及烟台银行长岛支行筹备的前期准备工作；四是做好长岛农信社、长岛农商行改革筹备与挂牌工作；五是全力推进金融支持现代农业发展。

长岛县主要经济指标

经济指标	2013	2014	2014年同比增幅（%）	经济指标	2013	2014	2014年同比增幅（%）
土地面积（平方公里）	56	56	0	地方财政支出（亿元）	7.57	8.4	10.8
人口（万人）	4.3	4.3	0	全社会固定资产投资（亿元）	5.17	5.9	14.2
城镇人口（万人）	1.6	1.6	0	进出口总值（万美元）	4401	5044	14.6
乡村人口（万人）	2.7	2.7	0	出口总值（万美元）	3805	3885	0.9
地区生产总值（亿元）	64.64	68.9	6.6	实际利用外资（万美元）	420	456	8.6
第一产业（亿元）	37.34	39.8	7.9	社会消费品零售总额（亿元）	15.25	16.9	12.3
第二产业（亿元）	5.73	5.7	6.2	居民消费价格指数（%）	101.8	101.8	0
第三产业（亿元）	21.57	23.4	4.6	人均地区生产总值（元）	150317	160411	6.6
财政总收入（亿元）	7.89	8.08	2.4	城镇居民可支配收入（元）	27013	28165	4.3
地方财政收入（亿元）	1.05	1.17	11.5	农民人均现金收入（元）	16583	18466	11.32
财政总支出（亿元）	7.57	8.4	10.8				

长岛县主要金融指标

金融指标（亿元）	2013	2014	2014年同比增幅（%）	金融指标（亿元）	2013	2014	2014年同比增幅（%）
本外币存款余额	33.8	39.06	15.6	财险收入	0.1	0.1	0
人民币存款余额	33.69	38.90	15.46	寿险收入	0.5	0.53	6.00
单位存款	9.46	11.9	25.79	财险赔款	0.04	0.04	0
储蓄存款	23.6	25.8	9.32	寿险给付	0.05	0.05	0
本外币贷款余额	12.25	12.64	3.18	当年结益	0.01	0.01	0
人民币贷款余额	12.25	12.64	3.18	证券市场交易总额	—	—	—
短期贷款	9.5	10.24	7.79	投资者保证金余额	—	—	—
中长期贷款	2.45	2.4	-2.04	证券账户开户数	—	—	—
票据融资	0.3	0	-100	证券交易佣金收入	—	—	—
当年结益	0.34	0.35	2.94	净利润	—	—	—
不良贷款余额	0.23	0.52	126				

长岛县主要金融机构概况

单位名称	行长（或其他称谓的第一负责人）	副行长（或其他称谓的同级领导）	员工总数	辖内营业网点数
人民银行长岛县支行	王 政	张双庆 徐 萍 宋 军	20	1
烟台银监分局长岛办事处	邢攸江		2	1
工行长岛支行	李 刚		12	1
农行长岛县支行	马瑞恩	高 群	32	1
建行长岛支行	田金光		18	1
恒丰银行长岛县支行	王金智	高英卫	15	1
长岛农商行	谭冯翊	吕 辉	119	12
邮储银行长岛县支行	邹曙光	王运海	20	9

长岛县主要金融机构业务概况

单位：亿元

单位名称	本外币存款余额	人民币单位存款	人民币储蓄存款	本外币贷款余额	人民币短期贷款	人民币中长期贷款
农行长岛县支行	7.11	3.00	3.99	1.05	0.67	0.38
建行长岛支行	3.17	1.35	1.79	0.29	0.25	0.04
恒丰银行长岛县支行	3.34	0.98	2.34	0.32	0.12	0.20
长岛农商行	17.59	5.59	11.99	10.62	9.16	1.47
邮储银行长岛县支行	6.67	0.97	5.69	0.36	0.06	0.29

【金融服务与监管】 2014年，人民银行长岛县支行积极履行基层央行职责。一是重点开展农村支付环境推进工作，做到电话银行、手机银行和POS机全覆盖；二是积极开展金融知识进村社企校，开展征信知识宣传月、金融消费者权益保护及个人信息保护、支农再贷款等活动；三是积极为长岛农商行改革争取政策，年内为长岛农商行发放支农再贷款2亿元；四是开展对辖区银行机构进行综合评价。

（吴 强）

威 海 市

【经济金融概况】 2014年，威海市统筹推进稳增长、促改革、调结构、惠民生等各项工作，全年经济稳中有进，经济增长质量和效益稳步提高。

全市金融机构有效贯彻稳健的货币信贷政策，立足职能，创新产品，改善服务。金融运行呈现以下特点：一是金融总量快速增长，全年全市社会融资规模353.5亿元，同比增加64.9亿元；二是存款、贷款稳步增长。

【货币政策实施】 2014年，人民银行威海市中心支行不断加强"窗口指导"：

一、认真贯彻落实稳健货币政策。一是加大银企对接重点项目推介力度，筛选融资300多亿元的200多个项目向金融机构进行推介，召开银企对接会安排45个项目进行示范性签约，总授信额度127.48亿元。9月末，全市179个银企对接推介项目贷款余额130.8亿元，同比增加17.3亿元，增幅为15.2%；45个银企对接签约项目资金到位率为69.9%，提高18.8个百分点；二是做好银行机构定向降准相关工作，对3家符合条件的法人银行降低存款准备金率，共释放资金约8亿元。

二、扎实推进金融支持现代农业及小微企业发展。一是引导4家涉农金融机构建立新型农业经营主体主办行制度，要求每家县域分支机构至少选取一家新型农业经营主体，为其提供"一对一"的全方位金融支持；二是灵活运用再贷款和再贴现政策工具支持涉农和小微企业发展，累计发放支农再贷款5.7亿元，办理再贴现26.72亿元；三是积极推动威海市商业银行顺利完成30亿元的小微企业专项金融债券发行工作，募集资金累计支持小微企业962户。

【金融稳定】 2014年，人民银行威海市中心支行一是多举并措，落实重大事项报告制度；二是加强应急演练，提高突发

威海市经济主要统计指标

指标 \ 年度	2010	2011	2012	2013	2014	2014 年同比增幅（%）
土地面积（平方公里）	5698	5698	5698	5698	5698	--
人口（万人）	253.61	253.84	253.57	280.56	280.92	0.13
城镇人口（万人）	129.96	130.07	130.25	169.21	172.23	1.78
乡村人口（万人）	123.65	123.77	123.32	111.35	108.69	-2.39
地区生产总值（亿元）	1944.9	2110.95	2337.86	2549.69	2790.34	9.8
第一产业（亿元）	153.94	171.18	180.11	203.47	214.5	4.2
第二产业（亿元）	1087.03	1139.36	1249.3	1312.93	1410.07	10
工业（亿元）	982.13	1022.72	1077.89	1127.45	1256.38	10.1
建筑业（亿元）	104.9	116.64	126.5	138.51	153.69	8.6
第三产业（亿元）	703.73	800.41	908.45	1033.29	1165.77	10.6
人均地区生产总值（元）	76778	83199	92198	90879	99329	9.3
地区生产总值构成（%）	100	100	100	100	100	--
第一产业（%）	7.92	8.11	7.7	8	7.69	-3.88
第二产业（%）	55.9	53.97	53.44	51.5	50.53	-1.88
第三产业（%）	36.19	37.92	38.86	40.5	41.78	3.16
财政总收入（亿元）	358.28	435.72	421.48	479.98	--	--
地方财政收入（亿元）	118.27	136.44	158.4	195.22	220.79	13.1
财政总支出（亿元）	--	--	--	--	--	--
地方财政支出（亿元）	167.93	200.59	244.31	263.99	280.6	6.29
全社会固定资产投资（亿元）	--	--	--	--	--	--
规模以上固定资产投资（亿元）	1168.17	1341.6	1595.45	1923.71	2229.4	15.9
房地产开发（亿元）	269.8	352.26	366.19	411.81	357.23	-13.3
进出口总值（亿美元）	139.16	169.21	171.19	171.5	165.87	-3.3
出口总值（亿美元）	89.23	107.46	106.62	107.02	113.72	6.3
实际利用外资（亿美元）	5.55	7.27	8	9.2	10.12	10
社会消费品零售总额（亿元）	683.99	802.79	923.07	1047.29	1181.87	12.9
居民消费价格指数（%）	102.72	104.6	101.79	102.7	102.4	-0.29
城市居民人均可支配收入（元）	22235	25290	28630	31442	34254	8.9
农民人均现金收入（元）	10517	12334	13962	15582	17296	11

注：1.“城镇人口”指标 2012 年为“非农业人口”，其数字也是如此。
2.“乡村人口”指标 2012 年为“农业人口”，其数字也是如此。

威海市工农业主要统计指标

农业主要统计指标（万吨）				规模以上工业企业主要统计指标（亿元）			
项目 \ 年度	2013 年	2014 年	增幅（%）	项目 \ 年度	2013 年	2014 年	增幅（%）
粮食	101.78	86.93	-3.3	工业增加值	1206.13	11.8	1206.13
夏粮	44.68	33.76	-17	国有工业	24.68	0.2	24.68
秋粮	57.1	53.17	8.1	集体工业	13.1	1.3	13.1
棉花	--	--	--	股份制工业	781.51	11.7	781.51
油料	24.72	24.75	0.1	股份合作制工业	0.85	-0.3	0.85

续表

农业主要统计指标（万吨）				规模以上工业企业主要统计指标（亿元）			
项目 \ 年度	2013年	2014年	增幅（%）	项目 \ 年度	2013年	2014年	增幅（%）
水果	93.96	99.07	5.4	外商及港澳台投资工业	330.5	14.1	330.5
蔬菜	94.95	97.78	3	轻工业	563.78	10.3	563.78
肉类	18.47	18.2	-1.4	重工业	642.35	13.2	642.35
禽蛋	14.27	14.15	-0.8	销售收入	6561.43	9.7	6561.43
奶类	17.48	17.66	1	利税	561.49	11.6	561.49
水产品	237.91	240.25	1	利润	354.44	12.8	354.44
森林覆盖率（%）	41	41.6	1.46	经济效益综合指数（%）	260.68	268.05	7.12

威海市主要金融机构概况

单位名称	行长（或其他称谓的第一负责人）	副行长（或其他称谓的同级领导）	员工总数	辖内营业网点数
人民银行威海市中心支行	葛志强	曲吉光 吴志家 李少伟 董国胜	245	4
威海银监分局	侯庆华	刘玉洋 朱 贺 连秀丽 王卫东	49	4
农发行威海分行	刘志远	陈 建 杨源清 孙 波	108	4
工行威海分行	姜 宁	隋志勇 常乃海 唐学政 邱义闽 张明军 王庆毅	867	45
农行威海分行	耿曙明	陈 鹏 吴鸿琦 朱永平 王君兰	1164	67
中行威海分行	王 骏	邵 军 于 飞 谢书波	787	28
建行威海分行	梅 宁	李海建 孙传波 刘 辉 隋学海 宋旭东	917	37
交通银行威海分行	王 洁	苏先锋 毕崇华	327	13
中信银行威海分行	姜海青	崔毅敏 于春燕 王 涛	301	9
招商银行威海分行	王智华	王吉鹏 张宜伟 钟震宙 李 斌	169	7
浦发银行威海分行	隋岳峰	韩晓健 于 涛	70	2
民生银行威海分行	王 华	董红伟 姚明波 连小明 丁晓方	91	4
兴业银行威海分行	朱友琪	邓 冲 于鹏飞	71	1
威海市商业银行	赛志毅	刘 河 邓 卫 张仁钊 刘昌杰 毕秋波 邢志强 李海清	1345	39
青岛银行威海分行	梁华杰	王俊峰 于忠强 张永胜	89	2
恒丰银行威海分行	任显芬	王明信 王 洁 于志刚	48	1
友利银行威海分行	金龙柱	李庸建	24	1
农信社威海市办事处	刘韶伟	肖军晖 吕增兵 王兆新	2426	191
邮储银行威海市分行	李 忠	宋京成 车延宁	505	109
山东荣成汇丰村镇银行	肖 健	闫凤芹 史永杰 张壮志	61	2
乳山市天骄村镇银行	王 飞	孙志强 袁晨光	55	4
山东文登建信村镇银行	郭卫东	于波涛 侯建超	23	1
中国人寿威海市分公司	马常清（主持工作）	谷庆雨 刘洪涛 崔 丹	3675	5
新华人寿威海中心支公司	李世新	孙大庆 邱永波 邹存君	1377	6

续表

单位名称	行长（或其他称谓的第一负责人）	副行长（或其他称谓的同级领导）	员工总数	辖内营业网点数
中国人保财险威海市分公司	顾恩谭	孙　丽　崔焕海 许志军　付勇波	401	20
太平洋财险威海中心支公司	曲　斌	邹　伟　江志满　李大寨	135	9
中华联合财险威海中心支公司	姜　峰	陈建华　初海涛 程　伟　谢　健	222	13
齐鲁证券公司威海分公司	段少波		105	8

威海市金融业务统计指标

指标（亿元） ╲ 年度		2010	2011	2012	2013	2014	2014年同比	
							增加额	增幅（%）
银行类	本外币存款余额	1636.59	1810.19	2060.63	2379.25	2632.33	317.47	13.71
	人民币存款余额	1603.3	1778.1	1982.16	2317.66	2527.1	209.48	9.04
	*单位存款	541.87	658.1	713.71	870.29	948	77.46	8.9
	储蓄存款	949.17	1054.95	1205.74	1336.69	1466.96	130.27	9.75
	本外币贷款余额	1150.14	1259.09	1376.1	1564.98	1735.28	170.3	10.88
	人民币贷款余额	1121.73	1226.65	1329.76	1512.13	1658.56	170.3	11.44
	短期贷款	423.1	479.45	566.19	720.91	661.57	64.58	10.82
	中长期贷款	640.52	688.59	674.46	719.37	357.88	41.94	13.27
	票据融资	57.94	57.58	87.23	71.16	67.24	-3.92	-5.51
	当年结益	22.95	29.51	20	34.07	42.17	7.99	23.38
	不良贷款余额	27.27	20.58	28.9	25.57	44.06	18.49	72.31
	不良贷款占比%	2.37	1.63	2.1	1.63	2.54	0.91	55.83
保险类	保险公司保费收入	41.62	48.58	50.29	56.64	63.02	6.38	11.26
	财险收入	12.48	14.22	15.95	19.1	20.84	1.91	10.09
	寿险收入	29.14	34.36	34.34	37.54	42.18	4.47	11.85
	保险公司赔款和给付支出	10.92	12.67	14.91	20	21.74	1.98	10.02
	财险赔款	6.89	7.46	9.11	10.41	12.36	2.16	21.18
	寿险给付	4.03	5.21	5.8	9.59	9.38	-0.18	-1.88
	当年结益	1.01	1.21	0.78	1.07	—	—	—
证券类	证券市场成交总额	1433.92	1173.01	825.19	1167.73	1531.7	353.97	31.17
	投资者保证金余额	18.87	9.36	7.64	6.6	14.7	8.1	122.73
	证券账户开户数	182800	194105	201533	207838	220524	12686	6.1
	佣金收入	4.32	2.45	1.25	2.38	1.92	-0.46	-19.33
	净利润	1.91	0.55	0.36	0.73	1.27	0.54	73.97
	期货市场成交总额	—	—	—	—	—	—	—
	期货客户保证金余额	0.5	0.3	0.1	0.1	—	—	—
	期货账户开户数	—	—	—	—	—	—	—
	期货手续费收入	0.02	0.01	0.01	0.01	—	—	—
	利润总额	—	—	—	—	—	—	—

注：“*”该指标2010年前为“企业存款”，其数字也是如此。

威海市金融机构统计指标

指标（个）		2010	2011	2012	2013	2014	2014 年同比增幅（%）
银行类	法人机构	6	7	7	8	8	—
	省级分行	—	—	—	—	—	—
	二级分行	9	9	11	13	15	15.38
	县区支行	135	137	161	183	245	33.88
	分理处、营业所	250	251	286	289	297	2.77
	储蓄所	124	126	82	81	20	-75.31
	从业人员总数	7831	7818	8504	9495	9293	-2.13
保险类	保险机构	140	144	147	161	174	2.96
	财险机构	94	88	89	92	104	4
	省级分公司	—	—	—	—	—	—
	地市分公司	18	18	22	22	24	4.35
	县区支公司	76	70	67	70	80	3.9
	寿险机构	46	56	58	69	70	1.45
	省级分公司	—	—	—	—	—	—
	地市分公司	14	16	21	21	21	—
	县区支公司	32	40	37	48	49	2.08
	从业人员总数	12027	12282	12051	11787	14827	8.58
	财险人员	2945	3011	1817	1903	3306	8.07
	寿险人员	9082	9271	10234	9878	11521	8.73
证券类	证券机构	8	9	10	—	4	—
	证券公司	—	—	—	—	—	—
	证券营业部	8	9	10	—	11	—
	证券服务部	—	—	—	—	—	—
	从业人员总数	304	335	195	197	223	13.2
	投资者开户数（户）	183400	194050	201533	207838	220524	6.1
	境内上市股票只数	6	8	8	8	8	—
	境外上市股票只数	4	5	5	5	5	—
	辖区上市公司总数	10	13	13	13	13	—

威海市主要金融机构业务概况

单位：亿元

单位名称	本外币存款余额	人民币单位存款	人民币储蓄存款	本外币贷款余额	人民币短期贷款	人民币中长期贷款
农发行威海市分行	11.42	11.41	—	48.41	18.73	29.68
工行威海分行	242.15	116.59	109.51	191.85	63.07	111.89
农行威海分行	265.4	80.85	166.45	205.95	103.9	88.69
中行威海分行	254.32	105.25	104.4	185.14	75.43	90.83
建行威海分行	215.46	94	113.92	168.51	52.32	108.48
交通银行威海分行	126.93	71.37	35.25	75.23	55.43	11.59
中信银行威海分行	97.52	51.38	29.34	70.78	43.37	21.64
招商银行威海分行	55.68	34.35	15.5	46.54	31.04	12.92

续表

单位名称	本外币存款余额	人民币单位存款	人民币储蓄存款	本外币贷款余额	人民币短期贷款	人民币中长期贷款
浦发银行威海分行	39.24	25.18	2.18	28.8	15.42	10.32
民生银行威海分行	37.2	30.85	4.45	31.29	16.59	14.36
兴业银行威海分行	49.99	43.14	3.71	22.68	18.17	0.67
恒丰银行威海分行	13.22	3.32	1.77	5.44	5.41	0.03
威海市商业银行	386.47	150.09	234.27	198.32	102.87	82.4
邮储银行威海市分行	199.01	27.81	171.14	36.48	15.07	18.51
农信社威海市办事处	237.88	11.95	225.81	153.55	53.49	70.72
威海农商行	299.23	59.49	235.95	218.88	106.53	100.66
青岛银行威海分行	26.33	22.4	3.58	33.55	20.65	7.61
友利银行威海分行	6.9	3.23	1.69	3.24	0.13	0.09
威海市村镇银行	13.38	5.35	8.03	10.63	8.8	1.83

威海市各县级区域经济金融主要统计指标

名称	人口（万人）	面积（平方公里）	地区生产总值（亿元）	地区生产总值增速（%）	本外币存款余额（亿元）	储蓄存款（亿元）	本外币贷款余额（亿元）
荣成市	66.9	1526	971	10.52	564.94	369.02	395.97
文登市	64.03	1645	681.91	10.3	393.86	290.73	265.08
乳山市	56.17	1668	441.59	10.46	277.42	215.19	178

威海市（含县级）小额贷款公司机构、业务概览

单位名称	行长（或其他称谓的第一负责人）	员工总数（人）	本外币贷款余额（亿元）	人民币短期贷款（亿元）	人民币中长期贷款（亿元）
威海市环翠区银通小额贷款公司	李明建	11	1.52	1.52	0
威海市高区金泰小额贷款公司	丁玲玲	10	2.69	2.65	0.04
威海市经区兴企小额贷款公司	谷群芳	7	1.2	1.2	0
威海市环翠区威高银泰小额贷款公司	谷　勇	4	1.67	1.59	0.08
威海市环翠区信悦小额贷款公司	朱俊霖	81	2.5	2.5	0
荣成市好当家小额贷款公司	张南桦	7	1.68	1.68	0
荣成市赤山小额贷款公司	王华杰	7	2.45	1.67	0.78
荣成市汇金小额贷款公司	滕进峰	4	0.55	0.54	0.01
荣成市成山小额贷款公司	张可兆	8	1.91	1.91	0
威海市高区金猴小额贷款公司	孙中强	6	1.31	1.31	0
威海市高区融亿通小额贷款公司	侯振刚	6	1.38	1.38	0
威海市经区银企小额贷款公司	姜利国	6	0.99	0.99	0
威海市金海小额贷款公司	严理新	5	1.02	1.02	0
威海市环翠区威海卫小额贷款公司	林　鹏	6	1.05	1.05	0
乳山市益兴小额贷款公司	孙　浩	5	1.31	1.31	0
威海市环翠区宏源小额贷款公司	梁桂香	5	1.55	1.51	0.04
文登市创元小额贷款公司	王向阳	5	0.39	0.39	0
荣成市润昌小额贷款公司	徐　鑫	6	1.15	1.15	0
文登市创元小额贷款公司	杨庆涛	21	0.51	0.51	0

单位名称	行长（或其他称谓的第一负责人）	员工总数（人）	本外币贷款余额（亿元）	人民币短期贷款（亿元）	人民币中长期贷款（亿元）
荣成市润昌小额贷款公司	黄芳芳	5	1.11	1.11	0
荣成市华东小额贷款公司	高景波	5	1.26	1.26	0
威海市环翠区信元小额贷款公司	杜云华	8	1.18	1.18	0

事件应急处置能力；三是通过月度、季度金融形势分析会和风险通报会，引导银行机构有效规避经营风险；四是积极向市委市政府领导汇报信贷风险处置建议，成功化解了重点企业银行信贷风险。

【金融服务】 2014年，人民银行威海市中心支行一是加大国库惠民范围，将“黄标车”提前淘汰补贴资金支付纳入国库直接支付业务范围；二是与市教育局、团市委联合开展“征信知识讲堂”活动，与驻威海3所高校分别签署了合作备忘录；三是积极改善金融支农服务环境和农村支付环境，推动全辖行政村金融基础设施覆盖率达100%；四是完善小面额票币兑换机制，在辖区21家金融机构设立了52家小面额人民币主办网点。

【金融监管】 2014年，人民银行威海市中心支行一是开展了对57家金融机构反洗钱工作的年度考核评价；二是严格审查支付系统参与者申报材料，确保加入信息数据的准确性；三是制定印发了《反假货币警银联动工作机制管理办法（试行）》，推动反假货币工作“打、防、宣、教、管”全面发展；四是先后破获两起假币持有、使用案件，收缴假币14.81万元。

【外汇管理】 2014年，外汇局威海市中心支局扎实推进重点领域改革，大力促进贸易投资便利化，加大违规违法行为检查力度。

一、强力推进外汇主体监管工作。健全和完善组织架构和工作制度，确保组织、人员、职能调整到位，防范管理风险。

二、扎实推进外汇管理重点领域改革。一是继续深化货物贸易外汇管理改革；二是认真落实服务贸易外汇管理改革，改进非现场监管；三是认真落实直接投资改革便利措施，强化资本项目事后监管。

三、精准打击外汇违规违法行为。一是依托外汇非现场检查系统，严厉打击异常跨境资金违规行为；二是加大集团型企业检查力度，狠抓大案要案；三是抓住重点领域和关键环节，组织开展远期结汇、转口贸易、业务合规性、外汇资本金及外债结汇专项检查；四是加强部门合作，严厉打击重大外汇违法活动。

【金融改革】 2014年，威海银监分局一是继续稳步推进农信社改革工作，采取指标调度、现场摸底、监管座谈、考核督促等方式对文登、乳山联社进行压力传导和监管引领；二是督促威海市商业银行上收了分支机构同业和理财业务授权，使其全部集中到总行市场部，并对其理财事业部重新进行了制度修订和职责划分；三是全程参与威海市商业银行新一轮改革转型工作，指导该行对全行绩效考核体系进行完善，取得初步成效。

【保险业务】 2014年，威海市保险业继续保持平稳较快增长。其中，财产险保费收入增长趋缓，寿险保费收入增长较快，各项赔款和给付支出增长放缓。

【证券市场】 2014年，随着股市交易回暖，证券交易显著上升，证券公司净利润大幅增加。

【金融文化建设】 2014年，威海市各金融机构组织了形式多样的活动，收到良好效果。

人民银行威海市中心支行一是开展了文明窗口、文明岗位创建活动；二是先后举办了迎新春棋牌赛、职工羽毛球比赛、“大手牵小手”亲子互动活动，并开展了4次环海健步走活动；三是利用“五四”青年节举办了1期青年论坛，组织青年员工参观天福山起义纪念馆；四是开展了文学、美术、书法、摄影、篆刻、收藏等作品征集活动，1名职工油画作品入选中国金融美术家协会作品展，2名职工摄影作品分别获人民银行济南分行文联“红色金融”主题摄影展优秀摄影作品一等奖和二等奖；五是设立了职工活动室和图书室；六是开展了“平凡岗位的一天”和“身边的故事”宣传展示活动以及“携手慈善 共建和谐”慈心一日捐、巾帼爱心超市捐助活动。

农行威海市分行联合长城爱心大本营开展学雷锋志愿者公益活动，坚持开展扶贫村和敬老院帮扶工作，并举办了先进人物事迹报告会。

中国银行威海分行一是组织开展了“悦趣·12”俱乐部活动；二是为职工配备设施齐全的练兵室、健身室、瑜伽室、棋牌室；三是组织摄影、绘画、书法等活动，提升了员工文化素养。

兴业银行威海分行坚持“聚人心、带队伍、树形象、促发展”的方针。一是努力强化企业文化建设，营造“风正、气顺、人和、业兴”的和谐文化氛围；二是建立了每月两次大晨会、每周分条线开夕会制度，实行管理部门和经营团队业绩直接挂钩的考评制度；三是开展行长赠书活动，并组织员工收听《聚焦三力，做最好的自己》和《感恩、敬畏、责任、担当》专题讲座。

威海市商业银行以打造“学习型快乐银行”为发展愿景，形成了特色鲜明的企业文化体系。一是举办首届“责任节”，开展了签订《责任承诺书》、歌咏比赛、演讲比赛、感想征集、领导赠书、专家讲座等系列活动,《责任快乐歌》荣获首届“全国最美企业之声”金奖;二是举行了第四届职工运动会;三是举办“3·15 消费者权益日”、“持杖健步走”、“金融知识宣传服务月”活动,提升了银行的知名度和美誉度。

【大事记】 2月20~21日 省农信社理事长、党委书记宋文瑄来威海调研指导工作。

2月26日 2014年度威海市银企对接会在市东山宾馆举行。会上银企双方达成45个项目的示范性签约,总授信额度达127.48亿元。

3月17日 隋岳峰任浦发银行威海分行行长、党委书记(浦银青发〔2014〕144号、浦银青党委〔2014〕3号)。

3月18日 姜海青任中信银行威海分行行长(信银青字〔2014〕237号)。

4月3日 邮储银行威海市分行成功办理系统内全国首笔小微企业增信贷业务。

5月19日 威海市金融消费权益保护协会在该市长征小学开展“大手牵小手,送金融知识进校园”活动。

王华任民生银行威海分行党委书记(民银青任〔2014〕34号)。

5月28日 邵军任中国银行威海分行副行长(鲁中银任〔2014〕30号)。

6月17日 人民银行威海市中心支行、威海市公安局和市国家安全局召开2014年重点单位反洗钱工作联席会议,并现场签署三方合作备忘录。

6月26日 李忠任邮储银行威海市分行党委书记、行长(鲁邮银党任〔2014〕10号、鲁邮银行任〔2014〕13号)。

7月9日 车延宁任邮储银行威海市分行党委委员、副行长(鲁邮银党任〔2014〕11号、鲁邮银行任〔2014〕17号)。

7月21日 刘韶伟任农信社威海市办事处党委书记(鲁农信联党〔2014〕32号)。

7月22日 民生银行威海石岛支行开业。

7月24日 威海市商业银行顺利完成了新一轮增资扩股,该行采取溢价增资方式,成功募集资金20.08亿元。

8月8日 丁新强任威海农商银行党委书记(鲁农信联党〔2014〕35号)。

8月13日 山东银监局局长陈育林到威海市商业银行视察新一代核心系统建设情况。

8月28日 于涛任浦发银行威海分行副行长、党委委员(浦银青发〔2014〕265号、浦银青党委〔2014〕14号)。

浦发银行威海经济技术开发区支行正式开业。

9月4日 于鹏飞任兴业银行威海分行副行长。

9月6日 威海市商业银行新一代核心系统成功上线。

9月16日 恒丰银行威海分行正式开业,当日与威海市政府签署了战略合作协议。

9月24日 人民银行威海市中心支行与威海市公安局、威海银监分局联合召开“警银联动”防范诈骗犯罪联席会议。

10月20日 招商银行新威路支行成立,这是辖区第一家零售专业支行。

10月21日 民生银行威海荣成支行开业。

11月5日 友利银行(中国)有限公司行长郑和永到威海分行视察指导工作。

11月11日 邮储银行山东省分行行长马洪宁到威海分行调研指导工作。

11月28日 中信银行威海张村支行正式开业。

12月22日 青岛银行威海分行荣成支行正式开业。

12月24日 民生银行威海乐天社区支行开业。

12月26日 威海市商业银行获“2014中国金融机构金龙奖·最具竞争力中小银行”、“2014中国金融机构金龙奖·最具成长性中小银行”两项大奖,并在《金融时报》刊发专题报道。

(吕迎社 邹 昆)

荣成市

【经济金融概况】 2014年,荣成市积极应对经济发展新常态,全市经济社会持续平稳健康发展。金融运行平稳,各项存款和贷款稳步增长,有效支持了经济发展。

【金融发展与改革】 2014年,荣成市金融机构积极开展金融产品创新。一是在全省首推“个人荣誉贷”业务,全年累计授信118户,金额4247万元;实际发放贷款113笔,金额3155万元;二是创新开办“公证抵押贷款”业务,全年发放6笔,金额2320万元。

荣成市主要经济指标

经济指标	2013	2014	2014年同比增幅(%)	经济指标	2013	2014	2014年同比增幅(%)
土地面积(平方公里)	1526	1526	--	地方财政支出(亿元)	78.48	81.4	3.72
人口(万人)	66.88	66.90	0.03	全社会固定资产投资(亿元)	550.96	643.2	16.74
城镇人口(万人)	22.67	22.47	-0.88	进出口总值(万美元)	278545	301311	8.17
乡村人口(万人)	44.21	44.43	0.5	出口总值(万美元)	207423	229422	10.61

续表

经济指标	2013	2014	2014年同比增幅（%）	经济指标	2013	2014	2014年同比增幅（%）
地区生产总值（亿元）	878.59	971.0	10.52	实际利用外资（万美元）	10995	12821	16.61
第一产业（亿元）	78.23	82.2	5.07	社会消费品零售总额（亿元）	260.32	294.0	12.94
第二产业（亿元）	444.30	480.3	8.10	居民消费价格指数（%）	—	—	—
第三产业（亿元）	356.06	408.5	14.73	人均地区生产总值（元）	131363	145106	10.46
财政总收入（亿元）	111.95	118.2	5.58	城镇居民可支配收入（元）	30754	—	—
地方财政收入（亿元）	52.24	60.0	14.85	农民人均现金收入（元）	17670	19633	11.11
财政总支出（亿元）	116.92	121.8	4.17				

荣成市主要金融指标

金融指标（亿元）	2013	2014	2014年同比增幅（%）	金融指标（亿元）	2013	2014	2014年同比增幅（%）
本外币存款余额	525.75	564.94	7.45	财险收入	2.83	4.7	66.08
人民币存款余额	519.74	558.29	7.42	寿险收入	6.99	8.0	14.45
单位存款	163	171.88	5.45	财险赔款	1.55	2.6	67.74
储蓄存款	339.98	369.02	8.54	寿险给付	2.26	2.1	-7.08
本外币贷款余额	356.27	395.97	11.14	当年结益	—	—	—
人民币贷款余额	351.50	391.18	11.29	证券市场交易总额	220.73	92.13	-58.26
短期贷款	218.43	242.10	10.84	投资者保证金余额	0.67	1.91	185.07
中长期贷款	125.87	147.74	17.38	证券账户开户数	26823	2961	-88.96
票据融资	7.19	1.12	-84.42	证券交易佣金收入	0.18	0.26	44.44
当年结益	—	—	—	净利润	0.1	0.15	50.00
不良贷款余额	2.17	16.59	664.52				

荣成市主要金融机构概况

单位名称	行长（或其他称谓的第一负责人）	副行长（或其他称谓的同级领导）	员工人数	辖内营业网点数
人民银行荣成市支行		张福信　杨　斌　周军威	26	1
威海银监分局荣成办事处	丛明滋		3	1
农发行荣成支行	王传胜	邹积华	21	1
工行荣成支行	宁树章	孙白冰　于晓玲　王文明	88	6
工行石岛支行	房　泽	李华明　宋洪杰　宋海涛	50	3
农行荣成市支行	宋学峰	刘彦霖　李立勇　洪志强	171	11
农行威海石岛支行	张明光	张春林　肖连凤	99	6
中行荣成支行	李若祥	梁华双　夏国建　阮长久	57	3
中行石岛支行	原建海	姜　杰　曲　明	50	2
建行荣成支行	吴明凯	葛建文　杨红静	97	5

续表

单位名称	行长（或其他称谓的第一负责人）	副行长（或其他称谓的同级领导）	员工人数	辖内营业网点数
建行石岛支行	刘诗伶	刘晓峰　赵光辉	41	2
交通银行荣成支行	刘会涛	孙宜花　龙增琛	19	1
招商银行荣成支行	于伟伟	王　林	24	1
中信银行荣成支行	鞠学军	李红梅	30	1
中信银行威海石岛支行	张军辉	马雪莲　王相权	25	2
民生银行荣成支行	丁晓方	王科军　于锡斌	13	1
民生银行石岛支行	连小明	王骏超	19	1
威海市商业银行荣成支行	李　明	王　娜　吕鸿毅	73	3
荣成农商行	卢均平　李　岩 项新文	王云鹏　张建生 毕　涛　王　锋	782	71
邮储银行荣成市支行	李巧玉	王小霞	261	32
山东荣成汇丰村镇银行	肖　健	闫凤芹　史永杰　张壮志	61	2

荣成市主要金融机构业务概况

单位：亿元

单位名称	本外币存款余额	人民币单位存款	人民币储蓄存款	本外币贷款余额	人民币短期贷款	人民币中长期贷款
农发行荣成市支行	3.34	3.34	0	11.65	4.35	7.3
工行荣成支行	39.65	24.76	14.59	23.18	11.45	11.19
工行石岛支行	9.5	3.6	5.79	23.32	14.08	8.6
农行荣成市支行	42.4	10.91	30.57	32	20	12
农行石岛市支行	22.92	3.32	19.47	14.4	9.46	4.94
中行荣成支行	28.45	14.36	11.13	11.53	6.00	5.00
中行石岛支行	19	8	11	23	13	0.9
建行荣成支行	30.06	16.80	12.85	21.89	11.58	8.40
建行石岛支行	10.50	3.44	7.06	19.58	5.75	11.43
交通银行荣成支行	12.63	8.93	3.69	9.48	8.98	0.51
招商银行荣成支行	6	4	2	7	7	0
中信银行荣成支行	14	8.2	5.64	9.62	6.84	2.72
中信银行石岛支行	10	5	5	12	7	5
民生银行荣成支行	2.4	2.1	0.2	2.1	0.1	0.8
民生银行石岛支行	1.32	0.89	0.43	6.37	5.10	1.27
荣成城商行	36.60	13.40	23.20	14.40	10.80	3.60
荣成农商行	188.91	32.05	156.76	140.12	83.10	56.64
邮储银行荣成市支行	62	3	59	7	4	3
荣成汇丰村镇银行	3.73	2.84	0.89	3.17	3.17	0.00

【金融服务与监管】 2014 年，人民银行荣成市支行优化金融服务，加大业务创新。一是开通运行了“荣成市金融支持现代农业信贷及小微企业服务平台”，降低企业融资成本；二是组织涉农金融机构选派“金融特派员”到乡镇团委挂职，相关做法在“山东省金融系统选派青年干部到县级团委挂职电视电话会”上进行交流发言；三是构建覆盖全市的农村支付结算系统，扎实推进“金融服务村村通”工程。截至年末，已安装“农金通”318 台、电话 POS 机 1119 台、银联 POS 机 586 台、ATM74 台，搭建了覆盖全市 310 个中心社区和 527 个行政村的农村金融服务网络。

（张 勇 车 红）

文登市

【经济金融概况】 2014 年，文登市打造蓝色经济区和城市新区，扩展经济开发区三大空间，大力推进新型工业化、社会主义新农村、和谐文登三个建设，经济实现了平稳较快发展。金融继续保持平稳的发展态势，各项存款持续增长，储蓄稳定增长。

【金融发展与改革】 2014 年，文登市金融机构积极引进异地金融机构，优化营业网布局。威海市商业银行南海支行设立。

【金融服务与监管】 2014 年，人民银行文登市支行引导各金融机构根据国家货币政策和产业政策导向的新变化，克服

文登市主要经济指标

经济指标	2013	2014	2014 年同比增幅（%）	经济指标	2013	2014	2014 年同比增幅（%）
土地面积（平方公里）	1645	1645	--	地方财政支出（亿元）	47.56	51.63	8.56
人口（万人）	64.28	64.03	0.39	全社会固定资产投资（亿元）	--	--	--
城镇人口（万人）	25.42	25.41	-0.04	进出口总值（万美元）	--	--	--
乡村人口（万人）	38.86	38.62	-0.62	出口总值（亿美元）	442.33	516.34	16.73
地区生产总值（亿元）	615.98	681.91	10.3	实际利用外资（万美元）	140200	162247	15.8
第一产业（亿元）	55.66	58.14	4.3	社会消费品零售总额（亿元）	97400	109690	12.7
第二产业（亿元）	309.74	335.66	9.7	居民消费价格指数（%）	--	--	--
第三产业（亿元）	250.58	288.12	12.3	人均地区生产总值（元）	11499	10755	-6.50
财政总收入（亿元）	84.89	126.54	47.89	城镇居民可支配收入（元）	248.07	279.52	12.67
地方财政收入（亿元）	35.6	43.89	13.01	农民人均现金收入（元）	102.8	102.1	2.1
财政总支出（亿元）	--	--	--				

文登市主要金融指标

金融指标（亿元）	2013	2014	2014 年同比增幅（%）	金融指标（亿元）	2013	2014	2014 年同比增幅（%）
本外币存款余额	358.61	393.86	9.83	财险收入	2.46	2.77	12.60
人民币存款余额	354.27	385.82	8.91	寿险收入	6.97	8.55	22.67
单位存款	81.7	86.1	5.39	财险赔款	1.29	1.63	26.36
储蓄存款	266.64	290.73	9.03	寿险给付	2.13	2.47	15.96
本外币贷款余额	234.52	265.08	13.03	当年结益	0.17	0.22	29.41
人民币贷款余额	233.29	263.35	12.89	证券市场交易总额	84.7	160.53	89.53
短期贷款	91.66	111.87	22.05	投资者保证金余额	11.26	19.57	73.80
中长期贷款	122.53	137.9	12.54	证券账户开户数	22769	23703	4.10
票据融资	19.09	13.57	-28.92	证券交易佣金收入	0.15	0.25	66.67
当年结益	4.93	--	--	净利润	0.1	0.2	100
不良贷款余额	1.79	2.25	25.70				

文登市主要金融机构概况

单位名称	行长（或其他称谓的第一负责人）	副行长（或其他称谓的同级领导）	员工总数	辖内营业网点数
人民银行文登市支行	姜　春	王　军　宋吉刚　赛明霞	28	1
威海银监分局文登办事处	王进生		3	1
农发行文登市支行	曲厚礼	王虎强　包卫霞	24	1
工行文登支行	宋震旦	秦之开　丛东明　董　剑	102	6
农行文登市支行	王　光	王连强　于春霞　李　彬	230	18
中行文登支行	沙海涛	戴　青　崔忠健	85	4
建行文登支行	李炳坤	柳立平　王凤英	107	5
中信银行文登支行	刁世波	李　玲　丰向东	26	1
交通银行文登支行	于　杰	于军华　崔喜祝	21	1
招商银行文登支行	于　蓉		20	1
威海市商业银行文登支行	王　文	王树军　王浩然	72	3
文登市农信联社	王志勇	李松旦　丛培刚　韩晓松	651	39
邮储银行文登市支行	于　杰	毕崇强　崔红光	88	4
文登建信村镇银行	郭卫东	于波涛　侯建超	23	1

文登市主要金融机构业务概况

单位：亿元

单位名称	本外币存款余额	人民币单位存款	人民币储蓄存款	本外币贷款余额	人民币短期贷款	人民币中长期贷款
农发行文登市支行	5.19	5.19	--	25.43	10.51	14.92
工行文登支行	28.48	10.65	17.07	29.88	6.47	23.41
农行文登市支行	59.07	16.75	41.71	36.94	11.24	25.62
中行文登支行	28.12	11.07	17.03	14.06	5.5	8.56
建行文登支行	27.4	8.29	19.09	16.81	2.2	14.61
中信银行文登支行	10.34	5.2	3.78	11.66	6.15	4.89
交通银行文登支行	9.65	7	1.58	10.51	9.96	0.5
招商银行文登支行	8.47	5.91	2.37	6.02	4.15	1.87
威海市商业银行文登支行	42.64	10.38	32.19	17.71	10.78	6.77
文登市农信联社	118.46	4.78	113.61	85.01	39.82	32.53
邮储银行文登市支行	47.11	4.63	42.47	7.43	3.41	4.02
文登建信村镇银行	4.11	1.68	2.43	3.62	3.44	0.18

国家信贷逐渐收紧因素影响，不断优化信贷结构，切实加大对城市新区、蓝色经济区和经济开发区三大板块以及新型工业化和社会主义新农村建设的支持力度，推动经济平稳较快发展。

（梁海涛　杨建萍）

乳山市

【经济金融概况】　2014 年，乳山市经济平衡增长，经济总量不断扩大，运行质量不断优化。全市金融机构认真贯彻执行稳健货币政策，货币信贷增长继续向常态水平回归，社会融资规模适度，资产质量和经营效益稳中有降。

【金融发展与改革】　2014 年，人民银行乳山市支行坚持稳中求进工作总基调，全面提升履职能力和水平，各项工作再上新台阶。

乳山市主要经济指标

经济指标	2013	2014	2014年同比增幅（%）	经济指标	2013	2014	2014年同比增幅（%）
土地面积（平方公里）	1668	1668	--	地方财政支出（亿元）	32.93	35.03	6.38
人口（万人）	56.37	56.17	-0.35	全社会固定资产投资（亿元）	376.73	421.9	11.99
城镇人口（万人）	16.25	22.50	38.46	进出口总值（万美元）	63503	70555	11.10
乡村人口（万人）	40.47	33.67	-16.80	出口总值（万美元）	55365	58895	6.38
地区生产总值（亿元）	399.76	441.59	10.46	实际利用外资（万美元）	9005	7282	-19.13
第一产业（亿元）	35.52	38.28	7.77	社会消费品零售总额（亿元）	171.12	193.05	12.82
第二产业（亿元）	211.87	230.57	8.83	居民消费价格指数（%）	--	--	--
第三产业（亿元）	152.37	172.74	13.37	人均地区生产总值（元）	70698	78616	11.2
财政总收入（亿元）	65.51	76.14	16.23	城镇居民可支配收入（元）	28491	25429	-10.75
地方财政收入（亿元）	24.48	27.66	12.99	农民人均现金收入（元）	13378	14821	10.79
财政总支出（亿元）	--	--	--				

乳山市主要金融指标

金融指标（亿元）	2013	2014	2014年同比增幅（%）	金融指标（亿元）	2013	2014	2014年同比增幅（%）
本外币存款余额	271.55	277.42	2.16	财险收入	1.35	1.46	8.15
人民币存款余额	269.80	275.23	2.01	寿险收入	4.39	3.96	-9.79
单位存款	76.42	56.63	-24.81	财险赔款	0.75	--	--
储蓄存款	193.37	215.19	12.14	寿险给付	1.35	--	--
本外币贷款余额	179.24	178	-0.69	当年结益	--	--	--
人民币贷款余额	170.63	170.57	-0.04	证券市场交易总额	83	107	28.92
短期贷款	23.59	31.84	-5.24	投资者保证金余额	0.35	0.85	142.86
中长期贷款	131.48	122.01	0.49	证券账户开户数(万户)	0.12	0.19	58.33
票据融资	15.56	16.69	7.26	证券交易佣金收入	0.13	0.24	84.62
当年结益	--	--	--	净利润	0.07	0.11	57.14
不良贷款余额	14.27	12.61	-11.63				

乳山市主要金融机构概况

单位名称	行长（或其他称谓的第一负责人）	副行长（或其他称谓的同级领导）	员工总数	辖内营业网点数
人民银行乳山市支行	高　伟	官云山　姜福芝	24	1
威海银监分局乳山办事处	于爱彦		2	1
农发行乳山市支行	姜庶先	王钧禄	23	1
工行乳山支行	宋　宁	王国强　宋海涛	73	5
农行乳山市支行	陶海华	金青林　樊庆森　王树涛	120	9
中行乳山支行	于志强	孙海军	56	3
建行乳山支行	徐　辉	曹绍玮　袁　明　王修波	86	4
威海市商业银行乳山市支行	孙京柱	官本军	43	2
乳山市农信联社	于　洋	郑　利　刑汝永　陈　凯　丁建平　仇风华	493	33
招商银行乳山支行	史国兴		14	1
邮储银行乳山市支行	刘　利		79	21
乳山市天骄村镇银行	王　飞	孙志强　袁晨光	55	4

乳山市主要金融机构业务概况

单位：亿元

单位名称	本外币存款余额	人民币单位存款	人民币储蓄存款	本外币贷款余额	人民币短期贷款	人民币中长期贷款
农发行乳山市支行	1.22	1.22	0	5.28	0.63	4.65
工行乳山支行	24.21	9.43	12.97	18.51	2.04	16.45
农行乳山市支行	24.39	6.22	17.69	26.13	3.45	15.28
中行乳山支行	16.53	4.90	10.04	11.84	1.34	10.48
建行乳山支行	24.21	12.95	11.18	27.41	1.48	26.93
招商银行乳山支行	3.75	1.89	1.82	5.16	2.28	2.84
威海市商业银行乳山市支行	27.23	8.89	18.33	5.76	3.03	2.73
乳山市农信联社	119.43	7.18	112.20	68.53	13.67	38.19
邮储银行乳山市支行	29.38	3.13	26.25	4.52	1.71	2.81
乳山市天骄村镇银行	5.54	0.83	4.71	3.85	2.20	1.65

【金融服务与监管】 2014年，人民银行乳山市支行一是对辖内10家金融机构2013年度执行金融法律法规等情况进行了全面评估和分别通报；二是组织对乳山天骄村镇银行城西支行等2处支行进行综合开业验收考核；三是组织对中国银行乳山支行开展综合执法后续检查；四是严格落实重大事项报告制度，受理金融机构重大事项报告78项；五是筹备成立了金融消费权益保护协会，开通投诉咨询电话，有效维护了金融消费者权益。

（人民银行乳山市支行）

潍坊市

【经济金融概况】 2014年，潍坊市经济运行总体保持平稳增长态势，质量效益继续提高，创新驱动动力增强，民生福祉持续改善。

信贷结构进一步优化，支持实体经济“转调创”。一是制造业贷款稳步增加，全市制造业贷款同比增加231.1亿元，增长15.4%，高于各项贷款增速4.3个百分点；二是“三农”和小微企业信贷增长均高于全部贷款平均增速，全市涉农贷款增加353.1亿元，增长15.1%，小微企业贷款增加176.4亿元，增长20.9%；三是县域贷款保持较快增长，8县（市）各项贷款增加351.3亿元，占全市新增贷款的73.7%；四是产能过剩行业贷款得到有效控制，全市六大高耗能行业中长期贷款余额65.9亿元，减少2.8亿元，下降4%。

【货币政策实施】 2014年，人民银行潍坊市中心支行切实加强窗口指导，推进金融创新，搭建银企对接平台，着力优化信贷资源配置，为全市经济“转调创”营造了良好的金融环境。

一、营造货币政策落实的良好环境。通过金融形势专题汇报、季度月度分析等形式，及时向市委市政府领导报告总分行调控政策和经济金融形势，上报13篇调研分析报告。

二、主动搭建政银企合作交流平台。一是4月与金融办联合筹办济南分行和市政府在寿光举办的跨境人民币支持现代农业宣讲活动，22家省级银行副行长参加会议，为涉农企业促成授信意向46.6亿元；二是联合青州市政府召开新型城镇化建设现场会，促成授信意向16.5亿元；三是与潍城区政府签订金融支持文化产业战略合作协议，推进潍城争创国家级文化金融创新试验区；四是加强与高新区合作，推进科技金融融合发展；五是与金融控股集团合作，建立现代产业发展基金。

三、着力缓解小微企业融资难、融资贵。一是在全国率先成功试点信贷资产质押业务，探索发放全国首笔4亿元信贷资产质押再贷款；二是联合市委农工办、金融办等部门召开了由30余家银行、保险参加的经验交流会，总结推广了免评估贷款、无缝隙信贷服务、供应链融资等11项信贷产品和服务方式。其中，免评估贷款做法得到济南分行杨子强行长批示，无缝隙信贷服务做法被《金融时报》转发；三是发放了全省首笔5亿元支小再贷款，支持潍坊银行获得50亿元小微企业专项金融债发行资格，首单已发行20亿元；四是为两家企业办理了1420万元的应收账款融资业务，在全省率先实现应收账款融资服务平台业务成交零突破。

【金融稳定】 2014年，人民银行潍坊市中心支行积极化解

潍坊市经济主要统计指标

指标 \ 年度	2010	2011	2012	2013	2014	2014 年同比增幅（%）
土地面积（平方公里）	16005	16005	16005	16005	16005	0
人口（万人）	873.8	877.61	878.87	922.5	924.7	0.24
城镇人口（万人）	—	—	—	—	—	—
乡村人口（万人）	—	—	—	—	—	—
地区生产总值（亿元）	3090.92	3541.85	4012.43	4420.7	4786.7	9.1
第一产业（亿元）	330.51	359.28	390.52	433.1	456.2	4.0
第二产业（亿元）	1720.29	1961.40	2166.17	2297.4	2431.96	9.7
工业（亿元）	1545.56	1760.97	1952.43	2063.24	2137.42	9.8
建筑业（亿元）	174.7	200.43	213.74	234.2	294.5	24.7
第三产业（亿元）	1040.13	1221.17	1455.74	1690.2	1898.54	9.3
人均地区生产总值（元）	34250	40358	45654	47943	51826	8.9
地区生产总值构成（%）	100	100	100	100	100	—
第一产业（%）	10.69	10.14	9.73	9.8	9.5	-0.3
第二产业（%）	55.66	55.38	53.99	51.97	50.8	-1.2
第三产业（%）	33.65	34.48	36.28	38.23	39.7	1.5
财政总收入（亿元）	—	—	—	—	—	—
地方财政收入（亿元）	202.43	253.92	306.12	383.92	430.18	12.1
财政总支出（亿元）	—	—	—	—	—	—
地方财政支出（亿元）	291	358.26	425.6	493.96	527.76	6.8
全社会固定资产投资（亿元）	2331.02	2603.17	3012.9	3429.9	3969.1	15.7
规模以上固定资产投资（亿元）	2304.2	2603.17	—	—	—	—
房地产开发（亿元）	367.63	405.87	468.81	602.1	450	-25.3
进出口总值（亿美元）	117.51	140.93	149.76	161.6	177.86	10
出口总值（亿美元）	86.96	103.68	109.71	116.0	123.4	6.3
实际利用外资（亿美元）	7.21	7.22	7.68	8.1	9	10.8
社会消费品零售总额（亿元）	1151.12	1349.82	1551.6	1758.8	1979.58	12.6
居民消费价格指数（%）	102.60	104.40	101.7	101.6	101.3	1.3
城市居民人均可支配收入（元）	19675.1	22508.2	25817.5	28386	30973	9.1
农民人均现金收入（元）	8871.6	10408.9	11796.9	13273	14776	7.6

注：地方财政收入为公共财政预算收入数据；地方财政支出项为公共财政预算支出数据。

潍坊市工农业主要统计指标

农业主要统计指标（万吨）				规模以上工业企业主要统计指标（亿元）			
项目 \ 年度	2013 年	2014 年	增幅（%）	项目 \ 年度	2013 年	2014 年	增幅（%）
粮食	475.3	451.3	-5	工业增加值	2063.24	2137.42	10.5
夏粮	224.6	217.8	-3	国有工业	—	—	-1.7
秋粮	250.7	233.5	-6.9	集体工业	—	—	27.7
棉花	3.9	3.6	-7.6	股份制工业	—	—	11.3
油料	24.7	21.3	-13.6	股份合作制工业	—	—	-98.9
水果	91.5	87.7	-4.1	外商及港澳台投资工业	—	—	6.7

续表

潍坊市工农业主要统计指标

农业主要统计指标（万吨）				规模以上工业企业主要统计指标（亿元）			
项目＼年度	2013 年	2014 年	增幅（%）	项目＼年度	2013 年	2014 年	增幅（%）
蔬菜	1165.6	1200.4	3.0	轻工业	--	--	8.6
肉类	142.8	140.4	-1.7	重工业	--	--	11.6
禽蛋	26	24.8	-4.7	销售收入	11974.2	12390.8	8.7
奶类	27.1	25.9	-4.3	利税	969.6	1010.7	10.1
水产品	57.9	60.0	3.7	利润	662.1	678.3	9.2
森林覆盖率（%）	35.5	35.5	0.0	经济效益综合指数（%）	--	--	--

注：表格中空缺的地方是因为缺乏相关统计数据所致，特此说明。

潍坊市主要金融机构概况

单位名称	行长（或其他称谓的第一负责人）	副行长（或其他称谓的同级领导）	员工总数	辖内营业网点数
人民银行潍坊市中心支行	刘福毅	李万友 陈海青 陈光升 王新军	443	9
潍坊银监分局	刘世明	张志荣 刘文正 刘 勇 璩新民	71	8
农发行潍坊市分行	韩玉忠	杜 军 庄红梅 隋全亮	281	11
工行潍坊分行	孙长庚	刘明江 杨宗海 吴 江 鞠立坤 韩志忠	1895	96
农行潍坊分行	闵令民	田树江 贾建生 贺祥君 黄砚章 王永明	2937	175
中行潍坊分行	汪 雷	焉长海 宋若钦 冯传亮 付廷泉	1160	49
建行潍坊分行	陈 鹏	王佳军 辛立国 刘志勇 黄 杰 王德春	1677	71
交通银行潍坊分行	李相伟	陈允建 齐文江 韩 永 丛 杰	500	19
潍坊银行	史跃峰	闫红兵 陈瑞源 王宗华 温英杰 仪修喜 朱毅达 李建卫 黄建军	2172	78
招商银行潍坊分行	蔡其根	董绍东 王少波	229	5
兴业银行潍坊分行	吴永林	高 军 马曙平	162	5
浦发银行潍坊分行	朱金禄	刘兆建 刘 炜 宋立华	110	4
华夏银行潍坊支行	杨晓丽	于伟民 栾桂旭 孙绍军 李兆亮	78	2
中信银行潍坊分行	于 珂	袁 菲	135	5
民生银行潍坊分行	马 涛	史兆伟 井 昌 李继龙	218	8
光大银行潍坊分行	韩桂志	孙志勇 曾 强	56	1
恒丰银行潍坊分行	孟 凯	毛文东 于乃里	53	1
农信社潍坊市办事处	王祖玉	马春成	7185	556
邮储银行潍坊市分行	路 滔	张俊兰 薛 梅 王风华 梁伟业	1191	276
齐商银行潍坊分行	贾如玉	王 文 李 涛	136	3
东营银行潍坊分行	赵新中	刘永国 谭福强 王 锐	65	1
威海市商业银行潍坊分行	丛 健	郝 平 刘 磊	63	1
寒亭蒙银村镇银行	孙悦钢	王全宏	74	4
奎文中成村镇银行	黄文武	刘文莉 江 涛	27	1
寿光张农商村镇银行	刘永建	王景林 孙清水 周兴江	26	3
青州中银富登村镇银行	王德群	刘建业	51	3

续表

单位名称	行长（或其他称谓的第一负责人）	副行长（或其他称谓的同级领导）	员工总数	辖内营业网点数
高密惠民村镇银行	王国栋	李　萍	78	4
诸城建信村镇银行	鹿桂波	单连彪　毕坤明　刘建民	23	1
临朐聚丰村镇银行	张明杰	郭　志　胡义学　彭　栋	70	3
中国人保财险潍坊市分公司	李东峰	杨志勋	2970	81
太平洋财险潍坊中心支公司	陈洪英	朱继冬　卢旭辉	485	15
平安财险潍坊中心支公司	宁延庆	张清江　王　勇	313	13
天安财险保险潍坊中心支公司	侯成论	杨宏伟	435	14
大地财险潍坊中心支公司	郭少波	曾　梅　邱　强	558	12
太平财险潍坊中心支公司	张克国	刘　鹏	217	7
永安财险潍坊中心支公司	于富舜	--	129	10
中华联合财验潍坊中心支公司	崔佃军	--	758	16
阳光财险潍坊中心支公司	国　光	--	648	11
华安财险潍坊中心支公司	陶金强	范金龙	41	5
安邦财险潍坊中心支公司	尹宪凯	刘大勇	98	10
安华农业保险潍坊中心支公司	潘保华	--	149	10
永诚财险潍坊中心支公司	张德林	--	94	5
都邦财险潍坊中心支公司	蒋余波	--	20	1
渤海财险潍坊中心支公司	齐安山	孙培京	118	5
民安财险潍坊中心支公司	逄　梅	--	65	4
安盛天平财险潍坊中心支公司	宗全民	秦潍国　孙　涛　侯俊梅	40	7
中银保险潍坊中心支公司	张宝平	--	52	2
长安责任保险潍坊中心支公司	崔晓莹	--	322	9
中国人寿财险潍坊中心支公司	胡金钟	董有海	503	32
浙商财险潍坊中心支公司	徐　惠	--	147	5
英大泰和财险潍坊中心支公司	杨清明	--	46	4
华泰财险潍坊中心支公司	于吉平	--	18	2
泰山财险潍坊中心支公司	周廷泽	杜小红	105	7
信达财险潍坊中心支公司	李　勇	桑　华	282	5
安诚财险潍坊中心支公司	王军伟	张　谦	56	5
紫金财险潍坊中心支公司	吴　昊	--	41	4
中国人寿潍坊分公司	常保华	程金虎　刘遵友　郭福义　田春生	6792	14
太平洋人寿潍坊中心支公司	马希梅	吕　宏　杨金志　刘志华 王湘宁　孟凡超	4104	20
平安人寿潍坊中心支公司	王　孟	梁艳霞　荣晓燕	3842	14
泰康人寿潍坊中心支公司	刘　锋	李　旭	1906	30
新华人寿潍坊中心支公司	董林增	钟经胜	2712	15
太平人寿潍坊中心支公司	徐本君	--	669	8
民生人寿潍坊中心支公司	李建政	--	463	9
合众人寿潍方中心支公司	于红波	--	267	7
中英人寿潍坊中心支公司	卢海林	--	98	2
平安养老保险潍坊中心支公司	郑　伟	--	31	1

续表

单位名称	行长（或其他称谓的第一负责人）	副行长（或其他称谓的同级领导）	员工总数	辖内营业网点数
中宏人寿潍坊中心支公司	王　霞	--	452	2
海康人寿山东分公司潍坊营销服务部	于金丹	--	3	2
北大方正人寿潍坊营销服务部	石　萍	--	58	2
中国人民人寿潍坊中心支公司	王永泉	--	767	11
中国人民健康保险潍坊中心支公司	陶　红	葛懋忠	56	3
富德生命人寿潍坊中心支公司	历春晖	--	625	6
农银人寿潍坊中心支公司	刘永欣	韩志强	218	2
华泰人寿潍坊中心支公司	冯　波	裴永涛	361	8
陆家嘴国泰人寿山东分公司潍坊营销服务部	林飞成	蓝笃行	50	2
恒安标准人寿山东分公司潍坊营销服务部	刘敬斌	--	33	1
阳光人寿潍坊中心支公司	徐海泉	--	457	7
国华人寿潍坊中心支公司	张树富	--	103	4
中德安联人寿山东分公司潍坊营销服务部	李　政	--	106	2
长城人寿潍坊中心支公司	王学文	--	62	1
华夏人寿潍坊中心支公司	王义洲	昂春明　张香萍	374	5
百年人寿潍坊中心支公司	袁向阳	--	105	5
幸福人寿潍坊中心支公司	梁玉国	--	106	1
中意人寿潍坊中心支公司	王乔生	--	78	2
信泰人寿潍坊中心支公司	邱启灿	--	93	2
英大泰和人寿潍坊中心支公司	韩川舟	--	159	4
建信人寿潍坊中心支公司	台晓龙	--	44	2
工银安盛人寿潍坊中心支公司	张道奎	--	19	2

潍坊市金融业务统计指标

	指标（亿元）＼年度	2010	2011	2012	2013	2014	2014年同比 增加额	2014年同比 增幅（%）
银行类	本外币存款余额	3307.7	3748.88	4437.81	5059.77	5536.2	476.43	9.42
	人民币存款余额	3281.25	3706.93	4367.27	4973.91	5408.16	434.25	8.73
	单位存款	746.94	1540.10	1802.55	2099.66	2183.59	82.83	3.94
	储蓄存款	1843.79	2081.80	2450.37	2802.48	3162.31	359.83	12.84
	本外币贷款余额	2570.84	3001.53	3531.88	4005.76	4450.46	444.7	11.1
	人民币贷款余额	2514.81	2932.69	3398.51	3832.70	4162.52	329.81	8.61
	短期贷款	1350.12	1654.51	2016.35	2492.88	2731.84	240.18	9.63
	中长期贷款	1078.88	1181.44	1269.19	1435.58	1567.67	131.73	9.18
	票据融资	85.65	96.62	112.3	73.41	139.14	65.74	89.55
	当年结益	67.4	97.8	111.5	111.77	97.71	-14.06	-12.58
	不良贷款余额	32.46	21.28	30.69	35.56	66.25	31.4	88.3
	不良贷款占比%	1.26	0.71	0.87	0.89	1.49	0.62	--

续表

指标（亿元） \ 年度		2010	2011	2012	2013	2014	2014年同比 增加额	2014年同比 增幅（%）
保险类	保险公司保费收入	86.45	89.70	94.7	111.06	131.92	20.86	18.8
	财险收入	27.54	31.70	37.3	42.79	49.17	6.37	14.9
	寿险收入	58.91	58.0	57.5	68.27	82.75	14.48	21.2
	保险公司赔款和给付支出	14.98	23.6	27.4	37.37	40.38	3.01	8.1
	财险赔款	12.84	15.6	18.5	23.17	25.54	2.37	10.2
	寿险给付	2.14	8.0	8.9	14.20	14.84	0.64	4.5
	当年结益	—	—	—	—	—	—	—
证券类	证券市场成交总额	1418	1392	1043	1368	1944.8	576.8	42.16
	投资者保证金余额	17.1	16.8	17.4	—	—	—	—
	证券账户开户数（万户）	31.55	33.24	38.36	40.30	41.63	1.33	3.3
	佣金收入	3.36	2.13	1.81	2.73	2.91	0.18	6.6
	净利润	—	—	—	—	—	—	—
	期货市场成交总额	—	—	—	—	—	—	—
	期货客户保证金余额	—	—	—	—	—	—	—
	期货账户开户数	—	—	—	—	—	—	—
	期货手续费收入	—	—	—	—	—	—	—
	利润总额	—	—	—	—	—	—	—

注：证券类数据为调度数据，准确性较低。

潍坊市金融机构统计指标

指标（个） \ 年度		2010	2011	2012	2013	2014	2014年同比增幅（%）
银行类	法人机构	15	18	18	19	20	5.26
	省级分行	0	0	0	0	0	0
	二级分行	12	15	15	18	22	22.22
	县区支行	145	150	195	854	858	0.47
	分理处、营业所	962	1014	1135	498	479	-3.82
	储蓄所	11	9	5	4	4	0
	从业人员总数	19628	18423	19023	20173	20510	1.67
保险类	保险机构	271	293	316	518	500	-3.47
	财险机构	131	142	156	284	303	6.69
	省级分公司	0	0	0	0	0	—
	地市分公司	23	26	28	28	29	3.57
	县区支公司	108	116	128	256	274	7.03
	寿险机构	140	151	160	234	197	-15.81
	省级分公司	0	0	0	0	0	—
	地市分公司	23	26	30	32	33	3.13
	县区支公司	117	125	130	202	164	-18.81
	从业人员总数	30599	30823	32870	29968	33933	13.23
	财险人员	7540	7645	8283	8717	8710	-0.08
	寿险人员	23058	23178	24587	21251	25223	18.69

续表

指标（个）\年度		2010	2011	2012	2013	2014	2014年同比增幅（%）
证券类	证券机构	21	21	23	25	31	24
	证券公司	3	3	5	6	8	33.33
	证券营业部	15	15	15	16	20	25
	证券服务部	3	3	3	3	3	0
	从业人员总数	283	287	508	472	405	-14.19
	投资者开户数（户）	315670	325752	383584	403048	416305	3.29
	境内上市股票只数	15	18	20	20	20	0
	境外上市股票只数	18	19	19	19	20	5.26
	辖区上市公司总数	29	33	35	35	36	2.86

潍坊市主要金融机构业务概况

单位：亿元

单位名称	本外币存款余额	人民币单位存款	人民币储蓄存款	本外币贷款余额	人民币短期贷款	人民币中长期贷款
农发行潍坊市分行	24.15	24.07	0	183.11	52.49	124.54
工行潍坊分行	560.79	245.64	260.25	639.62	220.38	369.30
农行潍坊分行	785.25	216.39	523.65	563.93	326.98	197.06
中行潍坊分行	431.87	228.82	164.80	460.80	188.33	123.96
建行潍坊分行	517.21	209.77	279.19	465.71	116.97	309.34
邮储银行潍坊市分行	280.49	26.14	254.34	76.89	21.90	52.32
交通银行潍坊分行	185.84	117.18	41.38	139.95	84.74	48.55
华夏银行潍坊支行	34.46	29.61	4.31	29.10	14.60	11.08
招商银行潍坊分行	84.86	61.48	21.62	75.39	45.84	17.83
浦发银行潍坊分行	89.96	78.11	6.32	71.75	56.79	12.60
兴业银行潍坊分行	156.99	121.82	16.66	102.62	65.93	23.57
民生银行潍坊分行	88.64	66.51	18.91	65.07	49.57	13.55
中信银行潍坊分行	90.55	75.68	10.80	60.63	38.25	12.54
光大银行潍坊分行	11.14	7.93	1.37	6.74	4.68	0.57
恒丰银行潍坊分行	58.96	34.59	2.94	18.30	14.76	2.76
浙商银行潍坊分行	0.12	0.1	0.02	0	0	0
潍坊银行	457.87	234.09	220.72	366.73	288.71	41.52
农信社潍坊市办事处	1545.35	237.03	1296.16	1059	815.23	186.65
齐商银行潍坊分行	19.52	12.87	6.41	16.37	11.51	1.43
日照银行潍坊分行	15	13.81	1.15	9.83	9.06	0.23
东营银行潍坊分行	12.83	11.67	1.09	9.51	6.05	1.33
寒亭蒙银村镇银行	5.22	3.03	2.05	4.82	4.77	0.05
奎文中成村镇银行	0.19	0.03	0.15	0.14	0.14	0
寿光张农商村镇银行	9.16	2.94	6.23	8.13	7.53	0.60
青州中银富登村镇银行	2.91	0.69	2.22	4.22	0.18	4.04
高密惠民村镇银行	8.63	4.16	4.46	4.53	4.53	0
诸城建信村镇银行	2.51	0.95	1.56	2.68	2.54	0.13
临朐聚丰村镇银行	4.71	1.73	2.98	4.91	4.82	0.10

潍坊市各县级区域经济金融主要统计指标

名称	人口（万人）	面积（平方公里）	地区生产总值（亿元）	地区生产总值增速（%）	本外币存款余额（亿元）	储蓄存款（亿元）	本外币贷款余额（亿元）
潍城区	42.41	289	228.3	9.4	—	—	—
奎文区	45.05	88	225.5	12.2	—	—	—
坊子区	31.93	312	130.2	12.1	—	—	—
寒亭区	30.74	869	186.2	9.3	—	—	—
青州市	95.69	1561	547.94	9.2	581.90	401.57	435.49
诸城市	110.12	2168.6	705.41	9.6	502.34	315.35	459.43
寿光市	106.9	2072	762.0	8.66	732.56	406.31	673.30
安丘市	95.21	1712	270.47	9.5	307.38	230.77	236.81
高密市	88.42	1526.63	553.06	10.31	335.33	231.41	302.20
昌邑市	61.4	1582	355.96	9.2	340.07	240.86	246.95
临朐县	89.07	1831	229.03	9.2	275.03	212.19	280.79
昌乐县	62.26	1101	260.66	9.1	244.51	162.88	211.98

注：表格中有空缺是因为市辖区缺乏相关统计数据。

潍坊市（含县级）小额贷款公司机构、业务概览

单位名称	行长（或其他称谓的第一负责人）	员工总数（人）	本外币贷款余额（亿元）	人民币短期贷款（亿元）	人民币中长期贷款（亿元）
潍坊市奎文区金鼎小额贷款公司	刘元学	16	2.30	2.30	0
潍坊市潍城区鑫泰小额贷款公司	刘守吉	10	1.33	1.33	0
潍坊经济开发区财富小额贷款公司	蔡绪旺	15	0.93	0.93	0
潍坊市寒亭区企联小额贷款公司	刘玉华	7	1.17	1.17	0
潍坊市坊子区北海小额贷款公司	杜　赞	12	1.22	1.22	0
潍坊滨海裕祥小额贷款公司	孟庆升	10	1.33	1.33	0
潍坊市坊子区银鑫小额贷款公司	单恒民	7	1.09	1.09	0
潍坊高新技术产业开发区融达小额贷款公司	陈宝庆	15	1.19	1.19	0
潍坊市奎文区民兴小额贷款公司	徐鹏强	9	1.62	1.62	0
潍坊市坊子区万宝小额贷款公司	赵玉梅	10	0.10	0.10	0
潍坊市坊子区中圆小额贷款公司	刘明生	12	1.02	1.02	0
潍坊市奎文区金宝小额贷款公司	南秀霞	9	1.10	1.10	0
潍坊市奎文区汇通小额贷款公司	刘云江	9	1.17	1.17	0
寿光市华天通小额贷款有限公司	孙爱华	9	1.52	1.52	0
寿光市汇鑫小额贷款公司	李风华	12	0.29	0.29	0
寿光市嘉信小额贷款有限公司	张子标	12	1.31	1.31	0
寿光市金海小额贷款公司	王金栋	16	0.36	0.36	0
寿光市金浩小额贷款公司	刘爱武	10	1.72	1.72	0
寿光市懋隆小额贷款公司	国焕然	6	1.43	1.43	0
寿光市宗鑫小额贷款公司	李宗章	14	3.17	3.17	0
寿光市鑫润小额贷款公司	吕兴三	12	0.75	0.75	0
安丘市通源小额贷款公司	薛德山	11	1.31	1.31	0

续表

单位名称	行长（或其他称谓的第一负责人）	员工总数（人）	本外币贷款余额（亿元）	人民币短期贷款（亿元）	人民币中长期贷款（亿元）
安丘市奥信小额贷款公司	董绪林	13	1.24	1.24	0
安丘市恒安小额贷款公司	赵立群	12	1.10	1.10	0
昌乐县裕丰小额贷款公司	葛玉芳	10	0	1.2	0
昌邑市汇德小额贷款公司	高百明	22	1.05	1.05	0
高密交运小额贷款公司	李存忠	18	1.55	1.55	0
高密豪迈小额贷款公司	徐　勇	10	1.11	1.11	0
高密聚源通小额贷款公司	单联香	15	1.20	1.20	0
高密汇元小额贷款公司	李洪峰	11	1.33	1.33	0
高密金孚隆小额贷款公司	徐显俊	12	1.02	1.02	0
高密孚日小额贷款公司	徐　敏	14	2.37	2.37	0
临朐县恒丰小额贷款公司	窦立永	16	2.07	2.07	0
临朐县弘信小额贷款公司	冯利军	19	3.34	3.34	0
青州中晨小额贷款公司	王希玲	8	1.12	1.12	0
青州市博发小额贷款公司	纪凤瑞	12	2.14	2.14	0
青州市民丰小额贷款公司	徐忠利	11	1.65	1.65	0
青州市锦业小额贷款公司	孙同乐	8	1.78	1.78	0
诸城瑞信小额贷款公司	张立华	14	1.26	1.26	0
诸城恒生小额贷款公司	蒋　红	4	1.16	1.16	0
诸城得利斯小额贷款公司	于印田	7	1.10	1.10	0
诸城义和小额贷款公司	廉　礼	16	1.25	1.25	0

金融风险，牢牢守住不发生系统性、区域性金融风险的底线。一是建议市政府召开4次金融稳定会议，专门下发《完善金融风险防控机制的工作方案》，通过信贷风险防控会议、下发反洗钱、支付等业务风险提示方式，对信贷资金、金融从业人员进入民间借贷领域进行提示；二是筹备成立由10家金融机构发起的潍坊市金融消费权益保护协会，在8个县市设立办事处，并开通“12363”投诉受理电话；三是妥善化解2起区域集优票据风险和国家级农业产业化龙头企业昌乐乐港集团的银行抽贷风险。

【金融服务】　2014年，人民银行潍坊市中心支行创新支持现代农业加快发展，巩固和深化农村支付环境建设，积极拓宽金融服务领域。

一、全力支持现代农业发展。一是大力推广“订单＋信贷＋保险”的蔬菜订单融资业务，发放订单融资贷款16亿元，支持订单蔬菜生产14.7万亩；二是依托农业龙头企业和农业装备制造企业，创新开办“现代农业票据通”业务，为6家金融机构、31家农业企业办理再贴现业务96笔，金额6.3亿元；三是实施新型农业经营主体“主办行”制度，选取33个新型农业经营主体进行重点扶持，《金融时报》对金融支持家庭农场做法予以报道。

二、巩固和深化农村支付环境建设。在总结推广行政村金融基础设施全覆盖和助农取款全覆盖经验的基础上，推进实现手机支付业务行政村全覆盖，县域及以下地区手机支付用户174.7万个，用户数量居全省第1位，探索推进实现全市1.3万户新型农业生产经营主体金融机具全覆盖，实现了农村支付环境建设“四个100%目标”。

三、大力推进社会信用体系建设。一是联合有关部门修订《关于进一步加快社会信用体系建设的意见》和《潍坊市信用信息共享管理办法》；二是专门赴上海学习考察地方信用信息平台建设，积极推进建立区域农村和小微企业征信数据库建设，搭建潍坊市社会信用信息管理平台；三是加快推进6家村镇银行等地方性中小金融机构接入征信系统；四是继续拓宽信用报告批量查询覆盖面，将查询绿色通道扩展到P2P公司。

四、积极拓宽金融服务领域。一是作为全国首批金融IC卡推广应用试点城市，将金融IC卡的应用扩展至自行车、公交车和早餐车等民生项目，有关做法《金融时报》予以报道；二是继续推进计划供应与市场调剂相结合的现金供应模式，重点扶持企业达21家；三是全面开展现金清分业务外包，对行政许可、行政审批和政务服务等107项进行梳理分类；四是修订完善《综合服务大厅服务承诺》等管理办法；五是圆满完成“金融知识潍坊行”三年规划，组织开展了《征信条例》、金融消费者权益保护、反假币、反洗钱和防范打击非法集资宣传月等7个方面的宣传活动。

【金融监管】 2014年，人民银行潍坊市中心支行积极履行监督管理职能。一是完善新设金融机构开业管理流程，完成16家新设银行机构开业管理服务和68家机构综合评价工作；二是组织开展反洗钱、人民币收付、反假币、金融统计、征信等9项专业执法检查；三是加大国际收支数据申报质量和非现场监管力度；四是组织对17家银行、18家企业进行现场检查，立案查处9起，收缴罚款228.74万元。

【外汇管理】 2014年，外汇局潍坊市中心支局提升服务理念，简化业务流程，创新服务措施，有力地支持了涉外经济发展。一是围绕主体监管改革制定内部科室信息共享、外汇检查衔接规程等12项制度，探索实施银行主体管理电子信息台账、非现场监测抽检和新办业务银行跟踪辅导；二是选取50家企业实施重点企业联系制度；三是加强与政府部门合作，支持企业“走出去”。其中，助推潍柴集团境外投资规模实现全省第一的做法得到市政府领导的批示；四是帮助企业从境外融入资金29.3亿美元，是上年同期的3.7倍。

【保险业务】 2014年，潍坊市保险业健康发展，驻潍坊市级保险机构达62家。其中，财产险机构29家，人身险机构33家。县市区保险机构299家，新增15家。

【证券市场】 2014年，潍坊市资本市场发展稳定。一是康跃科技在深圳证券交易所挂牌上市，融资1.6亿元，万隆电气、胜达科技、格林监测等25家企业分别在“新三板”和齐鲁股权交易中心挂牌；二是全市共发行各类债券16只，融资140.3亿元。其中，中小企业金融专项债20亿元，短期融资券24.5亿元；可转债25亿元，可转换私募债12亿元，中小企业私募债11.3亿元，企业债18亿元，中期票据18亿元，公司债10亿元，非公开债务融资工具1.5亿元。

【金融文化建设】 2014年，潍坊市金融部门进一步加强精神文明建设。

人民银行潍坊市中心支行积极开展党的群众路线教育实践活动，中心支行机关首次被评为省级文明单位，寿光市支行被分行推荐为辖区唯一的总行先进集体，有23人次和9个集体获得总分行和市委市政府荣誉称号。农业银行潍坊分行继续保持“省级文明单位”荣誉，省级以上文明单位达到5家。潍坊银行建立职工思想职业道德讲堂，开展幸福潍坊银行创建、职工运动会、业务技术比赛、青春诗会、青年员工集体婚礼等活动。招商银行寿光支行被中国银行业协会评为2014年度“中国银行业文明规范服务千佳示范单位”。

【大事记】 1月1日 人民银行潍坊市中心支行被山东省精神文明建设委员会表彰为“2013年度省级文明单位”荣誉称号。

1月7日 由中央人民广播电台与农业银行共同主办的“广播惠农之十八届三中全会精神宣讲入乡村”系列活动首场活动在青州黄楼花卉交易市场举行。

1月10日 潍坊银行艺术品仓储库启用仪式在潍坊银行举行，成为全国首个由银行建设的专业艺术品仓储库。

1月17日 在2013年质量强省及名牌战略推进工作中，建设银行潍坊分行荣获山东省服务名牌荣誉称号，成为潍坊大型银行中唯一获此殊荣的单位。

1月20日 潍坊银行发放潍坊金融机构首笔原盐、溴素存货质押贷款。

2月27日 马涛被民生银行济南分行任命为潍坊分行行长（民银济任〔2014〕8号）。

3月13日 建设银行潍坊分行荣获建总行“2013年度房金业务营销百佳机构”荣誉称号。

4月15日 工商银行潍坊分行办理首笔小企业经营型物业贷款。

4月22日 由人民银行济南分行和潍坊市政府联合主办的跨境人民币支持现代农业国际化2014中国（寿光）国际蔬菜科技博览会政策宣讲活动周启动仪式在寿光市隆重举行。

4月24日 人民银行潍坊市中心支行向潍坊银行发放了全省首笔支小再贷款，贷款金额3亿元，期限1年，贷款利率为4%，以金融债券作质押。

4月29日 由人民银行潍坊市中心支行和青州市政府联合主办的“金城行动计划”启动仪式暨金融支持新型城镇化建设现场会在青州市隆重举行。

5月3日 农业银行青州市支行营业部被中华全国总工会授予2014年度“工人先锋号”荣誉称号。

5月17日 潍坊银行成功推出全省首笔奶牛抵押贷款，开辟了解决农民融资难问题的新渠道。

6月3日 农业银行安丘市、坊子区、昌邑市支行被农总行授予“全国农行文明单位”，诸城、高密支行被授予“全国农行精神文明建设工作先进单位”（农银党办发〔2014〕14号）

6月18日 兴业银行潍坊分行成功落地山东省第一笔公募债券。

6月20日 全国人大常委、财经委副主任委员吴晓灵一行11人到潍坊就新型农村合作金融发展情况进行调研。

7月11日 全国地方金融论坛办公室联合金融时报社到潍坊银行就支持小微企业、助推地方经济转型升级工作召开调研与专题宣传座谈会。

7月16日 农业银行山东省分行与潍坊市政府在富华大酒店签署《支持现代农业发展战略合作协议》。

7月23日 招商银行寿光支行办理济南分行第一笔“国内信用证福费廷转让理财”业务。

8月5日 人民银行副行长胡晓炼一行到潍坊银行，对信贷资产质押再贷款情况进行专题调研。

8月20日 潍坊银行发行首批小微金融专项债券20亿元，拓宽小微金融资金来源。

8月26日 人民银行潍坊市中心支行联合潍坊市人力资源和社会保障局、总工会、商务局、妇联主办，银联商务潍坊分公司承办的潍坊市首届“银商杯”收银员业务职业技能竞赛在富华国际会议中心举行。

12月31日 民生银行临朐、昌邑、安丘、寿光等支行被民生银行评为“平安银行”。

（邓大海 杨 红）

青州市

【经济金融概况】 2014年，青州市经济呈现稳中向好的发展态势，在全国县域经济基本竞争力百强县的位次上升到第69位。金融运行总体平稳，金融产业规模不断扩大，各项存贷款增长平稳，金融服务持续优化，银行融资的主渠道作用突出，涉农贷款及小微企业贷款占比均高于全国平均水平，金融对经济平稳增长和转型升级的支持作用不断深化。

【金融发展与改革】 2014年，青州市金融发展与改革取得新进展，初步形成银行、证券、保险、小额贷款公司等各类金融机构健全，组织体系完善，相互协调补充的现代金融体系。全市银行业金融机构总数达14家，营业网点154家，从业人员1865人。全年2家证券营业部新增开户1367户，同比增长27.2%，实现营业收入0.25亿元，增长35.8%。

【金融服务与监管】 2014年，人民银行青州市支行扎实履行基层央行核心职责，较好地促进了区域经济金融持续、协调、稳健发展。一是出台《金融支持新型城镇化建设实施方

青州市主要经济指标

经济指标	2013	2014	2014年同比增幅（%）	经济指标	2013	2014	2014年同比增幅（%）
土地面积（平方公里）	1561	1561	0	公共财政预算支出（亿元）	40.52	41.96	3.6
人口（万人）	95.38	95.69	0.3	全社会固定资产投资（亿元）	359.00	429.30	19.6
城镇人口（万人）	--	--	--	进出口总值（万美元）	47745	82971	73.8
乡村人口（万人）	--	--	--	出口总值（万美元）	39340	40559	3.1
地区生产总值（亿元）	504.27	547.94	9.2	实际利用外资（万美元）	4717	5035	6.7
第一产业（亿元）	47.45	49.84	3.7	社会消费品零售总额（亿元）	161.10	183.48	13.9
第二产业（亿元）	257.62	273.35	10.2	居民消费价格指数（%）	103.3	101.9	1.9
第三产业（亿元）	199.20	224.75	8.6	人均地区生产总值（元）	52869	57262	8.3
财政总收入（亿元）	71.22	78.12	9.7	城镇居民可支配收入（元）	--	--	--
公共财政预算收入（亿元）	34.30	38.09	11.0	农民人均现金收入（元）	--	--	--
财政总支出（亿元）	71.18	76.06	6.9				

青州市主要金融指标

金融指标（亿元）	2013	2014	2014年同比增幅（%）	金融指标（亿元）	2013	2014	2014年同比增幅（%）
本外币存款余额	531.11	581.90	9.6	财险收入	3.61	4.27	18.3
人民币存款余额	521.78	559.46	7.2	寿险收入	5.74	6.34	10.5
单位存款	154.04	142.65	-7.4	财险赔款	1.22	1.80	47.5
储蓄存款	348.36	400.34	14.9	寿险给付	1.26	0.84	-33.3
本外币贷款余额	397.90	435.49	9.4	当年结益	--	--	--
人民币贷款余额	372.33	394.48	5.9	证券市场交易总额	105.60	166.08	57.3
短期贷款	236.53	259.45	9.7	投资者保证金余额	0.55	0.20	-63.6
中长期贷款	133.94	129.93	-3.0	证券账户开户数	1075	1367	27.2
票据融资	1.82	4.47	145.6	证券交易佣金收入	0.18	0.23	27.8
当年结益	15.84	16.29	2.8	净利润	0.09	0.17	88.9
不良贷款余额	1.75	3.76	114.9				

青州市主要金融机构概况

单位名称	行长（或其他称谓的第一负责人）	副行长（或其他称谓的同级领导）	员工总数	辖内营业网点数
人民银行青州市支行	杨金河	高永玲 李英海 刘 敏	35	1
潍坊银监分局青州办事处	张洪波		3	1
农发行青州市支行	王建生	张连斌 张成国	21	1
工行青州支行	肖剑峰	刘 军 刘 健 李乐国 刘庆国	138	10
农行青州市支行	李少波	吴振坤 冯在瑞 赵 峰 刘 波	295	23
中行青州支行	谭炳毅	王若军 李臣伟	76	4
建行青州支行	孙欣伟	郭英健 王玉惠 王进庆 刘松之	120	8
交通银行青州支行	朱 峰	李盛男 朗 刚	21	1
民生银行青州支行	陈 亮	常 春	16	1
浦发银行青州支行	陈正海	韩克玉	13	1
兴业银行青州支行		秦晓建	18	1
齐商银行青州支行	王 颖	秦广军 庞 晶	39	1
潍坊银行青州管辖行	高永梅	田 峰	46	3
青州农商行	褚玉国	李全富 李新江 刘敬军 赵建军 王学生	922	69
邮储银行青州市支行	尹兆禄	郭江波 范夕涛	88	28
青州中银富登村镇银行	王德群	刘建业	51	3

青州市主要金融机构业务概况

单位：亿元

单位名称	本外币存款余额	人民币单位存款	人民币储蓄存款	本外币贷款余额	人民币短期贷款	人民币中长期贷款
农发行青州市支行	2.47	2.47	0	24.74	15.66	9.08
工行青州支行	52.62	20.79	29.64	44.08	13.54	30.21
农行青州市支行	121.20	24.78	82.83	71.67	40.93	23.98
中行青州支行	48.42	27.83	15.83	49.43	24.32	5.48
建行青州支行	53.68	11.54	29.97	46.41	5.92	26.60
交通银行青州支行	4.83	2.82	1.15	5.22	3.65	1.57
民生银行青州支行	4.47	1.97	2.47	5.71	5.67	0.04
兴业银行青州支行	8.30	6.34	1.91	4.20	3.94	0.26
浦发银行青州支行	1.34	1.31	0.03	2.23	2.13	0.10
齐商银行青州支行	11.53	7.62	3.90	9.48	7.46	1.08
潍坊银行	22.33	12.39	9.77	19.94	17.73	1.58
青州农商行	207.94	20.64	186.87	143.77	116.60	23.25
邮储银行青州市支行	35.21	1.45	33.76	4.38	1.73	2.65
青州中银富登村镇银行	2.91	0.69	2.22	4.22	0.18	4.04

案》；二是企业社会信用信息平台建设成效明显，全年15家平台共建单位上报8000家企业信息数据10万多条，为9家商业银行开通联网查询；三是开展“人民币流通满意工程”活动；四是推动市政府出台《金融支持花卉种苗发展的意见》，申请使用支农再贷款2.42亿元，落实新型农业经营主体“主办行”制度，实行“一对一服务”；五是组织召开“青州市手机支付暨电子商业汇票业务推进会议”；六是大力推进应收账款融资服务平台建设，促成省内首笔成交；七是规范“两管理、两综合”工作，对银行、保险、证券等金融机构进行了全面评估和综合评价；八是完善窗口服务管理，不断优化服务水平。

（刘序刚　王　波）

诸城市

【经济金融概况】　2014年，诸城市认真执行国家宏观调控政策，转方式、调结构、惠民生、促和谐，推动经济金融平稳发展。

【金融发展与改革】　2014年，诸城市金融发展与改革取得新进展，金融创新步伐不断加快，金融组织体系日益完善。一

诸城市主要经济指标

经济指标	2013	2014	2014年同比增幅（%）	经济指标	2013	2014	2014年同比增幅（%）
土地面积（平方公里）	2168.6	2168.6	0	地方财政支出（亿元）	61	63.8	4.5
人口（万人）	109.1	110.12	0.93	全社会固定资产投资（亿元）	402.42	491.6	15.8
城镇人口（万人）	--	--	--	进出口总值（万美元）	179906	191787	6.6
乡村人口（万人）	--	--	--	出口总值（万美元）	142932	162148	13.45
地区生产总值（亿元）	642.72	705.41	9.6	实际利用外资（万美元）	9024	9035	0.1
第一产业（亿元）	57.31	60.22	3.8	社会消费品零售总额（亿元）	183.83	193.30	11.8
第二产业（亿元）	367.07	392.58	10	居民消费价格指数（%）	101.7	101.4	-0.29
第三产业（亿元）	218.34	252.62	10.4	人均地区生产总值（元）	58911	64496	9.48
财政总收入（亿元）	70.00	83.01	5.1	城镇居民可支配收入（元）	--	--	--
地方财政收入(亿元)	57.09	61.72	8.11	农民人均现金收入（元）	14408	16036	11.30
财政总支出（亿元）	61.05	63.80	4.5				

诸城市主要金融指标

金融指标（亿元）	2013	2014	2014年同比增幅（%）	金融指标（亿元）	2013	2014	2014年同比增幅（%）
本外币存款余额	465.83	502.34	7.84	财险收入	2.93	4.43	51.19
人民币存款余额	456.75	486.78	6.57	寿险收入	4.92	5.96	21.14
单位存款	167.86	162.46	-3.22	财险赔款	1.2	1.99	65.83
储蓄存款	279.97	314.67	12.39	寿险给付	0.19	0.41	115.79
本外币贷款余额	401.77	459.43	14.35	当年结益	0.2	0.24	20.00
人民币贷款余额	395.27	445.34	12.67	证券市场交易总额	58.41	91.8	57.16
短期贷款	261.76	277.79	6.12	投资者保证金余额	0.49	1.4	185.71
中长期贷款	128.49	158.07	23.02	证券账户开户数	1234	1365	10.62
票据融资	4.91	7.29	48.47	证券交易佣金收入	0.09	0.1	11.11
当年结益	13.32	10.53	-20.95	净利润	0.04	0.05	28.57
不良贷款余额	2.85	--	--				

诸城市主要金融机构概况

单位名称	行长（或其他称谓的第一负责人）	副行长（或其他称谓的同级领导）	员工总数	辖内营业网点数
人民银行诸城市支行	陈关庆	王泽民　于彦昌　管延皎	30	1
潍坊银监分局诸城办事处	郑凤楼	李砚学	2	1
农发行诸城支行	许永明	孙　军　刁建华	23	1
工行诸城支行	李伟民	王海军　赵景平　屈凤奎　宋超坤　徐志杰　李　明　殷卫东	130	9
农行诸城市支行	张俊生	刘中华　谢文峰　杨炳义　张　弛	230	20
中行诸城支行	侯曰君	邵桂珠　王可强	90	4

续表

单位名称	行长（或其他称谓的第一负责人）	副行长（或其他称谓的同级领导）	员工总数	辖内营业网点数
建行诸城支行	都汝平	王　群　王晓男　郭智勇　王　臣　韩洪军	106	6
潍坊银行诸城支行	王方和	王贵河　安　娜　朱文华	57	3
诸城农商行	王学伟	孙　军　王季智　杨炳法　张维平　于云智　宿鹏群	683	47
邮储银行诸城市支行	东庆凯	辛卫国　李海港	94	24
山东诸城建信村镇银行	鹿桂波	单连彪　毕坤明　刘建民	23	1
交通银行诸城支行	姜　锐	刘荣荣　赵忠涛	18	1
兴业银行诸城支行	王占涛	宋立庆	16	1
招商银行诸城支行	朱振华	王兰祥	20	1
浦发银行诸城支行	刘　飞	王　林	15	1
民生银行诸城支行	霍　鹏	臧　磊	12	1

诸城市主要金融机构业务概况

单位：亿元

单位名称	本外币存款余额	人民币单位存款	人民币储蓄存款	本外币贷款余额	人民币短期贷款	人民币中长期贷款
农发行诸城市支行	3.75	3.75	0	29.95	9.71	20.24
工行诸城支行	50.85	22.59	25.21	63.80	27.15	34.02
农行诸城市支行	106.1	27.47	66.28	86.32	55.07	28.19
中行诸城支行	37.76	15.62	17.61	38.82	19.56	8.68
建行诸城支行	35.99	10.01	22.47	56.90	19.26	37.08
交通银行诸城支行	9.67	8.27	1.07	16.08	13.99	2.09
潍坊银行诸城支行	23.32	14.38	8.70	24.19	22.66	0.66
诸城农商行	161.52	20.17	141.06	110.24	87.29	17.44
邮储银行诸城市支行	26.02	2.23	23.79	6.19	0.52	5.66
招商银行诸城支行	10.44	7.30	3.10	8.44	7.03	1.39
兴业银行诸城支行	16.02	13.53	2.43	4.67	3.69	0.66
浦发银行诸城支行	15.01	13.87	1.11	11.14	9.29	1.84
山东诸城建信村镇银行	2.51	0.95	1.56	2.68	2.54	0.13
民生银行诸城支行	2.63	2.34	0.29	0	0	0

是全市共设立15家银行业机构、4家小额贷款公司、1家农村资金互助社，初步建立起涵盖政策性、国有大型、股份制、地方法人、新型机构等在内的多层次、广覆盖的银行组织体系；二是增加担保方式，创新表内贷款品种，规避信贷规模限制，大力发展表外业务；三是积极发展代理境外银行，实现企业跨境人民币融资。

【金融服务与监管】　2014年，诸城市一是继续实施企业重要事项变更询证备案制度，建立对企业重要事项变更的事前介入机制；二是密切关注和及时提示社会集资风险，协调金融机构防范民间资金风险；三是推动市政府出台《关于化解风险企业资金链问题的意见》、《工业企业预警机制实施办法》、《企业转贷专项资金使用管理办法》、《主要风险企业下游重点担保企业保护办法》4个意见办法，强化企业风险预警，防范化解企业担保圈风险。

（张　鹏　肖　玲）

寿光市

【经济金融概况】 2014 年，寿光市金融部门坚持稳中求进总基调，盘活存量，优化增量，积极支持经济结构调整和转型升级，全年办理跨境人民币业务 142.7 亿元，同比增长 466.4%。

【金融发展与改革】 2014 年，寿光市立足维护金融稳定，优化金融生态环境。一是制定了《多元化比例控制融资方式破解企业担保圈融资风险实施方案》；二是针对银行、企业经营中存在的不规范行为进行调查，分别向市委、市政府和潍坊市中心支行提报了《当前经济金融运行中存在的问题应高度关注》；三是积极参加金融风险的排查和处置工作；四是配合市委、市政府出台了《关于防范和化解企业金融风险确保经济金融平稳运行的意见》，设立了新型贷款过桥基金，信贷风险得到有效遏制。

寿光市主要经济指标

经济指标	2013	2014	2014 年同比增幅（%）	经济指标	2013	2014	2014 年同比增幅（%）
土地面积（平方公里）	2072	2072	0	地方财政支出（亿元）	143.8	134	-6.81
人口（万人）	105	106.9	1.81	全社会固定资产投资（亿元）	406.5	498.3	22.58
城镇人口（万人）	50.23	51.04	1.61	进出口总值（万美元）	264000	330000	25
乡村人口（万人）	54.77	55.86	1.99	出口总值（万美元）	189000	204000	7.94
地区生产总值（亿元）	701.3	762.0	8.66	实际利用外资（万美元）	19000	20000	5.26
第一产业（亿元）	86.4	91.7	6.13	社会消费品零售总额（亿元）	204.3	230.9	13.02
第二产业（亿元）	341.3	359.1	5.22	居民消费价格指数（%）	--	--	--
第三产业（亿元）	273.6	311.2	13.74	人均地区生产总值（元）	66790	71282	6.73
财政总收入（亿元）	97	107.2	10.51	城镇居民可支配收入（元）	31901	31810	-0.29
地方财政收入（亿元）	70.6	79.2	12.18	农民人均现金收入（元）	13101	16065	22.62
财政总支出（亿元）	143.8	134	-6.81				

寿光市主要金融指标

金融指标（亿元）	2013	2014	2014 年同比增幅（%）	金融指标（亿元）	2013	2014	2014 年同比增幅（%）
本外币存款余额	639.60	732.56	14.53	财险收入	5.12	5.83	13.87
人民币存款余额	618.32	701.74	13.49	寿险收入	6.63	7.74	16.74
单位存款	251.32	280.96	11.79	财险赔款	2.88	3.0	4.17
储蓄存款	352.24	405.78	15.20	寿险给付	0.39	0.5	28.21
本外币贷款余额	588.49	673.30	14.41	当年结益	7.51	10.04	33.69
人民币贷款余额	532.27	582.52	9.44	证券市场交易总额	30.28	48.89	61.46
短期贷款	376.99	408.26	8.29	投资者保证金余额	0.25	0.40	53.84
中长期贷款	153.72	170.14	10.68	证券账户开户数	13640	1500	-89
票据融资	0.70	3.45	392.86	证券交易佣金收入	0.09	0.08	-11.11
当年结益	21.45	19.98	-6.85	净利润	0.06	0.06	0
不良贷款余额	3.41	10.56	209.68				

寿光市主要金融机构概况

单位名称	行长（或其他称谓的第一负责人）	副行长（或其他称谓的同级领导）	员工总数	辖内营业网点数
人民银行寿光市支行	姜　森	翟　波　孙瑞民　张　杰	33	1
潍坊银监分局寿光办事处	李　竟	--	1	1
农发行寿光市支行	苗乃敏	孙建华　魏晓刚	20	1
工行寿光支行	张鲁生	徐庆方　王翠兰　张坤鹏 赵忠义　李林林　王龙芝	154	13
农行寿光市支行	江文胜	尹爱生　张子之　吴　华　刘继斌	321	25
中行寿光支行	郑福信	张福江　田克学	95	5
建行寿光支行	牟全义	王登祥　王宏杰　翟素莲　孙兴明	121	7
潍坊银行寿光支行	李宏光	贾晓云　张　利　韩卫国	83	3
寿光农商行	颜廷军	郎咸鹏　赵庆国　韩奎成 王晓剑　胡素霞	897	81
邮储银行寿光市支行	戴　京	孙玉成　王　啸	95	4
寿光张农商村镇银行	刘永建	王景林　孙清水　周兴江	26	3
交通银行寿光支行	王洪涛	宋晓东　谭清萍	19	1
招商银行寿光支行	张海波	李　超	22	1
兴业银行寿光支行	郭　强	田玉亮	22	1
民生银行寿光支行	李　峰	朱艳丽	44	1
浦发银行寿光支行	秦潍东	张海光　韩克民	15	1

寿光市主要金融机构业务概况

单位：亿元

单位名称	本外币存款余额	人民币单位存款	人民币储蓄存款	本外币贷款余额	人民币短期贷款	人民币中长期贷款
农发行寿光市支行	2.54	2.53	0	11.34	6.24	5.1
工行寿光支行	82.16	29.51	32.88	119.58	38.83	61.18
农行寿光市支行	134.14	39.97	84.53	98.46	74.81	17.33
中行寿光支行	64.13	42.12	13.10	95.62	39.73	5.87
建行寿光支行	48.95	26.06	21.02	55.86	17.17	29.39
潍坊银行寿光支行	27.98	20.87	6.91	35.81	31.58	3.85
寿光农商行	233.80	40.36	192.18	164.14	130.63	32.04
邮储银行寿光市支行	36.99	2.86	34.13	5.67	1.55	4.13
寿光张农商村镇银行	9.16	2.94	6.23	8.13	7.53	0.60
交通银行寿光支行	27.61	25.45	1.65	24.23	19.14	5.08
招商银行寿光支行	16.53	12.65	3.51	17.52	11.42	3.74
兴业银行寿光支行	19.30	16.67	2.54	14.58	9.14	0.51
民生银行寿光支行	10.07	5.41	4.63	4.27	4.27	0
浦发银行寿光支行	16.01	13.55	2.46	17.53	16.22	1.31

【金融服务与监管】 2014年，人民银行寿光市支行一是做好金融稳定重大事项报备工作，全年共受理重大事项报备17项，对1家新设银行机构进行了考核验收；二是对13家银行机构、19家保险机构、1家证券机构进行综合考核评价；三是先后组织了对银行机构人民币管理、反假币、助农取款服务点、支农再贷款、存款准备金、资本金结汇等8项执法检查；四是加强内控制度建设，实施依法、有效监管，维护了良好的金融秩序。

（王向明　王晓燕）

安丘市

【经济金融概况】 2014年，安丘市经济实现平稳增长，产业结构不断优化，城乡建设水平稳步提升，生态文明建设成效显著。全市金融机构紧紧围绕工业转型、现代农业发展、服务业振兴及新农村建设等产业发展重点，积极拓展融资方式，不断加大信贷投放力度，为全市经济的平稳运行提供了强有力的资金保证。

【金融发展与改革】 2014年，人民银行安丘市支行一是制定了《关于加强金融服务支持企业发展的实施意见》，引导信贷资金向重点项目、骨干企业和小微企业倾斜；二是配合市政府制定实施了《重点项目资金保障联系人工作制度》；三是推动4家涉农金融机构确立了4家新型经营主体作为重点扶持对象，并制定"一对一"金融服务方案；四是引导金融机构探索推广了"加成贷"、"准地贷"、"股权抵押"、"白酒抵押"等抵押贷款产品，积极拓宽企业融资渠道；五是推动农商行增资扩股0.36亿元，使其资本充足率提高，抵御风险能力增强。

安丘市主要经济指标

经济指标	2013	2014	2014年同比增幅（%）	经济指标	2013	2014	2014年同比增幅（%）
土地面积（平方公里）	1712	1712	0	地方财政支出（亿元）	28.77	32.27	12.2
人口（万人）	95.01	95.21	0.21	全社会固定资产投资（亿元）	202.66	235.08	16.0
城镇人口（万人）	--	--	--	进出口总值（万美元）	81546	86861	6.5
乡村人口（万人）	--	--	--	出口总值（万美元）	72472	78700	8.6
地区生产总值（亿元）	247.00	270.47	9.5	实际利用外资（万美元）	2349	608.7	-50.6
第一产业（亿元）	46.49	48.07	3.4	社会消费品零售总额（亿元）	120.9	136.4	12.82
第二产业（亿元）	108.45	120.7	11.3	居民消费价格指数（%）	--	--	--
第三产业（亿元）	92.37	101.7	10.1	人均地区生产总值（元）	26096	28408	8.86
财政总收入（亿元）	22.7	26.37	16.16	城镇居民可支配收入（元）	23619	26100	10.5
地方财政收入（亿元）	13.76	16.56	20.35	农民人均现金收入（元）	12131	13575	11.9
财政总支出（亿元）	28.77	35.45	23.22				

安丘市主要金融指标

金融指标（亿元）	2013	2014	2014年同比增幅（%）	金融指标（亿元）	2013	2014	2014年同比增幅（%）
本外币存款余额	259.80	307.38	18.31	财险收入	1.65	1.96	18.78
人民币存款余额	257.14	302.57	17.67	寿险收入	4.12	5.45	32.28
单位存款	61.09	68.52	12.16	财险赔款	0.82	1.03	25.61
储蓄存款	194.35	230.50	18.60	寿险给付	0.94	1.05	11.70
本外币贷款余额	203.37	236.81	16.44	当年结益	—	--	--
人民币贷款余额	201.46	230.88	14.60	证券市场交易总额	28.5	17.4	-38.95
短期贷款	124.99	134.52	7.62	投资者保证金余额	--	--	--
中长期贷款	72.51	88.44	21.97	证券账户开户数	13274	14646	10.34
票据融资	5.86	7.89	34.64	证券交易佣金收入	0.05	0.07	40
当年结益	7.56	8.23	8.86	净利润	--	--	--
不良贷款余额	2.36	2.5	5.93				

安丘市主要金融机构负责人

单位名称	行长（或其他称谓的第一负责人）	副行长（或其他称谓的同级领导）	员工总数	辖内营业网点数
人民银行安丘市支行	王永青	潘海平　张子程　孙远征　孙荣利	31	1
潍坊银监分局安丘办事处	魏中敏	刘金欣	3	1
农发行安丘市支行	杨新国	王凤山　祝　秀	25	1
工行安丘支行	杨维湖	常见京　周云波　张淑琴　张善平	98	5
农行安丘市支行	张文刚	李方平　王　岩　刘　鹏	227	12
中行安丘支行	刘永成	孙洪祥　王建勋	67	4
建行安丘支行	江佃伟	李　军	86	4
潍坊银行安丘市支行	李增海	李荣斌　姜　剑	47	2
安丘市农商行	岳俊强	刘际中　闫永政　林　强　尹兆法　衣光强　郭德杰　李增金	646	54
邮储银行安丘市支行	魏中华	鞠小阳	75	5
民生银行安丘支行	张瑞波	卢　新	11	1
中信银行安丘支行	李清涛	马玉舜	13	1

安丘市主要金融机构业务概况

单位：亿元

单位名称	本外币存款余额	人民币单位存款	人民币储蓄存款	本外币贷款余额	人民币短期贷款	人民币中长期贷款
农发行安丘市支行	2.09	2.09	0	10.08	2.39	7.69
工行安丘支行	29.34	11.47	16.52	38.52	12.90	24.99
农行安丘市支行	48.06	11.06	36.70	31.58	21.49	9.12
中行安丘支行	25.80	10.35	13.98	18.61	8.45	6.12
建行安丘支行	29.00	9.16	18.30	27.15	7.62	18.44
潍坊银行安丘市支行	11.88	7.23	4.59	12.42	11.11	1.31
安丘市农商行	125.60	9.16	116.25	87.00	62.74	17.14
邮储银行安丘市支行	25.08	2.12	22.97	4.63	1.30	3.33
民生银行安丘支行	3.10	2.25	0.76	2.98	2.75	0.23
中信银行安丘支行	5.42	3.62	0.44	3.84	3.78	0.06

【金融服务与监管】　2014年，人民银行安丘市支行一是建立了“政府＋公安＋金融＋社区”整体联动的工作机制，提升了反假人民币工作水平，在国务院反假办4月召开的工作会议上摘掉了“假币危害突出县”的帽子；二是通过采用差错通报、约见谈话等方式，切实加强对金融机构重大事项报告制度落实情况的监督；三是组织开展农商行支农再贷款及法定存款准备金缴存等4次执法检查；四是对全市银行业金融机构进行了2014年度综合评价。

（王全林　王炳春）

高密市

【经济金融概况】　2014年，高密市经济金融运行平稳。在全国县域经济与县域基本竞争力百强县的位次上升为第68位，连续7年跻身全国百强县。

【金融发展与改革】　2014年，高密市金融业积极转方式、调结构、促改革。一是不断加大信贷产品创新力度，努力缓解中小企业“融资难”、“融资贵”问题；二是推进续贷零等待信贷服务模式，有效防范了企业资金链断裂风险；三是与保险公司合

高密市主要经济指标

经济指标	2013	2014	2014年同比增幅（%）	经济指标	2013	2014	2014年同比增幅（%）
土地面积（平方公里）	1526.63	1526.63	0	地方财政支出（亿元）	41.89	44.20	5.51
人口（万人）	87.87	88.42	0.63	全社会固定资产投资（亿元）	337.31	416.76	23.55
城镇人口（万人）	--	--	--	进出口总值（万美元）	182735	194691	6.54
乡村人口（万人）	--	--	--	出口总值（万美元）	138940	144858	4.26
地区生产总值（亿元）	501.36	553.06	10.31	实际利用外资（万美元）	20198	21015	4.04
第一产业（亿元）	50.51	53.47	5.86	社会消费品零售总额（亿元）	139.45	159.80	14.59
第二产业（亿元）	284.02	306.28	7.84	居民消费价格指数（%）	--	--	--
第三产业（亿元）	166.83	193.32	15.88	人均地区生产总值（元）	57057	62549	9.63
财政总收入（亿元）	48.44	54.68	12.88	城镇居民可支配收入（元）	--	--	--
地方财政收入（亿元）	36.33	40.69	12.00	农民人均现金收入（元）	13136	14660	11.60
财政总支出（亿元）	41.89	44.20	5.51				

高密市主要金融指标

金融指标（亿元）	2013	2014	2014年同比增幅（%）	金融指标（亿元）	2013	2014	2014年同比增幅（%）
本外币存款余额	297.41	335.33	12.75	财险收入	3.35	3.83	14.33
人民币存款余额	294.52	329.81	11.98	寿险收入	4.39	4.84	10.25
单位存款	89.72	95.08	5.97	财险赔款	1.49	2.08	39.60
储蓄存款	202.51	231.07	14.10	寿险给付	0.31	0.27	-12.90
本外币贷款余额	260.20	302.20	16.14	当年结益	5.94	6.32	6.40
人民币贷款余额	251.82	285.68	13.45	证券市场交易总额	54.64	120.2	119.99
短期贷款	170.03	189.77	11.61	投资者保证金余额	--	--	--
中长期贷款	78.24	88.70	13.37	证券账户开户数	2200	2300	4.55
票据融资	3.49	6.95	99.14	证券交易佣金收入	--	--	--
当年结益	9.65	9.77	1.24	净利润	--	--	--
不良贷款余额	1.17	3.36	187.18				

高密市主要金融机构概况

单位名称	行长（或其他称谓的第一负责人）	副行长（或其他称谓的同级领导）	员工总数	辖内营业网点数
人民银行高密市支行	胡家顺	李卫东　于建军　鹿中虎	31	1
潍坊银监分局高密办事处	张亦兵		1	1
农发行高密市支行	李　峰	宗延波　李　妍	23	1
工行高密支行	王成华	王建波　郝万青　付　伟　王正大　潘爱琴	120	8
农行高密市支行	李　刚	夏连之　单连良　王相福　李光远　刘运华	219	17
中行高密支行	鹿治理	刘继君　邱献伟	70	3
建行高密支行	高镇滨	马克霞　宿爱丽　郑有兵	87	4
潍坊银行高密支行	姜言辉	于　江	47	2
高密农商行	朱相中	韩泓冰　李伟波　郭丽清　单既春	637	49
邮储银行高密市支行	夏增欣	赵明勇　徐　民	89	36

续表

单位名称	行长（或其他称谓的第一负责人）	副行长（或其他称谓的同级领导）	员工总数	辖内营业网点数
高密惠民村镇银行	王国栋	李　萍	78	4
交通银行高密支行	郭金鹏	李俊玲　马丽新	16	1
兴业银行高密支行	王　鹏	刘旭烨	14	1

高密市主要金融机构业务概况

单位：亿元

单位名称	本外币存款余额	人民币单位存款	人民币储蓄存款	本外币贷款余额	人民币短期贷款	人民币中长期贷款
农发行高密市支行	3.72	3.72	0	21.70	9.07	6.63
工行高密支行	31.77	10.35	17.33	43.90	17.17	24.32
农行高密市支行	49.10	6.87	41.54	36.40	19.15	15.66
中行高密支行	28.06	14.32	11.91	28.97	12.73	6.84
建行高密支行	26.69	10.71	15.05	24.64	7.39	15.46
潍坊银行高密支行	19.11	12.75	6.20	24.56	23.48	0.29
高密农商行	126.64	15.76	110.18	96.20	85.14	9.31
邮储银行高密市支行	25.02	3.39	21.63	7.72	2.73	4.99
高密惠民村镇银行	8.63	4.16	4.46	4.53	4.53	0
交通银行高密支行	3.44	2.26	0.95	8.39	3.87	4.52
兴业银行高密支行	12.62	10.80	1.82	5.19	4.51	0.67

作推出履约担保贷款，缓解了中小企业担保能力不足的问题；四是齐商银行高密支行开业、孚日小额贷款公司设立，金融体系进一步健全。

【金融服务与监管】　2014年，人民银行高密市支行金融服务质效进一步提升。一是出台《关于盘活存量优化增量，支持实体经济持续健康发展的指导意见》，贯彻落实稳健的货币政策，应对经济下行风险；二是制定《关于金融推进夏庄镇加速新型城镇化建设的意见》，积极探索金融支持新型城镇化建设模式；三是认真做好金融支持“创业促就业”工作，共帮助768名高校毕业生、下岗失业职工实现自主创业，带动4500多人实现再就业。

（郭宗才　王金堂）

昌邑市

【经济金融概况】　2014年，昌邑市以提高经济增长质量和效益为中心，坚持稳中求进、改革创新，经济持续健康发展，社会和谐稳定。金融机构认真贯彻执行国家各项宏观调控政策，不断调整信贷结构，积极防范和化解信贷风险，金融保持了平稳运行。

【金融发展与改革】　2014年，昌邑市金融机构加强对重点项目、“三农”、小微企业等重点领域和薄弱环节的信贷支持。一是继续加大信贷支农力度，累计向农信社发放支农再贷款2.18亿元；二是继续加大对重点骨干企业、民营经济、高科技

昌邑市主要经济指标

经济指标	2013	2014	2014年同比增幅（%）	经济指标	2013	2014	2014年同比增幅（%）
土地面积（平方公里）	1582	1582	0	地方财政支出（亿元）	28.3	31.16	10.1
人口（万人）	61.35	61.40	0.08	全社会固定资产投资（亿元）	237.07	284.52	15.4

续表

经济指标	2013	2014	2014 年同比增幅（%）	经济指标	2013	2014	2014 年同比增幅（%）
城镇人口（万人）	--	--	--	进出口总值（万美元）	60586	81008	33.7
乡村人口（万人）	--	--	--	出口总值（万美元）	51350	61008	16.9
地区生产总值（亿元）	326.50	355.96	9.2	实际利用外资（万美元）	6177	5838	10.7
第一产业（亿元）	34.97	36.77	3.9	社会消费品零售总额（亿元）	124.4	139.53	13.5
第二产业（亿元）	185.38	197.60	9.7	居民消费价格指数（%）	--	--	--
第三产业（亿元）	106.14	121.59	9.7	人均地区生产总值（元）	56025	57974	3.5
财政总收入（亿元）	39.18	42.66	8.9	城镇居民可支配收入（元）	15773	17145	8.7
地方财政收入（亿元）	23.39	25.2	7.7	农民人均现金收入（元）	13331	14864	11.5
财政总支出（亿元）	28.3	31.16	10.1				

昌邑市主要金融指标

金融指标（亿元）	2013	2014	2014 年同比增幅（%）	金融指标（亿元）	2013	2014	2014 年同比增幅（%）
本外币存款余额	304.01	340.07	11.86	财险收入	1.70	1.9	11.76
人民币存款余额	303.02	337.76	11.47	寿险收入	4.20	4.65	10.71
单位存款	87.16	91.55	5.04	财险赔款	0.91	0.3	-67.0
储蓄存款	210.49	240.56	42.85	寿险给付	0.25	0.79	216
本外币贷款余额	205.29	246.95	20.29	当年结益	--	--	--
人民币贷款余额	202.48	231.21	14.18	证券市场交易总额	--	--	--
短期贷款	138.52	158.31	14.29	投资者保证金余额	--	--	--
中长期贷款	56.84	62.68	10.27	证券账户开户数	--	--	--
票据融资	7.11	10.16	42.89	证券交易佣金收入	--	--	--
当年结益	5.88	7.05	33.50	净利润	--	--	--
不良贷款余额	1.28	1.78	39.06				

昌邑市主要金融机构概况

单位名称	行长（或其他称谓的第一负责人）	副行长（或其他称谓的同级领导）	员工总数	辖内营业网点数
人民银行昌邑市支行	郭　海	魏同亮　郝建芳	33	1
潍坊银监分局昌邑办事处	牟俊国		3	1
农发行昌邑市支行	李　飞	乔俊富　官秀芬	28	1
工行昌邑支行	孙善伟	赵卫升　牟新国　余洪武	92	6
农行昌邑市支行	李洪波	王焕杰　刘新春	224	17
中行昌邑支行	胡金宝	杨建波　李学明	59	4
建行昌邑支行	程建华	刘文利	75	4
潍坊银行昌邑支行	傅希宝	李晓辉　杨晓红	49	3
昌邑农商行	张有彪	徐伟民　杨旭光 孙山明　黄官杰	590	52
邮储银行昌邑市支行	岳　华	于秀芝　刘炳煜	97	4
民生银行昌邑支行	李忠波		12	1

昌邑市主要金融机构业务概况

单位：亿元

单位名称	本外币存款余额	人民币单位存款	人民币储蓄存款	本外币贷款余额	人民币短期贷款	人民币中长期贷款
农发行昌邑市支行	3.93	2.39	0	11.35	1.85	9.51
工行昌邑支行	30.42	14.79	14.86	29.09	20.28	7.72
农行昌邑市支行	59.99	16.59	43.33	40.08	31.79	6.78
中行昌邑支行	26.19	15.47	9.86	31.71	7.17	11.73
建行昌邑支行	28.64	13.48	14.08	20.65	12.46	6.68
昌邑农商行	20.21	12.34	7.63	20.32	19.42	0.52
潍坊银行昌邑支行	129.25	13.07	114.42	87.51	61.85	16.98
邮储银行昌邑市支行	37.36	2.11	35.25	4.15	1.39	2.75
民生银行昌邑支行	2.46	1.27	1.12	2.07	2.07	0

产业和个人消费的支持力度；三是继续深化金融生态环境建设，加强风险管控，切实防范和化解金融风险。

【金融服务与监管】 2014年，人民银行昌邑市支行和金融监管部门依法行政，进一步加强和深化金融监管，防范和化解金融风险，维护了辖区金融稳定。

（徐振三 孙亚梅）

临朐县

【经济金融概况】 2014年，临朐县经济稳中有进，稳中提质，运行平稳，产业结构进一步优化，各项社会事业全面进步。各金融机构贯彻落实稳健的货币政策，优化信贷结构，金融运行呈现良好态势，社会融资规模增长较快，金融对地方经济发展的保障能力明显提升。

【金融发展与改革】 2014年，人民银行临朐县支行一是在辛寨镇召开城镇化建设和金融服务座谈会，明确了信贷支持生态园区、工业园区、农业产业园区三大园区，促进财政税收增长和人口聚集，带动整体新型城镇化建设的金融支持模式；二是金融支持奶源基地建设实现了奶牛养殖业信贷模式由散户贷款到集约化信贷、养殖户权力质押信贷业务、养殖户不动产抵押向活物动产抵押、农户贷款与公司贷款的突破。

【金融服务与监管】 2014年，人民银行临朐县支行认真贯彻执行稳健的货币政策，不断加强县域金融服务与管理。一是对临朐农商行存款准备金率累计下调3个百分点，对临朐农业银行三农金融事业部执行优惠2个百分点优惠政策；二是

临朐县主要经济指标

经济指标	2013	2014	2014年同比增幅（%）	经济指标	2013	2014	2014年同比增幅（%）
土地面积（平方公里）	1831	1831	0	地方财政支出（亿元）	23.71	26.60	12.2
人口（万人）	88.21	89.07	1.0	全社会固定资产投资（亿元）	207.5	244.7	16.0
城镇人口（万人）	—	—	—	进出口总值（万美元）	32948	35156	6.7
乡村人口（万人）	—	—	—	出口总值（万美元）	24820	30776	24.0
地区生产总值（亿元）	205.55	229.03	9.2	实际利用外资（万美元）	3498	4010	14.6
第一产业（亿元）	32.66	34.41	4.0	社会消费品零售总额（亿元）	109.6	110	0.36
第二产业（亿元）	94.56	103.38	9.4	居民消费价格指数（%）	—	—	—
第三产业（亿元）	78.33	91.24	11.3	人均地区生产总值（元）	23362	25838	8.1
财政总收入（亿元）	17.59	20.16	14.6	城镇居民可支配收入（元）	20815	22945	10.2
地方财政收入（亿元）	10.39	12.31	18.5	农民人均现金收入（元）	11835	13220	11.7
财政总支出（亿元）	23.71	26.60	12.2				

临朐县主要金融指标

金融指标（亿元）	2013	2014	2014年同比增幅（%）	金融指标（亿元）	2013	2014	2014年同比增幅（%）
本外币存款余额	244.66	275.03	12.41	财险收入	1.90	2.36	24.21
人民币存款余额	243.72	273.65	12.28	寿险收入	3.86	4.39	13.73
单位存款	53.53	60.24	12.54	财险赔款	0.68	1.03	51.47
储蓄存款	186.43	212.19	13.82	寿险给付	0.30	0.34	13.33
本外币贷款余额	178.81	208.79	16.77	当年结益	--	--	--
人民币贷款余额	178.55	205.08	14.86	证券市场交易总额	12.71	35.17	176.71
短期贷款	126.58	144.74	14.35	投资者保证金余额	0	0	--
中长期贷款	49.34	60.82	23.27	证券账户开户数	2591	3755	44.92
票据融资	2.89	2.89	0	证券交易佣金收入	0.02	0.05	150.00
当年结益	6.43	7.13	10.89	净利润	--	--	--
不良贷款余额	1.50	2.72	81.33				

临朐县主要金融机构概况

单位名称	行长（或其他称谓的第一负责人）	副行长（或其他称谓的同级领导）	员工总数	辖内营业网点数
人民银行临朐县支行	井光祥	郭晗军　宗先克　何同文	35	1
潍坊银监分局临朐办事处	郭顺亮	王　涛	2	1
农发行临朐县支行	陈　军	杨　玲	20	1
工行临朐支行	王玉国	官克强　李向方　范海波　李　波	64	3
农行临朐县支行	官延庆	谢宝川　冯淑忠	153	11
中行临朐支行	潘维亭	张召群	59	4
建行临朐支行	王建强	冯恩生　韩中华　吴瑞雨　刘　波	83	4
潍坊银行临朐支行	王树军	赵传伟　王　策　于海涛	46	2
民生银行临朐支行	王德鹏	王浩然	11	1
临朐农商行	郭生业	徐　敏　刘树伟　王洪涛 陈当亭　赵玉友　张会荣	512	50
邮储银行临朐县支行	郭伟政	刘成志	79	25
临朐聚丰村镇银行	张明杰	郭　志　胡义学　彭　栋	70	3

临朐县主要金融机构业务概况

单位：亿元

单位名称	本外币存款余额	人民币单位存款	人民币储蓄存款	本外币贷款余额	人民币短期贷款	人民币中长期贷款
农发行临朐县支行	1.99	1.99	0	5.54	0.77	4.76
工行临朐支行	18.36	8.82	8.79	23.70	6.34	17.35
农行临朐县支行	38.91	10.56	27.81	19.14	9.56	9.45
中行临朐支行	21.65	8.31	12.24	19.37	13.28	5.64
建行临朐支行	22.82	8.46	14.26	23.28	7.93	15.35
潍坊银行临朐支行	15.03	9.65	5.33	19.93	17.55	2.16
民生银行临朐支行	1.81	0.63	1.10	2.79	2.79	0
临朐农商行	123.96	7.87	116.06	83.93	79.05	2.00
邮储银行临朐县支行	24.60	1.55	23.05	6.20	2.19	4.01
临朐聚丰村镇银行	4.71	1.73	2.98	4.91	4.82	0.10

加大支农再贷款支持，对农商行和临朐聚丰村镇银行支农再贷款余额分别为2亿元和0.7亿元；三是协调县农业发展银行、农业银行、邮储银行和农商行建立了“主办行”制度，每家落实1家农业龙头企业或农民专业合作社；四是对山东红叶地毯有限公司民品贴息贷款额度增加到1.8亿元；五是完成对临朐聚丰村镇银行辛寨支行、旺佳支行的开业申报；六是建立了金融机构重大事项“零报告”制度。

（白晓民）

昌乐县

【经济金融概况】 2014年，昌乐县继续实施大企业、大项目、大产业、大园区带动战略，加快转变发展方式，全力提升民生保障水平，社会持续和谐稳定。全县金融机构认真贯彻执行稳健的货币政策，不断提升金融服务水平，实现了全县经济金融协调可持续发展。

【金融发展与改革】 2014年，人民银行昌乐县支行不断深化农村金融服务体系建设，优化金融生态环境，实现了辖区农村金融服务全覆盖，并筹建了昌乐乐安村镇银行。

【金融服务与监管】 2014年，人民银行昌乐县支行不断加强对全县金融机构的管理和服务，促进金融业健康稳健运行。一是对辖区新开业迁址的金融机构进行了考核验收工作，对农信社改制商业银行进行了全面考核检查，先后组织开展对

昌乐县主要经济指标

经济指标	2013	2014	2014年同比增幅（%）	经济指标	2013	2014	2014年同比增幅（%）
土地面积（平方公里）	1101	1101	0	地方财政支出（亿元）	23.34	25.37	8.7
人口（万人）	61.80	62.26	0.7	全社会固定资产投资（亿元）	208.61	259.3	15.7
城镇人口（万人）	--	--	--	进出口总值（万美元）	184501	120748	-34.6
乡村人口（万人）	--	--	--	出口总值（万美元）	125949	76711	-39.1
地区生产总值（亿元）	238.50	260.66	9.1	实际利用外资（万美元）	4634	2120	-54.3
第一产业（亿元）	34.33	36.3	4.3	社会消费品零售总额（亿元）	94.60	106.3	12.4
第二产业（亿元）	115.22	123.00	9.9	居民消费价格指数（%）	--	--	--
第三产业（亿元）	88.93	101.4	9.7	人均地区生产总值（元）	38590	41866	8.48
财政总收入（亿元）	24.87	29.4	12.8	城镇居民可支配收入（元）	--	--	--
地方财政收入（亿元）	15.30	20.2	12.3	农民人均现金收入（元）	17618	19468	10.5
财政总支出（亿元）	21.78	26.35	20.98				

昌乐县主要金融指标

金融指标（亿元）	2013	2014	2014年同比增幅（%）	金融指标（亿元）	2013	2014	2014年同比增幅（%）
本外币存款余额	225.40	244.51	8.48	财险收入	1.43	1.56	9.09
人民币存款余额	219.65	239.44	9.00	寿险收入	2.32	2.95	27.16
单位存款	73.47	69.36	5.93	财险赔款	0.61	0.75	22.95
储蓄存款	140.16	162.69	16.07	寿险给付	0.12	0.18	50
本外币贷款余额	192.53	211.98	10.10	当年结益	--	--	--
人民币贷款余额	188.61	195.58	3.70	证券市场交易总额	33.43	44.65	33.56
短期贷款	109.40	115.71	5.77	投资者保证金余额	0.12	0.29	141.67
中长期贷款	73.31	72.70	0.84	证券账户开户数	4100	4800	17.07
票据融资	5.90	7.16	21.36	证券交易佣金收入	0.04	0.04	0
当年结益	5.41	6.30	16.5	净利润	0.005	0.015	200
不良贷款余额	3.02	2.85	-5.63				

昌乐县主要金融机构概况

单位名称	行长（或其他称谓的第一负责人）	副行长（或其他称谓的同级领导）	员工总数	辖内营业网点数
人民银行昌乐县支行	范存敬	桂　强　徐启军　张志德	23	1
农发行昌乐县支行	党永胜	张现仪　于　旭	28	1
工行昌乐支行	孙秋平	刘海峰　韩　伟　张启风　郭　强	70	4
农行昌乐县支行	史洪春	付建生　王占伟　徐美芹　林　磊	139	9
中行昌乐支行	秦维堂	钱　昌　董法政	57	3
建行昌乐支行	辛令奎	辛作庆	57	2
潍坊银行昌乐客服中心	王　伟	徐卫东　韩　瑛　杨晓红	37	2
昌乐农商行	赵连东	张华喜　李海燕　刘光富　吕永祥　邢国华　王树军	430	35
邮储银行昌乐县支行	韩海波	赵长城	29	4
中信银行昌乐支行	藤莉莉		18	1
交通银行昌乐支行	李　虹	侯　政　孟天真	17	1

昌乐县主要金融机构业务概况

单位：亿元

单位名称	本外币存款余额	人民币单位存款	人民币储蓄存款	本外币贷款余额	人民币短期贷款	人民币中长期贷款
农发行昌乐县支行	1.05	1.05	0	5.37	0.40	4.97
工行昌乐支行	24.00	9.91	11.47	31.88	12.23	17.03
农行昌乐县支行	32.44	9.10	22.63	16.58	9.76	6.75
中行昌乐支行	22.69	9.50	10.40	23.66	8.37	4.15
建行昌乐支行	20.20	11.22	8.47	35.24	9.28	25.62
潍坊银行昌乐支行	14.04	10.19	3.71	16.06	15.83	0.23
昌乐农商行	101.43	10.90	90.26	70.46	52.98	10.11
邮储银行昌乐县支行	15.59	1.27	14.32	3.50	1.24	2.26
中信银行昌乐支行	5.51	3.83	1.11	5.91	2.65	1.13
交通银行昌乐支行	3.20	2.40	0.31	3.32	2.96	0.35

统计、征信、外汇、支付结算等执法检查10次；二是坚持“一企一策”服务方式，深入开展调研；三是继续加大对法人金融机构的监管力度，促进其各项业务健康稳健运行。

（李永昌　高国文）

日　照　市

【经济金融概况】　2014年，日照市抢抓“一带一路”国家战略机遇，抓改革、稳增长、调结构、优生态、惠民生、保稳定，全市经济发展稳中有进，民生持续改善。全市实现信用总量2977.4亿元，同比增加205.4亿元，增长7.4%。

【货币政策实施】　2014年，人民银行日照市中心支行坚持贯彻稳健货币政策。一是定期召开全市金融运行形势分析会，综合运用再贷款、再贴现、差别调控等政策工具，引导信贷资金优先投向“三农”、小微企业、新兴产业等重点领域和薄弱环节；二是印发实施《关于依托港口优势推动特色金融创新发展的意见》，加快推动日照鲁南金融服务中心和区域贸易金融中心建设；三是组织开展了“金融创新奖”评选活动。

【金融稳定】　2014年，人民银行日照市中心支行一是创新

日照市经济主要统计指标

指标 \ 年度	2010	2011	2012	2013	2014	2014年同比增幅（%）
土地面积（平方公里）	5348	5348	5348	5358.57	5358.57	0
人口（万人）	287.92	289.03	288.1	290.13	293.92	1.31
城镇人口（万人）	101.57	103.04	103.22	104.10	106.69	2.49
乡村人口（万人）	186.35	185.63	184.88	186.03	187.23	0.65
地区生产总值（亿元）	1025.08	1214.07	1352.57	1500.16	1611.87	10
第一产业（亿元）	100.26	112.08	117.64	131.45	139.34	4.2
第二产业（亿元）	561.55	660.66	724.06	784.33	811.39	9.6
工业（亿元）	494.95	582.54	575.1	646.93	709.2	10.9
建筑业（亿元）	66.6	78.12	80.1	86.62	127.78	47.5
第三产业（亿元）	363.27	441.33	510.87	584.38	660.64	12
人均地区生产总值（元）	36870	43191	47851	52778	56349	9.3
地区生产总值构成（%）	100	100	100	100	100	--
第一产业（%）	9.8	9.2	8.7	8.7	8.6	--
第二产业（%）	54.8	54.4	53.5	52.3	50.4	--
第三产业（%）	35.4	36.4	37.8	39	41	
财政总收入（亿元）	349.87	510.15	701.6	834.07	829.48	-0.4
地方财政收入（亿元）	55.61	68.5	78.86	100.09	111.07	11
财政总支出（亿元）	--	--	--	--	--	--
地方财政支出（亿元）	94.83	124.35	138.02	158.24	167.77	6
全社会固定资产投资（亿元）	775.36	880.69	922.38	1069.05	1234.75	15.5
规模以上固定资产投资（亿元）	621.3	665.24	678.56	--	--	--
房地产开发（亿元）	63.33	62.9	65.99	72.04	91.93	27.6
进出口总值（亿美元）	133.14	207.57	252.5	330.39	347.69	5.2
出口总值（亿美元）	22.11	39.07	38.85	38.8	47.89	23.51
实际利用外资（亿美元）	3.49	3.8	4.21	5.30	5.73	8.1
社会消费品零售总额（亿元）	311.63	365.44	420.1	476.2	535.98	12.6
居民消费价格指数（%）	102.9	104.5	102.4	102.1	101.8	-0.3
城市居民人均可支配收入（元）	17558	20098	22817	25090	27540	9.8
农民人均纯收入（元）	7504	8756	10026	11304	12635	11.87

日照市工农业主要统计指标

农业主要统计指标（万吨）				规模以上工业企业主要统计指标（亿元）			
项目 \ 年度	2013年	2014年	增幅（%）	项目 \ 年度	2013年	2014年	增幅（%）
粮食	102.02	100.17	-1.8	工业增加值	646.93	709.2	10.9
夏粮	47.42	44.65	-5.84	国有工业	23.6	29.8	-18
秋粮	54.60	55.52	1.68	集体工业	2.03	0	--
棉花	0.2	0.23	0.8	股份制工业	473.96	524.3	13.9
油料	24.62	24.34	-1.1	股份合作制工业	1.98	2.0	0.9

续表

农业主要统计指标（万吨）				规模以上工业企业主要统计指标（亿元）			
项目 \ 年度	2013年	2014年	增幅（%）	项目 \ 年度	2013年	2014年	增幅（%）
水果	23.78	23.69	-0.4	外商及港澳台投资工业	126.26	140.6	8.9
蔬菜	112.19	112.36	0.2	轻工业	234.99	272	17.7
肉类	21.61	21.07	-0.4	重工业	411.94	437.2	5.3
禽蛋	12.2	11.8	-3.7	销售收入	2617.97	2875.73	9.2
奶类	2.18	2.46	12.8	利税	121.07	122.49	0.5
水产品	56.61	58.44	3.2	利润	75.63	83.74	9.3
森林覆盖率（%）	39.2	40.3	1.1	经济效益综合指数（%）	—	—	—

日照市主要金融机构概况

单位名称	行长（或其他称谓的第一负责人）	副行长（或其他称谓的同级领导）	员工总数	辖内营业网点数
人民银行日照市中心支行	赵　杰	尹峰世　苏　涛　刘茂伟　孙元学	169	3
日照银监分局	党明娜	罗玉民　刘兰设　于家富	34	1
农发行日照市分行	王　华	李绪光　孙海平　王宗桂	89	3
工行日照分行	房立法	贾　萍　高月日　娄　波　周　华　刘　森　丁风海　巴　超　张祥菊　王淑敏	567	20
农行日照分行	王刚胤	戴国文　张庆伟　孔令军　刘　江	1042	35
中行日照分行	徐浴泉	谢其善　史　华　杨永春　徐立军　商玉平		20
建行日照分行	刘　军	陈志诚　赵　晋　王建国　汪　忠　林凡东　舒　畅　朱风华	710	22
交通银行日照分行	任传勇	焦自钦　吕　峰	43	1
华夏银行日照分行	邵作钢	臧家胜　王海云　王大伟	49	1
浦发银行日照分行	焦　东	惠文峰	51	1
招商银行日照分行	兰冰心	安佰刚　陈　强　唐筱飞	147	6
兴业银行日照支行	孙正洪	李　宽　张　弘	66	1
日照银行	王　森	闫　鸣　高月康　焦自竺　黄　玲　王永健　袁玲玲　杨宝峰　宋　文	1679	51
农信社日照市办事处日照办事处	胡予宁	马德勤　张　立　李宗丰	2153	135
邮储银行日照市分行	王运访	张建明　郑　森　种　钢	361	77
日照沪农商村镇银行	纪洪成	薛彦铎	38	2
日照九银村镇银行	许　鑫	王均峰	87	6
莒县金谷村镇银行股份有限公司	邹方军	张治国　孙世涛	102	7
五莲中银富登村镇银行	朱云涛	郑祥明　何　峰	46	2
中国人保财险日照市分公司	郭和平	申志军　张　涛　房克旭	1153	10
中国人寿日照分公司	沈洪斌	张大海　何召理　王　林	2470	5

续表

单位名称	行长（或其他称谓的第一负责人）	副行长（或其他称谓的同级领导）	员工总数	辖内营业网点数
太平洋财险日照中心支公司	李　霞	魏　兵	523	5
太平洋人寿日照中心支公司	徐振军	徐志刚　王海霞	1150	5
平安财险日照中心支公司	李晓光	孔　杰　李　涛	270	4
平安人寿日照中心支公司	黄体昌	郑　军　费红霞	1905	6
泰康人寿日照中心支公司	贾慧芳	焦自鹏　张　河　郑　薇	1694	5
天安保险日照中心支公司	李　玲	尹德峰　栾　波	50	4
新华人寿日照中心支公司	李永乐		276	3
永安财险日照中心支公司	谭东升		90	3
大地财险日照中心支公司	曹向东	陈利军	227	6
安邦财险日照中心支公司	孙海宁	匡胜利	34	7
太平人寿日照中心支公司	李　青	孔　娜	1000	4
中华联合财险日照中心支公司	孙运磊	刘汉青　张贵东	94	5
阳光财险日照中心支公司	耿维刚	许　立　赵开明	265	5
安华农业保险日照中心支公司	李慎刚		56	1
中国人保寿险日照中心支公司	孙桂利	王　芳　岳振明	755	4
中国人寿财险日照中心支公司	王玉森	刘　伟	240	4
阳光人寿日照中心支公司	徐　阳		249	2
太平财险日照中心支公司	薄振山	申　剑	58	1
华夏人寿日照中心支公司	袁锡梅		277	2
齐鲁证券有限公司日照分公司	施凯鸣		74	5
中信证券（山东）日照北京路证券营业部	赵世军		33	1

日照市金融业务统计指标

	年度 指标（亿元）	2010	2011	2012	2013	2014	2014 年同比	
							增加额	增幅（%）
银行类	本外币存款余额	1003.2	1161.1	1469.1	1780.1	1921.5	141.4	7.94
	人民币存款余额	993.14	1147.65	1442.48	1737.54	1880.6	143.1	8.24
	单位存款	220.71	530.00	697.02	865.74	955.1	88.1	10.16
	储蓄存款	455.84	548.99	658.65	758.05	863.5	97.0	12.66
	本外币贷款余额	960.79	1107.14	1303.68	1489.45	1887.6	398.1	26.73
	人民币贷款余额	832.71	986.85	1113.89	1271.91	1558.2	286.3	22.51
	短期贷款	468.23	581.28	709.48	839.48	1023.6	184.1	21.93
	中长期贷款	332.61	360.70	353.01	387.07	489.4	102.3	26.44
	票据融资	31.60	44.62	51.12	45.03	36.9	-8.1	-18.08
	当年结益	25.84	36.71	46.86	56.04	63.5	7.5	13.38
	不良贷款余额	19.92	14.16	10.18	10.21	15.3	5.1	49.95
	不良贷款占比%	2.07	1.28	0.78	0.69	0.81	0.22	31.88
保险类	保险公司保费收入	23.62	24.47	27.11	33.35	38.33	4.98	14.94
	财险收入	9.6	10.88	12.58	15.12	17.47	2.35	15.53
	寿险收入	14.02	13.59	14.53	18.23	20.87	2.64	14.44
	保险公司赔款和给付支出	6.03	8.75	9.05	11.22	13.68	2.46	21.93

续表

指标（亿元） \ 年度		2010	2011	2012	2013	2014	2014年同比	
							增加额	增幅（%）
保险类	财险赔款	4.60	8.18	6.48	6.92	8.44	1.52	21.97
	寿险给付	0.46	0.57	2.57	4.3	5.24	0.94	21.86
	当年结益	--	--	--	--	--	--	--
证券类	证券市场成交总额	822.77	427.48	331.2	488.46	821.82	335.81	69.1
	投资者保证金余额	3.92	2.66	2.59	2.0	5.15	2.91	129.31
	证券账户开户数（户）	77271	80104	88846	141287	10673	451	4.89
	佣金收入	0.83	0.49	0.42	0.63	0.93	0.3	50
	净利润	0.47	0.24	0.28	0.32	0.54	0.23	74.36
	期货市场成交总额	135.98	172.28	412.97	1987.7	1402.73	-584.97	-29.42
	期货客户保证金余额	0.02	0.06	0.14	0.22	0.13	-0.08	-37.93
	期货账户开户数（万户）	150	209	358	457	83	-48	-36.64
	期货手续费收入	0.001	0.002	0.07	0.03	0.03	0	0
	利润总额	--	--	--	0.35	0.58	0.23	67.07

日照市金融机构统计指标

指标（个） \ 年度		2010	2011	2012	2013	2014	2014年同比增幅（%）
银行类	法人机构	6	7	8	9	9	--
	省级分行	--	--	--	--	--	--
	二级分行	7	7	9	11	11	--
	县区支行	87	92	110	114	117	2.63
	分理处、营业所	248	239	233	238	245	2.94
	储蓄所	--	--	--	--	—	--
	从业人员总数	5721	6182	6337	6833	7332	7.30
保险类	保险机构	22	23	26	30	30	--
	财险机构	14	144	16	19	19	--
	省级分公司	--	--	--	--	--	--
	地市分公司	14	14	16	19	19	--
	县区支公司	47	49	52	53	55	3.77
	寿险机构	--	--	--	--	--	--
	省级分公司	--	--	--	--	--	--
	地市分公司	8	9	10	11	11	--
	县区支公司	30	30	30	31	32	3.22
	从业人员总数	--	--	--	11272	13241	17.47
	财险人员	--	--	--	3068	3191	4.01
	寿险人员	--	--	--	9264	10050	13.34
证券类	证券机构	5	5	5	6	7	--
	证券公司	--	--	--	--	1	--
	证券营业部	5	5	5	6	6	6
	证券服务部	--	--	--	--	0	0

续表

指标（个） \ 年度		2010	2011	2012	2013	2014	2014年同比增幅（%）
证券类	从业人员总数	105	126	109	112	130	0.78
	投资者开户数（户）	77271	80104	94091	101614	105899	4.22
	境内上市股票只数	1	1	1	1	1	—
	境外上市股票只数	—	—	—	—	—	—
	辖区上市公司总数	1	1	1	2	2	—

日照市主要金融机构业务概况

单位：亿元

单位名称	本外币存款余额	人民币单位存款	人民币储蓄存款	本外币贷款余额	人民币短期贷款	人民币中长期贷款
农发行日照市分行	8.22	8.22	—	93.32	53.24	34.55
工行日照分行	147.07	68.46	62.76	305.66	132.40	129.26
农行日照分行	192.09	107.88	81.42	187.36	107.68	58.18
中行日照分行	216.85	137.46	69.12	341.47	88.97	99.53
建行日照分行	190.57	111.68	69.96	211.68	60.12	97.44
交通银行日照分行	34.28	31.25	2.30	39.48	22.36	3.08
华夏银行日照分行	15.16	13.16	1.50	8.24	5.16	0.35
招商银行日照分行	45.73	34.77	8.70	53.95	39.09	3.79
浦发银行日照分行	38.03	36.65	1.34	34.61	26.09	2.73
兴业银行日照分行	41.59	34.78	4.44	28.60	20.71	2.08
日照银行	432.06	297.26	127.11	280.79	209.86	20.13
农信社日照市办事处	386.51	42.96	343.33	263.87	234.98	24.99
邮储银行日照市分行	91.90	15.77	76.14	24.33	10.42	11.56

日照市各县级区域经济金融主要统计指标

名称	人口（万人）	面积（平方公里）	地区生产总值（亿元）	地区生产总值增速（%）	本外币存款余额（亿元）	储蓄存款（亿元）	本外币贷款余额（亿元）
东港区	89.49	1262.52	735.59	9.6	1397.1	515.5	1506.5
岚山区	42.62	778	491.52	8.4	—	—	—
莒　县	110.23	1821.1	297.80	10.0	332.8	215.0	247.5
五莲县	51.58	1496.95	200.32	10.1	191.6	130.9	133.5

日照市（含县级）小额贷款公司机构、业务概览

单位名称	行长（或其他称谓的第一负责人）	员工总数（人）	本外币贷款余额（万元）	人民币短期贷款（万元）	人民币中长期贷款（万元）
日照东港德胜小额贷款有限公司	杨　勇	8	17482	17482	—
莒县晨曦小额贷款有限公司	邵明鹏	13	33604	33604	—
日照市岚山区永铸小额贷款有限公司	徐加确	12	17517	17517	—
莒县易发小额贷款股份有限公司	武玉杰	7	36496	36496	—

续表

单位名称	行长（或其他称谓的第一负责人）	员工总数（人）	本外币贷款余额（万元）	人民币短期贷款（万元）	人民币中长期贷款（万元）
日照经济开发区宝丰小额贷款有限公司	辛为华	12	11140	11140	--
日照高新区东汇小额贷款有限公司	别成远	26	59397	59397	--
日照市东港区宝瑞小额贷款有限公司	汪　洋	10	11225	11225	--
莒县中海小额贷款有限公司	刘文国	17	17220	17220	--
五莲县银通小额贷款有限公司	冯启勇	6	13000	13000	--
日照市岚山区正昊小额贷款有限公司	郑淑胜	13	17445	16675	770
日照经济开发区健业小额贷款有限公司	王洪林	12	10425	10425	--
日照市东港区洁鑫小额贷款有限公司	林成彬	30	11125	11125	--

金融稳定评估方法，全年组织开展了3次大规模的金融风险排查活动；二是发布《日照市洗钱评估报告》，督促金融机构有效履行反洗钱义务；三是建立了债权银行联席会议、重点企业信贷风险专报等多项制度，对2家企业和1家银行分别实行金融风险监测周报或日报，并完成日照银行表外业务稳健性评估。

【金融服务】　2014年，日照市各金融部门一是印发《日照市"普惠金融惠民生"活动实施方案》，全面实施"特色金融带动发展"等五大工程；二是深化"信用日照"建设成果，带动全市社会信用体系建设跨越式发展；三是创新实施"金融惠民村居通工程"，全市符合条件的行政村和社区设立金融惠民服务站1500家；四是深化农村支付服务环境建设，加大非现金支付工具推广力度，手机支付用户达20.14万人，便民服务点3864个，实现全市行政村100%全覆盖；四是在实验高中试点推出"校园一卡通"，累计发卡1.29万张；五是成立市、县两级金融消费者权益保护组织，受理投诉咨询88起，全部办结，回访满意率为100%。

【金融监管】　2014年，面对企业流动性风险普遍加剧的严峻形势，日照市政银企紧密合作，市县两级设立18亿元过桥资金，针对重点贸易企业逐个研究制定资产债务重整及风险化解方案，使其信贷风险得到有效控制。同时，人民银行日照市中心支行加强调控管理，组织金融机构约见谈话和座谈会8次，现场核查16次。

【外汇管理】　2014年，外汇局日照市中心支局一是积极推进货物贸易、涉外主体监管等外汇重点领域改革，下放审批权限，提高效率，有效推动了贸易投资便利化；二是不断创新外汇监管手段，有效防范跨境资金流动风险；三是开展"外汇政策直通车"活动，举办大型政策通报会3场，培训人员800余人次；四是帮助日照钢铁新申请短债余额指标2000万美元，节约成本近2000万元。

【金融改革】　2014年，日照市各金融部门借助资本市场推动企业发展实现新突破。一是企业上市工作扎实推进，岚桥集团以1.77亿美元成功跨境并购澳大利亚上市公司西部能源；窝窝商城在美国纳斯达克上市进入倒计时；华慧食品2013年12月末获马来西亚证监会批文；二是"新三板"挂牌实现突破。万通液压、领信科技、文正制衣、创泽信息4家企业挂牌，领信科技成功转为做市交易，成为全省第三家实现做市交易的科技类企业；三是区域股交中心挂牌获新突破，在齐鲁股权、青岛蓝海股权、上海股权交易中心新增挂牌企业23家，全市区域性股权交易市场挂牌企业达31家。

【金融文化建设】　2014年，日照市各金融机构认真落实从严治党要求"，持续加强党建和精神文明建设：一是通过网点LED屏、海报，进机关、进社区、进乡镇，街头宣传、理财沙龙等各种形式的宣传金融知识1000余次，受众超过50万人次；二是开展"慈心一日捐"活动，组织员工参加无偿献血活动；三是开展定点帮扶爱心助学，关爱空巢老人以及慰问抗战老兵等活动；四是投入数十万元为社区"道德讲堂"购置了空调、电脑，石桌、石凳，并设立多处创城宣传牌。

【大事记】　1月15日　由金融时报社与中国社会科学院金融研究所联合举办的权威评选品牌中国金融机构金牌榜"金龙奖"在京举行颁奖典礼，日照银行获"年度最佳效益中小银行"奖。

3月29日　山东莒县农商行股份有限公司开业仪式举行。省农信社党委副书记、纪委书记孙富军，日照市委常委、常务副市长刘西良，市政府副秘书长、市金融办主任孙运锋，莒县县委书记、县人大常委会主任刘守亮，人民银行日照市中心支行行长赵杰，日照市银监分局副局长秦军，农信社日照办事处主任胡予宁等400余人参加了开业仪式。

4月2~3日　山东省政协副主席栗甲一行到建设银行日照分行、日照银行等机构进行实地考察。

4月28~29日　中国银行纪委书记张林赴中国银行莒县支行开展第二批群众路线教育实践活动调研，山东省分行何兴祥行长等陪同调研。

5 月 28 ~ 29 日　农业发展银行国际业务现场经验交流会在日照召开，总行国际业务部总经理夏文生，山东省分行副行长刘书香以及来自全国 10 个省分行的分管行长等出席会议。与会人员还考察了中粮黄海粮油工业（山东）有限公司、山东晨曦集团有限公司。

6 月 6 日　日照市金融消费权益保护协会成立大会暨第一届第一次会员大会隆重召开。会议由人民银行日照市中心支行党委副书记、副行长赵杰（主持工作）主持，日照市市委常委、市政府副市长刘西良等出席了会议。

6 月 17 日　夏耕副省长在省、市、县有关领导陪同下，到五莲农商银行考察调研。

6 月 23 日　莒县金谷银行召开股东大会，选举产生了第二届董事会，陆晓当选新一届董事长，并由董事会聘任了行长、副行长和行长助理。

7 月 10 日　人民银行日照市中心支行党委副书记、副行长（主持工作）赵杰陪同日照市委常委、市政府副市长刘西良一行到五莲县对社会信用体系建设及金融惠民村居通工程进行调研。市政府副秘书长、金融办主任孙运锋、市政府副秘书长朱传勉、五莲县政府领导及市发展改革委、财政局、金融办、银监分局等有关负责同志陪同调研。

7 月 31 日　王运访任邮储银行日照市分行行长。

8 月 15 日　由《当代金融家》杂志社、刘鸿儒金融教育基金会主办的“2014 年中国中小银行发展高峰论坛暨第三届最佳中小银行评选颁奖典礼”在京举行，日照银行获“2013 年度最佳中小银行最具市场竞争力奖”。

8 月 15 日　工商银行日照分行成功为日照岚桥集团有限公司办理收购澳大利亚公司股权的跨国并购业务，并为其发放并购贷款 7400 万美元。这是山东省首家私人企业跨国并购贷款。

8 月 21 日　人民银行金融消费权益保护局局长焦瑾璞、副局长孙天琦到人民银行日照市中心支行调研指导工作。

9 月 10 日　人民银行济南分行党委书记、行长杨子强一行到日照市中心支行宣布决定，任命赵杰为日照市中心支行党委书记、行长兼外汇局日照市中心支局局长。

9 月 16 日　工商银行山东省分行副行长夏侯静波宣布决定：房立法任日照分行党委书记，主持全面工作，贾萍改任资深经理。

9 月 29 日　日照岚山农村商业银行股份有限公司举行开业仪式。省农信社副主任于富海，日照市政府副秘书长、金融办主任孙运锋，岚山区长张桂伟，农信社日照办事处主任胡予宁出席仪式并启动开业水晶球。

9 月 30 日　根据（鲁农发银党〔2014〕58 号、鲁农发银任〔2014〕38 号）文，王华任农业发展银行日照市分行党委书记、行长。

10 月 21 日　建设银行日照分行被总行授予“文明单位”称号（建党发〔2014〕11 号）。

10 月 23 日　招商银行青岛分行行长到日照分行召开干部大会，宣布兰冰心任日照分行党委书记。

10 月 27 日　华夏银行以华银发〔2014〕580 号文，解聘华卓华夏银行日照分行行长职务。华夏银行青岛分行以华银青党发〔2014〕19 号文，任邵作钢为华夏银行日照分行总支部委员会书记。

11 月 23 日　交通银行山东省分行决定聘任任传勇为日照分行行长，解聘王洁日照分行行长职务（交银鲁任〔2014〕55 号）。

12 月 28 日　工商银行莒县支行营业室被中国银行业协会授予“2014 年度中国银行业文明规范服务千佳示范单位”称号，同时被命名为“中国银行业文明规范服务五星级营业网点”。

（丁　文）

莒　县

【经济金融概况】　2014 年，莒县存贷款等主要金融指标继续保持快速增长的势头。从存款结构来看，个人存款拉动存款增长；从贷款期限结构来看，短期贷款与中长期贷款高速增长，为当地经济发展提供了重要支撑。

【金融发展与改革】　2014 年，人民银行莒县支行通过制定下发《关于开展金融支持现代农业示范区建设年活动指导意见》、召开金融形势分析会、开展金融产品创新等方式，引导银行机构科学执行稳健货币政策，在做好对骨干企业和中小企业信贷服务的同时，积极支持现代农业示范区建设活动，支持莒县建成了国家级现代农业示范区。

【金融服务与监管】　2014 年，人民银行莒县支行坚持管理

莒县主要经济指标

经济指标	2013	2014	2014 年同比增幅（%）	经济指标	2013	2014	2014 年同比增幅（%）
土地面积（平方公里）	1821	1821	--	地方财政支出（亿元）	26.38	33.93	28.62
人口（万人）	108.32	110.23	1.76	全社会固定资产投资（亿元）	169.5	198.07	16.86
城镇人口（万人）	11.19	11.99	7.15	进出口总值（万美元）	622995	646598	3.79
乡村人口（万人）	97.13	98.24	1.14	出口总值（万美元）	31824	37940	19.22

续表

经济指标	2013	2014	2014 年同比增幅（%）	经济指标	2013	2014	2014 年同比增幅（%）
地区生产总值（亿元）	272.13	297.80	9.43	实际利用外资（万美元）	9215	3107	-66.28
第一产业（亿元）	41.37	44.52	7.61	社会消费品零售总额（亿元）	118.51	133.54	12.68
第二产业（亿元）	128.52	131.22	2.10	居民消费价格指数（%）	—	—	—
第三产业（亿元）	102.24	122.06	19.39	人均地区生产总值（元）	25180	30750	22.12
财政总收入（亿元）	30.36	34.32	13.04	城镇居民可支配收入（元）	21243	23334	9.84
地方财政收入（亿元）	9.28	11.41	22.95	农民人均纯收入（元）	10809	12089	11.84
财政总支出（亿元）	29.86	33.93	13.63				

注：莒县无经济指标“农民人均现金收入”，改为“农民人均纯收入”。

莒县主要金融指标

金融指标（亿元）	2013	2014	2014 年同比增幅（%）	金融指标（亿元）	2013	2014	2014 年同比增幅（%）
本外币存款余额	311.08	332.83	6.99	财险收入	—	—	—
人民币存款余额	301.17	329.06	9.26	寿险收入	—	—	—
单位存款	114.33	114.11	-0.19	财险赔款	—	—	—
储蓄存款	181.90	213.17	17.19	寿险给付	—	—	—
本外币贷款余额	192.94	247.55	28.30	当年结益	—	—	—
人民币贷款余额	164.11	209.19	27.47	证券市场交易总额	32.70	44.30	35.47
短期贷款	129.59	161.41	24.55	投资者保证金余额	0.16	0.41	156.25
中长期贷款	33.76	46.70	38.33	证券账户开户数	917	806	-12.10
票据融资	0.69	1	44.93	证券交易佣金收入	0.05	0.08	60.00
当年结益	6.27	6.90	10.05	净利润	0.01	0.04	300.00
不良贷款余额	0.90	1.52	68.89				

莒县主要金融机构概况

单位名称	行长（或其他称谓的第一负责人）	副行长（或其他称谓的同级领导）	员工总数	辖内营业网点数
人民银行莒县支行	孙东明	杜家强　庞尊臣	21	1
农发行莒县支行	李学民	何茂远　刘相周	20	1
工行莒县支行	王丽红	张廷钊　陈淑俊 董　耀　王希利	58	3
农行莒县支行	王忠营	战仁国　刘汉钦 郑德志　陆　洋	154	8
中行莒县支行	王昀柏	张元真　董　磊	60	3
建行莒县支行	张　雁	段福禛　周　磊	53	2
日照银行莒县支行	张念峰	李金宝　张亮三　牟　峰	64	3
莒县农商行	商庆收	魏宗京　刘振华　张　勇 王贵文　王建国	657	40
邮储银行莒县支行	厉彦军	徐伟燕	180	25
莒县金谷村镇银行	邹方军	张治国　孙世涛　赵　烨	102	7
招商银行莒县支行	孙运江	席海英	30	1

莒县主要金融机构业务概况

单位：亿元

单位名称	本外币存款余额	人民币单位存款	人民币储蓄存款	本外币贷款余额	人民币短期贷款	人民币中长期贷款
农发行莒县支行	3.37	3.37	--	4.31	3.19	0.12
工行莒县支行	23.08	10.88	10.61	51.06	31.37	17.45
农行莒县支行	33.55	14.11	19.42	18.73	6.49	2.84
中行莒县支行	37.76	23.34	11.65	42.80	18.93	7.93
建行莒县支行	24.50	17.19	7.11	20.70	7.39	6.23
日照银行莒县支行	33.96	22.79	11.06	23.58	18.64	1.16
莒县农商行	130.36	11.95	118.31	80.47	70.24	10.23
邮储银行莒县支行	34.94	4.04	30.91	1.71	1.01	0.69
莒县金谷村镇银行	10.00	6.43	3.57	4.05	4.01	0.04
招商银行莒县支行	0.54	--	0.54	0.13	0.13	--

与服务有机结合，大力推进发展普惠金融。一是督促金融机构优化服务环境，改善服务质量；二是深化农村支付环境建设，提升农村地区金融服务水平；三是加强现金管理，净化人民币流通环境；四是普及金融知识宣传，保护金融消费者权益。

（黄甫昌　刘印杰）

五莲县

【经济金融概况】　2014年，五莲县优化信贷结构，加大对“三农”、小微企业、战略性新型产业、现代服务业、科技自主创新领域、重点领域和薄弱环节的支持力度，合理把握信贷投放节奏，保持信贷供给和社会融资规模的合理增长。

【金融发展与改革】　2014年，人民银行五莲县支行一是引导各金融机构加大创新力度，深入推进财政增信优惠贷、城乡小额贷款保证保险等创新业务，继续推进钢结构、采矿权、园区土地租赁权和大锯指标使用权抵押等业务；二是依托农商行设立3亿元“中小企业续贷周转金”，为贷款即将到期而暂时出现还贷困难的中小微企业提供偿还银行贷款的短期资金支持；三是组织县域金融机构签订《银行业服务实体经济联盟自律协议》；四是探索设立小微企业主办银行制度，牵头潜力型小微企业与银行签订协议。

【金融服务与监管】　2014年，“信用五莲”试点取得显著成

五莲县要经济指标

经济指标	2013	2014	2014年同比增幅（%）	经济指标	2013	2014	2014年同比增幅（%）
土地面积（平方公里）	1497	1497	--	地方财政支出（亿元）	19.89	22	10.60
人口（万人）	51.5	51.5	--	全社会固定资产投资（亿元）	102.77	120.4	17.15
城镇人口（万人）	17.3	15.16	-12.37	进出口总值（万美元）	47700	89200	87
乡村人口（万人）	34.2	36.34	6.3	出口总值（万美元）	22400	24400	8.92
地区生产总值（亿元）	180.41	200.32	11.04	实际利用外资（万美元）	329	69.1	-79
第一产业（亿元）	19.32	20.95	8.44	社会消费品零售总额（亿元）	59.7	67.3	12.73
第二产业（亿元）	111.44	122.69	10.09	居民消费价格指数（%）	--	--	--
第三产业（亿元）	49.65	56.68	14.16	人均地区生产总值（元）	36815	38897	5.66
财政总收入（亿元）	11.95	10.06	-15.81	城镇居民可支配收入（元）	--	--	--
地方财政收入（亿元）	7.85	9.86	25.6	农民人均现金收入（元）	10829	12135	12.06
财政总支出（亿元）	35	21.29	39.17				

五莲县主要金融指标

金融指标（亿元）	2013	2014	2014年同比增幅（%）	金融指标（亿元）	2013	2014	2014年同比增幅（%）
本外币存款余额	173.23	191.59	10.60	财险收入	0.51	0.66	29.41
人民币存款余额	172.98	191.26	10.57	寿险收入	0.78	0.39	-50
单位存款	47.16	51.70	9.63	财险赔款	0.29	0.25	-13.79
储蓄存款	112.78	130.86	16.03	寿险给付	0.35	0.22	-37.14
本外币贷款余额	111.06	133.52	20.22	当年结益	—	—	—
人民币贷款余额	111.06	132.72	19.50	证券市场交易总额	—	—	—
短期贷款	84.53	97.40	15.23	投资者保证金余额	—	—	—
中长期贷款	21.07	28.95	37.40	证券账户开户数	—	—	—
票据融资	5.47	4.32	-21.02	证券交易佣金收入	—	—	—
当年结益	--	--	--	净利润	—	—	—
不良贷款余额	1.70	1.75	2.94				

五莲县主要金融机构概况

单位名称	行长（或其他称谓的第一负责人）	副行长（或其他称谓的同级领导）	员工总数	辖内营业网点数
人民银行五莲县支行	司斌涛	高　飞　张　华	21	1
农发行五莲县支行	翟玉金	高曰笑　郑俊生	22	1
工行五莲支行	秦　勇	王富青　管成龙	49	3
农行五莲县支行	王加珂	崔亚林　戚　峰　王培军	97	5
中行五莲支行	李善民	段博文　王宗生	53	2
建行五莲支行	张京光	李公湖	44	2
五莲县日照银行	娄元新	宋作峰	54	4
五莲农商行	陈修善	刘峰生　张成富　李世祥 鲁　中　陈　坤　徐茂德	475	27
邮储银行五莲县支行	王新慧	吉少民	14	2
五莲村镇银行	朱云涛	何　峰　郑祥明	45	2

五莲县主要金融机构业务概况

单位：亿元

单位名称	本外币存款余额	人民币单位存款	人民币储蓄存款	本外币贷款余额	人民币短期贷款	人民币中长期贷款
农发行五莲县支行	1.72	1.72	0.00	3.85	1.60	1.85
工行五莲支行	14.99	3.09	11.33	9.28	5.47	3.79
农行五莲县支行	17.78	5.00	12.74	23.71	20.43	2.95
中行五莲支行	18.20	9.06	8.91	12.80	8.69	0.79
建行五莲支行	13.37	8.02	5.35	13.40	5.13	8.27
五莲日照银行	20.34	13.62	6.59	14.51	13.66	0.85
五莲农商行	76.86	7.77	69.06	52.75	40.75	8.09
邮储银行五莲县支行	17.88	2.56	15.31	1.34	0.69	0.66
五莲村镇银行	2.08	0.67	1.41	1.89	0.18	1.71

效。一是召开了全县金融系统支持"国家级信用试验区"建设现场会；二是印制了宣传挂历并编制《信用手册》，通过学校、乡镇等渠道发放到全县各户百姓手中。

（刘善国）

第十一部分

区域性金融运行报告
——鲁北地区

东 营 市

【经济金融概况】 2014年,东营市银行业紧紧围绕“黄蓝”国家战略实施和“一个龙头、三个增长极”战略发展布局,认真贯彻落实稳健货币政策,扩大信贷投放,不断加大对实体经济的支持力度,全年金融运行呈现平稳健康发展态势。

【货币政策实施】 2014年,人民银行东营市中心支行认真贯彻落实稳健货币政策,不断强化“窗口指导”,增强基层货币政策调控的灵活性、针对性和有效性,引导辖内金融机构信贷投放合理适度增长,支持地方经济的快速发展。

一、畅通货币信贷政策传导渠道。一是制定并印发了《关于支持全市经济转型升级和提质增效的意见》,引导金融机构进一步优化信贷结构,规范金融业务发展;二是定期召开各行(社)行长、分管行长、信贷科长以及政府有关部门参加的全市信贷调度会、金融运行通报会、货币信贷运行分析会、法人机构座谈会、约见谈话座谈会,传达货币信贷政策意图,并有针对性提出意见建议。

二、加强与市人社局、财政等部门的沟通协调,全面落实省财政厅、人社厅、人民银行济南分行三部门下发的《山东省小额担保贷款风险管理暂行办法》和《关于进一步推进小额担保贷款工作的通知》,引导金融机构按照新办法不断扩大小额担保贷款发放规模。按照市委、市政府的要求,协助制定了《东营市银行业机构服务地方经济社会发展情况年度综合评价办法》,并结合央行职责履行,承担部分评价考核工作。

三、落实分行法人机构差别准备金动态调整政策。针对辖内信贷投放机构之间不平衡性问题,按照人民银行济南分行要求,对莱商村镇银行、东营银行、胜利农村合作银行进行了信贷投向现场核查;并对投放不足的垦利农商行、河口农商行、乐安村镇银行等3家机构负责人进行了约见谈话,督促其创新产品服务,进一步加大对小微企业和“三农”等实体经济的信贷投放。

四、继续深化银企合作。一是联合市发展改革委召开了全市重点项目推介会,推介重点项目92个;联合市金融办召开互联网银企洽谈会,推介项目236个;二是引导东营银行召开小微企业银企洽谈会等10余次银企对接活动,深化了银企合作;三是完善银企合作按月调度制度,确保上报的银企合作资金落实情况。

【金融稳定】 2014年,人民银行东营市中心支行以重大事项报备制度为切入点,以金融风险监测系统为抓手,系统评价银行业的风险状况,进一步加大风险监测力度,稳步推进辖区金融改革,切实维护了辖区经济金融的健康运行。

一、金融稳定工作系统不断完善。一是完善与统计局、经贸委、外经贸局、发展改革委地方经济管理综合部门、金融监管部门、财税部门的协调机制;二是认真落实金融稳定约见谈话制度,及时向辖内法人机构作出风险提示,提出经营建议;三是完善辖内法人金融机构日常风险监测月报制度,同时加强对本地区法人金融机构的风险监测分析,密切关注银行业金融机构资产质量变化、流动性风险状况,及时发现金融运行中的潜在风险。

二、加强对重要经济实体和重点领域的风险监测和排查。一是加强对上市公司的监测分析;二是对授信额度大的大型企业集团实施定点监测;三是组织开展地方金融风险排查,重点对企业担保圈和资金链进行了全面摸排,防止出现大规模的资金链断裂风险。同时加强与地方政府及金融监管部门的风险信息共享,推动其加强区域金融风险防范处置,积极优化金融生态环境,切实防范系统性、区域性金融风险。

【金融服务】 2014年,人民银行东营市中心支行金融服务创新亮点突出,得到党委、政府及社会各界充分肯定。一是开展了“征信知识讲堂”、“青春文明乡村行”等宣传服务活动;二是选派优秀年轻干部到县级团委挂职,组建巾帼创业金融服务团,积极支持辖区农村妇女、青年创业,累计发放妇女低息贷款1.32亿元,发放各类青年创业贷款1.5亿元;三是实现了金融IC卡在全省地市级公交领域应用的首个突破;四是深入推进农村支付环境建设,推广电子商业汇票及支票授信业务,不断加强非金融支付服务属地监管和空头支票打击力度,顺利上线支付信息统计分析系统,扎实做好ACS推广运行工作;五是深入开展优化现金流通环境和残损人民币回收突破年活动,建立了银行业金融机构反假货币联络机制,全面提升金融机构假币监测、预警和防控能力;六是正式启用“国家金库东营农业高新技术产业示范区支库”,国库直接支付工作取得新进展;七是成立了信贷资产质押试点工作领导小组暨内部评级委员会,并作为全省3家试点地市之一,完成了东营银行信贷资产质押试点工作,为其争取支小再贷款6亿元;八是大力宣传引导企业直接融资方式,拓宽企业融资渠道,全年共发行短融及中期票据94亿元,其额度是上年的1.37倍,位居全省前列;九是做好跨境贸易人民币结算工作,前11个月共办理跨境人民币业务金额1326亿元,业务量居全省第二位,人民币结算占全市涉外收支的比例超过60%,占比居全省第1位,累计为涉外企业节省财务成本约22亿元。

【金融监管】 2014年,金融监管部门紧紧围绕“防风险、促改革、强服务、抓管理”的思路,积极谋划和推进各项监管工作,取得了显著成效。

一、坚持底线思维,突出重点领域,维护良好金融大局。一是以贷款余额20亿元以上的大型客户为基础,组建了11家债

东营市经济主要统计指标

指标＼年度	2010	2011	2012	2013	2014	2014年同比增幅（%）
土地面积（平方公里）	7923.3	7923.3	8243.2	8243.2	8243.2	--
人口（万人）	184.9	186	185.45	208.49	209.91	0.68
城镇人口（万人）	80.9	81	80.38	--	--	--
乡村人口（万人）	104	104.9	105.07	112.6	--	--
地区生产总值（亿元）	2359.6	2676.4	3000.66	3250.2	3430.49	10
第一产业（亿元）	87.4	99.2	104.34	117.19	123.99	4
第二产业（亿元）	1712.2	1914.8	2126.02	2258.42	2345.08	10.5
工业（亿元）	1612	1801.1	2007.59	2130.65	2233.76	10.7
建筑业（亿元）	100.2	113.7	118.43	127.77	111.33	6.3
第三产业（亿元）	560.4	662.4	770.3	874.59	961.42	9.2
人均地区生产总值（元）	127638	130811	145395	155892	163427	4.8
地区生产总值构成（%）	100	100	100	100	100	--
第一产业（%）	3.7	3.7	3.48	3.61	3.61	0.12
第二产业（%）	72.6	71.6	70.85	69.49	68.36	-1.6
第三产业（%）	23.8	24.8	25.67	26.91	28.03	4.1
财政总收入（亿元）	395.6	500	571.29	561.76	--	--
地方财政收入（亿元）	104.9	135.3	158.71	183.79	206.24	12.2
财政总支出（亿元）	142.1	179.8	208.4	232.25	241.36	3.9
地方财政支出（亿元）	142.1	179.8	208.4	232.25	241.36	3.9
全社会固定资产投资（亿元）	1349	1574.4	1963	2332.13	2708.2	16.1
规模以上固定资产投资（亿元）	1185.1	1324	--	--	--	--
房地产开发（亿元）	100.3	122.9	147.75	175.76	198.45	12.9
进出口总值（亿美元）	79.6	102.2	123.7	131.48	132.56	4.1
出口总值（亿美元）	27.6	43.6	49.83	58.03	60.95	5.1
实际利用外资（亿美元）	2.1	1.4	1.6	--	--	--
社会消费品零售总额（亿元）	382.4	448.9	516.08	585.56	659.06	12.6
居民消费价格指数（%）	102.3	104.4	102.4	102	101.4	-0.59
城市居民人均可支配收入（元）	23795	27343	30952	33983	36940	8.7
农民人均现金收入（元）	8427	10025	11489	13000	14456	11.2

东营市工农业主要统计指标

农业主要统计指标（万吨）				规模以上工业企业主要统计指标（亿元）			
项目＼年度	2013年	2014年	增幅（%）	项目＼年度	2013年	2014年	增幅（%）
粮食	72.31	93.61	29.5	工业增加值	--	--	11.4
夏粮	34.1	41.02	20.3	国有工业	--	--	-5.8
秋粮	38.21	52.59	37.6	集体工业	--	--	-6.8

续表

农业主要统计指标（万吨）				规模以上工业企业主要统计指标（亿元）			
项目 \ 年度	2013年	2014年	增幅（%）	项目 \ 年度	2013年	2014年	增幅（%）
棉花	9.54	11.55	21	股份制工业	--	--	9.9
油料	0.27	0.35	28.6	股份合作制工业	--	--	-100
水果	13.01	18.45	41.8	外商及港澳台投资工业	--	--	21.7
蔬菜	145.91	137.16	-6	轻工业	--	--	--
肉类	27.55	27.55	23.31	重工业	--	--	11.5
禽蛋	13.1	13.1	12.74	销售收入	11793.12	12297.53	14.4
奶类	18.71	18.71	23.3	利税	1937.17	1367.96	--
水产品	52.09	52.09	55.18	利润	1236.61	997.36	--
森林覆盖率（%）	--	--	--	经济效益综合指数（%）	--		--

东营市主要金融机构概况

单位名称	行长（或其他称谓的第一负责人）	副行长（或其他称谓的同级领导）	员工总数	辖内营业网点数
人民银行东营市中心支行	徐小林	李　刚　岳　弘　李永清　梁久科　段作强	240	4
东营银监分局	于树明	王百春　张洪恩　杜明洁　宋维哲	59	1
农发行东营市分行	段宗臣	陈　军　孙振亭	130	5
工行东营分行	刘爱峰	王英利　杨仕华　张金清　任德富　牛明贤　谭映峰　李　琰	1061	57
农行东营分行	刘剑波	李宗海　韩怀德　王东风　董月民　刘明鹤	1025	59
中行东营分行	孟　斐	朱　兵　王青华　李　恒	671	26
建行东营分行	王广升	田　青　李华东　张建平　李发新	1005	47
交行东营分行	苏兴越	史晓杰　丛　林　张德彪	64	2
东营银行	石子强	袁学军　高树松　王希凯　王乃军　付光远　张爱民	881	35
邮储银行东营市分行	许同博	宋道峰　刘彦军	489	81
东营市农村合作机构	高传星	张德兵　高　平　王鹏兰　魏　民	1971	174
恒丰银行东营分行	王　刚	张启新　郭　虎	98	3
华夏银行东营分行	刘国辉	杨　坤　刘　光　李龙吉　刘　峰	80	3
中信银行东营分行	毕新宇	韩学斌　康立博　黄　涛　徐　明	157	5
招商银行东营分行	郑　玲	张广信　牟德华	102	4
民生银行东营分行	尚永兴	张晓东　印振学	122	4
浦发银行东营分行	李华堂	边盛强　贾国良　刘功业	101	3
青岛银行东营分行	王鹏华	刘元华　冯勋斌　郭　鹏	120	3
光大银行东营分行	杨　林	吕景峰　王守奇	72	2

续表

单位名称	行长（或其他称谓的第一负责人）	副行长（或其他称谓的同级领导）	员工总数	辖内营业网点数
齐商银行东营分行	李　庆	王建平　陈永顺　孙　刚	135	3
兴业银行东营分行	任　波	何　路　王树青	74	1
莱商村镇银行	李敏实	李翠芳　刘汉忠　范水波 丁　娜　吴术华	274	18
乐安村镇银行	吴海滨	孙怀华　李跟锋	42	3
梁邹村镇银行	张　立	高　峰　成玉环	30	3
融和村镇银行	利永辉	谭晓军　王文海	40	1
人保财险东营市分公司	李亚力			
平安财险东营中心支公司	李昆明			
太平洋财险东营中心支公司	赵寿青			
天安财险东营中心支公司	李　锋			
大地财险东营中心支公司	刘修顺			
永安财险东营中心支公司	崔玉东			
中华联合东营中心支公司	王本文			
阳光财险东营中心支公司	杨庆华			
安邦财险东营中心支公司	张艳霞			
渤海财险东营中心支公司	冯文庆			
都邦财险东营中心支公司	杨宝文			
永诚财险东营中心支公司	孙玉伟			
民安财险东营中心支公司	李剑嵩			
国寿财险东营中心支公司	陈忠明			
浙商财险东营中心支公司	于秀莉			
天平汽车东营中心支公司	赵志波			
中国人寿东营分公司	许金荣			
平安人寿东营中心支公司	温玉明			
太平洋人寿东营中心支公司	李　涛			
泰康人险东营中心支公司	李志强			
新华人寿东营中心支公司	任国斌			
太平人寿东营中心支公司	傅春华			
合众人寿东营中心支公司	汤学锋			
嘉禾人寿东营中心支公司	臧秀红			
人民人寿东营中心支公司	姚丽丽			
阳光人寿东营中心支公司	赵鸣龙			

续表

单位名称	行长（或其他称谓的第一负责人）	副行长（或其他称谓的同级领导）	员工总数	辖内营业网点数
国华人寿东营中心支公司	李振合			
华泰人寿东营营销服务部	鲍　凯			
生命人寿东营中心支公司	王　军			
齐鲁证券东营济南路证券营业部	董典波			
广发证券东营济南路证券营业部	徐超平			
中信万通证券东营营业部	高长青			

东营市金融业务统计指标

指标（亿元） \ 年度		2010	2011	2012	2013	2014	2014年同比	
							增加额	增幅（%）
银行类	本外币存款余额	1580.20	1927.70	2394	2848	3300.09	452.09	15.87
	人民币存款余额	1567.10	1904	2348.90	2789.30	3207.40	418.10	14.99
	*单位存款	420.10	1048.40	1368.30	1632.80	1911.36	278.56	17.06
	储蓄存款	703.10	789.90	946.60	1051.30	1185.04	133.74	12.72
	本外币贷款余额	1189.50	1439.60	1806	2161.30	2600.04	438.74	20.30
	人民币贷款余额	1148.10	1390.90	1748.40	2089.60	2523.78	434.18	20.78
	短期贷款	763	950.20	1318.70	1497.90	1773.73	275.83	18.41
	中长期贷款	364.80	399.90	448.40	558.90	709.74	150.84	26.99
	票据融资	20.30	40.40	37.90	32.40	10.40	-22	-67.90
	当年结益	--	--	--	--	--	--	--
	不良贷款余额	9.20	12	11.60	10.90	9.89	-1.01	-9.27
	不良贷款占比%	1.30	0.90	0.60	0.50	0.38	-0.12	-24
保险类	保险公司保费收入	42.90	41.70	42.53	52.10	61.87	9.77	18.75
	财险收入	13.80	15.60	18.19	21.16	24.60	3.44	16.26
	寿险收入	29.10	26.10	24.34	30.94	37.27	6.33	20.46
	保险公司赔款和给付支出	7	11.80	10.96	13.10	13.27	0.17	1.30
	财险赔款	5.90	6.70	9.48	11.67	11.50	-0.17	-1.46
	寿险给付	1.10	1.49	1.48	1.43	1.77	0.34	23.78
	当年结益	--	--	--	--	--	--	--
证券类	证券市场成交总额	1857	1036	774	--	--	--	--
	投资者保证金余额	9.10	8.90	9	--	--	--	--
	证券账户开户数	201800	254000	265100	--	--	--	--
	佣金收入	1.10	1	1.10	--	--	--	--
	净利润	0.50	1.30	0.37	--	--	--	--
	期货市场成交总额	--	--	1809	--	--	--	--

续表

指标（亿元） \ 年度		2010	2011	2012	2013	2014	2014年同比	
							增加额	增幅（%）
证券类	期货客户保证金余额	--	--	0.52	--	--	--	--
	期货账户开户数	--	--	349	--	--	--	--
	期货手续费收入	--	--	1108	--	--	--	--
	利润总额	--	--	0.02	--	--	--	--

注：“*”该项指标2010年前为“企业存款”，其数字也是如此。

东营市金融机构统计指标

指标（个） \ 年度		2010	2011	2012	2013	2014	2014年同比增幅（%）
银行类	法人机构	7	9	9	9	10	11.11
	省级分行	0	0	0	0	0	0
	二级分行	10	14	16	17	17	0
	县区支行	82	85	97	101	101	0
	分理处、营业所	431	442	445	447	506	13.20
	储蓄所	11	11	11	11	11	0
	从业人员总数	6192	6697	7053	7976	8358	4.79
保险类	保险机构	23	29	29	29	29	0
	财险机构	13	16	16	16	16	0
	省级分公司	0	0	0	0	0	0
	地市分公司	13	16	16	16	16	0
	县区支公司	0	0	0	0	0	0
	寿险机构	10	13	13	13	13	0
	省级分公司	0	0	0	0	0	0
	地市分公司	10	13	13	13	13	0
	县区支公司	0	0	0	0	0	0
	从业人员总数	11759	8757	8988	9128	9300	1.88
	财险人员	3456	1394	1452	1503	1600	6.45
	寿险人员	8303	7363	7536	7625	7700	0.98
证券类	证券机构	3	3	10	10	10	0
	证券公司	0	0	0	0	0	0
	证券营业部	3	3	10	10	10	0
	证券服务部	0	0	0	0	0	0
	从业人员总数	356	400	337	--	--	--

续表

指标（个） \ 年度		2010	2011	2012	2013	2014	2014年同比增幅（%）
证券类	投资者开户	201800	254000	265100	--	--	--
	境内上市股票只数	3	3	4	4	4	0
	境外上市股票只数	3	3	3	1	3	200
	辖区上市公司总数	6	6	7	5	7	40

注：表格中空缺的地方是因为东营市缺乏相关统计数据所至，特此说明。

东营市主要金融机构业务概况

单位：亿元

单位名称	本外币存款余额	人民币单位存款	人民币储蓄存款	本外币贷款余额	人民币短期贷款	人民币中长期贷款
农发行东营市分行	14.44	14.34	0	48.77	18.02	29.45
工行东营分行	515.82	266.59	212.63	409.92	207.99	185.51
农行东营分行	421.73	246.99	147.64	409.11	287.37	110.69
中行东营分行	286.57	169.13	101.49	276.54	151.28	110.89
建行东营分行	415.77	233.06	162.05	296.03	142.24	127.81
交行东营分行	44.12	37.22	6.29	59.32	56.47	1.78
东营银行	320.64	190.23	129.46	197.79	155.03	27.58
邮储银行东营市分行	118.50	28.18	90.21	39.42	9.05	26.82
东营市农村合作机构	379.77	137.05	242.25	273.46	259.99	11.85
恒丰银行东营分行	102.56	64.85	14.42	44.25	34.23	8.66
华夏银行东营分行	66.31	59.26	6.27	55.36	53.33	2.02
中信银行东营分行	100.88	83.09	7.67	83.96	60.31	8.96
招商银行东营分行	71.83	58.49	10.58	75.77	45.05	28.05
民生银行东营分行	71.14	56.46	13.66	55.08	53.54	1.53
浦发银行东营分行	112.71	92.75	7.63	89.84	73.18	11.97
青岛银行东营分行	59.92	47.37	12.44	60.57	57.11	1.09
光大银行东营分行	27.66	24.31	2.70	45.65	39.06	6.42
齐商银行东营分行	20.55	18.24	2.26	9.75	9.18	0.44
兴业银行东营分行	45.05	43.22	0.83	28.53	20.73	7.79
莱商村镇银行	46.95	34.68	12.21	32.34	32.25	0.09
乐安村镇银行	2.46	1.75	0.70	3.50	3.48	0.01
梁邹村镇银行	4.23	2.83	1.38	3.20	3.2	0
融和村镇银行	1.53	1.23	0.30	1.90	1.62	0.28

东营市各县级区域经济金融主要统计指标

<table>
<tr><th>名称</th><th>人口
（万人）</th><th>面积
（平方公里）</th><th>地区生产
总值
（亿元）</th><th>地区生产
总值增速
（%）</th><th>本外币
存款余额
（亿元）</th><th>储蓄存款
（亿元）</th><th>本外币
贷款余额
（亿元）</th></tr>
<tr><td>东营区</td><td>62.04</td><td>1155.62</td><td>416.72</td><td>3.80</td><td rowspan="2">2205.59</td><td rowspan="2">817.09</td><td rowspan="2">1357.68</td></tr>
<tr><td>河口区</td><td>21.51</td><td>2138.79</td><td>243.20</td><td>6.10</td></tr>
<tr><td>垦利县</td><td>21.96</td><td>2204.07</td><td>390.57</td><td>5.50</td><td>312.90</td><td>133.48</td><td>331.47</td></tr>
<tr><td>利津县</td><td>29.88</td><td>1289.91</td><td>245.03</td><td>3.50</td><td>105.94</td><td>59.96</td><td>98.93</td></tr>
<tr><td>广饶县</td><td>50.06</td><td>1137.87</td><td>757.98</td><td>2.60</td><td>582.97</td><td>202.36</td><td>735.70</td></tr>
</table>

东营市（含县级）小额贷款公司机构、业务概览

单位名称	行长（或其他称谓的第一负责人）	员工总数（人）	本外币贷款余额（亿元）	人民币短期贷款（亿元）	人民币中长期贷款（亿元）
广饶县瑞丰小额贷款公司	门瑞营	10	0.25	0.25	0
广饶县金桥小额贷款公司	刘锋杰	16	3.55	3.55	0
广饶县鲁商小额贷款公司	王跃庆	18	3.94	3.94	0
广饶县丰泰小额贷款公司	徐国光	13	4.11	4.11	0
广饶县乐安小额贷款公司	张树杰	15	2.99	2.99	0
广饶县金丰源小额贷款公司	李圣法	13	4.15	4.15	0
东营恒通小额贷款公司	戴征宇	10	2.94	2.94	0
东营区城发小额贷款公司	王海舰	13	4.42	4.42	0
利津县金坤小额贷款公司	韩俊来	15	1.66	1.66	0
利津县利华益恒信小额贷款公司	高兴霞	11	2.58	2.58	0
垦利县明珠小额贷款公司	许林民	9	1.66	1.66	0
垦利县万得福小额贷款公司	刘季善	9	1.88	1.88	0

权人联席会，有序推进大型客户授信总额联合管理机制试点工作；二是针对辖内光伏行业信贷风险集中暴露、铜类企业因受青岛港骗贷事件影响而信用证业务不能续做、部分中小企业老板因涉及民间借贷“跑路”资金链暂时性趋紧等情况，多次及时召集授信银行专题研讨应对方案，深入企业调查研究，摸清实情，有效防范了简单盲目抽贷下可能导致的系统性和区域性风险；三是建立了案防培训教育备案制，下发学习纲要，组织知识测试，强化员工案防意识与应变能力。

二、做实监管引领，扶持薄弱环节，支持实体经济发展。一是继续引导辖内机构通过合理发展银承、信用证等表外业务以及理财、海外代付等新型业务，扩大企业信用总量；二是优化信贷投放结构，推进广饶农商行资产证券化试点工作，目前债券发行工作已顺利完成；三是引导机构不断优化新增贷款投向，加大对绿色环保、战略新兴产业以及“小微”、“三农”等实体经济薄弱环节的信贷投放。

【外汇管理】 2014年，外汇局东营市中心支局不断创新外汇服务措施，扎实做好外汇服务工作，支持涉外经济平稳较快发展。一是推进外汇主体监管改革，简化业务办理流程，实行“一企一策”式便捷化的外汇服务；二是针对青岛港“德正系”贸易融资事件对该市进口贸易融资的影响，通过开展专题调查、召开座谈会等形式促进银企沟通，督促银行机构进一步规范优化贸易融资操作流程，积极向上级行争取差异化信贷政策，全市贸易融资发展保持规范稳定；三是积极推进涉外收支业务快速发展，全年跨境收支总量311.22亿美元，同比增长40.5%。

【金融改革】 2014年，东营市金融主管部门着力完善现代金融体系，稳步推进金融改革与创新。

一、稳步推进法人机构治理体系改革。完善村镇银行法人治理体系，强化村镇银行董事长属地履职，垦利乐安村镇银行完成“三会一层”搭建工作，公司治理架构实现了由简约向常规模式的转变，新组建的东营融和、利津舜丰2家村镇银行在筹

建阶段即实现了董事长属地履职以及高管人员的本土化招聘。东营银行在资金同业部下设理财业务中心，在契合监管要求的同时，规范了理财业务运作。同时，启动了全面风险管理体系建设，目前该行全面风险评估报告已完成，建设规划也已上报分局。

二、推进机构改革转型。一是稳步推进胜利农村合作银行和河口农商城区机构整合、组建东营农商行工作，目前改革方案已基本确定；二是积极推进农合机构流程化银行改造，督促试点机构邀请外部专家详细讲解流程银行建设相关知识，理清流程银行建设思路，切实提升经营管理水平。

【金融文化建设】 2014年，东营市金融系统全面推进金融文化建设，促进各项工作顺利开展。

人民银行东营市中心支行一是开展了“迎新春 大联欢”、“阳光运动 快乐你我”职工运动会、“快乐健身”徒步行、羽毛球、钓鱼等比赛活动，丰富职工的精神文化生活；二是开展了“改革创新 青春同行”2014年青年论坛和“青春奋斗在央行”、“走进青年，倾听心声”系列主题活动，举行了“践行和培育社会主义核心价值观”职工演讲比赛、“我在央行文化建设中成长”征文比赛等，激发广大干部职工爱岗敬业热情和活力。

邮蓄银行东营市分行作为全省邮政系统中唯一一家二级分行被集团公司评为全国邮政系统先进集体，被其总行评为2008—2013年度“先进集体”，连续4年荣获省级文明单位称号。招商银行东营分行营业部入围中国银行业文明规范服务千佳示范单位及五星级营业网点。中信银行东营分行获“山东省银行业文明规范服务示范单位”荣誉称号。青岛银行东营分行获市总工会颁发的“五一劳动奖状”。东营莱商村镇银行连续四年被评为AAA级村镇银行，连续两年被评为十佳村镇银行。

【大事记】 1月21日 东营河口中成村镇银行正式挂牌营业。

3月28日 齐商银行东营西城支行正式开业。

4月9日 人民银行东营市中心支行联合市农业局组织召开“全市农业产业化经营暨金融支持现代农业工作会议”。

5月23日 招商银行东营分行行长郑玲被山东省总工会授予“富民兴鲁”劳动奖章。

6月24日 贾永生被任命为华夏银行东营分行党总支委员。（华银济党发〔2014〕22号）。

6月26日 恒丰银行东营分行东城支行正式开业。

7月11日 人民银行东营市中心支行联合市民宗委、财政局召开“东营市2015年度确定民品贷款额度联席会议”。

8月12日 王刚任恒丰银行东营分行行长（恒银济发2014〔144〕号）。

8月19日 谭映峰任工商银行东营分行党委委员、副行长（工银鲁任免〔2014〕44号）。

9月12日 吴海滨任垦利乐安村镇银行公司董事长职务（东银监准〔2014〕49号）。

9月15日 《金融时报》07版刊登《东营银行——‘小马达’也能‘四轮驱动’》一文，报道了东营银行的小微金融服务模式。

9月25日 东营莱商村镇银行油建支行开业。

9月29日 人民银行东营市中心支行对东营银行成功发放一笔信贷资产质押方式的支小再贷款，实现了信贷资产质押试点的在东营的成功试水。

10月22日 李琰任工商银行东营分行党委委员、副行长（工银鲁党委任免〔2014〕20号）。

10月23日 招商银行东营济南路支行隆重开业。

10月26日 东营莱商村镇银行黄河路支行开业。

11月20日 东营莱商村镇银行海河、八分场、锦华3个支行开业。

11月28日 光大银行东营胜利支行开业。

青岛银行东营垦利支行正式开业。

12月11日 海科、科瑞、万达3家企业集团跨境人民币双向资金池业务正式签约。

12月12日 广饶梁邹村镇银行丁庄支行正式开业。

12月18日 浦发银行东营胜利支行开业。

12月20日 东营莱商村镇银行西三路支行开业。

12月27日 东营莱商村镇银行总部迁址暨开发区支行设立。

12月28日 齐商银行东营垦利支行正式开业。

12月底 青岛银行东营分行荣获省级文明单位荣誉称号。

（刘春华 石文华 任小强）

广饶县

【经济金融概况】 2014年，广饶县经济金融继续保持向好发展态势，工业生产保持较高速度，经济效益稳中有升，综合实力不断增强。各金融机构积极拓展业务，大力支持区域支柱产业的发展，信贷结构不断优化，信贷投放稳步增长，金融运行质量明显提高。

【金融发展与改革】 2014年，人民银行广饶县支行认真贯彻落实稳健的货币政策，促进地方经济发展。加强“窗口指导”，以金融生态环境建设为主线，有效地促进政银企之间的合作，确保了支柱行业、重点项目和工程的资金需求。

【金融服务与监管】 2014年，人民银行广饶县支行进一步强化金融服务与监管，维护辖区金融稳定，为全县经济发展提供良好的金融服务。一是加强对县域经济金融热点难点问题的调研分析，为决策提供信息依据；二是通过强化对监管人员的业绩和行为考核，提高监管能力和水平；三是加强货币政策传

广饶县主要经济指标

经济指标	2013	2014	2014年同比增幅（%）	经济指标	2013	2014	2014年同比增幅（%）
土地面积（平方公里）	1138	1138	--	地方财政支出（亿元）	44.25	50.18	13.4
人口（万人）	50.06	50.06	--	全社会固定资产投资（亿元）	500.51	628.31	25.53
城镇人口（万人）	6.34	5.83	-8.04	进出口总值（万美元）	580081	550656	-5.0
乡村人口（万人）	43.72	44.23	1.17	出口总值（万美元）	376895	374963	-0.4
地区生产总值（亿元）	686.25	757.98	10.45	实际利用外资（万美元）	4000	4269	12.6
第一产业（亿元）	42.27	44.29	4.78	社会消费品零售总额（亿元）	137.09	154.45	12.66
第二产业（亿元）	475.19	519.55	9.34	居民消费价格指数（%）	111.59	101.4	-9.13
第三产业（亿元）	168.79	194.14	15.02	人均地区生产总值（元）	136420	151414	10.99
财政总收入（亿元）	72.97	70.00	-14.7	城镇居民可支配收入（元）	30216	32875	8.8
地方财政收入（亿元）	59.33	62.27	5.2	农民人均现金收入（元）	13659	15189	11.2
财政总支出（亿元）	70.04	73.7	5.2				

广饶县主要金融指标

金融指标（亿元）	2013	2014	2014年同比增幅（%）	金融指标（亿元）	2013	2014	2014年同比增幅（%）
本外币存款余额	518.39	615.28	18.69	财险收入	3.26	3.48	6.75
人民币存款余额	499.57	582.97	16.69	寿险收入	2.72	4.15	52.57
单位存款	326.37	369.56	13.23	财险赔款	0.71	1.35	90.14
储蓄存款	161.44	200.18	24.00	寿险给付	0.52	0.60	15.38
本外币贷款余额	620.52	767.30	23.65	当年结益	--	--	--
人民币贷款余额	597.78	735.70	23.07	证券市场交易总额	--	--	--
短期贷款	491.24	605.48	23.26	投资者保证金余额	--	--	--
中长期贷款	105.90	128.44	21.28	证券账户开户数	--	--	--
票据融资	0.65	1.79	175.38	证券交易佣金收入	--	--	--
当年结益	27.22	29.85	9.66	净利润	--	--	--
不良贷款余额	0.70	0.69	-1.43				

广饶县主要金融机构概况

单位名称	行长（或其他称谓的第一负责人）	副行长（或其他称谓的同级领导）	员工总数	辖内营业网点数
人行广饶县支行	王永强	刘延忠　蒋吉昌　谭　斌	34	1
东营银监分局广饶办事处	马　斌		1	1
农发行广饶县支行	李好贞	李思兴　刘　宁	25	1
工行广饶支行	段其明	郭洪明　邱　峰　徐同文 吕玉玲　李建新	101	5
农行广饶县支行	孙培伟	张子利　陈　琪　任文亭　闫春生	212	12
中行广饶支行	李明光	张士鹏　于海生	70	3

续表

单位名称	行长（或其他称谓的第一负责人）	副行长（或其他称谓的同级领导）	员工总数	辖内营业网点数
建行广饶支行	王晓华	杜敏萍　张　勇　郑成泉　王建峰	121	4
东营银行广饶支行	田晓东	丁文娟　王　飞	30	3
广饶农商行	徐奇祥	刘玉明　张玉东　孙鹏飞	610	73
邮储银行广饶县支行	陈树立	韩　晓　李晓明	75	18
中信银行广饶支行	王　颖	赵新生　宋　伟	21	1
民生银行广饶支行	毛怀东	万冬冬	21	1
招商银行广饶支行	魏建明	宁长永	16	1
浦发银行广饶支行	刘洪柱	张　熙	17	1
广饶县梁邹村镇银行	张　立	高　峰　成玉环	31	3

广饶县主要金融机构业务概况

单位：亿元

单位名称	本外币存款余额	人民币单位存款	人民币储蓄存款	本外币贷款余额	人民币短期贷款	人民币中长期贷款
农发行广饶县支行	3.18	3.18	--	15.04	5.76	8.28
工行广饶支行	77.28	50.47	15.66	151.08	101.97	43.45
农行广饶县支行	126.65	89.41	30.92	170.98	145.35	19.84
中行广饶支行	50.32	39.33	7.62	76.66	53.97	19.39
建行广饶支行	73.28	46.60	12.37	109.49	68.89	23.75
东营银行广饶支行	26.01	22.52	3.46	28.31	27.53	0.78
广饶农商行	160.04	53.84	105.86	115.91	113.61	2.18
邮储银行广饶县支行	15.98	3.44	12.54	5.88	1.76	4.12
中信银行广饶支行	16.98	14.68	1.14	28.96	25.64	1.66
民生银行广饶支行	12.04	6.73	5.25	16.54	16.33	0.15
招商银行广饶支行	14.39	12.41	1.79	22.07	18.23	3.83
浦发银行广饶支行	24.29	22.13	2.16	23.19	22.19	1.01
广饶县梁邹村镇银行	4.23	2.83	1.38	3.20	3.20	--

导，引导金融部门加大支农和中小企业信贷投放，优化信贷结构；四是先后组织人民币流通管理、外汇、金融统计、国库、反洗钱等业务监督检查，有效规范金融运行秩序；五是加大征信宣传力度。

（张子东　宋振红）

垦利县

【经济金融概况】　2014 年，垦利县金融机构按照国家方针政策，紧紧围绕当地经济建设重心，做好黄蓝战略信贷支持工作；并积极探索与地方政府部门的信息沟通机制，大力支持地方诚信建设，金融运行环境不断改善。

【金融发展与改革】　2014 年，人民银行垦利县支行一是继续加强对地方法人金融机构和商业银行流动性状况监测，促进宏观调控政策顺利实施和金融机构的稳健经营；二是加强对农商行专项央行票据兑付的后续考核监测管理，巩固和提高改革成果；三是认真开展对农业银行“三农金融事业部”考核检查工作，不断促进其管理体制和运行机制的完善，切实增强支农服务的效果；四是继续积极引进股份制银行，促使青岛银行和齐商银行分别在该县设立机构。

垦利县主要经济指标

经济指标	2013	2014	2014年同比增幅(%)	经济指标	2013	2014	2014年同比增幅(%)
土地面积(平方公里)	2204	2204	0	地方财政支出(亿元)	24.6	44.3	80.08
人口(万人)	22.12	22.16	0.18	全社会固定资产投资(亿元)	305.4	375.8	23.05
城镇人口(万人)	4.4	4.5	2.27	进出口总值(万美元)	56419	62159	10.17
乡村人口(万人)	17.72	17.83	0.62	出口总值(万美元)	42052	51013	21.31
地区生产总值(亿元)	345.9	390.6	12.9	实际利用外资(万美元)	1800	2976	65.33
第一产业(亿元)	17.8	19.3	8.43	社会消费品零售总额(亿元)	46.3	52.3	12.96
第二产业(亿元)	216.5	241	11.32	居民消费价格指数(%)	--	--	--
第三产业(亿元)	111.6	130.2	16.67	人均地区生产总值(元)	128674	--	--
财政总收入(亿元)	38.1	51.7	35.96	城镇居民可支配收入(元)	30821	33502	8.70
地方财政收入(亿元)	18.1	44.4	145.3	农民人均现金收入(元)	12921	14381	11.30
财政总支出(亿元)	46.6	44.3	-4.94				

垦利县主要金融指标

金融指标(亿元)	2013	2014	2014年同比增幅(%)	金融指标(亿元)	2013	2014	2014年同比增幅(%)
本外币存款余额	271.1	320.68	18.29	财险收入	2.35	2.49	5.96
人民币存款余额	264.8	312.90	18.16	寿险收入	1.87	2.48	32.62
单位存款	150.86	176.54	17.02	财险赔款	0.85	0.93	9.41
储蓄存款	110.03	130.53	18.63	寿险给付	0.39	0.41	5.13
本外币贷款余额	275.45	338.85	23.02	当年结益	2.91	3.65	25.43
人民币贷款余额	268.31	331.47	23.54	证券市场交易总额	16.91	--	--
短期贷款	190.54	209.23	9.81	投资者保证金余额	--	--	--
中长期贷款	75.41	120.15	59.33	证券账户开户数	2894	--	--
票据融资	2.33	2.08	-10.73	证券交易佣金收入	0.01	--	--
当年结益	12.22	15.27	24.96	净利润	-0.01	--	--
不良贷款余额	1.53	1.46	-4.58				

垦利县主要金融机构概况

单位名称	行长(或其他称谓的第一负责人)	副行长(或其他称谓的同级领导)	员工总数	辖内营业网点数
人民银行垦利县支行	张晋平	陈　田　王志明	38	1
东营银监分局垦利办事处	任金涛	任金涛	1	1
农发行垦利县支行	王学良	窦景宏　李　鹏	24	1
工行垦利支行	李　琰	宋金玲　邓晓云	108	6
农行垦利县支行	李万刚	周思军　晚　勇	183	10
中行垦利支行	张汉生	张广森　刘　冰	63	3
建行垦利支行	毕玉军	王雪飞　李友军	66	3

续表

单位名称	行长（或其他称谓的第一负责人）	副行长（或其他称谓的同级领导）	员工总数	辖内营业网点数
东营银行垦利支行	牟光辉	乔　静　韩念升	27	2
农商行垦利支行	徐树彬	单爱凤　王忠文	407	28
邮储银行垦利县支行	燕欣春	石小琴	135	8
乐安村镇银行垦利支行	吴海滨	孙怀华　李根峰	43	3
浦发银行垦利支行	李建成	李广兴	17	1
民生银行垦利支行	韩利日	张　芳	24	1
中信银行垦利支行	徐　刚	盖东艳	19	1
青岛银行垦利支行	张希国	吕爱彦　刘海峰	26	1
齐商银行垦利支行	韩新海	高　辉　刘文江	23	1

垦利县主要金融机构业务概况

单位：亿元

单位名称	本外币存款余额	人民币单位存款	人民币储蓄存款	本外币贷款余额	人民币短期贷款	人民币中长期贷款
农发行垦利县支行	2.77	2.77	0	6.26	1.52	4.34
工行垦利支行	54.98	54.8	23.71	70.74	34.48	34.75
农行垦利县支行	51.10	25.59	24.84	59.90	36.27	23.38
中行垦利支行	41.26	28.31	11.04	58.50	26.38	27.71
建行垦利支行	44.01	26.06	12.88	43.36	19.19	22.08
东营银行垦利支行	16.41	12.37	4.03	11.62	10.97	0.66
农商行垦利支行	57.73	17.53	40.18	42.29	39.0	1.84
邮储银行垦利县支行	12.87	4.70	8.18	4.13	1.07	3.07
乐安村镇银行垦利支行	2.46	1.76	0.7	3.50	3.48	0.01

【金融服务与监管】　2014年，人民银行垦利县支行一是充分发挥货币政策工具的引导作用，发放支农再贷款16000万元；二是认真做好贷款卡发放和年审工作，继续深入推行挂牌服务和客户满意度监督工作；三是积极开展反假货币宣传、征信管理咨询和支付结算服务活动，充分利用西宋桃花节、葡萄采摘节等民间活动，推动金融知识下基层和农村宣传的力度；四是积极完善并组织金融稳定应急预案演练，提高处置突发事件的能力，推进辖区金融业稳定健康发展。

（李祥勇）

利津县

【经济金融概况】　2014年，利津县经济呈现总体平稳、结构优化的发展态势。农业基础地位巩固，总体保持增长；工业运行质量提高，转型升级步伐加快；固定资产投资快速增长，投资结构优化；消费市场稳定增长，热点商品销售活跃。金融运行平稳，存款大幅增长，信贷规模合理扩大，信贷结构进一步优化，银行业资产质量不断提高。

【金融发展与改革】　2014年，人民银行利津县支行认真贯彻执行稳健的货币政策，金融发展势头良好，改革稳步推进。山东利津舜丰村镇银行股份有限公司正式成立，东营银行和农村商

利津县主要经济指标

经济指标	2013	2014	2014年同比增幅（%）	经济指标	2013	2014	2014年同比增幅（%）
土地面积（平方公里）	1665.6	1665.6	0	地方财政支出（亿元）	20.19	22.13	9.61
人口（万人）	28.81	30.2	4.82	全社会固定资产投资（亿元）	172.18	192.86	12.01
城镇人口（万人）	--	--	--	进出口总值（万美元）	36804	19338	-47.46
乡村人口（万人）	--	--	--	出口总值（万美元）	11188	9446	-15.57
地区生产总值（亿元）	221.46	245.03	10.64	实际利用外资（万美元）	1150	1150	0
第一产业（亿元）	25.94	29.54	13.88	社会消费品零售总额（亿元）	27.69	31.12	12.39
第二产业（亿元）	122.39	132.25	8.06	居民消费价格指数（%）	103.7	101.6	-2.03
第三产业（亿元）	73.13	83.24	13.82	人均地区生产总值（元）	76871	81136	5.55
财政总收入（亿元）	32.5	29.88	-8.06	城镇居民可支配收入（元）	26728	29040	8.65
地方财政收入（亿元）	10.13	11.76	16.09	农民人均现金收入（元）	11831	13156	11.2
财政总支出（亿元）	28.78	26.82	-6.81				

注：城镇人口、乡村人口两项指标无法获取数据

利津县主要金融指标

金融指标（亿元）	2013	2014	2014年同比增幅（%）	金融指标（亿元）	2013	2014	2014年同比增幅（%）
本外币存款余额	92.97	107.48	15.61	财险收入	0.49	0.58	18.37
人民币存款余额	91.99	105.94	15.16	寿险收入	0.58	0.70	20.69
单位存款	42.40	44.79	5.64	财险赔款	0.34	0.4	17.65
储蓄存款	48.42	59.96	23.83	寿险给付	0.34	0.17	-50
本外币贷款余额	91.74	98.93	7.84	当年结益	--	--	--
人民币贷款余额	91.44	98.93	8.19	证券市场交易总额	--	--	--
短期贷款	60.91	61.41	0.82	投资者保证金余额	--	--	--
中长期贷款	29.64	36.62	23.55	证券账户开户数	--	--	--
票据融资	0.68	0.9	32.35	证券交易佣金收入	--	--	--
当年结益	2.93	3.50	19.45	净利润	--	--	--
不良贷款余额	0.94	0.55	-41.49				

利津县主要金融机构概况

单位名称	行长（或其他称谓的第一负责人）	副行长（或其他称谓的同级领导）	员工总数	辖内营业网点数
人民银行利津县支行	王学亮	李士春　张爱民	27	1
东营银监分局利津办事处	解　明		1	1
农发行利津县支行	杜　勇	李冠忠　黄同兴	19	1
农行利津县支行	郭　伟	秦晓鹏　王志强　冯永波　孟宪来	83	3
建行利津支行	周　森	陈龙武　刘合理　王爱玲　赵文兵	48	2

续表

单位名称	行长（或其他称谓的第一负责人）	副行长（或其他称谓的同级领导）	员工总数	辖内营业网点数
东营银行利津支行	袁　刚	卜令鑫　贾　方	27	2
利津农村商业银行	项在兴	李英军　黄花厂　岳明军　李卫东	258	22
邮储银行利津县支行	田志刚	郭玉华	66	4
利津舜丰村镇银行	赵　伟	庄向波　刘卫平	47	1

利津县主要金融机构业务概况

单位：亿元

单位名称	本外币存款余额	人民币单位存款	人民币储蓄存款	本外币贷款余额	人民币短期贷款	人民币中长期贷款
农发行利津县支行	2.98	2.98	--	8.01	3.92	4.09
农行利津县支行	23.25	12.22	10.95	24.14	15.58	8.56
建行利津支行	16.57	8.32	6.72	27.42	9.54	17.88
东营银行利津支行	13.39	8.75	4.63	10.99	6.35	4.65
利津农村商业银行	36.29	9.24	27.04	25.52	25.48	0.03
邮储银行利津县支行	13.89	3.29	10.61	2.85	1.43	1.41

业银行各增设机构网点1处，农村金融服务水平和效率进一步提升。利津县金融消费权益保护协会正式成立，进一步规范了金融市场秩序、促进了金融业健康有序发展。

【金融服务与监管】 2014年，人民银行利津县支行充分发挥“窗口指导”作用，不断改进金融服务，创新监管方式，金融服务民生取得实效。一是引导金融机构不断优化信贷结构，合理把握信贷节奏，把信贷资金更多投向“三农”和小微企业；二是不断创新监督管理的新方式，认真做好对金融机构的现场检查、考核、综合评价、评估等工作；三是切实加强再贷款、准备金、民品贴息贷款等各项资金的管理，指导地方法人机构和企业用足用好各项优惠政策，最大限度地支持其发展壮大；四是积极做好金融稳定工作，确保县域金融平稳有序运行；五是利用多种形式开展征信宣传，提高社会信用意识，小微企业信用体系建设工作积极推进；六是组织贯彻实施金融统计制度，协调、管理全县金融统计工作，为领导决策提供可靠信息与数据；七是不断提升外汇管理工作水平，为出口企业提供便利化服务；八是加强国库服务，认真做好国库集市中支付工作；九是农村支付服务环境建设取得新突破，助农取款网点覆盖率、手机银行覆盖率均为100%；十是及时反映全县经济金融难点热点问题，加大调研、监测工作力度，有效服务各级领导决策。

（辛玉梅　高建刚）

滨州市

【经济金融概况】 2014年，滨州市经济发展呈现出速度换挡回落、结构调整艰难、增长动力弱化的新特点。金融运行总体平稳，金融机构盈利能力和效益有所下降，金融风险暴露有所增加。社会融资规模增长有所放缓，本外币贷款增势稳中趋缓。

【货币政策实施】 2014年，人民银行滨州市中心支行一是出台了《货币信贷指导意见》，召开了“全市货币信贷工作会议”，深入传导货币信贷政策；二是全力攻坚金融支农“一把手”工程，分别在各县域、不同金融机构推出了专利权质押贷款、存货质押贷款、大型农机具财政补贴权利质押贷款、农村土地承包经营权抵押贷款、活体质押贷款、综合物权打包抵押贷款等融资产品；三是指导每个县区试行了金融支持现代农业加快发展“主办行”制度，出台了《新型农业经营主体“主办行”管理办法》；四是不断深化政银企合作，与阳信县政府签订了《金融支持阳信肉牛产业发展战略合作协议》，与博兴、惠民、阳信3县联合举办了针对重点项目和特色产业的银企对接会，共签约资金184.8亿元；五是协助市政府召开了首届资本对接大会，实现银企对接额1021亿元，签订“新三板”及区域股权挂牌项目

滨州市经济主要统计指标

指标 \ 年度	2010	2011	2012	2013	2014	2014 年同比增幅（%）
土地面积（平方公里）	9453	9453	9453	9453	9453	0
人口（万人）	377.92	380.68	380.9	381.64	386.65	1.31
城镇人口（万人）	120.47	139.83	143.5	144.94	152.85	5.46
乡村人口（万人）	257.45	240.85	237.4	236.7	233.81	-1.22
地区生产总值（亿元）	1551.52	1817.58	1987.73	2155.73	2276.71	7.6
第一产业（亿元）	155.48	178.07	189.51	211.02	221.42	4.2
第二产业（亿元）	847.31	972.29	1045.61	1106.1	1145.39	8.3
工业（亿元）	767.26	877.08	948.62	1001.56	1047.21	8.3
建筑业（亿元）	80.05	95.21	96.99	104.54	98.17	8.0
第三产业（亿元）	548.73	667.22	752.61	838.61	909.9	7.2
人均地区生产总值（元）	41054.19	48326	52591	56770	59557	6.9
地区生产总值构成（%）	100	100	100	100	100	0
第一产业（%）	10.02	9.8	9.54	9.79	4.7	-5
第二产业（%）	54.61	53.49	52.6	51.31	62.2	10.9
第三产业（%）	35.37	36.71	37.86	38.9	33.1	-5.8
财政总收入（亿元）	198.29	242.91	266.25	277.1	290.47	4.8
地方财政收入（亿元）	103.99	130.76	150.46	170.09	187.15	10.03
财政总支出（亿元）	--	--	--	--	--	--
地方财政支出（亿元）	161.62	201.17	226.56	251.71	269.78	7.18
全社会固定资产投资（亿元）	--	--	--	--	--	--
规模以上固定资产投资（亿元）	886.12	1010.69	1262.73	1517.18	1748.86	15.3
房地产开发（亿元）	96.55	106.28	135.26	127.09	112.07	-11.8
进出口总值（亿美元）	50.92	66.93	62.86	83.25	72.2	-13.3
出口总值（亿美元）	25.51	28.47	28.29	35.45	37.88	6.9
实际利用外资（亿美元）	3.1	10.43	5.41	3.04	3.82	25.8
社会消费品零售总额（亿元）	431.16	505.75	581.46	658.04	738.51	12.2
居民消费价格指数（%）	102.5	103.9	102.1	100.7	101.7	1
城市居民人均可支配收入（元）	19686	22540	25810	28363	30870	8.8
农民人均现金收入（元）	7194	8743	10047	11358	12691	11.7

滨州市工农业主要统计指标

农业主要统计指标（万吨）				规模以上工业企业主要统计指标（亿元）			
项目 \ 年度	2013 年	2014 年	增幅（%）	项目 \ 年度	2013 年	2014 年	增幅（%）
粮食	266.05	305.71	14.9	工业增加值	--	--	9.55
夏粮	136.5	145.75	6.8	国有工业	--	--	22.04
秋粮	129.55	159.96	23.5	集体工业	--	--	-48.83

续表

农业主要统计指标（万吨）				规模以上工业企业主要统计指标（亿元）			
项目＼年度	2013年	2014年	增幅（%）	项目＼年度	2013年	2014年	增幅（%）
棉花	9.7	11.17	15.1	股份制工业	--	--	17.77
油料	0.93	1.47	58.5	股份合作制工业	--	--	
水果	86.1	112.56	30.7	外商及港澳台投资工业	--	--	-48.66
蔬菜	189.46	195.03	2.9	轻工业	--	--	7.47
肉类	47.4	45.84	-3.3	重工业	--	--	11.04
禽蛋	23.9	22.98	-3.8	销售收入	--	--	--
奶类	11.3	9.42	-16.5	利税	--	--	-7.74
水产品	43.02	45.15	5.0	利润	--	--	-10.78
森林覆盖率（%）	30.8	31.9	3.57	经济效益综合指数（%）	--	--	--

注：工业增加值等指标2011年起只公布增速，不公布绝对值。

滨州市主要金融机构概况

单位名称	行长（或其他称谓的第一负责人）	副行长（或其他称谓的同级领导）	员工总数	辖内营业网点数
人民银行滨州市中心支行	韩　伟	李秀杰　贾克玲　李庶泳　王晓黎　陈震宇　葛大江　李　虹　栾金泉　徐书亮	304	7
滨州银监分局	刘兆胜	胡宏坚　刘寿章　孟庆信　赵　峰	49	7
农发行滨州市分行	陈鲁宁	刘志波　张炳俊　耿大伟	185	7
工行滨州分行	吴建勇	张建新　姚春洪　李　战　朱前锋　吴建华　泥宗友　高克忠	846	42
农行滨州市分行	王炳学	陈　东　何宝林　董建俊　丁　捷	1276	68
中行滨州分行	钟学德	万志强　刘　东　王晓楠　柳世良	506	20
建行滨州分行	刘廷涛	孔凡忠　徐元兴　封汇泉　高立江　夏　青	846	34
交行滨州分行	孙传刚	米　军　徐进杰　王士功	48	1
招商银行滨州分行	王大鹏	李东方　魏东国	79	3
兴业银行滨州分行	陈连合	刘广东　马宝玲	76	2
恒丰银行滨州分行	杨　文	王文博　祁　明	78	2
齐商银行滨州分行	张　波	林学强　张玉鹏	214	9
东营银行滨州分行	石钦勇	耿小军　朱玉平　赵　凯	135	8
德州银行滨州分行	王福刚	张海波　朱振宇　颜旭红	89	4
潍坊银行滨州分行	张竹峰	张国磊　侯光伟　崔玉川	30	1
农信社滨州市办事处	杨奎胜	杨忠诚　李　臣	2492	213
邮储银行滨州市分行	赵　林	许欣山　张　萍　孙　浩	604	141
邹平浦发村镇银行	倪明军	薛莲花　刘向来	71	5

续表

单位名称	行长（或其他称谓的第一负责人）	副行长（或其他称谓的同级领导）	员工总数	辖内营业网点数
邹平青隆村镇银行	鞠　斌	陈　工　朱建航	66	3
博兴新华村镇银行	吕　泽	汪久云	27	1
无棣中成村镇银行	陈道明	林吉友	23	1
惠民舜丰村镇银行	王　雷	赵国良　张林海	41	1

滨州市金融业务统计指标

指标（亿元）＼年度		2010	2011	2012	2013	2014	2014年同比	
							增加额	增幅（%）
银行类	本外币存款余额	1065.83	1309.69	1697.66	1926.84	2105.95	179.1	9.3
	人民币存款余额	1061.01	1300.81	1683.78	1900.83	2080.1	179.28	9.43
	*单位存款	279.34	693.31	941.16	1020.69	1054.65	32.23	3.15
	储蓄存款	508.31	586.45	709.22	833.51	967.83	134.32	16.12
	本外币贷款余额	1068.47	1256.49	1495.13	1691.99	1869.7	177.71	10.5
	人民币贷款余额	1020.38	1211.55	1453.14	1646.81	1831.43	184.62	11.21
	短期贷款	587.57	834.97	1053.49	1180.67	1296.35	115.67	9.8
	中长期贷款	328.26	363.44	379.3	429.94	477.76	47.82	11.12
	票据融资	4.53	13.11	20.11	36.16	53.75	17.59	48.64
	当年结益	36.06	42.01	47.63	50.75	28.03	-22.72	-44.77
	不良贷款余额	24.9	14.33	14.3	15.3	57.68	42.38	276.99
	不良贷款占比%	2.33	1.14	0.96	0.9	3.08	2.18	0.9
保险类	保险公司保费收入	33.72	37.59	44.40	50.94	53.34	2.4	4.71
	财险收入	11.66	14.02	16.55	19.5	21.82	2.32	11.9
	寿险收入	22.06	23.57	27.86	31.44	31.52	0.08	0.25
	赔款和给付支出	8.13	10.29	11.64	17.05	19.50	2.45	14.37
	财险赔款	6.07	6.94	8.85	12.29	11.66	-0.63	-5.13
	寿险给付	2.07	3.35	2.79	4.76	7.84	3.08	64.71
	当年结益	--	--	--	--	--	--	--
证券类	证券市场成交总额	751.57	427.37	348.84	497.38	892	394.62	79.34
	投资者保证金余额	--	--	--	--	--	--	--
	证券账户开户数	64100	99700	141260	143034	154000	10966	7.67
	佣金收入	--	--	--	--	--	--	--
	净利润	--	--	--	--	--	--	--
	期货市场成交总额	--	--	--	--	--	--	--
	期货客户保证金余额	--	--	--	--	--	--	--

续表

指标（亿元） \ 年度		2010	2011	2012	2013	2014	2014年同比	
							增加额	增幅（%）
证券类	期货账户开户数	--	--	--	--	--	--	--
	期货手续费收入	--	--	--	--	--	--	--
	利润总额	--	--	--	--	--	--	--

注：1. “*”该项指标2010年前为“企业存款”，其数字亦是如此。
2. 保险类“当年结益”指标因部分保险公司数据未核实不能对外提供，无法汇总统计。
3. 证券类2010年后“投资者保证金余额”、“佣金收入”、“净利润”3指标因证券公司未提供，无法汇总统计。
4. 滨州无期货市场。

滨州市金融机构统计指标

指标（个） \ 年度		2010	2011	2012	2013	2014	2014年同比增幅（%）
银行类	法人机构	8	9	9	10	12	20
	省级分行	--	--	--	--	--	--
	二级分行	9	11	13	13	14	7.69
	县区支行	167	73	87	88	94	7.06
	分理处、营业所	275	280	286	96	95	-1.04
	储蓄所	0	29	15	129	125	-3.1
	从业人员总数	6310	6566	6821	7336	7661	4.43
保险类	保险机构	75	88	93	102	170	66.67
	财险机构	40	44	46	50	98	96
	省级分公司	--	--	--	--	--	--
	地市分公司	15	17	18	20	22	10
	县区支公司	25	27	28	30	76	153.33
	寿险机构	35	44	47	52	72	38.46
	省级分公司	--	--	--	--	--	--
	地市分公司	10	11	12	15	16	6.67
	县区支公司	25	33	35	37	56	51.35
	从业人员总数	13500	13700	13716	13750	13871	0.88
	财险人员	1595	1695	1699	1716	1727	0.64
	寿险人员	11905	12005	12017	12034	12144	0.91
证券类	证券机构	5	5	7	8	9	12.5
	证券公司	--	--	--	--	—	--
	证券营业部	5	5	7	8	9	12.5
	证券服务部	--	--	--	--	--	--
	从业人员总数	85	85	127	129	131	1.55
	投资者开户	93369	99700	141260	143034	154000	7.67

续表

指标（个） \ 年度		2010	2011	2012	2013	2014	2014年同比增幅（%）
证券类	境内上市股票只数	6	6	8	8	8	--
	境外上市股票只数	5	8	7	7	7	--
	辖区上市公司总数	11	14	15	15	15	--

滨州市主要金融机构业务概况

单位：亿元

单位名称	本外币存款余额	人民币单位存款	人民币储蓄存款	本外币贷款余额	人民币短期贷款	人民币中长期贷款
农发行滨州市分行	27.43	27.36	0	107.95	54.92	46.6
工行滨州分行	345.95	194.13	128.26	405.09	246.97	148.01
农行滨州分行	371.07	168.53	189.54	345.31	205.17	92.69
中行滨州分行	160.04	110.31	46.05	172.61	116.68	49.18
建行滨州分行	292.59	165.22	118.64	216.29	128.28	80.16
股份制商业银行	163.43	121.74	25.07	122.36	113.66	5.97
城市商业银行	109.58	84.86	21.93	92.3	78.81	4.35
农信社滨州市办事处	460.49	145.79	314.07	357.83	322.19	35.35
邮储银行滨州市分行	136.19	22.38	113.81	25.99	7.16	15.28
村镇银行	24.88	14.34	10.46	23.19	22.52	0.18

注：股份制商业银行、城市商业银行、村镇银行为滨州市辖内同类机构合计。

滨州市各县级区域经济金融主要统计指标

名称	人口（万人）	面积（平方公里）	地区生产总值（亿元）	地区生产总值增速（%）	本外币存款余额（亿元）	储蓄存款（亿元）	本外币贷款余额（亿元）
滨州市	386.65	9453	2276.71	7.6	2105.95	970.11	1869.70
市辖区	64.71	1041	366.90	6.0	672.06	277.14	504.67
惠民县	63.9	1363	174.12	7.2	143.94	92.90	103.05
阳信县	45.4	799	132.87	6.3	101.26	62.74	76.15
无棣县	43.14	1984	231.40	3.5	141.02	84.78	127.74
沾化区	39.03	2116	170.36	6.2	92.95	55.85	77.66
博兴县	51.4	900	298.75	7.5	404.22	180.51	357.10
邹平县	79.07	1250	780.08	5.9	550.50	216.19	623.33

注：人口为抽样测算数据；因无金融数据，故未单列滨州开发区、高新区、北海开发区的人口、面积与GDP数据，“滨州市”一行将其包括在内。

滨州市（含县级）小额贷款公司机构、业务概况

单位名称	行长(或其他称谓的第一负责人)	员工总数（人）	本外币贷款余额（亿元）	人民币短期贷款（亿元）	人民币中长期贷款（亿元）
滨州市滨城区银泰小额贷款有限公司	张大春	10	1.10	1.10	0

续表

单位名称	行长(或其他称谓的第一负责人)	员工总数(人)	本外币贷款余额(亿元)	人民币短期贷款(亿元)	人民币中长期贷款(亿元)
博兴县永丰小额贷款有限公司	于荣玲	13	1.36	1.36	0
邹平县梁邹小额贷款有限公司	刘继连	9	1.23	1.23	0
无棣县汇泰小额贷款有限公司	张荣强	8	1.62	1.62	0
惠民县鑫诚小额贷款有限公司	赵文鑫	6	0.97	0.97	0
沾化县隆德小额贷款有限公司	李　鹏	11	1.09	1.09	0
滨州市滨城区天成小额贷款有限公司	王雪征	7	1.32	1.32	0
滨州经济开发区盟威小额贷款有限公司	袁　栋	9	1.14	1.14	0
博兴县三丰小额贷款有限公司	王炳骄	16	1.31	1.31	0
邹平县惠泽小额贷款有限公司	马用会	9	1.36	1.36	0
阳信县惠农小额贷款有限公司	段建国	10	0.95	0.95	0
邹平县正鑫小额贷款有限公司	于丽华	12	1.54	1.54	0
滨州高新区中喜小额贷款有限公司	吴建华	18	1.23	1.23	0
滨州北海新区正德小额贷款有限公司	姚家鹏	8	0.90	0.90	0
博兴县汇诚小额贷款有限公司	贾小兵	18	1.32	1.32	0
惠民县翔盛小额贷款有限公司	于红红	9	0.25	0.25	0
邹平县长城小额贷款有限公司	董　玲	9	1.53	1.53	0
博兴县华信小额贷款有限公司	孙　伟	12	0.89	0.89	0
无棣县海城小额贷款有限公司	刘宝伟	8	1.02	1.02	0
博兴县元亨小额贷款有限公司	穆兆鹏	12	0.05	0.05	0
博兴县融汇小额贷款有限公司	朱惠民	10	1.22	1.22	0
阳信县鹏程小额贷款有限公司	丁振颜	10	1.44	1.44	0
邹平县联鑫小额贷款有限公司	赵月梅	6	1.26	1.26	0
邹平县鼎通小额贷款有限公司	王　宏	8	1.71	1.71	0
阳信县汇通小额贷款有限公司	高文德	8	1.03	1.03	0
博兴县惠丰小额贷款有限公司	蔺新亮	10	1.07	1.07	0
惠民县瑞诚小额贷款有限公司	闫立萍	8	0.94	0.94	0
滨州经济开发区博海小额贷款有限公司	田成营	8	1.30	1.30	0

52个，4只基金签约金额30.5亿元，签约发债金额42亿元，保险机构签订合作协议金额31亿元，有力地支持了经济转方式、调结构。

【金融监管】　2014年，人民银行滨州市中心支行强化对不良贷款风险的关注，针对融资担保链可能出现的风险隐患，制定了应急预案和组织演练。滨州银监分局重点安排督促全辖银行业风险自查，防止银行信贷资金成为民间融资来源、防止银行工作人员成为民间融资的"掮客"，风险防范的前瞻性进一步增强。同时，加强了对小额贷款公司管理，密切监督其利率状况和资金流向。

【外汇管理】　2014年，外汇局滨州市中心支局实施外汇主体监管，支持涉外经济健康发展。一是落实货物贸易、服务贸易、资本项目等外汇管理改革措施，积极促进贸易投资便利化；二是坚持“一企一策”式外汇服务，将魏桥创业集团及其关联企业纳入第一批参与外汇资金集中运营试点单位，预计每年为集团节约资金汇兑成本1100万元；三是专题辅导宏桥和滨北新材料有限公司实现境外融资合计12.8亿美元，指导成立了滨州市第一家外商投资融资租赁公司（山东宏桥融资租赁有限公司），企业可利用境外融资额度达11亿美元，为该市金融租赁业发展奠定了基础；四是加强跨境资金监测，探索了银行外汇业务的非现场监测指标体系，开展专项检查共罚款5万元，对36人进行了立案调查，有效防范了跨境资金流动风险。

【金融改革】 2014年，人民银行滨州市中心支行推进普惠金融发展，加强金融基础设施建设。一是在省内率先出台了《普惠金融发展指导意见》，制定了“普惠金融发展考核指标体系”，明确了2014—2016全市普惠金融发展规划和重点工作任务；二是在阳信县、无棣县分别开展了省域小微企业征信数据库建设试点和省域农村征信数据库建设试点，联合国税、地税、农信社等单位探索了“纳税信用”换“银行信用”融资模式，为小微企业融资开辟了新路径；三是继续深化农村支付环境建设，全市银行卡助农取款服务点和手机支付业务提前6个月实现了行政村100%覆盖。同时，大力推进金融IC卡在公共服务领域运用，将银行卡应用与公共交通、园区建设和社会保障相结合，实现了“1+3”应用模式；四是自主开发了同城清算业务统计系统，将报表填报时间由2天缩短到10分钟，实现了报表的信息化处理；五是承担开发了“金融机构反洗钱监管信息系统”。

【金融文化建设】 2014年，滨州市金融机构开展了各种教育活动。一是开展了文明创建“回头看”主题教育活动；二是开展了和美文化主题教育活动；三是开展了向人民银行无棣县支行李景耀见义勇为救人民银行为学习活动。为基层金融事业发展提供良好的精神动力。

【大事记】 3～4月 博兴、惠民、阳信3县联合举办了针对重点项目和特色产业的银企对接会，共签约资金184.8亿元。

4月18日 德州银行滨州分行正式开业。

5月9日 孙传刚任交通银行滨州分行党委副书记，主持工作。（交银鲁党委〔2014〕25号）

5月19日 刘廷涛任建设银行滨州分行行长（建鲁任〔2014〕72号）。

滨州市第一家外商投资融资租赁公司——山东宏桥融资租赁有限公司成立。

5月23日 农业银行滨州市分行举办首届私人银行俱乐部暨“青铜器文化及铜镜鉴赏”主题沙龙活动。

5月25日 人民银行滨州市中心支行开展“第三届小微企业金融服务宣传月”活动。

5月30日 滨州市金融消费者权益保护协会成立。

7月25日 滨州银行业协会举办“全市银行业职工运动会”。

7月 邹平青隆村镇银行完成增资扩股工作，注册资本由1亿元增至1.6亿元。

8月6日 杨奎胜任农信社滨州办事处主任。（鲁农信联〔2014〕125号）

8月8日 夏青任建设银行滨州分行副行长。（建鲁任〔2014〕91号）

9月9日 吴建勇任工商银行滨州分行党委书记。

朱振宇任德州银行滨州分行副行长（德银党委〔2014〕25号）。

9月26日 山东惠民舜丰村镇银行股份有限公司开业（银监滨准〔2014〕57号）。

9月30日 人民银行滨州市中心支行组织开展“金融知识普及月”大型宣传活动。

10月21日 颜旭红任德州银行滨州分行行长助理（德银党委〔2014〕29号）

11月3日～4日 滨州市首届资本对接大会召开，大会共邀请省内外多家银行、保险、境内证券交易市场、区域股权交易市场和知名券商、投资机构参加，实现银企对接额1021亿元，签订“新三板”及区域股权挂牌项目52个，4支基金签约金额30.5亿元，签约发债金额42亿元，保险机构签订合作协议金额31亿元。

12月22日 王福刚任德州银行滨州分行党委书记、行长（德银党委〔2014〕40号）。

12月23日 杨文任恒丰银行济南分行行长助理（鲁银监准〔2014〕615号）、（恒银发〔2014〕128号）

12月25日 邹平浦发村镇银行被山东省财政厅评为2014年度AAA级地方金融企业。

（郑方敬）

惠民县

【经济金融概况】 2014年，惠民县金融机构不断优化信贷结构，积极支持纺织服装、化纤绳网、木材加工、农副产品深加工四大传统主导产业的转型升级，支持装备制造、新能源新材料、生物医药三大新兴产业在当地的快速渗透，增加对家庭农场、农业产业化龙头企业、农业合作社等新型农业经营主体的信贷投放。

【金融发展与改革】 2014年，人民银行惠民县支行全面提升基层央行履职能力和水平。一是制定了《关于认真贯彻货币信贷政策，改进金融服务和外汇管理 支持惠民经济持续健康发

惠民县主要经济指标

经济指标	2013	2014	2014年同比增幅（%）	经济指标	2013	2014	2014年同比增幅（%）
土地面积（平方公里）	1357	1357	0	地方财政支出（亿元）	15.43	15.97	3.50
人口（万人）	63.9	61.4	-3.91	全社会固定资产投资（亿元）	140.11	158.22	20.06
城镇人口（万人）	13.23	10.77	-18.59	进出口总值（万美元）	8667	17027	96.46
乡村人口（万人）	50.67	50.67	0	出口总值（万美元）	6001	9565	59.39
地区生产总值（亿元）	164.62	174.12	5.77	实际利用外资（万美元）	10	205	1950
第一产业（亿元）	31.95	33.65	5.32	社会消费品零售总额（亿元）	81.33	90.11	10.80
第二产业（亿元）	66.14	69.80	5.53	居民消费价格指数（%）	--	--	--
第三产业（亿元）	66.54	70.68	6.22	人均地区生产总值（元）	25763	28345	10.02
财政总收入（亿元）	11.31	8.00	-29.27	城镇居民可支配收入（元）	24550	26515	8.00
地方财政收入（亿元）	7.11	8.00	12.52	农民人均现金收入（元）	10184	11520	13.12
财政总支出（亿元）	23.13	24.01	3.80				

惠民县主要金融指标

金融指标（亿元）	2013	2014	2014年同比增幅（%）	金融指标（亿元）	2013	2014	2014年同比增幅（%）
本外币存款余额	123.45	143.94	16.60	财险收入	1.35	1.60	18.52
人民币存款余额	123.42	143.90	16.59	寿险收入	3.03	2.91	-3.96
单位存款	43.24	48.64	12.49	财险赔款	--	--	--
储蓄存款	79.17	92.88	17.32	寿险给付	--	--	--
本外币贷款余额	87.36	103.05	17.96	当年结益	--	--	--
人民币贷款余额	87.36	103.05	17.96	证券市场交易总额	1.84	14.43	684.24
短期贷款	66.60	78.83	18.36	投资者保证金余额	0.01	0.05	400
中长期贷款	20.76	24.19	16.52	证券账户开户数	2005	3555	77.31
票据融资	--	--	--	证券交易佣金收入	0.003	0.01	233.33
当年结益	2.61	2.23	-14.56	净利润	-0.009	0.0002	102.22
不良贷款余额	1.69	2.39	41.42				

惠民县主要金融机构概况

单位名称	行长（或其他称谓的第一负责人）	副行长（或其他称谓的同级领导）	员工总数	辖内营业网点数
人民银行惠民县支行	姜 伟	郭其高 肖伟明	25	1
滨州银监分局惠民办事处	张立平		1	1
农发行惠民县支行	韩玉东	赵新国	18	1
工行惠民支行	刘新忠	蒋 岭 张文东 毛建华	49	3
农行惠民县支行	张尊义	田加双 张大龙 郭卫东	116	7
建行惠民支行	杜希波	刘有伟 宋 伟 商学军 秘立新	50	2
惠民县农信联社	张海涛	李景龙 张卫东 刘国栋 张玉江	338	27

续表

单位名称	行长（或其他称谓的第一负责人）	副行长（或其他称谓的同级领导）	员工总数	辖内营业网点数
邮储银行惠民县支行	吴佃新	赵　泉　王　芹	60	3
惠民县舜丰村镇银行	王　雷	赵国良	40	1
齐商银行惠民县支行	李新耀	于亦同　李　振	17	1

惠民县主要金融机构业务概况

单位：亿元

单位名称	本外币存款余额	人民币单位存款	人民币储蓄存款	本外币贷款余额	人民币短期贷款	人民币中长期贷款
农发行惠民县支行	1.14	1.13	--	4.95	2.58	2.33
工行惠民支行	20.06	8.82	10.73	16.24	10.02	6.22
农行惠民县支行	28.22	9.39	18.52	17.42	12.03	5.39
建行惠民支行	15.24	7.92	7.30	15.31	9.34	5.97
齐商银行惠民县支行	5.32	4.55	0.78	3.90	3.90	0.005
惠民县农信联社	53.89	14.20	39.64	43.39	39.93	3.45
邮储银行惠民县支行	18.29	2.57	15.73	1.58	0.77	0.82
惠民县舜丰村镇银行	0.24	0.06	0.18	0.27	0.27	--

展的意见》，全年累计发放支农再贷3亿元，有效缓解了农民及涉农企业贷款难的问题；二是深化银政企合作，积极助力实体经济发展；三是推进金融支持现代农业发展，引导惠民县农信社在全省首推大型农机具财政补贴权利质押贷款业务；四是有效发挥中央银行再贷款的作用，支持“三农”经济发展；五是做好舜丰村镇银行开业工作。

【金融服务与监管】　2014年，人民银行惠民县支行一是开展了人民币收付、反假货币业务等系列检查；二是强化支付结算和征信工作，进一步推动农村支付环境和征信体系建设；三是深化开展金融知识系列宣传活动，强化金融消费者的风险、责任和信用意识；四是改进外汇监管模式，支持外向型经济发展。

（耿　航）

阳信县

【经济金融概况】　2014年，阳信县经济总体运行良好，结构进一步优化。金融运行健康平稳，贷款投放合理适度。

【金融发展与改革】　2014年，人民银行阳信县支行一是加强对中央银行专项票据兑付后续监测考核，推动农信社改革发展；二是稳步推进农行“三农金融事业部”改革试点工作；三是鼓励和引导对小微企业信贷支持力度，缓解其融资难问题。截至年末，农信社小微企业贷款余额14.76亿元，占比53.35%，同

阳信县主要经济指标

经济指标	2013	2014	2014年同比增幅（%）	经济指标	2013	2014	2014年同比增幅（%）
土地面积（平方公里）	793.00	793.00	0	地方财政支出（亿元）	17.37	18.80	8.25
人口（万人）	45.40	45.40	--	全社会固定资产投资（亿元）	120.09	120.48	16.4
城镇人口（万人）	16.05	9.98	-37.82	进出口总值（万美元）	30791	30159	-12.61
乡村人口（万人）	29.35	35.42	20.68	出口总值（万美元）	21672	22656	18.42
地区生产总值（亿元）	126.34	132.87	6.28	实际利用外资（万美元）	217	48	-62.8

续表

经济指标	2013	2014	2014年同比增幅（%）	经济指标	2013	2014	2014年同比增幅（%）
第一产业（亿元）	22.75	23.81	4.2	社会消费品零售总额（亿元）	51.54	57.66	11.87
第二产业（亿元）	51.26	50.11	-2.7	居民消费价格指数（%）	--	--	--
第三产业（亿元）	52.33	58.96	10.9	人均地区生产总值（元）	29225	--	--
财政总收入（亿元）	9.21	9.53	3.53	城镇居民可支配收入（元）	--	25943	--
地方财政收入（亿元）	5.90	6.62	12.14	农民人均现金收入（元）	9532	10595	11.15
财政总支出（亿元）							

阳信县主要金融指标

金融指标（亿元）	2013	2014	2014年同比增幅（%）	金融指标（亿元）	2013	2014	2014年同比增幅（%）
本外币存款余额	84.64	101.26	19.63	财险收入	1.00	1.01	1.00
人民币存款余额	84.34	100.97	19.72	寿险收入	2.27	2.56	12.78
单位存款	29.82	35.45	18.88	财险赔款	--	--	--
储蓄存款	52.53	62.74	19.23	寿险给付	--	--	--
本外币贷款余额	65.57	76.15	16.14	当年结益	--	--	--
人民币贷款余额	65.57	76.15	16.14	证券市场交易总额	--	--	--
短期贷款	48.53	50.94	4.97	投资者保证金余额	--	--	--
中长期贷款	15.66	23.07	47.32	证券账户开户数	--	--	--
票据融资	1.37	2.14	56.20	证券交易佣金收入	--	--	--
当年结益	1.92	0.42	-78.13	净利润	--	--	--
不良贷款余额	1.32	2.28	72.73				

阳信县主要金融机构概况

单位名称	行长（或其他称谓的第一负责人）	副行长（或其他称谓的同级领导）	员工总数	辖内营业网点数
人民银行阳信县支行	张　雷	陈少波　韩福友	19	1
滨州银监分局阳信办事处	赵景刚		1	1
农发行阳信县支行	邢建国	温向东　李爱梅	18	1
工行阳信支行	曲　双	赵　军　郭安山	17	1
农行阳信县支行	李海涛	马风再　史建新　司海新	92	5
中行阳信支行	王胜利	马　泳　吴明亮	46	3
建行阳信支行	张晓亮	张寿军　王书敏　王同堂 赵延凯　段月亮	35	1
阳信县农信联社	孟祥亮	刘永新　张　波　张昭永　常承琳	253	19
邮储银行阳信县支行	寇星元	商建华　程庆防	57	16

阳信县主要金融机构业务概况

单位：亿元

单位名称	本外币存款余额	人民币单位存款	人民币储蓄存款	本外币贷款余额	人民币短期贷款	人民币中长期贷款
农发行阳信县支行	1.69	1.69	--	3.77	1.81	0.41
工行阳信支行	4.41	2.29	1.64	7.91	6.63	1.28
农行阳信县支行	18.36	5.87	11.98	12.43	9.37	2.47
中行阳信支行	15.49	8.28	6.95	11.22	8.08	3.14
建行阳信支行	12.05	8.14	3.88	12.22	3.93	8.29
阳信县农信联社	34.44	7.26	27.18	27.67	20.59	7.08
邮储银行阳信县支行	12.92	1.92	11.00	0.93	0.53	0.40

比分别增加 4.21 亿元、9.56 个百分点；四是推进金融支持现代农业加快发展两年攻坚计划，顺利实现了创新涉农信贷产品、破解支农关键制约因素和深化银保支农合作、壮大支农金融规模“三个突破”。截至年末，全县涉农贷款余额 60.89 亿元，较年初增长 8.92 亿元，涉农贷款占比为 79.97%，新增涉农贷款占比 84.34%。

【金融服务与监管】 2014 年，阳信县深化开展金融消费者权益保护试点工作，成立了滨州市金融消费权益保护协会阳信县分会，及时消除金融消费纠纷。探索建立了招商引资“先行介入机制”，丰富人民币跨境结算产品，促进了贸易投资便利化。

（沈国星　段曰新）

无棣县

【经济金融概况】 2014 年，无棣县金融机构认真贯彻实施稳健货币政策，加大有效信贷投入，推进辖区经济实现转型升级。

【金融发展与改革】 2014 年，人民银行无棣县支行通过季度行长联席会、制定《货币信贷工作指导意见》、报送专报件、进行货币政策宣讲等，及时向当地政府和辖内金融机构传递宏观调控意图。一是指导无棣农村合作银行制定出台了《支持新型农业经营主体主办行制度》，为无棣绿色庄园家庭农场授信增至 600 万元；二是推动中国银行无棣支行“中银银政通宝”业务成功为华祥水产等 9 家涉农小微企业发放贷款 2340 万元；三是引导邮储银行与无棣县劳动就业处合作，累计为 128 人发放小额担保贷款 1193 万元；四是指导中国银行无棣支行建立了第一批助农服务站，提高便民服务能力；五是积极支持企业拓宽融资渠道，无棣荣昌育种在北京“新三板”成功上市，鑫岳化工 6 亿元短期融资券已批复，鲁北化工 5 亿元私募债已到位 3 个亿；六是组织辖区各金融机构参与滨州市首届资本对接大会，签约资金 85.83 亿元；七是积极推动地方政府设立金融稳定专项资金，目前资金总量为2.5亿元。

无棣县主要经济指标

经济指标	2013	2014	2014 年同比增幅（%）	经济指标	2013	2014	2014 年同比增幅（%）
土地面积（平方公里）	1357	1357	0	地方财政支出（亿元）	22.90	23.05	0.66
人口（万人）	43.14	44.11	2.25	全社会固定资产投资（亿元）	148.1	175.24	18.33
城镇人口（万人）	8.26	8.9	7.75	进出口总值（万美元）	8129	15311	88.35
乡村人口（万人）	34.88	35.21	0.95	出口总值（万美元）	4181	5496	31.45
地区生产总值（亿元）	225.57	231.40	2.58	实际利用外资（万美元）	0	0	0
第一产业（亿元）	33.90	35.28	4.07	社会消费品零售总额（亿元）	64.95	73.43	13.06
第二产业（亿元）	117.13	116.36	-0.66	居民消费价格指数（%）	100	101.7	1.7
第三产业（亿元）	74.54	79.76	7.00	人均地区生产总值（元）	56875	57996	1.97

续表

经济指标	2013	2014	2014年同比增幅（%）	经济指标	2013	2014	2014年同比增幅（%）
财政总收入（亿元）	17.3	17.57	1.56	城镇居民可支配收入（元）	38580	26816	-30.49
地方财政收入（亿元）	12.5	12.9	3.2	农民人均现金收入（元）	11457	12957	13.09
财政总支出（亿元）	22.90	23.05	0.66				

无棣县主要金融指标

金融指标（亿元）	2013	2014	2014年同比增幅（%）	金融指标（亿元）	2013	2014	2014年同比增幅（%）
本外币存款余额	119.98	141.02	17.54	财险收入	1.80	1.84	2.22
人民币存款余额	119.89	140.89	17.52	寿险收入	2.80	2.92	4.29
单位存款	46.35	54.69	17.99	财险赔款	0.82	0.9	9.76
储蓄存款	71.95	84.71	17.73	寿险给付	0.35	0.42	20
本外币贷款余额	124.51	127.74	2.59	当年结益	--	--	--
人民币贷款余额	124.51	127.69	2.55	证券市场交易总额	--	--	--
短期贷款	72.90	77.32	6.06	投资者保证金余额	--	--	--
中长期贷款	51.51	49.97	-2.99	证券账户开户数	--	--	--
票据融资	0.10	0.25	150	证券交易佣金收入	--	--	--
当年结益	3.64	3.45	-5.22	净利润	--	--	--
不良贷款余额	2.51	5.21	107.57				

无棣县主要金融机构概况

单位名称	行长（或其他称谓的第一负责人）	副行长（或其他称谓的同级领导）	员工总数	辖内营业网点数
人民银行无棣县支行	刘洪欣	吴文德　张　伟　丁　晖	21	1
滨州银监分局无棣办事处	付启平		1	
农发行无棣县支行	张瑞冬	张桂苹　吕墩岗	20	1
工行无棣支行	张可冰	曹宗智　李　红　吴文波　张文东	61	3
农行无棣县支行	梁仁强	沈卫东　石　磊　陈洪华	110	7
中行无棣支行	李建峰	付存民　张　琳	48	3
建行无棣支行	吴国强	孙龙波　何世玉	58	3
东营银行无棣支行	孔　磊	王军华	14	1
无棣县农信联社	刘长平	刘　伟　霍振洪　王　凌　吴洪生	265	20
邮储银行无棣县支行	孙　涛	何世军	69	17
齐商银行无棣支行	丛容普	曹　鹏	19	1
无棣中成村镇银行	陈道明	林吉友	23	1

无棣县主要金融机构业务概况

单位：亿元

单位名称	本外币存款余额	人民币单位存款	人民币储蓄存款	本外币贷款余额	人民币短期贷款	人民币中长期贷款
农发行无棣县支行	0.55	0.55	0	4.79	0.84	3.70
工行无棣支行	18.23	7.59	9.70	29.50	12.88	16.57
农行无棣县支行	27.01	9.86	17.15	21.09	9.45	11.64
中行无棣支行	12.51	6.53	5.86	18.69	9.65	9.04
建行无棣支行	20.34	11.35	8.99	15.56	8.21	7.36
东营银行无棣支行	4.70	3.79	0.90	4.61	4.61	0
无棣县农信联社	37.13	8.96	28.14	27.60	26.32	1.13
邮储银行无棣县支行	14.64	1.59	13.05	1.44	0.90	0.54
齐商银行无棣支行	5.14	4.40	0.74	4.30	4.30	0
无棣中成村镇银行	0.26	0.07	0.18	0.16	0.16	0.001

【金融服务与监管】 2014年，人民银行无棣县支行一是配合县政府开展了信用环境整治活动；二是协助县政府出台了《金融失信被执行人惩戒联动机制》，从政府采购、招标投标、行政审批、融资信贷等9方面对失信被执行人进行限制；三是为进一步推进县域征信环境建设，作为试点县积极参与省域征信服务平台建设，在规定时间内完成了12类、89个数据项共1.6万余农户信息采集工作；四是积极开展各类宣传活动。

（徐元芳）

沾化区

【经济金融概况】 2014年，沾化区（2014年沾化县行政区划由县改区）经济总体增长较快，呈现出工业农业齐头并进，商业服务业明显跨越；存款贷款同步大增的良好态势。

【金融发展与改革】 2014年，人民银行沾化支行以行长联席会、经济金融形势分析会的形式向政府部门和金融机构传递宏观调控意图，促进地方经济发展。一是组织辖区金融机构参加了2014年度滨州市首届资本对接大会，签约金额91亿元，银企联动助力小微企业发展；二是引导金融部门继续增加“三农”的贷款投入，全年累计投放“三农”贷款45亿元，推动全区冬枣、棉花、农产品加工等农业产业化龙头企业的发展壮大。

【金融服务与监管】 2014年，外汇局沾化支局通过加大监管与服务力度，积极配合省市局进行货物贸易改革试点工作，为

沾化区主要经济指标

经济指标	2013	2014	2014年同比增幅（%）	经济指标	2013	2014	2014年同比增幅（%）
土地面积（平方公里）	2217.7	2217.7	0	地方财政支出（亿元）	19.35	19.29	-0.31
人口（万人）	39.03	39.03	0	全社会固定资产投资（亿元）	131.62	151.6	15.18
城镇人口（万人）	11.67	11.67	0	进出口总值（万美元）	17347	18911	9.02
乡村人口（万人）	35.25	35.25	0	出口总值（万美元）	1258	2785	121.38
地区生产总值（亿元）	162.04	170.36	5.13	实际利用外资（万美元）	4172	645	-84.5
第一产业（亿元）	36.32	38.1	4.9	社会消费品零售总额（亿元）	62.85	70.68	12.46
第二产业（亿元）	60.54	61.52	1.62	居民消费价格指数（%）	--	--	--
第三产业（亿元）	65.18	70.73	8.51	人均地区生产总值（元）	45504	47552	4.5
财政总收入（亿元）	22.43	24.37	8.65	城镇居民可支配收入（元）	27239	30236	11

续表

经济指标	2013	2014	2014年同比增幅（%）	经济指标	2013	2014	2014年同比增幅（%）
地方财政收入（亿元）	10.11	10.32	2.08	农民人均现金收入（元）	11414	12784	12
财政总支出（亿元）	23.28	24.15	3.74				

沾化区主要金融指标

金融指标（亿元）	2013	2014	2014年同比增幅（%）	金融指标（亿元）	2013	2014	2014年同比增幅（%）
本外币存款余额	85.11	92.95	9.21	财险收入	0.40	0.51	27.50
人民币存款余额	85.06	92.79	9.09	寿险收入	0.59	0.55	-6.78
单位存款	35.61	35.67	0.17	财险赔款	0.21	0.30	42.86
储蓄存款	48.36	55.82	15.43	寿险给付	0.06	0.04	-33.33
本外币贷款余额	73.56	77.66	5.57	当年结益	0.08	0.09	12.50
人民币贷款余额	72.40	76.96	6.30	证券市场交易总额	--	--	--
短期贷款	50.00	47.60	-4.80	投资者保证金余额	--	--	--
中长期贷款	23.55	39.36	67.13	证券账户开户数	--	--	--
票据融资	0	0	0	证券交易佣金收入	--	--	--
当年结益	1.53	2.23	45.75	净利润	--	--	--
不良贷款余额	1.72	4.12	139.53				

沾化区主要金融机构概况

单位名称	行长（或其他称谓的第一负责人）	副行长（或其他称谓的同级领导）	员工总数	辖内营业网点数
人民银行沾化县支行	赵 粟	石立伟 陈振迎	24	0
滨州银监分局沾化办事处	徐明利		1	0
农发行沾化县支行	杨景春	李跃磊 张学春	18	1
工行沾化支行	门宝国	张 涛 李宇斌	45	2
农行沾化县支行	杨玉禄	牟秀忠 张宗华	73	4
中行沾化支行	姚志强	李海军 王新建	22	1
建行沾化支行	马洪山	尹晓林 王向梅	44	2
东营银行沾化支行	张 鹏	闫希峰 马 燕	13	1
沾化县农信联社	任汉真	庞建中 王今蜂 刘 霞	247	18
邮储银行沾化县支行	韩晓谦	齐鹏义	52	3
隆德小额贷款公司	李 鹏	李建国	7	1

沾化区主要金融机构业务概况

单位：亿元

单位名称	本外币存款余额	人民币单位存款	人民币储蓄存款	本外币贷款余额	人民币短期贷款	人民币中长期贷款
农发行沾化县支行	1.66	1.66	--	2.37	0.20	2.17

续表

单位名称	本外币存款余额	人民币单位存款	人民币储蓄存款	本外币贷款余额	人民币短期贷款	人民币中长期贷款
工行沾化支行	19.34	12	6.53	21.09	9.66	10.73
农行沾化县支行	12.31	4.22	8.08	11.19	7.39	3.80
中行沾化支行	6.07	3.44	2.48	7.71	6.84	0.87
建行沾化支行	13.62	7.59	6.02	12.33	4.51	7.82
东营银行沾化支行	2.49	1.66	0.83	1.62	1.62	0
沾化县农信联社	25.04	4.01	20.99	20.47	17.16	3.31
邮储银行沾化县支行	11.98	1.09	10.89	0.88	0.21	0.67

企业提供便利化服务，有效支持了地方经济跨越式发展，全年实现进口付汇1.66亿美元，出口收汇0.28亿美元。

人民银行沾化支行与山东银监局沾化办事处、区金融办等协调配合，建立了金融监管协调和监管信息共享机制，提前做好风险分析与评价，进一步加强和规范了金融统计、外汇、账户管理、贷款卡管理等业务，提供了更加可靠、快捷的金融服务。

（李云增　尹　青）

博兴县

【经济金融概况】　2014年，博兴县经济金融呈现企稳向好的趋势。工业生产增速回升，固定资产投资增长稳定，外贸进出口较快增长，财税收入增速放缓，金融市场持续活跃。

【金融发展与改革】　2014年，人民银行博兴县支行大力发展普惠金融，切实改善支付环境。金融创新取得明显成效。一是创新担保模式，破解科技型中小微企业融资难问题，对首批3家民营科技型企业发放贷款1200万元，解决了企业由于规模小、有效担保难以落实的困境，也为其他行业尤其涉农补贴支持企业发展起到良好示范作用；二是农村土地承包经营权抵押贷款实现突破，县农商行为国丰农业公司发放了80万元土地使用权抵押贷款，并对该笔贷款的利率实行在普通贷款利率的基础上下浮50%的优惠措施，实现了该县也是全省土地使用权抵押贷款支持现代农业的成功破题；三是引入双保理模式破解养殖融资难题，博兴农商行引入山东汇丰资产保理有限公司

博兴县主要经济指标

经济指标	2013	2014	2014年同比增幅（%）	经济指标	2013	2014	2014年同比增幅（%）
土地面积（平方公里）	900	900	0	地方财政支出（亿元）	28.7	29.3	2.09
人口（万人）	51.4	51.8	0.78	全社会固定资产投资（亿元）	197.96	226.56	14.45
城镇人口（万人）	15	15.7	4.67	进出口总值（万美元）	199731	253217	26.78
乡村人口（万人）	36.4	36.1	-0.82	出口总值（万美元）	87039	106168	21.98
地区生产总值（亿元）	283.16	298.75	5.51	实际利用外资（万美元）	3533	1504	-57.43
第一产业（亿元）	22.89	23.95	4.63	社会消费品零售总额（亿元）	63.16	90.84	43.83
第二产业（亿元）	150.51	158.48	5.3	居民消费价格指数（%）	104.2	104.5	0.29
第三产业（亿元）	109.77	116.31	5.96	人均地区生产总值（元）	55089	57674	4.69
财政总收入（亿元）	36.26	36.8	1.49	城镇居民可支配收入（元）	26995	27269	1.01
地方财政收入（亿元）	23.46	24.39	3.96	农民人均现金收入（元）	9203	10117	9.93
财政总支出（亿元）	37.91	30.64	-19.18				

博兴县主要金融指标

金融指标（亿元）	2013	2014	2014年同比增幅（%）	金融指标（亿元）	2013	2014	2014年同比增幅（%）
本外币存款余额	371.74	404.22	8.73	财险收入	3.13	3.35	7.03
人民币存款余额	359.19	387.11	7.77	寿险收入	4.4	4.41	0.23
单位存款	200.35	201.38	0.51	财险赔款	1.12	1.23	9.82
储蓄存款	154.83	180.32	16.46	寿险给付	0.95	1.06	11.58
本外币贷款余额	320.95	357.1	11.27	当年结益	1.16	1.33	14.66
人民币贷款余额	293.01	328.62	12.15	证券市场交易总额	--	--	--
短期贷款	214.78	229.55	6.88	投资者保证金余额	--	--	--
中长期贷款	65.25	76.98	17.98	证券账户开户数	--	--	--
票据融资	12.97	21.94	69.16	证券交易佣金收入	--	--	--
当年结益	11.37	12.35	8.62	净利润	--	--	--
不良贷款余额	1.17	1.72	47.01				

博兴县主要金融机构概况

单位名称	行长（或其他称谓的第一负责人）	副行长（或其他称谓的同级领导）	员工总数	辖内营业网点数
人民银行博兴县支行	李钦柱	孙建平　王孔宝　马玉莲	28	1
滨州银监分局博兴办事处	王建中		3	1
农发行博兴县支行	王力军	于西恩　李文强	21	1
工行博兴支行	李永青	崔新村　白长波　黄树清	79	5
农行博兴县支行	郭志伟	贾希光　孙　燕　牛恩利	165	10
中行博兴支行	钟绵祥	刘国梁　张　静	61	3
建行博兴支行	赵文成	贾振永　许岩军　牛洪涛	76	5
齐商银行博兴支行	李辰明	郝县明　张丽辉	39	2
东营银行博兴支行	王　涛	王兆山	34	1
博兴农商行	吴加军	陈宝政　郭永胜　马久峰　孙兴波	367	34
邮储银行博兴县支行	乔希文	陈震耀	65	4
博兴新华村镇银行	吕　泽	汪久云	36	1
招商银行博兴支行	刘锡刚	肖文静	25	1
德州银行博兴支行	颜旭红	张　乾	15	1

博兴县主要金融机构业务概况

单位：亿元

单位名称	本外币存款余额	人民币单位存款	人民币储蓄存款	本外币贷款余额	人民币短期贷款	人民币中长期贷款
农发行博兴县支行	5.16	5.16	--	14.55	6.23	7.83
工行博兴支行	71.06	43.85	21.82	98.46	65.87	30.02

续表

单位名称	本外币存款余额	人民币单位存款	人民币储蓄存款	本外币贷款余额	人民币短期贷款	人民币中长期贷款
农行博兴县支行	96.03	47.86	42.13	87.54	33.22	15.18
中行博兴支行	31.15	23.66	6.77	25.23	15.56	7.7
建行博兴支行	56.95	32.45	17.42	37.21	23.05	8.27
齐商银行博兴支行	10.44	8.06	2.3	9.56	8.97	0.07
东营银行博兴支行	12.38	10.35	2.02	6.4	5.87	0.53
博兴农商行	93.28	24.79	68.33	71.93	68.36	3.57
邮储银行博兴县支行	23.04	4.25	18.78	4.39	0.88	3.51
博兴新华村镇银行	0.98	0.44	0.54	1.61	1.44	0.18
招商银行博兴支行	0.29	0.09	0.2	0.12	--	0.12
德州银行博兴支行	0.44	0.42	0.02	0.1	0.1	--

“财务保理＋资产保理”模式，成功为山东博威特牧业有限公司发放肉牛质押贷款800万元，解决了困扰禽畜养殖企业融资难题。

【金融服务与监管】 2014年，人民银行博兴县支行一是对该县农商行部分营业网点人民币收付、反假业务等工作进行了检查；二是开展了对农业银行博兴县支行国库经收处业务的检查；三是对农商行和新华村镇银行落实同业业务规范情况进行现场核查，对其支农再贷款的真实性、合规性、效益性、安全性等情况进行了全面检查；四是对京博石化开展橡胶行业专项核查，对山东京博石油化工有限公司货物贸易、转口贸易和贸易融资以及进口少、付汇多等情况进行了现场核查。

（张建波）

邹平县

【经济金融概况】 2014年，邹平县经济增速同比下降，总体平稳。全县金融运行的主要特征为：存款略有增长，贷款快速增加，存款、贷款余额均创历史新高。

【金融发展与改革】 2014年，邹平县中小金融机构服务网点不断增加；齐商银行黛溪支行撤销，业务并入齐商银行邹平支行；天瑞小额贷款公司退出。

【金融服务与监管】 2014年，人民银行邹平县支行通过召开行长联席会、金融形势分析会，约见金融机构负责人谈话、发布《货币信贷工作指引》等方式，及时向当地政府和金融机构传递宏观调控意图。滨州银监分局邹平办事处发挥银行业监督职能，加大银行业操作风险预警提示，确保了辖区金融健康稳健运行。

（成文学）

邹平县主要经济指标

经济指标	2013	2014	2014年同比增幅（%）	经济指标	2013	2014	2014年同比增幅（%）
土地面积（平方公里）	1250	1250	0	地方财政支出（亿元）	58.61	59.65	1.80
人口（万人）	79.07	79.63	0.70	全社会固定资产投资（亿元）	198.99	223.32	14.00
城镇人口（万人）	44.1	45.55	3.30	进出口总值（万美元）	463895	245026	-47.20
乡村人口（万人）	62.3	63.84	2.50	出口总值（万美元）	137791	116400	-15.50
地区生产总值（亿元）	751.13	780.08	5.90	实际利用外资（万美元）	20436	31023	51.80
第一产业（亿元）	38.15	40.04	4.40	社会消费品零售总额（亿元）	135.95	150.77	10.90
第二产业（亿元）	473.92	484.31	2.20	居民消费价格指数（%）	100.7	101.7	--
第三产业（亿元）	239.06	255.73	5.30	人均地区生产总值（元）	95213	98308	3.25

续表

经济指标	2013	2014	2014 年同比增幅（%）	经济指标	2013	2014	2014 年同比增幅（%）
财政总收入（亿元）	93.19	96.56	3.60	城镇居民可支配收入（元）	27850	30646	10.04
地方财政收入（亿元）	55.83	56.63	1.40	农民人均现金收入（元）	12923	14201	9.89
财政总支出（亿元）	58.61	59.65	1.80				

邹平县主要金融指标

金融指标（亿元）	2013	2014	2014 年同比增幅（%）	金融指标（亿元）	2013	2014	2014 年同比增幅（%）
本外币存款余额	542.59	550.5	1.46	财险收入	3.65	3.85	5.48
人民币存款余额	539.17	548.52	1.73	寿险收入	6.36	6.57	3.30
单位存款	346.82	327.99	-5.43	财险赔款	--	--	--
储蓄存款	184.36	216.03	17.18	寿险给付	--	--	--
本外币贷款余额	549.17	623.33	13.50	当年结益	--	--	--
人民币贷款余额	545.21	621.73	14.03	证券市场交易总额	--	--	--
短期贷款	439	510.68	16.33	投资者保证金余额	--	--	--
中长期贷款	93.84	97.42	3.82	证券账户开户数	2756	5128	86.07
票据融资	12.37	10.87	-12.13	证券交易佣金收入	0.19	0.28	47.37
当年结益	21.45	3.42	-84.06	净利润	--	--	--
不良贷款余额	1.06	26.04	2356.60				

邹平县主要金融机构概况

单位名称	行长（或其他称谓的第一负责人）	副行长（或其他称谓的同级领导）	员工总数	辖内营业网点数
人民银行邹平县支行	徐书亮	张道红　吕洪军　高建刚	34	1
滨州银监分局邹平办事处	毕鹏飞	李　南	2	1
农发行邹平县支行	韩士义	孙永涛　王　栋　柴婷婷	31	1
工行邹平支行	刘洪忠	柴树元　张方永　潘伟群　高　波	121	8
农行邹平县支行	郭志伟	杨国生　明　新　张　伟　张树荣　张金兴	242	17
中行邹平支行	赵书会	赵建国　曹　泉　程　虎	63	3
建行邹平支行	李延宽	李志勇　崔鹏程　张　跃　宋　波	110	5
邹平农村商业银行	常兆贤	吴新民　郝树海　王洪兴 尹玉宵　李汉碌　韩胜祥	502	44
邮储银行邹平县支行	郑伟华	罗　凯　刘　科	69	24
齐商银行邹平支行	王　贵	李　琮　常　宁	39	2
邹平浦发村镇银行	孔　建	倪明军　薛莲花　刘向来　刘　柳	101	5
东营银行邹平支行	朱玉平	高　冰　王庆芳　郑海燕	23	2
招商银行邹平支行	杨永秋	李　薇	18	1
兴业银行邹平支行	王　磊	李敬东	14	1
青隆村镇银行	鞠　斌	陈　工　朱建航	66	3

邹平县主要金融机构业务概况

单位：亿元

单位名称	本外币存款余额	人民币单位存款	人民币储蓄存款	本外币贷款余额	人民币短期贷款	人民币中长期贷款
农发行邹平县支行	12.51	12.51	--	57.35	36.53	17.02
工行邹平支行	86.79	64.66	18.99	145.02	113.45	28.11
农行邹平县支行	111.97	54.12	56.81	138.5	113.58	17.93
中行邹平支行	38.22	28.91	8.92	43.37	28.96	14.02
建行邹平支行	65.67	46.78	18.42	64.95	55.38	9.57
邹平农村商业银行	131.4	58.15	72.99	100.24	93.44	6.8
邮储银行邹平县支行	27.64	5.22	22.42	3.63	0.49	3.14
齐商银行邹平支行	18.19	13.56	4.62	12.18	12.09	0.01
邹平浦发村镇银行	19.22	11.72	7.44	15.58	15.07	--
东营银行邹平支行	13.18	11.55	1.61	10.4	10.39	0.01
青隆村镇银行	4.19	2.04	2.12	5.58	5.58	--
招商银行邹平支行	11.01	9.79	1.21	18.29	17.5	0.79
兴业银行邹平支行	9.54	8.99	0.49	8.23	8.23	--

德州市

【经济金融概况】 2014 年，德州市坚持稳中求进、好中求快主基调，稳增长、调结构、抓改革、惠民生，出现了经济平稳增长，发展质量稳步提高，社会事业健康发展的良好局面。

各金融机构按照“有扶有控”的信贷原则，进一步加大了与产业政策的配合力度。一是各项存款快速增长，企业存款大量增加；二是信用总量大量增加，银行贷款稳定增长，中长期贷款增速加快，支撑了个人住房、城市基础设施建设的需要，中小微企业贷款快速增长，贷款投向持续优化。

【货币政策实施】 2014 年，人民银行德州市中心支行突出重点，创新方式，强化监测分析和调查研究，综合运用各项货币政策工具，确保了信贷政策的落实到位。

一、加强政策宣传和“窗口指导”。一是及时准确地向市政府传达各项货币信贷政策，争取政府的理解和支持；二是召开了德州市法人金融机构宏观审慎调控工作会议，进一步提高其对宏观调控形势和差别准备金动态调整工具的认识。

二、突出重点，加大创新力度，强力推动各项信贷政策落实。一是加大对定点支持新型农业经营主体的扶持力度，制定了全省首个《金融定点支持农业规模经营主体实施方案》；二是制定了《金融支持服务业发展的指导意见》，涌现了一系列创新信贷模式。

三、加强利率管理，推动金融市场工作深入开展。一是顺利完成人民银行利率二代报备系统上线工作；二是指导禹城农村商业银行成功加入全国银行间同业拆借市场。

【金融稳定】 2014 年，人民银行德州市中心支行以转变作风为总抓手，以不发生系统性、区域性金融风险为目标，各项工作取得新进展。

一、强化风险监测，做好风险预警工作。一是强化银、证、保金融机构风险日常监测，根据分行重大事项报告办法出台了银行、证券期货、保险机构重大事项报告制度实施细则；二是健全对具有融资功能的准金融机构监测，针对准金融机构和民间借贷风险制定了《准金融机构和民间融资监测办法》；三是加强对重要经济实体和重点领域的风险监测和排查，修订了《企业风险预警制度》；四是切实提升重大事项报告制度执行力；五是探索建立了金融风险预警体系，对高风险机构及时进行风险提示。

二、深入推进金融机构稳健性现场评估。一是认真组织稳健性评估培训，使金融稳定专业人员及分管领导评估技能得到了有效提升；二是深入研究银行业稳健性评估指标体系，对德州银行投资业务开展评估工作；三是完成对德城区农信联社和德州银行的同业业务核查。

德州市经济主要统计指标

指标 \ 年度	2010	2011	2012	2013	2014	2014年同比增幅（%）
土地面积（平方公里）	10356	10356	10356	10356	10356	0
人口（万人）	570.18	575.98	577.52	567.11	570.51	0.59
城镇人口（万人）	168.31	174.68	177.14	270.74	282.57	4.37
乡村人口（万人）	401.87	401.3	400.38	296.37	287.94	-2.84
地区生产总值（亿元）	1657.82	1950.71	2230.56	2460.59	2596.08	10.0
第一产业（亿元）	210.51	229.57	244.39	273.54	289.01	4.2
第二产业（亿元）	899.55	1059.8	1208.65	1301.67	1338.32	10.8
工业（亿元）	1023.18	1001.35	1048.54	1127.06	1196.42	6.15
建筑业（亿元）	104.76	135.00	196.1	251.7	141.9	-43.6
第三产业（亿元）	547.76	661.4	777.52	885.38	968.75	10.4
人均地区生产总值（元）	29075	33868	38623	43542	45641	9.3
地区生产总值构成（%）	100	100	100	100	100	--
第一产业（%）	12.7	11.8	10.9	11.1	11.1	0.0
第二产业（%）	54.3	54.3	54.2	52.9	51.6	-1.3
第三产业（%）	33.0	33.9	34.9	36.0	37.3	1.3
财政总收入（亿元）	132.64	167.25	203.24	236.66	265.74	12.3
地方财政收入（亿元）	72.91	95.06	120.2	150.02	171.26	14.2
财政总支出（亿元）	154.91	191.28	242.1	267.3	275.22	3.0
地方财政支出（亿元）	154.91	191.28	242.1	267.3	275.22	3.0
全社会固定资产投资（亿元）	1140.59	1271.3	1542.93	1686.6	2171.1	28.7
规模以上固定资产投资（亿元）	1050.41	1153.66	1401.62	1574.23	1961.3	16.3
房地产开发（亿元）	90.19	117.64	141.31	195.8	209.8	7.1
进出口总值（亿美元）	19.46	26.86	27.2	35.38	35.07	-3.1
出口总值（亿美元）	13.36	17.47	18.7	20.26	22.27	9.9
实际利用外资（亿美元）	1.30	1.90	2.11	2.15	1.57	-27.1
社会消费品零售总额（亿元）	645.6	757.50	872.3	990.5	1116.8	12.8
居民消费价格指数（%）	103.1	105.2	101.5	101.9	102.0	0.1
城市居民人均可支配收入（元）	17410	19771	22440	24812	27180	9.5
农民人均现金收入（元）	7028	8350	9602	10876	12135	11.6

德州市工农业主要统计指标

农业主要统计指标（万吨）				规模以上工业企业主要统计指标（亿元）			
项目 \ 年度	2013年	2014年	增幅（%）	项目 \ 年度	2013年	2014年	增幅（%）
粮食	834.7	868.5	4.1	工业增加值	1468.25	1708.59	14.02
夏粮	397.0	414.86	4.5	国有工业	60.91	32.59	2.5
秋粮	437.7	451.84	3.8	集体工业	1.87	1.69	-7.0

续表

农业主要统计指标（万吨）				规模以上工业企业主要统计指标（亿元）			
项目 \ 年度	2013年	2014年	增幅（%）	项目 \ 年度	2013年	2014年	增幅（%）
棉花	10.4	8.6	-17.3	股份制工业	844.9	1513.77	14.8
油料	1.87	2.09	11.76	股份合作制工业	7.83	0	-87.6
水果	39.27	39.09	-0.46	外商及港澳台投资工业	44.56	80.99	81.75
蔬菜	556.9	584.04	4.87	轻工业	694.34	760.06	10.43
肉类	71.41	71.89	0.67	重工业	773.91	948.52	17.0
禽蛋	43.15	42.4	-1.8	销售收入	7679.63	8890.05	15.41
奶类	18.61	18.19	-2.3	利税	878.84	958.10	10.0
水产品	9.89	11.0	11.2	利润	494.41	541.31	10.25
森林覆盖率（%）	31.5	35.0	14.3	经济效益综合指数（%）	--	--	--

德州市主要金融机构概况

单位名称	行长（或其他称谓的第一负责人）	副行长（或其他称谓的同级领导）	员工总数	辖内营业网点数
人民银行德州市中心支行	董　昕	马兴国　徐靖元　高文博　杨德阔　廉　龙	449	11
德州银监分局	田邦升	马天奎　王国恩　毕爱玲　王雪双	83	844
农发行德州市分行	田　青	刘　玮　杨富格　陈瑞吉	264	11
工行德州分行	赵忠江	姜　凯　王向东　朱广明　马士军　滕云静　孙　刚	1087	49
农行德州分行	刘宗良	王文平　张海山　宗　斌　郭延超	1448	68
中行德州分行	吴　琳	郭兴盛　孙　涛　苏世普　李爱东　宫怀兵	574	21
建行德州分行	靳晓海	苏玉生　肖长智　杨江水　王清杰	1077	46
交行德州分行	冯景伦	李保军　侯键东　孙丽君	44	1
德州银行	孙玉芝	常　青　杜成金　李书华　尹德恩　郑亚林　吴玉华　张正忠　周成亮　侯玉荣　薛　梅　王　东　李金涛　徐圣颖　蔡　敏	1201	58
农信社德州市办事处	辛士勇	宋修宝　邓兆卫	4617	328
邮储银行德州市分行	吕　昆	房振平　周振忠　楚华彬	976	249
恒丰银行德州分行	孙惠良	魏　玲　常　勇　张　宁　张召春	61	1
浙商银行德州分行	兰志良	张　栋　杨宪宇	48	1
威海商业银行德州分行	于建刚	姬　刚　王　邕	107	2
青岛银行德州分行	胡少华	孙晓斌　姬　涛	66	1
临邑中银富登村镇银行	赵立新	许双林　刘洪利	52	3
中国人保财险德州市分公司	陈庆春	张宪仁　王现琪　王　冰	512	18
民生人寿德州中心支公司	张　罡		34	8

续表

单位名称	行长（或其他称谓的第一负责人）	副行长（或其他称谓的同级领导）	员工总数	辖内营业网点数
大地财险德州中心支公司	马圣强	张金勇　张振巧	154	13
永安财险德州中心支公司	张瑞国		104	4
平安人寿德州中心支公司	刘金鹏		58	6
人民人寿德州中心支公司	于建中	纪　宁　刘顺卿	1200	10
太平人寿德州中心支公司	赵洪顺		43	5
太平洋财险德州中心支公司	孙春龙	王登峰　吴　静　曹志国	145	10
阳光人寿德州中心支公司	朱维娜	史桂华	53	10
泰康人寿德州中心支公司	谢泉志	赵爱红	70	15
中华联合财险德州中心支公司	王伯超	陶铁军	152	13
天安财险德州中心支公司	张治国		98	8
中国人寿财险德州市中心支公司	侯　波	陈忠明	165	6
渤海财险德州中心支公司	夏志红		23	1
安盛天平财险德州中心支公司	齐　璨		22	4
华安财险德州中心支公司	齐国林		11	1
华夏人寿德州中支	杨海波		45	5
英大人寿德州中心支公司	高　伟		21	3
永诚财险德州中心支公司	孙　虎		14	1
建信人寿德州中心支公司	蔡　虹		36	1
太平财险德州中心支公司	黄忠升	潘桂兰	40	2
信达财险德州中心支公司	张春国	齐海波	29	1
信泰人寿德州中心支公司	张俊杰	李　凯	17	1
齐鲁证券德州分公司	周顺远		64	4
中信万通证券公司德州湖滨中大道证券营业部	陈向东	耿元雷　夏　磊	38	1
国都证券德州营业部	司　维		7	1
鲁证期货公司德州营业部	张　程		10	1

德州市金融业务统计指标

指标	年度	2010	2011	2012	2013	2014	2014年同比	
							增加额	增幅（%）
银行类	本外币存款余额	1293.76	1426.33	1646.85	1933.43	2161.82	228.39	11.81
	人民币存款余额	1286.91	1420.02	1636.49	1924.22	2152.78	228.56	11.87
	*单位存款	248.66	442.90	484.72	576.94	607.28	30.34	5.26

续表

指标 \ 年度		2010	2011	2012	2013	2014	2014年同比	
							增加额	增幅（%）
银行类	储蓄存款	807.18	918.44	1107.54	1266.44	1485.43	218.99	17.29
	本外币贷款余额	918.09	1003.14	1119.35	1300.33	1449.29	148.96	11.46
	人民币贷款余额	909.84	995.17	1112.30	1295.00	1444.85	149.85	11.57
	短期贷款	578.58	619.72	716.41	784.25	807.33	23.08	2.94
	中长期贷款	317.33	354.78	362.52	472.83	592.09	119.26	25.22
	票据融资	13.11	19.90	31.71	36.59	43.32	6.73	18.39
	当年结益	18.73	26.48	27.43	32.49	30.81	-1.68	-5.17
	不良贷款余额	86.37	70.73	60.44	45.58	37.11	-8.47	-18.58
	不良贷款占比%	9.44	7.05	5.40	3.76	2.54	-1.22	-32.45
保险类	保险公司保费收入	46.8	48.6	52.03	58.9	66.6	7.7	13.07
	财险收入	10.9	12.5	14.83	17.4	21.0	3.6	20.7
	寿险收入	35.9	36.1	37.20	41.5	45.6	4.1	9.88
	保险公司赔款和给付支出	7.35	9.93	15.06	19.03	23.5	4.47	23.5
	财险赔款	4.43	5.29	9.66	10.0	9.6	-0.4	-4.0
	寿险给付	2.92	4.64	5.40	9.03	13.9	4.87	53.9
	当年结益	0.09	0.27	2.14	0.60	-1.22	-1.83	-302.2
证券类	证券市场成交总额	688.26	436.57	326.28	403.88	832.4	428.52	106.1
	投资者保证金余额	6.37	5.62	7.10	2.76	23.53	20.77	752.5
	证券账户开户数	112823	122689	130700	120703	139500	18797	15.57
	佣金收入	0.97	0.64	0.37	0.61	0.9892	0.38	61.11
	净利润	0.42	0.30	-0.03	-0.04	0.07	0.11	276.3
	期货市场成交总额	660.03	1329.43	2558.33	4232.78	3613.67	-619.11	-14.63
	期货客户保证金余额	0.23	0.30	0.38	0.62	0.99	0.36	58.19
	期货账户开户数	863	537	400	266	141	-125	-47.0
	期货手续费收入	0.03	0.05	0.04	0.04	0.04	-0.00	-0.67
	利润总额	0.01	0.01	0.02	0.02	0.01	-0.01	-35.7

注：“*”该项指标2010年前为“企业存款”，其数字亦是如此。

德州市金融机构统计指标

指标（个） \ 年度		2010	2011	2012	2013	2014	2014年同比增幅（%）
银行类	法人机构	12	13	13	13	18	38.5
	省级分行	—	—	—	—	—	—
	二级分行	6	6	6	10	10	0.0
	县区支行	149	156	158	175	195	11.43
	分理处、营业所	441	443	652	642	663	3.27

续表

指标（个）	年度	2010	2011	2012	2013	2014	2014年同比增幅（%）
银行类	储蓄所	205	203	12	7	6	-14.28
	从业人员总数	10414	10472	10673	11007	11542	4.86
保险类	保险机构	22	25	32	35	37	5.71
	财险机构	11	12	15	16	18	12.5
	省级分公司	--	--	--	--	--	--
	地市分公司	11	12	15	16	18	12.5
	县区支公司	74	77	91	97	90	-7.22
	寿险机构	11	13	17	19	19	0
	省级分公司	--	--	--	--	--	--
	地市分公司	11	13	17	19	19	0
	县区支公司	54	69	93	105	109	3.81
	从业人员总数	15280	15845	16133	15089	16693	10.63
	财险人员	2303	2432	2511	1682	3045	81.03
	寿险人员	12977	13413	13622	13407	13648	1.79
证券类	证券机构	3	3	5	6	6	0
	证券公司	--	--	--	1	1	0
	证券营业部	3	3	5	5	5	0
	证券服务部	--	--	--	--	--	--
	从业人员总数	91	127	103	97	122	25.78
	投资者开户	112823	122689	91133	82090	84421	2.84
	境内上市股票只数	3	4	5	5	5	0
	境外上市股票只数	1	1	0	0	0	0
	辖区上市公司总数	4	5	5	5	5	0

德州市主要金融机构业务概况

单位：亿元

单位名称	本外币存款余额	人民币单位存款	人民币储蓄存款	本外币贷款余额	人民币短期贷款	人民币中长期贷款
农发行德州市分行	4.54	4.39	--	92.89	44.11	48.05
工行德州分行	281.94	114.98	158.58	289.80	126.55	152.43
农行德州分行	231.79	71.27	156.71	127.19	65.15	59.53
中行德州分行	139.50	64.58	69.66	98.27	54.57	43.06
建行德州分行	259.49	86.70	171.76	170.24	55.60	114.20
交行德州分行	19.21	16.68	1.08	16.43	5.76	10.00
恒丰银行德州分行	22.57	11.19	4.72	9.86	4.53	3.89
浙商银行德州分行	10.86	10.62	0.21	13.82	9.72	4.10
德州银行	243.4	113.61	129.35	164.17	107.73	27.04

续表

单位名称	本外币存款余额	人民币单位存款	人民币储蓄存款	本外币贷款余额	人民币短期贷款	人民币中长期贷款
山东省农信联社德州市办事处	591.68	58.58	532.18	395.5	299.65	95.24
邮储银行德州市分行	279.47	28.80	250.67	35.27	11.89	21.25
威海商业银行德州分行	25.48	15.65	4.20	21.10	11.87	8.86
青岛银行德州分行	10.09	7.87	2.22	6.64	4.42	2.22

德州市各县级区域经济金融主要统计指标

名称	人口（万人）	面积（平方公里）	地区生产总值（亿元）	地区生产总值增速（%）	本外币存款余额（亿元）	储蓄存款（亿元）	本外币贷款余额（亿元）
德城区	70.7	539	274.41	10.4	729.56	403.08	559.65
陵城区	57.7	1213	236.27	10.7	148.22	115.58	73.93
乐陵市	66.7	1172	226.59	11.4	151.71	117.27	108.72
禹城市	51.0	990	244.62	11.2	153.73	105.28	138.51
宁津县	46.0	833	198.88	10.2	159.62	132.71	65.91
庆云县	30.2	502	147.14	10.0	86.99	60.37	55.36
临邑县	52.6	1016	247.44	11.0	158.67	122.91	118.55
齐河县	61.1	1411	453	10.9	183.26	127.73	126.12
平原县	45.2	1047	202.36	10.3	139.23	109.47	60.06
夏津县	51.2	872	183.93	9.7	127.38	97.98	62.69
武城县	38.1	751	181.44	10.6	123.45	96.73	79.80

德州市（含县级）小额贷款公司机构、业务概览

单位名称	行长（或其他称谓的第一负责人）	员工总数（人）	本外币贷款余额（亿元）	人民币短期贷款（亿元）	人民币中长期贷款（亿元）
德城区长河小额贷款公司	朱昌和	8	1.63	1.63	0
德城区金光小额贷款公司	苏芳志	9	2.01	2.01	0
陵城区谷神小额贷款公司	李登龙	11	0.64	0.64	0
乐陵市鑫众小额贷款有限公司	李玉才	10	1.13	1.13	0
禹城市大禹小额贷款公司	安桂军	9	0.55	0.55	0
宁津县融德小额贷款公司	柴来云	7	0.36	0.36	0
临邑县和信小额贷款公司	李春红	11	0.58	0.58	0
齐河县汇金小额贷款公司	徐曰田　杜成宝	15	1.57	1.57	0
平原县恒信小额贷款公司	张墩江　刘学军	16	1.49	1.49	0
夏津县城镇小额贷款公司	邹爱民	12	1.54	1.54	0
武城县古贝春小额贷款公司	周晓峰	12	3.00	3.00	0

【金融服务】 2014年，人民银行德州市中心支行全面提升服务水平，切实提高效率。一是组织编写的《央行服务指南》和《金融机构服务指南》在政府网站上发布，得到德州市政府的充分肯定，相关做法被人民银行教育实践活动简报刊发；二是扎实开展"优质服务窗口"创建活动，实施了首问负责、限时办结和责任追究三项制度；三是增设征信查询窗口，配备叫号机，设立贷款卡互联网预校验平台，贷款卡业务平均办结时间由5天缩短至1.5天；四是有效落实外汇管理简政放权各项政策，为企业节省运营成本1400多万元，企业平均收汇、付汇时间分别缩短70%和85%，同时建立了重点涉外企业外汇业务顾问制度；四是积极优化支付环境，全市支付系统覆盖率为74%；在农村地区设置助农取款服务点3847个，覆盖行政村100%。

【金融监管】 2014年，人民银行德州市中心支行和德州银监分局依法加强金融监管，切实维护金融稳定，促进银行业的规范经营和稳健发展。

人民银行德州市中心支行加强对金融机构和企业的监督管理。一是组织对2013年金融工作进行综合评价，对6家银行进行了开业验收；二是对金融机构、企业实施执法检查23次，实施行政处罚72.69万元，促进了金融业务规范开展；三是推动成立德州市金融消费权益保护协会，开设了"12363"热线电话，受理投诉等事项31件，较好地帮助金融消费者维护了权益。

德州银监分局积极应对经济发展"三期叠加"和金融体制"四改并行"的复杂局面，严守底线，管控到位，使德州市成为省内未发生大额信用风险暴露的三个地市之一。一是积极推动警银协作，合力打击侵害银行的犯罪行为；二是强化担保圈等重点领域风险化解，全年化解三类、四类高风险担保圈贷款15.84亿元。处置不良贷款35亿元；联动管控房地产贷款风险、流动性风险、声誉风险和信息科技风险，全年未出现大的风险事件。

【外汇管理】 2014年，外汇局德州市中心支局突出抓好外汇主体监管、改进外汇服务、落实改革部署、提升监测分析调研水平、完善工作机制，努力推进外汇管理和服务工作转型，有效防范跨境资金双向流动冲击，各项工作得到扎实高效开展。

一、全面实施主体监管，构建高效工作机制。制定了《外汇主体监管实施方案》，通过实施主体管理，岗位人员综合素质明显提高，山东省分局领导和陕西省分局分别到德州就该项工作开展调研和指导，为下一步工作打下了良好基础。

二、创新外汇顾问制度，提升外汇服务水平。为适应外汇主体监管改革新要求，进一步推进汇银企对接融合，制定了《关于建立外汇业务顾问制度的实施意见》，先后深入武城、陵县、禹城开展外汇改革政策和国际贸易结算知识培训，深入重点联系企业开展"送政策、解难题"服务，帮助企业解决了汇率风险规避、转口贸易融资限制等政策难题，得到了地方党委政府的大力支持，获得了企业好评。

三、强化外汇监管，增强外汇管理法规执行力。一是先后开展了贸易融资、橡胶行业、结售汇与收付汇差额背离企业的专项核查工作，货物贸易外汇监测分析工作获得省局领导肯定，并在全省座谈会上作了经验交流；二是按照"每月核查、全面监测"的原则，对系统预警的37家单笔大额或累计高频等指标异常企业实施了非现场核查；三是特设非现场监测岗位，由专人负责，通过资本项目信息系统对外商投资企业跨境资金流入、结汇、直接付汇等进行动态实时监测、跟踪管理，合规性指标核查工作获得省局通报表扬。

四、加强外汇检查核查工作。一是对工商银行、中国银行、邮储银行国际收支业务进行了季度现场核查；二是对金融机构开展了转口贸易业务、资本项下结汇业务及合规性、个人外汇业务的专项检查，对辖内3家外商投资企业开展了资本金结汇现场检查，对3家公司的外债结汇用途异常进行了核查，并对6家违规主体处罚69.59万元。

【金融改革】 2014年，人民银行德州市中心支行时刻关注金融改革中的新情况。一是强化金融改革专项监测分析，对农业发展银行的管理模式、内部控制等进行了持续监测和分析；二是按季对农业银行"三农金融事业部"改革实施监测，分析评估改革进展和成效；三是根据存保制度即将出台、政府大面积强力推进农信社银行化改革等动向，先后开展了问卷调查及山东金融改革22条、金融业态多元化等改革动向调查，及时向上级行报告；四是积极参与推动地方法人金融机构完善治理结构。重点对齐河农商银行、禹城农商银行运行情况进行跟踪调研和监测，密切跟踪庆云农信社、临邑农信社银行化改革的进展情况；五是继续推进经常、资本项目外汇改革。严格按照省局要求取消跨境担保核准等6项政策，及时通过政策通报会、培训班等形式宣传相关政策，建立了以"登记管理"为核心的资本项目管理模式，大大减少了企业成本。

【金融文化建设】 2014年，德州市金融机构开展形式多样的精神文明创建活动，取得良好成果。人民银行德州市中心支行在分行、省市评选中获9项荣誉称号，被省妇联授予"城乡妇女岗位建功先进集体"，国库科被德州市总工会授予"工人先锋号"，团委被评为德州市青年文明号突出贡献组织单位；19人次在分行、省市评选中获得荣誉称号。工商银行德州分行荣获市委市政府"推动科学发展、建设幸福德州综合考评一等奖"，以及"支持地方发展先进金融单位"、"廉政建设效能建设先进单位"等三项荣誉；农业银行德州市分行连续13年通过省级文明单位验收；中国银行荣获"2013年度全市支持地方发展先进金融单位"等荣誉称号；建设银行德城支行营业室被中国银行业协会评为"中国银行业文明规范服务千佳示范单位"，同时被命名为"中国银行业文明规范服务五星级营业网点"；德州银行有一家支行获评"中国银行业文明规范服务千佳示范网点"，两家支行荣膺"山东省银行业文明服务示范网点"荣誉称号。

【大事记】 1月10日 青岛银行德州分行正式营业。

2月12～13日 全国国际收支工作会议在德州召开。

4月18日 德州银行滨州分行正式开业。

4 月 23 日　德州市政府与工商银行山东省分行在德州市签署战略合作协议。

5 月 15 日　“德州银行业第三届小微企业金融服务宣传月”活动在德州市中心广场启动。

5 月 18 日　中国·德州第四届资本交易大会暨融入首都经济圈投资洽谈会在德州市举行。

6 月 6 日　德州市与济南、淄博、泰安、莱芜、聊城、滨州等周边 6 城市签署《省会城市群经济圈金融合作框架协议》。

6 月 11 日　德州市金融消费权益保护协会第一次会员大会暨协会成立大会召开。

6 月 13 日　德州市万家中小微企业金融支持行动计划实施动员会召开。

7 月 8 日　德州市保险行业协会组织开展了德州市第二届“全国保险公众宣传日”活动。

7 月 17 日　德州市打击非法金融活动维护金融秩序稳定工作会召开。

12 月 26 日　德州银行烟台分行对外试营业。

（李文强　王　静）

陵城区

【经济金融概况】　2014 年，陵城区呈现出经济又好又快发展、社会和谐稳定的良好局面。

【金融发展与改革】　2014 年，人民银行陵县支行积极探索维护金融稳定的新路子，进一步完善了政府主导型企业风险防范机制，有效解决了日常监测中获取企业信息不全面、不准确、不及时问题。该支行对企业经营风险、财务风险开展预警工作，并为当地政府提供具有针对性、可操作性的风险化解方案，构筑了维护金融稳定、保持经济健康发展的防火墙。

【金融服务与监管】　2014 年，陵城区各金融机构通过完善网点设施，加大员工业务培训，为社会公众提供了高效、便捷的服务。在金融监管方面，人民银行陵县支行一是完善了各项规章制度，加强了账户管理及反洗钱、人民币现金管理、外汇管理

陵城区主要经济指标

经济指标	2013	2014	2014 年同比增幅（%）	经济指标	2013	2014	2014 年同比增幅（%）
土地面积（平方公里）	1213	1213	--	地方财政支出（亿元）	14.82	21.04	41.97
人口（万人）	57.7	57.54	2.78	全社会固定资产投资（亿元）	141.62	164.92	16.9
城镇人口（万人）	13.1	22.48	7.16	进出口总值（万美元）	22199	24215	9.1
乡村人口（万人）	44.6	35.06	-21.39	出口总值（万美元）	14674	18078	23.2
地区生产总值（亿元）	225.63	236.27	10.7	实际利用外资（万美元）	1683	1550	-7.9
第一产业（亿元）	30.95	32.36	4.0	社会消费品零售总额（亿元）	72	81.36	13.1
第二产业（亿元）	110.62	112.54	12.8	居民消费价格指数（%）	109.74	111.3	1.42
第三产业（亿元）	84.06	91.37	10.1	人均地区生产总值（元）	33692	41061	21.87
财政总收入（亿元）	12.18	22.68	86.2	城镇居民可支配收入（元）	31059	33023	6.32
地方财政收入（亿元）	9.22	10.69	15.94	农民人均现金收入（元）	9589	10846	13.1
财政总支出（亿元）	19.38	22.68	16.98				

陵城区主要金融指标

金融指标（亿元）	2013	2014	2014 年同比增幅（%）	金融指标（亿元）	2013	2014	2014 年同比增幅（%）
本外币存款余额	125.42	148.08	18.07	财险收入	1.93	2.32	20.2
人民币存款余额	125.42	148.08	18.07	寿险收入	1.62	1.71	5.56
单位存款	26.95	30.1	11.69	财险赔款	0.91	1.21	32.97
储蓄存款	95.56	115.5	20.87	寿险给付	0.63	0.74	17.46
本外币贷款余额	71.97	73.93	2.72	当年结益	1.23	1.65	34.14

续表

金融指标（亿元）	2013	2014	2014年同比增幅（%）	金融指标（亿元）	2013	2014	2014年同比增幅（%）
人民币贷款余额	71.97	73.93	2.72	证券市场交易总额	--	--	--
短期贷款	49.10	47.25	-3.77	投资者保证金余额	--	--	--
中长期贷款	22.09	25.94	17.43	证券账户开户数	--	--	--
票据融资	0	0	0	证券交易佣金收入	--	--	--
当年结益	1.05	1.12	6.67	净利润	--	--	--
不良贷款余额	8.72	5.37	-38.42				

陵城区主要金融机构概况

单位名称	行长（或其他称谓第一负责人）	副行长（或其他称谓的同级领导）	员工总数	辖内营业网点数
人民银行陵县支行	邢庆圣	张志远　王胜先　黄居龙	28	1
农发行陵城区支行	张志刚	张成双	23	1
工行陵城支行	李德忠	许成磊　宋拥军　杨树盛	42	2
农行陵城区支行	张广春	刘秀艳　郭维斌　谯立东	66	4
中行陵城支行	王成武	董拥军　贾　林	28	1
建行陵城支行	陶志昆	吴健蕾　吕万新	40	2
德州银行陵城支行	潘春芳	孙　林	18	2
陵城区农信联社	王立国	王成军　扬卫红　谈洪泉　王志光	400	28
邮储银行陵城区支行	李玉花	高洪彦	59	2

陵城区主要金融机构业务概况

单位：亿元

单位名称	本外币存款余额	人民币单位存款	人民币储蓄存款	本外币贷款余额	人民币短期贷款	人民币中长期贷款
农发行陵城区支行	0.36	0.18	0	4.29	2.6	1.69
工行陵城支行	19.06	9.92	8.7	18.17	8.41	9.76
农行陵城区支行	11.93	4.49	7.43	5.91	2.56	3.35
中行陵城支行	8.72	3.07	5.65	5.89	3.53	2.36
建行陵城支行	12.37	3.75	8.48	5.04	2.73	2.31
德州银行陵城支行	8.66	4.85	3.81	5.3	5.07	0.23
陵城区农信联社	59.39	2.38	56.99	30.25	21.77	8.48
邮储银行陵城区支行	25.88	1.45	24.43	0.97	0.59	0.38

等工作；二是切实履行再贴现、再贷款、金融统计及银行信贷登记咨询系统等各项职能，取得明显成效。

（刘成章）

乐陵市

【经济金融概况】 2014年，乐陵市以扩总量、调结构、壮财税、惠民生为主线，加快经济发展方式转变，进出口业务大幅增长，外汇收入明显增加。

【金融发展与改革】 2014年，人民银行乐陵市支行一是制定下发了《金融工作指导意见》、《支农主办行制度实施细则》、《进一步优化金融生态环境实施办法》，引导金融机构在有效规避

乐陵市主要经济指标

经济指标	2013	2014	2014年同比增幅(%)	经济指标	2013	2014	2014年同比增幅(%)
土地面积(平方公里)	1172	1172	-	地方财政支出(亿元)	21.55	19.87	-7.8
人口(万人)	66.3	66.7	0.6	全社会固定资产投资(亿元)	146.78	171.65	17.3
城镇人口(万人)	27.55	28.97	5.2	进出口总值(万美元)	33212	41624	25.3
乡村人口(万人)	38.74	37.73	-2.6	出口总值(万美元)	18738	20161	7.6
地区生产总值(亿元)	213.64	226.59	11.4	实际利用外资(万美元)	5807	2100	-63.8
第一产业(亿元)	30.67	32.45	4.2	社会消费品零售总额(亿元)	87.8	99.53	13.3
第二产业(亿元)	111.67	115.3	13.7	居民消费价格指数(%)	105.20	101.5	-3.52
第三产业(亿元)	71.3	78.84	10.2	人均地区生产总值(元)	32327	34280	6.04
财政总收入(亿元)	37.57	39.86	24.44	城镇居民可支配收入(元)	24812	25709	3.62
地方财政收入(亿元)	8.6	10.03	16.6	农民人均现金收入(元)	10867	12164	11.8
财政总支出(亿元)	36.03	33.68	-35.29				

乐陵市主要金融指标

金融指标(亿元)	2013	2014	2014年同比增幅(%)	金融指标(亿元)	2013	2014	2014年同比增幅(%)
本外币存款余额	135.97	151.71	-2.92	财险收入	1.20	1.15	-48.84
人民币存款余额	135.92	151.19	-3.49	寿险收入	4.26	2.97	-70.74
单位存款	33.84	33.37	-18.95	财险赔款	1.04	0.73	-85.76
储蓄存款	101.58	117.06	0.12	寿险给付	1.58	0.1	-145.23
本外币贷款余额	97.89	108.72	-4.41	当年结益	--	--	--
人民币贷款余额	97.89	108.44	-4.69	证券市场交易总额	--	--	--
短期贷款	70.63	74.85	-11.77	投资者保证金余额	--	--	--
中长期贷款	27.25	33.87	14.3	证券账户开户数	--	--	--
票据融资	0	0	0	证券交易佣金收入	--	--	--
当年结益	2.56	2.54	-2.17	净利润	--	--	--
不良贷款余额	2.76	2.19					

乐陵市主要金融机构概况

单位名称	行长(或其他称谓的第一负责人)	副行长(或其他称谓的同级领导)	员工总数	辖内营业网点数
人民银行乐陵市支行	李振明	孟宪尧 刘长勇	27	1
德州银监分局乐陵办事处	杨胜军		3	1

续表

单位名称	行长（或其他称谓的第一负责人）	副行长（或其他称谓的同级领导）	员工总数	辖内营业网点数
农发行乐陵市支行	张　静	潘德璋　王俊忠	18	1
工行乐陵支行	王　鹏	董　寒　杨晓玲　李荣才　李建胜	51	3
农行乐陵市支行	彭晓民	郭爱民　杨　新　王　刚	105	6
中行乐陵支行	杨玉梅	靳邦斌　苏　健	24	1
建行乐陵支行	朱建升	程　昱　商国珍　苑铁韬	39	2
德州银行乐陵支行	王金峰	胡大伟　蒋万祥	25	2
乐陵市农信联社	杨希军	李培刚　杨　萍　陈保宁　刘德涛	456	35
邮储银行乐陵市支行	王　新	赵明斌	132	26

乐陵市主要金融机构业务概况

单位：亿元

单位名称	本外币存款余额	人民币单位存款	人民币储蓄存款	本外币贷款余额	人民币短期贷款	人民币中长期贷款
农发行乐陵市支行	0.35	0.35	--	4.65	3.16	1.5
工行乐陵支行	17.99	7.36	10.28	14.34	6.74	7.33
农行乐陵市支行	25.88	25.84	18.19	20.97	14.26	6.7
中行乐陵支行	6.9	6.59	4.52	6.99	5.47	1.52
建行乐陵支行	15.07	15.07	9.12	10.75	4.36	5.89
德州银行乐陵支行	5.17	2.59	2.59	8.76	7.21	1.55
乐陵市农信联社	54.86	4.63	50.19	40.4	32.47	7.93
邮储银行乐陵市支行	25.14	2.97	22.17	1.85	0.41	1.44

风险的前提下，加大对经济的信贷支持力度；二是认真做好对银行机构的综合评定工作，严格重大事项报告制度；三是构建政银企合作平台，促进银企对接，有效满足贷款企业的资金需求。

【金融服务与监管】　2014 年，乐陵市金融机构强化创新意识，继续加强金融服务，加大对“三农”、节能减排、社会保障、服务业、地方重点行业及中小企业的金融支持力度，促进经济平稳健康发展。

（孟宪尧　赵　斌）

禹城市

【经济金融概况】　2014 年，禹城市金融机构借助该市作为全省首批“县域金融创新发展试点市”的优势，积极创新，全面提升服务水平，贷款余额和直接融资额在德州辖区内名列首位。

【金融发展与改革】　2014 年，人民银行禹城市支行大力推进金融发展和改革。一是金融支持现代农业发展“主办行”制度取得实效，指导金融机构开办的“信贷＋保险”融资方式得到上级行认可；二是指导金融机构开展业务创新，禹城农商行先后获

禹城市主要经济指标

经济指标	2013	2014	2014 年同比增幅（%）	经济指标	2013	2014	2014 年同比增幅（%）
土地面积（平方公里）	990	990	--	地方财政支出（亿元）	23.06	25.35	9.94

续表

经济指标	2013	2014	2014年同比增幅（%）	经济指标	2013	2014	2014年同比增幅（%）
人口（万人）	50.58	51.0	0.83	全社会固定资产投资（亿元）	151.54	175.24	17.5
城镇人口（万人）	23.22	24.4	5.08	进出口总值（万美元）	22965	27760	35.6
乡村人口（万人）	27.36	26.6	-2.78	出口总值（万美元）	19387	26193	35.1
地区生产总值（亿元）	233.54	244.62	11.2	实际利用外资（万美元）	2299.6	2142.7	-6.82
第一产业（亿元）	31.35	33.08	4.1	社会消费品零售总额（亿元）	86.5	98.11	13.4
第二产业（亿元）	121.79	124.59	12.7	居民消费价格指数（%）	101.9	102.0	0.1
第三产业（亿元）	80.4	86.95	11.7	人均地区生产总值（元）	44357	47965	8.13
财政总收入（亿元）	20.31	22.56	11.08	城镇居民可支配收入（元）	24812	27180	9.54
地方财政收入（亿元）	14.51	16.82	15.91	农民人均现金收入（元）	10903	12194	11.8
财政总支出（亿元）	23.06	25.35	9.94				

禹城市主要金融指标

金融指标（亿元）	2013	2014	2014年同比增幅（%）	金融指标（亿元）	2013	2014	2014年同比增幅（%）
本外币存款余额	132.61	153.73	15.92	财险收入	0.90	1.16	28.89
人民币存款余额	132.34	153.35	15.87	寿险收入	1.80	2.06	14.44
单位存款	43.30	44.74	3.32	财险赔款	0.51	0.37	-27.45
储蓄存款	87.72	105.19	19.91	寿险给付	0.13	0.12	-7.69
本外币贷款余额	127.42	138.51	8.71	当年结益	—	--	--
人民币贷款余额	127.39	138.49	8.71	证券市场交易总额	6.65	22.99	245.71
短期贷款	81.08	80.26	-1.01	投资者保证金余额	—	--	--
中长期贷款	46.32	58.23	25.72	证券账户开户数	3062	685	-77.63
票据融资	0	0	0	证券交易佣金收入	0.007	0.02	185.71
当年结益	3.68	3.69	0.14	净利润	--	--	--
不良贷款余额	2.28	2.45	7.46				

禹城市主要金融机构概况

单位名称	行长（或其他称谓的第一负责人）	副行长（或其他称谓的同级领导）	员工总数	辖内营业网点数
人民银行禹城市支行	何　意	贺明田　王德庆	28	1
德州银监分局禹城办事处	刘洪涛		4	1
农发行禹城市支行	张　方	周传勇　王新勇	27	1
工行禹城支行	张　勇	李文立　张迎晓　林廷勤	57	3
农行禹城市支行	魏文召	张风顺　王笃强　董仁魁	105	5
中行禹城支行	邵秀玲	张　军　秦玉刚	38	2
建行禹城支行	彭元新	秦晓娟　高洪亮　曹清宁　宋　萍	48	2

续表

单位名称	行长（或其他称谓的第一负责人）	副行长（或其他称谓的同级领导）	员工总数	辖内营业网点数
德州银行禹城支行	魏　敏	李文东　曹明磊	34	3
禹城农商行	赵德九	王吉合　王英明　王惠超 马　超　张　媛	471	38
邮储银行禹城市支行	李　峰	侯庆勇　李　坤	62	21
禹城胶东村镇银行	赵　奎	崔庆刚	40	1

禹城市主要金融机构业务概况

单位：亿元

单位名称	本外币存款余额	人民币单位存款	人民币储蓄存款	本外币贷款余额	人民币短期贷款	人民币中长期贷款
农发行禹城市支行	0.53	0.53	0	7.56	3.71	3.85
工行禹城支行	17.95	9.98	7.52	32.54	14.43	18.12
农行禹城市支行	15.02	6.11	8.88	15.75	12.18	3.56
中行禹城支行	12.26	5.74	6.23	9.44	6.00	3.42
建行禹城支行	14.68	8.67	5.99	23.15	6.42	16.73
德州银行禹城支行	8.91	4.72	4.19	5.60	4.69	0.91
禹城农商行	59.44	7.76	51.64	41.08	30.96	10.12
邮储银行禹城市支行	20.95	0.84	20.11	1.87	0.43	1.44
禹城胶东村镇银行	1.02	0.39	0.62	1.53	1.44	0.09

准开办即期外汇结售汇业务(全市第一家)、全国银行间同业市场业务资格(全市第二家);指导禹城胶东村镇银行股份有限公司开业。

【金融服务与监管】　2014年,禹城金融机构积极提升服务水平,352个行政村安装了助农取款设备,提前实现100%行政村全覆盖的目标;中国银行开展助农自助终端设备业务,为农村提供便利服务。

（段立华　范雪芹）

宁津县

【经济金融简况】　2014年，宁津县加快推进产业集群化、新型城镇化、农业现代化,综合实力稳步提升,发展质量持续优化,民生指标不断提升,经济、金融良性互动。

【金融发展与改革】　2014年,宁津县金融机构认真贯彻执行稳健货币政策,加强信贷和产业结构调整,有利支持了经济平稳较快发展。一是引导信贷资金投放，贷款满足率同比提升16.3个百分点;二是加强“主办行”支持力度,助力现代农业发展;三是推动县委县府成立“诚信宁津”建设工作委员会、构建诚信综合管理系统;四是督促出台《县企业信贷过桥基金管理办法》,持续开展金融生态环境治理。

宁津县主要经济指标

经济指标	2013	2014	2014年同比增幅（%）	经济指标	2013	2014	2014年同比增幅（%）
土地面积（平方公里）	833	833	--	地方财政支出（亿元）	15.09	15.94	5.63
人口（万人）	45.71	46.0	0.63	全社会固定资产投资（亿元）	138.48	159.17	14.94
城镇人口（万人）	17.96	18.9	5.23	进出口总值（万美元）	10045	12713	26.55

续表

经济指标	2013	2014	2014年同比增幅（%）	经济指标	2013	2014	2014年同比增幅（%）
乡村人口（万人）	27.76	27.1	-2.38	出口总值（万美元）	9188	11852	28.99
地区生产总值（亿元）	185.79	198.88	7.04	实际利用外资（万美元）	1433.5	1335	-6.87
第一产业（亿元）	23.68	24.95	5.36	社会消费品零售总额（亿元）	78.2	88.13	12.69
第二产业（亿元）	102.43	108.10	5.53	居民消费价格指数（%）	101.9	102.0	0.1
第三产业（亿元）	59.68	65.83	10.3	人均地区生产总值（元）	39775	43509	9.39
财政总收入（亿元）	8.12	8.72	7.39	城镇居民可支配收入（元）	23703	28230	19.09
地方财政收入（亿元）	6.36	6.85	7.7	农民人均现金收入（元）	10915	12176	11.55
财政总支出（亿元）	15.09	15.94	5.63				

宁津县主要金融指标

金融指标（亿元）	2013	2014	2014年同比增幅（%）	金融指标（亿元）	2013	2014	2014年同比增幅（%）
本外币存款余额	136.82	159.62	16.66	财险收入	0.7	0.75	7.14
人民币存款余额	136.77	159.48	16.6	寿险收入	1.21	0.82	-32
单位存款	23.44	24.54	4.69	财险赔款	0.55	0.34	-38
储蓄存款	111.40	132.68	19.1	寿险给付	0.3	0.17	-43
本外币贷款余额	61.15	65.91	7.78	当年结益	0.29	0.32	10
人民币贷款余额	61.15	65.91	7.78	证券市场交易总额	--	--	--
短期贷款	35.75	34.04	-4.78	投资者保证金余额	--	--	--
中长期贷款	25.31	31.58	24.77	证券账户开户数	--	--	--
票据融资	0	0	0	证券交易佣金收入	--	--	--
当年结益	1.17	1.2	2.56	净利润	--	--	--
不良贷款余额	6.65	2.17	-67.36				

宁津县主要金融机构概况

单位名称	行长（或其他称谓的第一负责人）	副行长（或其他称谓的同级领导）	员工总数	辖内营业网点数
人民银行宁津县支行	曹国江	郭德生　王长德	33	1
农发行宁津县支行	王庆芳	张庆泰	19	1
工行宁津支行	杜雪亭	蔡建国　武海涛　梁金林	48	3
农行宁津县支行	刘海燕	张长明　侯成群　宋秀梅	118	8
建行宁津支行	袁会峰	吕秀峰　贾　敏　盛东华　高延军	50	3
德州银行宁津支行	刘艳蕾	周玉聪	24	2
宁津县农信联社	李文星	张　波　杨海涛　刘　勇　于　华	429	31
邮储银行宁津县支行	丛立刚	王伟峰　王守江	66	26
胶东村镇银行宁津支行	刘祈宁	杨继忠	36	1

宁津县主要金融机构业务概况

单位：亿元

单位名称	本外币存款余额	人民币单位存款	人民币储蓄存款	本外币贷款余额	人民币短期贷款	人民币中长期贷款
农发行宁津县支行	0.05	0.05	--	2.84	0.59	2.25
工行宁津支行	16.6	4.98	11.27	6.1	3.42	2.68
农行宁津县支行	29.08	6.7	22.37	1.65	0.67	0.98
建行宁津支行	20.38	6.84	13.42	6.84	1.37	5.47
德州银行宁津支行	7.96	2.92	5.04	6.52	4.11	2.11
宁津县农信联社	57.06	1.54	55.39	39.34	21.74	17.6
邮储银行宁津县支行	26.13	1.48	24.66	1.33	0.85	0.48
胶东村镇银行宁津支行	0.56	0.03	0.53	1.29	1.29	0

【金融服务与监管】 2014年，人民银行宁津县支行和金融监管部门立足实际，切实提高政策引导水平和风险管控能力。一是加强检查力度，依法规范业务，对工商银行等4家银行进行了统计和征信业务检查；对7家银行和15家保险机构开展综合评价；促使政府出台了区域金融《协调稳控机制》和《风险监测机制》，先后2次对县域金融风险的分布状态进行排查，制定了9条风险管控措施；二是改进方式，助推金融服务提质提速，支持涉外经济健康发展；深化农村支付环境建设，拓展普惠金融受益范围；提升国库核算水平；加强金融知识宣传。

（李红梅　张文勇）

庆云县

【经济金融概况】 2014年，庆云县以加快发展方式转变为主线，坚持外延扩张与内涵提升并举。新材料、装备制造、农产品加工、电子信息等优势产业持续扩张，58家企业增资扩产，新增市级以上科技创新平台15家；新型农业经营组织健康发展，80%的村完成土地确权登记颁证，新增土地流转5万亩，规模化、标准化养殖比重分别达82%和65%；金融体系逐步完善，新增4家金融机构，直接融资14.5亿元，间接融资20亿元，金融机构存、贷款余额持续增加，小微企业和涉农贷款占比显著提高。

【金融发展与改革】 2014年，人民银行庆云县支行一是制定了《金融支持现代农业发展实施方案》，建立健全涉农金融机构定点支持新型农业经营主体发展的长效机制；二是扎实推进农

庆云县主要经济指标

经济指标	2013	2014	2014年同比增幅（%）	经济指标	2013	2014	2014年同比增幅（%）
土地面积（平方公里）	502	502	--	地方财政支出（亿元）	13.06	18.37	40.66
人口（万人）	31.62	30.2	3.45	全社会固定资产投资（亿元）	126	128	1.6
城镇人口（万人）	5.90	12.4	28.64	进出口总值（万美元）	4639	5858	26.3
乡村人口（万人）	25.72	17.8	-2.33	出口总值（万美元）	4574	5828	27.4
地区生产总值（亿元）	135.89	147.14	8.28	实际利用外资（万美元）	44.7	103	130.4
第一产业（亿元）	11.06	12.9	16.64	社会消费品零售总额（亿元）	56.3	63.25	12.4
第二产业（亿元）	66.5	69.94	5.17	居民消费价格指数（%）	101.9	102.0	0.1
第三产业（亿元）	58.33	64.3	10.23	人均地区生产总值（元）	42976	44983	4.67
财政总收入（亿元）	6.86	7.74	12.83	城镇居民可支配收入（元）	15730	18700	18.88
地方财政收入（亿元）	4.66	5.36	15.02	农民人均现金收入（元）	10682	11893	11.2
财政总支出（亿元）	13.06	18.37	40.66				

庆云县主要金融指标

金融指标（亿元）	2013	2014	2014年同比增幅（%）	金融指标（亿元）	2013	2014	2014年同比增幅（%）
本外币存款余额	75.8	86.98	14.75	财险收入	1.19	0.84	-29.41
人民币存款余额	75.8	86.98	14.75	寿险收入	2.32	1.87	-19.40
单位存款	24.39	25.11	2.3	财险赔款	0.75	0.22	-70.67
储蓄存款	50.27	60.36	20.07	寿险给付	0.63	0.48	-23.81
本外币贷款余额	50.77	55.36	9.04	当年结益	--	--	--
人民币贷款余额	50.77	55.36	9.04	证券市场交易总额	--	--	--
短期贷款	34.07	36.54	7.25	投资者保证金余额	--	--	--
中长期贷款	16.30	17.68	8.47	证券账户开户数	--	--	--
票据融资	0.41	1.13	175.61	证券交易佣金收入	--	--	--
当年结益	0.34	0.53	55.88	净利润	--	--	--
不良贷款余额	0.36	1.07	197.22				

庆云县主要金融机构概况

单位名称	行长（或其他称谓的第一负责人）	副行长（或其他称谓的同级领导）	员工总数	辖内营业网点数
人民银行庆云县支行	杨金昌	胡成军　魏殿峰　赵关岭	18	1
德州银监分局庆云办事处	张芳春		3	1
农发行庆云县支行	周文强	刘华峰　吴　涛	15	1
工行庆云支行	范吉民	唐文杰　赵金强	33	2
农行庆云县支行	孙吉华	刘绪生　高勇奇	59	3
建行庆云支行	都基忠	郭宝辉　张新成	26	1
德州银行庆云支行	刘洪成		23	2
庆云农商银行	方化臣	刘　兰　冯奎祥　张　娟 杨　波　黄本彦　王长东	332	16
邮储银行庆云县支行	王保国	张思明	67	3
庆云乐安村镇银行	陈凌啸	曹万芝	34	1

庆云县主要金融机构业务概况

单位：亿元

单位名称	本外币存款余额	人民币单位存款	人民币储蓄存款	本外币贷款余额	人民币短期贷款	人民币中长期贷款
农发行庆云县支行	0.41	0.41	0	4.38	3.63	0.75
工行庆云支行	14.95	6.72	7.97	9.34	4.11	5.23
农行庆云县支行	8.88	2.21	6.67	8.71	5.59	3.12
建行庆云支行	12.03	5.51	6.51	9.58	4.04	5.54
德州银行庆云支行	5.88	3.23	2.64	3.03	1.63	0.27
庆云农商行	24.11	5.13	18.85	18.56	16.47	2.08
邮储银行庆云县支行	19.37	1.82	17.55	1.29	0.60	0.69
庆云乐安村镇银行	0.26	0.08	0.02	0.47	0.47	0

信社"银行化"改革和农行"三农金融事业部"改革，完善治理结构，庆云农商银行正式成立；三是开创企业债券直接融资先河，中澳集团先后成功发行2014年第一期短期融资券和"PPN"私募债；四是跨境人民币结算业务实现了零的突破，农业银行庆云县支行成功为山东鼎力集团办理跨境人民币收款业务20.1万元。截至年末，跨境人民币结算业务量1666.74万元。

【金融服务与监管】 2014年，人民银行庆云县支行认真履行职能。一是对5家金融机构开展了金融统计、征信业务的检查，对全部金融机构进行了人民币业务检查；二是努力做好金融消费权益保护工作，全年共受理并处理完毕35件投诉申诉，满意率为100%；三是大力推进农村支付环境建设，在农村地区布放ATM机79台、普通POS机831台、电话FOS机2606台，农民金融自助服务终端17台，有效改善了农村金融环境。

（顾忠锐）

临邑县

【经济金融概况】 2014年，临邑县加快经济发展方式转变和结构调整，主要经济指标稳定向好，均保持两位数以上的增速，其中出口3.70亿美元，位居全市第一。金融生态环境持续优化，经济金融实现互动双赢。

【金融发展与改革】 2014年，人民银行临邑县支行一是指导法人机构积极适应利率市场化要求，完善存贷款利率定价机

临邑县主要经济指标

经济指标	2013	2014	2014年同比增幅（%）	经济指标	2013	2014	2014年同比增幅（%）
土地面积（平方公里）	1016	1016	--	地方财政支出（亿元）	18.57	21.10	8.30
人口（万人）	54.26	52.6	0.28	全社会固定资产投资（亿元）	155.47	173.76	16.90
城镇人口（万人）	19.38	24.7	0.31	进出口总值（万美元）	78414	65955	-15.90
乡村人口（万人）	34.88	27.9	0.26	出口总值（万美元）	37263	36755	-1.40
地区生产总值（亿元）	234.75	247.44	11	实际利用外资（万美元）	2047	1402	-31.50
第一产业（亿元）	30.02	31.79	3.90	社会消费品零售总额（亿元）	88.88	100.61	13.20
第二产业（亿元）	123.74	127.68	13.6	居民消费价格指数（%）	102.7	101.9	-0.78
第三产业（亿元）	80.99	87.97	9.30	人均地区生产总值（元）	43264	45476	5.10
财政总收入（亿元）	20.38	22.29	9.33	城镇居民可支配收入（元）	25311	28160	11.26
地方财政收入（亿元）	10.75	13.03	21.20	农民人均现金收入（元）	10921	12203	11.74
财政总支出（亿元）	22.35	31.74	47.40				

临邑县主要金融指标

金融指标（亿元）	2013	2014	2014年同比增幅（%）	金融指标（亿元）	2013	2014	2014年同比增幅（%）
本外币存款余额	145.80	158.67	8.83	财险收入	0.62	0.75	20.97
人民币存款余额	144.95	158.16	9.11	寿险收入	2.45	2.86	16.73
单位存款	39.42	33.92	-13.95	财险赔款	0.51	0.59	15.69
储蓄存款	104.23	122.76	17.78	寿险给付	2.07	2.24	8.21
本外币贷款余额	106.16	118.55	11.67	当年结益	0.13	0.23	27.78
人民币贷款余额	105.65	118.55	12.21	证券市场交易总额	--	--	--
短期贷款	70.36	68.23	-3.02	投资者保证金余额	--	--	--

续表

金融指标（亿元）	2013	2014	2014年同比增幅（%）	金融指标（亿元）	2013	2014	2014年同比增幅（%）
中长期贷款	35.20	49.11	39.52	证券账户开户数	152	328	115.79
票据融资	0.05	0.23	360	证券交易佣金收入	--	--	--
当年结益	3.42	2.74	-19.88	净利润	--	--	--
不良贷款余额	1.19	8.46	610.92				

临邑县主要金融机构概况

单位名称	行长（或其他称谓的第一负责人）	副行长（或其他称谓的同级领导）	员工总数	辖内营业网点数
人民银行临邑县支行	杨如冰	许树海　邢增彩　张兆河	28	1
农发行临邑县支行	张以楼	张　强　黄爱英	22	1
工行临邑支行	夏春秋	韩起强　杜　彬　马国栋	71	5
农行临邑县支行	孟德胜	马传胜　卞建强　李广超	80	5
中行临邑支行	夏爱华	唐　宇　金　涛　逯爱华	36	2
建行临邑支行	孙敬民	孙吉贵　孙国庆　张新奎　吴伟华	56	4
德州银行临邑支行	韩　磊	肖金利	35	3
临邑县农信联社	齐书同	陈艳峰　霍　强　邓秀荣　黄家信　张　霖	400	29
邮储银行临邑县支行	刘建春	张金桥　王　强	318	26
临邑中银富登村镇银行	赵立新	许双林　刘洪利	52	3

临邑县主要金融机构业务概况

单位：亿元

单位名称	本外币存款余额	人民币单位存款	人民币储蓄存款	本外币贷款余额	人民币短期贷款	人民币中长期贷款
农发行临邑县支行	0.28	0.28	0	5.80	2.56	3.24
工行临邑支行	30.28	8.64	21.20	36.07	21.18	14.90
农行临邑县支行	15.13	4.91	10.12	5.78	3.17	2.27
中行临邑支行	11.20	3.71	7.08	6.64	4.51	2.10
建行临邑支行	20.79	5.35	15.44	16.07	5.70	10.37
德州银行临邑支行	7.20	3.73	3.47	6.36	4.69	1.54
临邑县农信联社	46.21	5.21	40.88	37.34	25.30	11.32
邮储银行临邑县支行	24.42	1.37	23.05	2.21	0.91	1.29
临邑中银富登村镇银行	2.24	0.71	1.52	2.28	0.20	2.08

制；二是积极给予农信社、村镇银行支农再贷款资金支持，两家法人机构“支农、支小”主体地位得到巩固；三是促进农信社银行化改革，引导其完善法人治理结构，规范股本金管理，加强风险防控，强化责任追究，改善资产质量，提高资本充足率。

【金融服务与监管】　2014年，临邑县银行机构完善现代支付结算体系，加大金融基础设施投入，新增社区银行2家，引进威海商业银行，金融服务更加便利、高效。人民银行临邑县支行认真落实金融稳定重大事项报告制度，对工商银行、农信社开展金融统计业务现场检查，对建设银行、德州银行开展征信管理现场检查，对查出的问题及时通报，以检查促规范、防风险。

（杨如冰　邢有武）

齐河县

【经济金融简况】　2014年，齐河县传统产业转调步伐加快，新兴产业快速发展，财税结构达到历史最好水平。经济、金融实现互动共赢。

【金融发展与改革】　2014年，人民银行齐河县支行围绕经济结构调整和转型升级，引导各项贷款和社会融资平稳适度增长，金融服务实体经济的力度加大。一是把农村信用体系建设作为改进和加强“三农”和小微企业金融服务的载体，大力推进金融产品创新，满足新型农村生产经营主体融资需求；二是引导金融机构开展第三方监管动产质押贷款、“助保贷”、“邮农机”贷款等业务，助推“三农”、小微企业发展。

【金融服务与监管】　2014年，人民银行齐河县支行积极推进社会信用体系建设，加大征信工作推广力度，全面推进金融机

齐河县主要经济指标

经济指标	2013	2014	2014年同比增幅（%）	经济指标	2013	2014	2014年同比增幅（%）
土地面积（平方公里）	1411	1411	--	地方财政支出（亿元）	29.61	32.54	9.90
人口（万人）	60.85	61.1	0.41	全社会固定资产投资（亿元）	158.92	185.8	17.1
城镇人口（万人）	28.81	30.8	6.91	进出口总值（万美元）	74612	81400	9.3
乡村人口（万人）	32.04	30.3	-5.43	出口总值（万美元）	17806	23727	33.6
地区生产总值（亿元）	365.15	453	13.0	实际利用外资（万美元）	759.5	1171	54.3
第一产业（亿元）	27.39	31.71	3.2	社会消费品零售总额（亿元）	92.81	104.6	12.7
第二产业（亿元）	197.18	240.09	12.32	居民消费价格指数（%）	101.9	102.0	2.0
第三产业（亿元）	140.58	181.2	15.78	人均地区生产总值（元）	60008	74140	23.55
财政总收入（亿元）	30.93	34.34	11.02	城镇居民可支配收入（元）	28090	31741	13.0
地方财政收入（亿元）	22.39	25.57	14.23	农民人均现金收入（元）	11410	12238	11.80
财政总支出（亿元）	29.61	32.54	9.90				

齐河县主要金融指标

金融指标（亿元）	2013	2014	2014年同比增幅（%）	金融指标（亿元）	2013	2014	2014年同比增幅（%）
本外币存款余额	158.84	183.26	15.37	财险收入	1.05	1.03	-1.53
人民币存款余额	158.61	183.11	15.45	寿险收入	1.73	2.04	17.93
单位存款	49.43	53.53	8.19	财险赔款	0.58	0.38	-34.73
储蓄存款	108.54	127.63	17.59	寿险给付	0.56	0.37	-33.94
本外币贷款余额	108.40	126.12	16.35	当年结益	--	--	--
人民币贷款余额	108.40	125.18	15.48	证券市场交易总额	--	--	--
短期贷款	72.98	76.80	5.23	投资者保证金余额	--	--	--
中长期贷款	35.41	46.28	30.68	证券账户开户数	--	--	--
票据融资	0	2.10	100.0	证券交易佣金收入	--	--	--
当年结益	3.46	4.36	26.01	净利润	--	--	--
不良贷款余额	0.95	1.02	7.71				

齐河县主要金融机构概况

单位名称	行长（或其他称谓的第一负责人）	副行长（或其他称谓的同级领导）	员工总数	辖内营业网点数
人民银行齐河县支行	张若丰	刘万清　范士俊　司英民	33	1
德州银监分局齐河办事处	张其勇		2	1
农发行齐河县支行	张建国	黄　齐	20	1
工行齐河支行	方玉林	张　伟　赵德胜　马希友	62	4
农行齐河县支行	杨晓立	黄卫东　王凤东　曹　轶	125	5
中行齐河支行	赵立章	王爱武　孙　辉	37	2
建行齐河支行	杜厚森	葛庆臻　孙培军　马　磊	52	3
德州银行齐河支行	张金红	徐光峰	35	3
齐河农商行	房士荣	孙秀斌　吴玉凤　王东新　孙金路	490	34
邮储银行齐河县支行	丁建华		75	26
齐河胶东村镇银行	王旭田	曲焕鹏　慕永梅　宋曰胜	40	1

齐河县主要金融机构业务概况

单位：亿元

单位名称	本外币存款余额	人民币单位存款	人民币储蓄存款	本外币贷款余额	人民币短期贷款	人民币中长期贷款
农发行齐河县支行	0.56	0.56	--	7.38	1.66	5.72
工行齐河支行	23.34	13.10	9.91	28.81	11.33	16.55
农行齐河县支行	19.93	10.32	9.51	11.73	6.34	3.28
中行齐河支行	13.58	6.13	7.35	8.78	5.02	3.76
建行齐河支行	11.20	4.27	6.93	12.29	4.75	7.54
德州银行齐河支行	12.24	8.94	3.30	8.21	7.96	0.25
齐河农商行	67.88	5.80	62.05	43.86	36.74	7.12
邮储银行齐河县支行	31.28	3.37	27.90	3.12	1.07	2.05
齐河胶东村镇银行	1.72	1.04	0.67	1.93	1.93	0

构代码应用。齐河农商行法人治理结构进一步完善，农业银行“三农金融事业部”改革稳步推进，助农取款服务点覆盖行政村100%。

（焦玉英）

平原县

【经济金融简况】　2014年，平原县经济呈现出总体平稳、稳中有进、进中提质的良好态势。金融市场平稳健康运行，为经济发展创造了良好条件。

【金融发展与改革】　2014年，平原县金融机构在把握好稳健货币政策执行力度的同时，紧紧围绕工作重点，加强对重点产业、小微型企业和现代农业的金融支持。

【金融服务与监管】　2014年，人民银行平原县支行不断提高履职能力。一是完成了对工商银行平原支行和平原县农信社金融统计制度执行情况的执法检查；二是完成了对建设银行、德州银行平原支行有关征信系统管理和应用情况的检查。

（张洪来　梁桂华）

平原县主要经济指标

经济指标	2013	2014	2014 年同比增幅（%）	经济指标	2013	2014	2014 年同比增幅（%）
土地面积（平方公里）	1047	1047	--	地方财政支出（亿元）	15.35	16.93	10.3
人口（万人）	44.96	45.2	0.53	全社会固定资产投资（亿元）	140.27	161.22	16.5
城镇人口（万人）	19.09	20.1	0.28	进出口总值（万美元）	9497	11988	26.2
乡村人口（万人）	25.87	25.1	-2.98	出口总值（万美元）	7199	9192	27.7
地区生产总值（亿元）	186.16	202.36	10.3	实际利用外资（万美元）	302.8	71	-76.6
第一产业（亿元）	26.47	27.23	3.8	社会消费品零售总额（亿元）	70.81	80.01	13.0
第二产业（亿元）	98.34	106.49	11.9	居民消费价格指数（%）	101.9	102	0.98
第三产业（亿元）	61.35	68.64	10.1	人均地区生产总值（元）	39823	44690	12.2
财政总收入（亿元）	9.45	11.86	25.5	城镇居民可支配收入（元）	22107	26450	19.6
地方财政收入（亿元）	6.32	7.85	24.2	农民人均现金收入（元）	10839	12112	11.74
财政总支出（亿元）	15.35	16.93	10.29				

平原县主要金融指标

金融指标（亿元）	2013	2014	2014 年同比增幅（%）	金融指标（亿元）	2013	2014	2014 年同比增幅（%）
本外币存款余额	119.41	139.23	16.6	财险收入	0.59	0.63	6.78
人民币存款余额	119.32	139.05	16.54	寿险收入	1.66	1.26	-24.10
单位存款	25.17	27.98	11.16	财险赔款	0.70	0.59	-15.71
储蓄存款	92.41	109.41	18.4	寿险给付	0.22	0.69	213.64
本外币贷款余额	58.54	60.06	2.6	当年结益	-0.09	-0.01	88.89
人民币贷款余额	58.54	60.06	2.6	证券市场交易总额	--	--	--
短期贷款	39.17	37.02	-5.49	投资者保证金余额	--	--	--
中长期贷款	18.96	23.01	21.36	证券账户开户数	--	--	--
票据融资	0	0.02	100	证券交易佣金收入	--	--	--
当年结益	1.16	1.64	41.38	净利润	--	--	--
不良贷款余额	9.98	2.96	-70.34				

平原县主要金融机构概况

单位名称	行长（或其他称谓的第一负责人）	副行长（或其他称谓的同级领导）	员工总数	辖内营业网点数
人民银行平原县支行	倪　峰	唐吉贵　吕洪昌　栗宝海	24	1
农发行平原县支行	许欣忠	金传谱　王长军	21	1
工行平原支行	董勇强	王树志　卢希利　张相平	38	2
农行平原县支行	曲付明	刘恩龙　范　斌　张　健	96	6
中行平原支行	米丰虎	王　东	37	2
建行平原支行	程洪斌	孟庆东　霍瑞军	38	2
德州银行平原支行	张文兰	张秀霞	19	1

续表

单位名称	行长（或其他称谓的第一负责人）	副行长（或其他称谓的同级领导）	员工总数	辖内营业网点数
平原县农信联社	陈　海　李国勇	闫峻清　刘希顺　李方泉	376	25
邮储银行平原县支行	李长营	尚立新　王桂荣	71	4

平原县主要金融机构业务概况

单位：亿元

单位名称	本外币存款余额	人民币单位存款	人民币储蓄存款	本外币贷款余额	人民币短期贷款	人民币中长期贷款
农发行平原县支行	0.51	0.51	0	5.89	5.12	0.77
工行平原支行	14.08	7.03	6.82	10.53	5.5	5.02
农行平原县支行	17.78	4.46	13.32	3.22	0.77	2.45
中行平原支行	10.57	3.85	6.56	5.22	2.89	2.32
建行平原支行	9.57	3.28	6.28	6.58	0.8	5.78
德州银行平原支行	7.46	3.76	3.69	1.90	1.82	0.06
平原县农信联社	51.69	1.78	49.83	24.94	19.56	5.37
邮储银行平原县支行	26.22	3.32	22.9	1.78	0.55	1.23

夏津县

【经济金融概况】　2014年，夏津县坚持经济效益与速度协调提升，主要经济指标均实现两位数增长。

【金融发展与改革】　2014年，人民银行夏津县支行依法实施金融管理，以支持现代农业和小微企业为突破口，采取印发指导意见、按季分析辅导、实施现场督导、进行综合评价等措施，引导金融机构创新信贷产品。农村信用体系建设试点工作稳步推进。

【金融服务与监管】　2014年，夏津县银行机构优化农村支付

夏津县主要经济指标

经济指标	2013	2014	2014年同比增幅（%）	经济指标	2013	2014	2014年同比增幅（%）
土地面积（平方公里）	872	872	--	地方财政支出（亿元）	17.39	18.8	8.11
人口（万人）	50.93	51.2	0.53	全社会固定资产投资（亿元）	95.14	117.12	23.10
城镇人口（万人）	21.91	23.0	4.97	进出口总值（万美元）	6200	4795	-22.66
乡村人口（万人）	29.02	28.2	-2.83	出口总值（万美元）	1161	1773	52.71
地区生产总值（亿元）	167.58	183.93	9.76	实际利用外资（万美元）	1204.6	943.6	-21.67
第一产业（亿元）	20.21	23.53	16.43	社会消费品零售总额（亿元）	66.44	75.01	12.90
第二产业（亿元）	90.17	97.27	7.87	居民消费价格指数（%）	101.90	102	0.10
第三产业（亿元）	57.2	63.13	10.37	人均地区生产总值（元）	33098	36971	11.7
财政总收入（亿元）	9.12	10.01	9.76	城镇居民可支配收入（元）	24812	27180	9.5
地方财政收入（亿元）	6.52	7.54	15.64	农民人均现金收入（元）	10704	11898	11.15
财政总支出（亿元）	17.39	18.8	8.11				

夏津县主要金融指标

金融指标（亿元）	2013	2014	2014年同比增幅（%）	金融指标（亿元）	2013	2014	2014年同比增幅（%）
本外币存款余额	111.06	127.38	14.69	财险收入	0.99	1.18	19.19
人民币存款余额	110.98	127.29	14.70	寿险收入	1.15	1.39	20.87
单位存款	22.73	24.28	6.82	财险赔款	0.46	0.78	69.57
储蓄存款	83.23	97.91	17.64	寿险给付	0.09	0.14	55.56
本外币贷款余额	60.48	62.69	3.65	当年结益	0.05	0.07	40
人民币贷款余额	60.45	62.62	3.59	证券市场交易总额	--	--	--
短期贷款	42.37	38.67	-8.73	投资者保证金余额	--	--	--
中长期贷款	17.86	23.95	34.10	证券账户开户数	--	--	--
票据融资	0.22	0.00	-100.00	证券交易佣金收入	--	--	--
当年结益	2.91	4.66	60.14	净利润	--	--	--
不良贷款余额	4.63	2.29	-50.54				

夏津县主要金融机构概况

单位名称	行长（或其他称谓的第一负责人）	副行长（或其他称谓的同级领导）	员工总数	辖内营业网点数
人民银行夏津县支行	宋明军	张国德　刘美青　艾庆国　高洪波	27	1
德州银监分局夏津办事处	车　楠		1	1
农发行夏津县支行	刘　健	赵维安　王海鹏	17	1
工行夏津支行	史光杰	徐　斌　刘先锐　高继勇	33	2
农行夏津县支行	李　珺	孙连耕　孙　博	91	4
中行夏津支行	王德贵	孙全峰　王　雷	26	1
建行夏津支行	马天峰	张长朝	33	1
德州银行夏津支行	杨立富	赵　歆	30	2
夏津县农信联社	苑化芳	郑传涛	404	31
邮储银行夏津县支行	孙　涛	李姗姗　曲子旺	67	17
夏津胶东村镇银行	王　伟	张　君	29	1

夏津县主要金融机构业务概况

单位：亿元

单位名称	本外币存款余额	人民币单位存款	人民币储蓄存款	本外币贷款余额	人民币短期贷款	人民币中长期贷款
农发行夏津县支行	0.35	0.35	0	3.62	0.97	2.65
工行夏津支行	9.51	3.72	5.56	13.02	4.00	9.01
农行夏津县支行	15.24	1.98	13.26	4.32	3.00	1.32
中行夏津支行	8.68	3.28	5.40	3.71	2.30	1.41
建行夏津支行	10.86	5.32	5.54	3.45	1.36	2.09
德州银行夏津支行	6.77	4.05	2.72	4.23	3.50	0.73

续表

单位名称	本外币存款余额	人民币单位存款	人民币储蓄存款	本外币贷款余额	人民币短期贷款	人民币中长期贷款
夏津县农信联社	47.99	3.55	44.36	27.95	22.21	5.74
邮储银行夏津县支行	22.47	1.94	20.53	1.80	0.85	0.95
夏津胶东村镇银行	0.65	0.10	0.55	0.52	0.46	0.06

环境，构建“城乡一体化”支付结算网络；同时成功开展了突发事件联合应急演练，提升了应急处置能力。

（姜书杰　王　言）

武城县

【经济金融概况】　2014年，武城县新建续建超亿元项目77个，纳税超500万元的企业达33家，69家企业税收实现翻番。金融平稳运行。

【金融发展与改革】　2014年，人民银行武城县支行定期召开金融运行分析会和银企对接会，畅通政策传导机制。一是加大对“三农”和小微企业支持力度，发放支农再贷款1亿元，推进新型农业经营主体主办行制度，对筛选的12家新型农业经营

武城县主要经济指标

经济指标	2013	2014	2014年同比增幅（%）	经济指标	2013	2014	2014年同比增幅（%）
土地面积（平方公里）	748	748	--	地方财政支出（亿元）	15.26	15.52	1.70
人口（万人）	37.96	38.1	0.37	全社会固定资产投资（亿元）	141.67	165.56	16.9
城镇人口（万人）	18.79	19.2	2.18	进出口总值（万美元）	3584	1971	-16.9
乡村人口（万人）	19.17	18.9	-1.41	出口总值（万美元）	2717	1982	-7.0
地区生产总值（亿元）	171.68	181.44	5.7	实际利用外资（万美元）	489	734	50.1
第一产业（亿元）	11.51	20.97	4.0	社会消费品零售总额（亿元）	62.45	70.3	12.6
第二产业（亿元）	12.05	99.81	11.6	居民消费价格指数（%）	101.20	101.8	0.6
第三产业（亿元）	13.92	60.66	11.0	人均地区生产总值（元）	45227	47798	5.7
财政总收入（亿元）	9.55	15.52	62.5	城镇居民可支配收入（元）	20160	21813	8.2
地方财政收入（亿元）	7.05	8.2	16.3	农民人均现金收入（元）	10905	12185	11.7
财政总支出（亿元）	19.08	15.52	-18.6				

武城县主要金融指标

金融指标（亿元）	2013	2014	2014年同比增幅（%）	金融指标（亿元）	2013	2014	2014年同比增幅（%）
本外币存款余额	109.69	123.45	12.5	财险收入	0.82	0.9	9.8
人民币存款余额	106.69	123.39	15.6	寿险收入	1.43	1.68	17.48
单位存款	23.35	23.58	0.98	财险赔款	0.45	0.32	-28.8
储蓄存款	82.25	96.67	17.5	寿险给付	0.05	0.05	0
本外币贷款余额	73.74	79.80	8.2	当年结益	0.36	0.37	2.8

续表

金融指标（亿元）	2013	2014	2014年同比增幅（%）	金融指标（亿元）	2013	2014	2014年同比增幅（%）
人民币贷款余额	73.74	79.80	8.2	证券市场交易总额	--	--	--
短期贷款	51.42	48.82	-5.1	投资者保证金余额	--	--	--
中长期贷款	22.32	30.98	38.8	证券账户开户数	--	--	--
票据融资	0	0	0	证券交易佣金收入	--	--	--
当年结益	1.74	2.13	22.4	净利润	--	--	--
不良贷款余额	0.96	1.00	4.2				

武城县主要金融机构概况

单位名称	行长（或其他称谓的第一负责人）	副行长（或其他称谓的同级领导）	员工总数	辖内营业网点数
人民银行武城县支行	张如宝	林红霞　徐芳庭	29	
农发行武城县支行	陶晓军	邵晶晶	20	1
工行武城支行	代圣华	田保国　刁其海	36	2
农行武城县支行	张红建	李书军　张继强　孙晓军	84	5
中行武城支行	张若信	高　勇　孙玉宾	26	1
建行武城支行	梁　军	赵春利　邢千里	41	2
德州银行武城支行	张传涛	孙志强	26	2
武城县农信联社	李友山	苑先一　邵　范　董和泉　郭经胜	367	23
邮储银行武城县支行	史　辉	陈光峰　黄海军	64	4

武城县主要金融机构业务概况

单位：亿元

单位名称	本外币存款余额	人民币单位存款	人民币储蓄存款	本外币贷款余额	人民币短期贷款	人民币中长期贷款
农发行武城县支行	4.51	4.51	--	3.75	2.29	1.46
工行武城支行	12.99	4.28	8.17	14.70	5.62	9.08
农行武城县支行	16.65	2.48	13.04	5.82	2.60	3.21
中行武城支行	8.28	4.54	3.68	6.13	4.17	1.96
建行武城支行	12.45	3.20	9.21	12.11	4.67	7.44
德州银行武城支行	7.08	3.01	4.07	4.68	3.31	1.37
武城县农信联社	41.37	4.16	37.21	30.16	25.07	5.09
邮储银行武城县支行	22.77	1.47	21.29	2.46	1.09	1.37

主体提供了“一对一”的跟踪服务，全县涉农贷款增加66.47亿元，同比多增5.07亿元；二是推动银行机构加大信贷产品创新力度，指导农信联社开创了土地流转抵押贷款，工商银行武城县支行办理“商标专用权”质押融资业务；三是深化银保支农合作，采取“小额信贷＋保险”的模式，银保合作金额达1631.9万元。

【金融服务与监管】　2014年，人民银行武城县支行一是在全县设立银行卡助农取款网点292个、实现了银行卡助农取款网点和手机支付业务189个行政村全覆盖；二是建立了覆盖外汇指定银行和32家涉外企业武城外汇网络互动服务平台，举办了外汇政策法规培训班；三是会同团县委、德州银行建立了青年企业家俱乐部，金融支持农村青年创业活动取得新进展；四是联合公安局开展了集中打击非法集资活动，确保金融稳定；五是完成了对银行机构统计、征信、人民币反假业务的执法检查。

（张东霞）

聊城市

【经济金融概况】 2014年，聊城市经济保持平稳较快发展，经济结构不断优化，发展质量逐步提升，社会事业全面进步，民生状况明显改善。

【货币政策实施】 2014年，人民银行聊城市中心支行引导金融机构落实“有扶有控”的信贷政策，加大对全市经济发展关键领域和重点环节的金融支持。先后出台了《关于认真贯彻稳健货币政策改进金融服务和外汇管理 支持全市经济跨越赶超的意见》、《公证抵押贷款管理暂行办法》、《小额担保贷款实施办法》、《风险信息快速报告制度》、《小微企业主办行制度》、《普惠金融主办行制度》等制度，扎实做好监测分析预警工作，深入开展金融支持现代农业加快发展工作，着力破解现代农业、小微企业融资担保难题。

【金融稳定】 2014年，人民银行聊城市中心支行以“事前预警、合众施治”为指导，政、银、企三方有效协调，形成共同促进经济金融健康运行的合力，切实维护金融稳定。一是定期召开全市银行机构风险管理联席会议，完善交流平台；二是建立证券期货经营机构重大事项管理制度，开展金融机构突发事件应急预案演练，提高快速反应能力；三是全面推进金融风险监测工作，推动金融司法合作，联手优化生态环境；四是倡导、鼓励金融机构积极推进产品创新和担保方式创新，确保杜绝系统性风险和大户风险。

【金融服务】 2014年，聊城市金融系统面向民生，深入推进金融基础设施建设，不断发展普惠金融。

人民银行聊城市中心支行一是组织开展农村支付环境建设“村民满意年”活动，对辖区64个行政村进行了现场巡检，实现市、县两级行综合服务大厅全覆盖；二是开展了“我与顾客换位体验”、“志愿暖人心 服务进社区”等活动，开通了“12363”金融消费权益保护咨询投诉热线，开办了“征信知识讲堂”，制作了反洗钱动漫宣传片等，普及金融法律知识。

农业银行聊城分行加快建设新型农村支付体系，累计建设农村金融服务点3829家，助农取款服务点3424家，电子渠道交易占比为93%，布防农村区域电子机具15000台，行政村覆盖率为78%，广大农民足不出户即可享受取现、结算等现代金融服务。建设银行聊城分行针对中通汽车工业集团的金融需求，为其量身定制了资金管理方案，实现客户资金管控要求。

【金融监管】 2014年，人民银行聊城市中心支行将银证保、法人金融机构、涉外企业和上市公司等重点经济实体都纳入监测范围，做到了风险监测全覆盖。组织金融机构稳健性评估3次，检查8次；风险企业、担保圈等重要风险点排查5次，对53家金融机构进行综合评价；对邮储银行聊城市分行和聊城农商银行开展综合执法检查，对金融机构征信等9项业务开展专项检查，对北京银行等4家新设银行开展业务开办验收工作。

聊城银监分局坚持“限额管理、总量控制、区别对待、有保有控”的原则，积极化解产能过剩信用风险；持续缓释融资平台贷款风险；严密防控房地产信贷风险；加强理财产品、信托业务、同业业务监管；开展了农村中小金融机构信息科技快速巡查和信息科技监管评级。

【外汇管理】 2014年，外汇局聊城市中心支局加强政策传导，改进服务方式，促进全市涉外经济平稳发展。一是探索跨国公司外汇资金集中运营管理试点，落实减政放权措施，服务涉外经济主体；二是与济南海关驻聊城办事处、聊城市国家税务局签订《合作备忘录》，提高对外汇主体的协同监管水平；三是继续落实重点企业联系制度和“一企一策”服务，支持全市重点涉外企业发展，做好资本项下的简政放权，促进贸易投资便利化，为辖内中资企业跨境投融资提供政策支持；四是再版《国际收支统计申报办法》。

【金融改革】 2014年，人民银行聊城市中心支行继续开展金融改革调研，密切监测大型国有商业银行分支机构，关注其信贷风险与资产质量状况，反映改革进展成效和问题。

聊城银监分局成立了辖区银行业改革领导小组，推动改革重大问题的政策研究。莘县、高唐、东阿3家农商行顺利开业，阳谷农信联社筹建申请获银监会批复；北京银行聊城分行顺利开业，青州农商行发起设立的村镇银行、新凤祥集团财务公司开始筹建。

【保险业务】 2014年，聊城市保险业务平稳较快发展，市场体系不断完善，扩展了政策性农业保险品种，新增花生等9个农业保险补贴品种，承保公司由原来的2家增加为5家。大病保险的覆盖人群由原来的新农合居民扩展到城镇居民，对破解“因病致贫、因病返贫”问题发挥了重要作用。

泰山保险公司为山东蓝山集团落实资金6000万元，为聊城

聊城市经济主要统计指标

指标 \ 年度	2010	2011	2012	2013	2014	2014年同比增幅（%）
土地面积（平方公里）	8715	8715	8715	8715	8715	0
人口（万人）	597.53	604.22	589.33	591.13	612.13	0.13
城镇人口（万人）	239.01	241.69	236.32	248.57	206.32	-0.16
乡村人口（万人）	358.52	362.53	353.01	342.56	405.81	0.18
地区生产总值（亿元）	1606.51	1905.13	2145.65	2365.87	2515.4	9.4
第一产业（亿元）	221.64	243.37	257.80	287.15	310.83	4.2
第二产业（亿元）	935.70	1085.99	1187.98	1258.15	1296.19	9.9
工业（亿元）	854.03	997.97	1089.70	1149.55	1209.87	10
建筑业（亿元）	70.06	88.02	98.28	108.6	224.63	21.4
第三产业（亿元）	449.17	575.83	699.87	820.57	909.38	10.3
人均地区生产总值（元）	26886	32724	36554	40083	42482	9.4
地区生产总值构成（%）	100.0	100.00	100	100	100	0
第一产业（%）	13.8	12.8	12.0	12.1	12.4	-0.3
第二产业（%）	58.2	57.0	55.4	53.2	51.5	-1.1
第三产业（%）	28.0	30.2	32.6	34.7	36.1	1.4
财政总收入（亿元）	143.22	--	--	--	--	--
地方财政收入（亿元）	70.50	96.56	104.49	135.55	156.19	15.23
财政总支出（亿元）	--	--	--	--	--	--
地方财政支出（亿元）	144.6	173.47	217.00	258.25	285.96	10.73
全社会固定资产投资（亿元）	887.68	1033.39	1260.74	1511.09	1833.13	16
规模以上固定资产投资（亿元）	887.68	1041.11	1260.74	1511.09	1833.13	16
房地产开发（亿元）	56.45	90.89	108.75	146.12	169.97	16.3
进出口总值（亿美元）	36.32	56.54	55.92	61.89	57.53	-6.9
出口总值（亿美元）	12.89	18.75	18.49	20.03	23.86	19.1
实际利用外资（亿美元）	1.01	0.80	1.15	1.63	1.06	-34.8
社会消费品零售总额（亿元）	536.77	630.00	724.34	820.82	924.66	12.7
居民消费价格指数（%）	103.1	104.8	101.7	102.0	101.8	-0.2
城市居民人均可支配收入（元）	17889	20649	23685	26087	28382	8.8
农民人均现金收入（元）	6377	7735	8872	10083	11232	11.4

聊城市工农业主要统计指标

农业主要统计指标（万吨）				规模以上工业企业主要统计指标（亿元）			
项目 \ 年度	2013年	2014年	增幅（%）	项目 \ 年度	2013年	2014年	增幅（%）
粮食	466.06	509.75	9.4	工业增加值	1867.8	2094.7	11.51
夏粮	242.2	256.85	6.0	国有工业	55.05	32.3	-41.32
秋粮	223.86	252.9	13.0	集体工业	5.43	5.6	3.1

续表

农业主要统计指标（万吨）				规模以上工业企业主要统计指标（亿元）			
项目 \ 年度	2013 年	2014 年	增幅（%）	项目 \ 年度	2013 年	2014 年	增幅（%）
棉花	4.76	4.31	-9.5	股份制工业	1313.30	1903.6	44.95
油料	11.74	10.11	-13.8	股份合作制工业	5.14	1.6	8.79
水果	57.14	61.10	6.9	外商及港澳台投资工业	41.68	40.4	-3.07
蔬菜	1017.68	1050.33	0.32	轻工业	604.12	638.2	5.61
肉类	53.78	54.82	1.9	重工业	1263.68	1456.5	15.26
禽蛋	30.46	31.01	1.8	销售收入	7924.19	8592.9	8.44
奶类	8.67	9.26	6.8	利税	787.88	819.9	4.06
水产品	7.52	8.04	6.9	利润	542.45	576.7	6.31
森林覆盖率（%）	34.6	37.5	2.9	经济效益综合指数（%）	444.38	453.8	2.12

聊城市主要金融机构概况

单位名称	行长（或其他称谓的第一负责人）	副行长（或其他称谓的同级领导）	员工总数	辖内营业网点数
人民银行聊城市中心支行	刘贤军	姚　冬　王武声　崔长夫　李振林　彭凤祥	345	8
聊城银监分局	郭虎英	唐玉明　杨　磊　郝志华	59	7
农发行聊城市分行	徐敬喜	郭　莹　王士韬　张　健	208	8
工行聊城分行	杨　峰	皮桂亭　贾广祥　狄建明　叶晓升　谢林明　李建印　王英强　桑　博	876	46
农行聊城分行	付　晓	司　峰　巩稚峰　宋光涛	1582	58
中行聊城分行	纪　忠	汪文泰　邵新宇	613	24
建行聊城分行	荣卫民	魏相军　韩文广　王乃峰　任　健	903	42
交行聊城分行	董经庆	李瑞杰　王荣云	50	1
邮储银行聊城市分行	任之国	胡建民　王建华　秦　君	1721	191
华夏银行聊城分行	薛丙珠	郭佳隽　颜　文　杨玉民　路　海	226	6
恒丰银行聊城分行	王永伟	陶东升　李志春　王存彬	91	2
浦发银行聊城分行	房志波	苑广新　韩　进　娄　宁	49	1
招商银行聊城分行	张　剑	王德强　韩　勇　孙　原	47	1
齐鲁银行聊城分行	张克非	潘清亮　孙宝军　李　强	232 人	9 个
潍坊银行聊城分行	冯怀春	王育智　燕东勇　张德印	81	1
莱商银行聊城分行	王素荣	高　立　金　鑫	75	1
北京银行聊城分行	肖之寅	郝红梅　陈建华	38	1
润昌农村商业银行	高月河	魏保胜	472	23

续表

单位名称	行长（或其他称谓的第一负责人）	副行长（或其他称谓的同级领导）	员工总数	辖内营业网点数
聊城农村商业银行	颜景元	邵景国	1076	41
莘县农村商业银行	安信民	燕东杰	377	29
高唐农村商业银行	牛为勇	季文岗	387	25
东阿农村商业银行	张兆起	王　囡	377	23
阳谷农村商业银行	吴士合	杨茂合	473	30
临清市农村信用合作联社	王怀瑞	李　然	451	31
茌平农村信用合作联社	郝　彬	冯俊湖	459	29
聊城沪农商村镇银行	梁友华	张玉修	41	2
临清沪农商村镇银行	李　华	马道华　李　伟	71	2
阳谷沪农商村镇银行	张永前	吴光清	41	1
茌平沪农商村镇银行	杨　霞	庞合汉	34	1
中国人保财险聊城市分公司	孙传鲲	王　伟　刘立中　张德柱	954	28
太平洋财险聊城中心支公司	靳　刚	张　霞　焦宪忠　吴思杰	208	8
天安保险聊城中心支公司	刘　勇	刘　勇	182	7
平安财险聊城中心支公司	高瑞华	薄乃强	132	9
中华联合财险聊城中心支公司	侯朝红	郑中霞　孙广彦	526	13
阳光财险聊城中心支公司	任建国	殷红武	322	8
永安财险聊城中心支公司	布占峰	赵　峰　张　冰	343	9
中国大地财险聊城中心支公司	季树山	窦　斌	92	8
安邦财险聊城中心支公司	赵炳永		56	7
永诚财险聊城中心支公司	张建新		85	1
民安保险（中国）聊城中心支公司	李广森	高文英	53	4
渤海财险聊城中心支公司	刁亮然		22	1
长安责任保险聊城中心支公司	石福海	石保兵	64	5
中国人寿财险聊城市中心支公司	管瑞岩	王法建	270	5
天平汽车保险聊城中心支公司	王　峰	苏　军	31	3
英大泰和财险聊城中心支公司	李　洁		30	2
浙商财险聊城中心支公司	宋　光		45	2
泰山财险聊城中心支公司	郑安局		39	2
华安财险聊城中心支公司	关大新		140	1
华泰财险聊城中心支公司	高学智		18	1
太平财险聊城中心支公司	彭振国		148	1
紫金财险聊城中心支公司	王树森	韩　兵	42	1
信达财险聊城中心支公司	徐志亮	吴法太	15	1
中国人寿保险聊城分公司	刘　宁	常向东　张　猛　贾德治	2596	67

续表

单位名称	行长（或其他称谓的第一负责人）	副行长（或其他称谓的同级领导）	员工总数	辖内营业网点数
太平洋人寿聊城中心支公司	宗群力	郑玉亭　郭红霞　刘长鹏	3085	26
泰康人寿聊城中心支公司	赵育科	魏恩山	1700	26
新华人寿聊城中心支公司	陈传宝	张耀东　王　青　李钦敬	2092	8
人民人寿聊城中心支公司	齐雪林		1126	8
生命人寿聊城中心支公司	赵　勇	姚桂峰　王胜超　牛兆军	420	5
平安人寿聊城中心支公司	渠述磊	丁应祈　李鹏飞	867	6
合众人寿聊城中心支公司	白太军		289	4
太平人寿聊城中心支公司	王　东	杨　泊	133	3
民生人寿聊城中心支公司	李　刚		339	6
信泰人寿聊城中心支公司	臧明霞	王运文	336	4
长城人寿聊城中心支公司	刘　刚		161	2
人民健康聊城中心支公司	杜同林	李浩然	481	1
阳光人寿聊城中心支公司	李　杰		90	3
华泰人寿聊城中心支公司	孔祥健		67	2
华夏人寿聊城中心支公司	卜庆炜		140	3
信诚人寿山东省分公司聊城营销服务部	张福明		143	1
国华人寿聊城中心支公司	孙来奎		15	1
幸福人寿聊城中心支公司	孙　立		160	1
天安人寿聊城中心支公司	张连滨	孙天航	432	1
齐鲁证券有限公司聊城分公司	张大伟		55	5
中信万通证券公司聊城东昌东路证券营业部	宋继伟		44	1
西部证券公司聊城兴华西路证券营业部	李翠萍		12	1
国都证券公司聊城营业部	赵靖侃		10	1

聊城市金融业务统计指标

	指标（亿元）＼年度	2010	2011	2012	2013	2014	2014 年同比 增加额	2014 年同比 增幅（%）
银行类	本外币存款余额	1236.85	1366.62	1687.69	1945.83	2289.2	343.37	17.65
	人民币存款余额	1232.43	1358.10	1673.72	1930.94	2270.43	339.49	17.58
	*单位存款	216.71	464.99	602.46	684.11	803.26	119.15	17.42
	储蓄存款	753.37	844.14	1018.54	1185.41	1409.74	224.33	18.92
	本外币贷款余额	963.92	1110.66	1289.20	1432.46	1699.51	267.05	18.64
	人民币贷款余额	919.65	1047.11	1244.21	1414.58	1674.22	259.64	18.35
	短期贷款	632.08	720.60	890.82	1001.56	1150.76	149.2	14.89
	中长期贷款	284.54	309.29	318.07	392.72	489.13	96.41	24.55

续表

指标（亿元） \ 年度		2010	2011	2012	2013	2014	2014年同比	
							增加额	增幅（%）
银行类	票据融资	11.11	17.19	35.31	20.15	34.06	13.91	69.03
	当年结益	46.73	--	--	--	--	--	--
	不良贷款余额	34.50	21.73	20.49	36.72	38	1.28	3.49
	不良贷款占比%	3.6	1.96	20.5	2.56	2.24	-0.32	-12.5
保险类	保险公司保费收入	37.94	41.1	46.69	49.64	56.8	5.58	13
	财险收入	12.16	13.8	16.43	19.29	23.04	3.35	18.55
	寿险收入	25.78	27.3	30.26	30.35	33.73	2.98	9.7
	保险公司赔款和给付支出	7.45	8.72	11.05	16.75	17	0.61	3.74
	财险赔款	4.58	6.11	8.12	11.41	10.28	-1.13	-9.87
	寿险给付	2.87	2.61	2.93	5.33	6.72	1.74	34.9
	当年结益	--	--	-0.12	-3.06	--	--	--
证券类	证券市场成交总额	694.43	691.27	589.73	561.12	807.72	246.61	43.95
	投资者保证金余额	7.24	4.07	3.82	3.69	5.2	1.51	40.92
	证券账户开户数	154722	158517	165111	121922	178893	56971	46.72
	佣金收入	0.93	0.94	0.66	0.61	0.63	0.02	3.28
	净利润	0.57	0.54	0.33	0.31	0.56	0.25	80.65
	期货市场成交总额	--	--	--	--	--	--	--
	期货客户保证金余额	--	--	--	--	--	--	--
	期货账户开户数	--	--	--	--	--	--	--
	期货手续费收入	--	--	--	--	--	--	--
	利润总额	0.57	--	0.02	--	--	--	--

注：“*”该项指标2010年前为“企业存款”，其数字也是如此。

聊城市金融机构统计指标

指标（个） \ 年度		2010	2011	2012	2013	2014	2014年同比增幅（%）
银行类	法人机构	8	8	12	12	12	0
	省级分行	--	--	--	--	--	--
	二级分行	9	11	12	13	16	0.23
	县区支行	78	83	94	106	99	-0.07
	分理处　营业所	390	403	401	380	431	0.13
	储蓄所	19	15	14	27	11	-0.59
	从业人员总数	7490	8010	10172	10567	11157	0.06
保险类	保险机构	28	33	38	42	43	2.38
	财险机构	14	15	19	22	23	4.55
	省级分公司	--	--	--	--	--	--

续表

指标（个）		2010	2011	2012	2013	2014	2014年同比增幅（%）
保险类	地市分公司	14	15	19	22	23	4.55
	县区支公司	65	70	76	83	93	12.05
	寿险机构	14	18	19	20	20	0
	省级分公司	--	--	--	--	--	--
	地市分公司	14	18	19	20	20	0
	县区支公司	58	66	66	68	71	4.41
	从业人员总数	15958	16124	16840	16963	18643	9.9
	财险人员	3073	2803	3421	3493	3802	8.8
	寿险人员	12885	13332	13419	13470	14841	10.18
证券类	证券机构	2	2	2	2	4	100
	证券公司	2	2	2	2	4	100
	证券营业部	3	5	5	5	8	60
	证券服务部	--	--	--	--	--	--
	从业人员总数	72	153	141	99	121	22.22
	投资者开户	154722	158517	165111	121922	178893	46.72
	境内上市股票只数	4	4	4	4	4	0
	境外上市股票只数	0	0	0	0	0	0
	辖区上市公司总数	4	4	4	4	4	0

聊城市主要金融机构业务概况

单位：亿元

单位名称	本外币存款余额	人民币单位存款	人民币储蓄存款	本外币贷款余额	人民币短期贷款	人民币中长期贷款
农发行聊城市分行	11.56	11.49	0	62.27	1150.76	489.13
工行聊城分行	266.44	120.67	131.91	350.22	171.63	166.47
农行聊城分行	226.39	80.82	142.04	206.18	115.73	85.81
中行聊城分行	166.22	86.15	73.25	152.45	83.2	60.57
建行聊城分行	240.69	113.99	119.04	163.25	73.14	80.13
交通银行聊城分行	38.56	31.94	3.28	16.00	14.89	1.12
邮储银行聊城市分行	272.89	29.40	243.50	30.02	15.1	12.84
招商银行聊城分行	24.42	21.73	1.87	20.66	16.19	0.66
浦发银行聊城分行	70.45	65.85	4.56	56.26	44.87	7.48
华夏银行聊城分行	104.63	66.66	36.29	76.99	58.87	16.59
恒丰银行聊城分行	50.98	31.22	7.19	26.83	19.96	4.92
北京银行聊城分行	1.19	0.81	0.19	0.34	0.1	0.24
齐鲁银行聊城分行	73.4	53.55	19.51	69.42	56.21	9.49
潍坊银行聊城分行	13.07	10.87	2.18	8.22	8.04	0.18

续表

单位名称	本外币存款余额	人民币单位存款	人民币储蓄存款	本外币贷款余额	人民币短期贷款	人民币中长期贷款
莱商银行聊城分行	5.39	4.09	1.3	5.03	4.64	0
聊城沪农商村镇银行	6.09	3.44	2.66	2.95	2.95	0
临清沪农商村镇银行	10.49	5.99	4.5	5.4	5.39	0.02
茌平沪农商村镇银行	4.02	1.67	2.35	2.31	2.27	0.04
阳谷沪农商村镇银行	2.62	0.98	1.63	1.34	1.33	0.07

聊城市各县级区域经济金融主要统计指标

名称	人口（万人）	面积（平方公里）	地区生产总值（亿元）	地区生产总值增速（%）	本外币存款余额（亿元）	储蓄存款（亿元）	本外币贷款余额（亿元）
东昌府区	126.91	1443	410.51	9.4	900.58	431.74	681.17
临清市	73.87	950	357.28	9.6	241.37	186.02	154.22
冠　县	78.1	1161.29	249.75	9.2	184.07	124.69	138.76
莘　县	97.09	1416	286.89	9.3	190.93	157.01	104.76
阳谷县	78.87	1065	283.74	9.5	272.08	177.95	158.92
东阿县	36.97	729	177.72	8.8	132.82	95.01	101.21
茌平县	53.3	1003	419.93	9.1	205.93	136.6	190.55
高唐县	48.46	949	356.13	9.4	161.42	102.78	169.93

聊城市（含县级）小额贷款公司机构、业务概览

单位名称	行长（或其他称谓的第一负责人）	员工总数（人）	本外币贷款余额（亿元）	人民币短期贷款（亿元）	人民币中长期贷款（亿元）
聊城市东昌府区天元小额贷款公司	齐元臣	22	2.60	2.60	0
聊城经济开发区昌润小额贷款公司	李继峰	21	2.29	2.29	0
聊城市高新区鲁西小额贷款公司	张金成	20	3.60	3.60	0
聊城市东昌府区百诺鑫合小额贷款公司	高庆宝	9	0.91	0.91	0
聊城市东昌府区鼎诚小额贷款公司	吕乃涛	15	1.04	1.04	0
临清市鸿基小额贷款公司	姜振林	11	1.13	1.13	0
冠县亚星小额贷款公司	孙建忠	11	1.28	1.28	0
莘县恒通小额贷款公司	郭海军	15	1.18	1.18	0
阳谷县鲁信小额贷款公司	刘广芹	7	0.10	0.10	0
东阿县永丰小额贷款公司	张树江	15	2.3	2.3	0
东阿县中夏小额贷款公司	黄元芝	12	0.62	0.62	0
茌平县嘉丰小额贷款公司	杨立峰	10	0.54	0.54	0
茌平县鑫路通小额贷款公司	邵连路	19	0.91	0.91	0
高唐县和信小额贷款公司	魏茂怀	9	0.97	0.97	0

市奥森体育产业发展有限公司落实资金1.2亿元,总计实现了1.8亿元的保险资金在聊城的运用，推动了保险资金招商引资工作。

【证券市场】 2014年,聊城市新成立西部证券公司聊城兴华西路营业部和国都证券公司聊城营业部，证券营业部新增8家。上述公司加强客服研究,扩大交易规模和周转率,加快客户对双融业务知识和规则的认知度,持续培训和持续营销双重进行。

【金融文化建设】 2014年，聊城市金融文化建设取得新成效。人民银行聊城市中心支行组建了“央行梦缘”微信群,编发了《湖心岛》电子刊物。工商银行聊城分行被市委、市政府授予“2013年度全市二次创业金奖”。农业银行聊城市分行被中国农业银行评为“精神文明建设先进单位”,其高唐、冠县、东阿、茌平4个支行获“省级文明单位”称号,分行营业部获省级“工人先锋号”称号。农业发展银行高唐县支行被中国农业发展银行授予“文明单位”称号。华夏银行聊城分行被中国银行业协会授予“2014年度文明规范服务五星级营业网点”荣誉称号;恒丰银行聊城分行被恒丰银行评为“十佳二级分行”。交通银行聊城分行荣获交通银行2014年“我的微笑,真心相伴”优秀网点。

【大事记】 1月13日 人民银行聊城市中心支行对聊城农商行开业进行现场检查综合验收和业务技能考试。

1月13日~19日 人民银行聊城市中心支行开展对金融机构2013年度相关专业综合评价工作。

2月27日 人民银行聊城市中心支行联合聊城市金融消费权益保护协会举办新闻媒体见面会。

3月3日 农行聊城市分行宋光涛被聘任为该行党委委员、副行长(农银鲁党任〔2014〕4号 农银鲁任〔2014〕27号)。

3月6日 浦发银行聊城分行韩进被聘任为该行行长助理(浦银济发〔2014〕62号)。

3月7日 人民银行聊城市中心支行与聊城大学团委在全省率先启动开展了“征信知识讲堂进高校”活动。

4月26日 齐鲁银行聊城分行在齐鲁银行首届“内控合规实战对抗赛”中取得团体一等奖。

5月8日 农业银行聊城市分行巩稚峰被聘任为该行纪委书记、副行长(农银鲁党任〔2014〕35 37号 农银鲁任〔2014〕55号)。

5月16日 齐鲁银行冠县支行开业暨政金企座谈会在冠县冠州宾馆举行。

7月16日 齐鲁银行聊城分行孙宝军被聘为该行风险总监(齐鲁银任〔2014〕16号)。

7月20日 交通银行聊城分行董经庆被聘为该行副行长(主持工作)(交银鲁任〔2014〕42号)。

8月5日 农业银行聊城市分行付晓被聘任为该行党委书记 行长(农银鲁党任〔2014〕47号 农银鲁任〔2014〕66号)。

8月21日 中国银行聊城分行首家TSP阳谷支行以自身名义开出了首笔国际信用证,突破了县域金融机构不能办理国际结算业务的局限,成为聊城市金融机构中首个可自行办理国际结算业务的分支机构。

9月25日 齐鲁银行聊城分行首张“小快通”卡在聊城开发区支行发行并成功授信,标志着“随心贷”业务正式推向市场。

9月30日 浦发银行聊城分行娄宁被聘任为该行行长助理(浦银济发〔2014〕215号)。

10月8日 山东银监局批复同意筹建恒丰银行临清支行(鲁银监准〔2014〕421号)。

10月9日 聊城银监分局批准北京银行聊城分行开业(聊银监准〔2014〕74号)。

10月11日 北京银行聊城分行肖之寅被聘为该行行长,免去其聊城工作室总经理职务(京银济发〔2014〕184号)

10月21日 邮储银行聊城市分行任之国被任命为该行党委书记，石敬民不再担任该行党委书记职务(鲁邮银党任〔2014〕22号)。

10月22日 北京银行聊城分行陈建华被聘为该行副行长(京银济发〔2014〕198号)。

10月23日 北京银行聊城分行红梅被聘为该行副行长,免去其聊城工作室副总经理职务(京银济发〔2014〕200号)。

11月15日 交通银行聊城分行王荣云任该行党委委员(交银鲁党委〔2014〕51号)。

11月26日 浦发银行聊城分行经山东银监局批复筹建(浦银复〔2014〕528号)。

12月2日 经聊城银监分局 邮储银行山东省分行批准,邮储银行临清康庄支行终止营业。

12月9日 莱商银行聊城分行发行莱商银行亿沣超市联名卡,是聊城市第一张真正意义上的金融IC联名卡。

12月23日 招商银行聊城分行第一家自助银行——建设西路自助银行顺利开业。

(王银光 徐立巍)

临清市

【经济金融概况】 2014年,临清市产业结构进一步优化,生态建设进一步加强,综合实力进一步增强。金融运行健康平稳,信贷结构不断优化,信贷投放合理增长,金融生态环境持续好转,经济与金融实现了互动双赢。

【金融发展与改革】 2014年，临清市金融系统着力优化信贷结构,不断创新金融产品和服务方式,拓宽实体经济融资渠道。恒丰银行在临清设立分支机构,沪农商村镇银行设立了新

临清市主要经济指标

经济指标	2013	2014	2014年同比增幅（%）	经济指标	2013	2014	2014年同比增幅（%）
土地面积（平方公里）	950	950	0	地方财政支出（亿元）	23.84	27.18	14.01
人口（万人）	76.30	78	2.23	全社会固定资产投资（亿元）	207.93	234.58	16.2
城镇人口（万人）	31.64	31.98	1.07	进出口总值（万美元）	47916	43273	-9.69
乡村人口（万人）	44.6	46.02	3.18	出口总值（万美元）	38496	37386	-2.88
地区生产总值（亿元）	335.8	357.28	9.6	实际利用外资（万美元）	16.5	2331.5	14030.3
第一产业（亿元）	22.34	24.35	4.3	社会消费品零售总额（亿元）	127.8	137.34	12.30
第二产业（亿元）	203.4	209.25	10.1	居民消费价格指数（%）	103.4	102.6	-0.78
第三产业（亿元）	110.06	123.68	9.9	人均地区生产总值（元）	44200	46400	9.5
财政总收入（亿元）	21.0	23.34	11.17	城镇居民可支配收入（元）	22130	24170	9.22
地方财政收入（亿元）	13.51	15.62	15.62	农民人均纯收入（元）	9946	11093	11.53
财政总支出（亿元）	23.84	27.18	14.01				

临清市主要金融指标

金融指标（亿元）	2013	2014	2014年同比增幅（%）	金融指标（亿元）	2013	2014	2014年同比增幅（%）
本外币存款余额	202.67	241.37	19.1	财险收入	1.12	1.26	12.5
人民币存款余额	200.95	238.93	18.9	寿险收入	1.64	0.90	-45.12
单位存款	41.51	47.05	13.35	财险赔款	1.09	0.49	-55.05
储蓄存款	156.43	185.88	18.83	寿险给付	0.16	0.12	-25
本外币贷款余额	140.72	154.22	9.59	当年结益	1.51	1.55	2.65
人民币贷款余额	135.51	150.42	11.0	证券市场交易总额	15.25	29.91	96.13
短期贷款	116.26	122.0	4.94	投资者保证金余额	0.02	0.11	478.95
中长期贷款	23.85	27.56	15.56	证券账户开户数	3567	2636	-26.1
票据融资	0.61	0.86	40.98	证券交易佣金收入	0.02	0.03	55.56
当年结益	-2.33	0.56	124.03	净利润	-0.01	0.01	7
不良贷款余额	13.44	16.7	24.26				

临清市主要金融机构概况

单位名称	行长（或其他称谓的第一负责人）	副行长（或其他称谓的同级领导）	员工总数	辖内营业网点数
人民银行临清市支行	苏子顺	李琰玲　张　超　侯志文	20	1
聊城银监分局临清办事处	李永忠	刘广忠	2	1
农发行临清市支行	李炳熙	吕红军　陶　华	19	1
工行临清支行	高振荣	夏志平	95	7
农行临清市支行	孟宪林	许广利　甄兰峰　王承墉	165	7
中行临清支行	胡海英	蔡　丽　刘书元	60	4
建行临清支行	孙建胜	李克良　刘鹏翔	83	6
齐鲁银行临清支行	于明静	张　燕	21	1
临清农信联社	王怀瑞	李　然　孙　冰　赵　毅　徐桂琴	451	31

续表

单位名称	行长（或其他称谓的第一负责人）	副行长（或其他称谓的同级领导）	员工总数	辖内营业网点数
邮储银行临清县支行	郭宗强	李　旻　崔咏春	85	4
临清沪农商村镇银行	李　华	马道华　李　伟	71	2

临清市主要金融机构业务概况

单位：亿元

单位名称	本外币存款余额	人民币单位存款	人民币储蓄存款	本外币贷款余额	人民币短期贷款	人民币中长期贷款
农发行临清县支行	1.47	1.47	0	5.90	5.90	0
工行临清支行	27.17	8.43	17.05	25.84	17.08	6.79
农行临清市支行	26.37	3.85	22.21	12.42	6.41	4.51
中行临清支行	17.74	6.18	10.24	15.01	10.70	4.0
建行临清支行	24.32	7.57	16.05	24.33	13.85	9.61
临清市齐鲁银行	11.70	7.90	3.73	8.13	7.82	0.31
临清县农信联社	84.37	3.25	81.12	55.34	53.88	1.46
邮储银行临清县支行	33.40	2.41	30.99	1.86	0.98	0.88
临清沪农商村镇银行	10.50	6.0	4.50	5.40	5.39	0.02

华支行。

【金融服务与监管】　2014年，人民银行临清市支行加强政银企三方沟通合作，提高货币政策执行力。一是积极搭建银企对接平台，实现了货币政策与产业政策的有效对接；二是大力发展普惠金融，用好用活民品贷款贴息政策，大力改善农村支付环境，促进城乡支付服务一体化发展；三是优化金融生态环境，开展了聊城辖区唯一试点县的“中小企业信用体系实验区建设”工作，组建了金融消费者权益保护组织，密切关注辖区重点企业、农民专业合作社“跑路”风险事件。

（狄保荣　刘瑞智）

冠　县

【经济金融概况】　2014年，冠县经济平稳较快发展，金融平稳健康发展。

【金融发展与改革】　2014年，冠县加大对“三农”、中小微企业信贷支持力度，着力优化信贷结构，推出多种契合中小企业特点的贷款方式。

【金融服务与监管】　2014年，人民银行冠县支行全面落实国家稳健的货币信贷政策，确保辖区金融安全稳健运行。一是推

冠县主要经济指标

经济指标	2013	2014	2014年同比增幅（%）	经济指标	2013	2014	2014年同比增幅（%）
土地面积（平方公里）	1161.29	1161.29	0	地方财政支出（亿元）	24.11	25.80	7.0
人口（万人）	78.08	82.85	6.1	全社会固定资产投资（亿元）	151.3	191.73	15.4
城镇人口（万人）	18.21	19.37	6.4	进出口总值（万美元）	27514	42884	55.86
乡村人口（万人）	62.32	63.48	1.9	出口总值（万美元）	25305	41504	64.02
地区生产总值（亿元）	228.85	249.75	9.2	实际利用外资（万美元）	—	279	—
第一产业（亿元）	40.11	43.51	4.2	社会消费品零售总额（亿元）	80.22	89.016	12.6

续表

经济指标	2013	2014	2014 年同比增幅（%）	经济指标	2013	2014	2014 年同比增幅（%）
第二产业（亿元）	118.5	126.35	10.2	居民消费价格指数（%）	102.7	105.8	3.02
第三产业（亿元）	70.24	79.89	10.3	人均地区生产总值（元）	29310	31970	9.08
财政总收入（亿元）	24.36	27.57	13.2	城镇居民可支配收入（元）	22584	24678	9.27
地方财政收入（亿元）	7.52	9.24	22.9	农民人均现金收入（元）	9995	11136	11.42
财政总支出（亿元）	25.03	27.96	11.7				

冠县主要金融指标

金融指标（亿元）	2013	2014	2014 年同比增幅（%）	金融指标（亿元）	2013	2014	2014 年同比增幅（%）
本外币存款余额	149.90	184.07	22.8	财险收入	1.33	1.54	0.16
人民币存款余额	149.77	183.82	22.7	寿险收入	2.35	2.07	-0.11
单位存款	46.05	55.56	20.7	财险赔款	—	—	—
储蓄存款	100.06	124.69	24.6	寿险给付	—	—	—
本外币贷款余额	111.22	138.76	24.8	当年结益	—	—	—
人民币贷款余额	111.22	138.76	24.8	证券市场交易总额	—	—	—
短期贷款	95.10	119.17	25.3	投资者保证金余额	—	—	—
中长期贷款	16.11	19.58	21.5	证券账户开户数	—	—	—
票据融资	0	0	0	证券交易佣金收入	—	—	—
当年结益	—	—	—	净利润	—	—	—
不良贷款余额	1.63	2.28	39.9				

冠县主要金融机构概况

单位名称	行长（或其他称谓的第一负责人）	副行长（或其他称谓的同级领导）	员工总数	辖内营业网点数
人民银行冠县支行	孙　峰	李金良　李朝杰	24	1
聊城银监分局冠县办事处	班晓晨		1	1
农发行冠县支行	杜生华	周东民　丁华业	20	1
工行冠县支行	王建宁	刘为新　王志勇　于书龙 江冠三　郝伟然　唐永钢	53	2
农行冠县支行	牛玉栋	刘克强　门建伟　赵新国	125	4
中行冠县支行	王文峰	常明健　沙宗朝　赵怀远	28	1
建行冠县支行	朱秀岭	高建新　董卫东　郭风雷　翟风忱	41	2
冠县润昌农村商业银行	高月河　魏保胜	李恩钢　赵丽敏　赵士亮　汤万庆	481	23
邮储银行冠县支行	翟继亮	许　鹏	90	4
齐鲁银行冠县支行	张立军	张恩广	22	1

冠县主要金融机构业务概况

单位：亿元

单位名称	本外币存款余额	人民币单位存款	人民币储蓄存款	本外币贷款余额	人民币短期贷款	人民币中长期贷款
农发行冠县支行	1.81	1.81	0	5.12	5.11	0.01
工行冠县支行	21.88	13.74	7.70	28.70	23.62	5.07
农行冠县支行	19.61	8.85	10.76	17.47	11.35	6.13
中行冠县支行	11.11	7.22	3.65	8.73	7.13	1.61
建行冠县支行	11.05	6.77	4.27	13.39	8.59	4.80
冠县润昌农村商业银行	74.57	7.71	66.82	53.19	52.77	0.42
邮储银行冠县支行	32.04	1.75	30.29	2.14	0.63	1.51
齐鲁银行冠县支行	8.66	7.52	1.13	10.02	9.97	0.04

动落实新型农业经营主体“主办行”制度试点，新增贷款重点投向“三农”、中小企业、全县重点骨干企业；二是积极化解实体经济债务风险；三是提升农村支付结算水平。

（李海涛　孙　奕）

莘　县

【经济金融概况】　2014年，莘县经济重点项目进展顺利，工业经济运行平稳，现代农业提质增效，服务业加快发展，城乡面貌发生新变化，财税金融保障有力，民生改善成效显著。

【金融发展与改革】　2014年，人民银行莘县支行一是印发了《金融支持跨越发展的意见》和《进一步加大金融创新力度助推全县现代农业发展加快发展的意见》，按季度、分月度召开金融联席会、信贷投放座谈会、金融运行分析会，引导银行将信贷资

莘县主要经济指标

经济指标	2013	2014	2014年同比增幅（%）	经济指标	2013	2014	2014年同比增幅（%）
土地面积（平方公里）	1416	1420	0.28	地方财政支出（亿元）	7.9	31.27	295.82
人口（万人）	97.89	103.8	6.04	全社会固定资产投资（亿元）	155.4	194.8	25.35
城镇人口（万人）	8.6	24.56	185.58	进出口总值（万美元）	8149	6878	-15.60
乡村人口（万人）	89.29	79.24	-11.26	出口总值（万美元）	4897	4198	-14.27
地区生产总值（亿元）	264.78	286.89	8.35	实际利用外资（万美元）	350	70	-80.00
第一产业（亿元）	44.83	48.56	8.32	社会消费品零售总额（亿元）	102.2	113.6	11.15
第二产业（亿元）	131.29	139.26	6.07	居民消费价格指数（%）	102.1	103.2	0.01
第三产业（亿元）	88.66	99.07	11.74	人均地区生产总值（元）	26091	27853	6.75
财政总收入（亿元）	29.68	35.39	19.24	城镇居民可支配收入（元）	21099	23125	9.60
地方财政收入（亿元）	7.9	10.02	26.84	农民人均现金收入（元）	10055	11230	11.69
财政总支出（亿元）	29.68	35.39	19.24				

莘县主要金融指标

金融指标（亿元）	2013	2014	2014年同比增幅（%）	金融指标（亿元）	2013	2014	2014年同比增幅（%）
本外币存款余额	158.73	190.93	20.29	财险收入	1.29	1.38	0.07

续表

金融指标（亿元）	2013	2014	2014年同比增幅（%）	金融指标（亿元）	2013	2014	2014年同比增幅（%）
人民币存款余额	158.63	190.86	20.32	寿险收入	3.19	2.28	-0.29
单位存款	25.49	32.95	29.27	财险赔款	—	—	—
储蓄存款	131.89	157.01	19.05	寿险给付	—	—	—
本外币贷款余额	81.59	104.76	28.40	当年结益	—	—	—
人民币贷款余额	81.36	104.62	28.59	证券市场交易总额	—	—	—
短期贷款	64.93	78.62	21.08	投资者保证金余额	—	—	—
中长期贷款	13.35	22.85	71.16	证券账户开户数	—	—	—
票据融资	3.31	3.29	-0.60	证券交易佣金收入	—	—	—
当年结益	2.36	4.95	109.75	净利润	—	—	—
不良贷款余额	2.48	2.43	-2.02				

莘县主要金融机构概况

单位名称	行长（或其他称谓的第一负责人）	副行长（或其他称谓的同级领导）	员工总数	辖内营业网点数
人民银行莘县支行	宋金超	王文胜 谢玉臣	26	
聊城银监分局莘县办事处	赵宪福		1	
农发行莘县支行	李洪利	袁文利	20	1
工行莘县支行	张道静	史 勇	40	3
农行莘县支行	杜朝宏	林丽珍 闫少军 李锦山	138	5
建行莘县支行	王广远	山建忠 张绍彬	50	3
莘县农信联社	安信民	燕东杰 张恩彩 王瑞停 张志华 种 睿	486	29
邮储银行莘县支行	袁文强	娄现国	42	4
齐鲁银行莘县支行	杨 杰	霍 光	14	1

莘县主要金融机构业务概况

单位：亿元

单位名称	本外币存款余额	人民币单位存款	人民币储蓄存款	本外币贷款余额	人民币短期贷款	人民币中长期贷款
农发行莘县支行	0.87	0.87	--	2.86	2.86	0
工行莘县支行	14.91	6.51	8	12.94	4.49	8.31
农行莘县支行	18.18	5.20	12.87	7.76	2 51	5.24
建行莘县支行	12.68	6.10	6.57	7.07	3.88	3.20
莘县农信联社	95.35	6.41	88.94	65.05	56.24	5.52
邮储银行莘县支行	42.26	3.29	38.97	2.10	1.71	0.39
齐鲁银行莘县支行	6.16	4.49	1.67	6.97	6.79	0.19

金更多地投向实体经济、"三农"和小微企业；二是促成人民银行聊城市中心支行在该县举办了"2014年莘县银企合作洽谈会"，推动县农商行、邮储银行莘县支行、建设银行莘县支行分别召开"金融产品专题推介会"，密切银企合作；三是推进金融

产品创新试点，助推现代农业加快发展，落实主办银行制度，强化“一对一”金融服务。

【金融服务与监管】 2014年，人民银行莘县支行一是持续开展农村信用体系试验区建设；以清理国家公职人员恶意拖欠银行贷款为重点，持续推动政府打击逃废银行债务行为，推动“诚信莘县”建设；二是以制度性监测为重点，推进金融改革发展，加强法人金融机构流动性监测、利率监测和风险评估等。

（张晓慧）

阳谷县

【经济金融概况】 2014年，阳谷县信贷结构逐步优化，金融运行质量明显提高，银企继续呈和谐共赢发展态势。

【金融发展与改革】 2014年，人民银行阳谷县支行一是定期召开全县金融机构联席会、金融运行分析会，引导金融机构盘活存量、优化增量，改善和优化信贷结构，加大对经济转型升级的支持力度；二是积极引导金融机构加大对五大主导产业重点项目、“三农”、中小企业、战略性新兴产业、服务业等实体经济的支持力度，严格控制对高耗能、高排放、产能过剩行业的贷款；三是成立了金融消费保护权益协会，维护金融消费者权益；四是积极推动农信社改制工作，阳谷县农村商业银行挂牌成立。

【金融服务与监管】 2014年，人民银行阳谷县支行进一步提

阳谷县主要经济指标

经济指标	2013	2014	2014年同比增幅（%）	经济指标	2013	2014	2014年同比增幅（%）
土地面积（平方公里）	1065	1065	0	地方财政支出（亿元）	25.56	26.85	5.06
人口（万人）	78.69	80.88	2.78	全社会固定资产投资（亿元）	158.89	209.48	16.9
城镇人口（万人）	17.36	18.93	9.04	进出口总值（万美元）	285100	267000	-15.5
乡村人口（万人）	61.33	61.95	1.01	出口总值（万美元）	30700	37000	21.1
地区生产总值（亿元）	261.3	283.74	9.50	实际利用外资（万美元）	9651	3985	-58.7
第一产业（亿元）	38.52	41.56	4.3	社会消费品零售总额（亿元）	116.4	128.97	12.9
第二产业（亿元）	150.27	160.96	10.7	居民消费价格指数（%）	103	102	0.97
第三产业（亿元）	72.51	81.22	9.8	人均地区生产总值（元）	32863	35082	6.75
财政总收入（亿元）	--	--	--	城镇居民可支配收入（元）	21702	23720	9.3
地方财政收入（亿元）	10.06	11.11	11.07	农民人均现金收入（元）	9908	11038	11.4
财政总支出（亿元）	--	--	--				

阳谷县主要金融指标

金融指标（亿元）	2013	2014	2014年同比增幅（%）	金融指标（亿元）	2013	2014	2014年同比增幅（%）
本外币存款余额	233.92	272.08	16.31	财险收入	1.17	1.22	4.27
人民币存款余额	227.5	262.36	15.32	寿险收入	2.84	2.21	-22.18
单位存款	73.61	81.76	11.07	财险赔款	0.2	0.23	15
储蓄存款	150.12	177.88	18.49	寿险给付	0.04	0.04	--
本外币贷款余额	152.74	158.92	4.05	当年结益	--	--	--
人民币贷款余额	147.35	151.2	2.61	证券市场交易总额	5.49	14.35	161.38
短期贷款	118.98	125.42	5.41	投资者保证金余额	0.01	0.11	1000
中长期贷款	24.45	24.51	0.25	证券账户开户数	1884	1718	-8.81
票据融资	3.93	1.27	-67.68	证券交易佣金收入	0.01	0.02	100

续表

金融指标（亿元）	2013	2014	2014年同比增幅（%）	金融指标（亿元）	2013	2014	2014年同比增幅（%）
当年结益	4.13	4.68	13.32	净利润	-0.01	0.01	118.57
不良贷款余额	2.12	2.31	8.96				

阳谷县主要金融机构概况

单位名称	行长（或其他称谓的第一负责人）	副行长（或其他称谓的同级领导）	员工总数	辖内营业网点数
人民银行阳谷支行	张华生	刘潮洋　孟庆祝　张军国	28	1
聊城银监分局阳谷办事处	陈　勇		4	1
农发行阳谷县支行	张建利	肖　民　孟凡强	22	1
工行阳谷支行	李炳春	张东洲　于　泳　刘庆亮	45	3
农行阳谷县支行	段海臣	张忠磊　李明华　常家元	112	6
中行阳谷支行	丛　凯	刘　盛　梁　栋　陈　阳	51	3
建行阳谷支行	李朝信	刘学晖　杨力伟　赵清军　秦万军	72	4
齐鲁银行阳谷县支行	金　萍	任广伟	16	1
阳谷农商行	吴士合	杨茂合　徐长林　姜　军　李红生　侯　军	411	30
邮储银行阳谷县支行	郑　磊	杨　涛	86	24
阳谷村镇银行	李　滨	吴光清　王兆泉　王继斌	25	1

阳谷县主要金融机构业务概况

单位：亿元

单位名称	本外币存款余额	人民币单位存款	人民币储蓄存款	本外币贷款余额	人民币短期贷款	人民币中长期贷款
农发行阳谷县支行	2.91	2.91	--	10.09	6.25	3.84
工行阳谷支行	20.11	11.54	5.76	31.90	25.04	5.94
农行阳谷县支行	24.41	9.25	13.97	16.47	9.99	3.52
中行阳谷支行	28.05	19.48	8.06	10.62	6.56	4.06
建行阳谷支行	38.82	19.36	13.89	15.87	7.64	4.39
齐鲁银行阳谷支行	9.98	7.82	2.15	6.44	5.63	0.81
阳谷农商行	105.44	6.75	98.67	65.41	62.43	1.72
邮储银行阳谷县支行	37.42	3.67	33.75	0.76	0.54	0.22
阳谷村镇银行	2.62	0.98	1.63	1.34	1.33	0.01

升服务职能，不断完善金融稳定机制，为经济发展提供了良好的金融运行环境。一是加强对地方法人金融机构的风险监测及对农行“三农金融事业部”的考核；二是认真做好对金融机构信贷资产的质量监测评估，密切关注各类融资风险；三是承办了聊城市外汇支持外向型企业发展（阳谷）推进会，推动阳谷县祥光集团成为山东省首家跨境双向人民币资金池业务试点企业；四是开展了金融消费者权益保护、农民工银行卡、国债知识下乡、反洗钱等集中宣传活动。

（李　玲）

茌平县

【经济金融概况】 2014年，茌平县被省政府确定为全省县域经济科学发展试点县。全县粮食总产实现“十二连增”，被评为全国粮食生产先进县；工业经济效益显著提升，第三产业蓬勃发展；环境质量持续改善，金牛湖景区成功创建国家级湿地公园、国家级水利风景区；文体事业成果丰硕，被文化部命名为“中国民间艺术之乡”。

【金融发展与改革】 2014年，茌平县加强信用环境治理，大力打击非法融资活动，保持了正常的金融秩序，促进了经济活动的平稳开展。茌平广源精密机械公司成功在“新三板”挂牌，茌平一鸣玻璃、茌平宏鑫纺织等公司股权在齐鲁股权交易中心挂牌。新增小额贷款公司和民间资本管理公司各1家，服务实

茌平县主要经济指标

经济指标	2013	2014	2014年同比增幅（%）	经济指标	2013	2014	2014年同比增幅（%）
土地面积（平方公里）	1003	1003	0	地方财政支出（亿元）	31.3	33	5.43
人口（万人）	53.09	53.55	0.86	全社会固定资产投资（亿元）	214	236	15.5
城镇人口（万人）	10.13	10.31	1.78	进出口总值（万美元）	81849	79000	-3.48
乡村人口（万人）	42.96	43.24	0.65	出口总值（万美元）	11862	24111	103.26
地区生产总值（亿元）	389.9	419.9	7.69	实际利用外资（万美元）	4987	2107	-57.63
第一产业（亿元）	44.34	47.87	7.96	社会消费品零售总额（亿元）	76	80	5.26
第二产业（亿元）	263.58	277.55	5.3	居民消费价格指数（%）	2.6	1.8	-0.8
第三产业（亿元）	81.98	94.48	15.25	人均地区生产总值（元）	69053	78413	13.55
财政总收入（亿元）	38	43.15	13.82	城镇居民可支配收入（元）	27227	29461	9.1
地方财政收入（亿元）	24	26.4	19.01	农民人均现金收入（元）	10740	11705	11.3
财政总支出（亿元）	43.86	46.75	6.59				

茌平县主要金融指标

金融指标（亿元）	2013	2014	2014年同比增幅（%）	金融指标（亿元）	2013	2014	2014年同比增幅（%）
本外币存款余额	170.46	205.93	20.81	财险收入	1.84	2.03	10.33
人民币存款余额	170.25	205.81	20.89	寿险收入	2.53	2.02	-20.16
单位存款	56.2	66.97	19.16	财险赔款	—	—	—
储蓄存款	113.05	136.52	20.76	寿险给付	—	—	—
本外币贷款余额	171.16	190.55	11.33	当年结益	—	—	—
人民币贷款余额	169.72	190.55	12.27	证券市场交易总额	—	—	—
短期贷款	129.46	142.84	10.34	投资者保证金余额	—	—	—
中长期贷款	38.06	44.2	16.13	证券账户开户数	—	—	—
票据融资	35.66	64.22	68.73	证券交易佣金收入	—	—	—
当年结益	5.02	5.15	2.59	净利润	—	—	—
不良贷款余额	1.59	2.34	47.17				

茌平县主要金融机构概况

单位名称	行长（或其他称谓的第一负责人）	副行长（或其他称谓的同级领导）	员工总数	辖内营业网点数
人民银行茌平县支行	金庆友	曹连方 张树锋 刘元兴	23	1

续表

单位名称	行长（或其他称谓的第一负责人）	副行长（或其他称谓的同级领导）	员工总数	辖内营业网点数
聊城银监分局茌平办事处	冯学成		1	1
农发行茌平县支行	张　兰	董廷军　刘亚红	23	1
工行茌平支行	杜长月	王士贵　魏其根	67	4
农行茌平县支行	肖　栋	高　华　赵　坤　刘亚北	155	5
中行茌平支行	司胜利	刘新路　王　懿	39	2
建行茌平支行	郑中军	李长城　王志阳	51	3
齐鲁银行茌平支行	刘媛媛	赵保锋	16	1
茌平县农信联社	郝　彬	冯俊湖　刘建忠	418	29
邮储银行茌平县支行	张　慧	姜肇良　赵宝佳	81	5
华夏银行茌平支行	张玉建	郭绍娟　井金华	19	1
茌平沪农商村镇银行	黄　文	杨　霞	34	1

茌平县主要金融机构业务概况

单位：亿元

单位名称	本外币存款余额	人民币单位存款	人民币储蓄存款	本外币贷款余额	人民币短期贷款	人民币中长期贷款
农发行茌平县支行	1.93	1.93	0	8.74	2.32	6.42
工行茌平支行	31.99	16.06	15.25	49.95	31.97	16.67
农行茌平县支行	32.43	15.52	16.91	34.71	27.88	6.83
中行茌平支行	16.76	9.65	7.02	24.73	22.25	2.49
建行茌平支行	10.09	5.95	4.14	12.51	8.88	3.63
齐鲁银行茌平支行	5.18	3.01	2.12	4.81	4.22	0.49
茌平县农信联社	69.96	4.58	65.38	43.13	36.49	4.53
邮储银行茌平县支行	24.58	2.48	22.11	1.35	0.53	0.82
华夏银行茌平支行	7.53	6.13	1.24	8.3	6.02	2.29
茌平沪农商村镇银行	4.02	1.67	2.35	2.31	2.27	0.04

体经济的能力进一步增强。

【金融服务与监管】　2014 年，人民银行茌平县支行积极组织对“三农”和小微企业的信贷支持，引导金融机构对大中型企业平稳投放，抑制了经济的大幅波动，防止了金融风险的发生。

（迟曙涛）

高唐县

【经济金融概况】　2014 年，高唐县以调整产业结构，加大现代农业、小微企业、科技、文化、战略性新兴产业发展，经济保持又好又快发展势头。金融运行总体平稳，各项存款、贷款稳步增长，银行资产质量进一步改善。

【金融发展与改革】　2014 年，高唐县银行机构积极围绕县委县政府“跨越赶超”的战略部署，努力增加信贷投放，持续优化信贷结构，加快创新金融产品，不断完善金融服务，为全县经济稳健发展提供了强力支撑。

高唐县主要经济指标

经济指标	2013	2014	2014年同比增幅（%）	经济指标	2013	2014	2014年同比增幅（%）
土地面积（平方公里）	949	949	--	地方财政支出（亿元）	22.4	20.91	-6.65
人口（万人）	49.18	49.12	-0.12	全社会固定资产投资（亿元）	212.97	233.89	9.82
城镇人口（万人）	17.64	17.51	-0.74	进出口总值（万美元）	43307	44834	3.53
乡村人口（万人）	31.54	31.61	0.22	出口总值（万美元）	22537	--	-99.88
地区生产总值（亿元）	328.08	356.13	8.55	实际利用外资（万美元）	442	1.5	-99.66
第一产业（亿元）	33.31	35.93	7.87	社会消费品零售总额（亿元）	88.21	97.46	10.49
第二产业（亿元）	220.2	233.53	6.05	居民消费价格指数（%）	102.5	101.8	-0.68
第三产业（亿元）	74.57	86.67	16.23	人均地区生产总值（元）	66710	72502	8.68
财政总收入（亿元）	24.17	28.07	16.14	城镇居民可支配收入（元）	23245	25430	9.40
地方财政收入（亿元）	11.23	12.15	8.19	农民人均现金收入（元）	10294	11447	11.20
财政总支出（亿元）	35.12	37.63	7.15				

高唐县主要金融指标

金融指标（亿元）	2013	2014	2014年同比增幅（%）	金融指标（亿元）	2013	2014	2014年同比增幅（%）
本外币存款余额	134.19	161.42	20.29	财险收入	1.27	1.31	3.15
人民币存款余额	132.12	159.41	20.66	寿险收入	2.13	2.59	21.6
单位存款	50.21	57.51	14.54	财险赔款	0.15	1.33	7.87
储蓄存款	82.95	102.78	23.91	寿险给付	0.25	0.29	16.0
本外币贷款余额	121.91	169.93	39.39	当年结益	0.31	0.35	12.9
人民币贷款余额	121.47	166.78	37.30	证券市场交易总额	—	—	—
短期贷款	95.62	105.16	9.98	投资者保证金余额	—	—	—
中长期贷款	26.28	59.47	126.29	证券账户开户数	—	—	—
票据融资	18.29	5.30	-71.02	证券交易佣金收入	—	—	—
当年结益	3.65	4.22	15.62	净利润	—	—	—
不良贷款余额	1.65	1.74	5.45				

高唐县主要金融机构概况

单位名称	行长（或其他称谓的第一负责人）	副行长（或其他称谓的同级领导）	员工总数	辖内营业网点数
人民银行高唐县支行	李庆广	闫玉真　乔索明　王柱银	22	1
聊城银监分局高唐办事处	张立民		3	1
农发行高唐县支行	储爱梅	王　鹏　杨武晓	20	1
工行高唐支行	盛　勇	池德东　张玉华　陶东明	56	4
农行高唐县支行	李金昌	董风录　周生军	139	5
中行高唐支行	苏东昱	徐常宏　杨　红	40	2
建行高唐支行	刘海潇	贾　兵　于　涛　彭艳春　崔玉荣　张　晏	72	4

续表

单位名称	行长（或其他称谓的第一负责人）	副行长（或其他称谓的同级领导）	员工总数	辖内营业网点数
齐鲁银行高唐支行	李学强	赵夫川	20	1
高唐县农信联社	牛为勇	季文岗　陈先民　梁庆合　刘　伟　季汝玺	412	25
邮储银行高唐县支行	刘　升	韩庆玲	83	4

高唐县主要金融机构业务概况

单位：亿元

单位名称	本外币存款余额	人民币单位存款	人民币储蓄存款	本外币贷款余额	人民币短期贷款	人民币中长期贷款
农发行高唐县支行	1.53	1.53	6.09	6.09	6.00	0.09
工行高唐支行	20.82	20.47	43.36	43.36	18.75	19.30
农行高唐县支行	24.91	24.72	44.64	44.69	27.09	17.56
中行高唐支行	12.58	12.36	12.46	12.46	5.80	6.66
建行高唐支行	21.51	20.27	18.17	19.24	9.77	8.41
齐鲁银行高唐支行	9.16	5.62	3.51	8.32	6.44	1.88
高唐县农信联社	52.64	52.64	34.35	34.35	29.33	5.02
邮储银行高唐县支行	17.91	17.91	1.42	1.42	0.87	0.55

【金融服务与监管】　2014 年，人民银行高唐县支行引导金融机构多措并举，着力提升对小微企业的金融服务水平。一是推出简式贷、助保贷、循环贷、即时贷、易捷贷、信用贷等创新产品 20 余种，累计办理业务 1.4 亿元；二是实行小微企业业务专营，工商银行高唐支行成立了小微企业专营团队，高唐农商行成立了小微信贷中心；三是开展了金融统计、征信管理等专项检查；四是开展消费者权益保护、征信、人民币管理、外汇等业务的宣传。

（张文瑞）

第十二部分

区域性金融运行报告——鲁南地区

济 宁 市

【经济金融概况】 2014年，济宁市主动适应经济发展新常态，克难奋进，全市经济社会发展缓中趋稳，稳中有进，在转型升级中实现提质增效。金融体系进一步完善，服务质量有效提升，金融创新力度加大，金融对经济的支持力度明显加强。一是经济增速换档放缓，实际增量依然可观，经济规模继续居全省第6位；二是三次产业协调发展，农业经济态势良好，工业生产增势平稳，服务业发展步伐加快；三是三大需求增长总体平稳，固定资产投资缓中趋稳，市场消费增势平稳，商贸流通新模式涌现，外需市场依然低迷，利用外资波动增长；四是各项存款增势下降，信贷总量平稳增长，信贷结构持续优化，金融支持实体经济力度进一步增强，信贷资源重点投向战略性新兴产业、中小微企业、服务业、文化产业四大领域。

【货币政策实施】 2014年，人民银行济宁市中心支行准确把握稳中求进和实体优先的总基调，紧密结合辖区实际，灵活运用各种货币政策工具，着力推进金融创新，科学贯彻落实稳健货币政策。

一、突出“窗口指导”，着力提升货币信贷政策实施成效。一是制定出台《促进信贷投放适度增长 支持实体经济发展的意见》等文件，引导金融机构增加对实体经济结构调整和转型升级的信贷支持力度；二是制定实施《关于创建普惠金融实验区的实施方案》和《2014年全市“普惠金融”十项重点工作》，大力提高和改善金融服务；三是建立金融支农效果考核评估体系；精准实施差别准备金动态管理，优化法人金融机构信贷结构。

二、突出创新支持，充分发挥信贷政策支持实体经济的积极作用。一是在全省率先制定实施《新型农业经营主体“主办行”制度管理办法》，引导金融机构建立“一对一”全面金融服务机制，加快金融支农创新产品推广，在微山湖水域大力推广水域滩涂养殖权抵（质）押贷款；二是引导金融机构积极探索推进小微企业主办行制度，创新推广土地公证贷款、钢结构抵押贷款等30余种新型融资产品和小额担保贷款服务管理新模式，提升中小企业和民生领域金融综合服务水平；三是畅通政银企对接渠道和再贷款、再贴现政策支持渠道，推动信贷产业政策有效结合，优化金融服务实体经济外部环境。

三、强化资金、利率及金融市场管理，切实发挥政策工具传导作用。一是灵活运用货币政策工具和国家民族用品贷款优惠利率政策，资金支持规模实现新突破；二是开展银行机构同业存单发行情况监测工作，强化利率市场监测及评估；三是开展助推企业优化融资结构、建立金融市场联系人制度、设立黄金财富课堂等多项工作，加强金融市场管理，活跃金融市场。

【金融稳定】 2014年，人民银行济宁市中心支行进一步提升风险监测和评估水平，强化信贷风险处置措施，构建立体式金融稳定长效工作机制，切实维护区域金融稳定。

一、区域金融稳定协调机制获得新突破。一是推动市政府成立全市化解金融系统性风险事件处置工作领导小组，出台《区域性金融风险事件应急处置预案》；二是配合市政府积极参与贷款风险事件化解，促成15家银行签署债权银行公约，企业风险事件基本平稳。

二、有效发挥风险预警和提示作用。一是制定实施《高负债率企业风险预警办法》、《加强企业担保类贷款管理防范金融风险的意见》和《企业担保圈风险监测预警制度》，形成了包括98家企业在内的10个重点担保圈监测名单；二是督促金融机构加强对联保、互保等担保贷款的管理，及时向有关经济主管部门提供信息预警，防止信贷风险通过担保链条不断传染和扩散。

三、密切关注热点动向，全面提升风险监测和评估水平。一是制定印发《重点企业融资通报制度》，按月监测63家重点企业融资和风险状况；二是加强对上市公司、涉外企业的监测分析工作，集中力量调查研究转方式、调结构进程中的信贷和风险状况。

【金融服务】 2014年，人民银行济宁市中心支行着力民生，突出特色，全面提升金融服务水平。

一、深入推进农村支付环境建设，制定《农村支付服务环境建设“服务提升年”活动实施方案》，深化银行卡助农取款点和手机支付便民服务点建设，提前完成全年工作目标。

二、顺利完成辖区ATM终端电子现金跨行圈改造工作，加快金融IC卡在交通等行业应用和推广进度。

三、着力提升国库服务民生水平，全面推广农村地区POS机刷卡缴税，拓宽国库直接支付覆盖范围，在省内率先实现农村低保补贴资金直接支付。

四、积极推动山东省新票直通车模式试点工作，构建新票小票供应新制度和新模式，有效疏通小面额货币投放渠道，提高城乡居民尤其是偏远区域农村居民现金服务水平。

五、在微山县试点开展县、乡、社区（村）三级农村反假货币工作站点建设，初步建立反假货币市、县两级快速反应机制，圆满完成总行安排的货币防伪反假系统测试任务。

六、稳步开展小微企业信用体系全国试验区建设，推动市政府印发《社会信用体系建设工作方案》，设立市社会信用信息服务中心，认真开展小微企业信息采集工作。

七、持续推进“孔孟之乡金融行”活动，创新金融宣传方式，开展反假货币、反洗钱、金融消费权益保护、征信、支付结算、跨境人民币业务等系列宣传，提升金融知识社会普及度。

【金融监管】 2014年，济宁银监分局坚持“守底线、支实体、

济宁市经济主要统计指标

指标＼年度	2010	2011	2012	2013	2014	2014年同比增幅（%）
土地面积（平方公里）	10685	10685	10685	10685	10685	0
人口（万人）	843.03	812.86	815.81	820.58	824.00	0.42
城镇人口（万人）	266.14	357.74	376.33	396.59	414.06	4.41
乡村人口（万人）	576.89	455.12	439.48	423.99	409.94	-3.31
地区生产总值（亿元）	2542.81	2896.69	3189.37	3501.54	3800.06	9.6
第一产业（亿元）	320.41	351.14	371.97	418.93	443.33	4.3
第二产业（亿元）	1356.47	1535.93	1673.50	1789.75	1912.58	10.4
工业（亿元）	1237.23	1395.57	1514.3	1613.82	1696.82	10.6
建筑业（亿元）	119.24	140.36	159.21	175.93	215.76	8.7
第三产业（亿元）	865.93	1009.62	1143.90	1292.86	1444.15	9.8
人均地区生产总值（元）	31500	35729	39156	42796	46213	9.0
地区生产总值构成（%）	100	100	100	100	100	--
第一产业（%）	12.6	12.1	11.7	12.0	11.7	-0.3
第二产业（%）	53.3	53.0	52.5	51.1	50.3	-0.8
第三产业（%）	34.1	34.9	35.9	36.9	38.0	1.1
财政总收入（亿元）	526.11	605.11	667.17	859.77	881.03	2.47
地方财政收入（亿元）	169.25	207.10	245.60	302.24	334.20	10.6
财政总支出（亿元）	515.98	593.93	665.70	864.59	897.75	3.84
地方财政支出（亿元）	251.87	300.47	362.60	428.43	466.69	9.0
全社会固定资产投资（亿元）	1436.2	1526	1854	2256	2615	15.8
规模以上固定资产投资（亿元）	1410.2	1391.7	1809.7	2188.31	2538.2	16.0
房地产开发（亿元）	134.6	182.2	219.1	275.4	356.1	29.3
进出口总值（亿美元）	44.66	57.45	51.15	52.30	52.32	0.00
出口总值（亿美元）	21.66	30.70	31.98	33.34	32.69	-2.0
实际利用外资（亿美元）	4.58	7.33	7.70	8.30	8.86	6.8
社会消费品零售总额（亿元）	963.49	1130.03	1300.11	1475.92	1664.10	12.75
居民消费价格指数（%）	102.9	104.9	102.1	101.5	103.2	1.67
城市居民人均可支配收入（元）	16992	19215	25454	27956	30428	8.8
农民人均现金收入（元）	7450	8712	10002	11348	12650	11.5

济宁市工农业主要统计指标

农业主要统计指标（万吨）				规模以上工业企业主要统计指标（亿元）			
项目＼年度	2013年	2014年	增幅（%）	项目＼年度	2013年	2014年	增幅（%）
粮食	578.6	579.2	0.1	工业增加值	--	--	11.72
夏粮	266.4	269.9	1.3	国有工业	--	--	6.65
秋粮	312.2	309.3	-0.9	集体工业	--	--	-17.89

续表

农业主要统计指标（万吨）				规模以上工业企业主要统计指标（亿元）			
项目＼年度	2013年	2014年	增幅（%）	项目＼年度	2013年	2014年	增幅（%）
棉花	11.2	10.5	-6.0	股份制工业	--	--	13.73
油料	17.4	17	-2.2	股份合作制工业	--	--	15.25
水果	28.0	27.9	-0.5	外商及港澳台投资工业	--	--	0.95
蔬菜	658.5	647.5	-1.7	轻工业	--	--	13.16
肉类	83.5	80.1	-4.1	重工业	--	--	11.22
禽蛋	59.9	49.7	-17.0	销售收入	5500.4	5980.14	12.06
奶类	13.6	13.1	-3.8	利税	560.1	575.68	4.27
水产品	40.6	31.3	-23.0	利润	343.6	341.87	0.76
森林覆盖率（%）	28.84	29.6	2.64	经济效益综合指数（%）	241.9	246.63	11.55

济宁市主要金融机构概况

单位名称	行长（或其他称谓的第一负责人）	副行长（或其他称谓的同级领导）	员工总数	辖内营业网点数
人民银行济宁市中心支行	郑现中	林 飞 杨家杰 孙义昌 颜道盛 孙 斌	456	11
济宁银监分局	陈大章	朱 杰 张以良 盛作安 赵培显 王泰辉	75	11
农发行济宁市分行	龙志强	董 旭 崔玉堂 王学义	248	12
工行济宁分行	刘 磊	王卫星 黄际丰 李沧海 庄 敏 张 弛 朱 筠 任军英 张延文 段仰建	1477	84
农行济宁分行	孙培国	董洪秋 赵焕军 王晓鹏 柳永光	2259	121
中行济宁分行	陈 涛	李亚军 孔令国 姜兆华 张立刚	901	36
建行济宁分行	焦 兵	李 炜 任 军 李 波 张 峰 张建房 刘伯乐	1670	63
交通银行济宁分行	夏向军	朱广雷 王海东 张新宇	319	13
中信银行济宁分行	王中兴	钟银成 李文利 宋 杨 王 雷	198	8
招商银行济宁分行	郭 骁	张秀霞 孙永刚 戴 园	205	6
浦发银行济宁分行		刘 赟 孔令孜 何庆雪 王米沙	87	3
兴业银行济宁分行	黄汝焱	李景辉 许家兴	157	4
民生银行济宁分行	王 军	徐文浩 杨艺军	129	2
广发银行济宁分行	刘玉娟	李 冰 刘 澎 张 拓 张振华	69	1
恒丰银行济宁分行	彭松涛	杨振国 谢永利	95	2
莱商银行济宁分行	任绪翠	崔孝国 闵祥符	95	4
齐商银行济宁分行	郑海赢	张 涛 杨清源 尹振峰	98	1
威海市商业银行济宁分行	李传月	郑 涛 许占忠 孔 亮	114	2

续表

单位名称	行长（或其他称谓的第一负责人）	副行长（或其他称谓的同级领导）	员工总数	辖内营业网点数
华夏银行济宁分行	梁君生	孙静霞　郑　岩	52	1
济宁银行	李　敏（董事长） 李维水（监事长） 李印喜（行　长）	陈振勇　梁汝亮　张衍珍 焦春华　官　振	1335	43
山东省农信联社济宁市办事处	王广明	杨春河　程　斌　蒋　伟	5630	347
邮储银行济宁市分行	顾春旺	李长立　王向文　邓连伟	1109	231
兖矿集团财务公司	张胜东	孟宪强　王以春　李井良	35	1
济宁儒商村镇银行	何瑞东	吴玉宝	104	5
济宁高新村镇银行	陈祥秘（董事长） 郑绪宝（行　长）	费立权　宋文宁	27	2
中国人保财险济宁市分公司	李普廷	王建华	2327	15
中国人寿济宁市分公司	田亚平	由　勇	6569	12
太平洋财险济宁中心支公司	赵善勇	伊宪水	609	12
太平洋人寿济宁中心支公司	田　利	李　杰	4041	12
平安财险济宁中心支公司	赵　辉	胡丹丹	517	10
平安人寿济宁中心支公司	李　菲	蔡　磊	4959	10
泰康人寿济宁中心支公司	闫　燕	甄　娟	3654	12
新华人寿济宁中心支公司	邹军龙	赵　伟	2316	8
人保寿险济宁中心支公司	胡庆海	林　雯	1439	11
齐鲁证券济宁分公司	崔建忠		146	8
中信万通证券济宁营业部	张　璞		41	1
国泰君安证券济宁营业部	刘　程	张荣荣	12	1

济宁市金融业务统计指标

指标（亿元）＼年度		2010	2011	2012	2013	2014	2014年同比	
							增加额	增幅（%）
银行类	本外币存款余额	2278.05	2634.90	3191.75	3561.07	3691.59	130.52	3.67
	人民币存款余额	2256.31	2612.46	3146.15	3511.55	3643.31	131.76	3.75
	*单位存款	944.49	1099.29	1338.36	1460.95	1384.18	-76.77	-5.25
	储蓄存款	1275.10	1456.77	1730.65	1950.32	2138.55	188.23	9.65
	本外币贷款余额	1385.83	1646.49	1986.71	2276.51	2563.04	286.53	12.59
	人民币贷款余额	1366.43	1613.59	1923.88	2191.98	2491.80	299.82	13.68
	短期贷款	710.24	899.94	1152.25	1292.16	1381.39	89.23	6.91
	中长期贷款	584.75	629.82	645.07	804.61	975.89	171.28	21.29
	票据融资	71.33	83.72	126.41	94.52	126.50	31.98	33.83
	当年结益	40.93	52.38	62.59	65.00	72.82	7.82	12.03
	不良贷款余额	62.37	60.16	55.51	39.95	43.01	3.06	7.66
	不良贷款占比%	4.50	3.65	2.79	1.75	1.68	-0.07	-4

续表

指标（亿元） 年度		2010	2011	2012	2013	2014	2014年同比 增加额	2014年同比 增幅（%）
保险类	保险公司保费收入	73.02	77.55	81.59	101.64	103.52	1.88	1.85
	财险收入	19.86	21.84	24.88	30.74	37.49	6.75	21.96
	寿险收入	53.16	55.70	56.71	70.90	66.03	-4.87	-6.87
	保险公司赔款和给付支出	15.40	17.74	20.94	30.58	42.20	11.62	38.00
	财险赔款	8.10	9.42	11.52	15.55	18.81	3.26	20.96
	寿险给付	7.30	8.32	9.42	15.03	23.39	8.36	55.62
	当年结益	--	--	--	--	--	--	--
证券类	证券市场成交总额	1682.55	966.33	731.68	1071.99	1827.25	755.26	70.45
	投资者保证金余额	15.53	8.56	7.97	6.57	16.35	9.78	148.86
	证券账户开户数（万户）	31.59	33.94	34.68	35.38	56.62	21.24	60.03
	佣金收入	2.61	1.68	1.21	1.74	2.43	0.69	39.66
	净利润	1.74	0.89	0.53	0.97	1.46	0.49	50.52
	期货市场成交总额	1202.61	1514.62	3723.72	4459.61	2493.11	-1966.50	44.10
	期货客户保证金余额	0.57	0.78	0.71	0.52	0.53	0.01	1.92
	期货账户开户数（户）	2699	3793	3821	4075	4393	318	7.80
	期货手续费收入	0.08	0.08	0.09	0.08	0.05	-0.03	-37.5
	利润总额	0.03	0.02	0.02	0.02	0.01	-0.01	-50

注："*"该项指标2010年前为"企业存款"，其数字也是如此。

济宁市金融机构统计指标

指标（个） 年度		2010	2011	2012	2013	2014	2014年同比 增幅（%）
银行类	法人机构	13	14	19	20	22	10
	省级分行	0	0	0	1	1	0
	二级分行	12	12	13	21	22	4.76
	县区支行	180	165	182	211	222	5.21
	分理处、营业所	520	552	550	651	762	17.05
	储蓄所	234	207	207	16	1	-93.75
	从业人员总数	14127	13920	14679	16128	16528	3.10
保险类	保险机构	38	43	51	52	54	3.85
	财险机构	18	20	24	24	24	0
	省级分公司	0	0	0	0	0	0
	地市分公司	18	20	24	24	24	0
	县区支公司	115	113	117	101	104	2.97
	寿险机构	20	23	27	28	30	7.14
	省级分公司	0	0	0	0	0	0
	地市分公司	20	23	27	28	30	7.14

续表

指标（个）＼年度		2010	2011	2012	2013	2014	2014年同比增幅（%）
保险类	县区支公司	104	118	122	126	129	2.38
	从业人员总数	30579	34074	30554	34937	34486	-1.29
	财险人员	5042	5706	6237	6517	6837	4.91
	寿险人员	25555	28368	24317	28420	27649	-2.71
证券类	证券机构	8	8	9	11	12	9.09
	证券公司	0	0	0	0	0	0
	证券营业部	8	8	9	11	12	9.09
	证券服务部	0	0	0	0	0	0
	从业人员总数	176	262	254	223	226	1.35
	投资者开户数（万户）	29.50	30.81	31.82	32.60	32.39	-0.64
	境内上市股票只数	5	5	5	6	6	0
	境外上市股票只数	0	0	0	0	0	0
	辖区上市公司总数	5	5	5	6	6	0

济宁市主要金融机构业务概况

单位：亿元

单位名称	本外币存款余额	人民币单位存款	人民币储蓄存款	本外币贷款余额	人民币短期贷款	人民币中长期贷款
农发行济宁市分行	3.75	3.75	0	75.37	30.89	39.64
工行济宁分行	508.45	193.18	285.99	393.65	158.82	213.65
农行济宁分行	581.88	212.18	352.74	360.05	162.06	193.70
中行济宁分行	327.05	160.83	143.74	257.09	103.05	121.86
建行济宁分行	384.60	162.89	214.79	264.77	77.68	162.64
交通银行济宁分行	91.10	55.58	27.05	74.03	52.93	19.94
中信银行济宁分行	62.21	45.87	11.38	58.50	43.51	13.34
招商银行济宁分行	44.11	31.81	10.65	66.08	24.34	8.35
浦发银行济宁分行	46.92	42.71	3.42	63.83	43.09	17.33
兴业银行济宁分行	78.75	64.66	12.09	51.50	36.79	11.61
民生银行济宁分行	30.00	22.02	7.32	26.37	21.30	3.98
恒丰银行济宁分行	35.78	20.36	4.99	34.85	23.83	4.29
广发银行济宁分行	37.40	14.68	1.23	10.19	8.03	1.93
华夏银行济宁分行	7.54	5.81	1.69	3.52	0.66	2.86
莱商银行济宁分行	12.33	9.26	3.03	13.33	12.26	0.85
齐商银行济宁分行	14.02	13.10	0.91	11.44	5.42	0.21
威海市商业银行济宁分行	23.42	17.06	3.22	17.77	15.71	1.62
济宁银行	279.03	126.93	150.76	207.04	159.01	23.63

续表

单位名称	本外币存款余额	人民币单位存款	人民币储蓄存款	本外币贷款余额	人民币短期贷款	人民币中长期贷款
山东省农信联社济宁市办事处	709.74	64.35	639.65	481.20	356.28	87.27
邮储银行济宁市分行	328.42	62.94	265.32	53.26	17.04	33.52
兖矿集团财务公司	54.51	54.51	0	46.34	35.49	10.51
济宁市高新村镇银行	4.72	4.04	0.68	3.32	3.21	0.08
济宁市儒商村镇银行	6.26	2.73	3.53	5.11	4.64	0.24

济宁市各县级区域经济金融主要统计指标

名称	人口（万人）	面积（平方公里）	地区生产总值（亿元）	地区生产总值增速（%）	本外币存款余额（亿元）	储蓄存款（亿元）	本外币贷款余额（亿元）
任城区	100.31	--	501.23	10.4	--	--	--
高新区	25.46	--	493.23	10.3	--	--	--
兖州区	54.39	650.19	597.41	10.8	345.48	225.42	249.29
曲阜市	64.72	814.75	361.88	11.1	234.43	154.52	135.95
邹城市	113.79	1616.56	790.32	10.8	626.39	297.24	503.71
泗水县	54.38	1118.11	146.54	11.0	125.54	100.44	76.89
微山县	64.25	1737.57	366.95	10.3	174.00	112.57	85.21
鱼台县	44.46	653.07	147.95	9.7	98.77	76.92	43.76
金乡县	63.67	887.67	174.14	9.7	156.35	125.41	100.01
嘉祥县	82.78	975.16	237.3	9.9	204.99	166.98	104.10
汶上县	69.48	889.11	231.44	10.1	182.15	138.40	111.74
梁山县	74.15	960.81	232.8	9.9	197.14	158.38	88.06

济宁市（含县级）小额贷款公司机构、业务概览

单位名称	行长（或其他称谓的第一负责人）	员工总数（人）	本外币贷款余额（亿元）	人民币短期贷款（亿元）	人民币中长期贷款（亿元）
济宁市财信金科小额贷款公司	刘雪峰	21	2.59	2.59	0
济宁市市中区世通小额贷款公司	谢小君	16	0.99	0.99	0
济宁市市中区新德蓝小额贷款公司	张延民	32	0.48	0.48	0
济宁市市中区鲁商小额贷款公司	王　嘉	19	0.10	0.10	0
济宁市任城区融通小额贷款公司	徐国柱	27	2.57	2.57	0
济宁市任城区德利小额贷款公司	陈瑞涛	18	0.38	0.38	0
济宁市任城区金宇小额贷款公司	李本华	11	1.30	1.30	0
济宁市任城区融鑫小额贷款公司	孙茂恩	17	0.97	0.97	0
济宁高新区英特力小额贷款公司	张　恒	130	1.04	1.04	0

续表

单位名称	行长（或其他称谓的第一负责人）	员工总数（人）	本外币贷款余额（亿元）	人民币短期贷款（亿元）	人民币中长期贷款（亿元）
济宁高新区奥森小额贷款公司	郗　斌	10	1.07	1.07	0
兖州市圣德小额贷款公司	李洪信	13	0.58	0.58	0
兖州市大丰小额贷款公司	徐祥谦	11	1.04	1.04	0
曲阜市金鲁城小额贷款公司	孙建成	10	0.85	0.85	0
曲阜市东宏小额贷款公司	倪立营	12	1.99	1.99	0
邹城市乾元小额贷款公司	袁兴友	10	1.01	1.01	0
邹城市融发小额贷款公司	李文安	10	0.66	0.66	0
泗水县利丰小额贷款公司	孔宪奎	7	0.68	0.68	0
微山县汇丰小额贷款公司	张善涛	14	1.10	1.10	0
鱼台县鲁通小额贷款公司	朱清泉	9	1.28	1.28	0
金乡县鑫诺小额贷款公司	孟凡荣	14	1.19	1.19	0
嘉祥县辰祥小额贷款公司	官　振	15	0.57	0.57	0
梁山县东岳小额贷款公司	岳增才	10	0.54	0.54	0

转作风、强服务、严内控、促转型”的工作思路，认真履行监管职责，银行业整体运行稳健，改革与发展稳步推进。

一、严守风险底线，巩固银行业安全稳健运行局面。一是制定《银行业金融机构大额授信客户监测管理办法（试行）》，成立大额授信风险监测预警工作领导小组，建立了四位一体的监测预警工作机制；二是制定《关于加强企业担保圈贷款风险防范和化解工作的指导意见》，严格担保圈业务准入管理，建立并实施担保圈风险专项排查机制；三是开展信贷管理突出问题治理整顿活动，提升银行业信贷管理水平；四是开展银行业声誉风险和案件风险防控工作，组织风险排查和验收评价。

二、强化金融服务，提高银行机构金融支持力度。一是通过召开季度经济金融形势分析通报会、组织监管会谈、下发监管提示和签订责任书等形式，引导银行机构加大对实体经济、小微企业和“三农”的支持力度；二是进一步落实消费者权益保护工作联席会议制度，完善信访工作联动机制，有效化解纠纷矛盾；三是扎实开展金融知识宣传服务月活动，普及金融知识。

三、深化改革发展，增强银行机构综合实力。一是加强各类机构内控合规建设，实现“贷审分离”，建立全面风险管理体系；二是推动市政府出台《关于加快全市农村信用社改革发展的意见》，督导泗水、微山、汶上3家农信联社和山东圣泰农村合作银行、任城农信联社及兖州农信联社3家城区机构整合，有力推动农合机构银行化改革。

【外汇管理】　2014年，外汇局济宁市中心支局深入推进改革，强化监测分析，优化服务环境，提升工作质效。

一、全面落实外汇管理重点改革措施。一是推进外汇主体监管工作纵深开展，制定《外汇主体监管深化工作实施方案》，修订7项制度，编制《主体监管工作手册》，配合省分局拟定企业主体监管分类管理措施，实施分类评估机制；二是深入探索和实践资本项目事后监管机制，形成“统计分析、监测预警、事后核查、分类处置”的事后监管体系，其经验做法在省分局会议上进行交流。

二、注重工作创新，提升监管水平。一是创新开发外方权益抽样调查表自动汇总工具，有效提高工作质量和效率，该工具被省分局在全省推广使用；二是增强执法检查与监测调研的互动性，制定《监测分析与信息调研一体化工作办法》，提升执法检查精准打击能力，其做法在省分局会议上作经验介绍。

三、推动政策先行先试，优化涉外金融服务环境。一是抓住跨国公司外汇资金集中运营管理全国试点的政策机遇，成功促成山东太阳纸业省内首家获批开办试点业务；二是坚持“一企一策”，开展个性化服务，提高外汇服务效果。

【金融改革】　2014年，济宁市金融机构积极深化改革，创新金融服务，主动应对挑战。一是金融组织体系进一步完善优化。华夏银行济宁分行获准开业，辖内8家村镇银行共设有16个营业网点，实现了经营触角向乡镇的延伸；二是农业银行济宁市分行成功办理全国系统首笔跨境双向人民币资金池业务，为打通跨境人民币回流渠道助力，成功办理全省系统首笔外汇拆分业务、首笔客户卖出期权类业务，丰富汇率避险选择；三是建设银行济宁分行创立由“政府、银行、企业、农户、保险”共同参与的“五位一体”支农贷款风险控制模式，成功办理全省系统首单养老金卡业务和最大单金银仓业务；四是华夏银行济宁分行成功开创“在线支农”的金融服务模式，为农户提供线上贷款、线上还款的网络化自助服务，助力农户实现互联网金融梦。

【保险业务】 2014年，济宁市保险业继续坚持“稳中求进、进中求好”的总基调，不断深化行业自律，维护市场合规运行，推动保险业平稳健康发展。

一、通过增强风险防范，创新行业自律等手段，确保市场运行平稳健康，业务质量不断优化，保险功能进一步发挥，经营效益逐步提升。

二、不断拓宽服务领域，在保障民生上下工夫。济宁市有8家寿险公司与12个政府职能部门配合合作，开展政策性农业保险、食品安全生产责任险等35个险种，实现保费收入1.72亿元，承担社会管理风险保障1190亿元。

【证券市场】 2014年，济宁市证券市场呈现良好发展势头。证券市场成交量明显放大，投资者保证金余额大幅上升，利润显著增长。并新成立一家证券营业部，证券市场功能进一步加强。

【金融文化建设】 2014年，济宁市金融系统扎实推进金融文化建设工作。人民银行济宁市中心支行被地方党委政府授予“支持地方经济发展突出贡献单位”、“群众满意先进单位”等荣誉称号；农业银行济宁市分行荣获“济宁最具社会责任银行”称号；建设银行济宁分行被地方党委政府授予“科学发展综合考核先进集体”称号；中信银行济宁分行被省老龄委授予“敬老文明号”称号。

人民银行济宁市中心支行组织开展央行文化“流动志愿宣讲团”、“奋斗的青春最美丽”、“劳动美——我身边的榜样”等活动，构建“我与行长面对面”工作机制。建设银行济宁分行抓典型、树榜样，开展“最美基层员工”和“员工故事会”活动，捕捉基层员工的先进事迹。广发银行济宁分行捐资援建农村留守儿童活动站，开展关爱特教儿童“融冰行动”公益活动。威海市商业银行济宁分行推动开展感恩文化、责任文化，组织“责任节”系列活动，提升干部员工的责任担当意识。

【大事记】 1月16日 济宁银行淄博分行开业。

1月26日 济宁银行泰安分行开业。

3月19日 曲阜中银富登村镇银行加入中国银联组织。

4月3日 山东省农村信用社业务发展工作座谈会在济宁召开。

4月17日 人民银行党委委员、副行长潘功胜带领总行督导组一行到曲阜市支行调研指导群众路线教育实践活动。

6月21日 中国金币总公司董事长徐联初一行到济宁调研。

7月15日 人民银行副行长潘功胜、济南分行行长杨子强一行参加指导人民银行曲阜市支行群众路线教育专题民主生活会。

7月16日 济宁市银行业“办好省运会 银行在行动”活动动员会在建设银行济宁分行召开。

8月18日 华夏银行济宁分行正式开业。

8月29日 “济宁市社会信用体系建设促进会”和“济宁市社会信用信息服务中心”揭牌成立。

9月10日 人民银行济宁市中心支行联合《齐鲁晚报》开展“金融知识普及月”有奖知识问答活动。

12月12日 济宁市政府与农业银行山东省分行签署战略合作协议。

（郭晓娟）

兖州区

【经济金融概况】 2014年，兖州区坚持稳中求进的总基调，抢抓机遇，克难奋进，经济保持平稳发展。金融系统不断优化信贷结构和投向，加大对实体经济的服务和支持力度，有力推动经济快速健康发展。

【金融发展与改革】 2014年，人民银行兖州市支行积极推动金融发展与改革。一是推动完善“种粮大户信用合作联盟”运作模式，满足农村新型经营主体的多元化资金需求，积极放大支农、便农效应，该做法被中央电视台、山东电视台、济宁电视台报道；二是稳步发展“三大信用联盟”（农户信用联

兖州区主要经济指标

经济指标	2013	2014	2014年同比增幅（%）	经济指标	2013	2014	2014年同比增幅（%）
土地面积（平方公里）	650.19	650.19	0	地方财政支出（亿元）	40.13	45.17	12.6
人口（万人）	54.16	54.39	0.42	全社会固定资产投资（亿元）	215.62	251.63	16.7
城镇人口（万人）	33.21	34.25	3.13	进出口总值（万美元）	188819	197731	4.7
乡村人口（万人）	20.95	20.14	-3.87	出口总值（万美元）	79041	82448	4.3
地区生产总值（亿元）	554.93	597.41	10.8	实际利用外资（万美元）	16061	17007	12.9
第一产业（亿元）	44.48	46.65	3.5	社会消费品零售总额（亿元）	164.44	187.18	13.8

续表

经济指标	2013	2014	2014 年同比增幅（%）	经济指标	2013	2014	2014 年同比增幅（%）
第二产业（亿元）	323.09	342.54	10.5	居民消费价格指数（%）	102.7	103.2	0.49
第三产业（亿元）	187.36	208.22	12.9	人均地区生产总值（元）	102641	95954	-6.51
财政总收入（亿元）	68.69	100.12	45.76	城镇居民可支配收入（元）	27189	30055	10.5
地方财政收入（亿元）	37.88	42.06	11.1	农民人均现金收入（元）	13218	14679	11.1
财政总支出（亿元）	69.14	99.95	44.55				

兖州区主要金融指标

金融指标（亿元）	2013	2014	2014 年同比增幅（%）	金融指标（亿元）	2013	2014	2014 年同比增幅（%）
本外币存款余额	343.75	345.48	0.50	财险收入	1.93	2.23	15.54
人民币存款余额	333.02	337.70	1.41	寿险收入	6.32	4.83	-23.58
单位存款	119.44	107.11	-10.32	财险赔款	0.75	0.91	21.33
储蓄存款	209.04	225.08	7.67	寿险给付	1.74	2.66	52.87
本外币贷款余额	228.14	249.29	9.27	当年结益	--	--	--
人民币贷款余额	218.13	247.44	13.44	证券市场交易总额	36.87	73.83	100.24
短期贷款	134.44	151.55	12.73	投资者保证金余额	0.17	0.46	170.59
中长期贷款	77.09	89.59	16.21	证券账户开户数	11942	12951	8.45
票据融资	6.60	6.30	-4.55	证券交易佣金收入	0.06	0.09	50.00
当年结益	6.83	7.07	7.01	净利润	0.03	0.05	66.67
不良贷款余额	3.44	2.63	-23.55				

兖州区主要金融机构概况

单位名称	行长（或其他称谓的第一负责人）	副行长（或其他称谓的同级领导）	员工总数	辖内营业网点数
人民银行兖州市支行	张 俊	侯圣民 杨晓霞	32	1
济宁银监分局兖州办事处	张 波		2	1
农发行兖州市支行	万鲁峰	赵自力 贾 宇	25	1
工行兖州支行	陈志刚	刘 萍 李树伟 韩春槐	144	10
农行兖州市支行	王继东	鲍玉武 颜 河 戴衍昌	189	11
中行兖州支行	蒋 涛	王 洁 郭 鹏	97	5
建行兖州支行	赵振强	周志广 王剑秋 张 峰	116	8
济宁银行兖州支行	张 魁	郭 建	39	2
兖州农信联社	井长峰	徐崇飞 付亚平 高宪芳	420	33
邮储银行兖州市支行	迟新辉	宋起龙 刘 涛	77	19
交通银行兖州支行	赵 杰	周脉良	21	1

续表

单位名称	行长（或其他称谓的第一负责人）	副行长（或其他称谓的同级领导）	员工总数	辖内营业网点数
兴业银行兖州支行	吴　凯	张厚宜	21	1
招商银行兖州支行	吕　剑	颜海龙	15	1
浦发银行兖州支行	李　琦	崔国栋	12	1
中信银行兖州支行	王　磊	李建富	13	1
莱商银行兖州支行	赵振中		20	1
兖州中成村镇银行	刘卫东	李　清　刘学蓉	24	1

兖州区主要金融机构业务概况

单位：亿元

单位名称	本外币存款余额	人民币单位存款	人民币储蓄存款	本外币贷款余额	人民币短期贷款	人民币中长期贷款
农发行兖州市支行	0.60	0.60	0	12.54	5.49	4.50
工行兖州支行	54.82	17.65	34.50	60.90	35.37	25.53
农行兖州市支行	44.19	12.91	30.46	36.64	21.26	15.38
中行兖州支行	44.60	9.58	30.77	32.71	15.75	16.56
建行兖州支行	44.62	13.20	28.85	21.92	7.31	12.77
济宁银行兖州支行	29.17	10.12	19.04	12.90	10.17	2.43
兖州农信联社	58.04	4.85	53.02	40.04	29.03	7.95
邮储银行兖州市支行	27.82	5.55	22.27	2.01	0.75	1.26
交通银行兖州支行	7.02	5.15	1.35	7.21	4.92	2.29
兴业银行兖州支行	9.45	8.15	1.28	3.85	3.82	0.04
招商银行兖州支行	7.85	5.74	2.10	3.69	3.43	0.26
浦发银行兖州支行	10.15	10.04	0.11	10.05	10.05	0
中信银行兖州支行	3.33	2.21	0.86	3.69	3.59	0.10
莱商银行兖州支行	1.48	1.22	0.26	0.75	0.23	0.52
兖州中成村镇银行	0.34	0.13	0.21	0.40	0.38	0.02

盟、商户信用联盟、中小企业信用联盟），积极推进农机信用联盟的创建工作；三是引导金融机构大胆拓展信贷产品，农业发展银行兖州市支行在系统内率先办理海外代付、进口信用证等业务；四是积极争取政策倾斜，推动邮储银行兖州市支行、兖州农信社和农业银行兖州市支行推广开办并做大做活粮食收购小额贷款和林权抵押等涉农贷款；五是建立银行信贷资产质量及企业偿债情况周报制度和大户贷款监测制度，密切监测信贷资产质量变化。

【金融服务与监管】　2014 年，人民银行兖州市支行坚持服务与管理并重，有力促进经济金融平稳健康发展。一是全面推广银行端查询缴税业务，不断拓宽国库直接支付覆盖范围；二是以虚拟发行库网络平台为基础，积极推动现金横向调剂，深入开展残损币回收工作；三是推动区政府制定并印发《社会信用体系建设工作实施方案》，组织 21 个部门（公司）和 15 家金融机构开展小微企业信用体系试验区建设信息采集工作；四是组织开展金融消费维权知识宣传周活动和“金融知识普及月”活动；五是不断加强国际收支申报管理，开展结售汇统计业务现场核查；六是做好金融机构反洗钱非现场监管，举办反洗钱业务知识测试。

曲阜市

【经济金融概况】 2014 年，曲阜市牢牢把握“跨越发展、争先进位”总基调，坚持“实干兴业”总要求，攻坚克难，经济呈现出发展加快、实力提升的良好局面。

金融系统继续贯彻落实稳健的货币政策，不断提升金融服务和管理水平，优化信贷结构，促进经济结构调整，经济金融平稳健康发展。

【金融发展与改革】 2014 年，人民银行曲阜市支行积极推进金融发展与改革。一是搭建银企资金对接平台，推进政、银、企三方合作，全年承办政府重要座谈会 2 次、各类银企对接洽谈会 6 次；二是推动金融组织体系发展，启动曲阜农信社改制工作，交通银行曲阜支行挂牌营业；三是在总结创新的基础上，积极推行“主办行”制度，让新型农业经营主体享受到全方位的金融服务；四是针对担保圈风险，与金融办及政府相关部门密切配合，协调签订扶持企业发展债权银行贷款公约。

曲阜市主要经济指标

经济指标	2013	2014	2014 年同比增幅（%）	经济指标	2013	2014	2014 年同比增幅（%）
土地面积（平方公里）	814.75	814.75	0	地方财政支出（亿元）	32.44	35.26	8.7
人口（万人）	64.58	64.72	0.22	全社会固定资产投资（亿元）	174.57	204.24	17.0
城镇人口（万人）	34.59	35.94	3.90	进出口总值（万美元）	13633	15554	14.1
乡村人口（万人）	29.99	28.78	-4.03	出口总值（万美元）	12935	13893	7.4
地区生产总值（亿元）	331.66	361.88	11.1	实际利用外资（万美元）	9017	10017	11.1
第一产业（亿元）	31.57	33.57	4.8	社会消费品零售总额（亿元）	139.11	158.07	13.6
第二产业（亿元）	126.92	134.22	10.0	居民消费价格指数（%）	101.5	--	--
第三产业（亿元）	173.17	194.09	13.0	人均地区生产总值（元）	51476	55975	8.74
财政总收入（亿元）	78.75	77.48	-1.62	城镇居民可支配收入（元）	20365	22554	10.8
地方财政收入（亿元）	20.11	22.72	13.0	农民人均现金收入（元）	11268	12688	12.6
财政总支出（亿元）	77.09	78.99	2.46				

曲阜市主要金融指标

金融指标（亿元）	2013	2014	2014 年同比增幅（%）	金融指标（亿元）	2013	2014	2014 年同比增幅（%）
本外币存款余额	214.45	234.43	9.32	财险收入	1.39	1.61	15.83
人民币存款余额	214.13	233.68	9.13	寿险收入	3.83	4.74	23.76
单位存款	74.27	77.32	4.11	财险赔款	0.66	0.73	10.61
储蓄存款	135.76	154.22	13.60	寿险给付	1.26	1.96	55.56
本外币贷款余额	106.13	135.95	28.10	当年结益	--	--	--
人民币贷款余额	106.13	126.21	18.92	证券市场交易总额	42.98	72.16	67.89
短期贷款	53.47	54.75	2.39	投资者保证金余额	0.30	0.66	120
中长期贷款	44.46	62.14	39.77	证券账户开户数	26613	27758	4.30
票据融资	8.2	9.31	13.54	证券交易佣金收入	0.09	0.11	22.22
当年结益	3.28	3.31	0.91	净利润	0.04	0.06	50
不良贷款余额	1.80	1.72	-4.44				

曲阜市主要金融机构概况

单位名称	行长（或其他称谓的第一负责人）	副行长（或其他称谓的同级领导）	员工总数	辖内营业网点数
人民银行曲阜市支行	陈　光	王德玉　潘教贞　赵宏伟	31	1
济宁银监分局曲阜办事处	吴夏红		2	1
农发行曲阜市支行	胡　冰	李　斌	19	1
工行曲阜支行	孟　彬	卢德仁　王　凯	91	5
农行曲阜市支行	刘德民	饶爱宝　杨则杰	169	12
中行曲阜支行	王瑞昌	于洪生　星　涛	82	4
建行曲阜支行	张新宇	王建国	101	6
招商银行曲阜支行	朱　艳	王　燕	20	1
交通银行曲阜支行	杜清太	魏　凯　刘德勇　聂　伟	20	1
济宁银行曲阜支行	贾广东	王培岩	31	2
曲阜市农信联社	路　伟	李本志　杨　莅　黄海迁	424	28
邮储银行曲阜市支行	任国庆	来　波　王云良	134	17
曲阜中银富登村镇银行	柴红树	赵雪峰　孔　纹	46	2

曲阜市主要金融机构业务概况

单位：亿元

单位名称	本外币存款余额	人民币单位存款	人民币储蓄存款	本外币贷款余额	人民币短期贷款	人民币中长期贷款
农发行曲阜市支行	0.59	0.59	0	3.82	1.01	2.81
工行曲阜支行	35.93	18.51	16.35	17.66	4.61	13.05
农行曲阜市支行	41.77	12.56	28.72	14.52	7.26	7.25
中行曲阜支行	28.08	14.21	13.32	15.72	6.75	8.76
建行曲阜支行	30.35	12.46	17.86	20.00	6.31	13.69
招商银行曲阜支行	4.21	2.87	1.33	12.14	1.62	0.78
交通银行曲阜支行	1.70	1.49	0.13	0.08	0.08	0
济宁银行曲阜支行	13.98	5.57	8.41	11.20	6.82	1.11
曲阜市农信联社	55.07	3.33	51.63	35.32	19.96	9.53
邮储银行曲阜市支行	19.27	3.89	15.38	3.26	0.23	3.03
曲阜中银富登村镇银行	2.95	1.85	1.10	2.23	0.10	2.13

【金融服务与监管】　2014年，人民银行曲阜市支行以提升金融服务和管理水平为着力点。一是充分发挥人民银行掌握金融统计信息的优势，及时为各金融机构和地方政府通报金融运行情况，制定防范系统性风险的措施；二是对银行机构进行综合评价，对排名后两位的金融机构，约见主要负责人谈话；三是全面推动农村支付服务环境建设工作的开展；四是努力推进对企业的“一站式”服务，促进涉外经济平稳较快发展；五是加强小微企业信息采集，加大信用知识宣传，引导督促银行机构开展多种形式的信用建设，全年完成青年信用示范户评定50个。

邹城市

【经济金融概况】 2014年,邹城市按照“统筹推进、城乡一体”的发展要求,深化改革,奋力攻坚,经济进入以提质增效、转型升级为主要特征的新常态。金融机构本外币各项存贷款余额持续增加,信贷结构进一步优化,金融稳健发展。

【金融发展与改革】 2014年,人民银行邹城市支行稳步推进金融发展与改革。一是金融体系发展步伐加快,邹城市融发小额贷款公司和民生银行邹城支行先后挂牌营业;二是制定印发《推进普惠金融发展的指导意见》和《金融支持民营经济发展的指导意见》等文件,引导金融机构加大对重点在建续建项目、“三农”、小微企业、现代服务业、新兴产业和民生等领域的信贷支持;三是印发《金融支持现代农业加快发展的指导意见》,在济宁县(市)级中率先创新推出“农民专业合作社贷款”采取“第三方监管+担保”模式、“活体畜禽抵押贷款”和“林权抵押+保险”贷款模式;四是全年共举办政银企合作推进会20余场,促成13家市级金融机构与市政府签订

邹城市主要经济指标

经济指标	2013	2014	2014年同比增幅(%)	经济指标	2013	2014	2014年同比增幅(%)
土地面积(平方公里)	1616.56	1616.56	--	地方财政支出(亿元)	56.80	62.08	9.3
人口(万人)	113.37	113.79	0.37	全社会固定资产投资(亿元)	309.19	359.27	16.2
城镇人口(万人)	58.17	60.60	4.18	进出口总值(万美元)	12871	17144	33.2
乡村人口(万人)	55.20	53.19	-3.64	出口总值(万美元)	9049	7664	-15.3
地区生产总值(亿元)	731.58	790.32	10.8	实际利用外资(万美元)	13212	13608	3.0
第一产业(亿元)	48.33	51.21	4.5	社会消费品零售总额(亿元)	208.65	237.75	13.9
第二产业(亿元)	424.02	447.76	10.0	居民消费价格指数(%)	--	--	--
第三产业(亿元)	259.23	291.35	13.3	人均地区生产总值(元)	64690	69583	7.56
财政总收入(亿元)	79.04	85.17	7.36	城镇居民可支配收入(元)	27605	30145	9.2
地方财政收入(亿元)	55.33	60.86	10.0	农民人均现金收入(元)	12576	13985	11.2
财政总支出(亿元)	75.18	89.17	18.61				

邹城市主要金融指标

金融指标(亿元)	2013	2014	2014年同比增幅(%)	金融指标(亿元)	2013	2014	2014年同比增幅(%)
本外币存款余额	595.34	626.39	5.22	财险收入	3.04	3.64	19.74
人民币存款余额	573.56	603.88	5.29	寿险收入	6.30	5.36	-14.92
单位存款	284.46	296.54	4.25	财险赔款	1.33	1.45	9.02
储蓄存款	276.24	296.66	7.39	寿险给付	1.44	2.82	95.83
本外币贷款余额	470.88	503.71	6.97	当年结益	--	--	--
人民币贷款余额	419.26	466.78	11.33	证券市场交易总额	171.36	728.94	325.39
短期贷款	205.84	213.85	3.89	投资者保证金余额	1.15	25.5	2117.39
中长期贷款	202.61	242.92	19.90	证券账户开户数	39130	75365	92.60
票据融资	10.81	9.66	-10.64	证券交易佣金收入	0.58	0.77	32.76
当年结益	13.29	16.18	21.75	净利润	0.18	0.27	50
不良贷款余额	4.32	3.47	-19.68				

邹城市主要金融机构概况

单位名称	行长（或其他称谓的第一负责人）	副行长（或其他称谓的同级领导）	员工总数	辖内营业网点数
人民银行邹城市支行	韩厚晶	杜　平　张采强　步俊青	28	1
济宁银监分局邹城办事处	刘传富		1	1
农发行邹城市支行	刘宏伟	尹建民　艾永青	18	1
工行邹城支行	段仰建	赵道峰　吕毅波　赵　勇　杨传忠 刘晓峰　杜　平　姜海燕	212	16
农行邹城市支行	刘　炜	张友平　顾继光　何　磊　乔　红	186	14
中行邹城支行	田　文	张德军　张　忠　党繁桐	98	5
建行邹城支行	任宽君	刘文荣　付尚军　刘佑庆　梁　艳	100	6
建行兖州矿区支行	李广志	张立艳　赵电波	111	8
济宁银行邹城支行	贾同星	陈　晨　孙宪峰	44	3
邹城农商行	高远志	宋甲新　万　鹏　魏　涛　袁守波 赵　鹏　满　坤　尹茂桐　王东芹	599	38
邮储银行邹城市支行	范建国	王　伟　韦　明	79	28
兖矿集团财务公司	张胜东	孟宪强　王以春　李井良	35	1
中信银行邹城支行	刘云忠	陈福玉	16	1
交通银行邹城支行	刘启明	吕　林　孙　博　胡桂华	23	1
兴业银行邹城支行	许家兴	侯亚东	22	1
招商银行邹城支行	王吉魁	石林杰	16	1
民生银行邹城支行	李　面	徐　冰　盛　雷	26	1
邹城建信村镇银行	马仁明	庄　林　徐　峰　康　伟	22	1

邹城市主要金融机构业务概况

单位：亿元

单位名称	本外币存款余额	人民币单位存款	人民币储蓄存款	本外币贷款余额	人民币短期贷款	人民币中长期贷款
农发行邹城市支行	0.29	0.29	0	1.40	0.97	0.43
工行邹城支行	142.57	59.98	70.59	95.33	41.98	43.88
农行邹城市支行	72.66	39.92	32.44	92.54	11.19	81.35
中行邹城支行	90.64	59.31	19.41	71.80	12.27	40.40
建行邹城支行	28.6	10.79	17.8	19.41	1.88	17.53
建行兖州矿区支行	43.03	14.67	27.36	35.11	14.55	11.39
济宁银行邹城支行	17.97	6.90	11.07	8.80	7.11	1.40
邹城农商行	93.17	11.04	81.42	61.73	39.76	13.49
邮储银行邹城市支行	35.83	6.84	28.99	4.09	1.27	2.82
兖矿集团财务公司	54.51	54.51	0	46.34	35.49	10.51
中信银行邹城支行	5.77	4.07	1.30	12.89	10.53	2.36

续表

单位名称	本外币存款余额	人民币单位存款	人民币储蓄存款	本外币贷款余额	人民币短期贷款	人民币中长期贷款
交通银行邹城支行	7.39	5.55	1.08	22.75	9.25	13.50
兴业银行邹城支行	12.50	10.03	2.35	20.72	17.20	3.52
招商银行邹城支行	6.05	4.12	1.93	6.63	6.48	0.10
民生银行邹城支行	7.58	7.17	0.40	2.24	2.24	0
邹城建信村镇银行	1.88	1.36	0.52	1.93	1.67	0.23

战略合作协议133.24亿元，该市14家金融机构与有关企业签订贷款协议6.3亿元；五是推动市政府印发《社会信用体系建设工作方案》，在按季持续征集企业信用信息；六是制定“强化A级信用培植，助推小微企业发展”推进活动实施方案，深化小微企业信用体系试验区建设。

【金融服务与监管】 2014年，人民银行邹城市支行锐意进取，开拓创新，全面提升金融服务和监管水平。一是制定《“农村支付环境建设普惠现代农业发展”活动实施方案》，积极推进手机支付走进家庭农场、自助机具到村、电子银行到户的惠农金融超市；二是建立国库统计分析电子资料库；三是开展“现金收支分析展评”活动，网格化管理残币兑换工作，金融机构兑换残币数量同比增长19%；四是加强支付结算规范化管理，在济宁市率先开展离退休人员自主选择银行领取养老金试点工作，指导兖矿集团财务公司正式接入电子商业汇票系统；五是制定《城市担保圈风险监测预警工作制度》，加强该项工作。

泗水县

【经济金融概况】 2014年，泗水县主动适应经济发展新常态，坚持稳中求进、改革创新、开拓进取、主动作为、务实苦干，加快产业结构优化和提质增效升级，经济平稳发展。金融机构存款稳步增加，贷款快速增长，贷结构进一步优化，金融改革不断深化，金融运行态势良好。

【金融发展与改革】 2014年，人民银行泗水县支行创新机制，继续推动金融发展与改革。一是组织金融机构签订《银行业机构扩大信贷投放支持地方实体经济发展公约》，召开银企对接（合作）会8次，促成金融机构与120余家企业达成贷

泗水县主要经济指标

经济指标	2013	2014	2014年同比增幅（%）	经济指标	2013	2014	2014年同比增幅（%）
土地面积（平方公里）	1118.11	1118.11	0	地方财政支出（亿元）	21.34	22.30	5.3
人口（万人）	54.23	54.38	0.28	全社会固定资产投资（亿元）	96.90	112.98	16.6
城镇人口（万人）	19.98	21.19	6.06	进出口总值（万美元）	20403	20471	0.3
乡村人口（万人）	34.25	33.19	-3.09	出口总值（万美元）	10015	10073	0.6
地区生产总值（亿元）	135.42	146.54	11.0	实际利用外资（万美元）	2810	2602	29.3
第一产业（亿元）	33.76	35.45	3.5	社会消费品零售总额（亿元）	66.80	75.84	13.5
第二产业（亿元）	58.05	61.66	11.2	居民消费价格指数（%）	--	--	--
第三产业（亿元）	43.61	49.43	16.2	人均地区生产总值（元）	25045	26985	7.75
财政总收入（亿元）	29.13	31.13	6.86	城镇居民可支配收入（元）	18276	20287	11.0
地方财政收入（亿元）	6.85	7.82	14.1	农民人均现金收入（元）	8701	9815	12.8
财政总支出（亿元）	29.05	31.17	7.31				

泗水县主要金融指标

金融指标（亿元）	2013	2014	2014年同比增幅（%）	金融指标（亿元）	2013	2014	2014年同比增幅（%）
本外币存款余额	112.04	125.54	12.05	财险收入	0.73	0.91	24.66
人民币存款余额	108.99	122.79	12.66	寿险收入	2.29	2.56	11.79
单位存款	26.30	24.38	-7.30	财险赔款	0.24	0.35	45.83
储蓄存款	82.11	97.73	19.02	寿险给付	0.45	0.87	93.33
本外币贷款余额	61.97	76.89	24.08	当年结益	--	--	--
人民币贷款余额	61.55	76.15	23.72	证券市场交易总额	--	--	--
短期贷款	36.03	39.35	9.21	投资者保证金余额	--	--	--
中长期贷款	23.68	34.63	46.24	证券账户开户数	--	--	--
票据融资	1.84	2.07	12.5	证券交易佣金收入	--	--	--
当年结益	1.73	2.31	33.53	净利润	--	--	--
不良贷款余额	0.89	0.99	11.24				

泗水县主要金融机构概况

单位名称	行长（或其他称谓的第一负责人）	副行长（或其他称谓的同级领导）	员工总数	辖内营业网点数
人民银行泗水县支行	王金生	王　敏　辛建彬　张　伟	25	1
济宁银监分局泗水办事处	朱道工	绪素平	2	1
农发行泗水县支行	孔令河	何　峰　杨　丽	16	1
工行泗水支行	张　超	周　操　孙　强	32	2
农行泗水县支行	周　斌	胡　波　程　震　张大伟	125	7
中行泗水支行	王常忠	相　磊　尤　夏	26	1
建行泗水支行	王　伟	石礼佩	37	1
济宁银行泗水支行	尚乾峰	赵性振	17	1
泗水县农信联社	范德勇（理事长） 李巧云（主　任） 苏　强（监事长）	陈恩焕　周卫海　王　豹　张福军	311	21
邮储银行泗水县支行	沙　磊	王先明	35	18

泗水县主要金融机构业务概况

单位：亿元

单位名称	本外币存款余额	人民币单位存款	人民币储蓄存款	本外币贷款余额	人民币短期贷款	人民币中长期贷款
农发行泗水县支行	0.22	0.22	0	2.17	1.15	1.02
工行泗水支行	12.86	5.90	6.76	21.90	5.54	15.83
农行泗水县支行	24.60	3.35	21.02	9.32	4.01	5.10

续表

单位名称	本外币存款余额	人民币单位存款	人民币储蓄存款	本外币贷款余额	人民币短期贷款	人民币中长期贷款
中行泗水支行	13.71	4.47	6.55	6.42	3.70	2.57
建行泗水支行	7.50	3.47	3.98	10.27	5.00	5.27
济宁银行泗水支行	5.25	2.20	3.06	2.94	2.80	0.14
泗水县农信联社	37.27	1.11	36.02	22.44	15.95	4.47
邮储银行泗水县支行	23.98	3.65	20.32	1. 42	1.20	0.22

款意向8.5亿元；二是推动县政府制定并出台《中小企业过桥资金使用管理暂行办法》，指导各金融机构完善小微企业贷款机制；三是在继续推广“农家乐”农民住房贷款、集体土地(房产)抵押以及水产养殖(滩涂使用权)抵押贷款等金融产品的基础上，以完善抵押权建设为切入点，指导县农信社探索开发涉农信贷产品；该县农信联社成功发放济宁市首笔个人林权抵押贷款；四是跟踪监测与指导农业银行泗水县支行“三农”事业部改革。

【金融服务与监管】 2014年，人民银行泗水县支行积极改进金融服务，努力提升监管水平。一是督促金融机构加大对农村支付环境建设投入和宣传，提高支付结算服务水平，组织人员对助农取款点机具配置、业务开展情况进行核实；二是开展金融机构现金示范网点创建工作，首期确定4家示范网点挂牌；三是充分利用元宵节、“3·15”等节日开展反假宣传；四是推动县政府召开“小微企业信用体系建设会议”，组织指导有关单位按时报送小微企业相关信息，制定《中小微信用企业培植工程实施方案》，加大培植力度；五是组织对县农信社的风险监测与评估，及时进行风险提示；六是修订完善《金融部门业绩考核办法》，组织对金融机构涉农和中小企业信贷政策导向效果进行评估，开展金融稳定重大事项报告管理办法执行情况专项检查。

微山县

【经济金融概况】 2014年，微山县紧紧围绕建设“经济强县、旅游名县、滨湖新城”的奋斗目标，攻坚克难，积极作为，经济呈现出良好的发展势头。南阳古镇获批“中国历史文化名镇”，微山岛荣获“中国美丽田园”荣誉称号。

金融机构把握“稳中求进”总基调，按照服务实体经济的要求，积极筹措资金，适时投放贷款，努力提升服务水平。

【金融发展与改革】 2014年，人民银行微山县支行积极推进金融改革，金融业保持稳定健康发展。一是制定《金融促进经济科学跨越发展指导意见》，引导金融机构努力扩大对产业升级调整、现代农业、小微企业的信贷支持；二是组织召开多种形式的政银企、政银农对接会，有效解决中小企业、新型

微山县主要经济指标

经济指标	2013	2014	2014年同比增幅(%)	经济指标	2013	2014	2014年同比增幅(%)
土地面积(平方公里)	1737.57	1737.57	0	地方财政支出(亿元)	33.25	36.18	8.8
人口(万人)	64.12	64.25	0.20	全社会固定资产投资(亿元)	172.45	200.21	16.1
城镇人口(万人)	28.39	29.72	4.68	进出口总值(万美元)	9056	8626	-4.7
乡村人口(万人)	35.73	34.53	-3.36	出口总值(万美元)	7728	8487	9.8
地区生产总值(亿元)	337.16	366.95	10.3	实际利用外资(万美元)	3212	3610	12.9
第一产业(亿元)	36.91	39.29	4.6	社会消费品零售总额(亿元)	92.04	103.28	12.2
第二产业(亿元)	165.26	174.75	10.3	居民消费价格指数(%)	103.4	102.3	-1.06
第三产业(亿元)	134.99	152.91	11.7	人均地区生产总值(元)	52722	57171	8.44
财政总收入(亿元)	40.26	41.10	2.09	城镇居民可支配收入(元)	27591	30045	9.0
地方财政收入(亿元)	25.26	27.99	10.8	农民人均现金收入(元)	11724	13166	12.3
财政总支出(亿元)	37.72	44.50	17.97				

微山县主要金融指标

金融指标（亿元）	2013	2014	2014年同比增幅（%）	金融指标（亿元）	2013	2014	2014年同比增幅（%）
本外币存款余额	168.63	174.00	3.18	财险收入	1.26	1.40	11.11
人民币存款余额	168.56	173.66	3.03	寿险收入	4.52	3.56	-21.24
单位存款	59.20	58.71	-0.83	财险赔款	0.59	0.57	-3.39
储蓄存款	103.78	112.52	8.42	寿险给付	0.78	1.17	50
本外币贷款余额	79.21	85.21	7.57	当年结益	--	--	--
人民币贷款余额	79.21	85.21	7.57	证券市场交易总额	--	--	--
短期贷款	62.78	68.86	9.68	投资者保证金余额	--	--	--
中长期贷款	13.32	14.36	7.81	证券账户开户数	--	--	--
票据融资	3.11	1.73	-44.37	证券交易佣金收入	--	--	--
当年结益	2.88	2.77	-3.82	净利润	--	--	--
不良贷款余额	3.06	1.11	-63.73				

微山县主要金融机构概况

单位名称	行长（或其他称谓的第一负责人）	副行长（或其他称谓的同级领导）	员工总数	辖内营业网点数
人民银行微山县支行	卢　飚	孙海波　蔡　靖　刘同征	25	1
济宁银监分局微山办事处	徐秉初		1	1
农发行微山县支行	李成德	冯露斌	15	1
工行微山支行	尤　杰	张海生　孙雨飞　张　震	47	4
农行微山县支行	陈　国	吴　炜　刘卫东　杨恒德	151	8
中行微山支行	赵海涛	马厚永　韩　开	54	3
建行微山支行	邱新华	刘　彪　刘文杰	60	3
浦发银行微山支行	杨　宇	马利民	11	1
济宁银行微山支行	冯　刚	石义军	31	2
微山县农信联社	刘光众　褚衍成	许文胜　岳　奎　刘　然　王正恩　马广东	436	35
邮储银行微山县支行	范建国	马申平　王守忠	76	3

微山县主要金融机构业务概况

单位：亿元

单位名称	本外币存款余额	人民币单位存款	人民币储蓄存款	本外币贷款余额	人民币短期贷款	人民币中长期贷款
农发行微山县支行	0.12	0.12	0	1.42	0.80	0.62
工行微山支行	20.16	9.73	8.85	6.72	4.91	1.12
农行微山县支行	35.01	13.41	21.15	16.23	13.39	2.84
中行微山支行	11.26	4.91	6.03	4.31	1.62	2.16
建行微山支行	13.07	5.59	7.48	7.10	4.70	2.40

续表

单位名称	本外币存款余额	人民币单位存款	人民币储蓄存款	本外币贷款余额	人民币短期贷款	人民币中长期贷款
浦发银行微山支行	4.29	4.26	0.03	0	0	0
济宁银行微山支行	13.84	6.92	6.92	9.93	8.75	0.61
微山县农信联社	47.38	6.95	40.18	37.20	34.54	2.45
邮储银行微山县支行	28.70	6.82	21.87	2.31	0.16	2.15

农业经营主体融资难问题;三是进一步巩固扩大水域滩涂养殖权抵押贷款业务试点范围,大力推广船舶和林权抵押贷款;四是制定《金融风险监测区预警提示制度》,多次组织召开贷款风险防控协调会议,重点化解山东一诺科技有限公司担保圈风险;五是金融体系建设进一步加强,民生银行微山支行正式开业;六是推动农业银行微山县支行三农事业部改革顺利开展。

【金融服务与监管】 2014年,人民银行微山县支行不断强化金融服务与指导,努力推动经济发展。一是深入推进"农村支付服务环境提升年"活动,金融机构在各乡镇配备的ATM、POS机分别增加至130台和2306台,支付系统覆盖率为72.55%;二是组织金融机构深入开展残损币回收、新票直通车和现金服务示范网点创建活动;三是制定《外汇支持地方经济快速发展指导意见》,强化落实外汇联络员制度和进出口重点企业联系制度,完成18家应参检外商投资企业年检信息确认工作;四是开展"送国债、支付结算、外汇政策、反洗钱、反假货币知识下乡村、进湖区、进学校"等系列宣传活动;五是按季开展金融机构综合评价工作,先后对金融机构支付结算、人民币流通管理、反洗钱等业务开展检查。

鱼台县

【经济金融概况】 2014年,鱼台县以"提升年,显效年"为总要求,实施系列创新政策,经济实现平稳发展。金融系统贯彻落实稳健货币政策,深化金融改革,创新金融服务,促进经济金融健康发展。

【金融发展与改革】 2014年,人民银行鱼台县支行引导金融机构大力优化信贷结构,多渠道增加信贷供给,切实加大对经济提质增效和持续健康发展的支持力度。一是组织"政银企合作暨重点项目推介会",促成19家市级银行和8家县级银行与78家企业完成贷款意向签约13亿元;二是推动县

鱼台县主要经济指标

经济指标	2013	2014	2014年同比增幅(%)	经济指标	2013	2014	2014年同比增幅(%)
土地面积(平方公里)	653.07	653.07	0	地方财政支出(亿元)	17.59	18.50	5.21
人口(万人)	44.31	44.46	0.34	全社会固定资产投资(亿元)	98.72	114.32	15.8
城镇人口(万人)	14.04	14.98	6.70	进出口总值(万美元)	3595	5692	58.3
乡村人口(万人)	30.27	29.48	-2.61	出口总值(万美元)	3584	5387	50.3
地区生产总值(亿元)	135.51	147.95	9.7	实际利用外资(万美元)	2506	2610	4.2
第一产业(亿元)	31.09	32.94	4.2	社会消费品零售总额(亿元)	67.07	75.33	12.3
第二产业(亿元)	59.16	62.89	10.4	居民消费价格指数(%)	101.5	103.2	1.67
第三产业(亿元)	45.26	52.12	12.3	人均地区生产总值(元)	30665	33333	8.70
财政总收入(亿元)	22.54	25.69	14.01	城镇居民可支配收入(元)	20248	22394	10.6
地方财政收入(亿元)	8.21	9.15	11.4	农民人均现金收入(元)	10727	12014	12.0
财政总支出(亿元)	22.26	26.40	4.14				

鱼台县主要金融指标

金融指标（亿元）	2013	2014	2014年同比增幅（%）	金融指标（亿元）	2013	2014	2014年同比增幅（%）
本外币存款余额	87.22	98.77	13.24	财险收入	0.99	1.23	24.24
人民币存款余额	87.20	98.21	12.63	寿险收入	3.25	3.43	5.54
单位存款	21.77	20.27	-6.89	财险赔款	0.49	0.52	6.12
储蓄存款	63.73	76.90	20.67	寿险给付	0.68	1.11	63.24
本外币贷款余额	41.47	43.76	5.52	当年结益	--	--	--
人民币贷款余额	41.47	43.76	5.52	证券市场交易总额	--	--	--
短期贷款	29.03	28.07	-3.31	投资者保证金余额	--	--	--
中长期贷款	10.58	15.14	43.10	证券账户开户数	--	--	--
票据融资	1.86	0.54	-70.97	证券交易佣金收入	--	--	--
当年结益	1.10	1.42	29.09	净利润	--	--	--
不良贷款余额	1.56	1.06	-32.05				

鱼台县主要金融机构概况

单位名称	行长（或其他称谓的第一负责人）	副行长（或其他称谓的同级领导）	员工总数	辖内营业网点数
人民银行鱼台县支行	崔　健	高奎昌　胡培根	29	1
济宁银监分局鱼台办事处	李体提		1	1
农发行鱼台县支行	程义君	程　鸣　岳修忠	20	1
工行鱼台支行	于向阳	吴金营	19	1
农行鱼台县支行	王洪波	任建国　李超林　李卫东	84	5
中行鱼台支行	吴玉生	姜　涛　张　亮	24	1
建行鱼台支行	闫兴东	陈顺利　翟庆华　王兴峰	33	1
济宁银行鱼台支行	杨　冰	屈耀敏	26	1
鱼台县农信联社	王成峰	徐　智　张明路　杨新庆　曹天亚　马　斌	366	23
邮储银行鱼台县支行	孔祥前	张冬梅	66	3

鱼台县主要金融机构业务概况

单位：亿元

单位名称	本外币存款余额	人民币单位存款	人民币储蓄存款	本外币贷款余额	人民币短期贷款	人民币中长期贷款
农发行鱼台县支行	0.07	0.07	0	1.94	0.80	0.70
工行鱼台支行	6.10	2.60	3.27	3.99	1.77	2.22
农行鱼台县支行	18.56	5.01	12.93	2.78	1.61	1.17
中行鱼台支行	7.46	2.66	4.78	6.54	1.58	4.96
建行鱼台支行	7.83	4.03	3.80	1.38	0.51	0.86
济宁银行鱼台支行	4.13	1.45	2.67	3.15	2.93	0.22
鱼台县农信联社	30.84	1.49	28.92	21.49	18.45	2.94
邮储银行鱼台县支行	23.50	2.97	20.53	2.50	0.42	2.08

政府成立“续贷过桥周转金”，及时化解“跑路”事件引发的资金风险；三是创新制定《龙头企业产业链贷款管理办法》、《水域滩涂养殖质押贷款办法》，引导金融机构支持渔业户建立2000余亩水域滩涂养殖基地；四是加大对薄弱领域信贷支持，引导金融机构与县财政局、县人社局、扶贫办协调，开展小额担保贷款，支持大学生创业，积极为小微企业开办仓单质押和企业联保等新型贷款；五是扩充细化金融支持现代农业项目资料库，搭建现代农业和金融资源的对接平台，稳步开展各类农村产权的抵押贷款创新试点，大力推进特色项目——直补资金担保贷款、林权质押贷款等金融创新。

【金融服务与监管】 2014 年，人民银行鱼台县支行以民生为本，切实提高金融服务与监管水平。一是制定《行政村助农取款服务和手机支付业务考核管理办法》，推动形成城乡一体的金融支付服务体系；二是依托虚拟发行库加强人民币流通环境管理，开展“现金服务示范网点创建活动”；三是大力开展小微企业和农村信用体系建设工作，完善信用信息定期采集及更新机制；四是开展“防范和打击非法集资”宣传活动，引导群众自觉远离非法集资；五是组织开展金融机构综合评价、自动取款机和存取款一体机全面检查等工作，促进金融机构合法稳健经营。

金乡县

【经济金融概况】 2014 年，金乡县围绕产业升级当先行、城镇建设当典范、生态治理当标兵、社会和谐当首善“四个争当”任务，锐意改革、大胆创新，经济呈现良好发展态势。

金融系统牢牢把握信贷政策与产业政策协调配合的总基调，以提高创新能力、完善服务功能为切入点，持续增加重点项目、新兴产业、农业产业化、民生工程以及消费领域的信贷支持，推动经济增长转方式调结构。

【金融发展与改革】 2014 年，人民银行金乡县支行继续深

金乡县主要经济指标

经济指标	2013	2014	2014 年同比增幅（%）	经济指标	2013	2014	2014 年同比增幅（%）
土地面积（平方公里）	887.67	887.67	0	地方财政支出（亿元）	22.67	24.99	10.2
人口（万人）	63.41	63.63	0.35	全社会固定资产投资（亿元）	105.63	125.06	16.5
城镇人口（万人）	25.38	26.78	5.52	进出口总值（万美元）	37492	33669	-10.2
乡村人口（万人）	38.03	36.85	-3.10	出口总值（万美元）	37362	33282	-10.9
地区生产总值（亿元）	158.53	174.14	9.7	实际利用外资（万美元）	2002	2601	29.9
第一产业（亿元）	46.88	49.83	4.7	社会消费品零售总额（亿元）	75.58	86.20	14.0
第二产业（亿元）	49.71	53.24	11.1	居民消费价格指数（%）	101.5	102.6	1.08
第三产业（亿元）	61.94	71.07	12.0	人均地区生产总值（元）	25078	27415	9.32
财政总收入（亿元）	58.96	36.17	-38.65	城镇居民可支配收入（元）	21184	23048	8.8
地方财政收入（亿元）	10.01	11.58	15.7	农民人均现金收入（元）	12136	13471	11.0
财政总支出（亿元）	58.91	36.46	-38.10				

金乡县主要金融指标

金融指标（亿元）	2013	2014	2014 年同比增幅（%）	金融指标（亿元）	2013	2014	2014 年同比增幅（%）
本外币存款余额	148.86	156.35	5.03	财险收入	1.48	1.67	12.84
人民币存款余额	148.63	156.13	5.05	寿险收入	6.40	5.45	-14.84
单位存款	32.39	28.56	-11.82	财险赔款	0.57	0.68	19.30
储蓄存款	114.08	125.35	9.88	寿险给付	1.03	1.75	69.90
本外币贷款余额	91.95	100.01	8.77	当年结益	--	--	--

续表

金融指标（亿元）	2013	2014	2014年同比增幅（%）	金融指标（亿元）	2013	2014	2014年同比增幅（%）
人民币贷款余额	91.84	100.01	8.90	证券市场交易总额	--	--	--
短期贷款	52.13	60.96	16.94	投资者保证金余额	--	--	--
中长期贷款	34.06	38.50	13.04	证券账户开户数	--	--	--
票据融资	5.65	0.41	-92.74	证券交易佣金收入	--	--	--
当年结益	3.12	2.98	-4.49	净利润	--	--	--
不良贷款余额	2.17	2.07	-4.61				

金乡县主要金融机构概况

单位名称	行长（或其他称谓的第一负责人）	副行长（或其他称谓的同级领导）	员工总数	辖内营业网点数
人民银行金乡县支行	邢殿法	陈磊　周超文	27	1
济宁银监分局金乡办事处	赵玉庆		1	1
农发行金乡县支行	胡爱国	马骏　周强盛	20	1
工行金乡支行	王庆辉	苑修广　胡新雷　周崇会	46	4
农行金乡县支行	范学坤	赵现军　高新德　李全明	127	7
中行金乡支行	许让波	缪坤　陶然	22	1
建行金乡支行	徐敬东	聂磊　王艳　韩进才　周峰	67	2
济宁银行金乡支行	商敬国		25	1
金乡县农信联社	聂磊	程光　宋旭东　崔伦旺 刘坤华　李静　孙尚宇	339	33
邮储银行金乡县支行	李莉	梁延峰　石金鼎	62	19
莱商银行金乡支行	周广宇		18	1

金乡县主要金融机构业务概况

单位：亿元

单位名称	本外币存款余额	人民币单位存款	人民币储蓄存款	本外币贷款余额	人民币短期贷款	人民币中长期贷款
农发行金乡县支行	0.40	0.40	0	1.66	0.86	0.80
工行金乡支行	14.88	3.49	10.86	13.24	1.99	11.24
农行金乡县支行	23.56	6.44	16.28	10.60	5.61	4.89
中行金乡支行	8.11	4.07	3.92	9.93	2.91	7.02
建行金乡支行	10.90	3.79	7.05	12.05	2.64	9.41
济宁银行金乡支行	7.49	2.42	5.07	6.29	6.09	0.06
金乡县农信联社	55.95	2.88	52.62	43.12	39.42	3.41
邮储银行金乡县支行	34.62	5.06	29.55	3.13	1.46	1.67

化“精细管理强基础、创新履职求提升、文化引领促发展”的思路，大力推动金融改革与发展。一是引导涉农金融机构、保险机构推出“智库平台＋集成营销＋网格管理”新模式，为现代农业提供“保姆式”定制服务。县农信联社在率先成立生态农业贷款审查中心，形成了制度化、流程化、一体化运作格局；二是扎实推进农业新型经营主体融资增信试点工作，筛选、推荐融资对象63户，贷审终结并提供授信支持7户，发放融资增信贷款915万元；三是成功争取上级支农再贷款2.5亿元，专项用于农信社发放涉农贷款，总量居济宁市（县、市、区）前列；四是金融组织体系进一步加强，年内新设银行业金融机构1处，银花朝阳在中小企业新三板成功挂牌。

【金融服务与监管】 2014年，人民银行金乡县支行倡导服务立行，综合服务水平明显提升。一是继续深化农村支付服务环境建设，金融机构共设立农村便民取款点108个；二是推动普惠金融发展，下岗失业人员政策性小额担保贷款基金增加至1500万元，全年累计发放此项贷款1064万元，扶持创业人员131人；三是积极加强与国地税的沟通协调，全面推广银行端查询缴税业务；四是严格执行法人金融机构差别存款准备率调控政策，严守合意贷款监管“红线”，督促县农信社压缩转贴现票据规模，全力满足实体经济合理融资需求；五是对县农信社执行金融统计制度和支农再贷款使用管理等情况开展现场检查。

嘉祥县

【经济金融概况】 2014年，嘉祥县经济社会发展保持良好势头，经济运行总体平稳，转型升级稳中有进，发展质量效益向好。

金融部门认真贯彻执行稳健货币政策，本外币各项存贷款余额大幅增加，信贷结构持续优化，有力支持经济发展。

【金融发展与改革】 2014年，人民银行嘉祥县支行注重实效，强化创新，引导金融机构在改革中稳步前进。一是联合县农业局出台《金融支持现代农业“双百行动”实施方案》，创新

嘉祥县主要经济指标

经济指标	2013	2014	2014年同比增幅（%）	经济指标	2013	2014	2014年同比增幅（%）
土地面积（平方公里）	975.16	975.16	0	地方财政支出（亿元）	24.01	26.69	11.2
人口（万人）	82.49	82.78	0.35	全社会固定资产投资（亿元）	148.09	171.49	15.8
城镇人口（万人）	24.10	26.13	8.42	进出口总值（万美元）	14669	16432	12.0
乡村人口（万人）	58.39	56.65	-2.98	出口总值（万美元）	10948	11668	6.6
地区生产总值（亿元）	219.79	237.30	9.9	实际利用外资（万美元）	2252	2620	16.3
第一产业（亿元）	30.76	32.63	4.5	社会消费品零售总额（亿元）	80.14	90.28	12.6
第二产业（亿元）	113.84	120.49	10.3	居民消费价格指数（%）	--	--	--
第三产业（亿元）	75.19	84.18	11.3	人均地区生产总值（元）	25125	28717	14.3
财政总收入（亿元）	49.85	64.58	29.55	城镇居民可支配收入（元）	20910	22897	9.5
地方财政收入（亿元）	12.43	13.82	11.2	农民人均现金收入（元）	10655	11927	11.9
财政总支出（亿元）	50.06	64.52	28.90				

嘉祥县主要金融指标

金融指标（亿元）	2013	2014	2014年同比增幅（%）	金融指标（亿元）	2013	2014	2014年同比增幅（%）
本外币存款余额	186.44	204.99	9.95	财险收入	1.49	1.81	21.48
人民币存款余额	186.27	204.81	9.95	寿险收入	5.79	4.32	-25.39
单位存款	37.11	36.08	-2.78	财险赔款	0.58	0.78	34.48
储蓄存款	147.26	166.87	13.32	寿险给付	1.09	1.60	46.79

续表

金融指标（亿元）	2013	2014	2014年同比增幅（%）	金融指标（亿元）	2013	2014	2014年同比增幅（%）
本外币贷款余额	89.17	104.10	16.74	当年结益	—	—	—
人民币贷款余额	89.17	104.10	16.74	证券市场交易总额	—	—	—
短期贷款	52.90	55.83	5.54	投资者保证金余额	—	—	—
中长期贷款	30.29	39.73	31.17	证券账户开户数	—	—	—
票据融资	5.98	8.54	42.81	证券交易佣金收入	—	—	—
当年结益	2.53	2.87	13.44	净利润	—	—	—
不良贷款余额	4.70	4.11	-12.55				

嘉祥县主要金融机构概况

单位名称	行长（或其他称谓的第一负责人）	副行长（或其他称谓的同级领导）	员工总数	辖内营业网点数
人民银行嘉祥县支行	张同伟	马生勇　蔡文建　袁庆林	32	1
济宁银监分局嘉祥办事处	陈新成	李继环	2	1
农发行嘉祥县支行	宋传蔼	杨炳运　王立祥	21	1
工行嘉祥支行	柳　靖	李海滨　常九坤	27	2
农行嘉祥县支行	王乃玺	赵恩华　张传涛　杜明华	142	8
中行嘉祥支行	王志慧	孔卫东　孙建国　刘大伟	26	1
建行嘉祥支行	袁中立	朱来福　高昭军　田良臣　朱保华	66	3
济宁银行嘉祥支行	张现彬	周　珂	20	1
嘉祥县农信联社	胡爱东	任国强　胡建峰　秦绍亮　姚行印	530	29
邮储银行嘉祥县支行	孙立秋	周　强　于志华	82	4
嘉祥中银富登村镇银行	任慧峰	孙正正	57	2

嘉祥县主要金融机构业务概况

单位：亿元

单位名称	本外币存款余额	人民币单位存款	人民币储蓄存款	本外币贷款余额	人民币短期贷款	人民币中长期贷款
农发行嘉祥县支行	0.11	0.11	0	1.81	0.85	0.96
工行嘉祥支行	10.67	2.74	7.42	8.06	2.24	5.81
农行嘉祥县支行	39.35	9.25	29.45	13.82	5.62	8.20
中行嘉祥支行	8.95	4.20	4.64	7.98	1.64	4.20
建行嘉祥支行	24.18	7.36	16.76	18.01	7.49	10.51
济宁银行嘉祥支行	9.61	4.02	5.59	8.52	5.30	3.21
嘉祥县农信联社	75.41	2.74	72.15	41.88	31.37	4.12

续表

单位名称	本外币存款余额	人民币单位存款	人民币储蓄存款	本外币贷款余额	人民币短期贷款	人民币中长期贷款
邮储银行嘉祥县支行	34.74	4.95	29.79	2.61	1.21	1.41
嘉祥中银富登村镇银行	1.78	0.71	1.06	1.42	0.10	1.31

推行金融支持现代农业“1+X”主办行制度建设；二是鼓励金融机构推出订单融资、云农场贷款、知识产权质押贷款等13种信贷新产品，实现支农贷款总量、信贷产品创新、银保合作“三个突破”目标；三是创新实施国债预约转存，制定《国债投资者权益保护办法》、《凭证式国债约定转存操作规程》，指导邮储银行嘉祥县支行试点创新凭证式国债到期预约转存17笔，共计16万元。

【金融服务与监管】 2014年，人民银行嘉祥县支行扎实稳健开展基础工作，全面提升金融服务和监管水平。一是顺利推进“金惠工程”，大力实施农村金融教育和农村支付服务环境建设“服务提升年”活动，组织开展大型集中宣传培训6场、小型宣传活动35次，取得良好效果；二是制定《外汇主体监管实施细则》、《分类管理委员会工作程序》、《企业主体现场核查操作规范》，先后5次深入12家重点企业开展“面对面”特色服务，提高外汇服务效果；三是开展“过新年、换新钱”、新票直通车、残损币定期清收、突击回收等活动，促进流通人民币整洁度的提高；四是推动县政府成立社会信用体系建设领导小组，牵头召开3次推进会，有效推动小微企业信息采集工作；五是配合政府有关部门开展非法金融活动清理整顿和远离非法集资宣传活动，组织金融机构对公司类贷款逐笔排查，准确掌握企业资金链和担保圈风险状况。

汶上县

【经济金融概况】 2014年，汶上县牢牢把握“高点定位、跨越发展”总基调，大力实施产业兴县战略，转方式、调结构、提增速、扩总量，经济社会发展呈现出速度继续加快、效益持续提高、后劲不断增强的良好势头。

金融机构存款持续快速增长，贷款加速投放，存贷款增量、增幅均创历史最高水平，贷款投向进一步优化，金融运行健康平稳。

【金融发展与改革】 2014年，人民银行汶上县支行积极加

汶上县主要经济指标

经济指标	2013	2014	2014年同比增幅（%）	经济指标	2013	2014	2014年同比增幅（%）
土地面积（平方公里）	889.11	889.11	0	地方财政支出（亿元）	24.96	25.90	3.8
人口（万人）	69.37	69.48	0.16	全社会固定资产投资（亿元）	150.13	174.00	15.9
城镇人口（万人）	25.98	27.49	5.81	进出口总值（万美元）	10601	9948	-6.2
乡村人口（万人）	43.39	41.99	-3.23	出口总值（万美元）	8052	7628	-5.3
地区生产总值（亿元）	216.52	231.44	10.1	实际利用外资（万美元）	2817	2912	3.4
第一产业（亿元）	37.77	39.93	4.3	社会消费品零售总额（亿元）	82.85	94.2	13.7
第二产业（亿元）	111.07	115.93	10.4	居民消费价格指数（%）	101.5	103.2	1.7
第三产业（亿元）	67.68	75.58	12.5	人均地区生产总值（元）	31300	33337	9.7
财政总收入（亿元）	48.15	47.03	-2.34	城镇居民可支配收入（元）	21435	23300	8.7
地方财政收入（亿元）	11.26	12.40	10.1	农民人均现金收入（元）	11426	12751	11.6
财政总支出（亿元）	45.85	48.43	5.63				

汶上县主要金融指标

金融指标（亿元）	2013	2014	2014年同比增幅（%）	金融指标（亿元）	2013	2014	2014年同比增幅（%）
本外币存款余额	162.66	182.15	11.98	财险收入	1.28	1.47	14.84
人民币存款余额	162.57	182.04	11.98	寿险收入	3.46	3.57	3.18
单位存款	32.32	40.08	24.01	财险赔款	0.65	0.73	12.31
储蓄存款	124.98	138.32	10.67	寿险给付	0.95	1.55	63.16
本外币贷款余额	89.54	111.74	24.79	当年结益	--	--	--
人民币贷款余额	89.51	111.71	24.80	证券市场交易总额	--	--	--
短期贷款	44.06	45.86	4.09	投资者保证金余额	--	--	--
中长期贷款	38.95	58.04	49.01	证券账户开户数	--	--	--
票据融资	6.50	7.82	20.31	证券交易佣金收入	--	--	--
当年结益	2.67	3.50	31.09	净利润	--	--	--
不良贷款余额	1.74	1.58	-9.20				

汶上县主要金融机构概况

单位名称	行长（或其他称谓的第一负责人）	副行长（或其他称谓的同级领导）	员工总数	辖内营业网点数
人民银行汶上县支行	孔令柱	马广成　徐宝祥　王瑞菊	26	1
济宁银监分局汶上办事处	白波林		1	1
农发行汶上县支行	胡兆海	姚　宾	16	1
工行汶上支行	王则志	孙新建　李继顺　赵瑞峰	40	3
农行汶上县支行	吴　松	开瑞彬　贾　力	124	9
中行汶上支行	张艳梅	赵长伟　张伟涛	25	1
建行汶上支行	冀建国	高恩锋　孙德全	36	1
济宁银行汶上支行	李继民	贾冉冉	20	1
汶上县农信联社	张志同	胡　峰　刘　华　刘　广　展小东　楚　昊	371	24
邮储银行汶上县支行	曹　磊	刘朝辉　龙海涛	60	3
汶上中银富登村镇银行	孙联合	贾　涛	33	1

汶上县主要金融机构业务概况

单位：亿元

单位名称	本外币存款余额	人民币单位存款	人民币储蓄存款	本外币贷款余额	人民币短期贷款	人民币中长期贷款
农发行汶上县支行	0.07	0.07	0	0.57	0.57	0
工行汶上支行	13.27	6.23	6.86	25.3	5.44	19.85
农行汶上县支行	38.83	8.67	28.97	16.25	5.30	10.77
中行汶上支行	12.27	7.29	4.88	12.38	4.40	7.58
建行汶上支行	7.61	3.60	4.01	6.29	0.68	5.61
济宁银行汶上支行	8.58	2.61	5.97	4.65	4.42	0.22

续表

单位名称	本外币存款余额	人民币单位存款	人民币储蓄存款	本外币贷款余额	人民币短期贷款	人民币中长期贷款
汶上县农信联社	72.25	3.86	67.99	42.79	23.80	11.74
邮储银行汶上县支行	25.81	6.89	18.92	2.31	1.18	1.13
汶上中银富登村镇银行	1.58	0.85	0.72	1.20	0.07	1.13

强“窗口指导”，引导金融机构不断加大对地方经济的支持力度，实现经济与金融协调发展。一是多次组织召开金融、融资、银企对接等工作会议，金融机构与9个项目代表企业签订贷款意向6.5亿元；二是制定《金融支持50万亩粮食高产创建示范区建设的指导意见》，为该示范区建设提供大力支持；三是成立金融支持现代农业加快发展工作领导小组，定期召开例会，跟踪督办金融服务落实情况，建立《现代农业资料库》，搭建现代农业和金融资源的对接平台；四是针对农村经济发展实际，开办农房抵押、土地托管等贷款业务，并开展了中小企业、商户、农户三大信用联盟贷款新业务。

【金融服务与监管】 2014年，人民银行汶上县支行立足经济发展实际，加强金融生态环境建设，努力实现落实宏观调控措施与促进经济发展的协调统一。一是推动县政府成立社会信用体系建设工作领导小组，印发《采集小微企业信用信息的通知》，召开推进会，推动小微企业和农村等信用体系建设顺利开展；二是完善联网核查机制，进一步落实账户实名制，组织开展人民币银行结算账户管理系统、联网核查公民身份信息系统应急演练，切实提高应急处置能力；三是积极推动地方政府及司法部门建立司法服务金融联席会议制度，依托县金融协会，推动金融消费权益保护工作深入开展；四是认真履行监管职责，全年对商业银行、农信社的征信、金融统计、外汇、国库、反洗钱、账户、现金、存款准备金、银行间拆借、金融稳定等业务情况进行监督检查。

梁山县

【经济金融概况】 2014年，梁山县坚持以转变经济发展方式为主线，经济社会发展取得新成绩，社会综合实力和人民生活水平稳步提高。

金融机构继续认真贯彻落实稳健货币政策，准确把握“稳中求进”和“实体优先”的总基调，积极增加信贷供给，着力优化信贷结构，大力创新金融服务，对实体经济支持力度进一步增强。

【金融发展与改革】 2014年，梁山县金融机构以支持实体经济结构调整和转型升级为着力点，深入贯彻稳健货币政

梁山县主要经济指标

经济指标	2013	2014	2014年同比增幅（%）	经济指标	2013	2014	2014年同比增幅（%）
土地面积（平方公里）	960.81	960.81	0	地方财政支出（亿元）	22.48	24.17	7.5
人口（万人）	73.96	74.15	0.26	全社会固定资产投资（亿元）	148.09	171.23	15.9
城镇人口（万人）	26.09	27.52	5.48	进出口总值（万美元）	2820	3859	36.8
乡村人口（万人）	47.87	46.63	-2.59	出口总值（万美元）	2706	3766	39.2
地区生产总值（亿元）	216.61	232.80	9.9	实际利用外资（万美元）	2013	2602	29.3
第一产业（亿元）	42.96	45.30	3.9	社会消费品零售总额（亿元）	71.72	80.30	12.0
第二产业（亿元）	111.47	117.67	10.0	居民消费价格指数（%）	101.5	104.9	3.35
第三产业（亿元）	62.18	69.83	13.7	人均地区生产总值（元）	29355	31436	7.09
财政总收入（亿元）	30.05	33.80	12.48	城镇居民可支配收入（元）	20466	22656	10.7
地方财政收入（亿元）	8.54	10.13	18.6	农民人均现金收入（元）	10554	11868	12.5
财政总支出（亿元）	29.79	34.12	14.53				

梁山县主要金融指标

金融指标（亿元）	2013	2014	2014年同比增幅（%）	金融指标（亿元）	2013	2014	2014年同比增幅（%）
本外币存款余额	178.08	197.14	10.70	财险收入	2.05	2.69	31.22
人民币存款余额	177.93	196.95	10.69	寿险收入	5.47	3.84	-29.80
单位存款	36.75	36.57	-0.49	财险赔款	0.77	1.11	44.16
储蓄存款	138.85	159.28	14.71	寿险给付	0.96	1.76	83.33
本外币贷款余额	75.71	88.06	16.31	当年结益	--	--	--
人民币贷款余额	75.71	88.06	16.31	证券市场交易总额	--	--	--
短期贷款	46.33	51.40	10.94	投资者保证金余额	--	--	--
中长期贷款	25.57	34.08	33.28	证券账户开户数	--	--	--
票据融资	3.81	2.58	-32.28	证券交易佣金收入	--	--	--
当年结益	2.43	2.89	18.93	净利润	--	--	--
不良贷款余额	2.16	2.12	-1.85				

梁山县主要金融机构概况

单位名称	行长（或其他称谓的第一负责人）	副行长（或其他称谓的同级领导）	员工总数	辖内营业网点数
人民银行梁山县支行	张明进	颜景轩　王建民　黄淑娟	35	1
济宁银监分局梁山办事处	苑士民		2	1
农发行梁山县支行	马习广	孙逢廉　冯敬学	19	1
工行梁山支行	王　斌	裴洪涛　刘仰峰　赵建鲁　李晓红　闫恪爱	77	6
农行梁山县支行	孔凡群	刘性波　王　东　张继斌	126	9
中行梁山支行	展建鲁	赵永银　宋恩璋	23	1
建行梁山支行	周新科	李同新	47	2
济宁银行梁山支行	孙　炎	杜艳立	40	2
威海市商业银行梁山支行	张鸿峰		18	1
梁山县农信联社	顾　涛	王允才　孟　彬　王庆良　王　洁　王　社	357	27
邮储银行梁山县支行	李鲁强	郭鲁闽	83	24
梁山民丰村镇银行	唐建军	王　立　闫克银　张振权	36	2

梁山县主要金融机构业务概况

单位：亿元

单位名称	本外币存款余额	人民币单位存款	人民币储蓄存款	本外币贷款余额	人民币短期贷款	人民币中长期贷款
农发行梁山县支行	0.09	0.09	0	1.76	1.16	0.60
工行梁山支行	36.14	9.06	26.20	13.83	7.06	6.77
农行梁山县支行	38.01	4.41	33.00	10.52	2.90	7.63

续表

单位名称	本外币存款余额	人民币单位存款	人民币储蓄存款	本外币贷款余额	人民币短期贷款	人民币中长期贷款
中行梁山支行	8.49	3.57	4.80	5.12	2.24	2.87
建行梁山支行	10.61	3.61	6.99	5.49	0.58	4.90
济宁银行梁山支行	11.81	5.87	5.94	6.77	5.21	1.56
梁山县农信联社	56.41	1.27	55.13	38.97	27.67	8.71
邮储银行梁山县支行	31.14	6.44	24.70	2.35	1.32	1.03
梁山民丰村镇银行	4.08	2.24	1.83	3.25	3.25	0

策，有力支持了地方经济平稳、健康发展。一是加强信贷产品创新，农村土地承包经营权和水域滩涂等抵押贷款试点工作取得重大突破；二是人民银行梁山县支行联合县金融办召开3次金融助推地方经济发展座谈会和重点企业银企对接会，达成贷款意向资金近5亿元；三是小微企业信息采集工作稳步推进，梁山县被人民银行济宁市中心支行确认为农村信用体系建设试点单位；四是制定《关于加强信贷创新 改善金融服务 支持家庭农场等新型农业经营主体金融服务的指导意见》，全年组织开展金融支持现代农业主题宣传活动3次；五是农村土地承包经营权抵押贷款试点工作取得重大突破，年内发放首笔水域滩涂质押贷款200万元，成功向9户农民发放济宁市首笔农民土地承包经营权抵押贷款140万元；六是威海市商业银行梁山支行依法成立，各项业务迅速开展。

【金融服务与监管】 2014年，人民银行梁山县支行更新监管和服务理念，与银监部门协调配合，维护金融业合法、稳健运行和地方经济的健康发展。一是组织召开货币政策通报会、经济金融运行分析会和金融工作座谈会，引导和督促各金融机构优化信贷结构、调整信贷投向，落实新增存款一定比例用于当地贷款的要求，持续服务实体经济发展；二是完成了对农业银行梁山县支行"三农事业部"执行差别存款准备金率贷款情况的考核；三是对民丰村镇银行支农再贷款业务开展了执法检查；四是对农信社的14个营业网点和工商银行、农业银行、中国银行等机构的9个营业网点的人民币收付、反假业务进行了全面检查；五是加强支付环境建设工作，加大对电子商业汇票等非现金支付工具的推广力度。10月，银联商务济宁分公司与梁山泰来森商贸公司合作开展的助农取款、便民缴费业务正式启动，实现了该县银行卡收单类支付机构投入农村支付服务环境建设中的零突破。

（郭晓娟）

临沂市

【经济金融概况】 2014年，临沂市全力抓好稳增长、促改革、调结构、惠民生各项工作，经济社会保持平稳健康发展的良好势头。一是转型升级步伐加快，经济结构日趋合理；二是加快中心城区、县城、小城镇和农村新型社区"四级联动"，城镇化率达54.3%；三是全力办好十件惠民实事，民生支出298亿元，占公共财政总支出的65.5%。

【货币政策实施】 2014年，人民银行临沂市中心支行认真贯彻落实稳健货币政策，努力在支持经济发展中求创新求突破。

一、加强"窗口指导"。先后制定《关于认真贯彻稳健货币政策改进金融服务和外汇管理 支持全市经济持续健康发展的意见》和《金融支持临沂商城国际贸易综合改革试点指导意见》，努力扩大社会融资总量。

二、深化银企合作。联合12个县、区政府逐一举办政银企推进会，累计为1393家企业落实贷款协议701.5亿元。

三、扎实推动利率市场化基础准备工作。制定《金融机构合格审慎评估实施办法》，择优选定临商银行等3家地方法人机构进行合格审慎评估的初评工作，并逐级上报市场利率定价自律机制复核。

四、开展人民银行信贷资产抵押试点工作。选择辖内执行货币信贷政策较好、涉农贷款和小微贷款占比较高的罗庄区农村信用联社作为试点机构，积极推进试点工作。

【金融稳定】 2014年，人民银行临沂市中心支行加大工作力度，健全金融稳定工作机制和风险管理机制。

临沂市经济主要统计指标

指标 \ 年度	2010	2011	2012	2013	2014	2014年同比增幅（%）
土地面积（平方公里）	17184.1	17184.1	17184.1	17184.1	17184.1	--
人口（万人）	1072.6	1080.95	1083.8	1015.9	1022.1	0.61
城镇人口（万人）	514.848	518.86	--	--	--	--
乡村人口（万人）	557.752	562.09	--	--	--	--
地区生产总值（亿元）	2400	2770.45	3012.81	3336.8	3569.8	10.1
第一产业（亿元）	264	279.01	291.34	324.3	340.9	3.9
第二产业（亿元）	1206.3	1382.05	1463.45	1583.9	1648.9	10.7
工业（亿元）	929.7	1146.1	1202.7	1297.3	--	--
建筑业（亿元）	285.3	236.0	260.8	286.7	--	--
第三产业（亿元）	929.7	1109.39	1258.02	1428.6	1580.0	10.8
人均地区生产总值（元）	24622	27503	29808	32902	35032	6.47
地区生产总值构成（%）	100	100	100	100	100	--
第一产业（%）	11	10.1	9.7	9.7	9.5	-0.2
第二产业（%）	50.3	49.9	48.5	47.5	46.2	-1.3
第三产业（%）	38.7	40	41.8	42.8	44.3	1.5
财政总收入（亿元）	--	271.3	--	--	--	--
地方财政收入（亿元）	115.5	141.3	170.1	216.10	251	16.2
财政总支出（亿元）	--	--	--	--	--	--
地方财政支出（亿元）	236.5	284.9	349	405.49	455.1	12.2
全社会固定资产投资（亿元）	--	--	--	--	--	--
规模以上固定资产投资（亿元）	1408.3	1417.9	2016.7	2431.6	2826	16.2
房地产开发（亿元）	158.2	190.7	233.5	300.5	370.9	23.4
进出口总值（亿美元）	47.7	68.39	78.6	94.1	107.9	14.4
出口总值（亿美元）	28.3	36.24	39	46.4	56.9	22.9
实际利用外资（亿美元）	3.27	2.69	2.4	3.09	3.4	10.2
社会消费品零售总额（亿元）	1157.2	1366.1	1571.9	1781.0	2008.4	12.8
居民消费价格指数（%）	102.4	103.8	101.3	101.6	102.1	2.1
城市居民人均可支配收入（元）	18644	21440	24452	27511	30345	10.3
农民人均现金收入（元）	6761	8018	9149	10389	11629	11.9

临沂市工农业主要统计指标

农业主要统计指标（万吨）				规模以上工业企业主要统计指标（亿元）			
项目 \ 年度	2013年	2014年	增幅（%）	项目 \ 年度	2013年	2014年	增幅（%）
粮食	--	435.2	-0.9	工业增加值	1801.6	2020.3	14.5
夏粮	--	190.5	-4.1	国有工业	112.8	99.9	8.9
秋粮	--	244.7	1.7	集体工业	5.3	6.6	9.8
棉花	1.2	1.0	-10.9	股份制工业	1224.9	1397	15.7
油料	85.2	81.2	-4.8	股份合作制工业	5.7	5.7	13.2
水果	201.8	208.8	3.5	外商及港澳台投资工业	186.8	218	14.8

续表

农业主要统计指标（万吨）				规模以上工业企业主要统计指标（亿元）			
项目＼年度	2013年	2014年	增幅（%）	项目＼年度	2013年	2014年	增幅（%）
蔬菜	643.4	663.4	3.1	轻工业	687.8	773.2	14.4
肉类	76.82	76.2	-0.9	重工业	1113.8	1247.1	15.5
禽蛋	28.96	28.4	-1.9	销售收入	8618.3	--	--
奶类	10.5	10.8	2.9	利税	732.4	--	--
水产品	14.83	14.9	0.1	利润	481.1	--	--
森林覆盖率（%）	33.8	34.5	2.07	经济效益综合指数（%）	--	--	--

临沂市主要金融机构概况

单位名称	行长（或其他称谓的第一负责人）	副行长（或其他称谓的同级领导）	员工总数	辖内营业网点数
人民银行临沂市中心支行	吴金忠	牛庆国 许 波 郭元华 王均涛 薛昭顺 王 森 惠广城 阚 磊	391	10
临沂银监分局	汲长虹	公冶颂 于兆林 吕 娟 刘智波 蒋卫红	82	10
农发行临沂市分行	苏 静	徐振云 鲁守堂 庞肇国	208	10
工行临沂分行	孙光辉	毕建山 蒋洪深 刘树伟 吴建勇 叶清涛 支良兴 魏宗杰 范学华 郑长虹	1220	59
农行临沂分行	宋红光	潘兆华 安 勇 张炳臣 高 峰	2354	134
中行临沂分行	王志江	葛庆亮 李成忠 杨 明 杨在志 吴 浩 吕兰涛	989	37
建行临沂分行	刘月余	郭 胜 邢成华 袁雪峰 郝培涛 田福兴 陶续云	1447	55
交通银行临沂分行	刘金柱	李纯东 李海源	66	2
邮储银行临沂市分行	刘 欣	赵验昌 郑志梅 陈海卫	1088	267
民生银行临沂支行	夏京利	秦 剑 杨玉君 赵海燕	300	10
浦发银行临沂分行	姜 健	宋兖成 景海燕 张艳红	104	4
招商银行临沂分行	于泽增	杨汉文 王广宇 杨金波	90	3
兴业银行临沂分行	谭 林	王成军 王治国	115	2
华夏银行临沂分行	尼云山	魏晓敏 杨德国 徐 伟	72	1
中信银行临沂分行	张文清	刘 刚 宋保华	70	3

续表

单位名称	行长（或其他称谓的第一负责人）	副行长（或其他称谓的同级领导）	员工总数	辖内营业网点数
平安银行临沂分行	邢　斌	陈锡滇　葛　海	60	1
日照银行临沂分行	张秋生	陈正凯　李　泓	92	3
威海市商业银行临沂分行	姜忠洲	刘元磊　陈新波	102	3
莱商银行临沂分行	赵　强	刘清华　贾守强	84	2
临商银行	钱　进	王君泰（党委副书记、行长） 庄依（监事长）　臧文勇　徐　毅 徐　建　韩　伟　刘建军 葛　磊　王庆仔　卢立富	1956	74
农信社临沂市办事处	孔祥波	李玉林　庄　涛 毛克付　贾建华	7901	535
临沂兰山农村合作银行	侯家明	马瑞卿　诸葛凤沂　鞠佃军 赵永正　张乃飞 丁万刚　邵景东	1185	92
临沂河东农村合作银行	莫沂海	荣庆东　王兆聚　赵振响 陈纪峰　张效英 宋广厦　陈德强	578	39
临沂罗庄农村信用合作联社	毛晓辉	刘桂华	576	41
河东齐商村镇银行	葛　涛	耿　嵩	76	5
中国人保财险临沂市分公司	李连亮		2925	73
中国人寿临沂市分公司	李瑞华		9044	199
齐鲁证券公司临沂分公司	张学林		135	7

临沂市金融业务统计指标

	指标（亿元）＼年度	2010	2011	2012	2013	2014	2014 年同比	
							增加额	增幅（%）
银行类	本外币存款余额	2123.59	2507.1	3043.48	3710.77	4255.52	544.74	14.68
	人民币存款余额	2115.09	2497.83	3029.17	3685.57	4225.31	539.74	14.64
	*单位存款	365.29	804.07	994.62	1287.40	1522.49	226.17	17.57
	储蓄存款	1390.16	1628.35	1941.66	2250.30	2583.82	333.53	14.82
	本外币贷款余额	1559.7	1833.63	2150.16	2531.13	3033.65	502.52	19.85
	人民币贷款余额	1538.21	1796.60	2109.83	2475.64	2992.64	517.00	20.88
	短期贷款	961.16	1127.11	1314.38	1520.69	1735.14	214.44	14.10
	中长期贷款	510.28	583.29	646.04	817.09	1092.28	275.19	33.68
	票据融资	65.87	85.73	148.86	137.48	164.46	26.97	19.62
	当年结益	7.19	9.56	11.82	--	--	--	--
	不良贷款余额	70.37	62.82	65.41	46.13	39.29	-6.84	-14.8
	不良贷款占比（%）	4.51	3.42	3.04	1.82	1.30	-0.53	-0.53
保险类	保险公司保费收入	76.3	79.63	92.6	102.97	123.68	20.71	20.11
	财险收入	23.87	27.72	32.24	40.23	50.17	9.94	24.71
	寿险收入	52.43	51.91	60.38	67.22	73.51	6.29	9.36

续表

类别	指标（亿元）＼年度	2010	2011	2012	2013	2014	2014年同比增加额	2014年同比增幅（%）
保险类	保险公司赔款和给付支出	15.28	18.27	24.70	33.82	40.76	6.94	20.52
保险类	财险赔款	10.11	11.83	15.78	19.31	25.34	6.03	31.23
保险类	寿险给付	5.17	6.44	8.92	14.51	15.42	0.91	6.27
保险类	当年结益	--	--	--	--	--	--	--
证券类	证券市场成交总额	1536.2	1106.37	815.63	1091.75	2067.62	975.87	89.38
证券类	投资者保证金余额	17.84	33.8	5.11	6.2	13.75	7.55	121.77
证券类	证券账户开户数（户）	70710	229131	247461	272526	292058	19532	7.17
证券类	佣金收入	2.11	1.5	1.1	1.44	2.33	0.89	61.80
证券类	净利润	1.49	0.95	0.37	0.81	1.30	0.49	60.49
证券类	期货市场成交总额	1910.67	2100.32	3001.74	5432.84	3978.23	-1454.6	-26.77
证券类	期货客户保证金余额	0.33	0.63	2.03	2.46	1.68	-0.78	-31.71
证券类	期货账户开户数（户）	2260	4029	802	6908	7108	200	2.89
证券类	期货手续费收入	0.12	0.14	0.12	0.19	0.097	-0.093	-48.94
证券类	利润总额	0.03	0.05	0.05	0.003	-0.014	-0.017	-600

临沂市金融机构统计指标

类别	指标（个）＼年度	2010	2011	2012	2013	2014	2014年同比增幅（%）
银行类	法人机构	14	17	19	20	22	10
银行类	省级分行	1	1	1	1	1	0
银行类	二级分行	9	11	13	18	17	-5.56
银行类	县区支行	171	183	201	213	223	4.69
银行类	分理处、营业所	816	960	961	977	992	1.54
银行类	储蓄所	150	26	30	--	--	--
银行类	从业人员总数	16365	17249	17735	15411	16524	7.22
保险类	保险机构	305	490	518	607	--	--
保险类	财险机构	143	214	232	237		--
保险类	省级分公司	--	--	--	--	--	--
保险类	地市分公司	19	21	26	26	--	--
保险类	县区支公司	124	193	206	211	--	--
保险类	寿险机构	162	276	286	370	--	--
保险类	省级分公司	--	--	--	--	--	--
保险类	地市分公司	23	26	28	29	--	--
保险类	县区支公司	139	250	258	341	--	--
保险类	从业人员总数	41200	43100	44200	35867	--	--
保险类	财险人员	9100	7100	7600	5966	--	--
保险类	寿险人员	32100	36000	36600	29901	--	--

续表

指标（个）\年度		2010	2011	2012	2013	2014	2014年同比增幅（%）
证券类	证券机构	6	9	12	16	25	56.25
	证券公司	0	0	0	1	1	0
	证券营业部	6	9	12	15	24	60
	证券服务部	0	0	0	0	0	0
	从业人员总数	143	295	312	283	316	11.66
	投资者开户数（户）	70710	229131	247461	272526	292058	7.17
	境内上市股票只数	5	6	4	4	4	0
	境外上市股票只数	19	19	20	17	17	0
	辖区上市公司总数	24	25	24	21	21	0

临沂市主要金融机构业务概况

单位：亿元

单位名称	本外币存款余额	人民币单位存款	人民币储蓄存款	本外币贷款余额	人民币短期贷款	人民币中长期贷款
农发行临沂市分行	16.01	15.99	—	85.43	35.76	48.69
工行临沂分行	356.50	137.33	192.67	388.63	132.00	237.64
农行临沂分行	609.70	164.13	429.74	375.56	161.76	205.57
中行临沂分行	217.51	110.24	100.28	202.90	89.83	105.27
建行临沂分行	349.20	176.45	167.06	269.74	71.32	194.92
交通银行临沂分行	47.40	40.49	4.39	36.83	29.30	3.84
邮储银行临沂市分行	288.45	34.04	254.41	53.00	16.54	33.90
民生银行临沂支行	170.34	83.58	77.46	119.71	97.99	21.72
浦发银行临沂分行	86.52	70.87	7.43	83.71	48.24	24.64
招商银行临沂分行	34.79	28.05	5.77	36.73	25.12	8.48
兴业银行临沂分行	66.05	56.32	9.58	55.72	48.93	5.71
华夏银行临沂分行	42.60	38.01	3.80	29.23	24.67	2.45
中信银行临沂分行	35.60	30.96	2.97	24.25	15.09	6.25
平安银行临沂分行	32.95	29.72	2.48	41.70	20.68	20.39
日照银行临沂分行	40.31	35.05	4.56	16.02	13.25	2.04
威海市商业银行临沂分行	28.80	20.12	3.14	12.53	9.98	1.65
莱商银行临沂分行	31.10	26.93	4.08	22.99	20.57	0
临商银行	456.16	287.26	168.19	315.07	255.59	45.28
农信社临沂市办事处	1257.36	123.32	1132.90	840.96	599.41	120.01
临沂兰山农村合作银行	201.13	53.46	146.80	148.65	107.83	23.89
临沂河东农村合作银行	87.56	8.84	78.81	58.43	36.81	8.61

续表

单位名称	本外币存款余额	人民币单位存款	人民币储蓄存款	本外币贷款余额	人民币短期贷款	人民币中长期贷款
临沂罗庄农村信用合作联社	80.53	5.78	68.47	62.83	38.16	14.86
河东齐商村镇银行	10.24	6.38	3.84	6.73	6.35	0.38

临沂市各县级区域经济金融主要统计指标

名称	人口（万人）	面积（平方公里）	地区生产总值（亿元）	地区生产总值增速（%）	本外币存款余额（亿元）	储蓄存款（亿元）	本外币贷款余额（亿元）
兰山区	--	--	748.9	10.1	--	--	--
罗庄区	--	--	343.3	11.8	--	--	--
河东区	--	--	178.2	10.2	--	--	--
开发区	--	--	135.5	12.1	--	--	--
高新区	--	--	54.6	12.3	--	--	--
临港区	--	--	39.3	12.3	--	--	--
沂南县	93.20	1719	205.5	11.2	219.50	177.09	108.22
郯城县	96.9	1195	257.2	10.9	180.11	152.25	96.85
沂水县	114.45	2434.8	334.8	12.0	331.12	253.33	224.39
兰陵县	120	1724	298.0	10.5	237.37	168.85	138.25
费　县	85.64	1660.1	235.1	10.9	214.52	162.50	123.18
平邑县	103.3	1024.7	253.9	11.4	204.85	149.51	120.37
莒南县	83.46	1388	252.1	11.2	264.92	204.06	150.25
蒙阴县	55.97	1601.6	173.9	10.5	150.87	114.81	81.71
临沭县	64.45	1010	201.6	11.5	210.78	126.55	149.98

临沂市（含县级）小额贷款公司机构、业务概览

单位名称	行长（或其他称谓的第一负责人）	员工总数（人）	本外币贷款余额（亿元）	人民币短期贷款（亿元）	人民币中长期贷款（亿元）
临沂市罗庄区江泉小额贷款公司	王文涛	9	1.36	1.36	0
临沂市兰山区金升小额贷款公司	阚积伟	14	1.22	1.22	0
临沂河东奥蒙小额贷款公司	徐同如	18	2.96	2.96	0
临沂市兰山区翔宇小额贷款公司	李　明	31	2.73	2.53	0.20
临沂市河东区信生小额贷款公司	吕尚国	14	1.68	1.68	0
临沂市罗庄区阳光小额贷款公司	刘春阳	26	2.23	2.19	0.04
临沂市经济区经开小额贷款公司	王安平	22	3.16	3.16	0
临沂市兰山区新港小额贷款公司	魏孝新	27	1.70	1.70	0
临沂市罗庄区宇光小额贷款公司	刘　波	14	1.04	1.04	0
临沂市高新技术产业开发区远通小额贷款公司	王爱丽	9	1.82	1.82	0

续表

单位名称	行长（或其他称谓的第一负责人）	员工总数（人）	本外币贷款余额（亿元）	人民币短期贷款（亿元）	人民币中长期贷款（亿元）
临沂市兰山区银凤小额贷款公司	赵春田	11	1.09	1.09	0
临沂市兰山区运昊小额贷款公司	翁洪江	7	0.11	0.11	0
临沂市兰山区天元小额贷款公司	尹相善	12	2.14	2.13	0.01
临沂市兰山区盛银小额贷款公司	杨志彬	10	1.03	1.03	0
沂南东方小额贷款公司	梁守庆	10	1.41	1.41	0
沂南建龙小额贷款公司	苏明贞	11	1.20	1.20	0
郯城奥德小额贷款公司	林　波	15	2.36	2.36	0
沂水盛荣小额贷款公司	杨献丽	12	1.29	1.29	0
沂水福裕达小额贷款公司	刘学武	6	1.29	1.29	0
苍山荣庆小额贷款公司	吴克强	17	1.23	1.23	0
苍山惠方小额贷款公司	陆桂春	9	1.42	1.42	0
苍山兰陵小额贷款公司	宋庆法	13	1.81	1.81	0
费县金源小额贷款公司	郁万杰	11	1.28	1.28	0
费县坤源小额贷款公司	郭胜利	6	1.03	1.03	0
平邑冠鲁小额贷款公司	钟玉成	15	0.98	0.98	0
平邑融信小额贷款公司	杨艳明	12	1.18	1.18	0
莒南民丰小额贷款公司	李学纯	16	1.92	1.92	0
莒南鑫海小额贷款公司	何中余	8	1.02	1.02	0
蒙阴翰邦小额贷款公司	张少森	13	1.03	1.03	0
临沭常林小额贷款公司	李　俊	12	1.31	1.31	0

一、深入开展金融风险监测分析、调查和排查。一是坚持金融风险监测全覆盖，将地方法人机构和具有融资功能的非金融机构等所有潜在风险机构全部纳入监测范围；二是组织完成全市金融机构委托贷款业务、农村互助社运作模式、商业银行债券投资、非金融企业债务风险、企业担保圈风险5项专题调查。

二、反洗钱监管取得实际成效。一是利用风险监管指标体系，对费县农村商业银行和安盛天平财产保险公司临沂中心支公司进行了风险评估；二是建立108家金融机构监管信息档案，对区域顶级机构实施动态风险管理，实现反洗钱监管对辖内金融机构的全覆盖；三是通过指导、培训、考核等方式，督促金融机构做好向中国反洗钱监测分析中心报送可疑交易数据工作。

【金融服务】　2014年，人民银行临沂市中心支行深化农村支付环境建设，优化服务环境。

一、推进工具创新，进一步提高非现金支付工具支农、惠农服务水平。一是积极完善切实有效的工作机制，实现机具布放数量与使用效率的双增长；二是制定《临沂商城“刷卡无障碍”工作实施方案》，推动以银行卡为载体的各类非现金支付工具在商贸物流等领域推广普及。

二、大力推进金融IC卡推广应用工作。全年召开该项工作座谈会4次，督促各行按要求完成金融IC卡推广工作目标。截至9月30日，临沂市共发行金融IC卡305万张，占银行卡总发行量的12.03%，较年初增发163万张，超额完成全年金融IC卡存量300万张的任务。

三、加强管理，全面提升统计监测水平。一是扎实开展金融统计标准化管理，临商银行、7家村镇银行和30家小贷公司统计标准化工作进展顺利；二是认真落实人民银行将新增贷款一定比例用于县域的政策，加大对县域法人机构的考核力度，5家农信机构和沂水中银富登村镇银行通过总行考核，达标家数和达标率居全省前列。

【金融监管】　2014年，人民银行临沂市中心支行加大各项专业执法检查工作力度。一是制定方案，组织对临商银行、建设银行、浦发银行和招商银行征信管理专业执法检查工作，同时对在临沂辖区作业的新世纪、华信等两家评级公司进行了现场检查；二是制定《临沂市金融统计执法检查方案》，对工商银行临沂市各分支行和民生银行临沂市各分支行开展统计执法检查，规范统计行为；三是会同临沂市公安局就非法集资、毒品犯罪、涉恐交易、电信诈骗和网络赌博等案件进行情报会商 6 次。

【外汇管理】 2014 年，外汇局临沂市中心支局稳步推进外汇主体监管，有效构建监测核查工作机制。一是以风险可控、制度先行为原则，及时整合和修订 16 项主体监管制度，重新调整内部审批权限，并对非现场监测、现场核查等业务流程进行梳理再造，初步建立起工作框架；二是结合日常监测、现场和非现场检查等情况，对银行外汇业务进行全面综合评估和考核、评级工作。

【金融改革】 2014 年，临沂市新引进银行 2 家，新设立村镇银行 3 家，新增齐鲁股权交易中心挂牌企业 26 家，金运通网络支付公司获得第三方支付牌照。

【保险业务】 2014 年，临沂市保险业保持了持续健康的发展态势，服务网络不断完善，业务规模稳步扩大，服务功能充分发挥，保险服务经济结构调整初步显现。

【证券市场】 2014 年，证券公司营业部网点数量呈现稳步上升趋势，证券机构新增 9 家，总数达 25 家，在全省位居第 6 位；期货营业部总数 6 家，在全省位居第 2 位。

【金融文化建设】 2014 年，临沂市各金融机构不断创新思路，扎实开展富有特色的金融文化建设活动，取得较好成果。一是人民银行临沂市中心支行顺利通过济南分行文明单位督导检查和市文明委申报省级文明单位检查、市级文明单位复查；二是临商银行连续两年蝉联全市行风评议金融机构第 1 名和市民最满意金融机构第 1 名，荣获中国最佳物流金融服务企业、中国地方金融服务小微企业及“三农”十佳商业银行、全市金融贡献奖等称号；三是农信社临沂办事处连续七年被省国资委授予“省管企业文明单位”，被省联社授予“先进单位”。

【大事记】 1 月 29 日 人民银行临沂市中心支行被临沂市委、市政府表彰为 2013 年度平安临沂建设先进单位。

2 月 人民银行临沂市中心支行连续第四年被济南分行评为年度目标管理综合考核先进单位。

2 月 21 日 邮储银行临沂市分行储蓄逻辑集中系统正式切换上线。这是该行向“流程银行”全面转型迈出的又一重要步伐。

3 月 25 日 人民银行临沂市中心支行组织党委中心组成员及机关党支部书记到平邑北海银行鲁南印钞厂旧址，开展“弘扬沂蒙精神 践行群众路线”主题教育实践活动。

4 月 3 日 人民银行临沂市中心支行组织举办新闻媒体金融消费权益保护专题座谈会。

4 月 7 日 人民银行济南分行“济银发〔2014〕121 号”文转发《中国人民银行关于苍山县支行更名的批复》(银函〔2014〕71 号)文件，同意中国人民银行苍山县支行(国家外汇管理局苍山县支局)更名为中国人民银行兰陵县支行(国家外汇管理局兰陵县支局)。

5 月 13 日 人民银行济南分行党委书记、行长杨子强一行来临沂市中心支行，宣布免去祖洪涛临沂市中心支行调研员职务，提任济南分行助理巡视员。

5 月 20 日 交通银行临沂分行沂州路、家电厨卫城、华创金桂园、美多现代城 4 家自助银行正式开业。

6 月 16 日 刘欣任邮储银行临沂市分行委员会委员、书记；张贵华不再担任邮储银行临沂市分行委员会书记、委员职务。

6 月 19 日 郯城县金融消费权益保护协会成立，临沂市由此实现金融消费权益保护组织全覆盖。

6 月 26 日 山东蒙阴、郯城两家农村商业银行股份有限公司同时挂牌开业。

7 月 30 日 招商银行在临沂设立的第 2 家综合性营业网点——招商银行沂蒙路支行开业。

8 月 14 日 李纯东兼任交通银行临沂分行纪委书记；免去刘金柱交通银行临沂分行纪委书记职务。

9 月 28 日 人民银行临沂市中心支行成功发放全国首笔信贷资产质押再贷款 1.5 亿元。

11 月 27 日 临沂市金融学会召开第八次会员代表大会并成功举办齐鲁大讲坛金融分坛活动。

12 月 1 日 北海银行纪念馆开馆、2014 年山东地方货币研讨会暨红色金融文化培训班在临沂成功举办。人民银行原副行长马德伦，中国钱币学会副理事长温克勤，中国钱币博物馆党委书记李明，人民银行济南分行党委书记、行长杨子强，人民银行济南分行副行长、省钱币学会理事长李建文，临沂市委书记张少军等领导为北海银行纪念馆揭牌，马德伦做“红色金融足迹和精神”专题学术讲座。

(陈若琳 时 婧)

郯城县

【经济金融概况】 2014 年，郯城县坚持把经济快速平稳增长作为首要任务，继续扶持培育家庭农场、农民专业合作社，引导农民集约化生产，企业经营效益明显提升，经济实现快速增长。

【金融发展与改革】 2014 年，人民银行郯城县支行采取多

郯城县主要经济指标

经济指标	2013	2014	2014年同比增幅（%）	经济指标	2013	2014	2014年同比增幅（%）
土地面积（平方公里）	1195	1195	0	地方财政支出（亿元）	26.82	28.76	7.23
人口（万人）	94.50	96.9	2.54	全社会固定资产投资（亿元）	138.6	156.2	17.50
城镇人口（万人）	23.2	43.2	86.20	进出口总值（万美元）	17503	21530	37.00
乡村人口（万人）	71.3	53.7	-24.68	出口总值（万美元）	14019	14196	14
地区生产总值（亿元）	242.10	257.23	10.90	实际利用外资（万美元）	581	42	-80.10
第一产业（亿元）	25.40	27.48	3.80	社会消费品零售总额（亿元）	103.[illegible]	122.70	12.5
第二产业（亿元）	111.60	114.04	9.80	居民消费价格指数（%）	101.60	102.1	2.1
第三产业（亿元）	105.10	115.71	13.70	人均地区生产总值（元）	28540	30135	5.58
财政总收入（亿元）	28.33	30.33	7.10	城镇居民可支配收入（元）	23795	26650	11.99
地方财政收入（亿元）	9.01	10.36	14.98	农民人均现金收入（元）	10298	11530	11.96
财政总支出（亿元）	26.83	30.22	12.63				

郯城县主要金融指标

金融指标（亿元）	2013	2014	2014年同比增幅（%）	金融指标（亿元）	2013	2014	2014年同比增幅（%）
本外币存款余额	162.11	180.11	11.10	财险收入	1.41	2.13	51.06
人民币存款余额	161.79	179.83	11.15	寿险收入	3.39	3.54	4.42
单位存款	26.97	25.76	-4.48	财险赔款	0.62	0.89	43.55
储蓄存款	133.20	152.11	14.20	寿险给付	0.73	0.57	-21.92
本外币贷款余额	89.08	96.85	8.72	当年结益	--	--	--
人民币贷款余额	88.78	96.36	7.87	证券市场交易总额	--	--	--
短期贷款	57.00	56.70	-0.52	投资者保证金余额	--	--	--
中长期贷款	27.22	34.67	27.37	证券账户开户数	--	--	--
票据融资	4.56	4.99	9.43	证券交易佣金收入	--	--	--
当年结益	2.41	3.30	36.92	净利润	--	--	--
不良贷款余额	1.42	1.18	-16.90				

郯城县主要金融机构概况

单位名称	行长（或其他称谓的第一负责人）	副行长（或其他称谓的同级领导）	员工总数	辖内营业网点数
人民银行郯城县支行	梅　景	朱文宝　鲁丽华　张晓超	19	1
临沂银监分局郯城办事处	董建平	孙国华	2	1
农发行郯城县支行	王龙河	祝林峰　王欣刚	19	1
工行郯城支行	韩建华	尹绪云　丁乐平	52	3
农行郯城县支行	杜志新	肖建波　孙　炎　吴海滨	159	11

续表

单位名称	行长（或其他称谓的第一负责人）	副行长（或其他称谓的同级领导）	员工总数	辖内营业网点数
中行郯城支行	王 焱	舒 勇	29	2
建行郯城支行	郭居玮	高维虎 王 帆	44	2
临商银行郯城支行	王义光	翟慎光	22	1
郯城县农信联社	刘 春	孙宝华 王 毅 刘国强 尤三生 管其宝	602	44
邮储银行郯城县支行	姚恒祥	刘远江 王 琨	68	3

郯城县主要金融机构业务概况

单位：亿元

单位名称	本外币存款余额	人民币单位存款	人民币储蓄存款	本外币贷款余额	人民币短期贷款	人民币中长期贷款
农发行郯城县支行	0.96	0.96	--	3.04	0.26	2.78
工行郯城支行	15.90	3.57	11.12	14.01	4.19	9.57
农行郯城县支行	37.17	5.77	31.07	12.17	5.27	6.67
中行郯城支行	6.25	2.84	3.28	4.66	1.96	2.70
建行郯城支行	10.20	4.16	6.04	5.48	1.97	3.51
临商银行郯城支行	4.64	3.56	1.08	3.10	2.52	0.58
郯城县农信联社	78.00	2.55	75.41	52.14	39.38	7.77
邮储银行郯城县支行	26.35	2.30	24.05	2.14	1.04	1.10

项措施推进金融发展。

一、创新政银企合作方式。一是分别于3月24日和8月28日召开“金融支持县域经济发展政银企合作（郯城）推进会”和“郯城县经济开发区政银企合作对接会”，银企达成资金意向55.58亿元，同比增加13.22亿元；二是筛选85家小微企业建立信息库，作为银行、担保机构优先支持的对象。

二、创新金融产品和服务。一是推动县政府将“金融创新工作”纳入2014年十大重点工作之一，制定《金融创新工作方案》，成立推进小组4个，促进林权抵押贷款业务稳步发展；二是土地承包经营权抵押贷款“破题”，农商行在全市率先开办“诚信通”公职人员信用贷款，汉源村镇银行积极运作融资增信业务，500万元财政担保基金已到位。

三、加强“窗口指导”。制定《关于金融支持新型农业经营主体发展的指导意见》，完善《金融工作考核奖励暂行办法》，引导金融机构加大信贷投入，支持实体经济转型升级。截至年末，全县表内外融资余额100.31亿元，比年初增加8.23亿元。

【金融服务与监管】 2014年，人民银行郯城县支行积极加强和改善金融服务，不断提高金融监管水平。一是严格金融机构重大事项报告制度，全年金融机构共报送重大事项11项；二是严格新设银行业金融机构开业管理，对郯城县农商行、汉源村镇银行两家新设机构的筹建和开业进行审查、现场检查验收和技能考核；三是开展现金自助设备、人民币收付业务、现金示范点、支付结算、国库经收和集中心支行付代理业务等专项检查和反洗钱评估7次，检查金融机构及网点73个；四是大力发展普惠金融，拓展国库直接支付范围；五是以“信用记录关爱日”、“金融知识普及月”等为契机，开展送金融知识进农村、社区、学校、集市等宣传活动9次。

（赵 军 张鑫熠）

兰陵县

【经济金融概况】 2014年，苍山县更名为兰陵县，该县金融机构积极贯彻执行稳健货币信贷政策，不断提高金融服务水平，努力维护金融稳定，较好地支持了地方经济发展。

【金融发展与改革】 2014年，人民银行兰陵县支行一是完

兰陵县主要经济指标

经济指标	2013	2014	2014年同比增幅（%）	经济指标	2013	2014	2014年同比增幅（%）
土地面积（平方公里）	1724	1724	0	地方财政支出（亿元）	22.11	25.04	13.12
人口（万人）	117.3	120	2.3	全社会固定资产投资（亿元）	145.4	161.3	10.94
城镇人口（万人）	15.3	15.6	1.96	进出口总值（万美元）	12000	14068	17.23
乡村人口（万人）	102	104.4	2.35	出口总值（万美元）	11000	12356	12.33
地区生产总值（亿元）	271.56	297.99	9.73	实际利用外资（万美元）	5031	129	-97.44
第一产业（亿元）	49.2	55.74	13.29	社会消费品零售总额（亿元）	172.2	203.1	17.94
第二产业（亿元）	97.5	102.43	5.06	居民消费价格指数（%）	101.5	102.1	2.1
第三产业（亿元）	124.86	139.82	11.98	人均地区生产总值（元）	23151	24832	7.26
财政总收入（亿元）	43.44	41.28	-4.97	城镇居民可支配收入（元）	26827	29778	11
地方财政收入（亿元）	11.31	13.01	15.03	农民人均现金收入（元）	10323	11613	12.5
财政总支出（亿元）	44.16	41.03	7.09				

兰陵县主要金融指标

金融指标（亿元）	2013	2014	2014年同比增幅（%）	金融指标（亿元）	2013	2014	2014年同比增幅（%）
本外币存款余额	199.86	237.37	18.77	财险收入	2.15	2.69	25.1
人民币存款余额	199.74	237.28	18.79	寿险收入	3.84	3.87	0.8
单位存款	44.82	61.97	38.26	财险赔款	1.09	1.27	16.5
储蓄存款	149.12	168.76	13.17	寿险给付	0.78	0.71	-9.0
本外币贷款余额	114.6	138.25	20.64	当年结益	--	--	--
人民币贷款余额	114.6	138.25	20.64	证券市场交易总额	--	--	--
短期贷款	76.88	89.29	16.14	投资者保证金余额	--	--	--
中长期贷款	29.65	42.38	42.93	证券账户开户数	--	--	--
票据融资	8.07	6.58	-18.46	证券交易佣金收入	--	--	--
当年结益	--	--	--	净利润	--	--	--
不良贷款余额	3.74	2.06	-44.92				

兰陵县主要金融机构概况

单位名称	行长（或其他称谓的第一负责人）	副行长（或其他称谓的同级领导）	员工总数	辖内营业网点数
人民银行兰陵县支行	姜良庆	刘 铮	22	1
临沂银监分局兰陵办事处	李 丽		1	1
农发行兰陵县支行	米发荣	刘维达 冯锡朋	22	1
工行兰陵支行	李 伟	赵健民 刘庆宝	40	2
农行兰陵县支行	韩永泉	凌 晨 吴志华	129	8

续表

单位名称	行长（或其他称谓的第一负责人）	副行长（或其他称谓的同级领导）	员工总数	辖内营业网点数
中行兰陵支行	吴清剑	唐乐彬　吕端祥	32	2
建行兰陵支行	许电强	王洪伟　李玉梅	52	2
民生银行兰陵支行	陈振国	杨秀娟	12	1
临商银行兰陵支行	赵雪峰	赵　军	28	2
苍山县农信联社	宋广辉（理事长） 庄　红（主任）	张振勇　张吉全 杜爱虎　董卫国 吕　健　张守山	573	48
邮储银行兰陵县支行	薛金坤	郝成伟　李海磊 窦立波	71	26
兰陵村镇银行	侯象林	袁　泉　蔡文伟	62	6

兰陵县主要金融机构业务概况

单位：亿元

单位名称	本外币存款余额	人民币单位存款	人民币储蓄存款	本外币贷款余额	人民币短期贷款	人民币中长期贷款
农发行兰陵县支行	1.68	1.67	--	7.12	4.39	2.73
工行兰陵支行	14.01	5.61	7.48	11.81	4.60	7.21
农行兰陵县支行	28.68	5.95	22.72	7.08	3.65	3.43
中行兰陵支行	9.67	5.64	3.95	9.04	2.55	6.49
建行兰陵支行	13.60	7.95	5.64	13.06	4.55	8.51
民生银行兰陵支行	3.92	0.85	2.15	1.15	1.15	0
临商银行兰陵支行	21.04	17.08	3.96	11.45	10.68	0.77
苍山县农信联社	96.46	11.54	84.92	70.50	51.67	12.25
邮储银行兰陵县支行	36.53	2.63	33.9	1.90	0.93	0.97
兰陵村镇银行	7.08	3.04	4.04	5.15	5.11	0.04

成了2013年金融机构综合评价和民生银行兰陵支行成立开业管理工作；二是成立了兰陵县金融协会，并为其提供了工作场所和必备的软硬件；三是将义务兵家庭优待金、粮食系统老职工养老金、农村沼气补助资金三项财政补贴资金纳入国库直接支付范畴，发放1929笔，金额1492.4万元；四是农村支付环境取得明显改善，ATM布放量达217台，开通网上银行24.80万个；五是金融IC卡迅速推广，金融机构IC卡发卡31.9万张，工商银行兰陵支行、农业银行兰陵县支行、中国银行兰陵支行、建设银行兰陵支行、民生银行兰陵支行、临商银行兰陵支行新发银行卡中金融IC卡占比均达100%。

2014年，民生银行兰陵支行开业，并开设社区银行网点4个；兰陵村镇银行在神山镇、开发区设立支行，机构网点总量达到6处；县金融办新批民间融资服务公司4家。

【金融服务与监管】　2014年，人民银行兰陵县支行加大政策引导力度，积极推动金融机构支持现代农业发展。一是每月调度法人金融机构贷款合意计划，为两家法人机构办理支农再贷款1.9亿元；二是制定并印发了《关于认真贯彻稳健货币政策改进金融服务 支持全县经济持续健康发展的意见》，组织召开兰陵县金融支持现代农业政银企合作推进会，达成贷款意向42.62亿元，到位资金59.18亿元；三是引导金融机构支持全县蒜薹购销，投放蒜薹购销贷款8.27亿元，同比增加2.78亿元；四是引导建立主办银行制度，对确定的新型农村经营主体由主办银行开展全方位、保姆式的金融支持；五是积极推动跨境人民币贸易结算工作，实现辖区零的突破；六是扎实开展农信联社改革后续监测考核和农业银行“三农金融事业部”的年度考核；七是做好征信查询和贷款卡管理，查询企业信用报告 117 份，发放贷款卡 105 户，新增机构信用代码 388 户。

在金融监管方面，人民银行兰陵县支行一是制定并实施检查方案，先后对辖区金融机构账户管理、国库经收处、国库集中心支行付代理银行、外汇指定银行、人民币管理等进行了全面检查；二是利用 3·15 消费者权益保护日、4·12 兰陵菜博会和 9 月金融知识宣传月，积极开展金融知识宣传，处理投诉 1 件，答复咨询 5 件；三是对全县行政村布设的金融基础设施进行检查，确保设备处于良好状态；四是加大假币收缴力度，收缴假币 36.55 万元；五是对外汇指定银行执行外汇管理法规情况进行监督指导。

（马志申）

莒南县

【经济金融概况】 2014 年，莒南县实施骨干企业培植计划，综合实力显著提升。金融机构优化信贷结构、强化风险管控、创新金融服务产品，多渠道增加信用供给。

【金融发展与改革】 2014 年，莒南县三农事业部改革、农信社银行化改革有序进行，银行分支机构及服务网点稳步增加。其中，建设银行临港支行、民生银行莒南支行相继成立开业；浦发银行莒南支行获银监部门批复；莒南村镇银行新增支行 4 家；日照银行临沂分行与莒南县政府签订设立莒南支行合作协议。

莒南县主要经济指标

经济指标	2013	2014	2014 年同比增幅（%）	经济指标	2013	2014	2014 年同比增幅（%）
土地面积（平方公里）	1388	1388	0	地方财政支出（亿元）	27.57	29.72	7.80
人口（万人）	82.49	83.46	1.2	全社会固定资产投资（亿元）	129.20	150	16.10
城镇人口（万人）	27.56	30.15	9.4	进出口总值（万美元）	82615	74868	-9.38
乡村人口（万人）	54.91	53.29	-3.0	出口总值（万美元）	51274	51530	0.50
地区生产总值（亿元）	233.56	252.09	7.93	实际利用外资（万美元）	3195	6486	103.00
第一产业（亿元）	30.83	32.36	4.96	社会消费品零售总额（亿元）	105.22	112.3	6.73
第二产业（亿元）	96.46	102.40	6.16	居民消费价格指数（%）	101.6	102.1	2.1
第三产业（亿元）	106.27	117.33	10.41	人均地区生产总值（元）	31564	34231	8.45
财政总收入（亿元）	16.84	19.17	13.84	城镇居民可支配收入（元）	22356	24995	11.80
地方财政收入（亿元）	11.47	13.19	15.00	农民人均现金收入（元）	10284	11610	12.89
财政总支出（亿元）	27.57	29.72	7.80				

莒南县主要金融指标

金融指标（亿元）	2013	2014	2014 年同比增幅（%）	金融指标（亿元）	2013	2014	2014 年同比增幅（%）
本外币存款余额	223.31	264.92	18.63	财险收入	1.61	2.10	30.43
人民币存款余额	222.89	264.35	18.60	寿险收入	3.64	3.64	0
单位存款	43.95	56.81	29.26	财险赔款	0.81	0.91	12.35
储蓄存款	174.85	203.92	16.63	寿险给付	0.12	0.14	16.67
本外币贷款余额	123.84	150.25	21.33	当年结益	4.68	4.64	-0.85
人民币贷款余额	123.50	149.49	21.04	证券市场交易总额	--	--	--
短期贷款	77.88	84.36	8.32	投资者保证金余额	--	--	--

续表

金融指标（亿元）	2013	2014	2014年同比增幅（%）	金融指标（亿元）	2013	2014	2014年同比增幅（%）
中长期贷款	30.35	48.71	60.49	证券账户开户数	--	--	--
票据融资	15.28	16.43	7.53	证券交易佣金收入	--	--	--
当年结益	2.88	2.91	1.04	净利润	--	--	--
不良贷款余额	3.12	3.18	1.92				

莒南县主要金融机构概况

单位名称	行长（或其他称谓的第一负责人）	副行长（或其他称谓的同级领导）	员工总数	辖内营业网点数
人民银行莒南县支行	孙　雷	李　健　滕金伦　孙清华	20	1
临沂银监分局莒南办事处	许长端	程守川	2	1
农发行莒南县支行	宋　营	王其禄　魏茂树	21	1
工行莒南县支行	何　华	魏茂军　王晓红　成方武 李庆军　孙晓燕	48	3
农行莒南县支行	杜金国	邱　华　魏本东　刘　兵	146	10
中行莒南支行	赵　健	薄福涛	28	2
建行莒南县支行	王　磊	杨文胜　李乃刚 邹庆元　王金霞	55	3
民生银行莒南支行	王佃莉	闵鲁川	25	1
临商银行莒南支行	刘成文	徐学超　刘善法	25	1
莒南县农信联社	王庆成　刘洪军	贾敬峰　刘海涛　李品颂 孔爱芹　戴明华	610	46
邮储银行莒南县支行	刘　涛	孙立华　邬明丽	75	4
山东莒南村镇银行	薛希智	杨　成	50	5

莒南县主要金融机构业务概况

单位：亿元

单位名称	本外币存款余额	人民币单位存款	人民币储蓄存款	本外币贷款余额	人民币短期贷款	人民币中长期贷款
农发行莒南县支行	1.35	1.35	--	13.90	1.24	12.66
工行莒南县支行	13.37	5.05	6.89	8.45	3.98	4.04
农行莒南县支行	36.59	8.72	27.56	13.82	6.72	6.77
中行莒南支行	9.25	4.21	4.90	2.88	1.47	1.41
建行莒南县支行	20.75	12.25	8.47	15.79	3.40	12.38
民生银行莒南支行	3.86	3.44	0.41	2.52	2.52	0
临商银行莒南支行	10.72	7.97	2.75	7.45	7.45	0
莒南县农信联社	137.84	8.19	129.64	80.66	53.67	10.57

续表

单位名称	本外币存款余额	人民币单位存款	人民币储蓄存款	本外币贷款余额	人民币短期贷款	人民币中长期贷款
邮储银行莒南县支行	26.13	4.65	21.48	1.78	0.91	0.87
山东莒南村镇银行	2.80	0.98	1.81	3.01	3.01	0

【金融服务与监管】 2014年，人民银行莒南县支行加强"窗口指导"和政策扶持，引导金融机构加大对县域经济的支持力度，金融服务水平不断提升。一是以政银企推进会为平台，畅通银企合作渠道，推介项目62个，达成意向56.5亿元，签约资金到位率达85%；二是争取民品企业贴息贷款1.6亿元，累计发放莒南村镇银行支农再贷款1亿元，推动邮储银行办理下岗职工再就业贴息贷款7089万元，推进水库移民、农机购置补贴国库直接支付业务11.2万笔；三是推进农村支付环境建设，实现行政村金融基础设施100%覆盖；四是评定信用乡镇2个、信用村28个、信用户14万户、组建农户信用联盟91个、商户信用联盟44个、企业信用联盟11个。

2014年，人民银行莒南县支行和银监会莒南办事处进一步强化金融监管，防范和化解金融风险，确保金融稳定。一是开展了对存款准备金、金融统计、现金管理、国库业务、同业业务的执法检查；二是开展对金融机构信贷政策导向、涉农贷款效果、"三农事业部"、金融稳定运行等评估工作；三是完成对6家金融机构及网点的验收开业工作。

（陈常耐）

沂水县

【经济金融概况】 2014年，沂水县培植县级现代农业园区16处、家庭农场85家，农业和农村发展活力进一步增强。能源化工、机械电子、矿产加工、高端食品四大产业迅速发展，集群优势进一步凸显。2A级以上景区达22处，其中4A级景区6处，实现旅游收入82亿元。

【金融发展与改革】 2014年，人民银行沂水县支行找准支持重点，优化信贷结构，促进改革发展，推进金融创新。年内新增金融机构1家，金融支持经济发展的力度进一步加大。一是完善金融工作联席会议制度，召开"金融支持现代农业发展暨沂水政银企合作推进会"，银企对接资金108.6亿元，落实"定向降准"和差异化监管政策，累计为地方法人金融机构增加可用资金14亿元，引导金融机构把更多的资金用于当地，保持信贷总量稳步增长；二是建立农业新型经营主体

沂水县主要经济指标

经济指标	2013	2014	2014年同比增幅（%）	经济指标	2013	2014	2014年同比增幅（%）
土地面积（平方公里）	2434.80	2434.80	0	地方财政支出（亿元）	36.49	41.16	12.80
人口（万人）	114.16	114.45	0.25	全社会固定资产投资（亿元）	195.30	220.90	13.11
城镇人口（万人）	23.47	23.58	0.47	进出口总值（万美元）	73356	120449	64.20
乡村人口（万人）	90.69	90.87	0.20	出口总值（万美元）	33206	45250	36.27
地区生产总值（亿元）	310.89	334.79	7.69	实际利用外资（万美元）	1662	2066	24.31
第一产业（亿元）	32.80	35.32	7.68	社会消费品零售总额（亿元）	147.50	170.90	15.86
第二产业（亿元）	145.95	150.67	3.23	居民消费价格指数（%）	101.60	102.10	2.1
第三产业（亿元）	132.14	148.80	12.61	人均地区生产总值（元）	30817	33028	7.17
财政总收入（亿元）	27.54	38.05	38.16	城镇居民可支配收入（元）	25550	28677	11.80
地方财政收入（亿元）	18.00	20.70	15	农民人均现金收入（元）	10249	11572	12.91
财政总支出（亿元）	36.49	41.16	12.80				

沂水县主要金融指标

金融指标（亿元）	2013	2014	2014 年同比增幅（%）	金融指标（亿元）	2013	2014	2014 年同比增幅（%）
本外币存款余额	296.02	331.12	11.86	财险收入	1.82	2.28	25.27
人民币存款余额	294.04	330.17	12.29	寿险收入	4.53	5.16	13.91
单位存款	72.94	72.69	-0.34	财险赔款	0.73	0.92	26
储蓄存款	217.68	254.25	16.80	寿险给付	1.13	0.80	-29.2
本外币贷款余额	204.12	224.39	9.93	当年结益	--	--	--
人民币贷款余额	201.51	221.28	9.81	证券市场交易总额	--	--	--
短期贷款	120.16	129.38	7.67	投资者保证金余额	--	--	--
中长期贷款	55.72	68.39	22.74	证券账户开户数	--	--	--
票据融资	25.63	23.52	-8.23	证券交易佣金收入	--	--	--
当年结益	3.65	6.33	73.42	净利润	--	--	--
不良贷款余额	1.97	1.85	-6.09				

沂水县主要金融机构概况

单位名称	行长（或其他称谓的第一负责人）	副行长（或其他称谓的同级领导）	员工总数	辖内营业网点数
人民银行沂水县支行	顾洪真	岳　嵩　梁训臻 彭作玲　韦钦红	21	1
临沂银监分局沂水办事处	李少华		2	1
农发行沂水县支行	李加祥	张文杰　黄庆明	17	1
工行沂水支行	刘岩涛	陈维福　李清堂 冯　泽　宋金聚 张雁兵	59	4
农行沂水县支行	牟　胜	宋曙光　张立军 徐瑞强	156	14
中行沂水支行	王高玉	刘召强　张　涛	48	3
建行沂水支行	张英斌	孔令江　张　剑 郭爱贞　张铁志	58	3
临商银行沂水支行	张文坤	白金旗	29	2
浦发银行沂水支行	丁振宁	赵建华　王军章	13	1
沂水农商行	戚建刚（董事长） 赵德友（行　长） 付守顺（监事长）	马吉伟　王献伟 郝连友　魏现彩	643	50
邮储银行沂水县支行	陆　梅	李俊录　郑仕兴	70	27
沂水中银富登村镇银行	李世明	贾　雷	59	4

沂水县主要金融机构业务概况

单位：亿元

单位名称	本外币存款余额	人民币单位存款	人民币储蓄存款	本外币贷款余额	人民币短期贷款	人民币中长期贷款
农发行沂水县支行	1.58	1.58	--	2.87	1.46	1.41

续表

单位名称	本外币存款余额	人民币单位存款	人民币储蓄存款	本外币贷款余额	人民币短期贷款	人民币中长期贷款
工行沂水支行	18.32	5.74	12.28	19.00	8.10	9.02
农行沂水县支行	62.59	12.92	47.75	34.49	10.41	21.16
中行沂水支行	21.61	9.22	11.70	13.21	3.98	8.10
建行沂水支行	14.92	8.06	6.73	14.92	6.38	8.55
临商银行沂水支行	19.68	16.49	3.19	21.75	17.29	4.47
浦发银行沂水支行	7.87	4.64	3.22	10.83	9.28	1.55
沂水农商行	148.87	10.28	138.58	102.44	71.47	10.28
邮储银行沂水县支行	31.46	2.90	28.56	1.33	0.86	0.47
沂水中银富登村镇银行	3.11	0.87	2.24	3.55	0.15	3.40

主办银行制度，落实新农村建设贷款项目，成立小微企业促进会，多措并举，支持现代农业和小微企业发展；三是完善第三方监管抵押、农业设施和农机具机械设备抵押等 8 项贷款担保方式，推出短贷宝等产品，拓展信贷业务。

【金融服务与监管】 2014 年，人民银行沂水县支行加强监测分析，促进金融机构稳健经营，维护信贷资产安全。一是利用工业企业运行预警机制，对风险苗头及时预警；二是开展优化金融生态环境专项行动，集中打击非法集资、恶意欠贷行为，立案查处涉嫌非法集资机构 1 家，清收陈欠不良贷款 270 万元；三是推进农村地区手机支付创新试点和银行卡助农取款服务，年末手机银行客户 3.9 万户，年交易金额 36.5 亿元。

（刘建欣）

蒙阴县

【经济金融概况】 2014 年，蒙阴县经济社会发展成绩显著，被省委、省政府确定为“全省县域经济科学发展试点县”和“全省生态文明乡村建设示范县”。

【金融发展与改革】 2014 年，蒙阴县金融发展与改革取得较大进展。一是蒙阴县农信联社改革取得重要成果，山东蒙阴农村商业银行股份有限公司挂牌成立，加入全国银行间货币

蒙阴县主要经济指标

经济指标	2013	2014	2014 年同比增幅（%）	经济指标	2013	2014	2014 年同比增幅（%）
土地面积（平方公里）	1601.60	1601.60	0	地方财政支出（亿元）	19.65	21.36	8.70
人口（万人）	55.33	55.97	1.16	全社会固定资产投资（亿元）	89.78	115.6	28.76
城镇人口（万人）	11.26	12.35	9.68	进出口总值（万美元）	4950	15179	206.65
乡村人口（万人）	44.07	43.62	-1.02	出口总值（万美元）	4210	14743	250.19
地区生产总值（亿元）	165.66	173.88	4.96	实际利用外资（万美元）	303	60	-80.20
第一产业（亿元）	27.44	29.17	6.30	社会消费品零售总额（亿元）	70.2	100.2	42.74
第二产业（亿元）	66.17	66.42	0.38	居民消费价格指数（%）	101.6	102.1	2.1

续表

经济指标	2013	2014	2014年同比增幅（%）	经济指标	2013	2014	2014年同比增幅（%）
第三产业（亿元）	72.05	78.29	8.66	人均地区生产总值（元）	26785	31067	15.99
财政总收入（亿元）	12.20	13.6	11.48	城镇居民可支配收入（元）	19433	21903	12.71
地方财政收入（亿元）	7.50	8.3	10.67	农民人均现金收入（元）	9099	11722	28.83
财政总支出（亿元）	19.65	21.36	8.70				

蒙阴县主要金融指标

金融指标（亿元）	2013	2014	2014年同比增幅（%）	金融指标（亿元）	2013	2014	2014年同比增幅（%）
本外币存款余额	130.15	150.87	15.92	财险收入	2.16	2.23	3.24
人民币存款余额	129.76	150.36	15.88	寿险收入	2.99	3.23	8.03
单位存款	22.86	27.04	18.29	财险赔款	0.98	1.28	30.61
储蓄存款	96.96	114.36	17.95	寿险给付	0.14	0.13	-7.14
本外币贷款余额	71.26	81.71	14.66	当年结益	—	—	—
人民币贷款余额	71.22	81.35	14.22	证券市场交易总额	—	—	—
短期贷款	46.13	50.14	8.69	投资者保证金余额	—	—	—
中长期贷款	21.19	25.43	20.01	证券账户开户数	—	—	—
票据融资	3.89	5.78	48.59	证券交易佣金收入	—	—	—
当年结益	1.22	2.08	70.49	净利润	—	—	—
不良贷款余额	1.54	1.49	-3.25				

蒙阴县主要金融机构概况

单位名称	行长（或其他称谓的第一负责人）	副行长（或其他称谓的同级领导）	员工总数	辖内营业网点数
人民银行蒙阴县支行	佟　健	侯长明　公为强　张传文	24	1
临沂银监分局蒙阴办事处	石运涛		1	1
农发行蒙阴县支行	邢　波	沈蒙恬　孙勇力	14	1
工行蒙阴支行	刘临江	王开儒　陈雪梅	32	1
农行蒙阴县支行	刘继明	王恩殿　公维顺	110	5
中行蒙阴支行	刘德祥	刘西宇　王久利	26	1
建行蒙阴支行	高传安	张德坤　侯进忠	52	2
临商银行蒙阴支行	高　伟	王存高	30	1
蒙阴县农村商业银行	徐长青（理事长） 曾昭银（主　任）	邹善海　张家顺 高连红　高长安	598	28
邮储银行蒙阴县支行	王家勤	张晓龙　王勇庆	59	3

蒙阴县主要金融机构业务概况

单位：亿元

单位名称	本外币存款余额	人民币单位存款	人民币储蓄存款	本外币贷款余额	人民币短期贷款	人民币中长期贷款
农发行蒙阴县支行	0.06	0.06	0	1.48	0.28	1.20
工行蒙阴支行	8.11	3.77	4.07	5.75	2.61	3.14
农行蒙阴县支行	22.54	6.84	15.40	16.96	6.33	10.63
中行蒙阴支行	5.61	2.03	3.13	2.49	1.27	1.22
建行蒙阴支行	12.78	4.43	8.34	4.13	1.69	2.06
临商银行蒙阴支行	6.44	5.85	0.59	2.97	2.35	0.13
蒙阴县农村商业银行	70.30	2.17	68.12	46.84	34.30	6.76
邮储银行蒙阴县支行	16.60	1.88	14.72	1.10	0.82	0.28

市场；二是蒙阴县齐丰村镇银行筹建工作稳步推进。

【金融服务与监管】 2014年，人民银行蒙阴县支行积极贯彻执行国家稳健货币政策，优化信贷结构，完善金融服务，有力支持了地方经济持续健康发展。一是引导金融机构加大信贷产品创新力度，对农民专业合作社等新型农村经营主体的信贷投放不断增加；二是加强金融管理，组织开展对金融机构统计、征信、账户、国库、外汇等业务的监督检查。

（赵红英）

平邑县

【经济金融概况】 2014年，平邑县金融形势运行平稳，金融创新力度加大，金融生态环境进一步优化。

【金融发展与改革】 2014年，人民银行平邑县支行认真贯彻执行货币信贷政策，引导信贷资金合理投放和信贷结构调

平邑县主要经济指标

经济指标	2013	2014	2014年同比增幅（%）	经济指标	2013	2014	2014年同比增幅（%）
土地面积（平方公里）	1024.7	1024.7	0	地方财政支出（亿元）	28.58	31.97	11.86
人口（万人）	102.7	103.3	0.58	全社会固定资产投资（亿元）	132.8	147.3	10.69
城镇人口（万人）	10.35	18.9	82.6	进出口总值（万美元）	16000	17471	8.6
乡村人口（万人）	92.35	84.4	-8.6	出口总值（万美元）	15400	16663	8
地区生产总值（亿元）	236.43	253.9	11.4	实际利用外资（万美元）	145	252	73.8
第一产业（亿元）	33.78	36.23	3.5	社会消费品零售总额（亿元）	125.4	141.4	13.8
第二产业（亿元）	103.16	106.4	10.5	居民消费价格指数（%）	101.6	102.1	2.1
第三产业（亿元）	99.49	111.31	14.9	人均地区生产总值（元）	23021	27786	20.69
财政总收入（亿元）	30.2	26.2	-13.2	城镇居民可支配收入（元）	21600	24600	14
地方财政收入（亿元）	10.34	11.89	15	农民人均现金收入（元）	10278	11604	12.9
财政总支出（亿元）	30.8	43.4	40.9				

平邑县主要金融指标

金融指标（亿元）	2013	2014	2014年同比增幅（%）	金融指标（亿元）	2013	2014	2014年同比增幅（%）
本外币存款余额	185.21	204.85	10.6	财险收入	1.60	2.09	30.6
人民币存款余额	185.11	204.7	10.58	寿险收入	3.39	3.54	4.42
单位存款	49.67	50.7	2.07	财险赔款	0.70	0.85	21.4
储蓄存款	130.69	149.42	14.33	寿险给付	0.14	0.17	21.4
本外币贷款余额	104.54	120.37	15.14	当年结益	--	--	--
人民币贷款余额	104.54	120.37	15.14	证券市场交易总额	--	--	--
短期贷款	68.42	72.52	5.99	投资者保证金余额	--	--	--
中长期贷款	29.96	39.77	32.74	证券账户开户数	--	--	--
票据融资	6.16	8.08	31.17	证券交易佣金收入	--	--	--
当年结益	2.02	2.16	6.93	净利润	--	--	--
不良贷款余额	2.63	1.89	-28.14				

平邑县主要金融机构概况

单位名称	行长（或其他称谓的第一负责人）	副行长（或其他称谓的同级领导）	员工总数	辖内营业网点数
人民银行平邑县支行	季德振	徐士亮　蒋晓华　陆现清	26	1
临沂银监分局平邑办事处	艾立武		1	1
农发行平邑县支行	孙安源	刘开东　刘　华	20	1
工行平邑支行	刘冬凯	张加松　任纪奎　付立果	45	3
农行平邑县支行	杨本营	李冠元　揭月浩　陈中华	141	7
中行平邑支行	武玉国	李井山　李　亮	20	1
建行平邑支行	赵志瑞	刘建新　朱荣华	54	2
临商银行平邑支行	张天翼	陈文广	22	1
莱商银行平邑支行	常　峰	魏岱石	13	1
平邑县农信联社	徐启阶	王运斌　杨　霞 于　涛　张怀祥	612	36
邮储银行平邑县支行	张　峰	徐　丽　杨春艳	20	3
平邑县汉源村镇银行	刘良金	衡大伟　刘西宇	24	1

平邑县主要金融机构业务概况

单位：亿元

单位名称	本外币存款余额	人民币单位存款	人民币储蓄存款	本外币贷款余额	人民币短期贷款	人民币中长期贷款
农发行平邑县支行	0.66	0.66	--	3.32	1.08	2.24
工行平邑支行	13.33	4.66	7.8	8.94	2.22	6.71

续表

单位名称	本外币存款余额	人民币单位存款	人民币储蓄存款	本外币贷款余额	人民币短期贷款	人民币中长期贷款
农行平邑县支行	34.7	10.54	24.06	12.27	5.31	6.96
中行平邑支行	7.84	4.32	3.43	6.31	2.33	3.98
建行平邑支行	14.19	9.33	4.85	13.87	4.28	9.58
临商银行平邑支行	8.88	8.19	0.69	6.48	5.03	1.46
莱商银行平邑支行	7.06	6.41	0.62	5.3	4.9	0.002
平邑县农信联社	91.52	4.93	86.58	60.98	45.48	7.81
邮储银行平邑县支行	22.97	1.66	21.3	2.87	1.84	1.03
平邑县汉源村镇银行	0.09	0	0.09	0.04	0.04	0

整优化。一是召开银企对接洽谈会，全县 9 家银行机构同 103 家企业达成贷款合作意向 51.6 亿元，资金到位 48.6 亿元；二是创新推出农户、个体工商户、中小企业“信用联盟”贷款、“第三方监管质押”、“助保金池”等多个特色贷款品种；三是推动“农村信用体系省级试验区”建设，有效解决了农户信用信息采集难题，评定星级文明信用户 3420 户、文明信用村居（社区）77 个、信用镇 5 个；四是组织涉农金融机构开展新型农业经营主体调查，分类施策，逐户制定金融扶持措施，8 家新型农业经营主体获得贷款支持；五是深入推进小额担保贴息贷款工作，小额担保贷款发放额位居全市首位；六是新引进村镇银行 1 家，成立民间融资公司 3 家，小额贷款和民间融资公司达 7 家。

【金融服务与监管】 2014 年，人民银行平邑县支行一是加大金融机构稳定重大事项报告制度执行力度，督促农信社执行上级下达的信贷投放合意计划；二是做好央行票据兑付后续监测、同业市场业务核查、存款准备金缴存管理等工作；三是加大机具布放力度，助农取款点较年初增长 27%，319 个助农取款服务点开通跨行转账，146 个服务点开通手机银行，综合性惠农支付服务体系建设取得初步效果；四是先后开展了泰康人寿反洗钱、农信联社同业业务、现金服务示范网点、国库经收、4 家国有商业银行国际收支业务现场检查和核查；五是成立金融协会，受理金融咨询 68 人次、投诉 5 起，结案率为 100%；六是完成了对平邑县汉源村镇银行筹建开业考核验收和业务系统准入的审查提报工作；七是加强外汇监管，完成 9 家外商投资企业外汇经营状况申报审核。

（徐孝东）

费　县

【经济金融概况】 2014 年，费县加大产业结构调整，经济运行继续平稳向好发展。金融机构认真贯彻执行稳健的货币政策，着力促进信贷稳定增长，优化信贷结构，金融市场运行平稳。

【金融发展与改革】 2014 年，人民银行费县支行积极引导

费县主要经济指标

经济指标	2013	2014	2014 年同比增幅（%）	经济指标	2013	2014	2014 年同比增幅（%）
土地面积（平方公里）	1660.11	1660.11	0	地方财政支出（亿元）	27.86	29.45	5.7
人口（万人）	83.4	85.64	2.69	全社会固定资产投资（亿元）	126.6	137.8	16.7
城镇人口（万人）	13.06	13.95	6.81	进出口总值（万美元）	26644	34434	28.2
乡村人口（万人）	70.34	71.69	1.92	出口总值（万美元）	25466	32698	47.4
地区生产总值（亿元）	224.1	235.1	10.9	实际利用外资（万美元）	685	72	-89.5

续表

经济指标	2013	2014	2014 年同比增幅（%）	经济指标	2013	2014	2014 年同比增幅（%）
第一产业（亿元）	30.3	32.9	4	社会消费品零售总额（亿元）	92.1	100.3	12.5
第二产业（亿元）	107.7	109.3	11.1	居民消费价格指数（%）	101.6	102.1	2.1
第三产业（亿元）	86.1	93	12.8	人均地区生产总值（元）	29248	30503	4.05
财政总收入（亿元）	30.5	25	-18.03	城镇居民可支配收入（元）	20010	22780	13.8
地方财政收入（亿元）	12	13.8	15	农民人均现金收入（元）	10228	11588	12.5
财政总支出（亿元）	27.86	29.45	5.7				

费县主要金融指标

金融指标（亿元）	2013	2014	2014 年同比增幅（%）	金融指标（亿元）	2013	2014	2014 年同比增幅（%）
本外币存款余额	190.93	214.52	12.36	财险收入	1.34	1.92	43.1
人民币存款余额	190.44	213.81	12.27	寿险收入	4.19	4.61	9.96
单位存款	40.35	44.42	10.08	财险赔款	0.62	0.74	18.63
储蓄存款	140	161.94	15.67	寿险给付	0.88	0.64	-27.27
本外币贷款余额	104.53	123.18	17.84	当年结益	--	--	--
人民币贷款余额	104.52	123.14	17.82	证券市场交易总额	--	--	--
短期贷款	74.11	83.68	12.91	投资者保证金余额	--	--	--
中长期贷款	23.78	31.33	31.75	证券账户开户数	--	--	--
票据融资	6.63	8.03	21.12	证券交易佣金收入	--	--	--
当年结益	2.53	--	--	净利润	--	--	--
不良贷款余额	1.03	0.91	-11.65				

费县主要金融机构概况

单位名称	行长（或其他称谓的第一负责人）	副行长（或其他称谓的同级领导）	员工总数	辖内营业网点数
人民银行费县支行	郭增强	邱善银 刘英峰	15	1
临沂银监分局费县办事处	李涌涛		1	1
农发行费县支行	段遵义	贺可义 季相波	19	1
工行费县支行	孙元贵	孙兴东 杨 振	52	3
农行费县支行	陈月国	袁清洁 颜 波	113	8
中行费县支行	刘成田	时建新	44	3
建行费县支行	闵祥福	王冬莹 马 勇	49	2
临商银行费县支行	孔凡强	孙宗刚	28	2
费县农商行	孙成文 马 刚	马宗涛 王桂玲	511	38

续表

单位名称	行长（或其他称谓的第一负责人）	副行长（或其他称谓的同级领导）	员工总数	辖内营业网点数
邮储银行费县支行	张传红	苑春田　丁详利	71	27
民生银行费县支行	闫　峰	徐善东　张　明	10	1
日照银行费县支行	刘长军	赵　燕	12	1
费县梁邹村镇银行	王献彬	王汉卿　李　瑞	31	2

费县主要金融机构业务概况

单位：亿元

单位名称	本外币存款余额	人民币单位存款	人民币储蓄存款	本外币贷款余额	人民币短期贷款	人民币中长期贷款
农发行费县支行	1.84	1.84	--	6.01	2.29	3.72
工行费县支行	13.56	5.17	7.62	12.67	6.48	6.09
农行费县支行	25.53	7.16	18.34	14.85	9.52	5.33
中行费县支行	9.25	1.68	7.00	3.34	1.60	1.74
建行费县支行	12.72	7.73	4.96	7.44	2.85	4.59
临商银行费县支行	11.75	9.94	1.81	9.04	4.45	4.59
费县农商行	92.56	3.77	88.79	59.20	48.87	2.27
邮储银行费县支行	31.03	2.91	28.12	3.13	1.68	1.44
民生银行费县支行	6.23	2.76	3.35	5.67	4.30	1.37
日照银行费县支行	2.20	0.67	1.53	0.51	0.31	0.20
费县梁邹村镇银行	1.21	0.78	0.43	1.33	1.33	--

金融机构创新信贷产品服务方式，加大对“三农”、小微企业和现代服务业等的信贷支持，破解资金“瓶颈”制约。

一、创新信贷产品服务方式，支持文化产业发展。一是推动创新文化产业项目担保和抵押方式，费县农村商业银行对云瀑洞天景区发放了“景点门票收费权质押贷款”200万元，成为山东省第一家发放该项贷款的金融机构；二是主动为金融和文化产业对接牵线搭桥，向金融机构推荐文化产业项目21个，签约项目5个，签约资金1.2亿元。

二、搭建政银企互动平台，提高货币政策传导效率。4月组织召开了“金融支持现代农业发展暨费县政银企合作推进会”。10家金融机构与126户企业达成贷款意向、金额36.97亿元，同比增加6.3亿元、增长20.52%。

【金融服务与监管】　2014年，人民银行费县支行优化金融服务，切实惠及民生；加强金融管理，确保辖区金融稳定。一是制定实施相关制度，及时收集农村对金融服务的需求信息，提升农村金融服务效能；二是在全市率先进行国库直接支付业务创新，成功实现劳动力培训阳光工程补贴资金25笔，金额21.5万元，通过直接支付方式直接发放到受益人账户；三是加强外汇管理，主动与县商务局等政府部门沟通交流，相互协作、共同服务涉外经济实体；四是加强地方法人机构宏观审慎管理。对费县农商行票据转贴现业务进行了监测管理；对费县农商行和费县梁邹村镇银行领导进行了约见谈话。

（张　萌）

沂南县

【经济金融概况】　2014年，沂南县金融机构认真贯彻稳健的货币政策，不断改进金融服务，促进经济金融协调健康发展。

【金融发展与改革】　2014年，人民银行沂南县支行一是出台《2014年金融支持全县经济健康快速发展的指导意见》，引

沂南县主要经济指标

经济指标	2013	2014	2014年同比增幅（%）	经济指标	2013	2014	2014年同比增幅（%）
土地面积（平方公里）	1719.28	1719.28	0	地方财政支出（亿元）	28.21	30.9	9.54
人口（万人）	91.26	93.20	2.13	全社会固定资产投资（亿元）	141.5	169.5	17.60
城镇人口（万人）	9.32	15.23	63.41	进出口总值（万美元）	21077	28609	35.74
乡村人口（万人）	81.94	77.97	-4.85	出口总值（万美元）	16959	22227	31.06
地区生产总值（亿元）	193.20	205.5	11.2	实际利用外资（万美元）	751	1012	34.75
第一产业（亿元）	32.3	35.3	3.7	社会消费品零售总额（亿元）	92.10	112.3	13.60
第二产业（亿元）	84.1	86.1	11.5	居民消费价格指数（%）	101.60	102.1	2.1
第三产业（亿元）	76.8	84.2	14.0	人均地区生产总值（元）	23900	25508	5.69
财政总收入（亿元）	28.34	34.31	34.31	城镇居民可支配收入（元）	20550	23119	12.50
地方财政收入（亿元）	11.5	13.2	15.0	农民人均现金收入（元）	10275	11577	12.67
财政总支出（亿元）	28.21	30.9	9.54				

沂南县主要金融指标

金融指标（亿元）	2013	2014	2014年同比增幅（%）	金融指标（亿元）	2013	2014	2014年同比增幅（%）
本外币存款余额	191.58	219.50	14.57	财险收入	1.39	1.84	32.37
人民币存款余额	191.24	219.04	14.54	寿险收入	4.58	4.63	1.09
单位存款	36.51	39.89	9.26	财险赔款	0.68	0.73	7.35
储蓄存款	150.90	176.85	17.20	寿险给付	1.01	1.01	0
本外币贷款余额	96.31	108.22	12.37	当年结益	--	--	--
人民币贷款余额	96.31	108.22	12.37	证券市场交易总额	--	--	--
短期贷款	54.71	58.92	7.70	投资者保证金余额	--	--	--
中长期贷款	31.17	39.09	25.41	证券账户开户数	--	--	--
票据融资	10.43	10.21	-2.11	证券交易佣金收入	--	--	--
当年结益	2.31	2.75	19.05	净利润	--	--	--
不良贷款余额	2.67	2.21	-17.23				

沂南县主要金融机构概况

单位名称	行长（或其他称谓的第一负责人）	副行长（或其他称谓的同级领导）	员工总数	辖内营业网点数
人民银行沂南县支行	苏友庆	王德海　谢录云	19	1
临沂银监分局沂南办事处	陈公国	刘西权　张振国	3	1
农发行沂南县支行	石增军	于祥恩　高录峰	14	1
工行沂南支行	季从金	刘敬启　王明亮　刘　巍	43	2
农行沂南县支行	孟庆华	刘明京　赵华祥　苗正茂	99	7

续表

单位名称	行长（或其他称谓的第一负责人）	副行长（或其他称谓的同级领导）	员工总数	辖内营业网点数
中行沂南支行	董风光	魏玉宏　高更强	37	2
建行沂南支行	李长修	丁　健　董文元	52	2
临商银行沂南支行	刘文娟	王秀广	28	1
沂南县农信联社	殷学远	陈效中　张　峰　冯　晓 曹光伟　翟纪伟　林存亮	489	39
邮储银行沂南县支行	阚利华	范玉文	62	27

沂南县主要金融机构业务概况

单位：亿元

单位名称	本外币存款余额	人民币单位存款	人民币储蓄存款	本外币贷款余额	人民币短期贷款	人民币中长期贷款
农发行沂南县支行	0.89	0.89	--	4.90	0.42	4.48
工行沂南支行	15.86	6.59	8.86	10.40	6.68	3.72
农行沂南县支行	32.88	8.30	24.57	18.62	4.88	13.73
中行沂南支行	11.01	4.23	6.36	6.83	2.07	4.76
建行沂南支行	13.16	7.47	5.69	5.87	2.13	3.74
临商银行沂南支行	7.90	6.20	1.70	3.92	3.32	0.60
沂南县农信联社	103.33	2.92	100.41	56.73	38.37	7.65
邮储银行沂南县支行	32.57	3.30	29.26	0.97	0.56	0.40

导金融机构加大对实体经济的信贷投放力度；二是召开“金融支持沂南现代产业发展政银企合作推进会”，228 家企业与金融机构达成贷款意向金额 42.6 亿元，并对签约资金实际发放额和到位率按月考核通报；三是积极开展信用村、信用户评选活动，完善金融生态环境建设长效机制；四是督促农信社完善法人治理结构，通过现金清收、贷款核销等方式化解不良贷款 2.96 亿元；五是制定并出台《沂南县土地承包经营权抵押贷款管理办法》，引导涉农银行业机构积极参与农村“三权”改革，发放农村土地流转权、林权质押贷款 0.43 亿元。

【金融服务与监管】　2014 年，人民银行沂南县支行寓监管于服务，认真做好结算、国库、外汇、贷款卡等工作，为地方经济发展提供保障。一是积极推动农村支付环境建设，布放电话 POS 机 5002 台、ATM 94 台、农民自助服务终端 273 台；二是加强对金融机构存款准备金、结算账户、国库、反洗钱等业务的监督管理，维护良好的金融秩序；三是完成银行业金融机构综合评价“A”级 2 个、“B”级 6 个，保险类金融机构综合评价“B”级 2 个；四是积极推动中小企业信用示范区、农村信用体系建设，优化金融生态环境。

（郭永刚）

临沭县

【经济金融概况】　2014 年，临沭县加快推进产业结构调整，环境质量明显改善，综合实力明显提升，经济社会呈现持续健康发展的良好态势。

各金融机构不断改善信贷结构，金融运行质量明显提高。

临沭县主要经济指标

经济指标	2013	2014	2014 年同比增幅（%）	经济指标	2013	2014	2014 年同比增幅（%）
土地面积（平方公里）	1010	1010	0	地方财政支出（亿元）	21.63	25.76	19.09

续表

经济指标	2013	2014	2014 年同比增幅（%）	经济指标	2013	2014	2014 年同比增幅（%）
人口（万人）	63.46	64.45	1.56	全社会固定资产投资（亿元）	135.13	166.2	16.4
城镇人口（万人）	22.45	23.88	6.36	进出口总值（万美元）	44317	466691	5.1
乡村人口（万人）	41.01	40.57	-1.07	出口总值（万美元）	29826	30713	3
地区生产总值（亿元）	187.88	201.55	11.5	实际利用外资（万美元）	5021	8799	75.2
第一产业（亿元）	18.37	19.48	4.1	社会消费品零售总额（亿元）	8804	100.2	12.5
第二产业（亿元）	94.68	98.16	10.2	居民消费价格指数（%）	101.6	102.1	2.1
第三产业（亿元）	74.83	83.91	14.7	人均地区生产总值（元）	31490	33465	6.27
财政总收入（亿元）	23.73	27.97	17.86	城镇居民可支配收入（元）	23484	26329	12
地方财政收入（亿元）	10.57	12.16	15	农民人均现金收入（元）	10263	11566	12.7
财政总支出（亿元）	23.73	27.97	17.86				

临沭县主要金融指标

金融指标（亿元）	2013	2014	2014 年同比增幅（%）	金融指标（亿元）	2013	2014	2014 年同比增幅（%）
本外币存款余额	179.15	210.78	17.66	财险收入	1.24	1.58	27.41
人民币存款余额	178.24	208.66	17.07	寿险收入	3.67	2.77	-24.52
单位存款	62.17	72.42	16.49	财险赔款	0.58	0.73	25.86
储蓄存款	106.10	126.44	19.17	寿险给付	0.68	0.54	-20.58
本外币贷款余额	128.37	149.97	16.83	当年结益	--	--	--
人民币贷款余额	128.37	148.54	15.71	证券市场交易总额	--	--	--
短期贷款	75.18	83.48	11.04	投资者保证金余额	--	--	--
中长期贷款	44.91	58.07	29.30	证券账户开户数	--	--	--
票据融资	8.23	6.98	-15.19	证券交易佣金收入	--	--	--
当年结益	2.21	3.19	44.34	净利润	--	--	--
不良贷款余额	1.62	1.50	-7.40				

临沭县主要金融机构概况

单位名称	行长（或其他称谓的第一负责人）	副行长（或其他称谓的同级领导）	员工总数	辖内营业网点数
人民银行临沭县支行	陈仕庆	石民邦　王裕山	20	1
临沂银监分局临沭办事处	凌再颂		1	1
农发行临沭县支行	王建翔	杨国强　黄　勇	24	1
工行临沭支行	秦　颢	田　勇　张玉芹 吴　伟　张海燕	44	2
农行临沭县支行	韩廷华	唐　明　付信海	109	7

续表

单位名称	行长（或其他称谓的第一负责人）	副行长（或其他称谓的同级领导）	员工总数	辖内营业网点数
中行临沭支行	朱学军	郭　亮	37	2
建行临沭支行	邵珠才	刘　斌　朱利军	48	2
民生银行临沭支行	朱敬东	朱雷庆	18	1
临商银行临沭支行	阚　岷	王通江　季相征	27	1
临沭县农信联社	李永森	赵京才　解忠良　王运秀　张敬刚　王恩波	441	33
邮储银行临沭县支行	田晓东	田　雨　史佃林	73	22
临沭民丰村镇银行	菅　伟	李方杰　王山峰　李云霞	36	2

临沭县主要金融机构业务概况

单位：亿元

单位名称	本外币存款余额	人民币单位存款	人民币储蓄存款	本外币贷款余额	人民币短期贷款	人民币中长期贷款
农发行临沭县支行	2.11	2.11	0	6.26	5.45	0.81
工行临沭支行	17.92	11.81	5.42	25.6	8.40	17.04
农行临沭县支行	29.18	12.79	13.71	22.42	11.42	9.71
中行临沭支行	17.58	9.68	7.66	16.32	6.37	8.97
建行临沭支行	18.37	11.01	7.21	16.06	2.96	13.09
民生银行临沭支行	13.10	7.69	4.60	7.68	7.27	0.41
临商银行临沭支行	11.64	10.58	1.06	9.78	9.78	0
临沭县农信联社	69.26	2.79	66.46	41.55	28.21	7.33
邮储银行临沭县支行	22.27	2.40	19.87	1.25	0.56	0.69
临沭民丰村镇银行	1.93	1.52	0.41	3.01	3.01	0

【金融发展与改革】　2014年，人民银行临沭县支行进一步加强金融稳定工作，优化金融生态环境建设。一是组织召开银企合作推进会，10家金融机构与82户企业达成贷款意向56.36亿元，实际到位资金52.2亿元；二是配合县政府出台了《农业担保贷款实施办法(暂行)》和《科技创新担保贷款实施办法(暂行)》，4月举行了现代农业和科技创新担保平台运营暨项目签约仪式，为40余家企业贷款1500余万元；三是积极引导金融机构开办农村住房改造、妇女创业、下岗失业等信贷业务，年末小额担保贷款余额4729万元；四是对县农信社提报的加入全国银行间同业拆借市场申请进行审查，并上报请示。

【金融服务与监管】　2014年，人民银行临沭县支行一是加强对法人机构窗口指导，认真做好信贷增量监控；二是加强金融监管职能，对金融机构开展了金融统计、反洗钱、支付结算、国库、人民币管理业务检查；三是加强对7家民间融资性服务公司的利率、资金流向监督管理，并与各公司签订维护金融稳定责任书。

（陈丽芳）

枣庄市

【经济金融概况】 2014年，枣庄市千方百计稳增长、调结构、促改革、惠民生，产业结构进一步优化，高新技术产业继续保持较快增长，节能降耗成效明显，空气质量持续改善，金融运行总体平稳。

【货币政策实施】 2014年，人民银行枣庄市中心支行引导金融机构积极盘活存量、用好增量，不断加大对实体经济发展的信贷支持力度，有效解决信贷资金供求结构性矛盾，较好地满足了区域经济增长的资金需求。

一、强化信贷政策引导。一是研究制定了《支持全市经济提质增效转型升级和持续健康发展的意见》以及金融支持服务业、科技等信贷指导意见，引导金融机构加大对重点领域和薄弱环节的信贷支持力度；二是用足用活货币政策工具，加强合意贷款的监测管理，积极向分行争取支农、支小再贷款、再贴现限额共计11.1亿元，引导地方法人金融机构支持实体经济发展。

二、积极搭建银企合作平台。一是协助市政府组织召开西部经济隆起带建设银企合作项目推介会，现场签约16个，签约金额33.14亿元；二是引导金融机构围绕市政府确定的120个服务业重点项目加大信贷支持力度，贷款余额10.44亿元，较年初增长55.36%；三是协助市政府召开全市服务业重点项目建设现场暨银企对接会议，现场共对接项目12个，签约金额8.09亿元。

三、纵深推进金融支持现代农业发展。一是配合市政府组织召开金融支持现代农业发展工作会议，现场签约项目17个，签约金额5.94亿元；二是配合市政府出台了《关于金融支持现代农业加快发展的意见》，确定措施20条；三是认真落实新型农业经营主体"主办银行"制度，组织4家涉农金融机构对全市33家新型农业主体进行重点帮扶，贷款余额5.15亿元。

四、进一步加大对土地抵押融资模式的探索研究。《农村土地使用产权资本化的创新与实践——枣庄模式》被杨子强行长批示并发全辖借鉴学习；同时加强农地抵押处置"最后一公里"问题的专题研究，滕州市参加全国"两权"抵押融资试点工作经验交流和研讨；配合中央媒体认真做好"金融支持家庭农场"的宣传工作，提升金融支农社会影响力。

五、大力推进银保合作。一是发放涉农贷款保证保险14户，金额840万元；二是深入研究城乡小额贷款保证保险模式，起草了《关于开展城乡小额贷款保证保险试点工作的实施意见》，市政府常务会议研究通过，对破解小微企业、农业种养大户、城乡创业人员融资难、融资贵将发挥积极作用。

【金融稳定】 2014年，人民银行枣庄市中心支行继续深化金融稳定协调机制建设，不断改进金融风险监测预警方式，实现了全市经济金融持续稳定健康发展的总体目标。

一、着力提升风险应对与处置能力。一是围绕区域经济金融重点领域、重点对象和金融运行的关键环节，通过风险普查，筛选确定了七大类风险源、25项风险点，实施跟踪监测；二是会同市煤炭局对全市11家煤贸企业进行了融资情况调查，形成《关于枣庄地方煤贸企业融资风险情况的行长调研报告》；三是对农业发展银行枣庄市分行、枣庄银行、峄城区农信联社、山亭区农信联社4家机构金融稳定重大事项报告执行情况进行检查，接收金融机构报送的重大事项报告66件。

二、完善应急处置机制。人民银行枣庄市中心支行会同市政府金融办共同举办"联合行动－2014"枣庄市金融机构突发事件应急演练，市、县(区、市)两级人民银行和金融办，全市4家法人金融机构首次联合参演，其他银行业机构进行了观摩。

三、加强对《存款保险条例(草案)》试运行期间的金融稳定信息监测工作。一是研究制定《实施方案》，召开了由各金融机构"一把手"参加的专题会议，进行安排部署；二是建立了以主管副行长为联络员，科室负责人为联系人的7×24小时值班制度，严格执行相关事项报告制度。

四、建立金融稳定会商制度。人民银行枣庄市中心支行推动市政府牵头召开了金融风险防范处置工作专题会议，通过联席会议制度和信息共享机制，市银监局、金融办、中小企业局、工商局、公安局等部门分别交流中小企业发展、打击非法集资犯罪、金融风险防范处置等工作情况，统筹做好防范金融风险的措施意见。

【金融服务】 2014年，枣庄市金融机构着力提高服务水平，赢得社会各界的广泛好评。

一、加强综合服务大厅建设。一是建立值班主任制度，加强日常巡查，及时协调解决窗口部门在服务中遇到的问题；二是积极倡导微笑服务、规范服务、廉洁服务，建立健全首问负责、限时办结、一次性告知等制度，努力为群众办好事、办实事。

二、深化农村支付服务环境建设。年内实现了银行卡助农取款及手机支付行政村100%全覆盖的"双百"工作目标，手机支付便民服务点数量居全省第5位，农村地区手机支付业务累计笔数居全省第4位。

三、加强金融IC卡环境建设。一是召开全市金融IC卡推进工作联席会议，强力推进该卡在公共服务领域的应用；二是推动中国银行与卫生部门合作发行集诊疗功能、结算功能于一体的"居民健康卡"30余万张。

四、提高现金管理和服务水平。组织开展"用放心钱、用干净钱、用满意钱"现金流通环境创建工作，通过齐鲁晚报、鲁南论坛、微信、微博等载体进行宣传；并在金融机构营业网点主动公示"残损人民币兑换主办网点"等标志，"新票直通车"工程实现了全覆盖。

五、扎实推进社会信用体系建设。人民银行枣庄市中心支

枣庄市经济主要统计指标

指标 \ 年度	2010	2011	2012	2013	2014	2014年同比增幅（%）
土地面积（平方公里）	4563.22	4563.22	4563.22	4563.22	4563.22	0
人口（万人）	391.04	394.2	394.83	395.95	401.33	1.36
城镇人口（万人）	135.97	136.87	137.01	137.90	147.35	6.85
乡村人口（万人）	255.07	257.31	257.82	258.05	253.98	-1.58
地区生产总值（亿元）	1362.04	1561.68	1702.92	1830.63	1980.13	9.0
第一产业（亿元）	117.56	126.4	133.00	149.81	156.09	3.6
第二产业（亿元）	818.37	920.32	991.33	1037.55	1099.76	9.2
工业（亿元）	824.76	--	--	942.96	992.18	9.6
建筑业（亿元）	69.03	--	--	--	--	--
第三产业（亿元）	426.11	514.96	578.59	643.27	724.28	9.7
人均地区生产总值（元）	34831	41746	43130	46228	51390	12.24
地区生产总值构成（%）	100	100	100	100	100	--
第一产业（%）	8.6	8.1	7.81	8.18	7.9	-3.42
第二产业（%）	60.1	58.9	58.21	56.68	55.5	-2.08
第三产业（%）	31.3	33	33.98	35.14	36.6	4.15
财政总收入（亿元）	137.41	174.2	184.4	187.97	195.99	4.27
地方财政收入（亿元）	76.71	100.12	116.37	130.72	137.88	5.5
财政总支出（亿元）	136.19	--	--	--	--	--
地方财政支出（亿元）	128.91	160.34	175.99	207.80	217.21	4.5
全社会固定资产投资（亿元）	787.31	823.77	1044.62	1238.21	1430.01	15.5
规模以上固定资产投资（亿元）	720.18	--	--	--	--	--
房地产开发（亿元）	78.0	136.8	--	--	--	--
进出口总值（亿美元）	9.11	10.68	11.32	12.51	14.40	15.1
出口总值（亿美元）	7.46	8.45	9.4	9.47	11.54	21.9
实际利用外资（亿美元）	2.39	1.2	1.42	1.59	1.05	-33.96
社会消费品零售总额（亿元）	409.89	480.6	552.4	627	706.3	12.7
居民消费价格指数（%）	102.8	104.8	101.9	101.8	101.9	1.9
城市居民人均可支配收入（元）	17630	20193	22960	25238	27596	9.3
农民人均现金收入（元）	7103	8397	9606	10878	12145	11.6

枣庄市工农业主要统计指标

农业主要统计指标（万吨）				规模以上工业企业主要统计指标（亿元）			
项目 \ 年度	2013年	2014年	增幅（%）	项目 \ 年度	2013年	2014年	增幅（%）
粮食	171.20	170.55	-0.4	工业增加值	--	--	10.5

续表

农业主要统计指标（万吨）				规模以上工业企业主要统计指标（亿元）			
项目＼年度	2013年	2014年	增幅（%）	项目＼年度	2013年	2014年	增幅（%）
夏粮	85.27	85.30	0.1	国有工业	--	--	-12.0
秋粮	85.94	85.25	-0.8	集体工业	--	--	2.1
棉花	0.49	0.49	-0.2	股份制工业	--	--	11.3
油料	9.56	9.64	0.8	股份合作制工业	--	--	0
水果	25.2	25.91	2.8	外商及港澳台投资工业	--	--	18.9
蔬菜	452.8	464.56	2.6	轻工业	--	--	12.1
肉类	26.2	26.04	-0.8	重工业	--	--	9.8
禽蛋	11.2	11.14	-0.6	销售收入	3587.09	3589.37	6.9
奶类	4.73	4.96	5.0	利税	367.18	363.80	3.6
水产品	9.29	9.4	1.2	利润	191.44	193.16	5.7
森林覆盖率（%）	34.1	36.2	--	经济效益综合指数（%）	261.76	263.48	8.56

枣庄市主要金融机构概况

单位名称	行长（或其他称谓的第一负责人）	副行长（或其他称谓的同级领导）	员工总数	辖内营业网点数
人民银行枣庄市中心支行	陈宜民	罗亮森 张善杰 朱传辰 孙秋生 吴 静	175	4
枣庄银监分局	孙茂林	周保舰 倪 辉 王 芳	50	1
农发行枣庄市分行	李大庆	侯海峰 周长民	150	6
工行枣庄分行	盖 伟	胡吉平 陈维东 邵常永 张东海 梁化新 宋 勇 王洪娟	803	39
农行枣庄分行	臧汝舜	王 华 陈晓明 张清民 刘 炜	1038	53
中行枣庄分行	葛勤生	王卫东 杨利民 金 冬 王鑫宇	530	22
建行枣庄分行	张夫顺	张全刚 刘向群 王清堂 崔广磊 张守义 刘 涛	906	35
交行枣庄分行	周 青	蒋保成 张新磊	43	1
枣庄银行	吕士伟	樊印华 许太景 刘 永 崔 健 张德安 朱玉军	682	22
济宁银行枣庄分行	赵建洪	张 营 胡勤习	67	3
青岛银行枣庄分行	刘仲熙	彭德成 褚彦博	47	1
枣庄农村商业银行	卜昭路	徐福春 蒲祖华 张佰奎 王 伟 孔祥文 洪继承	1968	112
滕州农村商业银行	金 强			
邮储银行枣庄市分行	仇洪建	李 兵 杨 佳	506	105

续表

单位名称	行长（或其他称谓的第一负责人）	副行长（或其他称谓的同级领导）	员工总数	辖内营业网点数
滕州建信村镇银行	王力强	马　骏　陈洪涛　张金国	23	1
中国人保寿险枣庄市分公司	王　辉	李　莉　赵琳琳	44	6
中国人保寿险枣庄市分公司	曹雪臣	刘书宏　黄秀峰	211	6
泰康人寿枣庄中心支公司	李　彦	尹　雪　李晓丽	78	29
太平洋人寿枣庄中心支公司	徐永波	于生涛　赵　辉　张云飞	135	20
新华人寿枣庄中心支公司	陈　朋	代　林　曹永昌	287	5
安华农业保险枣庄中心支公司	韩建国		30	4
中国人保财险枣庄市分公司	王　伟	韩建勤　白鹏飞　侯　彬	270	26
中国大地财险枣庄中心支公司	刘　涛	刘建立	28	4
阳光人寿枣庄中心支公司	孙彦东	王海燕	39	4
阳光财险枣庄中心支公司	代广珍		104	6
太平人寿枣庄中心支公司	梁宗岭	迟国峰	54	5
华泰人寿枣庄中心支公司	张化强		14	2
中华联合财险枣庄中心支公司	陈克广		111	8
中国太平洋财险枣庄中心支公司	赵新祥	张东旭　李东升	86	10
天安人寿枣庄中心支公司	宗克勇		33	3
中国国寿财险枣庄中心支公司	刘玉柱	李　扬	46	4
平安财险枣庄中心支公司	华洪星		99	5
天安保险枣庄中心支公司	王　坤		20	7
平安人寿枣庄中心支公司	王　勇	张正锋	38	4
合众人寿山东分公司枣庄营销部	陈　龙	刘成纲	23	3
百年人寿枣庄中心支公司	岳　平		14	2
华夏人寿枣庄中心支公司	王　琳		25	2
民生人寿枣庄中心支公司	周广营	靳　东	50	7
信泰人寿枣庄中心支公司	孙彦标		18	2
永安财险枣庄中心支公司	程海云		28	4
安邦财险枣庄中心支公司	杜厚民		41	6
安盛天平汽车保险枣庄中心支公司	吴成东		17	2
生命人寿枣庄中心支公司	孙会香	孙会香	984	4
恒安标准人寿枣庄中心支公司	王腾华		5	1
华安财险枣庄中心支公司	于春景		9	1
泰山财险枣庄中心支公司	柏承刚	曹　玲	25	2
齐鲁证券公司枣庄市分公司	陈志伟		60	7
中信万通证券公司枣庄文化中路营业部	邵从波	刘　涛　阎寅贵	24	2

枣庄市金融业务统计指标

指标（亿元）		2010	2011	2012	2013	2014	2014年同比增加额	2014年同比增幅（%）
银行类	本外币存款余额	894.42	974.24	1146.72	1249.85	1330.38	80.53	6.44
	人民币存款余额	892.22	972.06	1142.36	1245.68	1326.11	80.43	6.46
	*单位存款	206.39	216.28	431.44	429.90	415.97	-14.68	-3.41
	储蓄存款	511.39	570.87	693.48	779.81	865.46	85.66	10.98
	本外币贷款余额	729.69	814.97	916.49	975.08	1018.20	43.13	4.42
	人民币贷款余额	727.71	813.41	914.85	971.06	1014.78	43.72	4.50
	短期贷款	306.69	346.41	407.63	438.81	424.29	-14.52	-3.31
	中长期贷款	402.52	440.3	461.42	481.12	537.49	56.37	11.72
	票据融资	18.31	26.69	45.48	50.36	51.32	0.96	1.91
	当年结益	16.47	22.58	22.47	19.91	16.79	-3.12	-15.67
	不良贷款余额	20.34	16.89	18.39	25.78	34.00	8.21	31.85
	不良贷款占比%	2.79	2.07	2.01	2.64	3.34	0.70	26.51
保险类	保险公司保费收入	29.24	30.45	32.58	43.51	46.33	2.82	6.48
	财险收入	7.55	8.23	9.06	9.94	10.83	0.89	8.95
	寿险收入	21.69	22.22	23.52	33.57	35.49	1.92	5.41
	保险公司赔款和给付支出	5.26	6.07	6.47	8.96	11.79	2.83	31.58
	财险赔款	3.16	3.65	3.99	4.65	5.45	0.8	17.3
	寿险给付	1.71	1.99	2.48	4.31	6.34	2.03	47.1
	当年结益	—	—	—	—	—	—	—
证券类	证券市场成交总额	639.71	659	381	533.9	880.64	346.74	64.94
	投资者保证金余额	6.32	6.01	3.21	2.89	6.73	3.84	132.87
	证券账户开户数（户）	194043	209539	223248	250850	266318	15468	6.17
	佣金收入	1.3	1.14	0.58	0.93	1.34	0.41	44.09
	净利润	0.72	0.64	0.33	0.46	0.68	0.22	47.83
	期货市场成交总额	—	—	—	—	—	—	—
	期货客户保证金余额	—	—	—	—	—	—	—
	期货账户开户数（户）	—	—	—	—	—	—	—
	期货手续费收入	—	—	—	—	—	—	—
	利润总额	—	—	—	—	—	—	—

注：“*”该项指标2010年前为“企业存款”，其数字也是如此。

枣庄市金融机构统计指标

指标（个） \ 年度		2010	2011	2012	2013	2014	2014年同比增幅（%）
银行类	法人机构	7	7	8	8	4	-50
	省级分行	--	--	--	--	--	--
	二级分行	7	7	8	8	9	12.5
	县区支行	150	153	146	149	153	2.68
	分理处、营业所	290	297	303	467	460	-1.50
	储蓄所	5	--	--	--	--	--
	从业人员总数	6235	6541	6871	7075	7545	6.64
保险类	保险机构	21	22	29	31	32	3.22
	财险机构	11	11	12	14	14	0
	省级分公司	--	--	--	--	--	--
	地市分公司	11	11	12	14	14	0
	县区支公司	--	--	--	--	--	--
	寿险机构	10	11	17	17	18	5.88
	省级分公司	--	--	--	--	—	--
	地市分公司	10	11	17	17	18	5.88
	县区支公司	--	--	--	--	--	--
	从业人员总数	12893	15826	14713	17361	19424	11.88
	财险人员	2189	2193	2454	2849	2741	-3.79
	寿险人员	10704	13633	12259	14512	16683	14.96
证券类	证券机构	--	--	--	--	--	--
	证券公司	1	2	2	2	2	0
	证券营业部	4	5	5	5	7	40
	证券服务部	--	--	--	--	--	--
	从业人员总数	41	52	66	96	84	-12.5
	投资者开户数（户）	108797	116513	128593	140252	148887	6.16
	境内上市股票只数	--	--	--	--	--	--
	境外上市股票只数	--	--	--	--	--	--
	辖区上市公司总数	--	--	--	--	--	--

枣庄市主要金融机构业务概况

单位：亿元

单位名称	本外币存款余额	人民币单位存款	人民币储蓄存款	本外币贷款余额	人民币短期贷款	人民币中长期贷款
农发行枣庄市分行	6.67	6.67	--	45.62	18.17	27.45

续表

单位名称	本外币存款余额	人民币单位存款	人民币储蓄存款	本外币贷款余额	人民币短期贷款	人民币中长期贷款
工行枣庄分行	224.95	83.44	122.50	218.83	45.62	169.22
农行枣庄分行	192.11	40.01	146.83	143.85	55.06	82.86
中行枣庄分行	119.67	58.15	53.57	111.47	39.78	66.47
建行枣庄分行	224.98	91.32	133.23	166.09	32.05	127.41
交通银行枣庄分行	13.31	10.48	1.37	6.29	4.84	1.45
枣庄银行	120.05	71.79	47.02	77.86	60.03	5.40
济宁银行枣庄分行	10.59	4.30	6.26	11.90	8.15	1.35
青岛银行枣庄分行	6.85	4.95	1.90	1.79	1.45	0.33
农信社枣庄市办事处	296.42	33.40	262.22	209.83	149.47	40.59
邮储银行枣庄市分行	99.27	9.88	89.39	22.76	7.83	14.93
滕州建信村镇银行	2.76	1.57	1.18	1.91	1.84	0.04

枣庄市各县级区域经济金融主要统计指标

名称	人口（万人）	面积（平方公里）	地区生产总值（亿元）	地区生产总值增速（%）	本外币存款余额（亿元）	储蓄存款（亿元）	本外币贷款余额（亿元）
滕州市	169.31	1494.24	981.75	9.2	449.10	338.74	407.88
薛城区	43.7	422.71	280.38	9.0	276.26	142.32	154.88
峄城区	41.1	635.01	156.62	7.9	75.66	50.21	72.56
台儿庄区	32.19	533.3	155.96	6.9	69.46	49.16	54.01
山亭区	51.11	1018.93	123.39	10.6	67.78	49.19	36.20
高新区	7.97	85.11	72.25	12.9	33.77	22.02	15.05
市中区	55.96	373.92	209.79	7.8	348.60	215.66	277.62

枣庄市（含县级）小额贷款公司机构、业务概览

单位名称	行长（或其他称谓的第一负责人）	员工总数（人）	本外币贷款余额（亿元）	人民币短期贷款（亿元）	人民币中长期贷款（亿元）
枣庄市市中区恒升小额贷款公司	尤寿印	12	0.90	0.90	--
枣庄市市中区万科小额贷款公司	李文龙	12	1.29	1.29	--
枣庄市滕州丰盈小额贷款公司	侯贺民	17	0.86	0.86	--
枣庄市滕州银盈小额贷款公司	徐　彬	17	1.75	1.75	--
枣庄市薛城区万方小额贷款公司	孙成果	11	0.40	0.40	--

行大力推动台儿庄区农村征信数据库和薛城区小微企业征信数据库建设，台儿庄区农户信息采集工作基本结束，共为3.8万余农户建立了纸质和电子信用档案，薛城区为300余户有信贷需求的小微企业建立了电子信用档案。

六、加大对涉外企业的支持力度。一是全市5家银行与77家企业达成合作意向54.46亿元，资金到位率达92.97%；二是扎实推进"跨境人民币服务全覆盖"，入户走访企业271家，对进出口额在10万美元以上的外贸企业，实现了政策宣传和业务推广的全覆盖。

七、加大金融知识宣传普及推广。一是开展"征信知识讲堂"、金融知识进军营等活动，在鲁南论坛开展了"金融知识每日一贴"宣传，点击量达22万多人次；二是联合薛城区临城街道办事处开展金融知识进社区"惠民通"工程，利用"金融顾问团"方式宣传普及金融知识的做法被总行《党的群众路线教育实践活动简报》采用。

【金融监管】 2014年，人民银行枣庄市中心支行积极强化金融管理，努力打造管理服务型基层央行。

一、扎实推进两管理两综合工作。一是进一步理顺筹建、开业及后续三个阶段的开业管理工作，注重对新设机构内控制度、高管和从业人员技能及业务系统三个重点的审查验收；二是发挥综合评价导向作用，组织召开了全市货币政策及金融管理工作情况通报会；三是对上年度综合评价得分落后单位，开展综合执法检查。

二、切实维护和保障金融消费者合法权益。一是探索建立了以金融消费权益保护协会为平台，以创新宣传机制、服务机制、监管机制为保障的"1+3"工作模式，组织开展金融消费权益保护"示范窗口"评选活动，开通了"12363"金融消费投诉电话，相关做法被《金融时报》刊发；二是在全省率先开展金融机构金融消费权益保护工作评估，强化制度和机制建设。

【外汇管理】 2014年，外汇局枣庄市中心支局建立健全外汇主体监管体系，切实加强对跨境资金流动监测，提升外汇管理服务效能，有力促进了涉外经济平稳较快发展。

一、强化经常项目外汇管理。一是进一步加强和改进名录管理，方便企业货物贸易外汇收支；二是充分运用货物贸易外汇收支分类监管手段，实施差异化的监测核查措施。

二、稳步推进资本项目外汇管理。一是切实加强对资本项目信息系统数据质量的监测，及时分析滞留数据形成原因并有针对性采取处理措施；二是加强与工商、商务、银行的协调协作，严把申报数据质量关，高效推进外商投资企业年度外汇经营状况申报工作，133家企业全部完成申报工作，申报率为100%。

三、加大跨境资金流动监测力度。该中心支行以跨境资金流动监测与分析系统上线为契机，围绕各类监管指标，分析判断资金流动趋势，及时了解外汇主体运行情况，夯实风险监测平台和强化监测预警手段，建立了对企业主体涉及的外汇行为的集中监管、集中处理新机制。

四、认真做好普惠式外汇政策服务。一是联合市商务局组织开展外汇管理政策宣传活动，惠及253家涉外企业；二是组织外汇指定银行面向全市110家涉外企业宣传外汇管理改革政策措施、推介银行融资避险产品，有效满足了广大企业对外汇政策、融资产品的现实需求。

五、创新外汇服务模式。一是建立"1+2+2"外汇服务模式，即1名外汇管理人员联系2家重点外贸企业、帮扶2家成长型外贸企业，面对面宣讲外汇管理政策、积极提供个性化外汇服务；二是分管局长亲自带队深入腾达不锈钢等20家重点联系企业，开展登门服务，及时了解企业经营情况和需求，解决困难和问题。

【金融改革】 2014年，枣庄市各金融机构继续深化金融改革，为金融业务发展、助推地方经济转型提供了新的动力。9月，枣庄农村商业银行挂牌成立。6月，青岛银行枣庄分行正式对外营业，全市多元竞争、错位发展的金融组织体系进一步完善。

【保险业务】 2014年，枣庄市保险业实现了平稳健康发展，承担各类风险保障4615亿元，赔付支出11.79亿元，从业人员达1.94万人。

【证券市场】 2014年，枣庄市共有证券公司2家。全市证券市场成交总额同比放大，佣金收入、净利润增加明显，证券市场保持平稳健康发展态势。

【金融文化建设】 2014年，枣庄市金融机构注重创建过程与内涵，扎实推动文明单位创建工作。

一、积极开展金融知识宣传教育活动。人民银行枣庄市中心支行组织开展的"金融知识普及月"、银监会"金融知识进万家"和银行业协会"金融知识万里行"等活动，提升了公众的金融意识和金融素质。

二、不断规范文明服务窗口。各金融机构从整洁服务环境、严明工作纪律等方面入手，进一步提升服务质量和水平，得到了客户的广泛好评。中国银行枣庄分行荣获山东省质量技术监督局颁发"山东省服务名牌"。建设银行枣庄分行当选为枣庄市金融消费者协会会长单位，被评为国家级"文明单位"，两网点被评为全市"金融消费权益保护示范窗口"。

【大事记】 1月16日 全市金融支持现代农业加快发展调度会召开，人民银行枣庄市中心支行行长陈宜民主持会议并讲话。

2月25日 人民银行枣庄市中心支行召开2014年工作会议、纪检监察会议、外汇管理工作会议。

2月26日 人民银行枣庄市中心支行召开党的群众教育活动部署动员大会。

3月6日 枣庄银监分局在中国银行枣庄分行召开2013年度全市审慎监管会议。

3月9日 枣庄银行山亭支行开业，与山亭区政府签订战略合作协议。

3月12日　农业银行枣庄市分行与大众网联合举办了“植绿家园治污减霾 共享齐鲁蓝天白云”——大众网·农业银行3·12践行“蓝天责任”大型植树活动。

4月7日　人民银行团委王英杰书记莅临枣庄开展金融知识进社区、农村青年信用示范户创建、金融干部挂职县级团委工作专题调研活动。

4月16日　枣庄市政府组织召开全市西部经济隆起带建设银企合作重点项目推介会议。市委常委、常务副市长王邵军讲话，副市长霍高原主持。

4月30日　建设银行枣庄分行与枣庄市交通运输局签署《战略合作协议》，共同推动全市交通运输事业的全面发展。

7月31日　青岛银行枣庄分行联合枣庄市妇联在市政大厦举办了“青银助力巾帼创业梦”启动仪式，全市共100多位女企业家、妇女创业者参加了活动。

8月21日　由人民银行牵头，新华社、中央人民广播电台、中央电视台、《经济日报》、中新社、《金融时报》、《上海证券报》7家媒体组成的中央媒体宣传采访团，莅临枣庄组织开展“金融支持家庭农场”专题宣传采访工作。

9月18日　枣庄市政府与青岛银行战略合作签约暨青岛银行枣庄分行开业仪式在枣庄隆重举行。枣庄市委副书记、市长张术平，青岛银行董事长郭少泉出席并分别致辞。仪式上，王邵军副市长和郭少泉董事长分别代表枣庄市政府和青岛银行签署了战略合作框架协议。

9月29日　枣庄农村商业银行支持“三农”发展签约暨开业仪式在开元凤鸣山庄举行。省联社主任张建民，市委副书记、市长张术平出席仪式，并共同揭牌。

10月15日　枣庄市政府召开常务会议，研究通过《关于开展小额贷款保证保险试点工作的实施意见》，标志着枣庄市正式启动小额贷款保证保险业务。

10月22日　交通银行枣庄分行成功举办“2014薪酬管理企业家峰会”活动。

11月25日　经中国人民银行上海总部、中央国债登记结算有限责任公司、人民银行济南分行、中国外汇交易中心和全国银行间同业拆借中心批准，枣庄农村商业银行圆满完成了全国银行间债券市场席位变更及申请加入同业拆借市场工作。

12月23日　交通银行枣庄分行获得市级守合同重信用企业荣誉称号。

（谢　颖　邢衍栋）

滕州市

【经济金融概况】　2014年，滕州市经济平稳运行。各金融机构加大金融支持力度，促进经济金融协调发展。

【金融发展与改革】　2014年，人民银行滕州市支行一是引导金融机构支持机床企业发展，制定了《机床企业监测工作制度》，选择20户机床企业开展企业监测工作；二是加强对法人机构信贷投放总量、结构和节奏的指导；三是深入推进金融支持现代农业发展工作，探索新型农业经营主体融资增信试点，推荐盈泰集团给中国银行间市场交易商协会，帮助其发债融资，拓宽企业融资渠道；四是召开党政银企合作发展恳谈会，市委、市政府制定《关于进一步优化金融生态环境

滕州市主要经济指标

经济指标	2013	2014	2014年同比增幅（%）	经济指标	2013	2014	2014年同比增幅（%）
土地面积（平方公里）	1496	1496	0	地方财政支出（亿元）	72.17	76.70	6.3
人口（万人）	169.30	169.31	--	全社会固定资产投资（亿元）	457.12	526.89	15.7
城镇人口（万人）	52.82	54.00	2.23	进出口总值（万美元）	46708	52843	13.1
乡村人口（万人）	116.48	115.31	-1.00	出口总值（万美元）	33719	40967	21.5
地区生产总值（亿元）	902.64	981.75	9.2	实际利用外资（万美元）	5560	6250	12.4
第一产业（亿元）	71.87	74.38	3.3	社会消费品零售总额（亿元）	282.91	318.97	12.7
第二产业（亿元）	481.51	515.85	10.1	居民消费价格指数（%）	101.8	101.9	1.9
第三产业（亿元）	349.26	391.52	9.0	人均地区生产总值（元）	54237	57985	6.91
财政总收入（亿元）	121	--	--	城镇居民可支配收入（元）	25238	28791	11.0
地方财政收入（亿元）	61.01	64.07	5.0	农民人均现金收入（元）	12053	13493	11.9
财政总支出（亿元）	72.17	76.70	6.3				

滕州市主要金融指标

金融指标（亿元）	2013	2014	2014年同比增幅（%）	金融指标（亿元）	2013	2014	2014年同比增幅（%）
本外币存款余额	420.44	450.30	7.1	财险收入	2.56	2.67	--
人民币存款余额	419.32	449.71	7.25	寿险收入	10.13	11.18	--
单位存款	113.48	101.61	-11.13	财险赔款	1.01	1.22	--
储蓄存款	299.04	338.38	13.15	寿险给付	0.45	1.98	--
本外币贷款余额	402.91	406.27	0.83	当年结益	--	--	--
人民币贷款余额	401.72	405.88	1.03	证券市场交易总额	--	--	--
短期贷款	174.27	159.82	-8.29	投资者保证金余额	--	--	--
中长期贷款	218.80	238.50	9.0	证券账户开户数	--	--	--
票据融资	7.89	6.92	-12.29	证券交易佣金收入	--	--	--
当年结益	16.75	16.56	-1.13	净利润	--	--	--
不良贷款余额	14.3	19.88	39				

滕州市主要金融机构概况

单位名称	行长（或其他称谓的第一负责人）	副行长（或其他称谓的同级领导）	员工总数	辖内营业网点数
人民银行滕州市支行	刘玉栋	邱邵环 韩 伟	53	1
枣庄银监分局滕州办事处	栾彦君		2	1
农发行滕州支行	韩 鹏	姜传胜 马昭远	25	1
工行滕州支行	尹 峰	董业沛 郭长春 金 春 姜广宇 赵连江	192	14
农行滕州市支行	王玉栋	王延栋 张宗耀 王克建 李 洪 赵逢谨	350	24
中行滕州支行	李传伟	王 昆 刘 凯 魏艳芳	106	7
建行滕州支行	种方中	孔令伟 渠 云 倪寺春 宋兰明 甘信清	165	11
枣庄银行滕州支行	王德珂	杜 斌	99	6
滕州农村商业银行	金 强	刘志强 李继堂 姜 洪 刘广峰 陈 涛 刘思宏	865	65
邮储银行滕州支行	孟庆国	李永军	110	5
滕州建信村镇银行	王力强	马 骏 陈洪涛 张金国	21	1
济宁银行滕州支行	彭 涛	侯志胜	43	2

滕州市主要金融机构业务概况

单位：亿元

单位名称	本外币存款余额	人民币单位存款	人民币储蓄存款	本外币贷款余额	人民币短期贷款	人民币中长期贷款
农发行滕州市支行	2.68	2.68	--	9.43	2.23	7.20

续表

单位名称	本外币存款余额	人民币单位存款	人民币储蓄存款	本外币贷款余额	人民币短期贷款	人民币中长期贷款
工行滕州支行	69.71	23.00	41.91	90.94	17.06	73.88
农行滕州市支行	94.76	13.91	78.71	78.87	27.58	49.15
中行滕州支行	29.29	12.24	16.26	36.10	11.42	24.10
建行滕州支行	56.16	17.51	38.61	67.73	12.22	55.51
滕州农村商业银行	133.94	14.39	119.24	92.89	67.85	20.63
济宁银行滕州支行	8.60	3.71	4.88	7.36	6.27	0.80
枣庄银行滕州支行	19.17	10.57	7.58	14.05	12.06	1.49
邮储银行滕州市支行	32.03	2.03	30.00	6.98	1.29	5.69
滕州建信村镇银行	2.76	1.57	1.18	1.91	1.84	--

的意见》，对有效预防化解处置金融风险，维护银行债权，保证企业资金链安全起到重要的推动作用；五是开展金融风险预防化解处置工作，营造良好金融生态环境。

【金融服务与监管】 2014年，人民银行滕州市支行继续强化金融服务与监管。

一、探索推动农村“两权”抵押融资工作。该行以政府深化农村产权制度改革为契机，引导涉农金融机构推进农业金融产品创新，该行制定《农村产权抵押融资试验区建设方案》，探索出一条农村承包土地经营权和农民住房财产权抵押贷款的新途径及风险防范机制。全年累计发放土地使用产权抵押贷款1.5亿元；发放农村房屋抵押贷款192笔，共计6250万元。

二、联合举办滕州市首届普惠金融博览会。协调市金融协会联合滕州日报社，通过举行金融产品展览展示、金融支持小微企业论坛、金融高端联谊等一系列交流活动，将“汇金融、慧理财、惠生活”的概念贯穿到整个展会之中，搭建起金融机构与企业、民众之间的服务平台。

三、开展金融机构“双十佳”评选活动。该行协调市金融协会联合滕州日报社，在《滕州日报》开设专栏、启动网站短信平台评选、理事会评选、媒体公示、接受社会公开监督等方式，成功举办了滕州市金融系统“十佳金融服务网点”、“十佳金融服务标兵”评选活动 。

（时圣伟　王福洪）

薛城区

【经济金融概况】 2014年，薛城区经济社会呈现稳中有进，稳中向好态势。薛城能源循环经济百亿产业园累计完成投资45亿元，全区新发展煤化工企业18家，实现产值40亿元。全区新增贷款占枣庄市当年贷款增量的64.34%，对拉动全区重点项目建设、城市基础设施改造提供了有力的资金支持。

【金融发展与改革】 2014年，人民银行薛城区支行以服务实体经济为着力点，优化“窗口指导”，搭建“合作平台”，支持

薛城区主要经济指标

经济指标	2013	2014	2014年同比增幅（%）	经济指标	2013	2014	2014年同比增幅（%）
土地面积（平方公里）	403.76	403.76	0	地方财政支出（亿元）	17.63	19.16	8.7
人口（万人）	43.3	43.70	0.92	全社会固定资产投资（亿元）	179	209.46	15.8
城镇人口（万人）	16.7	18.85	12.87	进出口总值（万美元）	5903	7107	20.4
乡村人口（万人）	26.6	24.85	-6.58	出口总值（万美元）	4533	5099	12.5
地区生产总值（亿元）	260.05	280.38	9.0	实际利用外资（万美元）	2012	2120	5.4

续表

经济指标	2013	2014	2014年同比增幅（%）	经济指标	2013	2014	2014年同比增幅（%）
第一产业（亿元）	13.59	14.14	3.6	社会消费品零售总额（亿元）	73.4	82.93	12.9
第二产业（亿元）	186.82	197.25	8.5	居民消费价格指数（%）	101.8	101.19	1.9
第三产业（亿元）	59.64	68.99	12.2	人均地区生产总值（元）	60058	64160	6.83
财政总收入（亿元）	49.45	53.70	8.6	城镇居民可支配收入（元）	25359	27758	9.5
地方财政收入（亿元）	12.45	14.90	6.0	农民人均现金收入（元）	10861	12073	11.2
财政总支出（亿元）	49.45	53.70	8.6				

薛城区主要金融指标

金融指标（亿元）	2013	2014	2014年同比增幅（%）	金融指标（亿元）	2013	2014	2014年同比增幅（%）
本外币存款余额	271.59	276.88	1.95	财险收入	1.00	0.96	4
人民币存款余额	271.10	275.47	1.61	寿险收入	4.6	4.2	-8.70
单位存款	112.87	105.95	-6.13	财险赔款	0.38	0.5	31.58
储蓄存款	134.08	142.18	6.04	寿险给付	0.26	0.7	169.23
本外币贷款余额	135.89	154.88	13.97	当年结益	--	--	--
人民币贷款余额	135.89	154.88	13.97	证券市场交易总额	96.03	142.8	48.7
短期贷款	58.09	55.43	-4.58	投资者保证金余额	0.48	1.03	114.6
中长期贷款	54.48	76.00	39.50	证券账户开户数	2179	2169	-0.5
票据融资	7.47	5.85	-21.69	证券交易佣金收入	0.14	0.22	57.1
当年结益	4.74	3.46	-27.00	净利润	0.08	0.14	75.0
不良贷款余额	3.40	4.70	38.24				

薛城区主要金融机构概况

单位名称	行长（或其他称谓的第一负责人）	副行长（或其他称谓的同级领导）	员工总数	辖内营业网点数
人民银行薛城区支行	马亚东	朱运喜　李　健　侯贺磊	51	1
枣庄银监分局薛城办事处	甄久民		2	1
农发行薛城区支行	黄新勇	张裕明　沈　静	18	1
工行薛城支行	孟　文	李海峰　陈凤阳　陈岩平	89	5
农行薛城区支行	刘天源	李雪彬　张　涛　殷昭朕	120	8
中行薛城支行	姜立民	于　强　张　伟	60	3
中行枣矿支行	王东升	纪海英	12	1
建行薛城支行	祝汉甲	杜泽辉　曲艳红	56	3
建行枣滕矿支行	刘　磊	韩锋业　张东昌　周　巍	72	3

续表

单位名称	行长（或其他称谓的第一负责人）	副行长（或其他称谓的同级领导）	员工总数	辖内营业网点数
枣庄市商业银行薛城支行	钟　永	何　晶	32	1
枣庄农商行薛城支行	郭　磊	王　震　于　海	307	20
邮储银行薛城区支行	左文雪	刘　伟	65	14

薛城区主要金融机构业务概况

单位：亿元

单位名称	本外币存款余额	人民币单位存款	人民币储蓄存款	本外币贷款余额	人民币短期贷款	人民币中长期贷款
农发行薛城区支行	0.92	0.92	0	3.89	0.59	3.30
工行薛城支行	35.64	15.34	18.12	36.73	6.03	30.70
农行薛城区支行	22.14	2.31	18.20	14.06	7.31	6.09
中行薛城支行	15.72	4.22	9.81	12.80	4.94	7.59
中行枣矿支行	2.48	0.70	1.78	0.97	0.75	0.22
建行薛城支行	20.21	7.48	12.72	10.77	2.54	8.24
建行枣滕矿支行	26.06	8.74	17.30	8.37	2.59	5.78
枣庄银行薛城支行	33.67	27.71	5.96	9.95	9.95	0
枣庄农商行薛城支行	37.08	5.69	30.96	25.52	14.26	6.95
邮储银行薛城区支行	11.53	1.56	9.97	3.30	1.04	2.26

地方经济转型升级。一是利用金融工作座谈会、金融形势分析会、政银企项目推介活动、专题汇报等多种平台和机制，持续加大对科技产业、中小微企业的信贷支持力度，开展的金融支持家庭农场的做法被《金融时报》刊载；二是制定并下发了《关于金融支持服务业发展的指导意见》，向各金融机构推介区级以上服务业重点项目32个；三是组织编撰了《中小微企业信贷产品推介手册》，联合金融办及相关经济部门成功举办了中小微企业信贷产品推介会议，并及时组织金融机构与近百家中小微企业实施帮扶对接，实现了银企对接合作的常态化。

【金融服务与监管】　2014年，人民银行薛城区支行夯实业务基础，提升金融服务水平。一是联合财政部门印发了《区级财政国库管理制度改革资金支付管理办法》，积极参加全国国库业务竞赛活动；二是继续开展农村支付环境建设全覆盖工作；三是协助区政府制定《信用体系建设工作实施方案》，牵头相关职能部门成立社会信用体系建设领导小组，开展小微企业信用信息采集；四是大力推进"新票直通车"，组织对各营业网点现金收付、反假人民币以及现金清分工作进行现场检查；五是继续深化"两管理、两综合、一保护"工作，对综合评价为A级单位的金融机构授牌表彰，组织开展重点银行约见谈话、重点专业执法检查，牵头辖内18家银行、保险、证券、小贷公司成立了金融消费权益保护协会，在全省率先成立村级金融消费权益"维权站"。

（刘存龙）

台儿庄区

【经济金融概况】　2014年，台儿庄区银行业金融机构以发展普惠金融为主线，充分发挥金融对经济社会发展的支撑作用，贷款增幅、新增存贷比明显提高，各项金融指标均位居全市前列。

【金融发展与改革】　2014年，人民银行台儿庄区支行以规

台儿庄区主要经济指标

经济指标	2013	2014	2014年同比增幅（%）	经济指标	2013	2014	2014年同比增幅（%）
土地面积（平方公里）	538.5	538.5	0	地方财政支出（亿元）	13.38	14.48	8.2
人口（万人）	31.4	32.19	0.10	全社会固定资产投资(亿元)	95.84	110.85	14.5
城镇人口（万人）	7.61	8.96	0.26	进出口总值（万美元）	7173	8264	12.5
乡村人口（万人）	23.8	23.23	0.08	出口总值（万美元）	6988	7314	4.70
地区生产总值（亿）	146.50	155.96	6.9	实际利用外资（万美元）	2003	0	-100
第一产业（亿元）	16.20	16.98	3.20	社会消费品零售总额(亿元)	51.76	58.25	12.50
第二产业（亿元）	82.69	85.27	5.00	居民消费价格指数（%）	101.8	101.9	1.9
第三产业（亿元）	47.61	53.71	12.00	人均地区生产总值（元）	45511	52580	6.0
财政总收入（亿元）	15.6	16.9	8.30	城镇居民可支配收入（元）	24940	26995	8.2
地方财政收入（亿元）	7.07	7.71	9.10	农民人均现金收入（元）	9148	10237	11.9
财政总支出（亿元）	15.6	15.6	8.30				

台儿庄区主要金融指标

金融指标（亿元）	2013	2014	2014年同比增幅（%）	金融指标（亿元）	2013	2014	2014年同比增幅（%）
本外币存款余额	64.48	69.46	7.77	财险收入	0.39	0.41	5.13
人民币存款余额	64.42	69.42	7.76	寿险收入	2.30	2.64	14.78
单位存款	18.46	19.06	3.25	财险赔款	0.14	0.22	57.14
储蓄存款	44.79	49.16	9.76	寿险给付	0.12	0.44	267.67
本外币贷款余额	51.73	54.01	4.40	当年结益	--	--	--
人民币贷款余额	51.73	54.01	4.40	证券市场交易总额	--	--	--
短期贷款	27.29	26.60	2.53	投资者保证金余额	--	--	--
中长期贷款	22.27	24.80	11.36	证券账户开户数	--	--	--
票据融资	2.17	2.58	18.89	证券交易佣金收入	--	--	--
当年结益	2.79	1.90	-31.90	净利润	--	--	--
不良贷款余额	0.78	0.38	-97.93				

台儿庄区主要金融机构概况

单位名称	行长（或其他称谓的第一负责人）	副行长（或其他称谓的同级领导）	员工总数	辖内营业网点数
人民银行台儿庄区支行	张北南	提文涛　吴长亚　吴敬普　张裕金　李金涛	47	1
农发行台儿庄区支行	黄新勇	王亦翔　高文敏	18	1
工行台儿庄支行	洪方平	提文海　高　杰	24	1
农行台儿庄区支行	王　伟	王景国　宋树厚	52	1

续表

单位名称	行长（或其他称谓的第一负责人）	副行长（或其他称谓的同级领导）	员工总数	辖内营业网点数
中行台儿庄支行	赵　舵	王福军　郭　星	22	1
建行台儿庄支行	郭挺军	许厚明　孙中策	31	1
枣庄银行台儿庄支行	赵　娜	于秀江	19	1
台儿庄农商行	王保军	马洪波	248	14
邮储银行台儿庄区支行	韩　勇	马加路	51	12

台儿庄区主要金融机构业务概况

单位：亿元

单位名称	本外币存款余额	人民币单位存款	人民币储蓄存款	本外币贷款余额	人民币短期贷款	人民币中长期贷款
农发行台儿庄区支行	0.57	0.57	0	5.76	1.48	4.27
工行台儿庄支行	9.44	4.22	4.01	10.74	2.01	8.69
农行台儿庄区支行	5.99	1.77	4.19	3.83	2.90	0.84
中行台儿庄支行	9.23	6.27	2.97	8.27	4.95	3.06
建行台儿庄支行	8.71	2.92	5.79	5.69	4.60	5.23
枣庄银行台儿庄支行	1.33	0.83	0.51	1.08	1.08	0
台儿庄农商行	23.62	1.96	21.66	16.73	13.37	1.15
邮储银行台儿庄区支行	10.57	0.52	10.04	1.91	0.35	1.56

范促履职，以创新促提高，在货币信贷、金融稳定、调查统计、征信管理中作出一定成绩。一是联合区司法局制定出台了《关于实施贷款公证强制执行保障银行债权安全工作指导意见》；二是建立银司联动机制，创新“贷款＋公证”信贷模式，在贷款主体、承贷主体、贷款规模和贷款结构上取得新突破，累计办理公证贷款916笔，共计金额1.35亿元；三是扎实推进信用建设，实现了农户信息档案入户调查率100%、信息全面度100%和信息真实性100%的“三个百分之百”，保证了数据库的建立有据可依。截至11月末，基本完成了农户信息采集和录入工作，数据库共采集录入农户信息4.14万户，占全区农户总数的92.7%。

【金融服务与监管】　2014年，人民银行台儿庄区支行不断创新金融服务。一是联合财税部门在全区筛选诚信纳税和诚信用贷“双A”标准企业，集中信贷资金重点支持，并在授信额度、上缴税率、贷款利率等方面给予政策优惠，实施财税银企“四结合”，支持小微企业发展；二是创新推行征信查询“首查负责制”，建立严谨的问责机制，并纳入对金融机构综合评价管理；三是积极引导当地涉农金融机构，把支持农民专业合作社、家庭农场、产业化龙头企业等新兴主体作为信贷投放重点，为增强农村发展活力提供强有力的金融支持；四是延伸金融服务“触角”，定期邀请技术人员对合作社进行现场指导，增强合作社的发展能力和动力。

（李金涛　李德洲）

菏泽市

【经济金融概况】 2014年，菏泽市以提高发展质量和效益为中心，全面推进各项改革，规模以上工业增加值增速居全省第1位，新增规模以上工业企业342家；引进落地亿元以上项目403个，完成投资710亿元。

【货币政策实施】 2014年，人民银行菏泽市中心支行积极贯彻落实稳健货币政策，健全货币信贷政策传导机制，助推地方经济平稳较快发展。

一、畅通货币信贷政策传导渠道。一是下发《关于贯彻落实习近平总书记重要讲话进一步做好金融支持菏泽打造"西部经济隆起带"科学发展和邻边经济高地的意见》，出台《"金融服务企业行 普惠金融进乡村"活动方案》；二是定期召开全市信贷调度会、金融运行通报会、货币信贷运行分析会、法人机构座谈会、约见谈话座谈会，传导货币信贷政策意图，提出工作举措。

二、扎实推进金融支持现代农业发展。一是继续实行"一把手"负责制，力争创新涉农信贷产品、深化银保支农合作，力促金融支持现代农业"县县有亮点"局面基本形成；二是推出农村土地经营承包权抵押贷款、"协议＋公证"、林权抵押贷款、农房财产权抵押贷款等涉农信贷创新产品17类；三是推动拓展"贷款＋保险"支农模式，累计发放贷款10.3万笔，共计金额149.7亿元。

三、继续推进银企合作。一是筹备人民银行济南分行与菏泽市政府联合召开的"金融支持菏泽打造西部经济隆起带和加快科学发展银企对接会"，就557个项目达成签约意向1349个，签约金额814.1亿元；二是开展"融智＋融资"信贷服务企业行活动，按照"一企一策"模式为260余家小微企业量身定做了350余份"融智＋融资"信贷服务方案，累计为小微企业融资4.08亿元。

【金融稳定】 2014年，人民银行菏泽市中心支行完善金融风险的监测、研判、预警和处置机制，切实提升风险监测水平。一是出台制度，构建金融稳定主体评级指标体系；二是现场和非现场相结合全面开展主体评级操作；三是完善评级操作及结果应用，及时向1C类以下机构进行风险提示。全年下发风险提示文件5次，组织地方性法人银行业机构主动开展不良贷款清理和风险排查活动9次，保全金融风险资产6600万元；四是建立表外业务监测预警指标体系，根据各银行业金融机构的报表和报告及时判断表外业务的风险状况，对于风险或潜在风险较大的机构，及时下发《风险提示书》，通知其制定化解措施，维护辖区金融稳定。

【金融服务】 2014年，人民银行菏泽市中心支行突出普惠金融发展导向，全面提升金融服务广度和深度。

一、推动农村支付环境优化改善，集中开展残损币回收活动。全市正常运行助农取款点8716个、自助服务终端2532部，累计交易金额26.67亿元。该中心支行采取进乡村、赶大集等形式，开展集中兑换、回收活动60多次，回收1元券残币3500万元、5角券570万元、1角券19万元。

二、深入推进信用体系建设。一是以信用信息征集、地方数据库建设为重点，搭建中小微企业信用信息平台，录入信息5.7万条；二是以成武县、鄄城县为试点，建立农村征信数据库，录入信息13.3万条。

三、积极推进优化金融消费环境。一是深入开展"金融知识进村社企校行"、"金融知识普及月"等活动，组织金融消费权益保护、普惠金融、反假币知识等宣传20余次；二是辖区成立金融消费权益保护协会9家，实现"12363"电话"全覆盖、全天候"，累计受理咨询1411件、投诉265件，办结满意率达100%。

四、创新"1+1+2"帮扶企业发展服务模式。由1位外汇工作人员联合1家外汇指定银行共同帮扶2家重点涉外企业发展，帮助多家企业境外融入3亿美元、减少汇兑损失约1亿元。《金融时报》以《撑起涉外企业安全伞——山东菏泽助力企业规避汇率风险侧记》为题作了报道。

五、深入开展跨境人民币业务。在"菏泽国际商务网"开设专栏，建立跨境人民币结算QQ群、微信群。截至年末，跨境人民币实收实付结算量109.9亿元，同比增长25.4%，占全市同期国际收支总额的40.1%。

【金融监管】 2014年，人民银行菏泽市中心支行与菏泽银监分局加强统筹协调，不断加大金融监管力度，维护了辖内金融稳定。

一、人民银行菏泽市中心支行一是完成对银行、证券、保险等44家金融机构年度工作综合评价，并以此作为开展各类检查和评估参照；二是开展专项执法检查11项，综合执法检查1项，检查金融机构76家次；三是先后对9家新设机构组织了资料审核、业务考核和综合检查验收，指导其顺利接入相关业务系统；四是开展国际收支统计申报专项核查，连续9个季度实现该项申报的"零差错"。

二、菏泽银监分局一是建立大额授信风险管理监测台账和担保圈监控数据库，对风险变化情况进行持续监测；二是制定《银行业大型客户债权人联席会暂行办法实施细则》，进一步明确了大额授信联合管理的标准及要求；三是督促农信社严格按照监管要求开展土地置换和打包处置不良贷款等工作；四是加大对理财业务的明查暗访，严禁销售未经监管部门批准或备案的理财产品；五是加强现场检查力度，全年检查各类机构44家，发现各类违规问题207项。

菏泽市经济主要统计指标

指标＼年度	2010	2011	2012	2013	2014	2014年同比增幅（%）
土地面积（平方公里）	12239	12239	12239	12239	12239	0
人口（万人）	958.8	966.5	957.27	957.46	990.56	3.46
城镇人口（万人）	187.7	205.51	206.9	222.86	260.37	16.83
乡村人口（万人）	771.1	760.99	750.37	734.6	730.19	-0.6
地区生产总值（亿元）	1145.01	1475.68	1787.36	2050.01	2222.19	10.2
第一产业（亿元）	220.18	228.04	241.01	255	265.01	3.0
第二产业（亿元）	591.89	793.09	974.22	1113.51	1190.83	11.0
工业（亿元）	494.47	683.90	858.05	984.27	1043.51	11.3
建筑业（亿元）	95.41	109.19	116.17	129.24	147.32	8.6
第三产业（亿元）	332.94	454.55	572.13	681.5	766.35	11.7
人均地区生产总值（元）	11942	15268	18671	21411	26446	9.6
地区生产总值构成（%）	100	100	100	100	100	0
第一产业（%）	19.2	15.5	13.5	12.44	11.9	-4.34
第二产业（%）	51.7	53.7	54.5	54.32	53.6	-1.33
第三产业（%）	29.1	30.8	32	33.24	34.5	3.79
财政总收入（亿元）	144.3	194.56	214.5	224.96	238.55	6.04
地方财政收入（亿元）	84.69	111.59	140.3	159.3	161.97	1.67
财政总支出（亿元）	--	--	--	--	--	--
地方财政支出（亿元）	186.96	231.38	281.49	321.76	341.81	6.74
全社会固定资产投资（亿元）	582.9	552.29	687.11	810.77	940.70	16.0
规模以上固定资产投资（亿元）	582.9	552.29	687.11	810.77	940.70	16.0
房地产开发（亿元）	106.23	148.53	176.31	206.18	230.33	11.7
进出口总值（亿美元）	17.6	27.32	31.78	29.67	35.22	19.0
出口总值（亿美元）	12	14.41	15.3	17.5	21.58	23.3
实际利用外资（亿美元）	1.1	0.80	1.65	2.18	2.18	0.1
社会消费品零售总额（亿元）	656.57	775.2	894.19	1016.27	1147.88	13
居民消费价格指数（%）	102.5	104.1	101.7	101.8	101.9	0.1
城市居民人均可支配收入（元）	14419	16658	19140	21236	23344	9.9
农民人均现金收入（元）	5655	7119	8187	9309	14930	9.1

菏泽市工农业主要统计指标

农业主要统计指标（万吨）				规模以上工业企业主要统计指标（亿元）			
项目＼年度	2013年	2014年	增幅（%）	项目＼年度	2013年	2014年	增幅（%）
粮食	673.17	702.25	4.3	工业增加值	--	--	15.05
夏粮	388.74	397.10	2.2	国有工业	--	--	3.41
秋粮	284.43	305.15	7.3	集体工业	--	--	-7.32

续表

农业主要统计指标（万吨）				规模以上工业企业主要统计指标（亿元）			
项目＼年度	2013 年	2014 年	增幅（%）	项目＼年度	2013 年	2014 年	增幅（%）
棉花	17.82	17.65	-1.0	股份制工业	--	--	16.38
油料	25.79	26.2	1.5	股份合作制工业	--	--	21.95
水果	58.56	57.57	-1.7	外商及港澳台投资工业	--	--	10.98
蔬菜	974.17	986.06	1.2	轻工业	--	--	12.22
肉类	65.96	67.85	2.9	重工业	--	--	17.13
禽蛋	39.33	39.87	1.4	销售收入	5413.65	6267.62	15.4
奶类	6.49	6.66	2.7	利税	729.98	825.10	11.6
水产品	12.17	13.09	7.6	利润	450.85	507.63	10.5
森林覆盖率（%）	33.6	33.6	0	经济效益综合指数（%）	397.32	412.64	16.08

菏泽市主要金融机构概况

单位名称	行长（或其他称谓的第一负责人）	副行长（或其他称谓的同级领导）	员工总数	辖内营业网点数
人民银行菏泽市中心支行	陈　刚	周登宪　石建民　郑　丽　孟宪东　孟宪彦　武富民　李忠民	396	9
菏泽银监分局	秦立生	朱凤德　孔凡申　杨爱军　路　冰　王思钦	60	9
农发行菏泽市分行	单民生	杨其斌　刘源炎　李从阁	223	9
工行菏泽分行	冯建军	黄腾坤　刘虎臣　冯万杰　王艳峰　周林建　王艳丽　王忠轩　赵　斌	920	50
农行菏泽分行	王有强	曹明钊　张　民　段中锋　张洪敏	1442	65
中行菏泽分行	李　波	闫　健　冯德厚　焦晓华　刘　仪	572	24
建行菏泽分行	白彤文	王怀阁　朱坤礼　韩卫东　陈俊德　周在军　刘明振　王　斌　张益民　房秀霞	944	37
交通银行菏泽分行	商敬文	李　丽　许慧媛	47	1
莱商银行菏泽分行	段　伟	常永峰　刘凤华	215	10
浦发银行菏泽分行	房居超	张玉民	53	1
济宁银行菏泽分行	王文丰	李继臣　张池云	99	1
农信社菏泽市办事处	张效节	崔玉光　曾庆红　衣兰林	6186	371
邮储银行菏泽市分行	张贵华	刘筱琏　陈海东　桑　辉	940	39
中国人保财险菏泽市分公司	王保清	陈美华　宋红亚　孙云峰	439	16

续表

单位名称	行长（或其他称谓的第一负责人）	副行长（或其他称谓的同级领导）	员工总数	辖内营业网点数
齐鲁证券公司菏泽分公司	邵德玉	闫桂玲　冯德锋　杨胜利	34	4
中信万通证券公司菏泽营业部	朱　鑫		17	1

菏泽市金融业务统计指标

指标（亿元） \ 年度		2010	2011	2012	2013	2014	2014 年同比	
							增加额	增幅（%）
银行类	本外币存款余额	1092.56	1326.4	1607.77	1918.86	2228.28	309.42	16.13
	人民币存款余额	1089.77	1323.32	1602.95	1908.69	2219.99	311.3	16.31
	*单位存款	133.12	316.67	353.57	439.64	524.33	84.69	19.26
	储蓄存款	804.7	983.71	1218.47	1427.23	1661.39	234.16	16.41
	本外币贷款余额	803.47	877.13	1062.34	1230.75	1447.04	216.29	17.57
	人民币贷款余额	797.66	872.03	1047.96	1220.54	1434.54	214	17.53
	短期贷款	494.42	509.22	597.61	692.88	741.85	48.97	7.07
	中长期贷款	285.99	334.2	371.93	478.10	632.44	154.34	32.28
	票据融资	17.25	28.6	78.42	49.55	60.24	10.69	21.57
	当年结益	14.71	20.69	27.7	26.5	33.32	6.82	25.74
	不良贷款余额	69.38	44.17	39.29	28.63	24.09	-4.54	-15.86
	不良贷款占比%	8.63	5.04	3.7	2.33	1.67	-0.66	-28.33
保险类	保险公司保费收入	37.52	42.41	47.46	60.89	71.63	10.74	17.64
	财险收入	7.9	9.56	11.56	13.19	15.84	2.65	20.1
	寿险收入	29.62	32.85	35.9	47.7	55.79	8.09	17
	保险公司赔款和给付支出	7.7	8.67	10.03	15.93	15.86	-0.07	-0.44
	财险赔款	3.42	4.63	5.6	6.82	7.85	1.03	15.0
	寿险给付	4.28	4.05	4.43	9.11	8.01	-1.1	-12.1
	当年结益	0.54	0.6	1.01	0.89	0.79	-0.1	-11.24
证券类	证券市场成交总额	271.40	227.8	175.69	246.30	438.96	192.66	78.22
	投资者保证金余额	2.07	1.51	1.68	1.32	2.91	1.59	120.45
	证券账户开户数（户）	42460	54044	57051	61255	66742	5487	8.96
	佣金收入	0.47	0.34	0.24	0.37	0.57	0.2	54.05
	净利润	0.25	0.14	0.08	0.16	0.19	0.03	18.75
	期货市场成交总额	--	--	--	--	--	--	--
	期货客户保证金余额	--	--	--	--	--	--	--
	期货账户开户数（户）	--	--	--	--	--	--	--
	期货手续费收入	--	--	--	--	--	--	--
	利润总额	--	--	--	--	--	--	--

注：“*”该项指标 2010 年前为“企业存款”，其数字也是如此。

菏泽市金融机构统计指标

指标（个）		2010	2011	2012	2013	2014	2014年同比增幅（%）
银行类	法人机构	9	11	12	14	15	7.14
	省级分行	--	--	--	--	--	--
	二级分行	8	8	8	10	11	10.00
	县区支行	62	168	153	164	173	5.49
	分理处、营业所	368	430	442	431	434	0.70
	储蓄所	187	121	134	137	139	1.46
	从业人员总数	12009	12342	12233	12558	12696	1.10
保险类	保险机构	121	150	159	173	213	23.12
	财险机构	71	84	89	89	106	19.10
	省级分公司	--	--	--	--	--	--
	地市分公司	11	12	13	17	17	0
	县区支公司	60	72	76	72	89	23.61
	寿险机构	50	66	70	84	107	27.38
	省级分公司	--	--	--	--	--	--
	地市分公司	9	11	14	15	17	13.33
	县区支公司	41	55	56	69	90	30.43
	从业人员总数	15819	19994	20387	23206	25661	10.58
	财险人员	2763	3071	3416	3298	3413	3.49
	寿险人员	13056	16923	16971	19908	22248	11.75
证券类	证券机构	1	3	4	4	5	25.00
	证券公司	--	--	1	1	1	0
	证券营业部	1	3	3	3	4	33.33
	证券服务部	--	--	--	--	--	--
	从业人员总数	42	80	62	51	51	0
	投资者开户数（户）	42460	54044	57051	61255	66742	8.96
	境内上市股票只数	--	--	--	--	--	--
	境外上市股票只数	3	3	3	3	3	0
	辖区上市公司总数	3	3	3	3	3	0

菏泽市主要金融机构业务概况

单位：亿元

单位名称	本外币存款余额	人民币单位存款	人民币储蓄存款	本外币贷款余额	人民币短期贷款	人民币中长期贷款
农发行菏泽市分行	9.34	9.34	0	61.58	54.38	7.01

续表

单位名称	本外币存款余额	人民币单位存款	人民币储蓄存款	本外币贷款余额	人民币短期贷款	人民币中长期贷款
工行菏泽分行	256.88	89.73	157.56	253.55	93.65	147.83
农行菏泽分行	257.51	64.91	186.18	143.91	62.86	80.06
中行菏泽分行	137.03	60.33	71.09	123.13	58.01	50.82
建行菏泽分行	250.36	113.41	135.94	204.01	75.11	121.65
交通银行菏泽分行	25.94	23.46	1.16	24.18	18.44	4.00
浦发银行菏泽分行	15.19	14.45	0.74	7.52	6.11	1.41
莱商银行菏泽分行	51.47	33.61	17.59	30.14	26.81	0.02
济宁银行菏泽分行	8.1	5.69	2.37	7.13	6.77	0.25
山东省农信联社菏泽办事处	822.93	76.02	745.74	551.49	319.98	200.95
邮储银行菏泽市分行	367.58	29.63	337.94	31.3	16.58	12.49

菏泽市各县级区域经济金融主要统计指标

名称	人口（万人）	面积（平方公里）	地区生产总值（亿元）	地区生产总值增速（%）	本外币存款余额（亿元）	储蓄存款（亿元）	本外币贷款余额（亿元）
曹　县	165.47	1974	288.14	13.24	238.90	204.08	145.81
单　县	124.15	1670	262.5	10.2	202.67	176.90	135.53
成武县	61.88	988	163.42	11.67	135.54	111.09	80.35
巨野县	105.58	1303	238.59	10.66	219.58	178.38	126.86
郓城县	125.74	1643	292.38	9.15	276.92	235.83	147.09
鄄城县	89.51	1041	154.64	10	168.81	146.82	85.33
定陶县	68.60	846	129.15	11.08	126.81	102.45	69.77
东明县	84.51	1370	244.95	10.83	181.23	125.62	183.62

菏泽市（含县级）小额贷款公司机构、业务概览

单位名称	行长（或其他称谓的第一负责人）	员工总数（人）	本外币贷款余额（亿元）	人民币短期贷款（亿元）	人民币中长期贷款（亿元）
菏泽开发区惠和小额贷款公司	王向阳	13	3.22	3.22	0
菏泽市牡丹区恒顺小额贷款公司	许　坤	6	1.12	1.12	0
菏泽市牡丹区大方圆小额贷款公司	房秀霞	15	1.03	1.03	0
菏泽市牡丹区和鑫小额贷款公司	郭传书	6	1.01	1.01	0
菏泽开发区洪源小额贷款公司	牛景江	5	0.71	0.71	0
曹县百川通小额贷款公司	李　军	20	1.17	1.17	0
曹县银信小额贷款公司	孙　辉	21	1.03	1.03	0

续表

单位名称	行长（或其他称谓的第一负责人）	员工总数（人）	本外币贷款余额（亿元）	人民币短期贷款（亿元）	人民币中长期贷款（亿元）
单县四君子小额贷款公司	邵明安	9	0.63	0.63	0
成武县伯乐小额贷款公司	张敬录	7	0.66	0.66	0
巨野县金山小额贷款公司	刘法来	6	1.06	1.06	0
郓城县水浒小额贷款公司	郑从军	12	1.13	1.13	0
郓城县华灵汇商小额贷款公司	孙　彦	9	0.49	0.49	0
鄄城县汇兴小额贷款公司	刘东杰	12	0.40	0.40	0
定陶县融源小额贷款公司	张宗泽	5	0.50	0.50	0

【外汇管理】　2014 年，外汇局菏泽市中心支局一是积极推进外汇主体监管，加强对银行和重点企业的主体监测，引导其认真执行外汇管理政策，依法合规开展外汇业务；二是建立异常外汇收支预警体系，定期对涉汇主体外汇收支行为进行监测分析，并对异常收支信息进行汇总，提出预警建议；全年共对境内机构、银行、个人等开展非现场监测分析 523 次，累计发现银行异常线索 21 条；三是创新外汇服务方式，改进外汇政策传导机制，有效促进涉外经济快速健康发展。

【金融改革】　2014 年，菏泽市金融改革稳步推进，取得了良好效果。成武、菏泽等两家农村商业银行分别于 5 月、11 月开业；未改制的农信社充分利用银行化改革的政策和环境优势，争取帮扶政策，化解历史包袱，完善股权结构，加快改革步伐。

【保险业务】　2014 年，菏泽保险业业务规模创历史新高，自 2012 年始以每年超 10 亿元的规模增长，一举突破 70 亿元大关，排名位居全省前 8 名。一是保险经营主体不断增多，保险服务遍布城乡，市场体系不断完善；二是服务社会能力明显增强，在提高大病保险覆盖率、参与社会管理、增强服务“三农”能力、赔付自然灾害损失、支撑经济发展、保障民生等方面均有建树。

【证券市场】　2014 年，齐鲁证券菏泽分公司以提高服务质量、加强业务宣传为中心，奉行“诚实、规范、守信、共赢”的经营理念，内抓管理，外树形象，业务得到较快发展。

【金融文化建设】　2014 年，菏泽市各金融机构以群众路线教育实践活动为重点，加强改进思想政治工作，为促进各项工作提供了有力的思想保证、精神动力和智力支持。人民银行菏泽市中心支行开展“习近平总书记系列讲话精神解读”、“学习焦裕禄精神 践行群众路线”等主题教育活动。菏泽银监分局开展监管文化建设主题年活动，自编、自导、自演了反映身边的正能量的微电影《三万元》。建设银行菏泽分行开展“慈心一日捐”活动，共收集爱心捐款 7 万余元。莱商银行菏泽分行组织参观冀鲁豫革命纪念馆，开展“重温入党誓词”活动。济宁银行菏泽分行定期开展廉政教育、职业操守教育，加强人员行为管理。

【大事记】　2 月 21 日　建设银行菏泽分行成功为山东新巨龙能源有限责任公司发行 1 亿元票据受益权类理财产品。

2 月 25～26 日　人民银行菏泽市中心支行召开 2014 年工作会议暨纪检监察工作会议和外汇管理工作会议。

3 月 4 日　人民银行菏泽市中心支行组织召开全市金融支持现代农业加快发展推进会。

3 月 7 日　时伟、崔玉光任省联社菏泽办事处党委副书记（鲁农信联党〔2014〕13 号）。

3 月 27 日　人民银行菏泽市中心支行在曹县举办辖区金融消费权益工作推进会。

3 月 18 日　菏泽银监分局召开领导班子主要成员调整会议，宣读党明娜、秦立生的任免职通知。

5 月 6 日　山东成武农村商业银行股份有限公司开业。

5 月 12 日　莱商银行菏泽分行与菏泽市公共自行车管理中心联合发行的芯片卡——“曹州畅行卡”正式对外发行。

5 月 20 日　菏泽市金融消费权益保护协会第一届会员大会暨成立大会隆重召开。

5 月 28 日　崔玉光被聘任为省联社菏泽办事处副主任（鲁农信联〔2014〕119 号）。

8 月 26 日　浦发银行菏泽分行开业。

10 月 15 日　衣兰林被聘任为省联社菏泽办事处副主任（鲁农信联〔2014〕189 号）。

10 月 22 日　莱商银行菏泽巨野支行开业。

10 月 27 日　时伟任中共菏泽农村商业银行股份有限公司党委书记，同时免去省联社菏泽办事处党委副书记职务（鲁农信联党〔2014〕44 号）。

11 月 8 号　菏泽农村商业银行股份有限公司开业。

11 月 20 日　建设银行菏泽分行长江路、牡丹北路分理处分别升格为长江路、八一路支行。

（马延彬　许加宏）

曹 县

【经济金融概况】 2014 年,曹县金融机构认真贯彻执行稳健货币政策,积极开展金融创新,全力支持经济建设快速健康发展。

【金融发展与改革】 2014 年,工商银行、农业银行、中国银行、建设银行在曹县的分支机构普遍实行工作目标责任制,成立审贷委员会,实施审贷分离,将信贷风险降到最低。莱商银行曹县支行、村镇银行运行平稳,支农效果和政策效应逐步显

曹县主要经济指标

经济指标	2013	2014	2014 年同比增幅(%)	经济指标	2013	2014	2014 年同比增幅(%)
土地面积(平方公里)	1974	1974	0	地方财政支出(亿元)	43.34	46.08	6.32
人口(万人)	159.45	165.47	3.78	全社会固定资产投资(亿元)	98.09	114.08	16.30
城镇人口(万人)	35	36	2.86	进出口总值(万美元)	52011	78189	50.33
乡村人口(万人)	124.45	129.47	4.03	出口总值(万美元)	51211	74572	45.62
地区生产总值(亿元)	254.45	288.14	13.24	实际利用外资(万美元)	4643	4000	-13.85
第一产业(亿元)	35.26	36.77	4.28	社会消费品零售总额(亿元)	159.02	179.85	13.10
第二产业(亿元)	140.74	158.21	12.41	居民消费价格指数(%)	102.3	102.9	0.59
第三产业(亿元)	78.45	93.16	18.75	人均地区生产总值(元)	18506	21018	13.57
财政总收入(亿元)	23.18	24.96	7.68	城镇居民可支配收入(元)	17324	19060	10.02
地方财政收入(亿元)	18.30	19.68	7.54	农民人均现金收入(元)	9180	10296	12.16
财政总支出(亿元)	46.59	57.91	24.30				

曹县主要金融指标

金融指标(亿元)	2013	2014	2014 年同比增幅(%)	金融指标(亿元)	2013	2014	2014 年同比增幅(%)
本外币存款余额	208.61	238.90	14.52	财险收入	0.85	1.06	24.71
人民币存款余额	208.38	238.53	14.47	寿险收入	5.52	6.65	20.47
单位存款	26.47	31.19	17.83	财险赔款	0.51	0.57	11.76
储蓄存款	176.45	204.08	15.66	寿险给付	1.17	1.23	5.13
本外币贷款余额	113.70	145.81	28.24	当年结益	2.03	2.04	0.49
人民币贷款余额	113.67	145.81	28.27	证券市场交易总额	--	--	--
短期贷款	66.45	85.86	29.21	投资者保证金余额	--	--	--
中长期贷款	45	57.95	28.78	证券账户开户数	--	--	--
票据融资	2.22	2.00	-9.91	证券交易佣金收入	--	--	--
当年结益	2.84	3.77	32.75	净利润	--	--	--
不良贷款余额	3.72	2.91	-21.77				

曹县主要金融机构概况

单位名称	行长(或其他称谓的第一负责人)	副行长(或其他称谓的同级领导)	员工总数	辖内营业网点数
人民银行曹县支行	田本昌	李 岳 陈 雷 刘尊民	33	1
菏泽银监分局曹县办事处	王 娟		1	1

续表

单位名称	行长（或其他称谓的第一负责人）	副行长（或其他称谓的同级领导）	员工总数	辖内营业网点数
农发行曹县支行	张洪军	谢　军　周永军	24	1
工行曹县支行	张宝生	吕传序　赵振宇　张　羽	64	5
农行曹县支行	孙　强	张　雷　曹海良　刘怀民	155	8
中行曹县支行	朱国政	李　燕　张东坡	44	3
建行曹县支行	王守钦	李宏伟　秦中玉　王青山	61	2
曹县莱商银行	霍中岭	孙富国	16	1
曹县农信联社	贾复锋	翟忠庆　姜建伦　姜晓红 陈　超　陈　磊　曹　磊	566	41
邮储银行曹县支行	魏中杰	李新泰	80	4
曹县村镇银行	张　伟		51	3

曹县主要金融机构业务概况

单位：亿元

单位名称	本外币存款余额	人民币单位存款	人民币储蓄存款	本外币贷款余额	人民币短期贷款	人民币中长期贷款
农发行曹县支行	0.98	0.98	0	35.04	32.42	2.62
工行曹县支行	20.29	4.19	15.93	11.75	4.28	7.47
农行曹县支行	35.03	5.44	29.58	8.28	3.40	4.88
中行曹县支行	13.06	3.17	9.78	6.16	4.62	1.54
建行曹县支行	13.70	5.03	8.63	16.08	5.12	10.96
曹县莱商银行	3.15	1.47	1.64	1.85	1.85	0
曹县农信联社	94.22	8.67	85.54	61.67	31.73	27.95
邮储银行曹县支行	54.36	1.80	52.56	2.52	2.02	0.5
曹县村镇银行	1.79	0.43	1.36	2.45	0.42	2.03

现。人民银行曹县支行指导银行业金融机构正确贯彻执行货币政策，大力创新信贷产品，有效防范金融风险。

【金融服务与监管】　2014年，人民银行曹县支行发挥“窗口指导”作用，完善各项规章制度，加大责任追究力度；同时推动政、银、企、保、农全面合作，发挥支农再贷款的涉农引导作用，取得明显成效。

曹县各金融机构相继建立业务创新机制，推出了“协议+公证”、“电商贷”、“乐想贷”等业务。银行电子化、网络化建设成绩显著，农村支付结算环境大为改观。

单　县

【经济金融概况】　2014年，单县银行业金融机构以作风建设为主线，以求真务实为导向，紧紧围绕金融支持新型农业经营主体、中小企业、“三农”等重点领域和薄弱环节，加大信贷投放力度，实现了经济与金融的良性互动。

【金融发展与改革】　2014年，单县金融机构拓展农村土地承包经营权抵押贷款，创新推出钢结构质押贷款、信保融资、100万元免担保贷款和存货质押贷款等业务，拓宽了企业融资渠道。人民银行单县支行加强对单县农联社和农业银行单县支行“三农事业部”的改革动态监测，单县农联社、单县村镇银行和单县农业银行存款准备金率均下浮1个百分点。

单县主要经济指标

经济指标	2013	2014	2014 年同比增幅（%）	经济指标	2013	2014	2014 年同比增幅（%）
土地面积（平方公里）	1670	1670	0	地方财政支出（亿元）	31.71	33.41	5.4
人口（万人）	120.84	124.15	2.7	全社会固定资产投资（亿元）	72.6	80.8	15
非农业（万人）	23.59	24.26	2.8	进出口总值（万美元）	56486	84665	58.8
乡村人口（万人）	109.3	108.9	-0.4	出口总值（万美元）	12818	15507	21
地区生产总值（亿元）	236.9	262.5	10.2	实际利用外资（万美元）	0	228	--
第一产业（亿元）	35.8	37.62	2.8	社会消费品零售总额（亿元）	126.1	142.3	12.9
第二产业（亿元）	122.2	135.7	12.1	居民消费价格指数（%）	101.8	101.9	0.1
第三产业（亿元）	78.9	89.2	10.8	人均地区生产总值（元）	22260	24641	10.7
财政总收入（亿元）	39.91	27.78	-30.39	城镇居民可支配收入（元）	18638	20496	10
地方财政收入（亿元）	16.2	16.2	0	农民人均现金收入（元）	9277	10400	12.1
财政总支出（亿元）	39.88	41.58	4.26				

单县主要金融指标

金融指标（亿元）	2013	2014	2014 年同比增幅（%）	金融指标（亿元）	2013	2014	2014 年同比增幅（%）
本外币存款余额	177.29	202.67	14.32	财险收入	0.74	1.31	76.46
人民币存款余额	177.06	202.31	14.26	寿险收入	3.73	4.45	19.34
单位存款	22.55	25.29	12.15	财险赔款	0.46	0.51	10.87
储蓄存款	154.07	176.90	14.82	寿险给付	1.23	0.35	-71.54
本外币贷款余额	117.81	135.53	15.04	当年结益	--	--	--
人民币贷款余额	117.42	134.39	14.45	证券市场交易总额	--	--	--
短期贷款	58.57	52.21	-10.86	投资者保证金余额	--	--	--
中长期贷款	58.85	81.91	39.18	证券账户开户数	--	--	--
票据融资	0.01	0.27	2600.00	证券交易佣金收入	--	--	--
当年结益	2.56	2.52	-1.56	净利润	--	--	--
不良贷款余额	4.55	3.63	-20.22				

单县主要金融机构概况

单位名称	行长（或其他称谓的第一负责人）	副行长（或其他称谓的同级领导）	员工总数	辖内营业网点数
人民银行单县支行	李节平	杨月启　石永强　解庆涛	31	1
菏泽银监分局单县办事处	陈中建		1	1
农发行单县支行	王　云	李延忠　楚　翔	21	1
工行单县支行	冷　冰	孔祥明　陈玉亮 王洪锋　刘　军	65	5
农行单县支行	张景福	柴　彪　张广礼　马先平	164	8
建行单县支行	袁朝晖	桑圣峰　李　珠 袁　健　朱坤亮	53	3

续表

单位名称	行长（或其他称谓的第一负责人）	副行长（或其他称谓的同级领导）	员工总数	辖内营业网点数
莱商银行单县支行	曹　凯	吴　超	19	1
单县农信联社	时培行	刘克民　闫　娟 祝晓峰　秦　磊	578	46
邮储银行单县支行	王建西	谢启亚　朱坤明	76	4
单县中银富登村镇银行	杜清华	闫　强　崔索君 王国夫　韩先鲁	45	2

单县主要金融机构业务概况

单位：亿元

单位名称	本外币存款余额	人民币单位存款	人民币储蓄存款	本外币贷款余额	人民币短期贷款	人民币中长期贷款
农发行单县支行	0.51	0.51	0.00	2.69	1.49	1.20
工行单县支行	23.66	7.19	16.21	23.25	5.81	16.30
农行单县支行	27.20	3.29	23.80	19.72	3.09	16.63
建行单县支行	14.54	3.57	10.97	21.74	3.04	18.70
莱商银行单县支行	3.94	1.48	2.46	2.07	1.79	0.01
单县农信联社	84.75	4.40	80.35	62.45	36.01	26.44
邮储银行单县支行	46.23	2.18	42.04	1.75	0.86	0.89
单县中银富登村镇银行	1.74	0.66	1.08	1.87	0.13	1.73

【金融服务与监管】　2014年，人民银行单县支行一是积极提供支付清算、金融统计、征信等方面的金融服务，单县银行卡助农支付取款在全国领先；二是密切关注金融机构经营情况，对账户管理、反洗钱、现金管理、国库管理、外汇管理等进行严格监管，营造了良好的金融生态环境。

成武县

【经济金融概况】　2014年，成武县经济保持快速发展的良好态势。各金融机构认真贯彻稳健的货币政策，不断加大对重点企业、重点项目及“三农”的信贷支持力度，成效明显。

【金融发展与改革】　2014年，成武县金融改革深化发展，金融服务体系进一步完善。新增设支行级银行机构2家，股份

成武县主要经济指标

经济指标	2013	2014	2014年同比增幅（%）	经济指标	2013	2014	2014年同比增幅（%）
土地面积（平方公里）	988	988	0	地方财政支出（亿元）	21.39	21.89	2.34
人口（万人）	70.63	61.88	-12.39	全社会固定资产投资（亿元）	55.42	67.20	21.25
非农业（万人）	16.76	24.37	45.41	进出口总值（万美元）	8253	7753	-6.06
乡村人口（万人）	53.87	37.51	-30.37	出口总值（万美元）	8019	7535	-6.04
地区生产总值（亿元）	146.35	163.42	11.67	实际利用外资（万美元）	421	96	-77.20
第一产业（亿元）	22.52	23.45	4.13	社会消费品零售总额（亿元）	71.37	80.61	12.95

续表

经济指标	2013	2014	2014年同比增幅（%）	经济指标	2013	2014	2014年同比增幅（%）
第二产业（亿元）	81.38	91.04	11.87	居民消费价格指数（%）	--	--	--
第三产业（亿元）	42.45	48.93	15.26	人均地区生产总值（元）	20721	23651	14.14
财政总收入（亿元）	23.35	13.52	-42.10	城镇居民可支配收入（元）	17441	19156	9.83
地方财政收入（亿元）	8.54	8.65	1.29	农民人均现金收入（元）	9381	10509	12.02
财政总支出（亿元）	24.12	23.98	-0.58				

成武县主要金融指标

金融指标（亿元）	2013	2014	2014年同比增幅（%）	金融指标（亿元）	2013	2014	2014年同比增幅（%）
本外币存款余额	111.44	135.54	21.63	财险收入	0.59	0.56	-5.08
人民币存款余额	111.39	135.47	21.62	寿险收入	3.59	4.05	12.81
单位存款	19.38	24.38	25.80	财险赔款	0.44	0.19	-56.82
储蓄存款	91.49	111.09	21.42	寿险给付	0.08	0.6	650
本外币贷款余额	71.00	80.35	13.17	当年结益	--	--	--
人民币贷款余额	71.00	80.35	13.17	证券市场交易总额	--	--	--
短期贷款	51.90	47.57	-8.34	投资者保证金余额	--	--	--
中长期贷款	18.78	31.25	66.40	证券账户开户数	--	--	--
票据融资	0.32	1.53	378.12	证券交易佣金收入	--	--	--
当年结益	1.83	2.23	21.86	净利润	--	--	--
不良贷款余额	2.04	1.37	-32.84				

成武县主要金融机构概况

单位名称	行长（或其他称谓的第一负责人）	副行长（或其他称谓的同级领导）	员工总数	辖内营业网点数
人民银行成武县支行	潘　伟	朱瑞密　张明芳	29	1
菏泽银监分局成武办事处	张　春		1	1
农发行成武县支行	王东方	杨　飚　张传周　刘子玉　刘政宽　徐　辉　黄爱民	20	1
工行成武支行	谢　磊	邵金岭　谢建新　张广磊　李以学	44	2
农行成武县支行	王云升	谢道军　张冠涛	90	3
中行成武支行	杨金刚	李静敏　张　东	34	2
建行成武支行	王　璇	宋志强　刘继成　宋振洪　翟玉霞　马　华	48	2
莱商银行成武支行	王兴立	房领峰	12	1
成武农商行	刘　艳	谢　彬　赵圣锋　马　寅　苗国兴　梁　涛　刘翠敏　单　熙　侯伟东	417	29

续表

单位名称	行长（或其他称谓的第一负责人）	副行长（或其他称谓的同级领导）	员工总数	辖内营业网点数
邮储银行成武县支行	康思雷	李东军　邵素花	71	14
山东成武汉源村镇银行	陈高峰	庄少华　韩召玉	24	1

成武县主要金融机构业务概况

单位：亿元

单位名称	本外币存款余额	人民币单位存款	人民币储蓄存款	本外币贷款余额	人民币短期贷款	人民币中长期贷款
农发行成武县支行	1.49	1.49	0	32.12	32.12	0
工行成武支行	15.91	6.59	9.11	13.60	6.05	7.55
农行成武县支行	10.40	2.64	7.76	6.36	3.36	2.07
中行成武支行	9.28	3.62	5.61	5.24	4.00	1.24
建行成武支行	12.95	4.73	8.21	10.61	6.73	3.88
莱商银行成武支行	0.34	0.08	0.26	0.14	0.14	0
成武农商行	58.81	2.66	56.15	39.64	23.36	15.68
邮储银行成武县支行	26.03	2.37	23.66	1.51	0.69	0.82
山东成武汉源村镇银行	0.11	0	0.11	0.03	0.03	0

制银行1家，地方性银行1家，原农信社改制为农村商业银行。

【金融服务与监管】　2014年，人民银行成武县支行积极开展金融服务与监管，确保金融业安全稳健运行。一是通过定期召开金融工作座谈会等，及时向地方政府和金融机构传达国家宏观调控政策，全年共有9期呈报件被县委、县政府主要领导批示；二是相继开展金融进基层大型宣讲、残币兑换“歼灭战”、金融“赶大集”等一系列活动，普惠金融成效卓著。

巨野县

【经济金融概况】　2014年，巨野县宏观经济景气保持较好状态。重点项目建设进展顺利，地方财政收入增长较快，金融运行总体平稳。

【金融发展与改革】　2014年，巨野县金融改革进一步深化，金融事业迅速发展。人民银行巨野县支行窗口指导作用发挥明显，制定并出台5项指导性意见；普惠金融进乡村深入开

巨野县主要经济指标

经济指标	2013	2014	2014年同比增幅（%）	经济指标	2013	2014	2014年同比增幅（%）
土地面积（平方公里）	1303	1303	0	地方财政支出（亿元）	33.11	32.50	-1.84
人口（万人）	102.24	105.58	3.27	全社会固定资产投资（亿元）	75.71	87.40	15.44
城镇人口（万人）	25.70	26.61	3.54	进出口总值（万美元）	34539	37000	7.13
乡村人口（万人）	76.54	78.98	3.19	出口总值（万美元）	29821	30000	0.60
地区生产总值（亿元）	216.51	238.59	10.66	实际利用外资（万美元）	1300	1300	0

续表

经济指标	2013	2014	2014 年同比增幅（%）	经济指标	2013	2014	2014 年同比增幅（%）
第一产业（亿元）	26.89	27.95	3.94	社会消费品零售总额（亿元）	101.59	114.85	13.05
第二产业（亿元）	120.81	132.05	11.24	居民消费价格指数（%）	103.10	101.70	-1.36
第三产业（亿元）	51.32	78.59	53.14	人均地区生产总值（元）	21177	26956	27.29
财政总收入（亿元）	48.94	43.49	-11.14	城镇居民可支配收入（元）	18683	20523	9.85
地方财政收入（亿元）	20.96	19.00	-9.35	农民人均现金收入（元）	9429	10569	12.09
财政总支出（亿元）	50.51	44.10	-12.69				

巨野县主要金融指标

金融指标（亿元）	2013	2014	2014 年同比增幅（%）	金融指标（亿元）	2013	2014	2014 年同比增幅（%）
本外币存款余额	188.19	219.58	16.68	财险收入	1.83	1.40	-23.50
人民币存款余额	188.03	219.03	16.49	寿险收入	5.36	6.59	22.95
单位存款	37.48	39.64	5.76	财险赔款	0.84	0.15	-82.14
储蓄存款	149.26	178.38	19.51	寿险给付	1.13	0.11	-90.27
本外币贷款余额	113.52	126.86	11.75	当年结益	--	--	--
人民币贷款余额	113.52	126.86	11.75	证券市场交易总额	--	--	--
短期贷款	71.80	71.54	-0.36	投资者保证金余额	--	--	--
中长期贷款	37.69	51.73	37.25	证券账户开户数	--	--	--
票据融资	3.83	3.60	-6.01	证券交易佣金收入	--	--	--
当年结益	6.21	9.33	50.24	净利润	--	--	--
不良贷款余额	3.44	2.04	-40.70				

巨野县主要金融机构概况

单位名称	行长（或其他称谓的第一负责人）	副行长（或其他称谓的同级领导）	员工总数	辖内营业网点数
人民银行巨野县支行	李守谦	田朝霞 丁世友 于 涛	26	1
菏泽银监分局巨野办事处	朱 艳		1	1
农发行巨野县支行	郭茂海	沈建民 达仲旭 吕爱华 李 莉 孟庆刚	22	1
工行巨野支行	田建军	丛涛滋 赵志红 何 飞 郭承振 李新军 王志群	56	4
农行巨野县支行	王晋中	刘俊彦 李建峰 刘建平	113	5
建行巨野支行	陶可飞	闫和强 周士宝 段兴峰 王学军	64	4
莱商银行巨野支行	单士旗	魏丕国	19	1
巨野县农信联社	周克强	刁 辉 吴清稳 兰铁林 徐建民 樊庆涛 王志光 赵 森 刘 勇 陈旭东	679	39

续表

单位名称	行长（或其他称谓的第一负责人）	副行长（或其他称谓的同级领导）	员工总数	辖内营业网点数
邮储银行巨野县支行	刘天舒	张宗凯	80	4
巨野中银富登村镇银行	田文建	丁海平	30	1

巨野县主要金融机构业务概况

单位：亿元

单位名称	本外币存款余额	人民币单位存款	人民币储蓄存款	本外币贷款余额	人民币短期贷款	人民币中长期贷款
农发行巨野县支行	1.35	1.35	0	2.93	1.76	1.17
工行巨野支行	22.96	8.43	13.89	24.07	10.13	13.94
农行巨野县支行	23.02	5.84	16.94	10.28	5.04	5.20
建行巨野支行	25.88	9.71	15.87	21.04	8.19	12.85
莱商银行巨野支行	3.68	1.78	1.90	1.65	1.58	0
巨野县农信联社	100.25	8.18	92.02	63.35	44.13	15.73
邮储银行巨野县支行	40.88	3.54	37.34	2.54	0.68	1.86
巨野中银富登村镇银行	1.32	0.89	0.43	1.00	0	0.98

展，让弱势群众享受到金融服务；金融支持现代农业多方突破；开发信贷产品8大类13种。

【金融服务与监管】 2014年，人民银行巨野县支行一是开展农村支付环境建设强力推进年活动，开展“金融知识进村社企校行”、“征信知识宣传月”、“金融消费者保护宣传周”等活动；二是开展对金融消费者权益及个人信息保护，开展对金融机构外汇业务、征信业务、支农再贷款和存款准备金等方面的检查；三是对县域银行和保险机构开展金融服务综合评价。

郓城县

【经济金融概况】 2014年，郓城县经济平稳较快增长，质量效益稳步提升，城乡面貌明显改观。金融机构认真贯彻落实稳健的货币政策，对现代农业支持力度持续加大，信贷投放稳定增长，金融生态环境进一步优化。

【金融发展与改革】 2014年，郓城县金融改革持续深化，金融事业不断发展。人民银行郓城县支行有效履行职责。一是出台了《关于贯彻实施稳健货币政策支持地方经济发展的指导意见》、《金融支持现代农业发展的意见》，加强窗口指导；二

郓城县主要经济指标

经济指标	2013	2014	2014年同比增幅（%）	经济指标	2013	2014	2014年同比增幅（%）
土地面积（平方公里）	1643	1643	0	地方财政支出（亿元）	37.41	39.06	4.41
人口（万人）	122.65	125.74	2.52	全社会固定资产投资（亿元）	95.23	110.24	15.76
城镇人口（万人）	18.13	20.36	12.30	进出口总值（万美元）	16104	13817	-14.20
乡村人口（万人）	104.43	105.38	0.91	出口总值（万美元）	12717	12826	0.85
地区生产总值（亿元）	267.87	292.38	9.15	实际利用外资（万美元）	290	285	-1.72

续表

经济指标	2013	2014	2014 年同比增幅（%）	经济指标	2013	2014	2014 年同比增幅（%）
第一产业（亿元）	34.84	36.15	3.76	社会消费品零售总额（亿元）	123.4	139.44	13.00
第二产业（亿元）	149.38	161.60	8.18	居民消费价格指数（%）	102.40	101.90	-0.49
第三产业（亿元）	83.65	94.63	13.13	人均地区生产总值（元）	25418	27346	7.59
财政总收入（亿元）	25.73	21.41	-16.79	城镇居民可支配收入（元）	19398	21315	9.88
地方财政收入（亿元）	21.34	21.41	0.33	农民人均现金收入（元）	9468	10620	12.17
财政总支出（亿元）	41.40	39.06	-5.65				

郓城县主要金融指标

金融指标（亿元）	2013	2014	2014 年同比增幅（%）	金融指标（亿元）	2013	2014	2014 年同比增幅（%）
本外币存款余额	233.74	276.92	18.47	财险收入	1.12	3.39	202.68
人民币存款余额	233.53	276.72	18.49	寿险收入	4.95	5.18	4.65
单位存款	34.59	37.74	9.11	财险赔款	0.56	0.97	73.21
储蓄存款	197.56	235.83	19.37	寿险给付	0.92	1.23	33.70
本外币贷款余额	139.31	147.09	5.58	当年结益	--	--	--
人民币贷款余额	139.31	147.09	5.58	证券市场交易总额	0.01	3.19	31800
短期贷款	85.79	85.95	0.19	投资者保证金余额	0.00	0.06	--
中长期贷款	52.41	60.10	14.67	证券账户开户数	24	423	1662
票据融资	1.11	1.04	-6.31	证券交易佣金收入	--	--	--
当年结益	4.45	5.76	29.44	净利润	--	--	--
不良贷款余额	2.48	2.19	-11.69				

郓城县主要金融机构概况

单位名称	行长（或其他称谓的第一负责人）	副行长（或其他称谓的同级领导）	员工总数	辖内营业网点数
人民银行郓城县支行	陈桂莲	巨保银 王秀美 李永生	30	1
菏泽银监分局郓城办事处	周元月		1	1
农发行郓城县支行	郭留宪	胡玉涛	22	1
工行郓城支行	王敬福	马玉鲁 朱文坛 路玉忠	80	6
农行郓城县支行	李瑞振	邵炎 周晓红 陈斌 陈雪东 李晓光	150	11
中行郓城支行	张卫宏	李明 鲍教忠	37	2
建行郓城支行	孟祥涛	郑国 吴志伟 赵弟祥 王宝歌 邹继平	60	3
莱商银行郓城支行	姜继军	赵立亮 潘冬冬	24	1
郓城农商行	崔荣国	李传良 韩修良 刘尊涛 刘宪法 赵德童 汪磊 刘鸿鹏	728	41

续表

单位名称	行长（或其他称谓的第一负责人）	副行长（或其他称谓的同级领导）	员工总数	辖内营业网点数
邮储银行郓城县支行	林　斌	赵　军　董淑芬	70	20

郓城县主要金融机构业务概况

单位：亿元

单位名称	本外币存款余额	人民币单位存款	人民币储蓄存款	本外币贷款余额	人民币短期贷款	人民币中长期贷款
农发行郓城县支行	1.25	1.25	0	1.44	1.24	0
工行郓城支行	26.96	6.33	19.92	18.51	4.85	13.65
农行郓城县支行	48.36	5.84	40.70	16.07	6.35	9.72
中行郓城支行	7.26	2.24	5.01	4.77	3.06	1.71
建行郓城支行	17.10	6.12	10.98	21.41	7.69	13.72
莱商银行郓城支行	7.88	5.42	2.37	6.80	6.80	0
郓城农商行	125.97	6.38	119.50	75.97	54.89	20.25
邮储银行郓城县支行	41.52	4.16	37.36	2.12	1.08	1.04

是开展了“金融服务企业行”、“普惠金融进乡村”等活动；三是推动银政企合作，成功搭建网上对接、面对面对接和担保等平台，积极引导信贷产品创新。

【金融服务与监管】　2014年，人民银行郓城县支行一是成立金融生态环境综合治理领导小组，推动中小企业信用体系试验区建设；二是以政银保农合作为抓手，推动“菏泽市金融支持现代农业加快发展暨政银保农对接会议”在郓城县召开；三是大力推进电子商业汇票业务推广工作，开展残损人民币回收活动，实施金惠工程，优化支付环境，服务社会民生。

鄄城县

【经济金融概况】　2014年，鄄城县按照“工业立县、商贸兴县、旅游强县、生态靓县”四大发展战略，银政企深入合作，金融服务水平和环境进一步优化，经济快速稳健发展。

【金融发展与改革】　2014年，人民银行鄄城县支行一是积极传导稳健的货币政策，组织召开银企对接洽谈会4次，共签约资金232笔，金额20.3亿元，资金到位率达90%以上；二是充分发挥“鄄城县重点企业经营动态数据库”平台和财政“还贷周转金”作用，引导金融机构加大资金筹措力度，加大对现代农业的信贷支持力度，创新信贷服务，增加信贷投放；

鄄城县主要经济指标

经济指标	2013	2014	2014年同比增幅（%）	经济指标	2013	2014	2014年同比增幅（%）
土地面积（平方公里）	1041	1041	0	地方财政支出（亿元）	24.88	26.05	4.7
人口（万人）	86.2	89.51	3.84	全社会固定资产投资（亿元）	57.59	65.92	14.46
城镇人口（万人）	13.63	19.74	44.83	进出口总值（万美元）	22265	28299	27.1
乡村人口（万人）	72.57	69.77	-3.86	出口总值（万美元）	21185	27086	27.85
地区生产总值（亿元）	141.2	154.64	10	实际利用外资（万美元）	100	0	-100
第一产业（亿元）	23.7	24.67	3.1	社会消费品零售总额（亿元）	83.7	94.42	12.8

续表

经济指标	2013	2014	2014年同比增幅（%）	经济指标	2013	2014	2014年同比增幅（%）
第二产业（亿元）	70.96	77.77	12.1	居民消费价格指数（%）	101.8	101.9	0.1
第三产业（亿元）	46.54	52.19	10.4	人均地区生产总值（元）	19289	21099	9.39
财政总收入（亿元）	7.34	7.56	3	城镇居民可支配收入（元）	18021	18338	1.76
地方财政收入（亿元）	7.34	7.56	3	农民人均现金收入（元）	9033	10122	12.06
财政总支出（亿元）	24.88	26.05	4.70				

鄄城县主要金融指标

金融指标（亿元）	2013	2014	2014年同比增幅（%）	金融指标（亿元）	2013	2014	2014年同比增幅（%）
本外币存款余额	145.27	168.81	16.2	财险收入	0.37	0.58	56.76
人民币存款余额	145.19	168.64	16.15	寿险收入	4.26	3.73	-12.44
单位存款	19.88	21.03	5.78	财险赔款	0.19	0.20	5.26
储蓄存款	122.83	146.82	19.53	寿险给付	0.10	0.14	40
本外币贷款余额	72.27	85.33	18.07	当年结益	1.63	1.98	21.47
人民币贷款余额	72.27	85.33	18.07	证券市场交易总额	--	--	--
短期贷款	37.29	37.76	1.26	投资者保证金余额	--	--	--
中长期贷款	28.25	40.25	42.48	证券账户开户数	--	--	--
票据融资	6.73	7.31	8.62	证券交易佣金收入	--	--	--
当年结益	4.88	9.76	100	净利润	--	--	--
不良贷款余额	2.56	1.89	-26.17				

鄄城县主要金融机构概况

单位名称	行长（或其他称谓的第一负责人）	副行长（或其他称谓的同级领导）	员工总数	辖内营业网点数
人民银行鄄城县支行	仇高皓	李敬斌　王汉桥	29	1
菏泽银监分局鄄城办事处	裴晓平		1	1
农发行鄄城县支行	郭世玉	张克颖　李艳民	17	1
工行鄄城支行	郝素芳	杨　军　葛红霞　杨士萍	33	2
农行鄄城县支行	王胜依	孙明超	76	3
中行鄄城支行	丁天生	魏羲萌　李守芹	34	2
建行鄄城支行	周　丰	李海山　张剑波	36	1
鄄城包商村镇银行	高旭东	贾相同　王利军	33	1
莱商银行鄄城支行	黄　涛	宋洪波	18	1
鄄城县农信联社	杜万国	居春林　范红英　王赐广	499	32
邮储银行鄄城县支行	孙浩青	张进立　郝立群	109	17

鄄城县主要金融机构业务概况

单位：亿元

单位名称	本外币存款余额	人民币单位存款	人民币储蓄存款	本外币贷款余额	人民币短期贷款	人民币中长期贷款
农发行鄄城县支行	0.08	0.08	0	0.76	0.76	0
工行鄄城支行	10.68	1.09	9.59	6.37	1.13	5.24
农行鄄城县支行	12.28	2.57	9.70	11.48	0.79	10.69
中行鄄城支行	10.94	3.15	7.79	2.69	2.39	0.30
建行鄄城支行	8.56	2.39	6.17	5.85	1.49	4.36
莱商银行鄄城支行	2.11	0.78	1.33	1.48	1.48	0
鄄城县农信联社	86.69	6.76	79.81	52.64	26.23	19.11
邮储银行鄄城县支行	33.93	2.85	31.08	1.56	1.[illegible]0	0.56
鄄城包商村镇银行	2.71	1.37	1.34	2.51	2.51	0

三是维护金融秩序稳定，全县未出现一起风险事故。

【金融服务与监管】　2014年，鄄城县金融机构开展征信知识进校园、反假、外汇等宣传活动5次。农信社法人治理结构进一步完善，营运能力进一步增强。人民银行鄄城县支行、农业银行鄄城县支行、中国银行鄄城支行、建设银行鄄城支行以及鄄城县农信联社被县委、县政府评为“支持地方经济发展先进单位”。

定陶县

【经济金融概况】　2014年，定陶县经济持续健康发展。各金融机构积极搭建银企合作平台，进一步加大对县域中小企业、现代农业和薄弱环节的信贷投入，助推县域经济快速发展。

【金融发展与改革】　2014年，定陶县金融机构认真贯彻落实稳健的货币政策，不断创新经营管理理念，调整和优化信贷结构，加大对地方经济的资金支持力度。金融改革稳步推进，农业银行“三农事业部”改革考核达标，农信社改革试点考核为“第二类农村信用社”，筹建设立莱商银行定陶支行。

定陶县主要经济指标

经济指标	2013	2014	2014年同比增幅（%）	经济指标	2013	2014	2014年同比增幅（%）
土地面积（平方公里）	846	846	0	地方财政支出（亿元）	19.00	20.30	6.84
人口（万人）	67.14	68.60	2.18	全社会固定资产投资（亿元）	56.26	64.20	14.11
城镇人口（万人）	12.43	13.72	10.38	进出口总值（万美元）	4013	6986	74.08
乡村人口（万人）	54.71	54.88	0.31	出口总值（万美元）	3528	5835	65.39
地区生产总值（亿元）	116.27	129.15	11.08	实际利用外资（万美元）	400	119	-70.25
第一产业（亿元）	22.42	23.28	3.84	社会消费品零售总额（亿元）	64.95	72.80	12.09
第二产业（亿元）	59.84	66.85	11.71	居民消费价格指数（%）	103.70	101.90	-1.74
第三产业（亿元）	34.01	39.02	14.73	人均地区生产总值（元）	20441	22604	10.58
财政总收入（亿元）	16.24	12.38	-23.80	城镇居民可支配收入（元）	16103	17709	9.97
地方财政收入（亿元）	6.64	6.70	0.90	农民人均现金收入（元）	9263	10380	12.06
财政总支出（亿元）	29.34	28.12	-4.16				

定陶县主要金融指标

金融指标（亿元）	2013	2014	2014年同比增幅（%）	金融指标（亿元）	2013	2014	2014年同比增幅（%）
本外币存款余额	109.67	126.81	15.63	财险收入	0.45	0.76	68.89
人民币存款余额	109.60	126.73	15.63	寿险收入	2.93	4.12	40.61
单位存款	20.00	23.52	17.60	财险赔款	0.20	0.29	45.00
储蓄存款	88.61	102.45	15.62	寿险给付	0.11	0.15	36.36
本外币贷款余额	59.02	69.77	18.21	当年结益	3.07	4.44	44.63
人民币贷款余额	59.02	69.77	18.21	证券市场交易总额	--	--	--
短期贷款	39.00	40.86	4.77	投资者保证金余额	--	--	--
中长期贷款	16.60	25.71	54.88	证券账户开户数	--	--	--
票据融资	3.42	3.20	-6.43	证券交易佣金收入	--	--	--
当年结益	1.09	1.14	4.59	净利润	--	--	--
不良贷款余额	0.95	0.53	-44.21				

定陶县主要金融机构概况

单位名称	行长（或其他称谓的第一负责人）	副行长（或其他称谓的同级领导）	员工总数	辖内营业网点数
人民银行定陶县支行	李国庆	孙京昌　孟海鹏　李成华	31	1
菏泽银监分局定陶办事处	黄启友		1	1
农发行定陶县支行	高增民	李怀军	22	1
工行定陶支行	桑　勇	牛殿军　崔开展　孔艳丽　张相春	28	2
农行定陶县支行	韩　鹏	贾景光　任中顺　冯　力	92	4
中行定陶支行	宋红军	车　军　祝兴华	21	1
建行定陶支行	刘相印	吴祥正	26	1
定陶县农信联社	黄福彬	秦绍群　陈慧敏　王　彬　孟海建　牛月英	445	30
邮储银行定陶县支行	朱效东	张永胜	25	3

定陶县主要金融机构业务概况

单位：亿元

单位名称	本外币存款余额	人民币单位存款	人民币储蓄存款	本外币贷款余额	人民币短期贷款	人民币中长期贷款
农发行定陶县支行	1.81	1.81	0	5.61	5.10	0.51
工行定陶支行	7.59	1.87	5.43	7.97	2.63	5.34
农行定陶县支行	15.48	4.59	10.89	9.03	5.45	3.58
中行定陶支行	8.08	3.68	4.33	3.45	2.04	1.41

续表

单位名称	本外币存款余额	人民币单位存款	人民币储蓄存款	本外币贷款余额	人民币短期贷款	人民币中长期贷款
建行定陶支行	7.48	3.16	4.32	6.11	3.98	2.13
定陶县农信联社	50.51	5.47	45.03	36.16	20.64	12.32
邮储银行定陶县支行	35.40	2.96	32.44	1.43	1.02	0.41

【金融服务与监管】 2014年，人民银行定陶县支行进一步加大金融监管与服务力度，积极防范和化解系统性金融风险。一是制定并下发《金融支持县域经济发展信贷工作指导意见》、《金融服务农村新型经营主体指导意见》、《金融支持小微企业信贷工作指导意见》，积极引导金融加大信贷投放，贷款增幅列菏泽市第2位；二是深入开展“融资＋融智”的信贷服务企业行活动，助推县域重点中小企业快速发展；三是召开政银农保对接会，资金到位率达207%，列全市8县中第1位；四是对农信社开展了金融稳定重大事项报告制度、存款准备金政策、货币政策执行情况现场检查，对7家金融机构开展了涉农信贷政策效果评估。人民银行定陶县支行、工商银行定陶支行、中国银行定陶支行、建设银行定陶支行、定陶县农信联社5家金融机构被评为“支持地方经济发展先进单位”。

东明县

【经济金融概况】 2014年，东明县经济实现平稳较快健康发展，金融机构加大经济支持力度，各项贷款快速增长，信贷资金继续向县域重点行业和优势行业集中。

【金融发展与改革】 2014年，人民银行东明县支行推动县委、县政府出台《关于进一步加强金融生态环境建设的意见》；农信社法人治理结构进一步完善。

【金融服务与监管】 2014年，人民银行东明县支行加强监管，改善金融服务，促进金融业稳定发展。一是加强与地方政

东明县主要经济指标

经济指标	2013	2014	2014年同比增幅（%）	经济指标	2013	2014	2014年同比增幅（%）
土地面积（平方公里）	1370	1370	0	地方财政支出（亿元）	27.23	26.81	-1.54
人口（万人）	80.26	84.51	5.30	全社会固定资产投资（亿元）	97.51	114.52	17.44
城镇人口（万人）	11.72	16.31	39.16	进出口总值（万美元）	48394	17057	-64.75
乡村人口（万人）	68.54	68.20	-0.50	出口总值（万美元）	13068	12253	-6.24
地区生产总值（亿元）	221.01	244.95	10.83	实际利用外资（万美元）	520	30	-92.23
第一产业（亿元）	22.84	23.89	4.60	社会消费品零售总额（亿元）	82.33	92.95	12.90
第二产业（亿元）	145.30	159.88	10.03	居民消费价格指数（%）	103.58	103.22	-0.35
第三产业（亿元）	52.87	61.18	15.72	人均地区生产总值（元）	22553	28985	28.52
财政总收入（亿元）	27.09	39.94	47.43	城镇居民可支配收入（元）	18914	20781	9.87
地方财政收入（亿元）	21.55	20.13	-6.59	农民人均现金收入（元）	9251	10368	12.07
财政总支出（亿元）	27.23	26.81	-1.54				

东明县主要金融指标

金融指标（亿元）	2013	2014	2014年同比增幅（%）	金融指标（亿元）	2013	2014	2014年同比增幅（%）
本外币存款余额	159.92	181.23	13.33	财险收入	0.55	0.49	-10.91

续表

金融指标（亿元）	2013	2014	2014年同比增幅（%）	金融指标（亿元）	2013	2014	2014年同比增幅（%）
人民币存款余额	159.92	178.19	11.42	寿险收入	1.07	1.13	5.61
单位存款	47.83	51.55	7.78	财险赔款	0.29	0.22	-24.14
储蓄存款	110.34	125.62	13.85	寿险给付	0.74	0.60	-18.92
本外币贷款余额	159.57	183.62	15.07	当年结益	0.04	0.03	-25.00
人民币贷款余额	159.57	180.71	13.25	证券市场交易总额	11.42	30.56	167.60
短期贷款	115.31	119.35	3.50	投资者保证金余额	0.07	0.19	171.43
中长期贷款	44.26	58.30	31.72	证券账户开户数	3385	4054	19.76
票据融资	0	3.06	--	证券交易佣金收入	0.01	0.03	200
当年结益	6.30	5.57	-11.59	净利润	-0.03	0.01	133
不良贷款余额	1.48	1.01	-31.76				

东明县主要金融机构概况

单位名称	行长（或其他称谓的第一负责人）	副行长（或其他称谓的同级领导）	员工总数	辖内营业网点数
人民银行东明县支行	赵　敏	冯志强　尘永魁	26	1
菏泽银监分局东明办事处	杨新林		3	1
农发行东明县支行	苏承哲	周　军　李　坦	22	1
工行东明支行	宋红毅	王耀峰　赵升民	68	4
农行东明县支行	郑　魁	符长宏　耿宗云	109	4
中行东明支行	曹国民	李培明　冯　阳	33	3
建行东明支行	夏晓剑	孟祥勤　刘大钊	49	3
东明莱商银行	鹿新保	柴景楠	23	1
东明县农信联社	李中奇	杨慧生　李聚信	576	32
邮储银行东明县支行	申剑飞	郑　杰	47	22
东明中银富登村镇银行	孙文杰	房德强	30	1

东明县主要金融机构业务概况

单位：亿元

单位名称	本外币存款余额	人民币单位存款	人民币储蓄存款	本外币贷款余额	人民币短期贷款	人民币中长期贷款
农发行东明县支行	0.28	0.28	0	3.99	2.49	1.50
工行东明支行	24.14	8.65	15.00	45.59	35.55	10.04
农行东明县支行	16.61	8.74	7.82	26.20	21.08	5.12
中行东明支行	14.73	10.65	4.08	28.15	10.26	17.89
建行东明支行	22.30	11.74	10.56	30.16	16.75	13.41
东明莱商银行	5.46	4.51	0.95	3.42	3.36	0.06
东明县农信联社	57.75	6.09	51.66	43.12	32.10	8.01

续表

单位名称	本外币存款余额	人民币单位存款	人民币储蓄存款	本外币贷款余额	人民币短期贷款	人民币中长期贷款
邮储银行东明县支行	38.34	3.48	34.86	1.73	0.61	1.12
东明中银富登村镇银行	1.14	0.40	0.74	1.26	0.04	1.22

府和金融机构的沟通协调，建立金融稳定联席会议制度，制定了金融机构突发事件应急预案；二是做好人民币反假工作，累计收缴假币 1872 张，金额 16.79 万元；三是不断提高大额和可疑资金交易监测分析能力，提高反洗钱工作质量；四是加强账户、支付清算管理和监督，维护支付结算秩序；五是加强对库款支拨和收入退库的管理，保证合理合法。

（马延彬　许加宏）

第十三部分

金融统计资料

一、综合信贷业务情况

山东省金融机构（含外资）人民币信贷收支表

单位：亿元

年度 项目名称	2014 年	比年初增减数	年度 项目名称	2014 年	比年初增减数
各项存款	67498.29	5420.41	各项贷款	50058.64	5125.87
1. 单位存款	30603.03	1567.05	1. 短期贷款	25246.46	1552.22
（1）活期存款	11340.71	-311.32	（1）个人贷款及透支	4361.04	5.33
（2）定期存款	8179.14	829.99	（2）单位普通贷款及透支	18927.10	1813.50
（3）保证金存款	6876.54	388.70	2. 中长期贷款	22301.69	3169.23
2. 个人存款	34057.92	3443.58	（1）个人贷款	8321.08	1281.30
储蓄存款	33178.56	3382.48	（2）单位普通贷款	12168.66	1565.25
3. 财政性存款	1297.72	70.88			
各项准备	1334.28	200.05	3. 票据融资	2156.31	297.20
资金来源总计	66804.35	7141.20	资金运用总计	66804.35	7141.20

注：1. 本表机构包括中国人民银行、国家开发银行及政策性银行、国有商业银行、其他商业银行、城市商业银行、农村商业银行、城市信用社、农村合作银行、农村信用社、财务公司、信托投资公司、租赁公司、邮政储蓄银行、外资金融机构、村镇银行和汽车金融公司。

2. 表中"金融债券"项目反映中国人民银行和政策性银行发行的被非并表金融机构（证券公司、保险公司、基金管理公司、资产管理公司）持有的金融债券总额。

3. 表中"同业往来"项目反映并表机构与非并表金融机构（证券公司、保险公司、基金管理公司、资产管理公司）之间的资金往来。

山东省金融机构（不含外资）人民币信贷收支表

单位：亿元

年度 项目名称	2014 年	比年初增减数	年度 项目名称	2014 年	比年初增减数
各项存款	67263.05	5413.42	各项贷款	49784.91	5133.38
1. 单位存款	30407.42	1560.75	1. 短期贷款	25100.13	1537.92
（1）活期存款	11307.29	-314.18	（1）个人贷款及透支	4359.81	5.85
（2）定期存款	8117.83	817.75	（2）单位普通贷款及透支	18806.66	1818.40
（3）保证金存款	6819.99	393.37	2. 中长期贷款	22230.70	3165.63
2. 个人存款	34021.49	3442.84	（1）个人贷款	8310.19	1278.83
储蓄存款	33152.02	3379.80	（2）单位普通贷款	12116.87	1567.27
3. 财政性存款	1297.72	70.88			
各项准备	1331.12	199.21	3. 票据融资	2100.64	323.22
资金来源总计	66442.44	6968.18	资金运用总计	66442.44	6968.18

注：1. 本表机构包括中国人民银行、国家开发银行及政策性银行、国有商业银行、其他商业银行、城市商业银行、农村商业银行、城市信用社、农村合作银行、农村信用社、财务公司、信托投资公司、租赁公司、邮政储蓄银行、外资金融机构、村镇银行和汽车金融公司。

2. 表中"金融债券"项目反映中国人民银行和政策性银行发行的被非并表金融机构（证券公司、保险公司、基金管理公司、资产管理公司）持有的金融债券总额。

3. 表中"同业往来"项目反映并表机构与非并表金融机构（证券公司、保险公司、基金管理公司、资产管理公司）之间的资金往来。

山东省政策性银行人民币信贷收支表

单位：亿元

项目名称 \ 年度	2014年	比年初增减数	项目名称 \ 年度	2014年	比年初增减数
各项存款	544.35	162.27	各项贷款	4411.40	336.31
1.单位存款	542.22	175.25	1.短期贷款	805.61	26.97
（1）活期存款	345.64	156.71	（1）个人贷款及透支		
（2）定期存款	73.33	3.06	（2）单位普通贷款及透支	733.00	14.08
（3）保证金存款	46.12	1.06	2.中长期贷款	3411.87	345.07
2.个人存款			（1）个人贷款	34.39	3.57
储蓄存款			（2）单位普通贷款	2488.32	253.95
代理财政性存款	45.89	2.42			
各项准备	97.85	14.66	3.票据融资	29.59	-2.06
资金来源总计	4494.05	380.41	资金运用总计	4494.05	380.41

山东省股份制商业银行人民币信贷收支表

单位：亿元

项目名称 \ 年度	2014年	比年初增减数	项目名称 \ 年度	2014年	比年初增减数
各项存款	12578.71	650.57	各项贷款	8765.09	892.71
1.单位存款	8881.91	342.62	1.短期贷款	5526.90	344.84
（1）活期存款	2312.87	-154.14	（1）个人贷款及透支	569.55	7.42
（2）定期存款	1991.20	70.41	（2）单位普通贷款及透支	4611.64	321.68
（3）保证金存款	3045.01	-21.70	2.中长期贷款	2784.12	406.06
2.个人存款	3069.38	208.76	（1）个人贷款	988.28	141.66
储蓄存款	2626.23	121.74	（2）单位普通贷款	1527.32	164.16
代理财政性存款	4.71	-5.92			
各项准备	165.59	21.86	3.票据融资	370.82	77.13
资金来源总计	12438.33	1269.34	资金运用总计	12438.33	1269.34

山东省城市商业银行人民币信贷收支表

单位：亿元

项目名称 \ 年度	2014年	比年初增减数	项目名称 \ 年度	2014年	比年初增减数
各项存款	7191.59	878.01	各项贷款	4668.95	675.35
1.单位存款	4337.16	365.38	1.短期贷款	3259.71	373.89
（1）活期存款	1552.21	-37.60	（1）个人贷款及透支	273.90	28.66
（2）定期存款	1051.14	200.73	（2）单位普通贷款及透支	2930.20	336.55
（3）保证金存款	1375.44	138.12	2.中长期贷款	932.09	207.65
2.个人存款	2635.48	442.41	（1）个人贷款	328.68	77.72
储蓄存款	2594.92	414.76	（2）单位普通贷款	577.91	119.52
代理财政性存款	11.54	-13.38			
各项准备	168.55	21.41	3.票据融资	450.14	70.23
资金来源总计	9941.00	1293.06	资金运用总计	9941.00	1293.06

山东省农村合作机构人民币信贷收支表

单位：亿元

项目名称 \ 年度	2014 年	比年初增减数	项目名称 \ 年度	2014 年	比年初增减数
各项存款	12261.51	1357.36	各项贷款	8427.37	918.48
1.单位存款	1995.83	117.00	1.短期贷款	5854.16	338.45
（1）活期存款	1198.69	-64.62	（1）个人贷款及透支	2358.22	-108.84
（2）定期存款	440.66	115.27	（2）单位普通贷款及透支	3416.41	445.72
（3）保证金存款	292.67	62.81	2.中长期贷款	2026.60	580.78
2.个人存款	10250.46	1235.11	（1）个人贷款	723.40	167.86
储蓄存款	10217.97	1226.36	（2）单位普通贷款	1136.13	404.03
代理财政性存款	5.19	-0.57			
各项准备	403.67	34.89	3.票据融资	542.53	-3.20
资金来源总计	15539.96	2018.16	资金运用总计	15539.96	2018.16

山东省农村商业银行人民币信贷收支表

单位：亿元

项目名称 \ 年度	2014 年	比年初增减数	项目名称 \ 年度	2014 年	比年初增减数
各项存款	6721.64	1587.43	各项贷款	4658.64	1060.73
1.单位存款	1291.14	175.19	1.短期贷款	3262.37	636.91
（1）活期存款	743.43	30.67	（1）个人贷款及透支	1212.87	214.27
（2）定期存款	313.36	105.09	（2）单位普通贷款及透支	2025.14	420.99
（3）保证金存款	186.18	46.19	2.中长期贷款	1193.99	380.73
2.个人存款	5416.63	1402.88	（1）个人贷款	406.53	98.95
储蓄存款	5395.43	1397.01	（2）单位普通贷款	716.26	271.95
代理财政性存款	2.60	1.47			
各项准备	212.97	45.41	3.票据融资	200.29	42.61
资金来源总计	8076.50	1836.92	资金运用总计	8076.50	1836.92

山东省农村合作银行人民币信贷收支表

单位：亿元

项目名称 \ 年度	2014 年	比年初增减数	项目名称 \ 年度	2014 年	比年初增减数
各项存款	831.53	12.11	各项贷款	592.55	10.55
1.单位存款	262.28	12.96	1.短期贷款	380.39	-16.57
（1）活期存款	159.11	-6.17	（1）个人贷款及透支	141.58	-12.78
（2）定期存款	58.21	6.14	（2）单位普通贷款及透支	230.28	0.01
（3）保证金存款	35.38	6.73	2.中长期贷款	173.19	32.23
2.个人存款	568.86	2.34	（1）个人贷款	44.37	8.40
储蓄存款	565.96	2.14	（2）单位普通贷款	124.81	24.52
代理财政性存款	0.30	-0.37			
各项准备	35.92	0.91	3.票据融资	38.37	-5.71
资金来源总计	1028.48	30.69	资金运用总计	1028.48	30.69

山东省农村信用社人民币信贷收支表

单位：亿元

项目名称 \ 年度	2014年	比年初增减数	项目名称 \ 年度	2014年	比年初增减数
各项存款	4708.33	-242.18	各项贷款	3176.17	-152.80
1.单位存款	442.41	-71.15	1.短期贷款	2211.40	-281.89
（1）活期存款	296.15	-89.11	（1）个人贷款及透支	1003.77	-310.33
（2）定期存款	69.09	4.04	（2）单位普通贷款及透支	1160.99	24.72
（3）保证金存款	71.11	9.89	2.中长期贷款	659.43	167.82
2.个人存款	4264.98	-170.11	（1）个人贷款	272.50	60.51
储蓄存款	4256.58	-172.78	（2）单位普通贷款	295.06	107.56
代理财政性存款	2.29	-1.66			
各项准备	154.78	-11.43	3.票据融资	303.87	-40.11
资金来源总计	6434.97	150.55	资金运用总计	6434.97	150.55

山东省村镇银行人民币信贷收支表

单位：亿元

项目名称 \ 年度	2014年	比年初增减数	项目名称 \ 年度	2014年	比年初增减数
各项存款	383.91	92.73	各项贷款	305.07	84.14
1.单位存款	205.56	37.37	1.短期贷款	268.03	70.20
（1）活期存款	113.29	13.14	（1）个人贷款及透支	97.87	30.53
（2）定期存款	46.20	13.11	（2）单位普通贷款及透支	170.10	39.70
（3）保证金存款	38.05	10.82	2.中长期贷款	35.54	13.87
2.个人存款	177.93	55.37	（1）个人贷款	18.75	7.69
储蓄存款	177.91	55.44	（2）单位普通贷款	16.64	6.13
代理财政性存款	2.17	-1.28			
各项准备	10.12	4.59	3.票据融资	1.46	0.05
资金来源总计	514.94	122.08	资金运用总计	514.94	122.08

山东省信托投资公司人民币信贷收支表

单位：亿元

项目名称 \ 年度	2014年	比年初增减数	项目名称 \ 年度	2014年	比年初增减数
各项存款			各项贷款	1.42	1.42
1.单位存款			1.短期贷款	1.42	1.42
（1）活期存款			（1）个人贷款及透支		
（2）定期存款			（2）单位普通贷款及透支	1.42	1.42
（3）保证金存款			2.中长期贷款		
2.个人存款			（1）个人贷款		
储蓄存款			（2）单位普通贷款		
代理财政性存款					
各项准备	1.91	1.00	3.票据融资		
资金来源总计	83.80	24.62	资金运用总计	83.80	24.62

山东省财务公司人民币信贷收支表

单位：亿元

项目名称 \ 年度	2014年	比年初增减数	项目名称 \ 年度	2014年	比年初增减数
各项存款	1167.53	245.27	各项贷款	697.78	189.59
1.单位存款	1167.53	245.27	1.短期贷款	313.64	101.22
（1）活期存款	496.44	28.95	（1）个人贷款及透支	1.49	1.23
（2）定期存款	363.58	151.10	（2）单位普通贷款及透支	312.15	101.00
（3）保证金存款	168.57	42.39	2.中长期贷款	251.68	54.20
2.个人存款			（1）个人贷款	18.09	0.76
储蓄存款			（2）单位普通贷款	233.60	53.43
代理财政性存款					
各项准备	16.84	4.41	3.票据融资	100.95	12.73
资金来源总计	1532.21	397.90	资金运用总计	1532.21	397.90

山东省外资银行人民币信贷收支表

单位：亿元

项目名称 \ 年度	2014年	比年初增减数	项目名称 \ 年度	2014年	比年初增减数
各项存款	235.24	6.99	各项贷款	273.73	-7.50
1.单位存款	195.61	6.29	1.短期贷款	146.33	14.29
（1）活期存款	33.43	2.86	（1）个人贷款及透支	1.23	-0.52
（2）定期存款	61.31	12.24	（2）单位普通贷款及透支	120.45	-4.90
（3）保证金存款	56.55	-4.67	2.中长期贷款	70.99	3.61
2.个人存款	36.44	0.75	（1）个人贷款	10.89	2.47
储蓄存款	26.54	2.68	（2）单位普通贷款	51.78	-2.01
代理财政性存款					
各项准备	3.16	0.84	3.票据融资	55.67	-26.02
资金来源总计	420.61	59.43	资金运用总计	420.61	59.43

山东省1993—2014年人民币人均储蓄存款

单位：万元

年度 \ 项目名称	城乡储蓄		人均储蓄余额（元）
	年末余额	比年初增加额	
1993	8841510	1625326	1030.48
1994	11182415	2340696	1297.26
1995	16003992	4820864	1849.52
1996	21971982	5953088	2525.22
1997	28177108	6127582	3221.35
1998	32657331	4106722	3706.85
1999	37353766	4705196	4210.30
2000	41098425	3695061	4606.41
2001	44667153	3568728	4964.67

续表

项目名称 年 度	城乡储蓄		人均储蓄余额 （元）
	年 末 余 额	比年初增加额	
2002	50637936	5977509	5600.90
2003	58057165	7464182	6392.55
2004	67683453	9601347	7417.37
2005	77214610	9510874	8411.18
2006	90351351	13136739	9769.64
2007	103580272	13236721	11127.00
2008	114381079	10800146	12211.11
2009	143821895	29440935	15272.21
2010	196482092	25654535	20747.84
2011	221732725	25455312	23147.79
2012	263433050	41700326	27200.47
2013	297960833	34527783	30612.24
2014	331785596	33824763	33892.23

山东省各县（市）2014年人民币储蓄存款余额排序

单位：万元

序 号	地 区	储蓄存款余额	序 号	地 区	储蓄存款余额
1	莱州市	420.24	16	招远市	268.68
2	即墨市	416.78	17	沂水县	253.01
3	龙口市	415.11	18	莱阳市	242.57
4	寿光市	405.78	19	昌邑市	240.56
5	青州市	400.34	20	郓城县	235.83
6	荣成市	369.02	21	高密市	231.07
7	平度市	359.98	22	安丘市	230.50
8	滕州市	338.38	23	蓬莱市	221.43
9	新泰市	328.41	24	莱西市	219.94
10	章丘市	326.78	25	邹平县	216.03
11	诸城市	314.68	26	乳山市	215.19
12	邹城市	296.66	27	莒 县	213.17
13	胶州市	295.71	28	临朐县	211.61
14	文登市	290.73	29	海阳市	211.42
15	肥城市	269.61	30	曹 县	204.08

续表

序 号	地 区	储蓄存款余额	序 号	地 区	储蓄存款余额
31	莒南县	203.92	61	金乡县	125.35
32	广饶县	200.18	62	冠 县	124.62
33	临清市	185.88	63	临邑县	122.76
34	博兴县	180.32	64	乐陵市	117.06
35	巨野县	178.38	65	陵 县	115.50
36	阳谷县	177.88	66	沂源县	115.22
37	沂南县	176.85	67	蒙阴县	114.36
38	单 县	175.79	68	微山县	112.52
39	兰陵县	168.76	69	成武县	110.88
40	嘉祥县	166.87	70	平原县	109.41
41	栖霞市	165.14	71	禹城市	105.19
42	昌乐县	162.69	72	高唐县	102.69
43	费 县	161.94	73	定陶县	102.45
44	桓台县	160.67	74	济阳县	99.15
45	梁山县	158.28	75	夏津县	97.92
46	莘 县	157.01	76	泗水县	97.73
47	曲阜市	154.22	77	武城县	96.67
48	郯城县	152.12	78	东阿县	94.98
49	平邑县	149.42	79	惠民县	92.88
50	鄄城县	146.63	80	平阴县	92.56
51	东平县	145.15	81	商河县	87.84
52	汶上县	138.32	82	无棣县	84.71
53	茌平县	136.52	83	高青县	78.06
54	宁阳县	133.96	84	鱼台县	76.90
55	宁津县	132.68	85	阳信县	62.63
56	五莲县	130.71	86	庆云县	60.36
57	垦利县	130.53	87	利津县	59.96
58	齐河县	127.63	88	沾化县	55.82
59	临沭县	126.44	89	长岛县	25.80
60	东明县	125.62			

山东省金融机构（含外资）外汇信贷收支表

单位：亿美元

项目名称 \ 年度	2014年	比年初增减数	项目名称 \ 年度	2014年	比年初增减数
各项存款	270.24	58.80	各项贷款	588.91	65.50
1.单位存款	226.58	50.64	（一）境内贷款	358.44	53.75
（1）活期存款	97.00	15.32	1.短期贷款	273.89	32.42
（2）定期存款	60.39	5.91	（1）个人贷款及透支	0.18	0.02
（3）保证金存款	66.74	29.53	（2）单位普通贷款及透支	78.16	21.46
2.个人存款	32.46	3.41	2.中长期贷款	76.74	15.31
储蓄存款	30.88	2.80	（1）个人贷款	0.01	0.00
3.财政性存款	-0.20	0.04	（2）单位普通贷款	39.26	10.88
各项准备	17.07	5.74	（二）境外贷款	230.46	11.76
资金来源总计	1266.03	433.06	资金运用总计	1266.03	433.06

山东省金融机构（不含外资）外汇信贷收支表

单位：亿美元

项目名称 \ 年度	2014年	比年初增减数	项目名称 \ 年度	2014年	比年初增减数
各项存款	260.55	58.32	各项贷款	573.56	64.91
1.单位存款	217.96	50.26	（一）境内贷款	343.89	52.75
（1）活期存款	92.26	15.41	1.短期贷款	263.71	32.11
（2）定期存款	56.80	5.67	（1）个人贷款及透支	0.18	0.02
（3）保证金存款	66.47	29.31	（2）单位普通贷款及透支	70.62	21.44
2.个人存款	31.40	3.31	2.中长期贷款	72.38	14.62
储蓄存款	29.83	2.69	（1）个人贷款	0.01	0.00
3.财政性存款	-0.20	0.04	（2）单位普通贷款	35.94	11.01
各项准备	16.90	5.73	（二）境外贷款	229.67	12.16
资金来源总计	1231.24	413.63	资金运用总计	1231.24	413.63

山东省政策性银行外汇信贷收支表

单位：亿美元

项目名称 \ 年度	2014年	比年初增减数	项目名称 \ 年度	2014年	比年初增减数
各项存款	22.04	17.36	各项贷款	262.24	17.95
1.单位存款	22.04	17.58	（一）境内贷款	46.55	5.95
（1）活期存款	21.83	17.40	1.短期贷款	10.58	1.04
（2）定期存款	0.20	0.20	（1）个人贷款及透支		
（3）保证金存款	0.00	-0.02	（2）单位普通贷款及透支	2.84	-0.83
2.个人存款			2.中长期贷款	35.68	4.63
储蓄存款			（1）个人贷款		
代理财政性存款			（2）单位普通贷款	15.99	3.24
各项准备	10.30	2.39	（二）境外贷款	215.69	12.00
资金来源总计	271.57	26.42	资金运用总计	271.57	26.42

山东省股份制商业银行外汇信贷收支表

单位：亿美元

项目名称 \ 年度	2014年	比年初增减数	项目名称 \ 年度	2014年	比年初增减数
各项存款	67.20	21.18	各项贷款	73.99	9.22
1.单位存款	54.64	15.52	（一）境内贷款	73.99	9.22
（1）活期存款	12.97	-1.01	1.短期贷款	68.34	7.38
（2）定期存款	13.90	-2.15	（1）个人贷款及透支	0.00	0.00
（3）保证金存款	25.35	17.02	（2）单位普通贷款及透支	13.72	0.35
2.个人存款	5.48	1.24	2.中长期贷款	4.14	0.43
储蓄存款	3.95	0.59	（1）个人贷款		
代理财政性存款	0.00	0.00	（2）单位普通贷款	4.02	0.57
各项准备	1.23	0.27	（二）境外贷款		
资金来源总计	117.05	22.26	资金运用总计	117.05	22.26

山东省城市商业银行外汇信贷收支表

单位：亿美元

项目名称 \ 年度	2014年	比年初增减数	项目名称 \ 年度	2014年	比年初增减数
各项存款	7.04	-0.29	各项贷款	18.07	3.88
1.单位存款	5.34	-0.31	（一）境内贷款	18.07	3.88
（1）活期存款	2.35	-1.17	1.短期贷款	17.02	2.84
（2）定期存款	1.20	0.51	（1）个人贷款及透支		
（3）保证金存款	1.80	0.35	（2）单位普通贷款及透支	7.07	2.21
2.个人存款	0.13	0.01	2.中长期贷款	0.75	0.75
储蓄存款	0.13	0.01	（1）个人贷款		
代理财政性存款			（2）单位普通贷款	0.75	0.75
各项准备	0.30	0.15	（二）境外贷款		
资金来源总计	72.17	-17.02	资金运用总计	72.17	-17.02

山东省农村合作机构外汇信贷收支表

单位：亿美元

项目名称 \ 年度	2014年	比年初增减数	项目名称 \ 年度	2014年	比年初增减数
各项存款	1.16	0.25	各项贷款	4.72	1.69
1.单位存款	1.10	0.23	（一）境内贷款	4.72	1.69
（1）活期存款	0.59	-0.09	1.短期贷款	4.64	1.63
（2）定期存款	0.15	0.13	（1）个人贷款及透支		
（3）保证金存款	0.36	0.19	（2）单位普通贷款及透支	0.15	-0.19
2.个人存款	0.03	0.00	2.中长期贷款		-0.02
储蓄存款	0.03	0.00	（1）个人贷款		
代理财政性存款			（2）单位普通贷款		-0.02
各项准备			（二）境外贷款		
资金来源总计	7.23	2.11	资金运用总计	7.23	2.11

山东省农村商业银行外汇信贷收支表

单位：亿美元

项目名称＼年度	2014年	比年初增减数	项目名称＼年度	2014年	比年初增减数
各项存款	1.14	0.26	各项贷款	4.55	1.60
1.单位存款	1.08	0.24	（一）境内贷款	4.55	1.60
（1）活期存款	0.57	-0.08	1.短期贷款	4.47	1.55
（2）定期存款	0.15	0.13	（1）个人贷款及透支		
（3）保证金存款	0.36	0.20	（2）单位普通贷款及透支	0.15	-0.19
2.个人存款	0.03	0.00	2.中长期贷款		-0.02
储蓄存款	0.03	0.00	（1）个人贷款		
代理财政性存款			（2）单位普通贷款		-0.02
各项准备			（二）境外贷款		
资金来源总计	6.43	1.82	资金运用总计	6.43	1.82

山东省农村合作银行外汇信贷收支表

单位：亿美元

项目名称＼年度	2014年	比年初增减数	项目名称＼年度	2014年	比年初增减数
各项存款	0.02	-0.02	各项贷款	0.17	0.09
1.单位存款	0.02	-0.02	（一）境内贷款	0.17	0.09
（1）活期存款	0.02	-0.01	1.短期贷款	0.17	0.09
（2）定期存款			（1）个人贷款及透支		
（3）保证金存款	0.00	-0.01	（2）单位普通贷款及透支		
2.个人存款		0.00	2.中长期贷款		
储蓄存款		0.00	（1）个人贷款		
代理财政性存款			（2）单位普通贷款		
各项准备			（二）境外贷款		
资金来源总计	0.75	0.24	资金运用总计	0.75	0.24

山东省农村信用社外汇信贷收支表

单位：亿美元

项目名称＼年度	2014年	比年初增减数	项目名称＼年度	2014年	比年初增减数
各项存款			各项贷款		
1.单位存款			（一）境内贷款		
（1）活期存款			1.短期贷款		
（2）定期存款			（1）个人贷款及透支		
（3）保证金存款			（2）单位普通贷款及透支		
2.个人存款			2.中长期贷款		
储蓄存款			（1）个人贷款		
代理财政性存款			（2）单位普通贷款		
各项准备			（二）境外贷款		
资金来源总计	0.05	0.05	资金运用总计	0.05	0.05

山东省信托投资公司外汇信贷收支表

单位：亿美元

项目名称 \ 年度	2014年	比年初增减数	项目名称 \ 年度	2014年	比年初增减数
各项存款			各项贷款		
1.单位存款			（一）境内贷款		
（1）活期存款			1.短期贷款		
（2）定期存款			（1）个人贷款及透支		
（3）保证金存款			（2）单位普通贷款及透支		
2.个人存款			2.中长期贷款		
储蓄存款			（1）个人贷款		
代理财政性存款			（2）单位普通贷款		
各项准备			（二）境外贷款		
资金来源总计	0.01	0.00	资金运用总计	0.01	0.00

山东省中资财务公司外汇信贷收支表

单位：亿美元

项目名称 \ 年度	2014年	比年初增减数	项目名称 \ 年度	2014年	比年初增减数
各项存款	14.81	1.25	各项贷款	15.68	1.48
1.单位存款	14.81	1.25	（一）境内贷款	5.66	1.13
（1）活期存款	14.41	1.20	1.短期贷款	5.11	1.26
（2）定期存款	0.16	0.12	（1）个人贷款及透支		
（3）保证金存款	0.24	-0.07	（2）单位普通贷款及透支	5.11	1.26
2.个人存款			2.中长期贷款	0.55	-0.13
储蓄存款			（1）个人贷款		
代理财政性存款			（2）单位普通贷款	0.55	-0.13
各项准备	0.16	0.02	（二）境外贷款	10.02	0.34
资金来源总计	21.18	4.08	资金运用总计	21.18	4.08

山东省外资银行外汇信贷收支表

单位：亿美元

项目名称 \ 年度	2014年	比年初增减数	项目名称 \ 年度	2014年	比年初增减数
各项存款	9.69	0.49	各项贷款	15.35	0.59
1.单位存款	8.62	0.38	（一）境内贷款	14.55	0.99
（1）活期存款	4.74	-0.09	1.短期贷款	10.18	0.31
（2）定期存款	3.59	0.24	（1）个人贷款及透支		
（3）保证金存款	0.27	0.22	（2）单位普通贷款及透支	7.54	0.02
2.个人存款	1.06	0.11	2.中长期贷款	4.36	0.69
储蓄存款	1.06	0.11	（1）个人贷款		
代理财政性存款			（2）单位普通贷款	3.32	-0.13
各项准备	0.17	0.01	（二）境外贷款	0.79	-0.40
资金来源总计	37.28	19.46	资金运用总计	37.28	19.46

二、分机构本、外币存贷款情况

山东省人民银行人民币信贷收支表

单位：亿元

项目名称 \ 年度	2014年	比年初增减数	项目名称 \ 年度	2014年	比年初增减数
一、财政存款	1100.02	92.34	一、金融机构贷款	237.34	44.92
其中：中央财政存款			1.中资大型银行贷款	4.86	3.45
地方财政存款	1100.02	92.34	2.中资中小型银行贷款	155.08	44.75
二、金融机构存款	5170.92	659.32	3.城市信用社贷款		
1.中资大型银行存款	48.93	-46.10	4.农村信用社贷款	56.40	3.82
2.中资中小型银行存款	4080.06	696.72	5.财务公司贷款	17.32	-0.31
3.城市信用社存款			6.外资金融机构贷款		
4.农村信用社存款	886.83	-27.14	7.其他金融机构贷款	3.68	-6.78
5.财务公司存款	152.86	39.46	其中：资产管理公司贷款		
6.外资金融机构存款	1.96	-3.65	二、专项贷款		
7.其他金融机构存款	0.28	0.01	三、金银占款		
三、金融机构特种存款			四、外汇占款		
四、邮政储蓄转存款			五、有价证券及投资		
五、商业银行划来财政性存款	127.43	-13.36	六、买入返售证券		
六、卖出回购证券			七、存放金融机构		
七、中央银行债券					
八、国家资本					
九、其他	-6161.03	-693.38			
资金来源总计	237.34	44.92	资金运用总计	237.34	44.92

山东省国家开发银行人民币信贷收支表

单位：亿元

项目名称 \ 年度	2014年	比年初增减数	项目名称 \ 年度	2014年	比年初增减数
各项存款	326.11	163.42	各项贷款	2682.39	231.91
1.单位存款	324.09	176.40	1.短期贷款	146.52	-19.60
（1）活期存款	229.57	161.74	（1）个人贷款及透支		
（2）定期存款	14.85	-3.14	（2）单位普通贷款及透支	125.20	-40.44
（3）保证金存款	2.55	1.75	2.中长期贷款	2381.55	296.11
2.个人存款			（1）个人贷款	34.39	3.57
储蓄存款			（2）单位普通贷款	1660.83	205.16
代理财政性存款			3.票据融资		-2.56
各项准备	87.94	8.52			
资金来源总计	2703.14	236.50	资金运用总计	2703.14	236.50

山东省中国农业发展银行人民币信贷收支表

单位：亿元

项目名称＼年度	2014 年	比年初增减数	项目名称＼年度	2014 年	比年初增减数
各项存款	212.31	1.57	各项贷款	1342.13	84.40
1. 单位存款	212.19	1.56	1. 短期贷款	589.88	51.81
（1） 活期存款	113.71	-5.36	（1） 个人贷款及透支		
（2） 定期存款	58.48	6.19	（2） 单位普通贷款及透支	588.54	50.57
（3）保证金存款	39.99	2.35	2. 中长期贷款	721.93	32.16
2. 个人存款			（1） 个人贷款		
储蓄存款			（2） 单位普通贷款	718.93	32.16
代理财政性存款	45.89	2.42	3. 票据融资	29.59	0.50
各项准备					
资金来源总计	1400.42	122.39	资金运用总计	1400.42	122.39

山东省中国进出口银行人民币信贷收支表

单位：亿元

项目名称＼年度	2014 年	比年初增减数	项目名称＼年度	2014 年	比年初增减数
各项存款	5.93	-2.71	各项贷款	386.89	20.00
1. 单位存款	5.93	-2.71	1. 短期贷款	69.21	-5.24
（1） 活期存款	2.36	0.33	（1） 个人贷款及透支		
（2） 定期存款			（2） 单位普通贷款及透支	19.26	3.96
（3）保证金存款	3.58	-3.04	2. 中长期贷款	308.40	16.80
2. 个人存款			（1） 个人贷款		
储蓄存款			（2） 单位普通贷款	108.56	16.64
代理财政性存款			3. 票据融资		
各项准备	9.91	6.14			
资金来源总计	390.49	21.52	资金运用总计	390.49	21.52

山东省中国工商银行人民币信贷收支表

单位：亿元

项目名称＼年度	2014 年	比年初增减数	项目名称＼年度	2014 年	比年初增减数
各项存款	7559.90	366.38	各项贷款	6871.43	519.54
1. 单位存款	3547.04	134.23	1. 短期贷款	2478.65	62.45
（1） 活期存款	1484.22	-38.39	（1） 个人贷款及透支	12.74	-15.66
（2） 定期存款	1178.85	34.53	（2） 单位普通贷款及透支	1819.80	243.36
（3）保证金存款	448.39	68.88	2. 中长期贷款	4103.50	346.74
2. 个人存款	3982.83	222.59	（1） 个人贷款	1854.37	226.60
储蓄存款	3710.63	200.13	（2） 单位普通贷款	2154.12	130.10
代理财政性存款	26.30	-8.98	3. 票据融资	275.18	101.05
各项准备	156.51	23.39			
资金来源总计	8708.18	1849.58	资金运用总计	8708.18	1849.58

山东省中国农业银行人民币信贷收支表

单位：亿元

项目名称 \ 年度	2014年	比年初增减数	项目名称 \ 年度	2014年	比年初增减数
各项存款	8477.54	483.09	各项贷款	5776.00	478.63
1.单位存款	3222.22	-24.39	1.短期贷款	2702.72	-44.36
(1) 活期存款	1301.91	-46.32	(1) 个人贷款及透支	346.60	-31.76
(2) 定期存款	935.68	20.67	(2) 单位普通贷款及透支	2091.10	-39.73
(3)保证金存款	378.15	58.00	2.中长期贷款	2921.77	465.12
2.个人存款	5038.17	471.68	(1) 个人贷款	1357.42	273.08
储蓄存款	5008.79	527.92	(2) 单位普通贷款	1389.58	134.49
代理财政性存款	15.57	-9.14	3.票据融资	141.80	52.74
各项准备	193.86	52.23			
资金来源总计	8224.86	1215.71	资金运用总计	8224.86	1215.71

山东省中国银行人民币信贷收支表

单位：亿元

项目名称 \ 年度	2014年	比年初增减数	项目名称 \ 年度	2014年	比年初增减数
各项存款	4997.83	182.16	各项贷款	3896.66	275.18
1.单位存款	2674.95	40.61	1.短期贷款	1823.12	118.06
(1) 活期存款	921.30	-54.24	(1) 个人贷款及透支	332.88	54.42
(2) 定期存款	887.59	45.61	(2) 单位普通贷款及透支	1186.80	157.37
(3)保证金存款	560.11	-1.69	2.中长期贷款	2023.09	172.95
2.个人存款	2132.91	116.87	(1) 个人贷款	990.90	60.28
储蓄存款	2132.25	116.89	(2) 单位普通贷款	875.85	72.89
代理财政性存款	5.46	-6.85	3.票据融资	35.12	-27.56
各项准备	95.08	18.10			
资金来源总计	5140.16	77.73	资金运用总计	5140.16	77.73

山东省中国建设银行人民币信贷收支表

单位：亿元

项目名称 \ 年度	2014年	比年初增减数	项目名称 \ 年度	2014年	比年初增减数
各项存款	6743.23	318.87	各项贷款	5032.89	510.25
1.单位存款	3337.47	61.86	1.短期贷款	1764.74	108.94
(1) 活期存款	1227.94	-155.86	(1) 个人贷款及透支	214.64	30.44
(2) 定期存款	1015.86	140.81	(2) 单位普通贷款及透支	1386.32	172.61
(3)保证金存款	459.62	29.73	2.中长期贷款	3171.47	386.92
2.个人存款	3376.21	257.70	(1) 个人贷款	1513.09	183.88
储蓄存款	3325.20	284.20	(2) 单位普通贷款	1658.05	203.20
代理财政性存款	11.51	3.88	3.票据融资	92.59	12.44
各项准备	0.68	-0.02			
资金来源总计	5252.17	410.39	资金运用总计	5252.17	410.39

山东省交通银行人民币信贷收支表

单位：亿元

项目名称 \ 年度	2014年	比年初增减数	项目名称 \ 年度	2014年	比年初增减数
各项存款	2327.64	65.24	各项贷款	1465.46	58.01
1.单位存款	1612.73	26.04	1.短期贷款	889.25	39.30
（1） 活期存款	382.71	-69.72	（1） 个人贷款及透支	16.15	0.52
（2） 定期存款	503.26	60.65	（2） 单位普通贷款及透支	790.18	56.55
（3）保证金存款	371.20	-2.65	2.中长期贷款	531.25	8.43
2.个人存款	647.18	34.34	（1） 个人贷款	175.03	18.97
储蓄存款	485.44	-21.59	（2） 单位普通贷款	298.51	-21.78
代理财政性存款	0.22	-0.17	3.票据融资	29.17	-4.70
各项准备	12.54	-6.19			
资金来源总计	1557.40	-24.35	资金运用总计	1557.40	-24.35

山东省中国邮政储蓄银行人民币信贷收支表

单位：亿元

项目名称 \ 年度	2014年	比年初增减数	项目名称 \ 年度	2014年	比年初增减数
各项存款	3855.47	497.55	各项贷款	930.87	251.79
1.单位存款	495.53	65.54	1.短期贷款	301.44	35.85
（1） 活期存款	352.79	38.19	（1） 个人贷款及透支	151.93	9.41
（2） 定期存款	133.75	22.44	（2） 单位普通贷款及透支	147.72	24.65
（3）保证金存款	7.85	4.95	2.中长期贷款	568.96	186.26
2.个人存款	3358.12	432.35	（1） 个人贷款	482.82	135.73
储蓄存款	3358.12	432.35	（2） 单位普通贷款	59.35	25.35
代理财政性存款	0.03	0.03	3.票据融资	60.47	29.68
各项准备	20.47	2.68			
资金来源总计	1285.22	419.66	资金运用总计	1285.22	419.66

山东省恒丰银行人民币信贷收支表

单位：亿元

项目名称 \ 年度	2014年	比年初增减数	项目名称 \ 年度	2014年	比年初增减数
各项存款	1331.97	103.99	各项贷款	727.46	35.45
1.单位存款	562.85	-40.40	1.短期贷款	411.51	34.97
（1） 活期存款	185.80	-36.37	（1） 个人贷款及透支	22.97	7.38
（2） 定期存款	161.12	-3.12	（2） 单位普通贷款及透支	376.13	22.47
（3）保证金存款	211.95	21.85	2.中长期贷款	194.17	3.00
2.个人存款	519.19	51.32	（1） 个人贷款	29.65	3.82
储蓄存款	519.19	51.32	（2） 单位普通贷款	141.30	-4.77
代理财政性存款	0.00	-0.01	3.票据融资	118.03	-5.80
各项准备	11.33	1.28			
资金来源总计	1121.73	-130.03	资金运用总计	1121.73	-130.03

山东省中国光大银行人民币信贷收支表

单位：亿元

年度 项目名称	2014年	比年初增减数	年度 项目名称	2014年	比年初增减数
各项存款	720.26	68.78	各项贷款	619.66	95.66
1.单位存款	521.90	45.67	1.短期贷款	367.66	20.50
（1）活期存款	106.48	19.66	（1）个人贷款及透支	22.02	3.43
（2）定期存款	65.21	11.39	（2）单位普通贷款及透支	260.81	9.16
（3）保证金存款	277.63	-6.05	2.中长期贷款	204.89	35.02
2.个人存款	192.20	18.41	（1）个人贷款	105.77	0.29
储蓄存款	106.22	7.76	（2）单位普通贷款	89.43	28.17
代理财政性存款	0.54	-0.12	3.票据融资	35.79	29.44
各项准备	12.26	0.21			
资金来源总计	1024.31	126.71	资金运用总计	1024.31	126.71

山东省中信银行人民币信贷收支表

单位：亿元

年度 项目名称	2014年	比年初增减数	年度 项目名称	2014年	比年初增减数
各项存款	1304.07	-67.73	各项贷款	976.29	36.68
1.单位存款	916.89	-65.64	1.短期贷款	569.46	-71.32
（1）活期存款	255.55	-48.25	（1）个人贷款及透支	18.16	1.77
（2）定期存款	195.93	-12.84	（2）单位普通贷款及透支	525.96	-61.14
（3）保证金存款	320.79	-43.69	2.中长期贷款	338.23	65.69
2.个人存款	329.24	-4.55	（1）个人贷款	146.22	26.62
储蓄存款	258.07	16.84	（2）单位普通贷款	155.20	37.10
代理财政性存款	0.93	0.37	3.票据融资	58.59	34.99
各项准备	17.81	4.20			
资金来源总计	1094.77	-16.34	资金运用总计	1094.77	-16.34

山东省华夏银行人民币信贷收支表

单位：亿元

年度 项目名称	2014年	比年初增减数	年度 项目名称	2014年	比年初增减数
各项存款	857.82	-27.11	各项贷款	683.27	44.64
1.单位存款	652.05	-17.54	1.短期贷款	444.51	5.66
（1）活期存款	152.78	-54.40	（1）个人贷款及透支	14.52	-1.15
（2）定期存款	132.38	4.72	（2）单位普通贷款及透支	426.11	7.54
（3）保证金存款	256.00	14.48	2.中长期贷款	227.83	41.15
2.个人存款	203.85	-9.85	（1）个人贷款	66.07	12.95
储蓄存款	195.77	-14.62	（2）单位普通贷款	156.82	28.47
代理财政性存款	0.04	0.01	3.票据融资	8.27	-3.61
各项准备	16.32	1.85			
资金来源总计	1152.99	209.36	资金运用总计	1152.99	209.36

山东省平安银行人民币信贷收支表

单位：亿元

年度 项目名称	2014 年	比年初增减数	年度 项目名称	2014 年	比年初增减数
各项存款	492.69	10.16	各项贷款	444.27	141.47
1. 单位存款	401.09	0.44	1. 短期贷款	296.50	64.94
（1） 活期存款	62.11	20.19	（1） 个人贷款及透支	46.19	5.75
（2） 定期存款	83.52	-62.44	（2） 单位普通贷款及透支	248.36	61.72
（3） 保证金存款	221.55	32.62	2. 中长期贷款	126.13	62.98
2. 个人存款	70.53	10.04	（1） 个人贷款	36.64	-2.32
储蓄存款	54.31	-1.62	（2） 单位普通贷款	89.49	65.30
代理财政性存款	0.00	-0.21	3. 票据融资	12.64	7.29
各项准备	6.05	0.95			
资金来源总计	641.93	199.38	资金运用总计	641.93	199.38

山东省招商银行人民币信贷收支表

单位：亿元

年度 项目名称	2014 年	比年初增减数	年度 项目名称	2014 年	比年初增减数
各项存款	1335.93	132.08	各项贷款	1173.48	91.35
1. 单位存款	892.29	69.35	1. 短期贷款	708.49	6.90
（1） 活期存款	284.46	2.92	（1） 个人贷款及透支	120.23	0.93
（2） 定期存款	178.52	41.49	（2） 单位普通贷款及透支	514.02	-34.30
（3） 保证金存款	263.98	-50.40	2. 中长期贷款	396.30	60.81
2. 个人存款	435.00	58.91	（1） 个人贷款	215.71	33.68
储蓄存款	427.83	51.74	（2） 单位普通贷款	147.18	12.46
代理财政性存款	2.51	0.11	3. 票据融资	62.77	17.98
各项准备	28.26	4.37			
资金来源总计	1379.54	236.05	资金运用总计	1379.54	236.05

山东省上海浦东发展银行人民币信贷收支表

单位：亿元

年度 项目名称	2014 年	比年初增减数	年度 项目名称	2014 年	比年初增减数
各项存款	1198.28	108.70	各项贷款	865.86	90.47
1. 单位存款	947.16	99.06	1. 短期贷款	583.33	80.74
（1） 活期存款	211.01	-10.88	（1） 个人贷款及透支	18.76	0.00
（2） 定期存款	249.49	30.19	（2） 单位普通贷款及透支	510.35	85.39
（3） 保证金存款	317.04	2.66	2. 中长期贷款	252.55	11.72
2. 个人存款	165.69	22.58	（1） 个人贷款	101.72	14.33
储蓄存款	138.94	10.83	（2） 单位普通贷款	126.70	-8.26
代理财政性存款	0.46	-4.64	3. 票据融资	25.66	-4.42
各项准备	26.61	9.97			
资金来源总计	1263.47	115.45	资金运用总计	1263.47	115.45

山东省兴业银行人民币信贷收支表

单位：亿元

项目名称＼年度	2014年	比年初增减数	项目名称＼年度	2014年	比年初增减数
各项存款	1334.55	26.63	各项贷款	747.04	125.75
1.单位存款	1110.56	79.73	1.短期贷款	489.23	89.90
（1）活期存款	398.91	4.12	（1）个人贷款及透支	32.03	-0.13
（2）定期存款	229.47	-14.15	（2）单位普通贷款及透支	453.68	89.06
（3）保证金存款	203.20	-35.61	2.中长期贷款	249.58	33.77
2.个人存款	182.34	-33.04	（1）个人贷款	75.05	20.24
储蓄存款	170.76	-44.36	（2）单位普通贷款	121.36	-38.70
代理财政性存款	0.01	-1.09	3.票据融资	2.74	2.50
各项准备	15.79	2.60			
资金来源总计	1730.16	408.84	资金运用总计	1730.16	408.84

山东省中国民生银行人民币信贷收支表

单位：亿元

项目名称＼年度	2014年	比年初增减数	项目名称＼年度	2014年	比年初增减数
各项存款	1194.55	168.59	各项贷款	758.40	112.04
1.单位存款	876.40	109.80	1.短期贷款	554.17	65.79
（1）活期存款	198.41	8.17	（1）个人贷款及透支	247.82	-12.72
（2）定期存款	153.73	21.94	（2）单位普通贷款及透支	306.35	78.51
（3）保证金存款	388.45	27.52	2.中长期贷款	183.80	33.73
2.个人存款	296.23	58.32	（1）个人贷款	23.59	5.54
储蓄存款	248.47	64.20	（2）单位普通贷款	139.76	28.94
代理财政性存款	0.00	-0.18	3.票据融资	7.23	1.29
各项准备	18.43	2.54			
资金来源总计	962.91	75.96	资金运用总计	962.91	75.96

山东省渤海银行人民币信贷收支表

单位：亿元

项目名称＼年度	2014年	比年初增减数	项目名称＼年度	2014年	比年初增减数
各项存款	151.56	11.43	各项贷款	109.91	16.34
1.单位存款	126.73	12.76	1.短期贷款	64.75	-0.35
（1）活期存款	21.06	-3.23	（1）个人贷款及透支	3.66	-1.06
（2）定期存款	13.13	-8.75	（2）单位普通贷款及透支	59.56	-0.82
（3）保证金存款	79.55	24.54	2.中长期贷款	35.47	14.78
2.个人存款	13.74	-1.37	（1）个人贷款	6.00	3.72
储蓄存款	10.47	-0.49	（2）单位普通贷款	24.47	6.06
代理财政性存款		0.00	3.票据融资	9.65	1.87
各项准备					
资金来源总计	265.28	61.73	资金运用总计	265.28	61.73

山东省浙商银行人民币信贷收支表

单位：亿元

年　　度 项目名称	2014 年	比年初 增减数	年　　度 项目名称	2014 年	比年初 增减数
各项存款	145.00	14.86	各项贷款	92.67	18.11
1. 单位存款	139.49	14.51	1. 短期贷款	67.57	-1.78
（1）活期存款	34.74	3.10	（1）个人贷款及透支	5.72	1.61
（2）定期存款	16.76	-0.30	（2）单位普通贷款及透支	60.99	-1.69
（3）保证金存款	58.95	7.65	2. 中长期贷款	23.34	18.12
2. 个人存款	2.43	0.21	（1）个人贷款	0.79	0.05
储蓄存款	2.43	0.21	（2）单位普通贷款	22.54	18.07
代理财政性存款			3. 票据融资	0.28	0.28
各项准备					
资金来源总计	134.84	-11.06	资金运用总计	134.84	-11.06

山东省广发银行人民币信贷收支表

单位：亿元

年　　度 项目名称	2014 年	比年初 增减数	年　　度 项目名称	2014 年	比年初 增减数
各项存款	184.39	34.96	各项贷款	101.33	26.74
1. 单位存款	121.78	8.83	1. 短期贷款	80.46	9.60
（1）活期存款	18.86	10.56	（1）个人贷款及透支	1.33	1.08
（2）定期存款	8.67	1.61	（2）单位普通贷款及透支	79.13	9.21
（3）保证金存款	74.72	-14.63	2. 中长期贷款	20.60	16.86
2. 个人存款	11.77	3.44	（1）个人贷款	6.04	3.78
储蓄存款	8.33	1.52	（2）单位普通贷款	14.56	13.09
代理财政性存款			3. 票据融资		
各项准备	0.17	0.09			
资金来源总计	109.00	17.63	资金运用总计	109.00	17.63

山东省国家开发银行外汇信贷收支表

单位：亿美元

年　　度 项目名称	2014 年	比年初 增减数	年　　度 项目名称	2014 年	比年初 增减数
各项存款	21.22	16.92	各项贷款	239.05	16.51
1. 单位存款	21.22	16.92	（一）境内贷款	23.36	4.52
（1）活期存款	21.22	16.92	1. 短期贷款	3.43	0.98
（2）定期存款			（1）个人贷款及透支		
（3）保证金存款			（2）单位普通贷款及透支	2.00	-0.20
2. 个人存款			2. 中长期贷款	19.93	3.54
储蓄存款			（1）个人贷款		
			（2）单位普通贷款	8.38	2.02
各项准备	9.58	1.80	（二）境外贷款	215.69	12.00
资金来源总计	248.23	24.89	资金运用总计	248.23	24.89

山东省中国农业发展银行外汇信贷收支表

单位：亿美元

项目名称 \ 年度	2014年	比年初增减数	项目名称 \ 年度	2014年	比年初增减数
各项存款	0.11	-0.02	各项贷款	0.89	-1.15
1.单位存款	0.10	-0.02	（一）境内贷款	0.89	-1.15
（1）活期存款	0.10	-0.01	1.短期贷款	0.89	-1.15
（2）定期存款			（1）个人贷款及透支		
（3）保证金存款	0.00	-0.01	（2）单位普通贷款及透支	0.38	-0.58
2.个人存款			2.中长期贷款		
储蓄存款			（1）个人贷款		
			（2）单位普通贷款		
各项准备			（二）境外贷款		
资金来源总计	0.89	-1.15	资金运用总计	0.89	-1.15

山东省中国进出口银行外汇信贷收支表

单位：亿美元

项目名称 \ 年度	2014年	比年初增减数	项目名称 \ 年度	2014年	比年初增减数
各项存款	0.72	0.46	各项贷款	22.30	2.58
1.单位存款	0.72	0.68	（一）境内贷款	22.30	2.58
（1）活期存款	0.51	0.49	1.短期贷款	6.26	1.20
（2）定期存款	0.20	0.20	（1）个人贷款及透支		
（3）保证金存款	0.00	-0.01	（2）单位普通贷款及透支	0.46	-0.05
2.个人存款			2.中长期贷款	15.75	1.09
储蓄存款			（1）个人贷款		
			（2）单位普通贷款	7.61	1.22
各项准备	0.72	0.59	（二）境外贷款		
资金来源总计	22.45	2.67	资金运用总计	22.45	2.67

山东省中国工商银行外汇信贷收支表

单位：亿美元

项目名称 \ 年度	2014年	比年初增减数	项目名称 \ 年度	2014年	比年初增减数
各项存款	29.31	2.13	各项贷款	33.97	-10.27
1.单位存款	23.43	2.46	（一）境内贷款	33.97	-10.27
（1）活期存款	5.35	-2.83	1.短期贷款	28.79	-11.11
（2）定期存款	13.42	2.83	（1）个人贷款及透支		
（3）保证金存款	4.65	2.46	（2）单位普通贷款及透支	7.93	0.53
2.个人存款	5.86	-0.34	2.中长期贷款	4.52	0.17
储蓄存款	5.84	-0.35	（1）个人贷款		
			（2）单位普通贷款		
各项准备	0.69	-0.03	（二）境外贷款		
资金来源总计	276.07	229.44	资金运用总计	276.07	229.44

山东省中国农业银行外汇信贷收支表

单位：亿美元

年　　度 项目名称	2014 年	比年初 增减数	年　　度 项目名称	2014 年	比年初 增减数
各项存款	28.26	8.75	各项贷款	31.39	7.23
1. 单位存款	26.91	8.15	（一）境内贷款	31.39	7.23
（1）活期存款	7.55	0.15	1. 短期贷款	27.60	6.52
（2）定期存款	4.95	-1.75	（1）个人贷款及透支	0.03	0.01
（3）保证金存款	14.42	9.77	（2）单位普通贷款及透支	2.71	1.88
2. 个人存款	0.80	0.06	2. 中长期贷款	1.45	-0.14
储蓄存款	0.80	0.06	（1）个人贷款		
			（2）单位普通贷款	0.01	-0.01
各项准备	0.00	-0.06	（二）境外贷款		
资金来源总计	354.08	121.77	资金运用总计	354.08	121.77

山东省中国银行外汇信贷收支表

单位：亿美元

年　　度 项目名称	2014 年	比年初 增减数	年　　度 项目名称	2014 年	比年初 增减数
各项存款	58.77	4.62	各项贷款	89.85	24.58
1. 单位存款	39.53	2.56	（一）境内贷款	85.88	24.77
（1）活期存款	20.00	1.66	1. 短期贷款	68.46	16.45
（2）定期存款	14.13	0.41	（1）个人贷款及透支	0.10	0.01
（3）保证金存款	5.40	2.25	（2）单位普通贷款及透支	15.40	7.68
2. 个人存款	17.51	1.91	2. 中长期贷款	15.05	6.02
储蓄存款	17.49	1.92	（1）个人贷款	0.01	0.00
			（2）单位普通贷款	8.05	5.05
各项准备	4.22	2.98	（二）境外贷款	3.96	-0.18
资金来源总计	94.39	22.64	资金运用总计	94.39	22.64

山东省中国建设银行外汇信贷收支表

单位：亿美元

年　　度 项目名称	2014 年	比年初 增减数	年　　度 项目名称	2014 年	比年初 增减数
各项存款	32.05	3.05	各项贷款	43.65	9.25
1. 单位存款	30.13	2.85	（一）境内贷款	43.65	9.25
（1）活期存款	7.20	0.14	1. 短期贷款	33.17	6.19
（2）定期存款	8.69	5.36	（1）个人贷款及透支	0.05	0.00
（3）保证金存款	14.24	-2.65	（2）单位普通贷款及透支	14.69	8.65
2. 个人存款	1.54	0.41	2. 中长期贷款	10.24	2.92
储蓄存款	1.53	0.43	（1）个人贷款		
			（2）单位普通贷款	4.43	1.28
各项准备	0.00	0.00	（二）境外贷款		
资金来源总计	44.77	9.64	资金运用总计	44.77	9.64

山东省交通银行外汇信贷收支表

单位：亿美元

项目名称 \ 年度	2014年	比年初增减数	项目名称 \ 年度	2014年	比年初增减数
各项存款	9.83	2.72	各项贷款	11.48	2.15
1.单位存款	8.48	2.65	（一）境内贷款	11.48	2.15
（1）活期存款	1.50	-0.93	1.短期贷款	10.81	1.62
（2）定期存款	0.50	-0.78	（1）个人贷款及透支	0.00	0.00
（3）保证金存款	6.48	4.37	（2）单位普通贷款及透支	4.38	1.33
2.个人存款	1.29	0.16	2.中长期贷款	0.07	-0.02
储蓄存款	0.73	0.00	（1）个人贷款		
			（2）单位普通贷款	0.05	-0.02
各项准备	0.12	-0.03	（二）境外贷款		
资金来源总计	15.13	-4.01	资金运用总计	15.13	-4.01

山东省中国邮政储蓄银行外汇信贷收支表

单位：亿美元

项目名称 \ 年度	2014年	比年初增减数	项目名称 \ 年度	2014年	比年初增减数
各项存款	0.08	-0.02	各项贷款		-0.10
1.单位存款	0.02	-0.03	（一）境内贷款		-0.10
（1）活期存款	0.02	-0.03	1.短期贷款		-0.10
（2）定期存款			（1）个人贷款及透支		
（3）保证金存款			（2）单位普通贷款及透支		-0.10
2.个人存款	0.06	0.01	2.中长期贷款		
储蓄存款	0.06	0.01	（1）个人贷款		
			（2）单位普通贷款		
各项准备		0.00	（二）境外贷款		
资金来源总计	0.00	-0.10	资金运用总计	0.00	-0.10

山东省恒丰银行外汇信贷收支表

单位：亿美元

项目名称 \ 栏目	2014年	比年初增减数	项目名称 \ 栏目	2014年	比年初增减数
各项存款	3.65	1.77	各项贷款	1.49	-0.27
1.单位存款	1.09	0.21	（一）境内贷款	1.49	-0.27
（1）活期存款	0.80	0.28	1.短期贷款	1.46	-0.20
（2）定期存款	0.14	0.09	（1）个人贷款及透支		
（3）保证金存款	0.15	-0.16	（2）单位普通贷款及透支		-0.51
2.个人存款	0.16	0.01	2.中长期贷款	0.03	-0.05
储蓄存款	0.16	0.01	（1）个人贷款		
			（2）单位普通贷款	0.03	-0.05
各项准备	0.02	-0.01	（二）境外贷款		
资金来源总计	4.06	1.52	资金运用总计	4.06	1.52

山东省中国光大银行外汇信贷收支表

单位：亿美元

年　度 项目名称	2014年	比年初增减数	年　度 项目名称	2014年	比年初增减数
各项存款	5.71	1.14	各项贷款	5.22	-2.31
1.单位存款	3.41	-0.53	（一）境内贷款	5.22	-2.31
（1）活期存款	0.37	-0.29	1.短期贷款	5.01	-1.96
（2）定期存款	2.44	-0.50	（1）个人贷款及透支		
（3）保证金存款	0.03	-0.17	（2）单位普通贷款及透支	1.49	0.72
2.个人存款	0.80	0.17	2.中长期贷款	0.21	-0.36
储蓄存款	0.29	0.04	（1）个人贷款		
			（2）单位普通贷款	0.21	-0.33
各项准备	0.15	-0.04	（二）境外贷款		
资金来源总计	5.40	-2.31	资金运用总计	5.40	-2.31

山东省中信银行外汇信贷收支表

单位：亿美元

年　度 项目名称	2014年	比年初增减数	年　度 项目名称	2014年	比年初增减数
各项存款	11.18	1.48	各项贷款	14.77	0.13
1.单位存款	9.85	1.25	（一）境内贷款	14.77	0.13
（1）活期存款	4.58	0.54	1.短期贷款	14.57	-0.05
（2）定期存款	1.28	-0.13	（1）个人贷款及透支		
（3）保证金存款	3.99	0.84	（2）单位普通贷款及透支	2.32	-0.29
2.个人存款	0.85	0.45	2.中长期贷款	0.15	0.13
储蓄存款	0.41	0.11	（1）个人贷款		
			（2）单位普通贷款	0.15	0.15
各项准备	0.22	0.05	（二）境外贷款		
资金来源总计	15.77	0.41	资金运用总计	15.77	0.41

山东省华夏银行外汇信贷收支表

单位：亿美元

年　度 项目名称	2014年	比年初增减数	年　度 项目名称	2014年	比年初增减数
各项存款	6.30	1.53	各项贷款	10.11	1.57
1.单位存款	4.78	0.56	（一）境内贷款	10.11	1.57
（1）活期存款	0.71	-0.15	1.短期贷款	8.60	0.60
（2）定期存款	3.08	0.78	（1）个人贷款及透支		
（3）保证金存款	0.65	0.20	（2）单位普通贷款及透支	0.15	-0.96
2.个人存款	0.08	0.01	2.中长期贷款	1.34	0.80
储蓄存款	0.08	0.01	（1）个人贷款		
			（2）单位普通贷款	1.28	0.88
各项准备	0.23	0.13	（二）境外贷款		
资金来源总计	41.18	20.02	资金运用总计	41.18	20.02

山东省平安银行外汇信贷收支表

单位：亿美元

项目名称 \ 年度	2014年	比年初增减数	项目名称 \ 年度	2014年	比年初增减数
各项存款	1.59	0.29	各项贷款	1.81	-0.23
1.单位存款	1.40	0.29	（一）境内贷款	1.81	-0.23
（1）活期存款	0.16	0.06	1.短期贷款	1.81	-0.23
（2）定期存款	0.56	-0.27	（1）个人贷款及透支		
（3）保证金存款	0.67	0.50	（2）单位普通贷款及透支	0.58	-0.18
2.个人存款	0.10	0.01	2.中长期贷款		
储蓄存款	0.10	0.01	（1）个人贷款		
代理财政性存款			（2）单位普通贷款		
各项准备	0.04	0.00	（二）境外贷款		
资金来源总计	1.90	-0.22	资金运用总计	1.90	-0.22

山东省招商银行外汇信贷收支表

单位：亿美元

项目名称 \ 年度	2014年	比年初增减数	项目名称 \ 年度	2014年	比年初增减数
各项存款	7.70	2.40	各项贷款	9.06	1.43
1.单位存款	5.34	1.87	（一）境内贷款	9.06	1.43
（1）活期存款	1.98	-0.50	1.短期贷款	7.66	2.21
（2）定期存款	1.04	0.47	（1）个人贷款及透支		
（3）保证金存款	2.32	1.90	（2）单位普通贷款及透支	1.59	0.85
2.个人存款	1.85	0.35	2.中长期贷款	0.94	-1.24
储蓄存款	1.85	0.35	（1）个人贷款		
代理财政性存款			（2）单位普通贷款	0.89	-1.23
各项准备	0.35	0.19	（二）境外贷款		
资金来源总计	9.60	1.49	资金运用总计	9.60	1.49

山东省上海浦东发展银行外汇信贷收支表

单位：亿美元

项目名称 \ 年度	2014年	比年初增减数	项目名称 \ 年度	2014年	比年初增减数
各项存款	9.79	7.00	各项贷款	10.32	3.59
1.单位存款	9.04	6.40	（一）境内贷款	10.32	3.59
（1）活期存款	1.53	0.83	1.短期贷款	9.76	3.17
（2）定期存款	0.27	-0.61	（1）个人贷款及透支		
（3）保证金存款	5.90	4.84	（2）单位普通贷款及透支	1.54	-0.46
2.个人存款	0.17	0.04	2.中长期贷款	0.50	0.37
储蓄存款	0.15	0.02	（1）个人贷款		
代理财政性存款			（2）单位普通贷款	0.50	0.37
各项准备			（二）境外贷款		
资金来源总计	13.89	2.27	资金运用总计	13.89	2.27

山东省兴业银行外汇信贷收支表

单位：亿美元

项目名称 \ 年度	2014年	比年初增减数	项目名称 \ 年度	2014年	比年初增减数
各项存款	6.17	-1.56	各项贷款	7.50	2.33
1.单位存款	6.08	-1.59	（一）境内贷款	7.60	2.33
（1）活期存款	1.01	-0.85	1.短期贷款	7.54	2.27
（2）定期存款	3.49	-2.02	（1）个人贷款及透支		
（3）保证金存款	1.42	1.11	（2）单位普通贷款及透支	1.33	0.63
2.个人存款	0.08	0.03	2.中长期贷款		-0.10
储蓄存款	0.08	0.03	（1）个人贷款		
代理财政性存款			（2）单位普通贷款		
各项准备	0.09	-0.01	（二）境外贷款		
资金来源总计	7.74	2.37	资金运用总计	7.74	2.37

山东省中国民生银行外汇信贷收支表

单位：亿美元

项目名称 \ 年度	2014年	比年初增减数	项目名称 \ 年度	2014年	比年初增减数
各项存款	1.21	0.78	各项贷款		
1.单位存款	1.12	0.78	（一）境内贷款		
（1）活期存款	0.31	0.13	1.短期贷款		
（2）定期存款	0.78	0.67	（1）个人贷款及透支		
（3）保证金存款	0.04	-0.03	（2）单位普通贷款及透支		
2.个人存款	0.09	0.01	2.中长期贷款		
储蓄存款	0.09	0.01	（1）个人贷款		
代理财政性存款			（2）单位普通贷款		
各项准备			（二）境外贷款		
资金来源总计	0.24	-0.12	资金运用总计	0.24	-0.12

山东省渤海银行外汇信贷收支表

单位：亿美元

项目名称 \ 年度	2014年	比年初增减数	项目名称 \ 年度	2014年	比年初增减数
各项存款	0.11	-0.05	各项贷款	1.68	1.33
1.单位存款	0.11	-0.05	（一）境内贷款	1.68	1.33
（1）活期存款	0.00	-0.05	1.短期贷款	0.69	0.44
（2）定期存款	0.11		（1）个人贷款及透支		
（3）保证金存款			（2）单位普通贷款及透支		-0.25
2.个人存款	0.00	0.00	2.中长期贷款	0.90	0.80
储蓄存款	0.00	0.00	（1）个人贷款		
代理财政性存款			（2）单位普通贷款	0.90	0.80
各项准备			（二）境外贷款		
资金来源总计	1.70	1.33	资金运用总计	1.70	1.33

山东省浙商银行外汇信贷收支表

单位：亿美元

年　度 项目名称	2014 年	比年初增减数	年　度 项目名称	2014 年	比年初增减数
各项存款	0.01	-0.09	各项贷款	0.09	-0.29
1.单位存款	0.01	-0.09	（一）境内贷款	0.09	-0.29
（1）活期存款	0.01	-0.01	1.短期贷款	0.09	-0.29
（2）定期存款		-0.07	（1）个人贷款及透支		
（3）保证金存款			（2）单位普通贷款及透支		-0.32
2.个人存款	0.00	0.00	2.中长期贷款		
储蓄存款	0.00	0.00	（1）个人贷款		
代理财政性存款			（2）单位普通贷款		
各项准备			（二）境外贷款		
资金来源总计	0.09	-0.29	资金运用总计	0.09	-0.29

山东省广发银行外汇信贷收支表

单位：亿美元

年　度 项目名称	2014 年	比年初增减数	年　度 项目名称	2014 年	比年初增减数
各项存款	3.94	3.76	各项贷款	0.35	-0.21
1.单位存款	3.93	3.76	（一）境内贷款	0.35	-0.21
（1）活期存款	0.01	-0.07	1.短期贷款	0.35	-0.21
（2）定期存款	0.21	0.21	（1）个人贷款及透支		
（3）保证金存款	3.71	3.62	（2）单位普通贷款及透支	0.35	-0.21
2.个人存款	0.00	0.00	2.中长期贷款		
储蓄存款	0.00	0.00	（1）个人贷款		
代理财政性存款			（2）单位普通贷款		
各项准备			（二）境外贷款		
资金来源总计	0.36	-0.20	资金运用总计	0.36	-0.20

三、分机构经营成果情况

山东省全金融机构（含外资）本外币损益表

单位：亿元

行列名称	本年	比上年同期增减	比上年同期增减%	行列名称	本年	比上年同期增减	比上年同期增减%
一、营业收入	2948.52	307.01	11.62	1.业务及管理费	933.69	86.42	10.20
1.利息净收入	2434.77	209.69	9.42	2.营业税金及附加	207.21	22.00	11.88
利息收入	7016.50	836.40	13.53	3.资产减值损失	511.24	207.08	68.08
利息支出	4581.73	626.71	15.85	三、营业利润	1269.19	−16.84	−1.31
2.手续费及佣金净收入	356.64	32.07	9.88	四、利润总额	1271.66	−19.41	−1.50
二、营业支出	1679.33	323.85	23.89	五、净利润	1061.73	−37.08	−3.37

山东省政策性银行本外币损益表

单位：亿元

行列名称	本年	比上年同期增减	比上年同期增减%	行列名称	本年	比上年同期增减	比上年同期增减%
一、营业收入	153.54	15.30	11.07	1.业务及管理费	11.67	1.36	13.22
1.利息净收入	144.93	13.41	10.20	2.营业税金及附加	19.11	1.81	10.48
利息收入	368.56	39.86	12.13	3.资产减值损失	29.45	6.72	29.58
利息支出	223.63	26.45	13.41	三、营业利润	92.68	5.29	6.06
2.手续费及佣金净收入	8.27	1.53	22.66	四、利润总额	92.49	5.20	5.96
二、营业支出	60.86	10.01	19.68	五、净利润	92.49	5.20	5.96

山东省国家开发银行本外币损益表

单位：亿元

行列名称	本年	比上年同期增减	比上年同期增减%	行列名称	本年	比上年同期增减	比上年同期增减%
一、营业收入	108.43	15.61	16.81	1.业务及管理费	2.86	0.33	13.02
1.利息净收入	101.54	13.46	15.28	2.营业税金及附加	12.97	1.26	10.81
利息收入	244.74	28.33	13.09	3.资产减值损失	19.51	−2.03	−9.43
利息支出	143.20	14.88	11.59	三、营业利润	73.09	16.04	28.12
2.手续费及佣金净收入	6.82	1.73	34.12	四、利润总额	73.10	16.05	28.14
二、营业支出	35.34	−0.44	−1.22	五、净利润	73.10	16.05	28.14

山东省中国农业发展银行本外币损益表

单位：亿元

行列名称	本年	比上年同期增减	比上年同期增减%	行列名称	本年	比上年同期增减	比上年同期增减%
一、营业收入	38.59	1.37	3.68	1.业务及管理费	8.44	1.00	13.51
1.利息净收入	38.02	1.21	3.30	2.营业税金及附加	4.73	0.46	10.64
利息收入	99.58	9.31	10.31	3.资产减值损失			
利息支出	61.56	8.10	15.14	三、营业利润	24.78	−0.20	−0.79
2.手续费及佣金净收入	0.39	0.16	65.10	四、利润总额	24.58	−0.30	−1.19
二、营业支出	13.81	1.57	12.81	五、净利润	24.58	−0.30	−1.19

山东省中国进出口银行本外币损益表

单位：亿元

行列名称	本年	比上年同期增减	比上年同期增减%	行列名称	本年	比上年同期增减	比上年同期增减%
一、营业收入	6.52	-1.68	-20.48	1.业务及管理费	0.37	0.03	8.33
1.利息净收入	5.37	-1.26	-19.01	2.营业税金及附加	1.40	0.09	7.06
利息收入	24.24	2.22	10.07	3.资产减值损失	9.94	8.75	736.55
利息支出	18.88	3.48	22.58	三、营业利润	-5.19	-10.56	-196.63
2.手续费及佣金净收入	1.05	-0.36	-25.66	四、利润总额	-5.19	-10.56	-196.63
二、营业支出	11.71	8.88	312.96	五、净利润	-5.19	-10.56	-196.63

山东省国有商业银行本外币损益表

单位：亿元

行列名称	本年	比上年同期增减	比上年同期增减%	行列名称	本年	比上年同期增减	比上年同期增减%
一、营业收入	1180.37	69.61	6.27	1.业务及管理费	334.55	17.22	5.43
1.利息净收入	911.69	49.73	5.77	2.营业税金及附加	88.66	6.50	7.91
利息收入	3246.73	265.42	8.90	3.资产减值损失	195.17	115.00	143.46
利息支出	2335.04	215.69	10.18	三、营业利润	541.78	-75.62	-12.25
2.手续费及佣金净收入	240.87	8.65	3.72	四、利润总额	540.12	-77.42	-12.54
二、营业支出	638.59	145.23	29.44	五、净利润	454.11	-79.75	-14.94

山东省中国工商银行本外币损益表

单位：亿元

行列名称	本年	比上年同期增减	比上年同期增减%	行列名称	本年	比上年同期增减	比上年同期增减%
一、营业收入	348.03	12.83	3.83	1.业务及管理费	80.10	0.53	0.66
1.利息净收入	263.10	6.56	2.56	2.营业税金及附加	28.88	2.05	7.64
利息收入	1842.16	154.59	9.16	3.资产减值损失	34.13	12.09	54.83
利息支出	1579.07	148.03	10.34	三、营业利润	196.90	-8.87	-4.31
2.手续费及佣金净收入	81.99	5.12	6.66	四、利润总额	197.69	-7.71	-3.76
二、营业支出	151.13	21.70	16.77	五、净利润	147.84	-5.16	-3.37

山东省中国农业银行本外币损益表

单位：亿元

行列名称	本年	比上年同期增减	比上年同期增减%	行列名称	本年	比上年同期增减	比上年同期增减%
一、营业收入	319.76	6.96	2.23	1.业务及管理费	106.31	7.20	7.27
1.利息净收入	263.83	1.23	0.47	2.营业税金及附加	21.15	-0.12	-0.54
利息收入	729.83	29.59	4.23	3.资产减值损失	86.79	51.52	146.09
利息支出	466.00	28.36	6.48	三、营业利润	105.41	-50.68	-32.47
2.手续费及佣金净收入	45.60	-4.24	-8.51	四、利润总额	102.91	-53.04	-34.01
二、营业支出	214.34	57.65	36.79	五、净利润	102.55	-53.39	-34.24

山东省中国银行本外币损益表

单位：亿元

行列名称	本年	比上年同期增减	比上年同期增减%	行列名称	本年	比上年同期增减	比上年同期增减%
一、营业收入	228.83	19.19	9.16	1.业务及管理费	63.15	1.95	3.19
1.利息净收入	160.67	10.05	6.68	2.营业税金及附加	18.03	2.26	14.30
利息收入	299.61	29.77	11.03	3.资产减值损失	45.02	36.71	441.79
利息支出	138.94	19.72	16.54	三、营业利润	96.80	-23.25	-19.36
2.手续费及佣金净收入	57.13	8.15	16.63	四、利润总额	96.79	-23.23	-19.36
二、营业支出	132.02	42.44	47.38	五、净利润	61.46	-27.29	-30.75

山东省中国建设银行本外币损益表

单位：亿元

行列名称	本年	比上年同期增减	比上年同期增减%	行列名称	本年	比上年同期增减	比上年同期增减%
一、营业收入	283.76	30.62	12.10	1.业务及管理费	84.99	7.54	9.74
1.利息净收入	224.10	31.89	16.59	2.营业税金及附加	20.61	2.31	12.64
利息收入	375.13	51.47	15.90	3.资产减值损失	29.22	14.68	100.94
利息支出	151.03	19.58	14.90	三、营业利润	142.67	7.17	5.30
2.手续费及佣金净收入	56.16	-0.38	-0.67	四、利润总额	142.74	6.57	4.82
二、营业支出	141.09	23.44	19.93	五、净利润	142.26	6.10	4.48

山东省股份制商业银行本外币损益表

单位：亿元

行列名称	本年	比上年同期增减	比上年同期增减%	行列名称	本年	比上年同期增减	比上年同期增减%
一、营业收入	500.71	63.64	14.56	1.业务及管理费	162.72	22.91	16.39
1.利息净收入	367.62	23.91	6.96	2.营业税金及附加	39.57	4.18	11.81
利息收入	1341.38	202.43	17.77	3.资产减值损失	78.26	48.46	162.60
利息支出	973.76	178.51	22.45	三、营业利润	215.47	-13.33	-5.83
2.手续费及佣金净收入	68.73	14.41	26.52	四、利润总额	216.41	-13.53	-5.88
二、营业支出	285.24	76.97	36.96	五、净利润	197.56	-13.69	-6.48

山东省交通银行本外币损益表

单位：亿元

行列名称	本年	比上年同期增减	比上年同期增减%	行列名称	本年	比上年同期增减	比上年同期增减%
一、营业收入	66.51	0.04	0.06	1.业务及管理费	22.68	0.05	0.22
1.利息净收入	48.81	0.06	0.12	2.营业税金及附加	6.00	0.20	3.51
利息收入	121.06	15.38	14.56	3.资产减值损失			
利息支出	72.25	15.33	26.93	三、营业利润	35.08	-0.57	-1.60
2.手续费及佣金净收入	13.68	-1.00	-6.79	四、利润总额	35.21	-0.60	-1.68
二、营业支出	31.43	0.61	1.99	五、净利润	35.21	-0.60	-1.68

山东省中国邮政储蓄银行本外币损益表

单位：亿元

行列名称	本年	比上年同期增减	比上年同期增减%	行列名称	本年	比上年同期增减	比上年同期增减%
一、营业收入	85.02	7.53	9.72	1.业务及管理费	61.30	3.95	6.88
1.利息净收入	82.13	7.48	10.02	2.营业税金及附加	3.48	0.69	24.54
利息收入	201.59	18.94	10.37	3.资产减值损失	6.49	-1.10	-14.50
利息支出	119.46	11.46	10.61	三、营业利润	13.70	4.00	41.22
2.手续费及佣金净收入	2.76	0.06	2.40	四、利润总额	13.99	4.03	40.50
二、营业支出	71.32	3.53	5.21	五、净利润	12.91	3.77	41.19

山东省恒丰银行本外币损益表

单位：亿元

行列名称	本年	比上年同期增减	比上年同期增减%	行列名称	本年	比上年同期增减	比上年同期增减%
一、营业收入	47.43	3.34	7.58	1.业务及管理费	18.58	4.64	33.31
1.利息净收入	5.58	-12.09	-68.43	2.营业税金及附加	3.27	0.21	6.91
利息收入	153.89	26.78	21.06	3.资产减值损失	5.29	4.07	333.61
利息支出	148.31	38.87	35.52	三、营业利润	19.44	-5.62	-22.44
2.手续费及佣金净收入	2.49	0.41	19.90	四、利润总额	19.48	-5.49	-21.98
二、营业支出	28.00	8.97	47.12	五、净利润	19.48	-5.49	-21.98

山东省中国光大银行本外币损益表

单位：亿元

行列名称	本年	比上年同期增减	比上年同期增减%	行列名称	本年	比上年同期增减	比上年同期增减%
一、营业收入	34.27	9.02	35.72	1.业务及管理费	9.89	2.11	27.19
1.利息净收入	29.30	7.87	36.71	2.营业税金及附加	2.95	0.44	17.38
利息收入	76.06	13.86	22.29	3.资产减值损失	6.18	5.83	1652.55
利息支出	46.77	6.00	14.71	三、营业利润	15.20	0.62	4.25
2.手续费及佣金净收入	4.62	1.09	30.79	四、利润总额	15.27	0.65	4.48
二、营业支出	19.08	8.40	78.68	五、净利润	13.38	0.48	3.70

山东省中信银行本外币损益表

单位：亿元

行列名称	本年	比上年同期增减	比上年同期增减%	行列名称	本年	比上年同期增减	比上年同期增减%
一、营业收入	50.11	2.02	4.19	1.业务及管理费	19.02	2.65	16.17
1.利息净收入	38.87	-1.29	-3.21	2.营业税金及附加	4.79	0.19	4.13
利息收入	243.38	43.26	21.62	3.资产减值损失	7.97	5.51	224.64
利息支出	204.51	44.55	27.85	三、营业利润	18.33	-6.33	-25.68
2.手续费及佣金净收入	8.89	2.21	33.09	四、利润总额	18.65	-6.56	-26.02
二、营业支出	31.78	8.35	35.64	五、净利润	13.91	-4.93	-26.15

山东省华夏银行本外币损益表

单位：亿元

行列名称	本年	比上年同期增减	比上年同期增减%	行列名称	本年	比上年同期增减	比上年同期增减%
一、营业收入	38.61	4.50	13.19	1.业务及管理费	13.99	2.08	17.50
1.利息净收入	34.01	3.69	12.19	2.营业税金及附加	2.94	0.24	8.84
利息收入	66.76	12.54	23.12	3.资产减值损失	4.19	2.38	131.50
利息支出	32.74	8.84	37.00	三、营业利润	17.47	-0.21	-1.16
2.手续费及佣金净收入	3.75	0.50	15.24	四、利润总额	17.50	-0.18	-1.03
二、营业支出	21.14	4.70	28.61	五、净利润	15.27	-0.93	-5.74

山东省平安银行本外币损益表

单位：亿元

行列名称	本年	比上年同期增减	比上年同期增减%	行列名称	本年	比上年同期增减	比上年同期增减%
一、营业收入	24.61	4.83	24.40	1.业务及管理费	7.67	1.21	18.65
1.利息净收入	14.85	-2.85	-16.11	2.营业税金及附加	1.94	0.42	27.28
利息收入	66.80	-0.72	-1.07	3.资产减值损失	7.38	6.06	455.44
利息支出	51.95	2.13	4.28	三、营业利润	7.59	-2.85	-27.31
2.手续费及佣金净收入	3.03	1.34	78.84	四、利润总额	7.62	-2.83	-27.05
二、营业支出	17.02	7.68	82.21	五、净利润	7.62	-2.83	-27.05

山东省招商银行本外币损益表

单位：亿元

行列名称	本年	比上年同期增减	比上年同期增减%	行列名称	本年	比上年同期增减	比上年同期增减%
一、营业收入	73.94	14.18	23.73	1.业务及管理费	20.66	3.05	17.34
1.利息净收入	61.29	9.93	19.33	2.营业税金及附加	5.19	0.77	17.33
利息收入	152.57	30.22	24.69	3.资产减值损失	11.47	7.18	167.27
利息支出	91.28	20.28	28.57	三、营业利润	36.61	3.18	9.52
2.手续费及佣金净收入	7.70	2.44	46.52	四、利润总额	36.67	3.14	9.36
二、营业支出	37.33	11.00	41.78	五、净利润	27.49	2.36	9.38

山东省上海浦东发展银行本外币损益表

单位：亿元

行列名称	本年	比上年同期增减	比上年同期增减%	行列名称	本年	比上年同期增减	比上年同期增减%
一、营业收入	51.49	9.50	22.63	1.业务及管理费	11.19	1.02	10.03
1.利息净收入	41.96	7.62	22.20	2.营业税金及附加	4.06	0.48	13.51
利息收入	189.42	33.70	21.64	3.资产减值损失	12.52	6.31	101.68
利息支出	147.46	26.07	21.48	三、营业利润	23.47	1.65	7.57
2.手续费及佣金净收入	7.74	1.21	18.58	四、利润总额	23.55	1.52	6.91
二、营业支出	28.02	7.85	38.93	五、净利润	23.55	1.52	6.91

山东省兴业银行本外币损益表

单位：亿元

行列名称	本年	比上年同期增减	比上年同期增减%	行列名称	本年	比上年同期增减	比上年同期增减%
一、营业收入	55.46	8.28	17.54	1.业务及管理费	14.65	1.50	11.42
1.利息净收入	44.64	5.93	15.31	2.营业税金及附加	3.57	0.54	17.90
利息收入	139.43	14.99	12.05	3.资产减值损失	9.70	4.25	78.11
利息支出	94.79	9.06	10.57	三、营业利润	27.05	1.83	7.25
2.手续费及佣金净收入	8.65	3.29	61.41	四、利润总额	27.05	1.68	6.64
二、营业支出	28.41	6.45	29.36	五、净利润	27.05	1.68	6.64

山东省中国民生银行本外币损益表

单位：亿元

行列名称	本年	比上年同期增减	比上年同期增减%	行列名称	本年	比上年同期增减	比上年同期增减%
一、营业收入	41.50	3.94	10.48	1.业务及管理费	18.83	3.10	19.72
1.利息净收入	35.37	2.45	7.45	2.营业税金及附加	3.49	0.33	10.35
利息收入	78.46	1.82	2.37	3.资产减值损失	11.81	6.37	117.30
利息支出	43.08	-0.64	-1.45	三、营业利润	7.13	-6.68	-48.37
2.手续费及佣金净收入	5.05	2.00	65.45	四、利润总额	7.31	-6.53	-47.19
二、营业支出	34.37	10.62	44.70	五、净利润	7.31	-6.53	-47.19

山东省渤海银行本外币损益表

单位：亿元

行列名称	本年	比上年同期增减	比上年同期增减%	行列名称	本年	比上年同期增减	比上年同期增减%
一、营业收入	5.77	1.37	31.09	1.业务及管理费	2.04	0.50	32.76
1.利息净收入	4.08	0.64	18.52	2.营业税金及附加	0.58	0.15	35.32
利息收入	25.56	1.97	8.36	3.资产减值损失			
利息支出	21.49	1.33	6.62	三、营业利润	3.15	0.72	29.40
2.手续费及佣金净收入	1.55	0.57	58.62	四、利润总额	3.14	0.70	28.91
二、营业支出	2.61	0.65	33.17	五、净利润	2.71	0.70	34.99

山东省浙商银行本外币损益表

单位：亿元

行列名称	本年	比上年同期增减	比上年同期增减%	行列名称	本年	比上年同期增减	比上年同期增减%
一、营业收入	5.89	0.60	11.40	1.业务及管理费	1.47	0.12	9.25
1.利息净收入	4.58	0.24	5.57	2.营业税金及附加	0.36	0.07	23.59
利息收入	10.10	0.26	2.67	3.资产减值损失	1.65	0.49	41.96
利息支出	5.52	0.02	0.38	三、营业利润	2.39	-0.08	-3.35
2.手续费及佣金净收入	1.16	0.42	55.98	四、利润总额	2.39	-0.08	-3.22
二、营业支出	3.51	0.69	24.31	五、净利润	2.00	-0.16	-7.41

山东省广发银行本外币损益表

单位：亿元

行列名称	本年	比上年同期增减	比上年同期增减%	行列名称	本年	比上年同期增减	比上年同期增减%
一、营业收入	5.11	2.03	65.75	1.业务及管理费	2.03	0.86	74.20
1.利息净收入	4.27	1.71	66.97	2.营业税金及附加	0.43	0.15	51.47
利息收入	17.89	8.37	87.97	3.资产减值损失	0.09	0.00	-4.91
利息支出	13.62	6.66	95.68	三、营业利润	2.57	1.02	66.08
2.手续费及佣金净收入	0.41	-0.08	-15.60	四、利润总额	2.58	1.04	67.16
二、营业支出	2.54	1.00	65.41	五、净利润	2.58	1.04	67.16

山东省城市商业银行（全国）本外币损益表

单位：亿元

行列名称	本年	比上年同期增减	比上年同期增减%	行列名称	本年	比上年同期增减	比上年同期增减%
一、营业收入	141.85	30.84	27.78	1.业务及管理费	45.49	6.50	16.69
1.利息净收入	114.32	23.17	25.42	2.营业税金及附加	10.84	2.63	32.04
利息收入	383.76	95.94	33.33	3.资产减值损失	29.02	13.54	87.47
利息支出	269.44	72.77	37.00	三、营业利润	56.38	8.17	16.93
2.手续费及佣金净收入	8.43	2.61	44.91	四、利润总额	56.64	9.25	19.52
二、营业支出	85.46	22.67	36.11	五、净利润	44.86	7.61	20.43

山东省农村商业银行本外币损益表

单位：亿元

行列名称	本年	比上年同期增减	比上年同期增减%	行列名称	本年	比上年同期增减	比上年同期增减%
一、营业收入	337.76	97.13	40.36	1.业务及管理费	129.03	36.44	39.35
1.利息净收入	331.60	93.54	39.29	2.营业税金及附加	16.38	4.97	43.56
利息收入	514.79	150.54	41.33	3.资产减值损失	54.96	22.16	67.57
利息支出	183.19	57.00	45.17	三、营业利润	137.35	33.53	32.30
2.手续费及佣金净收入	-0.83	-1.67	-198.61	四、利润总额	138.12	33.13	31.56
二、营业支出	200.42	63.60	46.48	五、净利润	99.63	23.53	30.92

山东省农村合作银行本外币损益表

单位：亿元

行列名称	本年	比上年同期增减	比上年同期增减%	行列名称	本年	比上年同期增减	比上年同期增减%
一、营业收入	43.61	0.63	1.47	1.业务及管理费	18.40	1.32	7.72
1.利息净收入	43.20	0.30	0.71	2.营业税金及附加	2.55	0.02	0.79
利息收入	64.12	1.96	3.15	3.资产减值损失	9.85	-1.66	-14.45
利息支出	20.92	1.66	8.59	三、营业利润	12.80	0.96	8.06
2.手续费及佣金净收入	-0.04	-0.03	479.03	四、利润总额	12.93	0.97	8.08
二、营业支出	30.80	-0.33	-1.04	五、净利润	8.76	0.42	4.98

山东省村镇银行本外币损益表

单位：亿元

行列名称	本年	比上年同期增减	比上年同期增减%	行列名称	本年	比上年同期增减	比上年同期增减%
一、营业收入	23.77	7.51	46.17	1.业务及管理费	10.51	3.29	45.54
1.利息净收入	23.75	7.55	46.57	2.营业税金及附加	1.12	0.41	57.07
利息收入	36.12	12.91	55.60	3.资产减值损失	4.85	1.80	58.70
利息支出	12.37	5.36	76.48	三、营业利润	7.10	1.97	38.37
2.手续费及佣金净收入	-0.03	-0.07	-182.40	四、利润总额	8.81	1.52	20.85
二、营业支出	16.68	5.54	49.77	五、净利润	6.39	0.75	13.36

山东省农村信用合作社本外币损益表

单位：亿元

行列名称	本年	比上年同期增减	比上年同期增减%	行列名称	本年	比上年同期增减	比上年同期增减%
一、营业收入	214.34	-37.15	-14.77	1.业务及管理费	88.51	-18.77	-17.50
1.利息净收入	210.97	-40.69	-16.17	2.营业税金及附加	8.09	-1.55	-16.06
利息收入	375.85	-42.65	-10.19	3.资产减值损失	63.44	-16.58	-20.72
利息支出	164.88	-1.97	-1.18	三、营业利润	54.17	-0.35	-0.63
2.手续费及佣金净收入	-3.02	0.39	-11.44	四、利润总额	53.36	-2.32	-4.16
二、营业支出	160.16	-36.80	-18.68	五、净利润	37.63	-0.54	-1.41

山东省信托投资公司本外币损益表

单位：亿元

行列名称	本年	比上年同期增减	比上年同期增减%	行列名称	本年	比上年同期增减	比上年同期增减%
一、营业收入	22.12	4.86	28.17	1.业务及管理费	4.99	1.81	56.90
1.利息净收入	0.66	0.34	106.78	2.营业税金及附加	1.08	0.21	23.38
利息收入	0.66	0.34	106.78	3.资产减值损失	1.08	1.11	-4612.44
利息支出				三、营业利润	14.78	1.89	14.62
2.手续费及佣金净收入	17.17	2.65	18.22	四、利润总额	14.90	2.03	15.76
二、营业支出	7.34	2.97	68.23	五、净利润	10.93	1.06	10.78

山东省中资财务公司本外币损益表

单位：亿元

行列名称	本年	比上年同期增减	比上年同期增减%	行列名称	本年	比上年同期增减	比上年同期增减%
一、营业收入	49.81	10.92	28.09	1.业务及管理费	2.69	0.69	34.24
1.利息净收入	47.56	10.78	29.32	2.营业税金及附加	2.41	0.31	14.70
利息收入	67.78	16.95	33.34	3.资产减值损失	4.51	3.30	272.87
利息支出	20.22	6.17	43.88	三、营业利润	40.19	6.63	19.75
2.手续费及佣金净收入	0.62	-0.25	-28.85	四、利润总额	40.41	6.72	19.97
二、营业支出	9.61	4.29	80.73	五、净利润	30.75	5.41	21.35

四、其他金融统计资料

山东省全金融机构（含外资）中间业务收入表

单位：万元

项目名称	本外币当年累计	人民币当年累计	外币当年累计
中间业务收入合计	3971087	3787227	183860
（一）结算性中间业务收入	1258394	1171678	86716
1.国际结算收入	420213	340952	79261
单位	415316	338315	77001
个人	4898	2638	2260
2.国内结算收入	838181	830726	7455
单位	395829	388774	7055
个人	442352	441952	400
（二）担保性中间业务收入	552671	530836	21835
1.银行承兑汇票收入	141918	141918	0
2.保函业务收入	63278	59018	4260
融资性保函	49150	46239	2911
非融资性保函	14128	12779	1349
3.承诺费收入	82510	81527	983
4.保理费收入	121135	109354	11781
5.其他担保性中间业务收入	143830	139019	4810
（三）管理性中间业务收入	1131705	1088687	43018
1.代收代付收入	55962	55136	825
2.资产托管及企业年金业务收入	150741	150736	4
3.理财业务收入	358309	357276	1033
4.代客资金业务收入	120633	111269	9364
代客外汇买卖	105976	98461	7515
代客衍生工具交易	9691	4848	4843
其他代客资金业务	4966	7960	-2994
5.银团贷款收入	73837	46516	27320
6.委托贷款收入	58353	54486	3867
7.其他管理性中间业务收入	313871	313267	604
代销基金	37687	37678	9
代理保险	98576	98576	
代销债券	26695	26695	
代理贵金属	85852	85852	
其他	65061	64465	596
（四）投资银行业务收入	468116	467121	996
1.财务顾问收入	282540	281545	996
2.债券承销收入	56916	56916	
3.其他投资银行业务收入	128660	128660	
（五）其他中间业务收入	560201	528905	31295
其中：保管箱业务收入	2682	2682	
附：银行卡业务收入	631319	627682	3637
电子银行业务收入	184992	184824	167

山东省全金融机构（不含外资）中间业务收入表

单位：万元

栏目 项目名称	本外币 当年累计	人民币 当年累计	外币 当年累计
中间业务收入合计	3940601	3776474	164127
（一）结算性中间业务收入	1249394	1169877	79516
1.国际结算收入	412146	339666	72480
单位	407331	337043	70288
个人	4815	2623	2192
2.国内结算收入	837247	830211	7036
单位	394993	388350	6643
个人	442254	441861	393
（二）担保性中间业务收入	546603	525516	21087
1.银行承兑汇票收入	138691	138691	0
2.保函业务收入	62390	58394	3997
融资性保函	48557	45760	2796
非融资性保函	13834	12634	1200
3.承诺费收入	82504	81521	983
4.保理费收入	120989	109354	11635
5.其他担保性中间业务收入	142028	137556	4472
（三）管理性中间业务收入	1119779	1085859	33920
1.代收代付收入	55343	55079	263
2.资产托管及企业年金业务收入	150740	150736	4
3.理财业务收入	356942	356899	42
4.代客资金业务收入	116095	111083	5012
代客外汇买卖	102834	98461	4373
代客衍生工具交易	8295	4662	3633
其他代客资金业务	4966	7960	-2994
5.银团贷款收入	70481	46093	24388
6.委托贷款收入	58175	54319	3855
7.其他管理性中间业务收入	312004	311649	355
代销基金	37658	37658	
代理保险	98238	98238	
代销债券	26695	26695	
代理贵金属	85852	85852	
其他	63561	63206	355
（四）投资银行业务收入	466862	466496	366
1.财务顾问收入	281286	280920	366
2.债券承销收入	56916	56916	
3.其他投资银行业务收入	128660	128660	
（五）其他中间业务收入	557964	528726	29237
其中：保管箱业务收入	2682	2682	
附：银行卡业务收入	631183	627549	3633
电子银行业务收入	184782	184779	3

山东省金融机构人员、机构情况表

（2014年末）

单位：家、人

行别		法人机构数	一级分行机构数	二级分行机构数	支行机构数	支行以下分支机构数	机构数合计	正式人员数合计
		1	2	3	4	5	6	7
国有独资商业银行	工商银行山东省分行(辖内)		1	16	598	370	985	21321
	工商银行青岛市分行		1	0	18	105	124	3662
	农业银行山东省分行(辖内)		1	16	162	1238	1417	25756
	农业银行青岛市分行		1	1	67	122	191	4114
	中国银行山东省分行(辖内)			16	509	0	525	13342
	中国银行山东省分行（本部）		1	0	95	0	96	4108
	建设银行山东省分行(辖内)		1	16	471	330	818	20199
	建设银行青岛市分行		1	0	86	35	122	3349
	交通银行山东省分行		1	15	131	0	147	3624
	交通银行青岛分行		1	0	50	1	52	1403
	合计（辖内）	0	4	79	1871	1938	3892	84242
	合计（全省）	0	9	80	2187	2201	4477	100878
股份制商业银行	中信银行青岛分行（辖内）			3	21		24	551
	中信银行青岛分行（本部）		1		27		28	1046
	中信银行济南分行		1	4	41		46	1422
	光大银行青岛分行		1		22	18	41	765
	光大银行青岛分行（辖内）			1	1	2	4	72
	光大银行济南分行		1	2	17		20	685
	光大银行烟台分行		1		10		11	398
	华夏银行济南分行		1	6	28	4	39	1258
	华夏银行青岛分行（辖内）			1			1	44
	华夏银行青岛分行(本部)		1	0	18	6	25	856
	广发银行济南分行		1	2	4		7	420
	招商银行济南分行		1	6	40		47	1600
	招商银行青岛分行（本部）		1	0	22		23	1248
	招商银行青岛分行（辖内）			4	22		26	643
	浦东发展银行济南分行		1	8	26		35	1095
	浦东发展银行青岛分行(本部)		1		13	1	15	457
	浦东发展银行青岛分行(辖内)			2	6		8	145
	平安银行济南分行		1	1	17		19	595
	平安银行青岛分行		1	0	16	7	24	636
	兴业银行济南分行		1	9	14	16	40	1579
	兴业银行青岛分行（本部）		1		12		13	576
	兴业银行青岛分行（辖内）				1		1	71
	民生银行济南分行		1	4	43		48	1740
	民生银行青岛分行（本部）		1	0	20	5	26	859
	民生银行青岛分行（辖内）			2	7		9	239
	恒丰银行（烟台）	1	1	1	36	29	68	1447
	恒丰银行青岛分行		1	0	9		10	418
	恒丰银行济南分行		1	6	13		20	797
	渤海银行济南分行		1	2	4		7	325
	浙商银行济南分行		1	2	1		4	240
	合计（辖内）	1	14	66	352	51	484	15366
	合计（全省）	1	23	66	511	88	689	22227

续表1

行别		法人机构数	一级分行机构数	二级分行机构数	支行机构数	支行以下分支机构数	机构数合计	正式人员数合计
		1	2	3	4	5	6	7
政策性银行	农发行山东省分行（辖内）		1	16	102		119	3124
	农发行青岛市分行			1	5		6	188
	进出口银行青岛分行		1				1	73
	国开行山东省分行（辖内）		1				1	215
	国开行青岛市分行		1				1	145
	合计（辖内）	0	2	16	102	0	120	3339
	合计（全省）	0	4	17	107	0	128	3745
城市商业银行	齐鲁银行（辖内）	1	3		86		90	2610
	齐鲁银行青岛分行	0	1		4	0	5	129
	青岛银行（本部）	1			59	0	60	2247
	青岛银行（辖内）	0	6		10		16	807
	齐商银行（辖内）	1	4		82	0	87	2390
	烟台银行	1			72	0	73	1343
	潍坊银行（辖内）	1	3		64	0	68	1618
	潍坊银行青岛分行	0	1		8	2	11	199
	临商银行（辖内）	1			67	0	68	1618
	威海市商业银行（辖内）	1	6		53	0	60	2153
	威海市商业银行青岛分行	0	1		7	1	9	188
	日照银行（辖内）	1	3		38	0	42	1307
	日照银行青岛分行	0	1		6	0	7	231
	莱商银行（辖内）	1	6		52	3	62	1709
	东营银行	1	4		44	0	49	1091
	德州银行	1	2		42	14	59	1201
	济宁银行	1	4		37	0	42	1034
	泰安商行	1			29		30	919
	枣庄银行	1			21		22	577
	天津银行济南分行	0	1	1	7	0	9	319
	北京银行济南分行	0	1	1	8	0	10	397
	河北银行青岛分行	0	1		6	2	9	198
	合计（辖内）	13	43	2	712	17	787	21093
	合计（全省）	14	48	2	802	22	888	24285
农村金融机构	山东省农村信用社（辖内）	79	1	2	76	2694	2773	39175
	山东省农村商业银行（辖内）	34	0	0	183	1829	2012	26667
	山东省农村合作银行（辖内）	60				2127	2187	31841
	山东省村镇银行（辖内）	48				2201	2249	32183
	山东省资金互助社（辖内）	7				329	336	4724
	青岛市农村商业银行	78	0	0	0	108	186	3377
	青岛市村镇银行	2	0	0	0	0	2	8
	合计（辖内）	1	0	0	203	147	351	4694
	合计（全省）	8	0	0	0	17	25	470

续表 2

行别		法人机构数	一级分行机构数	二级分行机构数	支行机构数	支行以下分支机构数	机构数合计	正式人员数合计
		1	2	3	4	5	6	7
其他金融机构	山东省国际信托投资公司	1					1	172
	陆家嘴国际信托	1					1	261
	重汽财务公司	1					1	113
	山钢集团财务公司	1					1	29
	鲁商集团财务公司	1					1	37
	山东重工财务公司	1					1	59
	电力财务山东分公司		1				1	17
	山东黄金财务公司	1					1	30
	晨鸣财务公司	1					1	31
	南山财务公司	1					1	34
	兖矿财务公司	1					1	33
	山东能源集团财务有限公司	1					1	21
	海尔财务公司	1					1	146
	海信财务公司	1					1	30
	中石化财务公司山东分公司		1				1	35
	青啤财务公司	1					1	34
	青岛港财务公司	1					1	17
	华融资产管理公司		1				1	51
	长城资产管理公司		1				1	73
	东方资产管理公司		1				1	47
	信达资产管理公司		1				1	43
	海尔消费金融公司	1					1	67
	中国邮政储蓄银行山东省分行（辖内）		1	16	1221	1519	2757	8809
	中国邮政储蓄银行青岛分行		1	0	107	158	266	1140
	合计（辖内）	10	5	16	1221	1519	2771	9552
	合计（全省）	16	8	16	1328	1677	3045	11329
外资银行	汇丰银行济南分行		1				1	32
	汇丰银行青岛分行		1		4		5	133
	南洋商业银行青岛分行		1		3		4	109
	日本山口银行青岛分行		1		0		1	29
	韩亚银行青岛分行		1		3		4	101
	韩亚银行烟台分行		1		1		2	46
	企业银行青岛分行		1		2		3	68
	企业银行烟台分行		1		1		2	34
	友利银行威海分行		1				1	24
	新韩银行青岛分行		1		1		2	65
	渣打银行济南分行		1				1	34
	渣打银行青岛分行		1		4		5	106
	东亚银行济南分行		1				1	30
	东亚银行青岛分行		1		2		3	127

续表 3

行别		法人机构数	一级分行机构数	二级分行机构数	支行机构数	支行以下分支机构数	机构数合计	正式人员数合计
		1	2	3	4	5	6	7
外资银行	瑞穗实业银行青岛分行		1				1	54
	华侨银行青岛代表处		1				1	21
	三菱东京日联银行青岛分行		1				1	63
	釜山银行青岛代表处		1				1	15
	德意志银行青岛分行		1				1	15
	国泰世华银行青岛分行		1				1	18
	合计（辖内）	0	6	0	2	0	8	200
	合计（全省）	0	20	0	21	0	41	1124
辖内合计		219	74	179	4260	8290	13022	205925
山东省合计		235	112	181	5159	8917	14604	240885

注：1. 本表为山东省内数据，不包括省外机构，报送期内如有新增机构，请在相应位置添加填报。

2. 国有商业银行、政策性银行省行营业部列入“二级分行”；股份制商业银行管辖分行、直属分行视为省级分行，总行直属支行视同二级分行，股份制商业银行分行营业部附属分行不作为一个独立机构，同城支行、分行直属支（分）行都视为支行机构。

3. 辖内各地市城市商业银行本部、省内异地分行、省外城市商业银行在辖内分行均视同二级分行。

4. 农村信用社青岛、潍坊、莱芜三家市联社视为二级分行，其他 14 市办事处作为省联社派出机构，不单独进行统计；各县（市、区）联社、农村合作银行、农村商业银行视为支行，村镇银行、资金互助社视同支行以下分支机构。

5. 本表校验关系：【6】=【1】+【2】+【3】+【4】+【5】

山东省（含青岛）上市公司情况表

项　　目		本期
上市公司数		154（家）
其中：A股		152（家）
B股		5（家）
A、B股均发行		3（家）
境内、外均上市		7（家）
ST公司数		5（家）
其中：*ST公司数		4（家）
拟上市公司数		59（家）
退市公司数		0（家）
总股本		1127.50（亿股）
流通股本	A股	908.85（亿股）
	B股	12.57（亿股）
境内上市公司境外股		55.75（亿股）
总市值（境内）		12314.68（亿元）
流通市值（境内）		10490.52（亿元）

山东省（含青岛）上市公司融资情况表

单位：家、亿元

项　目	本期		本年累计	
	家数	筹集资金	家数	筹集资金
A股				
首发			2	6.98
配股				
增发	7	63.30	20	260.79
合计	7	63.30	22	267.77
B股				
首发				
配股				
增发				
合计				
公司债			5	85.50
可转债	1	25.00	3	45.00
境外股				
首发				
再融资				
合计				

山东省（含青岛）上市公司注册地地区分布表

单位：家

地　区	行次	家数
济南	1	23
青岛	2	19
淄博	3	21
枣庄	4	0
东营	5	4
烟台	6	28
潍坊	7	20
济宁	8	6
泰安	9	5
威海	10	7
日照	11	1
滨州	12	7
德州	13	5
聊城	14	4
临沂	15	4
菏泽	16	0
莱芜	17	0
合计	18	154

山东省（含青岛）证券、期货中介机构情况统计表

单位：亿元

项　　目	证券公司	证券营业部	期货经纪公司
公司数（家）	2		3
所属营业部（家）	281	391	37
注册资本	60.12		9.5
总资产	958.29	473.53	72.14
净资产	172.57	141.49	14.49
净资本	113.95		9.88
净利润（本期）	11.41	15.14	0.34
净利润（本年）	23.8	31.34	0.88
主承销（家）	43		
承销金额	224.1		
交易金额（本年）	53758.4	72960.3	90556.21
投资者资金户开户数（万户）	336.00	684.28	11.23
投资者股东户开户数（万户）	613.59	1073.43	
资产管理受托金额			
客户保证金余额	414.31	444.87	54.87

人寿保险公司主要业务指标月报表（含青岛）

单位：亿元

项　　目	本年累计	去年同期	同比增长%
一、保费收入	914.76	817.93	11.84
1.寿险小计	775.49	716.69	8.20
2.意外伤害险小计	24.22	21.38	13.25
3.健康险小计	115.05	79.86	44.07
二、赔付支出	246.79	196.24	25.76
1.赔款支出合计	25.87	23.20	11.49
（1）意外伤害险	5.41	5.53	-2.13
（2）一年期以内健康险	20.46	17.68	15.75
2.死伤医疗给付合计	24.61	21.23	15.91
（1）寿险	13.75	12.57	9.39
（2）一年期以上健康险	10.86	8.67	25.36
3.满期给付合计	161.75	122.99	31.52
（1）寿险	161.59	122.78	31.61
（2）一年期以上健康险	0.16	0.21	-22.81
4.年金给付合计	34.56	28.82	19.94
三、退保金	222.42	116.67	90.64
（1）寿险	217.26	114.70	89.42
（2）一年期以上健康险	5.17	1.97	162.09

财产保险公司主要业务指标月报表（含青岛）

单位：万件、亿元

项　　目	本年累计	去年同期	同比增长%
一、签单数量	6634.91	2525.88	162.68
二、签单保费合计	540.05	462.22	16.84
三、保费收入合计	540.17	462.49	16.80
四、已决赔款合计	262.01	236.08	10.99
五、赔款支出合计	272.05	245.42	10.85

注：1.签单数量为签单件数减注销保单件数后的净保单件数，按保单起保日开始统计。
2.签单保费为保单保费加批增保费减批减保费后的净额，业务上按保单起保日开始计算。
3.已决赔款按照业务上已核赔结案的赔款金额，包括业务已决财务未付和业务已决财务已付赔款金额。

第十四部分

辖内金融机构概览

中国人民银行济南分行

行领导

党委书记、行长:杨子强
党委副书记、副行长(正厅级):于华民
党委委员、副行长:李建文 刘克俭 肖龙沧 王均坦
党委委员、纪委书记:刘振海
党委委员(兼分行营业管理部党委书记、主任):陈好孟
党委委员、工会主任:王珏琰
助理巡视员:孙柏长
地 址:济南市经七路382号
邮 编:250021
电 话:(0531)86167788

办公室(党委办公室)

主 任:刘 明
副主任:温 跃(记者站站长) 何继军
调研员:张金柱
助理调研员:杨德政

法律事务处(金融消费权益保护处)

处 长:王宝刚
调研员:刘云昭
副处长:张立先

货币信贷管理处

处 长:谢 伟
副处长:李 瑞 邵 宇
助理调研员:王俊豪

跨境办

副主任(正处长级):王富全
副处长:邢庆伟
助理调研员:鲁炳荣

金融稳定处

处 长:苑治亭
调研员:霍成义
副处长:郑宇明

调查统计处

处 长:刁云涛
调研员:宋文胜
副处长:代金奎 张中志

会计财务处

处 长:钟 玮
调研员:杜树星
副处长:孙 丹

支付结算处

处 长:卜又春
副处长:高阳宗 赵其伟
助理调研员:朱 林

科技处

处 长:郑录军
调研员:马 征
副处长:魏汝浩

货币金银处

处 长:吕 峰
副处长:康介生 姜雪涛
副处级监销员:刘祥银 张学东 李少杰

国库处

处 长:韩媛媛
副处长:王军波
助理调研员:李 剑

内审处

处 长:宋 伟
调研员:李 英
副处长:赵洪波 接贵锋

人事处

处 长:刘 健
副处长:李国栋 程 涛

金融研究处

处 长:彭江波
副处长:张立光
助理调研员:李 菡

征信管理处

处 长:刘洪来
副处长:郭 强 张 鲁

助理调研员：崔健伊

反洗钱处
处　长：孙华荣
调研员：刘大勇
副处长：王宝运

外汇综合处
处　长：李云山
副处长：杨金栋
助理调研员：徐迎军

国际收支处
处　长：毕德富
副处长：李　伟　莫　琳　刘连营

经常项目管理处
处　长：李建力
副处长：高兆新　张　涛
助理调研员：崔秋华

资本项目管理处
处　长：张　军
副处长：岳宝生　平晓冬
助理调研员：杜敏勇

外汇检查处
处　长：张树强
副处长：杨远军
助理调研员：宋立全　李尚义

事后监督中心
主　任：李新华
调研员：胡延河
助理调研员：李勇奇

保卫处
处　长：崔金平
调研员：李焕春
副处长：田恒柱
助理调研员：李鲁建　景　智

离退休干部处
处　长：吴宝明
副处长：崔　波
助理调研员：石志红

党委宣传部
部　长：于正红
调研员：王　萍　战庆欣

团委
书　记：华志远

纪检监察一处
处　长：路德国
正处级纪检监察员：王晓莉
副处长：胡　杰
副处级纪检监察员：杜晓伟　王秀杰

纪检监察二处
处　长：聂建恒
正处级纪检监察员：张　萍
副处长：刘　兵
副处级纪检监察员：瞿秉钧

巡视办公室、巡视二组
副主任（正处长级）：邢继军

巡视一组
副组长（副处长级）：刘少顺

机关党委办公室
主　任：李　科
调研员：闫瑞霞
助理调研员：刘　峰

工会办公室、工会女职工委员会
主　任：成彩虹

工会办公室
调研员：席荣健
副处长：赵向东

清算中心
主　任：肖承发
助理调研员：王向东

后勤服务中心

主　任：周少明
调研员：禹元章
副主任：赵　涛
助理调研员：查玉兰　傅少平　刘　玲

济南培训中心

主　任（正处长级）：王文涛

日照培训中心

副主任：王世来

齐鲁钱币博物馆

馆　长（正处长级）：贺传芬

山东省支付清算协会

专职副会长（兼秘书长）：丁延生

中国银行业监督管理委员会山东监管局

领导干部及职能部门一览表

局长			副局长（或其他称谓的同级领导）		
陈育林			解晓非（正局级）　刘悦芹　王忠坦　艾建华　黎振兴　葛　彬		
地　址	山东省济南市经二路146号			邮　编	250001
职能部门	正职	副职	职能部门	正职	副职
办公室（党委办公室）	孙世重	刘长霞　耿冬冬　黄　波　张　红　尹　程	综合业务监管处	吕　彦	张　懿　苏　刚
政策法规处	王洪玉	张立庆	银行业消费者权益保护处	王　升	许存民
国有银行监管处	于　雷	隋治河　尚玉琨　秦　军　成　文　常　青	银行业金融机构安全保卫工作办公室	薛建波	初铭鹏　任庆国
股份制银行监管处	刘　青	王　静　赵　恺　陶文军　王　霞	统计信息处	赵　滨	吕苏越　路　冰　鲍宁宁
恒丰银行监管处	郭俊杰	贾守乔　焦新利	财务会计处	冯子福	刘　新　刘群伟
城市商业银行监管处	高旺东	陈向东　秦鸿鸣　杨鸿祥　王军阳	监察室（纪委办公室）	张　强	王　威　张清林
政策性银行和邮政储蓄银行监管处	徐志国	王会锋　王林东　王　涛	党委巡视工作办公室	郝　军	王　薇　类淑志
非银行金融机构监管处	吴　源	贺创业　范　琳　王兆民	人事处（党委组织部）	邢安锋	孙钦波
农村中小金融机构监管一处	柳　林	王广新　朱　锋　张常胜	党委宣传部（机关党委）	康晓冬	刘　洁　唐　晓
农村中小金融机构监管二处	王安水	曹京芝　王素玲　吴国胜	工会工作委员会	田　钢	
信息科技监管处	曲效利	孙　颖　房世晖	后勤服务中心	刘忠民	王泰辉　李铁柱

机构概况一览表

年度	内设职能部门数量	下设分支机构			员工总人数	备注
		总数	地市分局数	县区监管办事处		
2010年	17	107	15	92	1106	
2011年	18	107	15	92	1095	
2012年	18	107	15	92	1130	
2013年	18	107	15	92	1085	
2014年	19	107	15	92	1080	

中国银行业监督管理委员会青岛监管局

领导干部及职能部门一览表

局　长			副局级领导		
熊　涛			王永存　罗　中　徐　强　韩　冰　李继明		
地　址	青岛市市南区香港西路69号			邮　编	266071
职能部门	正职	副职	职能部门	正职	副职
办公室	丰朝晖	曹玉华　杨为官　杨　芳	银行业消费者权益保护处	郭维蓬	车志高
政策法规处	崔建伟	史　峰　王伟民	信息科技监管处	徐建业	冯业伟
国有银行监管处	沙爱红	王立中　曹建华	统计信息处	刘淑芳	田祥新
股份制银行监管处	李　雁	徐英杰　于广智	财务会计处	孙　辉	张　勇
外资银行监管处	刘卫东	田　华　宋　崑	人事处	傅朝晖	钟震宇　张学峰
政策性银行和邮政储蓄银行监管处	管　杰	郭　庆　杨江英	监察室	任　静	戴恩峰
城市商业银行监管处	熊　薪	王日秋　杜　钧	后勤服务中心	王新娟	高泽湖
农村中小金融机构监管处	宋学明	杨惠敏　张大卫	金融工会	孙仕荃	董志红　贾　宇
非银行金融机构监管处	李书海	李锦霞　管　颖			

机构概况一览表

年度	内设职能部门数量	下设分支机构			员工总人数		备注
		总数	地市分局数	县区监管办事处		正式职工人数	
2010	14				145	129	
2011	14				160	132	
2012	14				153	136	
2013	14				150	134	
2014	17				148	135	

先进集体及个人一览表

授奖单位	奖项名称	获奖集体
银监会	政务工作先进单位	青岛银监局
授奖单位	奖项名称	获奖个人
银监会	2014 年度银监会系统监管标兵	谭　磊　杨梦妮
	银监会系统青年岗位能手	田洋新　缪海斌

中国证券监督管理委员会山东监管局

领导干部及职能部门一览表

局　长			副局长（或其他称谓的同级领导）		
冯鹤年			陈　飞（纪委书记）　赵洪军		
地　址	济南市经七路 86 号证券大厦 13 楼			邮编	250001
职能部门	正职	副职	职能部门	正　职	副职
办公室	张兆兵	宋彦辉	上市公司监管一处	舒　萍	杨志华　王俊霞　刘　蔚
上市公司监管二处	刘振平	李振涛	机构监管处	孙永文	胡文利　贾　蕊　吴　强
期货监管处	田建功	殷　茵	稽查一处	亓　兵	程茂军　袁兆霞
稽查二处	郑新胜		新业务监管处	邵珠东（淄博市政府挂职）	姚旭东（主持工作）　王德强
会计监管处	王殿祥	杨冬芳	党务办公室	霍　丹	

中国保险监督管理委员会山东监管局

领导干部及职能部门一览表

局　长			副局长		
孙建宁			曹光中　鲁　青　姚　飞		
地　址	济南市经十路 13777 号五栋			邮　编	250014
职能部门	正　职	副　职	职能部门	正　职	副　职
办公室	赵文和	袁春燕	法制处	冯秋勇	董　静
财产保险监管处	毕　磊	蒋　河	人身保险监管处	滕焕钦	张咏梅　李东升
保险中介监管处	陈丽萍	董　蓉　刘光尧	统计研究处		张强春　李连桂　陈福锋
稽查处	付国才	刘　胜	人事教育处	张友道	
监察处		魏　健	烟台保监分局	许彦峰	李大平　田世波

机构概况一览表

年度	内设职能部门数量	下设分支机构		员工总人数		备注
		总数	地市分局数		正式职工人数	
2010 年	7	1	1	92	78	
2011 年	8	1	1	101	86	
2012 年	9	1	1	104	91	
2013 年	9	1	1	109	97	
2014 年	9	1	1	107	97	

先进个人一览表

授奖单位	奖项名称	获奖个人
山东省财贸金融工会委员会	山东省财贸金融系统女职工建功立业标兵岗	12378 服务热线
中国保监会团委	中国保监会系统青年岗位能手	杨运超
山东省统计局	2013 年全省部门服务业统计工作先进个人	秦　楠

中国保险监督管理委员会青岛监管局

领导干部及职能部门一览表

局长			副局长		
巩庆军			吉立群　马伯寅		
地　址	青岛市东海西路 28 号龙翔广场 1 号楼（西）			邮　编	266071
职能部门	正职	副职	职能部门	正职	副职
办公室		王　芹	财产保险监管处	林　洁	丛　旭
人身保险监管处	郭子兴	张华虎	保险中介监管处		徐文刚　付　玲
统计研究处		夏克清	法制处	姜　旭	
人事教育处		徐永青			

机构概况一览表

年度	内设职能部门数量	下设分支机构					员工总人数		备注
		总数	地市分行数	县区支行数	分理处、营业所数	储蓄所数		正式职工人数	
2010 年	7	—	—	—	—	—	49	42	
2011 年	7	—	—	—	—	—	49	42	
2012 年	7	—	—	—	—	—	49	42	
2013 年	7	—	—	—	—	—	46	42	
2014 年	7	—	—	—	—	—	45	41	

先进集体及个人一览表

授奖单位	奖项名称	获奖集体
保监会团委	中国保监会系统青年文明号	人事教育处
青岛市委 青岛市政府	青岛市文明单位标兵	青岛保监局
授奖单位	奖项名称	获奖个人
中央金融团工委	2013年度全国金融优秀共青团员	徐　芃
青岛市第三次经济普查领导小组	青岛市第三次经济普查先进个人	张　宁

国家开发银行山东省分行

领导干部及职能部门一览表

行长（或其他称谓的第一负责人）			副行长（或其他称谓的同级领导）		
周荣卫			池　勇　王　磊　王宏伟　高显春		
地　址	济南市马鞍山路2-1号山东大厦9-12层		邮　编	250002	
职能部门	正职	副职	职能部门	正职	副职
办公室（党委办公室）	李国领	于鸿飞　初　毅	客户一处	赵世伟	王金田　傅志勇
规划发展处	刘　冬	蒙乐艳　牛美瑜	客户二处	韩锡本	李建国　于学明
市场与投资处	麻建生	许　巍　刘文涛 宋致霖	客户三处（富民业务处）	徐文强	王延南　朱　磊
经营管理处		尹言波 阚忠胜　李　卉	客户四处	杨立申	刘爱卿　潘群峰
法律事务办公室	姜征宇		客户五处	王庆顺	张思忠　郑晓东
国际合作业务处	沈　涛	许静怡　左照芳 李际洲	财会处（营运处）	官中华	张耀华　蒋益南
风险管理处		张　岱 谷　海　于福余	人事处（党委组织部）	刘万新	黄　娜　张新海
评审处	吕晓东	李长江　米　岩 马银凤　钟　杰	工会委员会	郝德勇	
贷委会办公室	郭振南	崔　艳	纪检监察办公室	王肖军	
信息科技处		张永昌	行政事务处（保卫处）	李国领	林艳萍　孙霖然

机构概况一览表

年度	内设职能部门数量	下设分支机构		员工总人数		备注
		总数	地市分行数		正式职工人数	
2010年	16	0	0	163	163	
2011年	16	0	0	177	177	
2012年	18	0	0	182	182	
2013年	19	0	0	204	204	
2014年	19	0	0	217	217	

国家开发银行青岛市分行

领导干部及职能部门一览表

行长（或其他称谓的第一负责人）			副行长（或其他称谓的同级领导）		
张华国			刘　新　马鲁海　张艳国　唐　力		
地　址	青岛市东海路15号甲联通大厦17层			邮　编	266071
职能部门	正职	副职	职能部门	正职	副职
办公室	张伟明	白雷石	贷委会办公室	刘　敏	姜国隽
规划发展处		张鹏飞	客户一处	李　明	赵　奎
市场与投资处	李　杨	陈轲焘　郭晓雷	客户二处		辛万光　滕怀龙
经营管理处		臧宝锋　支　健　于　宁　季园园	客户三处	郑　凡	王震勇
法律事务办公室	周美良	陈　萍	财会处	俞　睿	王　凡
国际合作业务处		邵　睿　于童童　吕世瑞	人事处	宋绍滨	
荷兰工作组	于　江		纪检办公室	王旭光	
风险管理处	张荣峰	邵志蕾	信息科技处	张晓辉	
评审处	姜建伟	袁清升	行政事务处	李逸伟	汤　旭　王海祥

机构概况一览表

年度	内设职能部门数量	下设分支机构		员工总人数		备注
		总数	地市分行数		正式职工人数	
2010年	15			89	89	
2011年	15			98	98	
2012年	17			106	106	
2013年	17			117	117	
2014年	17			124	124	

先进集体及个人一览表

授奖单位	奖项名称	获奖集体
青岛市公安局	2013年度内保工作荣立集体嘉奖	国家开发银行青岛市分行
人民银行青岛市中心支行	青岛市2013年度金融稳定工作先进单位	
青岛银监局	青岛银行业金融机构2013年度监管统计工作考核二等奖	
人民银行青岛市中心支行	2014年度青岛市金融统计工作先进单位一等奖	
	2013年度金融稳定工作和重大事项报告工作先进单位称号	
	青岛市2014年上半年银行机构金融稳定工作考核第三名	
青岛团市委	青岛2014—2016年青年文明号	人事处
授奖单位	奖项名称	获奖个人
青岛市公安局	保卫个人三等功	刘树和
国家开发银行	国家开发银行成立20周年纪念征文活动优秀奖	敖晓航
人民银行青岛市中心支行	2014年度青岛市金融统计工作先进个人	夏莎莎
	重大事项报告业务考试负责人第二名	刘　雯
青岛银监局	2014年度青岛市银行业青年“送金融知识下乡”先进个人	王婷婷　于瑞贤
青岛金融工会	“庆祝建国65周年青岛金融系统书画摄影作品展”一等奖。	周美良
总行工会	获“国家开发银行成立20周年征文活动优秀奖”	柴春冬
青岛团市委、人民银行	2013年青岛市选派金融机构年轻干部到县级团委部门挂职工作优秀挂职个人	王震勇

中国农业发展银行山东省分行

领导干部及职能部门一览表

行长（或其他称谓的第一负责人）			副行长（或其他称谓的同级领导）		
柳翠茹			尤志军　石寿江　刘书香　谢　军		
地　址	济南市千佛山西路15号舜元大厦			邮　编	250014
职能部门	正职	副职	职能部门	正职	副职
办公室	张泮利	段玉华　邵正红	法律合规处		常宏建
资金计划处	刘贞建	张朝霞　邵玉娟	财务会计处	江胜世	张波海　张欣颖
客户一处	苏　静	李本勇　亓向军	内部审计处	王志敏	吴　东
客户二处	李元林	高冬青　李广军	信息科技处	宋　毅	刁海涛　孟奎章
客户三处	杨林虎	李　琛	人力资源处	司明辉	董　瑛
国际业务处	李　波	李长红	监察处	吴德轩	辛俊峰
投资处	李元林（代）		机关党委、工会团委工作处	祝曙光	杨吉良　张　华
信贷管理部	王传韬	张成凤　黄德友	总务处	高建刚	王景泉
风险管理处	徐文君	孙建波			

机构概况一览表

年度	内设职能部门数量	下设分支机构			员工总人数		备注
		总数	地市分行数	县区支行数		正式职工人数	
2010 年	15	124	17	107		3409	
2011 年	15	124	17	107		3440	
2012 年	16	124	17	107		3432	
2013 年	16	124	17	107		3430	
2014 年	17	124	17	107		3317	

先进集体及个人一览表

授奖单位	奖项名称	获奖集体
中国农业发展银行	文明单位	高唐县支行、兖州市支行、济南市历城区支行
中国农业发展银行党委	先进基层党组织	诸城市支行党支部
中国农业发展银行团委	“五四”红旗团组织	威海市分行团委
授奖单位	奖项名称	获奖个人
中国农业发展银行党委	优秀共产党员	马玉强　许欣忠
	优秀党务工作者	刘志远　陈彦亮
中国农业发展银行团委	优秀共青团干部	宋文成

中国进出口银行山东省分行

领导干部及职能部门一览表

行　长		副行长			
李　健		王伟明　刘景欣　牟　毅			
地址	山东省青岛市市南区汇泉路 17 号东海国际大厦 501 室			邮编	266071
职能部门	正职	副职	职能部门	正职	副职
办公室	尹兆丽		风险处		彭　雷
公司业务一处	王宇辉		评审处	王建新	盖　鑫
公司业务二处		曹英丽　徐　波	营业部		刘秀春
公司业务三处		古东伦	中间业务处	贾　葳	刘玉娣

机构概况一览表

年度	内设职能部门数量	下设分支机构		员工总人数	正式职工人数	备注
		总数	地市分行数			
2010	7	0	0	56	45	
2011	7	0	0	57	45	
2012	8	0	0	63	51	
2013	8	0	0	74	59	
2014	8	0	0	73	58	

先进集体及个人一览表

授奖单位	奖项名称	获奖个人
中央金融团工委	全国金融青年岗位能手	姜　丹
进出口银行会计管理部	2014 年会计知识竞赛二等奖	黄晓丽
进出口银行国际业务部	2014 年外事知识竞答一等奖	张　坤

中国工商银行股份有限公司山东省分行

领导干部及职能部门一览表

行长（或其他称谓的第一负责人）			副行长（或其他称谓的同级领导）		
沈如军			夏侯静波　李　明　王跃民　崔中玉 徐光林　赵树厂　毕　春		
地　址	济南市经四路 310 号			邮　编	250001
职能部门	正职	副职	职能部门	正职	副职
办公室（党委办公室）	张　杰	马庆东　杨钦宽	人力资源部（党委组织部）	张冠军	许　蕾
公司金融业务部	亓立强	王晓刚　葛效瑾 鞠　雷	离退人员党总支	王建昳	
个人金融业务部	国建苏	王晓东　丛德有	资产负债管理部	李立民	史观明
机构金融业务部	许　龙		渠道管理部	宋鲁匡	王霄岩
结算与现金管理部	张　蓉	王战力　崔　军	信息科技部	王　建	宫伟国
国际业务部	韩春霞	尉　维　石冬兰	产品创新管理团队	陈雁心	
电子银行部	侯传和		运行管理部	姜文瑞	王冬梅　翁志华
投资银行部	王培力	汪　冰	管理信息部	张嘉宏	胥茂森　李新贞
养老金业务部	王天伟	杨　健	企业文化部（党委宣传部）	杨夕华	范少青
小企业金融业务部	滕海波	闵祥龙	监察室（纪委）	周民志	武　晓
信贷与投资管理部	范炜东	祝广成　王学俭 董　勇	安全保卫部	宋传宝	杨志伟
授信审批部	邵理瑞	赵葆华　卞宝江 孔德宽　王延慈	工　会	郭明三	史建春
风险管理部	傅　欣	窦东风　乔宏宇 侯士彬	私人银行中心	张卫民	孙运宽　梁永礼 张晓萌
内控合规部	韩继勇		银行卡中心		范家骏　康金忠
法律事务部（消费者权益保护办公室）		张友涛	金融培训学校	周　栋（党委书记） 刘梅生（校长）	
财务会计部	吴继彤	马旺明			

机构概况一览表

年度	内设职能部门数量	下设分支机构					员工总人数		备注
		总数	地市分行数	县区支行数	分理处、营业所数	储蓄所数		正式职工人数	
2010 年	28	871	16	389	305	160	20250	16428	
2011 年	28	899	16	428	301	153	20480	17846	
2012 年	28	980	16	529	298	136	20711	18454	
2013 年	28	986	16	573	283	113	21084	20141	
2014 年	26	985	16	598	273	97	21321	20854	

先进集体及个人一览表

授奖单位	奖项名称	获奖集体
中国银行业协会	中国银行业文明规范服务千佳示范单位	济南泺源支行营业室、日照莒县支行营业室、烟台莱州支行营业室、潍坊分行营业部营业室
	中国银行业文明规范服务五星级营业网点	烟台莱州支行营业部、泰安肥城支行营业室、济南大观园支行营业室、济南泺源支行营业室、济南市中支行营业室、日照莒县支行营业室、潍坊分行营业部营业室
中国工商银行	中国工商银行五一劳动奖状	聊城分行、东营广饶支行、潍坊安丘支行
	2013—2014总行级青年文明号	济南趵突泉支行旅游路储蓄所、淄博分行营业部营业室、枣庄滕州支行营业室、东营广饶支行营业室、烟台牟平支行营业室、泰安分行营业部营业室、威海分行营业部营业室、日照莒县支行营业室、德州临邑支行营业室、临沂罗庄支行营业室
	巾帼文明示范岗	滨州博兴支行营业室、莱芜分行营业部、潍坊青州支行营业室
山东省银行业协会	山东省银行业文明规范服务示范单位	济南天桥支行营业室、烟台龙口黄城支行、滨州渤海支行营业室、济宁分行营业部、德州东风西路支行营业室、安丘支行营业室、东营大王支行、淄博桓台支行营业部、薛城支行营业室、莱芜艾山支行
授奖单位	奖项名称	获奖个人
全国总工会	全国五一劳动奖章	高克忠
中国金融工会	全国金融系统五一劳动奖章	李瑞环
中国工商银行	中国工商银行五一劳动奖章	王希军　唐泓雁　李瑞环
	巾帼岗位标兵	辛玉霞　王　艳　邢　伟
	青年岗位明星	李　敏　肖文琦　于湖萍　袁　田 王洪梅　乔海英　司艳会

中国工商银行股份有限公司青岛市分行

领导干部及职能部门一览表

行长（或其他称谓的第一负责人）			副行长（或其他称谓的同级领导）		
侯本旗			李　波　程　青　时　辉 薛德贵　乔　霞　毛　波		
地　址	山东省青岛市山东路25号			邮　编	266071
职能部门	正职	副职	职能部门	正职	副职
个人金融业务部	孙　青	许建霞　张　强	人力资源部	赵晓滨	陈卫刚　王晓丹 周婷婷
公司业务部		史　晨　王小嫣　张少文 于　鹏　田　雨	内控合规部	宫　波	姚　鸿　张　鹏 孙　震
机构业务部	陈振川	刘　洁　丁　维	风险管理部	洪忆民	倪宇东　魏　敏
结算与现金管理部		李　崑　吴梅清	信息科技部		林　浩　单若牛 俞雪松　张　猛

续表

职能部门	正职	副职	职能部门	正职	副职
国际业务部		王　莉	法律事务部	王迎春	佟　青
电子银行部		何　杰　王晓舟	小企业金融业务部		李　崑　刘作涛　李　刚
银行卡业务部		王　芸　陈汉启　冯宇伟	住房金融业务部	李　欣	李振华
授信审批部	苏　强	郭　斌　杨笑平　庞　军	创新管理办公室	赵宏伟	
信贷管理部	洪忆民	王　毅	企业文化部	马云波	张曰聪
监察室	马汝文	李志林	服务与流程改善办公室	刘　彤	左光辉
办公室		栾经光　张卫华	网点建设办公室	陈卫刚	
管理信息部	刘　坚	曾庆刚	保卫部	姜蓬勃	
财务会计部	张　磊	尚　琨　哈　彦	离退休人员管理服务中心	杨卫东	
运行管理部	解　芳	游　焱　解维实　崔风青	金融培训学校	李维国	王晓丹
工会办公室	张　玮	王　媛	资金营运中心	尚　琨	

机构概况一览表

年度	内设职能部门数量	下设分支机构					员工总人数		备注
		总数	地市分行数	县区支行数	分理处、营业所数	储蓄所数		正式职工人数	
2010 年	25	111	1	52	25	33	3289	2742	
2011 年	25	115	1	59	24	31	3387	2811	
2012 年	25	122	1	68	24	29	3477	3164	
2013 年	25	124	1	76	21	26	3623	3416	

中国农业银行股份有限公司山东省分行

领导干部及职能部门一览表

行长（或其他称谓的第一负责人）			副行长（或其他称谓的同级领导）		
益　虎			胡晓毅　王增辉　娄　群　王延磊　郑祖刚　马　林		
地　址	山东济南市经七路 168 号			邮　编	250001
职能部门	正职	副职	职能部门	正职	副职
农村产业金融部	于贻胜	贺祥君　罗秉环　李晓霞	内控合规部	肖士杰	崔传宝　高海霞　张　勇
农户金融部	李兖平	艾明斌	法律事务部	王　刚	
公司业务部	孙建军	谭登禄　宗　力　杨湘玲	资产负债管理部	刘纯东	
机构业务部	季光辉	房玉安　张现春　朱青莲	财务会计部	王延东	安　平

续表

职能部门	正职	副职	职能部门	正职	副职
国际业务部	段　莹	姚荣国　李　妍	运营管理部	孙成军	郑洪生　田　芳
大客户部	王新华	方高明	科技与产品管理部	宋传杰	吕渤海
零售银行业务部	白　明	郝　政　马年喜	办公室	宋秀峰	刘　军　赵崇民 梁　健　石言波
私人银行部	刘洪顺	赵洪亮	人力资源部	刘序林	姚风东
金融市场与投资银行部	李长波	王海笑	监察部	刘东升	谢玉红
信用卡中心	王彦林	王冬梅	工会委员会办公室	郑家圣	
电子银行部	李佃福	李全成	安全保卫部	张永庆	刘连军
风险管理部	杨晓生	李联盟　李成国	总务部	李宏伟	王　克
信用管理部	马景明	潘　勐　刘大福	培训学校	段义金	陈忠斌
特殊资产经营部	唐爱东	韩光财	运营后台中心	孙成军（兼）	张洪程

机构概况一览表

年度	内设职能部门数量	下设分支机构					员工总人数		备注
		总数	地市分行数	县区支行数	分理处、营业所数	储蓄所数		正式职工人数	
2010 年	27	1422	16	314	1019	73	27140	22830	
2011 年	27	1413	16	350	982	65	26918	22561	
2012 年	27	1413	16	413	929	55	26804	22808	
2013 年	27	1414	16	523	847	27	27404	23886	
2014 年	26	1417	16	613	785	2	27954	25756	

先进集体及个人一览表

授奖单位	奖项名称	获奖集体
全国金融总工会	先进职工之家	中国农业银行东营东营区支行
	“金融人 金融事”微影视作品全国一等奖	中国农业银行烟台分行
	职工书屋	中国农业银行枣庄分行
中国银行业协会	2014 年度中国银行业安全管理先进单位	中国农业银行青州市支行
	中国银行业文明规范服务五星级营业网点	中国农业银行青州市支行营业部、诸城市支行营业部、日照分行营业部、寿光市支行营业部、沂源县支行营业部、招远市支行营业部、济南银河支行营业部
	中国银行业文明规范服务千佳示范单位	中国农业银行日照分行营业部、寿光市支行营业部、沂源县支行营业部、招远市支行营业部
山东省银行业协会	2014 年度山东省银行业文明规范服务示范单位	中国农业银行荣城市支行营业部、烟台经济技术开发区支行营业部、茌平县支行营业部、滨州分行营业部、枣庄分行营业部、临沂河东支行营业部、东营分行营业部、德州德城支行营业部、济南开元支行、泰安分行营业部

续表

授奖单位	奖项名称	获奖集体
中国农业银行	中国农业银行先锋号	中国农业银行泰安龙泽支行营业部
	2014年度中国农业银行先锋号	中国农业银行蓬莱市支行营业部
授奖单位	奖项名称	获奖个人
中国金融工委	全国金融五一劳动奖章	牛　霞
中国银行业协会	2014年度养老金行业优秀个人	张现春
中国农业银行	第四届中国农业银行劳动模范	司　杰
中国金融工会山东委员会	山东省富民兴鲁劳动奖章	李锋刚
山东省财政金融工会委员会	山东省财贸金融系统女职工建功立业标兵	才东芳

中国农业银行股份有限公司青岛市分行

领导干部及职能部门一览表

行长（或其他称谓的第一负责人）			副行长（或其他称谓的司级领导）		
杨国月			于　东　兰卫东　毕吉宝　孙文秀　范久顺		
地　址	青岛市市南区山东路19号			邮　编	266071
职能部门	正职	副职	职能部门	正职	副职
综合管理部	尹兆宏	刘光群　丁建华	信用管理部	王晓静	张进泽
财务会计部	钱　宾	金　昕　毛　晖　范晓青	特殊资产经营部	黄　卫	王洪波
风险管理部	赵　明	仲昭刚	信用卡中心	殷慧剑	韩　旭
内控与法律合规部	崔云鹤	闫志波　陆　宁	国际金融部	陈贵希	陆立波　张海昌
运营管理部	王　军		电子银行部	孙文艳	程谋广
运营中心	秦作强	林君祥　王桂强	科技与产品管理部	李　莉	张　琳　毛德仑　纪　军
公司业务部	董宏霞	杜相国　刘元才	人力资源部	周江平	吴　凯
机构业务部	姜瑞梅	赵　晋　刘春雷	工会办公室	邵　淳	杨文丽
零售银行业务部	唐明志	肖珍凤　李　春	监察部	张爱国	江华东　张茂森
住房金融与个人信贷部	张拥辉	李　怡	安全保卫部	李　洪	
三农金融部	于洪庆	范之安	农银大学青岛分校	徐　慧	徐友鹤　姜晓燕

机构概况一览表

年度	内设职能部门数量	下设分支机构					员工总人数		备注
		总数	地市分行数	县区支行数	分理处营业所数	储蓄所数		正式员工人数	
2010年	23	190		36	125	29	41[illegible]4	3409	19

续表

年度	内设职能部门数量	下设分支机构					员工总人数		备注
		总数	地市分行数	县区支行数	分理处营业所数	储蓄所数		正式员工人数	
2011年	23	190		38	125	27	4156	3420	21
2012年	23	190		52	124	14	4198	3539	35
2013年	23	190	1	60	116	14	4315	3892	43
2014年	22	190	1	69	109	11	4365	4149	52

注：1. 备注栏数字为二级支行数量，包含在县区支行数中；机构总数中不包括分行。
2. 员工人数含内退员工。

先进集体及个人一览表

授奖单位	奖项名称	获奖集体
中国农业银行	2014年度“金钥匙春天行动”零售业务营销示范分行	中国农业银行青岛分行
中国金融工会	全国金融五一劳动奖状	中国农业银行青岛崂山支行
中国金融团工委	2013年度“全国金融系统五四红旗团委（团支部）	中国农业银行青岛市南支行团总支
授奖单位	奖项名称	获奖个人
中国金融工会	第六届全国金融系统职工职业道德建设先进个人	赵　芳
	全国金融五一劳动奖状	李　锋

中国银行股份有限公司山东省分行

领导干部及职能部门一览表

行长（或其他称谓的第一负责人）			副行长（或其他称谓的同级领导）		
陶以平			张维克　陈　斌　隋春玲　王锡峰　李海钧　张守川　娄立君　王仁堂　葛春尧　秦锐明		
地　址	青岛市香港中路59号			邮　编	266071
职能部门	正职	副职	职能部门	正职	副职
办公室	张绍国	刘学海	人力资源部	陈　杰	范延明　王国庆
财务管理部	王建光	丁明忠　孙　巍　张心泓	风险管理部	李元作	慕永仕　林　涛　任伟杰
公司金融部	孙　政	孙少军　邹　伟　孙其乐　赵国涛　王　麒	个人金融部	张晓明	祝　杰　徐国华
金融机构部	张利刚	姜振东	银行卡部	张　麟	关　丽　隋亚莉
授信执行部	窦德尹	于开强　孙　筠	贸易金融部	孙志伟	张　颖　景席见　盛　开　孙晓宁
金融市场部	周　宏	许建国	中小企业部	徐　林	潘洪峰
运营控制部	王云河	赵　芃	支付清算部	刘耕新	黄桂梅　孙春玲

续表

职能部门	正职	副职	职能部门	正职	副职
渠道管理部	孙照联	于高华　刘振贤 张剑华　王　建	营业部	高　智	逄　静　于芳华 朱其超
信息科技部	杨　斌	张　明　王奎兴	稽核部	杨朝霞	翟玉林　王洪军 邓德旭
监察部		李良勇	法律与合规部	宋志枫	刘海斌
安全保卫部	路忠义	周　波　辛　明	工会	刘　晓	
总务部	苗景波	戴鲁华　王文琼	党务工作部	魏友太	
行政事业机构部	陈大来		财富管理与私人银行部	窦鲁生	徐　励　王海刚 张海青
个人信贷部	赵宏春	卜庆凯　李　宁			

机构概况一览表

年度	内设职能部门数量	下设分支机构					员工总人数	正式职工人数	备注
		总数	地市分行数	县区支行数	分理处、营业所数	储蓄所数			
2010 年	27	592	16	508	68	0	17909	14130	机构数量不含省行本部
2011 年	27	593	16	562	15	0	18969	15233	
2012 年	30	605	16	589	0	0	19205	15759	
2013 年	30	620	16	604	0	0	19168	16188	
2014 年	27	620	16	604	0	0	18961	18694	

先进集体及个人一览表

授奖单位	奖项名称	获奖集体
中国支付清算协会	优秀组织奖	中国银行山东省分行
中国电子金融年会组委会	2013 年度最佳手机银行奖	中国银行山东省分行
中央文明委员会	全国级文明单位	中国银行东营广饶支行
中国金融工会	全国金融系统职工代表大会制度建设示范单位	中国银行潍坊分行
中国银行业协会	2014 年度中国银行业安全管理先进单位	中国银行青岛市北支行
	2014 年度中国银行业文明规范服务千佳示范单位	中国银行山东省分行营业部
	2014 年度中国银行业文明规范服务五星级营业网点	中国银行山东省分行营业部、中国银行济南明湖东路支行、中国银行烟台分行营业部、中国银行临沂兰山支行、中国银行日照高科园支行
人民银行济南分行	山东省反假货币先进集体	中国银行山东省分行
人民银行济南分行	综合评价 A 级机构	中国银行山东省分行
山东金融工会	山东金融工会首届职工技能比赛团体第一名	中国银行山东省分行
山东金融工会	山东金融系统学习型组织先进单位	中国银行山东省分行个人金融部、中国银行潍坊寿光支行
山东省财贸金融工会	工人先锋号	中国银行山东省分行工会、中国银行潍坊寿光支行、中国银行东营垦利支行
	财务工作先进单位	中国银行山东省分行

续表

授奖单位	奖项名称	获奖集体
山东省财贸金融工会	工会工作先进单位	中国银行日照分行
	女职工建功立业标兵岗	中国银行泰安东平支行营业部
山东省银行业协会	山东省银行业服务小微企业十佳金融产品奖	中国银行山东省分行
	山东省银行业文明规范服务示范单位	中国银行东营分行营业部、中国银行东营市中支行营业部、中国银行威海分行营业部、中国银行淄博临淄支行、中国银行潍坊昌邑支行、中国银行济宁分行营业部
外汇局山东省分局	山东省辖区银行考核等级A	中国银行山东省分行
山东银联	2013年度银行卡受理市场建设贡献奖	
	2013年度银联IC卡推广贡献奖	
山东省统计局	2014年部门统计工作先进集体	
山东省内部审计师协会	2013年度内审机构先进单位名单	中国银行山东省分行稽核部
外汇局山东省分局	2013年度山东省辖区执行外汇管理规定A级银行	中国银行山东省分行
	2014年度山东省辖区执行外汇管理规定A级银行	中国银行山东省分行
中国银行	第三届“跑赢CPI”理财规划设计大赛——组织贡献奖	中国银行山东省分行财富业务部
	跨境客户群营销活动“营销组织奖”	
	2014年金马奔腾实物贵金属销售竞赛优秀组织二等奖	
	2013年个人金融条线优秀管理创新	
	2013年个人金融条线优秀产品创新	
	中国银行教育培训远程教育类优秀研究成果奖	中国银行山东省分行人力资源部
	2014年度企业网银对账推广活动发展贡献奖	中国银行山东省分行电子银行部
	2013年度五四红旗团组织	中国银行济南天桥支行团总支、中国银行潍坊寿光支行团支部
	2014年度网银对账推广活动发展贡献奖	中国银行山东省分行运营控制部
	总行工会预、决算草案编制和上报工作评比一等奖	中国银行山东省分行工会
	培训优秀研究成果奖	中国银行山东省分行中小企业部
	第四届职工职业道德建设先进单位	中国银行山东省分行收付清算部、中国银行潍坊寿光支行
	2013年个人金融条线优秀管理创新——个人客户经理预警叫停管理机制	中国银行山东省分行个人业务部
	2013年个人金融条线优秀管理创新——个人业务条线“风险管理资料库”	中国银行山东省分行个人业务部
	2013年个人金融条线优秀产品创新——惠健康——医疗健康综合服务方案（枣庄居民健康卡）	中国银行山东省分行个人金融部
	2013年个人金融条线优秀管理创新——项目化管理系统	中国银行山东省分行个人金融部
	2013年度总行级中银创新奖二等奖	中国银行山东省分行国际结算部
	职工职业道德建设先进单位	中国银行山东省分行工会
授奖单位	奖项名称	获奖个人
中国金融思想政治研究会	2013—2014全国金融系统企业文化建设先进个人	吴　琳

续表

授奖单位	奖项名称	获奖集体
中央金融团工委	2013 年度全国金融优秀共青团干部	姜兆春
全国金融工会全国委员会	2014 年“中国梦·劳动美我与改革创新”主题演讲优秀奖	周晓斌
中国银行业协会	2014 年度养老金行业优秀个人	姜振东
中国金融工会	全国金融系统“五一劳动奖章”	解洪涛
	全国金融系统“德艺双馨工作者”	刘　晓
中国金融工会山东委员会	山东金融系统首届职工技能比赛个人第一名 山东金融“五一劳动奖章”	陈培培
	山东金融系统首届职工技能比赛个人一等奖	胡超骏
	山东金融系统“知识型职工标兵”	姜立民　解洪涛
山东省统计局	2014 年度统计工作先进个人	王建光
山东省财贸金融工会	财务工作先进个人	游江波
	优秀工会工作者	刘　文
	女职工建功立业标兵	冯　珊
中国银行	优秀共青团员	路　旭　秦彦超
	优秀共青团干部	田玉波　沙丹丹
	第四届职工职业道德建设先进个人	腊　红　王瑞昌
	新资本协议实施先进个人	刘春霄

中国建设银行股份有限公司山东省分行

领导干部及职能部门一览表

行长（或其他称谓的第一负责人）			副行长（或其他称谓的司级领导）		
薛　峰			李文达　王晓永　张维国　路　民　李建平 朱治昌　郝子建　刘振奇　刘春龙		
地　址	济南市泺源大街 178 号			邮　编	250012
职能部门	正职	副职	职能部门	正职	副职
办公室	滕赶远		私人银行部	林　静	石尚哲
人力资源部	范传东	管春阳　刘治学	住房金融业务部	郭　华	李海文　李　明
财务会计部	冯汝臣	李清华　白淑玲 黄　伟	小企业业务部	马天军	姬红艳
资金结算业务部	赵寿凤	魏　民　孙清波	信用卡业务部	孙　飙	于　谦
风险管理部	冯元照	刘海军　陆爱民 傅　薇	信息技术部	王宪明	谭　明　石　磊 杨欣华
内控合规部	尹承业	赵锡功　于同会 王永兰	信息中心	段作民	王连军　王超军
授信审批部	周荣江	刘佳友　王洪波 孙淑丽	营运管理部	刘教运	田福涛　姜作文 郑立华

续表

职能部门	正职	副职	职能部门	正职	副职
公司业务部	刘春龙（兼）	刘 双 赵 亮 刘 刚	电子银行部	刘军政	栾英伟 杨文革
集团客户部	逄显辉	李 庆 林 林	纪检监察部	朱继震	闫新华 秦旭芬
机构业务部	张 健	邢业久 李丰安	安全保卫部	王 进	贾绍安
投资银行业务部	曾庆敏	吴广庆 李骁军	工会/公共关系与企业文化部	马世平 李翠兰 徐秀华	康玉栋 范祖红
国际业务部	刘 莹	高兰冰 姚立军	离退休人员管理部	肖邦强	戴智忠
养老金业务部	王玉成	王广福	培训中心	窦永密	孙学民
个人金融部	李薇华	李长车 袁松江			

机构概况一览表

年度	内设职能部门数量	下设分支机构					员工总人数		备注
		总数	地市分行数	县区支行数	分理处、营业所数	储蓄所数		正式职工人数	
2010 年	29	771	15	370	352	32	20650	16482	
2011 年	32	771	15	373	349	32	20770	16316	
2012 年	32	786	16	407	331	31	20866	16102	
2013 年	27	807	16	442	329	20	21227	15901	
2014 年	27	817	16	471	323	7	21259	20200	

先进集体及个人一览表

授奖单位	奖项名称	获奖集体
全国妇联	巾帼文明岗	省分行营业部营业中心营业室、省分行电子银行部 95533 客户服务组
山东银监局	山东银监局 2014 年银行业金融机构监管统计工作考评一等奖	信息中心
山东省统计局	山东统计局 2014 年部门统计工作考核先进集体	
中国银联山东分公司	2014 年度银联卡跨行交易贡献奖	山东省分行
	2014 年度银联卡跨行交易质量奖	
中国建设银行	中心城市行养老金业务拓展先锋奖	省分行营业部、烟台分行、聊城分行
	养老金客户拓展先锋奖	山东高速股份有限公司营销团队 山东招远市供电公司营销团队 国网山东肥城市供电公司
	养老金业务突出贡献奖	山东省分行
	2014 年信用卡业务旺季营销活动商户营销奖	
	2014 年中国建行产品创新与流程优化奖	
	2014 年度龙卡信用卡创意征集活动优秀组织奖	
	2014 年度商户收单业务专项营销活动先进集体	
	巾帼文明岗	烟台西郊支行

续表

授奖单位	奖项名称	获奖个人
山东省总工会	山东省富民兴鲁劳动奖章	马世平
全国妇联	巾帼建功标兵	泰安分行李艳
山东省统计局	山东统计局 2014 年部门统计工作考核先进个人	胡　青
中国建设银行	巾帼建功标兵	李　蒙　高　洁
	总行产品创新奖三等奖	郑巍立
	知识产权版权登记取得奖——建行山东省分行区域特色服务系统	王宪明　杨欣华　徐忠新　张拥军　马文杰　郑巍力　王友锡　徐蓬斌　张　帆　肖　敏
	知识产权版权登记取得奖——建行山东省分行会计基础管理系统	王宪明　赵寿凤　杨欣华　孙清波　孙　晔　张洪举　陈德华　张　力　张春云　王海明
	知识产权版权登记取得奖——建行山东省分行客户意见管理系统	王宪明　靳晓海　徐忠新　范祖红　孙　晔　任　洁　陈德华　曹广宏　杨照东　孙长新
	柜面业务集中生产劳动竞赛达人奖	杨振玉
	2014 年债务融资业务旺季营销活动优秀个人	徐玉国　王英韓　王海燕　谢　怡
	2014 年中国建行产品创新与流程优化评奖活动	曾庆敏　周荣江　吴广庆　刘兴春　尹　昱　巩　震　黄　焱　张　旸　丁养鹏　张　剑　肖付庆　蔡洪涛　马士维　潘　波
	2014 年信用卡业务旺季营销活动客户营销百佳能手奖	李晓林　柳　颖　王玉萍　李国柱
	2014 年信用卡业务旺季营销活动消费信贷营销百佳能手	张　怡　苏　源　王　磊　庞　燕
	2014 年信用卡业务旺季营销活动商户营销百佳能手	张新宇　孟　利　李炳坤　张红丽　崔永军
	2014 年信用卡业务旺季营销活动消费促销双十佳能手	彭助媛　崔丽华
	2014 年中国建行产品创新与流程优化奖	孙　飙　王宪明　于　谦　刘鲁军　盛建敏　刘忠宝　陈栋栋　王　冲　郑巍立　陈　凌
	2014 年度商户收单业务专项营销活动商户拓展优秀个人奖	葛　通　邓蕊芳　王　煜　刘荣义　李建香

中国建设银行股份有限公司青岛市分行

领导干部及职能部门一览表

行长（或其他称谓的第一负责人）			副行长（或其他称谓的同级领导）		
段红涛			刘远方　王士清　郭中华　刘从正　杨洲德　陈庆辉　于敬一		
地　址	山东省青岛市深圳路 222 号			邮　编	266061
职能部门	正职	副职	职能部门	正职	副职
办公室(党委办公室)	孙　岩	高　新　徐法升　李成东	个人金融部	管恩新	胡剑波　杨彩翎　吴　静

续表

职能部门	正职	副职	职能部门	正职	副职
人力资源部（党委组织部）	邓丰庆	赵　霞	住房金融业务部	李　兵	李艳琴
财务会计部	王中浩	陈玉芳　刘民强	信用卡中心	肖钢元	张伟毅
资金结算业务部	高　昱		电子银行部	马文涛	
风险管理部	曲振刚	刘建青　刘永斌 王永东　杨清阁	信息技术部		李万军　徐超栋
信贷审批部		刘素菁　许　涛 张作华	营运管理部	隋士叁	肖　蘅　郭显平 王　敏　于乃仁
公司业务部	许乐余	张红雨　兰永新 刘　华	内控合规部	高玉杉	刘承义
机构业务部	衣华为		纪检监察部	徐　宁	毛元菊
小企业业务部	张　波	王　恽　尹　颖	安全保卫部	郭　扬	万升昌
投资银行业务部	张清江		公共关系与企业文化部		李　航　梁　兵
国际业务部	欧阳杰	蔡永健　徐文娟	离退休人员管理部		丁元荣　曹延明
票据贴现中心	单正鑫	王可伟	工会委员会	丁　鹏	李少光　冯永青
造价咨询中心	李日江	朱小平			

机构概况一览表

年度	内设职能部门数量	下设分支机构					员工总人数		备注
		总数	地市分行数	县区支行数	分理处、营业所数	储蓄所数		正式职工人数	
2010 年	27	108	1	44	25	38	3255	2912	
2011 年	33	108	1	44	25	38	3340	3123	
2012 年	29	116	1	61	24	30	3460	3271	
2013 年	24	120	1	75	24	20	3496	3496	
2014 年	24	122	1	86	24	11	3477	3477	

先进集体及个人一览表

授奖单位	奖项名称	获奖集体
共青团中央	全国青年文明号	市南三支行、贵州路支行、高科技工业园支行、海尔路支行、市北支行房贷部
人民银行济南分行	2014 年省级优化现金流通环境 提升现金服务水平先进集体	青岛市分行
	2014 年省级反假货币工作先进集体	市南支行
中国建设银行	第四届中国建行文明单位	中山路支行、城阳支行、海尔路支行
	青年文明号	市分行营业部、黄岛支行珠海中路分理处、李沧支行国际业务部、市南支行营业部专柜、信用卡业务部、 香港中路支行
	全行企业文化建设先进单位	青岛总审计室、市北支行

续表

授奖单位	奖项名称	获奖集体
中国建设银行	总行级女职工文明示范岗	海尔路支行
	信访维稳工作先进单位	中山路支行
	建行“客户服务　我最用心”个人客户服务岗位劳动竞赛 优秀组织奖	个人金融部
	建行2014年“客户服务　我最用心”个人客户服务岗位劳动竞赛优秀网点服务团队	微蓝理财团队
	“平安建行”创建活动二级分行先进集体	城阳支行、胶州支行
	“平安建行”创建活动基层营业机构先进集体	抚顺路支行
	2013年度信用卡营销示范网点	同安路支行
	2014年“启程春天创佳绩 收获金秋结硕果”营销活动“存款先锋网点奖”	李沧支行升平路储蓄所
授奖单位	奖项名称	获奖个人
全国金融工会	金融五一劳动奖章	王德平
中央金融团工委	全国金融青年岗位能手	牛子珂
中国建设银行	企业文化建设先进工作者	王　力
	第十届“中国建行十大杰出青年”提名奖	王伟娜
	2013—2014年度总行级“青年岗位能手”	贾小琳　穆晓晓　牛子珂
	“平安建行”创建活动先进个人	刘美华　冷田金
	“客户服务　我最用心”个人客户服务岗位劳动竞赛总行级优秀大堂经理	贾小琳
	“客户服务　我最用心”个人客户服务岗位劳动竞赛总行级优秀客户经理奖	张　开
	信访维稳工作先进个人	许　筠
	优秀通讯员	陈　磊　边晓璇　栾廷杰
	信访维稳工作先进个人	刘先生　刘向丽　许　筠
	优秀特派员	董　健
	第二届“青年创新建行强”创新创效金点子大赛管理类一等奖、最佳风采奖	牛子珂
	2014旺季营销最佳客户经理	蒋建伟　许佳佳
	2014旺季营销“突出贡献个人奖”	吴晓燕
	2014年债务融资业务旺季营销活动优秀个人奖	张少博
	2014年柜面业务集中生产劳动竞赛达人奖	王　栋
	“百行千户 主动授信”春季专题活动先进个人	涂　伟　刘清永
	2014年第一季度个人存款与投资业务旺季营销活动突出贡献个人	王福荣
	2014年“启程春天创佳绩 收获金秋结硕果”营销活动“营销标兵奖”	王福荣

交通银行股份有限公司山东省分行

领导干部及职能部门一览表

行长（或其他称谓的第一负责人）			副行长（或其他称谓的同级领导）		
王　锋			董　莹　叶　宁　王　磊　赵秀军　詹　敏		
地　址	济南市共青团路98号			邮　编	250012
职能部门	正职	副职	职能部门	正职	副职
办公室		王永刚	授信管理部		张　炜　谭洪宝
人力资源部		孟晓龙　刘　伟	零售信贷管理部		姜鲁荣　裴云锋
资产负债部		王红晓	风险管理部	刘　宏	孙泽京　陈维福
预算财务部		王红晓	审计部		张新丽
公司机构业务部		车成吉　徐功福	法律合规部	赵纪庆	倪　扬
金融机构及市场部		曹　真	信息技术管理部		苏小龙　王卓如
资产托管部		陈少磊	电子银行部		张贻陆　张庆文　白　凌
国际业务部		刘　勇　张立华 张守红　秦海花	监察室		王赤梅　傅　强
保卫部		楚增明　李元忠	资产保全部	祝传芳	鲍　峰
工会办	韩会雷	薛　峰	个人金融业务部		苏小龙　田　晖　董璀璀
行政部	夏学军	部　静	零售信贷业务部		许建强　于军伟
培训中心	孙卓臣	吴连柏	投资银行部	王卫刚	
营运管理部		朱　君　申冰雁	业务处理中心	刘　卫	

机构概况一览表

年度	内设职能部门数量	下设分支机构					员工总人数		备注
		总数	地市分行数	县区支行数	分理处、营业所数	储蓄所数		正式职工人数	
2010年	22	138	8	130	0	0	3239	3027	
2011年	22	132	12	120	0	0	3394	3192	
2012年	23	135	15	120	0	0	3620	3484	
2013年	27	131	16	115	0	0	3667	3636	
2014年	26	131	16	115	0	0	3624	3595	

先进集体及个人一览表

授奖单位	奖项名称	获奖集体
中国银行业协会	文明规范千佳示范单位、五星级网点	交通银行威海分行荣成支行、交通银行烟台分行青年路支行、交通银行潍坊分行营业部、交通银行聊城分行营业部、交通银行日照分行营业部
交通银行	2014年度经营管理优胜奖	交通银行山东省分行
	2014年服务提升工作优胜集体二等奖	

续表

授奖单位	奖项名称	获奖集体
交通银行	2014年度营运条线综合考评优胜奖	交通银行山东省分行
	风险监测模型设计大赛优秀组织奖	
	最佳监测模型奖	
	2014年集中营运业务劳动竞赛优胜奖和单项奖	
交通银行个金部	2014年度个金style-财富达人秀竞赛亚军	
	百万圆桌保险业务竞赛优秀银保推动省直分行奖	
	优秀网点	交通银行威海分行荣成支行、交通银行烟台分行青年路支行、交通银行潍坊分行营业部、交通银行聊城分行营业部
山东省银行业协会	文明规范服务示范单位	交通银行泰安分行营业部、交通银行济南舜耕支行、交通银行淄博华光路支行、交通银行济宁曲阜支行、交通银行临沂分行营业部
授奖单位	奖项名称	获奖个人
交通银行个金部	百万圆桌保险业务竞赛优秀客户经理奖	褚秀芳　胡玉秀　侯菲菲　刘桂香
	服务明星	张　俊　王　瑞　张云竹　戴慧慧　苏清秀 王梦琪　王爱冬　周　通　孙　苗　赵培培 谢婉姮　史淑颖　宋　杨　赵　靖　李圣东 翟　硕　李春梅　赵晓婧　蔡文雅　杜庆刚

交通银行股份有限公司青岛分行

领导干部及职能部门一览表

行长（或其他称谓的第一负责人）			副行长（或其他称谓的同级领导）		
李智斌			徐建民　杨　勇　刘鹏涛　王纪铭　常　青		
地　址	青岛市市南区中山路6号			邮　编	266001
职能部门	正职	副职	职能部门	正职	副职
办公室	徐芝清	王春雷	业务处理中心	史　宏	王　荣
人力资源部	崔海平	单熠海	授信管理部	闫　萍	
资产负债管理部	刘春红		风险管理部	赵振杰	王向华
预算财务部	于茂兴	盖红军	资产保全部	赵　杰	刘德安
公司业务部	赵习丹	廖世东　张志强 张　宁	法律合规部	邱法义	
金融同业部	赵　民		信息技术部	许楷峰	彭振勇
投资银行部	张　萍		电子银行部	杜　勇	董　慧
个金业务部	刘剑平	高　军　武长学	审计监督部	宋永兴	
零贷管理部		徐　丽	监察室	高国斌	
零贷业务部	张晓华		保卫部	杨鲁克	封锡荣
国际业务部	王君秀	高　冬	工会办公室	陈　琳	
营运管理部	孙爱梅	鞠向海	行政部	刘　昕	黄　健

机构概况一览表

年度	内设职能部门数量	下设分支机构					员工总人数		备注
		总数	地市分行数	县区支行数	分理处、营业所数	储蓄所数		正式职工人数	
2010年	20	59	1	58	0	0	1254	1089	
2011年	20	59	1	58	0	0	1304	1178	
2012年	21	55	1	54	0	0	1339	1218	
2013年	23	52	1	51	0	0	1369	1274	
2014年	25	52	1	51	0	0	1403	1340	

先进集体及个人一览表

授奖单位	奖项名称	获奖集体
中央金融团工委	全国金融五四红旗团委（2013年度）	分行团委
中国银行业协会	中国银行业2014年文明规范服务千佳示范单位	市南二支行、南京路支行
	中国银行业2014年文明规范服务五星级网点	市南二支行、营业部、南京路支行
山东省财贸金融工会委员会	山东省金融系统2014年度工会财务工作先进单位	工会办
山东省总工会	山东省2013年度先进工会女职工委员会	
人民银行济南分行	山东省2014年银行业金融机构综合评价A级单位	办公室
	《山东金融年鉴》（2014年卷）优秀稿件一等奖	
授奖单位	奖项名称	获奖个人
中国金融工会全国委员会	中国金融工会2014年度全国金融五一劳动奖章	徐芝清
交通银行	2013—2014年优秀兼职讲师	綦红霞
山东省财贸金融工会委员会	山东省2014年度富民兴鲁劳动奖章	刘鹏涛
山东省公安厅	2014年单位内部治安保卫先进个人	杨鲁克

中国邮政储蓄银行山东省分行

领导干部及职能部门一览表

行长		副行长			
马洪宁		常　江　赵　峰　韩　勇　李　强			
地　址	济南市黑虎泉西路181号			邮　编	250011
职能部门	正　职	副　职	职能部门	正　职	副　职
个人金融部	阎　玮	苗常青　王婷婷	法律与合规部	李慧梅	范　滨　张书欣
三农金融部	郭　莹	鲁成军	信息科技部	刘　杰	唐在勇　李　娟
消费信贷部	郭　莹（兼）	鲁成军（兼）	办公室	冯克军	赵玉兰　王　戈
电子银行部	阎　玮（兼）	王婷婷（兼）	计划财务部		高　鹭　李建新

续表

职能部门	正　职	副　职	职能部门	正　职	副　职
公司业务部		李大鹏　吴　斌 连经建	人力资源部	李玉柱	孙　成
小企业金融部	陈高峰	赵晓军	审计部	陈　玫	
金融市场部		高晓莉	纪检监察部/ 党群工作部	李慧梅（兼）	
风险管理部	陶　杰	田　峰	安全保卫部	周爱国	
授信管理部	宋鲁光	周艳艳	工会	韩　勇（兼）	马金钢
会计与营运部	丁秋珍	邵　梅			

机构概况一览表

年度	内设职能部门数量	下设分支机构					员工总人数		备注
		总数	地市分行数	一级支行数	二级支行数	邮政代理网点数		正式职工人数	
2010 年	12	2544	16	108	1205	1215	9985	5122	
2011 年	14	2626	16	108	1190	1312	10620	5920	
2012 年	17	2698	16	108	1110	1464	11611	6617	
2013 年	19	2740	16	109	1226	1514	13179	7571	
2014 年	19	2738	16	109	1219	1519	12795	8809	

先进集体一览表

授奖单位	奖项名称	获奖集体
山东省文明委	省级文明单位	邮储银行山东省分行，济南、烟台、德州、滨州、东营、泰安、枣庄、菏泽、潍坊、莱芜、临沂、日照、济宁等市分行，枣庄峄城区支行，武城、沂水、莒南、陵县、夏津、单县、宁津等县支行

中国邮政储蓄银行青岛分行

领导干部及职能部门一览表

行长			副行长		
银青志			江守湖　王　平　孙　皓		
地址	青岛市延安三路 222 号			邮编	266071
职能部门	正职	副职	职能部门	正职	副职
办公室	王晓明		小企业金融部		黄　健
纪检监察部/ 党群工作部	王晓明	焉永君	风险管理部	石振华	
工会	李东华		审计部		马　漩
人力资源部		纪　岩	法律与合规部		扈文洁

领导干部及职能部门一览表

职能部门	正职	副职	职能部门	正职	副职
计划财务部	荆云叶		会计与营运部	赵廷华	
个人金融部		刘振华	金融市场部	丁晓礼	
公司业务部	房轶群		信息科技部		常德强
授信管理部		王 筠	安全保卫部		邸建庭
零售信贷部		许东昕			

机构概况一览表

年度	内设职能部门数量	下设分支机构					员工总人数		备注
		总数	地市分行数	县区支行数	分理处、营业所数	储蓄所数		正式职工数	
2010年	11	248		8	108	132	901	563	
2011年	11	250		8	108	134	1010	625	
2012年	14	255		8	99	148	1116	681	
2013年	17	262		8	99	155	1185	845	
2014年	17	266		8	100	158	1147	945	

先进集体及个人一览表

授奖单位	奖项名称	获奖集体
中国邮政集团公司	2013年度全国邮政用户满意企业	崂山区支行
	全国邮政系统先进集体	即墨市支行
中国邮政储蓄银行	第一届小企业金融客户经理选优大赛团体二等奖、优秀组织奖	青岛分行
	营业网点规范化服务提升活动2013年度服务明星支行	威海路支行
	中国邮政储蓄银行先进集体	即墨市支行
	青岛市银行业金融机构现金服务示范网点	开发区辛安支行、崂山区支行、莱西市支行
授奖单位	奖项名称	获奖个人
中国邮政集团公司	全国邮政系统先进个人	荆云叶
中国邮政储蓄银行	中国邮政储蓄银行先进个人	
	中国邮政储蓄银行营业网点规范化服务提升活动2013年度服务明星	王娅萍 韩良玉
	全国十佳大堂经理	王莉莉
	全国明星大堂经理	尚鲁璐
山东省公安厅	安全保卫工作个人二等功	江守湖

恒丰银行股份有限公司

领导干部及职能部门一览表

行长（或其他称谓的第一负责人）			副行长（或其他称谓的同级领导）		
蔡国华			栾永泰　宋恒继　毕继繁　于海松		
地　址	山东省烟台市芝罘区南大街248号			邮　编	264001
职能部门	正职	副职	职能部门	正职	副职
企业金融总部	杨林茂	李和森	法律合规部	孙宗奎	王　磊
金融市场总部	杨　强	迟德贤　李晓枫	战略与创新部	娄丽丽	
零售金融总部	李徽徽		品牌管理部	胡海峰	
投资银行部	范岩东		审计部	曲　佳	王艳梅
移动金融部	陈　列		办公室	王　旭	
资产管理部	李晓强	杨　叶	后勤保障部	杨国庆	
风险管理部	毕继繁	陈仲民	企业文化部	邢秀生	
信用风险监控部	张相林		客户服务中心	于建春	
信用风险评审部	庄保太		科技部	吴春杰	
运营管理部	崔胜春	李　杨	应用研发部	司继平	
国际业务部	赵联斌	杨奎峰	灾备中心	孙光辉	
资产负债管理部	王　旭		机构管理部	邢笃奎	
计划财务部	毕国器		信息中心	高俊美	衣淑娜
“对标达标”办公室	朱旻皓	刘国玲	监察室	王长荣	张延月
人力资源部	邢秀生	迟世波	培训中心	高振胜	刘晓红

机构概况一览表

年度	内设职能部门数量	下设分支机构					员工总人数		备注
		总数	地市分行数	县区支行数	分理处、营业所数	储蓄所数		正式职工人数	
2009年	33	93	8	8	29		2372	2372	
2010年	35	107	15	9	29		2834	2834	
2011年	35	117	20	9	29		3181	3181	
2012年	39	130	21	14	29		3604	3604	
2013年	39	145	24	19	29		4254	4254	
2014年	30	182	28	29	29		7469	6089	

先进集体及个人一览表

授奖单位	奖项名称	获奖集体
恒丰银行	十佳一级分行	南京分行、温州分行、西安分行、苏州分行

续表

授奖单位	奖项名称	获奖集体
恒丰银行	对标达标先进分行	重庆分行、西安分行、成都分行
	十佳二级分行	潍坊分行、聊城分行、东营分行、无锡分行、义乌支行、达州分行、乐山分行、重庆解放碑支行、烟台分行营业部、招远支行、龙口支行、瑞安支行
	十佳支行	青岛南京路支行、济南佛山支行、南京新街口支行、杭州富阳支行、成都金沙支行、重庆涪陵支行、烟台银河支行、昆明关上支行、西安经开支行
	特殊贡献奖	品牌管理部
	经营效益标兵分行	重庆分行、烟台分行、南京分行
	存款业务标兵分行	烟台分行、成都分行、重庆分行
	贷款业务标兵分行	温州分行、西安分行、宁波分行
	票据业务标兵分行	重庆分行、烟台分行、西安分行
	国际业务标兵分行	杭州分行、济南分行、苏州分行
	零售业务标兵分行	烟台分行、重庆分行、成都分行
	理财融资业务标兵分行	重庆分行、成都分行、南京分行
	资金同业业务标兵分行	重庆分行、成都分行、烟台分行
	投资银行业务标兵分行	南京分行、烟台分行、杭州分行
授奖单位	奖项名称	获奖个人
恒丰银行	十佳一级分行行长	门成梅 曲 强 陈志国 杜 鹏
	对标达标先进分行行长	唐金文 陈志国 宋 豪
	十佳二级分行行长	孟 凯 王 刚 王永伟 梁科杰 陆晓航 张桂兴 金爱东 谢博尼 成巍立 刘 静 王娅妮 陈丐治
	十佳支行行长	王晓峰 吕玉容 罗雁南 盛忠桥 李久润 周文革 戴建新 殷顶华 葛冠华
	十佳分行副行长	彭迪蒙 张雪庆 房 毅 凌 勇 韩玉梅 丁建洪 冉亨茂 陈克贤 于 宙 李 军 来荷华 周少梅 陈 安 傅力勇 张纯奎 徐晓蒙
	总行十佳经营能手	迟德贤 张 森 曲晓文
	分行十佳经营能手	李 响 王国庆 张奶辉 陶星洁 邓 淼 邢 文 林 杰 方远明 牛宜良 刘 伟

中国光大银行股份有限公司济南分行

领导干部及职能部门一览表

<table>
<tr><td colspan="2">行长</td><td colspan="2">副行长</td></tr>
<tr><td colspan="2">王 欣</td><td colspan="2">陈贵明 黄炳华 林 燕 张建华 姜立惠</td></tr>
<tr><td>地 址</td><td>济南市经七路85号</td><td>邮 编</td><td>250001</td></tr>
</table>

续表

职能部门	正职	副职	职能部门	正职	副职
办公室	刘庆一	马建军	人力资源部	王　楠	
计划财务部	林　雁		运营管理部	任广涛	蒋丽琴
信息科技部	陈文锋		法律合规部	朱广峰	
风险管理部	王金凤	钟　林	公司业务管理部	黄晓飞	
贸易金融部	房　磊	郑　璇	零售业务部	高　翔	
资产保全部	王吉祥	鞠保河	同业票据部	阚全军	

机构概况一览表

年度	内设职能部门数量	下设分支机构					员工总人数		备注
		总数	地市分行数	县区支行数	分理处营业所数	储蓄所数		正式职工人数	
2010年	13	13		13			394	394	
2011年	13	14	1	13			468	468	
2012年	16	14	1	13			489	489	
2013年	16	18	2	3			655	655	
2014年	16	20	2	4			685	685	

先进集体及个人一览表

授奖单位	奖项名称	获奖集体
中国光大银行	2013年度工会工作进步奖	光大银行济南分行工会
	职工职业道德建设先进单位	光大银行淄博分行
	国际业务优秀分行	光大银行济南分行贸易金融部
	总行公司业务管理先进分行	光大银行济南分行公司管理部
中国光大集团	模范职工小家	光大银行历城支行
	集团联动先进单位	光大银行济南分行办公室
山东银监局	小微企业金融服务优秀团队	光大银行济南分行小微金融业务部
山东金融工会	学习型组织先进单位	光大银行济南历城支行
济南市统计局	济南市统计工作先进集体单位	光大银行济南分行计划财务部
授奖单位	奖项名称	获奖个人
中国光大集团	优秀工会干部	尤　嘉
山东金融工会	知识型职工标兵	张雪彬
中国光大银行	国际业务先进个人	郑　璇

中国光大银行股份有限公司青岛分行

领导干部及职能部门一览表

<table>
<tr><td colspan="3">行长（或其他称谓的第一负责人）</td><td colspan="3">副行长（或其他称谓的同级领导）</td></tr>
<tr><td colspan="3">张　博</td><td colspan="3">颜庆迪　范华廷　孙昌勇　叶长春</td></tr>
<tr><td>地　址</td><td colspan="3">青岛市香港西路67号</td><td>邮　编</td><td>266071</td></tr>
<tr><td>职能部门</td><td>正职</td><td>副职</td><td>职能部门</td><td>正职</td><td>副职</td></tr>
<tr><td>办公室</td><td>颜庆迪</td><td>隋军生</td><td>零售业务部</td><td>陈相美</td><td>王　岩</td></tr>
<tr><td>计划财务部</td><td>王　军</td><td>孙丽萍</td><td>信用卡中心</td><td>杨建东</td><td></td></tr>
<tr><td>人力资源部</td><td>李淑娟</td><td></td><td>公司业务管理部</td><td>傅伟堂</td><td>冯守路</td></tr>
<tr><td>党务监察部</td><td>傅相锋</td><td>张培良</td><td>风险管理部</td><td>王绪宝</td><td>陈立刚　黄成娜</td></tr>
<tr><td>工会</td><td>赵功谦</td><td>董　强</td><td>小微金融业务部</td><td>郭焕华</td><td>由　军</td></tr>
<tr><td>法律合规部</td><td>祁晓东</td><td>任建华　许方深</td><td>运营管理部</td><td>王彩云</td><td>车海涛　焦建国</td></tr>
<tr><td>贸易金融部</td><td>赵　峻</td><td>赵　峻</td><td>信息科技部</td><td>郭焕华</td><td>徐江平</td></tr>
<tr><td>电子银行部</td><td>郝丽红</td><td></td><td>同业票据部</td><td>傅伟堂</td><td>张建立　梁　燕</td></tr>
<tr><td>资产保全部</td><td>傅相锋</td><td>崔　斌</td><td></td><td></td><td></td></tr>
</table>

机构概况一览表

<table>
<tr><td rowspan="2">年度</td><td rowspan="2">内设职能部门数量</td><td colspan="5">下设分支机构</td><td colspan="2">员工</td><td rowspan="2">备注</td></tr>
<tr><td>总数</td><td>地市分行数</td><td>县区支行数</td><td>分理处、营业所数</td><td>储蓄所数</td><td>总人数</td><td>正式职工人数</td></tr>
<tr><td>2010年</td><td>16</td><td>16</td><td></td><td>2</td><td></td><td></td><td></td><td></td><td></td></tr>
<tr><td>2011年</td><td>16</td><td>17</td><td></td><td>3</td><td></td><td></td><td></td><td></td><td></td></tr>
<tr><td>2012年</td><td>16</td><td>19</td><td>1</td><td>3</td><td></td><td></td><td></td><td></td><td></td></tr>
<tr><td>2013年</td><td>19</td><td>20</td><td>1</td><td>2</td><td></td><td></td><td></td><td></td><td></td></tr>
<tr><td>2014年</td><td>22</td><td>23</td><td>1</td><td>2</td><td></td><td></td><td></td><td></td><td></td></tr>
</table>

先进集体及个人一览表

授奖单位	奖项名称	获奖集体
中国光大银行	先进集体	中国光大银行东营分行 中国光大银行城阳支行 中国光大银行青岛分行同业票据部
授奖单位	奖项名称	获奖个人
中国光大银行	先进个人	牛宜雅　王　军　宗学哲

中国光大银行股份有限公司烟台分行

机构概况一览表

年度	内设职能部门数量	下设分支机构					员工总人数	正式职工人数	备注
		总数	地市分行数	县区支行数	分理处、营业所数	储蓄所数			
2010 年	10	7	0	7	0	0	273	267	
2011 年	10	7	0	7	0	0	304	298	
2012 年	10	8	0	8	0	0	356	350	
2013 年	12	9	0	9	0	0	391	368	
2014 年	16	10	0	10	0	0	491	374	

先进集体及个人一览表

授奖单位	奖项名称	获奖集体
中国光大银行	先进集体	光大银行烟台分行公司业务一部 光大银行招远支行
授奖单位	奖项名称	获奖个人
中国光大银行	先进个人	马　纪

中信银行股份有限公司济南分行

领导干部及职能部门一览表

行长（或其他称谓的第一负责人）			副行长（或其他称谓的司级领导）		
侯训义			刘国栋　柳永生		
地　址	济南市泺源大街 150 号		邮　编	250011	
职能部门	正职	副职	职能部门	正职	副职
公司银行部	郑　宓	叶　青	零售银行部	梁东晨	王　焱　耿　宾 董竹筠
国际业务部	王丽丽	孙　飞	机构业务部	董国红	叶　健
风险管理部	赵　忻	洪　玮	信贷管理部	王建刚	周振波
计划财务部	刘海新	王　朔	会计部	孙式香	刘为民
法律保全部	李曙光		人力资源部	丛建华	张　岷
信息技术部	杨　峰	李　林	办公室	郑洪涛	韩有杰
合规部	莫涌滨	张乐海	金融同业部	于　生	顾　菲

续表

职能部门	正职	副职	职能部门	正职	副职
投资银行部	石　嘉	王　煜	网络银行部	江　涛	黄本亮
党群监保部	刘同礼	王广义	小企业与消费金融部	程至明	马玉林

机构概况一览表

年度	内设职能部门数量	下设分支机构					员工总人数	正式职工人数	备注
		总数	地市分行数	县区支行数	分理处、营业所数	储蓄所数			
2010 年	15	24	4	20	--	--	719	719	
2011 年	16	26	4	22	--	--	880	880	
2012 年	17	29	5	24	--	--	1008	1008	
2013 年	15	38	5	33	--	--	1339	1251	
2014 年	18	41	5	36	--	--	1422	1326	

先进集体一览表

授奖单位	奖项名称	获奖集体
中国银行业协会	2014 年度中国银行业文明规范服务千佳示范单位	中信银行济南分行
山东省银行业协会	2014 年度山东银行业文明规范服务示范单位	
外汇局山东省分局	外汇管理考核中连续第五年被评定为 A 级	
	山东省跨境人民币结算先进单位	
山东省财政厅	年度全省政府非税收入代理收缴特别进步银行	
人民银行济南分行营管部	2014 年度金融统计先进集体一等奖	
山东银监局	2014 年山东银监局直报机构监管统计工作先进单位一等奖	
	监管评级 2 级 A 评级	

中信银行股份有限公司青岛分行

领导干部及职能部门一览表

行长（或其他称谓的第一负责人）			副行长（或其他称谓的同级领导）		
杨　威			迟存国　陈文德　邢丽青　徐　鹏　黄树彬　张强军　黄千文		
地　址	青岛市香港中路 22 号			邮　编	266071
职能部门	正职	副职	职能部门	正职	副职
办公室	陈相忠		人力资源部	李媛媛（副职主持工作）	

续表

职能部门	正职	副职	职能部门	正职	副职
计划财务部	陈秋实	赵文相　杨　芳	公司银行部	黄千文	边廷亮
零售银行部	王秀川（副职主持工作）	慈丽芳	国际业务部	董　振	刘瑞敏　刘　燕
金融同业部	朱　峰		投资银行部	霍晓婷	邢秀鹤
投资银行部	杨　雯	栾　敏	小企业及个人信贷业务部	李旭宁	杨文柱
电子银行部	杜文娟		风险管理部	刘洪波	刘曦东
授信业务管理部	肖振威	郑　军	法律保全部	赵　钧	
会计部	徐水红	姚长菊	合规部	王仲义	张　利
信息技术部	秦　刚（助理主持工作）		行政管理部	侯卫宁	
党群监保部	张国成				

机构概况一览表

年度	内设职能部门数量	下设分支机构					员工总人数	正式职工人数	备注
		总数	地市分行数	县区支行数	分理处、营业所数	储蓄所数			
2010	44	31	4	27			1180	926	
2011	46	33	4	29			1285	1060	
2012	48	37	4	33			1445	1260	
2013	48	43	4	39			1760	1520	
2014	49	49	4	45			2540	2110	

先进集体及个人一览表

授奖单位	奖项名称	获奖集体
山东省财政厅	省非税收入代理收缴特别进步银行称号	中信银行青岛分行公司银行部
中信银行	2013年度优秀办公室	中信银行青岛分行办公室
	合规经营优质服务先进网点	中信银行烟台分行营业部
	2013年合规、审计双先进单位 机构业务优秀分行 信贷管理优秀分行 法律保全优秀分行	中信银行青岛分行
	服务品质“十佳网点”	潍坊分行营业部、烟台蓬莱支行、威海高区支行、威海石岛支行、威海出口加工区支行、青岛麦岛支行、青岛宁夏路支行、青岛开发区支行、青岛高新区支行
	服务质量监测第一名	青岛分行
	2014年度中国银行业文明规范服务千佳示范单位	青岛开发区支行、潍坊分行营业部、威海石岛支行

续表

授奖单位	奖项名称	获奖个人
中央金融团工委	全国金融青年服务明星	古 茜
中国银行业协会	明星大堂经理	包艳君
中信总行	中国百佳理财师	冯 琨

华夏银行股份有限公司济南分行

领导干部及职能部门一览表

行长（或其他称谓的第一负责人）			副行长（或其他称谓的同级领导）		
夏 阳			钱建华 王秀荣 张沛儒 张 虹 宁金龙		
地 址	济南市市中区纬二路138号			邮 编	250001
职能部门	正职	副职	职能部门	正职	副职
办公室	张国立	张继林 路 燕	人力资源部	段 丽 （主持工作）	
计划财务部	陈 新 （主持工作）	徐鲁东 孙 靖 姜 艳	内控合规部	王 新	
公司业务部	张 静 （主持工作）	高 专	会计部	薛静然 （主持工作）	于义武 王国文
个人业务部	于 静	韩春燕	信息技术部	王 卫 （主持工作）	任衡喆
国际业务部	王 毅	冯启涛	济南地区信用风险管理部 授信审批中心	秦 颖	
中小企业信贷部 济南分部	李 洁 （主持工作）	徐 磊	济南地区信用风险管理部 授信管理中心	张 静	
机构业务部	惠 泉 （主持工作）		济南地区信用风险管理部 资产保全中心	孔令忠 （主持工作）	陈建军
金融市场部	王 毅（兼）	韩海燕	监察室	任志文	
保卫部		张 雷			

机构概况一览表

年度	内设职能部门数量	下设分支机构					员工总人数		备注
		总数	地市分行数	县区支行数	分理处、营业所数	储蓄所数		正式职工人数	
2010年	18	16					1465	968	
2011年	14	17					1516	999	
2012年	16	17					1520	1087	
2013年	17	18					1485	1140	
2014年	17	19					1588	1258	

先进集体及个人一览表

授奖单位	奖项名称	获奖集体
中国银行业协会	中国银行业文明规范服务千佳示范单位	华夏银行济南市中支行、东营分行营业部
	中国银行业文明规范服务五星级营业网点	华夏银行济南市中支行、东营分行营业部、聊城东昌支行
华夏银行	授信管理先进单位	华夏银行济南分行
	百家亿元工程先进支行	华夏银行聊城分行营业部
	华夏服务质量提升年“优秀管理奖”	华夏银行济南分行
华夏银行工会	建功立业先进集体	华夏银行济南分行信息技术部
山东省政府	山东省金融创新单位	华夏银行济南分行
山东银监局	2014 年监管统计工作先进单位	
山东省银行业协会	山东省银行业文明规范服务示范单位	华夏银行烟台蓬莱支行
中国银联山东分公司	2014 年度银联卡跨行交易成长奖	华夏银行济南分行
人民银行济南分行营管部	2014 年金融统计先进集体	
授奖单位	奖项名称	获奖个人
华夏银行	信贷资产质量专业管理先进个人	秦　颖
	授信管理先进个人	张　静
	现金清收先进个人	孔令志
华夏银行工会	建功立业先进个人	李　威　盖晓峰
人民银行济南分行营管部	信息工作先进个人	张继林
	2014 年金融统计先进个人	徐　方
	重大事项报告业务竞赛个人一等奖	路　燕
中国银联山东分公司	山东省银行卡发展先进个人	李　威　连加俊

华夏银行股份有限公司青岛分行

领导干部及职能部门一览表

行　长			副行长		
刘　辉			吕　东　于丰星　崔　巍　顾新静　韩　波		
地　址	青岛市市南区东海西路 5 号甲			邮　编	266071
职能部门	正　职	副　职	职能部门	正　职	副　职
办公室	于丰星	曲文豪	合规部	张衍真	
人力资源部	周忠凯		监察室	孙代鹏	
计划财务部	由明君	刘永亮 石玉进	信息技术部	李延刚	

续表

职能部门	正 职	副 职	职能部门	正 职	副 职
公司业务部	张卫华	杨建明	授信管理中心	袁 新	
个人业务部	刘海萍	王东亮 韩 煜	授信审批中心	栾卫东	
国际业务部	于连海	曹福鹏	资产保全中心	冯 哲	
供应链金融中心	王 鹏		金融市场部	王立莉	徐 滨
党委办公室	解令科		中小企业信贷部 青岛分部	侯华南	
会计部	闫金斌	张 涓 王培花	保卫部	于丰星	戚积玮

机构概况一览表

年 度	内设职能部门数量	下设分支机构					员工总人数	正式员工人数	备注
		总数	地市分行数	县域支行数	分理处、营业所数	储蓄所数			
2010 年	18	14	0	3	0	0	469	469	
2011 年	18	15	0	4	0	0	525	525	
2012 年	18	19	0	6	0	0	645	645	
2013 年	18	20	1	6	0	0	707	707	
2014 年	18	26	1	7	0	0	745	745	

平安银行股份有限公司济南分行

领导干部及职能部门一览表

行长（或其他称谓的第一负责人）			副行长（或其他称谓的同级领导）		
刘志刚			张汉忠 吕爱琴 刘 明 杨景泉 陈振华 康 建 李春节 徐 丽		
地 址	济南市经十路 13777 号			邮 编	250014
职能部门	正职	副职	职能部门	正职	副职
办公室	石志国		零售贷款部	韩 群	
人力资源部	陈 栋		零售综合管理部	韩 群	
法律合规部	毕韵玲		财富管理部	韩 群	
稽核监察部	任 波		零售综拓部	韩 群	
公司授信信贷审批部	林永梅		小企业金融部	朱礼迎	
风险管理部	孟庆波		小企业风险管理部	张继诚	

续表

职能部门	正职	副职	职能部门	正职	副职
公司银行部	于　涛		零售风险管理部	尹德农	
贸易金融部	王海滨		财务企划部	马　静	
投资银行部	武　东		运营管理部	李　鑫	
金融同业部	陈文盛		科技运营部	张晓前	
资产保全部	候树军		机构业务部	王韫真	
网络金融部	封　妍		安全保卫中心	纪　东	
大客户服务部	于有胜				

机构概况一览表

年度	内设职能部门数量	下设分支机构					员工总人数		备注
		总数	地市分行数	县区支行数	分理处、营业所数	储蓄所数		正式职工人数	
2010 年	15	8	0	0	8	0	353	308	
2011 年	16	9	0	0	9	0	403	333	
2012 年	19	10	0	0	10	0	502	397	
2013 年	18	14	1	0	13	0	624	493	
2014 年	25	18	2	0	16	0	695	596	

先进集体及个人一览表

授奖单位	奖项名称	获奖集体
银联山东分公司	山东省银行卡工作先进单位	平安银行济南分行
山东省财贸工会委员会	工人先锋号	平安银行济南分行文东支行
授奖单位	奖项名称	获奖个人
平安银行党委	优秀纪检工作者	吕东锋　李　鑫
银联山东分公司	“2013 年度山东省银行卡发展先进个人”荣誉称号	周　文　张家名　李冠堃　门方丁

平安银行股份有限公司青岛分行

领导干部及职能部门一览表

行长（或其他称谓的第一负责人）			副行长（或其他称谓的同级领导）		
陈昊序			谷　辉　刘家亮　刘文华　纪小倩　迟珊珊		
地　址	青岛市香港中路 6 号世贸中心 A 座裙楼			邮　编	266071
职能部门	正职	副职	职能部门	正职	副职
办公室	逄　雷		人力资源部	卢玉君	
稽核部		杨少华	科技运营部	杨兆进	

续表

职能部门	正职	副职	职能部门	正职	副职
运营管理部		丁兆荣	财务企划部	王宗良	
金融同业部	高　静		公司银行部	王业方	
对公信贷审批部	雷建林		风险管理部	舒　立	
国际业务部	刘乃爱	李骁力	资产保全部		王乐飞
对公综拓部/投资银行部	王　珺		财富管理部	孙　梅	
零售信贷管理部	乔秀龙		小企业金融业务部	翟小平	
集中作业部		刘　垚	零售贷款部	孙　梅	
零售综拓部		唐进全			

机构概况一览表

年度	内设职能部门数量	下设分支机构					员工总人数		备注
		总数	地市分行数	县区支行数	分理处营业所数	储蓄所数		正式职工人数	
2010 年	19	8	8				404	355	
2011 年	19	9	9				416	368	
2012 年	19	11	11				533	488	
2013 年	19	13	13				667	627	
2014 年	19	16	4				632	607	

先进集体及个人一览表

授奖单位	奖项名称	获奖集体
平安银行	最佳服务分行奖	平安银行青岛分行
青岛银监局	送金融知识下乡先进集体	平安银行青岛分行
平安银行纪委	2013—2014 年度先进基层纪委	平安银行青岛分行纪委
平安银行总行工会	2013—2014 年度先进基层党组织	平安银行青岛分行工会
平安银行	最佳文秘工作奖	平安银行青岛分行办公室
授奖单位	奖项名称	获奖个人
平安银行	2014 年度优秀风险管理人员	舒　立
	2014 年明星客户经理	丁丽君
	2013—2014 年度优秀党务工作者	陈昊序
青岛市公安局	内部治安保卫个人三等功	徐德洋

招商银行股份有限公司济南分行

领导干部及职能部门一览表

行长（或其他称谓的第一负责人）			副行长（或其他称谓的同级领导）		
周伟林			齐君承　孟　丽　吕成玉　胡文有　张　洪　季　萍　文　磊		
地　址	济南市筐市街8号			邮　编	250012
职能部门	正　职	副　职	职能部门	正　职	副　职
办公室	陈　伟	刘　良　张海龙	个人信贷部	杨俊法	刘玉川
人力资源部	郭　芹	刘　博	授信审批部	潘　磊	王胜军
计划财务部	伊晓棠	桂宏伟	信用风险管理部	闻　涛	王兴星　谢永生　赵　伟
公司银行部	朱惊雷	吕　喆	运营管理部	韩　颖	史冬梅
小企业金融部	张文辉	马卫东	审计部	郑　禄	
国际业务部	牟小力	张文利	法律与合规部	赵桂珍	侯成群
同业金融部	赵　芳	李　栋	信息技术部	孙伯起	朱钟峰
票据中心	刘全胜		监察保卫部	吕　戈	李树海
零售银行部		郑延玲　李文迎			

机构概况一览表

年度	内设职能部门数量	下设分支机构					员工总人数		备注
		总数	地市分行数	县区支行数	分理处、营业所数	储蓄所数		正式职工人数	
2010年	16	30	4	26			1459	1233	
2011年	16	33	5	28			1538	1314	
2012年	16	35	6	29			1566	1347	
2013年	17	38	7	31			1784	1482	
2014年	17	47	7	40			1814	1600	

招商银行股份有限公司青岛分行

领导干部及职能部门一览表

行长（或其他称谓的第一负责人）			副行长（或其他称谓的同级领导）		
王纪全			杨　虹　陈旭红　姚　红　綦　琨　王　智		
地　址	青岛市崂山区海尔路65号			邮　编	266100
职能部门	正职	副职	职能部门	正职	副职
办公室	侯海滨	田国强	人力资源部	王　娟	

续表

职能部门	正职	副职	职能部门	正职	副职
计划财务部	高明月	张晓黎	信用风险管理部	李 俊	王 青
授信审批部	王 新	赵培胜	运营管理部	蔡小莉	
公司银行部	刘 波	官 缇	零售银行部	闫啸东	赵秀文
小企业金融部	刘慧君	侯志革	国际业务部	叶向东	张爱华 刘青丽
监察保卫部	梁俊富		法律与合规部	孔 燕	

机构概况一览表

年度	内设职能部门数量	下设分支机构					员工总人数	正式职工人数	备注
		总数	地市分行数	县区支行数	分理处、营业所数	储蓄所数			
2010年							1026	1026	
2011年							1161	1161	
2012年	22	21	4	17	0	0	1295	1295	
2013年	25	22	4	18	0	0	1502	1502	
2014年	25	29	4	25	0	0	1713	1713	

先进集体及个人一览表

授奖单位	奖项名称	获奖集体
招商银行	第十届企业文化节优秀组织奖	青岛分行办公室
	2014年零售服务优秀分行	消费者权益保护与服务监督管理中心
中国银行业协会	2014年度中国银行业文明规范服务千佳示范单位	青岛分行营业部、秦岭路支行、淄博分行营业部、日照分行营业部
	中国银行业文明规范服务五星级营业网点	日照分行营业部、威海分行营业部
山东省公安厅	山东省公安厅集体二等功	监察保卫部
人民银行济南分行	反假货币工作先进集体	济宁分行会计财务部
授奖单位	奖项名称	获奖个人
山东省金融学会	山东省金融学会2014年度重点研究课题一等奖	王纪全
山东省公安厅	山东省公安厅内部治安保卫先进个人、个人二等功	梁俊富
中国银监会策略研究局、中国银监会团委	2014年银监会系统青年论坛三等奖	祝伟青

兴业银行股份有限公司济南分行

领导干部及职能部门一览表

行长（或其他称谓的第一负责人）		副行长（或其他称谓的同级领导）	
吕 伟		林家炎 魏 军 曾 勇 穆晓达	
地 址	济南市经七路86号	邮 编	250001

续表

职能部门	正职	副职	职能部门	正职	副职
办公室	耿　伟	张学甫	企业金融总部业务管理部	苏　虎	
人事监察部	毕勇奇	耿　伟	企业金融总部营销管理部	吴健飞	
计划财务部	苏　虎	唐雪飞	企业金融总部贸易金融部	崔少春	张金山
风险管理部	袁　静		企业金融总部机构业务部	程　谦	沈　潇
信用审查部	李景辉		企业金融总部投资银行部		刘　飞
法律与合规部	李　萍		企业金融总部小企业部	于　清	
会计结算部	李新惠	裴　娜	企业金融总部现金管理部	彭海博	
信息科技部	王存峰		零售事业部业务管理部	何兆路	邵砚铭
金融市场部	翁　翔	张桂芹	零售事业部客户发展和营销管理部	牛淑明	
同业业务部	李晓华				

机构概况一览表

年度	内设职能部门数量	下设分支机构					员工总人数		备注
		总数	地市分行数	县区支行数	分理处、营业所数	储蓄所数		正式职工人数	
2010 年	9	15	5				1199	698	
2011 年	16	20	6	2			1532	1004	
2012 年	17	25	8	5			1576	1318	
2013 年	18	36	9	12			1798	1535	
2014 年	19	39	10	11			1849	1592	

先进集体及个人一览表

授奖单位	奖项名称	获奖集体
山东银监局	2014 年监管统计工作先进单位三等奖	兴业银行济南分行
兴业银行	2014 年统计信息管理综合评比优秀分行	
	2014 年统计信息管理单项评比优秀分行—非现场监管统计	
山东省银行业协会	2014 年度山东省银行业文明规范服务示范单位	兴业银行济南分行历下支行
中国银行业协会	中国银行业文明规范服务五星级营业网点、2014 年度中国银行业文明规范服务千佳示范单位	兴业银行潍坊分行
山东省反假货币工作联席会议办公室	2014 年山东省残损人民币回收重点突破年活动先进集体	兴业银行淄博支行
兴业银行	2014 年度零售综合金融资产最佳拓展奖三等奖	兴业银行济南分行
	2014 年度私人银行客户最佳拓展奖三等奖	
	2014 年度零售核心客户最佳拓展奖二等奖	
	2014 年度信用卡客户最佳拓展奖三等奖	
	实物贵金属业务优胜分行奖	
	结算性理财活动专项营销活动优胜分行奖	
授奖单位	奖项名称	获奖个人
兴业银行	2014 年统计信息管理优秀个人	苏　虎　高　伟　高立娜

续表

授奖单位	奖项名称	获奖个人
中国银联山东省分公司	2014年山东省银行卡发展先进个人	刘 炜 张 凯
山东省反假货币工作联席会议办公室	2013–2014年度山东省反假货币工作优秀联络员名单	董 坤

兴业银行股份有限公司青岛分行

领导干部及职能部门一览表

行长（或其他称谓的第一负责人）			副行长（或其他称谓的同级领导）		
沈 健			步延进 廖卫华 丁武民		
地 址	青岛市市南区山东路7号甲			邮 编	266071
职能部门	正职	副职	职能部门	正职	副职
办公室	魏 国		贸易金融部	李 猛	
人事监察部	张 杨		投资银行部	温洪亮	
计划财务部	陈德如		小企业部	杜旭东	
风险管理部	殷 俊		金融市场部	周 琪	
信用审查部	林相发		零售事业部		李鸿涛
法律与合规部	张 伟		会计结算部	李艳玲	
营销管理部	莫 衍		信息科技部	李财官	
现金管理部	莫 衍				

注：副职人员为副总经理或总经理助理主持工作。

先进集体及个人一览表

授奖单位	奖项名称	获奖集体
兴业银行	2014年度总行“服务明星支行”	兴业银行延安三路支行
人民银行青岛市中心支行	2014年青岛市银行业“靓丽人民币”现金业务综合技能竞赛团体三等奖	兴业银行青岛分行
授奖单位	奖项名称	获奖个人
兴业银行	2014年第六届理财师大赛金牌理财团队三等奖	沈 超 王喜秀 杜 芯
	2014年度总行“服务明星”	单 侨 王淑萍
	会计集中作业劳动竞赛先进个人	邵 蕾
	“兴业杯”乒乓球比赛女子单打冠军	杜静娴
	优秀共产党员	王 丹
人民银行青岛市中心支行	2014年青岛市银行业“靓丽人民币”现金业务综合技能竞赛团体三等奖	侯人杰

机构概况一览表

年度	内设职能部门数量	下设分支机构					员工总人数	正式职工人数
		总数	地市分行数	县区支行数	分理处、营业所数	储蓄所数		
2010年	8	7	1	5	0	0	388	253
2011年	13	8	1	6	0	0	500	328
2012年	13	10	1	8	0	0	620	385
2013年	16	11	1	9	0	0	619	418
2014年	18	12	1	4家县区支行 8家同城支行	0	0	686	499

中国民生银行股份有限公司济南分行

领导干部及职能部门一览表

党委书记、行长			副行长（或其他称谓的同级领导）		
陈焕德			孙　兴　彭曙光　韩咏军　蔡丹平　夏京利		
地　址	济南市泺源大街229号		邮　编	250012	
职能部门	正职	副职	职能部门	正职	副职
办公室	朱　郁	霍　岩	零售银行授信评审部	张志强	刘　然
人力资源部	李加岭		零售资产管理部	金　虹	
计划财务部	李　冉	于美艳　张　芹	资产保全部	秦　峰	陈功志
公司银行部	史　昱	李　虔	法律合规部	刘　霞	王宁宁
授信评审部	刘长江	张兆强　徐　勇	运营管理部	李秀荣	
资产监控部	张志勇	王华栋	渠道与服务部	王明静	
金融市场部	李光金	孙云锦	电子银行部	陈航德	
票据业务部	安丰福		安全保卫部	纪　斌	席晋平
机构金融部	谢渭源	于　刚	机构管理部	胡雪华	
私人银行部	郑　敏		纪检监察室	张桂英	彭爱琴
小微规划与营销策划部	吕　堂	张　冉　刘恩骅 李　新	科技开发部	郭志阳	
小区规划与营销策划部	杨梦莎	白宁宁			

机构概况一览表

年度	内设职能部门数量	下设分支机构					员工总人数	正式职工人数
		总数	地市分行数	县区支行数	分理处、营业所数	储蓄所数		
2010年	20	13	2	11	0	0	733	733

续表

年度	内设职能部门数量	下设分支机构					员工总人数	
		总数	地市分行数	县区支行数	分理处、营业所数	储蓄所数		正式职工人数
2011年	22	16	3	13	0	0	853	853
2012年	24	26	4	22	0	0	1341	1104
2013年	23	34	4	29	0	0	1636	1401
2014年	23	46	5	41	0	0	1872	1686

先进集体及个人一览表

授奖单位	奖项名称	获奖集体
山东省人民政府	山东省金融创新奖	民生银行济南分行
人民银行济南分行	2014 年济南市金融统计先进集体二等奖	
山东银监局	2014 年度辖区内小微企业金融服务先进单位	
山东省人力资源和社会保障厅山东省总工会	山东省劳动关系和谐企业	
山东省总工会	富民兴鲁劳动奖状	
山东省银行业协会	山东省银行业 2014 年服务小微企业十佳金融产品	
授奖单位	奖项名称	获奖个人
山东省总工会	富民兴鲁劳动奖章	陈焕德
中国金融工会全国委员会	全国金融五一劳动奖章	夏京利

中国民生银行股份有限公司青岛分行

领导干部及职能部门一览表

行长（或其他称谓的第一负责人）			副行长（或其他称谓的同级领导）		
杨新军			李　贤　崔俊峰　高建绪　汤正鹏		
地　址	青岛市市南区福州南路 18 号			邮　编	266000
职能部门	正职	副职	职能部门	正职	副职
办公室	李少波	张会国	私人银行部	姜守强	
计划财务部	孙　靖	李月峰	渠道与服务部	栾立今	
人力资源部	刘丕芸	张长海	小微及零售授信评审部	曲维鹏	
公司银行部	杨　斌	刘秀乔	小微及零售资产管理部	姜　义	
金融市场部	鹿　飞		小微及小区售后服务管理部	王　顺	
票据业务部	盛光杰	安　涛	运营管理部	藏文澜	刘　卫
交易融资部	徐世锋		授信评审部	王　静	
机构金融部	李少波		法律合规部	李　群	方　勇

续表

职能部门	正职	副职	职能部门	正职	副职
小微规划与营销策划部	王雨宁		资产监控部	朴伟东	
小微销售管理部	周　菁		机构管理部	张智勇	
小区规划与营销策划部	魏黎颖		纪检监察室	贺延利	董　玲
小区销售管理部	崔　喆	谭向荣	安全保卫部	陈学建	
资产保全部	吴天磊				

机构概况一览表

年度	内设职能部门数量	下设分支机构					员工总人数		备注
		总数	地市分行数	县区支行数	同城支行	储蓄所数		正式职工人数	
2010年		11	2	2	7		495	402	
2011年		14	2	3	9		701	569	
2012年		19	3	5	11		845	661	
2013年		22	3	8	11		970	846	
2014年		28	3	11	14		1041	924	

渤海银行股份有限公司济南分行

领导干部及职能部门一览表

职能部门	正职	副职	职能部门	正职	副职
行长（或其他称谓的第一负责人）			副行长（或其他称谓的同级领导）		
金富祯			宋　奇　孙开贤　鞠加亮　王铁华		
地　址	济南市历下区青年东路18号			邮　编	250011
职能部门	正职	副职	职能部门	正职	副职
产品与市场开发部	徐庆吉	梁新华　顾利国	个人贷款部	晋江伟	
公司一部	徐庆吉		个人金融部	王　冬	孙　欣　吴文锴
公司二部	李　峰		业务营运部	孙国华	李　刚
公司三部	邓　玲		信息科技部		梁洁敏
公司四部	张　民		人力资源部	季惠芳	
贸易金融部	吴　迪	孙　霞	综合管理部	韩纪宏	李琥珀　孙青江
金融市场部		李志军　于　鑫	财务部	廖朝阳	
中小企业部	闫江涛		风险管理部		郭兆浩
投资银行部			个贷审批中心		于立宏

续表

职能部门	正职	副职	职能部门	正职	副职
信贷监控部	张福玉	路　昌	内控合规部	赵福强	
营业部	段　勇	李建青　温荟祯	烟台分行	鞠加亮	张树国　毕志军
解放路支行	孙晓旭	刘　娜	芝罘区支行	毕志军	
市中支行	傅长清	李　毅	天桥支行	石　静	何　鹏　徐　涛
淄博分行	李　涛	周　颖　张荣博			

机构概况一览表

年度	内设职能部门数量	下设分支机构					员工总人数	正式职工人数	备注
		总数	地市分行数	县区支行数	分理处、营业所数	储蓄所数			
2010 年	22	1					171	141	
2011 年	21	3	1	2			254	204	
2012 年	17	3	1	2			264	228	
2013 年	20	4	1	3			288	258	
2014 年	27	6	2	4			366	325	

先进集体及个人一览表

授奖单位	奖项名称	获奖集体
山东省银行业协会	山东省银行业文明规范服务示范单位	渤海银行济南解放路支行
山东省银行业协会、山东银监局	山东银行业青年服务风采展示大赛一等奖	渤海银行济南分行
渤海银行	2014 年度风险管理先进集体	渤海银行济南分行信贷监控部
	2014 年度安全保卫先进单位	渤海银行济南市中支行
授奖单位	奖项名称	获奖个人
山东省钱币学会	2014 年度优秀学会工作者	崔京菊
中国银联山东分公司	2014 年度山东银行卡发展先进个人	毕志军　周　颖　韩守佳　吴文锴
渤海银行	2014 年度先进员工	白　冰　郑　刚　左新宇
	2014 年度风险管理先进个人	于立宏　孙尉钧
	2014 年度安全保卫先进个人	朱家序
	总行人才库优秀营运经理	李高辉
	总行人才库优秀柜员	陈艳辉
	五星金牌理财师	李传杰
	四星高级理财师	隋杰升
	2014 年度优秀理财客户经理	戴凤国
	2014 年度优秀财富管理人员	周　颖
	“弘扬渤海精神”员工书画大赛二等奖	宋　睿

天津银行股份有限公司济南分行

领导干部及职能部门一览表

行长（或其他称谓的第一负责人）			副行长（或其他称谓的同级领导）		
姚志坚			刘亚军　张维东　申凤玲　潘　玲		
地　址	济南市市中区经十路 20999 号			邮　编	250001
职能部门	正职	副职	职能部门	正职	副职
综合管理部	程晓琴		纪检监察部	周秉欣	
风险管理部	高华明		大客户部	唐伟峰	
运营管理部	谢　勇		营业部	王志红	
计划财务部	张慧侠		市场营销一部	贾　燕	
公司业务部	王　芳		市场营销二部	杨　勇	
个人业务部	孟　宁		市场营销三部	尚晓明	
小微业务部	王志红		市场营销四部	陈　凯	
同业市场部	张慧侠		市场营销六部	刘　磊	
合规内审部	程晓琴		市场营销七部	张华泽	
安全保卫部	李　浩		市场营销九部	侯海升	

机构概况一览表

年度	内设职能部门数量	下设分支机构					员工总人数		备注
		总数	地市分行数	县区支行数	分理处、营业所数	储蓄所数		正式职工人数	
2011 年	14	1			1		120	108	
2012 年	17	3		2	1		173	154	
2013 年	20	5		4	1		246	208	
2014 年	20	9	2	6	1		367	319	

先进集体及个人一览表

授奖单位	奖项名称	获奖集体
天津银行	业务发展贡献奖	天津银行济南分行
人民银行济南分行营管部	金融统计先进集体二等奖	
山东银监局	金融知识进万家宣传服务月活动先进单位	
山东省财贸金融工会	工会财会工作先进单位	
中国银联山东分公司	2014 年银联卡跨行交易成长奖	
授奖单位	奖项名称	获奖个人
人民银行济南分行营管部	统计工作先进个人	张丽萍
山东省财贸金融工会	财会工作先进工作者	陈京京
中国银联山东分公司	山东银行卡发展先进个人	孟　宁　李　博　谢　勇　李晓东

浙商银行股份有限公司济南分行

领导干部及职能部门一览表

行长（或其他称谓的第一负责人）			副行长（或其他称谓的同级领导）		
傅荣生			余兴刚　吴宝国　姜　兵		
地　址	济南市历下区黑虎泉西路185号			邮　编	250011
职能部门	正职	副职	职能部门	正职	副职
办公室		武建锐	业务发展一部		田　启
业务管理部		王耀红	业务发展二部		
授信评审部	李华宝		业务发展三部	邵力军	
合规部（风险管理部）		王振华	信贷业务一部	李庆才	
计划财务部	刘　浩		信贷业务二部		刘　峰
会计科技部	于建平		信贷业务三部	陈　慧	
营业部		吕晓宁	市场拓展一部	鹿悦军	
机构金融部			市场拓展二部	王晓东	
金融同业部	李　辉		企业金融一部		李　伟

机构概况一览表

年度	内设职能部门数量	下设分支机构					员工		备注
		总数	地市分行数	县区支行数	分理处、营业所数	储蓄所数	总人数	正式职工人数	
2010年	15	0	0	0	0	0	115	96	
2011年	18	0	0	0	0	0	156	128	
2012年	18	1	0	1	0	0	201	174	
2013年	18	2	1	1	0	0	224	189	
2014年	18	3	2	1	0	0	270	240	

先进集体及个人一览表

授奖单位	奖项名称	获奖集体
中国银行业协会	2014年度中国银行业文明规范服务千佳示范单位	浙商银行济南分行营业部
	中国银行业文明规范服务五星级营业网点	
浙商银行	浙商银行十周年功勋团队	浙商银行济南分行信贷业务一部
	浙商银行2014年度优秀团队	
山东银监局	2014年山东银监局直报机构监管统计工作先进单位二等奖	浙商银行济南分行计划财务部
授奖单位	奖项名称	获奖个人
浙商银行	浙商银行十周年功勋员工	吕晓宁
	浙商银行十周年青年之星	邢雪峰
	浙商银行2014年度明星客户经理	王照宏

北京银行股份有限公司济南分行

领导干部及职能部门一览表

<table>
<tr><td colspan="3">行长（或其他称谓的第一负责人）</td><td colspan="3">副行长（或其他称谓的同级领导）</td></tr>
<tr><td colspan="3">王淑梅</td><td colspan="3">孔海涛</td></tr>
<tr><td>地　址</td><td colspan="3">济南市历下区经十路11890号</td><td>邮　编</td><td>250014</td></tr>
<tr><td>职能部门</td><td>正职</td><td>副职</td><td>职能部门</td><td>正职</td><td>副职</td></tr>
<tr><td>公司银行部</td><td>王树民</td><td></td><td>办公室</td><td>魏　震</td><td></td></tr>
<tr><td>零售银行部</td><td></td><td>李大同</td><td>中小与小微企业部</td><td></td><td></td></tr>
<tr><td>国际业务部</td><td></td><td>林　华</td><td>运营部</td><td>徐朝霞</td><td></td></tr>
<tr><td>贷后管理部</td><td>张乐泉</td><td></td><td>信用审批部</td><td></td><td>张曙光</td></tr>
<tr><td>计划财务部</td><td>兰圣刚</td><td></td><td>同业与票据部</td><td>徐朝霞</td><td></td></tr>
</table>

机构概况一览表

<table>
<tr><td rowspan="2">年度</td><td rowspan="2">内设职能部门数量</td><td colspan="5">下设分支机构</td><td rowspan="2">员工总人数</td><td rowspan="2">正式职工人数</td><td rowspan="2">备注</td></tr>
<tr><td>总数</td><td>地市分行数</td><td>县区支行数</td><td>分理处、营业所数</td><td>储蓄所数</td></tr>
<tr><td>2010年</td><td>7</td><td>1</td><td>0</td><td></td><td></td><td></td><td>60</td><td>60</td><td></td></tr>
<tr><td>2011年</td><td>7</td><td>2</td><td>1</td><td>1</td><td>0</td><td>0</td><td>116</td><td>116</td><td></td></tr>
<tr><td>2012年</td><td>12</td><td>4</td><td>1</td><td>3</td><td>0</td><td>0</td><td>219</td><td>219</td><td></td></tr>
<tr><td>2013年</td><td>12</td><td>6</td><td>1</td><td>5</td><td>0</td><td>0</td><td>274</td><td>274</td><td></td></tr>
<tr><td>2014年</td><td>12</td><td>10</td><td>2</td><td>8</td><td>0</td><td>0</td><td>335</td><td>335</td><td></td></tr>
</table>

先进集体及个人一览表

<table>
<tr><td>授奖单位</td><td>奖项名称</td><td>获奖集体</td></tr>
<tr><td rowspan="2">北京银行</td><td>2014年度一等奖——指标完成奖</td><td rowspan="2">北京银行济南分行</td></tr>
<tr><td>2014年公司一等奖——综合贡献奖</td></tr>
<tr><td rowspan="2">中国银行业协会</td><td>中国银行业文明规范服务千佳示范单位</td><td rowspan="2">北京银行济南大明湖支行</td></tr>
<tr><td>中国银行业文明规范服务五星级营业网点</td></tr>
<tr><td>授奖单位</td><td>奖项名称</td><td>获奖个人</td></tr>
<tr><td rowspan="2">北京银行</td><td>文明规范服务优秀标兵</td><td>吕学文</td></tr>
<tr><td>明星大堂经理</td><td>吴　梅</td></tr>
</table>

广发银行股份有限公司济南分行

领导干部及职能部门一览表

行长（或其他称谓的第一负责人）			副行长（或其他称谓的同级领导）		
庞新锋			杜经涛　许铁民　顾　蓉　范广文		
地　址	济南市经四路15号			邮　编	250001
职能部门	正职	副职	职能部门	正职	副职
办公室	郝文刚		信用卡部		宋艳红
人力资源部	来新华		个人银行部		吴存贵　蔡　芳
计划财务部	李国全		公司银行部	李耕深	孟昭剑
信贷管理部	陈　新	张　永　张　鲁　黄哲元	小企业金融部	夏永恒	吴晓鸥
运营科技部	李丽华	赵洪涛	法律合规部		吴　振
环球交易服务部	马　克	刘明霞			

机构概况一览表

年度	内设职能部门数量	下设分支机构					员工总人数		备注
		总数	地市分行数	县区支行数	分理处、营业所数	储蓄所数		正式职工人数	
2012年	8	1	1				164	149	
2013年	10	4	1	3		0	263	238	
2014年	11	7	3	4		0	420	400	

先进集体及个人一览表

授奖单位	奖项名称	获奖集体
山东省精神文明办公室	省级文明单位	广发银行济南分行
大众报业集团	诚信3·15优秀金融品牌	
	山东十大服务品牌	
广发银行	2014年度优秀服务智囊团	
	2014年文明规范服务第三方检查监督第一名	
	总行服务综合评价第二名	
山东银监局	先进银行机构	
山东品牌文化节组委会	2014年度行业山东省品牌创新奖	
广发银行	信息宣传优秀奖	广发银行济南分行办公室
山东金融年鉴委员会	山东金融年鉴优秀稿件一等奖	
中国银行业协会	2014年度中国银行业文明规范服务千佳示范单位	广发银行济南分行营业部
	中国银行业文明规范服务五星级营业网点	
共青团广发银行委员会	五四红旗团委	广发银行济南分行团委

续表

授奖单位	奖项名称	获奖个人
山东省财贸金融工会委员会	山东省财贸金融工会优秀工会工作者	来新华
人民银行济南分行营业管理部	2014 年济南市金融统计工作先进个人	汪　泉
共青团广发银行委员会	2013—2014 年度广发银行青年岗位能手	党荣芳
山东省财贸金融工会委员会	山东省财贸金融工会女职工建功立业标兵	宋艳红
广发银行	2014 年度十佳服务管理人员	陆清华

山东省农村信用社联合社

领导干部及职能部门一览表

理事长（党委书记）		副主任（或其他称谓的同级领导）			
张建民		丁浩升　孙富军　郇　涛　王宝城　孙清华　于富海			
地　址	济南市经七路 6 号			邮　编	250001
职能部门	正　职	副　职	职能部门	正职	副　职
办公室		刘廷伟	审计部	田杰友	王少军
机关党办	官淑梅	王世英	监察保卫部	李金安	李永昌
机关工会	官淑梅	康　东	巡视办公室		李永昌
基建办		赵凤彬	信息科技部		杜海松　焦大光　肖　宁
政策研究部	陈卫东	赵书阳　王高义	济南科技中心		王仁福
业务发展部	王季刚	王永升　赵　磊	黄岛科技中心		姚念馥
网点转型办公室		赵　磊	电子银行部	于振福	朱大伟
信贷管理部	黄孝杰	巩方波　伍永清	合规部	袁德亭	杨　青
管理工程提升办公室		蒋继伟	资金中心	刘传武	刘永法
资产管理部	王　军	梁晓玫	创新研发中心	帖晓鹏	徐　亮　巩丽红
财务会计部	马立军	傅宝汉	后勤服务中心		朱连庆
人力资源部	张　珺	刘瑞英	银行卡中心		张　焰

机构概况一览表

年度	内设职能部门数量	下设分支机构				员工总人数		备注
		总数	市级联社、办事处	县级联社、农合行、农商行数	营业网点数量		正式职工人数	
2010 年	11	5280	17	132	5131	76673	58650	
2011 年	12	5229	17	132	5080	77441	67906	

续表

年度	内设职能部门数量	下设分支机构				员工总人数	正式职工人数	备注
		总数	市级联社、办事处	县级联社、农合行、农商行数	营业网点数量			
2012年	12	5218	17	118	5202	77189	67803	
2013年	14	5180	16	118	5046	77399	71120	
2014年	16	5141	15	114	5012	77150	73774	

先进集体及个人一览表

授奖单位	奖项名称	获奖集体
山东省政府	山东省金融发展贡献奖	省联社
人民银行济南分行	山东省金融机构综合评价A级单位	
山东慈善总会	省管企业慈善工作先进单位	
山东省残疾人福利基金会	爱心助残荣誉单位	
山东省财贸金融工会委员会	山东省金融系统工会财务工作先进单位	
中国金融认证中心（CFCA）	2014年区域性商业银行网上银行综合发展奖	
共青团山东委员会	2013年度山东省“红旗团委”	省联社团委
全国地方金融第十八次论坛	2013年度中国地方金融十佳竞争力银行	青岛农商银行
	2013年度中国地方金融十佳成长性银行	烟台农商银行等2家单位
	2013年度支持小微企业与三农十佳银行	潍坊市联社等3家单位
山东慈善总会	省管企业慈善工作先进基层单位	省联社烟台办事处
山东省总工会	山东省富民兴鲁劳动奖状获得单位	莱州、聊城农商银行
山东省国资委	山东省管企业思想政治工作先进单位	荣成农商银行等3家单位
全国青年文明号活动组委会	全国百家“示范青年文明号集体”	济南润丰农合行经七路支行
全国总工会	全国工人先锋号	东明联社营业部
山东省总工会	山东省工人先锋号	利津农商银行陈庄支行等4家单位
山东省银行业协会	2014年度山东省银行业文明规范服务示范单位	青岛农商银行城阳支行等8家单位
中国银行业协会	2014年度中国银行业文明规范服务千佳示范单位、2014年度中国银行业文明规范服务五星级营业网点	兰山农合银行营业部等4家单位
山东省文明办、省联社	文明服务单位	武城联社老城信用社等61家单位
授奖单位	奖项名称	获奖个人
全国地方金融第十八次论坛	2013年度中国地方金融十佳年度人物	宋文瑄
山东省残疾人福利基金会	爱心企业家	宋文瑄
农信银资金清算中心	农信银支付清算系统业务运行管理先进个人	姜雪玲
山东省财贸金融工会委员会	2013年度山东省财贸金融系统女职工建功立业标兵	尹秀青
山东省总工会	山东省富民兴鲁劳动奖章	帖晓鹏

续表

授奖单位	奖项名称	获奖个人
山东省财贸金融工会委员会	山东省金融系统工会财会工作先进工作者	王道信
	山东省财贸金融系统女职工建功立业标兵	戴旷等 6 人
山东省公安厅	省直单位内部治安保卫先进个人，二等功	李金安
山东省国资委	省管企业优秀思想政治工作者	纪中廉等 3 人
	省管企业优秀共青团干部	李德品
山东慈善总会	省管企业慈善工作先进个人	薛晓燕
山东省文明办、省联社	文明服务标兵	张海婷等 81 人
山东省财贸金融工会	山东省财贸金融系统“优秀工会工作者”	宁三等 3 人

齐鲁银行

领导干部及职能部门一览表

董事长			行长		
王晓春			黄家栋		
地　址	济南市中区顺河街 176 号		邮　编	250001	
职能部门	正职	副职	职能部门	正职	副职
办公室	吴　刚		公司银行部		冯　锟
人力资源部	李九旭		小企业银行部	刘　霞	
董事会办公室	胡金良		零售银行部	曹先锋	
计财部	高永生		金融市场部	朱　宁	
合规部	陈晋洪		国际业务部	郭建忠	
内审部	吴红稳		电子银行部	葛　萍	
监察室	王玉良		机构投行部	聂伟才	
党工办	刘汉方		风险管理部	李德高	
科技部	李振军		信贷审批部	史怀雷	
行管保卫部	王明忠		运营部	高爱青	
转型工作领导小组办公室	张志高		资产保全部	邢德才	

机构概况一览表

年度	内设职能部门数量	下设分支机构					员工总人数	正式职工人数	备注
		总数	地市分行数	县区支行数	分理处、营业所数	储蓄所数			
2010 年	21	79	3	7	0	0	2024	2024	

续表

年度	内设职能部门数量	下设分支机构					员工总人数	正式职工人数	备注
		总数	地市分行数	县区支行数	分理处、营业所数	储蓄所数			
2011 年	20	81	3	9	0	0	2110	2110	
2012 年	19	82	3	9	0	0	2100	2100	
2013 年	19	86	3	12	0	0	2311	2311	
2014 年	21	101	5	16	0	0	2604	2604	

先进集体及个人一览表

授奖单位	奖项名称	获奖集体
中国金融认证中心（CFCA）	2014 年区域性商业银行最佳网上银行功能奖	齐鲁银行电子银行部
中国银行业协会	中国银行业文明规范服务千佳示范单位	齐鲁银行高新支行
	中国银行业文明规范服务五星级营业网点	
	中国银行业客户服务中心优秀服务奖	齐鲁银行电子银行部客户服务中心
山东银监局	2014 年度省级“送金融知识下乡”宣传服务站	齐鲁银行济南商河支行
	2013 年度辖区银行业金融机构小微企业金融服务优秀团队	齐鲁银行花园管辖行历山北路支行
人民银行征信中心	企业征信系统数据质量工作优秀机构	齐鲁银行
山东银联	2013 年度银联卡风险防范贡献奖	
	“2014 年度银联卡市场规范”优秀奖	
人民银行济南分行营管部	2014 年金融案例研究征文活动组织奖	
	2014 年济南市金融统计工作先进集体一等奖	
济南市市委	全市行风民主评议中，金融机构第二名	
山东省银行业协会	2013 年度山东省银行业信息宣传工作先进单位	
人民银行济南分行营管部	2014 年济南市金融统计工作先进集体一等奖	
授奖单位	奖项名称	获奖个人
山东银监局	城市商业银行数据治理探索及最佳实践	张殿东
人民银行济南分行营管部	2014 年济南市金融统计工作先进个人	张　云
中国银行业协会	全国“优秀客服明星”	王　昊

青岛银行

领导干部及职能部门一览表

行长（或其他称谓的第一负责人）			副行长（或其他称谓的同级领导）		
郭少泉（董事长） 王 麟（行长） 邹君秋（监事长）			陈 青 王 瑜 杨峰江 杨长德 肖 群 姜福鑫 陈 霜 潘丽宏 张巧雯 GIAMBERTO GIRALDO 胡高雷 吕 岚		
地 址	青岛市香港中路68号			邮 编	266071
职能部门	正职	副职	职能部门	正职	副职
董监事会办公室	吕 岚		财富管理中心	黄 蕾	
办公室	文洪进		服务监督中心	赵 荣	
人力资源部	姜福鑫（兼）	曹立胜	信息技术部	杨 斌	张大卫 韩朝丽
计划财务部	王 波	朱贵东 刘晓曙	电子银行部	刘 静	
信贷管理部	孙继刚	盛志远 赵凤杰 王春雨	运营管理部	蒲志强	汤 潇 徐 楠
授信审批部	陆连华	李 楠 王俊峰 唐 衡 王报春 Franco Cugnach	审计部	徐万盛	王雪蓉
公司银行部 贸易金融事业部	姜 晖（兼）	王崭先 王 荣 崔积峰 王洪春 周 婷 张海英	机构管理部	张永泰	边 磊
金融市场事业部	刘 鹏	王 茜	研究发展部	李爱英	徐洪治
票据中心	李金增	唐 坚	法律合规部	孟宪政	周尊严
小企业金融部	郑永俊	徐 宏 魏 刚	安全保卫部	杨顺喜	
零售银行部	徐世军	林 栋 于平程 王志纯	行政部	张守建	吴洪展
个人信贷部	张从民	魏良永			

机构概况一览表

年度	内设职能部门数量	下设分支机构					员工总人数		备注
		总数	地市分行数	县区支行数	分理处、营业所数	储蓄所数		正式职工人数	
2010年	25	45	1	5	0	0	1624	1478	
2011年	28	47	2	6	0	0	1972	1717	
2012年	28	51	2	9	0	0	2281	1939	
2013年	26	60	4	15	0	0	2748	2237	
2014年	24	76	6	11	0	0	3153	2655	

先进集体一览表

授奖单位	奖项名称	获奖集体
中国银监会	“银行业信息科技风险管理研究”三类和四类研究成果	青岛银行
《金融时报》	金龙奖一年度最佳零售业务中小银行	青岛银行
中华全国总工会	全国工人先锋号	青岛银行南京路支行
中国金融业客服中心	“运营管理标杆团队奖”、“呼入运营班组长标杆奖”、“呼入座席员标杆奖”	青岛银行客服中心
共青团山东省委	山东省五四红旗团支部	青岛银行五四广场支行
山东省妇女联合会	山东省巾帼文明岗	青岛银行胶南支行
中国银行业协会	2014年度中国银行业文明规范服务千佳示范单位 2014年度中国银行业文明规范服务五星级营业网点	青岛银行济南分行营业部、东海西路第一支行、香港中路第二支行

齐商银行

领导干部及职能部门一览表

行长（或其他称谓的第一负责人）			副行长（或其他称谓的同级领导）		
杲传勇			赵晓东　韩兴柱　鞠　杰　王　强　丁树博 王　涛　郑文杰　曹爱萍　张东升　孙高荣		
地　址	淄博市张店区中心路105号			邮　编	255000
职能部门	正职	副职	职能部门	正职	副职
董、监事会秘书处	马慧玲	李　刚	保卫出纳部	张海清	于　霞
办公室	刘锦程	朱　莉　史卫东	运行管理部	高　源	袁征喹　王　刚
基建管理部	张建文	苑立坤	战略规划部	张振焱	葛军生
人力资源部	国建鑫	张红博	公司金融部	周航升	张　澎
培训中心	滕永滔		零售金融部	岳　雷	张　冰
宣传部	张学民	张　涛　周　芳	国际金融部	王飞雪	赵　莉　李　亮
纪检监察部	耿卫东	孙玉宁	金融市场部	李保国	曹　源
风险管理部	刘庆国	罗长征	同业投行部	谭秀弟	司彦江　宋继锋　王　健
稽核审计部	刘丽珍	栾贻峰	资产管理部	伊建伟	付国军
科技信息部	刘映辉	张宏涛　马立俊	小企业金融服务中心	邹　倩	胥计忠　王　凯　姚建东
计划财务部	郝同利	王新兵			

机构概况一览表

年度	内设职能部门数量	下设分支机构					员工总人数	正式职工人数	备注
		总数	地市分行数	县区支行数	分理处、营业所数	储蓄所数			
2010 年	18	76	2	74	0	0	1586	1527	
2011 年	16	77	2	75	0	0	1722	1556	
2012 年	21	81	3	78	0	0	1867	1668	
2013 年	20	86	4	82	0	0	2411	1810	
2014 年	21	95	5	90	0	0	2621	2195	

先进集体及个人一览表

授奖单位	奖项名称	获奖集体
陕西省统计局	2013 年度全省金融保险业财务统计工作先进单位	齐商银行西安分行
	十佳最满意服务机构	齐商银行西安分行营业部
人民银行西安分行	2013 年西安市金融统计工作一等奖	齐商银行西安分行
山东省妇联	城乡妇女岗位建功先进集体	齐商银行小企业金融服务中心、潍坊青州支行
授奖单位	奖项名称	获奖个人
第九届中国中小企业家年会	全国扶持中小企业创业 2014 特别贡献奖	杲传勇
中国企业文化促进会	践行社会主义核心价值观横范管理者	

烟台银行

领导干部及职能部门一览表

董事长、行长、监事长			副行长（或其他称谓的同级领导）		
叶文君　石学东　王建春			孙　涛　左　华		
地　址	烟台市芝罘区海港路 25 号		邮　编	264000	
职能部门	正职	副职	职能部门	正职	副职
办公室	位正海	易建生　胡子连	会计结算部	王慧明	杨小丽
监察与保卫部	李文章	王利新	授信管理部	宫秀海	李建章
稽核监督部	姜美华	车成文	个人业务部	王淑华	邱韵韵
科技部	周爱民	吴　鸿	公司业务部	吕景明	李文奇
人力资源部	李振勇	邱义蓉	国际业务部	郑速民	姜志明
市场推广部	李　健	张林中	金融市场部	廖　青	冷绍辉
风险管理部	张广杰		小企业贷款部	姚　华	
计划财务部	魏涪雷	徐明文	资产管理部	于秋海	于　涛　卢　健

机构概况一览表

年度	内设职能部门数量	下设分支机构					员工总人数		备注
		总数	地市分行数	县区支行数	分理处、营业所数	储蓄所数		正式职工人数	
2010年	14	72	0	72	0	0	1468	1357	
2011年	17	72	0	72	0	0	1470	1369	
2012年	18	72	0	72	0	0	1481	1396	
2013年	18	72	0	72	0	0	1463	1402	
2014年	17	72	0	72	0	0	1492	1343	

先进集体一览表

授奖单位	奖项名称	获奖集体
山东省银行业协会	山东省银行业文明规范服务示范单位	烟台银行营业部、海阳支行、蓬莱支行、莱州支行

潍坊银行

领导干部及职能部门一览表

行长(或其他称谓的第一负责人)			副行长(或其他称谓的同级领导)		
史跃峰			闫红兵　仪修喜　朱毅达　李建卫　黄建军		
地址	潍坊市奎文区胜利东街5139号			邮编	261041
职能部门	正职	副职	职能部门	正职	副职
董事会办公室	王海滨		信息科技部	闫学顺	于大勇
监事会办公室	李素平		内部审计部	李子刚（兼）	刘宝民　许　艳
办公室	宋欢欢	陈志兴　仲　峰	风险控制部	张始海	周锡军
人力资源部	李庆伟		品牌管理部	戴妮娜	唐兆亮
党群工作部	王海滨（兼）		安全保卫部	王德曜	毛国栋
战略研究部	邢志伟	王伟民	公司金融部	张振升	王贵河　吴德新
计划财务部	李志刚	贾锋江　成红卫	个人金融部	孟红升	刘承红　张雪松
运行管理部	齐寿东	黎卫东　刘　艳　张　鹏	小微金融部	郑友坤	邱国建
机构管理部	王永霖	岳　旭	国际金融部	王远军（兼）	付　燕
职工培训学院	吕　和	张建梅　殷凤坤	特殊资产部	王晓强	张海波　徐　峰
电子银行部	朱晓平	丁荣军	农村金融部	聂兴华	黄树义
授信管理部	张　彬	周兆友　田　峰			

机构概况一览表

年度	内设职能部门数量	下设分支机构					员工总人数	正式职工人数	备注
		总数	地市分行数	县区支行数	分理处营业所数	储蓄所数			
2010 年	20	48	1	47	0	0	1366	1366	
2011 年	25	50	1	49	0	0	1510	1510	
2012 年	25	55	1	54	0	0	1698	1698	
2013 年	25	65	2	63	0	0	1956	1956	
2014 年	25	78	3	75	0	0	2172	2172	

先进集体及个人一览表

授奖单位	奖项名称	获奖集体
中华全国总工会	全国模范职工之家	潍坊银行
中国银监会	2014 年度银行业信息科技风险管理课题研究一类成果——商业银行移动营销平台安全技术的实践与研究	
国家版权局	计算机软件著作权——潍坊银行开卡开户移动终端平台 计算机软件著作权——潍坊银行移动微贷软件	
人民银行征信中心	2013 年度企业征信系统数据质量工作优秀机构	
人民银行济南分行	2013 年山东省提升现金服务水平专项活动先进集体	
山东银监局	2014 年度银行业信息科技风险管理课题研究一类成果——微贷业务应用移动技术的研究	
山东省银行业协会	山东省银行业服务小微企业十佳金融产品奖 山东省银行业服务“三农”十佳金融产品奖	
全国银行业协会	中国银行业文明规范服务五星级营业网点 2014 年度中国银行业文明规范服务千佳示范单位	潍坊银行火车站支行
山东省银行业协会	省级文明服务示范网点	潍坊银行营业部
授奖单位	奖项名称	获奖个人
山东省企业联合会 山东省企业家协会	先进个人	仪修喜
中国内部审计协会	全国内部审计先进工作者	李子刚
山东省金融工作办公室	山东省青年金融领军人物百强	宋欢欢 张 萍
人民银行征信中心	2013 年度企业征信系统数据质量工作优秀个人	张文行 王承晖
山东省公安厅	二等功奖章	王德曜 陈 勇
山东省公安厅	三等功奖章	潘海澄

威海市商业银行

领导干部及职能部门一览表

行长（或其他称谓的第一负责人）			副行长（或其他称谓的同级领导）		
谭先国（董事长、党委书记） 赛志毅（副董事长、行长） 孙宝镇（监事会主席）			刘 河 邓 卫 张仁钊 刘昌杰 毕秋波 李海清 邢志强		
地址	威海市宝泉路9号		邮编	264200	
职能部门	正职	副职	职能部门	正职	副职
董事会办公室	李 杰		小企业银行部	景绍新	李 明
监事会办公室	张雪凝		公司银行部	赵晓博	何向阳 汪海珊
办公室	张家恩		运营管理部	蒋其学	刘春燕 谷风丽 李 艳
人力资源部	崔连山	冷朝晖 于 瀚	科技信息部	张文明	田大伟 刘建飞
计划财务部	陶遵建	卢光明 陶 蕾	行政管理部	林峰山	王 东
战略管理部	师 阳	陈 蓉	安全保卫部	于春勇	夏卫东
贸易金融部	秦浩东	王者庆 谷婷婷	审计部	王若芳	陶咏梅
金融市场部	朱焕新	李文武（兼）	交通金融部	王国锋	
零售银行部	高 洁	任 艳 耿仁东	党群工作部	张雪凝（兼）	
风险管理部	唐彬彬	张传政 毕建明	网络金融部	高 洁（兼）	蔡玉欣
法律合规部	王树奇	刘愿梅	投资银行部	朱焕新（兼）	
授信审批部	张晓东	孙华斌 焦念胜			

机构概况一览表

年度	内设职能部门数量	下设分支机构					员工总人数	正式职工人数	备注
		总数	地市分行数	县区支行数	分理处、营业所数	储蓄所数			
2010年	16	42	3	39			1277	1163	
2011年	16	47	3	44			1470	1365	
2012年	16	56	5	51			1865	1725	
2013年	16	64	7	57			2374	2213	
2014年	23	76	8	68			2732	2592	

先进集体及个人一览表

授奖单位	获奖名称	获奖集体
山东省银行业协会	山东省银行业服务三农十佳金融产品奖	威海市商业银行
国家文化部	首届“全国最美企业之声”金奖	
银联山东分公司	2014年度银联卡市场规范优秀奖	

续表

授奖单位	获奖名称	获奖集体
山东省公安厅	2013年度全省内部治安保卫先进集体，并记集体二等功	威海市商业银行安全保卫部
山东省银行业协会	山东省银行业文明规范服务示范单位	威海市商业银行高新支行 威海市商业银行济南分行营业部
山东银监局	“金融知识进万家”宣传服务月活动先进单位	威海市商业银行济南分行
授奖单位	获奖名称	获奖个人
中国人民银行征信中心	企业征信系统数据质量工作优秀个人	毕建明
中国人民银行征信中心	个人征信系统数据质量工作优秀个人	连志良
中国银行业协会	全国银行业法律风险管理先进个人	张传政
山东省金融工作办公室	2013年度青年金融领军人物百强	王国铨　姜忠洲
银联山东分公司	2014年度山东省银行卡发展先进个人	石　青　李晓峰 邱力勇　蔡慧敏
山东省城商行合作联盟	核心入联先进个人	刘　珊　李　杰　刘　蕊 马　娟　金春雷　王新华

临商银行

机构概况一览表

年度	内设职能部门数量	下设分支机构					员工		备注
		总数	地市分行数	县区支行数	分理处、营业所数	储蓄所数	总人数	正式职工人数	
2010	20	67	1	65			1704	1610	
2011	20	69	1	67			1790	1652	
2012	22	70	1	68			2085	1900	
2013	22	73	1	71			1999	1826	
2014	25	74	1	72			1956	1780	

日照银行

领导干部及职能部门一览表

行长（或其他称谓的第一负责人）		副行长（或其他称谓的同级领导）	
王　森（党委书记、董事长） 闫　鸣（行长）		高月康　焦自竺　黄　玲　王永健 袁玲玲　杨宝峰　宋　文	
地　址	日照市烟台路197号	邮　编	276826

续表

职能部门	正职	副职	职能部门	正职	副职
办公室	宋 文(兼)	范 文 陈 迎 刘 伟	个人金融业务部	倪孝军	时培金
人力资源部	汪 芳	段 洁	资产管理部	徐 宏	
计划财务部	马 辉	张茹茹	风险管理部	寇相亮	
营运管理部	黄 维	褚江艳	信贷管理部	宋宜涛	
科技部	秦宝林	王秀明	小企业金融部	王惠斌(兼)	张宗团
审计部	黄 丽	刘 芸	工会办公室	马 莉	
公司业务部		姜 岩 管延伟	保卫部		张茂新
金融市场部	刘秀梅	王 鹏	监事会办公室	刘维震	
国际业务部	任晓燕	庄 霞 韩英丽	纪检监察室	闫东章	

机构概况一览表

年度	内设职能部门数量	下设分支机构						员工		备注
		总数	地市分行数	县区支行数	专营机构	分理处、营业所数	储蓄所数	总人数	正式职工人数	
2010年	17	28	2	25				881	766	
2011年	18	30	2	27				981	851	
2012年	18	36	2	33				1153	993	
2013年	18	44	4	39				1434	1292	
2014年	18	51	4	46	1			1679	1498	

先进集体及个人一览表

授奖单位	奖项名称	获奖集体
金融时报社、中国社科院金融研究所	2013中国金融机构金牌榜-年度最佳效益中小银行	
人民银行征信中心	个人征信系统数据质量工作优秀机构	日照银行信贷管理部
山东省公安厅网络安全保卫总队、信息网络安全协会	2014年度信息网络安全管理工作先进单位	日照银行
银联山东分公司	2014年度银联IC卡推广贡献奖	日照银行
山东省银行业协会	2014年度山东银行业文明规范服务示范单位	日照银行岚山支行
山东省总工会	山东省工人先锋号	日照银行营业部
山东省团委	山东省五四红旗团支部	
山东省创建青年文明号活动组委会	(青年文明号20年)山东省青年文明号示范集体	
山东省团委	五星级省级青年文明号	
山东省银行业协会	山东省银行业文明规范服务示范单位	
人民银行济南分行	山东省反假货币工作先进集体	日照银行营运管理部

续表

授奖单位	奖项名称	获奖个人
中国银行业协会	2014年度全国银行业法律风险管理先进个人 中国银行业协会首批法律专家	寇相亮
人民银行征信中心	个人征信系统数据质量工作优秀个人	孙元刚　张　健
山东省金融工作办公室	2013年度青年金融领军人物百强	杨宝峰
山东省城市商业银行合作联盟有限公司	2014年度信息科技建设先进个人	吕世明　曾现丰
银联山东分公司	2014年度山东省银行卡产业发展先进个人	王　勇　冯　磊
	银联银行卡业务先进个人	蔡其言　汤巍巍
山东省城市商业银行合作联盟有限公司	电子银行业务创新业务先进个人	韩　萍　殷永鑫
	信息系统运维先进个人	李金萍　王琼瑶
	二代支付系统接口验收突出贡献奖	王琼瑶　孟祥伟 陈　曦

德州银行

领导干部及职能部门一览表

行长（或其他称谓的第一负责人）			副行长（或其他称谓的司级领导）		
孙玉芝（董事长）　常　青（行长） 杜成金（监事长）			李书华　尹德恩　郑亚林　吴玉华　张正忠　周成亮 侯玉荣　薛　梅　王　东　李金涛　徐圣颖　蔡　敏		
地　址	德州市三八东路1266号			邮　编	253012
职能部门	正职	副职	职能部门	正职	副职
董监办	蔡　敏	代小军	战略发展部	刘亚楠	
审计部	王树志	张雪梅	公司业务部	刘风焕	
国际业务部	马　勇	田玉焕	零售业务部	周金秀	郭　玲
金融市场部	王　东（兼）	刘　斌　刘珊珊 陈晓峰	微小企业部	刘　毅	
运行管理部	张让慧		清算出纳中心	周　洁	
电子银行部	徐晓东	刘　斌	科技信息部	张　霞	刘国强
风险管理部	陈保兴		授信管理部	于明臣	尹海峰
计划财务部	朱建丽	杨　军	资产保全部	赵秀君	王文忠　赵遵舜 徐　晖　麻　强
综合部	肖　敏　刘拥军	王子俊　吴晓梅	人力资源拓展部	徐圣颖	何文生
安全保卫部	张正忠（兼）	邱海军	行政事务部	张福祥	盛宝东

机构概况一览表

年度	内设职能部门数量	下设分支机构					员工总人数		备注
		总数	地市分行数	县区支行数	分理处、营业所数	储蓄所数		正式职工人数	
2010 年	11	32	0	31	0	0	681	559	
2011 年	14	34	0	33	0	0	735	600	
2012 年	15	38	0	37	0	0	847	734	
2013 年	19	41	1	40	0	0	960	960	
2014 年	20	58	2	56	0	0	1201	1201	

先进集体及个人一览表

授奖单位	奖项名称	获奖集体
中国银行业协会	中国银行业文明规范服务五星级营业网点	德州银行齐河支行
	中国银行业文明规范服务千佳示范单位	德州银行齐河支行
山东银监局	2014 年度山东银监局银行业信息科技风险管理课题二类成果	德州银行
山东省银行业协会	山东省银行业文明规范服务示范单位	德州银行东风路支行、德州银行临邑支行
人民银行济南分行	山东提升现金服务水平专项行动先进集体	德州银行鑫都支行
授奖单位	奖项名称	获奖个人
人民银行济南分行	山东省残损人民币回收突破年先进个人	孙英林

济宁银行

领导干部及职能部门一览表

行长（或其他称谓的第一负责人）			副行长（或其他称谓的同级领导）		
李　敏（董事长） 李维水（监事长） 李印喜（行　长）			陈振勇　梁汝亮　张衍珍　焦春华　官　振		
地　址	济宁市古槐路 58 号			邮　编	272100
职能部门	正职	副职	职能部门	正职	副职
董事会办公室		王　庆	法律合规部	张晓锋	
审计部		殷　勇	计划财务部	王宝霞	赵志伟　刘震时
监事会办公室	李　静		结算运营部	杨　杰	王惠芳　袁贵贤
行政管理部	刘　君	杜欣然	电子银行部		杨丙惠　于冰冰
人力资源部	吕美晶		国际业务部		刘明艳　王忠海
公司业务部		徐　环　褚秀华	科技部	崔兴嘉	
风险管理部		马传举	安全保卫部	杨学志	

续表

职能部门	正职	副职	职能部门	正职	副职
授信审批部	陈洪卫		工会		牛朝晖
金融市场部	姚黎明	王亚男	小微贷款中心	陈　亮	李　乾

机构概况一览表

年度	内设职能部门数量	下设分支机构					员工总人数		备注
		总数	地市分行数	县区支行数	分理处、营业所数	储蓄所数		正式职工人数	
2010年	18	25	0	10	15	0	661	661	
2011年	18	27	0	11	16	0	821	821	
2012年	19	32	0	16	16	0	991	991	
2013年	19	39	4	18	17	0	1103	1103	
2014年	19	42	4	19	19	0	1335	1335	

东营银行

领导干部及职能部门一览表

行长（或其他称谓的第一负责人）			副行长（或其他称谓的同级领导）		
石子强　高树松　袁学军			王乃军　王希凯　张爱民　付光远		
地　址	东营市东营区井冈山路808号			邮　编	257000
职能部门	正职	副职	职能部门	正职	副职
发展规划部	李德星	李新鹏	合规部	王　峰	王伟杰
人力资源部		朱文郁	电子银行部	盖登攀	
信贷管理部	孟凡城	尚俊敏	零售业务部		孙玉娟
党群监察部	宋士平	耿润坤	公司业务部	孟凡城（兼）	刘维亮
审计部	李旭光	黄　坤	国际业务部	曹丽霞	
资金同业部	吕玉明	钟少华	风险管理部	刘　昊	
运营管理部	尹　玮	徐新艳	行政事务部	马其胜	袁明波
计划财务部	刘瑞江	吴顺青	信息技术部	吴行飞	王　飞

机构概况一览表

年度	内设职能部门数量	下设分支机构					员工总人数		备注
		总数	地市分行数	县区支行数	分理处、营业所数	储蓄所数		正式职工人数	
2010年	14	24	2	8	0	0	596	484	

续表

年度	内设职能部门数量	下设分支机构					员工总人数	正式职工人数	备注
		总数	地市分行数	县区支行数	分理处、营业所数	储蓄所数			
2011年	14	27	2	9	0	0	701	642	
2012年	14	31	2	11	0	0	795	741	
2013年	16	40	4	13	0	0	941	852	
2014年	16	45	4	44	0	0	1154	1091	

莱商银行

领导干部及职能部门一览表

行长（或其他称谓的第一负责人）			副行长（或其他称谓的同级领导）		
谭乐清			赵怀方　尚海燕　李学斌　苏全利　杨宏峰		
地　址	山东省莱芜市龙潭东大街137号			邮　编	271100
职能部门	正职	副职	职能部门	正职	副职
办公室		李　智	人力资源部	杨　双	
董事会办公室	邵　勇		监事会办公室	李国实	
业务运营部	侯爱红		机构发展管理部	邵　勇	
计划财务部	张瑞杰		合规风险部	卢光书	
国际业务部	穆凤兰		授信审批部	雷印涛	
公司银行部	陈法军		信息科技部	郝呈刚	
金融市场部	马新生		电子银行部	王素荣	
内审部	高新会		个人银行部	李逢奎	
保障安全部	张继军		工会办公室	张　歌	
企业文化部					

机构概况一览表

年度	内设职能部门数量	下设分支机构					员工总人数	正式职工人数	备注
		总数	地市分行数	县区支行数	分理处、营业所数	储蓄所数			
2010年	11	33	3	30	0	0	793	793	
2011年	11	36	3	33	0	0	915	915	
2012年	11	44	3	41	0	0	1000	1000	
2013年	19	53	7	46	0	0	1351	1351	
2014年	20	61	7	54	0	0	1652	1652	

先进集体一览表

授奖单位	奖项名称	获奖集体
社科院金融研究所与金融时报社	2014 中国金融机构金牌榜“年度最佳区域经营中小银行”	莱商银行
山东省公安厅和省信息安全网络协会	山东省 2014 年度信息网络安全管理工作先进单位	
江苏银监分局	“江苏省银行业金融机构小微企业金融服务工作先进单位”	莱商银行徐州分行

枣庄银行

领导干部及职能部门一览表

行长（或其他称谓的第一负责人）			副行长（或其他称谓的同级领导）		
吕士伟			樊印华　许太景　刘　永　崔　健　张德安　朱玉军		
地　址	枣庄市市中区文化中路 60 号			邮　编	277100
职能部门	正职	副职	职能部门	正职	副职
监事会办公室	陆　萍		合规保卫部	李　敏	
人力资源与发展部	韩西瑾	王爱军	风险控制部	张　娜	
办公室	张　伟	边道侠	科技部	兰秀锦	
会计财务部	王红亚		纪检办公室		
业务部	杜　强		基建办公室	赵卫华	
个人金融业务部	高永芳		特种资产管理部		
金融市场部	张　敏		机构管理部	邢洪水	
稽核部	吴桂真	贾丽梅			

机构概况一览表

年度	内设职能部门数量	下设分支机构					员工总人数		备注
		总数	地市分行数	县区支行数	分理处、营业所数	储蓄所数		正式职工人数	
2010 年	7	14		2			351	316	
2011 年	7	15		3			415	339	
2012 年	9	16		4			459	372	
2013 年	12	18		4			567	460	
2014 年	15	22		6			683	577	

先进集体一览表

授奖单位	奖项名称	获奖集体
金融时报社、中国社科院金融研究所	2014 中国金融机构金牌榜年度最具竞争力中小银行	枣庄银行

续表

授奖单位	奖项名称	获奖集体
山东省文明委	省级文明单位	枣庄银行
山东省公安厅	全省单位内部治安保卫先进集体二等功	
山东省工商行政管理局	守合同重信用企业	薛城支行

泰安市商业银行

领导干部及职能部门一览表

行长（或其他称谓的第一负责人）			副行长（或其他称谓的同级领导）		
展　鹏（董事长）　石占银（行长）　张海涛（监事长）			史建国　李志辉　李成山　赵传迎　杨方步		
地　址	山东省泰安市长城路3号		邮　编	271000	
职能部门	正职	副职	职能部门	正职	副职
行政部	张志鹏		公司业务总部	张传智	
人力资源部		聂　静	零售业务总部	赵晓坤	周　娟
授信管理部	毕晓军		内审部	刁光阳	
科技信息部		秦传贞	运营管理部	姜传朋	
风险合规部		阴向征	金融市场总部	夏学明	
电子银行部	冯德东		党群监察部	王　涛	
计划财务部	梁　涛		资产保全部		冯　彬
北京研发中心	安　鹏				

机构概况一览表

年度	内设职能部门数量	下设分支机构					员工总人数		备注
		总数	地市分行数	县区支行数	分理处、营业所数	储蓄所数		正式职工人数	
2010年	11	25	0	25	0	0	942	942	
2011年	13	26	0	26	0	0	983	983	
2012年	14	27	0	27	0	0	717	717	
2013年	15	29	0	29	0	0	1108	783	
2014年	16	33	0	33	0	0	1290	827	

山东临沂兰山农村合作银行

机构概况一览表

年度	内设职能部门数量	下设分支机构					员工总人数		备注
		总数	地市分行数	县区支行数	分理处、营业所数	储蓄所数		正式职工人数	
2010年	16	92	0	32	60	0	1215	739	
2011年	16	92	0	32	60	0	1215	1058	
2012年	17	92	0	32	60	0	1185	1029	
2013年	16	88	0	30	58	0	1144	1069	
2014年	20	88	0	31	57	0	1136	1115	

山东圣泰农村合作银行

领导干部及职能部门一览表

行长（或其他称谓的第一负责人）			副行长（或其他称谓的同级领导）		
赵　鲁　赵　峰　郑海军			曲东辉　邵主全　苏亚峰		
地　址	济宁市建设路110号		邮　编	272000	
职能部门	正职	副职	职能部门	正职	副职
财务会计部	张　文	姚春玲	党委办公室	刘纪国	张利平
办公室	接　伟		人力资源部	王文彦	
风险管理部	于水明		政策法规部	李兴惠	
审计部	崔　园		监察保卫部	张奉娟	付仰鑫
市场拓展部	赵振华	安　鹏	资产管理部	朱远武	
科技部	黄志刚		信贷管理部	谢　涛	
合规部	蒋　妍		放款中心	孔迎新	
市场拓展部	李晓红		贷款检查中心	渠慎坤	
个贷部	薛　岭				

机构概况一览表

年度	内设职能部门数量	下设分支机构					员工总人数		备注
		总数	地市分行数	县区支行数	分理处、营业所数	储蓄所数		正式职工人数	
2010年	14	27	0	18	9	0	441	406	
2011年	15	27	0	18	9	0	453	411	

续表

年度	内设职能部门数量	下设分支机构					员工总人数		备注
		总数	地市分行数	县区支行数	分理处、营业所数	储蓄所数		正式职工人数	
2012年	15	27	0	18	9	0	451	409	
2013年	16	27	0	18	9	0	470	430	
2014年	17	27	0	18	9	0	475	460	

先进集体及个人一览表

授奖单位	奖项名称	获奖集体
省农信社	省级文明服务单位	金城支行
授奖单位	奖项名称	获奖个人
省农信社	省级文明服务标兵	曹　原

新韩银行(中国)有限公司青岛分行

领导干部及职能部门一览表

行长（或其他称谓的第一负责人）			副行长（或其他称谓的同级领导）		
姜成逸			朴相培　朴正一		
地　址	青岛东海西路28号中信万通证券大厦4楼			邮　编	266071
职能部门	正职	副职	职能部门	正职	副职
个人业务部	刘素娟		公司业务部	宋　柏	
国际业务部	王　瑜		授信业务部	安昌男	
合规部	梁云植				

机构概况一览表

年度	内设职能部门数量	下设分支机构					员工总人数		备注
		总数	地市分行数	县区支行数	分理处、营业所数	储蓄所数		正式职工人数	
2010年	5	2	1	1	0	0	45	42	
2011年	5	2	1	1	0	0	50	47	
2012年	5	2	1	1	0	0	53	50	
2013年	5	2	1	1	0	0	66	64	
2014年	5	2	1	1	0	0	71	66	

先进集体及个人一览表

授奖单位	奖项名称	获奖集体
人民银行青岛市中心支行	青岛市金融稳定重大事项报告工作先进单位	新韩银行（中国）有限公司青岛分行
授奖单位	奖项名称	获奖个人
人民银行青岛市中心支行	金融统计优秀统计员	宋　杓
	青岛市金融稳定重大事项报告工作先进个人	田秀强

汇丰银行(中国)有限公司济南分行

领导干部及职能部门一览表

行长			副行长		
薛　洁			冯建伟		
地址	济南市市中区经七路房产大厦 1-107 室			邮编	250001
职能部门	正职	副职	职能部门	正职	副职
工商金融服务部			零售银行及财务管理部		
环球银行部	尹　莉		环球贸易及融资业务部	延昱华	
人力资源部	杨彩梅		合规部	魏　巍	
营运部	李迎秋		财务部	王　远	
安保部	赵寅东				

机构概况一览表

年度	内设职能部门数量	下设分支机构					员工总人数		备注
		总数	地市分行数	区县支行数	分理处、营业所处	储蓄所处		正式职工人数	
2010	9	1	1	0	0	0	34	34	
2011	9	1	1	0	0	0	34	34	
2012	10	1	1	0	0	0	31	31	
2013	9	1	1	0	0	0	35	35	
2014	9	1	1	0	0	0	32	32	

先进集体及个人一览表

授奖单位	奖项名称	获奖集体
《山东金融年鉴》编委会	优秀稿件一等奖	汇丰银行济南分行
授奖单位	奖项名称	获奖个人
汇丰中国	汇丰中国价值典范	周　杨

汇丰银行(中国)有限公司青岛分行

领导干部及职能部门一览表

行长（或其他称谓的第一负责人）			副行长（或其他称谓的同级领导）		
张　芳			孙翠霞　姜　鲁		
地址	青岛市香港中路 76 号颐中皇冠假日酒店八楼		邮编	266071	
职能部门	正职	副职	职能部门	正职	副职
工商业务部	姜　鲁		零售银行及财富管理业务部	田　坤　谢　雷	
环球银行部	宋　红		合规部	丁维鑫	
环球贸易及融资业务部	贾月萱		财务部	姚振宇	
环球贸易及融资业务部	任晓立		人力资源部	程　虹	
营运部	于　佩		资讯科技部	邱　东	
安全和欺诈风险部	庄建春		采购部	王逸心	

机构概况一览表

年度	内设职能部门数量	下设分支机构					员工总人数	正式职工人数	备注
		总数	地市分行数	县区支行数	分理处、营业所数	储蓄所数			
2010 年	12	5	1	4			155	155	
2011 年	12	5	1	4			147	147	
2012 年	15	5	1	4			137	137	
2013 年	12	5	1	4			125	125	
2014 年	12	5	1	4			133	133	

渣打银行(中国)有限公司青岛分行

领导干部及职能部门一览表

行长（或其他称谓的第一负责人）			陈国华		
地　址	青岛市市南区香港中路 40 号数码港旗舰大厦 35 层		邮　编	266071	
职能部门	正职	副职	职能部门	正职	副职
合规部	于　涛		香港中路支行	倪坚议	
营运部	刘丽娜		商业银行部	宋旭兵	
本地企业部	丘以琳		城阳支行	刘　军	
韩国企业部	康撤奉		香港中路第二支行	郝　亮	
大宗商品贸易部	项英峰		海尔路支行	杨颂军	

机构概况一览表

年度	内设职能部门数量	下设分支机构					员工总人数	正式职工人数	备注
		总数	地市分行数	县区支行数	分理处、营业所数	储蓄所数			
2010 年	8	3	1	0	0	0	74	74	
2011 年	11	4	1	0	0	0	116	116	
2012 年	11	5	1	0	0	0	120	120	
2013 年	11	5	1	0	0	0	121	121	
2014 年	11	5	1	0	0	0	112	112	

企业银行(中国)有限公司青岛分行

领导干部及职能部门一览表

行长（或其他称谓的第一负责人）			副行长（或其他称谓的同级领导）		
梁锺必			河龙泽		
地　址	青岛市崂山区苗岭路 36 号国际发展中心一层、二层网点			邮　编	266061
职能部门	正职	副职	职能部门	正职	副职
合规部	杨　倩		安保部	河龙泽	
贷款部	李光勋		总务部	河龙泽	
外汇部	丛广莹		监察部	河龙泽	
存款部	张李平		IT 部	李光勋	

机构概况一览表

年度	内设职能部门数量	下设分支机构					员工总人数	正式职工人数	备注
		总数	地市分行数	县区支行数	分理处、营业所数	储蓄所数			
2010 年	5	2	1	1			35	35	
2011 年	5	2	1	1			40	40	
2012 年	5	2	1	1			52	52	
2013 年	6	3	1	2			57	57	
2014 年	8	3	1	2			58	58	

先进集体及个人一览表

授奖单位	奖项名称	获奖集体
青岛银监分局	2014 年度青岛银行业金融知识进万家活动先进单位	企业银行（中国）有限公司青岛分行
授奖单位	奖项名称	获奖个人
青岛银监分局	2014 年度青岛银行业金融知识进万家活动先进个人	杨　倩　种　冲

日本山口银行股份有限公司青岛分行

领导干部及职能部门一览表

行长			副行长		
清水雅彦			竹中健二　夏　铮		
地　址	青岛市香港中路76号颐中假日皇冠酒店2层			邮　编	266071
职能部门	正职	副职	职能部门	正职	副职
营业部	中川喜代志	吴慧兰	事务部	渡边笃树	金奉爱
财务部	片山弘敏	田中一嘉	人民币业务部	渡边笃树	陈悦霞
总务部	中川喜代志	陈悦霞			

机构概况一览表

年度	内设职能部门数量	下设分支机构					员工总人数		备注
		总数	地市分行数	县区支行数	分理处、营业所数	储蓄所数		正式职工人数	
2010年	5						25	25	
2011年	5						26	26	
2012年	5						28	28	
2013年	5						28	28	
2014年	5						29	29	

瑞穗实业银行(中国)有限公司青岛分行

领导干部及职能部门一览表

行长（或其他称谓的第一负责人）			副行长（或其他称谓的同级领导）		
广濑俊			山口真一		
地　址	青岛市香港中路59号青岛国际金融中心44楼			邮　编	266071
职能部门	正职	副职	职能部门	正职	副职
营业一科	山崎友宪		总务人事科	俞秀羽	罗今花
营业二科	张兰吉	田中豪	合规科	李香淑	文德苏
业务科	车振峰	郑文颖　陈雪萍	主计风险科	孙锡友	
资金IT科	国　颖				

机构概况一览表

年度	内设职能部门数量	下设分支机构					员工总人数		备注
		总数	地市分行数	县区支行数	分理处、营业所数	储蓄所数		正式职工人数	
2010 年	6	0	0	0	0	0	56	49	
2011 年	6	0	0	0	0	0	59	51	
2012 年	6	0	0	0	0	0	59	49	
2013 年	7	0	0	0	0	0	56	47	
2014 年	7	0	0	0	0	0	54	48	

先进集体及个人一览表

授奖单位	奖项名称	获奖集体
中国人民银行济南分行 山东金融年鉴编委会	优秀稿件一等奖	瑞穗银行青岛分行

韩亚银行(中国)有限公司烟台分行

领导干部及职能部门一览表

行长（或其他称谓的第一负责人）			朴兑赫		
地　址	烟台市莱山区迎春大街 163 号 109 号			邮　编	264003
职能部门	正职	副职	职能部门	正职	副职
信贷部	具美艳		营业部	金可敏	
国际部	刘真龙		市场部	苗华涛	
综合部	孙潇依		合规部	段　霄	

机构概况一览表

年度	内设职能部门数量	下设分支机构					员工总人数		备注
		总数	地市分行数	县区支行数	分理处、营业所数	储蓄所数		正式职工人数	
2010 年	6	2	1	1	0	0	35	35	
2011 年	6	2	1	1	0	0	31	31	
2012 年	6	2	1	1	0	0	41	35	
2013 年	6	2	1	1	0	0	45	42	
2014 年	6	2	1	1	0	0	46	43	

东亚银行(中国)有限公司青岛分行

领导干部及职能部门一览表

行长（或其他称谓的第一负责人）			副行长（或其他称谓的同级领导）		
周 范			孙善功 李作伦 隋 青 冯 蕾 李子辉 王姿人 王 骏		
地 址	山东省青岛市香港西路 67 号甲			邮 编	266071
职能部门	正职	副职	职能部门	正职	副职
企业银行一部	王雅慧		财务管理部	刘妮妮	
企业银行二部	吴相敏		信贷风险管理部	白爱华	
企业银行三部	蒋 坤		人力资源部	徐文斌（兼）	
企业银行综合团队	陈 萍		行政及资讯科技部	汤智惟	
零售银行拓展部	秦立山		资金部	李 倩	
分行营运部	周 蕾		法律事务部	徐文斌	
贷款管理部	赵 耀		清算部	冯 蕾（兼）	
贸易服务部	冯 蕾（兼）				

机构概况一览表

年度	内设职能部门数量	下设分支机构					员工总人数		备注
		总数	地市分行数	县区支行数	分理处、营业所数	储蓄所数		正式职工人数	
2010 年	14	2	0	2	0	0	123	119	
2011 年	14	2	0	2	0	0	127	117	
2012 年	14	2	0	2	0	0	130	120	
2013 年	15	2	0	2	0	0	133	116	
2014 年	15	2	0	2	0	0	127	101	

中国人民财产保险股份有限公司山东省分公司

领导干部及职能部门一览表

总经理			副总经理（或其他称谓的同级领导）		
方 杰			徐本议 翟瑞贞 刘虎青 胡 伟 董国升 崔建生 李普廷		
地址	山东省济南市泺源大街 88 号保险大厦			邮编	250011
职能部门	正职	副职	职能部门	正职	副职
办公室/ 市场企划部		陈同富 黄卫国	农险事业部 山东省分部	衣建伟	赵玉强

续表

职能部门	正职	副职	职能部门	正职	副职
人力资源部/教育培训部	王海峰	苏东崛　许春光	销售管理部	赵鲁军	崔永波　袁吉强
财务会计部	杨林海	戴　慧　王晓娅　王洪祥	电子商务部/网络保险部	李秋涛	华　娜
车辆保险部	于　航		理赔事业部	王祝炜	赵培东　唐　军
车商业务部	于　航	王　成	再保险部	陈　敏	
财产保险部	毕建军	王　品	信息技术部	董　平	李继红
船舶货运保险部	王桥军		客户服务管理部	张志波	谢　磊　高跃华　邢　云
重要客户部/银行保险业务部/经纪代理业务部	李洪武		精算部	刘存真	
责任保险事业部/信用保证保险事业部	李　勇	马加平	监察部/法律部/合规部	夏文生	赵怡佳
意外健康保险部	田东辉	刘纯艳	工会办公室	毕岩玉	

机构概况一览表

年度	内设职能部门数量	下设分支机构				员工总人数	正式职工人数	备注
		总数	市分公司	县区支公司	营业部			
2010 年	19	244	16	139	89	7166	3889	
2011 年	20	246	16	139	91	9202	3962	
2012 年	22	246	16	139	91	9035	3896	
2013 年	21	277	16	139	122	9056	3836	
2014 年	20	277	16	139	122	8952	3775	

中国人寿保险股份有限公司山东省分公司

领导干部及职能部门一览表

总经理	副总经理				总经理助理
白　彬	余贤群　侯清英　胡　斌　徐明光　李恩林　周曙光				吴　锋
地　址	济南市泺源大街 88 号			邮　编	250011
职能部门	正职	副职	职能部门	正职	副职
办公室	张继旋	赵　赛	信息技术部	孙柞建	刘庆杰
人力资源部	张志强	赵洪臣	个险销售部	王晓晨	王洪涛　燕　伟
工会工作部	张继旋	赵　赛	团体业务部　健康保险部	岳文成	伏　晓　鲍海峰
监察部　销售督察部		彭德平　齐登宝	银行保险部		袁任远　荀　浩
财务管理中心	汤　明	刘　彬　孙玲利	内控合规部	邢厚佺	张　钦

续表

职能部门	正职	副职	职能部门	正职	副职
业务管理中心	付桂霞	张德宝	教育培训部	孙华增	董　锋
客户服务管理中心	林健吾	陈丽梅			

机构概况一览表

年度	内设职能部门数量	下设分支机构				员工总人数		备注
		总数	地市分公司数	县区支公司数	农村营销服务部数		正式职工人数	
2010 年	14	147	16	131	1142	5565	5565	
2011 年	14	147	16	131	1130	5442	5442	
2012 年	14	147	16	131	1103	5452	5452	
2013 年	14	147	16	131	1255	5466	5466	
2014 年	15	147	16	131	1256	5465	5465	

先进集体及个人一览表

授奖单位	奖项名称	获奖集体
中国人寿保险集团公司	2014 年度个险业务发展奖	人寿保险山东省分公司
中国人寿保险股份有限公司	2014 年度个险发展突出奖	人寿保险山东省分公司
	2014 年度创新进步奖	
	2014 年度价值贡献奖	
	2014 年度卓越竞争奖	
	新闻宣传先进单位	
	第五届劳动模范先进集体	烟台分公司个险销售部　郓城县支公司
	模范职工之家	威海分公司本部
全国妇联	全国巾帼文明岗	济宁分公司客户服务中心
授奖单位	奖项名称	获奖个人
中国人寿保险股份有限公司	第五届劳动模范先进个人	田亚平　张志柏　李　勇　张　建　韩云学

泰山财产保险股份有限公司

领导干部及职能部门一览表

董事长 党委书记	总经理	副总经理	党委副书记 纪委书记 工会主席	副总经理	董事会 秘书	总经理 助理	
郭永利	纪　律	王启祥	牟文军	赵　辉　贺竹君	张宗旺	安中涛	曹义勇
地　址	山东省济南市高新技术开发区舜华路 1173 号			邮政编码	250101		

续表

职能部门	正职	副职	职能部门	正职	副职
行政人事部（董办、党办）	迟家明		农业保险事业部	张宗旺（兼）	
计划财务部	周开蕴		客户服务部		赵　峰
企划精算部	汪　洋		信息技术部		张雁滨
营销管理部	刘　林	杨振鸿	审计监察部（法律合规部）	姜秀昶	徐　巍　王　勃
资产管理部	沈存磊	董茂荣	股东业务部	彭新刚	
车险部	曹义勇（兼）		经纪代理部	刘效明	陈勇军
非车险部（再保险部）	艾洵飞	帖荣彤 郑素梅	重点客户部		马纯泺

机构概况一览表

年度	内设职能部门数量	下设分支机构					员工总人数	正式职工人数	备注
		总数	省级分公司数	城市分公司数	地市中心支公司数	县区支公司数			
2011年	17	4	3	1			254	254	
2012年	17	42	5	2	19	16	972	972	
2013年	12	58	5	2	22	29	1268	1268	
2014年	14	83	5	2	29	47	1614	1614	

先进集体及个人一览表

授奖单位	奖项名称	获奖集体
山东省金融工作办公室	山东省金融业发展贡献奖	泰山财产保险股份有限公司
山东省管企业文明委	山东省管企业文明单位	泰山财产保险股份有限公司
山东省国资委团委	山东省省管企业五四红旗团委	泰山财险公司团委
授奖单位	奖项名称	获奖个人
山东省金融工作办公室	全省青年金融领军人物百强	张宗旺
山东省国资委团委	山东省省管企业优秀共青团干部	王鹏飞
山东省国资委团委	山东省省管企业优秀共青团员	范彬彬

中国太平洋财产保险股份有限公司山东分公司

领导干部及职能部门一览表

总经理		副总经理	
武　博		韦　慧　徐建勋　李　宁　潘国波　徐　冰	
地　址	济南市经十路13777号中润世纪广场15栋	邮　编	250014

续表

职能部门	正职	副职	职能部门	正职	副职
办公室	郭宗杰	高　岩	车商渠道部	高　琪	
人力资源部	韩兆若		新渠道管理部	任骁宁	赵国青
财务部	于　磊		市场部	陈杰明	
车险部	潘国波	李　宁	法律合规部	孙玉娟	
非水险部	徐　冰	孔　博	信息技术部	王永军	
航运保险事业部	刘长虹		客户服务部	邹　超	
重大客户部	徐　冰	朱　勇	非水险理赔部	李　涛	
意健险部	郑怀国		车意险理赔部	邹　雷	
渠道部	赵寿青	寻文峰	农险部	胡勤海	

机构概况一览表

年度	内设职能部门数量	下设分支机构				员工		备注
		总数	地市中心支公司数	县区支公司数	营销服务部数	总人数	正式职工人数	
2010年	13	155	16	134	5	2746	2688	
2011年	15	155	16	134	5	2811	2652	
2012年	17	156	16	138	2	3225	3130	
2013年	18	158	16	140	2	3309	3309	
2014年	18	165	16	144	5	3425	3425	

先进集体及个人一览表

授奖单位	奖项名称	获奖集体
山东省人民政府	山东省金融发展贡献奖	太平洋财险山东分公司
太平洋财险集团公司	2014年度品牌建设优秀分公司	
《中国保险报》	新闻宣传先进单位	
鲁网、和讯网	最具品牌影响力保险公司	
《大众日报》	山东“诚信3·15”优秀金融品牌	
太平洋财险集团公司	标准门店升级竞赛三等奖	太平洋财险山东分公司星级示范门店
授奖单位	奖项名称	获奖个人
太平洋财险人力资源部	优秀人力资源经理	韩兆若
保险经理人杂志社	中国十大保险经理人	曲　斌
太平洋财险	2013年度全司理赔标兵	耿　岩
	2014年度卓越服务明星	耿　岩

中国平安人寿保险股份有限公司济南分公司

机构概况一览表

年度	内设职能部门数量	下设分支机构(营销服务部)					员工总人数		备注
		总数	地市中支数	县区营销服务部数	分理处、营业所数	储蓄所数		正式职工人数	
2010 年	14	63	8		55		1182	1182	
2011 年	14	36	8		28		1256	1256	
2012 年	14	83	8		75		1262	1262	
2013 年	16	84	8		76		1377	1377	
2014 年	16	85	8		77		1347	1337	

注： 1. 三级机构数据填写在“地市中支数”一栏，营销服务部和支公司填写在“分理处、营业所”一栏。
2. 表格数据含烟台（烟台 2010 年 1 月升为二级机构）。

中国平安人寿保险股份有限公司青岛分公司

领导干部及职能部门一览表

总经理		副总经理			
张　毅		智　勇　徐　前　宋本荣　薛　军　逯星火　李邦海　马　健　逄锦逄			
地　址	青岛市香港中路 61 号甲远洋大厦 B 座 5、6 层			邮　编	266071
职能部门	正职	副职	职能部门	正职	副职
行政部	石五洲		人力资源部	万正锋	
财务部	吴大为		企划部	于江宁	
营销管理部	杜有光		营销企划部	刘智海	
运营督导部	任伟忠		培训部	王　涛	
业务管理部	李　晖		客户服务部	孙　涛	
区拓管理部	杨　泓		二元发展部	于正宗	
综合开拓部	成　凯		银行保险部	李　奕	
运营支持部	李秀明				

机构概况一览表

年度	内设职能部门数量	下设分支机构					员工总人数		备注
		总数	地市分行数	县区支行数	分理处、营业所数	储蓄所数		正式职工人数	
2010 年	18	62	7	55	0	0	1408	1117	
2011 年	17	124	7	62	55	0	1345	1088	
2012 年	16	137	7	62	68	0	1347	1100	

续表

年度	内设职能部门数量	下设分支机构					员工总人数		备注
		总数	地市分行数	县区支行数	分理处、营业所数	储蓄所数		正式职工人数	
2013年	16	131	7	62	62	0	1352	1099	
2014年	16	127	7	62	58	0	1455	1183	

先进个人一览表

授奖单位	奖项名称	获奖个人
平安人寿保险公司	优秀员工	胡志扬 戴辉芳 刘才蓉 徐丹丹 王　珂 胡春胜 苏　静 姜　莉 常　冲 张艳青 林嘉楠 綦达吉 刘　洋 顾　巍 王纪岗 贾亦真 袁大为 王晓蕾 徐大伟 张　娜 郭小龙 杨　凯 李玉龙 吴艳红 孙　丽 王彩云 宋永立 丁　冰 韩　巍 郭　涛 徐　涛 王　建 孙凤民 徐　峰 宋刚端 李　超 郭　洁 孟凡勇 程文峰 蒋志辉 张继安 王同健 刘明夏 徐艳艳 张　雷 王　涛 葛　涛 姜　珊 王天成 程　玮 董瑞嵩 徐　强 孙　统 丁　伟 马明明 徐新建 栾昌晨 冷文杰 李春利

华泰财产保险有限公司山东分公司

领导干部及职能部门一览表

总经理			副总经理		
耿仁伟			刘艳娥　张爱东(总经理助理)		
地　址	济南市历下区解放路159号山东金融超市8层			邮　编	250013
职能部门	正职	副职	职能部门	正职	副职
行政人事部	耿仁伟（兼）		计划财务部	刘昌金	
个人客户部	赵淑才		产品部	张爱东（兼）	
理赔部	张　晨		商险承保部	刘鸿梅	陈　燕

机构概况一览表

年度	内设职能部门数量	下设分支机构					员工总人数		备注
		总数	地市支公司数	县区支公司数	营销服务部数	储蓄所数		正式职工人数	
2010年	5	7	2	4			100	100	
2011年	6	8	3	4			168	168	
2012年	7	12	6	5			221	221	
2013年	6	12	6	5			221	221	
2014年	6	12	6	5			209	209	

先进集体及个人一览表

授奖单位	奖项名称	获奖集体
华泰财产保险有限公司	机构银奖	华泰财产保险有限公司山东分公司

续表

授奖单位	奖项名称	获奖个人
华泰财产保险有限公司	优秀员工奖	姚红梅　刘晓华　刘　亮

太平财产保险有限公司山东分公司

领导干部及职能部门一览表

总经理（或其他称谓的第一负责人）			副总经理（或其他称谓的同级领导）		
陈中乾			张欣岩　欧汉斌　许新华　闫　雁		
地　址	济南阳光新路69号泉景·鸿园商务大厦9层		邮　编	250022	
职能部门	正职	副职	职能部门	正职	副职
办公室	杜钦杰		销售管理部	闫　雁（兼）	
人力资源部	刘　展		代理渠道部	陆　晓	
财务会计部	庞　伟		综合开拓部	孙　琳	
财产险部	王荣荣		车商部	弥　磊	
车险部	赵　磊		团队渠道部	张　丹	
客户服务部	李　朕	贾建防	电商管理部	康　峥	

机构概况一览表

年度	内设职能部门数量	下设分支机构					员工总人数	正式职工人数	备注
		总数	地市分行数	县区支行数	分理处、营业所数	储蓄所数			
2010年	9	25	6	19			246	246	
2011年	10	26	7	19			269	269	
2012年	10	30	11	19			362	362	
2013年	11	35	12	23			556	556	
2014年	12	37	12	25			757	757	

先进集体及个人一览表

授奖单位	奖项名称	获奖集体
中国太平保险集团有限责任公司	整合资源奖	太平财险山东分公司综合开拓部
	优秀展业团队奖	太平财险德州中心支公司经代一部
太平财产保险有限公司	优秀管理奖	太平财险山东分公司车险部　淄博中心支公司
	特殊贡献奖	太平财险山东分公司经代银保部
授奖单位	奖项名称	获奖个人
中国太平保险集团有限责任公司	特殊贡献奖	孙　琳
	优秀员工	刘　展
	工会先进个人	杜钦杰

续表

授奖单位	奖项名称	获奖个人
太平财产保险有限公司	优秀管理者奖	邵　立　李春辉　赵　磊
	特殊贡献奖	邵明耀　康　峥
	优秀员工	杜钦杰　罗　琳　田　波　陈庆玲　张　娟　张继刚　黄春花　袁德政

太平人寿保险有限公司山东分公司

领导干部及职能部门一览表

总经理（或其他称谓的第一负责人）			副总经理（或其他称谓的同级领导）		
金依群			张永森　刘　敬　马书旺		
地　址	济南市泺源大街229号金融大厦31楼			邮　编	250012
职能部门	正职	副职	职能部门	正职	副职
办公室（工会办公室）	刘爱慧		个人业务部	王　岩	
人力资源部（党务纪检监察室）	田序涛		教育培训部	孙　蕾	
企划部	官文超		综合开拓部	曹少海	
风险管理及合规部	官文超		银行保险业务发展部	孙衍东	
财务部	孙　华		银行保险销售支援部	金太新	
运营服务部	孙进春		银行保险财富管理部	吕华山	
客户服务部	张　妍		保费部	王　永	

机构概况一览表

年度	内设职能部门数量	下设分支机构				员工总人数		备注
		总数	中心支公司数	支公司数	营销服务部数		正式职工人数	
2010年	13	70	15	23	31	1421	1421	
2011年	13	81	15	37	28	1654	1654	
2012年	12	83	15	40	27	1468	1468	
2013年	13	84	15	41	27	1351	1351	
2014年	14	86	16	55	15	1718	1718	

先进集体及个人一览表

授奖单位	奖项名称	获奖集体
太平人寿保险有限公司	特殊贡献单位	太平人寿山东分公司（个险）、（续收）
	创纪录单位	太平人寿山东分公司（续收）
	先进集体	太平人寿山东分公司（综合开拓部）、（个险）

续表

授奖单位	奖项名称	获奖个人
太平人寿保险有限公司	优秀管理人员	刘　敬　张教强
	特殊贡献人员	傅春华　李　波　抑　涛　杨　磊　董学军　王　辉　黄　静　李　青
	优秀员工	官文超　孙红雨　孙　蕾　曹少海　汤　伟　赵永江　于　婷　王　华　崔　媛　王翌绚　孙进春　傅春华　张晓燕　周　江　胡本涛　初立鹏　张　剑　汤振宇　翟　婷　姜俊杰　王　刚　王　欣　李　青　孔　娜　张玉玲　刘　丽　赵洪顺　孟维霞　王　聪

山东省国际信托有限公司

领导干部及职能部门一览表

董事长	总经理	副总经理	风控总监	财务总监	总经理助理
相开进	王映黎	周建蕖　宋　冲	岳增光	马文波	李晓鹏
地　址	济南市解放路166号		邮　编	250013	

职能部门	负责人	职能部门	负责人
综合管理部	于　晖	计划财务部	马文波（兼）
风险控制部	岳增光（兼）	合规法律部	危　东
业务督察部	张如明	IT运营部	陈全捷
运营托管部	崔佳茵	财富管理中心	李　燕
基建基金财务部	马文波（兼）	基建基金管理部	李晓鹏（兼）
研发中心	王　旭（兼）	自营业务部	蒲　冰
基础设施业务部	王思远	投资银行部	林冠蔚
资产管理部	高征宇	信托业务一部	牛序成
信托业务二部	孙波涛	信托业务三部	王　旭
信托业务四部	付吉广	信托业务五部	田志国
信托业务六部	田志国（兼）	信托业务七部	李继蔚
青岛业务部	王　聪	北京业务总部	陶宇波
上海业务总部	薛继伟	华南区域总部	宋　磊
厦门业务部	陈　照	长沙业务部	刘　超
南京业务部	薛继伟（兼）	西安业务部	李　竟

机构概况一览表

年度 项目	2010年	2011年	2012年	2013年	2014年
内设职能部门数量	21	23	27	29	30
员工总人数	118	130	157	173	186
正式职工人数	95	106	136	154	167

先进集体及个人一览表

授奖单位	奖项名称	获奖集体
山东省政府	2012—2013年度山东省金融创新奖	山东信托

中国华融资产管理股份有限公司山东省分公司

领导干部及职能部门一览表

副总经理			总经理助理		
解瑶琛（主持工作） 尚海涛			颜慧卿 徐翀旻		
地址	济南市经三路89号		邮编		250001
职能部门	正职	副职	职能部门	正职	副职
综合管理部	薛 萍		计划财务部		霍晓惠
业务审查部（项目管理部）	孙福柱		风险管理部		王 芸
法律事务部		崔建魁	业务一部	孙 岳	
业务二部	侯训和		业务三部		吕明星
业务四部		董 华	业务五部		顾伟强
创新业务		张永虎	股权业务部		武振全

中国长城资产管理公司济南办事处

领导干部及职能部门一览表

总经理（党委书记）			副总经理（党委委员）		
刘学堂			崔福成（纪委书记） 郭小霞（工会主席） 荆 珂（风险总监）		
地 址	济南市经七路168号		邮 编		250001
职能部门	正职	副职	职能部门	正职	副职
综合管理部（监察审计部）	李 伟	张 满 布建春	业务管理（审核）部	袁 新	
法律合规部	王 斌		资金财务部	张凤霞	
代理业务部（业务八部）	孙 雷	王创利 夏 炜			
业务部门	正职	副职	业务部门	正职	副职
新立克项目部	韩生佩（专家）	王鲁华	业务一部	王朝山	王 颢
业务二部		王全红	业务三部	李 立	梁国忠
业务四部	杨 方（专家）		业务五部		董振义
业务六部		张永军 王钦波	业务七部	刁海波	

续表

职能部门	正职	副职	职能部门	正职	副职
业务十一部	冯益国		业务十二部	宗培顺	
业务十四部	赵　伟		业务十五部	于立杰	张　卉

机构概况一览表

项目＼年度	2010 年	2011 年	2012 年	2013 年	2014 年
内设职能部门数量	7	7	7	7	7
员工总人数	132	116	110	89	73
正式职工人数	98	87	83	77	73

先进集体及个人一览表

授奖单位	奖项名称	获奖集体
长城总公司	先进单位	长城公司济南办
	先进基层党组织	长城公司济南办第四党支部
	纪检监察工作先进单位	长城公司济南办纪委
	通联工作先进单位	长城公司济南办
长城总公司、银监会	五四红旗团委	长城公司济南办团委
中国金融工会	全国金融系统职工代表大会制度建设示范单位	长城公司济南办
	学习型组织先进单位	
山东省财贸金融系统	工人先锋号	
	女职工建功立业标兵岗	长城公司济南办综合管理部
授奖单位	奖项名称	获奖个人
山东金融工会	知识型职工标兵	王　斌
山东省财贸金融系统	女职工建功立业标兵	雷　娟
长城总公司	先进工作者	王　斌　赵　伟　尹燕博　张彦东
	优秀共产党员	王　斌　袁　新　韩生佩 杨　方　李　伟（女）　孙　雷
	优秀党务工作者	张　涛
	十佳项目经理	刁海波
	十佳管理标兵	王　斌
	优秀信息员	陈　娟
	优秀共青团员	张启兰
山东省总工会	富民兴鲁劳动奖章	刘学堂

中国信达资产管理股份有限公司山东省分公司

领导干部及职能部门一览表

总经理（或其他称谓的第一负责人）			副总经理（或其他称谓的同级领导）		
陈正斌			鲁宝兴　赵　波		
地　址	济南市经三路293号			邮　编	250021
职能部门	正职	副职	职能部门	正职	副职
综合管理部	吴新明		业务二部	胡蔚萱	
计划财务部	张　卿		业务三部	周宇承	
法律审核部	杨永欣		业务四部	王传伟	
业务一部	苏爱珍				

机构概况一览表

项目＼年度	2010年	2011年	2012年	2013年	2014年
内设职能部门数量	7	7	7	7	7
员工总人数	56	49	49	52	50
正式职工人数	44	40	43	44	43

中国东方资产管理公司青岛办事处

领导干部及职能部门一览表

总经理（或其他称谓的第一负责人）			副总经理（或其他称谓的同级领导）		
吴少杰			李明波　王建英　刘　照		
地　址	青岛市香港中路6号世贸中心B座三层			邮　编	266071
职能部门	正职	副职	职能部门	正职	副职
办公室	窦桂斌	王凤新	资产经营一部	董昌青	
财会部	刘　丽		资产经营二部	宋健君	
风险部	李　宇		济南业务部	田国奎	

机构概况一览表

年度	内设职能部门数量	下设分支机构					员工总人数	正式职工人数	备注
		总数	地市分行数	县区支行数	分理处、营业所数	储蓄所数			
2010年	6	0	0	0	0	0	42	34	
2011年	6	0	0	0	0	0	48	42	
2012年	6	0	0	0	0	0	48	45	
2013年	6	0	0	0	0	0	49	45	
2014年	6	0	0	0	0	0	47	43	

中国银联股份有限公司山东分公司

领导干部及职能部门一览表

总经理（或其他称谓的第一负责人）			副总经理（或其他称谓的同级领导）		
李金良			张春玲　孟光勇		
地　址	济南市高新区舜风路 1006 银山大厦			邮　编	250101
职能部门	正职	副职	职能部门	正职	副职
办公室	董保军	焦　婷	市场拓展部	李宝成	张子晶
业务部	郝义泉	蒋宝琛	银行合作部	黄平生	段好勇
技术部	赵葆军	解洪波			

机构概况一览表

年度	内设职能部门数量	下设分支机构					员工总人数	正式职工人数	备注
		总数	地市分行数	县区支行数	分理处、营业所数	储蓄所数			
2010 年	5	--	--	--	--	--	35	33	
2011 年	5	--	--	--	--	--	35	33	
2012 年	5	--	--	--	--	--	39	37	
2013 年	5	--	--	--	--	--	40	38	
2014 年	5	--	--	--	--	--	40	38	

中国银联股份有限公司青岛分公司

领导干部及职能部门一览表

总经理（或其他称谓的第一负责人）			副总经理（或其他称谓的同级领导）		
赵玉东			吴　坚		
地　址	青岛市香港中路 6 号世贸中心 B 座 5 楼			邮　编	266071
职能部门	正职	副职	职能部门	正职	副职
办公室	金　莲		市场部	宋伟真	王腾峰
技术部	杨洪江	刘　健	业务部	田　兰	温　曦

机构概况一览表

年度	内设职能部门数量	下设分支机构					员工总人数	正式职工人数	备注
		总数	地市分行数	县区支行数	分理处、营业所数	储蓄所数			
2010年	4						27	25	劳务用工人员 2 名
2011年	4						28	26	劳务用工人员 2 名

续表

年度	内设职能部门数量	下设分支机构					员工总人数		备注
		总数	地市分行数	县区支行数	分理处、营业所数	储蓄所数		正式职工人数	
2012年	4						28	26	劳务用工人员2名
2013年	4						29	27	劳务用工人员2名
2014年	4						30	28	劳务用工人员2名

注：该分公司无分支机构

中国重汽财务有限公司

领导干部及职能部门一览表

董事长		总经理	党总支副书记公会主席	副总经理	总会计师
宋其东		韩文杰	刘其贵	刘敬斌	刘德英
地址	济南市无影山东路39号			邮　编	250031
职能部门	正职	副职	职能部门	正职	副职
综合管理部	刘其贵	王永涛	营业管理部	玄甲莲	
计划财务部	谭　燕		稽核审计部	梁　勇	
风险管理部	魏　伟		信贷投行部		孙　凯
资产管理部	张异香		汽车金融中心	李玉智	夏　彤　杨　敏
信息科技室	石仁国				

机构概况一览表

年度	内设职能部门数量	下设分支机构	员工总人数	正式职工人数	备注
2010年	6		58	58	
2011年	8		80	80	
2012年	9		90	90	
2013年	9		97	97	
2014年	9		113	113	

南山集团财务有限公司

领导干部及职能部门一览表

董事长	总经理	副总经理
隋　政	曲丽华	郭　芸

续表

地址	山东省龙口市南山工业园南山南路4号			邮编	265706
职能部门	正职	副职	职能部门	正职	副职
综合管理部		高玉臣	信贷业务部	战永磊	
审计稽核部		李　刚	计划财务部	朱元森	
风险合规部	隋家宁		投资银行部	战永磊（兼）	
资金结算部		赵　铎	信息科技部		宋兆蓬

机构概览一览表

年度	内设职能部门数量	下设分支机构					员工总人数	正式职工人数	备注
		总数	城市分行数	县区支行数	分理处、营业所数	储蓄所数			
2010年	7						31	30	
2011年	7						31	30	
2012年	7						31	30	
2013年	7						31	30	
2014年	8						34	33	

中国石化财务有限责任公司山东分公司

领导干部及职能部门一览表

经　理			副经理		
官　琳			吕固江　赵　博		
地址	青岛市市南区山东路2号甲华仁国际大厦26层			邮　编	266071
职能部门	正职	副职	职能部门	正职	副职
综合部	张　好	许钦珍	信贷部	陈旭玲	韦仁华
内控稽核部	刘荣义		结算部	张明华	刘　莹
财会部	李金海	肖培培			

机构概况一览表

年度	内设职能部门数量	下设分支机构					员工总人数	正式职工人数	备注
		总数	地市分行数	县区支行数	分理处、营业所数	储蓄所数			
2010年	4	0					33	31	
2011年	5	0					36	32	
2012年	5	0					34	31	
2013年	5	0					34	31	
2014年	5	0					35	32	

先进集体及个人一览表

授奖单位	奖项名称	获奖个人
中国石化集团公司	第二十三届管理现代化创新一等成果	陈旭玲
中石化财务公司	先进个人	刘　莹
	优秀共产党员	许钦珍

山东钢铁集团财务有限公司

金融机构概况表

单位名称	董事长（第一负责人）	总经理、副总经理、总经济师	员工总数	辖内营业网点数
山东钢铁集团财务有限公司	陶登奎	李凤强　闵宪金 赵永辉　杨再昌	37	1

山东黄金集团财务有限公司

领导干部及职能部门一览表

总经理		常务副总经理		副总经理	
吴　晨		齐宗弟		王述曦　于志强	
地址	济南舜华路 2000 号舜泰广场 3 号楼黄金大厦 4 楼			邮编	250101
职能部门	正职	副职	职能部门	正职	副职
综合管理部	张　青		信贷管理部	修新鲁	
审计稽核部		王振宇	计划财务部	韩　喆	
风险管理部	王国斌		投资银行部	冯志军	
信息技术部	许　畅		营业管理部	黄文娟	
票据部	刘　刚				

机构概况一览表

年度	内设职能部门数量	下设分支机构					员工总人数		备注
		总数	城市分行数	县区支行数	分理处、营业所数	储蓄所数		正式员工人数	
2014 年	9						34	29	

第十五部分

国内经济金融主要统计指标

一、国内金融主要统计指标

金融机构（含外资）本外币信贷收支分地区表

（2014 年）

单位：亿元

地区＼项目	各项存款		单位存款		活期存款		定期存款	
	余额	比年初	余额	比年初	余额	比年初	余额	比年初
全　国	1173734.59	101555.32	591069.28	48847.95	231608.42	7185.50	175552.00	21048.84
总　行	31153.18	6644.93	20840.85	5064.44	6830.60	1703.17	6345.69	493.72
北　京	100095.54	8435.00	63393.05	5764.37	18498.67	561.67	25547.99	3045.27
天　津	24777.75	1462.02	14703.58	635.14	5767.23	-148.79	3001.03	118.24
河　北	43764.02	4319.57	16009.72	1581.17	7743.88	253.38	3792.83	782.55
山　西	26942.93	675.48	10979.18	-310.68	5066.13	-972.02	3417.35	548.96
内蒙古	16290.58	1026.82	7139.64	284.81	4290.41	-8.54	1352.45	268.54
辽　宁	42053.10	2628.99	17730.67	688.82	7146.40	-353.47	4531.41	257.50
吉　林	16526.34	1640.40	7042.91	804.49	3534.88	314.97	1888.33	340.26
黑龙江	19423.25	1129.88	6924.90	-125.14	3849.07	-185.85	1583.71	-72.58
上　海	73882.45	4612.96	44149.12	2597.06	12364.11	828.71	13441.43	749.17
江　苏	96939.01	8628.24	54804.68	5197.56	17386.14	1342.06	16830.85	1918.83
浙　江	79241.90	5509.00	41592.59	2502.55	12929.23	564.73	15313.98	1171.50
安　徽	30088.80	3146.92	13868.72	1307.93	5788.96	-32.20	3810.50	534.01
福　建	31858.43	2919.02	16052.99	1223.95	6440.97	164.20	3774.01	637.52
江　西	21754.91	2172.20	9685.90	931.22	4646.64	213.71	2506.16	345.18
山　东	69151.92	5784.89	31989.48	1880.81	11934.27	-215.76	3548.65	867.36
河　南	41931.13	4340.03	17594.61	2003.52	8575.88	661.00	3935.25	363.18
湖　北	36494.82	3591.99	16021.81	1253.41	7741.89	363.36	3569.57	506.25
湖　南	30255.58	3376.50	12357.38	1372.19	6340.22	89.83	3425.04	897.45
广　东	127881.47	8205.75	63333.58	5182.37	19672.20	-76.23	22413.00	3656.82
广　西	20298.54	1898.06	9152.65	763.54	5081.83	545.23	2006.50	136.11
海　南	6674.62	722.11	3274.95	199.00	1917.99	29.66	594.75	82.96
重　庆	25160.11	2391.99	13408.00	1176.32	4947.14	178.79	3325.07	350.92
四　川	53935.75	5813.70	24236.34	1677.84	10625.57	-85.73	7999.28	1051.09
贵　州	15307.38	2009.76	7891.48	1183.64	5178.67	496.38	1232.53	325.32
云　南	22528.01	1695.36	11647.79	697.28	6641.34	139.03	2732.71	342.84
西　藏	3089.19	588.25	2279.86	377.53	1358.89	213.81	769.09	101.96
陕　西	28288.72	2550.67	13448.79	1055.58	7249.07	40.67	3274.41	565.43
甘　肃	13957.98	1887.34	6669.40	1015.92	4029.30	501.20	1390.25	182.08
青　海	4541.35	430.61	2597.73	250.19	1738.41	122.91	533.83	47.08
宁　夏	4228.84	347.44	1950.45	142.64	1013.38	54.51	502.51	90.27
新　疆	15216.98	969.44	8296.47	468.48	5279.06	-118.86	1761.85	343.04

续表1

（2014年） 单位：亿元

地区＼项目	个人存款		储蓄存款		所有主权益		资金来源总计	
	余额	比年初	余额	比年初	余额	比年初	余额	比年初
全　国	512790.14	41665.62	489798.45	37971.27	121391.92	21062.57	1439539.82	155247.25
总　行	5775.45	1791.28	964.92	-58.33	70863.82	12086.11	222333.05	29948.53
北　京	26496.68	944.68	24855.71	1108.14	2740.21	597.11	61611.27	5016.94
天　津	8519.73	270.76	8006.90	311.08	1467.08	275.12	26797.71	2854.73
河　北	26142.29	2390.71	25760.08	2338.59	1639.94	346.15	30799.39	3938.95
山　西	14493.80	832.94	14193.85	808.41	938.96	98.19	18620.32	1750.87
内蒙古	8342.90	632.22	8039.10	560.12	1032.40	107.03	16680.19	2201.27
辽　宁	22117.48	1635.70	21396.81	1538.89	2002.38	309.57	37722.12	4359.86
吉　林	8804.24	842.48	8618.85	815.05	671.47	137.92	14444.66	2063.84
黑龙江	11327.69	907.06	10932.22	806.65	910.37	199.42	15543.56	1962.09
上　海	24057.05	959.70	21995.54	809.86	3578.28	780.46	326772.38	13432.79
江　苏	38173.48	2765.79	36847.53	2774.69	3785.07	473.70	82965.12	10809.50
浙　江	32564.13	1886.94	31167.48	1807.00	3505.84	272.76	80422.32	7804.99
安　徽	15177.30	1790.60	14636.55	1676.76	1509.28	282.75	25016.40	3737.44
福　建	13257.23	843.04	12744.86	742.27	3404.78	832.44	43294.78	8882.05
江　西	11083.86	1105.39	10825.65	1067.08	1098.02	157.40	18539.93	3384.78
山　东	34256.54	3465.11	33367.53	3400.21	2885.48	509.23	57595.39	6058.48
河　南	23033.75	2314.47	22486.51	2188.78	1650.32	271.77	30581.94	4513.36
湖　北	17820.70	1840.39	17319.20	1748.21	1417.63	246.62	27427.60	3123.90
湖　南	16767.09	1982.59	16463.41	1878.63	993.33	200.27	23001.13	2713.59
广　东	56041.68	2956.57	53215.87	2577.23	5742.49	914.95	100346.54	10254.99
广　西	10532.76	1000.28	10055.00	903.94	971.16	182.85	17802.62	2192.15
海　南	2771.67	215.47	2687.39	207.03	211.21	41.31	5698.72	745.35
重　庆	11027.13	1133.86	10803.06	1154.65	1310.10	206.89	24097.93	3016.17
四　川	25810.52	2785.32	25388.64	2725.15	2103.54	410.34	39867.09	5692.82
贵　州	6778.29	739.38	6632.00	702.08	725.27	152.94	13853.97	2665.05
云　南	9930.81	748.54	9733.85	729.82	1020.98	239.65	19514.97	2268.78
西　藏	559.97	63.22	559.76	63.27	88.37	51.91	1705.99	566.93
陕　西	14032.08	1323.29	13486.00	1183.70	989.01	214.82	20935.39	2907.25
甘　肃	6886.02	814.74	6696.24	795.18	761.30	226.34	12108.82	2702.47
青　海	1692.33	153.25	1645.87	135.76	233.79	41.33	4582.59	819.35
宁　夏	2177.15	216.18	2061.20	167.76	298.34	44.54	5020.37	798.85
新　疆	6338.34	313.68	6210.87	303.63	841.70	150.66	13835.57	2059.13

续表 2

（2014 年）

单位：亿元

地区＼项目	各项贷款		境内贷款		短期贷款		个人贷款及透支		单位普通贷款及透支	
	余额	比年初	余额	比年初	余额	比年初	余额	比年初	余额	比年初
全　国	867867.89	101548.47	849480.20	99074.08	336371.27	24656.96	80796.06	10573.03	224641.84	18241.67
总　行	38627.11	6656.09	31033.11	4823.08	22423.15	4574.95	14508.69	3618.91	7432.74	807.66
北　京	53650.56	5661.36	50576.49	5412.46	17639.01	1859.71	1876.17	317.41	13212.55	1668.84
天　津	23223.42	2338.04	23114.24	2325.44	6579.54	298.81	499.02	52.50	4788.61	220.10
河　北	28052.29	3516.41	28000.13	3531.13	11766.39	866.58	2375.04	329.70	8523.75	680.18
山　西	16559.41	1487.95	16559.09	1488.18	6479.08	346.12	1418.91	77.43	4795.07	389.73
内蒙古	15066.01	1923.09	15018.03	1898.47	6005.20	646.49	1878.00	265.02	3898.98	469.11
辽　宁	33023.54	3231.00	32800.01	3245.28	12703.60	1000.24	1915.04	153.54	9360.35	987.71
吉　林	12695.25	1846.00	12687.49	1868.54	4906.31	869.95	865.53	115.69	3714.97	730.53
黑龙江	13791.54	1977.17	13664.68	1972.37	6108.34	1051.88	1270.11	128.03	4529.94	1018.73
上　海	47915.81	3424.23	47067.43	3372.68	13412.75	-413.54	1055.66	12.46	9636.22	-202.16
江　苏	72490.02	7391.66	72310.81	7429.77	31396.49	594.45	4361.55	148.03	23728.05	1009.38
浙　江	71361.00	5805.67	71142.36	5770.56	40233.20	373.34	10806.47	623.08	27022.43	344.08
安　徽	22754.66	3019.41	22633.75	2998.33	7933.16	235.36	1771.49	137.59	5672.57	188.53
福　建	30051.27	3791.13	29724.46	3719.34	12684.40	708.74	4086.66	291.15	7446.38	774.18
江　西	15696.83	2521.93	15687.14	2520.89	6618.53	788.88	2447.75	395.06	3831.96	447.94
山　东	53662.16	5538.26	52093.50	5504.58	26922.39	1755.91	4362.11	5.44	19405.37	1946.04
河　南	27583.38	3971.30	27566.12	3971.02	13093.92	1172.01	3598.75	427.45	8707.70	917.42
湖　北	25289.82	3290.62	24818.53	3241.89	8613.55	661.00	1743.46	221.82	5872.80	553.13
湖　南	20783.10	2524.40	20734.46	2521.42	6059.03	386.43	1966.24	187.53	3670.19	246.28
广　东	84921.79	8935.11	83027.31	8894.20	27997.62	2103.60	6303.02	1282.71	17330.07	1404.59
广　西	16070.95	1954.93	15863.45	1939.28	4689.54	381.49	1016.20	125.38	3439.28	331.49
海　南	5391.51	752.77	5166.75	726.65	774.39	58.98	93.96	29.12	565.93	64.76
重　庆	20630.69	2565.36	20617.13	2562.22	5905.90	686.66	1435.07	366.22	3864.81	578.22
四　川	34750.72	4330.88	34654.43	4311.85	10971.10	755.05	2417.53	119.07	8044.47	761.43
贵　州	12438.00	2261.03	12398.44	2241.66	2834.51	541.77	780.60	229.35	1922.41	344.41
云　南	18368.42	2198.82	18139.66	2174.11	5763.90	705.78	1723.53	333.65	3686.65	477.66
西　藏	1619.46	541.31	1619.46	541.31	297.94	36.98	48.44	14.50	242.61	26.18
陕　西	19174.05	2598.22	19157.35	2598.83	5161.82	320.05	1293.43	51.72	3455.04	232.71
甘　肃	11075.78	2231.21	11021.75	2216.25	3913.44	618.32	1185.43	241.21	2585.81	427.44
青　海	4303.43	784.25	4177.98	767.86	890.37	48.54	141.08	32.72	681.61	25.10
宁　夏	4608.28	646.60	4598.42	654.56	1672.96	155.14	566.75	43.92	1037.31	139.92
新　疆	12237.63	1832.23	11806.24	1829.85	3919.74	467.27	984.37	195.51	2535.21	230.36

续表 3

（2014年） 单位：亿元

地区＼项目	贸易融资		中长期贷款		个人贷款		单位普通贷款		境外贷款	
	余额	比年初	余额	比年初	余额	比年初	余额	比年初	余额	比年初
全　国	29812.75	-4042.60	471818.36	61438.97	150714.68	22336.89	271812.60	33027.96	18387.69	2474.39
总　行	471.81	145.65	5968.81	-596.23	105.34	57.27	4599.21	-428.58	7594.00	1833.01
北　京	2524.21	-117.40	30882.27	2684.17	7522.34	1123.73	19623.45	1499.93	3074.07	248.90
天　津	1290.13	28.01	12837.16	1221.28	2335.22	271.42	8678.70	767.66	109.19	12.60
河　北	861.74	-130.61	15117.85	2270.12	5118.20	972.26	9115.79	1186.22	52.16	-14.72
山　西	264.10	-110.10	8774.58	728.88	1235.23	255.49	6690.36	559.39	0.31	-0.23
内蒙古	205.18	-91.43	8632.10	1106.71	2071.82	174.28	5970.57	807.59	47.98	24.62
辽　宁	1401.51	-141.00	18714.44	1699.45	4842.12	455.50	12138.23	828.76	223.53	-14.28
吉　林	243.90	-7.27	7456.51	937.75	2335.37	347.52	4270.76	487.50	7.76	-22.54
黑龙江	306.59	-93.78	6948.84	739.85	2455.71	202.92	4001.34	485.64	126.87	4.80
上　海	2699.64	-194.62	28451.63	2568.66	8650.49	886.56	14840.34	1079.59	848.38	51.54
江　苏	3165.03	-570.79	37299.25	5574.83	12613.67	1533.47	20220.58	3194.68	179.21	-38.11
浙　江	2366.24	-571.45	28267.42	4537.27	9956.65	902.98	16345.41	3305.94	218.64	35.11
安　徽	450.50	-104.19	13481.09	2330.01	5246.81	1046.39	7255.00	1193.63	120.91	21.08
福　建	1134.61	-342.66	16330.12	2837.32	7203.80	1272.55	8146.97	1362.30	326.81	71.80
江　西	312.66	-40.65	8623.47	1482.43	3554.29	625.44	4093.99	708.80	9.69	1.04
山　东	3071.42	-188.69	22771.24	3264.28	8321.14	1281.32	12408.88	1632.46	1568.66	33.68
河　南	603.29	-186.99	13671.91	2640.19	4947.63	1280.44	7448.19	1185.17	17.26	0.28
湖　北	916.04	-121.62	15517.22	2388.62	4561.22	771.40	9294.54	1413.13	471.29	48.73
湖　南	421.60	-48.38	14312.74	2007.77	4932.55	884.79	8244.12	977.63	48.64	2.98
广　东	4276.02	-528.30	51164.67	5428.27	19748.32	2629.86	25282.72	2502.03	1894.48	40.91
广　西	226.51	-82.31	10803.27	1316.67	4061.81	583.35	5632.00	541.99	207.51	15.66
海　南	102.46	-46.92	4238.42	553.08	601.50	97.83	3218.53	308.57	224.76	26.12
重　庆	601.22	-258.58	13723.10	1545.35	5092.22	899.20	7525.51	466.32	13.56	3.14
四　川	503.83	-125.92	23000.72	3306.02	8361.41	1565.96	12550.71	1429.09	96.30	19.03
贵　州	128.14	-30.96	9403.98	1638.87	2990.51	488.58	5449.46	1024.93	39.56	19.37
云　南	292.79	-95.36	11935.62	1326.30	3435.94	397.77	7374.66	661.16	228.76	24.71
西　藏	4.89	-0.70	1201.60	441.78	198.21	50.05	869.25	331.74	0.00	0.00
陕　西	401.55	41.53	13171.75	1954.58	3855.56	448.28	7783.87	1250.32	16.70	-0.62
甘　肃	140.76	-47.39	6454.35	1348.02	1715.04	357.52	4504.70	957.26	54.04	14.96
青　海	67.68	-7.53	3041.51	622.48	239.28	60.74	2444.32	435.09	125.45	16.38
宁　夏	65.71	-28.00	2731.58	428.42	673.37	117.65	1874.53	285.97	9.86	-7.96
新　疆	291.00	55.80	6889.15	1105.79	1731.91	294.35	3915.88	586.06	431.39	2.38

金融机构（含外资）人民币信贷收支分地区表

（2014 年）

单位：亿元

地区 \ 项目	各项存款		单位存款		活期存款		定期存款	
	余额	比年初	余额	比年初	余额	比年初	余额	比年初
全　国	1138644.64	94820.22	565249.12	43912.88	223451.72	6482.79	166382.92	19369.51
总　行	25465.48	4795.89	17750.04	3911.31	5550.11	1419.96	5433.25	-110.56
北　京	95370.53	7379.94	60154.51	4953.66	17585.13	340.89	24178.67	2770.65
天　津	23959.42	1275.66	14076.93	538.36	5550.39	-161.36	2795.23	94.68
河　北	43454.90	4233.57	15794.14	1518.89	7663.99	252.56	3716.29	752.62
山　西	26779.47	675.69	10870.03	-306.17	5034.89	-973.80	3390.30	581.30
内蒙古	16217.57	1011.87	7093.01	270.53	4270.59	-15.41	1346.70	271.70
辽　宁	41133.09	2465.24	17079.95	569.19	6930.51	-286.33	4330.35	220.36
吉　林	16400.10	1618.67	6982.72	787.56	3509.17	326.52	1871.49	325.61
黑龙江	19254.75	1122.92	6839.23	-120.19	3828.12	-180.54	1558.23	-49.28
上　海	69549.14	4498.51	40955.69	2564.58	11160.98	829.57	12294.87	812.73
江　苏	93735.61	8131.55	52042.86	4835.58	16392.60	1313.86	16047.61	1835.34
浙　江	77145.38	5160.68	40142.55	2310.71	12459.50	586.40	14815.38	1033.46
安　徽	29817.73	3078.41	13643.20	1242.72	5673.21	-72.92	3715.13	504.30
福　建	30747.61	2703.97	15163.69	1059.24	6245.71	169.44	3428.68	514.70
江　西	21537.74	2102.99	9520.68	879.15	4599.71	197.51	2421.50	334.64
山　东	67498.29	5420.41	30603.03	1567.05	11340.71	-311.32	8179.14	829.99
河　南	41374.91	4326.02	17113.77	1994.42	8493.53	637.26	3598.05	458.35
湖　北	36153.65	3517.50	15786.85	1214.90	7646.86	349.57	3480.78	483.14
湖　南	30073.36	3316.72	12234.10	1320.58	6292.43	91.64	3410.27	889.76
广　东	121964.85	7119.27	58373.85	4168.87	18787.38	-69.82	20877.94	3507.70
广　西	20078.97	1811.72	9007.39	714.56	5045.06	542.07	1938.26	88.82
海　南	6610.31	723.29	3226.85	200.71	1883.57	39.20	588.95	81.70
重　庆	24501.54	2320.49	12788.24	1106.10	4772.79	115.49	3042.61	276.28
四　川	53282.03	5614.76	23662.68	1487.75	10479.24	-123.13	7703.40	920.22
贵　州	15263.26	1998.25	7859.75	1172.56	5163.09	493.79	1224.43	318.04
云　南	22365.55	1653.92	11532.36	662.91	6605.22	127.65	2707.35	326.59
西　藏	3082.38	583.30	2273.57	372.60	1358.60	214.58	763.09	96.27
陕　西	28111.34	2532.81	13338.57	1044.06	7195.28	50.26	3246.69	546.33
甘　肃	13921.36	1891.70	6653.96	1019.59	4016.10	506.29	1390.16	182.08
青　海	4529.87	427.32	2591.29	246.17	1732.54	119.09	533.77	47.01
宁　夏	4209.06	340.59	1937.36	136.03	1006.43	52.75	497.85	85.81
新　疆	15055.39	966.56	8156.28	468.94	5178.27	-98.93	1756.48	339.15

续表1

（2014年） 单位：亿元

项目 地区	个人存款				所有主权益		资金来源总计	
			储蓄存款					
	余额	比年初	余额	比年初	余额	比年初	余额	比年初
全　国	507831.09	41294.36	485261.34	37659.16	117464.23	21111.35	1384561.13	152054.74
总　行	5628.08	1800.36	938.50	-59.97	67894.35	12181.74	214793.54	29483.05
北　京	25726.20	893.46	24158.42	1072.00	2611.05	556.85	53176.59	4143.79
天　津	8421.47	261.91	7916.90	304.59	1429.20	261.92	25087.95	2680.79
河　北	26069.92	2384.33	25690.09	2332.92	1632.79	343.71	30319.25	3947.02
山　西	14441.37	828.75	14145.18	805.37	942.18	102.82	18492.45	1766.99
内蒙古	8317.32	630.56	8013.74	558.57	1031.06	107.70	16560.03	2194.72
辽　宁	21889.95	1617.51	21183.81	1524.31	1904.17	236.69	35700.32	4186.78
吉　林	8739.88	838.17	8556.71	811.38	665.82	136.82	14326.59	2059.03
黑龙江	11249.15	898.34	10856.88	798.29	902.82	196.98	15120.23	2053.63
上　海	23230.56	916.05	21269.32	783.07	3277.71	784.87	320939.80	12693.97
江　苏	37890.28	2743.19	36580.59	2756.69	3698.27	443.38	79562.65	10779.95
浙　江	32050.98	1819.52	30666.41	1743.45	3522.59	292.21	77181.09	7587.95
安　徽	15138.10	1787.23	14599.43	1674.52	1502.52	357.70	24317.93	3755.27
福　建	13086.72	831.19	12578.95	731.56	3396.96	838.45	40905.35	8374.69
江　西	11048.34	1103.67	10790.70	1065.53	1099.88	159.22	18295.17	3322.56
山　东	34057.92	3443.58	33178.56	3382.48	2836.12	513.35	53915.10	5651.40
河　南	22960.86	2309.54	22417.16	2185.04	1650.91	271.83	30205.71	4550.06
湖　北	17744.95	1831.34	17247.58	1740.55	1408.34	249.60	26345.46	3178.54
湖　南	16715.17	1977.24	16413.56	1873.88	986.27	197.77	22561.96	2645.86
广　东	55210.49	2891.07	52410.55	2519.20	5564.09	900.54	92457.61	10967.76
广　西	10499.47	1000.11	10023.05	904.14	964.81	182.02	17288.98	2139.98
海　南	2755.75	215.02	2672.31	206.93	199.87	37.44	4984.44	675.84
重　庆	10996.90	1130.78	10774.12	1151.81	1305.77	222.02	23443.45	3005.60
四　川	25731.62	2774.94	25312.53	2715.23	2112.10	423.07	38981.23	5569.54
贵　州	6766.63	738.75	6620.56	701.50	725.43	154.80	13783.55	2648.64
云　南	9894.55	747.97	9699.85	730.01	1018.90	237.79	19134.88	2221.48
西　藏	559.49	63.19	559.28	63.25	88.39	51.94	1705.25	566.47
陕　西	13972.54	1318.15	13428.86	1179.50	983.97	214.94	20593.87	2889.61
甘　肃	6863.91	815.51	6674.68	796.20	753.79	221.12	11713.59	2700.79
青　海	1687.16	154.03	1640.73	136.56	231.35	40.45	4450.48	804.01
宁　夏	2170.52	215.78	2054.65	167.42	297.44	44.11	4991.10	806.24
新　疆	6314.84	313.10	6187.67	303.17	825.30	147.51	13225.52	2002.74

续表 2

（2014 年） 单位：亿元

项目 地区	各项贷款		境内贷款		短期贷款		个人贷款及透支		单位普通贷款及透支	
	余额	比年初	余额	比年初	余额	比年初	余额	比年初	余额	比年初
全　国	816770.01	97815.77	814780.33	97703.68	314795.71	24541.74	80716.06	10572.09	216019.22	16044.68
总　行	30177.34	4646.12	29269.74	4509.45	21800.70	4393.50	14456.26	3619.27	7181.95	710.12
北　京	45458.71	4844.68	45412.37	4841.17	15053.37	1319.87	1873.05	317.00	11941.94	1084.09
天　津	21715.99	2235.19	21710.61	2235.43	5886.73	356.41	498.55	52.47	4523.91	140.72
河　北	27593.82	3515.31	27593.44	3515.42	11487.46	871.71	2374.09	329.28	8366.38	637.35
山　西	16432.75	1499.31	16432.61	1499.30	6371.56	351.28	1418.71	77.41	4758.41	372.62
内蒙古	14947.07	1916.73	14947.02	1916.75	5974.90	662.51	1877.81	265.00	3883.94	467.14
辽　宁	31250.49	3236.22	31243.36	3236.85	11609.63	1045.99	1914.05	154.01	8746.99	970.80
吉　林	12587.26	1846.85	12586.75	1846.79	4844.84	855.86	865.23	115.66	3677.61	702.62
黑龙江	13391.70	2000.50	13391.54	2000.53	5891.34	1088.82	1269.84	128.01	4444.74	1014.12
上　海	43227.33	3346.76	43041.43	3346.86	11056.41	-142.08	1051.88	12.14	8570.77	-263.29
江　苏	69572.67	7546.63	69533.21	7555.81	29144.89	768.57	4359.27	147.78	22955.96	745.75
浙　江	68566.32	5752.76	68554.62	5755.82	38258.33	433.46	10803.69	622.54	26253.85	135.29
安　徽	22088.30	2952.55	22080.29	2951.02	7698.14	312.28	1771.20	137.54	5633.61	246.06
福　建	28417.70	3633.84	28354.98	3633.04	11785.72	736.52	4084.41	291.03	7136.45	661.56
江　西	15466.11	2449.53	15465.04	2449.66	6436.06	717.24	2447.52	395.03	3768.40	398.56
山　东	50058.64	5125.87	49900.20	5168.98	25246.46	1552.22	4361.04	5.33	18927.10	1813.50
河　南	27228.27	4026.89	27227.52	4026.65	12801.98	1236.69	3598.17	427.32	8638.55	901.40
湖　北	24239.96	3346.62	24237.66	3346.86	8286.23	711.76	1743.06	221.75	5646.86	532.39
湖　南	20356.39	2463.99	20345.62	2459.50	5869.88	366.39	1965.90	187.46	3602.90	235.70
广　东	77889.50	9076.10	77440.12	9059.14	24360.23	2226.40	6298.71	1283.73	16213.27	1204.60
广　西	15585.46	1897.15	15582.77	1898.24	4477.37	343.35	1015.96	125.36	3342.12	294.47
海　南	4684.32	687.62	4678.63	687.08	621.42	19.08	93.85	29.11	426.39	20.18
重　庆	20011.50	2570.43	20007.65	2570.81	5404.51	724.62	1434.75	366.20	3679.20	428.43
四　川	33884.06	4220.83	33879.52	4221.06	10518.95	683.73	2416.51	119.15	7844.98	693.65
贵　州	12368.30	2244.05	12367.63	2243.93	2803.96	544.04	780.42	229.31	1919.31	344.81
云　南	18010.90	2158.08	17944.90	2154.96	5678.14	734.96	1723.28	333.61	3668.68	499.32
西　藏	1618.73	540.85	1618.72	540.85	297.93	36.98	48.44	14.50	242.61	26.18
陕　西	18837.20	2579.31	18836.43	2580.25	5052.02	316.53	1293.17	51.66	3417.59	230.75
甘　肃	10681.63	2229.24	10681.62	2229.24	3671.86	618.75	1185.33	241.21	2364.33	408.23
青　海	4171.73	769.06	4171.73	769.06	889.67	50.68	141.04	32.72	681.43	24.92
宁　夏	4578.49	653.98	4578.48	653.98	1664.43	154.01	566.71	43.92	1035.47	138.08
新　疆	11671.39	1802.71	11664.11	1799.22	3850.61	449.60	984.17	195.56	2523.53	224.57

续表 3

（2014 年） 单位：亿元

项目 地区	贸易融资		中长期贷款		个人贷款		单位普通贷款		境外贷款	
	余额	比年初	余额	比年初	余额	比年初	余额	比年初	余额	比年初
全　国	16956.37	-1967.62	459482.07	60643.63	150694.34	22335.73	262696.91	32058.66	1989.68	112.09
总　行	152.80	61.07	4960.09	-613.96	105.32	57.30	4058.25	-436.39	907.59	136.66
北　京	1213.14	-71.73	28304.98	2653.87	7521.50	1123.83	17482.22	1380.34	46.34	3.51
天　津	862.48	165.01	12362.90	1196.75	2335.14	271.43	8233.59	750.09	5.38	-0.23
河　北	741.13	-82.23	14990.65	2249.52	5118.05	972.16	8996.40	1164.60	0.38	-0.11
山　西	193.43	-87.80	8758.92	738.12	1235.23	255.49	6676.03	563.34	0.13	0.01
内蒙古	190.10	-73.42	8593.58	1110.28	2071.79	174.26	5958.70	810.36	0.06	-0.02
辽　宁	926.59	-74.10	18266.87	1656.19	4842.00	455.45	11860.81	791.60	7.13	-0.63
吉　林	220.09	6.58	7417.34	930.10	2335.36	347.52	4241.38	476.75	0.51	0.06
黑龙江	175.06	-52.21	6892.70	731.07	2455.71	202.92	3960.74	477.50	0.16	-0.03
上　海	1413.96	130.80	26932.53	2398.81	8635.42	885.31	13650.83	924.23	185.89	-0.10
江　苏	1692.96	-129.35	36784.06	5532.51	12613.39	1533.37	19856.67	3187.96	39.46	-9.18
浙　江	1164.13	-302.65	27677.74	4443.15	9956.51	902.91	15852.82	3198.22	11.70	-3.06
安　徽	254.72	-84.76	13164.32	2207.21	5246.79	1046.39	7012.48	1071.78	8.01	1.53
福　建	548.47	-212.27	15861.63	2723.98	7203.65	1272.90	7751.40	1248.89	62.72	0.80
江　西	193.97	-62.89	8586.30	1482.63	3554.27	625.43	4075.28	716.22	1.06	-0.12
山　东	1874.93	-259.75	22301.69	3169.23	8321.08	1281.30	12168.66	1565.25	158.45	-43.11
河　南	381.09	-106.17	13625.90	2630.77	4947.56	1280.39	7417.98	1173.90	0.75	0.25
湖　北	815.07	-50.05	15263.83	2442.23	4561.18	771.36	9151.95	1412.82	2.30	-0.24
湖　南	300.08	-57.77	14113.05	1964.71	4932.51	884.76	8093.05	930.59	10.77	4.49
广　东	1762.10	-204.15	49353.51	5512.54	19745.32	2630.05	24002.54	2482.11	449.37	16.96
广　西	111.73	-83.41	10735.11	1314.00	4061.80	583.36	5611.51	541.23	2.69	-1.09
海　南	89.14	-42.23	3903.42	553.55	601.50	97.83	2949.87	296.76	5.69	0.54
重　庆	285.76	-70.81	13615.01	1515.97	5092.16	899.17	7441.46	434.97	3.85	-0.38
四　川	252.19	-129.54	22689.36	3297.16	8361.39	1565.96	12311.11	1413.12	4.54	-0.23
贵　州	100.88	-29.05	9403.72	1638.87	2990.48	488.57	5449.46	1024.93	0.67	0.12
云　南	225.25	-87.80	11827.32	1278.68	3435.93	397.77	7305.27	632.04	66.00	3.12
西　藏	4.89	-0.70	1200.87	441.32	198.21	50.05	868.78	331.27	0.00	0.00
陕　西	329.46	40.03	12965.17	1939.17	3855.54	448.29	7619.28	1232.23	0.77	-0.94
甘　肃	120.76	-27.74	6355.81	1360.54	1714.99	357.47	4443.69	957.21	0.01	0.00
青　海	67.20	-5.21	3035.96	621.53	239.28	60.74	2442.32	434.68	0.00	0.00
宁　夏	59.06	-27.29	2720.28	429.00	673.37	117.65	1872.79	286.76	0.01	0.00
新　疆	233.75	43.96	6817.44	1094.13	1731.89	294.34	3879.59	583.29	7.28	3.49

金融机构（含外资）外汇信贷收支分地区表

（2014 年）

单位：亿美元

项目 地区	各项存款		单位存款		活期存款		定期存款	
	余额	比年初	余额	比年初	余额	比年初	余额	比年初
全　国	5734.59	1083.89	4219.67	794.14	1333.01	110.42	1514.80	269.95
总　行	929.52	299.91	505.12	187.30	209.26	45.69	230.83	98.28
北　京	772.19	170.25	529.26	131.05	149.30	35.67	223.78	44.23
天　津	133.74	30.08	102.41	15.50	35.44	1.93	33.63	3.74
河　北	50.52	13.92	35.23	10.09	13.06	0.09	12.51	4.86
山　西	26.71	-0.13	17.84	-0.80	5.11	0.27	4.42	-5.32
内蒙古	11.93	2.41	7.62	2.32	3.24	1.12	0.94	-0.52
辽　宁	150.35	26.31	106.35	19.24	35.28	-11.14	32.86	5.97
吉　林	20.63	3.49	9.84	2.74	4.20	-1.91	2.75	2.39
黑龙江	27.54	1.04	14.00	-0.86	3.42	-0.88	4.16	-3.84
上　海	708.17	16.21	521.89	3.44	196.62	-0.85	187.38	-11.10
江　苏	523.52	79.57	451.35	57.74	162.37	4.04	128.00	13.23
浙　江	342.63	55.89	236.97	30.61	76.77	-3.83	31.48	22.34
安　徽	44.30	11.08	36.86	10.56	18.92	6.61	15.59	4.82
福　建	181.54	34.61	145.33	26.49	31.91	-0.98	56.43	19.94
江　西	35.49	11.22	27.00	8.44	7.67	2.63	13.84	1.68
山　东	270.24	58.80	226.58	50.64	97.00	15.32	60.39	5.91
河　南	90.90	1.97	78.58	1.21	13.46	3.84	38.76	-15.75
湖　北	55.76	12.02	38.40	6.18	15.53	2.20	14.51	3.74
湖　南	29.78	9.70	20.15	8.39	7.81	-0.32	2.41	1.25
广　东	966.92	174.70	810.55	163.29	144.60	-1.58	250.87	23.55
广　西	35.88	14.03	23.74	7.95	6.01	0.50	11.15	7.72
海　南	10.51	-0.23	7.86	-0.31	5.62	-1.59	0.95	0.20
重　庆	107.63	11.34	101.28	11.15	28.49	10.28	46.16	12.08
四　川	106.83	32.24	93.75	30.84	23.91	6.05	48.35	21.29
贵　州	7.21	1.86	5.18	1.80	2.55	0.42	1.32	1.19
云　南	26.55	6.70	18.86	5.57	5.90	1.84	4.14	2.65
西　藏	1.11	0.81	1.03	0.80	0.05	-0.13	0.98	0.93
陕　西	28.99	2.82	18.01	1.82	8.79	-1.60	4.53	3.12
甘　肃	5.98	-0.74	2.52	-0.61	2.16	-0.84	0.01	0.00
青　海	1.88	0.53	1.05	0.66	0.96	0.62	0.01	0.01
宁　夏	3.23	1.11	2.14	1.08	1.14	0.28	0.76	0.73
新　疆	26.41	0.38	22.91	-0.16	16.47	-3.33	0.88	0.64

续表1

（2014年）

单位：亿美元

项目 / 地区	个人存款				外汇买卖（来源方）		结售汇		所有者权益	
			储蓄存款							
	余额	比年初	余额	比年初	余额	比年初	余额	比年初	余额	比年初
全　国	810.43	57.96	741.48	48.50	3670.49	201.55	1181.31	9.96	641.88	-10.33
总　行	24.08	-1.58	4.32	0.25	3781.10	93.26	1280.79	10.03	485.29	-17.44
北　京	125.92	7.94	113.96	5.51	1.78	-0.51	2.40	0.60	21.11	6.53
天　津	16.06	1.39	14.71	1.01					6.19	2.14
河　北	11.83	1.00	11.44	0.89	0.96	-0.10	0.91	-0.10	1.17	0.40
山　西	8.57	0.66	7.95	0.47		-0.04		-0.01	-0.53	-0.76
内蒙古	4.18	0.26	4.14	0.24	0.36	0.08	0.32	0.08	0.22	-0.11
辽　宁	37.18	2.85	34.81	2.26		-3.42		-3.41	16.05	11.90
吉　林	10.52	0.67	10.16	0.56	0.24	-0.73	0.19	-0.63	0.92	0.18
黑龙江	12.84	1.38	12.31	1.33	1.38	0.98	1.33	0.91	1.23	0.40
上　海	135.07	6.67	118.68	3.96	21.29	17.09	80.96	80.96	49.12	-0.90
江　苏	46.28	3.54	43.62	2.79					14.18	4.92
浙　江	83.86	10.75	81.89	10.13					-2.74	-3.18
安　徽	6.41	0.53	6.07	0.35	0.75	0.75	0.58	0.55	1.11	-12.30
福　建	27.87	1.84	27.11	1.66					1.28	-0.99
江　西	5.81	0.26	5.71	0.23	0.49	0.22	0.39	0.20	-0.30	-0.30
山　东	32.46	3.41	30.88	2.80	3.84	1.40	5.70	1.68	8.07	-0.70
河　南	11.91	0.77	11.33	0.57		-0.14		-0.11	-0.10	-0.01
湖　北	12.38	1.44	11.70	1.21	0.02	-0.21		-0.14	1.52	-0.49
湖　南	8.48	0.85	8.15	0.75	0.63	0.08	0.57	0.06	1.15	0.41
广　东	135.84	10.25	131.61	9.04					29.15	2.26
广　西	5.44	0.01	5.22	-0.05	0.46	-0.13	0.02	-0.09	1.04	0.13
海　南	2.60	0.06	2.46	0.01	0.05	-0.03		-0.01	1.85	0.63
重　庆	4.94	0.49	4.73	0.45	0.81	0.22	0.89	0.22	0.71	-2.48
四　川	12.90	1.66	12.44	1.58	0.21	-0.54	3.87	-1.21	-1.40	-2.08
贵　州	1.91	0.10	1.87	0.09	0.07	0.00	0.02	0.00	-0.03	-0.30
云　南	5.93	0.07	5.56	-0.05					0.34	0.30
西　藏	0.08	0.00	0.08	0.00					0.00	0.00
陕　西	9.73	0.81	9.34	0.65	0.16	0.07	0.09	0.07	0.82	-0.02
甘　肃	3.61	-0.14	3.52	-0.18	0.12	0.01	0.06	0.00	1.23	0.85
青　海	0.85	-0.13	0.84	-0.13	0.02	0.00			0.40	0.14
宁　夏	1.08	0.06	1.07	0.05	0.14	-0.04	0.12	-0.04	0.15	0.07
新　疆	3.84	0.08	3.79	0.06	0.03	-0.04		-0.02	2.68	0.51

续表 2

（2014 年）

单位：亿美元

地区 \ 项目	各项贷款		境内贷款		短期贷款		个人贷款及透支		单位普通贷款及透支	
	余额	比年初	余额	比年初	余额	比年初	余额	比年初	余额	比年初
全　国	8350.69	581.96	5670.84	204.22	3525.99	6.12	13.07	0.11	1409.16	355.24
总　行	1380.91	324.67	288.18	50.40	101.72	29.39	8.57	-0.09	40.99	15.85
北　京	1338.76	129.10	843.95	90.64	422.56	87.01	0.51	0.07	207.65	95.16
天　津	246.35	15.98	229.39	13.93	113.22	-9.86	0.08	0.00	43.26	12.86
河　北	74.92	-0.09	66.46	2.34	45.58	-1.01	0.16	0.07	25.72	6.93
山　西	20.70	-1.94	20.67	-1.90	17.57	-0.91	0.03	0.00	5.99	2.78
内蒙古	19.44	0.97	11.61	-3.04	4.95	-2.64	0.03	0.00	2.46	0.31
辽　宁	289.76	-1.91	254.40	0.46	178.78	-8.15	0.16	-0.08	200.24	2.41
吉　林	17.65	-0.20	16.46	3.51	10.05	2.28	0.05	0.00	6.11	4.56
黑龙江	65.34	-4.06	44.64	-4.78	35.46	-6.19	0.04	0.00	13.92	0.71
上　海	766.22	9.93	657.95	1.85	385.09	-45.92	0.62	0.05	174.12	9.39
江　苏	476.77	-27.14	453.93	-22.32	367.97	-29.89	0.37	0.04	126.18	42.78
浙　江	456.72	7.02	422.90	0.88	322.74	-11.03	0.45	0.09	125.61	33.79
安　徽	108.90	10.57	90.45	7.43	38.41	-12.76	0.05	0.01	6.37	-9.46
福　建	266.97	24.83	223.81	13.34	146.87	-5.09	0.37	0.02	50.65	18.29
江　西	37.71	11.74	36.30	11.55	29.82	11.64	0.04	0.01	10.39	8.06
山　东	588.91	65.50	358.44	53.75	273.89	32.42	0.18	0.02	78.16	21.46
河　南	58.03	-9.33	55.34	-9.32	47.71	-10.78	0.10	0.02	11.30	2.59
湖　北	171.57	-9.81	94.93	-17.56	53.49	-8.52	0.07	0.01	36.92	3.27
湖　南	69.73	9.66	63.55	9.93	30.91	3.17	0.06	0.01	11.00	1.70
广　东	1149.26	-27.29	913.09	-30.36	594.44	-22.30	0.70	-0.17	182.51	32.14
广　西	79.34	9.19	45.87	6.56	34.67	6.13	0.04	0.00	15.88	6.01
海　南	115.57	10.27	79.77	6.20	25.00	6.45	0.02	0.00	22.80	7.23
重　庆	101.19	-1.20	99.60	-1.77	81.94	-6.52	0.05	0.00	30.33	24.46
四　川	141.64	17.54	126.64	14.43	73.89	11.43	0.17	-0.01	32.60	11.00
贵　州	11.39	2.74	5.04	-0.39	4.99	-0.39	0.03	0.01	0.51	-0.07
云　南	58.43	6.47	31.83	3.03	14.02	-4.84	0.04	0.01	2.94	-3.56
西　藏	0.12	0.08	0.12	0.08	0.00	0.00	0.00	0.00		
陕　西	55.05	2.90	52.45	2.86	17.94	0.51	0.04	0.01	6.12	0.30
甘　肃	64.41	0.09	55.58	-2.33	39.48	-0.21	0.02	0.00	36.20	3.02
青　海	21.52	2.41	1.02	-0.20	0.12	-0.35	0.01	0.00	0.03	0.03
宁　夏	4.87	-1.23	3.26	0.08	1.39	0.18	0.01	0.00	0.30	0.30
新　疆	92.54	4.51	23.23	4.94	11.30	2.86	0.03	0.01	1.91	0.94

续表 3

（2014 年）　　　　单位：亿美元

项目 地区	贸易融资		中长期贷款		个人贷款		单位普通贷款		境外贷款	
	余额	比年初	余额	比年初	余额	比年初	余额	比年初	余额	比年初
全　国	2101.06	-347.95	2016.06	123.14	3.32	0.18	1489.73	153.58	2679.85	377.74
总　行	52.13	13.68	164.85	2.31	0.00	-0.01	88.41	0.96	1092.73	274.27
北　京	214.26	-8.27	421.19	3.44	0.14	-0.02	349.93	18.35	494.81	38.46
天　津	69.89	-22.72	77.51	3.74	0.01	0.00	72.74	2.62	16.97	2.04
河　北	19.71	-8.01	20.79	3.30	0.02	0.02	19.51	3.47	8.46	-2.43
山　西	11.55	-3.70	2.56	-1.52			2.34	-0.66	0.03	-0.04
内蒙古	2.46	-2.96	6.30	-0.61	0.00	0.00	1.94	-0.46	7.83	4.01
辽　宁	77.61	-11.25	73.15	6.83	0.02	0.01	45.34	5.93	35.37	-2.37
吉　林	3.89	-2.29	6.40	1.23	0.00	0.00	4.80	1.75	1.18	-3.71
黑龙江	21.49	-6.90	9.17	1.41			6.64	1.31	20.71	0.72
上　海	210.11	-54.14	248.26	26.96	2.46	0.20	194.39	24.78	108.27	8.08
江　苏	240.57	-73.28	84.19	6.64	0.05	0.02	59.47	0.89	22.84	-4.83
浙　江	196.46	-44.80	96.37	15.09	0.02	0.01	80.50	17.38	33.82	6.14
安　徽	31.99	-3.30	51.77	19.95	0.00	0.00	39.63	19.84	18.45	3.14
福　建	95.79	-21.73	76.56	18.31	0.02	-0.06	64.65	18.37	43.16	11.49
江　西	19.40	3.58	6.08	-0.05	0.00	0.00	3.06	-1.23	1.41	0.19
山　东	195.54	10.95	76.74	15.31	0.01	0.00	39.26	10.88	230.46	11.76
河　南	36.31	-13.39	7.52	1.52	0.01	0.01	4.94	1.83	2.70	0.00
湖　北	16.50	-11.80	41.41	-8.94	0.01	0.01	23.30	-0.03	76.64	7.75
湖　南	19.86	1.47	32.63	6.94	0.01	0.00	24.69	7.63	6.19	-0.27
广　东	410.84	-54.66	295.99	-14.89	0.49	-0.03	209.21	2.51	236.17	3.07
广　西	18.76	0.11	11.14	0.40	0.00	0.00	3.35	0.11	33.47	2.62
海　南	2.18	-0.78	54.75	-0.28	0.00	0.00	43.91	1.78	35.80	4.07
重　庆	51.55	-30.98	17.67	4.75	0.01	0.01	13.73	5.09	1.59	0.57
四　川	41.12	0.44	50.88	1.27	0.00	0.00	39.16	2.48	15.00	3.10
贵　州	4.46	-0.33	0.04	0.00	0.00	0.00			6.36	3.13
云　南	11.04	-1.28	17.70	7.75	0.00		11.34	4.74	26.60	3.44
西　藏		0.00	0.12	0.08			0.08	0.08		
陕　西	11.78	0.20	33.76	2.41	0.00	0.00	26.90	2.87	2.60	0.04
甘　肃	3.27	-3.23	16.10	-2.11	0.01	0.01	9.97	-0.03	8.83	2.42
青　海	0.08	-0.38	0.91	0.15	0.00	0.00	0.33	0.07	20.50	2.61
宁　夏	1.09	-0.12	1.85	-0.10			0.29	-0.13	1.61	-1.31
新　疆	9.36	1.91	11.72	1.87	0.00	0.00	5.93	0.43	69.31	-0.43

二、国内经济主要统计指标

地区生产总值

单位：亿元

地 区	2008 年	2009 年	2010 年	2011 年	2012 年	2013 年	2014 年
北 京	11115.0	12153.0	14113.6	16251.9	17879.4	19800.8	21330.8
天 津	6719.0	7521.9	9224.5	11307.3	12893.9	14442.0	15722.5
河 北	16012.0	17235.5	20394.3	24515.8	26575.0	28443.0	29421.2
山 西	7315.4	7358.3	9200.9	11237.6	12112.8	12665.3	12759.4
内蒙古	8496.2	9740.3	11672.0	14359.9	15880.6	16916.5	17769.5
辽 宁	13668.6	15212.5	18457.3	22226.7	24846.4	27213.2	28626.6
吉 林	6426.1	7278.8	8667.6	10568.8	11939.2	13046.4	13803.8
黑龙江	8314.4	8587.0	10368.6	12582.0	13691.6	14454.9	15039.4
上 海	14069.9	15046.5	17166.0	19195.7	20181.7	21818.2	23560.9
江 苏	30982.0	34457.3	41425.5	49110.3	54058.2	59753.4	65088.3
浙 江	21462.7	22990.4	27722.3	32318.9	34665.3	37756.6	40153.5
安 徽	8851.7	10062.8	12359.3	15300.7	17212.1	19229.3	20848.8
福 建	10823.0	12236.5	14737.1	17560.2	19701.8	21868.5	24055.8
江 西	6971.1	7655.2	9451.3	11702.8	12948.5	14410.2	15708.6
山 东	30933.3	33896.7	39169.9	45361.9	50013.2	55230.3	59426.6
河 南	18018.5	19480.5	23092.4	26931.0	29599.3	32191.3	34939.4
湖 北	11328.9	12961.1	15967.6	19632.3	22250.2	24791.8	27367.0
湖 南	11555.0	13059.7	16038.0	19669.6	22154.2	24521.7	27048.5
广 东	36796.7	39482.6	46013.1	53210.3	57067.9	62474.8	67792.2
广 西	7021.0	7759.2	9569.9	11720.9	13035.1	14449.9	15673.0
海 南	1503.1	1654.2	2064.5	2522.7	2855.3	3177.6	3500.7
重 庆	5793.7	6530.0	7925.6	10011.4	11406.9	12783.3	14265.4
四 川	12601.2	14151.3	17185.5	21026.7	23872.8	26392.1	28536.7
贵 州	3561.6	3912.7	4602.2	5701.8	6852.2	8086.9	9251.0
云 南	5692.1	6169.8	7224.2	8893.1	10309.5	11832.3	12814.6
西 藏	394.9	441.4	507.5	605.8	701.0	815.7	920.8
陕 西	7314.6	8169.8	10123.5	12512.3	14453.7	16205.5	17689.9
甘 肃	3166.8	3387.6	4120.8	5020.4	5650.2	6330.7	6835.3
青 海	1018.6	1081.3	1350.4	1670.4	1893.5	2122.1	2301.1
宁 夏	1203.9	1353.3	1689.7	2102.2	2341.3	2577.6	2752.1
新 疆	4183.2	4277.0	5437.5	6610.1	7505.3	8443.8	9264.1

注：本表按当年价格计算。

地区生产总值及增长速度

（2014 年）

地 区	地区生产总值（亿元）	第一产业	第二产业	工 业	建筑业	第三产业	#交通运输、仓储和邮政业	#批发和零售业	地区生产总值比上年增长（%）
北 京	21330.8	159.0	4545.5	3746.8	907.4	16626.3	948.1	2447.7	7.3
天 津	15722.5	199.8	7731.4	7083.4	682.5	7791.3	753.2	1981.1	10.0
河 北	29421.2	3447.5	15020.2	13330.7	1702.7	10953.5	2490.1	2282.3	6.
山 西	12759.4	788.1	6343.3	5521.0	825.7	5628.0	797.1	990.0	4.9
内蒙古	17769.5	1627.2	9119.8	7904.4	1217.6	7022.6	1379.8	1806.3	7.8
辽 宁	28626.6	2285.8	14384.6	12656.8	1875.7	11956.2	1486.1	2588.1	5.8
吉 林	13803.8	1524.6	7287.3	6420.0	897.0	4992.0	516.1	1066.6	6.5
黑龙江	15039.4	2611.5	5504.0	4741.8	850.0	6923.9	663.0	1585.0	5.6
上 海	23560.9	124.3	8164.8	7362.8	825.1	15271.9	1044.5	3809.3	7.0
江 苏	65088.3	3634.3	31057.5	27166.5	3899.5	30396.5	2591.1	6655.0	8.7
浙 江	40153.5	1779.3	19152.7	16741.8	2445.5	19221.5	1516.9	4983.0	7.6
安 徽	20848.8	2392.4	11204.0	9581.4	1638.3	7252.3	784.4	1500.3	9.2
福 建	24055.8	2014.9	12515.4	10426.7	2112.0	9525.5	1320.4	1961.2	9.9
江 西	15708.6	1683.7	8388.3	6994.7	1393.6	5636.6	710.5	1124.1	9.7
山 东	59426.6	4798.4	28788.1	25340.9	3534.5	25840.1	2278.6	7835.2	8.7
河 南	34939.4	4160.8	17902.7	15904.3	2079.4	12875.9	1614.0	2284.0	8.9
湖 北	27367.0	3176.9	12840.2	10992.8	1912.9	11349.9	1181.6	2143.2	9.7
湖 南	27048.5	3148.8	12481.9	10749.9	1744.9	11417.8	1257.6	2211.8	9.5
广 东	67792.2	3166.7	31345.8	29087.6	2323.7	33279.8	2663.1	8047.5	7.8
广 西	15673.0	2412.2	7335.6	6065.3	1274.6	5925.2	714.4	1168.8	8.5
海 南	3500.7	809.6	874.4	514.4	361.2	1816.7	185.1	419.0	8.5
重 庆	14265.4	1061.0	6531.9	5175.8	1356.1	6672.5	705.8	1229.9	10.9
四 川	28536.7	3531.1	14519.4	12409.0	2225.4	10486.2	828.0	1586.8	8.5
贵 州	9251.0	1275.5	3847.1	3140.9	707.3	4128.5	828.7	624.2	10.8
云 南	12814.6	1991.2	5281.8	3899.0	1389.7	5541.6	288.5	1246.5	8.1
西 藏	920.8	91.6	336.8	66.2	270.7	492.4	30.4	64.1	10.8
陕 西	17689.9	1564.9	9689.8	8090.4	1650.9	6435.2	675.0	1412.3	9.7
甘 肃	6835.3	900.8	2924.9	2263.2	679.8	3009.6	280.7	482.7	8.9
青 海	2301.1	215.9	1232.1	954.3	278.2	853.1	81.7	150.6	9.2
宁 夏	2752.1	216.8	1343.1	973.5	370.3	1192.1	199.0	137.5	8.0
新 疆	9264.1	1538.6	3927.8	3179.6	858.2	3797.7	483.7	541.9	10.0

注：本表绝对数按当年价格计算，增长速度按不变价格计算。

分地区年末常住人口

单位：万人

地区	2008年	2009年	2010年	2011年	2012年	2013年	2014年
全国总计	132802	133450	134091	134735	135404	136072	136782
北京	1771	1860	1962	2019	2069	2115	2152
天津	1176	1228	1299	1355	1413	1472	1517
河北	6989	7034	7194	7241	7288	7333	7384
山西	3411	3427	3574	3593	3611	3630	3648
内蒙古	2444	2458	2472	2482	2490	2498	2505
辽宁	4315	4341	4375	4383	4389	4390	4391
吉林	2734	2740	2747	2749	2750	2751	2752
黑龙江	3825	3826	3833	3834	3834	3835	3833
上海	2141	2210	2303	2347	2380	2415	2426
江苏	7762	7810	7869	7899	7920	7939	7960
浙江	5212	5276	5447	5463	5477	5498	5508
安徽	6135	6131	5957	5968	5988	6030	6083
福建	3639	3666	3693	3720	3748	3774	3806
江西	4400	4432	4462	4488	4504	4522	4542
山东	9417	9470	9588	9637	9685	9733	9789
河南	9429	9487	9405	9388	9406	9413	9436
湖北	5711	5720	5728	5758	5779	5799	5816
湖南	6380	6406	6570	6596	6639	6691	6737
广东	9893	10130	10441	10505	10594	10644	10724
广西	4816	4856	4610	4645	4682	4719	4754
海南	854	864	869	877	887	895	903
重庆	2839	2859	2885	2919	2945	2970	2991
四川	8138	8185	8045	8050	8076	8107	8140
贵州	3596	3537	3479	3469	3484	3502	3508
云南	4543	4571	4602	4631	4659	4687	4714
西藏	292	296	300	303	308	312	318
陕西	3718	3727	3735	3743	3753	3764	3775
甘肃	2551	2555	2560	2564	2578	2582	2591
青海	554	557	563	568	573	578	583
宁夏	618	625	633	639	647	654	662
新疆	2131	2159	2185	2209	2233	2264	2298

注：1. 全国数据包括中国人民解放军现役军人数，但不包括香港、澳门特别行政区和台湾省数据；分省数据中未包括中国人民解放军现役军人数。

2. 2010年数据为当年人口普查数据推算数；其余年份数据根据年度人口抽样调查推算。

分地区全社会固定资产投资

单位：亿元

地　区	2008 年	2009 年	2010 年	2011 年	2012 年	2013 年	2014 年
全国总计	172828.4	224598.8	278121.9	311485.1	374674.7	447074.4	502004.90
北　京	3814.7	4616.9	5403.0	5578.9	6112.7	6847.1	6873.44
天　津	3389.8	4738.2	6278.1	7067.7	7934.8	9130.3	10490.37
河　北	8866.6	12269.8	15083.4	16389.3	19661.3	23194.2	26147.20
山　西	3531.2	4943.2	6063.2	7073.1	8863.3	11031.9	11976.96
内蒙古	5475.4	7336.8	8926.5	10365.2	11875.7	14215.5	17431.05
辽　宁	10019.1	12292.5	16043.0	17726.3	21836.3	24791.40	24426.83
吉　林	5038.9	6411.6	7870.4	7441.7	9511.4	10133.5	11254.84
黑龙江	3656.0	5028.8	6812.6	7475.4	9694.7	12126.0	9587.09
上　海	4823.1	5043.8	5108.9	4962.1	5117.6	5647.8	6012.97
江　苏	15300.6	18949.9	23184.3	26692.6	30854.2	36373.8	41552.75
浙　江	9323.0	10742.3	12376.0	14185.3	17649.4	20777.1	23554.76
安　徽	6747.0	8990.7	11542.9	12455.7	15425.8	18621.6	21069.24
福　建	5207.7	6231.2	8199.1	9910.9	12439.9	15327.4	17911.71
江　西	4745.4	6643.1	8772.3	9087.6	10774.2	12866.1	14677.04
山　东	15435.9	19034.5	23280.5	26749.7	31256.0	36789.1	41599.13
河　南	10490.6	13704.5	16585.9	17769.0	21450.0	26220.9	30012.28
湖　北	5647.0	7866.9	10262.7	12557.3	15578.3	19307.3	22491.67
湖　南	5534.0	7703.4	9663.6	11880.9	14523.2	17846.3	20575.33
广　东	10868.7	12933.1	15623.7	17069.2	18751.5	22307.8	25843.06
广　西	3756.4	5237.2	7057.6	7990.7	9808.6	11907.7	13287.60
海　南	705.4	988.3	1317.0	1657.2	2145.4	2697.4	3039.46
重　庆	3979.6	5214.3	6688.9	7473.4	8736.2	10429.6	12136.52
四　川	7127.8	11371.9	13116.7	14222.2	17040.4	20325.2	22662.26
贵　州	1864.5	2412.0	3104.9	4235.9	5517.8	7373.6	8778.40
云　南	3435.9	4526.4	5528.7	6191.0	7831.1	9968.3	11073.86
西　藏	309.9	378.3	462.7	516.3	670.5	876.0	1069.23
陕　西	4614.4	6246.9	7963.7	9431.1	12044.5	14867.3	16840.44
甘　肃	1712.8	2363.0	3158.3	3965.8	5145.0	6527.9	7759.62
青　海	583.2	798.2	1016.9	1435.6	1883.4	2361.1	2788.91
宁　夏	828.9	1075.9	1444.2	1644.7	2096.9	2651.1	3039.92
新　疆	2260.0	2725.5	3423.2	4632.1	6158.8	7724.5	9058.31
不分地区	3734.9	5779.7	6759.1	5651.3	6106.4	5493.3	6928.66

分地区城镇居民家庭人均可支配收入

单位：元

地 区	2008年	2009年	2010年	2011年	2012年	2013年	2014年
全国总计	15780.8	17174.7	19109.4	21809.8	24564.7	26467.0	28843.9
北 京	24724.9	26738.5	29072.9	32903.0	36468.8	44563.9	48531.8
天 津	19422.5	21402.0	24292.6	26920.9	29626.4	28979.8	31506.0
河 北	13441.1	14718.3	16263.4	18292.2	20543.4	22226.7	24141.3
山 西	13119.1	13996.6	15647.7	18123.9	20411.7	22258.2	24069.4
内蒙古	14432.6	15849.2	17698.2	20407.6	23150.3	26003.6	28349.6
辽 宁	14392.7	15761.4	17712.6	20446.8	23222.7	26697.0	29081.7
吉 林	12829.5	14006.3	15411.5	17796.6	20208.0	21331.1	23217.8
黑龙江	11581.3	12566.0	13856.5	15696.2	17759.8	20848.4	22609.0
上 海	26674.9	28837.8	31838.1	36230.5	40188.3	44878.3	48841.4
江 苏	18679.5	20551.7	22944.3	26340.7	29677.0	31585.5	34346.3
浙 江	22726.7	24610.8	27359.0	30970.7	34550.3	37079.7	40392.7
安 徽	12990.4	14085.7	15788.2	18606.1	21024.2	22789.3	24838.5
福 建	17961.5	19576.8	21781.3	24907.4	28055.2	28173.9	30722.4
江 西	12866.4	14021.5	15481.1	17494.9	19860.4	22119.7	24309.2
山 东	16305.4	17811.0	19945.8	22791.8	25755.2	26882.4	29221.9
河 南	13231.1	14371.6	15930.3	18194.8	20442.6	21740.7	23672.1
湖 北	13152.9	14367.5	16058.4	18373.9	20839.6	22667.9	24852.3
湖 南	13821.2	15084.3	16565.7	18844.1	21318.8	24352.0	26570.2
广 东	19732.9	21574.7	23897.8	26897.5	30226.7	29537.3	32148.1
广 西	14146.0	15451.5	17063.9	18854.1	21242.8	22689.4	24669.0
海 南	12607.8	13750.9	15581.1	18369.0	20917.7	22411.4	24486.5
重 庆	14367.6	15748.7	17532.4	20249.7	22968.1	23058.2	25147.2
四 川	12633.4	13839.4	15461.2	17899.1	20307.0	22227.5	24234.4
贵 州	11758.8	12862.5	14142.7	16495.0	18700.5	20564.9	22548.2
云 南	13250.2	14423.9	16064.5	18575.6	21074.5	22460.0	24299.0
西 藏	12481.5	13544.4	14980.5	16195.6	18028.3	20394.5	22015.8
陕 西	12857.9	14128.8	15695.2	18245.2	20733.9	22345.9	24365.8
甘 肃	10969.4	11929.8	13188.6	14988.7	17156.9	19873.4	21803.9
青 海	11640.4	12691.9	13855.0	15603.3	17566.3	20352.4	22306.6
宁 夏	12931.5	14024.7	15344.5	17578.9	19831.4	21475.7	23284.6
新 疆	11432.1	12257.5	13643.8	15513.6	17920.7	21091.5	23214.0

分地区主要农产品产量

（2014年）

单位：万吨

地区	粮食	油料	棉花	糖料	蔬菜	水果	肉类				奶类
								#猪肉	#牛肉	#羊肉	
全国总计	60702.6	3507.4	617.8	13361.2	76005.5	26142.2	8706.7	5671.4	689.2	428.2	3841.2
北京	63.9	0.7	0.01		236.2	96.5	39.3	24.0	1.7	1.2	59.5
天津	176.0	0.5	3.8		460.2	62.7	46.4	29.9	3.4	1.6	68.9
河北	3360.2	150.2	43.1	75.6	8125.7	2019.0	468.1	281.2	52.4	30.4	496.1
山西	1330.8	17.3	2.4	8.0	1271.4	770.8	87.5	64.2	5.8	6.7	97.2
内蒙古	2753.0	170.3	0.2	160.2	1472.7	322.3	252.3	73.3	54.5	93.3	797.1
辽宁	1753.9	63.7	0.01	10.1	3090.1	870.6	429.2	240.3	42.8	8.9	134.5
吉林	3532.8	85.7	0.1	6.4	876.0	229.7	262.0	140.4	46.0	4.5	49.8
黑龙江	6242.2	17.1		41.1	985.6	258.7	230.2	142.6	40.6	11.9	560.1
上海	112.5	1.3	0.1	0.6	393.2	86.2	23.4	18.8	0.1	0.5	27.1
江苏	3490.6	146.6	16.0	10.1	5417.0	861.6	379.5	232.4	3.3	8.0	60.7
浙江	757.4	30.7	2.5	62.7	1762.8	714.8	157.1	127.0	1.2	1.7	15.9
安徽	3415.8	228.8	26.3	19.7	2551.0	965.3	414.0	264.8	17.9	15.5	27.9
福建	667.0	29.8	0.01	53.1	1801.4	790.8	213.7	151.1	2.9	2.2	15.4
江西	2143.5	121.7	13.4	64.5	1312.4	627.1	339.8	259.8	13.1	1.1	12.9
山东	4596.6	335.9	66.5	0.01	9973.7	3134.0	770.2	406.8	66.6	36.0	289.6
河南	5772.3	584.3	14.7	27.3	7272.5	2560.2	719.0	478.0	82.1	25.4	342.4
湖北	2584.2	341.7	36.0	30.4	3671.5	972.3	440.4	339.6	21.9	8.6	16.4
湖南	3001.3	233.8	12.9	65.9	3763.5	920.0	546.5	458.1	18.9	11.1	9.3
广东	1357.3	105.5		1504.7	3274.7	1560.7	429.4	282.6	7.0	0.9	13.8
广西	1534.4	61.3	0.3	7952.6	2610.1	1560.6	420.0	266.3	14.4	3.2	9.7
海南	186.6	11.6		424.9	551.5	413.0	79.5	48.6	2.6	1.1	0.2
重庆	1144.5	56.9		10.3	1689.1	347.6	214.2	158.5	8.4	3.4	5.7
四川	3374.9	300.8	1.2	55.8	4069.3	884.5	714.7	527.2	33.4	25.3	71.3
贵州	1138.5	98.0	0.1	168.3	1625.6	196.4	201.8	165.6	14.7	3.8	5.7
云南	1860.7	64.7	0.03	2110.4	1735.5	669.0	378.5	292.4	33.6	14.6	64.6
西藏	98.0	6.4			68.2	1.4	26.4	1.5	16.0	7.9	34.3
陕西	1197.8	62.3	4.2	0.1	1724.7	1849.9	116.7	91.8	7.7	7.5	192.3
甘肃	1158.7	72.4	6.4	26.4	1705.2	636.6	95.5	52.7	18.1	17.9	40.3
青海	104.8	16.5		0.1	158.6	2.6	33.4	10.5	10.6	10.9	31.3
宁夏	377.9	16.5			540.8	290.2	28.5	7.7	8.8	9.5	135.7
新疆	1414.5	59.3	367.7	471.9	1815.4	1466.9	149.3	33.9	39.2	53.6	155.6

分地区主要工业产品产量

（2014年）

地　区	原　油（万吨）	天然气（亿立方米）	布（亿米）	农用化肥（万吨）	水　泥（万吨）	生　铁（万吨）	粗　钢（万吨）
全国总计	21142.9	1301.6	893.7	6887.2	247613.5	71159.9	82269.8
北　京		12.8	0.0		703.6		2.1
天　津	3074.8	21.2	2.3	16.0	957.9	2182.5	2287.1
河　北	592.3	17.5	66.1	203.1	10677.4	16932.6	18530.3
山　西		31.6	0.8	424.4	4700.0	4052.0	4325.4
内蒙古	21.5	15.5		126.1	6294.0	1330.7	1661.5
辽　宁	1021.9	8.1	6.7	71.9	5807.6	6167.7	6511.4
吉　林	663.9	22.3	0.4	17.9	3702.7	1132.8	1264.8
黑龙江	4000.0	35.4	0.1	48.4	3702.6	456.7	476.3
上　海	5.7	2.1	1.4	1.5	686.0	1643.3	1774.5
江　苏	206.0	0.5	141.6	234.8	19395.8	7080.1	10195.5
浙　江			250.7	35.7	12390.0	1140.3	1748.3
安　徽			12.7	299.7	12921.0	1998.5	2451.4
福　建			74.3	48.9	7760.9	907.7	1820.8
江　西		0.4	9.9	135.8	9831.2	2075.3	2235.3
山　东	2713.2	4.9	128.1	555.0	16496.3	6719.1	6411.0
河　南	470.5	4.9	32.3	491.7	17080.7	2779.6	2882.2
湖　北	79.0	1.5	84.0	1206.0	11418.1	2437.6	3056.4
湖　南			3.9	113.6	12060.1	1780.7	1917.6
广　东	1245.4	83.7	43.6	58.4	14783.4	1082.4	1710.4
广　西	58.7	0.2	0.5	111.5	10706.5	1231.7	2084.3
海　南	28.5	1.6		66.3	2151.6		22.4
重　庆		7.8	6.9	215.2	6688.8	444.6	785.6
四　川	19.2	253.5	20.3	453.6	14612.7	1931.4	2243.0
贵　州		0.4		529.2	9456.4	498.6	551.6
云　南		0.0		318.4	9596.9	1704.9	1689.1
西　藏					342.2		
陕　西	3767.8	410.1	6.7	179.2	9129.7	884.0	1038.3
甘　肃	71.2	0.2		50.2	4931.5	898.8	1074.0
青　海	220.0	68.9		504.9	1859.6	127.0	144.3
宁　夏	7.9			46.5	1793.9	201.7	161.5
新　疆	2875.3	296.7	0.6	323.6	4974.6	1337.5	1213.4

续表

（2014年）

地 区	钢 材（万吨）	汽 车（万辆）	家 用 电冰箱（万台）	程 控 交换机（万线）	移动通信 手持机（万部）	微型计算机 设备（万台）	发电量（亿千瓦小时）
全国总计	112557.2	2372.5	8796.1	3123.1	162719.8	35079.6	56495.8
北 京	195.0	206.3		973.0	17983.6	1015.6	364.0
天 津	7303.9	51.2	45.4		9754.2	1100.5	625.5
河 北	23995.2	97.8		13.6			2499.9
山 西	4701.0				2255.4		2647.0
内蒙古	1763.2	2.4					3857.8
辽 宁	6946.0	112.1	157.0	62.7	2895.0	0.2	1647.8
吉 林	1412.2	237.4					771.7
黑龙江	483.5	10.8				3.5	881.3
上 海	2309.1	247.4	154.0	215.8	5484.8	6295.4	792.3
江 苏	13255.2	121.6	969.7	1.9	2884.1	6708.0	4347.96
浙 江	4171.0	30.9	757.8	179.4	3611.3	191.0	2885.3
安 徽	3265.7	93.4	2765.8			1715.9	2033.9
福 建	3019.6	18.1			1278.0	985.4	1873.4
江 西	2611.1	46.2	109.5		5540.5		873.3
山 东	8939.4	103.0	610.1	10.9	6590.8	23.3	3691.1
河 南	4704.1	40.9	320.9		12065.2		2729.9
湖 北	3429.0	174.5	243.5	51.9	2888.4	120.7	2382.3
湖 南	1989.3	29.5	12.2	2.8	60.9	34.2	1313.7
广 东	3447.1	216.8	2139.9	1605.8	79562.8	2819.5	3948.4
广 西	3262.6	209.2				0.6	1310.0
海 南	29.7	9.0					244.6
重 庆	1322.0	231.4	262.0		9418.2	6446.8	675.8
四 川	2935.2	32.4	80.2		441.0	7619.0	3079.4
贵 州	552.4		168.2		6.5		1747.7
云 南	1935.1	11.0		5.3			2550.0
西 藏	1.1						32.3
陕 西	1683.9	37.5			29.1		1620.8
甘 肃	1108.1	0.7					1241.1
青 海	131.4						580.3
宁 夏	165.6						1156.6
新 疆	1489.5	1.1					2090.9

分地区规模以上工业企业主要经济指标

(2014年)

单位：亿元

地　区	主营业务收　入	主营业务成　本	主营业务税金及附加	销售费用	利润总额	税金总额
全国总计	1094646.5	937493.4	16894.0	27476.8	64715.3	48401.7
北　京	19439.2	16422.3	303.7	862.3	1493.2	847.7
天　津	28275.9	24405.0	322.2	630.1	2042.8	1125.8
河　北	46532.2	40846.9	463.8	784.9	2421.7	1540.8
山　西	17119.9	14820.7	151.2	560.2	210.6	762.8
内蒙古	19064.0	15615.7	265.2	440.7	1294.4	967.8
辽　宁	49686.1	43541.6	898.0	1052.3	2011.7	2058.7
吉　林	23220.0	19352.5	537.1	884.7	1397.7	1165.4
黑龙江	13086.0	10485.5	601.6	306.7	985.0	1144.2
上　海	34725.0	28507.8	965.1	1277.4	2646.5	1856.3
江　苏	142387.9	123159.7	1242.9	3280.5	8839.7	5789.5
浙　江	63237.0	54099.3	721.1	1601.8	3543.7	2425.2
安　徽	36653.6	31968.3	474.9	870.0	1775.2	1394.4
福　建	36300.1	31424.0	417.1	914.1	2081.7	1395.0
江　西	30597.1	26866.2	318.6	505.7	2043.9	1314.8
山　东	143488.1	125581.8	1573.1	2647.5	8763.4	5499.7
河　南	66787.5	58022.7	677.5	1217.9	4774.4	2180.4
湖　北	40708.0	34531.1	801.9	1251.2	2174.6	1811.8
湖　南	33303.2	27987.8	903.5	904.8	1523.2	2066.1
广　东	113827.8	96949.1	1199.3	3899.3	5611.9	3991.2
广　西	18455.1	15886.6	346.3	437.2	963.8	911.1
海　南	1742.3	1436.1	76.2	61.0	88.5	135.0
重　庆	18057.1	15361.3	262.8	509.0	1160.5	937.6
四　川	37559.7	31674.6	614.2	1073.6	2046.3	1851.0
贵　州	8108.0	6432.6	313.6	265.8	530.5	658.3
云　南	10041.6	7823.9	830.6	259.5	478.9	1283.4
西　藏	113.5	86.2	1.7	8.4	12.4	11.7
陕　西	18313.6	14313.1	721.0	471.0	1706.5	1600.9
甘　肃	9092.6	7983.7	310.2	138.5	233.2	543.8
青　海	2249.8	1848.1	61.0	77.0	98.9	144.6
宁　夏	3468.9	2985.1	72.3	67.6	102.5	163.5
新　疆	9005.0	7074.1	446.4	216.0	661.2	823.2

注：本表为快报数。

分地区居民消费价格分类指数

（2014年，上年=100）

地区	居民消费价格指数	食品	烟酒及用品	衣着	家庭设备用品及服务	医疗保健和个人用品	交通和通信	娱乐教育文化	居住
全国	102.0	103.1	99.4	102.4	101.2	101.3	99.9	101.9	102.0
北京	101.6	103.2	99.7	100.4	100.3	99.9	99.2	103.2	101.4
天津	101.9	103.0	98.7	101.8	103.3	100.4	99.7	101.7	102.0
河北	101.7	102.3	98.8	104.1	101.2	101.5	100.0	101.9	101.1
山西	101.7	102.8	100.1	102.4	101.4	100.9	99.8	101.8	100.8
内蒙古	101.6	102.9	100.4	102.1	100.6	100.8	99.4	101.2	101.0
辽宁	101.7	102.7	100.3	102.2	100.3	101.6	100.4	101.3	101.3
吉林	102.0	103.0	100.1	103.1	100.8	100.6	100.2	101.8	102.0
黑龙江	101.5	102.0	100.9	102.9	100.8	102.2	99.6	100.9	100.6
上海	102.7	103.2	101.0	103.7	101.8	100.4	100.1	101.8	104.6
江苏	102.2	102.6	98.6	103.9	103.3	101.8	99.8	102.6	102.4
浙江	102.1	103.1	99.6	101.8	101.5	101.9	99.7	102.2	102.4
安徽	101.6	102.5	97.5	101.0	101.3	101.6	99.2	102.4	102.0
福建	102.0	103.3	99.2	102.6	100.4	100.7	100.2	101.7	102.3
江西	102.3	103.7	100.1	102.4	99.9	101.0	99.7	102.8	102.5
山东	101.9	102.6	100.3	102.9	101.1	101.2	99.8	102.0	102.1
河南	101.9	102.6	98.3	102.5	100.9	101.0	99.9	103.2	102.2
湖北	102.0	102.3	99.7	102.0	101.5	100.7	100.2	101.7	103.3
湖南	101.9	102.6	99.5	101.7	101.3	102.1	100.2	103.0	101.4
广东	102.3	104.4	99.6	103.0	100.8	100.9	99.6	101.1	101.9
广西	102.1	104.3	99.2	100.4	100.3	101.0	99.9	101.5	101.5
海南	102.4	103.7	97.9	102.3	101.4	102.0	100.0	101.7	102.6
重庆	101.8	103.3	97.8	102.0	100.5	101.7	100.3	100.1	101.6
四川	101.6	102.1	97.9	102.5	101.2	101.1	100.3	101.6	101.9
贵州	102.4	104.2	99.8	102.1	100.7	101.6	100.2	102.4	101.8
云南	102.4	104.3	100.5	100.9	101.3	101.1	100.3	100.6	102.7
西藏	102.9	105.3	100.1	102.3	101.3	101.0	100.6	101.7	102.4
陕西	101.6	102.8	98.8	101.1	101.0	102.7	99.9	100.7	101.2
甘肃	102.1	103.6	99.9	102.4	102.2	101.2	100.0	101.4	101.5
青海	102.8	104.0	98.7	104.9	99.8	101.4	100.3	102.6	103.0
宁夏	101.9	102.7	99.1	102.7	101.1	101.6	99.6	102.8	101.2
新疆	102.1	103.6	100.6	101.9	101.1	101.3	100.4	100.4	101.9

分地区货运量和货物周转量

(2014 年)

地　区	货运量(万吨)	#铁　路	#公　路	#水　运	货物周转量(亿吨公里)	#铁　路	#公　路	#水　运
全国总计	4381089	381334	3332838	598283	185398	27530.2	61016.6	92774.6
北　京	26551	1135	25416		1037	871.5	165.2	
天　津	49753	8874	31130	9749	2602	519.3	349.0	2734.0
河　北	2099946	20619	185286	4041	12684	4183.1	7019.6	1481.8
山　西	164919	76411	88491	17	3711	2347.6	1363.2	
内蒙古	191869	65165	126704		4471	2367.6	2103.5	
辽　宁	222138	19154	189174	13810	12236	1181.3	3074.9	7979.5
吉　林	48311	6074	41830	407	1704	511.7	1190.8	1.4
黑龙江	60212	11777	47173	1262	1811	797.7	1008.5	7.9
上　海	89980	549	42848	46583	18633	12.4	300.8	18320.1
江　苏	196153	6376	114449	75328	10418	352.3	1978.5	8087.1
浙　江	194250	4343	117070	72837	9540	223.1	1419.4	7897.2
安　徽	434298	10488	315223	1085587	13501	810.0	7392.4	5298.2
福　建	111757	3402	82573	25782	4780	149.7	974.8	3655.7
江　西	151878	4934	137782	9162	3828	539.3	3073.3	215.4
山　东	264458	20268	230018	14172	8253	1314.2	5711.4	1227.4
河　南	200801	11770	179680	9351	7401	1963.2	4822.4	615.6
湖　北	150762	4689	116279	29794	5504	846.8	2340.6	2316.2
湖　南	203053	4753	172613	25687	4138	849.5	2578.9	709.9
广　东	343491	9136	257136	77219	14801	279.4	3113.8	11407.8
广　西	163023	6684	134330	22009	4090	770.4	2068.5	1250.7
海　南	23632	854	11015	11763	1488	12.4	81.5	1394.2
重　庆	97377	2054	81206	14117	2595	165.8	797.8	1631.3
四　川	159034	8541	142132	8361	2465	800.4	1510.5	154.2
贵　州	85672	6317	78017	1338	1442	633.9	776.9	30.9
云　南	108544	4823	103161	560	1446	430.1	1002.3	13.1
西　藏	1914	43	1871		110	24.4	86.0	
陕　西	157012	37483	119343	186	3521	1603.4	1917.5	0.6
甘　肃	57239	6448	50781	10	2515	1522.9	992.6	
青　海	14638	3608	11030		507	272.6	234.4	
宁　夏	41308	6990	34318		837	306.4	530.5	
新　疆	72168	7410	64758		1881	843.6	1037.3	
不分地区	84946	162		16150	20447	27.2		16344.1

注：不分地区合计中包括铁路行包运输、管道运输企业、民航运输企业、中远集团海外公司及中海集团香港有限公司完成数。

分地区客运量和旅客周转量

(2014年)

地区	客运量(万人)	#铁路	#公路	#水运	旅客周转量(亿人公里)	#铁路	#公路	#水运
全国总计	2209361	235704	1908198	26293	30096	11604.8	12084.1	74.3
北京	65063	12709	52354		274	135.6	138.3	
天津	18300	3687	14530	83	247	158.1	88.5	0.1
河北	60726	9571	51151	4	1277	985.9	290.5	0.3
山西	34168	6949	27091	128	385	202.4	182.0	0.1
内蒙古	18283	4789	13494		363	201.7	161.4	
辽宁	94172	12841	80789	542	991	609.1	375.6	6.5
吉林	35004	6935	27866	203	424	251.0	173.3	0.2
黑龙江	46841	10096	36379	366	493	261.4	231.2	0.4
上海	13317	9194	3754	369	210	84.5	124.3	1.1
江苏	155207	15374	137270	2563	1455	600.2	852.0	3.0
浙江	130144	13648	112915	3518	1077	513.1	558.1	5.6
安徽	139553	7922	131403	178	1417	617.6	799.4	0.3
福建	58719	8345	48580	1794	623	284.9	334.9	2.9
江西	67795	7840	59674	281	971	654.5	316.5	0.4
山东	74378	10304	62052	2022	1144	620.4	511.4	11.8
河南	140180	11647	128279	254	1746	900.6	844.9	0.5
湖北	100730	12379	87803	548	1209	722.2	483.9	2.9
湖南	161838	9806	150583	1449	1661	881.4	776.5	2.8
广东	180789	20942	157234	2613	2315	674.9	1629.8	10.7
广西	51905	4770	46623	512	653	237.0	413.2	2.5
海南	14209	1543	11042	1624	120	28.1	89.1	3.3
重庆	68399	4057	63630	712	507	147.0	352.6	7.6
四川	138274	8905	126691	2678	955	322.0	630.0	2.7
贵州	86571	4409	80231	1931	635	217.4	412.9	5.2
云南	49080	3479	44502	1099	437	113.9	321.1	2.4
西藏	1571	163	1408		45	12.3	32.8	
陕西	74188	7077	66720	391	804	464.7	339.0	0.7
甘肃	38985	2672	36224	89	607	377.9	229.0	0.2
青海	5444	615	4769	60	103	56.3	46.5	0.1
宁夏	9187	657	8311	219	114	48.5	65.7	0.1
新疆	37176	2329	34847		500	220.2	279.8	
不分地区	39166				6333			

注：不分地区合计为民航完成数。

分地区社会消费品零售总额

单位：亿元

地　区	2009年	2010年	2011年	2012年	2013年	2014年
全国总计	132678.4	156998.4	183918.6	210307.0	242842.8	271896.1
北　京	5309.9	6229.3	6900.3	7702.8	8872.1	9638.0
天　津	2430.8	2860.2	3395.1	3921.4	4470.4	4738.7
河　北	5764.9	6821.8	8035.5	9254.0	10516.7	11820.5
山　西	2809.0	3318.2	3903.4	4506.8	5139.3	5717.9
内蒙古	2855.0	3384.0	3991.7	4572.5	5114.2	5657.6
辽　宁	5812.6	6887.6	8095.3	9304.2	10581.4	11857.0
吉　林	2957.3	3504.9	4119.8	4772.9	5426.4	6080.9
黑龙江	3401.8	4039.2	4750.1	5491.0	6251.2	7015.3
上　海	5173.2	6070.5	6814.8	7412.3	8557.0	9303.5
江　苏	11484.1	13606.8	15988.4	18331.3	20878.2	23458.1
浙　江	8622.3	10245.4	12028.0	13588.3	15970.8	17835.3
安　徽	3527.8	4197.7	4955.1	5736.6	7044.7	7957.0
福　建	4481.0	5310.0	6276.2	7256.5	8275.3	9346.7
江　西	2484.4	2956.2	3485.1	4027.2	4695.1	5292.6
山　东	12363.0	14620.3	17155.5	19651.9	22294.8	25111.5
河　南	6746.4	8004.2	9453.6	10915.6	12426.6	14005.0
湖　北	5928.4	7013.9	8275.2	9562.5	11035.9	12449.3
湖　南	4913.7	5839.5	6884.7	7921.9	9509.5	10723.5
广　东	14891.8	17458.4	20297.5	22677.1	25453.9	28471.1
广　西	2790.7	3312.0	3908.2	4516.6	5133.1	5772.8
海　南	537.5	639.3	759.3	870.8	1090.9	1224.5
重　庆	2479.0	2938.6	3487.8	4033.7	5505.8	5710.7
四　川	5758.7	6810.1	8006.6	9268.6	11001.0	12393.0
贵　州	1247.3	1482.7	1751.6	2075.9	2601.2	2936.9
云　南	2051.1	2542.4	3038.1	3511.6	4112.6	4632.9
西　藏	156.6	185.3	219.0	254.6	322.2	364.5
陕　西	2699.7	3195.7	3790.0	4383.8	5245.0	5918.7
甘　肃	1183.0	1394.5	1648.0	1906.5	2368.8	2668.3
青　海	300.5	350.8	410.5	476.0	549.6	620.8
宁　夏	339.9	403.6	477.6	542.9	568.5	737.2
新　疆	1177.5	1375.1	1616.3	1858.6	2179.5	2436.5

分地区货物出口额和进口额

(2014年)

单位：亿美元

地区	按经营单位所在地分		按境内目的地、货源地分	
	出口额	进口额	出口额	进口额
全国总计	23427.5	19602.9	23427.5	19602.9
北京	623.5	3533.1	316.7	1114.9
天津	526.0	813.2	520.3	924.7
河北	357.1	241.7	491.3	451.2
山西	89.4	73.1	116.1	69.1
内蒙古	63.9	81.6	63.9	88.9
辽宁	587.6	552.0	556.8	696.5
吉林	57.8	206.0	62.5	207.9
黑龙江	173.4	215.6	121.7	172.5
上海	2101.6	2562.5	1919.7	2606.4
江苏	3418.7	2218.9	3505.8	2587.4
浙江	2733.5	817.9	2811.5	972.4
安徽	314.9	177.8	265.1	167.6
福建	1134.6	640.4	975.9	670.0
江西	320.4	107.4	270.8	120.8
山东	1447.5	1323.7	1550.7	1736.3
河南	393.8	256.5	425.4	260.0
湖北	266.5	164.2	239.8	168.9
湖南	200.2	110.0	171.7	113.3
广东	6462.2	4305.1	7454.7	4966.6
广西	243.3	162.2	130.4	318.7
海南	44.2	114.6	41.9	127.5
重庆	634.1	320.4	519.0	306.7
四川	448.5	254.0	366.9	245.9
贵州	94.0	14.2	35.8	16.0
云南	188.0	108.2	105.2	94.0
西藏	21.0	1.5	20.5	0.9
陕西	139.3	134.8	141.4	135.9
甘肃	53.3	33.2	20.8	31.9
青海	11.3	5.9	3.2	3.1
宁夏	43.0	11.3	26.7	13.5
新疆	234.8	41.9	175.5	213.3

分地区外商投资企业货物进出口总额

单位：万美元

地区	2013年			2014年		
	进出口总额	出口额	进口额	进出口总额	出口额	进口额
全国总计	191831458	104372410	87459048	198404550	107473492	90931058
北京	7454000	2266758	5187242	7936060	2074325	5861735
天津	8014515	3282008	4732507	7740141	3368337	4371804
河北	1598426	846339	752087	1643511	893724	749786
山西	542065	360433	181631	691587	419523	272064
内蒙古	162700	77636	85064	163137	85410	77727
辽宁	4499058	2192168	2306891	4857718	2173190	2684528
吉林	1073022	130031	942991	1234847	154479	1080368
黑龙江	141492	58265	83228	133530	59571	73959
上海	28856053	13673977	15182076	31015034	14147122	16867912
江苏	33933016	19419536	14513480	34990838	19879858	15110980
浙江	9976925	6206415	3770510	9679095	6258664	3420431
安徽	1194711	526434	668277	1397699	835565	562134
福建	7544701	4165028	3379673	7462957	4259440	3203517
江西	1276714	634406	642309	1319758	685084	634673
山东	10102871	5823864	4279007	10707722	6229554	4478167
河南	3992550	2298177	1694373	4381609	2453041	1928567
湖北	1402395	732409	669986	1454297	772107	682190
湖南	635614	329749	305865	674884	344120	330764
广东	59207053	35729251	23477802	58889571	35610993	23278578
广西	946936	366629	580306	1060230	437073	623157
海南	1094975	186262	908713	1269937	285048	984888
重庆	3764038	2581123	1182915	4311228	3143566	1167662
四川	3135195	1907785	1227410	3436393	2040791	1395602
贵州	21963	10418	11545	18775	8973	9801
云南	84373	37119	47254	64735	33931	30804
西藏	14	14		16	16	
陕西	1099970	492346	607624	1806689	787889	1018799
甘肃	7275	4989	2286	4089	2414	1675
青海	8789	1363	7426	1701	72	1629
宁夏	34908	19271	15638	35548	20749	14799
新疆	25145	12210	12935	21219	8863	12355

沿海规模以上主要港口货物吞吐量

单位：万吨

港　口	1990年	2000年	2010年	2013年	2014年
宁波一舟山	2554	11547	63300	80978	87346
上　海	13959	20440	56320	68273	66954
天　津	2063	9566	41325	50063	54002
广　州	4163	11128	41095	45517	48217
青　岛	3034	8636	35012	45003	46802
大　连	4952	9084	31399	40746	42337
日　照	925	2674	22597	30937	33502
营　口	237	2268	22579	32013	33073
秦皇岛	6945	9743	26297	27260	27403
烟　台	668	1774	15033	22157	23767
深　圳	1258	5697	22098	23398	22324
厦　门	529	1965	12728	19088	20504

注：1.2006年起，宁波一舟山港统计范围包括原宁波港和舟山港，以往年度数据为原宁波港数据。
2.2007年起，烟台港统计范围包括原烟台港和龙口港，以往年度数据为原烟台港数据。
3.2009年起，湛江港和海口港港区范围有调整。
4.2011年起，厦门港统计范围包括原厦门港和漳州港，以往年度数据为原厦门港数据。

世界主要国家和地区国内生产总值和人均国内生产总值

排　序	国家和地区	国内生产总值（亿美元）		人均国内生产总值（美元）	
		2010年	2013年	2010年	2013年
1	美　国	149644	167681	48377	53042
2	中　国	59305	92403	4433	6807
3	日　本	54954	49196	43118	38634
4	德　国	34120	37303	41723	46269
5	法　国	26468	28064	40706	42503
6	英　国	24079	26785	38363	41787
7	巴　西	21431	22457	10978	11208
8	意大利	21266	21495	35876	35926
9	俄罗斯联邦	15249	20968	10710	14612
10	印　度	17085	18768	1417	1499
11	加拿大	16141	18268	47465	51958
12	澳大利亚	11413	15604	51801	67458
13	西班牙	14316	13930	30736	29863
14	韩　国	10945	13046	22151	25977
15	墨西哥	10516	12609	8921	10307

资料来源：世界银行数据库。

主题索引

说明：

本索引为综合性主题索引。索引款目按汉语拼音顺序(同音字按声调)排列。表格款目后注有“表”字样。款目后的阿拉伯数字表示内容所在的页码，数字后的字母 a、b 表示该页自左向右的版面区域。

汉语拼音主题索引

F

G

Z